JN213615

詳解
介護保険法
三段対照

編著　増田雅暢
Masuda Masanobu

TAC出版

はじめに

介護保険制度は平成12（2000）年4月に実施されて以来、令和7（2025）年は25年目を迎えます。4半世紀を経過することになります。

介護保険は、わが国の高齢者介護分野に大きな変革をもたらしました。措置から契約へ、自立支援、介護の社会化、介護ビジネスなど、新しい仕組みや概念を吹き込みました。要介護認定、ケアマネジャー、ケアプラン、ケアマネジメントといった介護保険とともに誕生した新たな資格や用語は、すっかり社会に定着しました。

制度スタート時には約220万人の要支援・要介護認定者数は、今や約700万人（2024年4月末）と3倍以上に増加、高齢者の5人に1人が該当します。介護保険サービスの利用者数は約600万人。居宅サービスは約410万人、施設サービスは約95万人、地域密着型サービスは約90万人。これらの人々は、介護保険サービスにより安心して生活を維持しているといっても過言ではありません。

また、介護サービス事業所が増加しました。たとえば訪問介護事業所は約3万6千か所、通所介護は約2万4千か所、介護職員数は約220万人にのぼります。

介護保険制度の基になるのが介護保険法です。介護保険法は、平成9（1997）年12月に国会で制定されました。制定当初はシンプルな法律でしたが、4半世紀の間に様々な改正が行われ、現在では、条文数が大幅に増えるなど、複雑な法律になりました。

法律の条文をみるだけなら、インターネットで検索できます。しかし、政令や規則まで一緒にみようとすると簡単にはいきません。

そこで、本書『詳解 介護保険法 三段対照』では、介護保険法と介護保険法施行令、介護保険法施行規則を同じページでみられるように「三段対照」としました。介護保険法の条文で「政令で定める」、あるいは「厚生労働大臣が定める」とあれば、その政令や施行規則の内容を即座に把握することができます。介護保険法の内容を理解する上で、極めて分かりやすい構成になっています。

また、本書の冒頭の『介護保険制度の概要』では、介護保険制度の創設の経緯や目的、実施後の数度にわたる法改正の概要、今後の論点や提言を解説しています。

筆者は、別途「逐条解説介護保険法」（法研）を著していますので、それをもとに、本書では条文ごとに、「趣旨と解釈のポイント」を解説しています。

介護保険法は、国レベルでは厚生労働省が、地方自治体レベルでは、都道府県や市町村の介護保険担当部局において運用されています。また、多くの介護サービス事業者にとって介護保険法は事業展開の上での基本になるものです。そして、介護保険の被保険者にとって介護保険法は重要な法律です。

『詳解 介護保険法　三段対照』が、行政担当者や介護支援専門員、介護サービス事業者など高齢者介護を担当する方々の職場に置かれて、日々の業務の参考として広く活用されることを願ってやみません。

令和7年3月

編著者　**増田 雅暢**

凡　例

一　内容現在

1　内容現在　施行期日が令和七年四月一日

2　一部未施行

●刑法等の一部を改正する法律の施行に伴う関係法律の整理等に関する法律（令和四年六月十七日法律第六十八号）（六七一頁参照）

施行期日＝令和七年六月一日

（刑法等の一部を改正する法律の施行期日を定める政令（令和五年十一月十日政令第三百十八号））

●全世代対応型の持続可能な社会保障制度を構築するための健康保険法等の一部を改正する法律（令和五年五月十九日法律第三十一号）（六七三頁参照）

施行期日＝公布の日から起算して四年を超えない範囲内において政令で定める日

●障害者の日常生活及び社会生活を総合的に支援するための法律等の一部を改正する法律の一部の施行に伴う厚生労働省関係省令の整理に関する省令

（令和六年一月二十五日厚生労働省令第十八号）

施行期日＝障害者の日常生活及び社会生活を総合的に支援するための法律等の一部を改正する法律附則第一条第四号に掲げる規定の施行の日

二　公布年月日・番号

法令の題名の次の〔　〕内に公布年月日及び法令番号を付した。

三　改正経過の表示

1　収載法令の改正経過を明らかにするために、法令の表示の次に「改正」と表示して、その法令の一部を改正した法令の公布年月日及び法令番号を列記した。

2　題名、各条文等のそれぞれについてその改廃の経過を明らかにするために、当該各条文等のあとにそれを改正した法令番号とその改正の態様（全部改正、一部改正、追加、繰上げ、繰下げ、削除等）を示した。

四　三段対照表

介護保険法について、同法と施行令（政令）、施行規則（省令）相互の委任関係を分かりやすくするために、三段対照に配置した。

また、資料編に、介護保険法における罰則を一覧表にまとめ収載した。

五　委任規定について

当該条文の委任規定は、条文の末尾に＊印で表示し、当該委任規定の表題を記した。

六　法令の体裁、用字

法令の体裁・用字等については原則原文のとおりとした。

八　検索

「介護保険法の解説」については、条文ごとの解説のほか、目次として条、見出し、該当頁を記した。「介護保険法施行令・施行規則の目次」についても同様に条、見出し、該当頁を記した。

九　附則の取扱いについて

制定附則と編集時現在未施行の改正内容を掲載し、改正附則は省略した。

十　法令の種別の略記例

（略記）	（法令形式名）
厚令	厚生省令
厚労令	厚生労働省令
厚告	厚生省告示
厚労告	厚生労働省告示

介護保険制度の概要

介護保険制度の概要

1　介護保険制度の創設の背景

介護保険制度は、1990年代半ばに政府（旧厚生省）において検討が始まり、1997（平成9）年12月、国会で介護保険法が成立し、2000（平成12）年4月から実施されている。世界的にみても、本格的な介護保険制度の実施は、ドイツ（1995年から実施）に続くものである。

介護保険制度が創設された背景としては、主として、①人口の高齢化の急速な進行による介護を必要とする高齢者（要介護高齢者）の増大と介護リスクの一般化、②家族形態の変化等による介護の介護機能の弱体化と家族の介護負担の増大、③従来の老人福祉制度と老人医療制度による対応の限界、④介護費用の増大に対応した新たな財源の確保の必要性があげられる。

（1）人口高齢化の急速な進行に伴う要介護高齢者の増大と介護リスクの一般化

わが国は、出生率の低下や長寿化の進行により人口の高齢化が急速に進んでおり、介護保険制度の実施直前の1999（平成11）年10月には16・7％（総務省統計局推計）と、総人口の6人に1人が65歳以上の高齢者となっていた。

高齢になるに従い、病弱になったり、介護が必要になったりすることが避けられないことから、要介護高齢者数が増大する。また、寿命の伸長から、誰でも相当程度の確率で介護が必要な状態となる可能性がある。仮に自分がならなくても、自分の親や配偶者が要介護者になる可能性が高い。こうした状況を「介護リスクの一般化」という。

（2）家族形態の変化等による家族の介護機能の弱体化と家族の介護負担の増大

1990年代までの介護の状況は、在宅で家族等により身の回りの世話を受けて生活を送っている高齢者が多かった。けれども、核家族化の進行による家族規模の縮小、高齢者とその子どもとの同居率の低下、高齢者夫婦のみ世帯や単身世帯の増加、女性の就労の増大等に伴い、家族の介護機能が弱体化してきており、家族による介護は、介護者にとって大きな負担となってきた。

90年代半ばの制度検討当時の介護者の状況をみると、在宅の寝たきり者の介護者の約9割は同居の家族で、性別では女性が85％、続柄では配偶者（妻）と子どもの配偶者（嫁）が約30％ずつとなっていた。つまり、妻と嫁が介護者の中心であった。(注) さらに、介護者の約半数は60歳以上、4分の1は70歳以上と、老老介護（高齢者が高齢者を介護）の状況にあった。

こうした状況においては、食事や排泄等の世話の負担や、ストレスや精神的・経済的負担の大きさなどから、介護者である家族にとって心身両面にわたる過重な負担となっていることが多い。高齢者虐待の原因になっていることもある。また、介護に関する専門的な技術を持たない家族の介護では、寝たきりや認知症の状態を進行させたり、褥瘡（じょくそう）（床ずれ）をつくってしまったりするなど、かえって要介護者の状態を悪化させてしまうことも指摘された。適切な介護のためには専門的な技術が必要である。

家族の介護負担を軽減し、高齢者夫婦のみ、あるいは高齢者の一人暮らしで介護が必要な状態になったとしても、安心して生活できる仕組みが必要となってきた。

（注）1990年代の制度の検討時では、「男の介護」は珍しい現象であった。しかし、最近のデータ（令和4年国民生活基礎調査）では、同居の主な介護者の性別は、男性31％、女性69％と、男性の割合が増加している。また、子どもの配偶者（嫁）の割合は5％に減少している。このように介護者の状況は、制度検討時と比べて大きく変化している。

（3）従来の老人福祉制度と老人医療制度による対応の限界

介護保険制度が創設されるまでは、高齢者介護は、老人福祉と老人医療の異なる制度の下で行われてきたが、それぞれ改善すべき種々の課題を抱えていた。

老人福祉分野では、措置制度（行政機関である市町村が、措置権者として、公費（税）を財源にして、法に基づく要件に該当すると判断する人を対象に必要な福祉サービスの内容を決定し、提供するという行政処分としての措置を行う仕組み）に基づき、訪問介護や特別養護老人ホーム入所等の介護サービスが提供されてきた。

この仕組みは、利用者のサービス利用の権利性が乏しいこと、利用にあたって市町村の所得調査やニーズ判定等を前提としているなど手続きが煩雑なこと、利用者がサービスの種類や提供機関を選択できないこと、福祉は低所得者が利用するものといったイメージから心理的な抵抗感があること、応能負担の費用徴収制度により中高所得層であるサラリーマンOBの自己負担が大きいこと等から一般には利用しにくい制度となっていた。いわば行政機関主体の制度であった。

また、ホームヘルパーやデイサービスセンターなどの在宅サービス、あるいは特別養護老人ホームなどが量的に不十分であった。

一方、老人医療分野では、1970年代頃から、患者の多くが高齢者である老人病院と呼ばれる医療施設が増加してきた。福祉サービスの基盤整備が遅れていた半面、医療機関の病床数が多いことや、医療機関のほうが利用者負担額が少ないこと、福祉施設入所よりも病院に入院したほうが世間体がよいとみられたこと等から、多くの要介護高齢者が老人病院に入院する傾向があった。しかし、医療の必要性がないにもかかわらず、介護を理由として病院に長期入院を続けるという「社会的入院」の問題、ひいては医療費増高の問題を引き起こした。

また、医療施設は、要介護高齢者の長期療養の場としては、1人当たりの居室面積が狭いことや、患者の食堂や入浴施設がない、介護職員が少ないなど、生活環境の面で問題があった。

さらに、福祉制度と医療制度との間で、利用者負担の水準や利用手続きにおいて、不均衡が存在していた。概して、医療分野のサービスのほうが利用しやすく、サラリーマンOB等の利用者にとっては利用者負担の水準も低いため、在宅福祉や施設福祉サービスの量的不足傾向と相まって、医療分野が実質的に介護サービスの相当部分を担うこととなり、社会的入院の問題の一因となっていた。

（4）介護費用の増大に対応した新たな財源の確保の必要性

介護保険施行前の高齢者介護基盤整備に充てる財源は、老人福祉制度の場合、全額租税による公費財源であった。90年代には、租税財源を基に、ゴールドプランおよび新ゴールドプランにより、高齢者介護基盤の整備を行ってきた。しかし、国の財政は、1980年代後半のいわゆるバブル景気が崩壊した90年代前半からの長引く経済不況の中で、租税収入が減少し、国債収入の依存度が高まるなど、厳しい状況となった。そこで、21世紀の本格的な高齢社会の到来に備えて、増大し続ける介護費用の財源として、共同連帯の理念に基づき、社会保険料により確保するという新たな仕組みが必要となった。

2　創設までの経緯

介護保険制度創設までの主な経緯を年表風に記すと、次のとおりである。

1994（平成6）年4月　厚生省が「高齢者介護対策本部」を設置

1994（平成6）年4月　羽田孜内閣発足（非自民・非共産の連立政権）

1994（平成6）年7月　村山富市内閣発足（社会党、自民党、新党さきがけの連立政権）

1994（平成6）年12月　高齢者介護・自立支援システム研究会報告書「新たな高齢者介護システムの構築を目指して」

1994（平成6）年12月　新ゴールドプランの策定

1995（平成7）年2月　老人保健福祉審議会（老健審）が高齢者介護問題に関する審議を開始

1995（平成7）年7月　社会保障制度審議会（制度審）が「社会保障の再構築」を勧告

1995（平成7）年12月　障害者福祉プランの策定

1996（平成8）年1月　橋本龍太郎内閣発足（自民党、社会党、新党さきがけの連立政権）

1996（平成8）年4月　老健審最終報告「高齢者介護保険制度の創設について」

1996（平成8）年9月　与党・介護保険制度の創設に関するワーキングチームが「介護保険法案要綱に対する修正事項」を決定

1996（平成8）年11月　介護保険法案を第139回臨時国会に提出

1997（平成9）年9月　第2次橋本内閣発足（自民党

の単独政権）

1997（平成9）年12月　第141回臨時国会において介護保険法案が可決・成立（9日）

1998（平成10）年7月　小渕恵三内閣発足（自民党の単独政権）

1998（平成10）年10月　全国の都道府県で「第1回介護支援専門員実務研修受講試験」実施

1999（平成11）年1月　小渕改造内閣発足（自民党と自由党の連立政権）

1999（平成11）年10月　小渕第2次改造内閣発足（自民党、自由党、公明党の連立政権）

1999（平成11）年10月　全国の市町村保険者において、要介護認定の申請の受付開始

1999（平成11）年11月　政府、「介護保険法の円滑な実施のための特別対策」を決定

1999（平成11）年12月　「今後5年間の高齢者保健福祉施策の方向」（ゴールドプラン21）策定

2000（平成12）年4月　介護保険法施行（1日）

3　介護保険制度の創設の意義

介護保険制度の創設の意義は、介護保険法の目的規定（第1条）等を踏まえ、次のとおりである。

(1)　介護に対する社会的支援

高齢化の進行により、介護リスクが一般化し、誰にとっても、高齢期における最大の不安要因の一つである介護問題について、社会全体で支える仕組みをつくる。これにより、介護が必要な状態（要介護状態）になっても、介護不安を解消して安心して生活できる社会をつくるとともに、家族等の介護者の負担軽減を図る。このことは「介護の社会化」と呼ばれた。

(2)　要介護者の自立支援

要介護状態になっても、その有する能力に応じて、自らの意思に基づき自立した質の高い日常生活を送ることができるように支援する。「自立支援」という言葉や理念は、介護保険制度のキーワードであるとともに、障害者福祉、児童福祉などの他の社会福祉分野にも影響を与えた。たとえば、児童福祉分野では、児童自立支援施設という名称が生まれ、障害者福祉分野では、障害者自立支援法という、題名に自立支援という文字を用いる法律が制定された。

(3)　利用者本位と措置制度の見直し

老人福祉と老人医療に分かれていた従来の制度を再編成し、要介護状態になっても、利用者の選択に基づき、利用者の希望を尊重して、多様な事業主体から必要な介護サービスを総合的・一体的に受けられる利用者本位の制度とする。

また、従来の老人福祉分野にあった措置制度を改め、介護サービスの利用手続きは、被保険者である要介護者とサービス事業者との間の利用契約制度に変更する。このことは「措置から契約へ」と呼ばれた。利用契約制度は、利用者のサービス利用の権利性を高めるものであること、利用者主体の仕組みであること、事業者のサービス提供の適正化を促すものであること等、種々の長所がある。老人福祉分野の措置制度の見直しは、障害者福祉分野に影響を与え、2000（平成12）年の社会福祉事業法や身体障害者福祉法改正等の社会福祉基礎構造改革へとつながった。

また、サービスの利用手続きにおいて、要介護者が適切な介護サービスを受けることができるように、介護支援サービス（ケアマネジメント）の手法が導入された。すなわち、要介護者ごとに介護サービス計画（ケアプラン）が作成され、要介護者の心身の状況に応じた適切なサービスが提供されるという仕組みがつくられた。このケアマネジメントの中心となる専門職として、介護支援専門員（ケアマネジャー）の制度が創設された。

（4）介護サービスの量的拡大と質の向上

従来の老人福祉分野の介護サービスは措置制度により提供されていたために、サービス提供主体は、市町村か、市町村から委託を受けた社会福祉協議会や社会福祉法人等の非営利法人に限定されていた。介護保険では、在宅サービス分野において、一定の基準を満たすものであれば、サービス提供主体が公的か民間かを問わず、指定事業者として参画でき、同一水準の介護報酬で評価されることとなる。

これにより、民間事業者の参入が促進され、多様な主体によるサービスの量的拡大や、提供者間の健全な競争によるサービスの質的向上が期待できる。福祉経済学において「準市場」という概念がある。「準市場」とは、福祉・医療といった公的サービス分野に競争原理を導入することをいうが、介護保険は、在宅の介護サービス分野を準市場化したものと指摘できる。

（5）社会保険方式の導入

介護サービスに関する給付と負担の関係を明確にするとともに、増大する介護費用に対して将来にわたって安定的な財源を確保するために、被保険者が共同連帯の理念に基づき、公平に保険料を負担する社会保険方式を導入する。また、社会保険方式の導入は、財源確保の視点ばかりでなく、老人福祉分野の措置制度を、社会保険における利用契約制度に切り替える手段になったことも重要である。なお、介護保険法では「共同連帯」という言葉を使用しているが、社会保障学にいう「社会連帯」の精神が社会保険方式を支えている。

また、介護保険では、従来の社会保険制度にはみられない仕組みを導入している。一つは高齢者一人ひとりが保険料を負担する被保険者として位置づけられている。もう一つは保険料を年金から天引きするという新しい保険料徴収方法を導入している。

なお、世界的にみて、高齢者介護分野で社会保険方式を導入している国は、オランダやドイツ、続いて日本である。韓国でも、日本やドイツを参考に、２００８年から介護保険が導入されている。

4　創設後の改正の経緯

介護保険法は２０００年4月に施行後、次のとおり主な改正が行われている。

（1）２００５（平成17）年の法改正

介護保険法制定時の附則において、施行後5年をめどに制度全般の検討を行い、必要な見直し等の措置を行うとの規定があった。厚生労働省は、２００３（平成15）年6月、高齢者介護研究会による報告書「２０１５年の高齢者介護」を発表し、その後この報告書や社会保障審議会介護保険部会の意見等に基づき、改正案が作成された。介護保険法等の一部を改正する法律案は、２００５（平成17）年6月、国会で可決成立した。施行は、施設給付の見直しは２００５（平成17）年10月から、他は２００６（平成18）年4月。

第1のポイントは、介護予防重視型システムへの転換である。制度実施後、要支援者等の軽度者の増加が顕著であったことから、要支援者への介護予防を強化することとした。要支援は要支援1と要支援2に区分された。要支援者へのケアマネジメントや、一般高齢者への介護予防事業等を実施する機関として地域包括支援センターが創設された。また、市町村の業務として介護予防等を行う地域支援事業が創設された。

第2のポイントは、施設給付の見直しである。居宅と施設の利用者負担の公平を図る観点から、介護保険施設等における食費・居住費を保険給付の対象外とし、利用者負担を求めることとされた。その際、低所得者への負担軽減のために、補足給付の制度が創設された。

第3のポイントは、新たなサービス体系の確立である。地域の特性に応じた多様で柔軟なサービス提供が可能となるよう、市町村長が指定・監督等を行う地域密着型サービスが創設された。

そのほか、介護サービスの内容や運営状況に関する情報の公表の義務付け、事業者指定の更新制（6年間）の導入等の事業者規制の強化、介護支援専門員の更新制（5年間）や主任介護支援専門員の創設等によるケアマネジメントの適正化等の措置が講じられた。

（2）２００８（平成20）年の法改正

いわゆる「コムスン事件」等を受けて、介護サービス事業者の不正事案を防止し、介護事業運営の適正化を図る観点から法改正が行われた。「介護保険法及び老人福祉法の一部を改正する法律案」として国会に提出され、2008（平成20）年5月、国会で可決成立した。施行は2009（平成21）年5月。

主な内容は、介護事業者における法令遵守等の管理体制の整備（法令遵守責任者の選任、国・地方自治体への届出義務等）、事業者の本部等に対する立入検査権の創設、事業の廃止または休止の場合における事前届出制への変更、事業廃止時の利用者へのサービス確保対策の義務付けなど。

(3) 2011（平成23）年の法改正

「介護サービスの基盤強化のための介護保険法等の一部を改正する法律案」として国会に提出され、2011（平成23）年6月、国会で可決成立した。施行は、2012（平成24）年4月。

改正法は、高齢者が自立した生活を営めるよう、医療、介護、予防、住まい、生活支援サービスが切れ目なく提供される「地域包括ケアシステム」の実現に向けた取組を進めることをねらいとしている。

医療と介護の連携強化として、①日常生活圏域ごとに地域ニーズや課題の把握を踏まえた介護保険事業計画を策定、②24時間対応の定期巡回・随時対応型訪問介護看護サービスを創設、③複合型サービス（看護小規模多機能型居宅介護）の創設等がある。

介護人材の確保とサービスの質の向上として、①介護福祉士や一定の教育を受けた介護職員等によるたんの吸引等を可能とすること、②介護事業所における労働法規の遵守等がある。

これら以外に、市民後見人の活用など高齢者の権利擁護の推進や財政安定化基金の取り崩しによる保険料負担の上昇緩和措置が講じられた。

なお、この改正と歩調をあわせて、厚生労働省と国土交通省の連携により、高齢者住まい法が改正され、サービス付き高齢者向け住宅の制度が創設された。

(4) 2014（平成26）年の法改正

「地域における医療及び介護の総合的な確保を推進するための関係法律の整備等に関する法律案」として国会に提出され、2014（平成26）年6月、国会で可決成立した。施行は、2015（平成27）年4月。

同法により介護保険法の一部改正が行われ、地域包括ケアシステムの構築と費用負担の公平化を改正のねらいとした。

地域包括ケアシステムの構築として、①地域支援事業の拡充（在宅医療・介護の連携推進、認知症施策の推進、地域ケア会議の推進等）、②予防給付の見直し（要支援者向けの訪問介護と通所介護を、地域支援事業の中の介護予防・日常生活支援総合事業に移行）、③特別養護老人ホームの重点化（介護老人福祉施設への新規入所者は、原則として要介護3以上の者とする）。④医療・介護サービス提供体制の一体的な確保（消費税増収分を活用して、各都道府県に、地域医療介護総合確保基金を設置）。

費用負担の公平化として、①低所得者の保険料負担軽減の拡充（低所得者の保険料負担軽減を拡大）、②利用者負担の引上げ（一定以上の所得がある者の利用者負担を1割から2割に引上げ）、③補足給付の見直し（一定額の預貯金がある者については、補足給付の対象外とする）。

(5) 2017（平成29）年の法改正

「地域包括ケアシステムの強化のための介護保険法等の一部を改正する法律案」として国会に提出され、2017（平成29）年5月、国会で可決成立した。施行は、2018（平成30）年4月。

改正のねらいは、地域包括ケアシステムの深化・推進と、介護保険制度の持続可能性を高めること、に大別される。

地域包括ケアシステムの深化・推進としては、①自立支援・重度化防止に向けた保険者機能の強化等の取組の推進、②介護医療院の創設、③地域共生社会の実現に向けた取組の推進（高齢者と障害児・者が同一の事業所でサービスを受けやすくするための共生型サービスを創設）。

持続可能性を高めることとしては、①3割負担の導入（2割負担者のうち、特に所得が高い層の負担割合を3割にする）、②介護納付金の総報酬割の導入（各医療保険者が納付する介護納付金について、被用者保険間ではボーナスも含めた総報酬割の負担とする）。

(6) 2020（令和2）年の法改正

「地域共生社会の実現のための社会福祉法等の一部を改正する法律案」が国会に提出され、2020（令和2）年6月、国会で可決成立した。施行は、2021（令和3）年4月。

同法による介護保険法の改正では、地域の特性に応じた認知症施策や介護サービス提供体制の整備を推進することとし、市町村の介護保険事業計画の記載事項として、認知症施策の総合的な推進、介護人材の確保と資質の向上、業務効率化の取組等の事項が追加された。また、医療・介護のデータ基盤の整備の推進等を図ることとされた。

(7) 2023（令和5）年の法改正

「全世代対応型の持続可能な社会保障制度を構築するための健康保険法等の一部を改正する法律案」が国会に提出され、2023（令和5）年5月、国会で可決成立した。施行は2024（令和6）年4月。

同法による介護保険法の改正では、①「介護情報基盤の整備」として、市町村が行う地域支援事業に、被保険者、介護サービス事業者その他の関係者が被保険者に関する情報を共有し、活用することを促進する事業を追加、②「介護サービス事業者の財務状況等の見える化」として、都道府県知事は、介護サービス事業者から経営情報の提供を受け、それらの調査・分析を行い、その内容を公表するよう努める、③「地域包括支援センターの体制整備等」として、介護予防支援について居宅介護支援事業所も実施可能とするなど。

5 今後の論点・提言

介護保険制度は、2025（令和7）年に実施後25年を迎えるが、様々な課題に直面している。ここでは紙数の関係で、私見を交えつつ、特に重要な論点について解説する。

(1) 介護職員の確保問題

介護保険制度の実施により、介護分野で働く労働者が増加している。厚生労働省の調査では、2000（平成12）年には約55万人であった介護職員数は、2022（令和4）年度には約215万人と、22年間に約4倍に増加した。高齢化の進行等に伴う要介護高齢者の増加から、さらに介護職員の増員が必要になっている。

厚生労働省の「第9期介護保険事業計画に基づく介護職員の必要数」をみると、2026年度には約240万人、2040年度には約272万人が必要と推計されている。しかし、介護職員の有効求人倍率は高く、求人してもなかなか職員を確保できないという状況になっている。この推計では、2026年までに毎年約6万人の職員増が必要であるが、実際には年間6千人増にとどまっている。2023年は前年より約2万9千人も減少した。近年、他産業での給与引上げが行われていることから、介護分野に人が集まりにくいという状況になっている。

国では、①介護職員の処遇改善、②多様な人材の確保・育成、③離職防止・定着促進・生産性向上、④介護職の魅力向上、⑤外国人材の受入環境整備など総合的な介護人材確保対策に取り組んでいる。

この中では、①の処遇改善として給与の改善が不可欠であるが、そのためには介護報酬の引上げが必要であり、その財源確保が重要である。これについては、現行の5割という公費負担割合を引き上げて、公費投入を行うべきと考える。

また、外国人材の受入れがますます必要となるであろう。出入国管理法の改正により外国人が介護福祉士の資格を取得すれば日本で期間の制限なく介護業務に従事できることや、特定技能制度の創設、さらには技能実習制度を改正して育成就労制度の導入など、外国人材の受入れの環境整備が進んでおり、これらの制度を活用して外国人材の受入れ拡大が望まれる。

(2) 被保険者・受給者の範囲の拡大

介護保険制度の持続可能性の確保を図るためには、制度の支え手（保険料負担者）を増やすことが、根本的な解決策である。現在の介護保険の被保険者は40歳以上となっているが、制度検討時では20歳以上とする案もあった。

被保険者・受給者の範囲の見直しは、２００５（平成17）年の法改正の検討過程で、大きな課題の一つであった。すなわち、被保険者の範囲を「40歳以上」から引き下げるべきか、保険給付の受給者について第2号被保険者の保険給付を拡大するか（具体的には、特定疾病の制約を外すなど）、という論点であった。仮に、被保険者の範囲を拡大すれば、保険財政の支え手が拡大することになり、被保険者1人当たりの保険料負担は軽減される。また、現行では障害者福祉で対応している、いわゆる若年障害者の介護サービスについても、介護保険の対象となる。

これについては賛否両論が拮抗し、結局、２００５(平成17）年の法改正では今後の検討課題とされた。その後の法改正の審議会でも、議論のテーマになる場合があるが、結論は出ず、引き続き検討とされている。

ドイツの介護保険ではすべての者が介護保険の対象になっていることや、被保険者の範囲の拡大により介護保険制度の普遍化を支持する見解がある一方で、若い世代に対して介護保険料負担を課すことの是非や、障害者福祉分野のサービス水準の低下、利用者負担の増加等の懸念から障害者団体からの反対も根強い。

この問題については、介護保険制度の構造に関わるものであり、一朝一夕には結論が出ないが、制度の持続可能性の確保のためにも検討を進める必要がある。

(3) 家族介護者への支援

総務省の調査によれば、全国の介護者数は、２０２１年で６５３万人と、全国人口の6・3％。男女別では、女性４００万人、男性２５３万人。

厚生労働省の令和4年国民生活基礎調査によれば、同居の高齢者に介護されている「老老介護」の割合は63・5％と高い。同居している介護者のうち男性の割合は31・1％と男性介護者が増加している。また、ヤングケアラーの問題もある。高齢者虐待については、虐待者の約6割は息子または夫という男性である。

これだけ多くの介護者が存在し、多くの問題を抱えていながら、介護者支援の政策は乏しい。

介護保険制度は、要介護者本人への対応（要介護認定、ケアマネジメント、保険給付等）が中心であり、介護保険法には家族等の介護者支援に関する規定がない。その上、同居家族がいると、訪問介護の利用が制約を受ける仕組みが導入されている。

これに対してドイツの介護保険法では、家族等の介護者支援として、様々な施策が盛り込まれている。

代替介護の給付（1年間に6週間まで家族介護者の代わりに事業者の介護職員による介護サービスの提供）や、年金保険や労災保険、失業保険の適用、医療保険料や介護保険料への補助など。また、要介護者への現金給付があるので、この現金が家族介護者にわたっている。

介護者支援を介護保険制度に位置づければ、①家族等によるインフォーマルケアを社会的に評価することにつながる、②介護者の身体的・精神的負担や経済的負担の軽減につながる、③家族による適切な介護や高齢者虐待の防止等の効果がある、③事業者における介護職員不足への対応など、様々なメリットがある。

いずれ介護保険法改正の際の検討課題になることを期待する。

（参考文献として、増田雅暢著『介護保険はどのようにしてつくられたか－介護保険の政策過程と家族介護者支援の提案』（２０２２年、ＴＡＣ出版））

介護保険法の解説

介護保険法

（平成9年12月17日法律第123号）

目次

条　見出し　／趣旨・ポイント

条　見出し　／趣旨・ポイント

第1章　総則

1条　目的……74

本条は、介護保険法の目的規定である。

(1) 介護保険制度は、加齢に伴い要介護状態となり介護等を要する者等が、その有する能力に応じて自立した日常生活を営めるよう、必要な介護サービスを提供することにより、国民の保健医療の向上と福祉の増進を図ることを目的としている。

本条のポイントは、介護保険の対象者を特定し、自立支援という制度のねらいを明示し、国民の共同連帯の理念を強調していることである。すなわち、次の3点である。

① 介護保険の対象者は、「加齢に伴って生ずる心身の変化に起因する疾病等により要介護状態となり、入浴、排せつ、食事等の介護、機能訓練並びに看護及び療養上の管理その他の医療を要する者等」であること。

② 介護保険制度のねらいは、必要な保健医療サービス及び福祉サービスに関する給付を行うことにより、要介護者等が尊厳を保持し、その有する能力に応じて自立した日常生活を営むことができるようにすること。

③ 介護保険制度は国民の共同連帯の理念に基づき創設されたこと。

(2) 「加齢に伴って生ずる心身の変化に起因する疾病」とは、年齢が高くなるに従って発生頻度が高くなる疾病のことである。「特定疾病」といい、施行令第2条で具体的な疾病が示されている。

(3) 「保健医療サービス」とは、従来、医療保険制度や老人保健制度の費用で行われていたサービス。たとえば居宅サービスでは訪問看護や訪問リハビリテーション、施設サービスでは介護老人保健施設におけるサービスをいう。「福祉サービス」とは、従来、老人福祉制度の中で行われていたサービス、たとえば居宅サービスでは訪問介護や通所介護、施設サービスでは介護老人福祉施設におけるサービスがある。

(4) 本条にいう「自立」とは、介護が必要な状態になっても、介護サービスを利用しながら自分の持てる力（残存能力）を活用して自分の意思で主体的に生活をすることができることをいう。介護サービスを利用しないことが自立ではなく、介護サービスを利用しながら自分の意思で生活を送ることが自立であるという視点が重要である。

2条　介護保険……74

本条は、介護保険の運営にあたっての基本方針を規定したものである。

(1) 本条では、介護保険の保険給付の対象となる保険事故（第1項）、保険給付の給付にあたっての留意事項（第2項）、保険給付の提供にあたっての基本的な配慮事項（第3項）、保険給付の内容及び水準に関する指針（第4項）が規定されている。

国や都道府県等の行政機関における制度の運営、保険者による保険運営、事業者による介護サービス提供、保険給付の内容やその水準のあり方など、介護保険制度運営のあらゆる場面における基本方針として重要な規定である。

(2) 「要介護状態」の定義は第7条第1項に、「要支援状態」の定義は第7条第2項に規定されている。本条第2項から「介護予防」の考え方が導かれる。本条第3項では「被保険者の選択」、「多様な事業主体または施設」、「総合的かつ効率的」という介護保険創設のキーワードが並ぶ。ケアマネジメントの導入も本条から導かれる。

3条　保険者……74

本条は、市町村を介護保険制度の保険者に規定するとともに、保険者に介護保険特別会計の設置を義務付けたものである。

(1) 市町村を保険者とする仕組みは「地域保険」の形態であり、医療保険制度の国民健康保険制度と同様である。

(2) 特別会計は、介護保険給付を行う保険事業勘定と、自ら運営する事業に関する介護サービス事業勘定とに区分しなければならない。各勘定の内容は施行規則第1条のとおり。

4条　国民の努力及び義務……75

本条は、介護保険に対する国民の努力と義務について規定する。

国民は平素から介護予防のために健康づくりに努めること、要介護状態になった場合でもリハビリテーションなどの適切な保健医療・福祉サービスを主体的に利用して残存能力の維持向上に努めることを強調している。これにより要介護の高齢者は自立

条　見出し　／趣旨・ポイント

した生活を送ることができるとともに、家族の介護負担の軽減、ひいては介護保険の費用負担の増加抑制が図られる。

5条　**国及び地方公共団体の責務**……75

本条は、国と都道府県及び市町村の地方自治体の責務を規定している。

(1) 第1項から第3項は、介護保険事業が健全かつ円滑に行われるように、保険者である市町村を国及び都道府県が重層的に支えていく旨の責務を規定している。

(2) 第4項は、地域包括ケアの概念を明らかにするとともに、国及び地方公共団体が地域包括ケアシステムの構築に取り組む努力義務を規定する。

(3) 第5項は、地域共生社会の概念を明らかにするとともに、国及び地方公共団体が地域共生社会の実現に取り組む努力義務を規定する。

5条の2　**認知症に関する施策の総合的な推進等**……76

本条は、認知症施策の総合的な推進について規定する。

(1) 認知症について、「アルツハイマー病その他の神経変性疾患、脳血管疾患その他の疾患により日常生活に支障が生じる程度まで認知機能が低下した状態（せん妄、鬱病その他の精神疾患を除く）」と定義する。

(2) 国及び地方公共団体の責務として、認知症に関する知識の普及及び啓発（第1項）、リハビリテーションや介護方法に関する調査研究の推進等（第2項）、地域における認知症である者や介護者

条　見出し　／趣旨・ポイント

への支援、人材確保等、総合的な施策の推進（第3項）、認知症である者や家族の意向の尊重、地域社会における尊厳の保持と共生の実現（第4項）を規定している。

6条　**医療保険者の協力**……77

本条は、介護保険事業における医療保険者の責務を規定している。

医療保険者の具体的な役割としては、第2号被保険者の介護保険料の徴収がある。すなわち、医療保険に加入する第2号被保険者から介護保険料を徴収し、社会保険診療報酬支払基金に納付しなければならない（第150条）。支払基金では、医療保険者からの納付金を基に、市町村に対して介護給付費交付金を交付する（第160条）。

7条　**定義**……77

本条は、介護保険制度の基本となる用語の定義を規定している。

要介護状態（第1項）、要支援状態（第2項）、要介護者（第3項）、要支援者（第4項）、介護支援専門員（第5項）、医療保険各法（第6項）、医療保険者の定義（第7項）、医療保険加入者（第8項）、社会保険各法（第9項）の定義である。

8条……80

本条は、要介護者向けの各種介護サービスの定義を規定している。省令（施行規則）の規定も含めてそれぞれの定義を理解する必要がある。

(1) 居宅サービスとは、利用者（要支援者または要介護者）の居宅、すなわち利用者が日常住んでい

条　見出し　／趣旨・ポイント

る家を拠点にして受けることができる介護サービスである（第1項）。

(2) 施設サービスとは、介護保険施設（介護老人福祉施設、介護老人保健施設、介護医療院）に入所または入院して受けることができる介護サービスである（第25項）。

(3) 地域密着型サービスとは、平成17（2005）年の法改正により設けられた介護サービスである（第14項）。市町村が事業の指定・監督を行い、利用者は原則としてその市町村の住民に限定されている。

(4) 居宅介護支援とは、居宅の要介護者に対するケアマネジメントである（第24項）。居宅要介護者が居宅サービス等を適切に利用できるように、①居宅サービス計画を作成したり、②その計画に基づくサービス提供が確保されるようにサービス事業者との連絡調整をしたりする。

8条の2……90

本条は、要支援者向けの各種介護予防サービスの定義を規定している。省令（施行規則）の規定も含めてそれぞれの定義を理解する必要がある。

第8条の「趣旨・ポイント」を参照。

第2章　被保険者

9条　**被保険者**……99

本条は、介護保険の被保険者を規定する。第1号被保険者と第2号被保険者に区分される。

(1) 市町村（特別区を含む）に住所を有する40歳以上の者が介護保険の被保険者になる。「住所を有

する」とは、その市町村の住民基本台帳に記載されていることである。

(2) 生活保護の被保護者（受給者）は、65歳以上であれば第1号被保険者となる。要介護状態になれば、介護保険の給付が行われる。保険料負担部分については生活扶助の対象となるほか、利用者負担部分については介護扶助が支給される。40歳以上65歳未満の第2号被保険者の場合は、一般に被保護者は医療保険の非加入者となるので、介護保険の被保険者にはならない。この場合、介護サービスの利用については、生活保護の介護扶助が適用される。

(3) 外国人であっても、日本国内に住所を有していれば被保険者に該当する。平成24（２０１２）年7月に外国人登録法が廃止され、住民基本台帳法の改正により、外国人であって住所を有する者は住民票を作成することとされている。

10条　資格取得の時期……100

本条は、被保険者資格の取得の時期について規定している。

11条　資格喪失の時期……100

本条は、被保険者資格の喪失の時期について規定している。

12条　届出等……100

本条は、被保険者の資格の取得及び喪失に関する市町村への届出義務等を規定する。届出には、資格取得、氏名変更、住所変更、世帯変更、資格喪失の届出がある。

(1) 第1号被験者は、資格の取得・喪失等の必要事項を14日以内に市町村に届け出る。市町村に居住したまま65歳に到達したときには、市町村が自動的に処理するので届出は不要である（第1項）。他市町村からの転入による資格取得には届出が必要であるが、住民基本台帳の転入届に介護保険被保険者資格を有する者の付記があったときには、介護保険の届出があったとみなされる（第5項）

(2) 第2号被保険者の場合には、基本的に被保険者としての届出は不要である。市町村は、第2号被保険者に対して、①要支援・要介護認定を申請した者と、②介護保険被保険者証の交付を申請した者に限って、被保険者としての資格管理を行う。

(3) 市町村は、要介護被保険者または居宅要支援被保険者に対して、利用者負担の割合を記載した証（負担割合証）を、有効期限を定めて交付しなければならない（施行規則第28条の2）。

13条　住所地特例対象施設に入所又は入居中の被保険者の特例……101

本条は、住所地特例に関する規定である。

(1) 住所地特例とは、被保険者が、他市町村の施設に入所・入居して施設所在地に住所を変更した場合、現住所地（施設所在地）の市町村ではなく、元の住所地（施設入所直前）の市町村の被保険者とする取扱いのことをいう。介護保険施設等の入所施設が多く存在する市町村の介護費用の財政負担を軽減することを目的とする。

(2) 住所地特例対象施設は、①介護保険施設（介護老人福祉施設、介護老人保健施設、介護医療院）、②特定施設（有料老人ホーム、養護老人ホーム、軽費老人ホーム）、③養護老人ホーム（老人福祉法の入所措置がとられている場合）、④有料老人ホームに該当するサービス付き高齢者向け住宅、である。

第3章　介護認定審査会

14条　介護認定審査会……107

本条は、介護認定審査会を市町村に設置することを規定する。

要介護認定の手続きは、一次判定と二次判定の2段階に分かれている。

一次判定とは、被保険者の申請に基づき、市町村職員等の認定調査員が居宅を訪問して認定調査票における基本調査事項を確認し、その結果をコンピュータ処理することにより、要支援・要介護状態に該当するか否か、どの要介護度に該当するのかが判定される。

二次判定とは、一次判定の結果をもとにして、認定調査票の記述部分である特記事項や主治医の意見書を参考にしながら専門家が審査・判定を行い、最終的な結論を出すものである。この二次判定の業務を担当するのが、介護認定審査会である。

15条　委員……107

本条は、介護認定審査会の委員の定数や構成を規定している。

16条　共同設置の支援……107

本条は、市町村が介護認定審査会を共同設置する場合、都道府県が市町村相互間の調整や必要な支援を行う旨を定めている。

17条　政令への委任規定……107

第4章　保険給付

第1節　通則

18条　保険給付の種類……108

本条は、介護保険給付の種類を定める規定である。

介護保険給付の種類は、①介護給付（要介護者に対する保険給付）、②予防給付（要支援者に対する給付）、③市町村特別給付（市町村が条例で定めて行う保険給付）。なお、本条に基づく保険給付ではないが、被保険者に提供されるものとして、保健福祉事業（第115条の49）及び地域支援事業（第115条の45）によるサービスがある。

19条　市町村の認定……109

本条は、保険給付を受けるためには、市町村が行う要介護認定または要支援認定を受けなければならないとする規定である。

20条　他の法令による給付との調整……109

本条は、介護保険給付と他の法令による給付との調整を定めた規定である。

(1) 他の法令において介護保険の給付に相当する給付を受けられる場合には、他の法令の給付が優先して、介護保険の給付は一定の限度で行われない。

(2) 医療保険との関係では、介護保険と医療保険の給付が重なる部分（たとえば訪問看護）は、介護

保険の給付が優先し、医療保険の給付は行われない。ただし、介護サービス以外の通常の医療や緊急等やむを得ない場合の医療は、医療保険から給付される。

21条　損害賠償請求権……109

本条は、第三者行為についての市町村の損害賠償請求権を定めた規定である。

22条　不正利得の徴収等……110

本条は、市町村は、不正な行為によって保険給付を受けた者に対して、保険給付額の全額または一部を徴収することができることや、加算金を課すことができることを定めた規定である。

市町村は、サービス事業者・施設が不正な行為によって、介護給付費の支払いを受けたときには、支払額の返還を求めるほか、返還額の4割の額を支払わせることができる（第3項）。

23条　文書の提出等……111

本条は、保険給付が適正に行われるように、関係者に対して文書提出等を求める権限を保険者である市町村に付与する規定である。

24条　帳簿書類の提示等……112

本条は、保険給付が適正に行われるように、厚生労働大臣または都道府県知事に居宅サービス等を行った者や使用した者に対して、報告や記録、帳簿書類の提示等を命じる権限を付与する規定である。

24条の2　指定市町村事務受託法人……113

本条は、市町村が事務の一部を委託することができる指定市町村受託法人について定める規定であ

る。本条は、平成17（2005）年の法改正により加えられたものである。

市町村が委託することができる事務は、①サービス担当者に対する文書等の物件の提出を求める事務、②要支援・要介護認定のための調査に関する事務である（第1項）。

24条の3　指定都道府県事務受託法人……119

本条は、都道府県が事務の一部を委託することができる指定都道府県受託法人について定める規定である。本条は平成17（2005）年の法改正により加えられたものである。

都道府県が委託することができる事務は、①サービス担当者や事務所等に行う報告やサービス提供記録等の提示の命令、職員による質問、②被保険者等に行う報告の命令、職員による質問である（第1項）。

25条　受給権の保護……122

本条は、保険給付を受ける権利の譲渡、担保提供及び差押えを禁止することにより、被保険者を保護する規定である。

26条　租税その他の公課の禁止……122

本条は、保険給付として受ける金品に租税その他の公課を課さないことを規定したもので、前条と同様に被保険者保護の規定である。

第2節　認定

27条　要介護認定……123

本条は、要介護認定の手続きを定めるもので、被保険者の申請から市町村による調査、認定審査会に

よる審査・判定等一連の手続きを規定している。

(1) 要介護認定とは、介護保険制度において、被保険者が保険給付としての介護サービスを利用できる要件に該当しているかどうか、一定の基準に基づき確認する行為であり、医療保険制度において患者が治療を受ける前に病気であるか否かの判断を医師に求めることと同じ性格のものである。被保険者は、要介護者と認定されれば、介護の必要度（要介護度）に応じたサービスを保険給付として受けることができる。

(2) 要介護認定の手続きは、次のとおり。

①被保険者から市町村への申請（第1項）、②市町村による認定調査の実施（第2項）、③主治医の意見書を求める（第3項）、④介護認定審査会に審査・判定の依頼（第4項）、⑤介護認定審査会における審査・判定（第5項）、⑥市町村による被保険者への通知（第7項、第9項）

(3) 介護認定審査会は、必要があると認めるときは、①要介護状態の軽減または悪化防止のための必要な療養に関する事項、②サービスの適切・有効な利用等に関する留意事項について意見を述べることができる（第5項）。必要があると認めるときは、審査・判定に係る被保険者やその家族、主治医その他の関係者の意見を聴くことができる（第6項）。

(4) 要介護認定の効力は、申請日にさかのぼって生じる（第8項）。したがって、申請日から認定日前の間でも、暫定的な介護サービス計画を作成して、介護保険のサービスを現物給付で受けることができる。

(5) 市町村は、要介護認定の申請があった日から30日以内に認定を行わなければならない。ただし、心身状況等の調査に日時を要する等の特別の理由がある場合は、申請日から30日以内に被保険者に対して見込期間と理由を付して通知し、延期することができる（第11項）。

28条　要介護認定の更新……128

本条は、要介護認定の有効期間や更新に関する手続きを定める規定である。

(1) 初回認定の有効期間は原則として6か月間であるが、市町村は、介護認定審査会の意見に基づき必要と認める場合には、3～12か月の範囲内で定めることができる。

(2) 更新の場合は、原則として12か月間であるが、市町村は、介護認定審査会の意見に基づき必要と認める場合は、有効期間の短縮（3～11か月）・延長（最大48か月間）ができる。

29条　要介護状態区分の変更の認定……130

本条は、要介護状態区分の変更に関する認定の手続きについての規定である。基本的には法第27条の要介護認定の手続きを準用している。

30条　……132

本条は、介護の必要の程度が低下した被保険者に対して、市町村は、職権により要介護状態区分の変更の認定をすることができることを定めた規定である。

31条　要介護認定の取消し……133

本条は、市町村は、一定の要件に該当する被保険者に対して、要介護認定の取消しを行うことができることを定めた規定である。

32条　要支援認定……135

本条は、要支援認定の手続きを定めるもので、被保険者の申請から市町村による調査、認定審査会による審査・判定等、一連の流れを規定している。基本的には、第27条に定める要介護認定の方法と同様である。

33条　要支援認定の更新……138

本条は、要支援認定の有効期間や更新に関する手続きを定める規定である。基本的に第28条の要介護認定の場合と同様である。

33条の2　要支援状態区分の変更の認定……140

本条は、要支援状態の区分変更に関する規定である。平成17（２００５）年の法改正により、要支援が要支援1と要支援2の2区分になったことの対応である。

33条の3　……141

本条は、要支援の必要の程度が低下した被保険者に対して、市町村は、職権により要支援状態区分の変更の認定をすることができることを定めた規定である。

34条　要支援認定の取消し……143

本条は、市町村は、一定の要件に該当する被保険者に対して、要支援認定の取消しを行うことができることを定めた規定である。

条	見出し	／趣旨・ポイント

35条　要介護認定等の手続の特例……144

本条は、要介護認定を申請した被保険者に対して介護認定審査会が要支援と判定したときには要支援認定がなされたものとすること、要支援認定を申請した被保険者に対して介護認定審査会が要介護と判定したときには要介護認定がなされたものとすることを定めた規定である。被保険者の再申請の手間を省く効果がある。

36条　住所移転後の要介護認定及び要支援認定…146

本条は、認定を受けている被保険者が住所変更をした場合の前住所地における認定の取扱いを定めた規定である。前条と同様に、被保険者の再申請の手間を省く効果がある。

37条　介護給付等対象サービスの種類の指定……146

本条は、要介護認定または要支援認定の際に、市町村は、認定審査会の意見を踏まえ、被保険者が利用できる介護サービスの種類を指定できることを定める規定である。

(1)　介護保険は、利用者によるサービス選択の自由を基本としているが、本条は、専門的な見地から要介護者または要支援者がその心身の状態にあった適切な介護サービスを利用できるようにすることを目的としている。

(2)　市町村によるサービスの指定を受けた場合は、指定外のサービスは保険給付の対象にはならない。指定されたサービスの種類や認定審査会の意見は、被保険者証に記載する。

38条　都道府県の援助等……148

条　見出し　／趣旨・ポイント

本条は、要介護・要支援認定業務に関して、市町村に対して都道府県が援助できることを定めた規定である。市町村を都道府県が支援することにより、市町村の負担軽減を図ることをねらいとしている。

(1)　都道府県は市町村が行う認定業務について、福祉事務所や保健所を通じて必要な援助を行うことができる（第1項）。

(2)　都道府県は、地方自治法に基づく市町村の委託を受けたときは、都道府県介護認定審査会を設置して審査・判定業務を行う。ただし、被保険者への認定調査や認定は市町村自身が行う。

39条　厚生労働省令への委任……149

第3節　介護給付

40条　介護給付の種類……149

本条は、保険給付である介護給付の種類を規定するものである。

(1)　介護保険法では、保険給付はサービスそのものの給付ではなくサービス費の支給という形態をとっている。つまり、法律上は償還払い（要介護者等がサービスを利用したときには、事業者や施設に対していったん費用を全額支払い、その後、保険者である市町村から費用の償還を受ける方法）の仕組みをとっている。

(2)　一方で、国が定める職員配置や施設設備等の一定の基準を満たすものとして都道府県知事等の指定を受けた事業者や介護保険施設からサービスを受ける場合は、現物給付（サービス利用時に、利用者は一定の利用者負担を支払うだけでサービス

条　見出し　／趣旨・ポイント

を利用でいる仕組み）でサービスを利用できる。

(3)　この場合は、民法上の代理受領（事業者・施設が利用者に代わり市町村から支払いを受ける方式）の考え方を適用して、サービスを提供した事業者や施設は、利用者の一部負担以外のサービス費用を保険者に請求し、保険者が被保険者に支払うべき給付費を受け取るという形式となる。介護保険の場合、事業者や介護保険施設は都道府県知事等の指定を受けることが一般的なので、法律上は償還払いの構成をとっていても、実際には現物給付の方式でサービスを利用できる。

41条　居宅介護サービス費の支給……149

本条は、居宅介護サービス費の内容や支給手続き等を定める規定である。

(1)　居宅介護サービス費の対象となる介護サービスを整理すると、次のとおり。

○訪問サービス：訪問介護、訪問入浴介護、訪問看護、訪問リハビリテーション
○居宅療養管理指導
○通所サービス：通所介護、通所リハビリテーション
○短期入所サービス：短期入所生活介護、短期入所療養介護
○特定施設入居者生活介護
○福祉用具貸与

(2)　第4項の「厚生労働大臣が定める基準」とは、保険給付の対象となる居宅介護サービスの費用の算定基準のことで、一般に「介護報酬」と呼ばれ

る。具体的には、事業者や施設が介護サービスを提供した場合、サービスの対価として、保険者である市町村に費用の請求をして支払いを受ける際の費用の算定基準である。審議会の意見を聴いて、厚生労働大臣が定める（第6項）。

居宅介護サービス費については、「指定居宅サービスに要する費用の額の算定に関する基準」（平成12年2月10日厚生省告示第19号）が定められている。

(3) 介護報酬の設定は、介護サービスの種類ごとに、その内容や要介護度に応じて設定される。また、特定の行為を行った場合の加算もある。報酬単価は「単位」で表示され、原則として1単位が10円であるが、人件費が高い都市部や、採算性が低い離島・山村等においては地域加算がある。

42条　特例居宅介護サービス費の支給……153

本条は、居宅介護サービス費の条件を満たさないときでも、市町村が必要と認めるときには、特例居宅介護サービス費の保険給付ができることを定める規定である。

(1) 特例居宅介護サービス費が支給されるケースは、第1項のとおり

① 要介護認定の申請前に、緊急等やむを得ない理由で指定居宅サービスを受けたとき（第1号）

② 指定居宅サービス以外の一定の基準を満たす在宅サービス（基準該当居宅サービス）を受けたとき（第2号）

③ 離島等のサービス確保が困難な地域で、指定居宅サービスや基準該当居宅サービス以外の在宅サービスまたはこれに相当するサービスを受けたとき（第3号）

④ 緊急等やむを得ない理由で、(ア)被保険者証を提示しないで指定居宅サービスを受けたとき、(イ)認定申請前に②や③のサービスを受けたとき（第4号）

(2) 指定サービス事業者の要件（法人格、人員基準、設備・運営基準）の一部を満たしていない事業者のうち、一定の条件を満たす事業者によるサービスを、「基準該当居宅サービス」という。原則として償還払いであるが、市町村ごとに代理受領契約を結び、利用者からの委任を受けることにより、現物給付に準じた取扱いとすることができる。具体的には、事業者は、市町村が定める規則等に基づき代理受領契約を行う事業者として登録する。

42条の2　地域密着型介護サービス費の支給……155

本条は、地域密着型介護サービス費の内容や支給手続きを定める規定である。

(1) 要介護者が、指定地域密着型サービス事業者から指定地域密着型サービスを受けたときに、地域密着型介護サービス費が支給される（第1項）。居宅介護サービス費の場合と同様に、代理受領によって現物給付化されている（第6項）。

(2) 居宅介護サービス費と異なる点は、地域密着型介護サービス費について、市町村が独自の介護報酬を設定できることである。市町村は、国が定める基準に代えて、基準を超えない額の範囲で地域密着型介護サービス費を設定できる（第4項）。法第78条の4に基づき、指定基準についても、市町村独自の基準を定めることができる。

42条の3　特例地域密着型介護サービス費の支給……158

本条は、地域密着型介護サービス費の条件を満たさないときでも、市町村が必要と認めるときには、特例地域密着型介護サービス費の保険給付を行うことができることを定めた規定である。

第42条の特例居宅介護サービス費の支給を定めた規定の地域密着型介護サービス版である。

43条　居宅介護サービス費等に係る支給限度額…160

本条は、居宅介護サービス費等に関して、要介護度に応じて保険給付の支給限度額を設置することを定めた規定である。

(1) 第1項で、居宅サービス等区分に含まれる居宅サービス及び地域密着型サービスの種類を指定している（施行規則第66条）。

居宅サービスでは、訪問介護、訪問入浴介護、訪問看護、訪問リハビリテーション、通所介護、通所リハビリテーション、短期入所生活介護、短期入所療養介護、特定施設入居者生活介護、福祉用具貸与の10種類。地域密着型サービスでは、定期巡回・随時対応型訪問介護看護、夜間対応型訪問介護、地域密着型通所介護、認知症対応型通所介護、小規模多機能型居宅介護、認知症対応型共同生活介護（利用期間を定めて行うものに限

る）、地域密着型特定施設入居者生活介護（利用期間を定めて行うものに限る）、複合型サービスの8種類。

(2)　支給限度額の対象となる居宅サービス等区分に含まれないサービスとしては、福祉用具購入費と住宅改修費がある。また、これらとは別に、居宅療養管理指導、特定施設入居者生活介護、認知症対応型共同生活介護（短期利用を除く）、地域密着型特定施設入居者生活介護、地域密着型介護老人福祉施設入所者生活介護についても、他のサービスと代替のない単品のサービスであることから、支給限度額の対象外である。

44条　**居宅介護福祉用具購入費の支給**……162

本条は、居宅要介護被保険者が特定福祉用具を購入したときに支給される居宅介護福祉用具購入費について定める規定である。

(1)　居宅介護福祉用具とは、福祉用具のうち、貸与になじまない入浴や排泄のための用具（法第8条第13項に定める特定福祉用具）の購入費用に対する保険給付である。在宅の要介護者が、都道府県の指定を受けた特定福祉用具販売事業者から特定福祉用具を購入したときに、償還払いで支給される。支給限度基準額は、同一年度（4月から翌年3月まで）で10万円である。支給額は、実際の購入費の9割（一定以上の所得を有する者は、8割または7割）相当額で、支給限度額の9割（同8割または7割）を上限とする。

(2)　特定福祉用具としての給付対象は、腰掛便座、

条　見出し　／趣旨・ポイント

自動排泄処理装置の交換可能部品、入浴補助用具、簡易水槽、移動用リフトのつり具の部分、の5種類（「厚生労働大臣が定める特定福祉用具販売に係る特定福祉用具の種目及び厚生労働大臣が定める特定介護予防福祉用具販売に係る特定介護予防福祉用具の種目」（平成11年3月31日厚生省告示第94号）

(3)　購入費の支給は、同一年度で1種目1回に限られる。ただし、破損や介護の必要の程度が著しく高くなった等の特別の事情がある場合その他特別の事情がある場合であって、市町村が必要と認める場合には、同一種目について再度購入費が支給される（施行規則第70条第2項）。

45条　**居宅介護住宅改修費の支給**……165

本条は、居宅介護被保険者が手すりの取付その他の住宅改修を行ったときに支給される居宅介護住宅改修費について定める規定である。

(1)　居宅介護住宅改修費の支給限度額は20万円と定められている。利用者はそのうち一定割合を（1割、2割、3割）を負担する。

(2)　「厚生労働大臣が定める居宅介護住宅改修費等の支給に係る住宅改修の種類」（平成11年3月31日厚生省告示第95号）において、住宅改修の種類は1種類とし、次の改修が含まれるものとされる。改修内容例については、「介護保険の給付対象となる福祉用具及び住宅改修の取扱いについて」（平成12年1月31日老企第34号通知）参照。①手すりの取付、②段差の解消、③滑りの防止及

条　見出し　／趣旨・ポイント

び移動の円滑化等のための床又は通路面の材料の変更、④引き戸等への扉の取替え、⑤洋式便器等への便器の取替え、⑥その他①から⑤の住宅改修に附帯して必要となる住宅改修

(3)　最初に住宅改修費の支給を受けた住宅改修の着工時点と比較して、介護の必要度が3段階以上上がった状態で行った住宅改修については、例外的に、改めて必要限度基準額までの住宅改修費の支給を受けられる。ただし、この取り扱いは、同一住宅・同一要介護者について1回が限度である。

46条　**居宅介護サービス計画費の支給**……167

本条は、要介護者が、指定居宅介護支援事業者の行う居宅介護支援を受けたときに支給される居宅介護サービス計画費に関する規定である。

(1)　第2項の「厚生労働大臣が定める基準」は、「指定居宅介護支援に要する費用の額の算定に関する基準」（平成12年2月10日厚生省告示第20号）により、指定居宅介護支援給付費単位数表が定められている。

(2)　居宅介護サービス計画費の支給額は、指定居宅介護支援給付費単位数に1単位の単価を乗じた額（1円未満は切り捨て）の全額であり、利用者の一部負担はない。居宅介護支援費の介護報酬は、要介護者1人当たり1月単位で算定される。

47条　**特例居宅介護サービス計画費の支給**……168

本条は、指定居宅介護支援事業者以外の介護支援サービスなど一定の条件を満たす場合に支給される特例居宅介護サービス計画費に関する規定である。

48条　施設介護サービス費の支給……170

本条は、施設介護サービス費の内容や支給手続き等を定める規定である。

(1)　施設介護サービス費の対象となるのは、次の3種類の介護保険施設から提供されるサービスである。すなわち、①介護老人福祉施設における介護福祉施設サービス、②介護老人保健施設における介護保健施設サービス、③介護医療院における介護医療院サービス、である。

(2)　施設介護サービス費に関する介護報酬は、3種類の介護保険施設ごとに要介護度に応じた1日の単位数が設定されている。

(3)　施設サービス利用者が負担する利用料は、次のとおりである。①施設介護サービス費の1割（一定以上の所得者は2割、3割）相当額、②食事の提供に要する費用、③居住に要する費用、④理美容代等の日常生活費、⑤要介護者の選定による特別なサービスの費用（特別な居室や特別な食事）。食費や居住費等の利用料に対する基本的な指針は、「居住、滞在及び宿泊並びに食事の提供に係る利用料等に関する指針」（平成17年9月7日厚生労働省告示419号）に定められている。

49条　特例施設介護サービス費の支給……172

本条は、緊急その他やむを得ない理由等により指定施設サービスを受けた場合に支給される特例施設介護サービス費について定める規定である。

49条の2　一定以上の所得を有する要介護被保険者に係る居宅介護サービス費等の額……173

本条は、第1号被保険者であって一定以上の所得を有する者の居宅介護サービスの保険給付割合を8割（利用者負担は2割）または7割（同3割）とすることを定めるものである。

(1)　第1項（利用者負担は2割）の政令で定める額は、160万円である。なお、サービスを利用した年の前年の年金収入等の合計所得金額が2人以上世帯で346万円未満、単身世帯で280万円未満の場合は、適用しない。

(2)　第2項（利用者負担は3割）の政令で定める額は、220万円である。なお、年金収入等の合計所得金額が2人世帯で463万円未満、単身世帯で340万円未満の場合は、適用しない。

50条　居宅介護サービス費等の額の特例……175

本条は、災害その他の特別の事情により、居宅サービスや施設サービス等の費用負担が困難と認めた要介護被保険者に対してあ、介護給付の割合を高くすることにより負担を軽減することを定めるものである。

51条　高額介護サービス費の支給……177

本条は、高額介護サービス費の支給に関する規定である。

(1)　高額介護サービス費は、医療保険制度における高額療養費に相当するものであり、1か月間の利用者負担の総額に上限を設けることにより、利用者負担の軽減を図るものである。介護予防サービスについても、法第61条により、高額介護予防サービス費が設けられている。

(2)　高額介護サービス費の対象となるのは、保険対象である介護サービス費用の利用者負担（1割、2割または3割）である。この負担額には、福祉用具購入費、住宅改修費の自己負担額や、施設での食費、居住費、日常生活費等その他の利用料は含まれない。

（参考）高額介護サービス費の負担限度額

区　分	負担の上限額（月額）
課税所得690万円（年収約1,160万円）以上	140,100円（世帯）
課税所得380万円（年収約770万円）～課税所得690万円（年収約1,160万円）未満	93,000円（世帯）
市町村民税課税～課税所得380万円（年収約770万円）未満	44,400円（世帯）
世帯の全員が市町村民税非課税	24,600円（世帯）
前年の公的年金等収入金額＋その他の合計所得金額の合計が80万円以下の方等	24,600円（世帯） 15,000円（個人）
生活保護を受給している方等	15,000円（世帯）

（注）令和3（2021）年8月利用分から適用

条　見出し　／趣旨・ポイント

51条の2　高額医療合算介護サービス費の支給……184

本条は、高額医療合算介護サービス費の支給に関する規定である。

(1)　高額医療合算介護サービス費は、平成20（2008）年4月1日から導入された。介護保険の利用者負担額と医療保険及び後期高齢者医療制度の一部負担金の合計額が高額となった場合、保険者は、被保険者に対して高額医療合算介護サービス費を支給することにより、利用者負担の軽減を図るものである。

(2)　世帯の負担限度額（合算算定基準額）は、加入している保険や世帯員の年齢、所得によって細かく設定されている。

51条の3　特定入所者介護サービス費の支給……196

本条は、低所得の要介護被保険者が施設サービスや短期入所サービスを利用したときに、食費及び居住費に負担限度額が設定され、限度額を超える分については、特定入所者介護サービス費が支給されることを定める規定である。

(1)　平成17（2005）年の法改正により、施設サービス等における食費及び居住費（滞在費）が保険給付の対象から外れて自己負担とされたことにともない、低所得者に対しては負担限度額を設けて利用者負担の軽減を図るとともに、事業者に対しては軽減分を特定入所者介護サービス費という保険給付で補うこととしたものである。そこで、この保険給付は、「補足給付」とも呼ばれている。

条　見出し　／趣旨・ポイント

(2)　特定入所者介護サービス費の対象となるサービスを、本条では「特定介護サービス」といい、本条第1項のとおり、指定介護福祉施設サービス、介護保健施設サービス、地域密着型介護老人福祉施設入所者生活介護、短期入所生活介護及び短期入所療養介護である。

(3)　特定入所者介護サービス費は、食費及び居住費（滞在費）について、それぞれの基準費用価額から所得段階や居室環境に応じて設定されている負担限度額を差し引いた額の合計となる。

51条の4　特例特定入所者介護サービス費の支給……199

本条は、特定入所者（特定入所者介護サービス費の対象となる者）が、要介護認定の効力が生じた日以前に緊急等やむを得ない理由で特定介護サービスを受けたとき等に支給される特例特定入所者介護サービス費について定める規定である。

第4節　予防給付

52条　予防給付の種類……204

本条は、要支援者である保険給付である予防給付の種類を規定するものである。

第4節は、保険給付である2種類の予防給付の内容や手続き等を定めている。条文の校正は、要介護者に対する介護給付について定める第3節とほぼ同じである。

なお、介護給付との比較では、要支援者は施設サービスを利用することはできないので、施設介護サービス費に相当する条文はない。

53条　介護予防サービス費の支給……204

条　見出し　／趣旨・ポイント

本条は、要支援者に対する介護予防サービス費の内容や支給手続きを定める規定である。

54条　特例介護予防サービス費の支給……207

本条は、介護予防サービス費の条件を満たさないときでも、市町村が必要と認めるときには、特例介護予防サービス費の保険給付を行うことができることを定める規定である。

54条の2　地域密着型介護予防サービス費の支給……209

本条は、地域密着型介護予防サービス費の支給内容や手続きについて定める規定である。

地域密着型介護予防サービス費としては、介護予防認知症対応型通所介護、介護予防小規模多機能型居宅介護及び介護予防認知症対応型共同生活介護がある。

54条の3　特例地域密着型介護予防サービス費の支給……212

本条は、地域密着型介護予防サービス費の支給要件を満たさないときに、償還払いで支給される特例地域密着型介護予防サービス費について定める規定である。

55条　介護予防サービス費等に係る支給限度額…214

本条は、介護予防サービス費の支給限度額等に関して定める規定である。居宅介護サービス費の支給限度額等について定めた法第43条の規定に類似している。

支給限度基準額の対象サービスは施行規則第88条により、介護予防サービスが6種類（介護予防訪問入浴介護、介護予防訪問看護、介護予防訪問リハビリテーション、介護予防短期入所生活介護、介護予防短期入所療養介護、介護予防福祉用具貸与）と、地域密着型介護予防サービスが2種類（介護予防認知症対応型通所介護、介護予防認知症対応型共同生活介護）とされている。

56条　介護予防福祉用具購入費の支給……216

本条は、居宅要支援被保険者が特定介護予防福祉用具を購入したときに支給される介護予防福祉用具購入費について定める規定である。

特定介護予防福祉用具購入費の対象になる福祉用具は、要介護者の場合と同様である。

57条　介護予防住宅改修費の支給……218

本条は、居宅要支援被保険者が、手すりの取付その他の住宅改修を行ったときに支給される介護予防住宅改修費について定める規定である。

その内容は、居宅介護住宅改修費（第45条）に関するものと同様である。

58条　介護予防サービス計画費の支給……221

本条は、要支援者が、指定介護予防支援事業者の行う介護予防支援を受けたときに支給される介護予防サービス計画費に関する規定である。

介護予防支援は、指定介護予防支援事業者である地域包括支援センターが行う。なお、地域包括支援センターは、地域包括支援センター運営協議会の議を経て、指定居宅介護支援事業者に事業を委託することができる。

59条　特例介護予防サービス計画費の支給……222

本条は、指定居宅介護支援事業者以外の介護予防支援などが一定の条件を満たす場合に支給される特例介護予防サービス計画費に関する規定である。

59条の2　一定以上の所得を有する居宅要支援被保険者に係る介護予防サービス費等の額……224

本条は、第1号被保険者であって一定以上の所得を有する者の介護予防サービス費の保険給付割合を8割または7割（利用者負担は2割または3割）とすることを定めるものである。

基準となる所得の額は要介護被保険者の場合と同様であり、第49条の2の趣旨・ポイントを参照。

60条　介護予防サービス費等の額の特例……225

本条は、災害その他の特別な事情により、介護予防サービスや地域密着型介護予防サービス等の費用負担が困難と認めた居宅要支援被保険者に対しては、予防給付の割合を80％超または90％超とすることにより、負担を軽減することを定めるものである。

居宅介護サービス費等の特例を定める第50条と相応するものである。

61条　高額介護予防サービス費の支給……226

本条は、居宅要支援被保険者の利用者負担の軽減を図るために、介護予防サービスの利用者負担合計に上限を設定し、超えた分について保険者が高額介護予防サービス費として支給することを定めるものである。

高額介護サービス費を定めた第51条に相応するものである。

61条の2　高額医療合算介護予防サービス費の支給…230

本条は、介護予防サービスの利用者負担額と医療保険及び後期高齢者医療制度の一部負担金の合計額が高額となった場合、保険者は被保険者に対して高額医療合算介護予防サービス費を支給することにより、利用者負担の軽減を図ることを定めた規定である。

高額医療合算介護サービス費を定めた第51条の2に相応するものである。

61条の3　特定入所者介護予防サービス費の支給……230

本条は、低所得の要支援被保険者が短期入所サービスを利用したときに、食費及び滞在費に負担限度額が設定され、限度額を超える分については、特定入所者介護予防サービス費が支給されることを定める規定である。

第51条の3に規定する特定入所者介護サービス費と基本的に同じ内容である。

61条の4　特例特定入所者介護予防サービス費の支給……233

本条は、特定入所者（特定入所者介護予防サービス費の対象となる者）が、要支援認定の効力が生じた日以前に緊急等やむを得ない理由で特定介護予防サービスを受けたとき等に支給される特例特定入所者介護予防サービス費について定める規定である。

第5節　市町村特別給付

62条……236

本条は、市町村は、要介護者に対する介護給付、要支援者に対する予防給付以外に、独自に保険給付（市町村特別給付）を行うことができることを定め

条　見出し　／趣旨・ポイント

る規定である。

(1) 市町村は、地域の実情や被保険者の要望等を踏まえ、条例により独自に保険給付を実施することができる。その財源は、第1号被保険者の保険料を用いる。

(2) 市町村特別給付の例としては、紙おむつの支給、移送サービス、配食サービス、訪問理美容サービスなどがあげられる。これらは、介護給付または予防給付以外のサービスであり、「横出し給付」ということができる。

(3) 法律で定める水準よりも高い水準の給付を、市町村が独自に行う「上乗せ給付」も可能である。介護給付については法第43条第3項、予防給付については法第55条第3項に基づき実施することができる。

第6節　保険給付の制限等

63条　保険給付の制限……………………………236

本条は、刑事施設等に拘禁された者に対する保険給付制限の規定である。

この第6節は、保険給付の制限等に関する規定を並べた節である。

64条　……………………………………………236

本条は、保険給付対象者が故意の犯罪行為や重大な過失、正当な理由なくサービス利用に関する指示に従わないことによって要介護状態になったり、状態を悪化させたりしたときには、市町村は、保険給付の全部または一部を制限することができる旨の規定である。

条　見出し　／趣旨・ポイント

65条　……………………………………………236

本条は、保険給付対象者が正当な理由なく市町村の求める文書の提出等に応じないときには、市町村は、保険給付の全部または一部を制限することができる旨の規定である。

66条　保険料滞納者に係る支払方法の変更…………236

本条は、保険料納付を確実なものにする観点から、保険料滞納者に対しては、保険給付の現物給付という支払方法を変更して、償還払いとすることを定める規定である。

(1) 第1号被保険者に対する保険料滞納対策としては、①1年間滞納した場合の保険給付の償還払い化（被保険者がいったん保険給付の全額を支払い、事後に保険者から現金で償還される方法）（第66条）、②1年6か月滞納した場合の保険給付の一時差止（第67条）、③2年間滞納した場合の保険給付率の引下げ、及び高額介護サービス費の不支給（第69条）がある。

第2号被保険者に対する保険料滞納対策としては、①保険給付の償還払い化、②保険給付の支払いの一時差止（①、②とも第68条）がある。

(2) 本条の規定により、要介護認定等を受けた被保険者が、納期限から1年間保険料を滞納した場合には、市町村は、事業所・施設への代理受領による保険給付の支払い（現物給付）は行わず、償還払いとすることができる。本条第2項により、1年間経過前でも行うことができる。なお、市町村は支払方法の変更を実施するために、保険料納付

条　見出し　／趣旨・ポイント

の督促や、被保険者の弁明の機会を設けることが適当である。

67条　保険給付の支払の一時差止……………………239

本条は、要介護認定等を受けた第1号被保険者が、納期限から1年6か月間保険料を納付しない場合には、市町村は、保険給付の支払の全部または一部を、滞納額に対して著しく高額とならない範囲で一時差止とすることができることを定める規定である。

68条　医療保険各法の規定による保険料等に未納がある者に対する保険給付の一時差止…240

本条は、要介護認定等を受けた第2号被保険者に未納医療保険料等がある場合、市町村は、代理受領による保険給付の支払（現物給付）を行わずに償還払いとするとともに、保険給付の支払の全部または一部を一時差止とすることができることを定める規定である。

69条　保険料を徴収する権利が消滅した場合の保険給付の特例………………………242

本条は、過去に保険料未納の期間があった第1号被保険者である要介護・要支援被保険者に対しては、一定期間、保険給付率を9割から7割（一定以上の所得を有する第1号被保険者は8割から7割または6割）に引き下げる、高額介護サービス費等を支給しない旨の保険給付の特例を定める規定である。

第5章　介護支援専門員並びに事業者及び施設

第1節　介護支援専門員

第1款　登録等

69条の2　介護支援専門員の登録……246

本条は、介護支援専門員の登録に関する手続きや欠格条項について定める規定である。

(1)　本条から第69条の39までの条文は、平成17（2005）年の法改正により新たに盛り込まれたものである。

介護支援専門員の登録、介護支援専門員証の申請手続き等に関する規定、実務研修試験の作成等を行う期間に関する規定、介護支援専門員の秘密保持等の規定が創設された。

(2)　介護支援専門員は、保険給付である介護サービスを利用する際に行われるケアマネジメント業務において中心的役割を果たす専門職である。介護保険制度において創設された専門職であり、一般に「ケアマネジャー」と呼ばれる。

都道府県知事が行う介護支援専門員実務研修受講試験に合格し、その後、都道府県知事が行う介護支援専門員実務研修の課程を修了した人が、介護支援専門員登録簿に介護支援専門員として登録し、介護支援専門員証の交付を受けて実務につくことができる。

(3)　介護支援専門員となるための実務研修受講試験の受験資格者は次のとおりである。

①　保健・医療・福祉分野の有資格者（医師、歯科医師、薬剤師、保健師、助産師、看護師、准看護士、理学療法士、作業療法士、社会福祉士、精神保健福祉士、介護福祉士、視能訓練士、歯科衛生士、言語聴覚士、あん摩マッサージ指圧師、はり師、きゅう師、柔道整復師、栄養士、管理栄養士または精神保健福祉士

②　法令等に基づく施設・事業で相談援助業務に従事する者（生活指導員など）で、5年以上の実務経験がある者

法施行時では、「介護等の実務経験が10年以上ある者」も受験資格があったが、2015年2月の受験要件の見直しによりなくなった。また、保有資格に応じて行われていた解答免除の取扱いも廃止された。

69条の3　登録の移転……249

69条の4　登録事項の変更の届出……250

69条の5　死亡等の届出……250

69条の6　申請等に基づく登録の消除……251

69条の7　介護支援専門員証の交付等……251

本条は、介護支援専門員証の交付や再研修、有効期間等について定める規定である。

(1)　介護支援専門員実務研修受講試験に合格し、実務研修を修了して登録を受けた介護支援専門員は、都道府県知事に対して介護支援専門員証の交付を申請する（第1項）。

(2)　登録日から5年を経過して交付申請する場合には、都道府県知事が行う再研修を受けなければならない（第2項）。

(3)　専門員証の有効期間は5年である（第3項）。申請により更新できるが、更新研修を受けなければならない（第69条の8）。

69条の8　介護支援専門員証の有効期間の更新……252

本条は、介護支援専門員証の有効期間の更新について定める規定である。

69条の9　介護支援専門員証の提示……252

69条の10　厚生労働省令への委任……252

第2款　登録試験問題作成機関の登録、指定試験実施機関及び指定研修実施機関の指定等

69条の11　登録試験問題作成機関の登録……255

本条は、介護支援専門員実務研修受講試験の試験問題の作成機関に関して定める規定である。

(1)　第2款は、登録試験問題作成機関、指定試験実施機関、指定研修実施機関の指定等に関する規定である。

(2)　登録試験問題作成機関は、公益財団法人社会福祉振興・試験センター（東京都渋谷区）である。都道府県では、試験の実施は、本庁で実施するか、各都道府県社会福祉協議会に委託している場合が多い。東京都の場合には、公益財団法人東京都福祉保健財団が行っている。

69条の12　欠格条項……255

69条の13　登録の基準……256

69条の14　登録の公示等……257

69条の15　役員の選任及び解任……257

69条の16　試験委員の選任及び解任……257

69条の17　秘密保持義務等……257

69条の18　試験問題作成事務規程……258

69条の19　財務諸表等の備付け及び閲覧等……258

69条の20　帳簿の備付け等……259

69条の21　適合命令……259

69条の22　報告及び検査……259

69条の23　試験問題作成事務の休廃止……260

69条の24　登録の取消し等……260

69条の25　委任都道府県知事による試験問題作成事務の実施……261

69条の26　試験問題作成事務に係る手数料……261

69条の27　指定試験実施機関の指定……262

本条は、都道府県知事は、介護支援専門員実務研修受講試験の実施について、試験問題作成を除く事務を指定する機関（指定試験実施機関）に行わせることができる旨を定める規定である。

69条の28　秘密保持義務等……262

69条の29　監督命令等……262

69条の30　報告及び検査……262

69条の31　合格の取消し等……263

69条の32　政令への委任……263

69条の33　指定研修実施機関の指定等……263

第3款　義務等

69条の34　介護支援専門員の義務……265

本条は、介護支援専門員に対して、公正かつ誠実に業務を行わなければならない等の義務を定める規定である。

(1)　第3款の各条は、介護支援専門員の義務を定めたものであり、介護支援専門員の業務の適正な推進を図る観点から、第1款及び第2款の各条とともに、平成17（2005）年の法改正で追加された。

条　見出し　／趣旨・ポイント

(2)　本条第3項は、平成26（2014）年の法改正で追加された規定である。介護支援専門員は、専門的知識及び技術の水準の向上など、資質の向上を図るよう自己研さんに努める必要がある。

69条の35　名義貸しの禁止等……265

本条は、介護支援専門員証の不正使用や他人への名義貸しを禁止する規定である。本条の規定に違反した場合は法第69条の39第2項の規定により、介護支援専門員の登録消除の可能性がある。

69条の36　信用失墜行為の禁止……265

本条は、介護支援専門としての信用を傷つけるような行為を禁止する規定である。本条の規定に違反した場合は、法第69条の39の規定により、介護支援専門員の登録消除の可能性がある。

69条の37　秘密保持義務……265

本条は、介護支援専門員に対して、その業務に関する秘密保持義務（守秘義務）を課す規定である。本条の規定に違反した場合は、法第69条の39の規定により、介護支援専門員の登録消除の可能性がある。

69条の38　報告等……265

本条は、介護支援専門員の業務の適正な遂行を確保する観点から、都道府県知事に対して、介護支援専門員に対する報告の徴収や指示・命令、業務の禁止等の権限を付与する規定である。

69条の39　登録の消除……266

本条は、介護支援専門員の登録に関して不正行為

条　見出し　／趣旨・ポイント

が行われたり、その業務に関して義務違反に相当する行為が行われた場合に、都道府県知事に登録の消除を行う権限を付与することにより、介護支援専門員の登録や業務が適正に行われるようにするための規定である。

第2節　指定居宅サービス事業者

70条　指定居宅サービス事業者の指定……267

本条は、指定居宅サービス事業者の指定の要件や、指定に関して市町村長と都道府県知事の協議に関する事項を定める規定である。

(1)　居宅サービス事業者が、要支援者・要介護者に提供するサービスの対価として、保険者から介護報酬を受け取るためには、原則として都道府県知事の指定を受けなければならない。

(2)　指定は、居宅サービス事業者の申請により、居宅サービスの種類、事業所ごとに行われる（第1項）。指定を受ける要件としては、①原則として申請者が都道府県の条例で定める者（施行規則第126条の4の2により法人）であること、②人員の基準を満たすこと、③設備・運営の基準に従って適正に事業の運営ができることである。

(3)　第2項は、居宅サービス事業者の指定申請に対して、都道府県知事が指定できない欠格事由を列挙している。これらの欠格事由に該当しない限り、都道府県知事は指定をしなければならない。欠格事由は、法制定時においては、第2項第3号までであったが、その後の法改正により大幅に増加している。

70条の2　指定の更新……294

本条は、指定事業者が指定基準に適合しているかどうかについて定期的に確認するために、指定の効力に6年間の期限を設ける規定である。

(1) 本条は、指定事業者の業務が適正に行われるようにする観点から指定の更新制を定めたものであり、平成17（2005）年の法改正により付け加えられた。

(2) 指定事業者は、指定日（または前回の指定更新日）から6年を経過する際に、指定の更新を受けなければ、有効期間満了によって指定の効力を失うこととなる。

70条の3　指定の変更……294

本条は、特定施設入居者生活介護の事業者が利用定員を増加しようとするときの指定の変更について定める規定である。

71条　指定居宅サービス事業者の特例……295

本条は、指定居宅介護サービス事業者の指定の特例を規定するもので、健康保険法による保険医療機関または保険薬局の指定があったときには、一定の在宅サービスについて指定居宅介護サービス事業者の指定があったものとみなす。対象は、居宅療養管理指導、訪問看護、訪問リハビリテーション、通所リハビリテーション及び短期入所療養介護である。

72条……295

本条も、指定居宅サービス事業者の指定の特例を規定するもので、介護老人保健施設について許可または指定があった場合、一定の在宅サービス（訪問リハビリテーション及び通所リハビリテーション）について指定居宅介護サービスの指定の特例があったものとみなす。

72条の2　共生型居宅サービス事業者の特例……296

本条は、介護保険法の訪問介護、通所介護、短期入所生活介護について、障害者総合支援法もしくは児童福祉法の指定を受けている事業者から指定の申請があった場合、都道府県の条例で別途定める基準を満たしているときは、共生型サービスとして指定を受けられる旨の規定である。

(1) 本条は平成29（2017）年の法改正で新たに付け加えられたもので、共生型サービスを創設し、平成30（2018）年度から実施。共生型サービスとは、同一の事業所で介護保険と障害福祉の両方のサービスを一体的に提供できるようにするものである。これにより、障害者が65歳以上になっても同一事業所を利用できるようになることや、高齢者・障害者とも利用できる事業所の選択肢が増える等の効果がある。

(2) サービス費用の請求は、介護保険サービス利用者については介護保険サービス費について、共生型福祉サービス利用者については障害福祉サービス費について行う。

73条　指定居宅サービスの事業の基準……298

本条は、指定居宅サービス事業者がサービスを提供する場合にあたっての責務を定める規定である。

74条……299

本条は、前条と同様に、指定居宅サービス事業者がサービスを提供する場合にあたっての責務を定める規定である。

(1) 平成24（2012）年度から、指定居宅サービスの人員・設備・運営に関する基準については、厚生労働省令で定める基準をもとに、都道府県が条例で定めることとされた。

(2) 指定居宅サービス事業者が事業を休廃止しようとする場合は、それまでの利用者（休止・廃止の届出日前1月以内にサービスを利用した利用者）に対して、継続的なサービス提供のための便宜の提供が義務付けられている（第5項）。具体的には他の事業所の紹介を行う、介護支援専門員との連絡調整を行うなど。この義務を果たさない場合、都道府県知事等（指定権者）は勧告・命令を行うことができる（第76条の2）。

75条　変更の届出等……300

本条は、指定居宅サービス事業者の名称・所在地等に変更があったとき、または休止した事業を再開したときは、10日以内に、事業を休廃止しようとするときは、1か月前までに、その旨を都道府県知事に届け出なければならないとする規定である。

75条の2　都道府県知事等による連絡調整又は援助…300

本条は、指定居宅サービス事業者が事業の廃止または休止をする場合、利用者へのサービスの継続的提供が円滑に行われるよう、都道府県知事、市町村長または厚生労働大臣は、関係者相互間の連絡調整、関係者への助言等の援助を行うことができるとする規定である。

条　見出し　／趣旨・ポイント

本条は、第74条第5項等の規定とともに、平成20（2008）年の法改正により付け加えられたものである。

76条　報告等……301

本条は、都道府県知事または市町村長は、居宅介護サービス費の支給に関して必要があると認めるときは、指定居宅サービス事業者等に対して報告や書類の提出等を命じたり、質問や立入検査を行ったりすることができる旨を定める規定である。

76条の2　勧告、命令等……301

本条は、指定居宅サービス事業者が人員基準や設備・運営基準等に従い適正な事業運営を行うよう、都道府県知事に対して事業者への勧告・命令等の権限を付与する規定である。

(1) 本条は、行政庁による指定事業者に対する指導監督権限を強化する趣旨から、平成17（2005）年の法改正により付け加えられたものである。

(2) 本条に基づく指導監督の仕組みは次のとおり。

① 都道府県知事は、第1項各号の規定に該当する事業者に対して、期限を定めて是正を勧告することができる（第1項）。

② 期限内に勧告に従わなかったときは、その旨を公表できる（第2項）。

③ 正当な理由がなくて勧告に沿った措置をとらなかったときは、期限を定めて措置をとるよう命令し（第3項）、その旨を公示する（第4項）。

④ 市町村は、指定居宅サービス事業者が第1

条　見出し　／趣旨・ポイント

項各号のいずれかに該当するときは、都道府県知事にその旨を通知しなければならない（第5項）。

77条　指定の取消し等……302

本条は、都道府県知事が指定居宅サービス事業者の指定の取消し、または効力の停止をすることができる旨を定める規定である。

(1) 本条は、平成17（2005）年の法改正により、指定の取消しに加えて、指定の全部または一部の効力の停止の措置が盛り込まれたほか、取消し・効力停止の事由が大幅に増加された。

(2) 法改正により、指定の全部または一部の効力の停止ができることとし、都道府県知事が不正な運営をしている指定事業者を確認した場合に、緊急的に不適正なサービス提供に基づく介護報酬の請求を停止させるなど、適切な対応を講じることができるようにしたものである。

78条　公示……304

本条は、指定居宅サービス事業者の指定や事業の廃止の届出、指定取消、指定の効力の停止があったときの都道府県知事による公示に関して定める規定である。

第3節　指定地域密着型サービス事業者

78条の2　指定地域密着型サービス事業者の指定……305

本条は、指定地域密着型サービス事業者の指定の手続き等について定める規定である。

(1) 地域密着型サービスは、平成17（2005）年の法改正で創設されたもので、高齢者が要介護状

条　見出し　／趣旨・ポイント

態となっても、可能な限り住み慣れた自宅または地域で生活を継続できるように、市町村内で提供されるサービスである。

(2) 地域密着型サービスの特徴を整理すると、次のとおり。

① 市町村長が事業所の指定や指導監督の権限を有する。

② 原則としてその市町村の被保険者のみがサービス利用が可能である（第9項、第10項により、指定した市町村長の同意を得た上で他の市町村長が指定すれば、他の市町村の住民が利用することも可能）。

③ 市町村（または日常生活圏域）ごとに必要整備量を計画に定め、これを超える等の場合には市町村は指定を拒否できる（第6項第4号。認知症対応型共同生活介護、地域密着型特定施設入居者生活介護及び地域密着型介護老人福祉施設入所者生活介護のみ）。

④ 地域の実情に応じた弾力的な指定基準・報酬設定ができる（第78条の4、第42条の2）。

⑤ 指定にあたって、地域住民等が関与する仕組みを有している（第7項）。

78条の2の2　共生型地域密着型サービス事業者の特例……327

本条は、介護保険法の地域密着型通所介護について、障害者総合支援法もしくは児童福祉法の指定を受けている事業者から指定の申請があった場合、市町村の条例で別途定める基準を満たしているとき

は、共生型サービスとして指定を受けられる旨の規定である。第72条の2の規定と同趣旨である。

78条の3　指定地域密着型サービスの事業の基準……330

本条は、指定地域密着型サービス事業者がサービスを提供する場合の基本原則を定める規定である。

78条の4……331

本条は、指定地域密着型サービス事業者の指定の基準に関する規定である。

(1)　平成24（2012）年度から、指定地域密着型サービスの基準は、厚生労働省令で定める基準をもとに、市町村条例で定めることとされた。

(2)　厚生労働省令は、「指定地域密着型サービスの事業の人員、設備及び運営に関する基準」（平成18年3月14日厚生労働省令第34号）であり、各地域密着型サービスごとに、基本方針、人員基準、設備基準及び運営基準が定められている。

78条の5　変更の届出等……332

本条は、指定地域密着型サービス事業者は、事業所の名称・所在地等に変更があったとき、または再開したときは、10日以内に、事業を廃止または休止する場合には、廃止または休止の1か月前までに、その旨を市町村長に届け出なければならないとする規定である。

78条の6　市町村長等による連絡調整又は援助……334

本条は、指定地域密着型サービス事業者が事業の廃止または休止をする場合、利用者へのサービスの継続的提供が円滑に行われるよう、市町村長は事業所相互間の連絡調整、事業者への助言その他の援助等を行うことを定めた規定である。第75条の2の規定と同趣旨である。

78条の7　報告等……334

本条は、市町村長は、地域密着型介護サービス費の支給に関して必要があると認めるときは、指定地域密着型サービス事業者等に対して報告や書類の提出等を命じたり、質問や立入検査を行ったりすることができる旨を定める規定である。

78条の8　指定の辞退……335

本条は、地域密着型介護老人福祉施設入所者生活介護の事業を行う者は、1月以上の予告期間を設けて指定を辞退できる旨を定める規定である。

78条の9　勧告、命令等……335

本条は、指定地域密着型サービス事業者が人員基準や設備・運営基準等に従い適正な事業運営を行うよう、市町村長に対して事業者への勧告・命令等の権限を付与する規定である。

(1)　本条は、行政庁による指定事業者に対する指導監督権限を強化する趣旨から、平成17（2005）年の法改正により付け加えられたものである。

(2)　本条に基づく指導監督の仕組みは次のとおり。

①　市町村長は、第1項各号の規定に該当する事業者に対して、期限を定めて是正を勧告することができる（第1項）。

②　期限内に勧告に従わなかったときは、その旨（事業者名、勧告に至った経緯、勧告に対する対応等）を公表できる（第2項）。

③　正当な理由がなくて勧告に沿った措置をとらなかったときは、期限を定めて措置をとるよう命令し（第3項）、その旨（事業者名、命令に至った経緯等）を公示する（第4項）。

78条の10　指定の取消し等……336

本条は、市町村長が、指定地域密着型サービス事業者の指定の取消しまたは効力の停止をすることができる旨を定める規定である。

78条の11　公示……338

本条は、指定地域密着型サービス事業者の指定や廃止の届出、指定取消し、指定の効力の停止があったときの市町村長による公示に関して定める規定である。

78条の12　準用……338

本条は、指定地域密着型サービス事業者の指定について、指定居宅サービス事業者に関する規定を準用する旨の規定である。地域密着型サービス事業者の指定は、指定居宅サービス事業者の場合と同様に、6年ごとの更新制とされる。

78条の13　公募指定……338

本条は、地域密着型サービスのうち、定期巡回・臨時対応型訪問介護看護、小規模多機能型居宅介護及び複合型サービスについて、市町村による公募を通じて指定を行うことができる旨を定める規定である。

公募指定は、市町村がサービス見込量を確保することと、サービスの質の向上が目的である。

78条の14……340

本条は、公募指定の方法について定める規定であ

条　見出し／趣旨・ポイント

る。

(1) 公募指定の方法について、施行規則第131条の19により、次のような内容が定められている。

① 市町村長は、選考基準を設けて公表するとともに、基準に基づいて選考をし、決定すること。

② 市町村長は、公募を行う旨を広報または広報誌への掲載、インターネットの利用等、適切な方法により周知すること。

③ 市町村長は、応募の受付期間を十分に確保すること。

④ 市町村長は、選考の結果、決定しなかったときは、一定期間内に再度公募を行うこと。

78条の15　**公募指定の有効期間等**……341

本条は、公募指定の有効期間等を定める規定である。

公募指定の有効期間は、指定の日から6年を超えない範囲内で市町村長が定める期間である（第1項）。

78条の16　**市町村長指定期間等の公示**……345

本条は、公募指定に関する公示について定める規定である。

78条の17　**公募指定に関する読替え**……346

本条は、公募指定に関する必要な読替えを政令で定めることとする規定である。

第4節　指定居宅介護支援事業者

79条　**指定居宅介護支援事業者の指定**……349

本条は、居宅介護支援事業者の指定及び指定の欠格条項に関する規定である。

条　見出し／趣旨・ポイント

(1) 施行規則第132条第1項において、指定居宅介護支援事業者の指定を受ける場合の申請事項、同条第2項において、指定の更新を受ける場合の申請事項が規定されている。

(2) 法政定時は、指定居宅介護支援事業者の指定権限者は、都道府県・指定都市・中核市であったが、居宅介護支援（ケアマネジメント）に対する市町村の関与を強めるという保険者機能強化の観点から、平成26（2014）年の法改正によって平成30（2018）年度から市町村長に移譲された。指定基準は市町村の条例で定めることとされた。

(3) 本条第2項第3号の基準は、「指定居宅介護支援等の事業の人員及び運営に関する基準」（平成11年3月31日厚生省令第38号）である。

79条の2　**指定の更新**……352

本条は、指定居宅介護支援事業者の指定の効力に6年間の期限を設けているものである。

80条　**指定居宅介護支援の事業の基準**……352

本条は、指定居宅介護支援事業者の事業の責務を定める規定である。

81条　……353

本条は、指定居宅介護支援事業者の人員及び運営に関する基準を定める規定である。

82条　**変更の届出等**……353

本条は、指定居宅介護支援事業者の名称等に変更があった場合の届出に関する規定である。

82条の2　**市町村長等による連絡調整又は援助**……354

本条は、指定居宅介護支援事業者が事業の廃止ま

条　見出し／趣旨・ポイント

たは休止をする場合、利用者への居宅サービス等の継続的提供が行われるよう、市町村長は、事業者等関係者相互間の連絡調整、助言その他の援助を行うことができるとする規定である。

(1) 本条は平成20（2008）年の法改正により加えられた規定であり、同趣旨の規定としては、第75条の2、第78条の6等がある。

(2) 同一の指定居宅介護支援事業者について2以上の市町村が連絡調整・援助を行う場合について、市町村長相互間の連絡調整または事業者に対する広域的な見地からの助言その他の援助を都道府県が行うことができるとされている（第2項）。

83条　**報告等**……355

本条は、市町村長は、指定居宅介護支援事業者等に対して報告や帳簿書類の提出等を命じたり、質問や立入検査等を行ったりすることができる旨を定める規定である。

83条の2　**勧告、命令等**……355

本条は、指定居宅介護支援事業者が、人員基準や設備・運営基準等に従い適正な事業運営を行うよう、市町村長に対して事業者への勧告・命令等の権限を付与する規定である。

84条　**指定の取消し等**……356

本条は、市町村長が、指定居宅介護支援事業者の指定の取消し、または期間を定めて指定の全部もしくは一部の効力を停止することができる旨を定める規定である。

85条　**公示**……357

本条は、指定居宅介護支援事業者の指定や廃止の届出、指定の取消し、指定の全部または一部の効力の停止があったとき、市町村長に公示を義務付ける規定である。

第5節　介護保険施設

第1款　指定介護老人福祉施設

本条は、指定介護老人福祉施設の指定に関する規定である。

(1)　第5節は、介護保険施設に関する規定である。介護保険施設とは、要介護者を入所または入院させて施設サービスを提供する施設であり、介護老人福祉施設と介護老人保健施設、介護医療院の3種類がある。法施行時は、介護医療院は存在せず、代わりに介護療養型医療施設が存在したが、令和6（2024）年3月末に廃止された。介護医療院は介護療養型医療施設に代わるものとして、平成29（2017）年の法改正により創設された。

(2)　介護老人福祉施設は、老人福祉法に規定する特別養護老人ホームである。老人福祉法第20条の5において、「特別養護老人ホームは、第11条第1項第2号の措置に係る者又は介護保険法の規定による地域密着型介護老人福祉施設入所者生活介護に係る地域密着型介護サービス費若しくは介護福祉施設サービスに係る施設介護サービス費の支給に係る者その他の政令で定める者を入所させ、養護することを目的とする施設とする」と規定されている。

(3)　介護老人福祉施設は、入所定員30名以上の特別養護老人ホームのうち、指定基準を満たして都道府県知事の指定を受けたものである。入所定員29名以下の特別養護老人ホームのうち、指定基準を満たして市町村長の指定を受けたものを、地域密着型介護老人福祉施設という。両者とも、平成26（2014）年の法改正により、平成27（2015）年度から新規入所者は原則として要介護3以上の者とされている。

本条は、指定介護老人福祉施設の指定の効力に6年間の期限を設け、その更新を受けなければ指定の効力を失う旨を定めている規定である。

本条は、介護老人福祉施設の開設者の運営上の責務を定める規定である。

本条は、指定介護老人福祉施設の指定の基準に関する規定である。

平成24（2012）年度から指定介護老人福祉施設の人員・設備・運営に関する基準については、厚生労働省令で定める基準を基に、都道府県が条例で定めることとされている。厚生労働省令とは「指定介護老人福祉施設の人員、設備及び運営に関する基準」（平成11年3月31日厚生省令第39号）である。

本条は、指定介護老人福祉施設の開設者の住所等に変更があったときは、開設者は10日以内に、その旨を都道府県知事に届け出なければならないとする規定である。

本条は、指定介護老人福祉施設の開設者が、指定の辞退をする場合、利用者に必要な居宅サービス等の継続的な提供が行われるよう、都道府県知事または市町村長は、指定介護老人福祉施設の開設者その他関係者相互間の連絡調整、助言その他の援助を行うことができるとする規定である。

本条は、平成20（2008）年の法改正により加えられた規定であり、同趣旨の規定としては、第75条の2、第78条の6、第82条の2がある。

本条は、都道府県知事または市町村長は、指定介護老人福祉施設等に対して、報告や帳簿書類の提出等を命じたり、質問や立入検査等を行ったりすることができる旨を定める規定である。

本条は、指定の辞退にあたっては、1月以上の予告期間を設けなければならない旨を定める規定である。

本条は、指定介護老人福祉施設が、人員基準や設備・運営基準等に従い適正な事業運営を行うよう、都道府県知事に対して施設開設者への勧告・命令等の権限を付与する規定である。

本条は、都道府県知事が、指定介護老人福祉施設の指定の取消し、または期限を定めて指定の全部もしくは一部の効力を停止することができる旨を定める規定である。

93条　公示……………366

本条は、指定介護老人福祉施設の指定や指定の辞退、指定の取消し、指定の全部または一部の効力の停止があった時、都道府県知事に公示を義務付ける規定である。

第2款　介護老人保健施設

94条　開設許可……………366

本条は、介護老人保健施設の開設許可に関する規定である。

(1)　介護老人保健施設は、介護保険法制定前は「老人保健施設」と呼ばれ、関係規定は老人保健法において定められていた。介護保険法の制定に伴い、老人保健施設に関する法令上の規定がすべて介護保険法に移行され、「介護老人保健施設」と命名された。

(2)　介護老人保健施設は、介護老人福祉施設及び介護医療院と並んで、介護保険施設の一種である。病状安定期にあり入院治療は必要ないが、リハビリテーションや看護、介護を要する要介護者を短期間介護する施設である。介護保険法上の定義は、第8条第28項に定められている。

(3)　介護老人福祉施設が介護保険給付の対象施設となるためには、介護保険法に基づいて指定を受ける必要があるのに対し、介護老人保健施設は介護

条　見出し／趣旨・ポイント

保険法に基づき都道府県知事の許可によって設置されるので、指定は必要なく、名称にも「指定」の文字は入らない。

(4)　介護老人保健施設を開設できる者として、地方公共団体、医療法人、社会福祉法人以外に、「厚生労働大臣の定める介護老人保健施設を開設できる者」（平成11年3月31日厚生省告示第96号）が定められている。それによれば、日本赤十字社、厚生（医療）農業協同組合連合会、健康保険組合等があげられている。

条　見出し／趣旨・ポイント

（参考）介護保険施設の比較

		介護老人福祉施設 （特別養護老人ホーム）	介護老人保健施設	介護医療院	
				Ⅰ型	Ⅱ型
概要		要介護者のための生活施設	要介護者にリハビリ等を提供し、在宅復帰を目指す施設	要介護高齢者の長期療養・生活施設	
設置根拠		老人福祉法（老人福祉施設）		医療法（医療提供施設）	
			介護保険法 （介護老人保健施設）	介護保険法（介護医療院）	
配置	医師	健康管理及び療養上の指導のための必要な数	100対1 （常勤1名以上）	医師：48対1 （3名以上）	医師：100対1 （3名以上）
	看護職員	3対1	3対1 （うち看護職員を2／7程度を標準）	看護職員：6対1 （うち看護師2割以上）	看護職員：6対1
	介護職員			介護職員： 5対1～4対1	介護職員： 6対1～4対1
面積		10.65㎡以上	8.0㎡以上 2)	8.0㎡以上 1) 2)	

資料　厚生労働省「全国厚生労働関係部局長会議資料」（平成30年1月）
注　1）　多床室の場合でも、家具やパーテーション等による間仕切りの設置など、プライバシーに配慮した療養環境の整備を検討。
　　2）　大規模改修まで6.4㎡以上で可。

本条は、介護老人保健施設の許可について、6年ごとの更新制を定める規定である。

本条は、介護老人保健施設の開設者は、都道府県知事の承認を受けた医師に施設を管理させなければならない旨を定める規定である。ただし、都道府県知事の承認を受け、医師以外の者に管理させることができる。

本条は、介護老人保健施設の開設者の運営上の責務を定める規定である。

本条は、介護老人保健施設の基準に関する規定である。

平成24（2012）年度から、介護老人保健施設の人員・設備・運営に関する基準については、厚生労働省令で定める基準をもとに、都道府県が条例で定めることとされた。

厚生労働省令は、「介護老人保健施設の人員、施設及び設備並びに運営に関する基準」（平成11年3月31日厚生省令第40号）であり、施設の基本方針、人員基準、設備基準及び運営基準が定められている。

本条は、介護老人保健施設に対する広告制限に関する規定である。

本条は、介護老人保健施設の住所等の事項に変更があったとき、または休止していた介護老人保健施設を再開したときは、開設者は10日以内に、その旨を都道府県知事に届け出なければならないとする規定である。

本条は、介護老人保健施設の廃止または休止の届出があったとき、利用者に必要な居宅サービス等の継続的な提供が行われるよう、都道府県知事または市町村長は、その介護老人保健施設の開設者その他関係者相互間の連絡調整、助言その他の援助を行うことができるとする規定である。

本条は、都道府県知事または市町村長は、介護老人保健施設の開設者等に対して、報告や診療録その他の帳簿書類の提出等を命じたり、質問や立入検査等を行ったりすることができる旨を定める規定である。

本条は、介護老人保健施設が必要な施設を有しなくなったとき、または設備運営基準に適合しなくなったときは、都道府県知事は、その施設の使用制限や使用禁止、あるいは修繕や改築を命じることができるとする規定である。

本条は、都道府県知事は、介護老人保健施設の管理者が不適当であると認めるときは、開設者に対して、管理者の変更を命ずることができる旨を定める規定である。

本条は、介護老人保健施設が、人員基準や設備・運営基準等に従い適正な事業運営を行うよう、都道府県知事に対して施設開設者への勧告、命令等の権限を付与する規定である。

本条は、都道府県知事が、介護老人保健施設の許可の取消し、または期間を定めて許可の全部もしくは一部の効力の停止ができる旨を定める規定である。

本条は、介護老人保健施設の許可、廃止の届出、許可の取消し等があったとき、都道府県知事に公示を義務付ける規定である。

本条は、医療法の規定の一部を、介護老人保健施設の開設者に準用することを定める規定である。

本条は、介護老人保健施設と医療法との関係を表す規定である。

介護老人保健施設は医療法でいう病院または診療所ではないが、医療法以外の規定では原則として、病院または診療所に介護老人保健施設を含む。

第3款　介護医療院

本条は、介護医療院の開設許可に関する規定である。

条　見出し　／趣旨・ポイント

(1) 介護医療院は、平成29（2017）年の法改正により創設された介護保険施設である。介護保険法制定時は、介護療養型医療施設が介護保険施設の1種として、第107条から第115条までにその関係規定が置かれていた。しかし、平成18（2006）年の法改正により、介護療養型医療施設は平成24（2012）年3月末までに廃止されることとなり、平成24（2012）年4月にこれらの規定は削除された。ただし、その後、廃止の延長措置が講じられ、最終的には令和6（2024）年3月末までに廃止された。

(2) 介護医療院は、介護老人福祉施設及び介護老人保健施設とならんで介護保険施設の1種である。介護医療院は、主として長期にわたり療養が必要である要介護者に対し、療養上の管理、看護、医学的管理の下における介護及び機能訓練その他必要な医療ならびに日常生活上の世話を行う施設である。その定義は、法第8条第29項に定められている。

(3) 介護医療院は、都道府県知事の許可により開設する。介護老人保健施設と同様に、指定は必要なく、名称にも「指定」の文字は入らない。開設許可は、短期入所療養介護と通所リハビリテーションの指定とみなされる。

(4) 介護医療院を開設できる者として、地方公共団体、医療法人、社会福祉法人以外に、「厚生労働大臣が定める介護医療院を開設できる者」（平成30年3月30日厚生労働省告示第181号）が定められ

条　見出し　／趣旨・ポイント

ている。それによれば、日本赤十字社、厚生（医療）農業協同組合連合会、健康保険組合、病院を開設している者等があげられている。

108条　許可の更新……386

本条は、介護医療院の許可について、6年ごとの更新制を定める規定である。

109条　介護医療院の管理……387

本条は、介護医療院の開設者は、都道府県知事の承認を受けた医師に施設を管理させなければならない旨を定める規定である。ただし、都道府県知事の承認を受け、医師以外の者に管理させることができる。

110条　介護医療院の基準……387

本条は、介護医療院の基準に関する規定である。

111条……387

介護医療院は、厚生労働省令で定める施設・設備基準、医師・看護師の配置基準、都道府県の条例で定める施設、介護支援専門員その他の介護業務に従事する者の基準を有していなければならない。

厚生労働省令は、「介護医療院の人員、施設及び設備並びに運営に関する基準」（平成30年1月18日厚生労働省令第5号）であり、施設の基本方針、人員基準、設備基準及び運営基準が定められている。

112条　広告制限……388

本条は、介護医療院に対する広告制限に関する規定である。

113条　変更の届出等……388

本条は、介護医療院の住所等の事項に変更があっ

条　見出し　／趣旨・ポイント

たとき、または休止した介護医療院を再開したときは、開設者は10日以内に、廃止または休止のときは1か月前までに、その旨を都道府県知事に届け出なければならないとする規定である。

114条　都道府県知事等による連絡調整又は援助……389

本条は、介護医療院の廃止または休止の届出があったとき、利用者に必要な居宅サービス等の継続的な提供が行われるよう、都道府県知事または市町村長は、その介護医療院の開設者その他関係者相互間の連絡調整、助言その他の援助を行うことができるとする規定である。

114条の2　報告等……389

本条は、都道府県知事または市町村長は、介護医療院の開設者等に対して、報告や診療録その他の帳簿書類の提出等を命じたり、質問や立入検査等を行ったりすることができる旨を定める規定である。

114条の3　設備の使用制限等……390

本条は、介護医療院が必要な施設を有しなくなったとき、または設備運営基準に適合しなくなったときは、都道府県知事は、その施設の使用制限や使用禁止、あるいは修繕や改築を命じることができるとする規定である。

114条の4　変更命令……390

本条は、都道府県知事は、介護医療院の管理者が不適当であると認めるときは、開設者に対して、管理者の変更を命ずることができる旨を定める規定である。

114条の5　業務運営の勧告、命令等……390

本条は、介護医療院が、人員基準や設備・運営基準等に適正な事業運営を行うよう、都道府県知事に対して施設開設者への勧告、命令等の権限を付与する規定である。

114条の6　許可の取消し等……391

本条は、都道府県知事が、介護医療院の許可の取消し、または期間を定めて許可の全部もしくは一部の効力の停止ができる旨を定める規定である。

114条の7　公示……393

本条は、介護医療院の許可、廃止の届出、許可の取消し等があったとき、都道府県知事に公示を義務付ける規定である。

114条の8　医療法の準用……393

本条は、医療法の規定の一部を、介護医療院の開設者に準用することを定める規定である。

115条　医療法との関係等……394

本条は、介護医療院と医療法との関係を表す規定である。

介護医療院は医療法にいう病院または診療所ではないが、医療法以外の規定では原則として、病院または診療所に介護医療院を含む。

第6節　指定介護予防サービス事業者

115条の2　指定介護予防サービス事業者の指定……396

本条は、指定居宅サービス事業者の指定の要件を定める規定である。

(1)　第6節から第8節までの規定は、平成17(2005)年の法改正により盛り込まれた。基本的には、第2節から第4節までの指定居宅サービス事業者、指定地域密着型サービス事業者及び指定居宅介護支援事業者に関する規定の構成や内容に類似したものとなっている。

(2)　指定介護予防事業者が、要支援者に提供するサービスに提供するサービスの対価として、保険者から介護報酬を受け取るためには、都道府県知事の指定を受けなければならない。

(3)　指定は、介護予防サービス事業者の申請により、介護予防サービスの種類、事業所ごとに行われる(第1項)。指定を受ける要件としては、①原則として申請者が都道府県の条例で定める者(法人)であること、②人員の基準を満たすこと、③設備・運営の基準に従って適正に事業の運営ができることである。

(4)　第2項は、介護予防サービス事業者の指定申請に対して、都道府県知事が指定できない欠格事由を列挙している。これらの欠格事由に該当しない限り、都道府県知事は指定をしなければならない。

115条の2の2　共生型介護予防サービス事業者の特例……415

本条は、介護保険法の介護予防短期入所生活介護について、障害者総合支援法もしくは児童福祉法の指定を受けている事業者から指定の申請があった場合、都道府県の条例で別途定める基準を満たしているときは、共生型サービスとして指定を受けられる旨の規定である。

サービス費用の請求は、介護保険サービス利用者については介護保険サービス費について、共生型福祉サービス利用者については障害福祉サービス費について行う。

115条の3　指定介護予防サービスの事業の基準……417

本条は、指定介護予防サービス事業者がサービスを提供する場合にあたっての責務を定める規定である。

115条の4……418

本条は、指定介護予防サービス事業者の指定の基準に関する規定である。

(1)　平成24(2012)年度から、指定介護予防サービスの人員・設備・運営に関する基準については、厚生労働省令で定める基準をもとに、都道府県が条例で定めることとされた。厚生労働省令とは、「指定介護予防サービス等の事業の人員、設備及び運営並びに指定介護予防サービス等に係る介護予防のための効果的な支援の方法に関する基準」(平成18年3月14日厚生労働省令第35号)を指す。

(2)　指定介護予防サービス事業者が事業を休廃止しようとする場合は、それまでの利用者(休止・廃止の届出日前1月以内にサービスを利用した利用者)に対して、継続的なサービス提供のための便宜の提供が義務付けられている(第5項)。具体的には他の事業所の紹介を行う、介護支援専門員との連絡調整を行うなど。

115条の5　変更の届出等……419

本条は、指定介護予防サービス事業者の名称・所在地等に変更があったとき、または休止した事業を

条　見出し／趣旨・ポイント

再開したときは、10日以内に、事業を休廃止しようとするときは、1か月前までに、その旨を都道府県知事に届け出なければならないとする規定である。

115条の6　都道府県知事等による連絡調整又は援助…420

本条は、指定介護予防サービス事業者が事業の廃止または休止をする場合、利用者へのサービスの継続的提供が円滑に行われるよう、都道府県知事、市町村長または厚生労働大臣は、関係者相互間の連絡調整、関係者への助言等の援助を行うことができるとする規定である。

115条の7　報告等……………………………………421

本条は、都道府県知事または市町村長は、介護予防サービス費の支給に関して必要があると認めるときは、指定介護予防サービス事業者等に対して報告や書類の提出等を命じたり、質問や立入検査を行ったりすることができる旨を定める規定である。

115条の8　勧告、命令等……………………………421

本条は、指定介護予防サービス事業者が人員基準や設備・運営基準等に従い適正な事業運営を行うよう、都道府県知事に対して事業者への勧告・命令等の権限を付与する規定である。

(1) 本条は、行政庁による指定事業者に対する指導監督権限を強化する趣旨から、平成17（2005）年の法改正により付け加えられたものである。

(2) 本条に基づく指導監督の仕組みは次のとおり。

① 都道府県知事は、第1項各号の規定に該当する事業者に対して、期限を定めて是正を勧告することができる（第1項）。

条　見出し／趣旨・ポイント

② 期限内に勧告に従わなかったときは、その旨を公表できる（第2項）。

③ 正当な理由がなくて勧告に沿った措置をとらなかったときは、期限を定めて措置をとるよう命令し（第3項）、その旨を公示する（第4項）。

④ 市町村は、指定介護予防サービス事業者が第1項各号のいずれかに該当するときは、都道府県知事にその旨を通知しなければならない（第5項）。

115条の9　指定の取消し等…………………………422

本条は、都道府県知事が指定介護予防サービス事業者の指定の取消し、または効力の停止をすることができる旨を定める規定である。

(1) 本条は、平成17（2005）年の法改正により、指定の取消しに加えて、指定の全部または一部の効力の停止の措置が盛り込まれたほか、取消し・効力停止の事由が大幅に増加された。

(2) 法改正により、指定の全部または一部の効力の停止ができることとし、都道府県知事が不正な運営をしている指定事業者を確認した場合に、緊急的に不適正なサービス提供に基づく介護報酬の請求を停止させるなど、適切な対応を講じることができるようにしたものである。

115条の10　公示……………………………………424

本条は、指定介護予防サービス事業者の指定や事業の廃止の届出、指定の取消し、指定の効力の停止があったときの都道府県知事による公示に関して定める規定である。

条　見出し／趣旨・ポイント

115条の11　準用……………………………………424

本条は、指定介護予防サービス事業者の指定の更新、指定の特例について、指定居宅サービス事業者に関する規定を準用する旨の規定である。

第7節　指定地域密着型介護予防サービス事業者

115条の12　指定地域密着型介護予防サービス事業者の指定……………………………426

本条は、指定地域密着型介護予防サービス事業者の指定の手続き等について定める規定である。

(1) 指定地域密着型介護予防サービス事業者が、要支援者に提供するサービスに提供するサービスの対価として、保険者から介護報酬を受け取るためには、市町村長の指定を受けなければならない。

(2) 指定は、地域密着型介護予防サービス事業者の申請により、地域密着型介護予防サービスの種類、事業所ごとに行われる（第1項）。指定を受ける要件としては、①原則として申請者が市町村の条例で定める者（法人）であること、②人員の基準を満たすこと、③設備・運営の基準に従って適正に事業の運営ができることである。

(3) 第2項は、地域密着型介護予防サービス事業者の指定申請に対して、市町村長が指定できない欠格事由を列挙している。これらの欠格事由に該当しない限り、市町村長は指定をしなければならない。

115条の12の2　共生型地域密着型介護予防サービス事業者の特例……………………436

本条は、厚生労働省令で定める地域密着型介護予防サービスの事業所について、障害者総合支援法もしくは児童福祉法の指定を受けている事業者から指定の申請があった場合、市町村の条例で定める基準を満たしているときは、共生型サービスとして指定を受けられる旨の規定である。

ただし、本条に該当する厚生労働省令は定められていない。

115条の13　指定地域密着型介護予防サービスの事業の基準……439

本条は、指定地域密着型介護予防サービス事業者がサービスを提供する場合にあたっての責務を定める規定である。

115条の14……440

本条は、指定地域密着型介護予防サービス事業者の指定の基準に関する規定である。

(1)　平成24（2012）年度から、指定地域密着型介護予防サービスの人員・設備・運営に関する基準については、厚生労働省令で定める基準をもとに、市町村長が条例で定めることとされた。厚生労働省令とは、「指定地域密着型介護予防サービスの事業の人員、設備及び運営並びに指定地域密着型介護予防サービスに係る介護予防のための効果的な支援の方法に関する基準」（平成18年3月14日厚生労働省令第36号）を指す。

(2)　指定地域密着型介護予防サービス事業者が事業を休廃止しようとする場合は、それまでの利用者（休止・廃止の届出日前1月以内にサービスを利用した利用者）に対して、継続的なサービス提供のための便宜の提供が義務付けられている（第7項）。具体的には他の事業所の紹介を行う、介護支援専門員との連絡調整を行うなど。

115条の15　変更の届出等……441

本条は、指定地域密着型介護予防サービス事業者の名称・所在地等に変更があったとき、または休止した事業を再開したときは、10日以内に、事業を休廃止しようとするときは、1か月前までに、その旨を市町村長に届け出なければならないとする規定である。

115条の16　市町村長等による連絡調整又は援助……442

本条は、指定地域密着型介護予防サービス事業者が事業の廃止または休止をする場合、利用者へのサービスの継続的提供が円滑に行われるよう、都道府県知事、市町村長または厚生労働大臣は、関係者相互間の連絡調整、関係者への助言等の援助を行うことができるとする規定である。

115条の17　報告等……443

本条は、市町村長は、地域密着型介護予防サービス費の支給に関して必要があると認めるときは、指定地域密着型介護予防サービス事業者等に対して報告や書類の提出等を命じたり、質問や立入検査を行ったりすることができる旨を定める規定である。

115条の18　勧告、命令等……443

本条は、指定地域密着型介護予防サービス事業者が人員基準や設備・運営基準等に従い適正な事業運営を行うよう、市町村長に対して事業者への勧告・命令等の権限を付与する規定である。

(1)　本条は、行政庁による指定事業者に対する指導監督権限を強化する趣旨から、平成17（2005）年の法改正により付け加えられたものである。

(2)　本条に基づく指導監督の仕組みは次のとおり。

①　市町村長は、第1項各号の規定に該当する事業者に対して、期限を定めて是正を勧告することができる（第1項）。

②　期限内に勧告に従わなかったときは、その旨を公表できる（第2項）。

③　正当な理由がなくて勧告に沿った措置をとらなかったときは、期限を定めて勧告に係る措置をとるよう命令することができ（第3項）、その旨を公示する（第4項）。

115条の19　指定の取消し等……445

本条は、市町村長が指定地域密着型介護予防サービス事業者の指定の取消し、または効力の停止をすることができる旨を定める規定である。

(1)　本条は、平成17（2005）年の法改正により、指定の取消しに加えて、指定の全部または一部の効力の停止の措置が盛り込まれたほか、取消し・効力停止の事由が大幅に増加された。

(2)　法改正により、指定の全部または一部の効力の停止ができることとし、市町村長が不正な運営をしている指定事業者を確認した場合に、緊急的に不適正なサービス提供に基づく介護報酬の請求を停止させるなど、適切な対応を講じることができるようにしたものである。

115条の20　公示 …… 446

本条は、指定地域密着型介護予防サービス事業者の指定や事業の廃止の届出、指定の取消し、指定の効力の停止があったときの市町村長による公示に関して定める規定である。

115条の21　準用 …… 447

本条は、指定地域密着型介護予防サービス事業者の指定の更新について、指定居宅サービス事業者に関する規定を準用する旨の規定である。

第8節　指定介護予防支援事業者

115条の22　指定介護予防支援事業者の指定 …… 447

本条は、指定介護予防支援事業者の指定及び指定の欠格条項に関する規定である。

(1) 施行規則第140条の32に、指定にあたっての申請事項が定められている。

(2) 法制定時は、指定介護予防支援事業者の指定権限者は、都道府県・指定都市・中核市であったが、居宅介護支援（ケアマネジメント）に対する市町村の関与を強めるという保険者機能強化の観点から、平成26（2014）年の法改正によって平成30（2018）年度から市町村長に移譲された。指定基準は市町村の条例で定めることとされた。

115条の23　指定介護予防支援の事業の基準 …… 451

本条は、指定介護予防支援事業者の事業の責務を定める規定である。

115条の24 …… 451

条　見出し　／趣旨・ポイント

本条は、指定介護予防支援事業者の人員及び運営に関する基準を定める規定である。

(1) 第3項の厚生労働省令で定める基準とは、「指定介護予防支援等の事業の人員及び運営並びに指定介護予防支援等に係る介護予防のための効果的な支援の方法に関する基準」（平成18年3月14日厚生労働省令第37号）を指す。

(2) 市町村が条例を定める際、人員配置やサービスなどの適切な利用・処遇及び安全確保等に関するものは同基準に「従い」、その他の事項は「参酌」することとされた。

115条の25　変更の届出等 …… 452

本条は、指定介護予防支援事業者は、事業所の名称・所在地等に変更があったとき、または再開したときは、10日以内に、事業を廃止または休止する場合には、廃止または休止の1か月前までにその旨を市町村長に届け出なければならないとする規定である。

115条の26　市町村長等による連絡調整又は援助 …… 452

本条は、指定介護予防支援事業者が事業の廃止または休止をする場合、利用者への居宅サービス等の継続的提供が円滑に行われるよう、市町村長や都道府県知事は、事業者等関係者相互間の連絡調整、助言その他の援助を行うことができるとする規定である。厚生労働大臣は、同一の指定介護予防支援事業者について2以上の都道府県知事が連絡調整等を行う場合において、都道府県知事間の連絡調整や広域的な観点からの助言その他の援助を行う。

条　見出し　／趣旨・ポイント

115条の27　報告等 …… 453

本条は、市町村長は、指定介護予防支援事業者等に対して報告や帳簿書類の提出等を命じたり、質問や立入検査等を行ったりすることができる旨を定める規定である。

115条の28　勧告、命令等 …… 453

本条は、指定介護予防支援事業者が、人員基準や設備・運営基準等に従い適正な事業運営を行うよう、市町村長に対して事業者への勧告・命令等の権限を付与する規定である。

115条の29　指定の取消し等 …… 454

本条は、市町村長が、指定介護予防支援事業者の指定の取消し、または期間を定めて指定の全部もしくは一部の効力を停止することができる旨を定める規定である。

115条の30　公示 …… 456

本条は、指定介護予防支援事業者の指定や廃止の届出、指定の取消し、指定の全部または一部の効力の停止があったとき、市町村長に公示を義務付ける規定である。

115条の30の2　介護予防支援事業に関する情報提供の求め等 …… 456

115条の31　準用 …… 456

本条は、指定介護予防支援事業者の指定の更新について、指定居宅サービス事業者に関する規定を準用する旨の規定である。

第9節　業務管理体制の整備

115条の32　業務管理体制の整備等 …… 457

本条は、指定居宅サービス事業者や介護保険施設の開設者等の介護サービス事業者に対して、業務管理体制の整備や届出を義務付ける規定である。

(1) 第9節は、平成20（2008）年の法改正により新たに加えられた。同改正法は、平成20（2008）年5月21日に国会で成立し、平成21（2009）年5月から施行された。

(2) 平成20（2008）年の法改正は、介護サービス事業者の不正事案を防止し、介護事業運営の適正化を図る観点から行われた。改正の内容は次のとおり大きく5つに分かれる。本節ばかりでなく、他の章、他の節にも改正が及んでいる。

① 法令遵守等の業務管理体制の整備（本条、第115条の33第1項等）

② 事業者の本部等に対する立入検査権の創設（第76条第1項等）

③ 不正事業者に対する処分逃れ対策（第75条第2項等、第22条第3項）

④ 指定及び更新の欠格事由の見直し（第70条第2項等）

⑤ 廃止時のサービス確保対策（第74条第5項等）

115条の33　報告等……459

本条は、厚生労働大臣等（都道府県知事または市町村長を含む）は、行政管理体制の整備に関して必要があると認めるときは、介護サービス事業者に対し、報告等を命ずるとともに、職員に事業者等への立入検査をさせることができることを定める規定である。

115条の34　勧告、命令等……460

本条は、厚生労働大臣等は、介護サービス事業者が適正な業務管理体制の整備をしていないと認めるときは、適正な業務管理体制を整備すべきことを勧告できるものとし、介護サービス事業者がその勧告に係る措置をとらなかったときは、その措置をとるべきことを命ずることができることを定める規定である。

第10節　介護サービス情報の公表

115条の35　介護サービス情報の報告及び公表……461

本条は、利用者が適切に介護サービスを選択することが可能となるよう、すべての介護サービス事業者は介護サービスの内容や運営状況に関する情報を都道府県知事に報告し、都道府県知事はその内容を公表する旨を定めた規定である。

(1) 本節は、平成17（2005）年の法改正で盛り込まれたもので、平成20（2008）年4月から施行。

(2) 施行規則第140条の45関係の別表第1及び第2において、報告すべき情報の項目が定められている。別表第1は、介護サービスの提供を開始しようとする場合、別表第2は、都道府県の計画で定められた場合に報告しなければならない情報である。

(3) 介護サービス情報の公表制度の概略は次のとおり。

① 介護サービス事業者は、①指定・許可を受けてサービス提供を開始しようとするときに、基本情報（別表第1）を、その後は、②定期的に年1回程度、基本情報と調査情報（別表第2）を都道府県知事に報告する。報告は、都道府県知事が毎年定める計画に従い行う（第1項）。

② 都道府県知事は、報告を受けた後、報告の内容を公表する（第2項）。公表は、指定情報公表センターに委託することができる（第115条の42）。公表は、都道府県またはセンターのホームページで行われる。

③ 都道府県知事は、報告に関して必要があると認めるときは、調査事項について事実かどうかの客観的な調査を行うことができる（第3項）。調査は、指定調査機関に委託することができる（第115条の36）。なお、調査は事実確認を目的としており、調査内容の評価や格付け、改善指導は行われない。

115条の36　指定調査機関の指定……465

本条は、都道府県知事は、介護サービス情報の調査について、調査事務を都道府県の区域ごとに都道府県知事が指定する指定調査機関に行わせることができる旨を定める規定である。

(1) 指定調査機関とは、介護サービス事業者から報告される情報について内容確認のための調査を行う機関である。施行令にある要件を満たす機関を都道府県知事が指定する。

(2) 施行令第37条の3から第37条の10にかけて、指定調査機関の指定の基準、責務、調査事務規程等にして定められている。

115条の37　調査員……467

本条は、指定調査機関の調査事務及び調査員に関する規定である。

施行規則第140条の51により、指定調査機関が行う調査事務は、①調査員1人以上で行う、②調査客体である介護サービス事業者を訪問し、調査客体の代表者に対する面接調査の方法で行う、とされている。

115条の38　秘密保持義務等……468

本条は、指定調査機関に対して、帳簿の備付け及びその保存を義務付ける規定である。

115条の39　帳簿の備付け等……468

115条の40　報告等……469

本条は、都道府県知事は、調査事務の公正かつ適確な実施を確保するため、指定調査機関に対して、報告を求めたり、質問や立入検査を行ったりすることができる旨を定める規定である。

115条の41　業務の休廃止等……471

本条は、指定調査機関の休廃止等に関して定める規定である。

115条の42　指定情報公表センターの指定……471

都道府県知事が、介護サービス情報の報告の受理や公表、指定調査機関の指定に関する事務の全部または一部を、都道府県知事が指定する指定情報公表センターに行わせることができる旨を定める規定である。

指定情報公表センターの指定については、指定調

条　見出し　／趣旨・ポイント

査機関に関する条文を一部読み替えて準用している（第3項）。

115条の43　政令への委任……472

本条は、本節（第115条の35から第115条の44まで）に定めるもの以外に、指定調査機関及び指定情報公表センターに関して必要な事項は政令で定める旨の規定である。

115条の44　都道府県知事による情報の公表の推進……474

本条は、都道府県知事は、介護サービスの質及び介護サービスに従事する従業者に関する情報であって、厚生労働省令で定めるものの提供を希望する介護サービス事業者から受けた情報について、公表を行うよう配慮する旨を定める規定である。

第11節　介護サービス事業者経営情報の調査及び分析等

115条の44の2……475

本条は、都道府県知事は、地域において必要とされる介護サービスの確保のため、介護サービス事業所・施設ごとの収益及び費用等について調査・分析を行い、その内容を公表するよう努める旨を定めた規定である。

(1)　本節は、令和5年（2023）年の法改正により新たに追加されたもので、令和6年（2024）年4月施行。

(2)　介護サービス事業者は、介護サービス事業者経営情報を都道府県知事に報告しなければならない（第2項）。報告をしなかったり、虚偽の報告をしたりした場合は、都道府県知事は、介護サービス

条　見出し　／趣旨・ポイント

事業者に対して、期間を定めて、報告命令や内容是正を命ずることができる（第6項）。

(3)　国は、介護サービス事業者経営情報を収集・整理し、分析結果をインターネット等を通じて国民に提供できるよう必要な施策を実施する（第3項）。

第6章　地域支援事業等

115条の45　地域支援事業……477

本条は、市町村が実施する地域支援事業の内容や運営、財政規模等について定める規定である。

(1)　本章は、平成17（2005）年の法改正により追加されたものである。平成23（2011）年、平成26（2014）年、平成29（2017）年、令和2（2020）年と改正されている。

(2)　地域支援事業とは、被保険者が要介護・要支援状態となることの予防、軽減、悪化の防止を行い、地域で自立した日常生活を営むことができるようにする事業である（第1項）。実施主体は、市町村であり、被保険者に対する保険給付ではなく、行政サービスという性格を有する。

(3)　市町村は、必須事業として、介護予防・日常生活支援総合事業（第1項）と、包括支援事業（総合相談支援業務、権利擁護業務、包括的・継続的ケアマネジメント支援業務）、在宅医療・介護連携推進事業、生活支援体制整備事業、認知症総合支援事業）（第2項）がある。

任意事業として、介護給付等費用適正化事業、家族介護支援事業、その他の事業（第3項）があ

る。

(4) 令和元(2019)年の健康保険法等の一部改正法による介護保険法の改正により、75歳以上の高齢者に対する保健事業を市町村が地域支援事業と一体的に実施することができるように、市町村、後期高齢者医療広域連合の役割について定めるとともに、市町村等において、各高齢者の医療・健診・介護情報等を一括して把握できるように規定の整備が行われた(第6項から第9項)。

(5) 地域支援事業の財源について、介護予防・日常生活支援事業は在宅サービスの保険給付費と同じ構成であるが、包括的新事業と任意事業には第2号保険料は入らない(法第122条の2等)。地域支援事業の財政規模については、施行令第37条の3により定められている。

115条の45の2　介護予防・日常生活支援総合事業の指針等……495

本条は、厚生労働大臣が、介護予防・日常生活支援総合支援事業の指針を作成・公表すること等を定めるものである。

「介護予防・日常生活支援総合事業の適切かつ有効な実施を図るための指針」(令和6年3月29日厚生労働省告示第168号)が定められている。

115条の45の3　指定事業者による第一号事業の実施……495

本条は、指定事業者による第1号事業について、第1号事業支給費の支給や、その額の算定、支給方法等について定めるものである。

(1) 第1号事業とは、第115条の45の第1項のとおり、第1号訪問事業、第1号通所事業、第1号生活支援事業、第1号介護予防支援事業である。これらを介護予防・生活支援サービス事業という。

(2) 介護予防・生活支援サービス事業の対象者は、次のとおり(施行規則第140条の62の4)。

① 要支援者(要支援認定を受けた人)

② 事業対象者(認定は受けずに、チェックリストで該当とされた人)

③ 継続利用要介護者(要支援者・事業対象者だったときにサービス事業を利用していた要介護者で、市町村が認める人)

(3) 指定事業者に対して支払う第1号事業支給費の額については、厚生労働省令で定めるところにより算定される額とされ、施行規則第140条の63の2に詳細が定められている。

115条の45の4　租税その他の公課の禁止……499

本条は、第1号事業支給費として支給を受けた金品に租税その他の公課を課さないことを規定したものである。

115条の45の5　指定事業者の指定……499

本条は、介護予防・生活支援サービス事業を行う事業者についての指定制度を定めるものである。施行規則第140条の62の3において、第1号事業(第1号生活支援事業を除く)に関する基準として、訪問介護、通所介護及び介護予防支援について従来の予防給付に相当する基準のほか、市町村が、地域の実情等に応じてサービス等を勘案した基準を定めることとされている。

115条の45の6　指定の更新……501

本条は、指定の更新に関して定めるもので、法第70条の2第1項に規定する6年間を勘案して市町村が定める期間とされている。

115条の45の7　報告等……501

本条は、第1号事業支給費の支給の適正な遂行を確保する観点から、市町村長に対して、指定事業者等に対して、報告や帳簿書類の提出、出頭、質問、立入検査、設備・帳簿書類等の検査の権限を付与する規定である。

115条の45の8　勧告、命令等……501

本条は、指定事業者が厚生労働省令で定める基準に従い、適正な事業運営を行うよう、市町村長に対して事業者への勧告・命令等の権限を付与する規定である。

115条の45の9　指定事業者の指定の取消し等……502

本条は、市町村長が、指定事業者の指定の取消し、または効力の一部停止をすることができる旨を定める規定である。

115条の45の10　市町村の連絡調整等……503

本条は、介護予防・日常生活支援総合事業及び包括的支援事業が円滑に実施されるよう、市町村による関係者相互間の連絡調整・関係者の協力、都道府県による情報の提供等の市町村に対する協力を定めた規定である。

115条の45の11　政令への委任……503

本条は、地域支援事業の実施に関して必要な事項

条	見出し	／趣旨・ポイント

を政令で定める旨の委任規定である。

115条の46　地域包括支援センター ……503

本条は、地域包括ケアシステムの中核機関となる地域包括支援センターについて定める規定である。

(1) 平成17（2005）年の法改正により地域包括支援センターが創設された（平成18（2006）年4月施行）。

(2) 地域包括支援センターは市町村が設置するが、次条（第115条の47）により委託することもできる。

(3) 地域包括支援センターは、第1号介護予防支援事業（居宅要支援被保険者に係るものを除く）、包括的支援事業及び任意事業を実施する（第1項）。

(4) 施行規則第140条の66により、地域包括支援センターには、原則として、保健師、社会福祉士、主任介護支援専門員（いずれもこれに準ずる者を含む）の各1人を専従かつ常勤で配置することとされている。

(5) 地域包括支援センターの設置や運営に関する具体的な基準・方法等については、厚生労働省通達「地域包括支援センターの設置運営について」（平成18年10月18日老計発第1018001号・老振発第1018001号・老老発第1018001号）に示されている。市町村は、地域包括支援センターが適切、公正かつ中立な運営がなされるよう、地域運営協議会を設置・開催しなければならない。

条　見出し　／趣旨・ポイント

115条の47　実施の委託 ……508

本条は、市町村は、介護予防・日常生活支援総合事業や包括的支援事業の一部について、老人介護支援センターの設置者等に委託することができる旨を定める規定である。

この結果、地域包括支援センターの業務の実施主体は、地方公共団体のほかに、社会福祉法人や医療法人、民間事業者となっている。

115条の48　会議 ……513

本条は、地域ケア会議について定める規定である。平成26（2014）年の法改正により追加された。

(1) 地域ケア会議とは、包括的支援事業の効果的な実施のために、地域において、介護支援専門員や保健・医療・福祉関係者、民生委員、ボランティアその他の関係者、関係機関や関係団体の者により構成される会議である（第1項）。

(2) 市町村は地域ケア会議を置くように努めなければならない（第1項）。支援対象被保険者への適切な支援を図るために必要な検討や、地域において自立した日常生活を営むために必要な支援体制について検討を行う（第2項）。

115条の49　保健福祉事業 ……514

本条は、市町村は、地域支援事業に加えて、保健福祉事業を実施できることを定める規定である。

(1) 保健福祉事業は、第1号被保険者からの保険料を財源として実施する。

(2) 想定されている事業は、①要介護被保険者を現

条　見出し　／趣旨・ポイント

に介護する人を支援する事業（介護者教室、家族リフレッシュ事業等）、②要介護状態等になることを予防するための事業（地域支援事業以外の介護予防教室、健康づくり教室等）、③被保険者が介護保険サービスを利用する際に必要となる資金貸付事業（高額介護サービス費貸付事業等）、④その他必要な事業（寝具乾燥サービス等）

(3) 内容が市町村特別給付と似ているが、特別給付の対象者が要支援者・要介護者であるのに対し、保健福祉事業は、被保険者全体や家族等の介護者を対象とするものである。

第7章　介護保険事業計画

116条　基本指針 ……514

本条は、市町村介護保険事業計画や都道府県介護支援計画の策定の基本となる指針を厚生労働大臣が定めることとする規定である。

(1) 介護保険事業における保険給付の円滑な実施が確保されるように、国は基本指針を定め、それに基づき、市町村は市町村介護保険事業計画を、都道府県は都道府県介護保険事業支援計画を3年ごとに作成することが義務付けられている。

(2) 基本指針とは、「介護保険事業に係る保険給付の円滑な実施を確保するための基本的な指針」（令和6年1月19日厚生労働省告示第18号）である。

117条　市町村介護保険事業計画 ……515

本条は、市町村に対して、介護保険事業計画の作成を義務付けるとともに、計画の内容等に関して定める規定である。

(1) 本条は、市町村介護保険事業計画の作成方法等を定めたものである。制定時から比べると、地域包括ケアシステムの構築の観点や、自立支援等施策の充実（第2項）、従事者の確保や資質の向上、業務の効率化、認知症施策の総合的推進等に関する事項（第3項）、医療及び介護の効果的かつ効率的な提供の重要性への留意（第6項）、計画の実績に関する評価（第8項）とその公表（第9項）など、法改正のたびに項目の追加や修正が行われている。

(2) 介護保険事業計画は、市町村老人福祉計画と一体のものとして作成されなければならない（第7項）。また、社会福祉法に規定する市町村地域福祉計画や高齢者の居住の安定確保に関する法律に規定する市町村高齢者居住安定確保計画などと、調和が保たれたものでなければならない（第11項）。

118条　都道府県介護保険事業支援計画……518

本条は、都道府県に対して介護保険事業支援計画の作成を義務付けるとともに、計画の内容等に関して定める規定である。

(1) 本条は、都道府県介護保険事業支援計画の作成方法等を定めたものである。制定時から比べると、業務の効率化、サービスの質の向上、生産性の向上等に関する事項（第3項）、市町村の自立支援等施策への支援、医療及び介護の効果的かつ効率的な提供の重要性への留意（第6項）、計画の実績に関する評価（第8項）とその公表（第9項）など、法改正のたびに項目の追加や修正が行われている。

(2) 都道府県介護保険事業支援計画は、都道府県老人福祉計画と一体のものとして作成されなければならない（第7項）。また、社会福祉法に規定する都道府県地域福祉支援計画や高齢者の居住の安定確保に関する法律に規定する都道府県高齢者居住安定確保計画などと、調和が保たれたものでなければならない（第11項）。

118条の2　市町村介護保険事業計画の作成等のための調査及び分析等……520

本条は、厚生労働大臣は、市町村介護保険事業計画や都道府県介護保険事業支援計画の作成等に資するため、介護保険等関連情報について調査・分析を行い、その結果を公表するよう努めることを定めた規定である。

(1) 本条は、平成29（2017）年の法改正により追加されたもので、令和2（2020）年の法改正で修正された。

(2) 厚生労働大臣が調査・分析を行う事項は、介護給付等に要する費用の額に関する地域別、年齢別または要介護等認定別の状況等の情報、要介護者等の心身の状況やサービスの内容等である（第1項）。厚生労働大臣は、必要があると認めるときは、地方自治体や介護サービス事業者等に対して、介護保険等関連情報を提供するよう求めることができる（第3項）。

118条の3　国民の保健医療の向上及び福祉の増進のための匿名介護保険等関連情報の利用又は提供……521

本条は、厚生労働大臣は、国民の保健医療の向上及び福祉の増進に資するため、匿名介護保険関連情報を利用し、相当の公益性を有すると認められる調査研究事業に提供することができる旨を定めた規定である。

(1) 本条から第118条の11までの規定は、令和元（2019）年5月22日に成立した「医療保険制度の適正かつ効率的な運営を図るための健康保険法等の一部を改正する法律」（令和元年法律第9号）により追加されたものである。

(2) 本条の狙いは、医療保険レセプト情報のデータベース（NDB）と介護保険レセプト情報等のデータベース（介護DB）について、各DBの連結解析を可能とするとともに、公益目的での利用促進のため、研究機関等への提供に関する規定の整備を行うものである。

118条の4　照合等の禁止……529

本条は、匿名介護保険等関連情報利用者は、介護保険等関連情報に係る本人を識別するために、削除された記述等に関する情報を取得し、または匿名介護保険等関連情報を他の情報と照合してはならないとする規定である。

118条の5　消去……530

本条は、匿名介護保険等関連情報利用者は、利用する必要がなくなったときは、遅滞なくその匿名介護保険等関連情報を消去しなければならないとする

条　見出し　／趣旨・ポイント

規定である。

118条の6　安全管理措置……530

本条は、匿名介護保険等関連情報利用者は、情報の安全管理のために厚生労働省令で定める措置を講じなければならないとする規定である。

118条の7　利用者の義務……530

本条は、匿名介護保険等関連情報利用者または利用者であった者に対し、秘密保持の義務を課す規定である。

118条の8　立入検査等……530

本条は、匿名介護保険等関連情報利用者に対し、厚生労働大臣は、報告や帳簿書類の提出、質問、立入検査を行うことができることを定めた規定である。

118条の9　是正命令……531

厚生労働大臣は、匿名介護保険等関連情報利用者に対し、規定違反があったときは、是正のために必要な措置をとるよう命令することができることを定めた規定である。

118条の10　支払基金等への委託……531

本条は、介護保険等関連情報の調査分析や、匿名介護保険等関連情報利用者に対する提供等に係る事務の全部または一部を、厚生労働大臣は社会保険診療報酬支払基金に委託することができることを定めた規定である。

118条の11　手数料……532

本条は、匿名介護保険等関連情報利用者に対し、利用の手数料を社会保険診療報酬支払基金に納めな

条　見出し　／趣旨・ポイント

ければならないとする規定である。

119条　都道府県知事の助言等……533

本条は、介護保険事業（支援）計画の作成にあたり、都道府県知事は市町村に対し、厚生労働大臣は都道府県に対し、必要な助言をすることができることとする規定である。

120条　国の援助……533

本条は、市町村や都道府県が、介護保険事業（支援）計画に定められた事業を円滑に実施できるように、国は必要な情報の提供や援助に努めることとする規定である。

120条の2　都道府県の支援……533

本条は、都道府県は、市町村の分析を支援するよう努めるとともに、都道府県内の市町村による自立支援等施策に係る取組を支援する事業を行うよう努めるものとすることを定めた規定である。平成29（2017）年の法改正により追加された。

第8章　費用等

第1節　費用の負担

121条　国の負担……534

本条は、市町村の介護保険給付に対する国の負担について定める規定である。

(1)　介護給付及び予防給付に必要な費用の50%は、公費負担（国、都道府県及び市町村の負担）によって賄われる。国は25%（施設等給付費については20%）、都道府県は12・5%（施設等給付費については17・5%、市町村は12・5%を負担する。施設等給付費は、介護保険施設、特定施設入

条　見出し　／趣旨・ポイント

居者生活介護及び介護予防特定施設入居者生活介護に係る給付費である。

(2)　本条は、国の負担の定率部分に関するもので、次条に規定する5%相当の調整交付金を加えて、国の負担割合は25%となる。

(3)　政令とは、「介護保険の国庫負担金の算定等に関する政令」（平成10年12月24日政令第413号）（以下「算定政令」という）である。

122条　調整交付金等……535

本条は、国が負担する調整交付金に関する規定である。

(1)　算定政令第1条の2の規定により、普通調整交付金及び特別調整交付金について定められている。

(2)　普通調整交付金とは、後期高齢者加入割合と第1号被保険者の所得分布状況の2つの事項に関し、市町村間における格差による介護保険財政の不均衡を是正することを目的として交付される。特別調整交付金とは、災害等の特別な事情がある市町村に交付されるものである。特別調整交付金の総額は、5%部分から普通調整交付金を差し引いた額である。

122条の2……536

本条は、地域支援事業に対する国の負担を定める規定である。

(1)　地域支援事業のうち、介護予防・日常生活支援総合事業に必要な費用については、居宅給付費（施設等給付費以外の給付費）と同じ負担割合

で、国が25%、都道府県が12・5%、市町村が12・5%、保険料が50%を負担する。

(2) 介護予防・日常生活支援総合事業を除くその他の地域支援事業（包括的支援事業や任意事業）については、第2号被保険者の保険料は充てられず、第1号被保険者負担分以外は、居宅給付費と同様に、国2、都道府県1、市町村1の割合で負担する。したがって、第9期（令和6～8年度）では、第1号被保険者分23%を除く77%が公費で、国が38・5%、都道府県・市町村が各19・5%である。国、都道府県及び市町村の負担の総額を「特定地域支援事業支援額」という。

122条の3 …………………… 536

本条は、国は、市町村による自立支援等施策の取組を支援するために、市町村に対して交付金を交付することができる旨を定めた規定である。

(1) 本条は、平成29（2017）年改正により追加された。

(2) 本条に関連する政令は、算定政令第1条の4。交付金の名称は、市町村保険者機能強化推進交付金及び市町村介護保険保険者努力支援交付金である。

123条　都道府県の負担等 ………… 536

本条は、市町村の介護保険給付及び地域支援事業に対する都道府県の負担について定める規定である。

都道府県は、介護給付、予防給付、介護予防・日常生活支援総合事業に必要な費用の12・5%（施設等給付費については17・5%）を負担する。特定地域支援事業支援額については、25%を負担する。

124条　市町村の一般会計における負担 ………… 537

本条は、市町村の介護給付、予防給付、介護予防・日常生活支援総合事業に必要な費用の12・5%を負担する。特定地域支援事業支援額については、25%を負担する。

124条の2　市町村の特別会計への繰入れ等 ………… 537

本条は、平成26（2014）年の法改正により追加されたもので、第1号被保険者のうち低所得者の保険料負担の軽減を図るために、市町村から特別会計への繰入れ等を定めるものである。国は繰入金の2分の1、都道府県は4分の1を負担する。

124条の3　住所地特例適用被保険者に係る地域支援事業に要する費用の負担金 ………… 538

本条は、平成26（2014）年の法改正により追加されたもので、住所地特例適用被保険者に対する地域支援事業に要する費用について、保険者市町村が負担する旨を定めた規定である。

125条　介護給付費交付金 ………… 538

本条は、第2号被保険者の保険料により負担する介護給付費交付金について定める規定である。

(1) 市町村の保険財政で、第2号被保険者の保険料部分は、社会保険診療報酬支払基金から介護給付費交付金（本条に規定）及び地域支援事業支援交付金（次条に規定）として交付される。

(2) 介護給付費交付金の額は、各市町村について、その年度の実績としての標準給付費額に第2号被保険者負担率を乗じた額である。

(3) 第2号被保険者負担率は、全国レベルでの第2号被保険者数の全被保険者数に対する割合の2分の1を限度として、3年ごとに設定される（第2項）。

(4) 算定政令第4条の規定により、社会保険診療報酬支払基金が交付する介護給付費交付金の額が定められる。算定政令第5条の規定により、第2号被保険者負担率が定められる。

126条　地域支援事業支援交付金 ………… 539

本条は、市町村に交付される地域支援事業支援交付金について定める規定である。

(1) 地域支援事業支援交付金の額は、各市町村について、その年度の実績としての介護予防・日常生活支援総合事業の費用額に第2号被保険者負担率を乗じて得た額である。特定地域支援事業（介護予防等・日常生活支援総合事業を除くその他の地域支援事業）や任意事業は対象外である。

(2) 算定政令第5条の2の規定により、社会保険診療報酬支払基金が交付する地域支援事業支援金の額が定められている。

127条　国の補助 ………… 539

本条は、国が介護給付等の国庫負担や調整交付金以外にも、補助できることを定める規定である。

128条　都道府県の補助 ………… 539

本条は、都道府県が介護給付等の都道府県負担分以外にも、補助できることを定める規定である。

129条　保険料 ………… 540

条　見出し　／趣旨・ポイント

本条は、市町村が第1号被保険者から徴収する保険料について定める規定である。

(1) 市町村は、介護保険事業の費用を賄うために、第1号被保険者から条例で定めるところにより、保険料を賦課・徴収する。

(2) 第1号被保険者の保険料（第1号保険料）は、所得段階別の定額となっており、市町村ごとに定める保険料率（保険料の基準額に所得段階別に設定された割合を乗じたもの）により算定される。

　基準額とは、計画期間ごとに、市町村の保険料収納必要額を予定保険料収納率で除して得た額を、さらに第1号被保険者数で除して得た額である（施行令第38条第2項）。その市町村の第1号保険料の平均的な額を示す。

(3) 保険料率は、市町村介護保険事業計画の3年間を単位として計画期間ごとに、介護保険事業計画に定めるサービス費用額等に基づき設定される（第3項）。

130条　**賦課期日**……540

本条は、保険料の賦課期日を定める規定である。

131条　**保険料の徴収の方法**……553

本条は、第1号被保険料の徴収方法として、特別徴収と普通徴収の方法によらなければならないことを定める規定である。

(1) 特別徴収とは、年額18万円以上の老齢、障害、遺族年金給付を受けている第1号被保険者について、年金からの天引きにより聴取する方法である。年金から天引きするという特別徴収の方法は、市町村保険者の保険料徴収事務の負担軽減と保険料徴収の確保を図るために導入されたものである。

(2) 特別徴収が行われない第1号被保険者については、市町村が普通徴収として個別に徴収する。令和元（2019）年度の介護保険事務調査では、特別徴収対象数は約3192万人（第1号被保険者全体の90％）、普通徴収対象者は約347万人（同10％）となっている。

132条　**普通徴収に係る保険料の納付義務**……553

本条は、普通徴収により保険料を徴収される場合の第1号被保険者及び世帯主の納付義務について定める規定である。普通徴収による保険料の納付義務は、第1号被保険者本人にあるが、世帯主と配偶者は連帯納付義務を負う。

133条　**普通徴収に係る保険料の納期**……554

本条は、市町村は、条例により普通徴収の保険料の納期を定める旨の規定である。

(1) 市町村は条例により、普通徴収の保険料の納期を定めるが、介護保険条例参考例（平成12年1月26日事務連絡）によると、4月、7月、10月、1月の四半期ごとに設定されている。これにより難い場合は、市町村長が別に定めることができるとされている。

(2) 事務処理の効率性、被保険者の利便性、徴収の確実性の観点等から、国民健康保険料（税）の納期と同一に設定されることが一般的である。

134条　**年金保険者の市町村に対する通知**……555

本条は、特別徴収の対象となる者について、定期的に、年金保険者からその者の住所地の市町村に通知する旨を定める規定である。

　特別徴収者の対象者の把握は、年金保険者において、年度初めの4月に行われ、その後、新たな対象者を把握するため年度途中の偶数月に行われる。

135条　**保険料の特別徴収**……559

本条は、前条に定める年金保険者から通知が行われた場合、その通知に係る第1号被保険者に対して課する保険料を、特別徴収の方法により徴収することについて定める規定である。

(1) 特別徴収の開始月は、①4月把握の場合は同年10月、②6月把握の場合は同年12月、③8月把握の場合は翌年2月、④10月把握の場合は翌年4月、⑤12月把握の場合は翌年6月、⑥2月把握の場合は同年8月となる。基本的に把握してから6か月で特別徴収が開始される。したがって、初年度は、普通徴収と特別徴収の双方が適用される場合がある。

(2) 年額18万円以上の特別徴収対象年金が複数ある場合の保険料徴収の順位については、施行令第42条において、年金各法に基づく年金ごとに定められている。大まかにいえば、年金種別では、老齢（退職）年金、障害年金、遺族年金の順であり、年金各法では、国民年金法、厚生年金保険法、旧共済組合法の順となっている。

136条　**特別徴収額の通知等**……563

本条は、特別徴収についての市町村の通知に関して定める規定である。

(1)　市町村は、特別徴収の方法によって保険料を徴収しようとする場合は、その旨及び特別徴収による保険料額等を、特別徴収義務者（特別徴収対象被保険者の年金保険者）と特別徴収対象被保険者に、7月31日までに通知しなければならない。

(2)　通知事項は、特別徴収によって徴収する旨及び支払回数割保険料額のほか、施行規則第148条により、被保険者の氏名、性別、生年月日、住所、特別徴収対象年金給付の種類、特別徴収義務者の名称とされている。

137条　特別徴収の方法によって徴収した保険料額の納入の義務等……566

本条は、特別徴収義務者（年金保険者）は、特別徴収の方法によって徴収した保険料額を市町村に納付する義務があること等を定める規定である。

(1)　特別徴収義務者は、前条第1項の規定による市町村からの通知をもとに、その年の10月1日から翌年の3月31日までの間において年金の支払いをする際に支払回数割保険料額を徴収し、その徴収した日の属する月の翌月の10日までに、これを市町村に納入する義務を負っている（第1項）。

(2)　特別徴収の年次処理の流れは、基本的には次のとおり。

○年金保険者による抽出時期……4月

○年金保険者から市町村への通知……5月31日まで

○市町村から年金保険者への依頼……7月31日まで

○特別徴収開始時期……10月

○年金保険者から市町村への納入……特別徴収した日の属する月の翌月の10日まで

138条　被保険者資格喪失等の場合の市町村の特別徴収義務者等に対する通知……568

本条は、特別徴収対象被保険者が被保険者資格を喪失した場合等において、市町村から特別徴収義務者への通知の義務等を定める規定である。

139条　普通徴収保険料額への繰入……569

本条は、第1号被保険者の保険料を特別徴収の方法によって徴収されないこととなった場合においては普通徴収の方法によって徴収することや、特別徴収の方法によって納入された保険料額に過納または誤納があった場合においては還付すること等を定める規定である。

140条　仮徴収……570

本条は、特別徴収における仮徴収について定める規定である。

(1)　第1号保険料は所得段階別に設定されるため、当年度の保険料額は、前年度所得が手続き上確定する6月以降でなければ決めることができない。このため、保険料財源の確保と保険料額の平準化を行うため、当年度の前半の保険料については仮徴収が行われる。普通徴収の場合、市町村が定めるところにより暫定賦課ができることとされている。

(2)　特別徴収の場合は、本条において法定化され、前年度から特別徴収が行われている者について、その年度の初日から9月30日までの間、仮徴収が行われることとされている。4月の仮徴収の保険料額は、前年度の2月の支払回数割保険料額である。6月、8月については、一般仮徴収額でもよいが、特別な事情がある場合は、市町村は、所得の状況等を勘案して別に定める額を徴収するものとする（第2項）。

141条　住所地特例対象施設に入所等中の被保険者の特例に係る特別徴収義務者への通知…575

本条は、市町村は、特別徴収対象被保険者が住所地特例適用被保険者になったときは、速やかに、特別徴収義務者にその旨を通知することを義務付ける規定である。

141条の2　政令への委任……575

本条は、年金保険者の市町村に対する通知を踏まえ、市町村が特別徴収の方法により保険料徴収等を行う場合に必要な手続き等について政令で定める旨の規定である。

142条　保険料の減免等……598

本条は、保険料の減免または徴収猶予について定める規定である。

(1)　保険料は賦課期日（4月1日）の現況によって年度の額が賦課され、また、保険料額の基礎となる市町村民税は、前年の所得に応じて決められる。しかし、災害や失業等の事情により、その負担能力に著しい変化があり、保険料額の支払いが困難となる場合もあり得る。こうした場合の保険

条　見出し　／趣旨・ポイント

料負担に配慮するために設けられたのが、保険料の徴収猶予や減免の制度である。

(2) 保険料の徴収猶予や減免は、条例の定めるところにより行い、納付義務者の申請に基づき、市町村長が個々具体的にその負担能力を判断して行う。厚生労働省から条例の参考例が示されている（「介護保険条例参考例について」（平成12年1月26日事務連絡）。

(3) 低所得者の保険料については、①保険料の全額免除、②収入のみに着目した一律減免、③保険料減免分に対する一般財源の繰入という方法による減免、は不適当であること、単独減免をする市町村は、①個別申請により判定（一律の減免措置は行わない）、②減額のみ（全額免除は行わない）、③保険料財源で対応（一般財源の繰入は行わない）の3原則を順守することとされている。

(4) 市町村が災害等により保険料の減免を行った場合、その財源は、国から交付される特別交付税によって補填される。

143条　地方税法の準用……598

本条は、保険料その他介護保険法の規定による徴収金については、医療保険者からの介護給付費給付金に関するものを除き、地方税法の関係規定を準用する旨を定める規定である。

144条　滞納処分……598

本条は、市町村は、保険料の滞納処分ができることを定める規定である。

条　見出し　／趣旨・ポイント

(1) 保険料は市町村の歳入であることから、地方税法第231条の3第1項の適用を受け、納期限までに納付しない者に対しては、市町村長は、期限を指定して督促しなければならない。督促をした場合には、同条第2項の規定により、市町村長は手数料及び延滞金を徴収することができる。

(2) 介護保険条例参考例第21条に保険料の督促手数料を定めることが、介護保険条例参考例第22条に延滞金の金利を定めることが例示されている。

145条　保険料納付原簿……598

本条は、市町村に対して、保険料納付原簿の備付の義務を課す規定である。

146条　条例等への委任……598

本条は、保険料の賦課及び徴収に関する事務について、本節に規定するもの以外の事項を条例で定める際の基準を、政令で定める旨の規定である。

第2節　財政安定化基金等

147条　財政安定化基金……598

本条は、市町村保険者の財政安定化のために、都道府県が設置する財政安定化基金に関して定める規定である。

(1) 財政安定化基金とは、給付費の予想を上回る伸びや、市町村が通常の努力を行ってもなお生じる保険料未納による保険財政の不足について、市町村に対して資金の交付や貸付を行うために都道府県が設置する基金である。

(2) 基金の交付・貸付の対象となるのは、標準給付費額、地域支援事業に要する費用と財政安定化基

条　見出し　／趣旨・ポイント

金の拠出金・償還金の合計について生じた財政不足であり、市町村の判断による独自給付分は対象外である。

(3) 財政安定化基金の財源は、国・都道府県・市町村が3分の1ずつ負担する。市町村が負担する財政安定化基金拠出金は、算定政令第12条に算定方法が定められているが、標準給付費額等の見込額に国の標準拠出率を踏まえて、都道府県が条例で定める割合を乗じた額である。市町村の拠出金は、第1号保険料を財源とする。

(4) 財政安定化基金の事業としては、交付事業と貸付事業がある。交付事業については、算定政令第6条に定められている。貸付事業については、算定政令第7条に定められている。なお、第1号保険料を独自に減免している市町村において、その減免による保険料収納不足額については、交付事業の対象とはせず、貸付事業の対象とすることが適当とされている。

148条　市町村相互財政安定化事業……601

本条は、複数の市町村が相互に財政安定化を図るための市町村相互財政安定化事業について定める規定である。

(1) 市町村相互財政安定化事業とは、複数の市町村が相互に財政の安定化を図ることを目的に、調整保険料率を基準として財政調整を行う事業である。この事業を行う市町村を「特定市町村」という。調整保険料率により第1号保険料を徴収したとすれば、保険料収入額が費用を上回る市町村

は、その上回る額を不足市町村に交付する仕組みである。

(2)　調整保険料率による調整の対象となるのは、標準給付費額、地域支援事業に要する費用の額と財政安定化基金の拠出金・償還金であり、市町村の判断による独自給付は対象外となる（算定政令第16条）。この対象は、財政安定化基金の場合と同様である。

(3)　特定市町村に対する財政安定化基金による交付・貸付は、この事業による調整後の額について行われる（算定政令第13条）。

149条 ……………………………………603

本条は、都道府県は、市町村の求めに応じ、市町村相互財政安定化事業を行おうとする市町村間の調整や、特定市町村に対する必要な助言や情報の提供をできるとする規定である。

第3節　医療保険者の納付金

150条　納付金の徴収及び納付義務 ……………603

本条は、社会保険診療報酬支払基金（以下「支払基金」という）が、医療保険者から介護給付費・地域支援事業支援納付金を徴収する旨を定める規定である。

(1)　市町村の介護保険財政のうち27％（令和6年度から8年度）は、医療保険者を通じ、第2号被保険者が負担することとされている。具体的には、本節の規定により、第2号被保険者の負担分は、支払基金からの介護給付費交付金及び地域支援事業交付金として市町村に交付される。支払基金は、この費用に充てるため、医療保険者から介護給付費・地域支援事業納付金（以下「納付金」という）を徴収する（第1項）。

また、医療保険者は、医療保険各法の規定により、第2号被保険者から保険料等を徴収し、これらの納付金を納付する仕組みとなっている（第2項）。

(2)　介護保険制度では、第2号被保険者の保険料（第2号保険料）は、保険者である市町村が賦課・徴収するのではなく、医療保険者を通じて、第2号被保険者の保険料に相当する分を調達する仕組みである。

(3)　こうした仕組みとされた理由は、一つは市町村の負担軽減であり、市町村は第2号被保険者の保険料の賦課・徴収事務を免れている。もう一つは、第2号被保険者は医療保険の被保険者であることから、医療保険者が保険料を賦課・徴収した方が、より確実かつ効率的であるという実務的な観点である。

(4)　各医療保険者の納付金額は、全国平均の第2号被保険者1人当たり負担額に、各医療保険の第2号被保険者数をかけた額で、年度ごとに支払基金が算定する。なお、被用者保険等保険者の場合、被用者保険等保険全体での納付金額を算出した後に、これを各被用者保険等保険者の総報酬額に応じて負担額を割り振る算定方式（総報酬割）がとられている。

各医療保険者は介護納付金を納付するために、各医療保険の医療保険の賦課方法に応じて各被保険者の介護保険料を算定し、医療保険の保険料と一体で徴収する。

151条　納付金の額 ……………………………604

本条は、支払基金が、各医療保険者から徴収する納付金の額の算定方式を定める規定である。

(1)　支払基金が各医療保険者から徴収する年度ごとの納付金額は、当年度の概算納付金額と前々年度の精算金額（概算納付金額・確定納付金額の差額と調整金額）の合計で、概算納付から清算まで3年度にわたるものとなる。

(2)　当年度の納付金額の算定方法を式で占めると、次のとおり。

当年度の納付金額＝当年度の概算納付金額(*1)＋（前々年度の確定納付金額(*2)－前々年度の概算納付金額）＋調整金額

(*1)　前々年度分の確定した標準給付額・介護予防等事業費総額（全市町村）と各医療保険者の第2号被保険者数と、当年度のそれぞれの伸び率見込に基づき算定される「介護保険の医療保険者の納付金の算定等に関する省令」（平成11年3月31日厚生省令第43号。以下「納付金算定省令」という）第7条から第9条）

(*2)　確定した標準給付費額・介護予防等事業費額の総額（全市町村）と第2号被保険者数により算定される（納付金算定省令第10条から第11条）。

条　見出し　／趣旨・ポイント

152条　概算納付金……604

本条は、概算納付金の算定方法を定める規定である。

(1) 納付金算定省令第7条において、概算納付金の算定に係る医療保険納付対象額及び介護予防等事業医療保険納付対象額の見込額の算定方法が定められている。すなわち、前々年度のすべての市町村の標準給付費額及び介護予防等事業費の総額に、厚生労働大臣が定める伸び率を乗じて得た額に、第2号被保険者負担率を乗じて得た額とされている。

(2) 納付金算定省令第8条において、概算納付金の算定に係る第2号被保険者の見込数の算定方法がとられている。すなわち、前々年度における第2号被保険者数に、厚生労働大臣が定める伸び率を乗じて得た数とされている。

153条　確定納付金……605

本条は、確定納付金の算定方法を定める規定である。

(1) 確定納付金の算定方法を、式で示すと次のとおり。

全市町村の標準給付費・介護予防事業費総額÷全医療保険者の第2号被保険者の総数×各医療保険者の第2号被保険者の数

(2) 医療保険者の納付金の算定に関して厚生労働大臣が定める率及び額については、毎年度、厚生労働大臣告示により示される。

条　見出し　／趣旨・ポイント

154条　医療保険者が合併、分割及び解散をした場合における納付金の額の特例……606

本条は、医療保険者が合併等を行った場合における納付金の額の算定の特例を定める規定である。算定政令第18条において必要な読替え規定が設けられている。

155条　納付金の額の決定、通知等……606

本条は、医療保険者の納付金について、支払基金が行うべき納付金の額の決定、納付金額や納付方法、納付期限の通知等について定める規定である。

(1) 支払基金は、毎年度、各医療保険者の納付すべき納付金額を決定し、その額、納付方法・期限等を各医療保険者に通知する。

(2) 納付期限が守られない場合は、期限を指定して督促する（第156条第1項）。督促状によっても納付金が完納されない場合は、厚生労働大臣または都道府県知事に徴収を請求する（第156条第2項）。納付金の納付を督促したときは、延滞金が上乗せとなる（第157条）。なお、やむを得ない事情があるとして医療保険者からの申請があった場合は、1年以内の猶予が与えられる（第158条）。

156条　督促及び滞納処分……607

本条は、支払基金が、医療保険者に対して行う納付金の納付の督促や滞納処分について定める規定である。

157条　延滞金……607

本条は、納付金の延滞金について定める規定である。

(1) 前条に基づき、医療保険者が納付期限までに納

条　見出し　／趣旨・ポイント

付金を納付しないときは、支払基金は、督促状をもって再度期限（督促状を発送する日から10日以上経過した日）を指定し、督促する。

(2) 本条により、督促金額には、年率14・5%の延滞金（１００円未満は切捨て）が加算される。

158条　納付の猶予……608

本条は、納付金の納付猶予について定める規定である。

納付金算定省令第15条に、高齢者の医療の確保に関する法律による保険者の前期高齢者交付金等の額の算定等に関する省令（平成19年11月22日厚生労働省令第140号）第22条の規定を準用するとされている。

159条　通知……608

本条は、支払基金に対する市町村の通知について定める規定である。

本条第2項により、市町村は、通知の事務を国民健康保険団体連合会に委託することができる。

第9章　社会保険診療報酬支払基金の介護保険関係業務

160条　支払基金の業務……609

本条は、社会保険診療報酬支払基金の介護保険関係業務を定める規定である。

(1) 社会保険診療報酬支払基金（以下「支払基金」という）とは、社会保険診療報酬支払基金法（昭和23年7月10日法律第129号。以下「支払基金法」という）の規定に基づいて設立された民間法人（特別の法律により設立される民間法人）である。民間法人といっても、一般企業と比べると、営利

を目的としない、資本金や株式を持たない、事業計画や収支予算には厚生労働大臣の認可を必要とする、といった大きな相違がある。

(2) 主な業務は、診療報酬の審査・支払業務である。具体的には、医療保険のうち、被用者保険の保険者（健康保険組合等）から委託を受けて、保険医療機関（薬局を含む）からの診療に係る医療費の請求（レセプト）が正しいかどうかを審査した上で、健康保険組合（保険者）等へ請求し、健康保険組合等から支払われた医療費を保険医療機関に支払うことである。

このほか、後期高齢者医療制度における保険者からの支援金の徴収及び広域連合への交付金の交付に関する業務等も行っている。

本部は東京にあり、各都道府県に支部があり、合計47支部である。

(3) 介護保険制度においては、支払基金は、本条の規定により、①医療保険者から納付金（法第150条に定める介護給付費・地域支援事業納付金）を徴収すること、②市町村に対して介護給付費交付金を交付すること、③市町村に対して地域支援事業支援交付金を交付すること、④これらの業務に附帯する業務を行うこと、という介護保険関係業務を行うこととされている。

161条　業務の委託……609

本条は、支払基金は、介護保険関係業務の一部を委託することができる旨を定める規定である。

委託先は、各都道府県の国民健康保険団体とされている。

162条　業務方法書……609

本条は、支払基金は、介護保険関係業務を行うにあたって、業務方法書を作成し、厚生労働大臣の認可を受けなければならない旨を定める規定である。

業務報告書に記載すべき事項は、「社会保険診療報酬支払基金の介護保険関係業務に係る業務方法書に記載すべき事項を定める省令」（平成11年3月31日厚生省令第44号）において定められている。

163条　報告等……609

本条は、支払基金は、医療保険者に対して報告を求め、必要があると認めるときは、文書その他の物件の提出を求めることができる旨を定めた規定である。

164条　区分経理……610

本条は、支払基金は、介護保険関係業務に係る経理を明確にするために、その他の業務に関する経理と区分して、特別会計を設けて行うことを定める規定である。

「社会保険診療報酬支払基金の介護保険関係業務に係る財務及び会計に関する省令」（平成11年3月31日厚生省令第45号。以下「支払基金財務会計省令」という）に、経理区分や貸借対照表勘定等を設けるよう定められている。

165条　予算等の認可……610

本条は、支払基金は、介護保険関係業務に関し、毎事業年度、予算、事業計画及び資金計画を作成し、事業年度開始前に、厚生労働大臣の認可を受けなければならない旨を定める規定である。

166条　財務諸表等……610

本条は、支払基金は、介護保険関係業務に関し、毎事業年度、財務諸表（財産目録、貸借対照表及び損益計算書）を作成し、事業年度終了後、厚生労働大臣に提出し、その承認を受けなければならない等、財務諸表の取扱いについて定める規定である。

支払基金財務会計省令に様々なことが定められている。

167条　利益及び損失の処理……611

本条は、支払基金が、介護保険関係業務に関し、利益が生じたり、あるいは損失が生じたりしたときの処理方法について定める規定である。

168条　借入金及び債券……611

本条は、支払基金は、介護保険関係業務に関し、厚生労働大臣の認可を受けて、長期・短期の借入金をすること、または債券を発行することができるほか、その手続きについて定める規定である。

169条　政府保証……612

本条は、政府は、支払基金の長期・短期借入金または債券に係る債務について、必要と認められる期間の範囲において、保証することができる旨を定める規定である。

170条　余裕金の運用……612

本条は、介護保険関係業務に係る業務上の余裕金の運用について、一定の方法に制限する旨の規定である。

170条の2　協議……612

条　見出し／趣旨・ポイント

本条は、支払基金が長期・短期借入金をすること、または債券を発行すること等について厚生労働大臣が認可する際、あらかじめ財務大臣に協議しなければならない旨を定める規定である。

171条　厚生労働省令への委任……612

本条は、本章に定めるもののほか、介護保険関係業務に係る支払基金の財務及び会計に関し必要な事項を、厚生労働省令で定める旨の規定である。

厚生労働省令は、支払基金財務会計省令である。

172条　報告の徴収等……613

本条は、厚生労働大臣または都道府県知事は、支払基金またはその受託者について、必要があると認めるときは、その業務または財産の状況に関する報告を徴収したり、職員に実地検査をさせたりすることができる旨を定める規定である。

173条　社会保険診療報酬支払基金法の適用の特例……613

本条は、支払基金が行う介護保険関係業務について、支払基金法で定める支払基金の業務とみなし、報告の徴収や検査への対応に問題があったときに同法に定める罰則の適用となる旨の規定である。

174条　審査請求……613

本条は、本法に基づく支払基金の処分に不服がある者は、厚生労働大臣に対し、行政不服審査法（平成26年6月13日法律第68号）による審査請求をすることができる旨を定める規定である。また、支払基金の上級行政庁として、厚生労働大臣に行政不服審査法に基づく権限を付与する規定である。

条　見出し／趣旨・ポイント

175条　削除……613

法制定時の第175条は、「第9章　保健福祉事業」として保健福祉事業に関する規定であった。その規定が平成17（２００５）年の法改正により、現行法第115条の49に移されたことにより、第175条は削除された。

第10章　国民健康保険団体連合会の介護保険事業関係業務

176条　連合会の業務……614

本条は、介護保険制度において、国民健康保険団体連合会（以下「国保連合会」という）が行う介護保険関係業務を定める規定である。

(1) 国保連合会とは、国民健康保険法に基づき、会員である保険者（市町村及び国民健康保険組合）が共同で必要な事業を行うことを目的に、都道府県ごとに設立される公法人である。国民健康保険制度において、医療機関からの診療報酬請求書（レセプト）の審査及び医療機関への医療費の支払を行うことを主たる業務としている。

設立にあたっては、都道府県知事の認可が必要であり、全国47都道府県にそれぞれ設立されている。「国保連」あるいは「国保連合会」と略称されることが多い。

(2) 国保連合会が介護保険制度で行う主な業務は次のとおり。

① 市町村から委託を受けて行う居宅介護サービス費や施設介護サービス費等の請求に関する審査・支払い

条　見出し／趣旨・ポイント

② 第1号事業支給費や介護予防・日常生活支援総合事業の実施に必要な費用の支払決定に係る審査・支払い等

③ 指定居宅サービス、指定地域密着型サービス、指定居宅介護支援、指定施設サービス等の質の向上に関する調査、これらのサービスの事業者に対する必要な助言・指導

(3) 国保連合会は、介護保険制度における制度上の苦情処理機関として位置づけられている。国保連合会では、事務局を設置し、中立公正な立場で活動できる学識経験者を中心に、介護サービス苦情処理委員を委嘱して、苦情処理の業務を行う。

177条　議決権の特例……615

本条は、介護保険関係業務について、国保連合会の議決権の特例を定める規定である。

178条　区分経理……615

本条は、国保連合会は、介護保険関係業務に関する経理について、区分経理する旨を定める規定である。

第11章　介護給付費等審査委員会

179条　給付費等審査委員会……615

本条は、国保連合会に、介護給付費等審査委員会を置くことを定める規定である。

介護給付費等審査委員会は、サービス事業者や居宅介護支援事業者、介護保険施設からの介護給付費請求書の審査を行うため、本条に基づき、国保連合会に設置される機関である。

180条　給付費等審査委員会の組織……616

本条は、介護給付費等審査委員会の組織の内容を定める規定である。

(1) 介護給付費等審査委員会は、介護給付等対象サービス担当者または介護予防・日常生活支援総合事業担当者を代表する委員、市町村を代表する委員、公益を代表する委員がそれぞれ同数となる三者構成である（第1項）。

(2) 委員は、国保連合会が委嘱する（第2項）。介護給付費等対象サービス担当者または介護予防・日常生活支援総合事業担当者を代表する委員、市町村を代表する委員は、それぞれ関係団体からの推薦によって委嘱しなければならない（第3項）。

181条　給付費等審査委員会の権限……616

本条は、介護給付費等審査委員会の権限を定める規定である。

本条で定める介護給付費等審査委員会の権限は、次のとおりである。

(1) 介護給付費請求書の審査を行うため必要があると認めるときは、都道府県知事の承認を得て、サービス事業者・施設に対して、報告、帳簿書類の提出・提示を求めたり、サービス事業者・施設の開設者・管理者等、あるいはサービス担当者に対して、出頭や説明を求めたりすることができる（第1項）。

(2) 介護給付費請求書または介護予防・日常生活支援総合事業請求書の審査を行うため必要があると認めるときは、市町村長の承認を得て、(1)と同様のことを行うことができる（第2項）。

182条　厚生労働省令への委任……617

本条は、介護給付費等審査委員会に関して必要な事項を、厚生労働省令で定める旨の規定である。

第12章　審査請求

183条　審査請求……618

本条は、保険給付等に関する処分に不服がある者は、介護保険審査会に審査請求ができることを定める規定である。

(1) 審査請求とは、行政不服審査法による不服申立ての一種で、行政庁の処分について、その処分庁以外の行政庁に対して不服を申し立てることをいう。審査庁は原則として処分庁の上級行政庁である。審査請求の採決には、「認容」（処分の全部または一部の取消しなど）、「棄却」（審査請求に理由がないとき）、「却下」（審査請求が法定の期間経過後にされたものなど不適法である場合）がある。

(2) 介護保険審査会は都道府県に設置される。審査請求の対象となる処分は、次のとおり。

① 保険給付に関する処分（要支援・要介護認定に関する処分、被保険者証の交付の請求に関する処分、給付制限に関する処分）

② 保険料その他の徴収金に関する処分（保険料の賦課徴収に関する処分、不正利得に関する徴収金等に係る賦課徴収、保険料等の徴収金に係る滞納処分等）

184条　介護保険審査会の設置……618

本条は、各都道府県に介護保険審査会を置く旨の規定である。

185条　組織……619

本条は、介護保険審査会の組織について定める規定である。

(1) 介護保険審査会の委員は、①被保険者代表（3人）、②市町村代表（3人）、③公益代表（3人以上で、認定に関する処分に対する審査請求を取り扱う合議体を必要数設置できる員数として条例で定める数）の三者構成である（第1項）。

(2) 委員は、都道府県知事が任命し（第2項）、非常勤である（第3項）。

186条　委員の任期……619

本条は、介護保険審査会の委員の任期等を定める規定である。

187条　会長……619

本条は、介護保険審査会の会長に関する規定である。

188条　専門調査員……619

本条は、介護保険審査会に、専門調査員を置くことができる旨の規定である。

要介護・要支援認定に関する処分に対する審査請求について、審理が迅速かつ正確に行われるように、専門調査員を置くことができる。

189条　合議体……620

本条は、審査請求について、委員の合議体により取り扱う旨の規定である。

190条……620

本条は、前条の合議体の会議、議事の運営等に関

条　見出し／趣旨・ポイント

して定める規定である。

191条　管轄保険審査会……620

本条は、審査請求は、処分を行った市町村がある都道府県の介護保険審査会に対して行わなければならない旨を定める規定である。

192条　審査請求の期間及び方式……620

本条は、審査請求は、正当な理由がない限り、処分があったことを知った日の翌日から3か月以内に、文書または口頭でしなければならないという、審査請求の期間及び方式について定める規定である。

193条　市町村に対する通知……621

本条は、介護保険審査会が、原処分をした市町村等に対して行う通知について定める規定である。

194条　審理のための処分……621

本条は、介護保険審査会は、必要があると認めるときは審査請求人や関係人に対して報告または意見を求めたり、医師等に診断その他の調査をさせたりすることができる旨を定める規定である。

195条　政令への委任……621

本条は、審査請求に関して必要な事項は、本章及び行政不服審査法に規定するもののほかは政令で定める旨の規定である。

196条　審査請求と訴訟との関係……621

本条は、処分の取消しの訴えは、その処分についての審査請求を経た上でなければ提起できないとする規定であり、審査請求前置主義と呼ばれるものである。

条　見出し／趣旨・ポイント

第13章　雑則

197条　報告の徴収等……622

本条は、厚生労働大臣、都道府県知事、市町村長等の間における報告の徴収等に関して定める規定である。

197条の2……624

本条は、市町村長は、事業の実施状況を厚生労働大臣に報告しなければならないとする規定である。

(1)　施行令第51条の2により、市町村長は、厚生労働省令で定めるところにより、都道府県知事または国保連合会及び指定法人を経由して行うもの、とされている。

(2)　施行規則第165条の2の2により、市町村長は、毎月の事業の実施状況を掲載した報告書を、翌月15日までに都道府県知事に提出する。

198条　連合会に対する監督……624

本条は、国保連合会に対する監督に関する規定である。

199条　先取特権の順位……624

本条は、本法の規定による保険料その他の徴収金の先取特権の順位を定める規定である。

先取特権とは、法律の定める一定の債権を持つ者が、債権者の総財産あるいは特定の動産・不動産から、優先的に弁済を受けることができる担保物件のことである。

200条　時効……624

本条は、保険料の徴収等や保険給付を受ける権利の時効に関する規定である。

条　見出し／趣旨・ポイント

200条の2　賦課決定の期間制限……624

本条は、保険料の賦課決定の期間の制限を定めるものである。

201条　期間の計算……625

本条は、本法または本法に基づく命令に規定する期間の計算は、民法の期間に関する規定を準用することを定めた規定である。

202条　被保険者等に関する調査……625

本条は、被保険者の資格、保険給付及び保険料に関して必要があると認めるときは、被保険者や第1号被保険者の配偶者等に対して調査を行うことができる旨を定める規定である。

203条　資料の提供等……625

本条は、市町村は、保険給付及び保険料に関して必要があると認めるときは、被保険者や第1号被保険者の配偶者等に対して、資料の提供等を求めることができること、また、都道府県知事または市町村長は、指定等に関して必要があると認めるときは、指定等に係る申請者、役員等の保険料の納付状況について資料の提供等を求めることができる旨の規定である。

203条の2　大都市等の特例……626

本条は、本法において都道府県知事が処理する事務のうち、居宅サービス事業者等に対する指定等、政令で定めるものについて、指定都市及び中核市が処理できることとする規定である。

大都市特例による権限、事務の移譲のうち主なものは次のとおり。

①　指定・開設許可関係（指定居宅サービス事業者の指定、指定居宅介護支援事業者の指定等）

②　指導監督（指定事業者・施設に対する報告等の求め、立入検査、勧告・命令等、指定・開設許可の取消し等）

③　事業者・施設の指定基準等に関する条例制定

203条の3　緊急時における厚生労働大臣の事務執行…626
本条は、介護老人保健施設または介護医療院の入所者の生命または身体の安全を確保するため緊急の必要があると認めるときは、厚生労働大臣等が、都道府県知事または市町村長の権限に属する事務を執行できるとする規定である。

203条の4　事務の区分……627
本条は、本法に定める都道府県が処理をする事務のうち、社会保険診療報酬支払基金に関する事務の一部等について、法定受託事務とする事務を定める規定である。

203条の5　権限の委任……627
本条は、厚生労働大臣の権限を、地方厚生局長に委任することができる旨を定める規定である。

204条　実施規定……627
本条は、法律に規定されていないもので、法律の実施のための手続きその他執行について必要な細目は、厚生労働省令で定めるとする規定である。

第14章　罰則

205条……650
本条は、認定審査会等の委員や介護支援専門員等の守秘義務違反に対する罰則に関する規定である。

205条の2……650
本条は、登録試験問題作成機関が厚生労働大臣の命令に違反したときの罰則に関する規定である。

205条の3……651
本条は、匿名介護保険等関連情報の利用に関する守秘義務違反や不当目的使用、厚生労働大臣の是正命令に違反したときの罰則に関する規定である。

206条……651
本条は、介護老人保健施設の広告制限に違反した者や、介護老人保健施設に対する命令に違反したときの罰則に関する規定である。

206条の2……651
本条は、登録試験問題作成機関及び指定調査機関が、帳簿の備付け等の義務に違反したとき、厚生労働大臣・都道府県知事に対して、報告をせず、または虚偽の報告、検査の拒否等を行ったとき、許可を受けずに試験問題作成事務や情報公表事務の全部を廃止等をしたときの罰則に関する規定である。

207条……652
本条は、健康保険組合、国民健康保険組合、共済組合、日本私立学校振興・共済事業団の役員・精算人・職員、及び社会保険診療報酬支払基金または支払基金の委託を受けた者が、厚生労働大臣・都道府県知事に対して、報告をせず、または虚偽の報告、検査を拒むこと等に対する罰則に関する規定である。

208条……652
本条は、介護給付等を受けた者が、厚生労働大臣・都道府県知事に対し、報告をせず、または虚偽の報告、検査を拒むこと等に対する罰則に関する規定である。

209条……652
本条は介護老人保健施設の開設者が管理者に関する規定に違反したとき、介護サービスを担当した者等が報告・帳簿書類の提出をしないこと、虚偽の報告、虚偽の帳簿書類の提出、または質問に対して答弁をしないこと、虚偽の答弁、検査拒否等をしたときの罰則に関する規定である。

210条……653
本条は、審査請求人もしくはその関係者、医師その他保険審査会の指定する者が、出頭、陳述、報告をせず、または診断その他の調査をしなかったことに対する罰則に関する規定である。

210条の2……653
本条は、第205条の3の匿名介護保険等関連情報の利用に関する罪は、日本国外において犯した者についても適用することとする規定である。

211条……653
本条は、法人の代表者、法人・人の代理人・使用人その他の従業者が第205条の2から第206条の2までで、または第209条の違反行為をしたときは、行為者を罰するほか、その法人・人に対しても罰金刑を科する規定である。

211条の2……653
本条は、登録試験問題作成機関が、財産目録や貸借対照表等の5年間保存義務に反して財務諸表等を

介護保険法施行令・施行規則　目次

条　見出し

介護保険法施行令

（平成10年12月24日政令第412号）

目次

条　見出し

条　見出し

介護保険法施行規則

（平成11年3月31日厚生省令第36号）

目次

第8節　指定介護予防支援事業者

第9節　業務管理体制の整備

第10節　介護サービス情報の公表

第11節　介護サービス事業者経営情報の調査及び分析等

第5章　地域支援事業等

介護保険法　三段対照

●介護保険法
●介護保険法施行令
●介護保険法施行規則

介護保険法

（平成九年十二月十七日法律第百二十三号）

改正
平成九年五月九日法律第四八号
同九年六月二四日同第一〇三号
同九年一二月一七日同第一二五号
同一〇年六月一七日同第一〇九号
同一一年七月一六日同第八七号
同一一年八月一八日同第一三三号
同一一年一二月二二日同第一六〇号
同一二年六月七日同第一一一号
同一二年一二月六日同第一四〇号
同一二年一二月六日同第一四一号
同一三年七月四日同第一〇一号
同一三年一二月一二日同第一五三号
同一四年二月八日同第一号
同一四年八月二日同第一〇二号
同一四年一二月一三日同第一五二号
同一四年一二月一三日同第一六八号
同一六年三月三一日同第二一号
同一六年六月二三日同第一三二号
同一六年一二月三日同第一五四号
同一七年五月二五日同第五〇号
同一七年六月一七日同第六四号
同一七年六月一七日同第六五号
同一七年六月二九日同第七七号
同一七年七月一五日同第八三号
同一七年七月二六日同第八七号
同一七年一〇月二一日同第一〇二号
同一八年三月三一日同第二〇号
同一八年六月二一日同第八三号
同一八年六月二一日同第八四号
同一八年一二月二〇日同第一一六号
同一九年四月二三日同第三〇号
同一九年七月六日同第一〇九号
同一九年七月六日同第一一〇号
同一九年七月六日同第一一一号
同二〇年五月二八日同第四二号
同二一年七月一五日同第七七号
同二二年三月三一日同第一九号
同二三年五月二日同第三七号
同二三年六月二二日同第七二号
同二三年八月三〇日同第一〇七号
同二三年一二月一四日同第一二二号
同二四年三月三一日同第二四号
同二四年八月二二日同第六二号

介護保険法施行令

（平成十年十二月二十四日政令第四百十二号）

改正
平成一一年一二月八日政令第三九三号
同一二年一月二一日同第一二号
同一二年三月三一日同第一七五号
同一二年六月七日同第三〇九号
同一三年一月三一日同第一六号
同一三年八月三日同第二五八号
同一四年一月一七日同第四号
同一四年二月八日同第二七号
同一四年三月一三日同第四三号
同一四年三月二五日同第六〇号
同一四年三月三一日同第一〇二号
同一四年八月三〇日同第二八二号
同一四年一一月二七日同第三四八号
同一五年三月二六日同第七二号
同一六年九月一五日同第二七五号
同一六年九月二九日同第二九七号
同一七年六月二九日同第二三一号
同一七年七月六日同第二三三号
同一七年八月三一日同第二九〇号
同一八年三月一日同第二八号
同一八年三月三一日同第一五四号
同一八年八月三〇日同第二八五号
同一八年八月三〇日同第二八六号
同一九年一月四日同第三号
同一九年八月三日同第二三五号
同一九年九月二〇日同第二九二号
同一九年一〇月三一日同第三二四号
同一九年一二月一二日同第三六五号
同二〇年二月二〇日同第三〇号
同二〇年三月三一日同第一一六号
同二〇年一〇月二四日同第三二八号
同二〇年一一月二一日同第三五七号
同二一年一月二八日同第一〇号
同二一年二月四日同第一七号
同二一年一二月二四日同第二九六号
同二一年一二月二八日同第三一〇号
同二二年三月三一日同第六五号
同二三年三月三〇日同第五五号
同二三年三月三一日同第六八号
同二三年一二月二日同第三七五号
同二三年一二月二日同第三七六号
同二四年三月二八日同第七四号
同二四年四月六日同第一三一号

介護保険法施行規則

（平成十一年三月三十一日厚生省令第三十六号）

改正
平成一一年一一月四日厚生省令第九二号
同一一年一二月二四日同第九七号
同一二年三月二四日同第二五号
同一二年三月二四日同第三六号
同一二年七月二八日同第一〇九号
同一二年一〇月二〇日同第一二七号
同一二年一二月八日同第一四一号
同一二年一二月一三日同第一四四号
同一三年一月三一日厚生労働省令第八号
同一三年一一月七日同第二一〇号
同一四年二月二二日同第一四号
同一四年三月二三日同第二七号
同一四年八月三〇日同第一一三号
同一四年九月五日同第一一七号
同一四年一一月一五日同第一四九号
同一五年三月一四日同第二七号
同一五年八月二九日同第一三六号
同一五年九月三〇日同第一四九号
同一六年三月二九日同第五〇号
同一六年三月二九日同第五五号
同一七年三月七日同第二五号
同一七年四月二八日同第九三号
同一七年六月二九日同第一〇四号
同一七年九月七日同第一三八号
同一八年三月一日同第二二号
同一八年三月一四日同第三二号
同一八年三月二四日同第四五号
同一八年三月三一日同第一〇六号
同一八年三月三一日同第一〇八号
同一八年六月三〇日同第一三二号
同一八年九月八日同第一五七号
同一八年九月二九日同第一六九号
同一八年九月二九日同第一八〇号
同一九年一月九日同第二号
同一九年一月一六日同第三号
同一九年三月五日同第一八号
同一九年三月二三日同第二六号
同一九年三月三〇日同第四五号
同一九年一〇月三一日同第一三四号
同二〇年三月一七日同第三五号
同二〇年三月三一日同第六九号
同二〇年三月三一日同第七七号
同二〇年一一月二八日同第一六三号

同二四年八月二二日同第六三号
同二四年一一月二六日同第九八号
同二五年五月三一日同第二六号
同二五年六月一四日同第四四号
同二六年六月四日同第五一号
同二六年六月一三日同第六九号
同二六年六月二五日同第八三号
同二七年五月二九日同第三一号
同二八年五月二〇日同第四七号
同二八年一一月二四日同第八四号
同二八年一二月二六日同第一一四号
同二九年六月二日同第四五号
同二九年六月二日同第五二号
同三〇年五月三〇日同第三三号
同三〇年六月二七日同第六六号
令和元年五月二二日同第九号
同元年六月七日同第二六号
同元年六月一四日同第三七号
同二年三月三一日同第八号
同二年三月三一日同第一四号
同二年六月五日同第四〇号
同二年六月一二日同第五二号
同三年五月二六日同第四四号
同三年五月二八日同第四九号
同三年六月一一日同第六六号
同四年六月一七日同第六八号
（一部未施行　六七一頁）
同五年五月八日同第一九号
同五年五月一九日同第三一号
（一部未施行　六七三頁）

同二四年八月一〇日同第二一一号
同二五年一月一八日同第五号
同二五年三月二一日同第七〇号
同二五年四月一二日同第一二二号
同二五年六月一四日同第一八三号
同二六年三月二六日同第八二号
同二六年三月三一日同第一二九号
同二六年三月三一日同第一三四号
同二六年四月一八日同第一六四号
同二六年七月九日同第二五一号
同二六年七月三〇日同第二六九号
同二六年八月八日同第二七八号
同二六年八月二〇日同第二八九号
同二六年九月三日同第三〇〇号
同二六年一一月一二日同第三五八号
同二六年一一月一九日同第三六五号
同二六年一二月一二日同第三九七号
同二七年三月三一日同第一三八号
同二七年四月一〇日同第二一一号
同二七年七月三日同第二六九号
同二七年八月二八日同第三〇三号
同二七年九月九日同第三二三号
同二七年九月三〇日同第三四二号
同二七年一一月二六日同第三九二号
同二七年一二月一六日同第四二五号
同二八年二月一九日同第四五号
同二八年三月四日同第五六号
同二八年五月二五日同第二二六号
同二八年九月七日同第三〇〇号
同二八年九月一四日同第三〇七号
同二八年一二月二六日同第四〇〇号
同二九年七月二八日同第二一二号
同二九年七月二八日同第二一三号
同二九年九月二一日同第二四六号
同二九年一一月二七日同第二九〇号
同三〇年二月二八日同第四一号
同三〇年三月一六日同第四九号
同三〇年三月二二日同第五五号
同三〇年三月二二日同第五六号
同三〇年三月二二日同第五七号
同三〇年三月二六日同第六三号
同三〇年五月三〇日同第一七五号
同三〇年七月一三日同第二一〇号
同三〇年七月一九日同第二一三号
同三一年三月二九日同第一一八号
令和元年一二月二五日同第二〇九号
同二年三月三〇日同第九八号
同二年七月八日同第二一九号
同二年九月三〇日同第二九九号
同二年一二月二四日同第三八一号
同三年三月一九日同第五四号
同三年三月三一日同第九七号

同二〇年一二月一九日同第一七三号
同二一年一月八日同第二号
同二一年三月一三日同第三〇号
同二一年三月二三日同第四二号
同二一年三月二七日同第四九号
同二一年三月三〇日同第五四号
同二一年三月三一日同第七五号
同二一年八月一九日同第一三五号
同二一年一二月四日同第一五三号
同二一年一二月二八日同第一六七号
同二一年一二月二八日同第一六八号
同二三年三月一〇日同第二〇号
同二三年七月二二日同第九〇号
同二三年八月一八日同第一〇六号
同二三年九月二二日同第一一六号
同二三年一〇月二〇日同第一三一号
同二四年一月三〇日同第一〇号
同二四年一月三〇日同第一一号
同二四年三月二日同第二五号
同二四年三月一三日同第三〇号
同二四年三月二八日同第四〇号
同二四年三月二九日同第四五号
同二五年一月一八日同第四号
同二五年三月一八日同第二九号
同二五年三月三〇日同第五〇号
同二五年四月一二日同第五九号
同二五年九月一三日同第一〇五号
同二五年一一月二二日同第一二四号
同二六年五月一四日同第六四号
同二六年六月二五日同第七一号
同二六年一一月一二日同第一二一号
同二六年一一月一三日同第一二二号
同二六年一二月一二日同第一三五号
同二七年一月一六日同第四号
同二七年二月一二日同第一九号
同二七年三月三一日同第五五号
同二七年三月三一日同第五七号
同二七年三月三一日同第六六号
同二七年七月三日同第一二三号
同二七年九月二九日同第一五〇号
同二八年三月二三日同第三五号
同二八年三月三一日同第五三号
同二八年五月二六日同第一〇二号
同二八年一二月二七日同第一八三号
同二九年三月三一日同第四八号
同二九年七月三一日同第八五号
同二九年七月三一日同第八六号
同二九年一二月二六日同第一三五号
同三〇年三月二二日同第二八号
同三〇年三月二二日同第三〇号
同三〇年六月二九日同第八〇号
同三〇年七月二六日同第九二号

法律

施行令

同三年三月三一日同第一三七号
同四年一月四日同第一四号
同四年一月一九日同第二七号
同四年三月三〇日同第一二八号
同四年三月三一日同第一三三号
同四年三月三一日同第一六七号
同五年一〇月一八日同第三〇四号
同五年一二月二七日同第三八三号
同六年一月一九日同第一二号
同六年一月一九日同第一三号
同六年三月三〇日同第一三九号
同六年三月三〇日同第一五一号
同七年一月二二日同第一一号

施行規則

同三〇年七月三〇日同第九五号
同三〇年七月三〇日同第九六号
同三〇年七月三〇日同第九七号
同三〇年九月二八日同第一一七号
同三〇年九月二八日同第一一九号
同三〇年一〇月一一日同第一二三号
同三一年三月二六日同第三五号
同三一年三月三〇日同第六〇号
令和元年五月七日同第一号
同元年九月一三日同第四六号
同元年九月三〇日同第五八号
同二年三月二五日同第三九号
同二年三月三一日同第六四号
同二年五月二五日同第一〇三号
同二年九月三〇日同第一六二号
同二年一〇月二二日同第一七六号
同二年一二月九日同第一八九号
同二年一二月二五日同第二〇八号
同二年一二月二八日同第二一二号
同三年一月二五日同第九号
同三年二月一七日同第三五号
同三年二月二六日同第四三号
同三年三月三一日同第七〇号
同三年三月三一日同第七四号
同三年八月三一日同第一四六号
同三年九月三〇日同第一六七号
同三年一一月一九日同第一八一号
同四年一月一九日同第七号
同四年三月一四日同第三六号
同四年三月二九日同第四六号
同四年三月三一日同第五六号
同四年三月三一日同第六四号
同四年一二月九日同第一六五号
同五年三月三一日同第四六号
同五年三月三一日同第四八号
同五年一二月二六日同第一六一号
同六年一月一七日同第四号
同六年一月一九日同第一三号
同六年一月二五日同第一五号
同六年一月二五日同第一六号
同六年一月二五日同第一八号
（未施行 六八七頁）
同六年三月二七日同第五六号
同六年三月二九日同第六〇号
同六年三月二九日同第六一号
同六年五月二四日同第八五号
同六年五月三一日同第九二号
同六年八月三〇日同第一一九号
同六年一〇月三日同第一三五号

同　六年一二月二七日同　第一六四号

法律

第一章　総則

（目的）

第一条　この法律は、加齢に伴って生ずる心身の変化に起因する疾病等により要介護状態となり、入浴、排せつ、食事等の介護、機能訓練並びに看護及び療養上の管理その他の医療を要する者等について、これらの者が尊厳を保持し、その有する能力に応じ自立した日常生活を営むことができるよう、必要な保健医療サービス及び福祉サービスに係る給付を行うため、国民の共同連帯の理念に基づき介護保険制度を設け、その行う保険給付等に関して必要な事項を定め、もって国民の保健医療の向上及び福祉の増進を図ることを目的とする。

（平一七法七七・一部改正）

（介護保険）

第二条　介護保険は、被保険者の要介護状態又は要支援状態（以下「要介護状態等」という。）に関し、必要な保険給付を行うものとする。

2　前項の保険給付は、要介護状態等の軽減又は悪化の防止に資するよう行われるとともに、医療との連携に十分配慮して行われなければならない。

3　第一項の保険給付は、被保険者の心身の状況、その置かれている環境等に応じて、被保険者の選択に基づき、適切な保健医療サービス及び福祉サービスが、多様な事業者又は施設から、総合的かつ効率的に提供されるよう配慮して行われなければならない。

4　第一項の保険給付の内容及び水準は、被保険者が要介護状態となった場合においても、可能な限り、その居宅において、その有する能力に応じ自立した日常生活を営むことができるように配慮されなければならない。

（平一七法七七・平二三法七二・一部改正）

（保険者）

第三条　市町村及び特別区は、この法律の定めるところにより、介護保険を行うものとする。

施行令

第一章　総則

施行規則

第一章　総則

2　市町村及び特別区は、介護保険に関する収入及び支出について、政令で定めるところにより、特別会計を設けなければならない。

（国民の努力及び義務）

第四条　国民は、自ら要介護状態となることを予防するため、加齢に伴って生ずる心身の変化を自覚して常に健康の保持増進に努めるとともに、要介護状態となった場合においても、進んでリハビリテーションその他の適切な保健医療サービス及び福祉サービスを利用することにより、その有する能力の維持向上に努めるものとする。

2　国民は、共同連帯の理念に基づき、介護保険事業に要する費用を公平に負担するものとする。

（国及び地方公共団体の責務）

第五条　国は、介護保険事業の運営が健全かつ円滑に行われるよう保健医療サービス及び福祉サービスを提供する体制の確保に関する施策その他の必要な各般の措置を講じなければならない。

2　都道府県は、介護保険事業の運営が健全かつ円滑に行われるように、必要な助言及び適切な援助をしなければならない。

3　都道府県は、前項の助言及び援助をするに当たっては、介護サービスを提供する事業所又は施設における業務の効率化、介護サービスの質の向上その他の生産性の向上に資する取組が促進されるよう努めなければならない。

4　国及び地方公共団体は、被保険者が、可能な限り、住み慣れた地域でその有する能力に応じ自立した日常生活を営むことができるよう、保険給付に係る保健医療サービス及び福祉サービスに関する施策、要介護状態等となることの予防又は要介護状態等の軽減若しくは悪化の防止のための施策並びに地域における自立した日常生活の支援のための施策を、医療及び居住に関する施策との有機的な連携を図りつつ包括的に推進するよう努めなければならない。

5　国及び地方公共団体は、前項の規定により同項に掲げる施策を包括的に推進するに当たっては、障害者そ

（特別会計の勘定）

第一条　介護保険法（以下「法」という。）第百十五条の四十九に規定する事業として指定居宅サービス（法第四十一条第一項に規定する指定居宅サービスをいう。以下同じ。）、指定地域密着型サービス（法第四十二条の二第一項に規定する指定地域密着型サービスをいう。以下同じ。）、指定居宅介護支援（法第四十六条第一項に規定する指定居宅介護支援をいう。以下同じ。）、指定介護予防サービス（法第五十三条第一項に規定する指定介護予防サービスをいう。以下同じ。）、指定地域密着型介護予防サービス（法第五十四条の二第一項に規定する指定地域密着型介護予防サービスをいう。以下同じ。）及び指定介護予防支援（法第五十八条第一項に規定する指定介護予防支援をいう。以下同じ。）の事業並びに介護保険施設の運営を行う市町村（特別区を含む。以下同じ。）は、厚生労働省令で定めるところにより、介護保険に関する特別会計を保険事業勘定及び介護サービス事業勘定に区分しなければならない。

（平一二政三〇九・平一八政一五四・平二一政一〇・平二三政三七六・平二七政一三八・一部改正）

（保険事業勘定及び介護サービス事業勘定）

第一条　保険事業勘定においては、保険料、分担金及び負担金、使用料及び手数料、国庫支出金、支払基金交付金、都道府県支出金、相互財政安定化事業交付金、財産収入、寄附金、繰入金、繰越金、市町村債並びに諸収入をもってその歳入とし、総務費、保険給付費、財政安定化基金拠出金、相互財政安定化事業負担金、地域支援事業費、保健福祉事業費、基金積立金、公債費、予備費及び諸支出金その他の諸費をもってその歳出とする。

2　介護サービス事業勘定においては、サービス収入、分担金及び負担金、使用料及び手数料、国庫支出金、都道府県支出金、財産収入、寄附金、繰入金、繰越金、市町村債並びに諸収入をもってその歳入とし、総務費、事業費、施設整備費、基金積立金、公債費、予備費及び諸支出金その他の諸費をもってその歳出とする。

（平一八厚労令三二・一部改正）

法律

の他の者の福祉に関する施策との有機的な連携を図るよう努めるとともに、地域住民が相互に人格と個性を尊重し合いながら、参加し、共生する地域社会の実現に資するよう努めなければならない。

（平一七法七七・平二三法七二・平二九法五二・令二法五二・令五法三一・一部改正）

（認知症に関する施策の総合的な推進等）

第五条の二　国及び地方公共団体は、認知症（アルツハイマー病その他の神経変性疾患、脳血管疾患その他の疾患により日常生活に支障が生じる程度にまで認知機能が低下した状態として政令で定める状態をいう。以下同じ。）に対する国民の関心及び理解を深め、認知症である者への支援が適切に行われるよう、認知症に関する知識の普及及び啓発に努めなければならない。

2　国及び地方公共団体は、被保険者に対して認知症に係る適切な保健医療サービス及び福祉サービスを提供するため、研究機関、医療機関、介護サービス事業者（第百十五条の三十二第一項に規定する介護サービス事業者をいう。）等と連携し、認知症の予防、診断及び治療並びに認知症である者の心身の特性に応じたリハビリテーション及び介護方法に関する調査研究の推進に努めるとともに、その成果を普及し、活用し、及び発展させるよう努めなければならない。

3　国及び地方公共団体は、地域における認知症である者への支援体制を整備すること、認知症である者を現に介護する者の支援並びに認知症である者の支援に係る人材の確保及び資質の向上を図るために必要な措置を講ずることその他の認知症に関する施策を総合的に推進するよう努めなければならない。

4　国及び地方公共団体は、前三項の施策の推進に当たっては、認知症である者及びその家族の意向の尊重に配慮するとともに、認知症である者が地域社会において尊厳を保持しつつ他の人々と共生することができるように努めなければならない。

（平二三法七二・追加、平二九法五二・令二法五二・一部改正）

施行令

（認知症）

第一条の二　法第五条の二第一項の政令で定める状態は、アルツハイマー病その他の神経変性疾患、脳血管疾患その他の疾患（特定の疾患に分類されないものを含み、せん妄、鬱病その他の厚生労働省令で定める精神疾患を除く。）により日常生活に支障が生じる程度にまで認知機能が低下した状態とする。

（令三政五四・追加）

施行規則

（令第一条の二の厚生労働省令で定める精神疾患）

第一条の二　介護保険法施行令（平成十年政令第四百十二号。以下「令」という。）第一条の二の厚生労働省令で定める精神疾患は、せん妄、鬱病その他の気分障害、精神作用物質による急性中毒又はその依存症、統合失調症、妄想性障害、神経症性障害、知的障害その他これらに類する精神疾患とする。

（令三厚労令七四・追加）

（医療保険者の協力）

第六条　医療保険者は、介護保険事業が健全かつ円滑に行われるよう協力しなければならない。

（定義）

第七条　この法律において「要介護状態」とは、身体上又は精神上の障害があるために、入浴、排せつ、食事等の日常生活における基本的な動作の全部又は一部について、厚生労働省令で定める期間にわたり継続して、常時介護を要すると見込まれる状態であって、その介護の必要の程度に応じて厚生労働省令で定める区分（以下「要介護状態区分」という。）のいずれかに該当するもの（要支援状態に該当するものを除く。）をいう。

＊厚生労働省令で定める区分＝（省）要介護認定等に係る介護認定審査会による審査及び判定の基準等に関する省令（平一一厚令五八）

2　この法律において「要支援状態」とは、身体上若しくは精神上の障害があるために入浴、排せつ、食事等の日常生活における基本的な動作の全部若しくは一部について厚生労働省令で定める期間にわたり継続して常時介護を要する状態の軽減若しくは悪化の防止に特に資する支援を要すると見込まれ、又は身体上若しくは精神上の障害があるために厚生労働省令で定める期間にわたり継続して日常生活を営むのに支障があると見込まれる状態であって、支援の必要の程度に応じて厚生労働省令で定める区分（以下「要支援状態区分」という。）のいずれかに該当するものをいう。

＊厚生労働省令で定める区分＝（省）要介護認定等に係る介護認定審査会による審査及び判定の基準等に関する省令（平一一厚令五八）

3　この法律において「要介護者」とは、次の各号のいずれかに該当する者をいう。

一　要介護状態にある六十五歳以上の者

二　要介護状態にある四十歳以上六十五歳未満の者であって、その要介護状態の原因である身体上又は精神上の障害が加齢に伴って生ずる心身の変化に起因する疾病であって政令で定めるもの（以下「特定疾病」という。）によって生じたものであるもの

4　この法律において「要支援者」とは、次の各号のい

（特定疾病）

第二条　法第七条第三項第二号に規定する政令で定める疾病は、次のとおりとする。

一　がん（医師が一般に認められている医学的知見に基づき回復の見込みがない状態に至ったと判断したものに限る。）

（要介護状態の継続見込期間）

第二条　介護保険法（平成九年法律第百二十三号。以下「法」という。）第七条第一項の厚生労働省令で定める期間は、六月間とする。ただし、法第七条第三項第二号に該当する者であって、その要介護状態の原因である身体上又は精神上の障害が令第二条第一号に規定する疾病によって生じたものに係る要介護状態の継続見込期間については、その余命が六月に満たないと判断される場合にあっては、死亡までの間とする。

（平一二厚令一二七・平一八厚労令一〇六・令三厚労令七四・一部改正）

（要支援状態の継続見込期間）

第三条　法第七条第二項の厚生労働省令で定める期間は、六月間とする。ただし、法第七条第四項第二号に該当する者であって、その要支援状態の原因である身体上又は精神上の障害が令第二条第一号に規定する疾病によって生じたものに係る要支援状態の継続見込期間については、その余命が六月に満たないと判断される場合にあっては、死亡までの間とする。

（平一二厚令一二七・平一八厚労令一〇六・一部改正）

法律

ずれかに該当する者をいう。
一　要支援状態にある六十五歳以上の者
二　要支援状態にある四十歳以上六十五歳未満の者であって、その要支援状態の原因である身体上又は精神上の障害が特定疾病によって生じたものであるもの

5　この法律において「介護支援専門員」とは、要介護者又は要支援者（以下「要介護者等」という。）からの相談に応じ、及び要介護者等がその心身の状況等に応じ適切な居宅サービス、地域密着型サービス、施設サービス、介護予防サービス若しくは特定介護予防・日常生活支援総合事業（第百十五条の四十五第一項第一号イに規定する第一号訪問事業、同号ロに規定する第一号通所事業又は同号ハに規定する第一号生活支援事業をいう。以下同じ。）を利用できるよう市町村、居宅サービス事業を行う者、地域密着型サービス事業を行う者、介護保険施設、介護予防サービス事業を行う者、地域密着型介護予防サービス事業を行う者、特定介護予防・日常生活支援総合事業を行う者等との連絡調整等を行う者であって、要介護者等が自立した日常生活を営むのに必要な援助に関する専門的知識及び技術を有するものとして第六十九条の七第一項の介護支援専門員証の交付を受けたものをいう。

6　この法律において「医療保険各法」とは、次に掲げる法律をいう。
一　健康保険法（大正十一年法律第七十号）
二　船員保険法（昭和十四年法律第七十三号）
三　国民健康保険法（昭和三十三年法律第百九十二号）
四　国家公務員共済組合法（昭和三十三年法律第百二十八号）
五　地方公務員等共済組合法（昭和三十七年法律第百五十二号）
六　私立学校教職員共済法（昭和二十八年法律第二百

施行令

二　関節リウマチ
三　筋萎縮性側索硬化症
四　後縦靱帯骨化症
五　骨折を伴う骨粗鬆症
六　初老期における認知症（法第五条の二第一項に規定する認知症をいう。以下同じ。）
七　進行性核上性麻痺、大脳皮質基底核変性症及びパーキンソン病
八　脊髄小脳変性症
九　脊柱管狭窄症
十　早老症
十一　多系統萎縮症
十二　糖尿病性神経障害、糖尿病性腎症及び糖尿病性網膜症
十三　脳血管疾患
十四　閉塞性動脈硬化症
十五　慢性閉塞性肺疾患
十六　両側の膝関節又は股関節に著しい変形を伴う変形性関節症

（平一七政三二三・平一八政一五四・平二三政三七六・平三〇政五五・一部改正）

施行規則

四十五号）

7　この法律において「医療保険者」とは、医療保険各法の規定により医療に関する給付を行う全国健康保険協会、健康保険組合、都道府県及び市町村（特別区を含む。）、国民健康保険組合、共済組合又は日本私立学校振興・共済事業団をいう。

8　この法律において「医療保険加入者」とは、次に掲げる者をいう。

一　健康保険法の規定による被保険者。ただし、同法第三条第二項の規定による日雇特例被保険者を除く。

二　船員保険法の規定による被保険者

三　国民健康保険法の規定による被保険者

四　国家公務員共済組合法又は地方公務員等共済組合法に基づく共済組合の組合員

五　私立学校教職員共済法の規定による私立学校教職員共済制度の加入者

六　健康保険法、船員保険法、国家公務員共済組合法（他の法律において準用する場合を含む。）又は地方公務員等共済組合法の規定による被扶養者。ただし、健康保険法第三条第二項の規定による日雇特例被保険者の同法の規定による被扶養者を除く。

七　健康保険法第百二十六条の規定により日雇特例被保険者手帳の交付を受け、その手帳に健康保険印紙をはり付けるべき余白がなくなるに至るまでの間にある者及び同法の規定によるその者の被扶養者。ただし、同法第三条第二項ただし書の規定による承認を受けて同項の規定による日雇特例被保険者とならない期間内にある者及び同法第百二十六条第三項の規定により当該日雇特例被保険者手帳を返納した者並びに同法の規定によるその者の被扶養者を除く。

9　この法律において「社会保険各法」とは、次に掲げる法律をいう。

一　この法律

二　第六項各号（第四号を除く。）に掲げる法律

三　厚生年金保険法（昭和二十九年法律第百十五号）

四　国民年金法（昭和三十四年法律第百四十一号）

法律

（平九法四八・平九法一二五・平一一法八七・平一一法一六〇・平一二法一四一・平一三法一五三・平一四法一〇二・平一七法七七・平一八法八三・平一九法三〇・平一九法一一〇・平二六法八三・平二七法三一・一部改正）

第八条　この法律において「居宅サービス」とは、訪問介護、訪問入浴介護、訪問看護、訪問リハビリテーション、居宅療養管理指導、通所介護、通所リハビリテーション、短期入所生活介護、短期入所療養介護、特定施設入居者生活介護、福祉用具貸与及び特定福祉用具販売をいい、「居宅サービス事業」とは、居宅サービスを行う事業をいう。

2　この法律において「訪問介護」とは、要介護者であって、居宅（老人福祉法（昭和三十八年法律第百三十三号）第二十条の六に規定する軽費老人ホーム、同法第二十九条第一項に規定する有料老人ホーム（以下「有料老人ホーム」という。）その他の厚生労働省令で定める施設における居室を含む。以下同じ。）において介護を受けるもの（以下「居宅要介護者」という。）について、その者の居宅において介護福祉士その他政令で定める者により行われる入浴、排せつ、食事等の介護その他の日常生活上の世話であって、厚生労働省令で定めるもの（定期巡回・随時対応型訪問介護看護（第十五項第二号に掲げるものに限る。）又は夜間対応型訪問介護に該当するものを除く。）をいう。

3　この法律において「訪問入浴介護」とは、居宅要介護者について、その者の居宅を訪問し、浴槽を提供して行われる入浴の介護をいう。

4　この法律において「訪問看護」とは、居宅要介護者

施行令

（法第八条第二項の政令で定める者）

第三条　法第八条第二項の政令で定める者は、次に掲げる者とする。ただし、訪問介護（同項に規定する訪問介護をいう。以下この条において同じ。）に係る共生型居宅サービス（法第七十二条の二第一項の申請に係る法第四十一条第一項本文の指定を受けた者による指定居宅サービスをいう。）以外の訪問介護については、第一号に掲げる者とする。

一　次のイ又はロに掲げる研修の課程を修了し、それぞれ当該イ又はロに定める者から当該研修を修了した旨の証明書の交付を受けた者（以下この条において「養成研修修了者」という。）

イ　都道府県知事の行う介護員の養成に関する研修　当該都道府県知事

ロ　都道府県知事が指定する者（以下この条において「介護員養成研修事業者」という。）の行う研修であって厚生労働省令で定める基準に適合するものとして都道府県知事の指定を受けたもの（以下この条において「介護員養成研修」という。）　当該介護員養成研修事業者

二　居宅介護（障害者の日常生活及び社会生活を総合的に支援するための法律（平成十七年法律第百二十三号）第五条第二項に規定する居宅介護をいう。）又は重度訪問介護（同条第三項に規定する重度訪問

施行規則

（法第八条第二項の厚生労働省令で定める施設）

第四条　法第八条第二項の厚生労働省令で定める施設は、老人福祉法（昭和三十八年法律第百三十三号）第二十条の四に規定する養護老人ホーム（以下「養護老人ホーム」という。）、同法第二十条の六に規定する軽費老人ホーム（以下「軽費老人ホーム」という。）及び同法第二十九条第一項に規定する有料老人ホーム（以下「有料老人ホーム」という。）とする。

（平一二厚令一二七・平一八厚労令三二・一部改正）

（法第八条第二項の厚生労働省令で定める日常生活上の世話）

第五条　法第八条第二項の厚生労働省令で定める日常生活上の世話は、入浴、排せつ、食事等の介護、調理、洗濯、掃除等の家事（居宅要介護者（同項に規定する居宅要介護者をいう。以下同じ。）が単身の世帯に属するため又はその同居している家族等の障害、疾病等のため、これらの者が自ら行うことが困難な家事であって、居宅要介護者の日常生活上必要なものとする。第十七条の二及び第十七条の五において同じ。）、生活等に関する相談及び助言その他の居宅要介護者に必要な日常生活上の世話とする。

（平一二厚令二五・平一二厚令三六・平一二厚令一二七・平一八厚労令三二・平二四厚労令一一・一部改正）

（法第八条第四項の厚生労働省令で定める基準）

（主治の医師がその治療の必要の程度につき厚生労働省令で定める基準に適合していると認めたものに限る。）について、その者の居宅において看護師その他厚生労働省令で定める者により行われる療養上の世話又は必要な診療の補助をいう。

5　この法律において「訪問リハビリテーション」とは、居宅要介護者（主治の医師がその治療の必要の程度につき厚生労働省令で定める基準に適合していると認めたものに限る。）について、その者の居宅において、その心身の機能の維持回復を図り、日常生活の自立を助けるために行われる理学療法、作業療法その他必要なリハビリテーションをいう。

6　この法律において「居宅療養管理指導」とは、居宅要介護者について、病院、診療所又は薬局（以下「病院等」という。）の医師、歯科医師、薬剤師その他厚生労働省令で定める者により行われる療養上の管理及び指導であって、厚生労働省令で定めるものをいう。

介護をいう。）に係る指定障害福祉サービス（同法第二十九条第一項に規定する指定障害福祉サービスをいう。）を提供している者として厚生労働大臣が定めるもの

2　前項第一号ロの事業者の指定は、都道府県の区域ごとに、その指定を受けようとする者の申請により、次に掲げる要件を満たすと認められる者について、当該都道府県知事が行う。

一　厚生労働省令で定める基準に適合する介護員養成研修を適正に実施する能力があると認められること。

二　次に掲げる義務を適正に履行できると認められること。

イ　養成研修修了者について、厚生労働省令で定める事項を記載した名簿を作成し、及びこれを都道府県知事に送付すること。

ロ　厚生労働省令で定める事項に変更があったとき、又は当該事業を廃止し、休止し、若しくは再開したときに、十日以内に、その旨を都道府県知事に届け出ること。

ハ　介護員養成研修の実施に関して都道府県知事が当該事業に関する情報の提供、当該事業の内容の変更その他の必要な指示を行った場合に、当該指示に従うこと。

3　都道府県知事は、介護員養成研修事業者が、前項各号に掲げる要件を満たすことができなくなったと認められるときは、第一項第一号ロの指定を取り消すことができる。

4　前三項に規定するもののほか、養成研修修了者に関して必要な事項は、厚生労働省令で定める。

（平一一政三九三・追加、平一二政三〇九・一部改正、平一三政一六・旧第二条の二繰下、平一八政一五四・平一八政二八五・平二七政一三八・平三〇政五五・一部改正）

第六条　法第八条第四項の厚生労働省令で定める基準は、病状が安定期にあり、居宅において看護師又は次条に規定する者が行う療養上の世話又は必要な診療の補助を要することとする。

（平一二厚令一二七・平一四厚労令一四・平一八厚労令三二・一部改正）

（法第八条第四項の厚生労働省令で定める者）

第七条　法第八条第四項の厚生労働省令で定める者は、保健師、准看護師、理学療法士、作業療法士及び言語聴覚士とする。

（平一二厚令一二七・平一四厚労令一四・平一八厚労令三二・一部改正）

（法第八条第五項の厚生労働省令で定める基準）

第八条　法第八条第五項の厚生労働省令で定める基準は、病状が安定期にあり、居宅において、心身の機能の維持回復及び日常生活上の自立を図るために、診療に基づき実施される計画的な医学的管理の下における理学療法、作業療法その他必要なリハビリテーションを要することとする。

（平一二厚令一二七・平一八厚労令三二・一部改正）

（法第八条第六項の厚生労働省令で定める者）

第九条　法第八条第六項の厚生労働省令で定める者は、歯科衛生士、保健師、看護師、准看護師及び管理栄養士とする。

（平二一厚労令三〇・全改、平三〇厚労令三〇・一部改正）

（法第八条第六項の厚生労働省令で定める療養上の管理及び指導）

第九条の二　法第八条第六項の厚生労働省令で定める療養上の管理及び指導のうち医師又は歯科医師により行われるものは、居宅要介護者の居宅を訪問して行う計画的かつ継続的な医学的管理又は歯科医学的管理に基づいて実施される指定居宅介護支援事業者（法第四十六条第一項に規定する指定居宅介護支援事業者をいう。以下同じ。）その他の事業者に対する居宅サービス計画（法第八条第二十四項に規定する居宅サービス計画をいう。以下同じ。）の策定等に必要な情報提供（当該居宅要介護者の同意を得て行うものに限る。）

法律

7　この法律において「通所介護」とは、居宅要介護者について、老人福祉法第五条の二第三項の厚生労働省令で定める施設又は同法第二十条の二の二に規定する老人デイサービスセンターに通わせ、当該施設において入浴、排せつ、食事等の介護その他の日常生活上の世話であって厚生労働省令で定めるもの及び機能訓練を行うこと（利用定員が厚生労働省令で定める数以上であるものに限り、認知症対応型通所介護に該当するものを除く。）をいう。

8　この法律において「通所リハビリテーション」とは、居宅要介護者（主治の医師がその治療の必要の程度につき厚生労働省令で定める基準に適合していると認めたものに限る。）について、介護老人保健施設、介護医療院、病院、診療所その他の厚生労働省令で定める施設に通わせ、当該施設において、その心身の機能の維持回復を

施行令

施行規則

並びに当該居宅要介護者又はその家族等に対する居宅サービスを利用する上での留意点、介護方法等についての指導及び助言とする。

2　法第八条第六項の厚生労働省令で定める療養上の管理及び指導のうち薬剤師により行われるものは、居宅要介護者の居宅において、医師又は歯科医師の指示（薬局の薬剤師にあっては、医師又は歯科医師の指示に基づき策定される薬学的管理指導計画）に基づいて実施される薬学的な管理及び指導とする。

3　法第八条第六項の厚生労働省令で定める療養上の管理及び指導のうち歯科衛生士、保健師、看護師及び准看護師により行われるものは、居宅要介護者の居宅において、その者に対して訪問歯科診療を行った歯科医師の指示及び当該歯科医師の策定した訪問指導計画に基づいて実施される口腔内の清掃又は有床義歯の清掃に関する指導とする。

4　法第八条第六項の厚生労働省令で定める療養上の管理及び指導のうち管理栄養士により行われるものは、居宅要介護者の居宅において、その者に対して計画的な医学的管理を行っている医師の指示に基づいて実施される栄養指導とする。

（平一二厚令二五・追加、平一二厚令一二七・平一五厚労令二七・平一八厚労令三二・平二一厚労令三〇・平二四厚労令一一・平三〇厚労令三〇・令六厚労令四・一部改正）

（法第八条第七項の厚生労働省令で定める日常生活上の世話）

第十条　法第八条第七項の厚生労働省令で定める日常生活上の世話は、入浴、排せつ、食事等の介護、生活等に関する相談及び助言、健康状態の確認その他の居宅要介護者に必要な日常生活上の世話とする。

（平一二厚令一二七・平一七厚労令一三八・平一八厚労令三二・一部改正）

（法第八条第七項の厚生労働省令で定める利用定員）

第十条の二　法第八条第七項の厚生労働省令で定める数は、十九人とする。

（平二八厚労令五三・追加）

（法第八条第八項の厚生労働省令で定める基準）

第十一条　法第八条第八項の厚生労働省令で定める基準は、病状が安定期にあり、次条に規定する施設において、心身の機能の維持回復及び日常生活上の自立を図るために、診療に基づき実施される計画的な医学的管理の下における理学療法、作業療法その他必要なリハ

図り、日常生活の自立を助けるために行われる理学療法、作業療法その他必要なリハビリテーションをいう。

9　この法律において「短期入所生活介護」とは、居宅要介護者について、老人福祉法第五条の二第四項の厚生労働省令で定める施設又は同法第二十条の三に規定する老人短期入所施設に短期間入所させ、当該施設において入浴、排せつ、食事等の介護その他の日常生活上の世話及び機能訓練を行うことをいう。

10　この法律において「短期入所療養介護」とは、居宅要介護者（その治療の必要の程度につき厚生労働省令で定めるものに限る。）について、介護老人保健施設、介護医療院その他の厚生労働省令で定める施設に短期間入所させ、当該施設において看護、医学的管理の下における介護及び機能訓練その他必要な医療並びに日常生活上の世話を行うことをいう。

11　この法律において「特定施設」とは、有料老人ホームその他厚生労働省令で定める施設であって、第二十一項に規定する地域密着型特定施設でないものをいい、「特定施設入居者生活介護」とは、特定施設に入居している要介護者について、当該特定施設が提供するサービスの内容、これを担当する者その他厚生労働省令で定める事項を定めた計画に基づき行われる入浴、排せつ、食事等の介護その他の日常生活上の世話であって厚生労働省令で定めるもの、機能訓練及び療養上の世話をいう。

ビリテーションを要することとする。

（平一二厚令一二七・平一八厚労令三二・一部改正）

（法第八条第八項の厚生労働省令で定める施設）

第十二条　法第八条第八項の厚生労働省令で定める施設は、介護老人保健施設、介護医療院、病院及び診療所とする。

（平一二厚令一二七・平一八厚労令三二・平三〇厚労令三〇・一部改正）

（法第八条第十項の厚生労働省令で定める居宅要介護者）

第十三条　法第八条第十項の厚生労働省令で定める居宅要介護者は、病状が安定期にあり、次条に規定する施設に短期間入所して、看護、医学的管理の下における介護及び機能訓練その他必要な医療を要する居宅要介護者とする。

（平一二厚令一二七・平一八厚労令三二・一部改正）

（法第八条第十項の厚生労働省令で定める施設）

第十四条　法第八条第十項の厚生労働省令で定める施設は、次のとおりとする。

一　介護老人保健施設
二　介護医療院
三　医療法（昭和二十三年法律第二百五号）第七条第二項第四号に規定する療養病床を有する病院若しくは診療所（以下「療養病床を有する病院等」という。）
四　診療所（前号に掲げるものを除く。）

（平一二厚令一二七・平一三厚労令八・平一八厚労令一〇六・平二一厚労令三〇・平二四厚労令一〇・平三〇厚労令三〇・一部改正）

（法第八条第十一項の厚生労働省令で定める施設）

第十五条　法第八条第十一項の厚生労働省令で定める施設は、次のとおりとする。

一　養護老人ホーム
二　軽費老人ホーム

（平一八厚労令三二・全改、平二一厚労令一三五・平二三厚労令一三一・一部改正）

（法第八条第十一項の厚生労働省令で定める事項）

第十六条　法第八条第十一項の厚生労働省令で定める事項は、当該要介護者の健康上及び生活上の問題点及び解決すべき課題、提供するサービスの目標及びその達成時期並びにサービスを提供する上での留意事項とする。

（平一二厚令一二七・平一八厚労令三二・一部改正）

（法第八条第十一項の厚生労働省令で定める日常生活上の世話）

法律

12　この法律において「福祉用具貸与」とは、居宅要介護者について福祉用具（心身の機能が低下し日常生活を営むのに支障がある要介護者等の日常生活上の便宜を図るための用具及び要介護者等の機能訓練のための用具であって、要介護者等の日常生活の自立を助けるためのものをいう。次項並びに次条第十項及び第十一項において同じ。）のうち厚生労働大臣が定めるものの政令で定めるところにより行われる貸与をいう。

＊厚生労働大臣が定めるものの＝〔告〕厚生労働大臣が定める福祉用具貸与及び介護予防福祉用具貸与に係る福祉用具の種目（平一一厚告九三）

13　この法律において「特定福祉用具販売」とは、居宅要介護者について福祉用具のうち入浴又は排せつの用に供するものその他の厚生労働大臣が定めるもの（以下「特定福祉用具」という。）の政令で定めるところにより行われる販売をいう。

＊〔告〕厚生労働大臣が定める特定福祉用具販売に係る特定福祉用具の種目及び厚生労働大臣が定める特定介護予防福祉用具販売に係る特定介護予防福祉用具の種目（平一一厚告九四）

14　この法律において「地域密着型サービス」とは、定期巡回・随時対応型訪問介護看護、夜間対応型訪問介護、地域密着型通所介護、認知症対応型通所介護、小規模多機能型居宅介護、認知症対応型共同生活介護、地域密着型特定施設入居者生活介護、地域密着型介護老人福祉施設入所者生活介護及び複合型サービスをいい、「特定地域密着型サービス」とは、定期巡回・随時対応型訪問介護看護、夜間対応型訪問介護、地域密着型通所介護、認知症対応型通所介護、小規模多機能型居宅介護及び複合型サービスをいい、「地域密着型サービス事業」とは、地域密着型サービスを行う事業をいう。

15　この法律において「定期巡回・随時対応型訪問介護看護」とは、次の各号のいずれかに該当するものをいう。

一　居宅要介護者について、定期的な巡回訪問により、又は随時通報を受け、その者の居宅において、

施行令

（福祉用具の貸与の方法等）

第四条　法第八条第十二項若しくは第十三項又は法第八条の二第十項若しくは第十一項に規定する政令で定めるところにより行われる貸与又は販売は、居宅要介護者（法第八条第二項に規定する居宅要介護者をいう。）又は居宅要支援者（法第八条の二第二項に規定する居宅要支援者をいう。）が福祉用具（法第八条第十二項に規定する福祉用具をいう。以下この項において同じ。）を選定するに当たり、次の各号のいずれかに該当する者（以下この項及び第四項において「福祉用具専門相談員」という。）から、福祉用具に関する専門的知識に基づく助言を受けて行われる貸与又は販売とする。

一　保健師
二　看護師
三　准看護師
四　理学療法士
五　作業療法士
六　社会福祉士
七　介護福祉士
八　義肢装具士

施行規則

第十七条　法第八条第十一項の厚生労働省令で定める日常生活上の世話は、入浴、排せつ、食事等の介護、洗濯、掃除等の家事、生活等に関する相談及び助言その他の特定施設に入居している要介護者に必要な日常生活上の世話とする。

（平一二厚令一二七・平一八厚労令三二・一部改正）

（法第八条第十五項第一号及び第二号の厚生労働省令で定める日常生活上の世話）

第十七条の二　法第八条第十五項第一号及び第二号の厚生労働省令で定める日常生活上の世話は、入浴、排せつ、食事等の介護、これらに付随して行われる調理、

介護福祉士その他第二項の政令で定める者により行われる入浴、排せつ、食事等の介護その他の日常生活上の世話であって、厚生労働省令で定めるものを行うとともに、看護師その他厚生労働省令で定める者により行われる療養上の世話又は必要な診療の補助を行うこと。ただし、療養上の世話又は必要な診療の補助にあっては、主治の医師がその治療の必要の程度につき厚生労働省令で定める基準に適合していると認めた居宅要介護者についてのものに限る。

二　居宅要介護者について、定期的な巡回訪問により、又は随時通報を受け、訪問看護を行う事業所と連携しつつ、その者の居宅において介護福祉士その他第二項の政令で定める者により行われる入浴、排せつ、食事等の介護その他の日常生活上の世話であって、厚生労働省令で定めるものを行うこと。

16　この法律において「夜間対応型訪問介護」とは、居宅要介護者について、夜間において、定期的な巡回訪問により、又は随時通報を受け、その者の居宅において介護福祉士その他第二項の政令で定める者により行われる入浴、排せつ、食事等の介護その他の日常生活上の世話であって、厚生労働省令で定めるもの（定期巡回・随時対応型訪問介護看護に該当するものを除く。）をいう。

17　この法律において「地域密着型通所介護」とは、居宅要介護者について、老人福祉法第五条の二第三項の厚生労働省令で定める施設又は同法第二十条の二の二に規定する老人デイサービスセンターに通わせ、当該施設において入浴、排せつ、食事等の介護その他の日常生活上の世話であって厚生労働省令で定めるもの及び機能訓練を行うこと（利用定員が第七項の厚生労働省令で定める数未満であるものに限り、認知症対応型通所介護に該当するものを除く。）をいう。

18　この法律において「認知症対応型通所介護」とは、居宅要介護者であって、認知症であるものについて、老人福祉法第五条の二第三項の厚生労働省令で定める

洗濯、掃除等の家事、生活等に関する相談及び助言その他の居宅要介護者に必要な日常生活上の世話とする。

（平二四厚労令一一・追加）

（法第八条第十五項第一号の厚生労働省令で定める者）

第十七条の二の二　法第八条第十五項第一号の厚生労働省令で定める者は、保健師、准看護師、理学療法士、作業療法士及び言語聴覚士とする。

（平二四厚労令一一・追加）

（法第八条第十五項第一号の厚生労働省令で定める基準）

第十七条の二の三　法第八条第十五項第一号の厚生労働省令で定める基準は、病状が安定期にあり、居宅において看護師又は前条に規定する者が行う療養上の世話又は必要な診療の補助を要することとする。

（平二四厚労令一一・追加）

（法第八条第十六項の厚生労働省令で定める日常生活上の世話）

第十七条の二の四　法第八条第十六項の厚生労働省令で定める日常生活上の世話は、入浴、排せつ、食事等の介護、生活等に関する相談及び助言その他の居宅要介護者に必要な日常生活上の世話とする。

（平一八厚労令三二・追加、平二四厚労令一一・旧第十七条の二繰下・一部改正）

（法第八条第十七項の厚生労働省令で定める日常生活上の世話）

第十七条の二の五　法第八条第十七項の厚生労働省令で定める日常生活上の世話は、入浴、排せつ、食事等の介護、生活等に関する相談及び助言、健康状態の確認その他の居宅要介護者に必要な日常生活上の世話とする。

（平二八厚労令五三・追加）

（法第八条第十八項の厚生労働省令で定める日常生活上の世話）

第十七条の三　法第八条第十八項の厚生労働省令で定め

法律

施設又は同法第二十条の二の二に規定する老人デイサービスセンターに通わせ、当該施設において入浴、排せつ、食事等の介護その他の日常生活上の世話であって厚生労働省令で定めるもの及び機能訓練を行うことをいう。

19　この法律において「小規模多機能型居宅介護」とは、居宅要介護者について、その者の心身の状況、その置かれている環境等に応じて、その者の選択に基づき、その者の居宅において、又は厚生労働省令で定めるサービスの拠点に通わせ、若しくは短期間宿泊させ、当該拠点において、入浴、排せつ、食事等の介護その他の日常生活上の世話であって厚生労働省令で定めるもの及び機能訓練を行うことをいう。

20　この法律において「認知症対応型共同生活介護」とは、要介護者であって認知症であるもの（その者の認知症の原因となる疾患が急性の状態にある者を除く。）について、その共同生活を営むべき住居において、入浴、排せつ、食事等の介護その他の日常生活上の世話及び機能訓練を行うことをいう。

21　この法律において「地域密着型特定施設入居者生活介護」とは、有料老人ホームその他第十一項の厚生労働省令で定める施設であって、その入居者が要介護者、その配偶者その他厚生労働省令で定める者に限られるもの（以下「介護専用型特定施設」という。）のうち、その入居定員が二十九人以下であるもの（以下この項において「地域密着型特定施設」という。）に入居している要介護者について、当該地域密着型特定施設が提供するサービスの内容、これを担当する者その他厚生労働省令で定める事項を定めた計画に基づき行われる入浴、排せつ、食事等の介護その他の日常生活上の世話であって厚生労働省令で定めるもの、機能訓練及び療養上の世話をいう。

施行令

施行規則

る日常生活上の世話は、入浴、排せつ、食事等の介護、生活等に関する相談及び助言、健康状態の確認その他の居宅要介護者に必要な日常生活上の世話とする。

（平一八厚労令三二・追加、平二四厚労令一一・平二八厚労令五三・一部改正）

（法第八条第十九項の厚生労働省令で定めるサービスの拠点）

第十七条の四　法第八条第十九項の厚生労働省令で定めるサービスの拠点は、機能訓練及び次条に規定する日常生活上の世話を適切に行うことができるサービスの拠点とする。

（平一八厚労令三二・追加、平二四厚労令一一・平二八厚労令五三・一部改正）

（法第八条第十九項の厚生労働省令で定める日常生活上の世話）

第十七条の五　法第八条第十九項の厚生労働省令で定める日常生活上の世話は、入浴、排せつ、食事等の介護、調理、洗濯、掃除等の家事、生活等に関する相談及び助言、健康状態の確認その他の居宅要介護者に必要な日常生活上の世話とする。

（平一八厚労令三二・追加、平二四厚労令一一・平二八厚労令五三・一部改正）

（法第八条第二十一項の厚生労働省令で定める者）

第十七条の六　法第八条第二十一項の厚生労働省令で定める者は、次のとおりとする。

一　入居の際要介護者であったものであって、現に要介護者でないもの

二　入居者である要介護者（前号に該当する者を含む。次号において同じ。）の三親等以内の親族

三　前二号に掲げるもののほか、特別の事情により入居者である要介護者と同居させることが必要であると当該施設の所在地を管轄する都道府県知事（地域密着型特定施設（法第八条第二十一項に規定する地域密着型特定施設をいう。以下この項及び第十七条の八において同じ。）の場合には、当該地域密着型特定施設の所在地を管轄する市町村長（特別区にあっては、区長。第九十八条第八号を除き、以下同じ。）（当該地域密着型特定施設の所在地以外の市町村（以下この号において「他の市町村」という。）が行う介護保険の被保険者が入居者の場合には当該他の市町村の長））が認める者

（平一八厚労令三二・追加、平二四厚労令一一・平二四厚労令二五・平二八厚労令五三・一部改正）

22　この法律において「地域密着型介護老人福祉施設」とは、老人福祉法第二十条の五に規定する特別養護老人ホーム（入所定員が二十九人以下であるものに限る。以下この項において同じ。）であって、当該特別養護老人ホームに入所する要介護者（厚生労働省令で定める要介護状態区分に該当する状態である者その他居宅において日常生活を営むことが困難な者として厚生労働省令で定めるものに限る。以下この項及び第二十七項において同じ。）に対し、地域密着型施設サービス計画（地域密着型介護老人福祉施設に入所している要介護者について、当該施設が提供するサービスの内容、これを担当する者その他厚生労働省令で定める事項を定めた計画をいう。以下この項において同じ。）に基づいて、入浴、排せつ、食事等の介護その他の日常生活上の世話、機能訓練、健康管理及び療養上の世話を行うことを目的とする施設をいい、「地域密着型介護老人福祉施設入所者生活介護」とは、地域密着型介護老人福祉施設に入所する要介護者に対し、地域密着型施設サービス計画に基づいて行われる入浴、排せつ、食事等の介護その他の日常生活上の世話、機能訓練、健康管理及び療養上の世話をいう。

23　この法律において「複合型サービス」とは、居宅要介護者について、訪問介護、訪問入浴介護、訪問看護、訪問リハビリテーション、居宅療養管理指導、通所介護、通所リハビリテーション、短期入所生活介護、短期入所療養介護、定期巡回・随時対応型訪問介護看護、夜間対応型訪問介護、地域密着型通所介護、認知症対応型通所介護又は小規模多機能型居宅介護を二種類以上組み合わせること

（法第八条第二十一項の厚生労働省令で定める事項）

第十七条の七　法第八条第二十一項の厚生労働省令で定める事項は、当該要介護者の健康上及び生活上の問題点及び解決すべき課題、提供するサービスの目標及びその達成時期並びにサービスを提供する上での留意事項とする。

（平一八厚労令三二・追加、平二四厚労令一一・平二四厚労令二五・平二八厚労令五三・一部改正）

（法第八条第二十一項の厚生労働省令で定める日常生活上の世話）

第十七条の八　法第八条第二十一項の厚生労働省令で定める日常生活上の世話は、入浴、排せつ、食事等の介護、洗濯、掃除等の家事、生活等に関する相談及び助言その他の地域密着型特定施設に入居している要介護者に必要な日常生活上の世話とする。

（平一八厚労令三二・追加、平二四厚労令一一・平二四厚労令二五・平二八厚労令五三・一部改正）

（法第八条第二十二項の厚生労働省令で定める要介護状態区分）

第十七条の九　法第八条第二十二項の厚生労働省令で定める要介護状態区分は、要介護認定等に係る介護認定審査会による審査及び判定の基準等に関する省令（平成十一年厚生省令第五十八号。以下「認定省令」という。）第一条第一項第三号から第五号までに掲げる要介護状態区分とする。

（平二六厚労令一三五・追加、平二八厚労令五三・一部改正）

（法第八条第二十二項の居宅において日常生活を営むことが困難な者として厚生労働省令で定めるもの）

第十七条の十　法第八条第二十二項の居宅において日常生活を営むことが困難な者として厚生労働省令で定めるものは、認定省令第一条第一項第一号又は第二号に掲げる要介護状態区分に該当する者であって、その心身の状況、その置かれている環境その他の事情に照らして、居宅において日常生活を営むことが困難なことについてやむを得ない事由があると認められるものをいう。

（平二六厚労令一三五・追加、平二八厚労令五三・一部改正）

（法第八条第二十二項の厚生労働省令で定める事項）

第十七条の十一　法第八条第二十二項の厚生労働省令で定める事項は、当該要介護者及びその家族の生活に対する意向、当該要介護者の総合的な援助の方針、健康上及び生活上の問題点及び解決すべき課題、提供するサービスの目標及びその達成時期並びにサービスを提供する上での留意事項とする。

（平一八厚労令三二・追加、平二四厚労令一一・一部改正、平二六厚労令一三五・

法律

により提供されるサービスのうち、次に掲げるものをいう。

一　訪問看護及び小規模多機能型居宅介護を一体的に提供することにより、居宅要介護者について、その者の居宅において、又は第十九項の厚生労働省令で定めるサービスの拠点に通わせ、若しくは短期間宿泊させ、日常生活上の世話及び機能訓練並びに療養上の世話又は必要な診療の補助を行うもの

二　前号に掲げるもののほか、居宅要介護者について一体的に提供されることが特に効果的かつ効率的なサービスの組合せにより提供されるサービスとして厚生労働省令で定めるもの

24　この法律において「居宅介護支援」とは、居宅要介護者が第四十一条第一項に規定する指定居宅サービス又は特例居宅介護サービス費に係る居宅サービス若しくはこれに相当するサービス、第四十二条の二第一項に規定する指定地域密着型サービス又は特例地域密着型介護サービス費に係る地域密着型サービス若しくはこれに相当するサービス及びその他の居宅において日常生活を営むために必要な保健医療サービス又は福祉サービス（以下この項において「指定居宅サービス等」という。）の適切な利用等をすることができるよう、当該居宅要介護者の依頼を受けて、その心身の状況、その置かれている環境、当該居宅要介護者及びその家族の希望等を勘案し、利用する指定居宅サービス等の種類及び内容、これを担当する者その他厚生労働省令で定める事項を定めた計画（以下この項、第百十五条の四十五第二項第三号及び別表において「居宅サービス計画」という。）を作成するとともに、当該居宅サービス計画に基づく指定居宅サービス等の提供が確保されるよう、第四十一条第一項に規定する指定居宅サービス事業者、第四十二条の二第一項に規定する指定地域密着型サービス事業者その他の者との連絡調整その他の便宜の提供を行い、並びに当該居宅要介護者が地域密着型介護老人福祉施設又は介護保険施設への入所を要する場合にあっては、地域密着型介護老人福祉施設又は介護保険施設への紹介その他の便宜の提供を行うことをいい、「居宅介護支援事業」とは、居宅介護支援を行う事業をいう。

25　この法律において「介護保険施設」とは、第四十八条第一項第一号に規定する指定介護老人福祉施設、介護老人保健施設及び介護医療院をいう。

26　この法律において「施設サービス」とは、介護福祉施設サービ

施行令

施行規則

旧第十七条の九繰下、平二八厚労令五三・一部改正）

（法第八条第二十四項の厚生労働省令で定める事項）

第十八条　法第八条第二十四項の厚生労働省令で定める事項は、当該居宅要介護者及びその家族の生活に対する意向、当該居宅要介護者の総合的な援助の方針並びに健康上及び生活上の問題点及び解決すべき課題、提供される指定居宅サービス等（同項に規定する指定居宅サービス等をいう。以下この条において同じ。）の目標及びその達成時期、指定居宅サービス等が提供される日時、指定居宅サービス等を提供する上での留意事項並びに指定居宅サービス等の提供を受けるために居宅要介護者が負担しなければならない費用の額とする。

（平一二厚令一一七・平一五厚労令二七・平一八厚労令三二・平二四厚労令一一・平二八厚労令五三・一部改正）

（法第八条第二十六項の厚生労働省令で定める事項）

ス、介護保健施設サービス及び介護医療院サービスをいい、「施設サービス計画」とは、介護老人福祉施設、介護老人保健施設又は介護医療院に入所している要介護者について、これらの施設が提供するサービスの内容、これを担当する者その他厚生労働省令で定める事項を定めた計画をいう。

27　この法律において「介護老人福祉施設」とは、老人福祉法第二十条の五に規定する特別養護老人ホーム（入所定員が三十人以上であるものに限る。以下この項において同じ。）であって、当該特別養護老人ホームに入所する要介護者に対し、施設サービス計画に基づいて、入浴、排せつ、食事等の介護その他の日常生活上の世話、機能訓練、健康管理及び療養上の世話を行うことを目的とする施設をいい、「介護福祉施設サービス」とは、介護老人福祉施設に入所する要介護者に対し、施設サービス計画に基づいて行われる入浴、排せつ、食事等の介護その他の日常生活上の世話、機能訓練、健康管理及び療養上の世話をいう。

28　この法律において「介護老人保健施設」とは、要介護者であって、主としてその心身の機能の維持回復を図り、居宅における生活を営むことができるようにするための支援が必要である者（その治療の必要の程度につき厚生労働省令で定めるものに限る。以下この項において単に「要介護者」という。）に対し、施設サービス計画に基づいて、看護、医学的管理の下における介護及び機能訓練その他必要な医療並びに日常生活上の世話を行うことを目的とする施設として、第九十四条第一項の都道府県知事の許可を受けたものをいい、「介護保健施設サービス」とは、介護老人保健施設に入所する要介護者に対し、施設サービス計画に基づいて行われる看護、医学的管理の下における介護及び機能訓練その他必要な医療並びに日常生活上の世話をいう。

29　この法律において「介護医療院」とは、要介護者であって、主として長期にわたり療養が必要である者（その治療の必要の程度につき厚生労働省令で定めるものに限る。以下この項において単に「要介護者」という。）に対し、施設サービス計画に基づいて、療養上の管理、看護、医学的管理の下における介護及び機能訓練その他必要な医療並びに日常生活上の世話を行うことを目的とする施設として、第百七条第一項の都道府県知事の許可を受けたものをいい、「介護医療院サービス」とは、介護医療院に入所する要介護者に対し、施設サービス計画に基づいて行われる療養上の管理、看護、医学的管理の下における介護及び機能訓練その他必要な医療並びに日

第十九条　法第八条第二十六項の厚生労働省令で定める事項は、当該要介護者及びその家族の生活に対する意向、当該要介護者の総合的な援助の方針並びに健康上及び生活上の問題点及び解決すべき課題並びに提供する施設サービスの目標及びその達成時期並びに施設サービスを提供する上での留意事項とする。

（平一二厚令一二七・平一五厚労令二七・平一八厚労令三二・平二四厚労令一一・平二八厚労令五三・一部改正）

（法第八条第二十八項の厚生労働省令で定める要介護者）

第二十条　法第八条第二十八項の厚生労働省令で定める要介護者は、病状が安定期にあり、介護老人保健施設において、看護、医学的管理の下における介護及び機能訓練その他必要な医療を要する要介護者とする。

（平一二厚令一二七・平一八厚労令三二・平二四厚労令一一・平二八厚労令五三・一部改正）

（法第八条第二十九項の厚生労働省令で定める要介護者）

第二十一条　法第八条第二十九項の厚生労働省令で定める要介護者は、次に掲げる者とする。

一　病状が比較的安定期にあり、重篤な身体疾患を有する者、身体合併症を有する認知症高齢者等であって、介護医療院において、療養上の管理、看護、医学的管理の下における介護及び機能訓練その他必要な医療を要する要介護者

二　前号に掲げる者以外の者であって、病状が比較的安定期にあり、介護医療院において、療養上の管理、看護、医学的管理の下における介護及び機能訓練その他必要な医療を要する要介護者

法律

常生活上の世話をいう。

（平一七法七七・全改、平一八法八三・平二〇法四二・平二三法七二・平二六法八三・平二九法五二・令二法五二・令五法三一・一部改正）

第八条の二　この法律において「介護予防サービス」とは、介護予防訪問入浴介護、介護予防訪問看護、介護予防訪問リハビリテーション、介護予防居宅療養管理指導、介護予防通所リハビリテーション、介護予防短期入所生活介護、介護予防短期入所療養介護、介護予防特定施設入居者生活介護、介護予防福祉用具貸与及び特定介護予防福祉用具販売をいい、「介護予防サービス事業」とは、介護予防サービスを行う事業をいう。

2　この法律において「介護予防訪問入浴介護」とは、要支援者であって、居宅において支援を受けるもの（以下「居宅要支援者」という。）について、その介護予防（身体上又は精神上の障害があるために入浴、排せつ、食事等の日常生活における基本的な動作の全部若しくは一部について常時介護を要し、又は日常生活を営むのに支障がある状態の軽減又は悪化の防止をいう。以下同じ。）を目的として、厚生労働省令で定める場合に、その者の居宅を訪問し、厚生労働省令で定める期間にわたり浴槽を提供して行われる入浴の介護をいう。

3　この法律において「介護予防訪問看護」とは、居宅要支援者（主治の医師がその治療の必要の程度につき厚生労働省令で定める基準に適合していると認めたものに限る。）について、その者の居宅において、その介護予防を目的として、看護師その他厚生労働省令で定める者により、厚生労働省令で定める期間にわたり行われる療養上の世話又は必要な診療の補助をいう。

施行令

施行規則

（平三〇厚労令三〇・全改）

第二十二条　削除　（平三〇厚労令三〇）

（法第八条の二第二項等の厚生労働省令で定める期間）

第二十二条の二　法第八条の二第二項から第四項まで、第六項から第八項まで及び第十三項の厚生労働省令で定める期間は、居宅要支援者（法第八条の二第二項に規定する居宅要支援者をいう。以下同じ。）ごとに定める介護予防サービス計画（同条第十六項に規定する介護予防サービス計画をいう。以下同じ。）、第八十三条の九第一号ハの計画、同号ニの計画又は第八十五条の二第一号ハの計画において定めた期間とする。

（平一八厚労令三二・追加、平二七厚労令五七・一部改正）

第二十二条の三　削除　（平二七厚労令五七）

（法第八条の二第二項の厚生労働省令で定める場合）

第二十二条の四　法第八条の二第二項の厚生労働省令で定める場合は、疾病その他のやむを得ない理由により入浴の介護が必要なときとする。

（平一八厚労令三二・追加、平二七厚労令五七・一部改正）

（法第八条の二第三項の厚生労働省令で定める基準）

第二十二条の五　法第八条の二第三項の厚生労働省令で定める基準は、病状が安定期にあり、居宅において看護師又は次条に規定する者が行う療養上の世話又は必要な診療の補助を要することとする。

（平一八厚労令三二・追加、平二七厚労令五七・一部改正）

（法第八条の二第三項の厚生労働省令で定める者）

第二十二条の六　法第八条の二第三項の厚生労働省令で定める者は、保健師、准看護師、理学療法士、作業療法士及び言語聴覚士とする。

（平一八厚労令三二・追加、平二七厚労令五七・一部改正）

4　この法律において「介護予防訪問リハビリテーション」とは、居宅要支援者（主治の医師がその治療の必要の程度につき厚生労働省令で定める基準に適合していると認めたものに限る。）について、その者の居宅において、その介護予防を目的として、厚生労働省令で定める期間にわたり行われる理学療法、作業療法その他必要なリハビリテーションをいう。

5　この法律において「介護予防居宅療養管理指導」とは、居宅要支援者について、その介護予防を目的として、病院等の医師、歯科医師、薬剤師その他厚生労働省令で定める者により行われる療養上の管理及び指導であって、厚生労働省令で定めるものをいう。

（法第八条の二第四項の厚生労働省令で定める基準）

第二十二条の七　法第八条の二第四項の厚生労働省令で定める基準は、病状が安定期にあり、居宅において、心身の機能の維持回復及び日常生活上の自立を図るために、診療に基づき実施される計画的な医学的管理の下における理学療法、作業療法その他必要なリハビリテーションを要することとする。

（平一八厚労令三二・追加、平二七厚労令五七・一部改正）

（法第八条の二第五項の厚生労働省令で定める者）

第二十二条の八　法第八条の二第五項の厚生労働省令で定める者は、歯科衛生士、保健師、看護師、准看護師及び管理栄養士とする。

（平二一厚労令三〇・全改、平二七厚労令五七・平三〇厚労令三〇・一部改正）

（法第八条の二第五項の厚生労働省令で定める療養上の管理及び指導）

第二十二条の九　法第八条の二第五項の厚生労働省令で定める療養上の管理及び指導のうち医師又は歯科医師により行われるものは、居宅要支援者の居宅を訪問して行う計画的かつ継続的な医学的管理又は歯科医学的管理に基づいて実施される指定介護予防支援事業者（法第五十八条第一項に規定する指定介護予防支援事業者をいう。以下同じ。）その他の事業者に対する介護予防サービス計画の策定等に必要な情報提供（当該居宅要支援者の同意を得て行うものに限る。）並びに当該居宅要支援者又はその家族等に対する介護予防サービスを利用する上での留意点、介護方法等についての指導及び助言とする。

2　法第八条の二第五項の厚生労働省令で定める療養上の管理及び指導のうち薬剤師により行われるものは、居宅要支援者の居宅において、医師又は歯科医師の指示（薬局の薬剤師にあっては、医師又は歯科医師の指示に基づき策定される薬学的管理指導計画）に基づいて実施される薬学的な管理及び指導とする。

3　法第八条の二第五項の厚生労働省令で定める療養上の管理及び指導のうち歯科衛生士、保健師、看護師及び准看護師により行われるものは、居宅要支援者の居宅において、その者に対して訪問歯科診療を行った歯科医師の指示及び当該歯科医師の策定した訪問指導計画に基づいて実施される口腔内の清掃又は有床義歯の清掃に関する指導とする。

4　法第八条の二第五項の厚生労働省令で定める療養上の管理及び指導のうち管理栄養士により行われるものは、居宅要支援者の居宅において、その者に対して計画的な医学的管理を行っている医師の指

法律

6　この法律において「介護予防通所リハビリテーション」とは、居宅要支援者（主治の医師がその治療の必要の程度につき厚生労働省令で定める基準に適合していると認めたものに限る。）について、介護老人保健施設、介護医療院、病院、診療所その他の厚生労働省令で定める施設に通わせ、当該施設において、その介護予防を目的として、厚生労働省令で定める期間にわたり行われる理学療法、作業療法その他必要なリハビリテーションをいう。

7　この法律において「介護予防短期入所生活介護」とは、居宅要支援者について、老人福祉法第五条の二第四項の厚生労働省令で定める施設又は同法第二十条の三に規定する老人短期入所施設に短期間入所させ、その介護予防を目的として、厚生労働省令で定める期間にわたり、当該施設において入浴、排せつ、食事等の介護その他の日常生活上の支援及び機能訓練を行うことをいう。

8　この法律において「介護予防短期入所療養介護」とは、居宅要支援者（その治療の必要の程度につき厚生労働省令で定めるものに限る。）について、介護老人保健施設、介護医療院その他の厚生労働省令で定める施設に短期間入所させ、その介護予防を目的として、厚生労働省令で定める期間にわたり、当該施設において看護、医学的管理の下における介護及び機能訓練その他必要な医療並びに日常生活上の支援を行うことをいう。

9　この法律において「介護予防特定施設入居者生活介護」とは、特定施設（介護専用型特定施設を除く。）に入居している要支援者について、その介護予防を目的として、当該特定施設が提供するサー

施行令

施行規則

示に基づいて実施される栄養指導とする。

（平一八厚労令三二・追加、平二一厚労令三〇・平二七厚労令五七・平三〇厚労令三〇・一部改正）

第二十二条の十　削除　（平二七厚労令五七）

（法第八条の二第六項の厚生労働省令で定める基準）

第二十二条の十一　法第八条の二第六項の厚生労働省令で定める基準は、病状が安定期にあり、次条に規定する施設において、心身の機能の維持回復及び日常生活上の自立を図るために、診療に基づき実施される計画的な医学的管理の下における理学療法、作業療法その他必要なリハビリテーションを要することとする。

（平一八厚労令三二・追加、平二七厚労令五七・一部改正）

（法第八条の二第六項の厚生労働省令で定める施設）

第二十二条の十二　法第八条の二第六項の厚生労働省令で定める施設は、介護老人保健施設、介護医療院、病院及び診療所とする。

（平一八厚労令三二・追加、平二七厚労令五七・平三〇厚労令三〇・一部改正）

（法第八条の二第八項の厚生労働省令で定める居宅要支援者）

第二十二条の十三　法第八条の二第八項の厚生労働省令で定める居宅要支援者は、病状が安定期にあり、次条に規定する施設に短期間入所して、看護、医学的管理の下における介護及び機能訓練その他必要な医療を要する居宅要支援者とする。

（平一八厚労令三二・追加、平二七厚労令五七・一部改正）

（法第八条の二第八項の厚生労働省令で定める施設）

第二十二条の十四　法第八条の二第八項の厚生労働省令で定める施設は、次のとおりとする。

一　介護老人保健施設
二　介護医療院
三　療養病床を有する病院等
四　診療所（前号に掲げるものを除く。）

（平一八厚労令三二・追加、平二一厚労令三〇・平二四厚労令一〇・平二七厚労令五七・平三〇厚労令三〇・一部改正）

（法第八条の二第九項の厚生労働省令で定める事項）

第二十二条の十五　法第八条の二第九項の厚生労働省令で定める事項は、当該要支援者の健康上及び生活上の問題点及び解決すべき課

ビスの内容、これを担当する者その他厚生労働省令で定める事項を定めた計画に基づき行われる入浴、排せつ、食事等の介護その他の日常生活上の支援であって厚生労働省令で定めるもの、機能訓練及び療養上の世話をいう。

10　この法律において「介護予防福祉用具貸与」とは、居宅要支援者について福祉用具のうちその介護予防に資するものとして厚生労働大臣が定めるものの政令で定めるところにより行われる貸与をいう。

11　この法律において「特定介護予防福祉用具販売」とは、居宅要支援者について福祉用具のうちその介護予防に資するものであって入浴又は排せつの用に供するものその他の厚生労働大臣が定めるもの（以下「特定介護予防福祉用具」という。）の政令で定めるところにより行われる販売をいう。

12　この法律において「地域密着型介護予防サービス」とは、介護予防認知症対応型通所介護、介護予防小規模多機能型居宅介護及び介護予防認知症対応型共同生活介護をいい、「特定地域密着型介護予防サービス」とは、介護予防認知症対応型通所介護及び介護予防小規模多機能型居宅介護をいい、「地域密着型介護予防サービス事業」とは、地域密着型介護予防サービスを行う事業をいう。

13　この法律において「介護予防認知症対応型通所介護」とは、居宅要支援者であって、認知症であるものについて、その介護予防を目的として、老人福祉法第五条の二第三項の厚生労働省令で定める施設又は同法第二十条の二の二に規定する老人デイサービスセンターに通わせ、当該施設において、厚生労働省令で定める期間にわたり、入浴、排せつ、食事等の介護その他の日常生活上の支援であって厚生労働省令で定めるもの及び機能訓練を行うことをいう。

14　この法律において「介護予防小規模多機能型居宅介護」とは、居宅要支援者について、その者の心身の状況、その置かれている環境等に応じて、その者の選択に基づき、その者の居宅において、又は厚生労働省令で定めるサービスの拠点に通わせ、若しくは短期間宿泊させ、当該拠点において、その介護予防を目的として、入浴、排せつ、食事等の介護その他の日常生活上の支援であって厚生労働省令で定めるもの及び機能訓練を行うことをいう。

題、提供するサービスの目標及びその達成時期並びにサービスを提供する上での留意事項とする。

（平一八厚労令三二・追加、平二七厚労令五七・一部改正）

（法第八条の二第九項の厚生労働省令で定める日常生活上の支援）

第二十二条の十六　法第八条の二第九項の厚生労働省令で定める日常生活上の支援は、入浴、排せつ、食事等の介護、洗濯、掃除等の家事、生活等に関する相談及び助言その他の特定施設に入居している要支援者に必要な日常生活上の支援とする。

（平一八厚労令三二・追加、平二七厚労令五七・一部改正）

（法第八条の二第十三項の厚生労働省令で定める日常生活上の支援）

第二十二条の十七　法第八条の二第十三項の厚生労働省令で定める日常生活上の支援は、入浴、排せつ、食事等の介護、生活等に関する相談及び助言、健康状態の確認その他の居宅要支援者に必要な日常生活上の支援とする。

（平一八厚労令三二・追加、平二七厚労令五七・一部改正）

（法第八条の二第十四項の厚生労働省令で定めるサービスの拠点）

第二十二条の十八　法第八条の二第十四項の厚生労働省令で定めるサービスの拠点は、機能訓練及び次条に規定する日常生活上の支援を適切に行うことができるサービスの拠点とする。

（平一八厚労令三二・追加、平二七厚労令五七・一部改正）

（法第八条の二第十四項の厚生労働省令で定める日常生活上の支援）

第二十二条の十九　法第八条の二第十四項の厚生労働省令で定める日常生活上の支援は、入浴、排せつ、食事等の介護、調理、洗濯、掃除等の家事（居宅要支援者が単身の世帯に属するため又はその同居している家族等の障害、疾病等のため、これらの者が自ら行うこと

法律

15　この法律において「介護予防認知症対応型共同生活介護」とは、要支援者（厚生労働省令で定める要支援状態区分に該当する状態である者に限る。）であつて認知症であるもの（その者の認知症の原因となる疾患が急性の状態にある者を除く。）について、その共同生活を営むべき住居において、その介護予防を目的として、入浴、排せつ、食事等の介護その他の日常生活上の支援及び機能訓練を行うことをいう。

16　この法律において「介護予防支援」とは、居宅要支援者が第五十三条第一項に規定する指定介護予防サービス又は特例介護予防サービス費に係る介護予防サービス若しくはこれに相当するサービス、第五十四条の二第一項に規定する指定地域密着型介護予防サービス又は特例地域密着型介護予防サービス費に係る地域密着型介護予防サービス若しくはこれに相当するサービス、特定介護予防・日常生活支援総合事業（市町村、第百十五条の四十五の三第一項に規定する指定事業者又は第百十五条の四十七第七項の受託者が行うものに限る。以下この項及び第三十二条第四項第二号において同じ。）及びその他の介護予防に資する保健医療サービス又は福祉サービス（以下この項において「指定介護予防サービス等」という。）の適切な利用等をすることができるよう、第百十五条の四十六第一項に規定する地域包括支援センターの職員及び第四十六条第一項に規定する指定居宅介護支援を行う事業所の従業者のうち厚生労働省令で定める者が、当該居宅要支援者の依頼を受けて、その心身の状況、その置かれている環境、当該居宅要支援者及びその家族の希望等を勘案し、利用する指定介護予防サービス等の種類及び内容、これを担当する者その他厚生労働省令で定める事項を定めた計画（以下この項、第百十五条の三十の二第一項、第百十五条の四十五第二項第三号及び別表において「介護予防サービス計画」という。）を作成するとともに、当該介護予防サービス計画に基づく指定介護予防サービス等の提供が確保されるよう、第五十三条第一項に規定する指定介護予防サービス事業者、第五十四条の二第一項に規定する指定地域密着型介護予防サービス事業者、特定介護予防・日常生活支

施行令

施行規則

が困難な家事であつて、居宅要支援者の日常生活上必要なものとする。）、生活等に関する相談及び助言、健康状態の確認その他の居宅要支援者に必要な日常生活上の支援とする。

（平一八厚労令三二・追加、平二七厚労令五七・一部改正）

（法第八条の二第十五項の厚生労働省令で定める要支援状態区分）

第二十二条の二十　法第八条の二第十五項の厚生労働省令で定める要支援状態区分は、認定省令第二条第一項第二号に掲げる要支援状態区分とする。

（平一八厚労令三二・追加、平二六厚労令一三五・一部改正）

（法第八条の二第十六項の厚生労働省令で定める者）

第二十二条の二十一　法第八条の二第十六項の厚生労働省令で定める者は、次の各号に掲げる者の区分に応じ、当該各号に定める者とする。

一　法第百十五条の四十六第一項に規定する地域包括支援センターの職員　保健師その他介護予防支援に関する知識を有する者

二　法第四十六条第一項に規定する指定居宅介護支援を行う事業所の従業者　介護支援専門員

（平一八厚労令三二・追加、平二七厚労令五七・令六厚労令一五・一部改正）

（法第八条の二第十六項の厚生労働省令で定める事項）

第二十二条の二十二　法第八条の二第十六項の厚生労働省令で定める事項は、当該居宅要支援者及びその家族の生活に対する意向、当該居宅要支援者の総合的な援助の方針、健康上及び生活上の問題点及び解決すべき課題、提供される指定介護予防サービス等（同項に規定する指定介護予防サービス等をいう。以下この条において同じ。）の目標及びその達成時期、指定介護予防サービス等が提供される日時、指定介護予防サービス等を提供する上での留意事項並びに指定介護予防サービス等の提供を受けるために居宅要支援者が負担しなければならない費用の額とする。

（平一八厚労令三二・追加、平二七厚労令五七・一部改正）

（研修の課程）

第二十二条の二十三　令第三条第一項第一号イ及びロに掲げる研修（以下この条から第二十二条の二十九までにおいて「研修」という。）の課程は、介護職員初任者研修課程及び生活援助従事者研修

援総合事業を行う者その他の者との連絡調整その他の便宜の提供を行うことをいい、「介護予防支援事業」とは、介護予防支援を行う事業をいう。

（平一七法七七・追加、平一八法八三・平二〇法四二・平二三法七二・平二六法八三・平二九法五二・令五法三一・一部改正）

課程とする。

2　研修の内容は、厚生労働大臣が定める基準以上のものとする。

＊厚生労働大臣が定める基準＝（告）介護保険法施行規則第二十二条の二十三第二項に規定する厚生労働大臣が定める基準（平二四厚労告七一）

（平一八厚労令一〇六・追加、平二四厚労令二五・平三〇厚労令三〇・一部改正）

（研修の方法）

第二十二条の二十四　研修は、講義及び演習により行うものとし、必要に応じて、実習により行うことができるものとする。

2　講義は、通信の方法によって行うことができるものとする。この場合においては、添削指導、面接指導等適切な措置を併せて講じなければならない。

3　研修の実施に当たっては、前条第一項に規定する課程において修得することが求められている知識及び技術の修得がなされていることにつき確認する等適切な方法により行わなければならない。

（平一八厚労令一〇六・追加、平二四厚労令二五・一部改正）

（証明書の様式）

第二十二条の二十五　令第三条第一項第一号に規定する証明書の様式は、様式第十一号及び様式第十一号の二によるものとする。

（平一八厚労令一〇六・追加、平三〇厚労令三〇・平三〇厚労令九六・一部改正）

（指定の申請）

第二十二条の二十六　令第三条第一項第一号ロの事業者の指定を受けようとする者は、次に掲げる事項を記載した申請書又は書類を、当該指定に係る事業所の所在地（講義を通信の方法によって行おうとする者にあっては、主たる事業所の所在地）を管轄する都道府県知事に提出しなければならない。

一　申請者の氏名及び住所（法人にあっては、その名称及び主たる事務所の所在地）

二　研修の名称

三　事業所の所在地（講義を通信の方法によって行おうとする者にあっては、主たる事業所の所在地）

四　学則

五　講師の氏名、履歴及び担当科目並びに専任又は兼任の別

六　実習を行おうとする者にあっては、実習施設として利用しようとする施設の名称、所在地及び設置者の氏名（法人にあっては、その名称）及び当該施設における実習を承諾する旨の当該施設の設置者の承諾書

七　収支予算及び向こう二年間の財政計画

法律

施行令

施行規則

八　申請者が法人であるときは、定款その他の基本約款
九　その他指定に関し必要があると認める事項

2　講義を通信の方法によって行おうとする者にあっては、前項各号に掲げるもののほか、次に掲げる事項を記載した申請書又は書類を提出しなければならない。
一　講義を通信の方法によって行う地域
二　添削指導及び面接指導の指導方法
三　面接指導を実施する期間における講義室及び演習室の使用についての当該施設の設置者の承諾書

（平一八厚労令一〇六・追加、平二四厚労令二五・平三〇厚労令三〇・一部改正）

（介護員養成研修の指定の基準）

第二十二条の二十七　令第三条第一項第一号ロの厚生労働省令で定める基準は、次の各号に掲げる研修の課程の区分に応じて、当該各号に定める基準とする。
一　介護職員初任者研修課程
イ　修業年限は、おおむね八月以内であること。
ロ　研修の内容は、第二十二条の二十三第二項に規定する基準以上であること。
ハ　ロに規定する研修の内容を教授するのに必要な数の講師を有すること。
ニ　講師は、介護職員初任者研修課程を教授するのに適当な者であること。
ホ　実習を行う場合にあっては、ロに規定する研修の内容を満たす実習を行うのに適当な施設を実習施設として利用できること。
ヘ　実習を行う場合にあっては、実習施設における実習について適当な実習指導者の指導が行われること。
二　生活援助従事者研修課程
イ　修業年限は、おおむね四月以内であること。
ロ　研修の内容は、第二十二条の二十三第二項に規定する基準以上であること。
ハ　ロに規定する研修の内容を教授するのに必要な数の講師を有すること。
ニ　講師は、生活援助従事者研修課程を教授するのに適当な者であること。

ホ　実習を行う場合にあっては、ロに規定する研修の内容を満たす実習を行うのに適当な施設を実習施設として利用できること。

ヘ　実習を行う場合にあっては、実習施設における実習について適当な実習指導者の指導が行われること。

2　講義を通信の方法によって行う研修にあっては、前項第一号又は第二号に定める基準のほか、次に掲げる基準に適合しなければならない。

一　添削指導、面接指導等による適切な指導が行われること。

二　添削指導、面接指導等による適切な指導を行うのに適当な講師を有すること。

三　面接指導を行うのに適当な講義室及び演習を行うのに適当な演習室が確保されていること。

（平一八厚労令一〇六・追加、平二四厚労令二五・平三〇厚労令三〇・一部改正）

（名簿の記載事項）

第二十二条の二十八　令第三条第二項第二号イの厚生労働省令で定める事項は、養成研修修了者（同条第一項第一号に規定する養成研修修了者をいう。）の氏名、生年月日、研修の修了年月日及び同条第一項第一号の証明書の番号とする。

（平一八厚労令一〇六・追加、平二四厚労令二五・平三〇厚労令三〇・一部改正）

（変更又は廃止、休止、若しくは再開の届出）

第二十二条の二十九　介護員養成研修事業者（令第三条第一項第一号ロに規定する介護員養成研修事業者をいう。以下同じ。）は、第二十二条の二十六第一項各号（第八号については、当該指定に係る事業に関するものに限る。）若しくは第二項各号に掲げる事項に変更があったとき、又は当該事業を廃止し、休止し、若しくは再開したときは、十日以内に、その旨及び次に掲げる事項を当該指定をした都道府県知事に届け出なければならない。

一　廃止し、休止し、又は再開した場合にあっては、その研修の名称及びその年月日

二　廃止し、又は休止した場合にあっては、その理由

三　休止した場合にあっては、その予定期間

（平一八厚労令一〇六・追加、平二四厚労令二五・平三〇厚労令三〇・一部改正）

（名簿等の提出）

第二十二条の三十　介護員養成研修事業者は、毎事業年度終了後二月以内に、令第三条第二項第二号イに規定する名簿及び事業報告書を当該指定をした都道府県知事に提出しなければならない。

法律

施行令

九　福祉用具専門相談員に関する講習であって厚生労働省令で定める基準に適合するものを行う者として都道府県知事が指定するもの（以下この項及び第三項において「福祉用具専門相談員指定講習事業者」という。）により行われる当該講習（以下この項及び次項において「福祉用具専門相談員指定講習」という。）の課程を修了し、当該福祉用具専門相談員指定講習事業者から当該福祉用具専門相談員指定講習を修了した旨の証明書の交付を受けた者

2　前項第九号の事業者の指定は、都道府県の区域ごとに、その指定を受けようとする者の申請により、次に掲げる要件を満たすと認められるものについて、当該都道府県知事が行う。

一　福祉用具専門相談員指定講習を適正に実施する能力があると認められること。

二　次に掲げる義務を適正に履行できると認められること。

イ　前項第九号の証明書の交付を受けた者について、厚生労働省令で定める事項を記載した名簿を作成し、及びこれを都道府県知事に送付すること。

ロ　厚生労働省令で定める事項に変更があったとき、又は当該事業を廃止し、休止し、若しくは再開したときに、厚生労働省令で定めるところにより、十日以内に、その旨を都道府県知事に届け出ること。

ハ　福祉用具専門相談員指定講習の実施に関して都道府県知事が当該事業に関する情報の提供、当該事業の内容の変更その他の必要な指示を行った場合に、当該指示に従うこと。

3　都道府県知事は、福祉用具専門相談員指定講習事業者が、前項各号に掲げる要件を満たすことができなくなったと認められるときは、第一項第九号の指定を取り消すことができる。

施行規則

（平一八厚労令一〇六・追加）

（福祉用具専門相談員）

第二十二条の三十一　令第四条第一項第九号に規定する福祉用具専門相談員指定講習（以下この条から第二十二条の三十三までにおいて「講習」という。）は、福祉用具貸与及び特定福祉用具販売並びに介護予防福祉用具貸与及び特定介護予防福祉用具販売の事業を行う場合において、福祉用具（法第八条第十二項に規定する福祉用具をいう。第百四十条の六十二の十二第一号ロにおいて同じ。）の選定の援助、機能等の点検、使用方法の指導等に必要な知識及び技術を有する者の養成を図ることを目的として行われるものとする。

2　講習は、講義及び演習により行うものとし、その実施に当たっては、講習において修得することが求められている知識及び技術の修得がなされていることにつき確認する等適切な方法により行われなければならない。

（平一八厚労令一〇六・追加、平二四厚労令一〇・平二四厚労令二五・平二六厚労令一三五・平二七厚労令一二三・令六厚労令一三・一部改正）

（証明書の様式）

第二十二条の三十二　令第四条第一項第九号に規定する証明書の様式は、様式第十二号によるものとする。

（平一八厚労令一〇六・追加、平二四厚労令一〇・平二六厚労令一三五・一部改正）

（福祉用具専門相談員指定講習の指定の基準）

第二十二条の三十三　令第四条第一項第九号の厚生労働省令で定める基準は、次のとおりとする。

一　講習は、年に一回以上開催されること。

二　講習の内容は、厚生労働大臣が定める内容以上であること。

三　前号に規定する講習の内容を教授するのに必要な数の講師を有すること。

四　講師は、講習の課程を教授するのに適当な者であること。

第二章　被保険者

（被保険者）

第九条　次の各号のいずれかに該当する者は、市町村又は特別区（以下単に「市町村」という。）が行う介護保険の被保険者とする。

4　前三項に規定するもののほか、福祉用具専門相談員に関することその他の第一項の貸与又は販売の方法に関して必要な事項は、厚生労働省令で定める。

（平一八政一五四・追加、平二三政三七五・旧第三条の二繰下、平二六政三九七・一部改正）

（平一八厚労令一〇六・追加、平二四厚労令一〇・平二六厚労令一三五・一部改正）

（準用）

第二十二条の三十四　第二十二条の二十六第一項（第六号を除く。）及び第二十二条の二十八から第二十二条の三十までの規定は、福祉用具専門相談員指定講習について準用する。この場合において、第二十二条の二十六第一項中「令第三条第一項第一号ロ」とあるのは「令第四条第一項第九号」と、同項第四号中「学則」とあるのは「運営規程」と、第二十二条の二十八中「令第三条第二項第二号イ」とあるのは「令第四条第二項第二号イ」と、「養成研修修了者（同条第一項第一号に規定する養成研修修了者をいう。）」とあるのは「同条第一項第九号の証明書の交付を受けた者」と、「同条第一項第一号」とあるのは「同号」と、第二十二条の二十九中「介護員養成研修事業者（令第三条第一項第一号ロに規定する介護員養成研修事業者をいう。以下同じ。）」とあるのは「福祉用具専門相談員指定講習事業者（令第四条第一項第九号に規定する福祉用具専門相談員指定講習事業者をいう。以下同じ。）」と、「第二十二条の二十六第一項各号（第八号については、当該指定に係る事業に関するものに限る。）若しくは第二項各号」とあるのは「第二十二条の三十四において準用する第二十二条の二十六第一項各号（第八号については、当該指定に係る事業に関するものに限る。）」と、第二十二条の三十中「介護員養成研修事業者」とあるのは「福祉用具専門相談員指定講習事業者」と、「令第三条第二項第二号イ」とあるのは「令第四条第二項第二号イ」と読み替えるものとする。

（平一八厚労令一〇六・追加、平二四厚労令一〇・平二四厚労令二五・平二六厚労令一三五・平三〇厚労令三〇・一部改正）

第二章　被保険者

法律

一　市町村の区域内に住所を有する六十五歳以上の者（以下「第一号被保険者」という。）

二　市町村の区域内に住所を有する四十歳以上六十五歳未満の医療保険加入者（以下「第二号被保険者」という。）

（資格取得の時期）

第十条　前条の規定による当該市町村が行う介護保険の被保険者は、次の各号のいずれかに該当するに至った日から、その資格を取得する。

一　当該市町村の区域内に住所を有する医療保険加入者が四十歳に達したとき。

二　四十歳以上六十五歳未満の医療保険加入者又は六十五歳以上の者が当該市町村の区域内に住所を有するに至ったとき。

三　当該市町村の区域内に住所を有する四十歳以上六十五歳未満の者が医療保険加入者となったとき。

四　当該市町村の区域内に住所を有する者（医療保険加入者を除く。）が六十五歳に達したとき。

（資格喪失の時期）

第十一条　第九条の規定による当該市町村が行う介護保険の被保険者は、当該市町村の区域内に住所を有しなくなった日の翌日から、その資格を喪失する。ただし、当該市町村の区域内に住所を有しなくなった日に他の市町村の区域内に住所を有するに至ったときは、その日から、その資格を喪失する。

2　第二号被保険者は、医療保険加入者でなくなった日から、その資格を喪失する。

（届出等）

第十二条　第一号被保険者は、厚生労働省令で定めるところにより、被保険者の資格の取得及び喪失に関する事項その他必要な事項を市町村に届け出なければならない。ただし、第十条第四号に該当するに至ったことにより被保険者の資格を取得した場合（厚生労働省令で定める場合を除く。）については、この限りでない。

2　第一号被保険者の属する世帯の世帯主は、その世帯に属する第一号被保険者に代わって、当該第一号被保険者に係る前項の規定による届出をすることができる。

3　被保険者は、市町村に対し、当該被保険者に係る被保険者証の交付を求めることができる。

施行令

施行規則

（資格取得の届出等）

第二十三条　市町村（特別区を含む。以下同じ。）の区域内に住所を有するに至ったため、又は法第十三条第一項本文若しくは第二項の規定の適用を受けなくなったため、第一号被保険者（法第九条第一号に規定する第一号被保険者をいう。以下同じ。）の資格を取得した者は、十四日以内に、次に掲げる事項を記載した届書を、市町村に提出しなければならない。

一　氏名、生年月日、現住所、従前の住所及び行政手続における特定の個人を識別するための番号の利用等に関する法律（平成二十五年法律第二十七号。以下「番号利用法」という。）第二条第五項に規定する個人番号（以下「個人番号」という。）

4　被保険者は、その資格を喪失したときは、厚生労働省令で定めるところにより、速やかに、被保険者証を返還しなければならない。

5　住民基本台帳法（昭和四十二年法律第八十一号）第二十二条から第二十四条まで、第二十五条、第三十条の四十六又は第三十条の四十七の規定による届出があったとき（当該届出に係る書面に同法第二十八条の三の規定による付記がされたときに限る。）は、その届出と同一の事由に基づく第一項本文の規定による届出があったものとみなす。

6　前各項に規定するもののほか、被保険者に関する届出及び被保険者証に関して必要な事項は、厚生労働省令で定める。

（平一一法一三三・平一一法一六〇・平一八法八三・平二一法七七・一部改正）

（住所地特例対象施設に入所又は入居中の被保険者の特例）

第十三条　次に掲げる施設（以下「住所地特例対象施設」という。）に入所又は入居（以下「入所等」という。）をすることにより当該住所地特例対象施設の所在する場所に住所を変更したと認められる被保険者（第三号に掲げる施設に入所することにより当該施設の所在する場所に住所を変更したと認められる被保険者にあっては、老人福祉法第十一条第一項第一号の規定による入所措置がとられた者に限る。以下この項及び次項において「住所地特例対象被保険者」という。）であって、当該住所地特例対象施設に入所等をした際他の市町村（当該住所地特例対象施設が所在する市町村以外の市町村をいう。）の区域内に住所を有していたと認められるものは、第九条の規定にかかわらず、当該他の市町村が行う介護保険の被保険者とする。ただし、二以上の住所地特例対象施設に継続して入所等をしている住所地特例対象被保険者であって、現に入所等をしている住所地特例対象施設（以下この項及び次項において「現入所施設」という。）に入所等をする直前に入所等をしていた住所地特例対象施設（以下この項において「直前入所施設」という。）及び現入所施設のそれぞれに入所等をすることにより直前入所施設及び現入所

二　資格取得の年月日及びその理由

三　世帯主である者についてはその旨、世帯主でない者については世帯主の氏名、生年月日及び個人番号並びに世帯主との続柄

（平一一厚令九二・平二七厚労令一五〇・平二八厚労令五三・令元厚労令五八・令二厚労令一六二・令四厚労令五六・令六厚労令八五・一部改正）

第二十四条　法第十二条第一項の厚生労働省令で定める場合は、日本国籍を有しない者であって、医療保険加入者でないものが、法第十条第四号に該当するに至った場合とする。

2　前項に規定する者は、同項の場合には、十四日以内に、前条各号に規定する事項（同条第一号に規定する従前の住所を除く。）を記載した届書を市町村に提出しなければならない。

3　日本国籍を有しない者（医療保険加入者に限る。）が、六十五歳に達したときは、十四日以内に、前条各号に規定する事項（同条第一号に規定する従前の住所を除く。）を記載した届書を市町村に提出しなければならない。

4　市町村は、前二項の規定に基づき届け出られるべき書類の内容を公簿等によって確認することができるときは、当該届出を省略させることができる。

（平一二厚令一二七・一部改正）

（住所地特例対象施設に入所又は入居中の者に関する届出）

第二十五条　被保険者が、法第十三条第一項本文若しくは第二項の規定の適用を受けるに至ったとき、又は同項の規定の適用を受けるに至った際現に入所又は入居（以下この条において「入所等」という。）をしている住所地特例対象施設（法第十三条第一項に規定する住所地特例対象施設をいう。以下この条において同じ。）から継続して他の住所地特例対象施設に入所等をすることによりそれぞれの住所地特例対象施設の所在する場所に順次住所を変更（以下「継続住所変更」という。）したときは、十四日以内に、次に掲げる事項を記載した届書を、当該者に対し介護保険を行う市町村に提出しなければならない。

一　被保険者が、法第十三条第一項本文若しくは第二項の規定の適用を受けるに至った年月日又は継続住所変更をした年月日

二　氏名、現住所、従前の住所及び個人番号

三　入所等をしている住所地特例対象施設の名称

四　被保険者証の番号

五　世帯主である者についてはその旨、世帯主でない者については世帯主の氏名、生年月日及び個人番号並びに世帯主との続柄

法律

施設のそれぞれの所在する場所に順次住所を変更したと認められるもの（次項において「特定継続入所被保険者」という。）については、この限りでない。

一　介護保険施設

二　特定施設

三　老人福祉法第二十条の四に規定する養護老人ホーム

2　特定継続入所被保険者のうち、次の各号に掲げるものは、第九条の規定にかかわらず、当該各号に定める市町村が行う介護保険の被保険者とする。

一　継続して入所等をしている二以上の住所地特例対象施設のそれぞれに入所等をすることによりそれぞれの住所地特例対象施設の所在する場所に順次住所を変更したと認められる住所地特例対象被保険者であって、当該二以上の住所地特例対象施設のうち最初の住所地特例対象施設に入所等をした際他の市町村（現入所施設が所在する市町村以外の市町村をいう。）の区域内に住所を有していたと認められるもの　当該他の市町村

二　継続して入所等をしている二以上の住所地特例対象施設のうち一の住所地特例対象施設から継続して他の住所地特例対象施設に入所等をすること（以下この号において「継続入所等」という。）により当該一の住所地特例対象施設の所在する場所以外の場所から当該他の住所地特例対象施設の所在する場所への住所の変更（以下この号において「特定住所変更」という。）を行ったと認められる住所地特例対象被保険者であって、最後に行った特定住所変更に係る継続入所等の際他の市町村（現入所施設が所在する市町村以外の市町村をいう。）の区域内に住所を有していたと認められるもの　当該他の市町村

3　第一項の規定により同項に規定する当該他の市町村が行う介護保険の被保険者とされた者又は前項の規定により同項各号に定める当該他の市町村が行う介護保険の被保険者とされた者（以下「住所地特例適用被保険者」という。）が入所等をしている住所地特例対象施設は、当該住所地特例対象施設の所在する市町村（以下「施設所在市町村」という。）及び当該住所地特例適用被保険者に対し介護保険を行う市町村に、必要な協力をしなければならない。

（平一七法七七・平一八法二〇・平二三法七二・平二六法八三・一部改正）

施行令

施行規則

2　被保険者が、法第十三条第一項本文又は第二項の規定の適用を受けなくなったときは、十四日以内に、その年月日並びに前項第二号、第四号及び第五号に規定する事項を記載した届書を、当該者に対し介護保険を行う市町村に提出しなければならない。ただし、法第十一条の規定により被保険者の資格を喪失した者にあっては、この限りでない。

（平一一厚令九二・平一八厚労令三二・平二七厚労令一五〇・令四厚労令五六・一部改正）

（被保険者証の交付）

第二十六条　市町村は、第一号被保険者並びに第二号被保険者（法第九条第二号に規定する被保険者をいう。以下同じ。）のうち法第二十七条第一項又は第三十二条第一項の規定による申請を行ったもの及び法第十二条第三項の規定に基づき被保険者証の交付を求めたものに対し、様式第一号による被保険者証を交付しなければならない。

2　第二号被保険者は、前項の規定により被保険者証の交付を受けようとするときは、氏名、生年月日、住所及び個人番号を記載した申請書を市町村に提出しなければならない。

3　前項の場合において、市町村は、当該第二号被保険者が医療保険加入者であることを確認するものとする。

（平一一厚令九二・平二七厚労令一五〇・令元厚労令五八・令四厚労令五六・令六厚労令一一九・一部改正）

（被保険者証の再交付及び返還）

第二十七条　被保険者証の交付を受けている者は、当該被保険者証を破り、汚し、又は失ったときは、直ちに、第一号に掲げる事項（第二号に掲げる書類を提示する場合には、第一号イ及びハに掲げる事項）を記載した申請書を市町村に提出して、その再交付を申請しなければならない。

一　次に掲げる事項

イ　氏名、生年月日及び住所

ロ　個人番号

ハ　再交付申請の理由

二　氏名及び生年月日又は住所（以下「個人識別事項」という。）が記載された書類であって、次に掲げるもののいずれかに該当するもの

イ　個人番号カード（番号利用法第二条第七項に規定する個人番

号カードをいう。以下同じ。）又は行政手続における特定の個人を識別するための番号の利用等に関する法律施行規則（平成二十六年内閣府・総務省令第三号。以下「番号利用法施行規則」という。）第一条第一項第一号に掲げる書類

ロ　イに掲げるもののほか、官公署から発行され、又は発給された書類その他これに類する書類であって、写真の表示その他の当該書類に施された措置によって、当該申請を行う被保険者が当該書類に記載された個人識別事項により識別される特定の個人と同一の者であることを確認することができるものとして市町村長が適当と認めるもの

ハ　イ及びロに掲げるもののほか、番号利用法施行規則第二条第三項第一号に掲げる書類（介護保険の被保険者証を除く。）又は官公署から発行され、若しくは発給された書類その他これに類する書類であって市町村長が適当と認めるもののうち二以上の書類

2　被保険者証を破り、又は汚した場合の前項の申請には、同項の申請書に、その被保険者証を添えなければならない。

3　被保険者は、被保険者証の再交付を受けた後、失った被保険者証を発見したときは、直ちに、発見した被保険者証を市町村に返還しなければならない。

（平二七厚労令一五〇・令元厚労令五八・令二厚労令一〇三・令四厚労令五六・一部改正）

（被保険者証の検認又は更新）

第二十八条　市町村は、期日を定め、被保険者証の検認又は更新をすることができる。

2　第一号被保険者及び被保険者証の交付を受けている第二号被保険者（以下「被保険者証交付済被保険者」という。）は、前項の検認又は更新のため、被保険者証の提出を求められたときは、遅滞なく、これを市町村に提出しなければならない。ただし、既に市町村に被保険者証を提出している者については、この限りでない。

3　市町村は、前項本文の規定により被保険者証の提出を受けたときは、遅滞なく、これを検認し、又は更新して、被保険者に交付しなければならない。

4　第一項の規定により検認又は更新を行った場合において、その検認又は更新を受けない被保険者証は、無効とする。

（負担割合証の交付等）

第二十八条の二　市町村は、要介護被保険者（法第四十一条第一項に

法律

施行令

施行規則

規定する要介護被保険者をいう。以下同じ。）又は居宅要支援被保険者（法第五十三条第一項に規定する居宅要支援被保険者をいう。以下同じ。）に対し、様式第一号の二による利用者負担の割合を記載した証（以下「負担割合証」という。）を、有効期限を定めて交付しなければならない。

2　要介護被保険者又は居宅要支援被保険者が、次の各号のいずれかに該当するに至ったときは、当該要介護被保険者又は居宅要支援被保険者は、遅滞なく、負担割合証を市町村に返還しなければならない。

一　負担割合証に記載された利用者負担の割合が変更されたとき。

二　負担割合証の有効期限に至ったとき。

3　前条の規定は、負担割合証の検認及び更新について準用する。この場合において、同条第二項中「第一号被保険者及び被保険者証の交付を受けている第二号被保険者（以下「被保険者証交付済被保険者」という。）」とあるのは、「要介護被保険者又は居宅要支援被保険者」とする。

4　要介護被保険者又は居宅要支援被保険者は、負担割合証を破り、汚し、又は失ったときは、直ちに、第一号に掲げる事項を記載した申請書を市町村に提出し、第二号に掲げる書類（当該申請書に個人番号を記載しない場合に限る。）を提示して、その再交付を申請しなければならない。

一　次に掲げる事項

イ　氏名、生年月日及び住所

ロ　個人番号又は被保険者証の番号

ハ　再交付申請の理由

二　個人識別事項が記載された書類であって、次に掲げるもののいずれかに該当するもの

イ　個人番号カード又は番号利用法施行規則第一条第一項第一号に掲げる書類

ロ　イに掲げるもののほか、官公署から発行され、又は発給された書類その他これに類する書類であって、写真の表示その他の当該書類に施された措置によって、当該申請を行う要介護被保険者又は居宅要支援被保険者が当該書類に記載された個人識別事項により識別される特定の個人と同一の者であることを確認することができるものとして市町村長が適当と認めるもの

ハ　イ及びロに掲げるもののほか、番号利用法施行規則第二条第

三項第一号に掲げる書類又は官公署から発行され、若しくは発給された書類その他これに類する書類であって市町村長が適当と認めるもののうち二以上の書類

5 負担割合証を破り、又は汚した場合の前項の申請には、同項の申請書に、その負担割合証を添えなければならない。

6 要介護被保険者又は居宅要支援被保険者は、負担割合証の再交付を受けた後、失った負担割合証を発見したときは、直ちに、発見した負担割合証を市町村に返還しなければならない。

（平二七厚労令五七・追加、平二七厚労令一五〇・令元厚労令五八・令二厚労令一〇三・令四厚労令五六・一部改正）

第二十八条の三 要介護被保険者又は居宅要支援被保険者は、法第四十一条第三項（法第四十二条の二第九項、法第四十八条第七項、法第五十三条第七項及び法第五十四条の二第九項において準用する場合を含む。）の規定により指定居宅サービス事業者（法第四十一条第一項に規定する指定居宅サービス事業者をいう。以下同じ。）、指定地域密着型サービス事業者（法第四十二条の二第一項に規定する指定地域密着型サービス事業者をいう。以下同じ。）、介護保険施設（法第八条第二十四項に規定する介護保険施設をいう。以下同じ。）、指定介護予防サービス事業者（法第五十三条第一項に規定する指定介護予防サービス事業者をいう。以下同じ。）又は指定地域密着型介護予防サービス事業者（法第五十四条の二第一項に規定する指定地域密着型介護予防サービス事業者をいう。以下同じ。）に被保険者証を提示するときは、負担割合証を添えなければならない。

（平二七厚労令五七・追加）

（氏名変更の届出）

第二十九条 被保険者証交付済被保険者の氏名に変更があったときは、当該被保険者は、十四日以内に、次に掲げる事項を記載した届書を、市町村に提出しなければならない。

一 変更前及び変更後の氏名

二 個人番号

三 被保険者証の番号

（平二七厚労令一五〇・一部改正）

（住所変更の届出）

第三十条 被保険者証交付済被保険者が、市町村の区域内においてその住所を変更したときは、十四日以内に、次に掲げる事項を記載した届書を、市町村に提出しなければならない。

一 氏名

法律

施行令

施行規則

二　変更前及び変更後の住所並びに変更の年月日
三　個人番号
四　被保険者証の番号
五　世帯主となる場合はその旨、世帯主とならない場合は世帯主の氏名、生年月日、個人番号及び世帯主との続柄

（平二七厚労令一五〇・令四厚労令五六・一部改正）

（世帯変更の届出）

第三十一条　第二十三条、第二十五条第一項及び前条の場合を除くほか、その属する世帯又はその属する世帯の世帯主に変更があつた第一号被保険者は、十四日以内に、次に掲げる事項を記載した届書を、市町村に提出しなければならない。

一　氏名
二　変更の年月日
三　個人番号
四　被保険者証の番号
五　変更後の世帯において世帯主となる場合はその旨、世帯主とならない場合は変更後の世帯主の氏名、生年月日、個人番号及び世帯主との続柄

（平一一厚令九二・平二七厚労令一五〇・令四厚労令五六・一部改正）

（資格喪失の届出）

第三十二条　被保険者証交付済被保険者は、被保険者の資格を喪失したときは、十四日以内に、次に掲げる事項を記載した届書を、市町村に提出しなければならない。

一　氏名
二　資格喪失の年月日及びその理由
三　住所の変更により資格を喪失したときは、変更後の住所
四　個人番号
五　被保険者証の番号

（平二七厚労令一五〇・一部改正）

（届書の記載事項等）

第三章　介護認定審査会

（介護認定審査会）

第十四条　第三十八条第二項に規定する審査判定業務を行わせるため、市町村に介護認定審査会（以下「認定審査会」という。）を置く。

（委員）

第十五条　認定審査会の委員の定数は、政令で定める基準に従い条例で定める数とする。

2　委員は、要介護者等の保健、医療又は福祉に関する学識経験を有する者のうちから、市町村長（特別区にあっては、区長。以下同じ。）が任命する。

（平一七法七七・一部改正）

（共同設置の支援）

第十六条　都道府県は、認定審査会について地方自治法（昭和二十二年法律第六十七号）第二百五十二条の七第一項の規定による共同設置をしようとする市町村の求めに応じ、市町村相互間における必要な調整を行うことができる。

2　都道府県は、認定審査会を共同設置した市町村に対し、その円滑な運営が確保されるように必要な技術的な助言その他の援助をすることができる。

（政令への委任規定）

第十七条　この法律に定めるもののほか、認定審査会に関し必要な事項は、政令で定める。

第二章　介護認定審査会

（介護認定審査会の委員の定数の基準）

第五条　法第十五条第一項に規定する認定審査会（以下「認定審査会」という。）の委員の定数に係る同項に規定する政令で定める基準は、認定審査会の要介護認定（要介護更新認定、要介護状態区分の変更の認定及び要介護認定の取消しを含む。第四十六条において同じ。）又は要支援認定（要支援更新認定、要支援状態区分の変更の認定及び要支援認定の取消しを含む。同条において同じ。）に係る審査及び判定の件数その他の事情を勘案して、各市町村が必要と認める数の第九条第一項に規定する合議体を認定審査会に設置することができる数であることとする。

（平一八政一五四・一部改正）

（委員の任期）

第六条　委員の任期は、二年（委員の任期を二年を超え三年以下の期間で市町村が条例で定める場合にあっては、当該条例で定める期間）とする。ただし、補欠の委員の任期は、前任者の残任期間とする。

2　委員は、再任されることができる。

（平二七政四二五・一部改正）

（会長）

第七条　認定審査会に会長一人を置き、委員の互選によってこれを定める。

2　会長は、会務を総理し、認定審査会を代表する。

3　会長に事故があるときは、あらかじめその指名する

第三十三条　第二十三条から第二十五条まで及び第二十九条から前条までの規定による届書には、届出人の氏名、住所及び届出年月日を記載しなければならない。

2　前項に規定する届書（第二十三条及び第二十四条の規定による届書を除く。）には、当該届出に係る被保険者証及び負担割合証を添えなければならない。

（平二七厚労令五七・一部改正）

法律

第四章　保険給付

第一節　通則

（保険給付の種類）

第十八条　この法律による保険給付は、次に掲げる保険給付とする。

施行令

委員が、その職務を代理する。

（会議）

第八条　認定審査会は、会長が招集する。

2　認定審査会は、会長及び過半数の委員の出席がなければ、これを開き、議決をすることができない。

3　認定審査会の議事は、出席した委員の過半数をもって決し、可否同数のときは、会長の決するところによる。

（合議体）

第九条　認定審査会は、委員のうちから会長が指名する者をもって構成する合議体（以下この条において「合議体」という。）で、審査及び判定の案件を取り扱う。

2　合議体に長を一人置き、当該合議体を構成する委員の互選によってこれを定める。

3　合議体を構成する委員の定数は、五人を標準として市町村が定める数とする。

4　合議体は、これを構成する委員の過半数が出席しなければ、会議を開き、議決をすることができない。

5　合議体の議事は、出席した委員の過半数をもって決し、可否同数のときは、長の決するところによる。

6　認定審査会において別段の定めをした場合のほかは、合議体の議決をもって認定審査会の議決とする。

（都道府県介護認定審査会に関する読替え）

第十条　第五条から前条までの規定は、法第三十八条第二項に規定する都道府県介護認定審査会について準用する。この場合において、第五条、第六条第一項及び前条第三項中「市町村」とあるのは、「都道府県」と読み替えるものとする。

（平一二政四二五・一部改正）

第三章　保険給付

施行規則

第三章　保険給付

第一節　通則

一　被保険者の要介護状態に関する保険給付（以下「介護給付」という。）
二　被保険者の要支援状態に関する保険給付（以下「予防給付」という。）
三　前二号に掲げるもののほか、要介護状態等の軽減又は悪化の防止に資する保険給付として条例で定めるもの（第五節において「市町村特別給付」という。）

（平一七法七七・平二三法七二・一部改正）

（市町村の認定）

第十九条　介護給付を受けようとする被保険者は、要介護者に該当すること及びその該当する要介護状態区分について、市町村の認定（以下「要介護認定」という。）を受けなければならない。

2　予防給付を受けようとする被保険者は、要支援者に該当すること及びその該当する要支援状態区分について、市町村の認定（以下「要支援認定」という。）を受けなければならない。

（平一七法七七・一部改正）

（他の法令による給付との調整）

第二十条　介護給付又は予防給付（以下「介護給付等」という。）は、当該要介護状態等につき、労働者災害補償保険法（昭和二十二年法律第五十号）の規定による療養補償給付、複数事業労働者療養給付若しくは療養給付その他の法令に基づく給付であって政令で定めるもののうち介護給付等に相当するものを受けることができるときは政令で定める限度において、又は当該政令で定める給付以外の給付であって国若しくは地方公共団体の負担において介護給付等に相当するものが行われたときはその限度において、行わない。

（平一七法七七・平二三法七二・令二法一四・一部改正）

（損害賠償請求権）

第二十一条　市町村は、給付事由が第三者の行為によって生じた場合において、保険給付を行ったときは、その給付の価額の限度において、被保険者が第三者に対して有する損害賠償の請求権を取得する。

2　前項に規定する場合において、保険給付を受けるべ

第一節　他の法令による給付との調整

（法第二十条に規定する政令で定める給付等）

第十一条　法第二十条に規定する政令で定める給付は、次の表の上欄に掲げるものとし、同条に規定する政令で定める限度は、同表の上欄に掲げる給付につき、それぞれ、同表の下欄に掲げる限度とする。

受けることができる給付
船員保険法（昭和十四年法律第七十三号）の規定による療養の給付（船員法（昭和二十二年法律第百号）の規定による療養補償に相当するものに限る。）
労働基準法（昭和二十二年法律第四十九号。他の法律において例による場合を含む。）の規定による療養補償
労働者災害補償保険法（昭和二十二年法律第五十号）の規定による療養

（第三者の行為による被害の届出）

第三十三条の二　介護給付、予防給付又は市町村特別給付の支給に係る事由が第三者の行為によって生じたものであるときは、第一号被保険者は、遅滞なく、次に掲げる事項を記載した届書を、市町村に提出しなければならない。

法律

き者が第三者から同一の事由について損害賠償を受けたときは、市町村は、その価額の限度において、保険給付を行う責めを免れる。

3　市町村は、第一項の規定により取得した請求権に係る損害賠償金の徴収又は収納の事務を国民健康保険法第四十五条第五項に規定する国民健康保険団体連合会（以下「連合会」という。）であって厚生労働省令で定めるものに委託することができる。

（平一一法一六〇・一部改正）

（不正利得の徴収等）

第二十二条　偽りその他不正の行為によって保険給付を受けた者があるときは、市町村は、その者からその給付の価額の全部又は一部を徴収することができるほか、当該偽りその他不正の行為によって受けた保険給付が第五十一条の三第一項の規定による特定入所者介護サービス費の支給、第五十一条の四第一項の規定による特例特定入所者介護サービス費の支給、第六十一条の三第一項の規定による特定入所者介護予防サービス費の支給又は第六十一条の四第一項の規定による特例特定入所者介護予防サービス費の支給であるときは、市町村は、厚生労働大臣の定める基準により、その者から当該偽りその他不正の行為によって支給を受けた額の百分の二百に相当する額以下の金額を徴収することができる。

2　前項に規定する場合において、訪問看護、訪問リハビリテーション、通所リハビリテーション若しくは短期入所療養介護、定期巡回・随時対応型訪問介護看護又は介護予防訪問看護、介護予防訪問リハビリテーション、介護予防通所リハビリテーション若しくは介護予防短期入所療養介護についてその治療の必要の程度につき診断する医師その他居宅サービス若しくはこれに相当するサービス、地域密着型サービス若しくはこれに相当するサービス、施設サービス又は介護予防

施行令

補償給付、複数事業労働者療養給付及び療養給付

船員法（他の法律において例による場合を含む。）の規定による療養補償

災害救助法（昭和二十二年法律第百十八号）の規定による扶助金（災害救助法施行令（昭和二十二年政令第二百二十五号）の規定による療養扶助金に限る。）

消防組織法（昭和二十二年法律第二百二十六号）の規定による損害の補償（非常勤消防団員等に係る損害補償の基準を定める政令（昭和三十一年政令第三百三十五号）の規定による療養補償に限る。）

消防法（昭和二十三年法律第百八十六号）の規定による損害の補償（非常勤消防団員等に係る損害補償の基準を定める政令の規定による療養補償に限る。）

水防法（昭和二十四年法律第百九十三号）の規定による損害の補償（非常勤消防団員等に係る損害補償の基準を定める政令の規定による療養補償に限る。）

国家公務員災害補償法（昭和二十六年法律第百九十一号。他の法律において準用し、又は例による場合を含む。以下この表において同じ。）の規定による療養補償

警察官の職務に協力援助した者の災害給付に関する法律（昭和二十七年

施行規則

一　届出に係る事実

二　第三者の氏名及び住所又は居所（氏名又は住所若しくは居所が明らかでないときは、その旨）

三　被害の状況

（平二八厚労令五三・追加）

（法第二十一条第三項の厚生労働省令で定める連合会）

第三十四条　国民健康保険団体連合会（国民健康保険法（昭和三十三年法律第百九十二号）第四十五条第五項に規定する国民健康保険団体連合会をいう。以下同じ。）であって法第二十一条第三項の厚生労働省令で定めるものは、同項に規定する損害賠償金の徴収又は収納の事務に関し専門的知識を有する職員を配置している国民健康保険団体連合会とする。

（平一二厚令一二七・一部改正）

サービス若しくはこれに相当するサービスに従事する医師又は歯科医師が、市町村に提出されるべき診断書に虚偽の記載をしたため、その保険給付が行われたものであるときは、市町村は、当該医師又は歯科医師に対し、保険給付を受けた者に連帯して同項の徴収金を納付すべきことを命ずることができる。

3　市町村は、第四十一条第一項に規定する指定居宅サービス事業者、第四十二条の二第一項に規定する指定地域密着型サービス事業者、第四十六条第一項に規定する指定居宅介護支援事業者、介護保険施設、第五十三条第一項に規定する指定介護予防サービス事業者、第五十四条の二第一項に規定する指定地域密着型介護予防サービス事業者又は第五十八条第一項に規定する指定介護予防支援事業者（以下この項において「指定居宅サービス事業者等」という。）が、偽りその他不正の行為により第四十一条第六項、第四十二条の二第六項、第四十六条第四項、第四十八条第四項、第五十一条の三第四項、第五十三条第四項、第五十四条の二第六項、第五十八条第四項又は第六十一条の三第四項の規定による支払を受けたときは、当該指定居宅サービス事業者等から、その支払った額につき返還させるべき額を徴収するほか、その返還させるべき額に百分の四十を乗じて得た額を徴収することができる。

（平一〇法一〇九・平一七法七七・平一八法八三・平二〇法四二・平二三法七二・平二六法八三・一部改正）

（文書の提出等）

第二十三条　市町村は、保険給付に関して必要があると認めるときは、当該保険給付を受ける者若しくは当該保険給付に係る居宅サービス等（居宅サービス（これに相当するサービスを含む。）、地域密着型サービス（これに相当するサービスを含む。）、居宅介護支援（これに相当するサービスを含む。）、施設サービス、介護予防サービス（これに相当するサービスを含む。）、地域密着型介護予防サービス（これに相当するサービスを含む。）若しくは介護予防支援（これに相当するサービスを含む。）をいう。以下同じ。）を担当

法律第二百四十五号）の規定による療養給付

海上保安官に協力援助した者等の災害給付に関する法律（昭和二十八年法律第三十三号）の規定による療養給付

公立学校の学校医、学校歯科医及び学校薬剤師の公務災害補償に関する法律（昭和三十二年法律第百四十三号）の規定による療養補償

証人等の被害についての給付に関する法律（昭和三十三年法律第百九号）の規定による療養給付

災害対策基本法（昭和三十六年法律第二百二十三号）の規定による損害の補償（非常勤消防団員等に係る損害補償の基準を定める政令の規定による療養補償に相当するもの又は災害救助法施行令の規定による療養扶助金に相当するものに限る。）

戦傷病者特別援護法（昭和三十八年法律第百六十八号）の規定による療養の給付及び更生医療の給付

地方公務員災害補償法（昭和四十二年法律第百二十一号）の規定による療養補償

原子爆弾被爆者に対する援護に関する法律（平成六年法律第百十七号）の規定による医療の給付

心神喪失等の状態で重大な他害行為を行った者の医療及び観察等に関する法律（平成十五年法律第百十号）の規定による医療

武力攻撃事態等における国民の保護のための措置に関する法律（平成十

法律

する者若しくは保険給付に係る第四十五条第一項に規定する住宅改修を行う者又はこれらの者であった者（第二十四条の二第一項第一号において「照会等対象者」という。）に対し、文書その他の物件の提出若しくは提示を求め、若しくは依頼し、又は当該職員に質問若しくは照会をさせることができる。

（平一七法七七・一部改正）

（帳簿書類の提示等）

第二十四条　厚生労働大臣又は都道府県知事は、介護給付等（居宅介護住宅改修費の支給及び介護予防住宅改修費の支給を除く。次項及び第二百八条において同じ。）に関して必要があると認めるときは、居宅サービス等を行った者又はこれを使用する者に対し、その行った居宅サービス等に関し、報告若しくは当該居宅サービス等の提供の記録、帳簿書類その他の物件の提示を命じ、又は当該職員に質問させることができる。

2　厚生労働大臣又は都道府県知事は、必要があると認めるときは、介護給付等を受けた被保険者又は被保険者であった者に対し、当該介護給付等に係る居宅サービス等（以下「介護給付等対象サービス」という。）の内容に関し、報告を命じ、又は当該職員に質問させることができる。

3　前二項の規定による質問を行う場合においては、当該職員は、その身分を示す証明書を携帯し、かつ、関係人の請求があるときは、これを提示しなければならない。

4　第一項及び第二項の規定による権限は、犯罪捜査のために認められたものと解釈してはならない。

（平一一法一六〇・平一七法七七・一部改正）

施行令

六年法律第百十二号）の規定による損害の補償（非常勤消防団員等に係る損害補償の基準を定める政令の規定による療養補償に相当するもの又は災害救助法施行令の規定による療養扶助金に相当するものに限る。）	
新型インフルエンザ等対策特別措置法（平成二十四年法律第三十一号）の規定による損害の補償（災害救助法施行令の規定による療養扶助金に相当するものに限る。）	
労働者災害補償保険法の規定による介護補償給付、複数事業労働者介護給付及び介護給付	受けることができる給付（介護に要する費用を支出して介護を受けた部分に限る。）
消防組織法の規定による損害の補償（非常勤消防団員等に係る損害補償の基準を定める政令の規定による介護補償に限る。）	
消防法の規定による損害の補償（非常勤消防団員等に係る損害補償の基準を定める政令の規定による介護補償に限る。）	
水防法の規定による損害の補償（非常勤消防団員等に係る損害補償の基準を定める政令の規定による介護補償に限る。）	
国家公務員災害補償法の規定による介護補償	
警察官の職務に協力援助した者の災害給付に関する法律の規定による介護給付	
海上保安官に協力援助した者等の災害給付に関する法律の規定による介	

施行規則

（指定市町村事務受託法人）

第二十四条の二　市町村は、次に掲げる事務の一部を、

護給付	
公立学校の学校医、学校歯科医及び学校薬剤師の公務災害補償に関する法律の規定による介護補償	
証人等の被害についての給付に関する法律の規定による介護給付	
災害対策基本法の規定による損害の補償（非常勤消防団員等に係る損害補償の基準を定める政令の規定による介護補償に相当するものに限る。）	
労働者災害補償保険法等の一部を改正する法律（平成七年法律第三十五号）附則第八条の規定によりなおその効力を有するものとされる同法附則第七条の規定による改正前の炭鉱災害による一酸化炭素中毒症に関する特別措置法（昭和四十二年法律第九十二号）第八条の規定による介護料	
地方公務員災害補償法の規定による介護補償	
武力攻撃事態等における国民の保護のための措置に関する法律の規定による損害の補償（非常勤消防団員等に係る損害補償の基準を定める政令の規定による介護補償に相当するものに限る。）	

（平一六政二七五・平一七政三二三・平二一政二九六・平二五政一二二・令二政二一九・一部改正）

第二節　指定市町村事務受託法人及び指定都道府県事務受託法人の指定

（平一八政一五四・追加、平二三政三七六・改称）

（指定市町村事務受託法人の指定）

第十一条の二　法第二十四条の二第一項に規定する指定

（指定市町村事務受託法人の指定の要件）

第三十四条の二　法第二十四条の二第一項の厚生労働省

法律

法人であって厚生労働省令で定める要件に該当し、当該事務を適正に実施することができると認められるものとして都道府県知事が指定するもの（以下この条において「指定市町村事務受託法人」という。）に委託することができる。

一　第二十三条に規定する事務（照会等対象者の選定に係るものを除く。）

二　第二十七条第二項（第二十八条第四項、第二十九条第二項、第三十条第二項、第三十一条第二項及び第三十二条第二項（第三十三条第四項、第三十三条の二第二項、第三十三条の三第二項及び第三十四条第二項において準用する場合を含む。）において準用する場合を含む。）の規定による調査に関する事務

三　その他厚生労働省令で定める事務

施行令

市町村事務受託法人（以下「指定市町村事務受託法人」という。）の指定は、厚生労働省令で定めるところにより、同項各号に掲げる事務（以下「市町村事務」という。）を受託しようとする者の申請により、市町村事務を行う事務所（以下「市町村事務受託事務所」という。）ごとに行う。

2　都道府県知事は、前項の申請があった場合において、次のいずれかに該当するときは、法第二十四条の二第一項の指定をしてはならない。

一　当該申請に係る市町村事務受託事務所の介護支援専門員の人員が、厚生労働省令で定める員数を満たしていないとき（法第二十四条の二第一項第二号の事務を受託しようとする場合に限る。）。

二　申請者が、厚生労働省令で定める市町村事務の運営に関する基準に従って適正な市町村事務の運営をすることができないと認められるとき。

三　申請者が、居宅サービス等（法第二十三条に規定する居宅サービス等をいう。第七号、第十一条の五第九号、第十一条の七第二項第二号及び第六号並びに第十一条の十第八号において同じ。）を提供しているとき。ただし、厚生労働省令で定める特別の事情があると都道府県知事が認めたときは、この限りでない。

施行規則

令で定める要件は、同項第一号に規定する事務（以下「照会等事務」という。）については、次のとおりとする。

一　照会等事務を適確に実施するに足りる経理的及び技術的な基礎を有するものであること。

二　法人の役員又は職員の構成が、照会等事務の公正な実施に支障を及ぼすおそれがないものであること。

三　照会等事務以外の業務を行っている場合には、その業務を行うことによって照会等事務の公正な実施に支障を及ぼすおそれがないものであること。

四　前三号に定めるもののほか、照会等事務を行うにつき十分な適格性を有するものであること。

2　法第二十四条の二第一項の厚生労働省令で定める要件は、同項第二号に規定する事務（以下「要介護認定調査事務」という。）については、次のとおりとする。

一　要介護認定調査事務を適確に実施するに足りる経理的及び技術的な基礎を有するものであること。

二　法人の役員又は職員の構成が、要介護認定調査事務の公正な実施に支障を及ぼすおそれがないものであること。

三　要介護認定調査事務以外の業務を行っている場合には、その業務を行うことによって要介護認定調査事務の公正な実施に支障を及ぼすおそれがないものであること。

四　前三号に定めるもののほか、要介護認定調査事務を行うにつき十分な適格性を有するものであること。

（平一八厚労令一〇六・追加）

（令第十一条の二第二項第三号に規定する厚生労働省令で定める特別の事情）

第三十四条の三　令第十一条の二第二項第三号に規定する厚生労働省令で定める特別の事情は、当該申請に係る同条第一項に規定する市町村事務受託事務所（以下「市町村事務受託事務所」という。）の所在地の市町村の区域内に要介護認定調査事務に係る法第二十四条

四　申請者が、法及び第三十五条の二各号に掲げる法律の規定により罰金の刑に処せられ、その執行を終わり、又は執行を受けることがなくなるまでの者であるとき。

五　申請者が、第十一条の五第一項又は第十一条の十の規定により指定を取り消され、その取消しの日から起算して五年を経過しない者であるとき。

六　申請者が、第十一条の五第一項の規定による指定の取消しの処分に係る行政手続法（平成五年法律第八十八号）第十五条の規定による通知があった日から当該処分をする日又は処分をしないことを決定する日までの間に次条第一項の規定による市町村事務の廃止の届出をした者（当該市町村事務の廃止について相当の理由がある者を除く。）で、当該届出の日から起算して五年を経過しないものであるとき。

七　申請者が、指定の申請前五年以内に居宅サービス等又は市町村事務若しくは都道府県事務（法第二十四条の三第一項各号に掲げる事務をいう。以下同じ。）に関し不正又は著しく不当な行為をした者であるとき。

八　申請者の役員等（法第七十条第二項第六号に規定する役員等をいう。以下同じ。）のうちに次のいずれかに該当する者があるとき。

イ　禁錮以上の刑に処せられ、その執行を終わり、又は執行を受けることがなくなるまでの者

ロ　第四号又は前号に該当する者

ハ　第十一条の五第一項又は第十一条の十の規定により指定を取り消された法人において、当該取消しの処分に係る行政手続法第十五条の規定による通知があった日前六十日以内にその役員等であった者で当該取消しの日から起算して五年を経過しないもの

ニ　第六号に規定する期間内に次条第一項の規定による市町村事務の廃止の届出をした法人（当該市町村事務の廃止について相当の理由がある法人を除く。）において、同号の通知の日前六十日以内にその役員等であった者で当該届出の日から起算

の二第一項に規定する指定市町村事務受託法人（以下「指定市町村事務受託法人」という。）が存在しないことその他これに準ずる事情とする。

（平一八厚労令一〇六・追加、平二四厚労令一一・一部改正）

（指定市町村事務受託法人に係る指定の申請等）

第三十四条の四　令第十一条の二第一項の規定に基づき指定市町村事務受託法人の指定を受けようとする者は、次に掲げる事項を記載した申請書又は書類を、当該指定に係る事務所の所在地の都道府県知事に提出しなければならない。

一　当該指定に係る市町村事務受託事務所の名称及び所在地

二　申請者の名称及び主たる事務所の所在地並びにその代表者の氏名、生年月日、住所及び職名

三　当該申請に係る市町村事務（令第十一条の二第一項に規定する市町村事務をいう。以下同じ。）の種類

四　当該申請に係る市町村事務の開始の予定年月日

五　申請者の定款、寄附行為等及びその登記事項証明書等

六　市町村事務受託事務所の平面図

七　市町村事務受託事務所の管理者の氏名、生年月日、住所及び経歴

八　第三十四条の十において準用する指定居宅介護支援等の事業の人員及び運営に関する基準（平成十一年厚生省令第三十八号）第十八条に規定する運営規程

九　照会等対象者（法第二十三条に規定する照会等対象者をいう。以下同じ。）又は市町村事務に係る被保険者若しくはその家族等からの苦情を処理するために講ずる措置の概要

十　当該申請に係る市町村事務に係る職員の勤務の体制及び勤務形態

十一　当該申請に係る市町村事務に係る資産の状況

十二　令第十一条の二第二項各号に該当しないことを誓約する書面（次条において「誓約書」という。）

十三　役員の氏名、生年月日及び住所

法律

2　指定市町村事務受託法人は、前項第二号の事務を行うときは、介護支援専門員その他厚生労働省令で定める者に当該委託に係る調査を行わせるものとする。

3　指定市町村事務受託法人の役員若しくは職員（前項の介護支援専門員その他厚生労働省令で定める者を含む。次項において同じ。）又はこれらの職にあった者は、正当な理由なしに、当該委託事務に関して知り得た秘密を漏らしてはならない。

施行令

して五年を経過しないもの

（平一八政一五四・追加、平二三政三七六・一部改正）

（指定市町村事務受託法人の名称等の変更の届出等）

第十一条の三　指定市町村事務受託法人は、当該指定に係る市町村事務受託事務所の名称及び所在地その他厚生労働省令で定める事項を変更しようとするとき、又は当該市町村事務を廃止し、休止し、若しくは再開しようとするときは、厚生労働省令で定めるところにより、その三十日前までに、その旨を都道府県知事に届け出なければならない。

2　都道府県知事は、前項の規定による届出があったときは、その旨を、指定市町村事務受託法人に事務を委託している市町村長に通知しなければならない。

（平一八政一五四・追加、平二三政三七六・一部改正）

（指定市町村事務受託法人による報告）

第十一条の四　都道府県知事は、市町村事務の適正な実施を確保するため必要があると認めるときは、その必要な限度で、指定市町村事務受託法人に対し、報告を求めることができる。

（平一八政一五四・追加、平二三政三七六・一部改正）

（指定市町村事務受託法人の指定の取消し等）

第十一条の五　都道府県知事は、指定市町村事務受託法人が次のいずれかに該当するときは、その指定を取り消し、又は期間を定めてその指定の全部若しくは一部

施行規則

十四　介護支援専門員の氏名及びその登録番号（要介護認定調査事務を受託しようとする場合に限る。）

十五　その他指定に関し必要と認める事項

2　居宅サービス等（法第二十三条に規定する居宅サービス等をいう。以下同じ。）を提供している者が要介護認定調査事務に係る申請を行う場合には、当該法人に当該事務を委託をしようとしている市町村長が当該法人に委託をしようとする特別の事情を記載した意見書を前項の申請書又は書類に添付しなければならない。

3　前項の意見書には、中立の立場で公正な判断をすることができる有識者の意見書を添付しなければならない。

（平一八厚労令一〇六・追加、平二四厚労令一一・一部改正）

（指定市町村事務受託法人の名称等の変更の届出等）

第三十四条の五　指定市町村事務受託法人は、前条第一項第二号、第五号（当該指定に係る事務に関するものに限る。）から第八号まで、第十三号及び第十四号に掲げる事項に変更があったときは、当該変更に係る事項について当該指定市町村事務受託法人の市町村事務受託事務所の所在地を管轄する都道府県知事に届け出なければならない。この場合において、管理者及び役員の変更に伴うものは、誓約書を添付して行うものとする。

2　市町村事務の廃止、休止又は再開については、第百三十三条第二項及び第三項（第三号を除く。）の規定を準用する。

（平一八厚労令一〇六・追加、平二四厚労令一一・一部改正）

（法第二十四条の二第二項の厚生労働省令で定める者）

第三十四条の五の二　法第二十四条の二第二項の厚生労働省令で定める者は、保健、医療又は福祉に関する専門的知識を有する者（介護支援専門員を除く。）とする。

（令二厚労令六四・追加）

4　指定市町村事務受託法人の役員又は職員で、当該委託事務に従事するものは、刑法（明治四十年法律第四十五号）その他の罰則の適用については、法令により公務に従事する職員とみなす。

5　市町村は、第一項の規定により同項第一号又は第三号に掲げる事務を委託したときは、厚生労働省令で定めるところにより、その旨を公示しなければならない。

6　前各項に定めるもののほか、指定市町村事務受託法人に関し必要な事項は、政令で定める。

（平一七法七七・追加、平二六法八三・一部改正）

の効力を停止することができる。

一　法第二十四条の二第一項に規定する厚生労働省令で定める要件を満たさなくなったとき。

二　指定市町村事務受託法人が、第十一条の二第二項第四号又は第八号のいずれかに該当するに至ったとき。

三　指定市町村事務受託法人が、当該指定に係る市町村事務受託事務所の介護支援専門員の人員について、厚生労働省令で定める員数を満たすことができなくなったとき。

四　指定市町村事務受託法人が、厚生労働省令で定める市町村事務の運営に関する基準に従って適正な市町村事務の運営をすることができなくなったとき。

五　指定市町村事務受託法人が、前条の規定により報告を求められて報告をせず、又は虚偽の報告をしたとき。

六　指定市町村事務受託法人が、不正の手段により法第二十四条の二第一項の指定を受けたとき（当該指定市町村事務受託法人が法第二十四条の三第一項に規定する指定都道府県事務受託法人（以下「指定都道府県事務受託法人」という。）の指定を受けている場合にあっては、不正の手段により同項の指定を受けたときを含む。）。

七　前各号に掲げる場合のほか、指定市町村事務受託法人が、法及び第三十五条の五各号に掲げる法律又はこれらの法律に基づく命令若しくは処分に違反したとき。

八　前各号に掲げる場合のほか、指定市町村事務受託法人が、市町村事務に関し不正又は著しく不当な行為をしたとき（当該指定市町村事務受託法人が指定都道府県事務受託法人の指定を受けている場合にあっては、都道府県事務に関し不正又は著しく不当な行為をしたときを含む。）。

九　指定市町村事務受託法人の役員等のうちに、指定の取消し又は指定の全部若しくは一部の効力の停止をしようとするとき前五年以内に居宅サービス等又は市町村事務若しくは都道府県事務に関し不正又は

（市町村事務の委託の公示等）

第三十四条の六　市町村は、法第二十四条の二第五項の規定により公示するときは、次に掲げる事項について行うものとする。

一　当該委託に係る市町村事務受託事務所の名称及び所在地

二　委託する指定市町村事務受託法人の名称及び主たる事務所の所在地並びにその代表者の氏名

三　委託開始の予定年月日

四　委託する市町村事務の内容

五　居宅サービス等の提供の有無

2　市町村は、法第二十四条の二第一項の委託を終了するときは、次に掲げる項目を公示しなければならない。

一　当該委託に係る市町村事務受託事務所の名称及び所在地

二　委託している指定市町村事務受託法人の名称及び主たる事務所の所在地並びにその代表者の氏名

三　委託終了の年月日

四　委託している市町村事務の内容

3　居宅サービス等を提供している指定市町村事務受託法人は、年度ごとに、要介護認定調査事務を委託した市町村に対して、当該事務に係る法第二十七条第二項に規定する調査を実施した被保険者（次項において「要介護認定調査対象者」という。）のうち、第三十八条第一項に規定する要介護認定有効期間において当該指定市町村事務受託法人が提供する居宅サービス等を利用した被保険者（次項において「居宅サービス等利用者」という。）の数を報告しなければならない。

4　前項の報告を受けた市町村は、次に掲げる項目を公表するものとする。

一　要介護認定調査対象者の数

二　居宅サービス等利用者の数

（平一八厚労令一〇六・追加、平二四厚労令一一・一部改正）

法律

施行令

著しく不当な行為をした者があるとき。

2　市町村は、市町村事務を行った指定市町村事務受託法人について、前項各号のいずれかに該当すると認めるときは、その旨を当該指定に係る市町村事務受託事務所の所在地の都道府県知事に通知しなければならない。

（平一八政一五四・追加、平二三政三七六・一部改正）

（指定市町村事務受託法人の指定等の公示）

第十一条の六　都道府県知事は、次に掲げる場合には、その旨を公示しなければならない。

一　法第二十四条の二第一項の指定をしたとき。

二　第十一条の三第一項の規定による届出（同項の厚生労働省令で定める事項の変更並びに同項に規定する市町村事務の休止及び再開に係るものを除く。）があったとき。

三　前条第一項の規定により法第二十四条の二第一項の指定を取り消し、又は指定の全部若しくは一部の効力を停止したとき。

（平一八政一五四・追加、平二三政三七六・一部改正）

施行規則

（指定市町村事務受託法人の事業の基準）

第三十四条の七　要介護認定調査事務に係る指定市町村事務受託法人は、要介護認定調査事務を遂行するために必要な数以上の介護支援専門員を有していなければならない。

（平一八厚労令一〇六・追加）

（管理者）

第三十四条の八　指定市町村事務受託法人は、市町村事務受託事務所ごとに管理者を置かなければならない。

（平一八厚労令一〇六・追加、平二四厚労令一一・一部改正）

（身分を証する書類の携行）

第三十四条の九　指定市町村事務受託法人は、市町村事務を行う場合においては、当該職員に身分を証する書類を携行させ、これを提示すべき旨を指導しなければならない。

（平一八厚労令一〇六・追加、平二四厚労令一一・一部改正）

（準用）

第三十四条の十　指定居宅介護支援等の事業の人員及び運営に関する基準（以下「指定居宅介護支援等基準」という。）第十八条、第二十二条第一項及び第二項、第二十四条、第二十七条並びに第二十八条の規定は指定市町村事務受託法人について準用する。この場合において、指定居宅介護支援等基準第十八条、第二十二条第一項及び第二項並びに第二十四条中「指定居宅介護支援事業所」とあるのは「市町村事務受託事務所」と、指定居宅介護支援等基準第十八条中「掲げる事業」とあるのは「掲げる事務」と、「指定居宅介護支援の提供方法、内容及び利用料その他の費用の額」とあるのは「市町村事務の実施方法及び内容」と、指定居宅介護支援等基準第二十二条第一項中「介護支援専門員の勤務の体制その他の利用申込者のサービスの選択に資すると認められる」とあるのは「職員の勤務の体制その他の」と、指定居宅介護支援等基準第二十七条中「利用者に対する指定居宅介護支援の提供により」とあるのは「市町村事務の実施により」と、「市町村、利用者」とあるのは「委託をしている市町村、市町村事務に係る被保険者」と、指定居宅介護支援等基準第二十八条中「事業所ごと」とあるのは「市町村事務受託事務所ごと」と読み替えるものとする。

（平一八厚労令一〇六・追加、平二四厚労令一一・令三厚労令九・令六厚労令一六・一部改正）

（勧誘等の禁止）

第三十四条の十一　要介護認定調査事務に係る指定市町村事務受託法人の役員又は職員は、法第二十四条の二第一項第二号に規定する調査を実施した被保険者に対して特定の居宅サービス事業者等による居宅サービス等を利用すべき旨等の勧誘、指示等を行ってはならない。

（平一八厚労令一〇六・追加）

（苦情処理）

第三十四条の十二　指定市町村事務受託法人は、自ら実施した市町村事務に対する照会等対象者又は市町村事務に係る被保険者若しくはその家族等からの苦情に迅速かつ適切に対応しなければならない。

2　指定市町村事務受託法人は、前項の苦情を受け付けた場合は、当該苦情の内容等を記録しなければならない。

（平一八厚労令一〇六・追加、平二四厚労令一一・一部改正）

（記録の整備）

第三十四条の十三　指定市町村事務受託法人は、職員及び会計に関する諸記録を整備しておかなければならない。

2　指定市町村事務受託法人は、市町村事務の実施に関する次の各号に掲げる記録を整備し、その完結の日から二年間保存しなければならない。

一　実施した市町村事務の内容等の記録

二　前条第二項に規定する苦情の内容等の記録

三　第三十四条の十において準用する指定居宅介護支援等基準第二十七条第二項に規定する事故の状況及び事故に際して採った処置についての記録

（平一八厚労令一〇六・追加、平二四厚労令一一・一部改正）

（指定都道府県事務受託法人の指定の要件）

法律

第二十四条の三　都道府県は、次に掲げる事務の一部を、法人であって厚生労働省令で定める要件に該当し、当該事務を適正に実施することができると認められるものとして都道府県知事が指定するもの（以下「指定都道府県事務受託法人」という。）に委託することができる。

一　第二十四条第一項及び第二項に規定する事務（これらの項の規定による命令及び質問の対象となる者の選定に係るもの並びに当該命令を除く。）

二　その他厚生労働省令で定める事務

2　指定都道府県事務受託法人の役員若しくは職員又はこれらの職にあった者は、正当な理由なしに、当該委託事務に関して知り得た秘密を漏らしてはならない。

3　指定都道府県事務受託法人の役員又は職員で、当該委託事務に従事するものは、刑法その他の罰則の適用については、法令により公務に従事する職員とみなす。

施行令

（指定都道府県事務受託法人の指定）

第十一条の七　指定都道府県事務受託法人の指定は、厚生労働省令で定めるところにより、都道府県事務を受託しようとする者の申請により、都道府県事務を行う事務所（以下「都道府県事務受託事務所」という。）ごとに行う。

2　都道府県知事は、前項の申請があった場合において、次のいずれかに該当するときは、法第二十四条の三第一項の指定をしてはならない。

一　申請者が、厚生労働省令で定める都道府県事務の運営に関する基準に従って適正な都道府県事務の運営をすることができないと認められるとき。

二　申請者が、居宅サービス等を提供しているとき。ただし、厚生労働省令で定める特別の事情があると都道府県知事が認めたときは、この限りでない。

三　申請者が、法及び第三十五条の二各号に掲げる法律の規定により罰金の刑に処せられ、その執行を終わり、又は執行を受けることがなくなるまでの者であるとき。

四　申請者が、第十一条の五第一項又は第十一条の十

施行規則

第三十四条の十四　法第二十四条の三第一項の厚生労働省令で定める要件は、同項第一号に規定する事務（以下「質問等事務」という。）については、次のとおりとする。

一　質問等事務を適確に実施するに足りる経理的及び技術的な基礎を有するものであること。

二　法人の役員又は職員の構成が、質問等事務の公正な実施に支障を及ぼすおそれがないものであること。

三　質問等事務以外の業務を行っている場合には、その業務を行うことによって質問等事務の公正な実施に支障を及ぼすおそれがないものであること。

四　前三号に定めるもののほか、質問等事務を行うにつき十分な適格性を有するものであること。

（平二四厚労令一二・追加）

（指定都道府県事務受託法人に係る指定の申請等）

第三十四条の十五　令第十一条の七第一項の規定に基づき法第二十四条の三第一項に規定する指定都道府県事務受託法人（以下「都道府県事務受託法人」という。）の指定を受けようとする者は、次に掲げる事項を記載した申請書又は書類を、当該指定に係る同項に規定する都道府県事務受託事務所（以下「都道府県事務受託事務所」という。）の所在地の都道府県知事に提出しなければならない。

一　当該指定に係る都道府県事務受託事務所の名称及び所在地

二　申請者の名称及び主たる事務所の所在地並びにその代表者の氏名、生年月日、住所及び職名

三　当該申請に係る都道府県事務（令第十一条の二第二項第七号に規定する都道府県事務をいう。以下同じ。）の種類

四　当該申請に係る都道府県事務の開始の予定年月日

五　申請者の定款、寄附行為等及びその登記事項証明書等

六　都道府県事務受託事務所の平面図

の規定により指定を取り消され、その取消しの日から起算して五年を経過しない者であるとき。

五　申請者が、第十一条の十の規定による指定の取消しの処分に係る行政手続法第十五条の規定による通知があった日から当該処分をする日又は処分をしないことを決定する日までの間に次条の規定による都道府県事務の廃止の届出をした者（当該都道府県事務の廃止について相当の理由がある者を除く。）で、当該届出の日から起算して五年を経過しないものであるとき。

六　申請者が、指定の申請前五年以内に居宅サービス等又は市町村事務若しくは都道府県事務に関し不正又は著しく不当な行為をした者であるとき。

七　申請者の役員等のうちに次のいずれかに該当する者があるとき。

イ　禁錮以上の刑に処せられ、その執行を終わり、又は執行を受けることがなくなるまでの者

ロ　第三号又は前号に該当する者

ハ　第十一条の五第一項又は第十一条の十の規定により指定を取り消された法人において、当該取消しの処分に係る行政手続法第十五条の規定による通知があった日前六十日以内にその役員等であった者で当該取消しの日から起算して五年を経過しないもの

ニ　第五号に規定する期間内に次条の規定による都道府県事務の廃止の届出をした法人（当該都道府県事務の廃止について相当の理由がある法人を除く。）において、同号の通知の日前六十日以内にその役員等であった者で当該届出の日から起算して五年を経過しないもの

（平二三政三七六・追加）

（指定都道府県事務受託法人の名称等の変更の届出等）

第十一条の八　指定都道府県事務受託法人は、当該指定に係る都道府県事務受託事務所の名称及び所在地その他厚生労働省令で定める事項を変更しようとするとき、又は当該都道府県事務を廃止し、休止し、若しく

七　都道府県事務受託事務所の管理者の氏名、生年月日、住所及び経歴

八　都道府県事務に係る居宅サービス等を行った者若しくはこれを使用する者又は介護給付等（法第二十四条第一項に規定する介護給付等をいう。第三十四条の二十において同じ。）を受けた被保険者、被保険者であった者若しくはその家族等からの苦情を処理するために講ずる措置の概要

九　当該申請に係る都道府県事務に係る職員の勤務の体制及び勤務形態

十　当該申請に係る都道府県事務に係る資産の状況

十一　令第十一条の七第二項各号に該当しないことを誓約する書面（次条において「誓約書」という。）

十二　役員の氏名、生年月日及び住所

十三　その他指定に関し必要と認める事項

（平二四厚労令一一・追加、平二七厚労令一二三・平三一厚労令三五・一部改正）

（指定都道府県事務受託法人の名称等の変更の届出等）

第三十四条の十六　指定都道府県事務受託法人は、前条第一項第二号、第五号（当該指定に係る事務に関するものに限る。）から第七号まで及び第十二号に掲げる事項に変更があったときは、当該変更に係る事項につ

法律

4　都道府県は、第一項の規定により事務を委託したときは、厚生労働省令で定めるところにより、その旨を公示しなければならない。

5　第二十四条第三項の規定は、第一項の規定により委託を受けて行う同条第一項及び第二項の規定による質問について準用する。

6　前各項に定めるもののほか、指定都道府県事務受託法人に関し必要な事項は、政令で定める。

（平二三法七二・追加）

（受給権の保護）

第二十五条　保険給付を受ける権利は、譲り渡し、担保に供し、又は差し押さえることができない。

（租税その他の公課の禁止）

第二十六条　租税その他の公課は、保険給付として支給を受けた金品を標準として、課することができない。

施行令

は再開しようとするときは、厚生労働省令で定めるところにより、その三十日前までに、その旨を都道府県知事に届け出なければならない。

（平二三政三七六・追加）

（指定都道府県事務受託法人による報告）

第十一条の九　都道府県知事は、都道府県事務の適正な実施を確保するため必要があると認めるときは、その必要な限度で、指定都道府県事務受託法人に対し、報告を求めることができる。

（平二三政三七六・追加）

（指定都道府県事務受託法人の指定の取消し等）

第十一条の十　都道府県知事は、指定都道府県事務受託法人が次のいずれかに該当するときは、その指定を取り消し、又は期間を定めてその指定の全部若しくは一部の効力を停止することができる。

一　法第二十四条の三第一項に規定する厚生労働省令で定める要件を満たさなくなったとき。

二　指定都道府県事務受託法人が、第十一条の七第二項第三号又は第七号のいずれかに該当するに至ったとき。

三　指定都道府県事務受託法人が、厚生労働省令で定める都道府県事務の運営に関する基準に従って適正な都道府県事務の運営をすることができなくなったとき。

四　指定都道府県事務受託法人が、前条の規定により報告を求められて報告をせず、又は虚偽の報告をしたとき。

五　指定都道府県事務受託法人が、不正の手段により法第二十四条の三第一項の指定を受けたとき（当該指定都道府県事務受託法人が指定市町村事務受託法人の指定を受けている場合にあっては、不正の手段により法第二十四条の二第一項の指定を受けたときを含む。）。

六　前各号に掲げる場合のほか、指定都道府県事務受託法人が、法及び第三十五条の五各号に掲げる法律

施行規則

いて当該指定都道府県事務受託法人の都道府県事務受託事務所の所在地を管轄する都道府県知事に届け出なければならない。この場合において、管理者及び役員の変更に伴うものは、誓約書を添付して行うものとする。

2　都道府県事務の廃止、休止又は再開については、第百三十三条第二項及び第三項（第三号を除く。）の規定を準用する。

（平二四厚労令一一・追加）

（都道府県事務の委託の公示等）

第三十四条の十七　都道府県は、法第二十四条の三第四項の規定により公示するときは、次に掲げる事項について行うものとする。

一　当該委託に係る都道府県事務受託事務所の名称及び所在地

二　委託する指定都道府県事務受託法人の名称及び主たる事務所の所在地並びにその代表者の氏名

三　委託開始の予定年月日

四　委託する都道府県事務の内容

2　都道府県は、法第二十四条の三第一項の委託を終了するときは、次に掲げる項目を公示しなければならない。

一　当該委託に係る都道府県事務受託事務所の名称及び所在地

二　委託している指定都道府県事務受託法人の名称及び主たる事務所の所在地並びにその代表者の氏名

三　委託終了の年月日

四　委託している都道府県事務の内容

（平二四厚労令一一・追加）

（管理者）

第三十四条の十八　指定都道府県事務受託法人は、都道府県事務受託事務所ごとに管理者を置かなければならない。

（平二四厚労令一一・追加）

（身分を証する書類の携行）

第二節　認定

（要介護認定）

第二十七条　要介護認定を受けようとする被保険者は、厚生労働省令で定めるところにより、申請書に被保険者証を添付して市町村に申請をしなければならない。この場合において、当該被保険者は、厚生労働省令で定めるところにより、第四十六条第一項に規定する指定居宅介護支援事業者、地域密着型介護老人福祉施設若しくは介護保険施設であって厚生労働省令で定める

又はこれらの法律に基づく命令若しくは処分に違反したとき。

七　前各号に掲げる場合のほか、指定都道府県事務受託法人が、都道府県事務に関し不正又は著しく不当な行為をしたとき（当該指定都道府県事務受託法人が指定市町村事務受託法人の指定を受けている場合にあっては、市町村事務に関し不正又は著しく不当な行為をしたときを含む。）。

八　指定都道府県事務受託法人の役員等のうちに、指定の取消し又は指定の全部若しくは一部の効力の停止をしようとするとき前五年以内に居宅サービス等又は市町村事務若しくは都道府県事務に関し不正又は著しく不当な行為をした者があるとき。

（平二三政三七六・追加）

（指定都道府県事務受託法人の指定等の公示）

第十一条の十一　都道府県知事は、次に掲げる場合には、その旨を公示しなければならない。

一　法第二十四条の三第一項の指定をしたとき。

二　第十一条の八の規定による届出（同条の厚生労働省令で定める事項の変更並びに同条に規定する都道府県事務の休止及び再開に係るものを除く。）があったとき。

三　前条の規定により法第二十四条の三第一項の指定を取り消し、又は指定の全部若しくは一部の効力を停止したとき。

（平二三政三七六・追加）

第三節　認定

（平一八政一五四・旧第二節繰下）

第三十四条の十九　指定都道府県事務受託法人は、都道府県事務を行う場合においては、当該職員に身分を証する書類を携行させ、これを提示すべき旨を指導しなければならない。

（平二四厚労令一一・追加）

（苦情処理）

第三十四条の二十　指定都道府県事務受託法人は、自ら実施した都道府県事務に対する居宅サービス等を行った者若しくはこれを使用する者又は介護給付等を受けた被保険者、被保険者であった者若しくはその家族等からの苦情に迅速かつ適切に対応しなければならない。

2　指定都道府県事務受託法人は、前項の苦情を受け付けた場合は、当該苦情の内容等を記録しなければならない。

（平二四厚労令一一・追加）

（記録の整備）

第三十四条の二十一　指定都道府県事務受託法人は、職員及び会計に関する諸記録を整備しておかなければならない。

2　指定都道府県事務受託法人は、都道府県事務の実施に関する次の各号に掲げる記録を整備し、その完結の日から二年間保存しなければならない。

一　実施した都道府県事務の内容等の記録

二　前条第二項に規定する苦情の内容等の記録

（平二四厚労令一一・追加）

第二節　認定

（要介護認定の申請等）

第三十五条　法第二十七条第一項の規定により要介護認定（法第十九条第一項に規定する要介護認定をいう。以下同じ。）を受けようとする被保険者は、次に掲げる事項を記載した申請書に被保険者証を添付して、市町村に申請をしなければならない。ただし、当該被保険者が、第二十六条第一項の規定により被保険者証の交付を受けた第二号被保険者以外の第二号被保険者

法律

もの又は第百十五条の四十六第一項に規定する地域包括支援センターに、当該申請に関する手続を代わって行わせることができる。

施行令

施行規則

（以下「被保険者証未交付第二号被保険者」という。）であるときは、当該申請書に被保険者証を添付することを要しない。

一　氏名、性別、生年月日、住所、個人番号及び医療保険被保険者番号等（地域における医療及び介護の総合的な確保の促進に関する法律（平成元年法律第六十四号）第十二条第一項に規定する医療保険被保険者番号等をいう。以下同じ。）（市町村において、医療保険被保険者番号等を公簿等によって確認することができるときは、医療保険被保険者番号等を除く。）

二　現に要支援認定（法第十九条第二項に規定する要支援認定をいう。以下同じ。）を受けている場合には当該要支援認定に係る要支援状態区分及び当該要支援認定に係る第五十二条第一項に規定する要支援認定有効期間（以下この条において「要支援認定有効期間」という。）の満了の日

三　主治の医師があるときは、当該医師の氏名並びに当該医師が現に病院若しくは診療所を開設し、若しくは管理し、又は病院若しくは診療所に勤務するものであるときは当該病院又は診療所の名称及び所在地

四　第二号被保険者であるときは、その者の要介護状態の原因である特定疾病の名称

2　前項の申請に係る被保険者が第二号被保険者であるときは、市町村は、当該第二号被保険者が医療保険加入者であることを確認するものとする。

3　法第二十七条第一項後段の厚生労働省令で定める指定居宅介護支援事業者、地域密着型介護老人福祉施設又は介護保険施設（以下「指定居宅介護支援事業者等」という。）は、次に掲げる要件を満たすものとする。

一　指定居宅介護支援等基準第八条に違反したことがないこと。

二　指定介護老人福祉施設の人員、設備及び運営に関する基準（平成十一年厚生省令第三十九号。以下「指定介護老人福祉施設基準」という。）第六条（指定介護老人福祉施設基準第四十九条において準用する場合を含む。）に違反したことがないこと。

三　介護老人保健施設の人員、施設及び設備並びに運営に関する基準（平成十一年厚生省令第四十号。以下「介護老人保健施設基準」という。）第七条（介護老人保健施設基準第五十条において準用する場合を含む。）に違反したことがないこと。

四　介護医療院の人員、施設及び設備並びに運営に関する基準（平成三十年厚生労働省令第五号。以下「介護医療院基準」という。）第十一条（介護医療院基準第五十四条において準用する場合を含む。）に違反したことがないこと。

五　指定地域密着型サービスの事業の人員、設備及び運営に関する基準（平成十八年厚生労働省令第三十四号。以下「指定地域密着型サービス基準」という。）第三条の十一（指定地域密着型サービス基準第百五十七条及び第百六十九条において準用する場合に限る。）に違反したことがないこと。

4　法第二十七条第一項後段の規定により前項各号に掲げる要件を満たす指定居宅介護支援事業者等又は地域包括支援センター（法第百十五条の四十六第一項の地域包括支援センターをいう。以下同じ。）が第一項の手続を代わって行う場合にあっては、当該指定居宅介護支援事業者等又は地域包括支援センターは、同項に規定する申請書に「提出代行者」と表示し、かつ、指定居宅介護支援事業者、地域密着型介護老人福祉施設若しくは指定介護老人福祉施設、介護老人保健施設、介護医療院又は地域包括支援センターの別及び名称を記載しなければならない。

5　市町村は、被保険者が現に受けている要支援認定に係る要支援認定有効期間の満了の日の六十日前から当該要支援認定有効期間の満了の日までの間において当該被保険者から法第二十七条第一項の規定による要介護認定の申請が行われた場合であって、法第三十五条第一項の規定により通知された認定審査会（法第十五条第一項に規定する認定審査会をいう。以下同じ。）の審査及び判定の結果の通知に基づき法第三十五条第二項の規定により要支援認定を行うときは、当該申請を法第三十三条第二項の規定による要支援更新認定（同項に規定する要支援更新認定をいう。以下同じ。）の申請とみなし、要支援更新認定を行うものとする。

6　市町村は、現に要支援認定を受けている被保険者から法第二十七条第一項の規定による要介護認定の申請が行われ、かつ、法第三十五条第一項の規定により通知された認定審査会の審査及び判定の結果の通知に基づき同条第二項の規定により要支援認定を行うときであって、当該被保険者が現に受けている要支援認定に係る要支援状態区分以外の要支援状態区分に該当するに至ったと認めたときは、当該申請を法第三十三条の二第一項の規定による要支援状態区分の変更の認定の申請とみなし、要支援状態区分の変更の認定を行うものとする。

法律

2　市町村は、前項の申請があったときは、当該職員をして、当該申請に係る被保険者に面接させ、その心身の状況、その置かれている環境その他厚生労働省令で定める事項について調査をさせるものとする。この場合において、市町村は、当該被保険者が遠隔の地に居所を有するときは、当該調査を他の市町村に嘱託することができる。

3　市町村は、第一項の申請があったときは、当該申請に係る被保険者の主治の医師に対し、当該被保険者の身体上又は精神上の障害の原因である疾病又は負傷の状況等につき意見を求めるものとする。ただし、当該被保険者に係る主治の医師がないときその他当該意見を求めることが困難なときは、市町村は、当該被保険者に対して、その指定する医師又は当該職員で医師であるものの診断を受けるべきことを命ずることができる。

4　市町村は、第二項の調査（第二十四条の二第一項第二号の規定により委託された場合にあっては、当該委託に係る調査を含む。）の結果、前項の主治の医師の意見又は指定する医師若しくは当該職員で医師であるものの診断の結果その他厚生労働省令で定める事項を認定審査会に通知し、第一項の申請に係る被保険者について、次の各号に掲げる被保険者の区分に応じ、当該各号に定める事項に関し審査及び判定を求めるものとする。

一　第一号被保険者　要介護状態に該当すること及びその該当する要介護状態区分

二　第二号被保険者　要介護状態に該当すること、その該当する要介護状態区分及びその要介護状態の原因である身体上又は精神上の障害が特定疾病によって生じたものであること。

5　認定審査会は、前項の規定により審査及び判定を求められたときは、厚生労働大臣が定める基準に従い、当該審査及び判定に係る被保険者について、同項各号に規定する事項に関し審査及び判定を行い、その結果を市町村に通知するものとする。この場合において、認定審査会は、必要があると認めるときは、次に掲げる事項について、市町村に意見を述べることができる。

施行令

施行規則

（平一八厚労令三二・平一八厚労令一〇六・平二一厚労令五四・平二三厚労令一〇六・平二四厚労令一〇・平二四厚労令一一・平二四厚労令四五・平二七厚労令四・平二七厚労令一五〇・平三〇厚労令三〇・令二厚労令二〇八・令三厚労令四三・令六厚労令一一九・一部改正）

第三十六条　法第二十七条第二項の厚生労働省令で定める事項は、同条第一項の申請に係る被保険者の病状及び当該者が現に受けている医療の状況とする。

（平一二厚令一二七・一部改正）

第三十七条　法第二十七条第四項の厚生労働省令で定める事項は、第三十五条第一項第一号及び第二号に掲げる事項（個人番号及び医療保険被保険者番号等を除く。）並びに同項の申請に係る被保険者が第二号被保険者である場合にあってはその旨とする。

（平一二厚令一二七・平一八厚労令三二・平二七厚労令一五〇・令三厚労令四三・一部改正）

一　当該被保険者の要介護状態の軽減又は悪化の防止のために必要な療養に関する事項
二　第四十一条第一項に規定する指定居宅サービス、第四十二条の二第一項に規定する指定地域密着型サービス又は第四十八条第一項に規定する指定施設サービス等の適切かつ有効な利用等に関し当該被保険者が留意すべき事項

6　認定審査会は、前項前段の審査及び判定をするに当たって必要があると認めるときは、当該審査及び判定に係る被保険者、その家族、第三項の主治の医師その他の関係者の意見を聴くことができる。

7　市町村は、第五項前段の規定により通知された認定審査会の審査及び判定の結果に基づき、要介護認定をしたときは、その結果を当該要介護認定に係る被保険者に通知しなければならない。この場合において、市町村は、次に掲げる事項を当該被保険者の被保険者証に記載し、これを返付するものとする。
一　該当する要介護状態区分
二　第五項第二号に掲げる事項に係る認定審査会の意見

8　要介護認定は、その申請のあった日にさかのぼってその効力を生ずる。

9　市町村は、第五項前段の規定により通知された認定審査会の審査及び判定の結果に基づき、要介護者に該当しないと認めたときは、理由を付して、その旨を第一項の申請に係る被保険者に通知するとともに、当該被保険者の被保険者証を返付するものとする。

10　市町村は、第一項の申請に係る被保険者が、正当な理由なしに、第二項の規定による調査（第二十四条の二第一項第二号の規定により委託された場合にあっては、当該委託に係る調査を含む。）に応じないとき、又は第三項ただし書の規定による診断命令に従わないときは、第一項の申請を却下することができる。

11　第一項の申請に対する処分は、当該申請のあった日から三十日以内にしなければならない。ただし、当該申請に係る被保険者の心身の状況の調査に日時を要する等特別な理由がある場合には、当該申請のあった日から三十日以内に、当該被保険者に対し、当該申請に対する処分をするためになお要する期間（次項において「処理見込期間」という。）及びその理由を通知し、これを延期することができる。

12　第一項の申請をした日から三十日以内に当該申請に対する処分がされないとき、若しくは前項ただし書の通知がないとき、又は処理

法律

見込期間が経過した日までに当該申請に対する処分がされないときは、当該申請に係る被保険者は、市町村が当該申請を却下したものとみなすことができる。

（平一一法一六〇・平一七法七七・平二〇法四二・平二三法七二・一部改正）

（要介護認定の更新）

第二十八条　要介護認定は、要介護状態区分に応じて厚生労働省令で定める期間（以下この条において「有効期間」という。）内に限り、その効力を有する。

2　要介護認定を受けた被保険者は、有効期間の満了後においても要介護状態に該当すると見込まれるときは、厚生労働省令で定めるところにより、市町村に対し、当該要介護認定の更新（以下「要介護更新認定」という。）の申請をすることができる。

3　前項の申請をすることができる被保険者が、災害その他やむを得ない理由により当該申請に係る要介護認定の有効期間の満了前に当該申請をすることができなかったときは、当該被保険者は、その理由のやんだ日から一月以内に限り、要介護更新認定の申請をすることができる。

4　前条（第八項を除く。）の規定は、前二項の申請及び当該申請に係る要介護更新認定について準用する。この場合において、同条の規定に関し必要な技術的読替えは、政令で定める。

施行令

施行規則

（要介護認定等の要介護認定有効期間）

第三十八条　法第二十八条第一項の厚生労働省令で定める期間（以下「要介護認定有効期間」という。）は、第一号に掲げる期間と第二号に掲げる期間を合算して得た期間とする。

一　要介護認定が効力を生じた日から当該日が属する月の末日までの期間

二　六月間（市町村が認定審査会の意見に基づき特に必要と認める場合にあっては、三月間から十二月間までの範囲内で月を単位として市町村が定める期間（六月間を除く。））

2　要介護認定が効力を生じた日が月の初日である場合にあっては、前項の規定にかかわらず、同項第二号の期間を要介護認定有効期間とする。

3　要支援更新認定の申請であって法第三十五条第四項の規定により法第二十七条第一項の申請としてみなされたものに係る要介護認定を行う場合について法第二十八条第一項の規定を適用する場合においては、第一項第二号中「六月間」とあるのは「十二月間」と、「十二月間」とあるのは「三十六月間」と読み替えるものとする。

（平一二厚令一二七・平二三厚労令一二〇・平二四厚労令四五・平二七厚労令五七・平三〇厚労令三〇・一部改正）

（要介護更新認定の申請期間）

第三十九条　要介護更新認定（法第二十八条第二項に規定する要介護更新認定をいう。以下同じ。）の申請は、当該要介護認定の要介護認定有効期間の満了の日の六十日前から当該要介護認定有効期間の満了の日までの間において行うものとする。ただし、同条第三項の規定により申請を行う場合にあっては、この限りでない。

（要介護更新認定の申請等）

第四十条　法第二十八条第二項の規定により要介護更新認定を受けようとする被保険者は、次に掲げる事項を記載した申請書に被保険者証を添付して、市町村に申請をしなければならない。

一　当該申請に係る被保険者の氏名、性別、生年月日、住所、個人番号及び医療保険被保険者番号等（市町村において、医療保険被

5　市町村は、前項において準用する前条第二項の調査を第四十六条第一項に規定する指定居宅介護支援事業者、地域密着型介護老人福祉施設、介護保険施設その他の厚生労働省令で定める事業者若しくは施設（以下この条において「指定居宅介護支援事業者等」という。）又は介護支援専門員であって厚生労働省令で定めるものに委託することができる。

6　前項の規定により委託を受けた指定居宅介護支援事業者等は、介護支援専門員その他厚生労働省令で定める者に当該委託に係る調査を行わせるものとする。

7　第五項の規定により委託を受けた指定居宅介護支援事業者等（その者が法人である場合にあっては、その役員。次項において同じ。）若しくはその職員（前項の介護支援専門員その他厚生労働省令で定める者を含む。次項において同じ。）若しくは介護支援専門員又はこれらの職にあった者は、正当な理由なしに、当該委託業務に関して知り得た個人の秘密を漏らしてはならない。

8　第五項の規定により委託を受けた指定居宅介護支援事業者等若しくはその職員又は介護支援専門員で、当該委託業務に従事するものは、刑法その他の罰則の適用については、法令により公務に従事する職員とみなす。

保険者番号等を公簿等によって確認することができるときは、医療保険被保険者番号等を除く。）

二　当該被保険者が現に受けている要介護認定に係る要介護状態区分及び要介護認定有効期間の満了の日（当該被保険者が法第二十八条第三項の規定により申請を行う場合にあっては、当該被保険者が当該申請の直前に受けていた要介護認定に係る要介護状態区分及び要介護認定有効期間の満了の日とする。）

三　当該申請に係る被保険者に主治の医師があるときは、当該医師の氏名並びにその者が現に病院若しくは診療所を開設し、若しくは管理し、又は病院若しくは診療所に勤務するものであるときは当該病院又は診療所の名称及び所在地

四　当該申請に係る被保険者が第二号被保険者であるときは、その者の要介護状態の原因である特定疾病の名称

2　前項の申請に係る被保険者が第二号被保険者であるときは、市町村は、当該第二号被保険者が医療保険加入者であることを確認するものとする。

3　第三十五条第三項及び第四項の規定は、法第二十八条第二項の規定による要介護更新認定の申請について準用する。

4　法第二十八条第五項の厚生労働省令で定める事業者又は施設は、次のとおりとする。

一　指定居宅介護支援事業者

二　地域密着型介護老人福祉施設

三　介護保険施設

四　地域包括支援センター

5　法第二十八条第五項の厚生労働省令で定める事業者若しくは施設又は介護支援専門員は、指定居宅介護支援事業者等若しくは地域包括支援センター又は介護支援専門員であって、次に掲げる要件を満たすものとする。

一　指定居宅介護支援等基準第二十五条に違反したことがないこと。

二　指定介護老人福祉施設基準第三十二条（指定介護老人福祉施設基準第四十九条において準用する場合を含む。）に違反したことがないこと。

三　介護老人保健施設基準第三十三条（介護老人保健施設基準第五十条において準用する場合を含む。）に違反したことがないこと。

四　介護医療院基準第三十七条（介護医療院基準第五十四条において準用する場合を含む。）に違反したことがないこと。

法律

9　第三項の申請に係る要介護更新認定は、当該申請に係る要介護認定の有効期間の満了日の翌日にさかのぼってその効力を生ずる。

10　第一項の規定は、要介護更新認定について準用する。この場合において、同項中「厚生労働省令で定める期間」とあるのは、「有効期間の満了日の翌日から厚生労働省令で定める期間」と読み替えるものとする。

（平一一法一六〇・平一七法七七・一部改正）

（要介護状態区分の変更の認定）

第二十九条　要介護認定を受けた被保険者は、その介護の必要の程度が現に受けている要介護認定に係る要介護状態区分以外の要介護状態区分に該当すると認めるときは、厚生労働省令で定めるところにより、市町村

施行令

施行規則

五　指定地域密着型サービス基準第百五十四条（指定地域密着型サービス基準第百六十九条において準用する場合を含む。）に違反したことがないこと。

六　法第六十九条の三十四第一項及び第二項に違反したことがないこと。

（平一八厚労令三二・平二三厚労令一〇六・平二四厚労令一〇・平二七厚労令五七・平二七厚労令一五〇・平三〇厚労令三〇・令三厚労令四三・令六厚労令一一九・一部改正）

第四十一条　第三十六条の規定は、法第二十八条第四項において準用する法第二十七条第二項の規定による調査について、第三十七条の規定は、法第二十八条第四項において準用する法第二十七条第四項の規定による認定審査会に対する通知について準用する。この場合において、第三十七条中「第三十五条第一項第一号及び第二号」とあるのは、「第四十条第一項第一号及び第二号」と読み替えるものとする。

2　第三十八条の規定は、法第二十八条第十項において同条第一項の規定を準用する場合について準用する。この場合において、第三十八条第一項第二号中「六月間」とあるのは「十二月間」と、「十二月間」とあるのは「三十六月間（要介護更新認定に係る要介護状態区分が現に受けている要介護認定に係る要介護状態区分（当該被保険者が法第二十八条第三項の規定により申請を行う場合にあっては、当該被保険者が当該申請の直前に受けていた要介護認定に係る要介護状態区分）と同一である場合にあっては、四十八月間）」と読み替えるものとする。

（平一六厚労令五〇・平一八厚労令三二・平二三厚労令二〇・平二四厚労令四五・平三〇厚労令三〇・令三厚労令四三・一部改正）

（要介護状態区分の変更の認定の申請等）

第四十二条　法第二十九条第一項の規定により要介護状態区分の変更の認定を受けようとする被保険者は、次に掲げる事項を記載した申請書に被保険者証を添付して、市町村に申請をしなければならない。

に対し、要介護状態区分の変更の認定の申請をすることができる。

2　第二十七条及び前条第五項から第八項までの規定は、前項の申請及び当該申請に係る要介護状態区分の変更の認定について準用する。この場合において、これらの規定に関し必要な技術的読替えは、政令で定める。

（平一一法一六〇・平一七法七七・一部改正）

（要介護状態区分の変更の認定に関する読替え）

第十一条の十二　法第二十九条第二項の規定による技術的読替えは、次の表のとおりとする。

法の規定中読み替える規定	読み替えられる字句	読み替える字句
第二十七条第二項	前項	第二十九条第二項において準用する前項
第二十七条第三項	第一項	第二十九条第二項において準用する第一項
第二十七条第四項	第二項	第二十九条第二項において準用する第二項
	前項	第二十九条第二項において準用する前項
	、第一項	、第二十九条第二項において準用する第一項
	要介護状態に該当	現に受けている要介護認定に係る要介護状態区分以外の要介護状態区分に該当
第二十七条第五項	前項	第二十九条第二項において準用する前項
第二十七条第六項	前項	第二十九条第二項において準用する前項
	第三項	第二十九条第二項において準用する第三項
第二十七条第七項	第五項	第二十九条第二項において準用する第五項

一　氏名、性別、生年月日、住所、個人番号及び医療保険被保険者番号等（市町村において、医療保険被保険者番号等を公簿等によって確認することができるときは、医療保険被保険者番号等を除く。）

二　心身の状況の変化その他の当該申請を行う原因となった事由

三　現に受けている要介護認定に係る要介護状態区分及び要介護認定有効期間の満了の日

四　主治の医師があるときは、当該医師の氏名並びにその者が現に病院若しくは診療所を開設し、若しくは管理し、又は病院若しくは診療所に勤務するものであるときは当該病院又は診療所の名称及び所在地

五　第二号被保険者であるときは、その者の要介護状態の原因である特定疾病の名称

2　前項の申請に係る被保険者が第二号被保険者であるときは、市町村は、当該第二号被保険者が医療保険加入者であることを確認するものとする。

3　第三十五条第三項及び第四項の規定は法第二十九条第一項の規定による要介護状態区分の変更の認定の申請について、第四十条第四項及び第五項の規定は法第二十九条第二項において準用する法第二十八条第五項の調査の委託について準用する。

4　市町村は、被保険者が現に受けている要介護認定に係る要介護認定有効期間の満了の日の六十日前から当該要介護認定有効期間の満了の日までの間において当該被保険者から法第二十九条第一項の規定による要介護状態区分の変更の認定の申請が行われた場合であって、同条第二項において準用する法第二十七条第五項前段の規定により通知された認定審査会の審査及び判定の結果の通知に基づき要介護状態区分の変更を必要ないものと認めたときは、当該申請を法第二十八条第二項の規定による要介護更新認定の申請とみなし、要介護更新認定を行うものとする。

（平一八厚労令三二・平二七厚労令一五〇・令三厚労令四三・令六厚労令一一九・一部改正）

第四十三条　第三十六条の規定は、法第二十九条第二項において準用する法第二十七条第二項の規定による調

法律

第三十条　市町村は、要介護認定を受けた被保険者について、その介護の必要の程度が低下したことにより当該要介護認定に係る要介護状態区分以外の要介護状態区分に該当するに至ったと認めるときは、要介護状態区分の変更の認定をすることができる。この場合において、市町村は、厚生労働省令で定めるところにより、当該変更の認定に係る被保険者に対しその被保険者証の提出を求め、これに当該変更の認定に係る要介護状態区分及び次項において準用する第二十七条第五項後段の規定による認定審査会の意見（同項第二号に掲げる事項に係るものに限る。）を記載し、これを返付するものとする。

施行令

第二十七条第九項	第五項	第二十九条第二項において準用する第五項
	要介護者	要介護者又は要介護状態区分の変更を認定すべき者
	第一項	第二十九条第二項において準用する第一項
第二十七条第十項	、第一項	、第二十九条第二項において準用する第一項
	第二項	第二十九条第二項において準用する第二項
	第三項	第二十九条第二項において準用する第三項
第二十七条第十一項	第一項	第二十九条第二項において準用する第一項
	次項	第二十九条第二項において準用する次項
第二十七条第十二項	第一項	第二十九条第二項において準用する第一項
	前項	第二十九条第二項において準用する前項
第二十八条第五項	前項において準用する前条第二項の	要介護状態区分の変更の認定に係る
第二十八条第	前項	第二十九条第二項に

施行規則

査について、第三十七条の規定は、法第二十九条第二項において準用する法第二十七条第四項の規定による認定審査会に対する通知について準用する。この場合において、第三十七条中「第三十五条第一項第一号及び第二号」とあるのは、「第四十二条第一項第一号から第三号まで」と読み替えるものとする。

（平一八厚労令三二・一部改正）

（市町村の職権により要介護状態区分の変更の認定を行う場合の手続）

第四十四条　市町村は、法第三十条第一項の規定により要介護状態区分の変更の認定を行おうとするときは、次の事項を書面により被保険者に通知し、被保険者証の提出を求めるものとする。

一　法第三十条第一項の規定により要介護状態区分の変更の認定を行う旨
二　被保険者証を提出する必要がある旨
三　被保険者証の提出先及び提出期限

2　前項の被保険者の被保険者証が既に市町村に提出されているときは、市町村は、同項の規定にかかわらず、同項の通知に同項第二号及び第三号に掲げる事項を記載することを要しない。

3　第四十条第四項及び第五項の規定は、法第三十条第二項において準用する法第二十八条第五項の調査の委託について準用する。

（平一八厚労令三二・一部改正）

2　第二十七条第二項から第六項まで及び第七項前段並びに第二十八条第五項から第八項までの規定は、前項の要介護状態区分の変更の認定について準用する。この場合において、これらの規定に関し必要な技術的読替えは、政令で定める。

（平一一法一六〇・平一七法七七・一部改正）

（要介護認定の取消し）

第三十一条　市町村は、要介護認定を受けた被保険者が次の各号のいずれかに該当するときは、当該要介護認定を取り消すことができる。この場合において、市町

六項		おいて準用する前項
第二十八条第七項	第五項	第二十九条第二項において準用する第五項
	次項	第二十九条第二項において準用する次項
	前項	第二十九条第二項において準用する前項
第二十八条第八項	第五項	第二十九条第二項において準用する第五項

（平一八政一五四・追加、平二三政三七六・旧第十一条の七繰下）

第十二条　法第三十条第二項の規定による技術的読替えは、次の表のとおりとする。

法の規定中読み替える規定	読み替えられる字句	読み替える字句
第二十七条第二項	前項の申請があった	第三十条第一項の要介護状態区分の変更の認定のために必要があると認める
	当該申請	当該認定
第二十七条第三項	第一項の申請があった	第三十条第一項の要介護状態区分の変更の認定のために必要があると認める
	当該申請	当該認定
第二十七条第四項	第二項	第三十条第二項において準用する第二項
	前項	第三十条第二項において準用する前項
	第一項の申請	第三十条第一項の要介護状態区分の変更

（法第三十条第二項において準用する法第二十七条第二項の厚生労働省令で定める事項）

第四十五条　法第三十条第二項において準用する法第二十七条第二項の厚生労働省令で定める事項は、法第三十条第一項の規定による要介護状態区分の変更の認定に係る被保険者の病状及び当該者が現に受けている医療の状況とする。

（平一二厚令一二七・平一八厚労令三二・一部改正）

（法第三十条第二項において準用する法第二十七条第四項の厚生労働省令で定める事項）

第四十六条　法第三十条第二項において準用する法第二十七条第四項の厚生労働省令で定める事項は、次のとおりとする。

一　氏名、性別、生年月日及び住所

二　現に受けている要介護認定に係る要介護状態区分及び要介護認定有効期間の満了の日

三　第二号被保険者である場合にあってはその旨

（平一二厚令一二七・平一八厚労令三二・一部改正）

（要介護認定の取消しを行う場合の手続等）

第四十七条　市町村は、法第三十一条第一項の規定により要介護認定の取消しを行おうとするときは、次の事項を書面により被保険者に通知し、被保険者証の提出

法律

村は、厚生労働省令で定めるところにより、当該取消しに係る被保険者に対しその被保険者証の提出を求め、第二十七条第七項各号に掲げる事項の記載を消除し、これを返付するものとする。

一　要介護者に該当しなくなったと認めるとき。

二　正当な理由なしに、前条第二項若しくは次項において準用する第二十七条第二項の規定による調査（第二十四条の二第一項第二号又は前条第二項若しくは次項において準用する第二十八条第五項の規定により委託された場合にあっては、当該委託に係る調査を含む。）に応じないとき、又は前条第二項若しくは次項において準用する第二十七条第三項ただし書の規定による診断命令に従わないとき。

2　第二十七条第二項から第四項まで、第五項前段、第六項及び第七項前段並びに第二十八条第五項から第八項までの規定は、前項第一号の規定による要介護認定の取消しについて準用する。この場合において、これらの規定に関し必要な技術的読替えは、政令で定め

施行令

		の認定
	要介護状態に該当	現に受けている要介護認定に係る要介護状態区分以外の要介護状態区分に該当
第二十七条第五項	前項	第三十条第二項において準用する前項
第二十七条第六項	前項	第三十条第二項において準用する前項
	第三項	第三十条第二項において準用する第三項
第二十七条第七項前段	第五項	第三十条第二項において準用する第五項
第二十八条第五項	前項において準用する前条第二項の	要介護状態区分の変更の認定に係る
第二十八条第六項	前項	第三十条第二項において準用する前項
第二十八条第七項	第五項	第三十条第二項において準用する第五項
	次項	第三十条第二項において準用する次項
	前項	第三十条第二項において準用する前項
第二十八条第八項	第五項	第三十条第二項において準用する第五項

（平一八政一五四・一部改正）

（要介護認定の取消しに関する読替え）

第十三条　法第三十一条第二項の規定による技術的読替えは、次の表のとおりとする。

法の規定中読み替える規定	読み替えられる字句	読み替える字句

施行規則

を求めるものとする。

一　法第三十一条第一項の規定により要介護認定の取消しを行う旨

二　被保険者証を提出する必要がある旨

三　被保険者証の提出先及び提出期限

2　前項の被保険者の被保険者証が既に市町村に提出されているときは、市町村は、同項の規定にかかわらず、同項の通知に同項第二号及び第三号に掲げる事項を記載することを要しない。

3　第四十条第四項及び第五項の規定は、法第三十一条第二項において準用する法第二十八条第五項の調査の委託について準用する。

（平一八厚労令三二・一部改正）

第四十八条　第四十五条の規定は、法第三十一条第二項

る。

（平一一法一六〇・平一七法七七・一部改正）

（要支援認定）

第三十二条　要支援認定を受けようとする被保険者は、厚生労働省令で定めるところにより、申請書に被保険者証を添付して市町村に申請をしなければならない。この場合において、当該被保険者は、厚生労働省令で定めるところにより、第四十六条第一項に規定する指定居宅介護支援事業者、地域密着型介護老人福祉施設若しくは介護保険施設であって厚生労働省令で定めるもの又は第百十五条の四十六第一項に規定する地域包括支援センターに、当該申請に関する手続を代わって行わせることができる。

み替える規定	字句	
第二十七条第二項	前項の申請があった	第三十一条第一項の要介護認定の取消しのために必要があると認める
	当該申請	当該取消し
第二十七条第三項	第一項の申請があった	第三十一条第一項の要介護認定の取消しのために必要があると認める
	当該申請	当該取消し
第二十七条第四項	第二項	第三十一条第二項において準用する第二項
	前項	第三十一条第二項において準用する前項
	第一項の申請	第三十一条第一項の要介護認定の取消し
	要介護状態に該当すること及びその該当する要介護状態区分	要介護状態に該当しなくなったこと
	要介護状態に該当すること、その該当する要介護状態区分及びその要介護状態の原因である身体上又は精神上の障害が特定疾病によって生じたものであること。	要介護状態に該当しなくなったこと。

において準用する法第二十七条第二項の規定による調査について、第四十六条の規定は、法第三十一条第二項において準用する法第二十七条第四項の規定による認定審査会に対する通知について準用する。この場合において、第四十五条中「法第三十条第一項の規定による要介護状態区分の変更の認定」とあるのは、「法第三十一条第一項の規定による要介護認定の取消し」と読み替えるものとする。

（平一八厚労令三二・一部改正）

（要支援認定の申請等）

第四十九条　法第三十二条第一項の規定により要支援認定を受けようとする被保険者は、次に掲げる事項を記載した申請書に被保険者証を添付して、市町村に申請をしなければならない。ただし、当該被保険者が、被保険者証未交付第二号被保険者であるときは、当該申請書に被保険者証を添付することを要しない。

一　氏名、性別、生年月日、住所、個人番号及び医療保険被保険者番号等（市町村において、医療保険被保険者番号等を公簿等によって確認することができるときは、医療保険被保険者番号等を除く。）

二　主治の医師があるときは、当該医師の氏名並びにその者が現に病院若しくは診療所を開設し、若しくは管理し、又は病院若しくは診療所に勤務するものであるときは当該病院又は診療所の名称及び所在地

三　第二号被保険者であるときは、その者の要支援状態の原因である特定疾病の名称

2　前項の申請に係る被保険者が第二号被保険者であるときは、市町村は、当該第二号被保険者が医療保険加入者であることを確認するものとする。

3　法第三十二条第一項後段の厚生労働省令で定める指定居宅介護支援事業者、地域密着型介護老人福祉施設又は介護保険施設については、第三十五条第三項の規定を準用する。

4　法第三十二条第一項後段の規定により前項の規定において準用する第三十五条第三項各号に掲げる要件を満たす指定居宅介護支援事業者等又は地域包括支援センターが第一項の手続を代わって行う場合にあって

法律

2　第二十七条第二項及び第三項の規定は、前項の申請に係る調査並びに同項の申請に係る被保険者の主治の医師の意見及び当該被保険者に対する診断命令について準用する。

3　市町村は、前項において準用する第二十七条第二項

施行令

第二十七条第五項前段	前項	第三十一条第二項において準用する前項
第二十七条第六項	前項	第三十一条第二項において準用する前項
	第三項	第三十一条第二項において準用する第三項
第二十七条第七項前段	第五項	第三十一条第二項において準用する第五項
第二十八条第五項	前項において準用する前条第二項の	要介護認定の取消しに係る
第二十八条第六項	前項	第三十一条第二項において準用する前項
第二十八条第七項	第五項	第三十一条第二項において準用する第五項
	次項	第三十一条第二項において準用する次項
	前項	第三十一条第二項において準用する前項
第二十八条第八項	第五項	第三十一条第二項において準用する第五項

（平一八政一五四・一部改正）

施行規則

は、当該指定居宅介護支援事業者等又は地域包括支援センターは、同項に規定する申請書に「提出代行者」と表示し、かつ、指定居宅介護支援事業者、地域密着型介護老人福祉施設若しくは指定介護老人福祉施設、介護老人保健施設、介護医療院又は地域包括支援センターの別及び名称を記載しなければならない。

5　市町村は、被保険者が現に受けている要介護認定に係る要介護認定有効期間の満了の日の六十日前から当該要介護認定有効期間の満了の日までの間において当該被保険者から法第三十二条第一項の規定による要支援認定の申請が行われた場合であって、法第三十五条第三項の規定により通知された認定審査会の審査及び判定の結果の通知に基づき同条第四項の規定により要介護認定を行うときは、当該申請を法第二十八条第二項の規定による要介護更新認定の申請とみなし、要介護更新認定を行うものとする。

6　市町村は、現に要介護認定を受けている被保険者から法第三十二条第一項の規定による要支援認定の申請が行われ、かつ、法第三十五条第三項の規定により通知された認定審査会の審査及び判定の結果の通知に基づき同条第四項の規定により要介護認定を行うときであって、当該被保険者が現に受けている要介護認定に係る要介護状態区分以外の要介護状態区分に該当するに至ったと認めたときは、当該申請を法第二十九条第一項の規定による要介護状態区分の変更の認定の申請とみなし、要介護状態区分の変更の認定を行うものとする。

（平一八厚労令三二・平二四厚労令一〇・平二七厚労令一五〇・平三〇厚労令三〇・令二厚労令一〇八・令三厚労令四三・令六厚労令一一九・一部改正）

第五十条　第三十六条の規定は、法第三十二条第二項において準用する法第二十七条第二項の規定による調査について準用する。

第五十一条　法第三十二条第三項の厚生労働省令で定め

の調査（第二十四条の二第一項第二号の規定により委託された場合にあっては、当該委託に係る調査を含む。）の結果、前項において準用する第二十七条第三項の主治の医師の意見又は指定する医師若しくは当該職員で医師であるものの診断の結果その他厚生労働省令で定める事項を認定審査会に通知し、第一項の申請に係る被保険者について、次の各号に掲げる被保険者の区分に応じ、当該各号に定める事項に関し審査及び判定を求めるものとする。

一　第一号被保険者　要支援状態に該当すること及びその該当する要支援状態区分

二　第二号被保険者　要支援状態に該当すること、その該当する要支援状態区分及びその要支援状態の原因である身体上又は精神上の障害が特定疾病によって生じたものであること。

4　認定審査会は、前項の規定により審査及び判定を求められたときは、厚生労働大臣が定める基準に従い、当該審査及び判定に係る被保険者について、同項各号に規定する事項に関し審査及び判定を行い、その結果を市町村に通知するものとする。この場合において、認定審査会は、必要があると認めるときは、次に掲げる事項について、市町村に意見を述べることができる。

一　当該被保険者の要支援状態の軽減又は悪化の防止のために必要な療養及び家事に係る援助に関する事項

二　第五十三条第一項に規定する指定介護予防サービス若しくは第五十四条の二第一項に規定する指定地域密着型介護予防サービス又は特定介護予防・日常生活支援総合事業の適切かつ有効な利用等に関し当該被保険者が留意すべき事項

5　第二十七条第六項の規定は、前項前段の審査及び判定について準用する。

6　市町村は、第四項前段の規定により通知された認定審査会の審査及び判定の結果に基づき、要支援認定をしたときは、その結果を当該要支援認定に係る被保険者に通知しなければならない。この場合において、市

る事項は、第四十九条第一項第一号に掲げる事項（個人番号及び医療保険被保険者番号等を除く。）及び同項の申請に係る被保険者が第二号被保険者である場合にあってはその旨とする。

（平一二厚令一二七・平二七厚労令一五〇・令三厚労令四三・一部改正）

法律

町村は、次に掲げる事項を当該被保険者の被保険者証に記載し、これを返付するものとする。
一　該当する要支援状態区分
二　第四項第二号に掲げる事項に係る認定審査会の意見
7　要支援認定は、その申請のあった日にさかのぼってその効力を生ずる。
8　市町村は、第四項前段の規定により通知された認定審査会の審査及び判定の結果に基づき、要支援者に該当しないと認めたときは、理由を付して、その旨を第一項の申請に係る被保険者に通知するとともに、当該被保険者の被保険者証を返付するものとする。
9　第二十七条第十項から第十二項までの規定は、第一項の申請及び当該申請に対する処分について準用する。
（平一一法一六〇・平一七法七七・平二〇法四二・平二三法七二・平二六法八三・一部改正）

（要支援認定の更新）
第三十三条　要支援認定は、要支援状態区分に応じて厚生労働省令で定める期間（以下この条において「有効期間」という。）内に限り、その効力を有する。

施行令

施行規則

（要支援認定の要支援認定有効期間）
第五十二条　法第三十三条第一項の厚生労働省令で定める期間（以下「要支援認定有効期間」という。）は、第一号に掲げる期間と第二号に掲げる期間を合算して得た期間とする。
一　要支援認定が効力を生じた日から当該日が属する月の末日までの期間
二　六月間（市町村が認定審査会の意見に基づき特に必要と認める場合にあっては、三月間から十二月間までの範囲内で月を単位として市町村が定める期間（六月間を除く。））
2　要支援認定が効力を生じた日が月の初日である場合にあっては、前項の規定にかかわらず、同項第二号の期間を要支援認定有効期間とする。
3　要介護更新認定の申請であって法第三十五条第二項の規定により法第三十二条第一項の申請としてみなされたものに係る要支援認定を行う場合について法第三十三条第一項の規定を適用する場合においては、第一項第二号中「六月間」とあるのは「十二月間」と、「十二月間」とあるのは「三十六月間」と読み替えるものとする。
（平一二厚令一二七・平二三厚労令二〇・平二四厚労令四五・平二七厚労令五七・平三〇厚労令三〇・一部改正）

（要支援更新認定の申請期間）
第五十三条　要支援更新認定の申請は、当該要支援認定の要支援認定

2　要支援認定を受けた被保険者は、有効期間の満了後においても要支援状態に該当すると見込まれるときは、厚生労働省令で定めるところにより、市町村に対し、当該要支援認定の更新（以下「要支援更新認定」という。）の申請をすることができる。

3　前項の申請をすることができる被保険者が、災害その他やむを得ない理由により当該申請に係る要支援認定の有効期間の満了前に当該申請をすることができなかったときは、当該被保険者は、その理由のやんだ日から一月以内に限り、要支援更新認定の申請をすることができる。

4　前条（第七項を除く。）及び第二十八条第五項から第八項までの規定は、前二項の申請及び当該申請に係る要支援更新認定について準用する。この場合において、これらの規定に関し必要な技術的読替えは、政令で定める。

5　第三項の申請に係る要支援更新認定は、当該申請に係る要支援認

有効期間の満了の日の六十日前から当該要支援認定有効期間の満了の日までの間において行うものとする。ただし、同条第三項の規定により申請を行う場合にあっては、この限りでない。

（平二三厚労令二〇・一部改正）

（要支援更新認定の申請等）

第五十四条　法第三十三条第二項の規定により要支援更新認定を受けようとする被保険者は、次に掲げる事項を記載した申請書に被保険者証を添付して、市町村に申請をしなければならない。

一　氏名、性別、生年月日、住所、個人番号及び医療保険被保険者番号等（市町村において、医療保険被保険者番号等を公簿等によって確認することができるときは、医療保険被保険者番号等を除く。）

二　現に受けている要支援認定に係る要支援状態区分及び要支援認定有効期間（当該被保険者が法第三十三条第三項の規定により申請を行う場合にあっては、当該被保険者が当該申請の直前に受けていた要支援認定に係る要支援状態区分及び要支援認定有効期間とする。）の満了の日

三　主治の医師があるときは、当該医師の氏名及び当該医師が現に病院若しくは診療所を開設し、若しくは管理し、又は病院若しくは診療所に勤務するものであるときは当該病院又は診療所の名称及び所在地

四　第二号被保険者であるときは、その者の要支援状態の原因である特定疾病の名称

2　前項の申請に係る被保険者が第二号被保険者であるときは、市町村は、当該第二号被保険者が医療保険加入者であることを確認するものとする。

3　第四十九条第三項の規定は、法第三十三条第二項の規定による要支援更新認定の申請について準用する。

4　第四十条第四項及び第五項の規定は、法第三十三条第四項において準用する法第二十八条第五項の調査の委託について準用する。

（平一八厚労令三二・平二七厚労令一五〇・令三厚労令四三・令六厚労令一一九・一部改正）

第五十五条　第五十条の規定は、法第三十三条第四項において準用する法第三十二条第二項において準用する法第二十七条第二項の規定による調査について、第五十一条の規定は、法第三十三条第四項において準用する法第三十二条第三項の規定による認定審査会に対する通知について準用する。この場合において、第五十一条中「第四

法律

定の有効期間の満了日の翌日にさかのぼってその効力を生ずる。

6　第一項の規定は、要支援更新認定について準用する。この場合において、同項中「厚生労働省令で定める期間」とあるのは、「有効期間の満了日の翌日から厚生労働省令で定める期間」と読み替えるものとする。

（平一一法一六〇・平一七法七七・一部改正）

（要支援状態区分の変更の認定）

第三十三条の二　要支援認定を受けた被保険者は、その支援の必要の程度が現に受けている要支援認定に係る要支援状態区分以外の要支援状態区分に該当すると認めるときは、厚生労働省令で定めるところにより、市町村に対し、要支援状態区分の変更の認定の申請をすることができる。

施行令

施行規則

十九条第一項第一号」とあるのは、「第五十四条第一項第一号」と読み替えるものとする。

2　第五十二条の規定は、法第三十三条第六項において同条第一項の規定を準用する場合について準用する。この場合において、第五十二条第一項第二号中「六月間」とあるのは「十二月間」と、「十二月間」とあるのは「三十六月間（要支援更新認定に係る要支援状態区分が現に受けている要支援認定に係る要支援状態区分（当該被保険者が法第三十三条第三項の規定により申請を行う場合にあっては、当該被保険者が当該申請の直前に受けていた要支援認定に係る要支援状態区分）と同一である場合にあっては、四十八月間）」と読み替えるものとする。

（平一六厚労令五〇・平二三厚労令二〇・平二四厚労令四五・平二七厚労令五七・平三〇厚労令三〇・令三厚労令四三・一部改正）

（要支援状態区分の変更の認定の申請等）

第五十五条の二　法第三十三条の二第一項の規定により要支援状態区分の変更の認定を受けようとする被保険者は、次に掲げる事項を記載した申請書に被保険者証を添付して、市町村に申請をしなければならない。

一　氏名、性別、生年月日、住所、個人番号及び医療保険被保険者番号等（市町村において、医療保険被保険者番号等を公簿等によって確認することができるときは、医療保険被保険者番号等を除く。）

二　心身の状況の変化その他の当該申請を行う原因となった事由

三　現に受けている要支援認定に係る要支援状態区分及び要支援認定有効期間の満了の日

四　主治の医師があるときは、当該医師の氏名並びにその者が現に病院若しくは診療所を開設し、若しくは管理し、又は病院若しくは診療所に勤務するものであるときは当該病院又は診療所の名称及び所在地

五　第二号被保険者であるときは、その者の要支援状態の原因である特定疾病の名称

2　第二十八条第五項から第八項まで及び第三十二条の規定は、前項の申請及び当該申請に係る要支援状態区分の変更について準用する。この場合において、これらの規定に関し必要な技術的読替えは、政令で定める。

（平一七法七七・追加）

第三十三条の三　市町村は、要支援認定を受けた被保険者について、その支援の必要の程度が低下したことにより当該要支援認定に係る要支援状態区分以外の要支援状態区分に該当するに至ったと認めるときは、要支援状態区分の変更の認定をすることができる。この場合において、市町村は、厚生労働省令で定めるところ

（要支援状態区分の変更の認定に関する読替え）

第十三条の二　法第三十三条の二第二項の規定による技術的読替えは、次の表のとおりとする。

法の規定中読み替える規定	読み替えられる字句	読み替える字句
第二十八条第五項	前項において準用する前条第二項の	要支援状態区分の変更の認定に係る
第二十八条第六項	前項	第三十三条の二第二項において準用する前項
第二十八条第七項	第五項	第三十三条の二第二項において準用する第五項

2　前項の申請に係る被保険者が第二号被保険者であるときは、市町村は、当該第二号被保険者が医療保険加入者であることを確認するものとする。

3　第四十九条第三項及び第四項の規定は法第三十三条の二第一項の規定による要支援状態区分の変更の認定の申請について、第四十条第四項及び第五項の規定は法第三十三条の二第二項において準用する法第二十八条第五項の調査の委託について準用する。

4　市町村は、被保険者が現に受けている要支援認定に係る要支援認定有効期間の満了の日の六十日前から当該要支援認定有効期間の満了の日までの間において当該被保険者から法第三十三条の二第一項の規定による要支援状態区分の変更の認定の申請が行われた場合であって、同条第二項において準用する法第三十二条第四項前段の規定により通知された認定審査会の審査及び判定の結果の通知に基づき要支援状態区分の変更を必要ないものと認めたときは、当該申請を法第三十三条第二項の規定による要支援更新認定の申請とみなし、要支援更新認定を行うものとする。

（平一八厚労令三二・追加、平二七厚労令一五〇・令三厚労令四三・令六厚労令一一九・一部改正）

第五十五条の三　第五十条の規定は、法第三十三条の二第二項において準用する法第三十二条第二項において準用する法第二十七条第二項の規定による調査について、第五十一条の規定は、法第三十三条の二第二項において準用する法第三十二条第三項の規定による認定審査会に対する通知について準用する。この場合において、第五十一条中「第四十九条第一項第一号」とあるのは、「第五十五条の二第一項第一号から第三号まで」と読み替えるものとする。

（平一八厚労令三二・追加）

（市町村の職権により要支援状態区分の変更の認定を行う場合の手続）

第五十五条の四　市町村は、法第三十三条の三第一項の規定により要支援状態区分の変更の認定を行おうとするときは、次の事項を書面により被保険者に通知し、被保険者証の提出を求めるものとする。

法　律

により、当該変更の認定に係る被保険者に対しその被保険者証の提出を求め、これに当該変更の認定に係る要支援状態区分及び次項において準用する第三十二条第四項後段の規定による認定審査会の意見（同項第二号に掲げる事項に係るものに限る。）を記載し、これを返付するものとする。

施　行　令

	次項	第三十三条の二第二項において準用する次項
	前項	第三十三条の二第二項において準用する前項
第二十八条第八項	第五項	第三十三条の二第二項において準用する第五項
第三十二条第二項	前項	第三十三条の二第二項において準用する前項
第三十二条第三項	前項	第三十三条の二第二項において準用する前項
	、第一項	、第三十三条の二第二項において準用する第一項
	要支援状態に該当	現に受けている要支援認定に係る要支援状態区分以外の要支援状態区分に該当
第三十二条第四項及び第五項	前項	第三十三条の二第二項において準用する前項
第三十二条第六項	第四項	第三十三条の二第二項において準用する第四項
第三十二条第八項	第四項	第三十三条の二第二項において準用する第四項
	要支援者	要支援者又は要支援

施　行　規　則

一　法第三十三条の三第一項の規定により要支援状態区分の変更の認定を行う旨
二　被保険者証を提出する必要がある旨
三　被保険者証の提出先及び提出期限

2　前項の被保険者の被保険者証が既に市町村に提出されているときは、市町村は、同項の規定にかかわらず、同項の通知に同項第二号及び第三号に掲げる事項を記載することを要しない。

2　第二十八条第五項から第八項まで並びに第三十二条第二項から第五項まで及び第六項前段の規定は、前項の要支援状態区分の変更の認定について準用する。この場合において、これらの規定に関し必要な技術的読替えは、政令で定める。

（平一七法七七・追加）

（要支援認定の取消し）

第三十四条　市町村は、要支援認定を受けた被保険者が次の各号のいずれかに該当するときは、当該要支援認

		状態区分の変更を認定すべき者
	第一項	第三十三条の二第二項において準用する第一項
第三十二条第九項	第一項	第三十三条の二第二項において準用する第一項

（平一八政一五四・追加）

第十三条の三　法第三十三条の三第二項の規定による技術的読替えは、次の表のとおりとする。

法の規定中読み替える規定	読み替えられる字句	読み替える字句
第二十八条第五項	前項において準用する前条第二項の	要支援状態区分の変更の認定に係る
第二十八条第六項	前項	第三十三条の三第二項において準用する前項
第二十八条第七項	第五項	第三十三条の三第二項において準用する第五項
	次項	第三十三条の三第二項において準用する次項
	前項	第三十三条の三第二項において準用する前項
第二十八条第八項	第五項	第三十三条の三第二項において準用する第五項
第三十二条第二項	前項の申請	第三十三条の三第一項の要支援状態区分の変更の認定

3　第四十条第四項及び第五項の規定は、法第三十三条の三第二項において準用する法第二十八条第五項の調査の委託について準用する。

（平一八厚労令三二・追加）

（法第三十三条の三第二項において準用する法第三十二条第二項において準用する法第二十七条第二項の厚生労働省令で定める事項）

第五十五条の五　法第三十三条の三第二項において準用する法第三十二条第二項において準用する法第二十七条第二項の厚生労働省令で定める事項は、法第三十三条の三第一項の規定による要支援状態区分の変更の認定に係る被保険者の病状及び当該者が現に受けている医療の状況とする。

（平一八厚労令三二・追加）

（法第三十三条の三第二項において準用する法第三十二条第三項の厚生労働省令で定める事項）

第五十五条の六　法第三十三条の三第二項において準用する法第三十二条第三項の厚生労働省令で定める事項は、次のとおりとする。

一　氏名、性別、生年月日及び住所
二　現に受けている要支援認定に係る要支援状態区分及び要支援認定有効期間の満了の日
三　第二号被保険者である場合にあってはその旨

（平一八厚労令三二・追加）

（要支援認定の取消しを行う場合の手続等）

第五十六条　市町村は、法第三十四条第一項の規定により要支援認定の取消しを行おうとするときは、次の事

法律

定を取り消すことができる。この場合において、市町村は、厚生労働省令で定めるところにより、当該取消しに係る被保険者に対しその被保険者証の提出を求め、第三十二条第六項各号に掲げる事項の記載を消除し、これを返付するものとする。

一　要支援者に該当しなくなったと認めるとき。

二　正当な理由なしに、前条第二項若しくは次項において準用する第三十二条第二項の規定により準用される第二十七条第二項の規定による調査（第二十四条の二第一項第二号又は前条第二項若しくは次項において準用する第二十八条第五項の規定により委託された場合にあっては、当該委託に係る調査を含む。）に応じないとき、又は次項において準用する第三十二条第二項の規定により準用される第二十七条第三項ただし書の規定による診断命令に従わないとき。

2　第二十八条第五項から第八項まで並びに第三十二条第二項、第三項、第四項前段、第五項及び第六項前段の規定は、前項第一号の規定による要支援認定の取消しについて準用する。この場合において、これらの規定に関し必要な技術的読替えは、政令で定める。

（平一一法一六〇・平一七法七七・一部改正）

（要介護認定等の手続の特例）

第三十五条　認定審査会は、第二十七条第四項（第二十八条第四項において準用する場合を含む。）の規定により審査及び判定を求められた被保険者について、要介護者に該当しないと認める場合であっても、要支援者に該当すると認めるときは、第二十七条第五項（第二十八条第四項において準用する場合を含む。）の規定にかかわらず、その旨を市町村に通知することができる。

施行令

法の規定中読み替える規定	読み替えられる字句	読み替える字句
第三十二条第三項	同項の申請	同項の認定
	前項	第三十三条の三第二項において準用する前項
	第一項の申請	第三十三条の三第一項の要支援状態区分の変更の認定
	要支援状態に該当	現に受けている要支援認定に係る要支援状態区分以外の要支援状態区分に該当
第三十二条第四項及び第五項	前項	第三十三条の三第二項において準用する前項
第三十二条第六項前段	第四項	第三十三条の三第二項において準用する第四項

（平一八政一五四・追加）

（要支援認定の取消しに関する読替え）

第十四条　法第三十四条第二項の規定による技術的読替えは、次の表のとおりとする。

法の規定中読み替える規定	読み替えられる字句	読み替える字句
第二十八条第五項	前項において準用する前条第二項の	要支援認定の取消しに係る
第二十八条第六項	前項	第三十四条第二項において準用する前項
第二十八条第七項	第五項	第三十四条第二項において準用する第五項

施行規則

項を書面により被保険者に通知し、被保険者証の提出を求めるものとする。

一　法第三十四条第一項の規定により要支援認定の取消しを行う旨

二　被保険者証を提出する必要がある旨

三　被保険者証の提出先及び提出期限

2　前項の被保険者の被保険者証が既に市町村に提出されているときは、市町村は、同項の規定にかかわらず、同項の通知に同項第二号及び第三号に掲げる事項を記載することを要しない。

3　第四十条第四項及び第五項の規定は、法第三十四条第二項において準用する法第二十八条第五項の調査の委託について準用する。

（平一八厚労令三二・一部改正）

第五十七条　第四十五条の規定は、法第三十四条第二項において準用する法第三十二条第二項において準用する法第二十七条第二項の規定による調査について、第四十六条の規定は、法第三十四条第二項において準用する法第三十二条第三項の規定による認定審査会に対する通知について準用する。この場合において、第四十五条中「法第三十条第一項の規定による要介護状態区分の変更の認定」とあるのは「法第三十四条第一項の規定による要支援認定の取消し」と、第四十六条第二号中「要介護認定に係る要介護状態区分及び要介護認定有効期間」とあるのは「要支援認定に係る要支援

2　市町村は、前項の規定による通知があったときは、当該通知に係る被保険者について、第三十二条第一項の申請がなされ、同条第三項の規定により認定審査会に審査及び判定を求め、同条第四項の規定により認定審査会の通知を受けたものとみなし、要支援認定をすることができる。この場合において、市町村は、当該被保険者に、要支援認定をした旨を通知するとともに、同条第六項各号に掲げる事項を当該被保険者の被保険者証に記載し、これを返付するものとする。

3　認定審査会は、第三十二条第三項（第三十三条第四項において準用する場合を含む。）の規定により審査及び判定を求められた被保険者について、要介護者に該当すると認めるときは、第三十二条第四項（第三十三条第四項において準用する場合を含む。）の規定にかかわらず、その旨を市町村に通知することができる。

4　市町村は、前項の規定による通知があったときは、当該通知に係る被保険者について、第二十七条第一項の申請がなされ、同条第四項の規定により認定審査会に審査及び判定を求め、同条第五項の規定により認定審査会の通知を受けたものとみなし、要介護認定をすることができる。この場合において、市町村は、当該被保険者に、要介護認定をした旨を通知するとともに、同条第七項各号に掲げる事項を当該被保険者の被保険者証に記載し、これを返付するものとする。

5　認定審査会は、第三十一条第二項において準用する第二十七条第四項の規定により審査及び判定を求められた被保険者について、要介護者に該当しないと認める場合であっても、要支援者に該当すると認めるときは、第三十一条第二項において準用する第二十七条第五項の規定にかかわらず、その旨を市町村に通知することができる。

6　市町村は、前項の規定による通知があったときは、当該通知に係る被保険者について、第三十二条第一項の申請がなされ、同条第三項の規定により認定審査会に審査及び判定を求め、同条第四項の規定により認定審査会の通知を受けたものとみなし、要支援認定をす

	次項	第三十四条第二項において準用する次項
	前項	第三十四条第二項において準用する前項
第二十八条第八項	第五項	第三十四条第二項において準用する第五項
第三十二条第二項	前項の申請	第三十四条第一項の要支援認定の取消し
	同項の申請	同項の要支援認定の取消し
第三十二条第三項	前項	第三十四条第二項において準用する前項
	第一項の申請	第三十四条第一項の要支援認定の取消し
	要支援状態に該当すること及びその該当する要支援状態区分	要支援状態に該当しなくなったこと。
	要支援状態に該当すること、その該当する要支援状態区分及びその要支援状態の原因である身体上又は精神上の障害が特定疾病によって生じたものであること。	要支援状態に該当しなくなったこと。
第三十二条第	前項	第三十四条第二

状態区分及び要支援認定有効期間」と読み替えるものとする。
（平一八厚労令三二・一部改正）

（要支援認定等の手続の特例）

第五十八条　市町村は、法第三十五条第六項前段の規定により要支援認定を行おうとするときは、次の事項を記載した文書を被保険者に通知し、被保険者証の提出を求めるものとする。

法律

ることができる。この場合において、市町村は、厚生労働省令で定めるところにより、当該通知に係る被保険者に対しその被保険者証の提出を求め、これに同条第六項各号に掲げる事項を記載し、これを返付するものとする。

（平一一法一六〇・平一七法七七・一部改正）

（住所移転後の要介護認定及び要支援認定）

第三十六条　市町村は、他の市町村による要介護認定又は要支援認定を受けている者が当該市町村の行う介護保険の被保険者となった場合において、当該被保険者が、その資格を取得した日から十四日以内に、当該他の市町村から交付された当該要介護認定又は要支援認定に係る事項を証明する書面を添えて、要介護認定又は要支援認定の申請をしたときは、第二十七条第四項及び第七項前段又は第三十二条第三項及び第六項前段の規定にかかわらず、認定審査会の審査及び判定を経ることなく、当該書面に記載されている事項に即して、要介護認定又は要支援認定をすることができる。

（平一七法七七・一部改正）

（介護給付等対象サービスの種類の指定）

第三十七条　市町村は、要介護認定、要介護更新認定、第二十九条第二項において準用する第二十七条第七項若しくは第三十条第一項の規定による要介護状態区分の変更の認定、要支援認定、要支援更新認定又は第三十三条の二第二項において準用する第三十二条第六項若しくは第三十三条の三第一項の規定による要支援状態区分の変更の認定（以下この項において単に「認定」という。）をするに当たっては、第二十七条第五項第一号（第二十八条第四項、第二十九条第二項及び第三十条第二項において準用する場合を含む。）又は第三十二条第四項第一号（第三十三条第四項、第三十三条の二第二項及び第三十三条の三第二項において準用する場合を含む。）に掲げる事項に係る認定審査会

施行令

四項前段及び第五項		項において準用する前項
第三十二条第六項前段	第四項	第三十四条第二項において準用する第四項

（平一八政一五四・一部改正）

施行規則

一　法第三十五条第六項前段の規定により要支援認定を行う旨

二　被保険者証を提出する必要がある旨

三　被保険者証の提出先及び提出期限

2　前項の被保険者の被保険者証が既に市町村に提出されているときは、市町村は、同項の規定にかかわらず、同項の通知に同項第二号及び第三号に掲げる事項を記載することを要しない。

（介護給付等対象サービスの種類の指定の変更の申請）

第五十九条　法第三十七条第一項の規定による指定に係る居宅サービス、地域密着型サービス、施設サービス、介護予防サービス又は地域密着型介護予防サービスの種類の変更を同条第二項の規定により受けようとする被保険者は、次に掲げる事項を記載した申請書に被保険者証を添付して、市町村に申請をしなければならない。

一　氏名、性別、生年月日、住所、個人番号及び医療保険被保険者番号等（市町村において、医療保険被保険者番号等を公簿等によって確認することができるときは、医療保険被保険者番号等を除く。）

二　当該申請を行う理由

の意見に基づき、当該認定に係る被保険者が受けることができる居宅介護サービス費若しくは特例居宅介護サービス費に係る居宅サービス、地域密着型介護サービス費若しくは特例地域密着型介護サービス費に係る地域密着型サービス、施設介護サービス費若しくは特例施設介護サービス費に係る施設サービス、介護予防サービス費若しくは特例介護予防サービス費に係る介護予防サービス又は地域密着型介護予防サービス費若しくは特例地域密着型介護予防サービス費に係る地域密着型介護予防サービスの種類を指定することができる。この場合において、市町村は、当該被保険者の被保険者証に、第二十七条第七項後段（第二十八条第四項及び第二十九条第二項において準用する場合を含む。）、第三十条第一項後段若しくは第三十五条第四項後段又は第三十二条第六項後段（第三十三条第四項及び第三十三条の二第二項において準用する場合を含む。）、第三十三条の三第一項後段若しくは第三十五条第二項後段若しくは第六項後段の規定による記載に併せて、当該指定に係る居宅サービス、地域密着型サービス、施設サービス、介護予防サービス又は地域密着型介護予防サービスの種類を記載するものとする。

2　前項前段の規定による指定を受けた被保険者は、当該指定に係る居宅サービス、地域密着型サービス、施設サービス、介護予防サービス又は地域密着型介護予防サービスの種類の変更の申請をすることができる。

3　前項の申請は、厚生労働省令で定めるところにより、被保険者証を添付して行うものとする。

4　市町村は、第二項の申請があった場合において、厚生労働省令で定めるところにより、認定審査会の意見を聴き、必要があると認めるときは、当該指定に係る居宅サービス、地域密着型サービス、施設サービス、介護予防サービス又は地域密着型介護予防サービスの種類の変更をすることができる。

5　市町村は、前項の規定により第二項の申請に係る被保険者について第一項前段の規定による指定に係る居宅サービス、地域密着型サービス、施設サービス、介護予防サービス又は地域密着型介護予防サービスの種

三　新たに指定を受けようとする居宅サービス、地域密着型サービス、施設サービス、介護予防サービス若しくは地域密着型介護予防サービスの種類又は現に指定を受けている居宅サービス、地域密着型サービス、施設サービス、介護予防サービス若しくは地域密着型介護予防サービスの種類の記載の消除を求める旨

四　現に受けている要介護認定に係る要介護状態区分及び要介護認定有効期間又は現に受けている要支援認定に係る要支援状態区分及びその要支援認定有効期間

五　主治の医師があるときは、当該医師の氏名及びその者が現に病院若しくは診療所を開設若しくは管理し、又は病院若しくは診療所に勤務するものであるときはその開設若しくは管理又は勤務する病院又は診療所の名称及び所在地

六　第二号被保険者であるときは、その者の要介護状態又は要支援状態の原因である特定疾病の名称

2　前項の申請に係る被保険者が第二号被保険者であるときは、市町村は、当該第二号被保険者が医療保険加入者であることを確認するものとする。

3　市町村は、第一項の申請を受けたときは、同項第一号に掲げる事項（個人番号及び医療保険被保険者番号等を除く。）及び同項の申請に係る被保険者が第二号被保険者である場合にあってはその旨を認定審査会に通知し、当該申請に係る被保険者が受けるべき居宅サービス、地域密着型サービス、施設サービス、介護予防サービス又は地域密着型介護予防サービスの種類について審査及び判定を求めるものとする。この場合において、当該審査及び判定に係る手続は、法第二十七条第三項から第六項まで（第五項後段を除く。）の規定の例による。

（平一八厚労令三二・平二七厚労令一五〇・令三厚労令四三・令六厚労令一一九・一部改正）

法律

類を変更したときは、その結果を当該被保険者に通知するとともに、当該被保険者の被保険者証に変更後の居宅サービス、地域密着型サービス、施設サービス、介護予防サービス又は地域密着型介護予防サービスの種類を記載し、これを返付するものとする。

（平一一法一六〇・平一七法七七・一部改正）

（都道府県の援助等）

第三十八条　都道府県は、市町村が行う第二十七条から第三十五条まで及び前条の規定による業務に関し、その設置する福祉事務所（社会福祉法（昭和二十六年法律第四十五号）に定める福祉に関する事務所をいう。）又は保健所による技術的事項についての協力その他市町村に対する必要な援助を行うことができる。

2　地方自治法第二百五十二条の十四第一項の規定により市町村の委託を受けて審査判定業務（第二十七条から第三十五条まで及び前条の規定により認定審査会が行う業務をいう。以下この条において同じ。）を行う都道府県に、当該審査判定業務を行わせるため、都道府県介護認定審査会を置く。

3　第十五条及び第十七条の規定は、前項の都道府県介護認定審査会について準用する。この場合において、第十五条中「市町村長（特別区にあっては、区長。以下同じ。）」とあるのは、「都道府県知事」と読み替えるものとする。

4　審査判定業務を都道府県に委託した市町村について第二十七条（第二十八条第四項、第二十九条第二項、第三十条第二項、第三十一条第二項及び第三十二条第五項において準用する場合を含む。）、第三十条、第三十二条（第三十三条第四項、第三十三条の二第二項、第三十三条の三第二項及び第三十四条第二項において準用する場合を含む。）、第三十三条の三及び第三十五条から前条までの規定を適用する場合においては、これらの規定中「認定審査会」とあるのは、「都道府県介護認定審査会」とする。

（平一二法一一一・平一六法二一・平一七法七七・一部改正）

施行令

施行規則

（都道府県介護認定審査会に関する読替え）

第六十条　法第三十八条第二項の規定により審査判定業務を都道府県に委託した市町村について、第三十五条第五項、第三十八条第一項第二号（第四十一条第二項において準用する場合を含む。）、第四十二条第四項、第五十二条第一項第二号（第五十五条第二項において準用する場合を含む。）、第五十五条の二第四項及び前条第三項の規定を適用する場合においては、これらの規定（第三十五条第五項を除く。）中「認定審査会」とあるのは「都道府県介護認定審査会」と、同項中「認定審査会（法第十五条第一項に規定する認定審査会をいう。）」とあるのは「都道府県介護認定審査会（法第三十八条第二項に規定する都道府県介護認定審査会をいう。）」とする。

（平一八厚労令三二・一部改正）

（厚生労働省令への委任）

第三十九条　この節に定めるもののほか、要介護認定及び要支援認定の申請その他の手続に関し必要な事項は、厚生労働省令で定める。

（平一一法一六〇・一部改正）

第三節　介護給付

（介護給付の種類）
第四十条　介護給付は、次に掲げる保険給付とする。
一　居宅介護サービス費の支給
二　特例居宅介護サービス費の支給
三　地域密着型介護サービス費の支給
四　特例地域密着型介護サービス費の支給
五　居宅介護福祉用具購入費の支給
六　居宅介護住宅改修費の支給
七　居宅介護サービス計画費の支給
八　特例居宅介護サービス計画費の支給
九　施設介護サービス費の支給
十　特例施設介護サービス費の支給
十一　高額介護サービス費の支給
十一の二　高額医療合算介護サービス費の支給
十二　特定入所者介護サービス費の支給
十三　特例特定入所者介護サービス費の支給
（平一七法七七・平一八法八三・一部改正）

（居宅介護サービス費の支給）
第四十一条　市町村は、要介護認定を受けた被保険者（以下「要介護被保険者」という。）のうち居宅において介護を受けるもの（以下「居宅要介護被保険者」という。）が、都道府県知事が指定する者（以下「指定居宅サービス事業者」という。）の当該指定に係る居宅サービス事業を行う事業所により行われる居宅サービス（以下「指定居宅サービス」という。）を受けたときは、当該居宅要介護被保険者に対し、当該指定居宅サービスに要した費用（特定福祉用具の購入に要した費用を除き、通所介護、通所リハビリテーション、短期入所生活介護、短期入所療養介護及び特定施設入居者生活介護に要した費用については、食事の提

第四節　介護給付

（平一八政一五四・旧第三節繰下）

第三節　介護給付

（日常生活に要する費用）
第六十一条　法第四十一条第一項並びに第四項第一号及び第二号並びに第四十二条第三項の厚生労働省令で定める費用は、次の各号に掲げる居宅サービスの種類の区分に応じ、当該各号に定める費用とする。
一　通所介護及び通所リハビリテーション　次に掲げる費用
イ　食事の提供に要する費用
ロ　おむつ代
ハ　その他通所介護又は通所リハビリテーションにおいて提供される便宜のうち、日常生活においても通常必要となるものに係る費用であって、その利用者に負担させることが適当と認められるもの

法律

供に要する費用、滞在に要する費用その他の日常生活に要する費用として厚生労働省令で定める費用を除く。以下この条において同じ。）について、居宅介護サービス費を支給する。ただし、当該居宅要介護被保険者が、第三十七条第一項の規定による指定を受けている場合において、当該指定に係る種類以外の居宅サービスを受けたときは、この限りでない。

2　居宅介護サービス費は、厚生労働省令で定めるところにより、市町村が必要と認める場合に限り、支給するものとする。

3　指定居宅サービスを受けようとする居宅要介護被保険者は、厚生労働省令で定めるところにより、自己の選定する指定居宅サービス事業者について、被保険者証を提示して、当該指定居宅サービスを受けるものとする。

4　居宅介護サービス費の額は、次の各号に掲げる居宅サービスの区分に応じ、当該各号に定める額とする。

一　訪問介護、訪問入浴介護、訪問看護、訪問リハビリテーション、居宅療養管理指導、通所介護、通所リハビリテーション及び福祉用具貸与　これらの居宅サービスの種類ごとに、当該居宅サービスの種類に係る指定居宅サービスの内容、当該指定居宅サービスの事業を行う事業所の所在する地域等を勘案して算定さ

施行令

施行規則

二　短期入所生活介護及び短期入所療養介護　次に掲げる費用

イ　食事の提供に要する費用

ロ　滞在に要する費用

ハ　理美容代

ニ　その他短期入所生活介護又は短期入所療養介護において提供される便宜のうち、日常生活においても通常必要となるものに係る費用であって、その利用者に負担させることが適当と認められるもの

三　特定施設入居者生活介護　次に掲げる費用

イ　おむつ代

ロ　その他特定施設入居者生活介護において提供される便宜のうち、日常生活においても通常必要となるものに係る費用であって、その利用者に負担させることが適当と認められるもの

（平一二厚令一二七・平一七厚労令一〇四・平一七厚労令一三八・平一八厚労令三二・平二七厚労令四・一部改正）

（居宅介護サービス費の支給が必要と認める場合等）

第六十二条　訪問看護、訪問リハビリテーション又は通所リハビリテーションに係る居宅介護サービス費は、それぞれ第六条、第八条又は第十一条に規定する基準に適合している居宅要介護被保険者（法第四十一条第一項に規定する居宅要介護被保険者をいう。以下同じ。）に係るものと認められるものに限り支給するものとする。

2　短期入所療養介護に係る居宅介護サービス費は、第十三条に規定する居宅要介護被保険者に係るものと認められるものに限り支給するものとする。

（被保険者証の提示等）

第六十三条　居宅要介護被保険者は、指定居宅サービス（法第四十一条第一項に規定する指定居宅サービスをいう。以下同じ。）を受けるに当たっては、その都度、指定居宅サービス事業者に対して被保険者証及び負担割合証を提示しなければならない。

（平二〇厚労令七七・平二七厚労令五七・一部改正）

れる当該指定居宅サービスに要する平均的な費用（通所介護及び通所リハビリテーションに要する費用については、食事の提供に要する費用その他の日常生活に要する費用として厚生労働省令で定める費用を除く。）の額を勘案して厚生労働大臣が定める基準により算定した費用の額（その額が現に当該指定居宅サービスに要した費用の額を超えるときは、当該現に指定居宅サービスに要した費用の額とする。）の百分の九十に相当する額

二　短期入所生活介護、短期入所療養介護及び特定施設入居者生活介護　これらの居宅サービスの種類ごとに、要介護状態区分、当該居宅サービスの種類に係る指定居宅サービスの事業を行う事業所の所在する地域等を勘案して算定される当該指定居宅サービスに要する平均的な費用（食事の提供に要する費用、滞在に要する費用その他の日常生活に要する費用として厚生労働省令で定める費用を除く。）の額を勘案して厚生労働大臣が定める基準により算定した費用の額（その額が現に当該指定居宅サービスに要した費用の額を超えるときは、当該現に指定居宅サービスに要した費用の額とする。）の百分の九十に相当する額

＊厚生労働大臣が定める基準＝保険給付の対象となる居宅介護サービスの費用の算定基準のことで、一般に「介護報酬」と呼ばれる。

＊居宅介護サービス費＝［告］指定居宅サービスに要する費用の額の算定に関する基準（平一二厚告一九）

5　厚生労働大臣は、前項各号の基準を定めようとするときは、あらかじめ社会保障審議会の意見を聴かなければならない。

6　居宅要介護被保険者が指定居宅サービス事業者から指定居宅サービスを受けたとき（当該居宅要介護被保険者が第四十六条第四項の規定により指定居宅介護支援を受けることにつきあらかじめ市町村に届け出ている場合であって、当該指定居宅サービスが当該指定居宅介護支援の対象となっている場合その他の厚生労働省令で定める場合に限る。）は、市町村は、当該居宅要介護被保険者が当該指定居宅サービス事業者に支払うべき当該指定居宅サービスに要した費用について、居宅介護サービス費として当該居宅要介護被保険者に対し支給すべき額の限度において、当該居宅要介護被保険者に代わり、当該指定居宅サービス事業者に支払うことができる。

7　前項の規定による支払があったときは、居宅要介護被保険者に対し居宅介護サービス費の支給があったものとみなす。

（居宅介護サービス費の代理受領の要件）

第六十四条　法第四十一条第六項の厚生労働省令で定める場合は、次のとおりとする。

一　居宅要介護被保険者が指定居宅サービス（居宅療養管理指導及び特定施設入居者生活介護（利用期間を定めて行うものを除く。以下この条において同じ。）を除く。）を受ける場合であって、次のいずれかに該当するとき。

イ　当該居宅要介護被保険者が法第四十六条第四項の規定により指定居宅介護支援を受けることにつきあらかじめ市町村に届け出ている場合であって、当該指定居宅サービスが当該指定居宅介護支援に係る居宅サービス計画の対象となっているとき。

ロ　当該居宅要介護被保険者が基準該当居宅介護支援（法第四十七条第一項第一号に規定する基準該当居宅介護支援をいう。以下同じ。）を受けることにつきあらかじめ市町村に届け出てい

法律

8　指定居宅サービス事業者は、指定居宅サービスその他のサービスの提供に要した費用につき、その支払を受ける際、当該支払をした居宅要介護被保険者に対し、厚生労働省令で定めるところにより、領収証を交付しなければならない。

9　市町村は、指定居宅サービス事業者から居宅介護サービス費の請求があったときは、第四項各号の厚生労働大臣が定める基準及び第七十四条第二項に規定する指定居宅サービスの事業の設備及び運営に関する基準（指定居宅サービスの取扱いに関する部分に限る。）に照らして審査した上、支払うものとする。

10　市町村は、前項の規定による審査及び支払に関する事務を連合会に委託することができる。

施行令

施行規則

る場合であって、当該指定居宅サービスが当該基準該当居宅介護支援に係る居宅サービス計画の対象となっているとき。

ハ　当該居宅要介護被保険者が小規模多機能型居宅介護又は法第八条第二十三項第一号に規定するサービス（以下「看護小規模多機能型居宅介護」という。）を受けることにつきあらかじめ市町村に届け出ている場合であって、当該指定居宅サービスが指定地域密着型サービス基準第七十四条第一項（指定地域密着型サービス基準第百八十二条において準用する場合を含む。）の規定により作成された居宅サービス計画の対象となっているとき。

ニ　当該居宅要介護被保険者が当該指定居宅サービスを含む指定居宅サービスの利用に係る計画をあらかじめ市町村に届け出ているとき。

二　居宅療養管理指導及び特定施設入居者生活介護を受けるとき。

（平一二厚令三六・平一二厚令一二七・平一二厚令一四一・平一七厚労令九三・平一七厚労令一〇四・平一八厚労令三二・平二三厚労令一三一・平二四厚労令三〇・平二七厚労令四・令六厚労令四・一部改正）

（領収証）

第六十五条　指定居宅サービス事業者は、法第四十一条第八項の規定により交付しなければならない領収証に、指定居宅サービスについて居宅要介護被保険者から支払を受けた費用の額のうち、同条第四項第一号又は第二号に規定する厚生労働大臣が定める基準により算定した費用の額（その額が現に当該指定居宅サービスに要した費用の額を超えるときは、当該現に指定居宅サービスに要した費用の額とする。）、食事の提供に要した費用の額及び滞在に要した費用の額に係るもの並びにその他の費用の額を区分して記載し、当該その他の費用の額についてはそれぞれ個別の費用ごとに区分して記載しなければならない。

11　前項の規定による委託を受けた連合会は、当該委託をした市町村の同意を得て、厚生労働省令で定めるところにより、当該委託を受けた事務の一部を、営利を目的としない法人であって厚生労働省令で定める要件に該当するものに委託することができる。

12　前各項に規定するもののほか、居宅介護サービス費の支給及び指定居宅サービス事業者の居宅介護サービス費の請求に関して必要な事項は、厚生労働省令で定める。

＊厚生労働省令で定める＝〔省〕介護給付費及び公費負担医療等に関する費用等の請求に関する命令（平一二厚令二〇）

（平一一法一六〇・平一七法七七・一部改正）

（特例居宅介護サービス費の支給）

第四十二条　市町村は、次に掲げる場合には、居宅要介護被保険者に対し、特例居宅介護サービス費を支給する。

一　居宅要介護被保険者が、当該要介護認定の効力が生じた日前に、緊急その他やむを得ない理由により指定居宅サービスを受けた場合において、必要があると認めるとき。

二　居宅要介護被保険者が、指定居宅サービス以外の居宅サービス又はこれに相当するサービス（指定居宅サービスの事業に係る第七十四条第一項の都道府県の条例で定める基準及び同項の都道府県の条例で定める員数並びに同条第二項に規定する指定居宅サービスの事業の設備及び運営に関する基準のうち、都道府県の条例で定めるものを満たすと認められる事業を行う事業所により行われるものに限る。次号及び次項において「基準該当居宅サービス」という。）を受けた場合において、必要があると認めるとき。

三　指定居宅サービス及び基準該当居宅サービスの確保が著しく困難である離島その他の地域であって厚生労働大臣が定める基準に該当するものに住所を有する居宅要介護被保険者が、指定居宅サービス及び基準該当居宅サービス以外の居宅サービス又はこれ

（平一二厚令一二七・平一七厚労令一三八・一部改正）

（審査及び支払の事務の一部を受託できる法人）

第六十五条の二　法第四十一条第十一項（法第四十二条の二第九項、第四十六条第七項、第四十八条第七項、第五十一条の三第八項、第五十三条第七項、第五十四条の二第九項、第五十八条第七項及び第六十一条の三第八項において準用する場合を含む。）の規定により国民健康保険団体連合会が審査及び支払に関する事務の一部を委託する場合は、当該事務を実施するために必要な電子計算機であって当該国民健康保険団体連合会が備えるものと同等以上の当該事務に関する処理機能を有するものを備え、当該事務を適正かつ確実に実施できると認める法人に対して行うものとする。

（平一八厚労令三二・追加、平二〇厚労令七七・平二一厚労令四二・一部改正）

法律

に相当するサービスを受けた場合において、必要があると認めるとき。

＊厚生労働大臣が定める基準＝〔告〕厚生労働大臣が定める特例居宅介護サービス費等の支給に係る離島その他の地域の基準（平一一厚告九九）

四　その他政令で定めるとき。

2　都道府県が前項第二号の条例を定めるに当たっては、第一号から第三号までに掲げる事項については厚生労働省令で定める基準に従い定めるものとし、第四号に掲げる事項については厚生労働省令で定める基準を標準として定めるものとし、その他の事項については厚生労働省令で定める基準を参酌するものとする。

一　基準該当居宅サービスに従事する従業者に係る基準及び当該従業者の員数

二　基準該当居宅サービスの事業に係る居室の床面積

三　基準該当居宅サービスの事業の運営に関する事項であって、利用する要介護者のサービスの適切な利用、適切な処遇及び安全の確保並びに秘密の保持等に密接に関連するものとして厚生労働省令で定めるもの

四　基準該当居宅サービスの事業に係る利用定員

＊厚生労働省令で定める基準＝〔省〕指定居宅サービス等の事業の人員、設備及び運営に関する基準（平一一厚令三七）

3　特例居宅介護サービス費の額は、当該居宅サービス又はこれに相当するサービスについて前条第四項各号の厚生労働大臣が定める基準により算定した費用の額（その額が現に当該居宅サービス又はこれに相当するサービスに要した費用（特定福祉用具の購入に要した費用を除き、通所介護、通所リハビリテーション、短期入所生活介護、短期入所療養介護及び特定施設入居者生活介護並びにこれらに相当するサービスに要した費用については、食事の提供に要する費用、滞在に要する費用その他の日常生活に要する費用として厚生労働省令で定める費用を除く。）の額を超えるときは、当該現に居宅サービス又はこれに相当するサービスに

施行令

（特例居宅介護サービス費を支給する場合）

第十五条　法第四十二条第一項第四号に規定する政令で定めるときは、次のとおりとする。

一　居宅要介護被保険者（法第四十一条第一項に規定する居宅要介護被保険者をいう。以下同じ。）が、緊急その他やむを得ない理由により被保険者証を提示しないで指定居宅サービスを受けた場合において、必要があると認めるとき。

二　居宅要介護被保険者が、当該要介護認定の効力が生じた日前に、緊急その他やむを得ない理由により基準該当居宅サービス（法第四十二条第一項第二号に規定する基準該当居宅サービスをいう。次号、第二十二条の五及び第二十九条の五において同じ。）を受けた場合において、必要があると認めるとき。

三　法第四十二条第一項第三号に規定する居宅要介護被保険者が、当該要介護認定の効力が生じた日前に、緊急その他やむを得ない理由により指定居宅サービス及び基準該当居宅サービス以外の居宅サービス又はこれに相当するサービスを受けた場合において、必要があると認めるとき。

（平一二政一二・平一七政二九〇・平一八政一五四・平二〇政一一六・一部改正）

施行規則

要した費用の額とする。）の百分の九十に相当する額を基準として、市町村が定める。

4 市町村長は、特例居宅介護サービス費の支給に関して必要があると認めるときは、当該支給に係る居宅サービス若しくはこれに相当するサービスを担当する者若しくは担当した者（以下この項において「居宅サービス等を担当する者等」という。）に対し、報告若しくは帳簿書類の提出若しくは提示を命じ、若しくは出頭を求め、又は当該職員に関係者に対して質問させ、若しくは当該居宅サービス等を担当する者等の当該支給に係る事業所に立ち入り、その設備若しくは帳簿書類その他の物件を検査させることができる。

5 第二十四条第三項の規定は前項の規定による質問又は検査について、同条第四項の規定は前項の規定による権限について準用する。

（平一一法一六〇・平一七法七七・平二三法三七・一部改正）

（地域密着型介護サービス費の支給）

第四十二条の二 市町村は、要介護被保険者が、当該市町村（住所地特例適用被保険者である要介護被保険者（以下「住所地特例適用要介護被保険者」という。）に係る特定地域密着型サービスにあっては、施設所在市町村を含む。）の長が指定する者（以下「指定地域密着型サービス事業者」という。）から当該指定に係る地域密着型サービス事業を行う事業所により行われる地域密着型サービス（以下「指定地域密着型サービス」という。）を受けたときは、当該要介護被保険者に対し、当該指定地域密着型サービスに要した費用（地域密着型通所介護、認知症対応型通所介護、小規模多機能型居宅介護、認知症対応型共同生活介護、地域密着型特定施設入居者生活介護及び地域密着型介護老人福祉施設入所者生活介護に要した費用については、食事の提供に要する費用、居住に要する費用その他の日常生活に要する費用として厚生労働省令で定める費用を除く。以下この条において同じ。）について、地域密着型介護サービス費を支給する。ただし、当該要介護被保険者が、第三十七条第一項の規定による指定を受けている場合において、当該指定に係る種

（日常生活に要する費用）

第六十五条の三 法第四十二条の二第一項及び第二項各号並びに第四十二条の三第二項の厚生労働省令で定める費用は、次の各号に掲げる地域密着型サービスの種類の区分に応じ、当該各号に定める費用とする。

一 地域密着型通所介護 次に掲げる費用

イ 食事の提供に要する費用

ロ おむつ代

ハ その他地域密着型通所介護において提供される便宜のうち、日常生活においても通常必要となるものに係る費用であって、その利用者に負担させることが適当と認められるもの

二 認知症対応型通所介護 次に掲げる費用

イ 食事の提供に要する費用

ロ おむつ代

ハ その他認知症対応型通所介護において提供される便宜のうち、日常生活においても通常必要となるものに係る費用であって、その利用者に負担させることが適当と認められるもの

三 小規模多機能型居宅介護 次に掲げる費用

イ 食事の提供に要する費用

法律

類以外の地域密着型サービスを受けたときは、この限りでない。

2　地域密着型介護サービス費の額は、次の各号に掲げる地域密着型サービスの区分に応じ、当該各号に定める額とする。

一　定期巡回・随時対応型訪問介護看護及び複合型サービス　これらの地域密着型サービスの種類ごとに、当該地域密着型サービスの種類に係る指定地域密着型サービスの内容、要介護状態区分、当該指定地域密着型サービスの事業を行う事業所の所在する地域等を勘案して算定される当該指定地域密着型サービスに要する平均的な費用（複合型サービス（厚生労働省令で定めるものに限る。次条第二項において同じ。）に要する費用については、食事の提供に要する費用、宿泊に要する費用その他の日常生活に要する費用として厚生労働省令で定める費用を除く。）の額を勘案して厚生労働大臣が定める基準により算定した費用の額（その額が現に当該指定地域密着型サービスに要した費用の額を超えるときは、当該現に指定地域密着型サービスに要した費用の額とする。）の百分の九十に相当する額

二　夜間対応型訪問介護、地域密着型通所介護及び認知症対応型通所介護　これらの地域密着型サービスの種類ごとに、当該地域密着型サービスの種類に係る指定地域密着型サービスの内容、当該指定地域密着型サービスの事業を行う事業所の所在する地域等を勘案して算定される当該指定地域密着型サービスに要する平均的な費用（地域密着型通所介護及び認知症対応型通所介護に要する費用については、食事の提供に要する費用その他の日常生活に要する費用として厚生労働省令で定める費用を除く。）の額を勘案して厚生労働大臣が定める基準により算定した費用の額（その額が現に当該指定地域密着型サービスに要した費用の額を超えるときは、当該現に指定地域密着型サービスに要した費用の額とする。）の百分の九十に相当する額

三　小規模多機能型居宅介護、認知症対応型共同生活介護、地域密着型特定施設入居者生活介護及び地域密着型介護老人福祉施設入所者生活介護　これらの地域密着型サービスの種類ごとに、要介護状態区分、当該地域密着型サービスの種類に係る指定地域密着型サービスの事業を行う事業所の所在する地域等を勘案して算定される当該指定地域密着型サービスに要する平均的な費用（食事の提供に要する費用、居住に要する費用その他の日常生活に要す

施行令

施行規則

ロ　宿泊に要する費用

ハ　おむつ代

ニ　その他小規模多機能型居宅介護において提供される便宜のうち、日常生活においても通常必要となるものに係る費用であって、その利用者に負担させることが適当と認められるもの

四　認知症対応型共同生活介護　次に掲げる費用

イ　食材料費

ロ　理美容代

ハ　おむつ代

ニ　その他認知症対応型共同生活介護において提供される便宜のうち、日常生活においても通常必要となるものに係る費用であって、その利用者に負担させることが適当と認められるもの

五　地域密着型特定施設入居者生活介護　次に掲げる費用

イ　おむつ代

ロ　その他地域密着型特定施設入居者生活介護において提供される便宜のうち、日常生活においても通常必要となるものに係る費用であって、その利用者に負担させることが適当と認められるもの

六　地域密着型介護老人福祉施設入所者生活介護　次に掲げる費用

イ　食事の提供に要する費用

ロ　居住に要する費用

ハ　理美容代

ニ　その他地域密着型介護老人福祉施設入所者生活介護において提供される便宜のうち、日常生活においても通常必要となるものに係る費用であって、その利用者に負担させることが適当と認められるもの

七　複合型サービス　次に掲げる費用

イ　食事の提供に要する費用

ロ　宿泊に要する費用

ハ　おむつ代

ニ　その他複合型サービスにおいて提供される便宜のうち、日常生活においても通常必要となるものに係る費用であって、その利用者に負担させることが適当と認められるもの

（平一八厚労令三二・追加、平二四厚労令一一・平二四厚労令三〇・平二八厚労令五三・一部改正）

る費用として厚生労働省令で定める費用を除く。）の額を勘案して厚生労働大臣が定める基準により算定した費用の額（その額が現に当該指定地域密着型サービスに要した費用の額を超えるときは、当該現に指定地域密着型サービスに要した費用の額とする。）の百分の九十に相当する額

＊厚生労働大臣が定める基準＝〔告〕指定地域密着型サービスに要する費用の額の算定に関する基準（平一八厚労告一二六）

3　厚生労働大臣は、前項各号の基準を定めようとするときは、あらかじめ社会保障審議会の意見を聴かなければならない。

4　市町村は、第二項各号の規定にかかわらず、地域密着型サービスの種類その他の事情を勘案して厚生労働大臣が定める基準により算定した額を限度として、同項各号に定める地域密着型介護サービス費の額に代えて、当該市町村（施設所在市町村の長が第一項本文の指定をした指定地域密着型サービス事業者から指定地域密着型サービスを受けた住所地特例適用要介護被保険者に係る地域密着型介護サービス費（特定地域密着型サービスに係るものに限る。）の額にあっては、施設所在市町村）が定める額を、当該市町村における地域密着型介護サービス費の額とすることができる。

＊厚生労働大臣が定める基準＝〔告〕指定地域密着型サービスに要する費用の額の算定に関する基準（平一八厚労告一二六）

5　市町村は、前項の当該市町村における地域密着型介護サービス費の額を定めようとするときは、あらかじめ、当該市町村が行う介護保険の被保険者その他の関係者の意見を反映させ、及び学識経験を有する者の知見の活用を図るために必要な措置を講じなければならない。

6　要介護被保険者が指定地域密着型サービス事業者から指定地域密着型サービスを受けたとき（当該要介護被保険者が第四十六条第四項の規定により指定居宅介護支援を受けることにつきあらかじめ市町村に届け出ている場合であって、当該指定地域密着型サービスが当該指定居宅介護支援の対象となっている場合その他の厚生労働省令で定める場合に限る。）は、市町村は、当該要介護被保険者が当該指定地域密着型サービス事業者に支払うべき当該指定地域密着型サービスに要した費用について、地域密着型介護サービス費として当該要介護被保険者に対し支給すべき額の限度において、当該要介護被保険者に代わり、当該指定地域密着型サービス事業者に支払うことができる。

7　前項の規定による支払があったときは、要介護被保険者に対し地

（法第四十二条の二第二項第一号の厚生労働省令で定める複合型サービス）

第六十五条の三の二　法第四十二条の二第二項第一号の厚生労働省令で定める複合型サービスは、看護小規模多機能型居宅介護とする。

（平二四厚労令三〇・追加、平二七厚労令四・一部改正）

（地域密着型介護サービス費の代理受領の要件）

第六十五条の四　法第四十二条の二第六項の厚生労働省令で定める場合は、次のとおりとする。

一　居宅要介護被保険者が指定地域密着型サービス（小規模多機能型居宅介護（利用期間を定めて行うものを除く。次号において同じ。）、認知症対応型共同生活介護（利用期間を定めて行うものを除く。第三号において同じ。）、地域密着型特定施設入居者生活介護（利用期間を定めて行うものを除く。第三号及び第四号において同じ。）、地域密着型介護老人福祉施設入所者生活介護及び複合型サービス（看護小規模多機能型居宅介護（利用期間を定めて行うものを除く。）に限る。次号において同じ。）を除く。）を受ける場合であって、次のいずれかに該当するとき。

法律

域密着型介護サービス費の支給があったものとみなす。

8　市町村は、指定地域密着型サービス事業者から地域密着型介護サービス費の請求があったときは、第二項各号の厚生労働大臣が定める基準又は第四項の規定により市町村（施設所在市町村の長が第一項本文の指定をした指定地域密着型サービス事業者から指定地域密着型サービスを受けた住所地特例適用要介護被保険者に係る地域密着型介護サービス費（特定地域密着型サービスに係るものに限る。）の請求にあっては、施設所在市町村）が定める額及び第七十八条の四第二項又は第五項の規定により市町村（施設所在市町村の長が第一項本文の指定をした指定地域密着型サービス事業者から指定地域密着型サービスを受けた住所地特例適用要介護被保険者に係る地域密着型介護サービス費（特定地域密着型サービスに係るものに限る。）の請求にあっては、施設所在市町村）が定める指定地域密着型サービスの事業の設備及び運営に関する基準（指定地域密着型サービスの取扱いに関する部分に限る。）に照らして審査した上、支払うものとする。

9　第四十一条第二項、第三項、第十項及び第十一項の規定は地域密着型介護サービス費の支給について、同条第八項の規定は指定地域密着型サービス事業者について準用する。この場合において、これらの規定に関し必要な技術的読替えは、政令で定める。

10　前各項に規定するもののほか、地域密着型介護サービス費の支給及び指定地域密着型サービス事業者の地域密着型介護サービス費の請求に関して必要な事項は、厚生労働省令で定める。

＊厚生労働省令で定める＝（省）介護給付費及び公費負担医療等に関する費用等の請求に関する命令（平一二厚令二〇）

（平一七法七七・追加、平二三法三七・平二三法七二・平二六法八三・一部改正）

（特例地域密着型介護サービス費の支給）

第四十二条の三　市町村は、次に掲げる場合には、要介

施行令

（地域密着型介護サービス費及び指定地域密着型サービス事業者に関する読替え）

第十五条の二　法第四十二条の二第九項の規定による技術的読替えは、次の表のとおりとする。

法の規定中読み替える規定	読み替えられる字句	読み替える字句
第四十一条第三項	指定居宅サービスを	指定地域密着型サービスを
	居宅要介護被保険者	要介護被保険者
	指定居宅サービス事業者	指定地域密着型サービス事業者
第四十一条第	指定居宅サービ	指定地域密着型

施行規則

イ　当該居宅要介護被保険者が法第四十六条第四項の規定により指定居宅介護支援を受けることにつきあらかじめ市町村に届け出ている場合であって、当該指定地域密着型サービスが当該指定居宅介護支援に係る居宅サービス計画の対象となっているとき。

ロ　当該居宅要介護被保険者が基準該当居宅介護支援を受けることにつきあらかじめ市町村に届け出ている場合であって、当該指定地域密着型サービスが当該基準該当居宅介護支援に係る居宅サービス計画の対象となっているとき。

ハ　当該居宅要介護被保険者が当該指定地域密着型サービスを含む指定地域密着型サービスの利用に係る計画をあらかじめ市町村に届け出ているとき。

二　居宅要介護被保険者が小規模多機能型居宅介護又は複合型サービスを受けることにつきあらかじめ市町村に届け出ているとき。

三　認知症対応型共同生活介護、地域密着型特定施設入居者生活介護及び地域密着型介護老人福祉施設入所者生活介護を受けるとき。

（平一八厚労令三二・追加、平二三厚労令一三一・平二四厚労令三〇・平二七厚労令四・一部改正）

（準用）

第六十五条の五　第六十三条及び第六十五条の規定は、要介護被保険者に係る地域密着型介護サービス費の支給について準用する。この場合において、第六十五条中「法第四十一条第八項」とあるのは、「法第四十二条の二第九項において準用する法第四十一条第八項」と、「居宅要介護被保険者」とあるのは「要介護被保険者」と、「同条第四項第一号又は第二号」とあるのは「法第四十二条の二第二項各号」と読み替えるものとする。

（平一八厚労令三二・追加、平二四厚労令一一・一部改正）

護被保険者に対し、特例地域密着型介護サービス費を支給する。

一　要介護被保険者が、当該要介護認定の効力が生じた日前に、緊急その他やむを得ない理由により指定地域密着型サービスを受けた場合において、必要があると認めるとき。

二　指定地域密着型サービス（地域密着型介護老人福祉施設入所者生活介護を除く。以下この号において同じ。）の確保が著しく困難である離島その他の地域であって厚生労働大臣が定める基準に該当するものに住所を有する要介護被保険者が、指定地域密着型サービス以外の地域密着型サービス（地域密着型介護老人福祉施設入所者生活介護を除く。）又はこれに相当するサービスを受けた場合において、必要があると認めるとき。

＊厚生労働大臣が定める基準＝告厚生労働大臣が定める特例居宅介護サービス費等の支給に係る離島その他の地域の基準（平一一厚告九九）

三　その他政令で定めるとき。

2　特例地域密着型介護サービス費の額は、当該地域密着型サービス又はこれに相当するサービスについて前条第二項各号の厚生労働大臣が定める基準により算定した費用の額（その額が現に当該地域密着型サービス又はこれに相当するサービスに要した費用（地域密着型通所介護、認知症対応型通所介護、小規模多機能型居宅介護、認知症対応型共同生活介護、地域密着型特定施設入居者生活介護、地域密着型介護老人福祉施設入所者生活介護及び複合型サービス並びにこれらに相当するサービスに要した費用については、食事の提供に要する費用、居住に要する費用その他の日常生活に要する費用として厚生労働省令で定める費用を除く。）の額を超えるときは、当該現に地域密着型サービス又はこれに相当するサービスに要した費用の額とする。）の百分の九十に相当する額又は同条第四項の規定により市町村（施設所在市町村の長が同条第一項本文の指定をした指定地域密着型サービス事業者から指定地域密着型サービスを受けた住所地特例適用要介護被保険者その他の厚生労働省令で定める者に係る特

八項	ス事業者、指定居宅サービス	サービス事業者、指定地域密着型サービス
	居宅要介護被保険者	要介護被保険者
第四十一条第十項	前項	第四十二条の二第八項
第四十一条第十一項	前項	第四十二条の二第九項において準用する前項

（平一八政一五四・追加）

（特例地域密着型介護サービス費を支給する場合）

第十五条の三　法第四十二条の三第一項第三号に規定する政令で定めるときは、次のとおりとする。

一　要介護被保険者（法第四十一条第一項に規定する要介護被保険者をいう。以下同じ。）が、緊急その他やむを得ない理由により被保険者証を提示しないで指定地域密着型サービスを受けた場合において、必要があると認めるとき。

二　法第四十二条の三第一項第二号に規定する要介護被保険者が、当該要介護認定の効力が生じた日前に、緊急その他やむを得ない理由により指定地域密着型サービス（法第八条第二十二項に規定する地域密着型介護老人福祉施設入所者生活介護を除く。）又はこれに相当するサービスを受けた場合において、必要があると認めるとき。

（平一八政一五四・追加、平二三政三七六・平二八政四五・一部改正）

（法第四十二条の三第二項の厚生労働省令で定める者）

第六十五条の六　法第四十二条の三第二項の厚生労働省令で定める者は、住所地特例適用要介護被保険者とする。

（平二七厚労令五七・追加）

法律

例地域密着型介護サービス費（特定地域密着型サービスに係るものに限る。）の額にあっては、施設所在市町村）が定めた額を基準として、市町村が定める。

3　市町村長は、特例地域密着型介護サービス費の支給に関して必要があると認めるときは、当該支給に係る地域密着型サービス若しくはこれに相当するサービスを担当する者若しくは担当した者（以下この項において「地域密着型サービス等を担当する者等」という。）に対し、報告若しくは帳簿書類の提出若しくは提示を命じ、若しくは出頭を求め、又は当該職員に関係者に対して質問させ、若しくは当該地域密着型サービス等を担当する者等の当該支給に係る事業所に立ち入り、その設備若しくは帳簿書類その他の物件を検査させることができる。

4　第二十四条第三項の規定は前項の規定による質問又は検査について、同条第四項の規定は前項の規定による権限について準用する。

（平一七法七七・追加、平二三法七二・平二六法八三・一部改正）

（居宅介護サービス費等に係る支給限度額）

第四十三条　居宅要介護被保険者が居宅サービス等区分（居宅サービス（これに相当するサービスを含む。以下この条において同じ。）及び地域密着型サービス（これに相当するサービス（地域密着型介護老人福祉施設入所者生活介護を除く。以下この条において同じ。）について、その種類ごとの相互の代替性の有無等を勘案して厚生労働大臣が定める二以上の種類からなる区分をいう。以下同じ。）ごとに月を単位として厚生労働省令で定める期間において受けた一の居宅サービス等区分に係る居宅サービスにつき支給する居宅介護サービス費の額の総額及び特例居宅介護サービス費の額の総額並びに地域密着型サービスにつき支給する地域密着型介護サービス費の額の総額及び特例地域密着型介護サービス費の額の総額の合計額は、居宅介護サービス費等区分支給限度基準額を基礎として、厚生労働省令で定めるところにより算定した額の百分の九十に相当する額を超えることができない。

2　前項の居宅介護サービス費等区分支給限度基準額は、居宅サービス等区分ごとに、同項に規定する厚生労働省令で定める期間における当該居宅サービス等区分に係る居宅サービス及び地域密着型サービスの要介護状態区分に応じた標準的な利用の態様、当該居宅サービス及び地域密着型サービスに係る第四十一条第四項各号及び第四

施行令

施行規則

（居宅サービス等区分）

第六十六条　法第四十三条第一項に規定する居宅サービス等区分は、訪問介護、訪問入浴介護、訪問看護、訪問リハビリテーション、通所介護、通所リハビリテーション、短期入所生活介護、短期入所療養介護、特定施設入居者生活介護（利用期間を定めて行うものに限る。第六十九条第一項において同じ。）及び福祉用具貸与並びに定期巡回・随時対応型訪問介護看護、夜間対応型訪問介護、地域密着型通所介護、認知症対応型通所介護、小規模多機能型居宅介護、認知症対応型共同生活介護（利用期間を定めて行うものに限る。第六十九条第一項において同じ。）、地域密着型特定施設入居者生活介護（利用期間を定めて行うものに限る。第六十九条第一項において同じ。）及び複合型サービスからなる区分とする。

（平一二厚令一四一・全改、平一七厚労令九三・平一七厚労令一〇四・平一八厚労令三二・平二四厚労令三〇・平二八厚労令五三・一部改正）

（居宅介護サービス費等に係る区分支給限度額管理期間）

第六十七条　法第四十三条第一項の厚生労働省令で定める期間は、要介護認定有効期間に係る日が属する月についてそれぞれ当該月の初日からの一月間とする。

（平一一厚令九二・平一二厚令一二五・平一二厚令一二七・平一二厚令一四一・一部改正）

十二条の二第二項各号の厚生労働大臣が定める基準等を勘案して厚生労働大臣が定める額とする。

＊厚生労働大臣が定める額＝〔告〕居宅介護サービス費等区分支給限度基準額及び介護予防サービス費等区分支給限度基準額（平一二厚告三三）

3　市町村は、前項の規定にかかわらず、条例で定めるところにより、第一項の居宅介護サービス費等区分支給限度基準額に代えて、その額を超える額を、当該市町村における居宅介護サービス費等区分支給限度基準額とすることができる。

4　市町村は、居宅要介護被保険者が居宅サービス及び地域密着型サービスの種類（居宅サービス等区分に含まれるものであって厚生労働大臣が定めるものに限る。次項において同じ。）ごとに月を単位として厚生労働省令で定める期間において受けた一の種類の居宅サービスにつき支給する居宅介護サービス費の額の総額及び特例居宅介護サービス費の額の総額の合計額並びに一の種類の地域密着型サービスにつき支給する地域密着型介護サービス費の額の総額及び特例地域密着型介護サービス費の額の総額の合計額について、居宅介護サービス費等種類支給限度基準額を基礎として、厚生労働省令で定めるところにより算定した額の百分の九十に相当する額を超えることができないこととすることができる。

5　前項の居宅介護サービス費等種類支給限度基準額は、居宅サービ

（居宅介護サービス費等の上限額の算定方法等）

第六十八条　要介護認定に係る要介護状態区分が変更された場合における当該月の法第四十三条第一項の規定により算定する額は、当該月において最も介護の必要の程度が高い要介護状態区分に応じた居宅介護サービス費等区分支給限度基準額（同条第二項に規定する居宅介護サービス費等区分支給限度基準額をいう。以下同じ。）とする。

2　要支援認定を受けていた被保険者が要介護認定を受けた場合における当該月の法第四十三条第一項の規定により算定する額は、当該要介護認定に係る要介護状態区分に応じた居宅介護サービス費等区分支給限度基準額とする。この場合において、同項に規定する居宅介護サービス費の額の総額及び特例居宅介護サービス費の額の総額並びに地域密着型介護サービス費の額の総額及び特例地域密着型介護サービス費の額の総額の合計額を算定するに当たっては、当該月において支給されるべき介護予防サービス費若しくは特例介護予防サービス費又は地域密着型介護予防サービス費若しくは特例地域密着型介護予防サービス費は、当該月において居宅介護サービス費若しくは特例居宅介護サービス費又は地域密着型介護サービス費若しくは特例地域密着型介護サービス費として支給されるものとみなす。

3　法第四十三条第一項に規定する合計額を算定するに当たっては、当該額から別に厚生労働大臣が定めるところにより算定した費用の額の合計額を控除するものとする。

（平一二厚令二五・平一二厚令一二七・平一二厚令一四一・平一八厚労令三二・一部改正）

（居宅介護サービス費等種類支給限度基準額を設定できるサービスの種類）

第六十九条　法第四十三条第四項に規定する居宅サービス及び地域密着型サービスの種類は、訪問介護、訪問入浴介護、訪問看護、訪問リハビリテーション、通所介護、通所リハビリテーション、短期入所生活介護、短期入所療養介護、特定施設入居者生活介護及び福祉用具貸与並びに夜間対応型訪問介護、地域密着型通所介護、認知症対応型通所介護、認知症対応型共同生活介護及び地域密着型特定施設入居者生活介護とする。

2　法第四十三条第四項の厚生労働省令で定める期間は、要介護認定有効期間に係る日が属する月についてそれぞれ当該月の初日からの一月間とする。

ス及び地域密着型サービスの種類ごとに、同項に規定する厚生労働省令で定める期間における当該居宅サービス及び地域密着型サービスの要介護状態区分に応じた標準的な利用の態様、当該居宅サービス及び地域密着型サービスに係る第四十一条第四項各号及び第四十二条の二第二項各号の厚生労働大臣が定める基準等を勘案し、当該居宅サービス及び地域密着型サービスを含む居宅サービス等区分に係る第一項の居宅介護サービス費等区分支給限度基準額（第三項の規定に基づき条例を定めている市町村にあっては、当該条例による措置が講じられた額とする。）の範囲内において、市町村が条例で定める額とする。

6　居宅介護サービス費若しくは特例居宅介護サービス費又は地域密着型介護サービス費若しくは特例地域密着型介護サービス費を支給することにより第一項に規定する合計額が同項に規定する百分の九十に相当する額を超える場合又は第四項に規定する合計額が同項に規定する百分の九十に相当する額を超える場合における当該居宅介護サービス費若しくは特例居宅介護サービス費又は地域密着型介護サービス費若しくは特例地域密着型介護サービス費の額は、第四十一条第四項各号若しくは第四十二条第三項又は第四十二条の二第二項各号若しくは第四項若しくは前条第二項の規定にかかわらず、政令で定めるところにより算定した額とする。

（平一一法一六〇・平一七法七七・平二三法三七・一部改正）

（居宅介護福祉用具購入費の支給）

第四十四条　市町村は、居宅要介護被保険者が、特定福祉用具販売に係る指定居宅サービス事業者から当該指定に係る居宅サービス事業を行う事業所において販売される特定福祉用具を購入したときは、当該居宅要介護被保険者に対し、居宅介護福祉用具購入費を支給する。

＊厚生労働大臣が定める特定福祉用具販売に係る特定福祉用具の種目及び厚生労働大臣が定める特定介護予防福祉用具販売に係る特定介護予防福祉

（居宅介護サービス費等の支給額の合計額が支給限度額を超過する場合の当該支給額の算定方法）

第十六条　法第四十三条第六項に規定する政令で定めるところにより算定した額は、次の各号に掲げる場合の区分に応じ、当該各号に定める額とする。

一　法第四十三条第一項に規定する合計額が同項に規定する百分の九十（法第四十九条の二第一項の規定が適用される場合にあっては百分の八十、同条第二項の規定が適用される場合にあっては百分の七十。以下この条から第十八条までにおいて同じ。）に相当する額を超えることとなる場合（第三号の場合を除く。）　当該居宅サービス若しくはこれに相当するサービス又は地域密着型サービス（地域密着型介護老人福祉施設入所者生活介護を除く。以下この条において同じ。）若しくはこれに相当するサービスについて法第四十一条第四項各号又は第四十二条の二第二項各号の厚生労働大臣が定める基準により算定した費用の額の百分の九十に相当する額から、当該額を当該居宅介護サービス費若しくは特例居宅介護サービス費又は地域密着型介護サービス費若しくは特例地域密着型介護サービス費として支給するものとした場合における法第四十三条第一項に規定する合計額から同項に規定する百分の九十に相当する額

3　前条第一項及び第二項の規定は法第四十三条第四項の規定により算定する額について、前条第三項の規定は法第四十三条第四項に規定する合計額について準用する。この場合において、前条第一項中「居宅介護サービス費等区分支給限度基準額（同条第二項に規定する居宅介護サービス費等区分支給限度基準額をいう。以下同じ」とあるのは、「居宅介護サービス費等種類支給限度基準額（同条第五項に規定する居宅介護サービス費等種類支給限度基準額をいう」と読み替えるものとする。

（平一二厚令一二七・平一二厚令一四一・平一四厚労令一四九・平一七厚労令九三・平一七厚労令一〇四・平一八厚労令三二・平二四厚労令三〇・平二八厚労令五三・一部改正）

祉用具の種目（平一一厚告九四）

2　居宅介護福祉用具購入費は、厚生労働省令で定めるところにより、市町村が必要と認める場合に限り、支給するものとする。

3　居宅介護福祉用具購入費の額は、現に当該特定福祉用具の購入に要した費用の額の百分の九十に相当する額とする。

を控除して得た額

二　法第四十三条第四項に規定する合計額が同項に規定する百分の九十に相当する額を超えることとなる場合（次号の場合を除く。）　当該居宅サービス若しくはこれに相当するサービス又は地域密着型サービス若しくはこれに相当するサービスについて法第四十一条第四項各号又は第四十二条の二第二項各号の厚生労働大臣が定める基準により算定した費用の額の百分の九十に相当する額から、当該額を当該居宅介護サービス費若しくは特例居宅介護サービス費又は地域密着型介護サービス費若しくは特例地域密着型介護サービス費として支給するものとした場合における法第四十三条第四項に規定する合計額から同項に規定する百分の九十に相当する額を控除して得た額を控除して得た額

三　法第四十三条第一項に規定する合計額が同項に規定する百分の九十に相当する額を超えることとなり、かつ、同条第四項に規定する合計額が同項に規定する百分の九十に相当する額を超えることとなる場合　当該居宅サービス若しくはこれに相当するサービス又は地域密着型サービス若しくはこれに相当するサービスについて法第四十一条第四項各号又は第四十二条の二第二項各号の厚生労働大臣が定める基準により算定した費用の額の百分の九十に相当する額から、当該額を当該居宅介護サービス費若しくは特例居宅介護サービス費又は地域密着型介護サービス費若しくは特例地域密着型介護サービス費として支給するものとした場合における法第四十三条第一項に規定する合計額から同項に規定する百分の九十に相当する額を控除して得た額又は同条第四項に規定する合計額から同項に規定する百分の九十に相当する額を控除して得た額のうちいずれか大きい方の額を控除して得た額

（平一二政三〇九・平一八政一五四・平二七政一三八・平三〇政二二三・一部改正）

（居宅介護福祉用具購入費の支給が必要と認める場合）

第七十条　居宅介護福祉用具購入費は、当該居宅要介護被保険者の日常生活の自立を助けるために必要と認められる場合に限り支給するものとする。

2　居宅介護福祉用具購入費は、当該購入を行った日の属する第七十二条に規定する居宅介護福祉用具購入費支給限度額管理期間において、当該居宅要介護被保険者が当該購入した特定福祉用具（法第八条第十三項に規定する特定福祉用具をいう。以下同じ。）と同一の種目の特定福祉用具又は特定介護予防福祉用具（法第八条の二第十一項に規定する特定介護予防福祉用具をいう。以下同じ。）（当該購入した特定福祉用具と用途及び機能が著しく異なるものを除く。）を既に購入しており、かつ、その購入について居宅介護福祉用具購入費又は介護予防福祉用具購入費が支給されている場合については、支給しないものとする。ただし、当該既に購入した特定福祉用具又は特定介護予防福祉用具が破損した場合、当該居宅要介護被保険者の介護の必要の程度が著しく高くなった場合その他特別の事情がある場合であって、市町村が当該申請に係る居宅介護福祉用具購入費の支給が必要と認めるときは、この限りでない。

（平一八厚労令三二・平二七厚労令五七・一部改正）

（居宅介護福祉用具購入費の支給の申請）

第七十一条　居宅介護福祉用具購入費の支給を受けようとする居宅要介護被保険者は、次に掲げる事項を記載した申請書を提出しなければならない。

一　当該申請に係る特定福祉用具の種目、商品名、製造事業者名及び販売事業者名

二　当該申請に係る特定福祉用具の購入に要した費用及び当該購入を行った年月日

三　当該申請に係る特定福祉用具が必要である理由

2　前項の申請書には、当該申請に係る特定福祉用具の購入に係る領収証及び当該特定福祉用具のパンフレットその他の当該特定福祉用具の概要を記載した書面を

法律

4　居宅要介護被保険者が月を単位として厚生労働省令で定める期間において購入した特定福祉用具につき支給する居宅介護福祉用具購入費の額の総額は、居宅介護福祉用具購入費支給限度基準額を基礎として、厚生労働省令で定めるところにより算定した額の百分の九十に相当する額を超えることができない。

5　前項の居宅介護福祉用具購入費支給限度基準額は、同項に規定する厚生労働省令で定める期間における特定福祉用具の購入に通常要する費用を勘案して厚生労働大臣が定める額とする。

＊厚生労働大臣が定める額＝〔告〕居宅介護福祉用具購入費支給限度基準額及び介護予防福祉用具購入費支給限度基準額（平一二厚告三四）

6　市町村は、前項の規定にかかわらず、条例で定めるところにより、第四項の居宅介護福祉用具購入費支給限度基準額に代えて、その額を超える額を、当該市町村における居宅介護福祉用具購入費支給限度基準額とすることができる。

7　居宅介護福祉用具購入費を支給することにより第四項に規定する総額が同項に規定する百分の九十に相当する額を超える場合における当該居宅介護福祉用具購入費の額は、第三項の規定にかかわらず、政令で定めるところにより算定した額とする。

施行令

（居宅介護福祉用具購入費の支給額の合計額が支給限度額を超過する場合の当該支給額の算定方法）

第十七条　法第四十四条第七項に規定する政令で定めるところにより算定した額は、現に法第八条第十三項に規定する特定福祉用具の購入に要した費用の額の百分

施行規則

添付しなければならない。

3　第一項の申請書には、当該申請書に居宅サービス計画又は特定福祉用具販売計画（指定居宅サービス等の事業の人員、設備及び運営に関する基準（平成十一年厚生省令第三十七号。以下「指定居宅サービス等基準」という。）第二百十四条の二第一項に規定する特定福祉用具販売計画をいう。以下この項において同じ。）を添付した場合であって、当該居宅サービス計画又は特定福祉用具販売計画の記載により当該申請に係る特定福祉用具が必要であると認められるときは、同項の規定にかかわらず、同項第三号に掲げる事項の記載を要しない。

（平二四厚労令三〇・平三〇厚労令三〇・一部改正）

（居宅介護福祉用具購入費支給限度額管理期間）

第七十二条　法第四十四条第四項の厚生労働省令で定める期間は、毎年四月一日からの十二月間（次条において「居宅介護福祉用具購入費支給限度額管理期間」という。）とする。

（平一二厚令一二七・一部改正）

（居宅介護福祉用具購入費の上限額の算定方法）

第七十三条　法第四十四条第四項の規定により算定する額は、同条第五項に規定する居宅介護福祉用具購入費支給限度基準額から、当該居宅介護福祉用具購入費支給限度額管理期間中に購入した特定介護予防福祉用具につき既に支給された法第五十六条第一項に規定するそれぞれの介護予防福祉用具購入費の額に九十分の百（法第五十九条の二第一項の規定が適用される場合にあっては八十分の百、同条第二項の規定が適用される場合にあっては七十分の百）を乗じて得た額の合計額を控除して得た額とする。

（平一八厚労令三二・平二七厚労令五七・平三〇厚労令九六・一部改正）

（平一一法一六〇・平一七法七七・一部改正）

（居宅介護住宅改修費の支給）

第四十五条　市町村は、居宅要介護被保険者が、手すりの取付けその他の厚生労働大臣が定める種類の住宅の改修（以下「住宅改修」という。）を行ったときは、当該居宅要介護被保険者に対し、居宅介護住宅改修費を支給する。

＊厚生労働大臣が定める種類の住宅の改修＝(告)厚生労働大臣が定める居宅介護住宅改修費等の支給に係る住宅改修の種類（平一一厚告九五）

2　居宅介護住宅改修費は、厚生労働省令で定めるところにより、市町村が必要と認める場合に限り、支給するものとする。

3　居宅介護住宅改修費の額は、現に当該住宅改修に要した費用の額の百分の九十に相当する額とする。

の九十に相当する額から、当該額を当該特定福祉用具の購入に係る居宅介護福祉用具購入費として支給するものとした場合における法第四十四条第四項に規定する総額から同項に規定する百分の九十に相当する額を控除して得た額を控除して得た額とする。

（平一二政三〇九・平一八政一五四・平二七政一三八・一部改正）

（居宅介護住宅改修費の支給が必要と認める場合）

第七十四条　居宅介護住宅改修費は、当該住宅改修が当該居宅要介護被保険者が現に居住する住宅について行われたものであり、かつ、当該居宅要介護被保険者の心身の状況、住宅の状況等を勘案して必要と認められる場合に限り支給するものとする。

（居宅介護住宅改修費の支給の申請）

第七十五条　居宅介護住宅改修費の支給を受けようとする居宅要介護被保険者は、住宅改修（法第四十五条第一項に規定する住宅改修をいう。以下同じ。）を行おうとするときには、あらかじめ、第一号から第四号までに掲げる事項を記載した申請書又は書類を提出し、住宅改修が完了した後に第五号から第七号までに掲げる書類を提出しなければならない。

一　当該申請に係る住宅改修の内容、箇所及び規模並びに当該住宅改修を施工する者の氏名又は名称

二　当該申請に係る住宅改修に要する費用の見積り及びその着工予定の年月日

三　介護支援専門員その他居宅要介護被保険者からの住宅改修についての相談に関する専門的知識及び経験を有する者が作成する書類であって、当該申請に係る住宅改修について必要と認められる理由が記載されているもの

四　当該申請に係る住宅改修の予定の状態が確認できるもの

五　当該申請に係る住宅改修に要した費用並びにその着工及び完成の年月日

六　当該申請に係る住宅改修に要した費用に係る領収

4　居宅要介護被保険者が行った一の種類の住宅改修につき支給する居宅介護住宅改修費の額の総額は、居宅介護住宅改修費支給限度基準額を基礎として、厚生労働省令で定めるところにより算定した額の百分の九十に相当する額を超えることができない。

5　前項の居宅介護住宅改修費支給限度基準額は、住宅改修の種類ごとに、通常要する費用を勘案して厚生労働大臣が定める額とする。

＊厚生労働大臣が定める額＝〔告〕居宅介護住宅改修費支給限度基準額及び介護予防住宅改修費支給限度基準額（平一二厚告三五）

6　市町村は、前項の規定にかかわらず、条例で定めるところにより、第四項の居宅介護住宅改修費支給限度基準額に代えて、その額を超える額を、当該市町村における居宅介護住宅改修費支給限度基準額とすることができる。

7　居宅介護住宅改修費を支給することにより第四項に規定する総額が同項に規定する百分の九十に相当する額を超える場合における当該居宅介護住宅改修費の額は、第三項の規定にかかわらず、政令で定めるところにより算定した額とする。

8　市町村長は、居宅介護住宅改修費の支給に関して必要があると認めるときは、当該支給に係る住宅改修を

（居宅介護住宅改修費の支給額の合計額が支給限度額を超過する場合の当該支給額の算定方法）

第十八条　法第四十五条第七項に規定する政令で定めるところにより算定した額は、現に住宅改修に要した費用の額の百分の九十に相当する額から、当該額を当該住宅改修に係る居宅介護住宅改修費として支給するものとした場合における同条第四項に規定する総額から

証

七　当該申請に係る住宅改修の完了後の状態を確認できる書類等

2　前項の規定にかかわらず、やむを得ない事情がある場合には、住宅改修が完了した後に同項第一号及び第三号に掲げる事項を記載した申請書又は書類を提出することができる。

3　住宅改修を行った住宅の所有者が当該居宅要介護被保険者でない場合には、第一項第一号から第四号までに掲げる事項を記載した申請書又は書類に、当該住宅の所有者が当該住宅改修について承諾したことが確認できる書類を添付しなければならない。

（平一八厚労令三二・一部改正）

（居宅介護住宅改修費の上限額の算定方法）

第七十六条　法第四十五条第四項の規定により算定する額は、第一号の額及び第二号の額の合計額から第三号の額を控除して得た額とする。

一　当該申請に係る住宅改修の着工日における当該住宅改修の種類に係る法第四十五条第五項に規定する居宅介護住宅改修費支給限度基準額

二　居宅要介護被保険者が住宅改修を行ったときに現に居住している住宅（以下この条において「現住宅」という。）以外の住宅であって現住宅が所在する市町村に所在するものに係る当該住宅改修と同一の種類の住宅改修に要した費用について当該居宅要介護被保険者に対して既に支給されたそれぞれの居宅介護住宅改修費の額に九十分の百（法第四十九条の二第一項の規定が適用される場合にあっては八十分の百、同条第二項の規定が適用される場合にあっては七十分の百）を乗じて得た額の合計額

三　現住宅に係る当該住宅改修と同一の種類の住宅改修に要する費用について当該居宅要介護被保険者に対して既に支給されたそれぞれの介護予防住宅改修費の額に九十分の百（法第五十九条の二第一項の規定が適用される場合にあっては八十分の百、同条第

行う者若しくは住宅改修を行った者（以下この項において「住宅改修を行う者等」という。）に対し、報告若しくは帳簿書類の提出若しくは提示を命じ、若しくは出頭を求め、又は当該職員に関係者に対して質問させ、若しくは当該住宅改修を行う者等の当該支給に係る事業所に立ち入り、その帳簿書類その他の物件を検査させることができる。

9　第二十四条第三項の規定は前項の規定による質問又は検査について、同条第四項の規定は前項の規定による権限について準用する。

（平一一法一六〇・平一七法七七・一部改正）

（居宅介護サービス計画費の支給）

第四十六条　市町村は、居宅要介護被保険者が、当該市町村の長又は他の市町村の長が指定する者（以下「指定居宅介護支援事業者」という。）から当該指定に係る居宅介護支援事業を行う事業所により行われる居宅介護支援（以下「指定居宅介護支援」という。）を受けたときは、当該居宅要介護被保険者に対し、当該指定居宅介護支援に要した費用について、居宅介護サービス計画費を支給する。

2　居宅介護サービス計画費の額は、指定居宅介護支援の事業を行う事業所の所在する地域等を勘案して算定される指定居宅介護支援に要する平均的な費用の額を勘案して厚生労働大臣が定める基準により算定した費用の額（その額が現に当該指定居宅介護支援に要した費用の額を超えるときは、当該現に指定居宅介護支援に要した費用の額とする。）とする。

＊厚生労働大臣が定める基準＝〔告〕指定居宅介護支援に要する費用の額の算定に関する基準（平一二厚告二〇）

3　厚生労働大臣は、前項の基準を定めようとするときは、あらかじめ社会保障審議会の意見を聴かなければならない。

4　居宅要介護被保険者が指定居宅介護支援事業者から指定居宅介護支援を受けたとき（当該居宅要介護被保険者が、厚生労働省令で定めるところにより、当該指定居宅介護支援を受けることにつきあらかじめ市町村に届け出ている場合に限る。）は、市町村は、当該居

同項に規定する百分の九十に相当する額を控除して得た額とする。

（平一二政三〇九・一部改正）

二項の規定が適用される場合にあっては七十分の百）を乗じて得た額の合計額

2　前項の規定にかかわらず、当該居宅要介護被保険者の介護の必要の程度が著しく高くなった場合における法第四十五条第四項の規定により算定する額は、別に厚生労働大臣が定めるところによる。

（平一二厚令一二七・平一八厚労令三二・平二七厚労令五七・平三〇厚労令九六・一部改正）

（居宅介護サービス計画費の代理受領の手続）

第七十七条　法第四十六条第四項の規定により指定居宅介護支援を受けることにつき市町村に届け出ようとする居宅要介護被保険者は、当該指定居宅介護支援事業者の名称並びに事業所の名称

法律

宅要介護被保険者が当該指定居宅介護支援事業者に支払うべき当該指定居宅介護支援に要した費用について、居宅介護サービス計画費として当該居宅要介護被保険者に対し支給すべき額の限度において、当該居宅要介護被保険者に代わり、当該指定居宅介護支援事業者に支払うことができる。

5　前項の規定による支払があったときは、居宅要介護被保険者に対し居宅介護サービス計画費の支給があったものとみなす。

6　市町村は、指定居宅介護支援事業者から居宅介護サービス計画費の請求があったときは、第二項の厚生労働大臣が定める基準及び第八十一条第二項に規定する指定居宅介護支援の事業の運営に関する基準（指定居宅介護支援の取扱いに関する部分に限る。）に照らして審査した上、支払うものとする。

7　第四十一条第二項、第三項、第十項及び第十一項の規定は、居宅介護サービス計画費の支給について、同条第八項の規定は、指定居宅介護支援事業者について準用する。この場合において、これらの規定に関し必要な技術的読替えは、政令で定める。

8　前各項に規定するもののほか、居宅介護サービス計画費の支給及び指定居宅介護支援事業者の居宅介護サービス計画費の請求に関して必要な事項は、厚生労働省令で定める。

＊厚生労働省令で定める＝〔省〕介護給付費及び公費負担医療等に関する費用等の請求に関する命令（平一二厚令二〇）

（平一一法一六〇・平二六法八三・一部改正）

（特例居宅介護サービス計画費の支給）

第四十七条　市町村は、次に掲げる場合には、居宅要介護被保険者に対し、特例居宅介護サービス計画費を支給する。

一　居宅要介護被保険者が、指定居宅介護支援以外の居宅介護支援又はこれに相当するサービス（指定居宅介護支援の事業に係る第八十一条第一項の市町村の条例で定める員数及び同条第二項に規定する指定

施行令

（居宅介護サービス計画費に関する読替え）

第十九条　法第四十六条第七項の規定による技術的読替えは、次の表のとおりとする。

法の規定中読み替える規定	読み替えられる字句	読み替える字句
第四十一条第三項	指定居宅サービスを	指定居宅介護支援を
第四十一条第八項	指定居宅サービスその他のサービス	指定居宅介護支援その他のサービス
第四十一条第十項	前項	第四十六条第六項

施行規則

及び所在地を記載した届書に被保険者証を添付して届出を行わなければならない。

2　市町村は、前項の規定により届け出られた当該指定居宅介護支援を行う指定居宅介護支援事業者の名称を被保険者証に記載するものとする。

（平一八厚労令三二・一部改正）

（領収証）

第七十八条　指定居宅介護支援事業者は、法第四十六条第七項において準用する法第四十一条第八項の規定により交付しなければならない領収証に、指定居宅介護支援について居宅要介護被保険者から支払を受けた費用の額及びその他の費用の額を区分して記載し、当該その他の費用の額についてはそれぞれ個別の費用ごとに区分して記載しなければならない。

居宅介護支援の事業の運営に関する基準のうち、当該市町村の条例で定めるものを満たすと認められる事業を行う事業所により行われるものに限る。次号及び次項において「基準該当居宅介護支援」という。）を受けた場合において、必要があると認めるとき。

二　指定居宅介護支援及び基準該当居宅介護支援の確保が著しく困難である離島その他の地域であって厚生労働大臣が定める基準に該当するものに住所を有する居宅要介護被保険者が、指定居宅介護支援及び基準該当居宅介護支援以外の居宅介護支援又はこれに相当するサービスを受けた場合において、必要があると認めるとき。

＊厚生労働大臣が定める基準＝〔告〕厚生労働大臣が定める特例居宅介護サービス費等の支給に係る離島その他の地域の基準（平一一厚告九九）

三　その他政令で定めるとき。

2　市町村が前項第一号の条例を定めるに当たっては、次に掲げる事項については厚生労働省令で定める基準に従い定めるものとし、その他の事項については厚生労働省令で定める基準を参酌するものとする。

一　基準該当居宅介護支援に従事する従業者に係る基準及び当該従業者の員数

二　基準該当居宅介護支援の事業の運営に関する事項であって、利用する要介護者のサービスの適切な利用、適切な処遇及び安全の確保並びに秘密の保持等に密接に関連するものとして厚生労働省令で定めるもの

＊厚生労働省令で定める基準＝〔省〕指定居宅介護支援等の事業の人員及び運営に関する基準（平一一厚令三八）

3　特例居宅介護サービス計画費の額は、当該居宅介護支援又はこれに相当するサービスについて前条第二項の厚生労働大臣が定める基準により算定した費用の額（その額が現に当該居宅介護支援又はこれに相当するサービスに要した費用の額を超えるときは、当該現に居宅介護支援又はこれに相当するサービスに要した費用の額とする。）を基準として、市町村が定める。

4　市町村長は、特例居宅介護サービス計画費の支給に

（特例居宅介護サービス計画費を支給する場合）

第二十条　法第四十七条第一項第三号に規定する政令で定めるときは、居宅要介護被保険者が、緊急その他やむを得ない理由により被保険者証を提示しないで指定居宅介護支援を受けた場合において、必要があると認めるときとする。

（平一八政一五四・一部改正）

法律

関して必要があると認めるときは、当該支給に係る居宅介護支援若しくはこれに相当するサービスを担当する者若しくは担当した者（以下この項において「居宅介護支援等を担当する者等」という。）に対し、報告若しくは帳簿書類の提出若しくは提示を命じ、若しくは出頭を求め、又は当該職員に関係者に対して質問させ、若しくは当該居宅介護支援等を担当する者等の当該支給に係る事業所に立ち入り、その帳簿書類その他の物件を検査させることができる。

5　第二十四条第三項の規定は前項の規定による質問又は検査について、同条第四項の規定は前項の規定による権限について準用する。

（平一一法一六〇・平一七法七七・平二五法四四・平二六法八三・一部改正）

（施設介護サービス費の支給）

第四十八条　市町村は、要介護被保険者が、次に掲げる施設サービス（以下「指定施設サービス等」という。）を受けたときは、当該要介護被保険者に対し、当該指定施設サービス等に要した費用（食事の提供に要する費用、居住に要する費用その他の日常生活に要する費用として厚生労働省令で定める費用を除く。以下この条において同じ。）について、施設介護サービス費を支給する。ただし、当該要介護被保険者が、第三十七条第一項の規定による指定を受けている場合において、当該指定に係る種類以外の施設サービスを受けたときは、この限りでない。

一　都道府県知事が指定する介護老人福祉施設（以下「指定介護老人福祉施設」という。）により行われる介護福祉施設サービス（以下「指定介護福祉施設サービス」という。）

二　介護保健施設サービス

三　介護医療院サービス

2　施設介護サービス費の額は、施設サービスの種類ごとに、要介護状態区分、当該施設サービスの種類に係る指定施設サービス等を行う介護保険施設の所在する

施行令

施行規則

（日常生活に要する費用）

第七十九条　法第四十八条第一項及び第二項並びに第四十九条第二項の厚生労働省令で定める費用は、次に掲げる費用とする。

一　食事の提供に要する費用

二　居住に要する費用

三　理美容代

四　その他指定施設サービス等（法第四十八条第一項に規定する指定施設サービス等をいう。以下同じ。）において提供される便宜のうち、日常生活においても通常必要となるものに係る費用であって、その入所者に負担させることが適当と認められるもの

（平一二厚令一二七・平一七厚労令一三八・一部改正）

（施設介護サービス費の支給が必要と認める場合）

第八十条　介護保健施設サービスに係る施設介護サービス費（法第四十八条第一項に規定する施設介護サービス費をいう。以下同じ。）は、第二十条に規定する要介護者に限り支給するものとする。

（平一七厚労令一三八・平二四厚労令一〇・一部改正）

第八十一条　介護医療院サービスに係る施設介護サービ

地域等を勘案して算定される当該指定施設サービス等に要する平均的な費用（食事の提供に要する費用、居住に要する費用その他の日常生活に要する費用として厚生労働省令で定める費用を除く。）の額を勘案して厚生労働大臣が定める基準により算定した費用の額（その額が現に当該指定施設サービス等に要した費用の額を超えるときは、当該現に指定施設サービス等に要した費用の額とする。）の百分の九十に相当する額とする。

＊厚生労働大臣が定める基準＝〔告〕指定施設サービス等に要する費用の額の算定に関する基準（平一二厚告二一）

3　厚生労働大臣は、前項の基準を定めようとするときは、あらかじめ社会保障審議会の意見を聴かなければならない。

4　要介護被保険者が、介護保険施設から指定施設サービス等を受けたときは、市町村は、当該要介護被保険者が当該介護保険施設に支払うべき当該指定施設サービス等に要した費用について、施設介護サービス費として当該要介護被保険者に支給すべき額の限度において、当該要介護被保険者に代わり、当該介護保険施設に支払うことができる。

5　前項の規定による支払があったときは、要介護被保険者に対し施設介護サービス費の支給があったものとみなす。

6　市町村は、介護保険施設から施設介護サービス費の請求があったときは、第二項の厚生労働大臣が定める基準及び第八十八条第二項に規定する指定介護老人福祉施設の設備及び運営に関する基準（指定介護福祉施設サービスの取扱いに関する部分に限る。）、第九十七条第三項に規定する介護老人保健施設の設備及び運営に関する基準（介護保健施設サービスの取扱いに関する部分に限る。）又は第百十一条第三項に規定する介護医療院の設備及び運営に関する基準（介護医療院サービスの取扱いに関する部分に限る。）に照らして審査した上、支払うものとする。

7　第四十一条第二項、第三項、第十項及び第十一項の規定は、施設介護サービス費の支給について、同条第

（施設介護サービス費及び介護保険施設に関する読替え）

ス費は、第二十一条に規定する要介護者に限り支給するものとする。

（平三〇厚労令三〇・全改）

（領収証）

第八十二条　介護保険施設は、法第四十八条第七項にお

八項の規定は、介護保険施設について準用する。この場合において、これらの規定に関し必要な技術的読替えは、政令で定める。

8　前各項に規定するもののほか、施設介護サービス費の支給及び介護保険施設の施設介護サービス費の請求に関して必要な事項は、厚生労働省令で定める。

＊厚生労働省令で定める＝〔省〕介護給付費及び公費負担医療等に関する費用等の請求に関する命令（平一二厚令二〇）

（平一一法一六〇・平一七法七七・平一八法八三・平二九法五二・一部改正）

（特例施設介護サービス費の支給）

第四十九条　市町村は、次に掲げる場合には、要介護被保険者に対し、特例施設介護サービス費を支給する。

一　要介護被保険者が、当該要介護認定の効力が生じた日前に、緊急その他やむを得ない理由により指定施設サービス等を受けた場合において、必要があると認めるとき。

二　その他政令で定めるとき。

2　特例施設介護サービス費の額は、当該施設サービスについて前条第二項の厚生労働大臣が定める基準により算定した費用の額（その額が現に当該施設サービスに要した費用（食事の提供に要する費用、居住に要する費用その他の日常生活に要する費用として厚生労働省令で定める費用を除く。）の額を超えるときは、当該現に施設サービスに要した費用の額とする。）の百分の九十に相当する額を基準として、市町村が定める。

＊厚生労働大臣が定める基準＝〔告〕指定施設サービス等に要する費用の額の算定に関する基準（平一二厚告二一）

3　市町村長は、特例施設介護サービス費の支給に関して必要があると認めるときは、当該支給に係る施設サービスを担当する者若しくは担当した者（以下この項において「施設サービスを担当する者等」という。）に対し、報告若しくは帳簿書類の提出若しくは提示を命じ、若しくは出頭を求め、又は当該職員に関

第二十一条　法第四十八条第七項の規定による技術的読替えは、次の表のとおりとする。

法の規定中読み替える規定	読み替えられる字句	読み替える字句
第四十一条第三項	指定居宅サービスを	指定施設サービス等を
	居宅要介護被保険者	要介護被保険者
第四十一条第八項	、指定居宅サービス	、指定施設サービス等
	居宅要介護被保険者	要介護被保険者
第四十一条第十項	前項	第四十八条第六項

（平一七政二九〇・一部改正）

（特例施設介護サービス費を支給する場合）

第二十二条　法第四十九条第一項第二号に規定する政令で定めるときは、要介護被保険者が、緊急その他やむを得ない理由により被保険者証を提示しないで法第四十八条第一項に規定する指定施設サービス等を受けた場合において、必要があると認めるときとする。

（平一二政一二・平一八政一五四・一部改正）

いて準用する法第四十一条第八項の規定により交付しなければならない領収証に、指定施設サービス等について要介護被保険者から支払を受けた費用の額のうち、法第四十八条第二項に規定する厚生労働大臣が定める基準により算定した費用の額（その額が現に当該指定施設サービス等に要した費用の額を超えるときは、当該現に指定施設サービス等に要した費用の額とする。）、食事の提供に要した費用の額及び居住に要した費用の額に係るもの並びにその他の費用の額を区分して記載し、当該その他の費用の額についてはそれぞれ個別の費用ごとに区分して記載しなければならない。

（平一二厚令二五・平一二厚令一二七・平一七厚労令一三八・平一八厚労令三二・平二七厚労令五七・一部改正）

係者に対して質問させ、若しくは当該施設サービスを担当する者等の当該支給に係る施設に立ち入り、その設備若しくは帳簿書類その他の物件を検査させることができる。

4　第二十四条第三項の規定は前項の規定による質問又は検査について、同条第四項の規定は前項の規定による権限について準用する。

（平一一法一六〇・平一七法七七・一部改正）

（一定以上の所得を有する要介護被保険者に係る居宅介護サービス費等の額）

第四十九条の二　第一号被保険者であって政令で定めるところにより算定した所得の額が政令で定める額以上である要介護被保険者（次項に規定する要介護被保険者を除く。）が受ける次の各号に掲げる介護給付について当該各号に定める規定を適用する場合においては、これらの規定中「百分の九十」とあるのは、「百分の八十」とする。

一　居宅介護サービス費の支給　第四十一条第四項第一号及び第二号並びに第四十三条第一項、第四項及び第六項

二　特例居宅介護サービス費の支給　第四十二条第三項並びに第四十三条第一項、第四項及び第六項

三　地域密着型介護サービス費の支給　第四十二条の二第二項各号並びに第四十三条第一項、第四項及び第六項

四　特例地域密着型介護サービス費の支給　第四十二条の三第二項並びに第四十三条第一項、第四項及び第六項

五　施設介護サービス費の支給　第四十八条第二項

六　特例施設介護サービス費の支給　前条第二項

七　居宅介護福祉用具購入費の支給　第四十四条第三項、第四項及び第七項

八　居宅介護住宅改修費の支給　第四十五条第三項、第四項及び第七項

（居宅介護サービス費等の額に係る所得の額の算定方法等）

第二十二条の二　法第四十九条の二第一項に規定する所得の額は、同項各号に掲げる介護給付に係るサービス（以下「介護給付対象サービス」という。）のあった日の属する年の前年（当該介護給付対象サービスのあった日の属する月が一月から七月までの場合にあっては、前々年。第四項第一号、第五項及び第七項第一号において同じ。）の合計所得金額（地方税法（昭和二十五年法律第二百二十六号）第二百九十二条第一項第十三号に規定する合計所得金額をいい、当該合計所得金額に所得税法（昭和四十年法律第三十三号）第二十八条第一項に規定する給与所得又は同法第三十五条第三項に規定する公的年金等に係る所得が含まれている場合には、当該給与所得及び当該公的年金等に係る所得の合計額については、同法第二十八条第二項の規定によって計算した金額及び同法第三十五条第二項第一号の規定によって計算した金額の合計額から十万円を控除して得た額（当該額が零を下回る場合には、零とする。）によるものとし、租税特別措置法（昭和三十二年法律第二十六号）第三十三条の四第一項若しくは第二項、第三十四条第一項、第三十四条の二第一項、第三十四条の三第一項、第三十五条第一項、第三十五条の二第一項、第三十五条の三第一項又は第三十六条の規定の適用がある場合（第四項第一号及び第三十八条第一項第六号イにおいて「租税特別措置法による特別控除の適用がある場合」という。）には、当該合計所得金額から特別控除額を控除して得た額とし、当該合計所得金額が零を下回る場合には、零とする。

法律

施行令

第五項、次条第五項、第二十九条の二第一項及び第四項並びに第二十九条の二の二第五項において同じ。）とする。

2 前項の特別控除額は、租税特別措置法第三十三条の四第一項若しくは第二項、第三十四条第一項、第三十四条の二第一項、第三十四条の三第一項、第三十五条第一項、第三十五条の二第一項、第三十五条の三第一項又は第三十六条の規定により同法第三十一条第一項に規定する長期譲渡所得の金額から控除すべき金額及び同法第三十三条の四第一項若しくは第二項、第三十四条第一項、第三十四条の二第一項、第三十四条の三第一項、第三十五条第一項又は第三十六条の規定により同法第三十二条第一項に規定する短期譲渡所得の金額から控除すべき金額の合計額とする。

3 法第四十九条の二第一項の政令で定める額は、百六十万円とする。

4 前項の規定は、次に掲げる場合には、適用しない。

一 介護給付対象サービスを受けた第一号被保険者（法第九条第一号に規定する第一号被保険者をいう。以下同じ。）及びその属する世帯の他の世帯員である全ての第一号被保険者について、当該介護給付対象サービスのあった日の属する年の前年中の公的年金等の収入金額（所得税法第三十五条第二項第一号に規定する公的年金等の収入金額をいう。以下同じ。）及び同年の合計所得金額（地方税法第二百九十二条第一項第十三号に規定する合計所得金額をいい、当該合計所得金額に所得税法第二十八条第一項に規定する給与所得が含まれている場合には、当該給与所得については、同条第二項の規定によって計算した金額（租税特別措置法第四十一条の三の十一第二項の規定による控除が行われている場合には、その控除前の金額）から十万円を控除して得た額（当該額が零を下回る場合には、零とする。）によるものとし、租税特別措置法による特別控除の適用がある場合には、当該合計所得金額から第二項に

施行規則

2　第一号被保険者であって政令で定めるところにより算定した所得の額が前項の政令で定める額を超える政令で定める額以上である要介護被保険者が受ける同項各号に掲げる介護給付について当該各号に定める規定を適用する場合においては、これらの規定中「百分の九十」とあるのは、「百分の七十」とする。

（平二六法八三・追加、平二九法五二・一部改正）

（居宅介護サービス費等の額の特例）

規定する特別控除額を控除して得た額とし、当該合計所得金額が零を下回る場合には、零とする。第七項第一号、次条第九項、第二十九条の二の二第三項第一号及び第六項第一号、第三十八条第一項第一号ハ、第二号イ及び第四号イ並びに第三十九条第一項第一号ハ、第二号イ及び第四号イにおいて同じ。）から所得税法第三十五条第二項第一号に掲げる金額を控除して得た額（その額が零を下回る場合には、零とする。以下同じ。）の合計額が三百四十六万円（当該世帯に他の世帯員である第一号被保険者がいない場合にあっては、二百八十万円）に満たない場合

二　介護給付対象サービスを受けた第一号被保険者が当該介護給付対象サービスのあった日の属する年度（当該介護給付対象サービスのあった日の属する月が四月から七月までの場合にあっては、前年度）分の地方税法の規定による市町村民税（同法の規定による特別区民税を含むものとし、同法第三百二十八条の規定によって課する所得割を除く。第二十二条の三第六項第三号へ並びに第七項第一号へ及び第二号へ並びに附則第二十一条第一項第三号イ及び第二十二条第一項第三号イを除き、以下同じ。）を課されていない者又は市町村の条例で定めるところにより当該市町村民税を免除された者である場合

三　介護給付対象サービスを受けた第一号被保険者が当該介護給付対象サービスのあった日において生活保護法（昭和二十五年法律第百四十四号）第六条第一項に規定する被保護者（以下「被保護者」という。）である場合

5　法第四十九条の二第二項に規定する所得の額は、介護給付対象サービスのあった日の属する年の前年の合計所得金額とする。

6　法第四十九条の二第二項の政令で定める額は、二百二十万円とする。

7　前項の規定は、次に掲げる場合には、適用しない。

一　介護給付対象サービスを受けた第一号被保険者及びその属する世帯の他の世帯員である全ての第一号

（居宅介護サービス費等の額の特例）

法律

第五十条　市町村が、災害その他の厚生労働省令で定める特別の事情があることにより、居宅サービス（これに相当するサービスを含む。以下この条において同じ。）、地域密着型サービス（これに相当するサービスを含む。以下この条において同じ。）若しくは施設サービス又は住宅改修に必要な費用を負担することが困難であると認めた要介護被保険者が受ける前条第一項各号に掲げる介護給付について当該各号に定める規定を適用する場合（同条の規定により読み替えて適用する場合を除く。）においては、これらの規定中「百分の九十」とあるのは、「百分の九十を超え百分の百以下の範囲内において市町村が定めた割合」とする。

2　市町村が、災害その他の厚生労働省令で定める特別の事情があることにより、居宅サービス、地域密着型サービス若しくは施設サービス又は住宅改修に必要な費用を負担することが困難であると認めた要介護被保険者が受ける前条第一項各号に掲げる介護給付について当該各号に定める規定を適用する場合（同項の規定により読み替えて適用する場合に限る。）においては、同項の規定により読み替えて適用するこれらの規定中「百分の八十」とあるのは、「百分の八十を超え百分の百以下の範囲内において市町村が定めた割合」とする。

3　市町村が、災害その他の厚生労働省令で定める特別の事情があることにより、居宅サービス、地域密着型サービス若しくは施設サービス又は住宅改修に必要な費用を負担することが困難であると認めた要介護被保険者が受ける前条第一項各号に掲げる介護給付について当該各号に定める規定を適用する場合（同条第二項の規定により読み替えて適用する場合に限る。）においては、同条第二項の規定により読み替えて適用するこれらの規定中「百分の七十」とあるのは、「百分の七十を超え百分の百以下の範囲内において市町村が定めた割合」とする。

（平一一法一六〇・平一七法七七・平二三法三七・平二三法

施行令

被保険者について、当該介護給付対象サービスのあった日の属する年の前年中の公的年金等の収入金額及び同年の合計所得金額から所得税法第三十五条第二項第一号に掲げる金額を控除して得た額の合計額が四百六十三万円（当該世帯に他の世帯員である第一号被保険者がいない場合にあっては、三百四十万円）に満たない場合

二　第四項第二号又は第三号に掲げる場合

（平二七政一三八・追加、平二九政二一二・平三〇政五六・平三〇政二一〇・平三〇政二二三・令二政三八一・令三政九七・令六政一五一・一部改正）

施行規則

第八十三条　法第五十条各項の厚生労働省令で定める特別の事情は、次のとおりとする。

一　要介護被保険者又はその属する世帯の生計を主として維持する者が、震災、風水害、火災その他これらに類する災害により、住宅、家財又はその他の財産について著しい損害を受けたこと。

二　要介護被保険者の属する世帯の生計を主として維持する者が死亡したこと、又はその者が心身に重大な障害を受け、若しくは長期間入院したことにより、その者の収入が著しく減少したこと。

三　要介護被保険者の属する世帯の生計を主として維持する者の収入が、事業又は業務の休廃止、事業における著しい損失、失業等により著しく減少したこと。

四　要介護被保険者の属する世帯の生計を主として維持する者の収入が、干ばつ、冷害、凍霜害等による農作物の不作、不漁その他これに類する理由により著しく減少したこと。

2　過去に法第五十条第一項、第二項又は第三項の規定の適用を受けた要介護被保険者について第七十六条第一項第二号、第九十二条及び第九十五条第三号の規定を適用する場合においては、これらの規定中「七十分の百」とあるのは、「七十分の百、法第五十条第一項の規定が適用される場合にあっては百分の百を同項に規定する百分の九十を超え百分の百以下の範囲内において市町村が定めた割合で除して得た割合、同条第二項の規定が適用される場合にあっては百分の百を同項に規定する百分の八十を超え百分の百以下の範囲内において市町村が定めた割合で除して得た割合、同条第三項の規定が適用される場合にあっては百分の百を同項に規定する百分の七十を超え百分の百以下の範囲内において市町村が定めた割合で除して得た割合」とする。

（平一二厚令一二七・平二七厚労令五七・平三〇厚労令九六・一部改正）

（七二・平二六法八三・平二九法五二・一部改正）

（高額介護サービス費の支給）

第五十一条　市町村は、要介護被保険者が受けた居宅サービス（これに相当するサービスを含む。）、地域密着型サービス（これに相当するサービスを含む。）又は施設サービスに要した費用の合計額として政令で定めるところにより算定した額から、当該費用につき支給された居宅介護サービス費、特例居宅介護サービス費、地域密着型介護サービス費、特例地域密着型介護サービス費、施設介護サービス費及び特例施設介護サービス費の合計額を控除して得た額（次条第一項において「介護サービス利用者負担額」という。）が、著しく高額であるときは、当該要介護被保険者に対し、高額介護サービス費を支給する。

2　前項に規定するもののほか、高額介護サービス費の支給要件、支給額その他高額介護サービス費の支給に関して必要な事項は、居宅サービス、地域密着型サービス又は施設サービスに必要な費用の負担の家計に与える影響を考慮して、政令で定める。

（平一七法七七・平一八法八三・一部改正）

（高額介護サービス費）

第二十二条の二の二　法第五十一条第一項に規定する政令で定めるところにより算定した額は、要介護被保険者が受けた居宅サービス等（居宅サービス若しくはこれに相当するサービス、地域密着型サービス若しくはこれに相当するサービス又は施設サービスをいう。以下同じ。）に係る居宅介護サービス費、特例居宅介護サービス費、地域密着型介護サービス費、特例地域密着型介護サービス費、施設介護サービス費及び特例施設介護サービス費の合計額（以下「介護サービス費合計額」という。）に九十分の百（法第四十九条の二第一項の規定が適用される場合にあっては八十分の百、同条第二項の規定が適用される場合にあっては七十分の百、法第五十条第一項の規定が適用される場合にあっては百分の百を同項に規定する百分の九十を超え百分の百以下の範囲内において市町村が定めた割合（次項第一号において「第一市町村特例割合」という。）で除して得た割合、同条第二項の規定が適用される場合にあっては百分の百を同項に規定する百分の八十を超え百分の百以下の範囲内において市町村が定めた割合（次項第一号において「第二市町村特例割合」という。）で除して得た割合、同条第三項の規定が適用される場合にあっては百分の百を同項に規定する百分の七十を超え百分の百以下の範囲内において市町村が定めた割合（次項第一号において「第三市町村特例割合」という。）で除して得た割合）を乗じて得た額とする。

2　高額介護サービス費は、同一の世帯に属する要介護被保険者等（法第六十二条に規定する要介護被保険者等をいう。以下同じ。）が同一の月に受けた居宅サービス等及び介護予防サービス等（介護予防サービス若しくはこれに相当するサービス又は地域密着型介護予防サービス若しくはこれに相当するサービスをいう。以下同じ。）に係る次に掲げる額を合算した額（以下「利用者負担世帯合算額」という。）が四万四千四百円を超える場合に、当該月に居宅サービス等を受けた要介護被保険者（被保険者を除く。以下この項、次項及び第五項から第七項までにおいて同じ。）に支給するものとし、その額は、利用者負担世帯合算額から四万四千四百円を控除して得た額に要介護被保険者按分率（要介護被保険者が当該月に受けた居宅サービス等に係る第一号及び第二号に掲げる額の合算額（以下「要介護被保険者利用者負担合算額」という。）を利用者負担世帯合算額で除して得た率をいう。）を乗じて得た額とする。

一　要介護被保険者が受けた居宅サービス等（次号に規定する特定給付対象居宅サービス等を除く。）に係る介護サービス費合計額に九十分の十（法第四十九条の二第一項の規定が適用される場合にあっては八十分の二十、同条第二項の規定が適用される場合にあっては七十分の三十、法第五十条第一項の規定が適用される場合にあっては百分の百から第一市町村特例割合を控除して得た割合を第一市町村特例割合で除して得た割合、同条第二項の規定が適用される場合にあっては百分の百から第二市町村特例割合を控除して得た割合を第二市町村特例割合で除して得た割合、同条第三項の規定が適用される場合にあっては百分の百から第三市町村特例割合を控除して得た割合を第三市町村特例割合で除して得た割合。次項、第四項及び第十項において同じ。）を乗じて得た額

二　要介護被保険者が原子爆弾被爆者に対する援護に関する法律による一般疾病医療費の支給（以下「原爆一般疾病医療費の支給」という。）その他厚生労働省令で定める給付が行われるべき居宅サービス等（以下この号及び次項において「特定給付対象居宅サービス等」という。）を受けた場合に、当該特定給付対象居宅サービス等（居宅介護サービス費若しくは特例居宅介護サービス費、地域密着型介護サービス費若しくは特例地域密着型介護サービス費又は施設介護サービス費若しくは特例施設介護サービス費の支給の対象となる部分に限る。）について当該要介護被保険者がなお負担すべき額

三　居宅要支援被保険者（法第五十三条第一項に規定する居宅要支援被保険者をいう。以下同じ。）（被保護者を除く。次号並びに第二十九条の二の二第二項、第三項及び第五項から第七項までにおいて同じ。）が受けた介護予防サービス等（次号に規定する特定給付対象介護予防サービス等を除く。）に係る介護予防サービス費、特例介護予防サービス費、地域密着型介護予防サービス費及

（令第二十二条の二の二第二項第二号の厚生労働省令で定める給付）

第八十三条の二　令第二十二条の二の二第二項第二号の厚生労働省令で定める給付は、次のとおりとする。

一　予防接種法（昭和二十三年法律第六十八号）第十六条第一項第一号又は第二項第一号（新型インフルエンザ等対策特別措置法（平成二十四年法律第三十一号）第二十八条第五項から第七項までの規定により適用される場合を含む。第九十八条第一号において同じ。）の医療費の支給

二　感染症の予防及び感染症の患者に対する医療に関する法律（平成十年法律第百十四号）第三十七条の二第一項の規定により費用の負担が行われる医療に関する給付又は当該医療に要する費用の支給

三　独立行政法人医薬品医療機器総合機構法（平成十四年法律第百九十二号）第十六条第一項第一号又は第二十条第一項第一号の医療費の支給

び特例地域密着型介護予防サービス費の合計額（以下「介護予防サービス費合計額」という。）に九十分の十（法第五十九条の二第一項の規定が適用される場合にあっては八十分の二十、同条第二項の規定が適用される場合にあっては七十分の三十、法第六十条第一項の規定が適用される場合にあっては百分の百から同項に規定する百分の九十を超え百分の百以下の範囲内において市町村が定めた割合（以下この号及び第二十九条の二の二第一項において「第一市町村特例割合」という。）を控除して得た割合を第一市町村特例割合で除して得た割合、法第六十条第二項の規定が適用される場合にあっては百分の百から同項に規定する百分の八十を超え百分の百以下の範囲内において市町村が定めた割合（以下この号及び第二十九条の二の二第一項において「第二市町村特例割合」という。）を控除して得た割合を第二市町村特例割合で除して得た割合、法第六十条第三項の規定が適用される場合にあっては百分の百から同項に規定する百分の七十を超え百分の百以下の範囲内において市町村が定めた割合（以下この号及び第二十九条の二の二第一項において「第三市町村特例割合」という。）を控除して得た割合を第三市町村特例割合で除して得た割合。第二十九条の二の二第三項、第四項及び第十項において同じ。）を乗じて得た額

四　居宅要支援被保険者が原爆一般疾病医療費の支給その他第二号に規定する厚生労働省令で定める給付が行われるべき介護予防サービス等（以下この号及び第二十九条の二の二第三項において「特定給付対象介護予防サービス等」という。）を受けた場合に、当該特定給付対象介護予防サービス等（介護予防サービス費若しくは特例介護予防サービス費又は地域密着型介護予防サービス費若しくは特例地域密着型介護予防サービス費の支給の対象となる部分に限る。）について当該居宅要支援被保険者がなお負担すべき額

3　要介護被保険者が特定給付対象居宅サービス等を受けた場合において、当該要介護被保険者が同一の月に受けた当該特定給付対象居宅サービス等に係る介護サービス費合計額に九十分の十を乗じて得た額が四万四千四百円を超えるときは、当該得た額から四万四千四百円を控除して得た額を高額介護サービス費として当該要介護被保険者に支給する。

4　要介護被保険者が被保護者である場合において、当該要介護被保険者が同一の月において受けた居宅サービス等に係る介護サービス

四　障害者の日常生活及び社会生活を総合的に支援するための法律（平成十七年法律第百二十三号）第五十八条第一項の自立支援医療費、同法第七十条第一項の療養介護医療費又は同法第七十一条第一項の基準該当療養介護医療費の支給

五　石綿による健康被害の救済に関する法律（平成十八年法律第四号）第四条第一項の規定による医療費の支給

五の二　新型インフルエンザ予防接種による健康被害の救済に関する特別措置法（平成二十一年法律第九十八号）第四条第一号の医療費の支給

五の三　難病の患者に対する医療等に関する法律（平成二十六年法律第五十号）第五条第一項の特定医療費の支給

六　沖縄の復帰に伴う厚生省関係法令の適用の特別措置等に関する政令（昭和四十七年政令第百八号）第三条又は第四条の医療費の支給

七　前各号に掲げる給付に準ずるものとして厚生労働大臣が定める給付

（平一二厚令二五・追加、平一二厚令一二七・平一三厚労令二一〇・平一六厚労令五五・平一八厚労令四五・平一八厚労令一〇六・平一八厚労令一六九・平一九厚労令二六・平二一厚労令一五三・平二三厚労令九〇・平二五厚労令四・平二五厚労令五〇・平二五厚労令五九・平二六厚労令一二一・平二七厚労令五七・令二厚労令一九九・令四厚労令一六五・一部改正）

費合計額に九十分の十を乗じて得た額が一万五千円を超えるときは、当該得た額から一万五千円を控除して得た額を高額介護サービス費として当該要介護被保険者に支給する。

5　第二項の場合において、要介護被保険者の属する世帯に属する第一号被保険者のいずれかの居宅サービス等のあった月の属する年の前年（居宅サービス等のあった月が一月から七月までの場合にあっては、前々年。以下この項、次項及び第九項において同じ。）の所得について、第一号に掲げる額（当該居宅サービス等のあった月の属する年の前年の十二月三十一日において世帯主であって、同日において当該世帯主と同一の世帯に属する十九歳未満の者で同年の合計所得金額が三十八万円以下であるもの（第二号において「控除対象者」という。）を有する者にあっては、第一号に掲げる額から第二号に掲げる額を控除して得た額。次項において同じ。）が六百九十万円以上であるときは、第二項中「四万四千四百円」とあるのは、「十四万百円」とする。

一　当該所得が生じた年の翌年の四月一日の属する年度分の地方税法の規定による市町村民税（同法の規定による特別区民税を含む。次条第六項第三号ヘ並びに第七項第一号ヘ及び第二号ヘ、第二十九条の二の二第五項第一号並びに附則第二十一条第一項第三号イ及び第二十二条第一項第三号イにおいて同じ。）に係る同法第三百十四条の二第一項に規定する総所得金額及び山林所得金額並びに他の所得と区分して計算される所得の金額（同法附則第三十三条の二第五項に規定する上場株式等に係る配当所得等の金額（同法附則第三十五条の二の六第八項又は第十一項の規定の適用がある場合には、その適用後の金額）、同法附則第三十三条の三第五項に規定する土地等に係る事業所得等の金額、同法附則第三十四条第四項に規定する長期譲渡所得の金額（租税特別措置法第三十三条の四第一項若しくは第二項、第三十四条第一項、第三十四条の二第一項、第三十四条の三第一項、第三十五条第一項、第三十五条の二第一項、第三十五条の三第一項又は第三十六条の規定の適用がある場合には、これらの規定の適用により同法第三十一条第一項に規定する長期譲渡所得の金額から控除する金額を控除した金額）、地方税法附則第三十五条第五項に規定する短期譲渡所得の金額（租税特別措置法第三十三条の四第一項若しくは第二項、第三十四条第一項、第三十四条の二第一項、第三十四条の三第一項、第三十五条第一項又は第三十六条の規定の適用がある場合には、これらの規定の適用により同法第三十二条第一項に規定する短期譲渡所得の金額から控除する金額を控除した金額）、地方税法附則第三十五条の二第五項に規定する一般株式等に係る譲渡所得等の金額（同法附則第三十五条の三第十五項の規定の適用がある場合には、その適用後の金額）、同法附則第三十五条の二の二第五項に規定する上場株式等に係る譲渡所得等の金額（同法附則第三十五条の二の六第十一項又は第三十五条の三第十三項若しくは第十五項の規定の適用がある場合には、その適用後の金額）、同法附則第三十五条の四第四項に規定する先物取引に係る雑所得等の金額（同法附則第三十五条の四の二第七項の規定の適用がある場合には、その適用後の金額）、外国居住者等の所得に対する相互主義による所得税等の非課税等に関する法律（昭和三十七年法律第百四十四号）第八条第二項（同法第十二条第五項及び第十六条第二項において準用する場合を含む。）に規定する特例適用利子等の額、同法第八条第四項（同法第十二条第六項及び第十六条第三項において準用する場合を含む。）に規定する特例適用配当等の額、租税条約等の実施に伴う所得税法、法人税法及び地方税法の特例等に関する法律（昭和四十四年法律第四十六号）第三条の二の二第十項に規定する条約適用利子等の額及び同条第十二項に規定する条約適用配当等の額をいう。以下同じ。）の合計額から地方税法第三百十四条の二第一項各号及び第二項の規定による控除をした後の金額

二　当該居宅サービス等があった月の属する年の前年の十二月三十一日において十六歳未満の控除対象者の数を三十三万円に乗じて得た額及び同日において十六歳以上の控除対象者の数を十二万円に乗じて得た額の合計額

6　第二項の場合において、要介護被保険者の属する世帯に属する第一号被保険者のいずれかの居宅サービス等のあった月の属する年の前年の所得について、前項第一号に掲げる額が三百八十万円以上六百九十万円未満であるときは、第二項中「四万四千四百円」とあるのは、「九万三千円」とする。

7　第二項の場合において、要介護被保険者が次の各号のいずれかに該当するときは、同項中「四万四千四百円」とあるのは、「二万四千六百円」とする。

一　その属する世帯の世帯主及び全ての世帯員が居宅サービス等のあった月の属する年度（居宅サービス等のあった月が四月から七

月までの場合にあっては、前年度）分の地方税法の規定による市町村民税が課されていない者又は市町村の条例で定めるところにより当該市町村民税を免除された者（当該市町村民税の賦課期日において同法の施行地に住所を有しない者を除く。）である者（第九項において「市町村民税世帯非課税者」という。）

二　その属する世帯の世帯主及び全ての世帯員が居宅サービス等があった月において要保護者（生活保護法第六条第二項に規定する要保護者をいう。以下同じ。）である者であって、第二項及び第二十九条の二の二第二項中「四万四千四百円」とあるのを「二万四千六百円」と読み替えてこれらの規定が適用されたならば保護（生活保護法第二条に規定する保護をいう。以下同じ。）を必要としない状態となるもの

8　第二項の場合において、要介護被保険者の属する世帯の世帯主及び全ての世帯員が居宅サービス等があった月において要保護者である者であって、同項及び第二十九条の二の二第二項中「四万四千四百円」とあるのを「一万五千円」と読み替えてこれらの規定が適用されたならば保護を必要としない状態となるもの（前項第二号に掲げる者を除く。）であるときは、第二項中「四万四千四百円」とあるのは、「一万五千円」とする。

9　要介護被保険者（被保護者及び前項に規定する要保護者を除く。）が、市町村民税世帯非課税者であり、かつ、居宅サービス等のあった月の属する年の前年中の公的年金等の収入金額及び同年の合計所得金額から所得税法第三十五条第二項第一号に掲げる金額を控除して得た額の合計額が八十万円以下である場合又は国民年金法等の一部を改正する法律（昭和六十年法律第三十四号。以下「昭和六十年国民年金等改正法」という。）附則第三十二条第一項の規定によりなお従前の例によるものとされた昭和六十年国民年金等改正法第

一条の規定による改正前の国民年金法（昭和三十四年法律第百四十一号）に基づく老齢福祉年金（その全額につき支給が停止されているものを除く。以下「老齢福祉年金」という。）の受給権を有している場合であって、当該要介護被保険者が同一の月に受けた居宅サービス等に係る要介護被保険者利用者負担合算額から一万五千円を控除して得た額が、第七項の規定により読み替えて適用する第二項の規定により当該要介護被保険者に対して支給されるべき高額介護サービス費の額を超えるときは、当該要介護被保険者に対して支給される高額介護サービス費の額は、第七項の規定により読み替えて適用する第二項の規定にかかわらず、当該要介護被保険者利用者負担合算額から一万五千円を控除して得た額とする。

10　要介護被保険者が法第四十一条第一項に規定する指定居宅サービス事業者、法第四十二条の二第一項に規定する指定地域密着型サービス事業者又は介護保険施設（以下この項において「指定居宅サービス事業者等」という。）について原爆一般疾病医療費の支給その他厚生労働省令で定める給付（第二十九条の二の二第十項において「特定公費負担給付」という。）が行われるべき居宅サービス等を受けた場合又は被保護者である要介護被保険者が指定居宅サービス事業者等について居宅サービス等を受けた場合において、当該居宅サービス等に係る介護サービス費合計額に九十分の十を乗じて得た額の支払が行われなかったときは、市町村は、当該居宅サービス等に要した費用のうち第三項又は第四項の規定による高額介護サービス費として要介護被保険者に支給すべき額に相当する額を当該指定居宅サービス事業者等に支払うものとする。

11　前項の規定による支払があったときは、要介護被保険者に対し、第三項又は第四項の規定による高額介護サービス費の支給があったものとみなす。

12　要介護被保険者が同一の月において居宅要支援被保険者としての期間を有する場合は、当該要介護被保険者が当該月に受けた居宅サービス等及び介護予防サービス等に係る第二項から前項までの規定の適用につい

（令第二十二条の二の二第十項の厚生労働省令で定める給付）

第八十三条の三　令第二十二条の二の二第十項の厚生労働省令で定める給付は、次のとおりとする。

一　感染症の予防及び感染症の患者に対する医療に関する法律第三十七条の二第一項の規定により費用の負担が行われる医療に関する給付又は当該医療に要する費用の支給

二　障害者の日常生活及び社会生活を総合的に支援するための法律第五十八条第一項の自立支援医療費、同法第七十条第一項の療養介護医療費又は同法第七十一条第一項の基準該当療養介護医療費の支給

三　石綿による健康被害の救済に関する法律第四条第一項の規定による医療費の支給

三の二　難病の患者に対する医療等に関する法律第五条第一項の特定医療費の支給

四　沖縄の復帰に伴う厚生省関係法令の適用の特別措置等に関する政令第三条又は第四条の医療費の支給

五　前各号に掲げる給付に準ずるものとして厚生労働大臣が定める給付

（平一二厚令二五・追加、平一二厚令一二七・平一八厚労令四五・平一八厚労令一〇六・平一八厚労令一六九・平一九厚労令二六・平二五厚労令四・平二六厚労令一二一・平二七厚

法律

（高額医療合算介護サービス費の支給）

第五十一条の二　市町村は、要介護被保険者の介護サービス利用者負担額（前条第一項の高額介護サービス費が支給される場合にあっては、当該支給額に相当する額を控除して得た額）及び当該要介護被保険者に係る健康保険法第百十五条第一項に規定する一部負担金等の額（同項の高額療養費が支給される場合にあっては、当該支給額に相当する額を控除して得た額）その他の医療保険各法又は高齢者の医療の確保に関する法律（昭和五十七年法律第八十号）に規定するこれに相当する額として政令で定める額の合計額が、著しく高額であるときは、当該要介護被保険者に対し、高額医療合算介護サービス費を支給する。

2　前条第二項の規定は、高額医療合算介護サービス費の支給について準用する。

（平一八法八三・追加）

施行令

ては、当該要介護被保険者は当該月を通じて要介護被保険者であったものとみなし、当該月に当該要介護被保険者が受けた介護予防サービス等に関して支給される介護予防サービス費若しくは特例介護予防サービス費又は地域密着型介護予防サービス費若しくは特例地域密着型介護予防サービス費は、居宅介護サービス費若しくは特例居宅介護サービス費又は地域密着型介護サービス費若しくは特例地域密着型介護サービス費として支給されるものとみなす。

13　高額介護サービス費の支給に関する手続について必要な事項は、厚生労働省令で定める。

（平一二政一二・追加、平一二政三〇九・平一七政二九〇・平一八政二八・平一八政一五四・平二〇政一六・一部改正、平二七政一三八・旧第二十二条の二繰下・一部改正、平二八政二六・平二八政四〇〇・平二九政二一二・平三〇政五六・平三〇政二一三・令三政九七・令四政一三三・一部改正）

（高額医療合算介護サービス費）

第二十二条の三　法第五十一条の二第一項に規定する政令で定める額は、次のとおりとする。

一　健康保険法（大正十一年法律第七十号）第百十五条第一項に規定する一部負担金等の額（同項の高額療養費が支給される場合にあっては、当該支給額に相当する額を控除して得た額とする。）

二　船員保険法第八十三条第一項に規定する一部負担金等の額（同項の高額療養費が支給される場合にあっては、当該支給額に相当する額を控除して得た額とする。）

三　国民健康保険法（昭和三十三年法律第百九十二号）第五十七条の二第一項に規定する一部負担金等の額（同項の高額療養費が支給される場合にあっては、当該支給額に相当する額を控除して得た額とする。）

四　国家公務員共済組合法（昭和三十三年法律第百二十八号）第六十条の二第一項に規定する一部負担金等の額（同項の高額療養費が支給される場合にあっ

施行規則

労令五七・平二九厚労令八五・令三厚労令七〇・一部改正）

（高額介護サービス費の支給の申請）

第八十三条の四　令第二十二条の二の二の規定による高額介護サービス費の支給を受けようとする要介護被保険者は、次に掲げる事項を記載した申請書を市町村に提出しなければならない。

一　当該要介護被保険者の氏名、生年月日、住所及び個人番号並びに被保険者証の番号

二　当該要介護被保険者が同一の月に受けた居宅サービス等（令第二十二条の二の二第一項に規定する居宅サービス等をいう。以下同じ。）に係る令第二十二条の二の二第二項第二号に掲げる額

2　前項第二号に掲げる額については、同項の申請書に証拠書類を添付しなければならない。

3　高額介護サービス費が、令第二十二条の二の二第七項から第九項までの規定によるものであるときは、第一項の申請書にその事実を証する書類を添付しなければならない。ただし、市町村は、当該書類により明らかにすべき事実を公簿等によって確認することができるときは、当該書類を省略させることができる。

（平一二厚令二五・追加、平一七厚労令一三八・平二七厚労令五七・平二七厚労令一五〇・平二九厚労令八五・令三厚労令七〇・令四厚労令五六・一部改正）

ては、当該支給額に相当する額を控除して得た額とする。）

五　地方公務員等共済組合法（昭和三十七年法律第百五十二号）第六十二条の二第一項に規定する一部負担金等の額（同項の高額療養費が支給される場合にあつては、当該支給額に相当する額を控除して得た額とする。）

六　私立学校教職員共済法（昭和二十八年法律第二百四十五号）第二十五条において準用する国家公務員共済組合法第六十条の二第一項に規定する一部負担金等の額（私立学校教職員共済法第二十五条において準用する同項の高額療養費が支給される場合にあつては、当該支給額に相当する額を控除して得た額とする。）

七　高齢者の医療の確保に関する法律（昭和五十七年法律第八十号）第八十四条第一項に規定する一部負担金等の額（同項の高額療養費が支給される場合にあつては、当該支給額に相当する額を控除して得た額とする。）

2　高額医療合算介護サービス費は、次に掲げる額を合算した額から七十歳以上医療合算支給総額（次項の七十歳以上医療合算利用者負担世帯合算額から同項の七十歳以上医療合算算定基準額を控除した額（当該額が高額医療合算介護サービス費の支給の事務の執行に要する費用を勘案して厚生労働大臣が定める支給基準額（以下この条において「支給基準額」という。）以下である場合又は当該七十歳以上医療合算利用者負担世帯合算額の算定につき同項ただし書に該当する場合には、零とする。）をいう。）を控除した額（以下この項において「医療合算利用者負担世帯合算額」という。）が医療合算算定基準額に支給基準額を加えた額を超える場合に第一号に規定する基準日被保険者に支給するものとし、その額は、医療合算利用者負担世帯合算額から医療合算算定基準額を控除した額に医療合算按分率（同号、第二号、第四号及び第五号に掲げる額の合算額から次項の規定により高額医療合算介護サービス費が支給される場合における当該支給額の算定に係る同項の七十歳以上医療合算利用者負担世帯合算額から同項に規定する七十歳以上医療合算算定基準額を控除した額に同項に規定する七十歳以上医療合算按分率を乗じて得た額（以下この項において「七十歳以上世帯支給額」という。）を控除した額を、医療合算利用者負担世帯合算額で除して得た率をいう。）を乗じて得た額に被保険者医療合算按分率（第一号に掲げる額から次項の規定により支給される高額医療合算介護サービス費を控除した額を、同号、第二号、第四号及び第五号に掲げる額の合算額から七十歳以上世帯支給額を控除した額で除して得た率をいう。）を乗じて得た額とする。ただし、第一号から第六号までに掲げる額を合算した額又は第七号に掲げる額が零であるときは、この限りでない。

一　毎年八月一日から翌年七月三十一日までの期間（以下この条及び第二十九条の三第三項において「計算期間」という。）において、計算期間の末日（以下この条において「基準日」という。）において当該市町村の行う介護保険の被保険者である者（以下この条において「基準日被保険者」という。）が受けた居宅サービス等に係る前条第二項第一号及び第二号に掲げる額の合算額（同項の規定により高額介護サービス費が支給される場合にあっては、当該支給額を控除した額とする。）

二　計算期間において、基準日被保険者が受けた介護予防サービス等に係る前条第二項第三号及び第四号に掲げる額の合算額（第二十九条の二の二第二項の規定により高額介護予防サービス費が支給される場合にあっては、当該支給額を控除した額とする。）

三　計算期間において、基準日被保険者が他の市町村の行う介護保険の被保険者であった間に受けた居宅サービス等及び介護予防サービス等に係る前条第二項第一号から第四号までに掲げる額の合算額（同項の規定により高額介護サービス費が支給される場合又は第二十九条の二の二第二項の規定により高額介護予防サービス費が支給される場合にあっては、これらの支給額の合計額を控除した額とする。）

四　計算期間において、基準日被保険者の合算対象者が当該市町村の行う介護保険の被保険者であった間に受けた居宅サービス等に係る第一号に規定する合算額

五　計算期間において、基準日被保険者の合算対象者が当該市町村の行う介護保険の被保険者であった間に受けた介護予防サービス

等に係る第二号に規定する合算額

六　計算期間において、基準日被保険者の合算対象者が他の市町村の行う介護保険の被保険者であった間に受けた居宅サービス等及び介護予防サービス等に係る第三号に規定する合算額

七　次のイからリまでに掲げる基準日被保険者の区分に応じ、それぞれイからリまでに定める額

イ　基準日において健康保険法の規定による被保険者（同法第三条第二項の規定による日雇特例被保険者、国家公務員共済組合法及び地方公務員等共済組合法に基づく共済組合の組合員並びに私立学校教職員共済法の規定による私立学校教職員共済制度の加入者を除く。第四項において「健康保険被保険者」という。）又はその被扶養者（健康保険法の規定による被扶養者をいう。同項において「健康保険被扶養者」という。）である者　健康保険法施行令（大正十五年勅令第二百四十三号）第四十三条の二第一項第一号から第五号までに掲げる額の合算額

ロ　基準日において日雇特例被保険者（健康保険法施行令第四十一条の二第九項に規定する日雇特例被保険者をいう。第四項において同じ。）又はその被扶養者（健康保険法の規定による被扶養者をいう。同項において「日雇特例被扶養者」という。）である者　健康保険法施行令第四十四条第二項において準用する同令第四十三条の二第一項第一号、第三号及び第五号に掲げる額の合算額

ハ　基準日において船員保険法の規定による被保険者（国家公務員共済組合法及び地方公務員等共済組合法に基づく共済組合の組合員を除く。第四項において「船員保険被保険者」という。）又はその被扶養者（船員保険法の規定による被扶養者をいう。同項において「船員保険被扶養者」という。）である者　船員保険法施行令（昭和二十八年政令第二百四十号）第十一条第一項第一号から第三号までに掲げる額の合算額

ニ　基準日において国民健康保険法の規定による被保険者（以下この条において「国民健康保険被保険者」という。）である者（基準日において同法第六条各号（第九号及び第十号を除く。）のいずれかに該当することにより、当該基準日の翌日から国民健康保険被保険者の資格を喪失することとなる者を除く。以下この条において同じ。）　国民健康保険法施行令（昭和三十三年政令第三百六十二号）第二十九条の四の二第一項第一号から第五号までに掲げる額の合算額

法律

施行令

ホ　基準日において国家公務員共済組合法に基づく共済組合の組合員（防衛省の職員の給与等に関する法律施行令（昭和二十七年政令第三百六十八号）第十七条の三第一項に規定する自衛官等（以下この条において「自衛官等」という。）を除く。第四項において「国共済組合員」という。）又はその被扶養者（同法の規定による被扶養者をいい、自衛官等の被扶養者を含む。同項において「国共済被扶養者」という。）である者　国家公務員共済組合法施行令（昭和三十三年政令第二百七号）第十一条の三の六の二第一項第一号から第五号までに掲げる額の合算額

ヘ　基準日において自衛官等である者　防衛省の職員の給与等に関する法律施行令第十七条の六の四第一項第一号から第三号までに掲げる額の合算額

ト　基準日において地方公務員等共済組合法に基づく共済組合の組合員（第四項において「地共済組合員」という。）又はその被扶養者（同法の規定による被扶養者をいう。同項において「地共済被扶養者」という。）である者　地方公務員等共済組合法施行令（昭和三十七年政令第三百五十二号）第二十三条の三の六第一項第一号から第五号までに掲げる額の合算額

チ　基準日において私立学校教職員共済法の規定による私立学校教職員共済制度の加入者（第四項において「私学共済加入者」という。）又はその被扶養者（同法第二十五条において準用する国家公務員共済組合法の規定による被扶養者をいう。同項において「私学共済被扶養者」という。）である者　私立学校教職員共済法施行令（昭和二十八年政令第四百二十五号）第六条において準用する国家公務員共済組合法施行令第十一条の三の六の二第一項第一号から第五号までに掲げる額の合算額

リ　基準日において高齢者の医療の確保に関する法律の規定による被保険者（以下この条において「後期高齢者医療の被保険者」という。）である者　高齢者の医療の確保に関する法律施行令（平成十九年政令第三百十八号）第十六条の二第一項第一号から第三号までに掲げる額の合算額

3　前項各号に掲げる額のうち、七十歳に達する日の属する月の翌月以後に受けた居宅サービス等若しくは介護予防サービス等又は同項第七号イからリまでに定める額に係る規定に規定する療養（以下こ

施行規則

（令第二十二条の三第三項の厚生労働省令で定めるところにより算定した額等）

第八十三条の四の二　令第二十二条の三第三項の七十歳以上合算対象

の項において「七十歳以上合算対象サービス」という。）に係る額に相当する額として厚生労働省令で定めるところにより算定した額を合算した額（以下この項において「七十歳以上医療合算利用者負担世帯合算額」という。）が七十歳以上医療合算算定基準額に支給基準額を加えた額を超える場合は、七十歳以上医療合算利用者負担世帯合算額から七十歳以上医療合算算定基準額を控除した額に七十歳以上医療合算按分率（七十歳以上合算対象サービスに係る前項第一号、第二号、第四号及び第五号に掲げる額に相当する額として厚生労働省令で定めるところにより算定した額を合算した額を、七十歳以上医療合算利用者負担世帯合算額で除して得た率をいう。）を乗じて得た額に七十歳以上被保険者医療合算按分率（七十歳以上合算対象サービスに係る同項第一号に掲げる額に相当する額として厚生労働省令で定めるところにより算定した額を、七十歳以上合算対象サービスに係る同号、同項第二号、第四号及び第五号に掲げる額に相当する額として厚生労働省令で定めるところにより算定した額を合算した額で除して得た率をいう。）を乗じて得た額を高額医療合算介護サービス費として基準日被保険者に支給する。ただし、七十歳以上合算対象サービスに係る同項第一号から第六号までに掲げる額に相当する額として厚生労働省令で定めるところにより算定した額を合算した額又は七十歳以上合算対象サービスに係る同項第七号に掲げる額に相当する額として厚生労働省令で定めるところにより算定した額が零であるときは、この限りでない。

4　第二項の基準日被保険者の合算対象者は、次の各号に掲げる基準日被保険者の区分に応じ、当該各号に定める者とする。

一　基準日において被用者保険被保険者等（健康保険被保険者、日雇特例被保険者、船員保険被保険者、国共済組合員、自衛官等、地共済組合員又は私学共済加入者をいう。以下この条において同じ。）である者　基準日においてその被扶養者（健康保険被扶養者、日雇特例被扶養者、船員保険被扶養者、国共済被扶養者、地共済被扶養者又は私学共済被扶養者をいう。以下この条において同じ。）である者

二　基準日において被扶養者である者　基準日において当該者がその被扶養者である被用者保険被保険者等である者又は基準日において当該被用者保険被保険者等の被扶養者である当該者以外の者

三　基準日において国民健康保険被保険者である者　基準日において当該者と同一の世帯に属する当該者以外の国民健康保険被保険者である者

サービスに係る額に相当する額として厚生労働省令で定めるところにより算定した額は、次の各号に掲げる額の区分に応じ、それぞれ当該各号に定める額とする。

一　令第二十二条の三第二項第一号に相当する額　七十歳に達する日の属する月の翌月以後に受けた居宅サービス等に係る同号に掲げる額

二　令第二十二条の三第二項第二号に相当する額　七十歳に達する日の属する月の翌月以後に受けた介護予防サービス等（令第二十二条の二の二第二項に規定する介護予防サービス等をいう。以下同じ。）に係る同号に掲げる額

三　令第二十二条の三第二項第三号に相当する額　七十歳に達する日の属する月の翌月以後に受けた居宅サービス等及び介護予防サービス等に係る同号に掲げる額

四　令第二十二条の三第二項第四号に相当する額　七十歳に達する日の属する月の翌月以後に受けた居宅サービス等に係る同号に掲げる額

五　令第二十二条の三第二項第五号に相当する額　七十歳に達する日の属する月の翌月以後に受けた介護予防サービス等に係る同号に掲げる額

六　令第二十二条の三第二項第六号に相当する額　七十歳に達する日の属する月の翌月以後に受けた居宅サービス等及び介護予防サービス等に係る同号に掲げる額

七　令第二十二条の三第二項第七号イからリまでのそれぞれに相当する額　七十歳に達する日の属する月の翌月以後に受けた同号イからリまでのそれぞれに規定する療養に係る同号イからリまでのそれぞれに掲げる額

（平二〇厚労令七七・追加、平二一厚労令五四・平二七厚労令五七・一部改正）

四　基準日において後期高齢者医療の被保険者である者　基準日において当該者と同一の世帯に属する当該者以外の後期高齢者医療の被保険者である者

5　第二項から前項までの規定は、当該計算期間において当該市町村が行う介護保険の被保険者であった者（基準日において当該市町村が行う介護保険の被保険者である者を除く。）に対する高額医療合算介護サービス費の支給について準用する。

6　第二項（前項において準用する場合を含む。）の医療合算算定基準額は、次の各号に掲げる基準日被保険者の区分に応じ、それぞれ当該各号に定める額とする。

一　基準日において被用者保険被保険者等又はその被扶養者である者　次のイからホまでに掲げる者の区分に応じ、それぞれイからホまでに定める額

イ　ロからホまでに掲げる者以外の者　六十七万円

ロ　基準日の属する月の標準報酬月額等（医療保険各法（国民健康保険法を除く。）に規定する標準報酬月額、標準報酬の月額、給料の額及び標準給与の月額をいう。以下この項及び次項において同じ。）が八十三万円以上の被用者保険被保険者等又はその被扶養者　二百十二万円

ハ　基準日の属する月の標準報酬月額等が五十三万円以上八十三万円未満の被用者保険被保険者等又はその被扶養者　百四十一万円

ニ　基準日の属する月の標準報酬月額等が二十八万円未満の被用者保険被保険者等又はその被扶養者（ホに掲げる者を除く。）　六十万円

ホ　市町村民税非課税者（基準日の属する年度の前年度（第九項の規定により当該基準日の属する年の前年八月一日から当該基準日の属する年の三月三十一日までのいずれかの日を基準日とみなした場合にあっては、当該基準日とみなした日の属する年度。以下この項及び次項において同じ。）分の地方税法の規定による市町村民税が課されない者（市町村の条例で定めるところにより当該市町村民税を免除された者を含むものとし、当該市町村民税の賦課期日において同法の施行地に住所を有しない者を除く。）をいう。次項において同じ。）である被用者保険被保険者等又はその被扶養者（ロ及びハに掲げる者を除く。）　三

十四万円

二　基準日において国民健康保険被保険者である者　次のイからホまでに掲げる場合に応じ、それぞれイからホまでに定める額

イ　ロからホまでに掲げる場合以外の場合　六十七万円

ロ　基準日の属する月における厚生労働省令で定める日において当該国民健康保険被保険者の属する世帯に属する全ての国民健康保険被保険者について当該基準日の属する年の前々年（第九項の規定により当該基準日の属する年の前年八月一日から同年十二月三十一日までのいずれかの日を基準日とみなした場合にあっては、当該基準日とみなした日の属する年の前年。ハ及びニにおいて同じ。）の国民健康保険法施行令第二十九条の四の三第二項に規定する基準所得額を合算した額が九百一万円を超える場合　二百十二万円

ハ　基準日の属する月における厚生労働省令で定める日において当該国民健康保険被保険者の属する世帯に属する全ての国民健康保険被保険者について当該基準日の属する年の前々年の国民健康保険法施行令第二十九条の四の三第二項に規定する基準所得額を合算した額が六百万円を超え九百一万円以下の場合　百四十一万円

ニ　基準日の属する月における厚生労働省令で定める日において当該国民健康保険被保険者の属する世帯に属する全ての国民健康保険被保険者について当該基準日の属する年の前々年の国民健康保険法施行令第二十九条の四の三第二項に規定する基準所得額を合算した額が二百十万円以下の場合（ホに掲げる者を除く。）　六十万円

ホ　基準日の属する月における厚生労働省令で定める日において、(1)及び(2)に掲げる区分に従い、それぞれ(1)及び(2)に定める者の全てについて当該基準日の属する年度の前年度分の地方税法の規定による市町村民税が課されない場合又は市町村の条例で定めるところにより当該市町村民税が免除される場合（これらの者のいずれかが当該市町村民税の賦課期日において同法の施行地に住所を有しない者である場合を除く。次項において「市町村民税国保世帯非課税の場合」という。）　三十四万円

(1)　当該国民健康保険被保険者が都道府県が当該都道府県内の市町村とともに行う国民健康保険の被保険者である場合　当該者の属する世帯の世帯主及びその世帯に属する当該都道府県が当該都道府県内の市町村とともに行う国民健康保険の被

法律

施行令

保険者である者

(2)　当該国民健康保険被保険者が組合が行う国民健康保険の被保険者である場合　当該者の属する世帯に属する当該組合の組合員及びその世帯に属する当該組合が行う国民健康保険の被保険者である者

三　基準日において後期高齢者医療の被保険者である者　次のイからヘまでに掲げる者の区分に応じ、それぞれイからヘまでに定める額

イ　ロからヘまでに掲げる者以外の者　五十六万円

ロ　基準日において療養の給付（高齢者の医療の確保に関する法律による療養の給付をいう。）を受けることとした場合に同法第六十七条第一項第三号の規定が適用される者（ハ及びニにおいて「第三号適用者」という。）であって、所得の額（同号に規定する所得の額をいう。ハ及びニにおいて同じ。）が六百九十万円以上であるもの　二百十二万円

ハ　第三号適用者であって、所得の額が三百八十万円以上六百九十万円未満であるもの　百四十一万円

ニ　第三号適用者であって、所得の額が三百八十万円未満であるもの　六十七万円

ホ　市町村民税世帯非課税者（高齢者の医療の確保に関する法律施行令第十六条の三第一項第三号の市町村民税世帯非課税者をいう。）（ヘに掲げる者を除く。）　三十一万円

ヘ　基準日の属する月における厚生労働省令で定める日において当該後期高齢者医療の被保険者の属する世帯の世帯主及び全ての世帯員が当該基準日の属する年度の前年度分の地方税法の規定による市町村民税に係る各種所得の金額（高齢者の医療の確保に関する法律施行令第十五条第一項第六号に規定する「各種所得の金額」をいう。次項において同じ。）及び他の所得と区分して計算される所得の金額がない者　十九万円（計算期間において、当該基準日被保険者及び当該基準日被保険者の合算対象者のうち複数の者が介護保険の被保険者であった間に居宅サービス等又は介護予防サービス等を受けた場合にあっては、三十一万円とする。）

7　第三項（第五項において準用する場合を含む。）の七十歳以上医療合算算定基準額は、次の各号に掲げる基準日被保険者の区分に応

施行規則

じ、それぞれ当該各号に定める額とする。

一　基準日において被用者保険被保険者等又はその被扶養者である者　次のイからへまでに掲げる者の区分に応じ、それぞれイからへまでに定める額

イ　ロからへまでに掲げる者以外の者　五十六万円

ロ　基準日において療養の給付（健康保険法、船員保険法、国家公務員共済組合法（私立学校教職員共済法第二十五条において準用する場合を含む。）又は地方公務員等共済組合法による療養の給付をいう。）を受けることとした場合に、健康保険法第七十四条第一項第三号、船員保険法第五十五条第一項第三号、国家公務員共済組合法第五十五条第二項第三号（私立学校教職員共済法第二十五条の規定により読み替えて準用する場合を含む。）又は地方公務員等共済組合法第五十七条第二項第三号の規定が適用される被用者保険被保険者等（ハ及びニにおいて「第三号適用者」という。）であって、基準日の属する月の標準報酬月額等が八十三万円以上のもの又はその被扶養者　二百十二万円

ハ　第三号適用者であって、基準日の属する月の標準報酬月額等が五十三万円以上八十三万円未満のもの又はその被扶養者　百四十一万円

ニ　第三号適用者であって、基準日の属する月の標準報酬月額等が五十三万円未満のもの又はその被扶養者　六十七万円

ホ　市町村民税非課税者である被用者保険被保険者等又はその被扶養者（ロからニまで又はへに掲げる者を除く。）　三十一万円

へ　被用者保険被保険者等及び基準日の属する月における厚生労働省令で定める日においてその被扶養者である者の全てが当該基準日の属する年度の前年度分の地方税法の規定による市町村民税に係る各種所得の金額及び他の所得と区分して計算される所得の金額がない被用者保険被保険者等又はその被扶養者（ロからニまでに掲げる者を除く。）　十九万円（計算期間において、当該基準日被保険者又は当該基準日被保険者の合算対象者のうち複数の者が介護保険の被保険者であった間に居宅サービス等又は介護予防サービス等を受けた場合にあっては、三十一万円とする。）

二　基準日において国民健康保険被保険者である者　次のイからへまでに掲げる場合に応じ、それぞれイからへまでに定める額

イ　ロからへまでに掲げる場合以外の場合　五十六万円

法律

施行令

ロ　基準日において当該国民健康保険被保険者が療養の給付（国民健康保険法による療養の給付をいう。）を受けることとした場合において、同法第四十二条第一項第四号の規定が適用される者（ハ及びニにおいて「第四号適用者」という。）であって、所得の額（同号に規定する所得の額をいう。ハ及びニにおいて同じ。）が六百九十万円以上のものであるとき。　二百十二万円

ハ　第四号適用者であって、所得の額が三百八十万円以上六百九十万円未満のものであるとき。　百四十一万円

ニ　第四号適用者であって、所得の額が三百八十万円未満のものであるとき。　六十七万円

ホ　市町村民税国保世帯非課税の場合（へに掲げる場合を除く。）　三十一万円

へ　基準日の属する月における厚生労働省令で定める日において、前項第二号ホ⑴及び⑵に掲げる区分に従い、それぞれ当該⑴及び⑵に定める者の全てについて当該基準日の属する年度の前年度分の地方税法の規定による市町村民税に係る各種所得金額及び他の所得と区分して計算される所得の金額がない場合　十九万円（計算期間において、当該基準日被保険者及び当該基準日被保険者の合算対象者のうち複数の者が介護保険の被保険者であった間に居宅サービス等又は介護予防サービス等を受けた場合にあっては、三十一万円とする。）

三　基準日において後期高齢者医療の被保険者である者　前項第三号に定める額

8　要介護被保険者が計算期間における同一の月において居宅要支援被保険者としての期間を有する場合における第二項から第四項まで（これらの規定を第五項において準用する場合を含む。）及び第五項から前項までの規定の適用については、前条第十二項の規定を準用する。

9　被保険者が計算期間において医療保険加入者又は後期高齢者医療の被保険者でなくなり、かつ、その医療保険加入者又は後期高齢者医療の被保険者でなくなった日以後の当該計算期間において新たに医療保険加入者又は後期高齢者医療の被保険者とならない場合その他厚生労働省令で定める場合における高額医療合算介護サービス費の支給については、当該日の前日（当該厚生労働省令で定める場合

施行規則

（令第二十二条の三第九項の厚生労働省令で定める場合及び厚生労働省令で定める日）

第八十三条の四の三　令第二十二条の三第九項の厚生労働省令で定める場合は、被保険者であった者が計算期間（同条第二項第一号に規定する計算期間をいう。以下この条及び次条において同じ。）において、医療保険加入者又は高齢者の医療の確保に関する法律（昭和

にあっては、厚生労働省令で定める日）を基準日とみなして、この条の規定を適用する。

10 高額医療合算介護サービス費の支給に関する手続について必要な事項は、厚生労働省令で定める。

（平二〇政一一六・追加、平二一政二九六・平二六政一一九・平二六政三六五・平二七政一三八・平二九政二一二・平二九政二一三・平三〇政四九・平三〇政五六・平三〇政二一〇・令二政三八一・令三政九七・令四政一四・一部改正）

五十七年法律第八十号）の規定による被保険者（以下この条において「医療保険加入者等」という。）の資格を喪失し、かつ、当該資格を喪失した日以後の計算期間において医療保険加入者等とならない場合とする。

2 令第二十二条の三第九項の厚生労働省令で定める日は、当該医療保険加入者等の資格を喪失した日の前日とする。

（平二〇厚労令七七・追加）

（高額医療合算介護サービス費の支給の申請）

第八十三条の四の四 法第五十一条の二の規定により高額医療合算介護サービス費の支給を受けようとする被保険者は、次に掲げる事項を記載した申請書を、計算期間において当該被保険者に対し介護保険を行った市町村に提出しなければならない。ただし、令第二十二条の三第二項ただし書又は同条第三項ただし書に該当する場合にあっては、この限りでない。

一 当該被保険者の氏名、生年月日、住所、個人番号及び被保険者証の番号

二 当該被保険者の合算対象者（令第二十二条の三第二項第四号に規定する合算対象者をいう。以下この条において同じ。）の氏名、生年月日、個人番号及び被保険者証の番号

三 当該被保険者の当該計算期間における当該市町村の行う介護保険の加入期間

四 当該被保険者の基準日（令第二十二条の三第二項第一号に規定する基準日をいう。第三項において同じ。）に加入していた医療保険者（法第七条第七項に規定する医療保険者及び高齢者の医療の確保に関する法律第四十八条に規定する後期高齢者医療広域連合（以下「後期高齢者医療広域連合」という。）をいう。以下この条において同じ。）の名称及び所在地

2 市町村は、前項の申請があったときは、当該被保険者に対し、次に掲げる事項を記載した証明書を交付しなければならない。ただし、第六項に規定する場合に該当するときは、この限りでない。

一 前項第一号（個人番号を除く。）及び第三号に掲げる事項

二 令第二十二条の三第二項第一号に掲げる額又は第八十三条の四の二第一項第一号に掲げる額

三 その他必要な事項

3 第一項の規定による申請書の提出を受けた市町村は、医療保険者から当該申請に係る高額医療合算介護サービス費の支給額を通知されたときは、当該被保険者に当該支給額を通知するとともに当該支

法律

（特定入所者介護サービス費の支給）

第五十一条の三　市町村は、要介護被保険者のうち所得及び資産の状況その他の事情をしん酌して厚生労働省令で定めるものが、次に掲げる指定施設サービス等、指定地域密着型サービス又は指定居宅サービス（以下この条及び次条第一項において「特定介護サービス」という。）を受けたときは、当該要介護被保険者（以下この条及び次条第一項において「特定入所者」という。）に対し、当該特

施行令

施行規則

給額を支給しなければならない。ただし、当該申請に係る基準日の翌日から二年以内に当該医療保険者から高額医療合算介護サービス費の支給に必要な事項の通知が行われない場合において、申請者に対して当該申請に関する確認を行ったときは、当該申請書は提出されなかったものとみなすことができる。

4　前項の規定にかかわらず、市町村は、当該申請に係る被保険者が次のいずれかに該当する者であって、計算期間において当該被保険者及びその合算対象者のうち複数の者が居宅サービス等又は介護予防サービス等を受けた場合にあっては、当該申請に係る高額医療合算介護サービス費の支給額を計算し、当該被保険者に当該支給額を通知するとともに当該支給額を支給しなければならない。

一　令第二十二条の三第六項第三号へに掲げる者

二　令第二十二条の三第七項第一号へに掲げる者

三　令第二十二条の三第七項第二号へに掲げる者

5　市町村は、精算対象者（計算期間の中途で死亡した者その他これに準ずる者をいう。）に係る高額医療合算介護サービス費の支給のために必要な場合において、当該精算対象者の合算対象者から申請があったときは、第二項の証明書を交付するものとする。

6　第一項の申請書は、医療保険者を経由して提出することができる。この場合において、当該医療保険者を経由して当該申請書の提出を受けた市町村は、当該医療保険者に対し、同項第三号に掲げる事項並びに第二項第二号及び第三号に掲げる事項に関する情報を提供しなければならない。

7　前各項の規定は、計算期間において市町村が行う介護保険の被保険者であった者に係る高額医療合算介護サービス費の支給について準用する。

（平二〇厚労令七七・追加、平二七厚労令一五〇・平三〇厚労令九七・平三〇厚労令一二三・令三厚労令一四六・令四厚労令五六・一部改正）

（法第五十一条の三第一項の厚生労働省令で定める要介護被保険者）

第八十三条の五　法第五十一条の三第一項の厚生労働省令で定める要介護被保険者は、次のいずれかに該当していることにつき市町村の認定を受けている者（短期入所生活介護及び短期入所療養介護を受けた者については、当該サービスにつき居宅介護サービス費又は特例居宅介護サービス費の支給を受ける者に限る。）とする。

定介護サービスを行う介護保険施設、指定地域密着型サービス事業者又は指定居宅サービス事業者（以下この条において「特定介護保険施設等」という。）における食事の提供に要した費用及び居住又は滞在（以下「居住等」という。）に要した費用について、特定入所者介護サービス費を支給する。ただし、当該特定入所者が、第三十七条第一項の規定による指定を受けている場合において、当該指定に係る種類以外の特定介護サービスを受けたときは、この限りでない。

一　指定介護福祉施設サービス

二　介護保健施設サービス

三　介護医療院サービス

四　地域密着型介護老人福祉施設入所者生活介護

五　短期入所生活介護

六　短期入所療養介護

2　特定入所者介護サービス費の額は、第一号に規定する額及び第二号に規定する額の合計額とする。

一　特定介護保険施設等における食事の提供に要する平均的な費用の額を勘案して厚生労働大臣が定める費用の額（その額が現に当該食事の提供に要した費用の額を超えるときは、当該現に食事の提供に要した費用の額とする。以下この条及び次条第二項において「食費の基準費用額」という。）から、平均的な家計における食費の状況及び特定入所者の所得の状況その他の事情を勘案して厚生労働大臣が定める額（以下この条及び次条第二項において「食費の負担限度額」という。）を控除した額

＊厚生労働大臣が定める費用の額＝〔告〕介護保険法第五十一条の三第二項第一号及び第六十一条の三第二項第一号に規定する特定介護保険施設等及び特定介護予防サービス事業者における食事の提供に要する平均的な費用の額を勘案して厚生労働大臣が定める費用の額（平一七厚労告四一一）

＊厚生労働大臣が定める額＝〔告〕介護保険法第五十一条の三第二項第一号及び第六十一条の三第二項第一号に規定する食費の負担限度額（平一七厚労告四一三）

二　特定介護保険施設等における居住等に要する平均的な費用の額及び施設の状況その他の事情を勘案して厚生労働大臣が定める費用の額（その額が現に当該居住等に要した費用の額を超えるときは、当該現に居住等に要した費用の額とする。以下この条及び次条第二項において「居住費の基準費用額」という。）から、特定入所者の所得の状況その他の事情を勘案して厚生労働大臣が定める額（以下この条及び次条第二項において「居住費の負担限度

一　その属する世帯の世帯主及び全ての世帯員並びにその者の配偶者（婚姻の届出をしていないが、事実上婚姻関係と同様の事情にある者を含み、配偶者が行方不明となった場合、要介護被保険者が配偶者からの暴力の防止及び被害者の保護等に関する法律（平成十三年法律第三十一号）第一条第一項に規定する配偶者からの暴力を受けた場合その他これらに準ずる場合における当該配偶者を除く。以下同じ。）が特定介護サービス（法第五十一条の三第一項に規定する特定介護サービスをいう。以下同じ。）を受ける日の属する年度（当該特定介護サービスを受ける日の属する月が四月から七月までの場合にあっては、前年度）分の地方税法（昭和二十五年法律第二百二十六号）の規定による市町村民税（同法の規定による特別区民税を含むものとし、同法第三百二十八条の規定によって課する所得割を除く。第九十七条の三において同じ。）が課されていない者又は市町村の条例で定めるところにより当該市町村民税が免除された者（当該市町村民税の賦課期日において同法の施行地に住所を有しない者を除く。同条において同じ。）であり、かつ、当該要介護被保険者及びその者の配偶者が所有する現金、所得税法（昭和四十年法律第三十三号）第二条第一項第十号に規定する預貯金、同項第十一号に規定する合同運用信託、同項第十五号の三に規定する公募公社債等運用投資信託及び同項第十七号に規定する有価証券その他これらに類する資産の合計額として市町村長が認定した額（第九十七条の三第一号において「現金等」という。）が、次のイからホまでに掲げる区分に応じ、当該イからホまでに定める額以下であるもの

イ　第一号被保険者（ホに掲げる者を除く。ロ及びハにおいて同じ。）であって、次の(1)から(3)までに掲げる額の合計額（ロ及びハにおいて「公的年金等の収入金額等」という。）が百二十万円を超える場合　千五百万円（当該要介護被保険者に配偶者がない場合にあっては、五百万円）

(1)　当該特定介護サービスを受ける日の属する年の前年（当該特定介護サービスを受ける日の属する月が一月から七月までの場合にあっては、前々年。(2)及び(3)並びに第四号イ並びに次条第一項第六号において同じ。）中の公的年金等の収入金額（所得税法第三十五条第二項第一号に規定する公的年金等の収入金額をいう。第四号イにおいて同じ。）

(2)　当該特定介護サービスを受ける日の属する年の前年の合計所得金額（地方税法第二百九十二条第一項第十三号に規定す

法律

額」という。）を控除した額

＊厚生労働大臣が定める費用の額＝［告］介護保険法第五十一条の三第二項第二号に規定する特定介護保険施設等における居住等に要する平均的な費用の額及び施設の状況その他の事情を勘案して厚生労働大臣が定める費用の額並びに同法第六十一条の三第二項第二号に規定する特定介護予防サービス事業者における滞在に要する平均的な費用の額及び事業所の状況その他の事情を勘案して厚生労働大臣が定める費用の額（平一七厚労告四一二）

＊厚生労働大臣が定める額＝［告］介護保険法第五十一条の三第二項第二号に規定する居住費の負担限度額及び同法第六十一条の三第二項第二号に規定する滞在費の負担限度額（平一七厚労告四一四）

3　厚生労働大臣は、食費の基準費用額若しくは食費の負担限度額又は居住費の基準費用額若しくは居住費の負担限度額を定めた後に、特定介護保険施設等における食事の提供に要する費用又は居住等に要する費用の状況その他の事情が著しく変動したときは、速やかにそれらの額を改定しなければならない。

4　特定入所者が、特定介護保険施設等から特定介護サービスを受けたときは、市町村は、当該特定入所者が当該特定介護保険施設等に支払うべき食事の提供に要した費用及び居住等に要した費用について、特定入所者介護サービス費として当該特定入所者に対し支給すべき額の限度において、当該特定入所者に代わり、当該特定介護保険施設等に支払うことができる。

5　前項の規定による支払があったときは、特定入所者に対し特定入所者介護サービス費の支給があったものとみなす。

6　市町村は、第一項の規定にかかわらず、特定入所者が特定介護保険施設等に対し、食事の提供に要する費用又は居住等に要する費用として、食費の基準費用額又は居住費の基準費用額（前項の規定により特定入所者介護サービス費の支給があったものとみなされた特定入所者にあっては、食費の負担限度額又は居住費の負担限度額）を超える金額を支払った場合には、特定入所者介護サービス費を支給しない。

施行令

施行規則

る合計所得金額をいい、当該合計所得金額に所得税法第二十八条第一項に規定する給与所得が含まれている場合には、当該給与所得については、同条第二項の規定によって計算した金額（租税特別措置法（昭和三十二年法律第二十六号）第四十一条の三の十一第二項の規定による控除が行われている場合には、その控除前の金額）から十万円を控除して得た額（当該額が零を下回る場合には、零とする。）によるものとし、租税特別措置法第三十三条の四第一項若しくは第二項、第三十四条第一項、第三十四条の二第一項、第三十四条の三第一項、第三十五条第一項、第三十五条の二第一項、第三十五条の三第一項又は第三十六条の規定の適用がある場合には、当該合計所得金額から特別控除額（同法第三十三条の四第一項若しくは第二項、第三十四条第一項、第三十四条の二第一項、第三十四条の三第一項、第三十五条第一項、第三十五条の二第一項、第三十五条の三第一項又は第三十六条の規定により同法第三十一条第一項に規定する長期譲渡所得の金額から控除すべき金額及び同法第三十三条の四第一項若しくは第二項、第三十四条第一項、第三十四条の二第一項、第三十四条の三第一項、第三十五条第一項又は第三十六条の規定により同法第三十二条第一項に規定する短期譲渡所得の金額から控除すべき金額の合計額をいう。）を控除して得た額とし、当該合計所得金額が零を下回る場合には、零とする。第四号イにおいて同じ。）から所得税法第三十五条第二項第一号に掲げる金額を控除して得た額（当該額が零を下回る場合には、零とする。第四号イにおいて同じ。）

(3)　当該特定介護サービスを受ける日の属する年の前年の厚生労働大臣が定める年金の収入金額の総額

7　市町村は、特定介護保険施設等から特定入所者介護サービス費の請求があったときは、第一項、第二項及び前項の定めに照らして審査の上、支払うものとする。

8　第四十一条第三項、第十項及び第十一項の規定は特定入所者介護サービス費の支給について、同条第八項の規定は特定介護保険施設等について準用する。この場合において、これらの規定に関し必要な技術的読替えは、政令で定める。

9　前各項に規定するもののほか、特定入所者介護サービス費の支給及び特定介護保険施設等の特定入所者介護サービス費の請求に関して必要な事項は、厚生労働省令で定める。

（平一七法七七・追加・一部改正、平一八法八三・旧第五十一条の二繰下・一部改正、平二六法八三・平二九法五二・一部改正）

（特例特定入所者介護サービス費の支給）

第五十一条の四　市町村は、次に掲げる場合には、特定入所者に対し、特例特定入所者介護サービス費を支給する。

一　特定入所者が、当該要介護認定の効力が生じた日前に、緊急その他やむを得ない理由により特定介護サービスを受けた場合において、必要があると認めるとき。

二　その他政令で定めるとき。

2　特例特定入所者介護サービス費の額は、当該食事の提供に要した費用について食費の基準費用額から食費の負担限度額を控除した額及び当該居住等に要した費用について居住費の基準費用額から居住費の負担限度額を控除した額の合計額を基準として、市町村が定め

（特定入所者介護サービス費及び特定介護保険施設等に関する読替え）

第二十二条の四　法第五十一条の三第八項の規定による技術的読替えは、次の表のとおりとする。

法の規定中読み替える規定	読み替えられる字句	読み替える字句
第四十一条第三項	指定居宅サービスを	特定介護サービスを
	居宅要介護被保険者	特定入所者
	指定居宅サービス事業者	特定介護保険施設等
第四十一条第八項	指定居宅サービス事業者	特定介護保険施設等
	、指定居宅サービス	、特定介護サービス
	居宅要介護被保険者	特定入所者
第四十一条第十項	前項	第五十一条の三第七項
第四十一条第十一項	前項	第五十一条の三第八項において準用する前項

（平一七政二九〇・追加、平二〇政一一六・旧第二十二条の三繰下・一部改正）

（特例特定入所者介護サービス費を支給する場合）

第二十二条の五　法第五十一条の四第一項第二号の政令で定めるときは、次のとおりとする。

一　特定入所者（法第五十一条の三第一項に規定する特定入所者をいう。以下この条において同じ。）が、基準該当居宅サービス（短期入所生活介護及び

ロ　第一号被保険者であって、公的年金等の収入金額等が八十万円を超え百二十万円以下である場合　千五百五十万円（当該要介護被保険者に配偶者がない場合にあっては、五百五十万円）

ハ　第一号被保険者であって、公的年金等の収入金額等が八十万円以下である場合　千六百五十万円（当該要介護被保険者に配偶者がない場合にあっては、六百五十万円）

ニ　第二号被保険者（ホに掲げる者を除く。）である場合　二千万円（当該要介護被保険者に配偶者がない場合にあっては、一千万円）

ホ　令第二十二条の二の二第七項に規定する老齢福祉年金（以下「老齢福祉年金」という。）の受給権を有する者である場合　二千万円（当該要介護被保険者に配偶者がない場合にあっては、一千万円）

二　その属する世帯の世帯主及びすべての世帯員が特定介護サービスを受ける日の属する月において要保護者（生活保護法（昭和二十五年法律第百四十四号）第六条第二項に規定する要保護者をいう。以下同じ。）であって、当該特定介護サービスに係る特定入所者介護サービス費（法第五十一条の三第一項に規定する特定入所者介護サービス費をいう。以下同じ。）を支給されたとすれば、保護（生活保護法第二条に規定する保護をいう。以下同じ。）を必要としない状態となるもの

三　被保護者（生活保護法第六条第一項に規定する被保護者をいう。以下同じ。）

四　前三号に掲げる者のほか、介護保険施設又は地域密着型介護老人福祉施設に入所する者であって、その属する世帯の構成員の数（その者の配偶者が同一の世帯に属していないときは、その数に一を加えた数）が二以上であり、かつ、次に掲げる要件のいずれにも該当するもの

イ　その属する世帯の世帯主又は世帯員のいずれかについて特定介護サービス（当該世帯主又は世帯員のいずれかが特定介護サービスを行う介護保険施設又は地域密着型介護

法律

る。

（平一七法七七・追加、平一八法八三・旧第五十一条の三繰下）

施行令

短期入所療養介護に係るものに限る。以下この条において同じ。）を受けた場合において、必要があると認めるとき。

二　指定居宅サービス（短期入所生活介護及び短期入所療養介護に係るものに限る。以下この条において同じ。）及び基準該当居宅サービスの確保が著しく困難である離島その他の地域であって厚生労働大臣が定める基準に該当するものに住所を有する特定入所者が、指定居宅サービス及び基準該当居宅サービス以外の居宅サービス（短期入所生活介護及び短期入所療養介護に係るものに限る。第五号において同じ。）又はこれに相当するサービスを受けた場合において、必要があると認めるとき。

三　特定入所者が、緊急その他やむを得ない理由により被保険者証を提示しないで特定介護サービス（法第五十一条の三第一項に規定する特定介護サービスをいう。）を受けた場合において、必要があると認めるとき。

四　特定入所者が、当該要介護認定の効力が生じた日前に、緊急その他やむを得ない理由により基準該当居宅サービスを受けた場合において、必要があると認めるとき。

五　第二号に規定する特定入所者が、当該要介護認定の効力が生じた日前に、緊急その他やむを得ない理由により指定居宅サービス及び基準該当居宅サービス以外の居宅サービス又はこれに相当するサービスを受けた場合において、必要があると認めるとき。

（平一七政二九〇・追加、平一八政一五四・一部改正、平二〇政一一六・旧第二十二条の四繰下・一部改正）

施行規則

老人福祉施設に入所することにより当該者が世帯を異にしても、当該者は、なお同一の世帯に属するものとみなす。以下この号において同じ。）並びにその者の配偶者の特定介護サービスを受ける日の属する年の前年中の公的年金等の収入金額及び当該特定介護サービスを受ける日の属する年の前年の合計所得金額から所得税法第三十五条第二項第一号に掲げる金額を控除して得た額の合計額から当該特定介護サービスに係る施設介護サービス費又は地域密着型介護サービス費の見込額に九十分の十（法第四十九条の二第一項の規定が適用される場合にあっては八十分の二十、同条第二項の規定が適用される場合にあっては七十分の三十）を乗じて得た額（高額介護サービス費が支給される見込みがあるときは、当該高額介護サービス費の見込額を控除する。）の年額並びに食事の提供に要する費用及び居住に要する費用として支払う見込額の年額の合計額を控除して得た額が、八十万円以下であること。

ロ　イに規定する世帯主及び全ての世帯員並びにその者の配偶者が所有する現金、所得税法第二条第一項第十号に規定する預貯金、同項第十一号に規定する合同運用信託、同項第十五号の三に規定する公募公社債等運用投資信託及び同項第十七号に規定する有価証券の合計額として市町村長が認定した額が、四百五十万円以下であること。

ハ　イに規定する世帯主及び全ての世帯員並びにその者の配偶者がその居住の用に供する家屋その他日常生活のために必要な資産以外に利用し得る資産を所有していないこと。

ニ　イに規定する世帯主及び全ての世帯員並びにその者の配偶者について、災害その他の特別の事情があると市町村長が認める場合を除き、第一号被保険者にあっては保険料の、第二号被保険者にあっては医療保険各法の定めるところにより当該者が納付義務又は払込義務を負う保険料（地方税法の規定による国民健康保険税を含む。）又は掛金の滞納がないこと。

（平一七厚労令一三八・追加、平一八厚労令三二・平二〇厚労令七七・平二七厚労令五七・平二八厚労令一〇二・平二九厚労令八五・平三〇厚労令九五・平三〇厚労令九六・令二厚労令一一一・令三厚労令七〇・令六厚労令九二・一部改正）

（特定入所者の負担限度額に係る市町村の認定）

第八十三条の六　前条の規定による市町村の認定（以下この条において「認定」という。）を受けようとする要介護被保険者は、次に掲げる事項を記載した申請書を市町村に提出しなければならない。

一　前条各号のいずれかに該当する旨

二　氏名、生年月日、住所及び個人番号

三　指定施設サービス等又は地域密着型介護老人福祉施設入所者生活介護を受けている場合にあっては、当該指定施設サービス等又は地域密着型介護老人福祉施設入所者生活介護を受けている介護保険施設又は地域密着型介護老人福祉施設の名称及び所在地

四　前号の介護保険施設又は地域密着型介護老人福祉施設に入所し、又は入院した年月日

五　被保険者証の番号

六　特定介護サービスを受ける日の属する年の前年に厚生労働大臣が定める年金たる給付の支払を受けている場合にあっては、当該給付の種別

2　前項の申請書には、同項第一号及び第四号に掲げる事項を証する書類並びに前条第一号イからホまで又は第四号ロに掲げる事項を市町村が銀行、信託会社その他の機関に確認することの同意書を添付しなければならない。ただし、市町村は、当該書類により明らかにすべき事実を公簿等によって確認することができるときは、当該書類を省略させることができる。

3　第一項の申請は、被保険者証を提示して行うものとする。

4　市町村は、第一項の申請に基づき、認定を行ったときは、様式第一号の二の二による認定証（以下「認定証」という。）を、当該認定を行った要介護被保険者

法律

施行令

施行規則

に有効期限を定めて交付しなければならない。

5　認定を受けた要介護被保険者が、次のいずれかに該当するに至ったときは、遅滞なく、認定証を市町村に返還しなければならない。

一　前条各号のいずれにも該当しなくなったとき。

二　認定証の有効期限に至ったとき。

6　第二十八条の規定は、認定証の検認及び更新について準用する。

7　要介護被保険者は、認定証を破り、汚し、又は失ったときは、直ちに、第一号に掲げる事項（第二号に掲げる書類を提示する場合には、第一号イ及びハに掲げる事項）を記載した申請書を市町村に提出して、その再交付を受けなければならない。

一　次に掲げる事項

イ　氏名、生年月日及び住所

ロ　個人番号

ハ　再交付申請の理由

二　個人識別事項が記載された書類であって、次に掲げるもののいずれかに該当するもの

イ　個人番号カード又は番号利用法施行規則第一条第一項第一号に掲げる書類

ロ　イに掲げるもののほか、官公署から発行され、又は発給された書類その他これに類する書類であって、写真の表示その他の当該書類に施された措置によって、当該申請を行う要介護被保険者が当該書類に記載された個人識別事項により識別される特定の個人と同一の者であることを確認することができるものとして市町村長が適当と認めるもの

ハ　イ及びロに掲げるもののほか、番号利用法施行規則第三条第三項第一号に掲げる書類又は官公署から発行され、若しくは発給された書類その他これに類する書類であって市町村長が適当と認めるもののうち二以上の書類

8　認定証を破り、又は汚した場合の前項の申請には、同項の申請書に、その認定証を添えなければならない。

9　要介護被保険者は、認定証の再交付を受けた後、失った認定証を発見したときは、直ちに、発見した認定証を市町村に返還しなければならない。

10　認定を受けた要介護被保険者に係る第二十九条、第三十条及び第三十二条の規定による届書には、当該届出に係る被保険者証及び負

担割合証に加えて、当該要介護被保険者に係る認定証を添えなければならない。

（平一七厚労令一三八・追加、平一八厚労令三二・平二七厚労令五七・平二七厚労令一五〇・平二八厚労令一〇二・令元厚労令五八・令二厚労令一〇三・令三厚労令七〇・令四厚労令五六・一部改正）

（認定証の提示）

第八十三条の七　前条第一項の認定を受けた要介護被保険者は、特定介護サービスを受けようとするときは、特定介護保険施設等（法第五十一条の三第一項に規定する特定介護保険施設等をいう。以下同じ。）に提示する被保険者証に、認定証を添えなければならない。

（平一七厚労令一三八・追加、平二〇厚労令七七・一部改正）

（特定入所者の負担限度額に関する特例）

第八十三条の八　市町村は、認定証を特定介護保険施設等に提示できなかったために食事の提供に要する費用及び居住又は滞在（以下「居住等」という。）に要する費用として食費の基準費用額（法第五十一条の三第二項第一号に規定する食費の基準費用額をいう。）及び居住費の基準費用額（同項第二号に規定する居住費の基準費用額をいう。）を超えない金額を支払った要介護被保険者について、その提示できなかったことがやむを得ないものと認められる場合に、当該金額から食費の負担限度額（同項第一号に規定する食費の負担限度額をいう。第三項において同じ。）及び居住費の負担限度額（法第五十一条の三第二項第二号に規定する居住費の負担限度額をいう。第三項において同じ。）を控除した額に相当する額を特定入所者介護サービス費として支給することができる。

2　前項の規定による給付を受けようとする要介護被保険者は、次に掲げる事項を記載した申請書を市町村に提出しなければならない。

一　氏名、生年月日及び個人番号
二　認定証を特定介護保険施設等に提出できなかった理由
三　特定介護サービスを受けた特定介護保険施設等の名称及び所在地
四　前号の特定介護保険施設等に対し、食事の提供に要する費用及び居住等に要する費用として支払った金額
五　第三号の特定介護保険施設等に居住し、又は滞在していた期間
六　被保険者証の番号

3　前項の申請書には、同項第四号に掲げる金額並びに食費の負担限度額及び居住費の負担限度額の認定に関する事実を証する書類を添付しなければならない。ただし、市町村は、当該書類により明らか

第四節　予防給付

（予防給付の種類）

第五十二条　予防給付は、次に掲げる保険給付とする。

一　介護予防サービス費の支給
二　特例介護予防サービス費の支給
三　地域密着型介護予防サービス費の支給
四　特例地域密着型介護予防サービス費の支給
五　介護予防福祉用具購入費の支給
六　介護予防住宅改修費の支給
七　介護予防サービス計画費の支給
八　特例介護予防サービス計画費の支給
九　高額介護予防サービス費の支給
九の二　高額医療合算介護予防サービス費の支給
十　特定入所者介護予防サービス費の支給
十一　特例特定入所者介護予防サービス費の支給

（平一七法七七・平一八法八三・一部改正）

（介護予防サービス費の支給）

第五十三条　市町村は、要支援認定を受けた被保険者のうち居宅において支援を受けるもの（以下「居宅要支援被保険者」という。）が、都道府県知事が指定する者（以下「指定介護予防サービス事業者」という。）から当該指定に係る介護予防サービス事業を行う事業所により行われる介護予防サービス（以下「指定介護予防サービス」という。）を受けたとき（当該居宅要支援被保険者が、第五十八条第四項の規定により同条第一項に規定する指定介護予防支援を受けることにつきあらかじめ市町村に届け出ている場合であって、当該指定介護予防サービスが当該指定介護予防支援の対

第五節　予防給付

（平一八政一五四・旧第四節繰下）

にすべき事実を公簿等によって確認することができるときは、当該書類を省略させることができる。

4　第二項の申請は、被保険者証を提示して行うものとする。

（平一七厚労令一三八・追加、平一八厚労令三二・平二〇厚労令七七・平二七厚労令一五〇・一部改正）

第四節　予防給付

（介護予防サービス費の支給の要件）

第八十三条の九　法第五十三条第一項の厚生労働省令で定めるときは、次のとおりとする。

一　居宅要支援被保険者が指定介護予防サービス（法第五十三条第一項に規定する指定介護予防サービスをいう。以下同じ。）（介護予防居宅療養管理指導及び介護予防特定施設入居者生活介護を除く。）を受ける場合であって、次のいずれかに該当するとき。

イ　当該居宅要支援被保険者が法第五十八条第四項の規定により同条第一項に規定する指定介護予防支援（以下「指定介護予防支援」という。）を受けることにつきあらかじめ市町村に届け出ている

象となっているときその他の厚生労働省令で定めるときに限る。）は、当該居宅要支援被保険者に対し、当該指定介護予防サービスに要した費用（特定介護予防福祉用具の購入に要した費用を除き、介護予防通所リハビリテーション、介護予防短期入所生活介護、介護予防短期入所療養介護及び介護予防特定施設入居者生活介護に要した費用については、食事の提供に要する費用、滞在に要する費用その他の日常生活に要する費用として厚生労働省令で定める費用を除く。以下この条において同じ。）について、介護予防サービス費を支給する。ただし、当該居宅要支援被保険者が、第三十七条第一項の規定による指定を受けている場合において、当該指定に係る種類以外の介護予防サービスを受けたときは、この限りでない。

2　介護予防サービス費の額は、次の各号に掲げる介護予防サービスの区分に応じ、当該各号に定める額とする。

一　介護予防訪問入浴介護、介護予防訪問看護、介護予防訪問リハビリテーション、介護予防居宅療養管理指導、介護予防通所リハビリテーション及び介護予防福祉用具貸与　これらの介護予防サービスの種類ごとに、当該介護予防サービスの種類に係る指定介護予防サービスの内容、当該指定介護予防サービスの事業を行う事業所の所在する地域等を勘案して算定される当該指定介護予防サービスに要する平均的な費用（介護予防通所リハビリテーションに要する費用については、食事の提供に要する費用その他の日常生活に要する費用として厚生労働省令で定める費用を除く。）の額を勘案して厚生労働大臣が定める基準により算定した費用の額（その額が現に当該指定介護予防サービスに要した費用の額を超えるときは、当該現に指定介護予防サービスに要した費用の額とする。）の百分の九十に相当する額

二　介護予防短期入所生活介護、介護予防短期入所療養介護及び介護予防特定施設入居者生活介護　これらの介護予防サービスの種類ごとに、要支援状態区分、当該介護予防サービスの種類に係る指定介護予

場合であって、当該指定介護予防サービスが当該指定介護予防支援に係る介護予防サービス計画の対象となっているとき。

ロ　当該居宅要支援被保険者が基準該当介護予防支援（法第五十九条第一項第一号に規定する基準該当介護予防支援をいう。以下同じ。）を受けることにつきあらかじめ市町村に届け出ている場合であって、当該指定介護予防サービスが当該基準該当介護予防支援に係る介護予防サービス計画の対象となっているとき。

ハ　当該居宅要支援被保険者が介護予防小規模多機能型居宅介護を受けることにつきあらかじめ市町村に届け出ている場合であって、当該指定介護予防サービスが指定地域密着型介護予防サービスの事業の人員、設備及び運営並びに指定地域密着型介護予防サービスに係る介護予防のための効果的な支援の方法に関する基準（平成十八年厚生労働省令第三十六号。以下「指定地域密着型介護予防サービス基準」という。）第六十六条第二号の規定により作成された指定介護予防サービスの利用に係る計画の対象となっているとき。

ニ　当該居宅要支援被保険者が当該指定介護予防サービスを含む指定介護予防サービスの利用に係る計画をあらかじめ市町村に届け出ているときであって、当該市町村が当該計画を適当と認めたとき。

二　介護予防居宅療養管理指導及び介護予防特定施設入居者生活介護を受けるとき。

（平一八厚労令三二・追加、平二七厚労令五七・一部改正）

（日常生活に要する費用）

第八十四条　法第五十三条第一項並びに第二項第一号及び第二号並びに第五十四条第三項の厚生労働省令で定める費用は、次の各号に掲げる介護予防サービスの種類の区分に応じ、当該各号に定める費用とする。

一　介護予防通所リハビリテーション　次に掲げる費用

イ　食事の提供に要する費用

法律

防サービスの事業を行う事業所の所在する地域等を勘案して算定される当該指定介護予防サービスに要する平均的な費用（食事の提供に要する費用、滞在に要する費用その他の日常生活に要する費用として厚生労働省令で定める費用を除く。）の額を勘案して厚生労働大臣が定める基準により算定した費用の額（その額が現に当該指定介護予防サービスに要した費用の額を超えるときは、当該現に指定介護予防サービスに要した費用の額とする。）の百分の九十に相当する額

＊厚生労働大臣が定める基準＝〔告〕指定介護予防サービスに要する費用の額の算定に関する基準（平一八厚労告一二七）

3　厚生労働大臣は、前項各号の基準を定めようとするときは、あらかじめ社会保障審議会の意見を聴かなければならない。

4　居宅要支援被保険者が指定介護予防サービス事業者から指定介護予防サービスを受けたときは、市町村は、当該居宅要支援被保険者が当該指定介護予防サービス事業者に支払うべき当該指定介護予防サービスに要した費用について、介護予防サービス費として当該居宅要支援被保険者に対し支給すべき額の限度において、当該居宅要支援被保険者に代わり、当該指定介護予防サービス事業者に支払うことができる。

5　前項の規定による支払があったときは、居宅要支援被保険者に対し介護予防サービス費の支給があったものとみなす。

6　市町村は、指定介護予防サービス事業者から介護予防サービス費の請求があったときは、第二項各号の厚生労働大臣が定める基準並びに第百十五条の四第二項に規定する指定介護予防サービスに係る介護予防のための効果的な支援の方法に関する基準及び指定介護予防サービスの事業の設備及び運営に関する基準（指定介護予防サービスの取扱いに関する部分に限る。）に照らして審査した上、支払うものとする。

＊厚生労働大臣が定める基準＝〔告〕指定介護予防サービスに要する費用の

施行令

施行規則

ロ　おむつ代

ハ　その他介護予防通所リハビリテーションにおいて提供される便宜のうち、日常生活においても通常必要となるものに係る費用であって、その利用者に負担させることが適当と認められるもの

二　介護予防短期入所生活介護及び介護予防短期入所療養介護　次に掲げる費用

イ　食事の提供に要する費用

ロ　滞在に要する費用

ハ　理美容代

ニ　その他介護予防短期入所生活介護又は介護予防短期入所療養介護において提供される便宜のうち、日常生活においても通常必要となるものに係る費用であって、その利用者に負担させることが適当と認められるもの

三　介護予防特定施設入居者生活介護　次に掲げる費用

イ　おむつ代

ロ　その他介護予防特定施設入居者生活介護において提供される便宜のうち、日常生活においても通常必要となるものに係る費用であって、その利用者に負担させることが適当と認められるもの

（平一二厚令一二七・平一七厚労令一三八・平一八厚労令三二・平二七厚労令四・平二七厚労令五七・一部改正）

（準用）

第八十五条　第六十二条、第六十三条及び第六十五条の規定は、居宅要支援被保険者に係る介護予防サービス費の支給について準用する。この場合において、第六十二条第一項中「第六条、第八条又は第十一条」とあるのは「第二十二条の五、第二十二条の七又は第二十二条の十一」と、第六十二条第二項中「第十三条」とあるのは「第二十二条の十三」と、第六十五条中「第四十一条第八項」とあるのは「第五十三条第七項において準用する法第四十一条第八項」と、「同条第四項第一号又は第二号」とあるのは「法第五十三条第二項

7　第四十一条第二項、第三項、第十項及び第十一項の規定は、介護予防サービス費の支給について、同条第八項の規定は、指定介護予防サービス事業者について準用する。この場合において、これらの規定に関し必要な技術的読替えは、政令で定める。

8　前各項に規定するもののほか、介護予防サービス費の支給及び指定介護予防サービス事業者の介護予防サービス費の請求に関して必要な事項は、厚生労働省令で定める。

（平一一法一六〇・平一七法七七・平二六法八三・一部改正）

（特例介護予防サービス費の支給）

第五十四条　市町村は、次に掲げる場合には、居宅要支援被保険者に対し、特例介護予防サービス費を支給する。

一　居宅要支援被保険者が、当該要支援認定の効力が生じた日前に、緊急その他やむを得ない理由により指定介護予防サービスを受けた場合において、必要があると認めるとき。

二　居宅要支援被保険者が、指定介護予防サービス以外の介護予防サービス又はこれに相当するサービス（指定介護予防サービスの事業に係る第百十五条の四第一項の都道府県の条例で定める基準及び同項の都道府県の条例で定める員数並びに同条第二項に規定する指定介護予防サービスに係る介護予防のための効果的な支援の方法に関する基準及び指定介護予防サービスの事業の設備及び運営に関する基準のうち、都道府県の条例で定めるものを満たすと認められる事業を行う事業所により行われるものに限る。次号及び次項において「基準該当介護予防サービス」という。）を受けた場合において、必要があると認めるとき。

三　指定介護予防サービス及び基準該当介護予防サービスの確保が著しく困難である離島その他の地域であって厚生労働大臣が定める基準に該当するものに住所を有する居宅要支援被保険者が、指定介護予防サービス及び基準該当介護予防サービス以外の介護

（介護予防サービス費及び指定介護予防サービス事業者に関する読替え）

第二十三条　法第五十三条第七項の規定による技術的読替えは、次の表のとおりとする。

法の規定中読み替える規定	読み替えられる字句	読み替える字句
第四十一条第三項	指定居宅サービスを	指定介護予防サービスを
	居宅要介護被保険者	居宅要支援被保険者
	指定居宅サービス事業者	指定介護予防サービス事業者
第四十一条第八項	指定居宅サービス事業者	指定介護予防サービス事業者
	、指定居宅サービス	、指定介護予防サービス
	居宅要介護被保険者	居宅要支援被保険者
第四十一条第十項	前項	第五十三条第六項
第四十一条第十一項	前項	第五十三条第七項において準用する前項

（平一七政三三一・平一八政一五四・一部改正）

第一号又は第二号」と読み替えるものとする。

（平一八厚労令三二・全改）

予防サービス又はこれに相当するサービスを受けた場合において、必要があると認めるとき。

＊厚生労働大臣が定める基準＝［告］厚生労働大臣が定める特例居宅介護サービス費等の支給に係る離島その他の地域の基準（平一一厚告九九）

四　その他政令で定めるとき。

2　都道府県が前項第二号の条例を定めるに当たっては、第一号から第三号までに掲げる事項については厚生労働省令で定める基準に従い定めるものとし、第四号に掲げる事項については厚生労働省令で定める基準を標準として定めるものとし、その他の事項については厚生労働省令で定める基準を参酌するものとする。

一　基準該当介護予防サービスに従事する従業者に係る基準及び当該従業者の員数

二　基準該当介護予防サービスの事業に係る居室の床面積

三　基準該当介護予防サービスの事業の運営に関する事項であって、利用する要支援者のサービスの適切な利用、適切な処遇及び安全の確保並びに秘密の保持等に密接に関連するものとして厚生労働省令で定めるもの

四　基準該当介護予防サービスの事業に係る利用定員

＊厚生労働省令で定める基準・厚生労働省令で定めるもの＝［省］指定介護予防サービス等の事業の人員、設備及び運営並びに指定介護予防サービス等に係る介護予防のための効果的な支援の方法に関する基準（平一八厚労令三五）

3　特例介護予防サービス費の額は、当該介護予防サービス又はこれに相当するサービスについて前条第二項各号の厚生労働大臣が定める基準により算定した費用の額（その額が現に当該介護予防サービス又はこれに相当するサービスに要した費用（特定介護予防福祉用具の購入に要した費用を除き、介護予防通所リハビリテーション、介護予防短期入所生活介護、介護予防短期入所療養介護及び介護予防特定施設入居者生活介護並びにこれらに相当するサービスに要した費用につい

（特例介護予防サービス費を支給する場合）

第二十四条　法第五十四条第一項第四号に規定する政令で定めるときは、次のとおりとする。

一　居宅要支援被保険者が、緊急その他やむを得ない理由により被保険者証を提示しないで指定介護予防サービスを受けた場合において、必要があると認めるとき。

二　居宅要支援被保険者が、当該要支援認定の効力が生じた日前に、緊急その他やむを得ない理由により基準該当介護予防サービス（法第五十四条第一項第二号に規定する基準該当介護予防サービスをいう。次号において同じ。）を受けた場合において、必要があると認めるとき。

三　法第五十四条第一項第三号に規定する居宅要支援被保険者が、当該要支援認定の効力が生じた日前に、緊急その他やむを得ない理由により指定介護予防サービス及び基準該当介護予防サービス以外の介護予防サービス又はこれに相当するサービスを受けた場合において、必要があると認めるとき。

（平一八政一五四・一部改正）

ては、食事の提供に要する費用、滞在に要する費用その他の日常生活に要する費用として厚生労働省令で定める費用を除く。）の額を超えるときは、当該現に介護予防サービス又はこれに相当するサービスに要した費用の額とする。）の百分の九十に相当する額を基準として、市町村が定める。

4　市町村長は、特例介護予防サービス費の支給に関して必要があると認めるときは、当該支給に係る介護予防サービス若しくはこれに相当するサービスを担当する者若しくは担当した者（以下この項において「介護予防サービス等を担当する者等」という。）に対し、報告若しくは帳簿書類の提出若しくは提示を命じ、若しくは出頭を求め、又は当該職員に関係者に対して質問させ、若しくは当該介護予防サービス等を担当する者等の当該支給に係る事業所に立ち入り、その設備若しくは帳簿書類その他の物件を検査させることができる。

5　第二十四条第三項の規定は前項の規定による質問又は検査について、同条第四項の規定は前項の規定による権限について準用する。

（平一一法一六〇・平一七法七七・平二三法三七・平二六法八三・一部改正）

（地域密着型介護予防サービス費の支給）

第五十四条の二　市町村は、居宅要支援被保険者が、当該市町村（住所地特例適用被保険者である居宅要支援被保険者（以下「住所地特例適用居宅要支援被保険者」という。）に係る特定地域密着型介護予防サービスにあっては、施設所在市町村を含む。）の長が指定する者（以下「指定地域密着型介護予防サービス事業者」という。）から当該指定に係る地域密着型介護予防サービス事業を行う事業所により行われる地域密着型介護予防サービス（以下「指定地域密着型介護予防サービス」という。）を受けたとき（当該居宅要支援被保険者が、第五十八条第四項の規定により同条第一項に規定する指定介護予防支援を受けることにつきあらかじめ市町村に届け出ている場合であって、当該指定地域密着型介護予防サービスが当該指定介護予防支

（地域密着型介護予防サービス費の支給の要件）

第八十五条の二　法第五十四条の二第一項の厚生労働省令で定めるときは、次のとおりとする。

一　居宅要支援被保険者が指定地域密着型介護予防サービス（法第五十四条の二第一項に規定する指定地域密着型介護予防サービスをいう。以下同じ。）（介護予防小規模多機能型居宅介護（利用期間を定めて行うものを除く。次号において同じ。）及び介護予防認知症対応型共同生活介護（利用期間を定めて行うものを除く。第三号において同じ。）を除く。）を受ける場合であって、次のいずれかに該当するとき。

イ　当該居宅要支援被保険者が法第五十八条第四項の規定により指定介護予防支援を受けることにつきあらかじめ市町村に届け出ている場合であっ

法律

援の対象となっているときその他の厚生労働省令で定めるときに限る。）は、当該居宅要支援被保険者に対し、当該指定地域密着型介護予防サービスに要した費用（食事の提供に要する費用その他の日常生活に要する費用として厚生労働省令で定める費用を除く。以下この条において同じ。）について、地域密着型介護予防サービス費を支給する。ただし、当該居宅要支援被保険者が、第三十七条第一項の規定による指定を受けている場合において、当該指定に係る種類以外の地域密着型介護予防サービスを受けたときは、この限りでない。

2　地域密着型介護予防サービス費の額は、次の各号に掲げる地域密着型介護予防サービスの区分に応じ、当該各号に定める額とする。

一　介護予防認知症対応型通所介護　介護予防認知症対応型通所介護に係る指定地域密着型介護予防サービスの内容、当該指定地域密着型介護予防サービスの事業を行う事業所の所在する地域等を勘案して算定される当該指定地域密着型介護予防サービスに要する平均的な費用（食事の提供に要する費用その他の日常生活に要する費用として厚生労働省令で定める費用を除く。）の額を勘案して厚生労働大臣が定める基準により算定した費用の額（その額が現に当該指定地域密着型介護予防サービスに要した費用の額を超えるときは、当該現に指定地域密着型介護予防サービスに要した費用の額とする。）の百分の九十に相当する額

二　介護予防小規模多機能型居宅介護及び介護予防認知症対応型共同生活介護　これらの地域密着型介護予防サービスの種類ごとに、要支援状態区分、当該地域密着型介護予防サービスの種類に係る指定地域密着型介護予防サービスの事業を行う事業所の所在する地域等を勘案して算定される当該指定地域密着型介護予防サービスに要する平均的な費用（食事の提供に要する費用その他の日常生活に要する費用として厚生労働省令で定める費用を除く。）の額を勘案して厚生労働大臣が定める基準により算定した費用の額（その額が現に当該指定地域密着型介護予防サービスに要した費用の額を超えるときは、当該現に指定地域密着型介護予防サービスに要した費用の額とする。）の百分の九十に相当する額

＊厚生労働大臣が定める基準＝〔告〕指定地域密着型介護予防サービスに要する費用の額の算定に関する基準（平一八厚労告一二八）

施行令

施行規則

て、当該指定地域密着型介護予防サービスが当該指定介護予防支援に係る介護予防サービス計画の対象となっているとき。

ロ　当該居宅要支援被保険者が基準該当介護予防支援を受けることにつきあらかじめ市町村に届け出ている場合であって、当該指定地域密着型介護予防サービスが当該基準該当介護予防支援に係る介護予防サービス計画の対象となっているとき。

ハ　当該居宅要支援被保険者が当該指定地域密着型介護予防サービスを含む指定地域密着型介護予防サービスの利用に係る計画をあらかじめ市町村に届け出ているときであって、当該市町村が当該計画を適当と認めたとき。

二　居宅要支援被保険者が介護予防小規模多機能型居宅介護を受けることにつきあらかじめ市町村に届け出ているとき。

三　介護予防認知症対応型共同生活介護を受けるとき。

（平一八厚労令三二・追加、平二七厚労令四・一部改正）

（日常生活に要する費用）

第八十五条の三　法第五十四条の二第一項並びに第二項第一号及び第二号並びに第五十四条の三第二項の厚生労働省令で定める費用は、次の各号に掲げる地域密着型介護予防サービスの種類の区分に応じ、当該各号に定める費用とする。

一　介護予防認知症対応型通所介護　次に掲げる費用

イ　食事の提供に要する費用

ロ　おむつ代

ハ　その他介護予防認知症対応型通所介護において提供される便宜のうち、日常生活においても通常必要となるものに係る費用であって、その利用者に負担させることが適当と認められるもの

二　介護予防小規模多機能型居宅介護　次に掲げる費用

イ　食事の提供に要する費用

ロ　宿泊に要する費用

ハ　おむつ代

ニ　その他介護予防小規模多機能型居宅介護において提供される便宜のうち、日常生活においても通常必要となるものに係る費用であって、その利用者に負担させることが適当と認められるもの

三　介護予防認知症対応型共同生活介護　次に掲げる費用

3　厚生労働大臣は、前項各号の基準を定めようとするときは、あらかじめ社会保障審議会の意見を聴かなければならない。

4　市町村は、第二項各号の規定にかかわらず、地域密着型介護予防サービスの種類その他の事情を勘案して厚生労働大臣が定める基準により算定した額を限度として、同項各号に定める地域密着型介護予防サービス費の額に代えて、当該市町村（施設所在市町村の長が第一項本文の指定をした指定地域密着型介護予防サービス事業者から指定地域密着型介護予防サービスを受けた住所地特例適用居宅要支援被保険者に係る地域密着型介護予防サービス費（特定地域密着型介護予防サービスに係るものに限る。）の額にあっては、施設所在市町村）が定める額を、当該市町村における地域密着型介護予防サービス費の額とすることができる。

5　市町村は、前項の当該市町村における地域密着型介護予防サービス費の額を定めようとするときは、あらかじめ、当該市町村が行う介護保険の被保険者その他の関係者の意見を反映させ、及び学識経験を有する者の知見の活用を図るために必要な措置を講じなければならない。

6　居宅要支援被保険者が指定地域密着型介護予防サービス事業者から指定地域密着型介護予防サービスを受けたときは、市町村は、当該居宅要支援被保険者が当該指定地域密着型介護予防サービス事業者に支払うべき当該指定地域密着型介護予防サービスに要した費用について、地域密着型介護予防サービス費として当該居宅要支援被保険者に対し支給すべき額の限度において、当該居宅要支援被保険者に代わり、当該指定地域密着型介護予防サービス事業者に支払うことができる。

7　前項の規定による支払があったときは、居宅要支援被保険者に対し地域密着型介護予防サービス費の支給があったものとみなす。

8　市町村は、指定地域密着型介護予防サービス事業者から地域密着型介護予防サービス費の請求があったときは、第二項各号の厚生労働大臣が定める基準又は第四項の規定により市町村（施設所在市町村の長が第一項本文の指定をした指定地域密着型介護予防サービス事業者から指定地域密着型介護予防サービスを受けた住所地特例適用居宅要支援被保険者に係る地域密着型介護予防サービス費（特定地域密着型介護予防サービスに係るものに限る。）の請求にあっては、施設所在市町村）が定める額並びに第百十五条の十四第二項又は第五項の規定により市町村（施設所在市町村の長が第一項本文の指定をした指定地域密

イ　食材料費
ロ　理美容代
ハ　おむつ代
ニ　その他介護予防認知症対応型共同生活介護において提供される便宜のうち、日常生活においても通常必要となるものに係る費用であって、その利用者に負担させることが適当と認められるもの

（平一八厚労令三二・追加）

（準用）

第八十五条の四　第六十三条第一項及び第六十五条の規定は、居宅要支援被保険者に係る地域密着型介護予防サービス費の支給について準用する。この場合において、第六十五条中「第四十一条第八項」とあるのは「第五十四条の二第九項において準用する法第四十一条第八項」と、「同条第四項第一号又は第二号」とあるのは「法第五十四条の二第二項第一号又は第二号」と読み替えるものとする。

（平一八厚労令三二・追加）

着型介護予防サービスを受けた住所地特例適用居宅要支援被保険者に係る地域密着型介護予防サービス費（特定地域密着型介護予防サービスに係るものに限る。）の請求にあっては、施設所在市町村）が定める指定地域密着型介護予防サービスに係る介護予防のための効果的な支援の方法に関する基準及び指定地域密着型介護予防サービスの事業の設備及び運営に関する基準（指定地域密着型介護予防サービスの取扱いに関する部分に限る。）に照らして審査した上、支払うものとする。

＊厚生労働大臣が定める基準＝〔告〕指定地域密着型介護予防サービスに要する費用の額の算定に関する基準（平一八厚労告一二八）

9　第四十一条第二項、第三項、第十項及び第十一項の規定は地域密着型介護予防サービス費の支給について、同条第八項の規定は指定地域密着型介護予防サービス事業者について準用する。この場合において、これらの規定に関し必要な技術的読替えは、政令で定める。

10　前各項に規定するもののほか、地域密着型介護予防サービス費の支給及び指定地域密着型介護予防サービス事業者の地域密着型介護予防サービス費の請求に関して必要な事項は、厚生労働省令で定める。

＊厚生労働省令で定める＝〔省〕介護給付費及び公費負担医療等に関する費用等の請求に関する命令（平一二厚令二〇）

（平一七法七七・追加、平二〇法四二・平二三法三七・平二三法七二・平二六法八三・一部改正）

（特例地域密着型介護予防サービス費の支給）

第五十四条の三　市町村は、次に掲げる場合には、居宅要支援被保険者に対し、特例地域密着型介護予防サービス費を支給する。

一　居宅要支援被保険者が、当該要支援認定の効力が生じた日前に、緊急その他やむを得ない理由により指定地域密着型介護予防サービスを受けた場合において、必要があると認めるとき。

二　指定地域密着型介護予防サービスの確保が著しく

（地域密着型介護予防サービス費及び指定地域密着型介護予防サービス事業者に関する読替え）

第二十四条の二　法第五十四条の二第九項の規定による技術的読替えは、次の表のとおりとする。

法の規定中読み替える規定	読み替えられる字句	読み替える字句
第四十一条第三項	指定居宅サービスを	指定地域密着型介護予防サービスを
	居宅要介護被保険者	居宅要支援被保険者
	指定居宅サービス事業者	指定地域密着型介護予防サービス事業者
第四十一条第八項	指定居宅サービス事業者	指定地域密着型介護予防サービス事業者
	、指定居宅サービス	、指定地域密着型介護予防サービス
	居宅要介護被保	居宅要支援被保

困難である離島その他の地域であって厚生労働大臣が定める基準に該当するものに住所を有する居宅要支援被保険者が、指定地域密着型介護予防サービス以外の地域密着型介護予防サービス又はこれに相当するサービスを受けた場合において、必要があると認めるとき。

＊厚生労働大臣が定める基準＝〔告〕厚生労働大臣が定める特例居宅介護サービス費等の支給に係る離島その他の地域の基準（平一一厚告九九）

三　その他政令で定めるとき。

2　特例地域密着型介護予防サービス費の額は、当該地域密着型介護予防サービス又はこれに相当するサービスについて前条第二項各号の厚生労働大臣が定める基準により算定した費用の額（その額が現に当該地域密着型介護予防サービス又はこれに相当するサービスに要した費用（食事の提供に要する費用その他の日常生活に要する費用として厚生労働省令で定める費用を除く。）の額を超えるときは、当該現に地域密着型介護予防サービス又はこれに相当するサービスに要した費用の額とする。）の百分の九十に相当する額又は同条第四項の規定により市町村（施設所在市町村の長が同条第一項本文の指定をした指定地域密着型介護予防サービス事業者から指定地域密着型介護予防サービスを受けた住所地特例適用居宅要支援被保険者その他の厚生労働省令で定める者に係る特例地域密着型介護予防サービス費（特定地域密着型介護予防サービス費に係るものに限る。）の額にあっては、施設所在市町村）が定めた額を基準として、市町村が定める。

3　市町村長は、特例地域密着型介護予防サービス費の支給に関して必要があると認めるときは、当該支給に係る地域密着型介護予防サービス若しくはこれに相当するサービスを担当する者若しくは担当した者（以下この項において「地域密着型介護予防サービス等を担当する者等」という。）に対し、報告若しくは帳簿書類の提出若しくは提示を命じ、若しくは出頭を求め、又は当該職員に関係者に対して質問させ、若しくは当該地域密着型介護予防サービス等を担当する者等の当

	険者	険者
第四十一条第十項	前項	第五十四条の二第八項
第四十一条第十一項	前項	第五十四条の二第九項において準用する前項

（平一八政一五四・追加）

（特例地域密着型介護予防サービス費を支給する場合）

第二十四条の三　法第五十四条の三第一項第三号に規定する政令で定めるときは、次のとおりとする。

一　居宅要支援被保険者が、緊急その他やむを得ない理由により被保険者証を提示しないで指定地域密着型介護予防サービスを受けた場合において、必要があると認めるとき。

二　法第五十四条の三第一項第二号に規定する居宅要支援被保険者が、当該要支援認定の効力が生じた日前に、緊急その他やむを得ない理由により指定地域密着型介護予防サービス以外の地域密着型介護予防サービス又はこれに相当するサービスを受けた場合において、必要があると認めるとき。

（平一八政一五四・追加）

（法第五十四条の三第二項の厚生労働省令で定める者）

第八十五条の四の二　法第五十四条の三第二項の厚生労働省令で定める者は、住所地特例適用居宅要支援被保険者とする。

（平二七厚労令五七・追加）

法律

該支給に係る事業所に立ち入り、その設備若しくは帳簿書類その他の物件を検査させることができる。

4　第二十四条第三項の規定は前項の規定による質問又は検査について、同条第四項の規定は前項の規定による権限について準用する。

（平一七法七七・追加、平二六法八三・一部改正）

（介護予防サービス費等に係る支給限度額）

第五十五条　居宅要支援被保険者が介護予防サービス等区分（介護予防サービス（これに相当するサービスを含む。以下この条において同じ。）及び地域密着型介護予防サービス（これに相当するサービスを含む。以下この条において同じ。）について、その種類ごとの相互の代替性の有無等を勘案して厚生労働大臣が定める二以上の種類からなる区分をいう。以下この条において同じ。）ごとに月を単位として厚生労働省令で定める期間において受けた一の介護予防サービス等区分に係る介護予防サービスにつき支給する介護予防サービス費の額の総額及び特例介護予防サービス費の額の総額並びに地域密着型介護予防サービスにつき支給する地域密着型介護予防サービス費の額の総額及び特例地域密着型介護予防サービス費の額の総額の合計額は、介護予防サービス費等区分支給限度基準額を基礎として、厚生労働省令で定めるところにより算定した額の百分の九十に相当する額を超えることができない。

2　前項の介護予防サービス費等区分支給限度基準額は、介護予防サービス等区分ごとに、同項に規定する厚生労働省令で定める期間における当該介護予防サービス等区分に係る介護予防サービス及び地域密着型介護予防サービスの要支援状態区分に応じた標準的な利用の態様、当該介護予防サービス及び地域密着型介護予防サービスに係る第五十三条第二項各号及び第五十四条の二第二項各号の厚生労働大臣が定める基準等を勘案して厚生労働大臣が定める額とする。

＊厚生労働大臣が定める額＝[告]居宅介護サービス費等区分支給限度基準

施行令

施行規則

（介護予防サービス等区分）

第八十五条の五　法第五十五条第一項に規定する介護予防サービス等区分は、介護予防訪問入浴介護、介護予防訪問看護、介護予防訪問リハビリテーション、介護予防通所リハビリテーション、介護予防短期入所生活介護、介護予防短期入所療養介護及び介護予防福祉用具貸与並びに介護予防認知症対応型通所介護、介護予防小規模多機能型居宅介護及び介護予防認知症対応型共同生活介護（利用期間を定めて行うものに限る。第八十八条第一項において同じ。）からなる区分とする。

（平一八厚労令三二・追加、平二七厚労令五七・一部改正）

（介護予防サービス費等に係る区分支給限度額管理期間）

第八十六条　法第五十五条第一項の厚生労働省令で定める期間は、要支援認定有効期間に係る日が属する月についてそれぞれ当該月の初日からの一月間とする。

（平一二厚令二五・平一二厚令一二七・平一二厚令一四一・平一八厚労令三二・一部改正）

（介護予防サービス費等の上限額の算定方法等）

第八十七条　要支援認定に係る要支援状態区分が変更された場合における当該月の法第五十五条第一項の規定により算定する額は、当該月において最も支援の必要の程度が高い要支援状態区分に応じた介護予防サービス費等区分支給限度基準額（同条第二項に規定する介護予防サービス費等区分支給限度基準額をいう。以下同じ。）とする。

2　要介護認定を受けていた被保険者が法第三十五条第六項の規定により要支援認定を受けた場合における当該月の法第五十五条第一項の規定により算定する額

額及び介護予防サービス費等区分支給限度基準額（平一二厚告三三）

3　市町村は、前項の規定にかかわらず、条例で定めるところにより、第一項の介護予防サービス費等区分支給限度基準額に代えて、その額を超える額を、当該市町村における介護予防サービス費等区分支給限度基準額とすることができる。

4　市町村は、居宅要支援被保険者が介護予防サービス及び地域密着型介護予防サービスの種類（介護予防サービス等区分に含まれるものであって厚生労働大臣が定めるものに限る。次項において同じ。）ごとに月を単位として厚生労働省令で定める期間において受けた一の種類の介護予防サービスにつき支給する介護予防サービス費の額の総額及び特例介護予防サービス費の額の総額の合計額並びに一の種類の地域密着型介護予防サービスにつき支給する地域密着型介護予防サービス費の額の総額及び特例地域密着型介護予防サービス費の額の総額の合計額について、介護予防サービス費等種類支給限度基準額を基礎として、厚生労働省令で定めるところにより算定した額の百分の九十に相当する額を超えることができないこととすることができる。

5　前項の介護予防サービス費等種類支給限度基準額は、介護予防サービス及び地域密着型介護予防サービスの種類ごとに、同項に規定する厚生労働省令で定め

は、当該要介護認定に係る要介護状態区分に応じた居宅介護サービス費等区分支給限度基準額とする。この場合において、同項に規定する介護予防サービス費の額の総額及び特例介護予防サービス費の額の総額並びに地域密着型介護予防サービス費の額の総額及び特例地域密着型介護予防サービス費の額の総額の合計額を算定するに当たっては、当該月において支給されるべき居宅介護サービス費若しくは特例居宅介護サービス費又は地域密着型介護サービス費若しくは特例地域密着型介護サービス費は、当該月において介護予防サービス費若しくは特例介護予防サービス費又は地域密着型介護予防サービス費若しくは特例地域密着型介護予防サービス費として支給されるものとみなす。

3　法第五十五条第一項に規定する合計額を算定するに当たっては、当該合計額から別に厚生労働大臣が定めるところにより算定した費用の額の合計額を控除するものとする。

（平一二厚令一二五・平一二厚令一二七・平一二厚令一四一・平一八厚労令三二・一部改正）

（介護予防サービス費等種類支給限度基準額を設定できるサービスの種類）

第八十八条　法第五十五条第四項に規定する介護予防サービス及び地域密着型介護予防サービスの種類は、介護予防訪問入浴介護、介護予防訪問看護、介護予防訪問リハビリテーション、介護予防短期入所生活介護、介護予防短期入所療養介護及び介護予防福祉用具貸与並びに介護予防認知症対応型通所介護及び介護予防認知症対応型共同生活介護とする。

2　法第五十五条第四項の厚生労働省令で定める期間は、要支援認定有効期間に係る日が属する月についてそれぞれ当該月の初日からの一月間とする。

3　前条第一項及び第二項の規定は法第五十五条第四項の規定により算定する額について、前条第三項の規定は法第五十五条第四項に規定する合計額について準用する。

（平一二厚令一二七・平一二厚令一四一・平一四厚労令一四九・平一八厚労令三二・一部改正）

る期間における当該介護予防サービス及び地域密着型介護予防サービスの要支援状態区分に応じた標準的な利用の態様、当該介護予防サービス及び地域密着型介護予防サービスに係る第五十三条第二項各号及び第五十四条の二第二項各号の厚生労働大臣が定める基準等を勘案し、当該介護予防サービス及び地域密着型介護予防サービスを含む介護予防サービス等区分に係る第一項の介護予防サービス費等区分支給限度基準額（第三項の規定に基づき条例を定めている市町村にあっては、当該条例による措置が講じられた額とする。）の範囲内において、市町村が条例で定める額とする。

6　介護予防サービス費若しくは特例介護予防サービス費又は地域密着型介護予防サービス費若しくは特例地域密着型介護予防サービス費を支給することにより第一項に規定する合計額が同項に規定する百分の九十に相当する額を超える場合又は第四項に規定する合計額が同項に規定する百分の九十に相当する額を超える場合における当該介護予防サービス費若しくは特例介護予防サービス費又は地域密着型介護予防サービス費若しくは特例地域密着型介護予防サービス費の額は、第五十三条第二項各号若しくは第五十四条第三項又は第五十四条の二第二項各号若しくは第四項若しくは前条第二項の規定にかかわらず、政令で定めるところにより算定した額とする。

（平一一法一六〇・平一七法七七・平二三法三七・一部改正）

（介護予防福祉用具購入費の支給）

第五十六条　市町村は、居宅要支援被保険者が、特定介護予防福祉用具販売に係る指定介護予防サービス事業者から当該指定に係る介護予防サービス事業を行う事業所において販売される特定介護予防福祉用具を購入したときは、当該居宅要支援被保険者に対し、介護予防福祉用具購入費を支給する。

＊特定介護予防福祉用具＝〔通〕介護保険の給付対象となる福祉用具及び住宅改修の取扱いについて（平一二老企三四）

2　介護予防福祉用具購入費は、厚生労働省令で定める

（介護予防サービス費等の支給額の合計額が支給限度額を超過する場合の当該支給額の算定方法）

第二十五条　法第五十五条第六項に規定する政令で定めるところにより算定した額は、次の各号に掲げる場合の区分に応じ、当該各号に定める額とする。

一　法第五十五条第一項に規定する合計額が同項に規定する百分の九十（法第五十九条の二第一項の規定が適用される場合にあっては百分の八十、同条第二項の規定が適用される場合にあっては百分の七十。以下この条から第二十七条までにおいて同じ。）に相当する額を超えることとなる場合（第三号の場合を除く。）　当該介護予防サービス等について法第五十三条第二項各号又は第五十四条の二第二項各号の厚生労働大臣が定める基準により算定した費用の額の百分の九十に相当する額から、当該額を当該介護予防サービス費若しくは特例介護予防サービス費又は地域密着型介護予防サービス費若しくは特例地域密着型介護予防サービス費として支給するものとした場合における法第五十五条第一項に規定する合計額から同項に規定する百分の九十に相当する額を控除して得た額を控除して得た額

二　法第五十五条第四項に規定する合計額が同項に規定する百分の九十に相当する額を超えることとなる場合（次号の場合を除く。）　当該介護予防サービス

（介護予防福祉用具購入費の支給が必要と認める場

ところにより、市町村が必要と認める場合に限り、支給するものとする。

3　介護予防福祉用具購入費の額は、現に当該特定介護予防福祉用具の購入に要した費用の額の百分の九十に相当する額とする。

等について法第五十三条第二項各号又は第五十四条の二第二項各号の厚生労働大臣が定める基準により算定した費用の額の百分の九十に相当する額から、当該額を当該介護予防サービス費若しくは特例介護予防サービス費又は地域密着型介護予防サービス費若しくは特例地域密着型介護予防サービス費として支給するものとした場合における法第五十五条第四項に規定する合計額から同項に規定する百分の九十に相当する額を控除して得た額を控除して得た額

三　法第五十五条第一項に規定する合計額が同項に規定する百分の九十に相当する額を超えることとなり、かつ、同条第四項に規定する合計額が同項に規定する百分の九十に相当する額を超えることとなる場合　当該介護予防サービス等について法第五十三条第二項各号又は第五十四条の二第二項各号の厚生労働大臣が定める基準により算定した費用の額の百分の九十に相当する額から、当該額を当該介護予防サービス費若しくは特例介護予防サービス費又は地域密着型介護予防サービス費若しくは特例地域密着型介護予防サービス費として支給するものとした場合における法第五十五条第一項に規定する合計額から同項に規定する百分の九十に相当する額を控除して得た額又は同条第四項に規定する合計額から同項に規定する百分の九十に相当する額を控除して得た額のうちいずれか大きい方の額を控除して得た額

（平一二政三〇九・平一八政一五四・平二七政一三八・平三〇政二一三・一部改正）

合）

第八十九条　介護予防福祉用具購入費は、当該居宅要支援被保険者の日常生活の自立を助けるために必要と認められる場合に限り支給するものとする。

2　介護予防福祉用具購入費は、当該購入を行った日の属する第九十一条に規定する介護予防福祉用具購入費支給限度額管理期間において当該居宅要支援被保険者が当該購入した特定介護予防福祉用具と同一の種目の特定福祉用具又は特定介護予防福祉用具（当該購入した特定介護予防福祉用具と用途及び機能が著しく異なるものを除く。）を既に購入しており、かつ、その購入について居宅介護福祉用具購入費又は介護予防福祉用具購入費を支給している場合については、支給しないものとする。ただし、当該既に購入した特定福祉用具又は特定介護予防福祉用具が破損した場合その他特別の事情がある場合であって、市町村が当該申請に係る介護予防福祉用具購入費の支給が必要と認めるときは、この限りでない。

（平一八厚労令三二・一部改正）

（介護予防福祉用具購入費の支給の申請）

第九十条　介護予防福祉用具購入費の支給を受けようとする居宅要支援被保険者は、次に掲げる事項を記載した申請書を提出しなければならない。

一　当該申請に係る特定介護予防福祉用具の種目、商品名、製造事業者名及び販売事業者名

二　当該申請に係る特定介護予防福祉用具の購入に要した費用及び購入を行った年月日

三　当該申請に係る特定介護予防福祉用具が必要である理由

2　前項の申請書には、当該申請に係る特定介護予防福祉用具の購入に係る領収証及び当該特定介護予防福祉用具のパンフレットその他の当該特定介護予防福祉用具の概要を記載した書面を添付しなければならない。

3　第一項の申請書には、当該申請書に介護予防サービス計画又は特定介護予防福祉用具販売計画（指定介護予防サービス等の事業の人員、設備及び運営並びに指定介護予防サービス等に係る介護予防のための効果的

4　居宅要支援被保険者が月を単位として厚生労働省令で定める期間において購入した特定介護予防福祉用具につき支給する介護予防福祉用具購入費の額の総額は、介護予防福祉用具購入費支給限度基準額を基礎として、厚生労働省令で定めるところにより算定した額の百分の九十に相当する額を超えることができない。

5　前項の介護予防福祉用具購入費支給限度基準額は、同項に規定する厚生労働省令で定める期間における特定介護予防福祉用具の購入に通常要する費用を勘案して厚生労働大臣が定める額とする。

＊厚生労働大臣が定める額＝〔告〕居宅介護福祉用具購入費支給限度基準額及び介護予防福祉用具購入費支給限度基準額（平一二厚告三四）

6　市町村は、前項の規定にかかわらず、条例で定めるところにより、第四項の介護予防福祉用具購入費支給限度基準額に代えて、その額を超える額を、当該市町村における介護予防福祉用具購入費支給限度基準額とすることができる。

7　介護予防福祉用具購入費を支給することにより第四項に規定する総額が同項に規定する百分の九十に相当する額を超える場合における当該介護予防福祉用具購入費の額は、第三項の規定にかかわらず、政令で定めるところにより算定した額とする。

（平一一法一六〇・平一七法七七・一部改正）

（介護予防住宅改修費の支給）

（介護予防福祉用具購入費の支給額の合計額が支給限度額を超過する場合の当該支給額の算定方法）

第二十六条　法第五十六条第七項に規定する政令で定めるところにより算定した額は、現に法第八条の二第十一項に規定する特定介護予防福祉用具の購入に要した費用の額の百分の九十に相当する額から、当該額を当該特定介護予防福祉用具の購入に係る介護予防福祉用

な支援の方法に関する基準（平成十八年厚生労働省令第三十五号。以下「指定介護予防サービス等基準」という。）第二百九十二条第一項に規定する特定介護予防福祉用具販売計画をいう。以下この項において同じ。）を添付した場合であって、当該介護予防サービス計画又は特定介護予防福祉用具販売計画の記載により当該申請に係る特定介護予防福祉用具が必要であると認められるときは、同項の規定にかかわらず、同項第三号に掲げる事項の記載を要しない。

（平一八厚労令三二・平二四厚労令三〇・平三〇厚労令三〇・一部改正）

（介護予防福祉用具購入費支給限度額管理期間）

第九十一条　法第五十六条第四項の厚生労働省令で定める期間は、毎年四月一日からの十二月間（次条において「介護予防福祉用具購入費支給限度額管理期間」という。）とする。

（平一二厚令一二七・平一八厚労令三二・一部改正）

（介護予防福祉用具購入費の上限額の算定方法）

第九十二条　法第五十六条第四項の規定により算定する額は、同条第五項に規定する介護予防福祉用具購入費支給限度基準額から、当該介護予防福祉用具購入費支給限度額管理期間中に購入した特定福祉用具につき既に支給された法第四十四条第一項に規定するそれぞれの居宅介護福祉用具購入費の額に九十分の百（法第四十九条の二第一項の規定が適用される場合にあっては八十分の百、同条第二項の規定が適用される場合にあっては七十分の百）を乗じて得た額の合計額を控除して得た額とする。

（平一八厚労令三二・平二七厚労令五七・平三〇厚労令九六・一部改正）

第五十七条　市町村は、居宅要支援被保険者が、住宅改修を行ったときは、当該居宅要支援被保険者に対し、介護予防住宅改修費を支給する。

＊住宅改修＝(告)厚生労働大臣が定める居宅介護住宅改修費等の支給に係る住宅改修の種類(平一一厚告九五)

2　介護予防住宅改修費は、厚生労働省令で定めるところにより、市町村が必要と認める場合に限り、支給するものとする。

3　介護予防住宅改修費の額は、現に当該住宅改修に要した費用の額の百分の九十に相当する額とする。

具購入費として支給するものとした場合における法第五十六条第四項に規定する総額から同項に規定する百分の九十に相当する額を控除して得た額を控除して得た額とする。

(平一二政三〇九・平一八政一五四・平一八政二八五・平二七政一三八・一部改正)

(介護予防住宅改修費の支給が必要と認める場合)

第九十三条　介護予防住宅改修費は、当該住宅改修が当該居宅要支援被保険者が現に居住する住宅について行われたものであり、かつ、当該居宅要支援被保険者の心身の状況、住宅の状況等を勘案して必要と認められる場合に限り支給するものとする。

(平一八厚労令三二・一部改正)

(介護予防住宅改修費の支給の申請)

第九十四条　介護予防住宅改修費の支給を受けようとする居宅要支援被保険者は、住宅改修を行おうとするときには、あらかじめ、第一号から第四号までに掲げる事項を記載した申請書又は書類を提出し、住宅改修が完了した後に第五号から第七号までに掲げる書類等を提出しなければならない。

一　当該申請に係る住宅改修の内容、箇所及び規模並びに当該住宅改修を施工する者の氏名又は名称

二　当該申請に係る住宅改修に要する費用の見積り及びその着工予定の年月日

三　介護支援専門員その他要支援者からの住宅改修についての相談に関する専門的知識及び経験を有する者が作成する書類であって、当該申請に係る住宅改修について必要と認められる理由が記載されているもの

四　当該申請に係る住宅改修の予定の状態が確認できるもの

五　当該申請に係る住宅改修に要した費用並びにその着工及び完成の年月日

六　当該申請に係る住宅改修に要した費用に係る領収証

七　当該申請に係る住宅改修の完了後の状態を確認できる書類等

2　前項の規定にかかわらず、やむを得ない事情がある

法律

4　居宅要支援被保険者が行った一の種類の住宅改修につき支給する介護予防住宅改修費の額の総額は、介護予防住宅改修費支給限度基準額を基礎として、厚生労働省令で定めるところにより算定した額の百分の九十に相当する額を超えることができない。

5　前項の介護予防住宅改修費支給限度基準額は、住宅改修の種類ごとに、通常要する費用を勘案して厚生労働大臣が定める額とする。

＊厚生労働大臣が定める額＝(告)居宅介護住宅改修費支給限度基準額及び介護予防住宅改修費支給限度基準額(平一二厚告三五)

6　市町村は、前項の規定にかかわらず、条例で定めるところにより、第四項の介護予防住宅改修費支給限度基準額に代えて、その額を超える額を、当該市町村における介護予防住宅改修費支給限度基準額とすることができる。

7　介護予防住宅改修費を支給することにより第四項に規定する総額が同項に規定する百分の九十に相当する額を超える場合における当該介護予防住宅改修費の額は、第三項の規定にかかわらず、政令で定めるところにより算定した額とする。

8　市町村長は、介護予防住宅改修費の支給に関して必要があると認めるときは、当該支給に係る住宅改修を行う者若しくは住宅改修を行った者（以下この項において「住宅改修を行う者等」という。）に対し、報告若しくは帳簿書類の提出若しくは提示を命じ、若しくは出頭を求め、又は当該職員に関係者に対して質問さ

施行令

（介護予防住宅改修費の支給額の合計額が支給限度額を超過する場合の当該支給額の算定方法）

第二十七条　法第五十七条第七項に規定する政令で定めるところにより算定した額は、現に住宅改修に要した費用の額の百分の九十に相当する額から、当該額を当該住宅改修に係る介護予防住宅改修費として支給するものとした場合における同条第四項に規定する総額から同項に規定する百分の九十に相当する額を控除して得た額を控除して得た額とする。

（平一二政三〇九・平一八政一五四・一部改正）

施行規則

場合には、住宅改修が完了した後に同項第一号及び第三号に掲げる事項を記載した申請書又は書類を提出することができる。

3　住宅改修を行った住宅の所有者が当該居宅要支援被保険者でない場合には、第一項第一号から第四号までに掲げる事項を記載した申請書又は書類に、当該住宅の所有者が当該住宅改修について承諾したことが確認できる書類を添付しなければならない。

（平一八厚労令三二・一部改正）

（介護予防住宅改修費の上限額の算定方法）

第九十五条　法第五十七条第四項の規定により算定する額は、第一号の額及び第二号の額の合計額から第三号の額を控除して得た額とする。

一　当該申請に係る住宅改修の着工日における当該住宅改修の種類に係る法第五十七条第五項に規定する介護予防住宅改修費支給限度基準額

二　居宅要支援被保険者が住宅改修を行ったときに現に居住している住宅（以下この条において「現住宅」という。）以外の住宅であって、現住宅が所在する市町村に所在するものに係る当該住宅改修と同一の種類の住宅改修に要した費用について既に支給されたそれぞれの介護予防住宅改修費の額に九十分の百（法第五十九条の二第一項の規定が適用される場合にあっては八十分の百、同条第二項の規定が適用される場合にあっては七十分の百）を乗じて得た額の合計額

三　当該居宅要支援被保険者が現住宅に係る当該住宅改修と同一種類の住宅改修に要する費用について既に受給しているそれぞれの居宅介護住宅改修費の額に九十分の百（法第四十九条の二第一項の規定が適用される場合にあっては八十分の百、同条第二項の規定が適用される場合にあっては七十分の百）を乗じた額の合計額

（平一八厚労令三二・平二七厚労令五七・平三〇厚労令九六・一部改正）

せ、若しくは当該住宅改修を行う者等の当該支給に係る事業所に立ち入り、その帳簿書類その他の物件を検査させることができる。

9　第二十四条第三項の規定は前項の規定による質問又は検査について、同条第四項の規定は前項の規定による権限について準用する。

（平一一法一六〇・平一七法七七・一部改正）

（介護予防サービス計画費の支給）

第五十八条　市町村は、居宅要支援被保険者が、当該市町村（住所地特例適用居宅要支援被保険者に係る介護予防支援にあっては、施設所在市町村）の長が指定する者（以下「指定介護予防支援事業者」という。）から当該指定に係る介護予防支援事業を行う事業所により行われる介護予防支援（以下「指定介護予防支援」という。）を受けたときは、当該居宅要支援被保険者に対し、当該指定介護予防支援に要した費用について、介護予防サービス計画費を支給する。

2　介護予防サービス計画費の額は、指定介護予防支援の事業を行う事業所の所在する地域等を勘案して算定される当該指定介護予防支援に要する平均的な費用の額を勘案して厚生労働大臣が定める基準により算定した費用の額（その額が現に当該指定介護予防支援に要した費用の額を超えるときは、当該現に指定介護予防支援に要した費用の額とする。）とする。

＊厚生労働大臣が定める基準＝〔告〕指定介護予防支援に要する費用の額の算定に関する基準（平一八厚労告一二九）

3　厚生労働大臣は、前項の基準を定めようとするときは、あらかじめ社会保障審議会の意見を聴かなければならない。

4　居宅要支援被保険者が指定介護予防支援事業者から指定介護予防支援を受けたとき（当該居宅要支援被保険者が、厚生労働省令で定めるところにより、当該指定介護予防支援を受けることにつきあらかじめ市町村に届け出ている場合に限る。）は、市町村は、当該居宅要支援被保険者が当該指定介護予防支援事業者に支払うべき当該指定介護予防支援に要した費用について、介護予防サービス計画費として当該居宅要支援被

（介護予防サービス計画費の代理受領の手続）

第九十五条の二　法第五十八条第四項の規定により指定介護予防支援を受けることにつき市町村に届け出ようとする居宅要支援被保険者は、当該指定介護予防支援を行う指定介護予防支援事業者の名称並びに事業所の名称及び所在地を記載した届書に被保険者証を添付して届出を行わなければならない。

2　市町村は、前項の規定により届け出られた当該指定

保険者に対し支給すべき額の限度において、当該居宅要支援被保険者に代わり、当該指定介護予防支援事業者に支払うことができる。

5　前項の規定による支払があったときは、居宅要支援被保険者に対し介護予防サービス計画費の支給があったものとみなす。

6　市町村は、指定介護予防支援事業者から介護予防サービス計画費の請求があったときは、第二項の厚生労働大臣が定める基準並びに第百十五条の二十四第二項に規定する指定介護予防支援に係る介護予防のための効果的な支援の方法に関する基準及び指定介護予防支援の事業の運営に関する基準（指定介護予防支援の取扱いに関する部分に限る。）に照らして審査した上、支払うものとする。

＊厚生労働大臣が定める基準＝〔告〕指定介護予防支援に要する費用の額の算定に関する基準（平一八厚労告一二九）

7　第四十一条第二項、第三項、第十項及び第十一項の規定は介護予防サービス計画費の支給について、同条第八項の規定は指定介護予防支援事業者について準用する。この場合において、これらの規定に関し必要な技術的読替えは、政令で定める。

8　前各項に規定するもののほか、介護予防サービス計画費の支給及び指定介護予防支援事業者の介護予防サービス計画費の請求に関して必要な事項は、厚生労働省令で定める。

＊厚生労働省令で定める＝〔省〕介護給付費及び公費負担医療等に関する費用等の請求に関する命令（平一二厚令二〇）

（平一一法一六〇・平一七法七七・平二〇法四二・平二六法八三・一部改正）

（特例介護予防サービス計画費の支給）

第五十九条　市町村は、次に掲げる場合には、居宅要支援被保険者に対し、特例介護予防サービス計画費を支給する。

一　居宅要支援被保険者が、指定介護予防支援以外の介護予防支援又はこれに相当するサービス（指定介

（介護予防サービス計画費及び指定介護予防支援事業者に関する読替え）

第二十八条　法第五十八条第七項の規定による技術的読替えは、次の表のとおりとする。

法の規定中読み替える規定	読み替えられる字句	読み替える字句
第四十一条第三項	指定居宅サービスを	指定介護予防支援を
	居宅要介護被保険者	居宅要支援被保険者
	指定居宅サービス事業者	指定介護予防支援事業者
第四十一条第八項	指定居宅サービス事業者	指定介護予防支援事業者
	、指定居宅サービス	、指定介護予防支援
	居宅要介護被保	居宅要支援被保

介護予防支援を行う指定介護予防支援事業者の名称を被保険者証に記載するものとする。

（平一八厚労令三二・追加）

（準用）

第九十六条　第七十八条の規定は、法第五十八条第七項において法第四十一条第八項の規定を準用する場合について準用する。

（平一八厚労令三二・一部改正）

護予防支援の事業に係る第百十五条の二十四第一項の市町村の条例で定める基準及び同項の市町村の条例で定める員数並びに同条第二項に規定する指定介護予防支援に係る介護予防のための効果的な支援の方法に関する基準及び指定介護予防支援の事業の運営に関する基準のうち、当該市町村の条例で定めるものを満たすと認められる事業を行う事業者により行われるものに限る。次号及び次項において「基準該当介護予防支援」という。）を受けた場合において、必要があると認めるとき。

二　指定介護予防支援及び基準該当介護予防支援の確保が著しく困難である離島その他の地域であって厚生労働大臣が定める基準に該当するものに住所を有する居宅要支援被保険者が、指定介護予防支援及び基準該当介護予防支援以外の介護予防支援又はこれに相当するサービスを受けた場合において、必要があると認めるとき。

＊厚生労働大臣が定める基準＝〔告〕厚生労働大臣が定める特例居宅介護サービス費等の支給に係る離島その他の地域の基準（平一一厚告九九）

三　その他政令で定めるとき。

2　市町村が前項第一号の条例を定めるに当たっては、次に掲げる事項については厚生労働省令で定める基準に従い定めるものとし、その他の事項については厚生労働省令で定める基準を参酌するものとする。

一　基準該当介護予防支援に従事する従業者に係る基準及び当該従業者の員数

二　基準該当介護予防支援の事業の運営に関する事項であって、利用する要支援者のサービスの適切な利用、適切な処遇及び安全の確保並びに秘密の保持等に密接に関連するものとして厚生労働省令で定めるもの

＊〔省〕指定介護予防支援等の事業の人員及び運営並びに指定介護予防支援等に係る介護予防のための効果的な支援の方法に関する基準（平一八厚労令三七）

3　特例介護予防サービス計画費の額は、当該介護予防支援又はこれに相当するサービスについて前条第二項

	険者	険者
第四十一条第十項	前項	第五十八条第六項
第四十一条第十一項	前項	第五十八条第七項において準用する前項

（平一八政一五四・一部改正）

（特例介護予防サービス計画費を支給する場合）

第二十九条　法第五十九条第一項第三号に規定する政令で定めるときは、居宅要支援被保険者が、緊急その他やむを得ない理由により被保険者証を提示しないで指定介護予防支援を受けた場合において、必要があると認めるときとする。

（平一八政一五四・一部改正）

の厚生労働大臣が定める基準により算定した費用の額（その額が現に当該介護予防支援又はこれに相当するサービスに要した費用の額を超えるときは、当該現に介護予防支援又はこれに相当するサービスに要した費用の額とする。）を基準として、市町村が定める。

＊厚生労働大臣が定める基準＝〔告〕指定介護予防支援に要する費用の額の算定に関する基準（平一八厚労告一二九）

4　市町村長は、特例介護予防サービス計画費の支給に関して必要があると認めるときは、当該支給に係る介護予防支援若しくはこれに相当するサービスを担当する者若しくは担当した者（以下この項において「介護予防支援等を担当する者等」という。）に対し、報告若しくは帳簿書類の提出若しくは提示を命じ、若しくは出頭を求め、又は当該職員に関係者に対して質問させ、若しくは当該介護予防支援等を担当する者等の当該支給に係る事業所に立ち入り、その帳簿書類その他の物件を検査させることができる。

5　第二十四条第三項の規定は前項の規定による質問又は検査について、同条第四項の規定は前項の規定による権限について準用する。

（平一一法一六〇・平一七法七七・平二〇法四二・平二五法四四・平二六法八三・一部改正）

（一定以上の所得を有する居宅要支援被保険者に係る介護予防サービス費等の額）

第五十九条の二　第一号被保険者であって政令で定めるところにより算定した所得の額が政令で定める額以上である居宅要支援被保険者（次項に規定する居宅要支援被保険者を除く。）が受ける次の各号に掲げる予防給付について当該各号に定める規定を適用する場合においては、これらの規定中「百分の九十」とあるのは、「百分の八十」とする。

一　介護予防サービス費の支給　第五十三条第二項第一号及び第二号並びに第五十五条第一項、第四項及び第六項

二　特例介護予防サービス費の支給　第五十四条第三

（介護予防サービス費等の額に係る所得の額の算定方法等）

第二十九条の二　法第五十九条の二第一項に規定する所得の額は、同項各号に掲げる予防給付に係るサービス（以下「予防給付対象サービス」という。）のあった日の属する年の前年（当該予防給付対象サービスのあった日の属する月が一月から七月までの場合にあっては、前々年。第三項第一号、第四項及び第六項第一号において同じ。）の合計所得金額とする。

2　法第五十九条の二第一項の政令で定める額は、百六十万円とする。

3　前項の規定は、次に掲げる場合には、適用しない。

一　予防給付対象サービスを受けた第一号被保険者及

項並びに第五十五条第一項、第四項及び第六項

三　地域密着型介護予防サービス費の支給　第五十四条の二第二項第一号及び第二号並びに第五十五条第一項、第四項及び第六項

四　特例地域密着型介護予防サービス費の支給　第五十四条の三第二項並びに第五十五条第一項、第四項及び第六項

五　介護予防福祉用具購入費の支給　第五十六条第三項、第四項及び第七項

六　介護予防住宅改修費の支給　第五十七条第三項、第四項及び第七項

2　第一号被保険者であって政令で定めるところにより算定した所得の額が前項の政令で定める額を超える政令で定める額以上である居宅要支援被保険者が受ける同項各号に掲げる予防給付について当該各号に定める規定を適用する場合においては、これらの規定中「百分の九十」とあるのは、「百分の七十」とする。

（平二六法八三・追加、平二九法五二・一部改正）

（介護予防サービス費等の額の特例）

第六十条　市町村が、災害その他の厚生労働省令で定める特別の事情があることにより、介護予防サービス（これに相当するサービスを含む。以下この条において同じ。）、地域密着型介護予防サービス（これに相当するサービスを含む。以下この条において同じ。）又は住宅改修に必要な費用を負担することが困難であると認めた居宅要支援被保険者が受ける前条第一項各号に掲げる予防給付について当該各号に定める規定を適用する場合（同条の規定により読み替えて適用する場合を除く。）においては、これらの規定中「百分の九十」とあるのは、「百分の九十を超え百分の百以下の

びその属する世帯の他の世帯員である全ての第一号被保険者について、当該予防給付対象サービスのあった日の属する年の前年中の公的年金等の収入金額及び同年の合計所得金額から所得税法第三十五条第二項第一号に掲げる金額を控除して得た額の合計額が三百四十六万円（当該世帯に他の世帯員である第一号被保険者がいない場合にあっては、二百八十万円）に満たない場合

二　予防給付対象サービスを受けた第一号被保険者が当該予防給付対象サービスのあった日の属する年度（当該予防給付対象サービスのあった日の属する月が四月から七月までの場合にあっては、前年度）分の地方税法の規定による市町村民税を課されていない者又は市町村の条例で定めるところにより当該市町村民税を免除された者である場合

三　予防給付対象サービスを受けた第一号被保険者が当該予防給付対象サービスのあった日において被保護者である場合

4　法第五十九条の二第二項に規定する所得の額は、予防給付対象サービスのあった日の属する年の前年の合計所得金額とする。

5　法第五十九条の二第二項の政令で定める額は、二百二十万円とする。

6　前項の規定は、次に掲げる場合には、適用しない。

一　予防給付対象サービスを受けた第一号被保険者及びその属する世帯の他の世帯員である全ての第一号被保険者について、当該予防給付対象サービスのあった日の属する年の前年中の公的年金等の収入金額及び同年の合計所得金額から所得税法第三十五条第二項第一号に掲げる金額を控除して得た額の合計額が四百六十三万円（当該世帯に他の世帯員である第一号被保険者がいない場合にあっては、三百四十万円）に満たない場合

二　第三項第二号又は第三号に掲げる場合

（平二七政一三八・追加、平三〇政二一三・一部改正）

（介護予防サービス費等の額の特例）

第九十七条　法第六十条各項に規定する厚生労働省令で定める特別の事情は、次のとおりとする。

一　要支援被保険者又はその属する世帯の生計を主として維持する者が、震災、風水害、火災その他これらに類する災害により、住宅、家財又はその他の財産について著しい損害を受けたこと。

二　要支援被保険者の属する世帯の生計を主として維持する者が死亡したこと、又はその者が心身に重大な障害を受け、若しくは長期間入院したことにより、その者の収入が著しく減少したこと。

三　要支援被保険者の属する世帯の生計を主として維

法律

範囲内において市町村が定めた割合」とする。

2　市町村が、災害その他の厚生労働省令で定める特別の事情があることにより、介護予防サービス、地域密着型介護予防サービス又は住宅改修に必要な費用を負担することが困難であると認めた居宅要支援被保険者が受ける前条第一項各号に掲げる予防給付について当該各号に定める規定を適用する場合（同項の規定により読み替えて適用する場合に限る。）においては、同項の規定により読み替えて適用するこれらの規定中「百分の八十」とあるのは、「百分の八十を超え百分の百以下の範囲内において市町村が定めた割合」とする。

3　市町村が、災害その他の厚生労働省令で定める特別の事情があることにより、介護予防サービス、地域密着型介護予防サービス又は住宅改修に必要な費用を負担することが困難であると認めた居宅要支援被保険者が受ける前条第一項各号に掲げる予防給付について当該各号に定める規定を適用する場合（同条第二項の規定により読み替えて適用する場合に限る。）においては、同条第二項の規定により読み替えて適用するこれらの規定中「百分の七十」とあるのは、「百分の七十を超え百分の百以下の範囲内において市町村が定めた割合」とする。

（平一一法一六〇・平一七法七七・平二三法三七・平二六法八三・平二九法五二・一部改正）

（高額介護予防サービス費の支給）

第六十一条　市町村は、居宅要支援被保険者が受けた介護予防サービス（これに相当するサービスを含む。）又は地域密着型介護予防サービス（これに相当するサービスを含む。）に要した費用の合計額として政令で定めるところにより算定した額から、当該費用につき支給された介護予防サービス費、特例介護予防サービス費、地域密着型介護予防サービス費及び特例地域密着型介護予防サービス費の合計額を控除して得た額（次条第一項において「介護予防サービス利用者負担

施行令

（高額介護予防サービス費）

第二十九条の二の二　法第六十一条第一項に規定する政令で定めるところにより算定した額は、居宅要支援被保険者が受けた介護予防サービス等に係る介護予防サービス費合計額に九十分の百（法第五十九条の二第一項の規定が適用される場合にあっては八十分の百、同条第二項の規定が適用される場合にあっては七十分の百、法第六十条第一項の規定が適用される場合にあっては百分の百を第一市町村特例割合で除して得た割合、同条第二項の規定が適用される場合にあっては

施行規則

持する者の収入が、事業又は業務の休廃止、事業における著しい損失、失業等により著しく減少したこと。

四　要支援被保険者の属する世帯の生計を主として維持する者の収入が、干ばつ、冷害、凍霜害等による農作物の不作、不漁その他これに類する理由により著しく減少したこと。

2　過去に法第六十条第一項、第二項又は第三項の規定の適用を受けた要支援被保険者について第七十三条、第七十六条第三号及び第九十五条第二号の規定を適用する場合においては、これらの規定中「七十分の百」とあるのは、「七十分の百、法第六十条第一項の規定が適用される場合にあっては百分の百を同項に規定する百分の九十を超え百分の百以下の範囲内において市町村が定めた割合で除して得た割合、同条第二項の規定が適用される場合にあっては百分の百を同項に規定する百分の八十を超え百分の百以下の範囲内において市町村が定めた割合で除して得た割合、同条第三項の規定が適用される場合にあっては百分の百を同項に規定する百分の七十を超え百分の百以下の範囲内において市町村が定めた割合で除して得た割合」とする。

（平一二厚令一二七・平一八厚労令三二・平二七厚労令五七・平三〇厚労令九六・一部改正）

（高額介護予防サービス費の支給の申請）

第九十七条の二　令第二十九条の二の二の規定による高額介護予防サービス費の支給を受けようとする居宅要支援被保険者は、次に掲げる事項を記載した申請書を市町村に提出しなければならない。

一　当該居宅要支援被保険者の氏名、生年月日、住所及び個人番号並びに被保険者証の番号

二　当該居宅要支援被保険者が同一の月に受けた介護予防サービス等に係る令第二十二条の二の二第二項第四号に掲げる額

額」という。）が、著しく高額であるときは、当該居宅要支援被保険者に対し、高額介護予防サービス費を支給する。

2　前項に規定するもののほか、高額介護予防サービス費の支給要件、支給額その他高額介護予防サービス費の支給に関して必要な事項は、介護予防サービス又は地域密着型介護予防サービスに必要な費用の負担の家計に与える影響を考慮して、政令で定める。

（平一七法七七・平一八法八三・一部改正）

百分の百を第二市町村特例割合で除して得た割合、同条第三項の規定が適用される場合にあっては百分の百を第三市町村特例割合で除して得た割合）を乗じて得た額とする。

2　高額介護予防サービス費は、同一の世帯に属する要介護被保険者等が同一の月に受けた居宅サービス等及び介護予防サービス等に係る利用者負担世帯合算額が四万四千四百円を超える場合に、当該月に介護予防サービス等を受けた居宅要支援被保険者に支給するものとし、その額は、利用者負担世帯合算額から四万四千四百円を控除して得た額に要支援被保険者按分率（居宅要支援被保険者が当該月に受けた介護予防サービス等に係る第二十二条の二の二第二項第三号及び第四号に掲げる額の合算額（以下「居宅要支援被保険者利用者負担合算額」という。）を利用者負担世帯合算額で除して得た率をいう。）を乗じて得た額とする。

3　居宅要支援被保険者が特定給付対象介護予防サービス等を受けた場合において、当該居宅要支援被保険者が同一の月に受けた当該特定給付対象介護予防サービス等に係る介護予防サービス費合計額に九十分の十を乗じて得た額が四万四千四百円を超えるときは、当該得た額から四万四千四百円を控除して得た額を高額介護予防サービス費として当該居宅要支援被保険者に支給する。

4　居宅要支援被保険者が被保護者である場合において、当該居宅要支援被保険者が同一の月において受けた介護予防サービス等に係る介護予防サービス費合計額に九十分の十を乗じて得た額が一万五千円を超えるときは、当該得た額から一万五千円を控除して得た額を高額介護予防サービス費として当該居宅要支援被保険者に支給する。

5　第二項の場合において、居宅要支援被保険者の属する世帯に属する第一号被保険者のいずれかの介護予防サービス等のあった月の属する年の前年（介護予防サービス等のあった月が一月から七月までの場合にあっては、前々年。以下この項、次項及び第九項において同じ。）の所得について、第一号に掲げる額（当

2　前項第二号に掲げる額については、同項の申請書に証拠書類を添付しなければならない。

3　高額介護予防サービス費が、令第二十九条の二の二第七項から第九項までの規定によるものであるときは、第一項の申請書にその事実を証する書類を添付しなければならない。ただし、市町村は、当該書類により明らかにすべき事実を公簿等によって確認することができるときは、当該書類を省略させることができる。

（平一二厚令二五・追加、平一七厚労令一三八・平一八厚労令一〇六・平二〇厚労令七七・平二一厚労令五四・一部改正、平二七厚労令五七・旧第九十七条の二繰下・一部改正、平二七厚労令一五〇・一部改正、平二九厚労令八五・旧第九十七条の二の三繰上・一部改正、令三厚労令七〇・令四厚労令五六・一部改正）

該介護予防サービス等のあった月の属する年の前年の十二月三十一日において世帯主であって、同日において当該世帯主と同一の世帯に属する十九歳未満の者で同年の合計所得金額が三十八万円以下であるもの（第二号において「控除対象者」という。）を有する者にあっては、第一号に掲げる額から第二号に掲げる額を控除して得た額。次項において同じ。）が六百九十万円以上であるときは、第二項中「四万四千四百円」とあるのは、「十四万百円」とする。

一　当該所得が生じた年の翌年の四月一日の属する年度分の地方税法の規定による市町村民税に係る同法第三百十四条の二第一項に規定する総所得金額及び山林所得金額並びに他の所得と区分して計算される所得の金額の合計額から同項各号及び同条第二項の規定による控除をした後の金額

二　当該介護予防サービス等があった月の属する年の前年の十二月三十一日において十六歳未満の控除対象者の数を三十三万円に乗じて得た額及び同日において十六歳以上の控除対象者の数を十二万円に乗じて得た額の合計額

6　第二項の場合において、居宅要支援被保険者の属する世帯に属する第一号被保険者のいずれかの介護予防サービス等のあった月の属する年の前年の所得について、前項第一号に掲げる額が三百八十万円以上六百九十万円未満であるときは、第二項中「四万四千四百円」とあるのは、「九万三千円」とする。

7　第二項の場合において、居宅要支援被保険者が次の各号のいずれかに該当するときは、同項中「四万四千四百円」とあるのは、「二万四千六百円」とする。

一　その属する世帯の世帯主及び全ての世帯員が介護予防サービス等のあった月の属する年度（介護予防サービス等のあった月が四月から七月までの場合にあっては、前年度）分の地方税法の規定による市町村民税が課されていない者又は市町村の条例で定めるところにより当該市町村民税を免除された者（当該市町村民税の賦課期日において同法の施行地に住所を有しない者を除く。）である者（第九項において「市町村民税世帯非課税者」という。）

二　その属する世帯の世帯主及び全ての世帯員が介護予防サービス等があった月において要保護者である者であって、第二十二条の二の二第二項及び第二項中「四万四千四百円」とあるのを「二万四千六百円」と読み替えてこれらの規定が適用されたならば保護

を必要としない状態となるもの

8　第二項の場合において、居宅要支援被保険者の属する世帯の世帯主及び全ての世帯員が介護予防サービス等があった月において要保護者である者であって、第二十二条の二の二第二項及び第二項中「四万四千四百円」とあるのを「一万五千円」と読み替えてこれらの規定が適用されたならば保護を必要としない状態となるもの（前項第二号に掲げる者を除く。）であるときは、第二項中「四万四千四百円」とあるのは、「一万五千円」とする。

9　居宅要支援被保険者（被保護者及び前項に規定する要保護者を除く。）が、市町村民税世帯非課税者であり、かつ、介護予防サービス等のあった月の属する年の前年中の公的年金等の収入金額及び同年の合計所得金額から所得税法第三十五条第二項第一号に掲げる金額を控除して得た額の合計額が八十万円以下である場合又は老齢福祉年金の受給権を有している場合であって、当該居宅要支援被保険者が同一の月に受けた介護予防サービス等に係る居宅要支援被保険者利用者負担合算額から一万五千円を控除して得た額が、第七項の規定により読み替えて適用する第二項の規定により当該居宅要支援被保険者に対して支給されるべき高額介護予防サービス費の額を超えるときは、当該居宅要支援被保険者に対して支給される高額介護予防サービス費の額は、第七項の規定により読み替えて適用する第二項の規定にかかわらず、当該居宅要支援被保険者利用者負担合算額から一万五千円を控除して得た額とする。

10　居宅要支援被保険者が法第五十三条第一項に規定する指定介護予防サービス事業者又は法第五十四条の二第一項に規定する指定地域密着型介護予防サービス事業者（以下この項において「指定介護予防サービス事業者等」という。）について特定公費負担給付が行われるべき介護予防サービス等を受けた場合又は被保護者である居宅要支援被保険者が指定介護予防サービス事業者等について介護予防サービス等を受けた場合において、当該介護予防サービス等に係る介護予防サービス費合計額に九十分の十を乗じて得た額の支払が行われなかったときは、市町村は、当該介護予防サービス等に要した費用のうち第三項又は第四項の規定による高額介護予防サービス費として居宅要支援被保険者に支給すべき額に相当する額を当該指定介護予防サービス事業者等に支払うものとする。

11　前項の規定による支払があったときは、居宅要支援被保険者に対し、第三項又は第四項の規定による高額介護予防サービス費の支給があったものとみなす。

法律

（高額医療合算介護予防サービス費の支給）

第六十一条の二　市町村は、居宅要支援被保険者の介護予防サービス利用者負担額（前条第一項の高額介護予防サービス費が支給される場合にあっては、当該支給額に相当する額を控除して得た額）及び当該居宅要支援被保険者に係る健康保険法第百十五条第一項に規定する一部負担金等の額（同項の高額療養費が支給される場合にあっては、当該支給額に相当する額を控除して得た額）その他の医療保険各法又は高齢者の医療の確保に関する法律に規定するこれに相当する額として政令で定める額の合計額が、著しく高額であるときは、当該居宅要支援被保険者に対し、高額医療合算介護予防サービス費を支給する。

2　前条第二項の規定は、高額医療合算介護予防サービス費の支給について準用する。

（平一八法八三・追加）

（特定入所者介護予防サービス費の支給）

第六十一条の三　市町村は、居宅要支援被保険者のうち所得及び資産の状況その他の事情をしん酌して厚生労働省令で定めるものが、次に掲げる指定介護予防サービス（以下この条及び次条第一項において「特定介護予防サービス」という。）を受けたときは、当該居宅要支援被保険者（以下この条及び次条第一項において「特定入所者」という。）に対し、当該特定介護予防サービスを行う指定介護予防サービス事業者（以下こ

施行令

12　居宅要支援被保険者が同一の月において要介護被保険者としての期間を有する場合は、当該居宅要支援被保険者が当該月に受けた介護予防サービス等については、第二項から前項までの規定は、適用しない。

13　高額介護予防サービス費の支給に関する手続について必要な事項は、厚生労働省令で定める。

（平一二政一二・追加、平一二政三〇九・平一七政二九〇・平一八政一五四・一部改正、平二七政一三八・旧第二十九条の二繰下・一部改正、平二九政二一二・平三〇政五六・平三〇政二一三・令三政九七・一部改正）

（高額医療合算介護予防サービス費）

第二十九条の三　法第六十一条の二第一項に規定する政令で定める額は、第二十二条の三第一項各号に掲げる額とする。

2　高額医療合算介護予防サービス費の支給については、第二十二条の三（第一項及び第八項を除く。）の規定を準用する。この場合において、同条第二項中「第一号に掲げる」とあるのは、「第二号に掲げる」と、同条第三項中「同項第一号に掲げる」とあるのは、「同項第二号に掲げる」と読み替えるものとする。

3　居宅要支援被保険者が計算期間における同一の月において要介護被保険者としての期間を有する場合における前項において読み替えて準用する第二十二条の三（第一項及び第八項を除く。）の規定の適用については、前条第十二項の規定を準用する。

（平二〇政一一六・追加、平二七政一三八・平二九政二一二・令三政九七・一部改正）

施行規則

（高額医療合算介護予防サービス費の支給の申請）

第九十七条の二の二　第八十三条の四の四の規定は、高額医療合算介護予防サービス費の支給について準用する。

（平二〇厚労令七七・追加、平二七厚労令五七・旧第九十七条の二の二繰下、平二九厚労令八五・旧第九十七条の二の四繰上）

（法第六十一条の三第一項の厚生労働省令で定める居宅要支援被保険者）

第九十七条の三　法第六十一条の三第一項の厚生労働省令で定める居宅要支援被保険者は、次のいずれかに該当していることにつき市町村の認定を受けている者（介護予防短期入所生活介護及び介護予防短期入所療養介護について介護予防サービス費又は特例介護予防サービス費の支給を受ける者に限る。）とする。

一　その属する世帯の世帯主及び全ての世帯員並びに

の条において「特定介護予防サービス事業者」という。）における食事の提供に要した費用及び滞在に要した費用について、特定入所者介護予防サービス費を支給する。ただし、当該特定入所者が、第三十七条第一項の規定による指定を受けている場合において、当該指定に係る種類以外の特定介護予防サービスを受けたときは、この限りでない。

一　介護予防短期入所生活介護

二　介護予防短期入所療養介護

2　特定入所者介護予防サービス費の額は、第一号に規定する額及び第二号に規定する額の合計額とする。

一　特定介護予防サービス事業者における食事の提供に要する平均的な費用の額を勘案して厚生労働大臣が定める費用の額（その額が現に当該食事の提供に要した費用の額を超えるときは、当該現に食事の提供に要した費用の額とする。以下この条及び次条第二項において「食費の基準費用額」という。）から、平均的な家計における食費の状況及び特定入所者の所得の状況その他の事情を勘案して厚生労働大臣が定める額（以下この条及び次条第二項において「食費の負担限度額」という。）を控除した額

＊厚生労働大臣が定める費用の額＝〔告〕介護保険法第五十一条の三第二項第一号及び第六十一条の三第二項第一号に規定する特定介護保険施設等及び特定介護予防サービス事業者における食事の提供に要する平均的な費用の額を勘案して厚生労働大臣が定める費用の額（平一七厚労告四一一）

＊厚生労働大臣が定める額＝〔告〕介護保険法第五十一条の三第二項第二号及び第六十一条の三第二項第一号に規定する食費の負担限度額（平一七厚労告四一三）

二　特定介護予防サービス事業者における滞在に要する平均的な費用の額及び事業所の状況その他の事情を勘案して厚生労働大臣が定める費用の額（その額が現に当該滞在に要した費用の額を超えるときは、当該現に滞在に要した費用の額とする。以下この条及び次条第二項において「滞在費の基準費用額」という。）から、特定入所者の所得の状況その他の事情を勘案して厚生労働大臣が定める額（以下この条

その者の配偶者が特定介護予防サービス（法第六十一条の三第一項に規定する特定介護予防サービスをいう。以下同じ。）を受ける日の属する年度（当該特定介護予防サービスを受ける日の属する月が四月から七月までの場合にあっては、前年度）分の地方税法の規定による市町村民税が課されていない者又は市町村の条例で定めるところにより当該市町村民税が免除された者であり、かつ、当該居宅要支援被保険者及びその者の配偶者が所有する現金等が、次のイからホまでに掲げる区分に応じ、当該イからホまでに定める額以下であるもの。

イ　第一号被保険者（ホに掲げる者を除く。ロ及びハにおいて同じ。）であって、次の(1)から(3)までに掲げる額の合計額（ロ及びハにおいて「公的年金等の収入金額等」という。）が百二十万円を超える場合　千五百万円（当該居宅要支援被保険者に配偶者がない場合にあっては、五百万円）

(1)　当該特定介護予防サービスを受ける日の属する年の前年（当該特定介護予防サービスを受ける日の属する月が一月から七月までの場合にあっては、前々年。(2)及び(3)において同じ。）中の公的年金等の収入金額（所得税法第三十五条第二項第一号に規定する公的年金等の収入金額をいう。）

(2)　当該特定介護予防サービスを受ける日の属する年の前年の合計所得金額（地方税法第二百九十二条第一項第十三号に規定する合計所得金額をいい、当該合計所得金額に所得税法第二十八条第一項に規定する給与所得が含まれている場合には、当該給与所得については、同条第二項の規定によって計算した金額（租税特別措置法第四十一条の三の十一第二項の規定による控除が行われている場合には、その控除前の金額）から十万円を控除して得た額（当該額が零を下回る場合には、零とする。）によるものとし、租税特別措置法第三十三条の四第一項若しくは第二項、第三十四条第一項、第三十四条の二第

法律

及び次条第二項において「滞在費の負担限度額」という。）を控除した額

＊厚生労働大臣が定める費用の額＝〔告〕介護保険法第五十一条の三第二項第二号に規定する特定介護保険施設等における居住等に要する平均的な費用の額及び施設の状況その他の事情を勘案して厚生労働大臣が定める費用の額並びに同法第六十一条の三第二項第二号に規定する特定介護予防サービス事業者における滞在に要する平均的な費用の額及び事業所の状況その他の事情を勘案して厚生労働大臣が定める費用の額（平一七厚労告四一二）

＊厚生労働大臣が定める額＝〔告〕介護保険法第五十一条の三第二項第二号に規定する居住費の負担限度額及び同法第六十一条の三第二項第二号に規定する滞在費の負担限度額（平一七厚労告四一四）

3　厚生労働大臣は、食費の基準費用額若しくは食費の負担限度額又は滞在費の基準費用額若しくは滞在費の負担限度額を定めた後に、特定介護予防サービス事業者における食事の提供に要する費用又は滞在に要する費用の状況その他の事情が著しく変動したときは、速やかにそれらの額を改定しなければならない。

4　特定入所者が、特定介護予防サービス事業者から特定介護予防サービスを受けたときは、市町村は、当該特定入所者が当該特定介護予防サービス事業者に支払うべき食事の提供に要した費用及び滞在に要した費用について、特定入所者介護予防サービス費として当該特定入所者に対し支給すべき額の限度において、当該特定入所者に代わり、当該特定介護予防サービス事業者に支払うことができる。

5　前項の規定による支払があったときは、特定入所者に対し特定入所者介護予防サービス費の支給があったものとみなす。

6　市町村は、第一項の規定にかかわらず、特定入所者が特定介護予防サービス事業者に対し、食事の提供に要する費用又は滞在に要する費用として、食費の基準費用額又は滞在費の基準費用額（前項の規定により特定入所者介護予防サービス費の支給があったものとみなされた特定入所者にあっては、食費の負担限度額又

施行令

施行規則

一項、第三十四条の三第一項、第三十五条第一項、第三十五条の二第一項又は第三十五条の三第一項又は第三十六条の規定の適用がある場合には、当該合計所得金額から特別控除額（同法第三十三条の四第一項若しくは第二項、第三十四条第一項、第三十四条の二第一項、第三十四条の三第一項、第三十五条第一項、第三十五条の二第一項、第三十五条の三第一項又は第三十六条の規定により同法第三十一条第一項に規定する長期譲渡所得の金額から控除すべき金額及び同法第三十三条の四第一項若しくは第二項、第三十四条第一項、第三十四条の二第一項、第三十四条の三第一項、第三十五条第一項又は第三十六条の規定により同法第三十二条第一項に規定する短期譲渡所得の金額から控除すべき金額の合計額をいう。）を控除して得た額とし、当該合計所得金額が零を下回る場合には、零とする。）から所得税法第三十五条第二項第一号に掲げる金額を控除して得た額（当該額が零を下回る場合には、零とする。）

(3)　当該特定介護予防サービスを受ける日の属する年の前年の厚生労働大臣が定める年金の収入金額の総額

ロ　第一号被保険者であって、公的年金等の収入金額等が八十万円を超え百二十万円以下である場合　千五百五十万円（当該居宅要支援被保険者に配偶者がない場合にあっては、五百五十万円）

ハ　第一号被保険者であって、公的年金等の収入金額等が八十万円以下である場合　千六百五十万円（当該居宅要支援被保険者に配偶者がない場合にあっては、六百五十万円）

ニ　第二号被保険者（ホに掲げる者を除く。）である場合　二千万円（当該居宅要支援被保険者に配偶者がない場合にあっては、一千万円）

ホ　老齢福祉年金の受給権を有する者である場合

は滞在費の負担限度額）を超える金額を支払った場合には、特定入所者介護予防サービス費を支給しない。

7　市町村は、特定入所者介護予防サービス事業者から特定入所者介護予防サービス費の請求があったときは、第一項、第二項及び前項の定めに照らして審査の上、支払うものとする。

8　第四十一条第三項、第十項及び第十一項の規定は特定入所者介護予防サービス費の支給について、同条第八項の規定は特定介護予防サービス事業者について準用する。この場合において、これらの規定に関し必要な技術的読替えは、政令で定める。

9　前各項に規定するもののほか、特定入所者介護予防サービス費の支給及び特定入所者介護予防サービス事業者の特定入所者介護予防サービス費の請求に関して必要な事項は、厚生労働省令で定める。

（平一七法七七・追加・一部改正、平一八法八三・旧第六十一条の二繰下、平二六法八三・一部改正）

（特例特定入所者介護予防サービス費の支給）

第六十一条の四　市町村は、次に掲げる場合には、特定入所者に対し、特例特定入所者介護予防サービス費を支給する。

一　特定入所者が、当該要支援認定の効力が生じた日前に、緊急その他やむを得ない理由により特定介護予防サービスを受けた場合において、必要があると認めるとき。

二　その他政令で定めるとき。

2　特例特定入所者介護予防サービス費の額は、当該食事の提供に要した費用について食費の基準費用額から

（特定入所者介護予防サービス費及び特定介護予防サービス事業者に関する読替え）

第二十九条の四　法第六十一条の三第八項の規定による技術的読替えは、次の表のとおりとする。

法の規定中読み替える規定	読み替えられる字句	読み替える字句
第四十一条第三項	指定居宅サービスを	特定介護予防サービスを
	居宅要介護被保険者	特定入所者
	指定居宅サービス事業者	特定介護予防サービス事業者
第四十一条第八項	指定居宅サービス事業者	特定介護予防サービス事業者
	、指定居宅サービス	、特定介護予防サービス
	居宅要介護被保険者	特定入所者
第四十一条第十項	前項	第六十一条の三第七項
第四十一条第十一項	前項	第六十一条の三第八項において準用する前項

（平一七政二九〇・追加、平一八政一五四・一部改正、平二〇政一一六・旧第二十九条の三繰下・一部改正）

（特例特定入所者介護予防サービス費を支給する場合）

第二十九条の五　法第六十一条の四第一項第二号の政令

二千万円（当該居宅要支援被保険者に配偶者がない場合にあっては、一千万円）

二　その属する世帯の世帯主及びすべての世帯員が特定介護予防サービスを受ける日の属する月において要保護者である者であって、当該特定介護予防サービスに係る特定入所者介護予防サービス費（法第六十一条の三第一項に規定する特定入所者介護予防サービス費をいう。以下同じ。）を支給されたとすれば、保護を必要としない状態となるもの

三　被保護者

（平一七厚労令一三八・追加、平一八厚労令三二・平二〇厚労令七七・平二七厚労令五七・令二厚労令二一二・令三厚労令七〇・令六厚労令九二・一部改正）

（準用）

第九十七条の四　第八十三条の六第一項第一号、第二号、第五号及び第六号並びに第二項から第十項まで、第八十三条の七並びに第八十三条の八の規定は、特定入所者介護予防サービス費について準用する。この場合において、次の表の上欄に掲げる規定中同表の中欄に掲げる字句は、それぞれ同表の下欄に掲げる字句に読み替えるものとする。

第八十三条の六第一項	前条	第九十七条の三
	要介護被保険者	居宅要支援被保険者
	特定介護サービス	特定介護予防サービス
第八十三条の六第二項	同項第一号及び第四号	同項第一号
第八十三条の六第四項	要介護被保険者	居宅要支援被保険者
第八十三条の六第五項	要介護被保険者	居宅要支援被保険者
	前条	第九十七条の三
第八十三条の六第七項、第九項	要介護被保険者	居宅要支援被保険者

食費の負担限度額を控除した額及び当該滞在に要した費用について滞在費の基準費用額から滞在費の負担限度額を控除した額の合計額を基準として、市町村が定める。

（平一七法七七・追加・一部改正、平一八法八三・旧第六十一条の三繰下）

で定めるときは、次のとおりとする。

一　特定入所者（法第六十一条の三第一項に規定する特定入所者をいう。以下この条において同じ。）が、基準該当居宅サービス（短期入所生活介護及び短期入所療養介護に係るものに限る。以下この条において同じ。）を受けた場合において、必要があると認めるとき。

二　特定居宅サービス（法第六十一条の三第一項に規定する特定居宅サービスをいう。以下この条において同じ。）及び基準該当居宅サービスの確保が著しく困難である離島その他の地域であって厚生労働大臣が定める基準に該当するものに住所を有する特定入所者が、特定居宅サービス及び基準該当居宅サービス以外の居宅サービス（短期入所生活介護及び短期入所療養介護に係るものに限る。第五号において同じ。）又はこれに相当するサービスを受けた場合において、必要があると認めるとき。

三　特定入所者が、緊急その他やむを得ない理由により被保険者証を提示しないで特定居宅サービスを受けた場合において、必要があると認めるとき。

四　特定入所者が、当該要支援認定の効力が生じた日前に、緊急その他やむを得ない理由により基準該当居宅サービスを受けた場合において、必要があると認めるとき。

五　第二号に規定する特定入所者が、当該要支援認定の効力が生じた日前に、緊急その他やむを得ない理由により特定居宅サービス及び基準該当居宅サービス以外の居宅サービス又はこれに相当するサービスを受けた場合において、必要があると認めるとき。

（平一七政二九〇・追加、平一八政一五四・一部改正、平二〇政一一六・旧第二十九条の四繰下・一部改正）

及び第十項		
第八十三条の七	前条	第九十七条の四において準用する前条
	要介護被保険者	居宅要支援被保険者
	特定介護サービス	特定介護予防サービス
	特定介護保険施設等（法第五十一条の三第一項に規定する特定介護保険施設等をいう。以下同じ。）	特定介護予防サービス事業者（法第六十一条の三第一項に規定する特定介護予防サービス事業者をいう。以下同じ。）
第八十三条の八第一項	特定介護保険施設等	特定介護予防サービス事業者
	居住又は滞在（以下「居住等」という。）	滞在
	食費の基準費用額（法第五十一条の三第二項第一号に規定する食費の基準費用額をいう。）	食費の基準費用額（法第六十一条の三第二項第一号に規定する食費の基準費用額をいう。）
	居住費の基準費用額（同項第二号に規定する居住費の基準費用額をいう。）	滞在費の基準費用額（同項第二号に規定する滞在費の基準費用額をいう。）
	要介護被保険者	居宅要支援被保

		険者
	食費の負担限度額（同項第一号に規定する食費の負担限度額をいう。第三項において同じ。）	食費の負担限度額（同項第一号に規定する食費の負担限度額をいう。第三項において同じ。）
	居住費の負担限度額（法第五十一条の三第二項第二号に規定する居住費の負担限度額をいう。第三項において同じ。）	滞在費の負担限度額（法第六十一条の三第二項第二号に規定する滞在費の負担限度額をいう。第三項において同じ。）
	特定入所者介護サービス費	特定入所者介護予防サービス費
第八十三条の八第二項	要介護被保険者	居宅要支援被保険者
	特定介護保険施設等	特定介護予防サービス事業者
	特定介護サービス	特定介護予防サービス
	居住等	滞在
	第三号の特定介護保険施設等に居住し、又は滞在していた期間	特定介護予防サービスを受けていた期間
第八十三条の八第三項	居住費の負担限度額	滞在費の負担限度額

（平一七厚労令一三八・追加、平一八厚労令三二・平二〇厚労令七七・平二八厚労令一〇二・一部改正）

法律

第六十二条　市町村は、要介護被保険者又は居宅要支援被保険者（以下「要介護被保険者等」という。）に対し、前二節の保険給付のほか、条例で定めるところにより、市町村特別給付を行うことができる。

第六節　保険給付の制限等

（保険給付の制限）

第六十三条　刑事施設、労役場その他これらに準ずる施設に拘禁された者については、その期間に係る介護給付等は、行わない。

（平一七法五〇・一部改正）

第六十四条　市町村は、自己の故意の犯罪行為若しくは重大な過失により、又は正当な理由なしに介護給付等対象サービスの利用若しくは居宅介護住宅改修費若しくは介護予防住宅改修費に係る住宅改修の実施に関する指示に従わないことにより、要介護状態等若しくはその原因となった事故を生じさせ、又は要介護状態等の程度を増進させた被保険者の当該要介護状態等については、これを支給事由とする介護給付等は、その全部又は一部を行わないことができる。

（平一七法七七・一部改正）

第六十五条　市町村は、介護給付等を受ける者が、正当な理由なしに、第二十三条の規定による求め（第二十四条の二第一項第一号の規定により委託された場合にあっては、当該委託に係る求めを含む。）に応ぜず、又は答弁を拒んだときは、介護給付等の全部又は一部を行わないことができる。

（平一七法七七・一部改正）

（保険料滞納者に係る支払方法の変更）

第六十六条　市町村は、保険料を滞納している第一号被保険者である要介護被保険者等（原子爆弾被爆者に対する援護に関する法律（平成六年法律第百十七号）による一般疾病医療費の支給その他厚生労働省令で定める医療に関する給付を受けることができるものを除く。）が、当該保険料の納期限から厚生労働省令で定

施行令

第六節　保険給付の制限等

（平一八政一五四・旧第五節繰下）

（法第六十六条第一項に規定する政令で定める特別の事情）

第三十条　法第六十六条第一項に規定する政令で定める特別の事情は、次に掲げる事由により保険料を納付することができないと認められる事情とする。

一　保険料を滞納している要介護被保険者等又はその属する世帯の生計を主として維持する者が、震災、

施行規則

第五節　保険給付の制限等

（法第六十六条第一項の厚生労働省令で定める医療に関する給付）

第九十八条　法第六十六条第一項の厚生労働省令で定める医療に関する給付は、次のとおりとする。

一　予防接種法第十六条第一項第一号又は第二項第一号の医療費の支給

二　感染症の予防及び感染症の患者に対する医療に関

める期間が経過するまでの間に当該保険料を納付しない場合においては、当該保険料の滞納につき災害その他の政令で定める特別の事情があると認める場合を除き、厚生労働省令で定めるところにより、当該要介護被保険者等に対し被保険者証の提出を求め、当該被保険者証に、第四十一条第六項、第四十二条の二第六項、第四十六条第四項、第四十八条第四項、第五十一条の三第四項、第五十三条第四項、第五十四条の二第六項、第五十八条第四項及び第六十一条の三第四項の規定を適用しない旨の記載（以下この条及び次条第三項において「支払方法変更の記載」という。）をするものとする。

2　市町村は、前項に規定する厚生労働省令で定める期間が経過しない場合においても、同項に規定する政令で定める特別の事情があると認める場合を除き、同項に規定する要介護被保険者等に対し被保険者証の提出を求め、当該被保険者証に支払方法変更の記載をすることができる。

3　市町村は、前二項の規定により支払方法変更の記載を受けた要介護被保険者等が滞納している保険料を完納したとき、又は当該要介護被保険者等に係る滞納額の著しい減少、災害その他の政令で定める特別の事情があると認めるときは、当該支払方法変更の記載を消除するものとする。

4　第一項又は第二項の規定により支払方法変更の記載を受けた要介護被保険者等が、当該支払方法の変更の記載がなされている間に受けた指定居宅サービス、指定地域密着型サービス、指定居宅介護支援、指定施設サービス等、指定介護予防サービス、指定地域密着型介護予防サービス及び指定介護予防支援に係る居宅介護サービス費の支給、地域密着型介護サービス費の支給、居宅介護サービス計画費の支給、施設介護サービス費の支給、特定入所者介護サービス費の支給、介護予防サービス費の支給、地域密着型介護予防サービス費の支給、介護予防サービス計画費の支給及び特定入所者介護予防サービス費の支給については、第四十一条第六項、第四十二条の二第六項、第四十六条第四

風水害、火災その他これらに類する災害により、住宅、家財又はその他の財産について著しい損害を受けたこと。

二　保険料を滞納している要介護被保険者等の属する世帯の生計を主として維持する者が死亡したこと、又はその者が心身に重大な障害を受け、若しくは長期間入院したことにより、その者の収入が著しく減少したこと。

三　その他前二号に準ずる事由として厚生労働省令で定める事由があること。

（平一二政一一・平一二政三〇九・一部改正）

（法第六十六条第三項に規定する政令で定める特別の事情）

第三十一条　法第六十六条第三項に規定する政令で定める特別の事情は、同項に規定する要介護被保険者等に係る滞納額の著しい減少又は前条に規定する事情とする。

する法律第三十七条の二第一項の規定により費用の負担が行われる医療に関する給付

三　独立行政法人医薬品医療機器総合機構法第十六条第一項第一号又は第二十条第一項第一号の医療費の支給

四　障害者の日常生活及び社会生活を総合的に支援するための法律第五十八条第一項の自立支援医療費、同法第七十条第一項の療養介護医療費又は同法第七十一条第一項の基準該当療養介護医療費の支給

五　石綿による健康被害の救済に関する法律第四条第一項の規定による医療費の支給

五の二　新型インフルエンザ予防接種による健康被害の救済に関する特別措置法第四条第一号の医療費の支給

五の三　難病の患者に対する医療等に関する法律第五条第一項の特定医療費の支給

六　沖縄の復帰に伴う厚生省関係法令の適用の特別措置等に関する政令第三条又は第四条の医療費の支給

七　健康保険法施行令（大正十五年勅令第二百四十三号）第四十一条第九項、防衛省の職員の給与等に関する法律施行令（昭和二十七年政令第三百六十八号）第十七条の六第五項、船員保険法施行令（昭和二十八年政令第二百四十号）第八条第九項、国民健康保険法施行令（昭和三十三年政令第三百六十二号）第二十九条の二第八項、国家公務員共済組合法施行令（昭和三十三年政令第二百七号）第十一条の三の三第九項（私立学校教職員共済法施行令（昭和二十八年政令第四百二十五号）第六条において準用する場合を含む。）又は地方公務員等共済組合法施行令（昭和三十七年政令第三百五十二号）第二十三条の三の二第九項の規定による高額療養費の支給

八　高齢者の医療の確保に関する法律施行令（平成十九年政令第三百十八号）第十四条第六項の規定に基づき厚生労働大臣が定める疾病に係る高齢者の医療の確保に関する法律第六十四条第一項各号に掲げる給付であって、同令第十四条第六項の規定に基づき後期高齢者医療広域連合の認定を受けている者に係

法律

項、第四十八条第四項、第五十一条の三第四項、第五十三条第四項、第五十四条の二第六項、第五十八条第四項及び第六十一条の三第四項の規定は適用しない。

（平一一法一六〇・平一七法七七・平一八法八三・一部改正）

施行令

施行規則

るもの

九　前各号に掲げる給付に準ずるものとして厚生労働大臣が定める給付

（平一二厚令二五・平一二厚令一二七・平一二厚令一四四・平一三厚労令二一〇・平一四厚労令一一三・平一四厚労令一一七・平一六厚労令五五・平一八厚労令四五・平一八厚労令一〇六・平一八厚労令一六九・平一九厚労令二・平一九厚労令二六・平二〇厚労令七七・平二〇厚労令一七三・平二一厚労令一五三・平二一厚労令一六八・平二三厚労令九〇・平二五厚労令四・平二五厚労令五〇・平二六厚労令一二一・平二九厚労令八六・一部改正）

（法第六十六条第一項の厚生労働省令で定める期間）

第九十九条　法第六十六条第一項の厚生労働省令で定める期間は、一年間とする。

（平一二厚令一二七・一部改正）

（令第三十条第三号の厚生労働省令で定める事由）

第百条　令第三十条第三号の厚生労働省令で定める事由は、次のとおりとする。

一　保険料を滞納している要介護被保険者等（法第六十二条に規定する要介護被保険者等をいう。以下同じ。）の属する世帯の生計を主として維持する者の収入が、事業又は業務の休廃止、事業における著しい損失、失業等により著しく減少したこと。

二　保険料を滞納している要介護被保険者等の属する世帯の生計を主として維持する者の収入が、干ばつ、冷害、凍霜害等による農作物の不作、不漁その他これに類する理由により著しく減少したこと。

三　保険料を滞納している要介護被保険者等が被保護者であること（当該者が支払方法変更の記載（法第六十六条第一項に規定する支払方法変更の記載をいう。以下同じ。）の原因となるべき滞納に係る保険料の納期限において生活保護法の規定による生活扶助を受けていなかった場合に限る。）。

四　保険料を滞納している要介護被保険者等が、法第六十六条第一項に規定する原子爆弾被爆者に対する

（保険給付の支払の一時差止）

第六十七条　市町村は、保険給付を受けることができる第一号被保険者である要介護被保険者等が保険料を滞納しており、かつ、当該保険料の納期限から厚生労働省令で定める期間が経過するまでの間に当該保険料を納付しない場合においては、当該保険料の滞納につき

（法第六十七条及び第六十八条に規定する政令で定める特別の事情）

第三十二条　第三十条の規定は、法第六十七条第一項及び第二項並びに法第六十八条第一項に規定する政令で定める特別の事情について準用する。

援護に関する法律（平成六年法律第百十七号）による一般疾病医療費の支給又は第九十八条に規定する医療に関する給付を受けることとなったこと。

（平一二厚令一二五・平一二厚令一二七・平一四厚労令一四九・平一七厚労令一三八・一部改正）

（支払方法変更の記載方法）

第百一条　支払方法変更の記載は、法第二十七条第七項後段（法第二十八条第四項及び第二十九条第二項において準用する場合を含む。）、第三十条第一項後段若しくは第三十五条第四項後段又は第三十二条第六項後段（法第三十三条第四項及び第三十三条の二第二項において準用する場合を含む。）若しくは第三十五条第二項後段若しくは第六項後段の規定により認定（法第十九条第一項に規定する認定をいう。以下同じ。）の結果を被保険者証に記載する際に行うものとする。

2　市町村は、前項の規定にかかわらず、必要があると認めるときは、次の事項を書面により第一号被保険者に通知し、被保険者証の提出を求め、支払方法変更の記載を行うことができる。

一　法第六十六条第一項又は第二項の規定により支払方法変更の記載を行う旨

二　被保険者証の提出をする必要がある旨

三　被保険者証の提出先及び提出期限

（平一八厚労令三二・一部改正）

（支払方法の変更の記載の消除）

第百二条　要介護被保険者等は、支払方法変更の記載を受けている場合において、法第六十六条第三項に規定する政令で定める特別の事情があるときは、被保険者証及び当該特別の事情のある旨を証する書類を市町村に提出して同項の規定による支払方法変更の記載の消除を受けるものとする。

（法第六十七条第一項の厚生労働省令で定める期間）

第百三条　法第六十七条第一項の厚生労働省令で定める期間は、一年六月間とする。

（平一二厚令一二七・一部改正）

（令第三十二条第一項において準用する令第三十条第三号に規定する厚生労働省令で定める事由等）

法律

災害その他の政令で定める特別の事情があると認める場合を除き、厚生労働省令で定めるところにより、保険給付の全部又は一部の支払を一時差し止めるものとする。

2　市町村は、前項に規定する厚生労働省令で定める期間が経過しない場合においても、保険給付を受けることができる第一号被保険者である要介護被保険者等が保険料を滞納している場合においては、当該保険料の滞納につき災害その他の政令で定める特別の事情があると認める場合を除き、厚生労働省令で定めるところにより、保険給付の全部又は一部の支払を一時差し止めることができる。

3　市町村は、前条第一項又は第二項の規定により支払方法変更の記載を受けている要介護被保険者等であって、前二項の規定による保険給付の全部又は一部の支払の一時差止がなされているものが、なお滞納している保険料を納付しない場合においては、厚生労働省令で定めるところにより、あらかじめ、当該要介護被保険者等に通知して、当該一時差止に係る保険給付の額から当該要介護被保険者等が滞納している保険料額を控除することができる。

（平一一法一六〇・一部改正）

（医療保険各法の規定による保険料等に未納がある者に対する保険給付の一時差止）

第六十八条　市町村は、保険給付を受けることができる第二号被保険者である要介護被保険者等について、医療保険各法の定めるところにより当該要介護被保険者等が納付義務又は払込義務を負う保険料（地方税法（昭和二十五年法律第二百二十六号）の規定による国民健康保険税を含む。）又は掛金であってその納期限又は払込期限までに納付しなかったもの（以下この項及び次項において「未納医療保険料等」という。）がある場合においては、未納医療保険料等があることに

施行令

施行規則

第百四条　令第三十二条第一項において準用する令第三十条第三号に規定する厚生労働省令で定める事由は、第百条第一号から第三号までに掲げる事由とする。

（平一二厚令一二七・一部改正）

（保険給付の支払の一時差止）

第百五条　法第六十七条第一項又は第二項の規定により市町村が一時差し止める保険給付の額は、当該要介護被保険者等に係る滞納額に比し、著しく高額なものとならないようにするものとする。

（一時差止に係る保険給付額からの滞納保険料額の控除）

第百六条　市町村は、法第六十七条第三項の規定により、一時差止に係る保険給付の額から滞納額を控除するに当たっては、あらかじめ、次に掲げる事項を書面により当該要介護被保険者等に通知しなければならない。

一　法第六十七条第三項の規定により一時差止に係る保険給付の額から滞納額を控除する旨

二　一時差止に係る保険給付の額

三　控除する滞納額及び当該滞納額に係る納期限

（平一一厚令九二・一部改正）

（保険給付差止の記載方法等）

第百七条　保険給付差止の記載（法第六十八条第一項に規定する保険給付差止の記載をいう。以下同じ。）は、次の事項を書面により第二号被保険者に通知し、被保険者証の提出を求めて行うものとする。ただし、法第二十七条第七項後段（法第二十八条第四項及び第二十九条第二項において準用する場合を含む。）、第三十条第一項後段若しくは第三十五条第四項後段又は第三十二条第六項後段（法第三十三条第四項及び第三十三条の二第二項において準用する場合を含む。）若しくは第三十五条第二項後段若しくは第六項後段の規定

つき災害その他の政令で定める特別の事情があると認める場合を除き、厚生労働省令で定めるところにより、当該要介護被保険者等に対し被保険者証の提出を求め、当該被保険者証に、第四十一条第六項、第四十二条の二第六項、第四十六条第四項、第四十八条第四項、第五十一条の三第四項、第五十三条第四項、第五十四条の二第六項、第五十八条第四項及び第六十一条の三第四項の規定を適用しない旨並びに保険給付の全部又は一部の支払を差し止める旨の記載（以下この条において「保険給付差止の記載」という。）をすることができる。

2　市町村は、前項の規定により保険給付差止の記載を受けた要介護被保険者等が、未納医療保険料等を完納したとき、又は当該要介護被保険者等に係る未納医療保険料等の著しい減少、災害その他の政令で定める特別の事情があると認めるときは、当該保険給付差止の記載を消除するものとする。

3　第六十六条第四項の規定は、第一項の規定により保険給付差止の記載を受けた要介護被保険者等について準用する。

4　市町村は、第一項の規定により保険給付差止の記載を受けた要介護被保険者等について、保険給付の全部又は一部の支払を一時差し止めるものとする。

5　市町村は、要介護被保険者等についての保険給付差止の記載に関し必要があると認めるときは、当該要介護被保険者等の加入する医療保険者（当該要介護被保険者等が全国健康保険協会の管掌する健康保険の被保険者（健康保険法第三条第四項に規定する任意継続被保険者を除く。）若しくはその被扶養者又は船員保険の被保険者（船員保険法第二条第二項に規定する疾病任意継続被保険者を除く。）若しくはその被扶養者である場合には、厚生労働大臣とし、当該要介護被保険者等が国民健康保険法の定めるところにより都道府県が当該都道府県内の市町村とともに行う国民健康保険（以下「国民健康保険」という。）の被保険者である場合には、市町村とする。以下この条において同じ。）に対し、当該要介護被保険者等に係る医療保険

2　法第六十八条第二項に規定する政令で定める特別の事情は、同項に規定する要介護被保険者等に係る未納医療保険料等の著しい減少又は第三十条に規定する事情とする。

により認定の結果を被保険者証に記載する際にこれを行う場合は、この限りでない。

一　法第六十八条第一項の規定により保険給付差止の記載を行う旨

二　被保険者証の提出をする必要がある旨

三　被保険者証の提出先及び提出期限

（平一八厚労令三二・一部改正）

（保険給付の支払の一時差止の記載の消除等）

第百八条　要介護被保険者等は、保険給付差止の記載を受けている場合において、法第六十八条第二項の政令で定める特別の事情があるときは、被保険者証及び当該特別の事情のある旨を証する書類を市町村に提出して同項の規定による保険給付差止の記載の消除を受けるものとする。

第百九条　令第三十二条第二項の政令で定める事情について第百条の規定を適用する場合においては、同条中「次のとおり」とあるのは、「第一号から第三号までの規定に掲げる事由」とする。

（医療保険者からの情報提供）

第百十条　法第六十八条第五項の厚生労働省令で定める事項は、次のとおりとする。

一　要介護被保険者等が当該医療保険者の行う医療保険の医療保険加入者となった年月日

二　その他保険給付差止の記載を行うために必要な事項

2　法第六十八条第五項に規定する医療保険者に対する情報の提供の請求は、当該医療保険者に対し、対象となる要介護被保険者等の氏名、性別、住所及び個人番号、医療保険各法による記号及び番号並びに前項第二号に掲げる事項を通知して行うものとする。ただし、市町村が前項に定める事項を公簿等によって確認することができるときは、この限りでない。

法律

各法の規定により徴収される保険料（地方税法の規定により徴収される国民健康保険税を含む。）又は掛金の納付状況その他厚生労働省令で定める事項について、厚生労働省令で定めるところにより、当該要介護被保険者等の加入する医療保険者に対し、情報の提供を求めることができる。

（平一一法一六〇・平一七法七七・平一八法八三・平一九法一〇九・平二六法八三・平二七法三一・一部改正）

（保険料を徴収する権利が消滅した場合の保険給付の特例）

第六十九条　市町村は、要介護認定、要介護更新認定、第二十九条第二項において準用する第二十七条第七項若しくは第三十条第一項の規定による要介護状態区分の変更の認定、要支援認定、要支援更新認定、第三十三条の二第二項において準用する第三十二条第六項若しくは第三十三条の三第一項の規定による要支援状態区分の変更の認定（以下この項において単に「認定」という。）をした場合において、当該認定に係る第一号被保険者である要介護被保険者等について保険料徴収権消滅期間（当該期間に係る保険料を徴収する権利が時効によって消滅している期間につき政令で定めるところにより算定された期間をいう。以下この項において同じ。）があるときは、厚生労働省令で定めるところにより、当該要介護被保険者等の被保険者証に、当該認定に係る第二十七条第七項後段（第二十八条第四項及び第二十九条第二項において準用する場合を含む。）、第三十条第一項後段若しくは第三十五条第四項後段又は第三十二条第六項後段（第三十三条第四項及び第三十三条の二第二項において準用する場合を含む。）、第三十三条の三第一項後段若しくは第三十五条第二項後段若しくは第六項後段の規定による記載に併せて、介護給付等（居宅介護サービス計画費の支給、特例居宅介護サービス計画費の支給、介護予防サービス計画費の支給及び特例介護予防サービス計画費の支給、高額介護サービス費の支給、高額医療合算介護

施行令

（保険料徴収権消滅期間の算定方法）

第三十三条　法第六十九条第一項に規定する保険料徴収権消滅期間（次条において「保険料徴収権消滅期間」という。）は、要介護被保険者等が当該市町村の第一号被保険者であった各年度（要介護被保険者等が認定（同項に規定する認定をいう。以下この条及び次条第二項において同じ。）を受けた日の十年前の日の属する年度から、認定を受けた日の属する年度までの各年度。以下この条及び次条第二項において「算定対象年度」という。）について、第一号に掲げる額を第二号に掲げる額で除して得た数を厚生労働省令で定めるところにより合算して得た数に相当する年数とする。

一　算定対象年度において当該要介護被保険者等が当該市町村に対して納付すべき保険料額（要介護被保険者等が当該市町村の第一号被保険者となり、又は当該市町村の第一号被保険者でなくなった年度においては、当該年度の賦課期日に当該市町村の第一号被保険者となり、当該年度の末日に至るまで当該市町村の第一号被保険者であったものとみなして算定するものとする。）

二　前号に掲げる保険料額（認定を受けた日の十年前の日の属する年度においては、認定を受けた日の十年前の日以降に到来する納期に係るものに限る。）のうち、保険料を徴収する権利が時効によって消滅している保険料額の合計

（平一二政三〇九・平二七政一三八・一部改正）

（給付額減額期間の算定方法）

施行規則

3　医療保険者は、前項の規定による通知を受け取った場合は、速やかに、市町村に対して情報の提供を行うものとする。

（平一二厚令一二七・平二七厚労令一五〇・令六厚労令一一九・一部改正）

（給付額減額期間等の算定方法）

第百十一条　市町村は、既に給付額減額等の記載（法第六十九条第一項に規定する給付額減額等の記載をいう。以下同じ。）が行われている要介護被保険者等について認定を行った場合であって、当該認定の時点において当該給付額減額等の記載に係る給付額減額期間（同項に規定する給付額減額期間をいう。以下同じ。）が経過していないときは、当該認定に係る給付額減額等の記載を行わないものとする。

2　過去に給付額減額等の記載が行われた者について令第三十三条に規定する保険料徴収権消滅期間（法第六十九条第一項に規定する保険料徴収権消滅期間をいう。以下同じ。）の算定を行う場合においては、当該過去の給付額減額等の記載に係る保険料徴収権消滅期間の算定の対象となった年度に係る令第三十三条に規定する同条第二号に掲げる額を同条第一号に掲げる額で除して得た数については、同条の規定による年数の算定の対象としないものとする。

3　過去に給付額減額等の記載が行われた者について令第三十四条第一項第二号に規定する保険料納付済期間（同条第二項に規定する保険料納付済期間をいう。以下同じ。）の算定を行う場合においては、当該過去の給付額減額等の記載に係る保険料納付済期間の算定の対象となった年度における同項に規定する同項第二号に掲げる額を同項第一号に掲げる額で除して得た数については、同項の規定による年数の算定の対象としないものとする。

サービス費の支給、高額介護予防サービス費の支給並びに特定入所者介護サービス費の支給、特例特定入所者介護サービス費の支給、特定入所者介護予防サービス費の支給及び特例特定入所者介護予防サービス費の支給を除く。）の額の減額を行う旨並びに高額介護サービス費、高額医療合算介護サービス費、高額介護予防サービス費及び高額医療合算介護予防サービス費並びに特定入所者介護サービス費、特例特定入所者介護サービス費、特定入所者介護予防サービス費及び特例特定入所者介護予防サービス費の支給を行わない旨並びにこれらの措置がとられる期間（市町村が、政令で定めるところにより、保険料徴収権消滅期間に応じて定める期間をいう。以下この条において「給付額減額期間」という。）の記載（以下この条において「給付額減額等の記載」という。）をするものとする。ただし、当該要介護被保険者等について、災害その他の政令で定める特別の事情があると認めるときは、この限りでない。

2　市町村は、前項の規定により給付額減額等の記載を受けた要介護被保険者等について、同項ただし書の政令で定める特別の事情があると認めるとき、又は給付額減額期間が経過したときは、当該給付額減額等の記載を消除するものとする。

3　第一項の規定により給付額減額等の記載を受けた要介護被保険者等が、当該記載を受けた日の属する月の翌月の初日から当該給付額減額期間が経過するまでの間に利用した居宅サービス（これに相当するサービスを含む。以下この条において同じ。）、地域密着型サービス（これに相当するサービスを含む。以下この条において同じ。）、施設サービス、介護予防サービス（これに相当するサービスを含む。以下この条において同じ。）及び地域密着型介護予防サービス（これに相当するサービスを含む。以下この条において同じ。）並びに行った住宅改修に係る次の各号に掲げる介護給付等について当該各号に定める規定を適用する場合（第四十九条の二又は第五十九条の二の規定により読み替

第三十四条　法第六十九条第一項に規定する給付額減額期間は、第一号に掲げる期間に第二号に掲げる数を乗じて得た数の二分の一に相当する数に十二を乗じて得た数を厚生労働省令で定めるところにより算定して得た数に相当する月数とする。

一　保険料徴収権消滅期間

二　保険料徴収権消滅期間を保険料徴収権消滅期間と保険料納付済期間を合計した期間で除して得た数

2　前項第二号の保険料納付済期間は、要介護被保険者等が当該市町村の第一号被保険者であった算定対象年度について、第二号に掲げる額を第一号に掲げる額で除して得た数を厚生労働省令で定めるところにより合算して得た数に相当する年数とする。

一　前条第一号に掲げる保険料額

二　前条第一号に掲げる保険料額（認定を受けた日の十年前の日の属する年度においては、認定を受けた日の十年前の日以降に到来する納期に係るものに限る。）のうち、納付済の保険料額の合計

（平一二政三〇九・一部改正）

（法第六十九条第一項ただし書に規定する政令で定める特別の事情）

第三十五条　法第六十九条第一項ただし書に規定する政令で定める特別の事情は、次に掲げる事由により居宅サービス（これに相当するサービスを含む。）、地域密着型サービス（これに相当するサービスを含む。）、施設サービス、介護予防サービス（これに相当するサービスを含む。）若しくは地域密着型介護予防サービス（これに相当するサービスを含む。）又は住宅改修に必要な費用を負担することが困難であると認められる事情とする。

一　要介護被保険者等又はその属する世帯の生計を主として維持する者が、震災、風水害、火災その他これらに類する災害により、住宅、家財又はその他の財産について著しい損害を受けたこと。

二　要介護被保険者等の属する世帯の生計を主として維持する者が死亡したこと、又はその者が心身に重大な障害を受け、若しくは長期間入院したことによ

4　令第三十三条の規定により保険料徴収権消滅期間を算定するに当たり、同条の規定により合算して得た数に小数点以下三位未満の端数があるときは、これを切り捨てるものとする。令第三十四条第二項の規定により保険料納付済期間を算定するに当たっても、これと同様とする。

5　令第三十四条第一項の規定により給付額減額期間を算定するに当たり、同項の規定により十二を乗じて得た数に一未満の端数があるときは、これを切り捨てるものとする。

（給付額減額等の記載方法等）

第百十二条　法第六十九条第一項の規定による給付額減額等の記載は、法第二十七条第七項後段（法第二十八条第四項及び第二十九条第二項において準用する場合を含む。）、法第三十条第一項後段若しくは第三十五条第四項後段又は第三十二条第六項後段（法第三十三条第四項及び第三十三条の二第二項において準用する場合を含む。）若しくは第三十五条第二項後段若しくは第六項後段の規定により認定の結果を被保険者証に記載する際に行うものとする。

（平一八厚労令三二・一部改正）

法律

えて適用する場合を除く。）においては、これらの規定中「百分の九十」とあるのは、「百分の七十」とする。

一　居宅介護サービス費の支給　第四十一条第四項第一号及び第二号並びに第四十三条第一項、第四項及び第六項

二　特例居宅介護サービス費の支給　第四十二条第三項並びに第四十三条第一項、第四項及び第六項

三　地域密着型介護サービス費の支給　第四十二条の二第二項各号並びに第四十三条第一項、第四項及び第六項

四　特例地域密着型介護サービス費の支給　第四十二条の三第二項並びに第四十三条第一項、第四項及び第六項

五　施設介護サービス費の支給　第四十八条第二項

六　特例施設介護サービス費の支給　第四十九条第二項

七　介護予防サービス費の支給　第五十三条第二項第一号及び第二号並びに第五十五条第一項、第四項及び第六項

八　特例介護予防サービス費の支給　第五十四条第三項並びに第五十五条第一項、第四項及び第六項

九　地域密着型介護予防サービス費の支給　第五十四条の二第二項第一号及び第二号並びに第五十五条第一項、第四項及び第六項

十　特例地域密着型介護予防サービス費の支給　第五十四条の三第二項並びに第五十五条第一項、第四項及び第六項

十一　居宅介護福祉用具購入費の支給　第四十四条第三項、第四項及び第七項

十二　介護予防福祉用具購入費の支給　第五十六条第三項、第四項及び第七項

十三　居宅介護住宅改修費の支給　第四十五条第三項、第四項及び第七項

十四　介護予防住宅改修費の支給　第五十七条第三

施行令

り、その者の収入が著しく減少したこと。

三　その他前二号に準ずる事由として厚生労働省令で定める事由があること。

（平一二政三〇九・平一八政一五四・一部改正）

施行規則

（令第三十五条第三号の厚生労働省令で定める事由）

第百十三条　令第三十五条第三号に規定する厚生労働省令で定める事由は、次のとおりとする。

一　要介護被保険者等の属する世帯の生計を主として維持する者の収入が、事業又は業務の休廃止、事業における著しい損失、失業等により著しく減少したこと。

二　要介護被保険者等の属する世帯の生計を主として維持する者の収入が、干ばつ、冷害、凍霜害等による農作物の不作、不漁その他これに類する理由により著しく減少したこと。

三　要介護被保険者等が被保護者であること。

四　要介護被保険者等が要保護者であって、給付額減額等の記載を受けないとしたならば保護を必要としない状態となるものであること。

（平一二厚令二五・平一二厚令一二七・一部改正）

項、第四項及び第七項

4　第一項の規定により給付額減額等の記載を受けた要介護被保険者等が、当該記載を受けた日の属する月の翌月の初日から当該給付額減額期間が経過するまでの間に利用した居宅サービス、地域密着型サービス、施設サービス、介護予防サービス及び地域密着型介護予防サービス並びに行った住宅改修に係る前項各号に掲げる介護給付等について当該各号に定める規定を適用する場合（第四十九条の二第一項又は第五十九条の二第一項の規定により読み替えて適用する場合に限る。）においては、第四十九条の二第一項又は第五十九条の二第一項の規定により読み替えて適用するこれらの規定中「百分の八十」とあるのは、「百分の七十」とする。

5　第一項の規定により給付額減額等の記載を受けた要介護被保険者等が、当該記載を受けた日の属する月の翌月の初日から当該給付額減額期間が経過するまでの間に利用した居宅サービス、地域密着型サービス、施設サービス、介護予防サービス及び地域密着型介護予防サービス並びに行った住宅改修に係る第三項各号に掲げる介護給付等について当該各号に定める規定を適用する場合（第四十九条の二第二項又は第五十九条の二第二項の規定により読み替えて適用する場合に限る。）においては、第四十九条の二第二項又は第五十九条の二第二項の規定により読み替えて適用するこれらの規定中「百分の七十」とあるのは、「百分の六十」とする。

6　第一項の規定により給付額減額等の記載を受けた要介護被保険者等が、当該記載を受けた日の属する月の翌月の初日から当該給付額減額期間が経過するまでの間に受けた居宅サービス、地域密着型サービス、施設サービス、介護予防サービス及び地域密着型介護予防サービスに要する費用については、第五十一条第一項、第五十一条の二第一項、第五十一条の三第一項、第五十一条の四第一項、第六十一条第一項、第六十一条の二第一項、第六十一条の三第一項及び第六十一条の四第一項の規定は、適用しない。

法律

（平一一法一六〇・平一七法七七・平一八法八三・平二三法三七・平二三法七二・平二六法八三・平二九法五二・一部改正）

第五章　介護支援専門員並びに事業者及び施設

（平一七法七七・改称）

第一節　介護支援専門員

（平一七法七七・追加）

第一款　登録等

（平一七法七七・追加）

（介護支援専門員の登録）

第六十九条の二　厚生労働省令で定める実務の経験を有する者であって、都道府県知事が厚生労働省令で定めるところにより行う試験（以下「介護支援専門員実務研修受講試験」という。）に合格し、かつ、都道府県知事が厚生労働省令で定めるところにより行う研修（以下「介護支援専門員実務研修」という。）の課程を修了したものは、厚生労働省令で定めるところにより、当該都道府県知事の登録を受けることができる。ただし、次の各号のいずれかに該当する者については、この限りでない。

一　心身の故障により介護支援専門員の業務を適正に行うことができない者として厚生労働省令で定めるもの

二　禁錮以上の刑に処せられ、その執行を終わり、又は執行を受けることがなくなるまでの者

三　この法律その他国民の保健医療若しくは福祉に関する法律で政令で定めるものの規定により罰金の刑に処せられ、その執行を終わり、又は執行を受けることがなくなるまでの者

四　登録の申請前五年以内に居宅サービス等に関し不正又は著しく不当な行為をした者

五　第六十九条の三十八第三項の規定による禁止の処分を受け、その禁止の期間中に第六十九条の六第一号の規定によりその登録が消除され、まだその期間が経過しない者

施行令

第四章　介護支援専門員並びに事業者及び施設

（平一一政三九三・平一八政一五四・改称）

第一節　通則

（平一八政一五四・追加）

（登録の拒否等に係る法律）

第三十五条の二　法第六十九条の二第一項第三号、第七十条第二項第五号（法第七十条の二第四項（法第七十八条の十二、第百十五条の十一、第百十五条の二十一及び第百十五条の三十一において準用する場合を含む。）において準用する場合を含む。）、第七十八条の二第四項第五号（法第七十八条の十四第三項において準用する場合を含む。）、第七十九条第二項第四号（法第七十九条の二第四項において準用する場合を含む。）、第八十六条第二項第三号（法第八十六条の二第

施行規則

第四章　介護支援専門員並びに事業者及び施設

（平一八厚労令三二・改称）

第一節　介護支援専門員

（平一八厚労令三二・追加）

第一款　登録等

（平一八厚労令三二・追加）

（法第六十九条の二第一項の厚生労働省令で定める実務の経験）

第百十三条の二　法第六十九条の二第一項の厚生労働省令で定める実務の経験は、第一号及び第二号の期間が通算して五年以上であることとする。

一　医師、歯科医師、薬剤師、保健師、助産師、看護師、准看護師、理学療法士、作業療法士、社会福祉士、介護福祉士、視能訓練士、義肢装具士、歯科衛生士、言語聴覚士、あん摩マッサージ指圧師、はり師、きゅう師、柔道整復師、栄養士、管理栄養士又は精神保健福祉士が、その資格に基づき当該資格に係る業務に従事した期間

二　イ又はロに掲げる者が、身体上若しくは精神上の障害があること又は環境上の理由により日常生活を営むのに支障がある者の日常生活の自立に関する相談に応じ、助言、指導その他の援助を行う業務その他これに準ずる業務に従事した期間

イ　老人福祉法第五条の三に規定する老人福祉施設、介護老人保健施設、介護医療院その他これらに準ずる施設の従業者又はこれに準ずる者

ロ　特定施設入居者生活介護、地域密着型特定施設入居者生活介護、地域密着型介護老人福祉施設入所者生活介護、介護予防特定施設入居者生活介護、障害者の日常生活及び社会生活を総合的に支援するための法律第五条第十八項に規定する計画相談支援、児童福祉法（昭和二十二年法律第百六

六　第六十九条の三十九の規定による登録の消除の処分を受け、その処分の日から起算して五年を経過しない者

七　第六十九条の三十九の規定による登録の消除の処分に係る行政手続法（平成五年法律第八十八号）第十五条の規定による通知があった日から当該処分をする日又は処分をしないことを決定する日までの間に登録の消除の申請をした者（登録の消除の申請について相当の理由がある者を除く。）であって、当該登録が消除された日から起算して五年を経過しないもの

＊〔通〕介護支援専門員実務研修受講試験事業実施要綱（平一八老発〇五二二〇〇一）

＊〔告〕厚生労働大臣が定める介護支援専門員等に係る研修の基準（平一八厚労告二一八）

四項において準用する場合を含む。）、第九十四条第三項第五号（法第九十四条の二第四項において準用する場合を含む。）、第百七条第三項第五号（法第百八条第四項において準用する場合を含む。）、第百十五条の二第二項第五号、第百十五条の十二第二項第五号及び第百十五条の二十二第二項第四号の政令で定める法律は、次のとおりとする。

一　児童福祉法（昭和二十二年法律第百六十四号）

二　栄養士法（昭和二十二年法律第二百四十五号）

三　医師法（昭和二十三年法律第二百一号）

四　歯科医師法（昭和二十三年法律第二百二号）

五　保健師助産師看護師法（昭和二十三年法律第二百三号）

六　歯科衛生士法（昭和二十三年法律第二百四号）

七　医療法（昭和二十三年法律第二百五号）

八　身体障害者福祉法（昭和二十四年法律第二百八十三号）

九　精神保健及び精神障害者福祉に関する法律（昭和二十五年法律第百二十三号）

十　生活保護法

十一　社会福祉法（昭和二十六年法律第四十五号）

十二　医薬品、医療機器等の品質、有効性及び安全性の確保等に関する法律（昭和三十五年法律第百四十五号）

十三　薬剤師法（昭和三十五年法律第百四十六号）

十四　老人福祉法（昭和三十八年法律第百三十三号）

十五　理学療法士及び作業療法士法（昭和四十年法律第百三十七号）

十六　高齢者の医療の確保に関する法律

十七　社会福祉士及び介護福祉士法（昭和六十二年法律第三十号）

十八　義肢装具士法（昭和六十二年法律第六十一号）

十九　精神保健福祉士法（平成九年法律第百三十一号）

二十　言語聴覚士法（平成九年法律第百三十二号）

二十一　障害者の日常生活及び社会生活を総合的に支援するための法律

十四号）第六条の二の二第六項に規定する障害児相談支援、生活困窮者自立支援法（平成二十五年法律第百五号）第三条第二項に規定する生活困窮者自立相談支援事業その他これらに準ずる事業の従事者

（平一八厚労令三三・追加、平一八厚労令一六九・平二三厚労令一一六・平二四厚労令四〇・平二五厚労令四・平二五厚労令一二四・平二七厚労令一一九・平二八厚労令五三・平三〇厚労令二八・平三〇厚労令三〇・平三〇厚労令一一七・令六厚労令六〇・令六厚労令一六四・一部改正）

（介護支援専門員実務研修受講試験）

第百十三条の三　法第六十九条の二第一項に規定する介護支援専門員実務研修受講試験（以下「実務研修受講試験」という。）は、介護支援専門員の業務に関し、次に掲げる基礎的知識及び技術を有することを確認することを目的として行われるものとする。

一　介護保険制度に関する基礎的知識

二　要介護認定及び要支援認定に関する基礎的知識及び技術

三　居宅サービス計画、施設サービス計画及び介護予防サービス計画に関する基礎的知識及び技術

四　保健医療サービス及び福祉サービスに関する基礎的知識及び技術

（平一八厚労令三三・追加）

（介護支援専門員実務研修）

第百十三条の四　法第六十九条の二第一項に規定する介護支援専門員実務研修（以下「介護支援専門員実務研修」という。）は、介護支援専門員実務研修受講試験に合格した者について、介護支援専門員として必要な専門的知識及び技術を修得させることを目的として行われるものとする。

2　介護支援専門員実務研修は、居宅サービス計画、施設サービス計画及び介護予防サービス計画に関する専門的知識及び技術の修得に係るものをその主たる内容とし、かつ、要介護認定及び要支援認定に関する専門的知識及び技術並びにその他の介護支援専門員として必要な専門的知識及び技術の修得に係るものをその内

法律

2　前項の登録は、都道府県知事が、介護支援専門員資格登録簿に氏名、生年月日、住所その他厚生労働省令で定める事項並びに登録番号及び登録年月日を登載してするものとする。

（平一七法七七・追加、令元法三七・一部改正）

施行令

二十二　高齢者虐待の防止、高齢者の養護者に対する支援等に関する法律（平成十七年法律第百二十四号）

二十三　就学前の子どもに関する教育、保育等の総合的な提供の推進に関する法律（平成十八年法律第七十七号）

二十四　子ども・子育て支援法（平成二十四年法律第六十五号）

二十五　再生医療等の安全性の確保等に関する法律（平成二十五年法律第八十五号）

二十六　国家戦略特別区域法（平成二十五年法律第百七号。第十二条の五第十五項及び第十七項から第十九項までの規定に限る。）

二十七　難病の患者に対する医療等に関する法律（平成二十六年法律第五十号）

二十八　公認心理師法（平成二十七年法律第六十八号）

二十九　民間あっせん機関による養子縁組のあっせんに係る児童の保護等に関する法律（平成二十八年法律第百十号）

三十　臨床研究法（平成二十九年法律第十六号）

（平一八政一五四・追加、平二〇政一一六・平二一政一〇・平二三政三七五・平二三政三七六・平二五政五・平二六政一六四・平二六政二六九・平二六政二七八・平二六政三五八・平二六政三〇〇（平二六政三五八）・平二七政一三八・平二七政三〇三・平二八政五六・平二九政二四六・平二九政二九〇・平三〇政四一・平三〇政五五・一部改正）

施行規則

容に含むものとする。

3　介護支援専門員実務研修は、厚生労働大臣が定める基準を満たす課程により行うこととし、その実施に当たっては、当該課程において修得することが求められている知識及び技術の修得がなされていることにつき確認する等適切な方法により行われなければならない。

（平一八厚労令三二・追加）

（登録を受けることができる都道府県）

第百十三条の五　二以上の都道府県において介護支援専門員実務研修を修了した者は、当該研修を行った都道府県知事のうちいずれか一の都道府県知事の登録のみを受けることができる。

（平一八厚労令三二・追加）

（法第六十九条の二第一項第一号の厚生労働省令で定める者）

第百十三条の五の二　法第六十九条の二第一項第一号の厚生労働省令で定める者は、精神の機能の障害により介護支援専門員の業務を適正に行うに当たって必要な認知、判断及び意思疎通を適切に行うことができない者とする。

（令元厚労令四六・追加）

（介護支援専門員資格登録簿に登載する事項）

第百十三条の六　法第六十九条の二第二項の厚生労働省令で定める事項は、次に掲げるものとする。

一　介護支援専門員実務研修の修了年月日

二　別に厚生労働大臣が定める事項

（平一八厚労令三二・追加）

（登録の申請）

第百十三条の七　法第六十九条の二第一項の規定による登録を受けようとする者は、介護支援専門員実務研修を修了した日から三月を経過する日までに、氏名、生年月日、住所及び個人番号その他の登録に際し必要な事項を記載した登録申請書を提出しなければならない。

（登録の移転）

第六十九条の三　前条第一項の登録を受けている者は、当該登録をしている都道府県知事の管轄する都道府県以外の都道府県に所在する指定居宅介護支援事業者その他厚生労働省令で定める事業者若しくは施設の業務に従事し、又は従事しようとするときは、当該事業者の事業所又は当該施設の所在地を管轄する都道府県知

2　法第六十九条の二第一項の規定による登録は、前条各号に掲げる事項を当該登録に係る都道府県知事の使用に係る電子計算機と接続された介護支援専門員の名簿の管理に関する統一的な支援のための情報処理システムを通じて送信し、当該都道府県知事の使用に係る電子計算機に備えられたファイルに記録する方法により行わなければならない。

（平一八厚労令三二・追加、平一八厚労令一〇六・平一九厚労令一八・令六厚労令八五・一部改正）

（登録の通知等）

第百十三条の八　都道府県知事は、法第六十九条の二第一項の登録をしたときは、遅滞なく、その旨及び次の各号に掲げる事項を当該登録に係る者に通知しなければならない。

一　氏名
二　生年月日
三　住所
四　登録番号
五　登録年月日

2　都道府県知事は、法第六十九条の二第一項の登録を受けようとする者が次の各号のいずれかに該当する者であるときは、その登録を拒否するとともに、遅滞なく、その理由を示して、その旨をその者に通知しなければならない。

一　法第六十九条の二第一項の実務の経験を有する者以外の者
二　法第六十九条の二第一項各号のいずれかに該当する者
三　他の都道府県知事の登録を現に受けている者

（平一八厚労令三二・追加）

（法第六十九条の三の厚生労働省令で定める事業者若しくは施設）

第百十三条の九　法第六十九条の三の厚生労働省令で定める事業者又は施設は、次の各号に掲げるものとする。

一　特定施設入居者生活介護に係る指定居宅サービス事業者

法律

事に対し、当該登録をしている都道府県知事を経由して、登録の移転の申請をすることができる。ただし、その者が第六十九条の三十八第三項の規定による禁止の処分を受け、その禁止の期間が満了していないときは、この限りでない。

（平一七法七七・追加）

（登録事項の変更の届出）

第六十九条の四　第六十九条の二第一項の登録を受けている者は、当該登録に係る氏名その他厚生労働省令で定める事項に変更があったときは、遅滞なく、その旨を都道府県知事に届け出なければならない。

（平一七法七七・追加）

（死亡等の届出）

第六十九条の五　第六十九条の二第一項の登録を受けている者が次の

施行令

施行規則

二　小規模多機能型居宅介護、認知症対応型共同生活介護、地域密着型特定施設入居者生活介護、地域密着型介護老人福祉施設入所者生活介護及び複合型サービス（看護小規模多機能型居宅介護に限る。）に係る指定地域密着型サービス事業者

三　基準該当居宅介護支援事業者

四　介護保険施設

五　介護予防特定施設入居者生活介護に係る指定介護予防サービス事業者

六　介護予防小規模多機能型居宅介護及び介護予防認知症対応型共同生活介護に係る指定地域密着型介護予防サービス事業者

七　指定介護予防支援事業者及び基準該当介護予防支援事業者

八　地域包括支援センター

（平一八厚労令三二・追加、平二四厚労令三〇・平二七厚労令四・一部改正）

（介護支援専門員の登録の移転の申請）

第百十三条の十　法第六十九条の三の規定による登録の移転を申請しようとする者は、次に掲げる事項を記載した登録移転申請書を提出しなければならない。

一　氏名、生年月日、住所及び個人番号

二　登録番号

三　登録をしている都道府県知事

（平一八厚労令三二・追加、令六厚労令八五・一部改正）

（登録の移転の通知）

第百十三条の十一　都道府県知事は、法第六十九条の三の規定による登録の移転をしたときは、遅滞なく、その旨を当該登録の移転の申請をした者及び当該登録をしていた都道府県知事に通知しなければならない。

（平一八厚労令三二・追加）

（登録の変更の届出事項）

第百十三条の十二　法第六十九条の四の厚生労働省令で定める事項は、住所及び個人番号とする。

（平一八厚労令三二・追加、令六厚労令八五・一部改正）

（死亡等の届出）

第百十三条の十三　法第六十九条の五の規定による届出をしようとす

各号のいずれかに該当することとなった場合には、当該各号に定める者は、その日（第一号の場合にあっては、その事実を知った日）から三十日以内に、その旨を当該登録をしている都道府県知事又は当該各号に定める者の住所地を管轄する都道府県知事に届け出なければならない。

一　死亡した場合　その相続人

二　第六十九条の二第一項第一号に該当するに至った場合　本人又はその法定代理人若しくは同居の親族

三　第六十九条の二第一項第二号又は第三号に該当するに至った場合　本人

（平一七法七七・追加、令元法三七・一部改正）

（申請等に基づく登録の消除）

第六十九条の六　都道府県知事は、次の各号のいずれかに該当する場合には、第六十九条の二第一項の登録を消除しなければならない。

一　本人から登録の消除の申請があった場合

二　前条の規定による届出があった場合

三　前条の規定による届出がなくて同条各号のいずれかに該当する事実が判明した場合

四　第六十九条の三十一の規定により合格の決定を取り消された場合

（平一七法七七・追加）

（介護支援専門員証の交付等）

第六十九条の七　第六十九条の二第一項の登録を受けている者は、都道府県知事に対し、介護支援専門員証の交付を申請することができる。

2　介護支援専門員証の交付を受けようとする者は、都道府県知事が厚生労働省令で定めるところにより行う研修を受けなければならない。ただし、第六十九条の二第一項の登録を受けた日から厚生労働省令で定める期間以内に介護支援専門員証の交付を受けようとする者については、この限りでない。

3　介護支援専門員証（第五項の規定により交付された介護支援専門員証を除く。）の有効期間は、五年とする。

4　介護支援専門員証が交付された後第六十九条の三の規定により登録の移転があったときは、当該介護支援専門員証は、その効力を失う。

5　前項に規定する場合において、登録の移転の申請とともに介護支援専門員証の交付の申請があったときは、当該申請を受けた都道府

る者は、届書にその届出に係る法第六十九条の二第一項の登録を受けている者が法第六十九条の五各号のいずれかに該当することを証する書面を添付し、当該登録をしている都道府県知事又は当該各号に定める者の住所地を管轄する都道府県知事に提出しなければならない。

（平一八厚労令三三・追加）

（登録の消除）

第百十三条の十四　都道府県知事は、法第六十九条の六の規定により登録を消除したときは、その理由を示して、その登録の消除に係る者、相続人、法定代理人又は同居の親族に通知しなければならない。

（平一八厚労令三三・追加、令二厚労令六四・一部改正）

（監督処分の記載）

第百十三条の十五　都道府県知事は、法第六十九条の三十八第二項の規定による指示若しくは命令又は同条第三項の規定による禁止の処分をしたときは、その内容、指示若しくは命令した年月日及び業務禁止の場合はその業務禁止期間を法第六十九条の二第二項の介護支援専門員資格登録簿（以下「介護支援専門員資格登録簿」という。）に記載するものとする。

（平一八厚労令三三・追加）

（法第六十九条の七第二項の厚生労働省令で定めるところにより行う研修）

第百十三条の十六　法第六十九条の七第二項の厚生労働省令で定めるところにより行う研修（以下この条において「再研修」という。）は、介護支援専門員として必要な専門的知識及び技術の修得を図り、介護支援専門員の資質の向上を図ることを目的として行われるものとする。

2　再研修は、居宅サービス計画、施設サービス計画及び介護予防サービス計画に関する専門的知識及び技術の修得に係るものをその主たる内容とし、かつ、要介護認定及び要支援認定に関する専門的知識及び技術並びにその他の介護支援専門員として必要な専門的知識及び技術の修得に係るものをその内容に含むものとする。

法律

県知事は、同項の介護支援専門員証の有効期間が経過するまでの期間を有効期間とする介護支援専門員証を交付しなければならない。

6　介護支援専門員は、第六十九条の二第一項の登録が消除されたとき、又は介護支援専門員証が効力を失ったときは、速やかに、介護支援専門員証をその交付を受けた都道府県知事に返納しなければならない。

7　介護支援専門員は、第六十九条の三十八第三項の規定による禁止の処分を受けたときは、速やかに、介護支援専門員証をその交付を受けた都道府県知事に提出しなければならない。

8　前項の規定により介護支援専門員証の提出を受けた都道府県知事は、同項の禁止の期間が満了した場合においてその提出者から返還の請求があったときは、直ちに、当該介護支援専門員証を返還しなければならない。

（平一七法七七・追加）

（介護支援専門員証の有効期間の更新）

第六十九条の八　介護支援専門員証の有効期間は、申請により更新する。

2　介護支援専門員証の有効期間の更新を受けようとする者は、都道府県知事が厚生労働省令で定めるところにより行う研修（以下「更新研修」という。）を受けなければならない。ただし、現に介護支援専門員の業務に従事しており、かつ、更新研修の課程に相当するものとして都道府県知事が厚生労働省令で定めるところにより指定する研修の課程を修了した者については、この限りでない。

3　前条第三項の規定は、更新後の介護支援専門員証の有効期間について準用する。

（平一七法七七・追加）

（介護支援専門員証の提示）

第六十九条の九　介護支援専門員は、その業務を行うに当たり、関係者から請求があったときは、介護支援専門員証を提示しなければならない。

（平一七法七七・追加）

（厚生労働省令への委任）

第六十九条の十　この款に定めるもののほか、第六十九条の二第一項の登録、その移転及び介護支援専門員証に関し必要な事項は、厚生労働省令で定める。

施行令

施行規則

3　再研修は、厚生労働大臣が定める基準を満たす課程により行うこととし、その実施に当たっては、当該課程において修得することが求められている知識及び技術の修得がなされていることにつき確認する等適切な方法により行われなければならない。

（平一八厚労令三二・追加）

（法第六十九条の七第二項の厚生労働省令で定める期間）

第百十三条の十七　法第六十九条の七第二項の厚生労働省令で定める期間は、五年とする。

（平一八厚労令三二・追加）

（更新研修）

第百十三条の十八　法第六十九条の八第二項本文に規定する更新研修（以下「更新研修」という。）は、介護支援専門員として、必要な専門的知識及び技術を維持し、介護支援専門員としての知識及び技術の確認並びに資質の向上を図ることを目的として行われるものとする。

2　更新研修は、居宅サービス計画、施設サービス計画及び介護予防サービス計画に関する専門的知識及び技術の修得に関するものをその主たる内容とし、介護支援専門員として必要な専門的知識及び技術の修得に係るものをその内容に含むものとする。

3　更新研修は、厚生労働大臣が定める基準を満たす課程により行うこととし、その実施に当たっては、当該課程において修得することが求められている知識及び技術の修得がなされていることにつき確認する等適切な方法により行われなければならない。

（平一八厚労令三二・追加）

（法第六十九条の八第二項ただし書の規定により指定する研修の課程）

第百十三条の十九　都道府県知事は、次の各号のいずれにも該当する

（平一七法七七・追加）

ものでなければ法第六十九条の八第二項ただし書の研修として指定してはならない。
一　当該研修を行うのに必要かつ適切な組織及び能力を有すると都道府県知事が認める者が実施するものであること。
二　正当な理由なく受講を制限するものでないこと。

（平一八厚労令三三・追加、平一八厚労令一八〇・一部改正）

（介護支援専門員証の交付の申請）

第百十三条の二十　法第六十九条の七第一項の規定により介護支援専門員証の交付を申請しようとする者は、次に掲げる事項を記載した介護支援専門員交付申請書（以下この条において「交付申請書」という。）に写真を添えて、法第六十九条の二第一項の登録を受けている都道府県知事に提出しなければならない。
一　申請者の氏名、生年月日、住所及び個人番号
二　登録番号
三　法第六十九条の二第一項の登録を受けた日から五年を経過しているか否かの別

2　介護支援専門員証の交付を申請しようとする者（法第六十九条の二第一項の登録を受けた日から五年以内に交付を申請しようとする者及び次項に規定する者のうち既に介護支援専門員証の交付を受けている者を除く。）は、交付申請書に法第六十九条の七第二項の研修を修了した旨の証明を受け、又は交付申請書に当該研修を修了した旨の証明書を添付しなければならない。

3　法第六十九条の三の規定による登録の移転の申請とともに介護支援専門員証の交付を申請しようとする者は、第百十三条の十の登録の移転に係る申請書と交付申請書を併せて、提出しなければならない。この場合において、交付申請書には前二項に掲げる事項は記載することを要しないものとする。

（平一八厚労令三三・追加、令六厚労令八五・一部改正）

（介護支援専門員証の記載事項及び様式）

第百十三条の二十一　介護支援専門員証には、次に掲げる事項を記載するものとする。
一　介護支援専門員の氏名及び生年月日
二　登録番号
三　介護支援専門員証の交付年月日
四　介護支援専門員証の有効期間の満了する日

2　介護支援専門員証の様式は、様式第十号によるものとする。

（平一八厚労令三三・追加、平二七厚労令一九・一部改正）

法　律

施　行　令

施　行　規　則

（介護支援専門員証の交付の記載）

第百十三条の二十二　都道府県知事は、介護支援専門員証を交付したときは、交付年月日及び有効期間の満了する日を介護支援専門員資格登録簿に記載するものとする。

（平一八厚労令三二・追加）

（介護支援専門員証の書換え交付）

第百十三条の二十三　介護支援専門員は、その氏名を変更したときは、法第六十九条の四の規定による変更の届出とあわせて、介護支援専門員証の書換え交付を申請しなければならない。

2　前項の規定による書換え交付の申請は、写真を添付し、かつ個人番号を記載した申請書により行うものとする。

3　介護支援専門員証の書換え交付は、当該介護支援専門員が現に有する介護支援専門員証と引換えに新たな介護支援専門員証を交付して行うものとする。

（平一八厚労令三二・追加、平二七厚労令一九・令六厚労令八五・一部改正）

（登録の移転に伴う介護支援専門員証の交付）

第百十三条の二十四　法第六十九条の三の規定による登録の移転の申請とともに介護支援専門員証の交付の申請があった場合における介護支援専門員証の交付は、当該介護支援専門員が現に有する介護支援専門員証と引換えに新たな介護支援専門員証を交付して行うものとする。

（平一八厚労令三二・追加）

（介護支援専門員証の再交付等）

第百十三条の二十五　介護支援専門員は、介護支援専門員証を亡失し、滅失し、汚損し、又は破損したときは、その交付を受けた都道府県知事に介護支援専門員証の再交付を申請することができる。

2　前項の規定による再交付を申請しようとする者は、写真を添付し、かつ個人番号を記載した申請書を提出しなければならない。

3　汚損又は破損を理由とする介護支援専門員証の再交付は、汚損し、又は破損した介護支援専門員証と引換えに新たな介護支援専門員証を交付して行うものとする。

4　介護支援専門員は、介護支援専門員証の亡失によりその再交付を受けた後において、亡失した介護支援専門員証を発見したときは、速やかに、発見した介護支援専門員証をその交付を受けた都道府県知事に返納しなければならない。

第二款　登録試験問題作成機関の登録、指定試験実施機関及び指定研修実施機関の指定等

（平一七法七七・追加）

（登録試験問題作成機関の登録）

第六十九条の十一　都道府県知事は、厚生労働大臣の登録を受けた法人（以下「登録試験問題作成機関」という。）に、介護支援専門員実務研修受講試験の実施に関する事務のうち試験の問題の作成及び合格の基準の設定に関するもの（以下「試験問題作成事務」という。）を行わせることができる。

2　前項の登録は、試験問題作成事務を行おうとする者の申請により行う。

3　都道府県知事は、第一項の規定により登録試験問題作成機関に試験問題作成事務を行わせるときは、試験問題作成事務を行わないものとする。

（平一七法七七・追加）

（欠格条項）

第六十九条の十二　次の各号のいずれかに該当する法人は、前条第一項の登録を受けることができない。

一　この法律の規定により刑に処せられ、その執行を終わり、又は執行を受けることがなくなった日から起算して二年を経過しない者であること。

二　第六十九条の二十四第一項又は第二項の規定により登録を取り消され、その取消しの日から起算して二年を経過しない者であること。

三　その役員のうちに、第一号に該当する者があること。

（平一七法七七・追加）

（平一八厚労令三二・追加、令六厚労令八五・一部改正）

（介護支援専門員証の有効期間の更新）

第百十三条の二十六　介護支援専門員証の有効期間の更新の申請は、新たな介護支援専門員証の交付を申請することにより行うものとする。

2　前項の新たな介護支援専門員証の交付は、当該介護支援専門員が現に有する介護支援専門員証と引換えに行うものとする。

3　第百十三条の二十第一項及び第二項の規定は、第一項の交付申請について準用する。

（平一八厚労令三二・追加）

第二款　登録試験問題作成機関の登録、指定試験実施機関及び指定研修実施機関の指定等

（平一八厚労令三二・追加、平一八厚労令一〇六・改称）

（登録試験問題作成機関登録簿）

第百十三条の二十八　法第六十九条の十一第一項の規定による登録は、登録試験問題作成機関登録簿に次に掲げる事項を記載してするものとする。

一　登録年月日及び登録番号

二　登録試験問題作成機関（法第六十九条の十一第一項に規定する登録試験問題作成機関をいう。以下同じ。）の名称及び主たる事務所の所在地

三　役員の氏名

四　試験委員の氏名

（平一八厚労令三二・追加）

法律

（登録の基準）

第六十九条の十三　厚生労働大臣は、第六十九条の十一第二項の規定により登録を申請した者が次に掲げる要件のすべてに適合しているときは、同条第一項の登録をしなければならない。この場合において、登録に関して必要な手続は、厚生労働省令で定める。

一　別表の上欄に掲げる科目について同表の下欄に掲げる試験委員が試験の問題の作成及び合格の基準の設定を行うものであること。

二　試験の信頼性の確保のための次に掲げる措置がとられていること。

イ　試験問題作成事務について専任の管理者を置くこと。

ロ　試験問題作成事務の管理（試験に関する秘密の保持及び試験の合格の基準に関することを含む。）に関する文書の作成その他の厚生労働省令で定める試験問題作成事務の信頼性を確保するための措置が講じられていること。

ハ　ロの文書に記載されたところに従い試験問題作成事務の管理を行う専任の部門を置くこと。

三　債務超過の状態にないこと。

（平一七法七七・追加）

施行令

施行規則

（登録試験問題作成機関の登録の申請）

第百十三条の二十七　法第六十九条の十三の規定に基づき登録を受けようとする者は、次に掲げる事項を記載した申請書又は書類を厚生労働大臣に提出しなければならない。

一　申請者の名称及び主たる事務所の所在地並びにその代表者の氏名及び住所

二　試験問題作成事務（法第六十九条の十一第一項に規定する試験問題作成事務をいう。以下同じ。）を行おうとする事務所の名称及び所在地

三　申請者の定款又は寄附行為及び登記事項証明書

四　試験問題作成事務の開始の予定年月日

五　当該申請の日の属する事業年度の直前の事業年度の貸借対照表及び損益計算書

六　当該申請の日の属する事業年度及び翌事業年度における事業計画書及び収支予算書

七　当該申請に関する意思の決定を証する書類

八　役員の氏名及び略歴に関する書類

九　現に行っている業務の概要に関する書類

十　試験問題作成事務の実施の方法に関する計画に関する書類

十一　申請者が法第六十九条の十二各号のいずれにも該当しないものであることを誓約する書面

十二　法別表の上欄に掲げる科目について、それぞれ同表の下欄に掲げる試験委員により問題の作成及び合格の基準の設定が行われるものであることを証する書類

十三　試験委員の略歴に関する書類

十四　法第六十九条の十三第二号ロに規定する試験問題作成事務の信頼性を確保するための措置を講じたことを証する書類として、次に掲げるもの

イ　法第六十九条の十三第二号イに規定する専任の管理者及び同号ハに規定する専任の部門が置かれていることを説明した書類

ロ　試験問題作成事務に係る秘密の保持の方法に関する書類

ハ　試験問題の作成の方法及び試験の合格の基準に関する書類

ニ　試験委員の選任及び解任の方法に関する書類

ホ　試験問題作成事務に係る公正の確保に関する書類

十五　その他参考となる事項に関する書類

（登録の公示等）

第六十九条の十四　厚生労働大臣は、第六十九条の十一第一項の登録をしたときは、当該登録を受けた者の名称及び主たる事務所の所在地並びに当該登録をした日を公示しなければならない。

2　登録試験問題作成機関は、その名称又は主たる事務所の所在地を変更しようとするときは、変更しようとする日の二週間前までに、その旨を厚生労働大臣及び第六十九条の十一第一項の規定により登録試験問題作成機関にその試験問題作成事務を行わせることとした都道府県知事（以下「委任都道府県知事」という。）に届け出なければならない。

3　厚生労働大臣は、前項の届出があったときは、その旨を公示しなければならない。

（平一七法七七・追加）

（役員の選任及び解任）

第六十九条の十五　登録試験問題作成機関は、役員を選任し、又は解任したときは、遅滞なく、その旨を厚生労働大臣に届け出なければならない。

（平一七法七七・追加）

（試験委員の選任及び解任）

第六十九条の十六　登録試験問題作成機関は、第六十九条の十三第一号の試験委員を選任し、又は解任したときは、遅滞なく、その旨を厚生労働大臣に届け出なければならない。

（平一七法七七・追加）

（秘密保持義務等）

第六十九条の十七　登録試験問題作成機関の役員若しくは職員（第六十九条の十三第一号の試験委員を含む。次項において同じ。）又はこれらの職にあった者は、試験問題作成事務に関して知り得た秘密

（平一八厚労令三一・追加）

（信頼性の確保のための措置）

第百十三条の二十九　法第六十九条の十三第二号ロの厚生労働省令で定める措置は、次に掲げるものとする。

一　試験問題作成事務の管理（試験に関する秘密の保持及び試験の合格の基準に関することを含む。）に関する書類が作成されていること。

二　試験に備えるための講義、講習、公開模擬学力試験その他の学力の教授に関する業務を行わないこと。

（平一八厚労令三一・追加）

（登録事項の変更の届出）

第百十三条の三十　登録試験問題作成機関は、法第六十九条の十四第二項の規定による届出をしようとするときは、次に掲げる事項を記載した届書を厚生労働大臣及び委任都道府県知事（法第六十九条の十四第二項に規定する委任都道府県知事をいう。以下同じ。）に提出しなければならない。

一　変更しようとする事項

二　変更しようとする年月日

三　変更の理由

2　登録試験問題作成機関は、法第六十九条の十五又は法第六十九条の十六の規定による届出をしようとするときは、次に掲げる事項を記載した届書を厚生労働大臣に提出しなければならない。

一　選任又は解任された役員又は試験委員の氏名

二　選任又は解任の年月日

三　選任又は解任の理由

四　選任の場合にあっては、選任された者の略歴

五　役員の選任の場合にあっては、当該役員が法第六十九条の十二第三号に該当しない者であることを誓約する書面

六　試験委員の選任又は解任の場合にあっては、法別表の上欄に掲げる科目についてそれぞれ同表の下欄に掲げる試験委員により問題の作成及び合格の基準の設定が行われるものであることを証する書類

3　厚生労働大臣は、前二項の規定による届出を受理したときは、当

法律

を漏らしてはならない。

2　試験問題作成事務に従事する登録試験問題作成機関の役員又は職員は、刑法その他の罰則の適用については、法令により公務に従事する職員とみなす。

（平一七法七七・追加）

（試験問題作成事務規程）

第六十九条の十八　登録試験問題作成機関は、試験問題作成事務の開始前に、厚生労働省令で定める試験問題作成事務の実施に関する事項について試験問題作成事務規程を定め、厚生労働大臣の認可を受けなければならない。これを変更しようとするときも、同様とする。

2　厚生労働大臣は、前項の規定により認可をした試験問題作成事務規程が試験問題作成事務の適正かつ確実な実施上不適当となったと認めるときは、登録試験問題作成機関に対し、これを変更すべきことを命ずることができる。

（平一七法七七・追加）

（財務諸表等の備付け及び閲覧等）

第六十九条の十九　登録試験問題作成機関は、毎事業年度経過後三月以内に、その事業年度の財産目録、貸借対照表及び損益計算書又は収支計算書並びに事業報告書（その作成に代えて電磁的記録（電子的方式、磁気的方式その他の人の知覚によっては認識することができない方式で作られる記録であって、電子計算機による情報処理の用に供されるものをいう。以下この条において同じ。）の作成がされている場合における当該電磁的記録を含む。次項及び第二百十一条の二において「財務諸表等」という。）を作成し、五年間登録試験問題作成機関の事務所に備えて置かなければならない。

2　介護支援専門員実務研修受講試験を受けようとする者その他の利害関係人は、登録試験問題作成機関の業務時間内は、いつでも、次に掲げる請求をすることができる。ただし、第二号又は第四号の請求をするには、登録試験問題作成機関の定めた費用を支払わなければならない。

一　財務諸表等が書面をもって作成されているときは、当該書面の閲覧又は謄写の請求

二　前号の書面の謄本又は抄本の請求

三　財務諸表等が電磁的記録をもって作成されているときは、当該

施行令

施行規則

該届出に係る事項が法第六十九条の十二第三号に該当する場合又は法第六十九条の十三第一号に掲げる要件に適合しない場合を除き、届出があった事項を登録試験問題作成機関登録簿に記載しなければならない。

（平一八厚労令三二・追加）

（試験問題作成事務規程）

第百十三条の三十一　登録試験問題作成機関は、法第六十九条の十八第一項前段の規定により認可を受けようとするときは、試験問題作成事務の開始前に、申請書に試験問題作成事務規程を添えて厚生労働大臣に提出しなければならない。

2　法第六十九条の十八第一項の厚生労働省令で定める試験問題作成事務の実施に関する事項は、次に掲げるものとする。

一　試験問題作成事務の実施に関する事項

二　試験問題作成事務に関して知り得た秘密の保持に関する事項

三　帳簿（法第六十九条の二十に規定する帳簿をいう。第百十三条の三十四第二項及び第三項並びに第百十三条の三十六において同じ。）その他の試験問題作成事務に関する書類の管理に関する事項

四　その他試験問題作成事務の実施に関し必要な事項

（平一八厚労令三二・追加）

（電磁的記録に記録された事項を表示する方法）

電磁的記録に記録された事項を厚生労働省令で定める方法により表示したものの閲覧又は謄写の請求

四　前号の電磁的記録に記録された事項を電磁的方法であって厚生労働省令で定めるものにより提供することの請求又は当該事項を記載した書面の交付の請求

（平一七法七七・追加、平一七法八七・一部改正）

（帳簿の備付け等）

第六十九条の二十　登録試験問題作成機関は、厚生労働省令で定めるところにより、試験問題作成事務に関する事項で厚生労働省令で定めるものを記載した帳簿を備え、保存しなければならない。

（平一七法七七・追加）

（適合命令）

第六十九条の二十一　厚生労働大臣は、登録試験問題作成機関が第六十九条の十三各号のいずれかに適合しなくなったと認めるときは、その登録試験問題作成機関に対し、これらの規定に適合するため必要な措置をとるべきことを命ずることができる。

（平一七法七七・追加）

（報告及び検査）

第六十九条の二十二　厚生労働大臣は、試験問題作成事務の適正な実施を確保するため必要があると認めるときは、登録試験問題作成機

第百十三条の三十二　法第六十九条の十九第二項第三号の厚生労働省令で定める方法は、当該電磁的記録に記録された事項を紙面又は出力装置の映像面に表示する方法とする。

（平一八厚労令三二・追加）

（電磁的記録に記録された事項を提供するための電磁的方法）

第百十三条の三十三　法第六十九条の十九第二項第四号の厚生労働省令で定める電磁的方法は、次に掲げるもののうち、登録試験問題作成機関が定めるものとする。

一　送信者の使用に係る電子計算機（入出力装置を含む。以下この号及び次条第二項において同じ。）と受信者の使用に係る電子計算機とを電気通信回線で接続した電子情報処理組織を使用する方法であって、当該電気通信回線を通じて情報が送信され、受信者の使用に係る電子計算機に備えられたファイルに当該情報が記録されるもの

二　電磁的記録媒体（電磁的記録（電子的方式、磁気的方式その他人の知覚によっては認識することができない方式で作られる記録であって、電子計算機による情報処理の用に供されるものをいう。）に係る記録媒体をいう。次条第二項及び第三項並びに第百四十条の七十二の五第六項において同じ。）をもって調製するファイルに情報を記録したものを交付する方法

2　前項各号に掲げる方法は、受信者がファイルへの記録を出力することによる書面を作成することができるものでなければならない。

（平一八厚労令三二・追加、令五厚労令一六一・一部改正）

（帳簿の備付け等）

第百十三条の三十四　法第六十九条の二十の厚生労働省令で定める事項は、次のとおりとする。

一　試験年

二　終了した試験の問題

三　試験の合格の基準に関する書類

2　前項各号に掲げる事項が、電子計算機に備えられたファイル又は電磁的記録媒体に記録され、必要に応じ登録試験問題作成機関において電子計算機その他の機器を用いて明確に紙面に表示されるときは、当該記録をもって帳簿への記載に代えることができる。

3　登録試験問題作成機関は、帳簿（前項の規定による記録が行われた同項のファイル又は電磁的記録媒体を含む。）を、試験問題作成事務の全部を廃止するまで保存しなければならない。

（平一八厚労令三二・追加、令五厚労令一六一・一部改正）

法律

関に対し、試験問題作成事務の状況に関し必要な報告を求め、又は当該職員に関係者に対して質問させ、若しくは登録試験問題作成機関の事務所に立ち入り、その帳簿書類その他の物件を検査させることができる。

2　委任都道府県知事は、その行わせることとした試験問題作成事務の適正な実施を確保するため必要があると認めるときは、登録試験問題作成機関に対し、試験問題作成事務の状況に関し必要な報告を求め、又は当該職員に関係者に対して質問させ、若しくは登録試験問題作成機関の事務所に立ち入り、その帳簿書類その他の物件を検査させることができる。

3　第二十四条第三項の規定は前二項の規定による質問又は検査について、同条第四項の規定は前二項の規定による権限について準用する。

（平一七法七七・追加）

（試験問題作成事務の休廃止）

第六十九条の二十三　登録試験問題作成機関は、厚生労働大臣の許可を受けなければ、試験問題作成事務の全部又は一部を休止し、又は廃止してはならない。

2　厚生労働大臣は、前項の規定による許可をしようとするときは、関係委任都道府県知事の意見を聴かなければならない。

3　厚生労働大臣は、第一項の規定による許可をしたときは、その旨を、関係委任都道府県知事に通知するとともに、公示しなければならない。

（平一七法七七・追加）

（登録の取消し等）

第六十九条の二十四　厚生労働大臣は、登録試験問題作成機関が第六十九条の十二第一号又は第三号に該当するに至ったときは、当該登録試験問題作成機関の登録を取り消さなければならない。

2　厚生労働大臣は、登録試験問題作成機関が次の各号のいずれかに該当するときは、当該登録試験問題作成機関に対し、その登録を取り消し、又は期間を定めて試験問題作成事務の全部若しくは一部の停止を命ずることができる。

一　不正な手段により第六十九条の十一第一項の登録を受けたとき。

二　第六十九条の十四第二項、第六十九条の十五、第六十九条の十

施行令

施行規則

（試験問題作成事務の休廃止の許可の申請）

第百十三条の三十五　登録試験問題作成機関は、法第六十九条の二十三第一項の規定により試験問題作成事務の全部又は一部の休止又は廃止の許可を受けようとするときは、次に掲げる事項を記載した申請書を厚生労働大臣に提出しなければならない。

一　休止し、又は廃止しようとする試験問題作成事務の範囲

二　休止し、又は廃止しようとする年月日

三　休止しようとする場合にあっては、その期間

四　休止又は廃止の理由

（平一八厚労令三二・追加）

（試験問題作成事務の引継ぎ等）

第百十三条の三十六　登録試験問題作成機関は、法第六十九条の二十三第一項の規定による許可を受けて試験問題作成事務の全部若しくは一部を廃止する場合、法第六十九条の二十四第一項若しくは第二項の規定により登録を取り消された場合又は法第六十九条の二十五第一項の規定により委任都道府県知事が試験問題作成事務の全部若しくは一部を自ら行う場合には、次に掲げる事項を行わなければならない。

一　試験問題作成事務を委任都道府県知事に引き継ぐこと。

二　試験問題作成事務に関する帳簿及び書類を委任都道府県知事に引き継ぐこと。

六、第六十九条の十九第一項、第六十九条の二十又は前条第一項の規定に違反したとき。

三　正当な理由がないのに第六十九条の十九第二項各号の規定による請求を拒んだとき。

四　第六十九条の十八第一項の認可を受けた試験問題作成事務規程によらないで試験問題作成事務を行ったとき。

五　第六十九条の十八第二項又は第六十九条の二十一の命令に違反したとき。

3　厚生労働大臣は、前二項の規定により登録を取り消し、又は前項の規定により試験問題作成事務の全部若しくは一部の停止を命じたときは、その旨を、関係委任都道府県知事に通知するとともに、公示しなければならない。

（平一七法七七・追加）

（委任都道府県知事による試験問題作成事務の実施）

第六十九条の二十五　委任都道府県知事は、登録試験問題作成機関が第六十九条の二十三第一項の規定により試験問題作成事務の全部若しくは一部を休止したとき、厚生労働大臣が前条第二項の規定により登録試験問題作成機関に対し試験問題作成事務の全部若しくは一部の停止を命じたとき、又は登録試験問題作成機関が天災その他の事由により試験問題作成事務の全部若しくは一部を実施することが困難となった場合において厚生労働大臣が必要があると認めるときは、第六十九条の十一第三項の規定にかかわらず、当該試験問題作成事務の全部又は一部を行うものとする。

2　厚生労働大臣は、委任都道府県知事が前項の規定により試験問題作成事務を行うこととなるとき、又は委任都道府県知事が同項の規定により試験問題作成事務を行うこととなる事由がなくなったときは、速やかにその旨を当該委任都道府県知事に通知しなければならない。

（平一七法七七・追加）

（試験問題作成事務に係る手数料）

第六十九条の二十六　委任都道府県知事は、地方自治法第二百二十七条の規定に基づき試験問題作成事務に係る手数料を徴収する場合においては、第六十九条の十一第一項の規定により登録試験問題作成機関が行う試験問題作成事務に係る介護支援専門員実務研修受講試験を受けようとする者に、条例で定めるところにより、当該手数料を当該登録試験問題作成機関に納めさせ、その収入とすることができる。

三　その他委任都道府県知事が必要と認める事項

（平一八厚労令三二・追加）

法律

(平一七法七七・追加)

（指定試験実施機関の指定）

第六十九条の二十七　都道府県知事は、その指定する者（以下「指定試験実施機関」という。）に、介護支援専門員実務研修受講試験の実施に関する事務（試験問題作成事務を除く。以下「試験事務」という。）を行わせることができる。

2　前条の規定は、指定試験実施機関が行う試験事務に係る手数料について準用する。

(平一七法七七・追加)

（秘密保持義務等）

第六十九条の二十八　指定試験実施機関（その者が法人である場合にあっては、その役員。次項において同じ。）若しくはその職員又はこれらの職にあった者は、試験事務に関して知り得た秘密を漏らしてはならない。

2　試験事務に従事する指定試験実施機関又はその職員は、刑法その他の罰則の適用については、法令により公務に従事する職員とみなす。

(平一七法七七・追加)

（監督命令等）

第六十九条の二十九　都道府県知事は、試験事務の適正な実施を確保するため必要があると認めるときは、指定試験実施機関に対し、試験事務に関し監督上必要な命令をすることができる。

(平一七法七七・追加)

（報告及び検査）

第六十九条の三十　都道府県知事は、試験事務の適正な実施を確保するため必要があると認めるときは、指定試験実施機関に対し、試験事務の状況に関し必要な報告を求め、又は当該職員に関係者に対して質問させ、若しくは指定試験実施機関の事務所に立ち入り、その設備若しくは帳簿書類その他の物件を検査させること

施行令

第二節　介護支援専門員

（指定試験実施機関の指定の要件等）

(平一一政三九三・追加、平一八政一五四・改称)

第三十五条の十五　法第六十九条の二十七第一項に規定する指定試験実施機関（以下この条において「指定試験実施機関」という。）の指定は、厚生労働省令で定めるところにより、都道府県の区域ごとに、その指定を受けようとする者の申請により、次に掲げる要件を満たすと認められる者について、当該都道府県知事が行う。

一　法人であること。

二　試験事務（法第六十九条の二十七第一項に規定する試験事務をいう。次号ニにおいて同じ。）を適正かつ継続的に実施する能力があると認められること。

三　次に掲げる義務を適正に履行できると認められること。

イ　厚生労働省令で定める事項を変更するとき、又は当該事業を廃止するときは、あらかじめ、当該変更に係る内容及び時期又は当該廃止の時期並びに理由を記載した書面を添えて、都道府県知事の承認を受けること。

ロ　厚生労働省令で定める事項を変更するときは、あらかじめ、当該変更に係る内容、時期及び理由を都道府県知事に届け出ること。

ハ　毎年度、当該指定に係る事業の計画を作成し、これを都道府県知事に提出し、及び当該事業の終了後、速やかに、当該事業の実績を都道府県知事に報告すること。

ニ　試験事務の実施に関して都道府県知事が当該事業に関する情報の提供、当該事業の内容の変更その他の必要な指示を行った場合に、当該指示に従うこと。

2　都道府県知事は、指定試験実施機関が、次の各号の

施行規則

（指定試験実施機関の指定の申請）

第百十三条の三十七　法第六十九条の二十七第一項の指定を受けようとする者は、次に掲げる事項を記載した申請書又は書類を都道府県知事に提出しなければならない。

一　申請者の名称及び主たる事務所の所在地並びにその代表者の氏名及び住所

二　実務研修受講試験の名称

三　実務研修受講試験を行う施設の所在地

四　申請者の定款、寄附行為等及びその登記事項証明書又は条例等

五　当該申請に係る事業の開始予定年月日

六　当該申請の日の属する事業年度及び翌事業年度における事業計画書

七　当該申請に係る事業に係る資産の状況

八　手数料その他実務研修受講試験の受験者から受領する金額

九　その他指定に関し必要があると認める事項

2　令第三十五条の十五第一項第三号イの厚生労働省令で定める事項は、前項第八号に掲げる事項とする。

3　令第三十五条の十五第一項第三号ロの厚生労働省令で定める事項は、第一項第一号から第四号（当該指定に係る事業に関するものに限る。）までに掲げる事項とする。

(平一八厚労令一〇六・追加、平二四厚労令一一・一部改正)

ができる。

2　第二十四条第三項の規定は前項の規定による質問又は検査について、同条第四項の規定は前項の規定による権限について準用する。

（平一七法七七・追加）

（合格の取消し等）

第六十九条の三十一　都道府県知事は、不正の手段によって介護支援専門員実務研修受講試験を受け、又は受けようとした者に対しては、合格の決定を取り消し、又はその介護支援専門員実務研修受講試験を受けることを禁止することができる。

2　指定試験実施機関は、その指定をした都道府県知事の前項に規定する職権を行うことができる。

（平一七法七七・追加）

（政令への委任）

第六十九条の三十二　第六十九条の二十七から前条までに定めるもののほか、指定試験実施機関に関し必要な事項は、政令で定める。

（平一七法七七・追加）

（指定研修実施機関の指定等）

第六十九条の三十三　都道府県知事は、その指定する者（以下「指定研修実施機関」という。）に、介護支援専門員実務研修及び更新研修の実施に関する事務（以下「研修事務」という。）を行わせることができる。

2　第六十九条の二十七第二項、第六十九条の二十九及び第六十九条の三十の規定は、指定研修実施機関について準用する。この場合において、これらの規定中「指定試験実施機関」とあるのは「指定研修実施機関」と、「試験事務」とあるのは「研修事務」と読み替えるものとする。

3　前二項に定めるもののほか、指定研修実施機関に関し必要な事項は、政令で定める。

（平一七法七七・追加）

いずれかに該当する場合においては、法第六十九条の二十七第一項の指定を取り消すことができる。

一　不正な手段により法第六十九条の二十七第一項の指定を受けたとき。

二　法第六十九条の二十八第一項の規定に違反したとき。

三　法第六十九条の二十九の命令に違反したとき。

四　前項各号の要件を満たすことができなくなったと認められるとき。

3　都道府県知事は、法第六十九条の二十七第一項の規定による指定及び前項の規定による取消しを行ったときは、その旨を公示しなければならない。

4　前三項に規定するもののほか、指定試験実施機関に関して必要な事項は、厚生労働省令で定める。

（平一一政三九三・追加、平一二政三〇九・平一三政二五八・一部改正、平一八政一五四・旧第三十五条の二繰下・一部改正、平二三政三七六・旧第三十五条の九繰下）

（指定研修実施機関の指定の要件等）

第三十五条の十六　法第六十九条の三十三第一項に規定する指定研修実施機関（以下この条において「指定研修実施機関」という。）の指定は、厚生労働省令で定めるところにより、都道府県の区域ごとに、その指定を受けようとする者の申請により、次に掲げる要件を満たすと認められる者について、当該都道府県知事が行う。

一　研修事務（法第六十九条の三十三第一項に規定する研修事務をいう。次号ホにおいて同じ。）を適正かつ継続的に実施する能力があると認められること。

二　次に掲げる義務を適正に履行できると認められること。

イ　厚生労働省令で定める事項を変更するとき、又は当該事業を廃止するときは、あらかじめ、当該変更に係る内容及び時期又は当該廃止の時期並びに理由を記載した書面を添えて、都道府県知事の

（指定研修実施機関の指定の申請）

第百十三条の三十八　法第六十九条の三十三第一項の指定を受けようとする者は、次に掲げる事項を記載した申請書又は書類を都道府県知事に提出しなければならない。

一　申請者の名称及び主たる事務所の所在地並びにその代表者の氏名及び住所

二　介護支援専門員実務研修及び更新研修（以下この条において「研修」という。）の名称

三　研修を行う施設の所在地

四　申請者の定款、寄附行為等及びその登記事項証明書又は条例等

五　前条第一項第五号から第七号までに掲げる事項

六　受講料その他研修の受講者から受領する金額

七　研修の課程並びに講師の氏名、履歴及び担当科目

八　その他指定に関し必要があると認める事項

2　令第三十五条の十六第一項第二号イの厚生労働省令で定める事項は、前項第六号及び第七号に掲げる事項

法律

第三款　義務等

（平一七法七七・追加）

施行令

承認を受けること。

ロ　厚生労働省令で定める事項を変更するときは、あらかじめ、当該変更に係る内容、時期及び理由を都道府県知事に届け出ること。

ハ　法第六十九条の二第一項に規定する介護支援専門員実務研修及び法第六十九条の八第二項に規定する更新研修を修了した者について、厚生労働省令で定める事項を記載した名簿を作成し、及びこれを都道府県知事に送付すること。

ニ　毎年度、当該指定に係る事業の計画を作成し、これを都道府県知事に提出し、及び当該事業の終了後、速やかに、当該事業の実績を都道府県知事に報告すること。

ホ　研修事務の実施に関して都道府県知事が当該事業に関する情報の提供、当該事業の内容の変更その他の必要な指示を行った場合に、当該指示に従うこと。

2　都道府県知事は、指定研修実施機関が、次の各号のいずれかに該当する場合においては、法第六十九条の三十三第一項の指定を取り消すことができる。

一　不正な手段により法第六十九条の三十三第一項の指定を受けたとき。

二　法第六十九条の三十三第二項の規定により準用する法第六十九条の二十九の命令に違反したとき。

三　前項各号の要件を満たすことができなくなったと認められるとき。

3　都道府県知事は、法第六十九条の三十三第一項の規定による指定及び前項の規定による取消しを行ったときは、その旨を公示しなければならない。

4　前三項に規定するもののほか、指定研修実施機関に関して必要な事項は、厚生労働省令で定める。

（平一八政一五四・追加、平二三政三七六・旧第三十五条の十繰下）

施行規則

とする。

3　令第三十五条の十六第一項第二号ロの厚生労働省令で定める事項は、第一項第一号から第四号（当該指定に係る事業に関するものに限る。）までに掲げる事項とする。

4　令第三十五条の十六第一項第二号ハの厚生労働省令で定める事項は、研修を修了した者の氏名、生年月日、実務研修受講試験の合格年月日並びに研修の受講の開始年月日及び修了年月日とする。

（平一八厚労令一〇六・追加、平二四厚労令一一・一部改正）

第三款　義務等

（平一八厚労令一〇六・追加）

（介護支援専門員の義務）

第六十九条の三十四　介護支援専門員は、その担当する要介護者等の人格を尊重し、常に当該要介護者等の立場に立って、当該要介護者等に提供される居宅サービス、地域密着型サービス、施設サービス、介護予防サービス若しくは地域密着型介護予防サービス又は特定介護予防・日常生活支援総合事業が特定の種類又は特定の事業者若しくは施設に不当に偏ることのないよう、公正かつ誠実にその業務を行わなければならない。

2　介護支援専門員は、厚生労働省令で定める基準に従って、介護支援専門員の業務を行わなければならない。

＊厚生労働省令で定める基準＝〔省〕指定居宅介護支援等の事業の人員及び運営に関する基準（平一一厚令三八）

3　介護支援専門員は、要介護者等が自立した日常生活を営むのに必要な援助に関する専門的知識及び技術の水準を向上させ、その他その資質の向上を図るよう努めなければならない。

（平一七法七七・追加、平二六法八三・一部改正）

（名義貸しの禁止等）

第六十九条の三十五　介護支援専門員は、介護支援専門員証を不正に使用し、又はその名義を他人に介護支援専門員の業務のため使用させてはならない。

（平一七法七七・追加）

（信用失墜行為の禁止）

第六十九条の三十六　介護支援専門員は、介護支援専門員の信用を傷つけるような行為をしてはならない。

（平一七法七七・追加）

（秘密保持義務）

第六十九条の三十七　介護支援専門員は、正当な理由なしに、その業務に関して知り得た人の秘密を漏らしてはならない。介護支援専門員でなくなった後においても、同様とする。

（平一七法七七・追加）

（報告等）

第六十九条の三十八　都道府県知事は、介護支援専門員

第百十三条の三十九　法第六十九条の三十四第二項の厚生労働省令で定める基準は、指定居宅介護支援等基準第十二条に定めるところによる。

（平一八厚労令一〇六・追加）

法律

の業務の適正な遂行を確保するため必要があると認めるときは、その登録を受けている介護支援専門員及び当該都道府県の区域内でその業務を行う介護支援専門員に対し、その業務について必要な報告を求めることができる。

2　都道府県知事は、その登録を受けている介護支援専門員若しくは当該都道府県の区域内でその業務を行う介護支援専門員が第六十九条の三十四第一項若しくは第二項の規定に違反していると認めるとき、又はその登録を受けている者で介護支援専門員証の交付を受けていないもの（以下この項において「介護支援専門員証未交付者」という。）が介護支援専門員として業務を行ったときは、当該介護支援専門員又は当該介護支援専門員証未交付者に対し、必要な指示をし、又は当該都道府県知事の指定する研修を受けるよう命ずることができる。

3　都道府県知事は、その登録を受けている介護支援専門員又は当該都道府県の区域内でその業務を行う介護支援専門員が前項の規定による指示又は命令に従わない場合には、当該介護支援専門員に対し、一年以内の期間を定めて、介護支援専門員として業務を行うことを禁止することができる。

4　都道府県知事は、他の都道府県知事の登録を受けている介護支援専門員に対して前二項の規定による処分をしたときは、遅滞なく、その旨を、当該介護支援専門員の登録をしている都道府県知事に通知しなければならない。

（平一七法七七・追加、平二六法八三・平三〇法六六・一部改正）

（登録の消除）

第六十九条の三十九　都道府県知事は、その登録を受けている介護支援専門員が次の各号のいずれかに該当する場合には、当該登録を消除しなければならない。

一　第六十九条の二第一項第一号から第三号までのいずれかに該当するに至った場合

二　不正の手段により第六十九条の二第一項の登録を受けた場合

三　不正の手段により介護支援専門員証の交付を受けた場合

四　前条第三項の規定による業務の禁止の処分に違反した場合

2　都道府県知事は、その登録を受けている介護支援専門員が次の各号のいずれかに該当する場合には、当該登録を消除することができる。

施行令

施行規則

一　第六十九条の三十四第一項若しくは第二項又は第六十九条の三十五から第六十九条の三十七までの規定に違反した場合
二　前条第一項の規定により報告を求められて、報告をせず、又は虚偽の報告をした場合
三　前条第二項の規定による指示又は命令に違反し、情状が重い場合
3　第六十九条の二第一項の登録を受けている者で介護支援専門員証の交付を受けていないものが次の各号のいずれかに該当する場合には、当該登録をしている都道府県知事は、当該登録を消除しなければならない。
一　第六十九条の二第一項第一号から第三号までのいずれかに該当するに至った場合
二　不正の手段により第六十九条の二第一項の登録を受けた場合
三　介護支援専門員として業務を行い、情状が特に重い場合
（平一七法七七・追加、平二六法八三・平三〇法六六・一部改正）

第二節　指定居宅サービス事業者

（平一七法七七・旧第一節繰下）

（指定居宅サービス事業者の指定）

第七十条　第四十一条第一項本文の指定は、厚生労働省令で定めるところにより、居宅サービス事業を行う者の申請により、居宅サービスの種類及び当該居宅サービスの種類に係る居宅サービス事業を行う事業所（以下この節において単に「事業所」という。）ごとに行う。
2　都道府県知事は、前項の申請があった場合において、次の各号（病院等により行われる居宅療養管理指導又は病院若しくは診療所により行われる訪問看護、訪問リハビリテーション、通所リハビリテーション若しくは短期入所療養介護に係る指定の申請にあっては、第六号の二、第六号の三、第十号の二及び第十二号を除く。）のいずれかに該当するときは、第四十一条第一項本文の指定をしてはならない。
一　申請者が都道府県の条例で定める者でないとき。
二　当該申請に係る事業所の従業者の知識及び技能並びに人員が、第七十四条第一項の都道府県の条例で定める基準及び同項の都道府県の条例で定める員数を満たしていないとき。
三　申請者が、第七十四条第二項に規定する指定居宅サービスの事業の設備及び運営に関する基準に従って適正な居宅サービス事業

第二節　指定居宅サービス事業者

（平一八厚労令三二・追加）

（指定訪問介護事業者に係る指定の申請等）

第百十四条　法第七十条第一項の規定に基づき訪問介護に係る指定居宅サービス事業者の指定を受けようとする者は、次に掲げる事項を記載した申請書又は書類を、当該指定に係る事業所の所在地を管轄する都道府県知事に提出しなければならない。
一　事業所（当該事業所の所在地以外の場所に当該事業所の一部として使用される事務所を有するときは、当該事務所を含む。）の名称及び所在地
二　申請者の名称及び主たる事務所の所在地並びにその代表者の氏名、生年月日、住所及び職名
三　当該申請に係る事業の開始の予定年月日
四　申請者の登記事項証明書又は条例等
五　事業所の平面図
五の二　利用者の推定数
六　事業所の管理者の氏名、生年月日及び住所並びにサービス提供責任者の氏名、生年月日、住所及び経歴
七　運営規程
八　利用者からの苦情を処理するために講ずる措置の概要
九　当該申請に係る事業に係る従業者の勤務の体制及び勤務形態

法律

の運営をすることができないと認められるとき。

四　申請者が、禁錮以上の刑に処せられ、その執行を終わり、又は執行を受けることがなくなるまでの者であるとき。

五　申請者が、この法律その他国民の保健医療若しくは福祉に関する法律で政令で定めるものの規定により罰金の刑に処せられ、その執行を終わり、又は執行を受けることがなくなるまでの者であるとき。

五の二　申請者が、労働に関する法律の規定であって政令で定めるものにより罰金の刑に処せられ、その執行を終わり、又は執行を受けることがなくなるまでの者であるとき。

五の三　申請者が、社会保険各法又は労働保険の保険料の徴収等に関する法律（昭和四十四年法律第八十四号）の定めるところにより納付義務を負う保険料、負担金又は掛金（地方税法の規定による国民健康保険税を含む。以下この号、第七十八条の二第四項第五号の三、第七十九条第二項第四号の三、第九十四条第三項第五号の三、第百七条第三項第七号、第百十五条の二第二項第五号の三、第百十五条の十二第二項第五号の三、第百十五条の二十二第二項第四号の三及び第二百三条第二項において「保険料等」という。）について、当該申請をした日の前日までに、これらの法律の規定に基づく滞納処分を受け、かつ、当該処分を受けた日から正当な理由なく三月以上の期間にわたり、当該処分を受けた日以降に納期限の到来した保険料等の全て（当該処分を受けた者が、当該処分に係る保険料等の納付義務を負うことを定める法律によって納付義務を負う保険料等に限る。第七十八条の二第四項第五号の三、第七十九条第二項第四号の三、第九十四条第三項第五号の三、第百七条第三項第七号、第百十五条の二第二項第五号の三、第百十五条の十二第二項第五号の三及び第百十五条の二十二第二項第四号の三において同じ。）を引き続き滞納している者であるとき。

施行令

（労働に関する法律の規定）

第三十五条の三　法第七十条第二項第五号の二（法第七十条の二第四項（法第七十八条の十二、第百十五条の十一、第百十五条の二十一及び第百十五条の三十一において準用する場合を含む。）において準用する場合を含む。）、第七十八条の二第四項第五号の二（法第七十八条の十四第三項において準用する場合を含む。）、第七十九条第二項第四号の二（法第七十九条の二第四項において準用する場合を含む。）、第八十六条第二項第三号の二（法第八十六条の二第四項において準用する場合を含む。）、第九十四条第三項第五号の二（法第九十四条の二第四項において準用する場合を含む。）、第百七条第三項第六号（法第百八条第四項において準用する場合を含む。）、第百十五条の二第二項第五号の二、第百十五条の十二第二項第五号の二及び第百十五条の二十二第二項第四号の二の労働に関する法律の規定であって政令で定めるものは、次のとおりとする。

一　労働基準法（昭和二十二年法律第四十九号）第百十七条、第百十八条第一項（同法第六条及び第五十六条の規定に係る部分に限る。）、第百十九条（同法第十六条、第十七条、第十八条第一項及び第三十七条の規定に係る部分に限る。）及び第百二十条（同法第十八条第七項及び第二十三条から第二十七条までの規定に係る部分に限る。）の規定並びに当該規定に係る同法第百二十一条の規定（これらの規定が労働者派遣事業の適正な運営の確保及び派遣労働者の保護等に関する法律（昭和六十年法律第八十八

施行規則

十　法第七十条第二項各号（病院等により行われる居宅療養管理指導又は病院若しくは診療所により行われる訪問看護、訪問リハビリテーション、通所リハビリテーション若しくは短期入所療養介護に係る指定の申請にあっては第六号の二、第六号の三、第十号の二及び第十二号を除く。）（法第七十条の二第四項において準用する場合を含む。）に該当しないことを誓約する書面（以下この節において「誓約書」という。）

十一　その他指定に関し必要と認める事項

2　法第七十条の二第一項の規定に基づき訪問介護に係る指定居宅サービス事業者の指定の更新を受けようとする者は、第一項各号（第三号及び第十号を除く。）に掲げる事項及び次に掲げる事項を記載した申請書又は書類を、当該指定に係る事業所の所在地を管轄する都道府県知事に提出しなければならない。

一　現に受けている指定の有効期間満了日

二　誓約書

3　前項の規定にかかわらず、都道府県知事は、当該申請に係る事業者が既に当該都道府県知事に提出している第一項第四号から第九号までに掲げる事項に変更がないときは、これらの事項に係る申請書の記載又は書類の提出を省略させることができる。

4　第一項及び第二項の規定にかかわらず、都道府県知事は、当該指定又は当該指定の更新を受けようとする者が障害者の日常生活及び社会生活を総合的に支援するための法律第三十六条第一項の規定に基づき第百三十条の四第一号に定める種類の障害福祉サービスに係る指定障害福祉サービス事業者の指定を受けている場合において、次の各号に掲げる規定に掲げる事項に係る申請書又は書類を既に当該都道府県知事に提出しているときは、当該各号に定める規定に掲げる事項に係る申請書の記載又は書類の提出を省略させることができる。

一　障害者の日常生活及び社会生活を総合的に支援す

号）第四十四条（第四項を除く。）の規定により適用される場合を含む。）

二　最低賃金法（昭和三十四年法律第百三十七号）第四十条の規定及び同条の規定に係る同法第四十二条の規定

三　賃金の支払の確保等に関する法律（昭和五十一年法律第三十四号）第十八条の規定及び同条の規定に係る同法第二十条の規定

（平二三政三七六・追加、平二四政二一一・平三〇政五五・一部改正）

るための法律施行規則（平成十八年厚生労働省令第十九号。以下「障害者総合支援法施行規則」という。）第三十四条の七第一項第四号　第一項第四号

二　障害者総合支援法施行規則第三十四条の七第一項第五号　第一項第五号

三　障害者総合支援法施行規則第三十四条の七第一項第六号　第一項第六号

四　障害者総合支援法施行規則第三十四条の七第一項第八号　第一項第八号

5　第一項及び第二項に規定する申請書は、厚生労働大臣が定める様式によるものとする。

（平一二厚令一二五・平一七厚労令一二五・平一八厚労令三二一・平二四厚労令一一・平二四厚労令三〇・平二七厚労令五七・平三〇厚労令三〇・平三〇厚労令八〇・令五厚労令四六・一部改正）

（指定訪問入浴介護事業者に係る指定の申請等）

第百十五条　法第七十条第一項の規定に基づき訪問入浴介護に係る指定居宅サービス事業者の指定を受けようとする者は、次に掲げる事項を記載した申請書又は書類を、当該指定に係る事業所の所在地を管轄する都道府県知事に提出しなければならない。

一　事業所の名称及び所在地

二　申請者の名称及び主たる事務所の所在地並びにその代表者の氏名、生年月日、住所及び職名

三　当該申請に係る事業の開始の予定年月日

四　申請者の登記事項証明書又は条例等

五　事業所の平面図並びに設備及び備品の概要

六　利用者の推定数

七　事業所の管理者の氏名、生年月日及び住所

八　運営規程

九　利用者からの苦情を処理するために講ずる措置の概要

十　当該申請に係る事業に係る従業者の勤務の体制及び勤務形態

十一　指定居宅サービス等基準第五十一条の協力医療機関の名称及び診療科名並びに当該協力医療機関との契約の内容

法律

施行令

施行規則

十二　誓約書
十三　その他指定に関し必要と認める事項

2　前項の規定にかかわらず、都道府県知事は、当該指定を受けようとする者が法第百十五条の二第一項の規定に基づき介護予防訪問入浴介護に係る指定介護予防サービス事業者の指定を受けている場合において、既に当該都道府県知事に提出している前項第四号から第十一号までに掲げる事項に変更がないときは、これらの事項に係る申請書の記載又は書類の提出を省略させることができる。

3　法第七十条の二第一項の規定に基づき訪問入浴介護に係る指定居宅サービス事業者の指定の更新を受けようとする者は、第一項各号（第三号及び第十二号を除く。）に掲げる事項及び次に掲げる事項を記載した申請書又は書類を、当該指定に係る事業所の所在地を管轄する都道府県知事に提出しなければならない。

一　現に受けている指定の有効期間満了日
二　誓約書

4　前項の規定にかかわらず、都道府県知事は、当該申請に係る事業者が既に当該都道府県知事に提出している第一項第四号から第十一号までに掲げる事項に変更がないときは、これらの事項に係る申請書の記載又は書類の提出を省略させることができる。

5　第一項及び第三項に規定する申請書は、厚生労働大臣が定める様式によるものとする。

（平一二厚令二五・平一七厚労令二五・平一八厚労令三二・平二一厚労令三〇・平三〇厚労令三〇・平三〇厚労令八〇・令五厚労令四六・一部改正）

（指定訪問看護事業者に係る指定の申請等）

第百十六条　法第七十条第一項の規定に基づき訪問看護に係る指定居宅サービス事業者の指定を受けようとする者は、次に掲げる事項を記載した申請書又は書類を、当該指定に係る事業所の所在地を管轄する都道府県知事に提出しなければならない。

一　事業所（当該事業所の所在地以外の場所に当該事業所の一部として使用される事務所を有するときは、当該事務所を含む。）の名称及び所在地
二　申請者の名称及び主たる事務所の所在地並びにその代表者の氏名、生年月日、住所及び職名（当該申請に係る事業所が法人以外の者の開設する病院又は診療所であるときは、開設者の氏名、生年月日、住所及び職名）

三　当該申請に係る事業の開始の予定年月日
四　申請者の登記事項証明書又は条例等（当該申請に係る事業所が法人以外の者の開設する病院又は診療所であるときを除く。）
五　事業所の病院若しくは診療所又はその他の訪問看護事業所のいずれかの別
六　事業所の平面図
七　利用者の推定数
八　事業所の管理者の氏名、生年月日及び住所並びに免許証の写し
九　運営規程
十　利用者からの苦情を処理するために講ずる措置の概要
十一　当該申請に係る事業に係る従業者の勤務の体制及び勤務形態
十二　誓約書
十三　その他指定に関し必要と認める事項

2　前項の規定にかかわらず、都道府県知事は、当該指定を受けようとする者が法第百十五条の二第一項の規定に基づき介護予防訪問看護に係る指定介護予防サービス事業者の指定を受けている場合において、既に当該都道府県知事に提出している前項第四号から第十一号までに掲げる事項に変更がないときは、これらの事項に係る申請書の記載又は書類の提出を省略させることができる。

3　法第七十条の二第一項の規定に基づき訪問看護に係る指定居宅サービス事業者の指定の更新を受けようとする者は、第一項各号（第三号及び第十二号を除く。）に掲げる事項及び次に掲げる事項を記載した申請書又は書類を、当該指定に係る事業所の所在地を管轄する都道府県知事に提出しなければならない。
一　現に受けている指定の有効期間満了日
二　誓約書

4　前項の規定にかかわらず、都道府県知事は、当該申請に係る事業者が既に当該都道府県知事に提出している第一項第四号から第十一号までに掲げる事項に変更がないときは、これらの事項に係る申請書の記載又は書類の提出を省略させることができる。

5　第一項及び第三項に規定する申請書は、厚生労働大臣が定める様式によるものとする。

（平一二厚令一二五・平一七厚労令一二五・平一八厚労令三二・平三〇厚労令三〇・平三〇厚労令八〇・令五厚労令四六・一部改正）

（指定訪問リハビリテーション事業者に係る指定の申請等）

第百十七条　法第七十条第一項の規定に基づき訪問リハビリテーションに係る指定居宅サービス事業者の指定を受けようとする者は、次

法律

施行令

施行規則

に掲げる事項を記載した申請書又は書類を、当該指定に係る事業所の所在地を管轄する都道府県知事に提出しなければならない。

一　事業所（当該事業所の所在地以外の場所に当該事業所の一部として使用される事務所を有するときは、当該事務所を含む。）の名称及び所在地

二　申請者の名称及び主たる事務所の所在地並びにその代表者の氏名、生年月日、住所及び職名（当該申請に係る事業所が法人以外の者の開設する病院又は診療所であるときは、開設者の氏名、生年月日、住所及び職名）

三　当該申請に係る事業の開始の予定年月日

四　申請者の登記事項証明書又は条例等（当該申請に係る事業所が法人以外の者の開設する病院又は診療所であるときを除く。）

五　事業所の病院若しくは診療所又は介護老人保健施設若しくは介護医療院の別

六　事業所の平面図

七　利用者の推定数

八　事業所の管理者の氏名、生年月日及び住所

九　運営規程

十　利用者からの苦情を処理するために講ずる措置の概要

十一　誓約書

十二　その他指定に関し必要と認める事項

2　前項の規定にかかわらず、都道府県知事は、当該指定を受けようとする者が法第百十五条の二第一項の規定に基づき介護予防訪問リハビリテーションに係る指定介護予防サービス事業者の指定を受けている場合において、既に当該都道府県知事に提出している前項第四号から第十号までに掲げる事項に変更がないときは、これらの事項に係る申請書の記載又は書類の提出を省略させることができる。

3　法第七十条の二第一項の規定に基づき訪問リハビリテーションに係る指定居宅サービス事業者の指定の更新を受けようとする者は、第一項各号（第三号及び第十一号を除く。）に掲げる事項及び次に掲げる事項を記載した申請書又は書類を、当該指定に係る事業所の所在地を管轄する都道府県知事に提出しなければならない。

一　現に受けている指定の有効期間満了日

二　誓約書

4　前項の規定にかかわらず、都道府県知事は、当該申請に係る事業

者が既に当該都道府県知事に提出している第一項第四号から第十号までに掲げる事項に変更がないときは、これらの事項に係る申請書の記載又は書類の提出を省略させることができる。

5　第一項及び第三項に規定する申請書は、厚生労働大臣が定める様式によるものとする。

（平一二厚令二五・平一五厚労令二七・平一七厚労令二五・平一八厚労令三二・平二四厚労令三〇・平三〇厚労令三〇・平三〇厚労令八〇・令五厚労令四六・一部改正）

（指定居宅療養管理指導事業者に係る指定の申請等）

第百十八条　法第七十条第一項の規定に基づき居宅療養管理指導に係る指定居宅サービス事業者の指定を受けようとする者は、次に掲げる事項を記載した申請書又は書類を、当該指定に係る事業所の所在地を管轄する都道府県知事に提出しなければならない。

一　事業所の名称及び所在地

二　申請者の名称及び主たる事務所の所在地並びにその代表者の氏名、生年月日、住所及び職名（当該申請に係る事業所が法人以外の者の開設する病院、診療所又は薬局であるときは、開設者の氏名、生年月日、住所及び職名）

三　当該申請に係る事業の開始の予定年月日

四　申請者の登記事項証明書又は条例等（当該申請に係る事業所が法人以外の者の開設する病院、診療所又は薬局であるときを除く。）

五　事業所の病院、診療所又は薬局の別及び提供する居宅療養管理指導の種類

六　事業所の平面図

七　利用者の推定数

八　事業所の管理者の氏名、生年月日及び住所

九　運営規程

十　利用者からの苦情を処理するために講ずる措置の概要

十一　誓約書

十二　その他指定に関し必要と認める事項

2　前項の規定にかかわらず、都道府県知事は、当該指定を受けようとする者が法第百十五条の二第一項の規定に基づき介護予防居宅療養管理指導に係る指定介護予防サービス事業者の指定を受けている場合において、既に当該都道府県知事に提出している前項第四号から第十号までに掲げる事項に変更がないときは、これらの事項に係る申請書の記載又は書類の提出を省略させることができる。

法律

施行令

施行規則

3　法第七十条の二第一項の規定に基づき居宅療養管理指導に係る指定居宅サービス事業者の指定の更新を受けようとする者は、第一項各号（第三号及び第十一号を除く。）に掲げる事項及び次に掲げる事項を記載した申請書又は書類を、当該指定に係る事業所の所在地を管轄する都道府県知事に提出しなければならない。

一　現に受けている指定の有効期間満了日

二　誓約書

4　前項の規定にかかわらず、都道府県知事は、当該申請に係る事業者が既に当該都道府県知事に提出している第一項第四号から第十号までに掲げる事項に変更がないときは、これらの事項に係る申請書の記載又は書類の提出を省略させることができる。

5　第一項及び第三項に規定する申請書は、厚生労働大臣が定める様式によるものとする。

（平一二厚令二五・平一七厚労令二五・平一八厚労令三二・平二一厚労令三〇・平三〇厚労令三〇・平三〇厚労令八〇・令五厚労令四六・一部改正）

（指定通所介護事業者に係る指定の申請等）

第百十九条　法第七十条第一項の規定に基づき通所介護に係る指定居宅サービス事業者の指定を受けようとする者は、次に掲げる事項を記載した申請書又は書類を、当該指定に係る事業所の所在地を管轄する都道府県知事に提出しなければならない。

一　事業所（当該事業所の所在地以外の場所に当該申請に係る事業の一部を行う施設を有するときは、当該施設を含む。）の名称及び所在地

二　申請者の名称及び主たる事務所の所在地並びにその代表者の氏名、生年月日、住所及び職名

三　当該申請に係る事業の開始の予定年月日

四　申請者の登記事項証明書又は条例等

五　事業所（当該事業所の所在地以外の場所に当該申請に係る事業の一部を行う施設を有するときは、当該施設を含む。）の平面図（各室の用途を明示するものとする。）及び設備の概要

六　事業所の管理者の氏名、生年月日及び住所

七　運営規程

八　利用者からの苦情を処理するために講ずる措置の概要

九　当該申請に係る事業に係る従業者の勤務の体制及び勤務形態

十　誓約書

十一　その他指定に関し必要と認める事項

2　法第七十条の二第一項の規定に基づき通所介護に係る指定居宅サービス事業者の指定の更新を受けようとする者は、第一項各号（第三号及び第十号を除く。）に掲げる事項及び次に掲げる事項を記載した申請書又は書類を、当該指定に係る事業所の所在地を管轄する都道府県知事に提出しなければならない。

一　現に受けている指定の有効期間満了日

二　誓約書

3　前項の規定にかかわらず、都道府県知事は、当該申請に係る事業者が既に当該都道府県知事に提出している第一項第四号から第九号までに掲げる事項に変更がないときは、これらの事項に係る申請書の記載又は書類の提出を省略させることができる。

4　第一項及び第二項の規定にかかわらず、都道府県知事は、当該指定又は当該指定の更新を受けようとする者が児童福祉法第二十一条の五の十五第一項の規定に基づき第百三十条の三に定める種類の障害児通所支援に係る指定障害児通所支援事業者の指定を受けている場合又は障害者の日常生活及び社会生活を総合的に支援するための法律第三十六条第一項の規定に基づき第百三十条の四第二号に定める種類の障害福祉サービスに係る指定障害福祉サービス事業者の指定を受けている場合において、次の各号に掲げる規定に掲げる事項に係る申請書又は書類を既に当該都道府県知事に提出しているときは、当該各号に定める規定に掲げる事項に係る申請書の記載又は書類の提出を省略させることができる。

一　児童福祉法施行規則（昭和二十三年厚生省令第十一号）第十八条の二十七第一項第四号若しくは第十八条の二十九第一項第四号又は障害者総合支援法施行規則第三十四条の九第一項第四号、第三十四条の十四第一項第四号若しくは第三十四条の十五第一項第四号　第一項第四号

二　児童福祉法施行規則第十八条の二十七第一項第五号若しくは第十八条の二十九第一項第五号又は障害者総合支援法施行規則第三十四条の九第一項第五号、第三十四条の十四第一項第五号若しくは第三十四条の十五第一項第五号　第一項第五号

三　児童福祉法施行規則第十八条の二十七第一項第七号若しくは第十八条の二十九第一項第七号又は障害者総合支援法施行規則第三十四条の九第一項第七号、第三十四条の十四第一項第七号若しくは第三十四条の十五第一項第七号　第一項第六号

四　児童福祉法施行規則第十八条の二十七第一項第九号若しくは第

法律

施行令

施行規則

十八条の二十九第一項第九号又は障害者総合支援法施行規則第三十四条の九第一項第九号、第三十四条の十四第一項第九号若しくは第三十四条の十五第一項第九号　第一項第八号

5　第一項及び第二項に規定する申請書は、厚生労働大臣が定める様式によるものとする。

（平一二厚令二五・平一七厚労令二五・平一八厚労令三二・平二七厚労令五七・平三〇厚労令三〇・平三〇厚労令八〇・平三一厚労令六〇・令五厚労令四六・一部改正）

（指定通所リハビリテーション事業者に係る指定の申請等）

第百二十条　法第七十条第一項の規定に基づき通所リハビリテーションに係る指定居宅サービス事業者の指定を受けようとする者は、次に掲げる事項を記載した申請書又は書類を、当該指定に係る事業所の所在地を管轄する都道府県知事に提出しなければならない。

一　事業所の名称及び所在地

二　申請者の名称及び主たる事務所の所在地並びにその代表者の氏名、生年月日、住所及び職名（当該申請に係る事業所が法人以外の者の開設する病院又は診療所であるときは、開設者の氏名、生年月日、住所及び職名）

三　当該申請に係る事業の開始の予定年月日

四　申請者の登記事項証明書又は条例等（当該申請に係る事業所が法人以外の者の開設する病院又は診療所であるときを除く。）

五　事業所の種別（病院若しくは指定居宅サービス等基準第百十一条第一項の規定の適用を受ける診療所若しくは同条第二項の規定の適用を受ける診療所又は介護老人保健施設若しくは介護医療院の別をいう。）

六　事業所の平面図（各室の用途を明示するものとする。）及び設備の概要

七　事業所の管理者の氏名、生年月日及び住所

八　運営規程

九　利用者からの苦情を処理するために講ずる措置の概要

十　当該申請に係る事業に係る従業者の勤務の体制及び勤務形態

十一　誓約書

十二　その他指定に関し必要と認める事項

2　前項の規定にかかわらず、都道府県知事は、当該指定を受けようとする者が法第百十五条の二第一項の規定に基づき介護予防通所リ

ハビリテーションに係る指定介護予防サービス事業者の指定を受けている場合において、既に当該都道府県知事に提出している前項第四号から第十号までに掲げる事項に変更がないときは、これらの事項に係る申請書の記載又は書類の提出を省略させることができる。

3　法第七十条の二第一項の規定に基づき通所リハビリテーションに係る指定居宅サービス事業者の指定の更新を受けようとする者は、第一項各号（第三号及び第十一号を除く。）に掲げる事項及び次に掲げる事項を記載した申請書又は書類を、当該指定に係る事業所の所在地を管轄する都道府県知事に提出しなければならない。

一　現に受けている指定の有効期間満了日

二　誓約書

4　前項の規定にかかわらず、都道府県知事は、当該申請に係る事業者が既に当該都道府県知事に提出している第一項第四号から第十号までに掲げる事項に変更がないときは、これらの事項に係る申請書の記載又は書類の提出を省略させることができる。

5　第一項及び第三項に規定する申請書は、厚生労働大臣が定める様式によるものとする。

（平一二厚令二五・平一五厚労令二七・平一七厚労令二五・平一八厚労令三二・平三〇厚労令三〇・平三〇厚労令八〇・令五厚労令四六・一部改正）

（指定短期入所生活介護事業者に係る指定の申請等）

第百二十一条　法第七十条第一項の規定に基づき短期入所生活介護に係る指定居宅サービス事業者の指定を受けようとする者は、次に掲げる事項を記載した申請書又は書類を、当該指定に係る事業所の所在地を管轄する都道府県知事に提出しなければならない。

一　事業所の名称及び所在地

二　申請者の名称及び主たる事務所の所在地並びにその代表者の氏名、生年月日、住所及び職名

三　当該申請に係る事業の開始の予定年月日

四　申請者の登記事項証明書又は条例等

五　当該申請に係る事業を指定居宅サービス等基準第百二十一条第二項の規定の適用を受ける特別養護老人ホームにおいて行う場合又は同条第四項に規定する併設事業所（次号において「併設事業所」という。）において行う場合にあっては、その旨

六　建物の構造概要及び平面図（当該申請に係る事業を併設事業所において行う場合にあっては、指定居宅サービス等基準第百二十四条第三項に規定する併設本体施設又は指定居宅サービス等基準第百四十条の四第三項に規定するユニット型事業所併設本体施設

法律

施行令

施行規則

の平面図を含む。）（各室の用途を明示するものとする。）並びに設備の概要

七　当該申請に係る事業を指定居宅サービス等基準第百二十一条第二項の規定の適用を受ける特別養護老人ホームにおいて行うときは当該特別養護老人ホームの入所者の定員、当該特別養護老人ホーム以外の事業所において行うときは当該申請に係る事業の開始時の利用者の推定数

八　事業所の管理者の氏名、生年月日及び住所

九　運営規程

十　利用者からの苦情を処理するために講ずる措置の概要

十一　当該申請に係る事業に係る従業者の勤務の体制及び勤務形態

十二　指定居宅サービス等基準第百三十六条（指定居宅サービス等基準第百四十条の十三において準用する場合を含む。）の協力医療機関の名称及び診療科名並びに当該協力医療機関との契約の内容

十三　誓約書

十四　その他指定に関し必要と認める事項

2　前項の規定にかかわらず、都道府県知事は、当該指定を受けようとする者が法第百十五条の二第一項の規定に基づき介護予防短期入所生活介護に係る指定介護予防サービス事業者の指定を受けている場合において、既に当該都道府県知事に提出している前項第四号から第十二号までに掲げる事項に変更がないときは、これらの事項に係る申請書の記載又は書類の提出を省略させることができる。

3　法第七十条の二第一項の規定に基づき短期入所生活介護に係る指定居宅サービス事業者の指定の更新を受けようとする者は、第一項各号（第三号及び第十三号を除く。）に掲げる事項及び次に掲げる事項を記載した申請書又は書類を、当該指定に係る事業所の所在地を管轄する都道府県知事に提出しなければならない。

一　現に受けている指定の有効期間満了日

二　誓約書

4　前項の規定にかかわらず、都道府県知事は、当該申請に係る事業者が既に当該都道府県知事に提出している第一項第四号から第十二号までに掲げる事項に変更がないときは、これらの事項に係る申請書の記載又は書類の提出を省略させることができる。

5　第一項及び第三項の規定にかかわらず、都道府県知事は、当該指

定又は当該指定の更新を受けようとする者が障害者の日常生活及び社会生活を総合的に支援するための法律第三十六条第一項の規定に基づき第百三十条の四第三号に定める種類の障害福祉サービスに係る指定障害福祉サービス事業者の指定を受けている場合において、次の各号に掲げる規定に掲げる事項に係る申請書又は書類を既に当該都道府県知事に提出しているときは、当該各号に定める規定に掲げる事項に係る申請書の記載又は書類の提出を省略させることができる。

一　障害者総合支援法施行規則第三十四条の十一第一項第四号　第一項第四号

二　障害者総合支援法施行規則第三十四条の十一第一項第六号　第一項第六号

三　障害者総合支援法施行規則第三十四条の十一第一項第八号　第一項第八号

四　障害者総合支援法施行規則第三十四条の十一第一項第十号　第一項第十号

五　障害者総合支援法施行規則第三十四条の十一第一項第十二号　第一項第十二号

6　第一項及び第三項に規定する申請書は、厚生労働大臣が定める様式によるものとする。

（平一二厚令一二五・平一七厚労令一二五・平一八厚労令三二・平二三厚労令一〇六・平三〇厚労令三〇・平三〇厚労令八〇・平三〇厚労令九二・令五厚労令四六・一部改正）

（指定短期入所療養介護事業者に係る指定の申請等）

第百二十二条　法第七十条第一項の規定に基づき短期入所療養介護に係る指定居宅サービス事業者の指定を受けようとする者は、次に掲げる事項を記載した申請書又は書類を、当該指定に係る事業所の所在地を管轄する都道府県知事に提出しなければならない。

一　事業所の名称及び所在地

二　申請者の名称及び主たる事務所の所在地並びにその代表者の氏名、生年月日、住所及び職名（当該申請に係る事業所が法人以外の者の開設する病院又は診療所であるときは、開設者の氏名、生年月日、住所及び職名）

三　当該申請に係る事業の開始の予定年月日

四　申請者の登記事項証明書又は条例等（当該申請に係る事業所が法人以外の者の開設する病院又は診療所であるときを除く。）

五　事業所の指定居宅サービス等基準第百四十二条第一項各号の規

法　律

施　行　令

施　行　規　則

定のいずれの適用を受けるものかの別
六　建物の構造概要及び平面図（各室の用途を明示するものとする。）並びに設備の概要
七　当該申請に係る事業を行う事業所（当該事業を行う部分に限る。）における入院患者又は入所者の定員
八　事業所の管理者の氏名、生年月日及び住所
九　運営規程
十　利用者からの苦情を処理するために講ずる措置の概要
十一　当該申請に係る事業に係る従業者の勤務の体制及び勤務形態
十二　誓約書
十三　その他指定に関し必要と認める事項

2　前項の規定にかかわらず、都道府県知事は、当該指定を受けようとする者が法第百十五条の二第一項の規定に基づき介護予防短期入所療養介護に係る指定介護予防サービス事業者の指定を受けている場合において、既に当該都道府県知事に提出している前項第四号から第十一号までに掲げる事項に変更がないときは、これらの事項に係る申請書の記載又は書類の提出を省略させることができる。

3　法第七十条の二第一項の規定に基づき短期入所療養介護に係る指定居宅サービス事業者の指定の更新を受けようとする者は、第一項各号（第三号及び第十二号を除く。）に掲げる事項及び次に掲げる事項を記載した申請書又は書類を、当該指定に係る事業所の所在地を管轄する都道府県知事に提出しなければならない。
一　現に受けている指定の有効期間満了日
二　誓約書

4　前項の規定にかかわらず、都道府県知事は、当該申請に係る事業者が既に当該都道府県知事に提出している第一項第四号から第十一号までに掲げる事項に変更がないときは、これらの事項に係る申請書の記載又は書類の提出を省略させることができる。

5　第一項及び第三項に規定する申請書は、厚生労働大臣が定める様式によるものとする。

（平一二厚令二五・平一七厚労令二五・平一七厚労令一〇四・平一八厚労令三二・平三〇厚労令八〇・令五厚労令四六・令六厚労令一六・一部改正）

（指定特定施設入居者生活介護事業者に係る指定の申請等）

第百二十三条　法第七十条第一項の規定に基づき特定施設入居者生活介護に係る指定居宅サービス事業者の指定を受けようとする者は、

次に掲げる事項を記載した申請書又は書類を、当該指定に係る事業所の所在地を管轄する都道府県知事に提出しなければならない。
一　事業所の名称及び所在地
二　申請者の名称及び主たる事務所の所在地並びにその代表者の氏名、生年月日、住所及び職名
三　当該申請に係る事業の開始の予定年月日
四　申請者の登記事項証明書又は条例等
五　建物の構造概要及び平面図（各室の用途を明示するものとする。）並びに設備の概要
六　利用者の推定数（要介護者及び要支援者のそれぞれに係る推定数を明示するものとする。）
七　事業所の管理者の氏名、生年月日及び住所
八　運営規程
九　利用者からの苦情を処理するために講ずる措置の概要
十　当該申請に係る事業に係る従業者の勤務の体制及び勤務形態
十一　指定居宅サービス等基準第百九十二条の二に規定する受託居宅サービス事業者が事業を行う事業所の名称及び所在地並びに当該事業者の名称及び所在地
十二　指定居宅サービス等基準第百九十一条第一項に規定する協力医療機関の名称及び診療科名並びに当該協力医療機関との契約の内容（同条第七項に規定する協力歯科医療機関があるときは、その名称及び当該協力歯科医療機関との契約の内容を含む。）
十三　誓約書
十四　介護支援専門員（介護支援専門員として業務を行う者に限る。以下この章及び第百四十条の四十五において同じ。）の氏名及びその登録番号
十五　その他指定に関し必要と認める事項

2　前項の規定にかかわらず、都道府県知事は、当該指定を受けようとする者が法第百十五条の二第一項の規定に基づき介護予防特定施設入居者生活介護に係る指定介護予防サービス事業者の指定を受けている場合において、既に当該都道府県知事に提出している前項第四号から第十二号までに掲げる事項に変更がないときは、これらの事項に係る申請書の記載又は書類の提出を省略させることができる。

3　法第七十条の二第一項の規定に基づき特定施設入居者生活介護に係る指定居宅サービス事業者の指定の更新を受けようとする者は、第一項各号（第三号及び第十三号を除く。）に掲げる事項及び次に

法律

施行令

施行規則

掲げる事項を記載した申請書又は書類を、当該指定に係る事業所の所在地を管轄する都道府県知事に提出しなければならない。

一　現に受けている指定の有効期間満了日

二　誓約書

4　前項の規定にかかわらず、都道府県知事は、当該申請に係る事業者が既に当該都道府県知事に提出している第一項第四号から第十二号までに掲げる事項に変更がないときは、これらの事項に係る申請書の記載又は書類の提出を省略させることができる。

5　第一項及び第三項に規定する申請書は、厚生労働大臣が定める様式によるものとする。

（平一一厚令九二・平一二厚令一二五・平一七厚労令二五・一部改正、平一八厚労令三二・旧第百二十四条繰上・一部改正、平二一厚労令五四・平三〇厚労令八〇）

（平三〇厚労令一一九）・令五厚労令四六・令六厚労令一六・一部改正）

（指定福祉用具貸与事業者に係る指定の申請等）

第百二十四条　法第七十条第一項の規定に基づき福祉用具貸与に係る指定居宅サービス事業者の指定を受けようとする者は、次に掲げる事項を記載した申請書又は書類を、当該指定に係る事業所の所在地を管轄する都道府県知事に提出しなければならない。

一　事業所の名称及び所在地

二　申請者の名称及び主たる事務所の所在地並びにその代表者の氏名、生年月日、住所及び職名

三　当該申請に係る事業の開始の予定年月日

四　申請者の登記事項証明書又は条例等

五　事業所の平面図及び設備の概要

六　利用者の推定数

七　事業所の管理者の氏名、生年月日及び住所

八　法第八条第十二項に規定する福祉用具の保管及び消毒の方法（指定居宅サービス等基準第二百三条第三項前段の規定により保管又は消毒を委託等により他の事業者に行わせる場合にあっては、当該他の事業者の名称及び主たる事務所の所在地並びに当該委託等に関する契約の内容）

九　運営規程

十　利用者からの苦情を処理するために講ずる措置の概要

十一　当該申請に係る事業に係る従業者の勤務の体制及び勤務形態

十二　誓約書

十三　その他指定に関し必要と認める事項

2　前項の規定にかかわらず、都道府県知事は、当該指定を受けようとする者が法第百十五条の二第一項の規定に基づき介護予防福祉用具貸与に係る指定介護予防サービス事業者の指定を受けている場合において、既に当該都道府県知事に提出している前項第四号から第十一号までに掲げる事項に変更がないときは、これらの事項に係る申請書の記載又は書類の提出を省略させることができる。

3　法第七十条の二第一項の規定に基づき福祉用具貸与に係る指定居宅サービス事業者の指定の更新を受けようとする者は、第一項各号（第三号及び第十二号を除く。）に掲げる事項及び次に掲げる事項を記載した申請書又は書類を、当該指定に係る事業所の所在地を管轄する都道府県知事に提出しなければならない。

一　現に受けている指定の有効期間満了日

二　誓約書

4　前項の規定にかかわらず、都道府県知事は、当該申請に係る事業者が既に当該都道府県知事に提出している第一項第四号から第十一号までに掲げる事項に変更がないときは、これらの事項に係る申請書の記載又は書類の提出を省略させることができる。

5　第一項及び第三項に規定する申請書は、厚生労働大臣が定める様式によるものとする。

（平一二厚令二五・平一七厚労令二五・一部改正、平一八厚労令三二・旧第百二十五条繰上・一部改正、平三〇厚労令三〇・平三〇厚労令八〇・令五厚労令四六・一部改正）

（指定特定福祉用具販売事業者に係る指定の申請等）

第百二十五条　法第七十条第一項の規定に基づき特定福祉用具販売に係る指定居宅サービス事業者の指定を受けようとする者は、次に掲げる事項を記載した申請書又は書類を、当該指定に係る事業所の所在地を管轄する都道府県知事に提出しなければならない。

一　事業所の名称及び所在地

二　申請者の名称及び主たる事務所の所在地並びにその代表者の氏名、生年月日、住所及び職名

三　当該申請に係る事業の開始の予定年月日

四　申請者の登記事項証明書又は条例等

五　事業所の平面図及び設備の概要

六　利用者の推定数

七　事業所の管理者の氏名、生年月日及び住所

八　運営規程

法律

施行令

施行規則

九　利用者からの苦情を処理するために講ずる措置の概要
十　当該申請に係る事業に係る従業者の勤務の体制及び勤務形態
十一　誓約書
十二　その他指定に関し必要と認める事項

2　前項の規定にかかわらず、都道府県知事は、当該指定を受けようとする者が法第百十五条の二第一項の規定に基づき特定介護予防福祉用具販売に係る指定介護予防サービス事業者の指定を受けている場合において、既に当該都道府県知事に提出している前項第四号から第十号までに掲げる事項に変更がないときは、これらの事項に係る申請書の記載又は書類の提出を省略させることができる。

3　法第七十条の二第一項の規定に基づき特定福祉用具販売に係る指定居宅サービス事業者の指定の更新を受けようとする者は、第一項各号（第三号及び第十一号を除く。）に掲げる事項及び次に掲げる事項を記載した申請書又は書類を、当該指定に係る事業所の所在地を管轄する都道府県知事に提出しなければならない。
一　現に受けている指定の有効期間満了日
二　誓約書

4　前項の規定にかかわらず、都道府県知事は、当該申請に係る事業者が既に当該都道府県知事に提出している第一項第四号から第十号までに掲げる事項に変更がないときは、これらの事項に係る申請書の記載又は書類の提出を省略させることができる。

5　第一項及び第三項に規定する申請書は、厚生労働大臣が定める様式によるものとする。

（平一八厚労令三二・追加、平三〇厚労令三〇・平三〇厚労令八〇・令五厚労令四六・一部改正）

（病院等による指定の申請における必要な書類等）

第百二十六条　第百十六条から第百十八条まで、第百二十条又は第百二十二条の申請を行う者が、病院又は診療所において当該申請に係る事業を行おうとするとき

六　申請者（特定施設入居者生活介護に係る指定の申請者を除く。）が、第七十七条第一項又は第百十五条の三十五第六項の規定により指定（特定施設入居者生活介護に係る指定を除く。）を取り消され、その取消しの日から起算して五年を経過しない者（当該指定を取り消された者が法人である場合においては、当該取消しの処分に係る行政手続法第十五条の規定による通知があった日前六十日以内に当該法人の役員（業務を執行する社員、取締役、執行役又はこれらに準ずる者をいい、相談役、顧問その他いか

（指定の拒否等に係る使用人の範囲）

第三十五条の四　法第七十条第二項第六号（法第七十条の二第四項（法第七十八条の十二、第百十五条の十一、第百十五条の二十一及び第百十五条の三十一において準用する場合を含む。）において準用する場合を含む。）、第九十四条第三項第十一号（法第九十四条の二第四項において準用する場合を含む。）及び第百七条第三項第十四号（法第百八条第四項において準用する場合を含む。）に規定する政令で定める使用人は、申請者の使用人であって、申請者の事業所又は申請者

は、当該申請に係る申請書に、当該病院にあっては使用許可証、当該診療所にあっては使用許可証又は届書、国の開設する当該病院又は当該診療所にあっては承認書又は通知書の写しを添付して行わなければならない。この場合において、当該申請を行う者は、第百十六条第一項第八号（管理者の免許証の写しに係る部分に限る。）に掲げる事項に関する書類を提出することを要しない。

2　第百十八条の申請を行う者が、薬局において当該申請に係る事業を行おうとするときは、当該申請に係る申請書に当該薬局の開設許可証の写しを添付して行わなければならない。

3　第百二十条又は第百二十二条の申請を行う者が、介護老人保健施設又は介護医療院においてこれらの規定による申請に係る事業を行おうとするときは、当該申請に係る申請書に、当該介護老人保健施設又は介護医療院の開設許可証を添付して行わなければならない。

4　第百二十一条の申請を行う者が、特別養護老人ホームにおいて当該申請に係る事業を行おうとするときは、当該申請に係る申請書に、当該特別養護老人ホームの設置について届出を行ったこと又は認可を受けたことを証する書類（第百三十一条の八第一項第五号、第百三十四条第一項第五号及び第百四十条の十五第四項において「特別養護老人ホームの認可証等」という。）を添付して行わなければならない。

（平一八厚労令三二・平二一厚労令五四・平三〇厚労令三〇・平三〇厚労令八〇・一部改正）

（法第七十条第二項第六号の厚生労働省令で定める同号本文に規定する指定の取消しに該当しないこととすることが相当であると認められる場合等）

第百二十六条の二　法第七十条第二項第六号の厚生労働省令で定める同号本文に規定する指定の取消しに該当しないこととすることが相当であると認められる場合は、厚生労働大臣、都道府県知事又は市町村長が法第百十五条の三十三第一項その他の規定による報告等の権限を適切に行使し、当該指定の取消しの処分の理由となった事実及び当該事実の発生を防止するための当

法律

なる名称を有する者であるかを問わず、法人に対し業務を執行する社員、取締役、執行役又はこれらに準ずる者と同等以上の支配力を有するものと認められる者を含む。第五節及び第二百三条第二項において同じ。）又はその事業所を管理する者その他の政令で定める使用人（以下「役員等」という。）であった者で当該取消しの日から起算して五年を経過しないものを含み、当該指定を取り消された者が法人でない事業所である場合においては、当該通知があった日前六十日以内に当該事業所の管理者であった者で当該取消しの日から起算して五年を経過しないものを含む。）であるとき。ただし、当該指定の取消しが、指定居宅サービス事業者の指定の取消しのうち当該指定の取消しの処分の理由となった事実及び当該事実の発生を防止するための当該指定居宅サービス事業者による業務管理体制の整備についての取組の状況その他の当該事実に関して当該指定居宅サービス事業者が有していた責任の程度を考慮して、この号本文に規定する指定の取消しに該当しないこととすることが相当であると認められるものとして厚生労働省令で定めるものに該当する場合を除く。

六の二　申請者（特定施設入居者生活介護に係る指定の申請者に限る。）が、第七十七条第一項又は第百十五条の三十五第六項の規定により指定（特定施設入居者生活介護に係る指定に限る。）を取り消され、その取消しの日から起算して五年を経過しない者（当該指定を取り消された者が法人である場合においては、当該取消しの処分に係る行政手続法第十五条の規定による通知があった日前六十日以内に当該法人の役員等であった者で当該取消しの日から起算して五年を経過しないものを含み、当該指定を取り消された者が法人でない事業所である場合においては、当該通知があった日前六十日以内に当該事業所の管理者であった者で当該取消しの日から起算し

施行令

が開設した施設を管理する者とする。

（平一八政一五四・追加、平二一政一〇・一部改正、平二三政三七六・旧第三十五条の三繰下、平三〇政五五・一部改正）

施行規則

該指定居宅サービス事業者による業務管理体制の整備についての取組の状況その他の当該事実に関して当該指定居宅サービス事業者が有していた責任の程度を確認した結果、当該指定居宅サービス事業者が当該指定取消しの理由となった事実について組織的に関与していると認められない場合とする。

2　前項の規定は、法第七十条第二項第六号の二の厚生労働省令で定める同号本文に規定する指定の取消しに該当しないこととすることが相当であると認められる場合について準用する。

（平二一厚労令五四・追加）

て五年を経過しないものを含む。）であるとき。ただし、当該指定の取消しが、指定居宅サービス事業者の指定の取消しのうち当該指定の取消しの処分の理由となった事実及び当該事実の発生を防止するための当該指定居宅サービス事業者による業務管理体制の整備についての取組の状況その他の当該事実に関して当該指定居宅サービス事業者が有していた責任の程度を考慮して、この号本文に規定する指定の取消しに該当しないこととすることが相当であると認められるものとして厚生労働省令で定めるものに該当する場合を除く。

六の三　申請者と密接な関係を有する者（申請者（法人に限る。以下この号において同じ。）の株式の所有その他の事由を通じて当該申請者の事業を実質的に支配し、若しくはその事業に重要な影響を与える関係にある者として厚生労働省令で定めるもの（以下この号において「申請者の親会社等」という。）、申請者の親会社等が株式の所有その他の事由を通じてその事業を実質的に支配し、若しくはその事業に重要な影響を与える関係にある者として厚生労働省令で定めるもの又は当該申請者が株式の所有その他の事由を通じてその事業を実質的に支配し、若しくはその事業に重要な影響を与える関係にある者として厚生労働省令で定めるもののうち、当該申請者と厚生労働省令で定める密接な関係を有する法人をいう。以下この章において同じ。）が、第七十七条第一項又は第百十五条の三十五第六項の規定により指定を取り消され、その取消しの日から起算して五年を経過していないとき。ただし、当該指定の取消しが、指定居宅サービス事業者の指定の取消しのうち当該指定の取消しの処分の理由となった事実及び当該事実の発生を防止するための当該指定居宅サービス事業者による業務管理体制の整備についての取組の状況その他の当該事実に関して当該指定居宅サービス事業者が有していた責任の程度を考慮して、この号本文に規定する指定の取消しに該当しないこととすることが相当であると認められるものとして厚

（法第七十条第二項第六号の三の厚生労働省令で定めるもの等）

第百二十六条の三　法第七十条第二項第六号の三に規定する申請者の親会社等（以下この条において「申請者の親会社等」という。）は、次に掲げる者とする。

一　申請者（株式会社である場合に限る。）の議決権の過半数を所有している者

二　申請者（持分会社（会社法（平成十七年法律第八十六号）第五百七十五条第一項に規定する持分会社をいう。以下この条において同じ。）である場合に限る。）の資本金の過半数を出資している者

三　申請者の事業の方針の決定に関して、前二号に掲げる者と同等以上の支配力を有すると認められる者

2　法第七十条第二項第六号の三の厚生労働省令で定める申請者の親会社等がその事業を実質的に支配し、又はその事業に重要な影響を与える関係にある者は、次に掲げる者とする。

一　申請者の親会社等（株式会社である場合に限る。）が議決権の過半数を所有している者

二　申請者の親会社等（持分会社である場合に限る。）が資本金の過半数を出資している者

三　事業の方針の決定に関する申請者の親会社等の支配力が前二号に掲げる者と同等以上と認められる者

3　法第七十条第二項第六号の三の厚生労働省令で定める申請者がその事業を実質的に支配し、又はその事業に重要な影響を与える関係にある者は、次に掲げる者

法律

生労働省令で定めるものに該当する場合を除く。

七　申請者が、第七十七条第一項又は第百十五条の三十五第六項の規定による指定の取消しの処分に係る行政手続法第十五条の規定による通知があった日から当該処分をする日又は処分をしないことを決定する日までの間に第七十五条第二項の規定による事業の廃止の届出をした者（当該事業の廃止について相当の理由がある者を除く。）で、当該届出の日から起算して五年を経過しないものであるとき。

施行令

施行規則

とする。

一　申請者（株式会社である場合に限る。）が議決権の過半数を所有している者

二　申請者（持分会社である場合に限る。）が資本金の過半数を出資している者

三　事業の方針の決定に関する申請者の支配力が前二号に掲げる者と同等以上と認められる者

4　法第七十条第二項第六号の三の厚生労働省令で定める密接な関係を有する法人は、次の各号のいずれにも該当する法人とする。

一　申請者の重要な事項に係る意思決定に関与し、又は申請者若しくは申請者の親会社等が重要な事項に係る意思決定に関与していること。

二　法第四十一条、第四十二条の二、第四十六条、第五十三条、第五十四条の二又は第五十八条の規定により都道府県知事又は市町村長の指定を受けた者であること。

三　次のイからヌまでに掲げる申請者の区分に応じ、それぞれイからヌまでに定めるサービスを行っていたこと。

イ　居宅サービス（特定施設入居者生活介護を除く。以下この号イにおいて同じ。）に係る指定の申請者　指定居宅サービスに該当する居宅サービスのうちいずれか一以上のサービス

ロ　特定施設入居者生活介護に係る指定の申請者　指定居宅サービスに該当する特定施設入居者生活介護

ハ　地域密着型サービス（認知症対応型共同生活介護、地域密着型特定施設入居者生活介護又は地域密着型介護老人福祉施設入所者生活介護を除く。以下この号ハにおいて同じ。）に係る指定の申請者　指定地域密着型サービス（法第四十二条の二に規定する地域密着型サービスをいう。以下同じ。）に該当する地域密着型サービスのうちいずれか一以上のサービス

ニ　認知症対応型共同生活介護又は地域密着型特定施設入居者生活介護に係る指定の申請者　指定地域密着型サービスに該当する認知症対応型共同生活介護又は地域密着型特定施設入居者生活介護

ホ　居宅介護支援事業に係る指定の申請者　法第四十六条第一項に規定する指定居宅介護支援

ヘ　介護予防サービス（介護予防特定施設入居者生活介護を除

七の二　申請者が、第七十六条第一項の規定による検査が行われた日から聴聞決定予定日（当該検査の結果に基づき第七十七条第一項の規定による指定の取消しの処分に係る聴聞を行うか否かの決定をすることが見込まれる日として厚生労働省令で定めるところにより都道府県知事が当該申請者に当該検査が行われた日から十日以内に特定の日を通知した場合における当該特定の日をいう。）までの間に第七十五条第二項の規定による事業の廃止の届出をした者（当該事業の廃止について相当の理由がある者を除く。）で、当該届出の日から起算して五年を経過しないものであるとき。

八　第七号に規定する期間内に第七十五条第二項の規定による事業の廃止の届出があった場合において、申請者が、同号の通知の日前六十日以内に当該届出に係る法人（当該事業の廃止について相当の理由がある法人を除く。）の役員等又は当該届出に係る法人でない事業所（当該事業の廃止について相当の理由があるものを除く。）の管理者であった者で、当該届出の日から起算して五年を経過しないものであるとき。

九　申請者が、指定の申請前五年以内に居宅サービス等に関し不正又は著しく不当な行為をした者であるとき。

十　申請者（特定施設入居者生活介護に係る指定の申請者を除

く。以下この号へにおいて同じ。）に係る指定の申請者　指定介護予防サービスに該当する介護予防サービスのうちいずれか一以上のサービス

ト　介護予防特定施設入居者生活介護に係る指定の申請者　指定介護予防サービスに該当する介護予防特定施設入居者生活介護

チ　地域密着型介護予防サービス（介護予防認知症対応型共同生活介護を除く。以下この号チにおいて同じ。）に係る指定の申請者　指定地域密着型介護予防サービスに該当する地域密着型介護予防サービスのうちいずれか一以上のサービス

リ　介護予防認知症対応型共同生活介護に係る指定の申請者　指定地域密着型介護予防サービスに該当する介護予防認知症対応型共同生活介護

ヌ　介護予防支援に係る指定の申請者　指定介護予防支援

5　前条第一項の規定は、法第七十条第二項第六号の三の厚生労働省令で定める同号本文に規定する指定の取消しに該当しないこととすることが相当であると認められる場合について準用する。

（平二一厚労令五四・追加）

（聴聞決定予定日の通知）

第百二十六条の四　法第七十条第二項第七号の二の規定による通知をするときは、法第七十六条第一項の規定による検査が行われた日（以下この条において「検査日」という。）から十日以内に、検査日から起算して六十日以内の特定の日を通知するものとする。

（平二一厚労令五四・追加）

法律

く。）が、法人で、その役員等のうちに第四号から第六号まで又は第七号から前号までのいずれかに該当する者のあるものであるとき。

十の二　申請者（特定施設入居者生活介護に係る指定の申請者に限る。）が、法人で、その役員等のうちに第四号から第五号の三まで、第六号の二又は第七号から第九号までのいずれかに該当する者のあるものであるとき。

十一　申請者（特定施設入居者生活介護に係る指定の申請者を除く。）が、法人でない事業所で、その管理者が第四号から第六号まで又は第七号から第九号までのいずれかに該当する者であるとき。

十二　申請者（特定施設入居者生活介護に係る指定の申請者に限る。）が、法人でない事業所で、その管理者が第四号から第五号の三まで、第六号の二又は第七号から第九号までのいずれかに該当する者であるとき。

3　都道府県が前項第一号の条例を定めるに当たっては、厚生労働省令で定める基準に従い定めるものとする。

4　都道府県知事は、介護専用型特定施設入居者生活介護（介護専用型特定施設に入居している要介護者について行われる特定施設入居者生活介護をいう。以下同じ。）につき第一項の申請があった場合において、当該申請に係る事業所の所在地を含む区域（第百十八条第二項第一号の規定により当該都道府県が定める区域とする。）における介護専用型特定施設入居者生活介護の利用定員の総数及び地域密着型特定施設入居者生活介護の利用定員の総数の合計数が、同条第一項の規定により当該都道府県が定める都道府県介護保険事業支援計画において定めるその区域の介護専用型特定施設入居者生活介護の必要利用定員総数及び地域密着型特定施設入居者生活介護の必要利用定員総数の合計数に既に達しているか、又は当該申請に係る事業者の指定によってこれを超えることになると認めるとき、その他の当該都道府県介護保険事業支援計画の達成に支障を生ずるおそれがあると認めるときは、第四十一条第一項本文の指定をしないことができる。

5　都道府県知事は、混合型特定施設入居者生活介護（介護専用型特定施設以外の特定施設に入居している要介護者について行われる特定施設入居者生活介護をいう。以下同じ。）につき第一項の申請があった場合において、当該申請に係る事業所の所在地を含む区域

施行令

施行規則

（法第七十条第三項の厚生労働省令で定める基準）

第百二十六条の四の二　法第七十条第三項の厚生労働省令で定める基準は、法人であることとする。ただし、病院等により行われる居宅療養管理指導又は病院若しくは診療所により行われる訪問看護、訪問リハビリテーション、通所リハビリテーション若しくは短期入所療養介護に係る指定の申請にあっては、この限りでない。

（平二四厚労令一一・追加）

（混合型特定施設入居者生活介護の推定利用定員の算定方法）

第百二十六条の五　法第七十条第五項に規定する厚生労働省令で定めるところにより算定した定員は、指定居宅サービスに該当する混合型特定施設入居者生活介護（同項に規定する混合型特定施設入居者

（第百十八条第二項第一号の規定により当該都道府県が定める区域とする。）における混合型特定施設入居者生活介護の推定利用定員（厚生労働省令で定めるところにより算定した定員をいう。）の総数が、同条第一項の規定により当該都道府県が定める都道府県介護保険事業支援計画において定めるその区域の混合型特定施設入居者生活介護の必要利用定員総数に既に達しているか、又は当該申請に係る事業者の指定によってこれを超えることになると認めるとき、その他の当該都道府県介護保険事業支援計画の達成に支障を生ずるおそれがあると認めるときは、第四十一条第一項本文の指定をしないことができる。

6　都道府県知事は、第四十一条第一項本文の指定（特定施設入居者生活介護その他の厚生労働省令で定める居宅サービスに係るものに限る。）をしようとするときは、関係市町村長に対し、厚生労働省令で定める事項を通知し、相当の期間を指定して、当該関係市町村の第百十七条第一項に規定する市町村介護保険事業計画との調整を図る見地からの意見を求めなければならない。

7　関係市町村長は、厚生労働省令で定めるところにより、都道府県知事に対し、第四十一条第一項本文の指定（前項の厚生労働省令で定める居宅サービスに係るものを除く。次項において同じ。）について、当該指定をしようとするときは、あらかじめ、当該関係市町村長にその旨を通知するよう求めることができる。この場合におい

生活介護をいう。）の事業が行われる特定施設の入居定員に、当該特定施設における要介護者の入居実態を踏まえ、地域の実情に応じて都道府県が定める割合を乗じて得た数とする。

（平一八厚労令一〇八・追加、平二一厚労令五四・旧第百二十六条の二繰下、平二四厚労令一一・令六厚労令一三五・一部改正）

（法第七十条第六項の厚生労働省令で定める居宅サービス）

第百二十六条の六　法第七十条第六項の厚生労働省令で定める居宅サービスは、特定施設入居者生活介護とする。

2　前項の規定は、法第七十条の三第一項の指定の変更の申請があった場合について準用する。

（平一八厚労令三二・追加、平一八厚労令一〇八・旧第百二十六条の二繰下・一部改正、平二一厚労令五四・旧第百二十六条の三繰下、平二四厚労令一一・一部改正）

（法第七十条第六項の厚生労働省令で定める事項）

第百二十六条の七　法第七十条第六項の厚生労働省令で定める事項は、次に掲げる事項とする。

一　当該指定に係る事業所の名称及び所在地

二　当該指定に係る申請者の名称及び主たる事務所の所在地並びにその代表者の氏名、生年月日、住所及び職名

三　当該指定に係る事業の開始の予定年月日

四　利用者の推定数（要介護者及び要支援者のそれぞれに係る推定数を明示するものとする。）

2　前項（第三号を除く。）の規定は、法第七十条の三第一項の指定の変更の申請があった場合について準用する。

（平一八厚労令三二・追加、平一八厚労令一〇八・旧第百二十六条の三繰下・一部改正、平二一厚労令五四・旧第百二十六条の四繰下、平二四厚労令一一・一部改正）

（法第七十条第七項の規定による通知の求めの方法等）

第百二十六条の七の二　市町村長は、法第七十条第七項の規定による通知を求める際は、当該通知の対象となる居宅サービス（第百二十六条の六第一項に規定するものを除く。）の種類、当該通知の対象となる区域及び期間その他当該通知を行うために必要な事項を都道

法律

て、当該都道府県知事は、その求めに応じなければならない。

8　関係市町村長は、前項の規定による通知を受けたときは、厚生労働省令で定めるところにより、第四十一条第一項本文の指定に関し、都道府県知事に対し、当該関係市町村の第百十七条第一項に規定する市町村介護保険事業計画との調整を図る見地からの意見を申し出ることができる。

9　都道府県知事は、第六項又は前項の意見を勘案し、第四十一条第一項本文の指定を行うに当たって、当該事業の適正な運営を確保するために必要と認める条件を付することができる。

施行令

施行規則

府県知事に伝達しなければならない。

2　市町村長は、前項の伝達をしたときは、公報又は広報紙への掲載、インターネットの利用その他適切な方法により周知しなければならない。

3　法第七十条第七項の規定による通知は、次に掲げる事項について行うものとする。

一　事業所（訪問介護、訪問看護及び訪問リハビリテーションに係る指定の申請に係る事業所については、当該事業所の所在地以外の場所に当該事業所の一部として使用される事務所を有するときは、当該事務所を含み、通所介護に係る指定の申請に係る事業所については、当該事業所の所在地以外の場所に当該指定に係る事業の一部を行う施設を有するときは、当該施設を含む。）の名称及び所在地

二　申請者の名称及び主たる事務所の所在地並びにその代表者の氏名、生年月日、住所及び職名（訪問看護、訪問リハビリテーション、居宅療養管理指導、通所リハビリテーション及び短期入所療養介護に係る指定の申請に係る事業所については、当該申請に係る事業所が法人以外の者の開設する病院、診療所又は薬局であるときは、開設者の氏名、生年月日、住所及び職名）

三　当該申請に係る事業の開始の予定年月日

四　利用者の推定数

五　運営規程（営業日及び営業時間、利用定員並びに通常の事業の実施地域に係る部分に限る。）

（平三〇厚労令三〇・追加）

（法第七十条第八項の規定による意見の申出の方法）

第百二十六条の七の三　市町村長は、法第七十条第八項の規定により、居宅サービスの指定に関し、市町村介護保険事業計画（法第百十七条第一項に規定する市町村介護保険事業計画をいう。第百四十条の十七の四及び第百四十条の七十二の六において同じ。）との調整を図る見地からの意見を申し出ようとするときは、次に掲げる事項を記載した書類を都道府県知事に提出しなければならない。

一　当該意見の対象となる居宅サービスの種類

二　都道府県知事が法第四十一条第一項本文の指定を行うに当たって条件を付することを求める旨及びその理由

三　条件の内容

10 市町村長は、第四十二条の二第一項本文の指定を受けて定期巡回・随時対応型訪問介護看護等（認知症対応型共同生活介護、地域密着型特定施設入居者生活介護及び地域密着型介護老人福祉施設入所者生活介護以外の地域密着型サービスであって、定期巡回・随時対応型訪問介護看護、小規模多機能型居宅介護その他の厚生労働省令で定めるものをいう。以下この条において同じ。）の事業を行う者の当該指定に係る当該事業を行う事業所（以下この項において「定期巡回・随時対応型訪問介護看護等事業所」という。）が当該市町村の区域にある場合その他の厚生労働省令で定める場合であって、次の各号のいずれかに該当すると認めるときは、都道府県知事に対し、訪問介護、通所介護その他の厚生労働省令で定める居宅サービス（当該市町村の区域に所在する事業所が行うものに限る。）に係る第四十一条第一項本文の指定について、厚生労働省令で定めるところにより、当該市町村が定める市町村介護保険事業計画（第百十七条第一項に規定する市町村介護保険事業計画をいう。以下この項において同じ。）において定める当該市町村又は当該定期巡回・随時対応型訪問介護看護等事業所の所在地を含む区域（第百十七条第二項第一号の規定により当該市町村が定める区域とする。以下この項において「日常生活圏域」という。）における定期巡回・随時対応型訪問介護看護等の見込量を確保するため必要な協議を求めることができる。この場合において、当該都道府県知事は、その求めに応じなければならない。

一 当該市町村又は当該日常生活圏域における居宅サービス（この項の規定により協議を行うものとされたものに限る。以下この号及び次項において同じ。）の種類ごとの量が、当該市町村が定める市町村介護保険事業計画において定める当該市町村又は当該日常生活圏域における当該居宅サービスの種類ごとの見込量に既に達しているか、又は第一項の申請に係る事業者の指定によってこれを超えることになるとき。

二 その他当該市町村介護保険事業計画の達成に支障を生ずるおそれがあるとき。

11 都道府県知事は、前項の規定による協議の結果に基づき、当該協議を求めた市町村長の管轄する区域に所在する事業所が行う居宅サービスにつき第一項の申請があった場合において、厚生労働省令で定める基準に従って、第四十一条第一項本文の指定をしないこと

四 その他必要な事項

（平三〇厚労令三〇・追加、令二厚労令一六二・一部改正）

（法第七十条第十項の厚生労働省令で定める地域密着型サービス）

第百二十六条の八 法第七十条第十項の厚生労働省令で定める地域密着型サービスは、定期巡回・随時対応型訪問介護看護、小規模多機能型居宅介護及び複合型サービスとする。

（平二四厚労令三〇・追加、平三〇厚労令三〇・一部改正）

（法第七十条第十項の厚生労働省令で定める場合）

第百二十六条の九 法第七十条第十項の厚生労働省令で定める場合は、同項に規定する定期巡回・随時対応型訪問介護看護等事業所が当該市町村の区域にある場合及び当該市町村の長が同項に規定する定期巡回・随時対応型訪問介護看護等について公募指定（法第七十八条の十四第一項に規定する公募指定をいう。）に係る公募を行っている場合とする。

（平二四厚労令三〇・追加、平三〇厚労令三〇・一部改正）

（法第七十条第十項の厚生労働省令で定める居宅サービス）

第百二十六条の十 法第七十条第十項の厚生労働省令で定める居宅サービスは、訪問介護、通所介護及び短期入所生活介護とする。

（平二四厚労令一一・追加、平二四厚労令三〇・旧第百二十六条の八繰下、平三〇厚労令三〇・一部改正）

（法第七十条第十項の規定による協議の求めの方法）

第百二十六条の十一 市町村長は、法第七十条第十項の規定による協議を求める際は、当該協議の対象となる居宅サービス（前条に規定するものに限る。）の種類、当該協議の対象となる区域及び期間その他当該協議を行うために必要な事項を都道府県知事に伝達しなければならない。

2 都道府県知事は、法第七十条第十項の規定による協議の結果に基づき、同条第十一項の規定により法第四十一条第一項本文の指定を行わないこととし、又は同項本文の指定を行うに当たって、条件を付することとするときは、その旨を公報又は広報紙への掲載、インターネットの利用その他適切な方法により周知しなければならない。

（平二四厚労令一一・追加、平二四厚労令三〇・旧第百二十六条の九繰下、平三〇厚労令三〇・一部改正）

（法第七十条第十一項の厚生労働省令で定める基準）

第百二十六条の十二 法第七十条第十一項の厚生労働省令で定める基準は、次のとおりとする。

一 第百二十六条の十の居宅サービスを受けている者に対し、必要

法　律

とし、又は同項本文の指定を行うに当たって、定期巡回・随時対応型訪問介護看護等の事業の適正な運営を確保するために必要と認める条件を付することができる。

（平一一法一六〇・平一七法七七・平一八法二〇・平一九法一一〇・平二〇法四二・平二三法三七・平二三法七二・平二五法四四・平二九法五二・一部改正）

（指定の更新）

第七十条の二　第四十一条第一項本文の指定は、六年ごとにその更新を受けなければ、その期間の経過によって、その効力を失う。

2　前項の更新の申請があった場合において、同項の期間（以下この条において「指定の有効期間」という。）の満了の日までにその申請に対する処分がされないときは、従前の指定は、指定の有効期間の満了後もその処分がされるまでの間は、なおその効力を有する。

3　前項の場合において、指定の更新がされたときは、その指定の有効期間は、従前の指定の有効期間の満了の日の翌日から起算するものとする。

4　前条の規定は、第一項の指定の更新について準用する。

（平一七法七七・追加）

（指定の変更）

第七十条の三　第四十一条第一項本文の指定を受けて特定施設入居者生活介護の事業を行う者は、同項本文の指定に係る特定施設入居者生活介護の利用定員を増加しようとするときは、あらかじめ、厚生労働省令で定めるところにより、当該特定施設入居者生活介護に係る同項本文の指定の変更を申請することができる。

2　第七十条第四項から第六項までの規定は、前項の指定の変更の申請があった場合について準用する。この場合において、同条第四項及び第五項中「指定をしない」とあるのは、「指定の変更を拒む」と読み替えるものとする。

（平二三法七二・追加）

施 行 令

施 行 規 則

な居宅サービス等が継続的に提供されるよう、配慮すること。

二　必要に応じて、法第七十条第一項の申請を行う者から意見を聴取すること。

（平二四厚労令一一・追加、平二四厚労令三〇・旧第百二十六条の十繰下、平二六厚労令七一・平三〇厚労令三〇・一部改正）

（指定特定施設入居者生活介護の利用定員の増加の申請）

第百二十六条の十三　法第七十条の三第一項の規定に基づき特定施設入居者生活介護に係る法第四十一条第一項本文の指定の変更を受けようとする者は、次に掲げる事項を記載した申請書又は書類を、当該変更に係る事業所の所在地を管轄する都道府県知事に提出しなければならない。

一　事業所の名称及び所在地

二　申請者の名称及び主たる事務所の所在地並びにその代表者の氏名、生年月日、住所及び職名

三　建物の構造概要及び平面図（各室の用途を明示するものとする。）並びに設備の概要

四　利用者の推定数（要介護者及び要支援者のそれぞれに係る推定数を明示するものとする。）

五　利用者の定員

六　当該申請に係る事業に係る従業者の勤務の体制及び勤務形態

七　指定居宅サービス等基準第百九十二条の二に規定する受託居宅サービス事業者が事業を行う事業所の名称及び所在地並びに当該事業者の名称及び所在地

（指定居宅サービス事業者の特例）

第七十一条　病院等について、健康保険法第六十三条第三項第一号の規定による保険医療機関又は保険薬局の指定があったとき（同法第六十九条の規定により同号の指定があったものとみなされたときを含む。）は、その指定の時に、当該病院等の開設者について、当該病院等により行われる居宅サービス（病院又は診療所にあっては居宅療養管理指導その他厚生労働省令で定める種類の居宅サービスに限り、薬局にあっては居宅療養管理指導に限る。）に係る第四十一条第一項本文の指定があったものとみなす。ただし、当該病院等の開設者が、厚生労働省令で定めるところにより別段の申出をしたとき、又はその指定の時前に第七十七条第一項若しくは第百十五条の三十五第六項の規定により第四十一条第一項本文の指定を取り消されているときは、この限りでない。

2　前項の規定により指定居宅サービス事業者とみなされた者に係る第四十一条第一項本文の指定は、当該指定に係る病院等について、健康保険法第八十条の規定による保険医療機関又は保険薬局の指定の取消しがあったときは、その効力を失う。

（平一〇法一〇九・平一一法一六〇・平一四法一〇二・平一七法七七・平一八法八三・平二〇法四二・一部改正）

第七十二条　介護老人保健施設又は介護医療院について、第九十四条第一項又は第百七条第一項の許可があったときは、その許可の時に、当該介護老人保健施設又は介護医療院の開設者について、当該介護老人保健施設又は介護医療院により行われる居宅サービス（短期入所療養介護その他厚生労働省令で定める居宅サービスの種類に限る。）に係る第四十一条第一項本文の指定があったものとみなす。ただし、当該介護老人保健施設又は介護医療院の開設者が、厚生労働省令で定めるところにより、別段の申出をしたときは、この限りでない。

2　前項の規定により指定居宅サービス事業者とみなされた者に係る

八　指定居宅サービス等基準第百九十一条第一項に規定する協力医療機関の名称及び診療科名並びに当該協力医療機関との契約の内容（同条第七項に規定する協力歯科医療機関があるときは、その名称及び当該協力歯科医療機関との契約の内容を含む。）

2　前項に規定する申請書は、厚生労働大臣が定める様式によるものとする。

（平二四厚労令一一・追加、平二四厚労令三〇・旧第百二十六条の十一繰下、令五厚労令四六・令六厚労令一六・一部改正）

（指定居宅サービス事業者の特例に係る居宅サービスの種類）

第百二十七条　法第七十一条第一項の厚生労働省令で定める種類の居宅サービスは、訪問看護、訪問リハビリテーション、通所リハビリテーション及び短期入所療養介護（療養病床を有する病院又は診療所により行われるものに限る。）とする。

（平一二厚令一一七・平二一厚労令三〇・平三〇厚労令三〇・一部改正）

第百二十八条　法第七十二条第一項の厚生労働省令で定める種類の居宅サービスは、訪問リハビリテーション及び通所リハビリテーションとする。

（平一二厚令一一七・平三〇厚労令三〇・令六厚労令一六・一部改正）

（指定居宅サービス事業者の特例に係る病院等の別段の申出）

第百二十九条　法第七十一条第一項ただし書の規定による別段の申出は、次の事項を記載した申出書を当該申出に係る病院若しくは診療所又は薬局の開設の場所を管轄する都道府県知事に提出して行うものとする。

一　当該申出に係る病院若しくは診療所又は薬局の名称及び開設の

法律

第四十一条第一項本文の指定は、当該指定に係る介護老人保健施設又は介護医療院について、第九十四条の二第一項若しくは第百八条第一項の規定により許可の効力が失われたとき又は第百四条第一項、第百十四条の六第一項若しくは第百十五条の三十五第六項の規定により許可の取消しがあったときは、その効力を失う。

（平一一法一六〇・平一七法七七・平二〇法四二・平一八法八三（平二三法七二）・平二九法五二・一部改正）

（共生型居宅サービス事業者の特例）

第七十二条の二　訪問介護、通所介護その他厚生労働省令で定める居宅サービスに係る事業所について、児童福祉法（昭和二十二年法律第百六十四号）第二十一条の五の三第一項の指定（当該事業所により行われる居宅サービスの種類に応じて厚生労働省令で定める種類の同法第六条の二の二第一項に規定する障害児通所支援（以下「障害児通所支援」という。）に係るものに限る。）又は障害者の日常生活及び社会生活を総合的に支援するための法律（平成十七年法律第百二十三号。以下「障害者総合支援法」という。）第二十九条第一項の指定障害福祉サービス事業者の指定（当該事業所により行われる居宅サービスの種類に応じて厚生労働省令で定める種類の障害者総合支援法第五条第一項に規定する障害福祉サービス（以下「障害福祉サービス」という。）に係るものに限る。）を受けている者から当該事業所に係る第七十条第一項（第七十条の二第四項において準用する場合を含む。）の申請があった場合において、次の各号のいずれにも該当するときにおける第七十条第二項（第七十条の二第四

施行令

施行規則

場所並びに開設者及び管理者の氏名及び住所

二　当該申出に係る居宅サービスの種類

三　前号に係る居宅サービスについて法第七十一条本文に係る指定を不要とする旨

2　前項に規定する申出書は、厚生労働大臣が定める様式によるものとする。

（令五厚労令四六・一部改正）

第百三十条　法第七十二条第一項ただし書の規定による別段の申出は、次の事項を記載した申出書を当該申出に係る介護老人保健施設又は介護医療院の開設の場所を管轄する都道府県知事に提出して行うものとする。

一　当該申出に係る介護老人保健施設又は介護医療院の名称及び開設の場所並びに開設者及び管理者の氏名及び住所

二　当該申出に係る居宅サービスの種類

三　前号に係る居宅サービスについて法第七十二条本文に係る指定を不要とする旨

2　前項に規定する申出書は、厚生労働大臣が定める様式によるものとする。

（平二四厚労令一〇・平三〇厚労令三〇・令五厚労令四六・一部改正）

（共生型居宅サービス事業者の特例に係るサービスの種類）

第百三十条の二　法第七十二条の二第一項の厚生労働省令で定める居宅サービスは、短期入所生活介護とする。

（平三〇厚労令三〇・追加）

第百三十条の三　通所介護について法第七十二条の二第一項の厚生労働省令で定める障害児通所支援の種類は、児童発達支援（児童福祉法第六条の二の二第二項に規定する児童発達支援をいう。第百三十一条の十一の七において同じ。）及び放課後等デイサービス（同法第六条の二の二第四項に規定する放課後等デイサービスをいう。第百三十一条の十一の七において同じ。）とする。

（平三〇厚労令三〇・追加）

第百三十条の四　法第七十二条の二第一項の厚生労働省令で定める障害福祉サービスの種類は、次の各号に掲げる居宅サービスの種類に応じて当該各号に定める種類とする。

一　訪問介護　居宅介護（障害者の日常生活及び社会生活を総合的に支援するための法律第五条第二項に規定する居宅介護をい

項において準用する場合を含む。以下この項において同じ。）の規定の適用については、第七十条第二項第二号中「第七十四条第一項の」とあるのは「第七十二条の二第一項第一号の指定居宅サービスに従事する従業者に係る」と、「同項」とあるのは「同号」と、同項第三号中「第七十四条第二項」とあるのは「第七十二条の二第一項第二号」とする。ただし、申請者が、厚生労働省令で定めるところにより、別段の申出をしたときは、この限りでない。

一　当該申請に係る事業所の従業者の知識及び技能並びに人員が、指定居宅サービスに従事する従業者に係る都道府県の条例で定める基準及び都道府県の条例で定める員数を満たしていること。

二　申請者が、都道府県の条例で定める指定居宅サービスの事業の設備及び運営に関する基準に従って適正な居宅サービス事業の運営をすることができると認められること。

2　都道府県が前項各号の条例を定めるに当たっては、第一号から第三号までに掲げる事項については厚生労働省令で定める基準に従い定めるものとし、第四号に掲げる事項については厚生労働省令で定める基準を標準として定めるものとし、その他の事項については厚生労働省令で定める基準を参酌するものとする。

一　指定居宅サービスに従事する従業者に係る基準及び当該従業者の員数

二　指定居宅サービスの事業に係る居室の床面積

三　指定居宅サービスの事業の運営に関する事項であって、利用する要介護者のサービスの適切な利用、適切な処遇及び安全の確保並びに秘密の保持等に密接に関連するものとして厚生労働省令で定めるもの

四　指定居宅サービスの事業に係る利用定員

3　厚生労働大臣は、前項に規定する厚生労働省令で定める基準（指定居宅サービスの取扱いに関する部分に限る。）を定めようとするときは、あらかじめ社会保障審議会の意見を聴かなければならない。

4　第一項の場合において、同項に規定する者が同項の申請に係る第四十一条第一項本文の指定を受けたときは、その者に対しては、第七十四条第二項から第四項までの規定は適用せず、次の表の上欄に掲げる規定の適用については、これらの規定中同表の中欄に掲げる字句は、それぞれ同表の下欄に掲げる字句とする。

第四十一条第九項	第七十四条第二項	第七十二条の二第一項第二号

う。）及び重度訪問介護（同条第三項に規定する重度訪問介護をいう。）

二　通所介護　生活介護（障害者の日常生活及び社会生活を総合的に支援するための法律第五条第七項に規定する生活介護をいう。第百三十一条の十一の八及び第百七十条において同じ。）及び自立訓練（同法第五条第十二項に規定する自立訓練をいう。第百三十一条の十一の八において同じ。）とする。

三　短期入所生活介護　短期入所（障害者の日常生活及び社会生活を総合的に支援するための法律第五条第八項に規定する短期入所をいう。第百四十条の十七の五において同じ。）

（平三〇厚労令三〇・追加）

（共生型居宅サービス事業者の特例に係る別段の申出）

第百三十一条の五　法第七十二条の二第一項ただし書の規定による別段の申出は、次の事項を記載した申出書を当該申出に係る事業所の所在地を管轄する都道府県知事に提出して行うものとする。

一　当該申出に係る事業所の名称及び所在地並びに申請者及び事業所の管理者の氏名及び住所

二　当該申出に係る居宅サービスの種類

三　前号に係る居宅サービスについて法第七十二条の二第一項に規定する特例による指定を不要とする旨

2　前項に規定する申出書は、厚生労働大臣が定める様式によるものとする。

（平三〇厚労令三〇・追加、令五厚労令四六・一部改正）

第七十三条第一項	次条第二項	前条第一項第二号
第七十四条第一項	都道府県の条例で定める基準に従い	第七十二条の二第一項第一号の指定居宅サービスに従事する従業者に係る都道府県の条例で定める基準に従い同号の
第七十六条の二第一項第二号	第七十四条第一項の	第七十二条の二第一項第一号の指定居宅サービスに従事する従業者に係る
	同項	同号
第七十六条の二第一項第三号	第七十四条第二項	第七十二条の二第一項第二号
第七十七条第一項第三号	第七十四条第一項の	第七十二条の二第一項第一号の指定居宅サービスに従事する従業者に係る
	同項	同号
第七十七条第一項第四号	第七十四条第二項	第七十二条の二第一項第二号

5　第一項に規定する者であって、同項の申請に係る第四十一条第一項本文の指定を受けたものから、児童福祉法第二十一条の五の三第一項に規定する指定通所支援の事業（当該指定に係る事業所において行うものに限る。）について同法第二十一条の五の二十第四項の規定による事業の廃止若しくは休止の届出があったとき又は障害者総合支援法第二十九条第一項に規定する指定障害福祉サービスの事業（当該指定に係る事業所において行うものに限る。）について障害者総合支援法第四十六条第二項の規定による事業の廃止若しくは休止の届出があったときは、当該指定に係る指定居宅サービスの事業について、第七十五条第二項の規定による事業の廃止又は休止の届出があったものとみなす。

（平二九法五二・追加）

（指定居宅サービスの事業の基準）

第七十三条　指定居宅サービス事業者は、次条第二項に規定する指定居宅サービスの事業の設備及び運営に関する基準に従い、要介護者の心身の状況等に応じて適切な指定居宅サービスを提供するとともに、自らその提供する指定居宅サービスの質の評価を行うことその他の措置を講ずることにより常に指定居宅サービスを受ける者の立場に立ってこれを提供するように努めなければならない。

2　指定居宅サービス事業者は、指定居宅サービスを受けようとする被保険者から提示された被保険者証に、第二十七条第七項第二号（第二十八条第四項及び第二十九条第二項において準用する場合を含む。）若しくは第三十二条第六項第二号（第三十三条第四項及び第三十三条の二第二項において準用する場合を含む。）に掲げる意見又は第三十条第一項後段若しくは第三十三条の三第一項後段に規定する意見（以下「認定審査会意見」という。）が記載されているときは、当該認定審査会意見に配慮して、当該被保険者に当該指定居宅サービスを提供するように努めなければならない。

（平一七法七七・一部改正）

第七十四条　指定居宅サービス事業者は、当該指定に係る事業所ごとに、都道府県の条例で定める基準に従い都道府県の条例で定める員数の当該指定居宅サービスに従事する従業者を有しなければならない。

2　前項に規定するもののほか、指定居宅サービスの事業の設備及び運営に関する基準は、都道府県の条例で定める。

3　都道府県が前二項の条例を定めるに当たっては、第一号から第三号までに掲げる事項については厚生労働省令で定める基準に従い定めるものとし、第四号に掲げる事項については厚生労働省令で定める基準を標準として定めるものとし、その他の事項については厚生労働省令で定める基準を参酌するものとする。

一　指定居宅サービスに従事する従業者に係る基準及び当該従業者の員数

二　指定居宅サービスの事業に係る居室、療養室及び病室の床面積

三　指定居宅サービスの事業の運営に関する事項であって、利用する要介護者のサービスの適切な利用、適切な処遇及び安全の確保並びに秘密の保持等に密接に関連するものとして厚生労働省令で定めるもの

四　指定居宅サービスの事業に係る利用定員

＊厚生労働省令で定める基準＝〔省〕指定居宅サービス等の事業の人員、設備及び運営に関する基準（平一一厚令三七）

4　厚生労働大臣は、前項に規定する厚生労働省令で定める基準（指定居宅サービスの取扱いに関する部分に限る。）を定めようとする

法律

ときは、あらかじめ社会保障審議会の意見を聴かなければならない。

5　指定居宅サービス事業者は、次条第二項の規定による事業の廃止又は休止の届出をしたときは、当該届出の日前一月以内に当該指定居宅サービスを受けていた者であって、当該事業の廃止又は休止の日以後においても引き続き当該指定居宅サービスに相当するサービスの提供を希望する者に対し、必要な居宅サービス等が継続的に提供されるよう、指定居宅介護支援事業者、他の指定居宅サービス事業者その他関係者との連絡調整その他の便宜の提供を行わなければならない。

6　指定居宅サービス事業者は、要介護者の人格を尊重するとともに、この法律又はこの法律に基づく命令を遵守し、要介護者のため忠実にその職務を遂行しなければならない。

（平一一法一六〇・平一七法七七・平二〇法四二・平二三法三七・一部改正）

（変更の届出等）

第七十五条　指定居宅サービス事業者は、当該指定に係る事業所の名称及び所在地その他厚生労働省令で定める事項に変更があったとき、又は休止した当該指定居宅サービスの事業を再開したときは、厚生労働省令で定めるところにより、十日以内に、その旨を都道府県知事に届け出なければならない。

2　指定居宅サービス事業者は、当該指定居宅サービスの事業を廃止し、又は休止しようとするときは、厚生労働省令で定めるところにより、その廃止又は休止の日の一月前までに、その旨を都道府県知事に届け出なければならない。

（平一一法一六〇・平二〇法四二・一部改正）

（都道府県知事等による連絡調整又は援助）

第七十五条の二　都道府県知事又は市町村長は、指定居宅サービス事業者による第七十四条第五項に規定する便宜の提供が円滑に行われるため必要があると認めるときは、当該指定居宅サービス事業者及び指定居宅介護支援事業者、他の指定居宅サービス事業者その他の関係者相互間の連絡調整又は当該指定居宅サービス事業者及び当該関係者に対する助言その他の援助を行うことができる。

2　厚生労働大臣は、同一の指定居宅サービス事業者について二以上の都道府県知事が前項の規定による連絡調整又は援助を行う場合において、当該指定居宅サービス事業者による第七十四条第五項に規

施行令

施行規則

（指定居宅サービス事業者の名称等の変更の届出等）

第百三十一条　指定居宅サービス事業者は、次の各号に掲げる指定居宅サービス事業者が行う居宅サービスの種類に応じ、当該各号に定める事項に変更があったときは、当該変更に係る事項について当該指定居宅サービス事業者の事業所の所在地を管轄する都道府県知事に届け出なければならない。

一　訪問介護　第百十四条第一項第一号、第二号及び第四号（当該指定に係る事業に関するものに限る。）から第七号までに掲げる事項

二　訪問入浴介護　第百十五条第一項第一号、第二号、第四号（当該指定に係る事業に関するものに限る。）から第八号まで及び第十一号に掲げる事項

三　訪問看護　第百十六条第一項第一号、第二号及び第四号（当該指定に係る事業に関するものに限る。）から第九号までに掲げる事項

四　訪問リハビリテーション　第百十七条第一項第一号、第二号及び第四号（当該指定に係る事業に関するものに限る。）から第九号までに掲げる事項

五　居宅療養管理指導　第百十八条第一項第一号、第二号及び第四号（当該指定に係る事業に関するものに限る。）から第九号までに掲げる事項

定する便宜の提供が円滑に行われるため必要があると認めるときは、当該都道府県知事相互間の連絡調整又は当該指定居宅サービス事業者に対する都道府県の区域を超えた広域的な見地からの助言その他の援助を行うことができる。

（平二〇法四二・追加、平二三法三七・一部改正）

（報告等）

第七十六条　都道府県知事又は市町村長は、居宅介護サービス費の支給に関して必要があると認めるときは、指定居宅サービス事業者若しくは指定居宅サービス事業者であった者若しくは当該指定に係る事業所の従業者であった者（以下この項において「指定居宅サービス事業者であった者等」という。）に対し、報告若しくは帳簿書類の提出若しくは提示を命じ、指定居宅サービス事業者若しくは当該指定に係る事業所の従業者若しくは指定居宅サービス事業者であった者等に対し出頭を求め、又は当該職員に関係者に対して質問させ、若しくは当該指定居宅サービス事業者の当該指定に係る事業所、事務所その他指定居宅サービスの事業に関係のある場所に立ち入り、その設備若しくは帳簿書類その他の物件を検査させることができる。

2　第二十四条第三項の規定は、前項の規定による質問又は検査について、同条第四項の規定は、前項の規定による権限について準用する。

（平一七法七七・平二〇法四二・一部改正）

（勧告、命令等）

第七十六条の二　都道府県知事は、指定居宅サービス事業者が、次の各号に掲げる場合に該当すると認めるときは、当該指定居宅サービス事業者に対し、期限を定めて、それぞれ当該各号に定める措置をとるべきことを勧告することができる。

一　第七十条第九項又は第十一項の規定により当該指定を行うに当たって付された条件に従わない場合　当該条件に従うこと。

二　当該指定に係る事業所の従業者の知識若しくは技能又は人員について第七十四条第一項の都道府県の条例で定める基準又は同項の都道府県の条例で定める員数を満たしていない場合　当該都道府県の条例で定める基準又は当該都道府県の条例で定める員数を満たすこと。

三　第七十四条第二項に規定する指定居宅サービスの事業の設備及び運営に関する基準に従って適正な指定居宅サービスの事業の運営をしていない場合　当該指定居宅サービスの事業の設備及び運

六　通所介護　第百十九条第一項第一号、第二号及び第四号（当該指定に係る事業に関するものに限る。）から第七号までに掲げる事項

七　通所リハビリテーション　第百二十条第一項第一号、第二号及び第四号（当該指定に係る事業に関するものに限る。）から第八号までに掲げる事項

八　短期入所生活介護　第百二十一条第一項第一号、第二号、第四号（当該指定に係る事業に関するものに限る。）から第九号まで及び第十二号に掲げる事項（第七号に掲げるものについては、特別養護老人ホームにおいて行うときに係るものに限る。）

九　短期入所療養介護　第百二十二条第一項第一号、第二号及び第四号（当該指定に係る事業に関するものに限る。）から第九号までに掲げる事項

十　特定施設入居者生活介護　第百二十三条第一項第一号、第二号、第四号（当該指定に係る事業に関するものに限る。）、第五号、第七号、第八号、第十二号及び第十四号に掲げる事項

十一　福祉用具貸与　第百二十四条第一項第一号、第二号及び第四号（当該指定に係る事業に関するものに限る。）から第九号までに掲げる事項

十二　特定福祉用具販売　第百二十五条第一項第一号、第二号及び第四号（当該指定に係る事業に関するものに限る。）から第八号までに掲げる事項

2　前項の届出であって、同項第六号から第十号までに掲げる居宅サービスの利用者の定員の増加に伴うものは、それぞれ当該居宅サービスに係る事業者の勤務の体制及び勤務形態を記載した書類を添付して行うものとする。

3　指定居宅サービス事業者は、休止した当該指定居宅サービスの事業を再開したときは、再開した年月日を当該指定居宅サービス事業者の事業所の所在地を管轄する都道府県知事に届け出なければならない。

4　指定居宅サービス事業者は、当該指定居宅サービスの事業を廃止し、又は休止しようとするときは、その廃止又は休止の日の一月前までに、次に掲げる事項を当該指定居宅サービス事業者の事業所の所在地を管轄する都道府県知事に届け出なければならない。

一　廃止し、又は休止しようとする年月日

二　廃止し、又は休止しようとする理由

三　現に指定居宅サービスを受けている者に対する措置

法律

営に関する基準に従って適正な指定居宅サービスの事業の運営をすること。

＊第七十四条第二項に規定する指定居宅サービスの事業の設備及び運営に関する基準＝〔省〕指定居宅サービス等の事業の人員、設備及び運営に関する基準（平一一厚令三七）

四　第七十四条第五項に規定する便宜の提供を適正に行っていない場合　当該便宜の提供を適正に行うこと。

2　都道府県知事は、前項の規定による勧告をした場合において、その勧告を受けた指定居宅サービス事業者が同項の期限内にこれに従わなかったときは、その旨を公表することができる。

3　都道府県知事は、第一項の規定による勧告を受けた指定居宅サービス事業者が、正当な理由がなくてその勧告に係る措置をとらなかったときは、当該指定居宅サービス事業者に対し、期限を定めて、その勧告に係る措置をとるべきことを命ずることができる。

4　都道府県知事は、前項の規定による命令をした場合においては、その旨を公示しなければならない。

5　市町村は、保険給付に係る指定居宅サービスを行った指定居宅サービス事業者について、第一項各号に掲げる場合のいずれかに該当すると認めるときは、その旨を当該指定に係る事業所の所在地の都道府県知事に通知しなければならない。

（平一七法七七・追加、平二〇法四二・平二三法三七・平二三法七二・平二九法五二・一部改正）

（指定の取消し等）

第七十七条　都道府県知事は、次の各号のいずれかに該当する場合においては、当該指定居宅サービス事業者に係る第四十一条第一項本文の指定を取り消し、又は期間を定めてその指定の全部若しくは一部の効力を停止することができる。

一　指定居宅サービス事業者が、第七十条第二項第四号から第五号の二まで、第十号（第五号の三に該当する者のあるものであるときを除く。）、第十号の二

施行令

施行規則

四　休止しようとする場合にあっては、休止の予定期間

5　第一項及び前二項の規定による届出は、厚生労働大臣が定める様式により行うものとする。

（平一二厚令二五・平一五厚労令二七・平一七厚労令一〇四・平一八厚労令三二・平二一厚労令五四・平三〇厚労令三〇・平三〇厚労令八〇（平三〇厚労令一一九）・令五厚労令四六・一部改正）

（第五号の三に該当する者のあるものであるときを除く。）、第十一号（第五号の三に該当する者であるときを除く。）又は第十二号（第五号の三に該当する者であるときを除く。）のいずれかに該当するに至ったとき。

二　指定居宅サービス事業者が、第七十条第九項又は第十一項の規定により当該指定を行うに当たって付された条件に違反したと認められるとき。

三　指定居宅サービス事業者が、当該指定に係る事業所の従業者の知識若しくは技能又は人員について、第七十四条第一項の都道府県の条例で定める基準又は同項の都道府県の条例で定める員数を満たすことができなくなったとき。

四　指定居宅サービス事業者が、第七十四条第二項に規定する指定居宅サービスの事業の設備及び運営に関する基準に従って適正な指定居宅サービスの事業の運営をすることができなくなったとき。

五　指定居宅サービス事業者が、第七十四条第六項に規定する義務に違反したと認められるとき。

六　居宅介護サービス費の請求に関し不正があったとき。

七　指定居宅サービス事業者が、第七十六条第一項の規定により報告又は帳簿書類の提出若しくは提示を命ぜられてこれに従わず、又は虚偽の報告をしたとき。

八　指定居宅サービス事業者又は当該指定に係る事業所の従業者が、第七十六条第一項の規定により出頭を求められてこれに応ぜず、同項の規定による質問に対して答弁せず、若しくは虚偽の答弁をし、又は同項の規定による検査を拒み、妨げ、若しくは忌避したとき。ただし、当該指定に係る事業所の従業者がその行為をした場合において、その行為を防止するため、当該指定居宅サービス事業者が相当の注意及び監督を尽くしたときを除く。

九　指定居宅サービス事業者が、不正の手段により第四十一条第一項本文の指定を受けたとき。

十　前各号に掲げる場合のほか、指定居宅サービス事

（指定の取消し等に係る法律）

法律

業者が、この法律その他国民の保健医療若しくは福祉に関する法律で政令で定めるもの又はこれらの法律に基づく命令若しくは処分に違反したとき。

十一　前各号に掲げる場合のほか、指定居宅サービス事業者が、居宅サービス等に関し不正又は著しく不当な行為をしたとき。

十二　指定居宅サービス事業者が法人である場合において、その役員等のうちに指定の取消し又は指定の全部若しくは一部の効力の停止をしようとするとき前五年以内に居宅サービス等に関し不正又は著しく不当な行為をした者があるとき。

十三　指定居宅サービス事業者が法人でない事業所である場合において、その管理者が指定の取消し又は指定の全部若しくは一部の効力の停止をしようとするとき前五年以内に居宅サービス等に関し不正又は著しく不当な行為をした者であるとき。

2　市町村は、保険給付に係る指定居宅サービスを行った指定居宅サービス事業者について、前項各号のいずれかに該当すると認めるときは、その旨を当該指定に係る事業所の所在地の都道府県知事に通知しなければならない。

（平一一法一六〇・平一七法七七・平一九法一一〇・平二〇法四二・平二三法三七・平二三法七二・平二九法五二・一部改正）

（公示）

第七十八条　都道府県知事は、次に掲げる場合には、当該指定居宅サービス事業者の名称又は氏名、当該指定に係る事業所の所在地その他の厚生労働省令で定める事項を公示しなければならない。

一　第四十一条第一項本文の指定をしたとき。

二　第七十五条第二項の規定による事業の廃止の届出があったとき。

三　前条第一項又は第百十五条の三十五第六項の規定により第四十一条第一項本文の指定を取り消し、又は指定の全部若しくは一部の効力を停止したとき。

施行令

第三十五条の五　法第七十七条第一項第十号、第七十八条の十第十二号、第八十四条第一項第十号、第九十二条第一項第十号、第百四条第一項第九号、第百十四条の六第一項第九号、第百十五条の九第一項第九号、第百十五条の十九第十一号、第百十五条の二十九第九号及び第百十五条の四十五の九第六号の政令で定める法律は、次のとおりとする。

一　健康保険法

二　児童福祉法（国家戦略特別区域法第十二条の五第八項において準用する場合を含む。）

三　栄養士法

四　医師法

五　歯科医師法

六　保健師助産師看護師法

七　歯科衛生士法

八　医療法

九　身体障害者福祉法

十　精神保健及び精神障害者福祉に関する法律

十一　生活保護法

十二　社会福祉法

十三　知的障害者福祉法（昭和三十五年法律第三十七号）

十四　医薬品、医療機器等の品質、有効性及び安全性の確保等に関する法律

十五　薬剤師法

十六　老人福祉法

十七　理学療法士及び作業療法士法

十八　高齢者の医療の確保に関する法律

十九　社会福祉士及び介護福祉士法

二十　義肢装具士法

二十一　精神保健福祉士法

二十二　言語聴覚士法

二十三　発達障害者支援法（平成十六年法律第百六十七号）

二十四　障害者の日常生活及び社会生活を総合的に支

施行規則

（法第七十八条の厚生労働省令で定める事項）

第百三十一条の二　法第七十八条の厚生労働省令で定める事項は、次に掲げる事項とする。

一　当該指定居宅サービス事業者の名称又は氏名

二　当該指定に係る事業所の名称及び所在地

三　指定をし、事業の廃止の届出の受理をし、又は指定を取り消した場合にあっては、その年月日

四　指定の全部又は一部の効力を停止した場合にあっては、その内容及びその期間

五　サービスの種類

（平二一厚労令五四・追加）

（平一一法一六〇・平一七法七七・平二〇法四二・一部改正）

第三節　指定地域密着型サービス事業者

（平一七法七七・追加）

（指定地域密着型サービス事業者の指定）

第七十八条の二　第四十二条の二第一項本文の指定は、厚生労働省令で定めるところにより、地域密着型サービス事業を行う者（地域密着型介護老人福祉施設入所者生活介護を行う事業にあっては、老人福祉法第二十条の五に規定する特別養護老人ホームのうち、その入所定員が二十九人以下であって市町村の条例で定める数であるものの開設者）の申請により、地域密着型サービスの種類及び当該地域密着型サービスの種類に係る地域密着型サービス事業を行う事業所（第七十八条の十三第一項及び第七十八条の十四第一項を除き、以下この節において「事業所」という。）ごとに行い、当該指定をする市町村長がその長である市町村が行う介護保険の被保険者（特定地域密着型サービスに

援するための法律

二十五　高齢者虐待の防止、高齢者の養護者に対する支援等に関する法律

二十六　就学前の子どもに関する教育、保育等の総合的な提供の推進に関する法律

二十七　子ども・子育て支援法

二十八　再生医療等の安全性の確保等に関する法律

二十九　国家戦略特別区域法（第十二条の五第七項の規定に限る。）

三十　難病の患者に対する医療等に関する法律

三十一　公認心理師法

三十二　民間あっせん機関による養子縁組のあっせんに係る児童の保護等に関する法律

三十三　臨床研究法

（平一八政一五四・追加、平二〇政一一六・平二一政一〇・平二三政三七五・一部改正、平二三政三七六・旧第三十五条の四繰下・一部改正、平二五政五・平二六政一六四・平二六政二六九・平二六政二七八・平二六政三五八・平二六政三〇〇（平二六政三五八）・平二七政一三八・平二七政三〇三・平二八政五六・平二九政二四六・平二九政二九〇・平三〇政四一・平三〇政五五・一部改正）

第三節　指定地域密着型サービス事業者

（平一八厚労令三二・追加）

（指定定期巡回・随時対応型訪問介護看護事業者に係る指定の申請等）

第百三十一条の二の二　法第七十八条の二第一項の規定に基づき定期巡回・随時対応型訪問介護看護に係る指定地域密着型サービス事業者の指定を受けようとする者は、次に掲げる事項を記載した申請書又は書類を、当該指定に係る事業所の所在地を管轄する市町村長（同項の規定に基づき指定を受けようとする地域密着型サービス事業を行う事業所の所在地の市町村以外の市町村（以下この条において「他の市町村」という。）の長から指定を受けようとする場合には、当該他の市町村の長。以下この節において同じ。）に提出しなければならない。ただし、法第七十八条の二第九項の規定により同条第四項第四号の規定が適用されな

法律

係る指定にあっては、当該市町村の区域内に所在する住所地特例対象施設に入所等をしている住所地特例適用要介護被保険者を含む。）に対する地域密着型介護サービス費及び特例地域密着型介護サービス費の支給について、その効力を有する。

2　市町村長は、第四十二条の二第一項本文の指定をしようとするときは、厚生労働省令で定めるところにより、あらかじめその旨を都道府県知事に届け出なければならない。

3　都道府県知事は、地域密着型特定施設入居者生活介護につき市町村長から前項の届出があった場合において、当該申請に係る事業所の所在地を含む区域（第百十八条第二項第一号の規定により当該都道府県が定める区域とする。）における介護専用型特定施設入居者生活介護の利用定員の総数及び地域密着型特定施設入居者生活介護の利用定員の総数の合計数が、同条第一項の規定により当該都道府県が定める都道府県介護保険事業支援計画において定めるその区域の介護専用型特定施設入居者生活介護の必要利用定員総数及び地域密着型特定施設入居者生活介護の必要利用定員総数の合計数に既に達しているか、又は当該申請に係る事業者の指定によってこれを超えることになると認めるとき、その他の当該都道府県介護保険事業支援計画の達成に支障を生ずるおそれがあると認めるときは、当該市町村長に対し、必要な助言又は勧告をすることができる。

4　市町村長は、第一項の申請があった場合において、次の各号（病院又は診療所により行われる複合型サービス（厚生労働省令で定めるものに限る。第六項において同じ。）に係る指定の申請にあっては、第六号の二、第六号の三、第十号及び第十二号を除く。）のいずれかに該当するときは、第四十二条の二第一項本文の指定をしてはならない。

一　申請者が市町村の条例で定める者でないとき。

二　当該申請に係る事業所の従業者の知識及び技能並びに人員が、第七十八条の四第一項の市町村の条例で定める基準若しくは同項の市町村の条例で定める員数又は同条第五項に規定する指定地域密着型サービスに従事する従業者に関する基準を満たしていないとき。

三　申請者が、第七十八条の四第二項又は第五項に規定する指定地域密着型サービスの事業の設備及び運営に関する基準に従って適正な地域密着型サービス事業の運営をすることができないと認め

施行令

施行規則

い場合であって、他の市町村の長から指定を受けようとする者について、第四号から第九号までに掲げる事項の記載を要しないと当該他の市町村の長が認めるときは、当該事項の記載を要しない。

一　事業所（当該事業所の所在地以外の場所に当該事業所の一部として使用される事務所を有するときは、当該事務所を含む。）の名称及び所在地

二　申請者の名称及び主たる事務所の所在地並びにその代表者の氏名、生年月日、住所及び職名

三　当該申請に係る事業の開始の予定年月日

四　申請者の登記事項証明書又は条例等

五　事業所の平面図及び設備の概要

六　事業所の管理者の氏名、生年月日及び住所

七　運営規程

八　利用者からの苦情を処理するために講ずる措置の概要

九　当該申請に係る事業に係る従業者の勤務の体制及び勤務形態

十　法第七十八条の二第四項各号（令第三十五条の六において読み替えられた法第七十条の二第四項において準用する場合を含む。）に該当しないことを誓約する書面（以下この節において「誓約書」という。）

十一　連携する訪問看護を行う事業所の名称及び所在地（当該申請に係るサービスが法第八条第十五項第二号に該当するときに限る。）

十二　その他指定に関し必要と認める事項

2　法第七十八条の十二において準用する法第七十条の二第一項の規定に基づき定期巡回・随時対応型訪問介護看護に係る指定地域密着型サービス事業者の指定の更新を受けようとする者は、前項各号（第三号及び第十号を除く。）に掲げる事項及び次に掲げる事項を記載した申請書又は書類を、当該指定に係る事業所の所在地を管轄する市町村長に提出しなければならない。

一　現に受けている指定の有効期間満了日

二　誓約書

3　前項の規定にかかわらず、市町村長は、当該申請に係る事業者が既に当該市町村長に提出している第一項第四号から第九号までに掲げる事項に変更がないときは、これらの事項に係る申請書の記載又は書類の提出を省略させることができる。

られるとき。
四　当該申請に係る事業所が当該市町村の区域の外にある場合であって、その所在地の市町村長（以下この条において「所在地市町村長」という。）の同意を得ていないとき。
四の二　申請者が、禁錮以上の刑に処せられ、その執行を終わり、又は執行を受けることがなくなるまでの者であるとき。
五　申請者が、この法律その他国民の保健医療若しくは福祉に関する法律で政令で定めるものの規定により罰金の刑に処せられ、その執行を終わり、又は執行を受けることがなくなるまでの者であるとき。
五の二　申請者が、労働に関する法律の規定であって政令で定めるものにより罰金の刑に処せられ、その執行を終わり、又は執行を受けることがなくなるまでの者であるとき。
五の三　申請者が、保険料等について、当該申請をした日の前日までに、納付義務を定めた法律の規定に基づく滞納処分を受け、かつ、当該処分を受けた日から正当な理由なく三月以上の期間にわたり、当該処分を受けた日以降に納期限の到来した保険料等の全てを引き続き滞納している者であるとき。

4　第一項及び第二項に規定する申請書は、厚生労働大臣が定める様式によるものとする。

（平二四厚労令三〇・追加、平三〇厚労令八〇・令五厚労令四六・一部改正）

（指定夜間対応型訪問介護事業者に係る指定の申請等）
第百三十一条の三　法第七十八条の二第一項の規定に基づき夜間対応型訪問介護に係る指定地域密着型サービス事業者の指定を受けようとする者は、次に掲げる事項を記載した申請書又は書類を、当該指定に係る事業所の所在地を管轄する市町村長に提出しなければならない。ただし、同条第九項の規定により同条第四項第四号の規定が適用されない場合であって、他の市町村の長から指定を受けようとする者について、第四号から第九号までに掲げる事項の記載を要しないと当該他の市町村の長が認めるときは、当該事項の記載を要しない。
一　事業所（当該事業所の所在地以外の場所に当該事業所の一部として使用される事務所を有するときは、当該事務所を含む。）の名称及び所在地
二　申請者の名称及び主たる事務所の所在地並びにその代表者の氏名、生年月日、住所及び職名
三　当該申請に係る事業の開始の予定年月日
四　申請者の登記事項証明書又は条例等
五　事業所の平面図及び設備の概要
六　事業所の管理者の氏名、生年月日及び住所
七　運営規程
八　利用者からの苦情を処理するために講ずる措置の概要
九　当該申請に係る事業に係る従業者の勤務の体制及び勤務形態
十　誓約書
十一　その他指定に関し必要と認める事項
2　法第七十八条の十二において準用する法第七十条の二第一項の規定に基づき夜間対応型訪問介護に係る指定地域密着型サービス事業者の指定の更新を受けようとする者は、前項各号（第三号及び第十号を除く。）に掲げる事項及び次に掲げる事項を記載した申請書又は書類を、当該指定に係る事業所の所在地を管轄する市町村長に提出しなければならない。
一　現に受けている指定の有効期間満了日
二　誓約書
3　前項の規定にかかわらず、市町村長は、当該申請に係る事業者が既に当該市町村長に提出している第一項第四号から第九号までに掲

法律

施行令

施行規則

げる事項に変更がないときは、これらの事項に係る申請書の記載又は書類の提出を省略させることができる。

4　第一項及び第二項に規定する申請書は、厚生労働大臣が定める様式によるものとする。

（平一八厚労令三二・追加、平一八厚労令一〇六・一部改正、平二一厚労令五四・旧第百三十一条の二繰下・一部改正、平二四厚労令一一・平二四厚労令三〇・平三〇厚労令八〇・令五厚労令四六・一部改正）

（指定地域密着型通所介護事業者に係る指定の申請等）

第百三十一条の三の二　法第七十八条の二第一項の規定に基づき地域密着型通所介護に係る指定地域密着型サービス事業者の指定を受けようとする者は、次に掲げる事項を記載した申請書又は書類を、当該指定に係る事業所の所在地を管轄する市町村長に提出しなければならない。ただし、同条第九項の規定により同条第四項第四号の規定が適用されない場合であって、他の市町村の長から指定を受けようとする者について、第四号から第九号までに掲げる事項の記載を要しないと当該他の市町村の長が認めるときは、当該事項の記載を要しない。

一　事業所（当該事業所の所在地以外の場所に当該申請に係る事業の一部を行う施設を有するときは、当該施設を含む。）の名称及び所在地

二　申請者の名称及び主たる事務所の所在地並びにその代表者の氏名、生年月日、住所及び職名

三　当該申請に係る事業の開始の予定年月日

四　申請者の登記事項証明書又は条例等

五　事業所（当該事業所の所在地以外の場所に当該申請に係る事業の一部を行う施設を有するときは、当該施設を含む。）の平面図（各室の用途を明示するものとする。）及び設備の概要

六　事業所の管理者の氏名、生年月日及び住所

七　運営規程

八　利用者からの苦情を処理するために講ずる措置の概要

九　当該申請に係る事業に係る従業者の勤務の体制及び勤務形態

十　誓約書

十一　その他指定に関し必要と認める事項

2　前項の規定にかかわらず、市町村長は、当該指定を受けようとする者が法第百十五条の四十五の五第一項の規定に基づき法第百十五

条の四十五第一項第一号ロに規定する第一号通所事業（以下「第一号通所事業」という。）に係る指定事業者（法第百十五条の四十五の三第一項に規定する指定事業者をいう。以下同じ。）の指定を受けている場合において、既に当該市町村長に提出している前項第四号から第九号までに掲げる事項に変更がないときは、これらの事項に係る申請書の記載又は書類の提出を省略させることができる。

3　法第七十八条の十二において準用する法第七十条の二第一項の規定に基づき地域密着型通所介護に係る指定地域密着型サービス事業者の指定の更新を受けようとする者は、第一項各号に規定する事項（第三号及び第十号を除く。）に掲げる事項及び次に掲げる事項を記載した申請書又は書類を、当該指定に係る事業所の所在地を管轄する市町村長に提出しなければならない。

一　現に受けている指定の有効期間満了日

二　誓約書

4　前項の規定にかかわらず、市町村長は、当該申請に係る事業者が既に当該市町村長に提出している第一項第四号から第九号までに掲げる事項に変更がないときは、これらの事項に係る申請書の記載又は書類の提出を省略させることができる。

5　第一項及び第三項の規定にかかわらず、市町村長は、当該指定又は当該指定の更新を受けようとする者が児童福祉法第二十一条の五の十五第一項の規定に基づき第百三十一条の七に定める種類の障害児通所支援に係る指定障害児通所支援事業者の指定を受けている場合又は障害者の日常生活及び社会生活を総合的に支援するための法律第三十六条第一項の規定に基づき第百三十一条の十一の八に定める種類の障害福祉サービスに係る指定障害福祉サービス事業者の指定を受けている場合において、次の各号に掲げる規定に掲げる事項に係る申請書又は書類を既に当該指定に係る事業所の所在地を管轄する都道府県知事に提出しているときは、当該各号に定める規定に掲げる事項に係る申請書の記載又は書類の提出は、これらの指定に係る申請の書類の写しを提出することにより行わせることができる。ただし、当該指定又は当該指定の更新に係る事業所が地方自治法（昭和二十二年法律第六十七号）第二百五十二条の十九第一項の指定都市（以下「指定都市」という。）又は同法第二百五十二条の二十二第一項の中核市（以下「中核市」という。）の区域内に所在する場合において、当該指定又は当該指定の更新を受けようとする者が次の各号に掲げる規定に掲げる事項に係る申請書又は書類を既に当該指定都市の市長又は当該中核市の市長に提出していると

法律

施行令

施行規則

きは、当該指定都市の市長又は当該中核市の市長は、当該申請書の記載又は書類の提出を省略させることができる。

一　児童福祉法施行規則第十八条の二十七第一項第四号若しくは第十八条の二十九第一項第四号又は障害者総合支援法施行規則第三十四条の九第一項第四号、第三十四条の十四第一項第四号若しくは第三十四条の十五第一項第四号　第一項第四号

二　児童福祉法施行規則第十八条の二十七第一項第五号若しくは第十八条の二十九第一項第五号又は障害者総合支援法施行規則第三十四条の九第一項第五号、第三十四条の十四第一項第五号若しくは第三十四条の十五第一項第五号　第一項第五号

三　児童福祉法施行規則第十八条の二十七第一項第七号若しくは第十八条の二十九第一項第七号又は障害者総合支援法施行規則第三十四条の九第一項第七号、第三十四条の十四第一項第七号若しくは第三十四条の十五第一項第七号　第一項第六号

四　児童福祉法施行規則第十八条の二十七第一項第九号若しくは第十八条の二十九第一項第九号又は障害者総合支援法施行規則第三十四条の九第一項第九号、第三十四条の十四第一項第九号若しくは第三十四条の十五第一項第九号　第一項第八号

6　第一項及び第三項に規定する申請書は、厚生労働大臣が定める様式によるものとする。

（平二八厚労令五三・追加、平三〇厚労令三〇・平三〇厚労令八〇・平三一厚労令六〇・令三厚労令四三・令五厚労令四六・一部改正）

（指定認知症対応型通所介護事業者に係る指定の申請等）

第百三十一条の四　法第七十八条の二第一項の規定に基づき認知症対応型通所介護に係る指定地域密着型サービス事業者の指定を受けようとする者は、次に掲げる事項を記載した申請書又は書類を、当該指定に係る事業所の所在地を管轄する市町村長に提出しなければならない。ただし、同条第九項の規定により同条第四項第四号の規定が適用されない場合であって、他の市町村の長から指定を受けようとする者について、第四号から第九号までに掲げる事項の記載を要しないと当該他の市町村の長が認めるときは、当該事項の記載を要しない。

一　事業所（当該事業所の所在地以外の場所に当該申請に係る事業の一部を行う施設を有するときは、当該施設を含む。）の名称及び所在地

二　申請者の名称及び主たる事務所の所在地並びにその代表者の氏名、生年月日、住所及び職名
三　当該申請に係る事業の開始の予定年月日
四　申請者の登記事項証明書又は条例等
五　事業所（当該事業所の所在地以外の場所に当該申請に係る事業の一部を行う施設を有するときは、当該施設を含む。）の平面図（各室の用途を明示するものとする。）及び設備の概要
六　事業所の管理者の氏名、生年月日、住所及び経歴
七　運営規程
八　利用者からの苦情を処理するために講ずる措置の概要
九　当該申請に係る事業に係る従業者の勤務の体制及び勤務形態
十　誓約書
十一　その他指定に関し必要と認める事項

2　前項の規定にかかわらず、市町村長は、当該指定を受けようとする者が法第百十五条の十二第一項の規定に基づき介護予防認知症対応型通所介護に係る指定地域密着型介護予防サービス事業者の指定を受けている場合において、既に当該市町村長に提出している前項第四号から第九号までに掲げる事項に変更がないときは、これらの事項に係る申請書の記載又は書類の提出を省略させることができる。

3　法第七十八条の十二において準用する法第七十条の二第一項の規定に基づき認知症対応型通所介護に係る指定地域密着型サービス事業者の指定の更新を受けようとする者は、前項各号に規定する事項（第三号及び第十号を除く。）に掲げる事項及び次に掲げる事項を記載した申請書又は書類を、当該指定に係る事業所の所在地を管轄する市町村長に提出しなければならない。
一　現に受けている指定の有効期間満了日
二　誓約書

4　前項の規定にかかわらず、市町村長は、当該申請に係る事業者が既に当該市町村長に提出している第一項第四号から第九号までに掲げる事項に変更がないときは、これらの事項に係る申請書の記載又は書類の提出を省略させることができる。

5　第一項及び第三項に規定する申請書は、厚生労働大臣が定める様式によるものとする。

（平一八厚労令三二・追加、平二一厚労令五四・旧第百三十一条の三繰下・一部改正、平二四厚労令一一・平三〇厚労令八〇・令五厚労令四六・一部改正）

（指定小規模多機能型居宅介護事業者に係る指定の申請等）

法律

施行令

施行規則

第百三十一条の五　法第七十八条の二第一項の規定に基づき小規模多機能型居宅介護に係る指定地域密着型サービス事業者の指定を受けようとする者は、次に掲げる事項を記載した申請書又は書類を、当該指定に係る事業所の所在地を管轄する市町村長に提出しなければならない。ただし、同条第九項の規定により同条第四項第四号の規定が適用されない場合であって、他の市町村の長から指定を受けようとする者について、第四号から第十二号までに掲げる事項の記載を要しないと当該他の市町村の長が認めるときは、当該事項の記載を要しない。

一　事業所（当該事業所の所在地以外の場所に当該申請に係る事業の一部を行う拠点を有するときは、当該拠点を含む。）の名称及び所在地

二　申請者の名称及び主たる事務所の所在地並びにその代表者の氏名、生年月日、住所及び職名

三　当該申請に係る事業の開始の予定年月日

四　申請者の登記事項証明書又は条例等

五　建物の構造概要及び平面図（各室の用途を明示するものとする。）並びに設備の概要

六　利用者の推定数

七　事業所の管理者の氏名、生年月日、住所及び経歴

八　運営規程

九　利用者からの苦情を処理するために講ずる措置の概要

十　当該申請に係る事業に係る従業者の勤務の体制及び勤務形態

十一　指定地域密着型サービス基準第八十三条第一項に規定する協力医療機関の名称及び診療科名並びに当該協力医療機関との契約の内容（同条第二項に規定する協力歯科医療機関があるときは、その名称及び当該協力歯科医療機関との契約の内容を含む。）

十二　指定地域密着型サービス基準第八十三条第三項に規定する介護老人福祉施設、介護老人保健施設、介護医療院、病院等との連携体制及び支援の体制の概要

十三　誓約書

十四　介護支援専門員の氏名及びその登録番号

十五　その他指定に関し必要と認める事項

2　前項の規定にかかわらず、市町村長は、当該指定を受けようとする者が法第百十五条の十二第一項の規定に基づき介護予防小規模多

機能型居宅介護に係る指定地域密着型介護予防サービス事業者の指定を受けている場合において、既に当該市町村長に提出している前項第四号から第十二号までに掲げる事項に変更がないときは、これらの事項に係る申請書の記載又は書類の提出を省略させることができる。

3　法第七十八条の十二において準用する法第七十条の二第一項の規定に基づき小規模多機能型居宅介護に係る指定地域密着型サービス事業者の指定の更新を受けようとする者は、前項各号に規定する事項（第三号及び第十三号を除く。）に掲げる事項及び次に掲げる事項を記載した申請書又は書類を、当該指定に係る事業所の所在地を管轄する市町村長に提出しなければならない。

一　現に受けている指定の有効期間満了日

二　誓約書

4　前項の規定にかかわらず、市町村長は、当該申請に係る事業者が既に当該市町村長に提出している第一項第四号から第十二号までに掲げる事項に変更がないときは、これらの事項に係る申請書の記載又は書類の提出を省略させることができる。

5　第一項及び第三項に規定する申請書は、厚生労働大臣が定める様式によるものとする。

（平一八厚労令三二・追加、平二一厚労令五四・旧第百三十一条の四繰下・一部改正、平二四厚労令一一・平三〇厚労令三〇・平三〇厚労令八〇（平三〇厚労令一一九）・令五厚労令四六・一部改正）

（指定認知症対応型共同生活介護事業者に係る指定の申請等）

第百三十一条の六　法第七十八条の二第一項の規定に基づき認知症対応型共同生活介護に係る指定地域密着型サービス事業者の指定を受けようとする者は、次に掲げる事項を記載した申請書又は書類を、当該指定に係る事業所の所在地を管轄する市町村長に提出しなければならない。ただし、同条第九項の規定により同条第四項第四号の規定が適用されない場合であって、他の市町村の長から指定を受けようとする者について、第四号から第十二号までに掲げる事項の記載を要しないと当該他の市町村の長が認めるときは、当該事項の記載を要しない。

一　事業所の名称及び所在地

二　申請者の名称及び主たる事務所の所在地並びにその代表者の氏名、生年月日、住所及び職名

三　当該申請に係る事業の開始の予定年月日

四　申請者の登記事項証明書又は条例等

法律

施行令

施行規則

五　建物の構造概要及び平面図（各室の用途を明示するものとする。）並びに設備の概要
六　利用者の推定数
七　事業所の管理者の氏名、生年月日、住所及び経歴
八　運営規程
九　利用者からの苦情を処理するために講ずる措置の概要
十　当該申請に係る事業に係る従業者の勤務の体制及び勤務形態
十一　指定地域密着型サービス基準第百五条第一項に規定する協力医療機関の名称及び診療科名並びに当該協力医療機関との契約の内容（同条第七項に規定する協力歯科医療機関があるときは、その名称及び当該協力歯科医療機関との契約の内容を含む。）
十二　指定地域密着型サービス基準第百五条第八項に規定する介護老人福祉施設、介護老人保健施設、介護医療院、病院等との連携体制及び支援の体制の概要
十三　誓約書
十四　介護支援専門員の氏名及びその登録番号
十五　その他指定に関し必要と認める事項

2　前項の規定にかかわらず、市町村長は、当該指定を受けようとする者が法第百十五条の十二第一項の規定に基づき介護予防認知症対応型共同生活介護に係る指定地域密着型介護予防サービス事業者の指定を受けている場合において、既に当該市町村長に提出している前項第四号から第十二号までに掲げる事項に変更がないときは、これらの事項に係る申請書の記載又は書類の提出を省略させることができる。

3　法第七十八条の十二において準用する法第七十条の二第一項の規定に基づき認知症対応型共同生活介護に係る指定地域密着型サービス事業者の指定の更新を受けようとする者は、前項各号（第三号及び第十三号を除く。）に掲げる事項及び次に掲げる事項を記載した申請書又は書類を、当該指定に係る事業所の所在地を管轄する市町村長に提出しなければならない。
一　現に受けている指定の有効期間満了日
二　誓約書

4　前項の規定にかかわらず、市町村長は、当該申請に係る事業者が既に当該市町村長に提出している第一項第四号から第十二号までに掲げる事項に変更がないときは、これらの事項に係る申請書の記載

又は書類の提出を省略させることができる。

5　第一項及び第三項に規定する申請書は、厚生労働大臣が定める様式によるものとする。

（平一八厚労令三二・追加、平二一厚労令五四・旧第百三十一条の五繰下・一部改正、平二四厚労令一一・平三〇厚労令三〇・平三〇厚労令八〇（平三〇厚労令一一九）・令五厚労令四六・令六厚労令一六・一部改正）

（指定地域密着型特定施設入居者生活介護事業者に係る指定の申請等）

第百三十一条の七　法第七十八条の二第一項の規定に基づき地域密着型特定施設入居者生活介護に係る指定地域密着型サービス事業者の指定を受けようとする者は、次に掲げる事項を記載した申請書又は書類を、当該指定に係る事業所の所在地を管轄する市町村長に提出しなければならない。ただし、同条第九項の規定により同条第四項第四号の規定が適用されない場合であって、他の市町村の長から指定を受けようとする者について、第四号から第十一号までに掲げる事項の記載を要しないと当該他の市町村の長が認めるときは、当該事項の記載を要しない。

一　事業所の名称及び所在地

二　申請者の名称及び主たる事務所の所在地並びにその代表者の氏名、生年月日、住所及び職名

三　当該申請に係る事業の開始の予定年月日

四　申請者の登記事項証明書又は条例等

五　建物の構造概要及び平面図（各室の用途を明示するものとする。）並びに設備の概要

六　利用者の推定数

七　事業所の管理者の氏名、生年月日及び住所

八　運営規程

九　利用者からの苦情を処理するために講ずる措置の概要

十　当該申請に係る事業に係る従業者の勤務の体制及び勤務形態

十一　指定地域密着型サービス基準第百二十七条第一項に規定する協力医療機関の名称及び診療科名並びに当該協力医療機関との契約の内容（同条第七項に規定する協力歯科医療機関があるときは、その名称及び当該協力歯科医療機関との契約の内容を含む。）

十二　誓約書

十三　介護支援専門員の氏名及びその登録番号

十四　その他指定に関し必要と認める事項

2　法第七十八条の十二において準用する法第七十条の二第一項の規

法律

施行令

施行規則

定に基づき地域密着型特定施設入居者生活介護に係る指定地域密着型サービス事業者の指定の更新を受けようとする者は、前項各号（第三号及び第十二号を除く。）に掲げる事項及び次に掲げる事項を記載した申請書又は書類を、当該指定に係る事業所の所在地を管轄する市町村長に提出しなければならない。

一　現に受けている指定の有効期間満了日

二　誓約書

3　前項の規定にかかわらず、市町村長は、当該申請に係る事業者が既に当該市町村長に提出している第一項第四号から第十一号までに掲げる事項に変更がないときは、これらの事項に係る申請書の記載又は書類の提出を省略させることができる。

4　第一項及び第二項に規定する申請書は、厚生労働大臣が定める様式によるものとする。

（平一八厚労令三二・追加、平二一厚労令五四・旧第百三十一条の六繰下・一部改正、平二四厚労令一一・平三〇厚労令八〇（平三〇厚労令一一九）・令五厚労令四六・令六厚労令一六・一部改正）

（指定地域密着型介護老人福祉施設入所者生活介護に係る指定の申請等）

第百三十一条の八　法第七十八条の二第一項の規定に基づき地域密着型介護老人福祉施設入所者生活介護に係る指定地域密着型サービス事業者の指定を受けようとする者は、次に掲げる事項を記載した申請書又は書類を、当該指定に係る施設の開設の場所を管轄する市町村長に提出しなければならない。ただし、同条第九項の規定により同条第四項第四号の規定が適用されない場合であって、他の市町村の長から指定を受けようとする者について、第四号から第十四号までに掲げる事項の記載を要しないと当該他の市町村の長が認めるときは、当該事項の記載を要しない。

一　施設の名称及び開設の場所

二　開設者の名称及び主たる事務所の所在地並びにその代表者の氏名、生年月日、住所及び職名

三　当該申請に係る事業の開始の予定年月日

四　開設者の登記事項証明書又は条例等

五　特別養護老人ホームの認可証等の写し

六　指定地域密着型サービス基準第百三十一条第四項に規定する本体施設がある場合にあっては、当該本体施設の概要並びに施設と

当該本体施設との間の移動の経路及び方法並びにその移動に要する時間

七　併設する施設がある場合にあっては、当該併設する施設の概要

八　建物の構造概要及び平面図（各室の用途を明示するものとする。）並びに設備の概要

九　入所者の推定数

十　施設の管理者の氏名、生年月日及び住所

十一　運営規程

十二　入所者からの苦情を処理するために講ずる措置の概要

十三　当該申請に係る事業に係る従業者の勤務の体制及び勤務形態

十四　指定地域密着型サービス基準第百五十二条第一項（指定地域密着型サービス基準第百六十八条において準用する場合を含む。）に規定する協力医療機関の名称及び診療科名並びに当該協力医療機関との契約の内容（指定地域密着型サービス基準第百五十二条第六項（指定地域密着型サービス基準第百六十九条において準用する場合を含む。）に規定する協力歯科医療機関があるときは、その名称及び当該協力歯科医療機関との契約の内容を含む。）

十五　誓約書

十六　介護支援専門員の氏名及びその登録番号

十七　その他指定に関し必要と認める事項

2　法第七十八条の十二において準用する法第七十条の二第一項の規定に基づき地域密着型介護老人福祉施設入所者生活介護に係る指定地域密着型サービス事業者の指定の更新を受けようとする者は、前項各号（第三号及び第十五号を除く。）に掲げる事項及び次に掲げる事項を記載した申請書又は書類を、当該指定に係る事業所の所在地を管轄する市町村長に提出しなければならない。

一　現に受けている指定の有効期間満了日

二　誓約書

3　前項の規定にかかわらず、市町村長は、当該申請に係る事業者が既に当該市町村長に提出している第一項第四号から第十四号までに掲げる事項に変更がないときは、これらの事項に係る申請書の記載又は書類の提出を省略させることができる。

4　第一項及び第二項に規定する申請書は、厚生労働大臣が定める様式によるものとする。

（平一八厚労令三二・追加、平二一厚労令五四・旧第百三十一条の七繰下・一部改正、平二三厚労令一〇六・平二四厚労令一一・平三〇厚労令八〇（平三〇厚労

法律

施行令

施行規則

令一一九）・令五厚労令四六・令六厚労令一六・一部改正）

（指定複合型サービス事業者に係る指定の申請等）

第百三十一条の八の二　法第七十八条の二第一項の規定に基づき複合型サービスに係る指定地域密着型サービス事業者の指定を受けようとする者は、次に掲げる事項を記載した申請書又は書類を、当該指定に係る事業所の所在地を管轄する市町村長に提出しなければならない。ただし、同条第九項の規定により同条第四項第四号の規定が適用されない場合であって、他の市町村の長から指定を受けようとする者について、第四号から第十三号までに掲げる事項の記載を要しないと当該他の市町村の長が認めるときは、当該事項の記載を要しない。

一　事業所（当該事業所の所在地以外の場所に当該申請に係る事業の一部を行う拠点を有するときは、当該拠点を含む。）の名称及び所在地

二　申請者の名称及び主たる事務所の所在地並びにその代表者の氏名、生年月日、住所及び職名（当該申請に係る事業所が法人以外の者の開設する診療所であるときは、開設者の氏名、生年月日、住所及び職名）

三　当該申請に係る事業の開始の予定年月日

四　申請者の登記事項証明書又は条例等（当該申請に係る事業所が法人以外の者の開設する診療所であるときを除く。）

五　事業所が病院若しくは診療所又はその他の事業所のいずれかの別

六　建物の構造概要及び平面図（各室の用途を明示するものとする。）並びに設備の概要

七　利用者の推定数

八　事業所の管理者の氏名、生年月日、住所及び経歴

九　運営規程

十　利用者からの苦情を処理するために講ずる措置の概要

十一　当該申請に係る事業に係る従業者の勤務の体制及び勤務形態

十二　指定地域密着型サービス基準第百八十二条において準用する第八十三条第一項に規定する協力医療機関の名称及び診療科名並びに当該協力医療機関との契約の内容（同条第二項に規定する協力歯科医療機関があるときは、その名称及び当該協力歯科医療機関との契約の内容を含む。）

十三　指定地域密着型サービス基準第百八十二条において準用する第八十三条第三項に規定する介護老人福祉施設、介護老人保健施設、介護医療院、病院等との連携体制及び支援の体制の概要

十四　誓約書

十五　介護支援専門員の氏名及びその登録番号

十六　その他指定に関し必要と認める事項

2　法第七十八条の十二において準用する法第七十条の二第一項の規定に基づき複合型サービスに係る指定地域密着型サービス事業者の指定の更新を受けようとする者は、前項各号に規定する事項（第三号及び第十四号を除く。）に掲げる事項及び次に掲げる事項を記載した申請書又は書類を、当該指定に係る事業所の所在地を管轄する市町村長に提出しなければならない。

一　現に受けている指定の有効期間満了日

二　誓約書

3　前項の規定にかかわらず、市町村長は、当該申請に係る事業者が既に当該市町村長に提出している第一項第四号から第十三号までに掲げる事項に変更がないときは、これらの事項に係る申請書の記載又は書類の提出を省略させることができる。

4　第一項及び第二項に規定する申請書は、厚生労働大臣が定める様式によるものとする。

（平二四厚労令三〇・追加、平三〇厚労令三〇・平三〇厚労令八〇（平三〇厚労令一一九）・令五厚労令四六・一部改正）

（指定地域密着型サービス事業者の指定の届出）

第百三十一条の九　市町村長は、法第四十二条の二第一項本文の指定をしようとするときは、次の各号に掲げる当該指定の申請に係る地域密着型サービスの種類に応じ、当該各号に定める事項を当該市町村の属する都道府県の知事に届け出なければならない。

一　定期巡回・随時対応型訪問介護看護　第百三十一条の二の二第一項第一号から第三号までに掲げる事項

二　夜間対応型訪問介護　第百三十一条の三第一項第一号から第三号までに掲げる事項

三　地域密着型通所介護　第百三十一条の三の二第一項第一号から第三号までに掲げる事項及び利用定員

四　認知症対応型通所介護　第百三十一条の四第一項第一号から第三号までに掲げる事項及び利用定員

五　小規模多機能型居宅介護　第百三十一条の五第一項第一号から第三号までに掲げる事項及び登録定員

法律

六　申請者（認知症対応型共同生活介護、地域密着型特定施設入居者生活介護又は地域密着型介護老人福祉施設入所者生活介護に係る指定の申請者を除く。）が、第七十八条の十（第二号から第五号までを除く。）の規定により指定（認知症対応型共同生活介護、地域密着型特定施設入居者生活介護又は地域密着型介護老人福祉施設入所者生活介護に係る指定を除く。）を取り消され、その取消しの日から起算して五年を経過しない者（当該指定を取り消された者が法人である場合においては、当該取消しの処分に係る行政手続法第十五条の規定による通知があった日前六十日以内に当該法人の役員等であった者で当該取消しの日から起算して五年を経過しないものを含み、当該指定を取り消された者が法人でない事業所である場合においては、当該通知があった日前六十日以内に当該事業所の管理者であった者で当該取消しの日から起算して五年を経過しないものを含む。）であるとき。ただし、当該指定の取消しが、指定地域密着型サービス事業者の指定の取消しのうち当該指定の取消しの処分の理由となった事実及び当該事実の発生を防止するための当該指定地域密着型サービス事業者による業務管理体制の整備についての取組の状況その他の当該事実に関して当該指定地域密着型サービス事業者が有していた責任の程度を考慮して、この号本文に規定する指定の取消しに該当しないこととすることが相当であると認められるものとして厚生労働省令で定めるものに該当する場合を除く。

六の二　申請者（認知症対応型共同生活介護、地域密着型特定施設入居者生活介護又は地域密着型介護老人福祉施設入所者生活介護に係る指定の申請者に限る。）が、第七十八条の十（第二号から

施行令

施行規則

六　認知症対応型共同生活介護　第百三十一条の六第一項第一号から第三号までに掲げる事項及び利用定員

七　地域密着型特定施設入居者生活介護　第百三十一条の七第一項第一号から第三号までに掲げる事項及び入居定員

八　地域密着型介護老人福祉施設入所者生活介護　第百三十一条の八第一項第一号から第三号までに掲げる事項及び入所定員

九　複合型サービス　前条第一項第一号から第三号までに掲げる事項及び登録定員

（平一八厚労令三二・追加、平二一厚労令五四・旧第百三十一条の八繰下・一部改正、平二四厚労令三〇・平二八厚労令五三・平三〇厚労令三〇・一部改正）

（法第七十八条の二第四項第六号の厚生労働省令で定める同号本文に規定する指定の取消しに該当しないこととすることが相当であると認められる場合等）

第百三十一条の十　法第七十八条の二第四項第六号（法第七十八条の十四第三項において同号を準用する場合を含む。）の厚生労働省令で定める同号本文に規定する指定の取消しに該当しないこととすることが相当であると認められる場合は、厚生労働大臣、都道府県知事又は市町村長が法第百十五条の三十三第一項その他の規定による報告等の権限を適切に行使し、当該指定の取消しの処分の理由となった事実及び当該事実の発生を防止するための当該指定地域密着型サービス事業者による業務管理体制の整備についての取組の状況その他の当該事実に関して当該指定地域密着型サービス事業者が有していた責任の程度を確認した結果、当該指定地域密着型サービス事業者が当該指定取消しの理由となった事実について組織的に関与していると認められない場合とする。

2　前項の規定は、法第七十八条の二第四項第六号の二の厚生労働省令で定める同号本文に規定する指定の取消しに該当しないこととすることが相当であると認められる場合及び同項第六号の三の厚生労働省令で定める同号本文に規定する指定の取消しに該当しないこととすることが相当であると認められる場合について準用する。

（平二一厚労令五四・追加、平二四厚労令一一・一部改正）

第五号までを除く。）の規定により指定（認知症対応型共同生活介護、地域密着型特定施設入居者生活介護又は地域密着型介護老人福祉施設入所者生活介護に係る指定に限る。）を取り消され、その取消しの日から起算して五年を経過しない者（当該指定を取り消された者が法人である場合においては、当該取消しの処分に係る行政手続法第十五条の規定による通知があった日前六十日以内に当該法人の役員等であった者で当該取消しの日から起算して五年を経過しないものを含み、当該指定を取り消された者が法人でない事業所である場合においては、当該通知があった日前六十日以内に当該事業所の管理者であった者で当該取消しの日から起算して五年を経過しないものを含む。）であるとき。ただし、当該指定の取消しが、指定地域密着型サービス事業者の指定の取消しのうち当該指定の取消しの処分の理由となった事実及び当該事実の発生を防止するための当該指定地域密着型サービス事業者による業務管理体制の整備についての取組の状況その他の当該事実に関して当該指定地域密着型サービス事業者が有していた責任の程度を考慮して、この号本文に規定する指定の取消しに該当しないこととすることが相当であると認められるものとして厚生労働省令で定めるものに該当する場合を除く。

六の三　申請者と密接な関係を有する者（地域密着型介護老人福祉施設入所者生活介護に係る指定の申請者と密接な関係を有する者を除く。）が、第七十八条の十（第二号から第五号までを除く。）の規定により指定を取り消され、その取消しの日から起算して五年を経過していないとき。ただし、当該指定の取消しが、指定地域密着型サービス事業者の指定の取消しのうち当該指定の取消しの処分の理由となった事実及び当該事実の発生を防止するための当該指定地域密着型サービス事業者による業務管理体制の整備についての取組の状況その他の当該事実に関して当該指定地域密着型サービス事業者が有していた責任の程度を考慮して、この号本文に規定する指定の取消しに該当しないこととすることが相当であると認められるものとして厚生労働省令で定めるものに該当する場合を除く。

七　申請者が、第七十八条の十（第二号から第五号までを除く。）の規定による指定の取消しの処分に係る行政手続法第十五条の規定による通知があった日から当該処分をする日又は処分をしないことを決定する日までの間に第七十八条の五第二項の規定による事業の廃止の届出をした者（当該事業の廃止について相当の理由

法律

がある者を除く。）又は第七十八条の八の規定による指定の辞退をした者（当該指定の辞退について相当の理由がある者を除く。）で、当該届出又は指定の辞退の日から起算して五年を経過しないものであるとき。

七の二　前号に規定する期間内に第七十八条の五第二項の規定による事業の廃止の届出又は第七十八条の八の規定による指定の辞退があった場合において、申請者が、同号の通知の日前六十日以内に当該届出に係る法人（当該事業の廃止について相当の理由がある法人を除く。）の役員等若しくは当該届出に係る法人でない事業所（当該事業の廃止について相当の理由があるものを除く。）の管理者であった者又は当該指定の辞退に係る法人（当該指定の辞退について相当の理由がある法人を除く。）の役員等若しくは当該指定の辞退に係る法人でない事業所（当該指定の辞退について相当の理由があるものを除く。）の管理者であった者で、当該届出又は指定の辞退の日から起算して五年を経過しないものであるとき。

八　申請者が、指定の申請前五年以内に居宅サービス等に関し不正又は著しく不当な行為をした者であるとき。

九　申請者（認知症対応型共同生活介護、地域密着型特定施設入居者生活介護又は地域密着型介護老人福祉施設入所者生活介護に係る指定の申請者を除く。）が、法人で、その役員等のうちに第四号の二から第六号まで又は前三号のいずれかに該当する者のあるものであるとき。

十　申請者（認知症対応型共同生活介護、地域密着型特定施設入居者生活介護又は地域密着型介護老人福祉施設入所者生活介護に係る指定の申請者に限る。）が、法人で、その役員等のうちに第四号の二から第五号の三まで、第六号の二又は第七号から第八号までのいずれかに該当する者のあるものであるとき。

十一　申請者（認知症対応型共同生活介護、地域密着型特定施設入居者生活介護又は地域密着型介護老人福祉施設入所者生活介護に係る指定の申請者を除く。）が、法人でない事業所で、その管理者が第四号の二から第六号まで又は第七号から第八号までのいずれかに該当する者であるとき。

十二　申請者（認知症対応型共同生活介護、地域密着型特定施設入居者生活介護又は地域密着型介護老人福祉施設入所者生活介護に

施行令

施行規則

係る指定の申請者に限る。）が、法人でない事業所で、その管理者が第四号の二から第五号の三まで、第六号の二又は第七号から第八号までのいずれかに該当する者であるとき。

5　市町村が前項第一号の条例を定めるに当たっては、厚生労働省令で定める基準に従い定めるものとする。

6　市町村長は、第一項の申請があった場合において、次の各号（病院又は診療所により行われる複合型サービスに係る指定の申請にあっては、第一号の二、第一号の三、第三号の二及び第三号の四から第五号までを除く。）のいずれかに該当するときは、第四十二条の二第一項本文の指定をしないことができる。

一　申請者（認知症対応型共同生活介護、地域密着型特定施設入居者生活介護又は地域密着型介護老人福祉施設入所者生活介護に係る指定の申請者を除く。）が、第七十八条の十第二号から第五号までの規定により指定（認知症対応型共同生活介護、地域密着型特定施設入居者生活介護又は地域密着型介護老人福祉施設入所者生活介護に係る指定を除く。）を取り消され、その取消しの日から起算して五年を経過しない者（当該指定を取り消された者が法人である場合においては、当該取消しの処分に係る行政手続法第十五条の規定による通知があった日前六十日以内に当該法人の役員等であった者で当該取消しの日から起算して五年を経過しないものを含み、当該指定を取り消された者が法人でない事業所である場合においては、当該通知があった日前六十日以内に当該事業所の管理者であった者で当該取消しの日から起算して五年を経過しないものを含む。）であるとき。

一の二　申請者（認知症対応型共同生活介護、地域密着型特定施設入居者生活介護又は地域密着型介護老人福祉施設入所者生活介護に係る指定の申請者に限る。）が、第七十八条の十第二号から第五号までの規定により指定（認知症対応型共同生活介護、地域密着型特定施設入居者生活介護又は地域密着型介護老人福祉施設入所者生活介護に係る指定に限る。）を取り消され、その取消しの日から起算して五年を経過しない者（当該指定を取り消された者が法人である場合においては、当該取消しの処分に係る行政手続法第十五条の規定による通知があった日前六十日以内に当該法人の役員等であった者で当該取消しの日から起算して五年を経過しないものを含み、当該指定を取り消された者が法人でない事業所である場合においては、当該通知があった日前六十日以内に当該事業所の管理者であった者で当該取消しの日から起算して五年を

（法第七十八条の二第五項の厚生労働省令で定める基準）

第百三十一条の十の二　法第七十八条の二第五項の厚生労働省令で定める基準は、法人又は病床を有する診療所を開設している者（複合型サービス（看護小規模多機能型居宅介護に限る。）に係る指定の申請を行う場合に限る。）であることとする。

（平二四厚労令一一・追加、平三〇厚労令三〇・一部改正）

法　律

経過しないものを含む。）であるとき。

一の三　申請者と密接な関係を有する者（地域密着型介護老人福祉施設入所者生活介護に係る指定の申請者と密接な関係を有する者を除く。）が、第七十八条の十第二号から第五号までの規定により指定を取り消され、その取消しの日から起算して五年を経過していないとき。

二　申請者が、第七十八条の十第二号から第五号までの規定による指定の取消しの処分に係る行政手続法第十五条の規定による通知があった日から当該処分をする日又は処分をしないことを決定する日までの間に第七十八条の五第二項の規定による事業の廃止の届出をした者（当該事業の廃止について相当の理由がある者を除く。）又は第七十八条の八の規定による指定の辞退をした者（当該指定の辞退について相当の理由がある者を除く。）で、当該届出又は指定の辞退の日から起算して五年を経過しないものであるとき。

二の二　申請者が、第七十八条の七第一項の規定による検査が行われた日から聴聞決定予定日（当該検査の結果に基づき第七十八条の十の規定による指定の取消しの処分に係る聴聞を行うか否かの決定をすることが見込まれる日として厚生労働省令で定めるところにより市町村長が当該申請者に当該検査が行われた日から十日以内に特定の日を通知した場合における当該特定の日をいう。）までの間に第七十八条の五第二項の規定による事業の廃止の届出をした者（当該事業の廃止について相当の理由がある者を除く。）又は第七十八条の八の規定による指定の辞退をした者（当該指定の辞退について相当の理由がある者を除く。）で、当該届出又は指定の辞退の日から起算して五年を経過しないものであるとき。

二の三　第二号に規定する期間内に第七十八条の五第二項の規定による事業の廃止の届出又は第七十八条の八の規定による指定の辞退があった場合において、申請者が、同号の通知の日前六十日以内に当該届出に係る法人（当該事業の廃止について相当の理由がある法人を除く。）の役員等若しくは当該届出に係る法人でない事業所（当該事業の廃止について相当の理由があるものを除く。）の管理者であった者又は当該指定の辞退に係る法人（当該指定の辞退について相当の理由がある法人を除く。）の役員等若

施　行　令

施　行　規　則

（聴聞決定予定日の通知）

第百三十一条の十一　法第七十八条の二第六項第二号の二の規定による通知をするときは、法第七十八条の七第一項の規定による検査が行われた日（以下この条において「検査日」という。）から十日以内に、検査日から起算して六十日以内の特定の日を通知するものとする。

（平二一厚労令五四・追加、平二四厚労令一一・一部改正）

しくは当該指定の辞退に係る法人でない事業所（当該指定の辞退について相当の理由があるものを除く。）の管理者であった者で、当該届出又は指定の辞退の日から起算して五年を経過しないものであるとき。

三　申請者（認知症対応型共同生活介護、地域密着型特定施設入居者生活介護又は地域密着型介護老人福祉施設入所者生活介護に係る指定の申請者を除く。）が、法人で、その役員等のうちに第一号又は前三号のいずれかに該当する者のあるものであるとき。

三の二　申請者（認知症対応型共同生活介護、地域密着型特定施設入居者生活介護又は地域密着型介護老人福祉施設入所者生活介護に係る指定の申請者に限る。）が、法人で、その役員等のうちに第一号の二又は第二号から第二号の三までのいずれかに該当する者のあるものであるとき。

三の三　申請者（認知症対応型共同生活介護、地域密着型特定施設入居者生活介護又は地域密着型介護老人福祉施設入所者生活介護に係る指定の申請者を除く。）が、法人でない事業所で、その管理者が第一号又は第二号から第二号の三までのいずれかに該当する者であるとき。

三の四　申請者（認知症対応型共同生活介護、地域密着型特定施設入居者生活介護又は地域密着型介護老人福祉施設入所者生活介護に係る指定の申請者に限る。）が、法人でない事業所で、その管理者が第一号の二又は第二号から第二号の三までのいずれかに該当する者であるとき。

四　認知症対応型共同生活介護、地域密着型特定施設入居者生活介護又は地域密着型介護老人福祉施設入所者生活介護につき第一項の申請があった場合において、当該市町村又は当該申請に係る事業所の所在地を含む区域（第百十七条第二項第一号の規定により当該市町村が定める区域とする。以下この号及び次号イにおいて「日常生活圏域」という。）における当該地域密着型サービスの利用定員の総数が、同条第一項の規定により当該市町村が定める市町村介護保険事業計画において定める当該市町村又は当該日常生活圏域における当該地域密着型サービスの必要利用定員総数に既に達しているか、又は当該申請に係る事業者の指定によってこれを超えることになると認めるとき、その他の当該市町村介護保険事業計画の達成に支障を生ずるおそれがあると認めるとき。

五　地域密着型通所介護その他の厚生労働省令で定める地域密着型サービスにつき第一項の申請があった場合において、第四十二条

（法第七十八条の二第六項第五号の厚生労働省令で定める地域密着型サービス）

法律

の二第一項本文の指定を受けて定期巡回・随時対応型訪問介護看護等（認知症対応型共同生活介護、地域密着型特定施設入居者生活介護及び地域密着型介護老人福祉施設入所者生活介護以外の地域密着型サービスであって、定期巡回・随時対応型訪問介護看護、小規模多機能型居宅介護その他の厚生労働省令で定めるものをいう。）の事業を行う者の当該指定に係る当該事業を行う事業所（イにおいて「定期巡回・随時対応型訪問介護看護等事業所」という。）が当該市町村の区域にある場合その他の厚生労働省令で定める場合に該当し、かつ、当該市町村長が次のいずれかに該当すると認めるとき。

イ　当該市町村又は当該定期巡回・随時対応型訪問介護看護等事業所の所在地を含む日常生活圏域における地域密着型サービス（地域密着型通所介護その他の厚生労働省令で定めるものに限る。以下このイにおいて同じ。）の種類ごとの量が、第百十七条第一項の規定により当該市町村が定める市町村介護保険事業計画において定める当該市町村又は当該日常生活圏域における当該地域密着型サービスの種類ごとの見込量に既に達しているか、又は当該申請に係る事業者の指定によってこれを超えることになるとき。

ロ　その他第百十七条第一項の規定により当該市町村が定める市町村介護保険事業計画の達成に支障を生ずるおそれがあるとき。

7　市町村長は、第四十二条の二第一項本文の指定を行おうとするとき、又は前項第四号若しくは第五号の規定により同条第一項本文の指定をしないこととするときは、あらかじめ、当該市町村が行う介

施行令

施行規則

第百三十一条の十一の二　法第七十八条の二第六項第五号の厚生労働省令で定める地域密着型サービスは、地域密着型通所介護とする。

（平三〇厚労令三〇・追加）

（法第七十八条の二第六項第五号の厚生労働省令で定める認知症対応型共同生活介護、地域密着型特定施設入居者生活介護及び地域密着型介護老人福祉施設入所者生活介護以外の地域密着型サービス）

第百三十一条の十一の三　法第七十八条の二第六項第五号の厚生労働省令で定める認知症対応型共同生活介護、地域密着型特定施設入居者生活介護及び地域密着型介護老人福祉施設入所者生活介護以外の地域密着型サービスは、定期巡回・随時対応型訪問介護看護、小規模多機能型居宅介護及び複合型サービスとする。

（平三〇厚労令三〇・追加）

（法第七十八条の二第六項第五号の厚生労働省令で定める場合）

第百三十一条の十一の四　法第七十八条の二第六項第五号の厚生労働省令で定める場合は、同号に規定する定期巡回・随時対応型訪問介護看護等事業所が当該市町村の区域にある場合及び当該市町村の長が同号に規定する定期巡回・随時対応型訪問介護看護等について公募指定（法第七十八条の十四第一項に規定する公募指定をいう。）に係る公募を行っている場合とする。

（平三〇厚労令三〇・追加）

（法第七十八条の二第六項第五号イの厚生労働省令で定める地域密着型サービス）

第百三十一条の十一の五　法第七十八条の二第六項第五号イの厚生労働省令で定める地域密着型サービスは、地域密着型通所介護とする。

（平三〇厚労令三〇・追加）

（法第七十八条の二第六項第五号により指定を行わない場合の手続）

第百三十一条の十一の六　市町村長が法第七十八条の二第六項の規定により指定をしないこととする場合（同項第五号に該当するときに限る。）は、次に掲げる基準により行うものとする。

一　第百三十一条の十一の二の地域密着型サービスを受けている者に対し、必要な居宅サービス等が継続的に提供されるよう、配慮すること。

二　必要に応じて、法第七十八条の二第一項の申請を行う者から意

護保険の被保険者その他の関係者の意見を反映させるために必要な措置を講ずるよう努めなければならない。

8　市町村長は、第四十二条の二第一項本文の指定を行うに当たって、当該事業の適正な運営を確保するために必要と認める条件を付することができる。

9　第一項の申請を受けた市町村長（以下この条において「被申請市町村長」という。）と所在地市町村長との協議により、第四項第四号の規定による同意を要しないことについて所在地市町村長の同意があるときは、同号の規定は適用しない。

10　前項の規定により第四項第四号の規定が適用されない場合であって、第一項の申請に係る事業所（所在地市町村長の管轄する区域にあるものに限る。）について、次の各号に掲げるときは、それぞれ当該各号に定める時に、当該申請者について、被申請市町村長による第四十二条の二第一項本文の指定があったものとみなす。

一　所在地市町村長が第四十二条の二第一項本文の指定をしたとき　当該指定がされた時

二　所在地市町村長による第四十二条の二第一項本文の指定がされているとき　被申請市町村長が当該事業所に係る地域密着型サービス事業を行う者から第一項の申請を受けた時

11　第七十八条の十の規定による所在地市町村長による第四十二条の二第一項本文の指定の取消し若しくは効力の停止又は第七十八条の十二において準用する第七十条の二第一項若しくは第七十八条の十五第一項若しくは第三項（同条第五項において準用する場合を含む。）の規定による第四十二条の二第一項本文の指定の失効は、前項の規定により受けたものとみなされた被申請市町村長による第四十二条の二第一項本文の指定の効力に影響を及ぼさないものとする。

（平一七法七七・追加、平一九法一一〇・平二〇法四二・平二三法三七・平二三法七二・平二六法八三・平二九法五二・一部改正）

（共生型地域密着型サービス事業者の特例）

第七十八条の二の二　地域密着型通所介護その他厚生労働省令で定める地域密着型サービスに係る事業所について、児童福祉法第二十一条の五の三第一項の指定（当該事業所により行われる地域密着型サービスの種類に応じて厚生労働省令で定める種類の障害児通所支援に係るものに限る。）又は障害者総合支援法第二十九条第一項の指定障害福祉サービス事業者の指定（当該事業所により行われる地域密着型サービスの種類に応じて厚生労働省令で定める種類の障害

見を聴取すること。

（平三〇厚労令三〇・追加）

（共生型地域密着型サービス事業者の特例に係るサービスの種類）

第百三十一条の十一の七　地域密着型通所介護について法第七十八条の二の二第一項の厚生労働省令で定める障害児通所支援の種類は、児童発達支援及び放課後等デイサービスとする。

（平三〇厚労令三〇・追加）

第百三十一条の十一の八　地域密着型通所介護について法第七十八条の二の二第一項の厚生労働省令で定める障害福祉サービスの種類は、生活介護及び自立訓練とする。

法律

福祉サービスに係るものに限る。）を受けている者から当該事業所に係る前条第一項（第七十八条の十二において準用する第七十条の二第四項において準用する場合を含む。）の申請があった場合において、次の各号のいずれにも該当するときにおける前条第四項（第七十八条の十二において準用する第七十条の二第四項において準用する場合を含む。以下この項において同じ。）の規定の適用については、前条第四項第二号中「第七十八条の四第一項の」とあるのは「次条第一項第一号の指定地域密着型サービスに従事する従業者に係る」と、「若しくは同項」とあるのは「又は同号」と、「員数又は同条第五項に規定する指定地域密着型サービスに従事する従業者に関する基準」とあるのは「員数」と、同項第三号中「第七十八条の四第二項又は第五項」とあるのは「次条第一項第二号」とする。ただし、申請者が、厚生労働省令で定めるところにより、別段の申出をしたときは、この限りでない。

一　当該申請に係る事業所の従業者の知識及び技能並びに人員が、指定地域密着型サービスに従事する従業者に係る市町村の条例で定める基準及び市町村の条例で定める員数を満たしていること。

二　申請者が、市町村の条例で定める指定地域密着型サービスの事業の設備及び運営に関する基準に従って適正な地域密着型サービス事業の運営をすることができると認められること。

2　市町村が前項各号の条例を定めるに当たっては、第一号から第四号までに掲げる事項については厚生労働省令で定める基準に従い定めるものとし、第五号に掲げる事項については厚生労働省令で定める基準を標準として定めるものとし、その他の事項については厚生労働省令で定める基準を参酌するものとする。

一　指定地域密着型サービスに従事する従業者に係る基準及び当該従業者の員数

二　指定地域密着型サービスの事業に係る居室の床面積

三　小規模多機能型居宅介護及び認知症対応型通所介護の事業に係る利用定員

四　指定地域密着型サービスの事業の運営に関する事項であって、利用する要介護者のサービスの適切な利用、適切な処遇及び安全の確保並びに秘密の保持等に密接に関連するものとして厚生労働省令で定めるもの

五　指定地域密着型サービスの事業（第三号に規定する事業を除

施行令

施行規則

（平三〇厚労令三〇・追加）

（共生型地域密着型サービス事業者の特例に係る別段の申出）

第百三十一条の十一の九　法第七十八条の二の二第一項ただし書の規定による別段の申出は、次の事項を記載した申出書を当該申出に係る事業所の所在地を管轄する市町村長に提出して行うものとする。

一　当該申出に係る事業所の名称及び所在地並びに申請者及び事業所の管理者の氏名及び住所

二　当該申出に係る地域密着型サービスの種類

三　前号に係る地域密着型サービスについて法第七十八条の二の二第一項に規定する特例による指定を不要とする旨

2　前項に規定する申出書は、厚生労働大臣が定める様式によるものとする。

（平三〇厚労令三〇・追加、令五厚労令四六・一部改正）

（事業の廃止又は休止）

第百三十一条の十一の十　法第七十八条の二の二第一項に規定する者であって、同項の申請に係る法第四十二条の二第一項本文の指定を受けたものは、児童福祉法第二十一条の五の三第一項に規定する指定通所支援（第百四十条の二十八の三において「指定通所支援」という。）の事業（当該指定に係る事業所において行うものに限る。）又は障害者の日常生活及び社会生活を総合的に支援するための法律第二十九条第一項に規定する指定障害福祉サービス（第百四十条の二十八の三において「指定障害福祉サービス」という。）の事業（当該指定に係る事業所において行うものに限る。）を廃止し、又は休止しようとするときは、その廃止又は休止の日の一月前までに、次に掲げる事項を当該指定を行った市町村長に届け出なければならない。

一　廃止し、又は休止しようとする年月日

二　廃止し、又は休止しようとする理由

三　現に指定地域密着型サービスを受けている者に対する措置

四　休止しようとする場合にあっては、休止の予定期間

2　前項の規定による届出は、厚生労働大臣が定める様式により行うものとする。ただし、同項の規定による届出を、児童福祉法第二十一条の五の二十第四項又は障害者の日常生活及び社会生活を総合的に支援するための法律第四十六条第二項の規定による届出の書類の写しを提出することにより行った場合は、この限りでない。

く。）に係る利用定員

3　厚生労働大臣は、前項に規定する厚生労働省令で定める基準（指定地域密着型サービスの取扱いに関する部分に限る。）を定めようとするときは、あらかじめ社会保障審議会の意見を聴かなければならない。

4　第一項の場合において、同項に規定する者が同項の申請に係る第四十二条の二第一項本文の指定を受けたときは、その者に対しては、第七十八条の四第二項から第六項までの規定は適用せず、次の表の上欄に掲げる規定の適用については、これらの規定中同表の中欄に掲げる字句は、それぞれ同表の下欄に掲げる字句とする。

第四十二条の二第八項	第七十八条の四第二項又は第五項	第七十八条の二の二第一項第二号
第七十八条の三第一項	次条第二項又は第五項	前条第一項第二号
第七十八条の四第一項	市町村の条例で定める基準に従い	第七十八条の二の二第一項第一号の指定地域密着型サービスに従事する従業者に係る市町村の条例で定める基準に従い同号の
第七十八条の九第一項第二号	第七十八条の四第一項の	第七十八条の二の二第一項第一号の指定地域密着型サービスに従事する従業者に係る
	若しくは同項	又は同号
	員数又は同条第五項に規定する指定地域密着型サービスに従事する従業者に関する基準	員数
	若しくは当該市町村	又は当該市町村
	員数又は当該指定地域密着型サービスに従事する従業者に関する基準	員数
第七十八条の	第七十八条の四第二項	第七十八条の二の二第一

（平三〇厚労令三〇・追加、令五厚労令四六・一部改正）

法律

九第一項第三号	又は第五項	項第二号
第七十八条の十第四号	第七十八条の四第一項の	第七十八条の二の二第一項第一号の指定地域密着型サービスに従事する従業者に係る
	若しくは同項	又は同号
	員数又は同条第五項に規定する指定地域密着型サービスに従事する従業者に関する基準	員数
第七十八条の十第五号	第七十八条の四第二項又は第五項	第七十八条の二の二第一項第二号

5　第一項に規定する者であって、同項の申請に係る第四十二条の二第一項本文の指定を受けたものは、児童福祉法第二十一条の五の三第一項に規定する指定通所支援の事業（当該指定に係る事業所において行うものに限る。）又は障害者総合支援法第二十九条第一項に規定する指定障害福祉サービスの事業（当該指定に係る事業所において行うものに限る。）を廃止し、又は休止しようとするときは、厚生労働省令で定めるところにより、その廃止又は休止の日の一月前までに、その旨を当該指定を行った市町村長に届け出なければならない。この場合において、当該届出があったときは、当該指定に係る指定地域密着型サービスの事業について、第七十八条の五第二項の規定による事業の廃止又は休止の届出があったものとみなす。

（平二九法五二・追加）

（指定地域密着型サービスの事業の基準）

第七十八条の三　指定地域密着型サービス事業者は、次条第二項又は第五項に規定する指定地域密着型サービスの事業の設備及び運営に関する基準に従い、要介護者の心身の状況等に応じて適切な指定地域密着型サービスを提供するとともに、自らその提供する指定地域密着型サービスの質の評価を行うことその他の措置を講ずることにより常に指定地域密着型サービスを受ける者の立場に

施行令

施行規則

立ってこれを提供するように努めなければならない。

2　指定地域密着型サービス事業者は、指定地域密着型サービスを受けようとする被保険者から提示された被保険者証に、認定審査会意見が記載されているときは、当該認定審査会意見に配慮して、当該被保険者に当該指定地域密着型サービスを提供するように努めなければならない。

（平一七法七七・追加、平二三法三七・一部改正）

第七十八条の四　指定地域密着型サービス事業者は、当該指定に係る事業所ごとに、市町村の条例で定める基準に従い市町村の条例で定める員数の当該指定地域密着型サービスに従事する従業者を有しなければならない。

2　前項に規定するもののほか、指定地域密着型サービスの事業の設備及び運営に関する基準は、市町村の条例で定める。

3　市町村が前二項の条例を定めるに当たっては、第一号から第四号までに掲げる事項については厚生労働省令で定める基準に従い定めるものとし、第五号に掲げる事項については厚生労働省令で定める基準を標準として定めるものとし、その他の事項については厚生労働省令で定める基準を参酌するものとする。

一　指定地域密着型サービスに従事する従業者に係る基準及び当該従業者の員数

二　指定地域密着型サービスの事業に係る居室の床面積

三　認知症対応型通所介護の事業に係る利用定員

四　指定地域密着型サービスの事業の運営に関する事項であって、利用又は入所する要介護者のサービスの適切な利用、適切な処遇及び安全の確保並びに秘密の保持等に密接に関連するものとして厚生労働省令で定めるもの

五　指定地域密着型サービスの事業（第三号に規定する事業を除く。）に係る利用定員

＊厚生労働省令で定める基準＝〔省〕指定地域密着型サービスの事業の人員、設備及び運営に関する基準（平一八厚労令三四）

4　厚生労働大臣は、前項に規定する厚生労働省令で定める基準（指定地域密着型サービスの取扱いに関する部分に限る。）を定めようとするときは、あらかじめ社会保障審議会の意見を聴かなければならない。

5　市町村は、第三項の規定にかかわらず、同項第一号から第四号までに掲げる事項については、厚生労働省令で定める範囲内で、当該市町村における指定地域密着型サービスに従事する従業者に

（指定地域密着型サービスの事業の基準の変更に係る厚生労働省令で定める範囲）

第百三十一条の十二　市町村は、法第七十八条の四第五項の規定によ

法律

関する基準及び指定地域密着型サービスの事業の設備及び運営に関する基準を定めることができる。

6　市町村は、前項の当該市町村における指定地域密着型サービスに従事する従業者に関する基準及び指定地域密着型サービスの事業の設備及び運営に関する基準を定めようとするときは、あらかじめ、当該市町村が行う介護保険の被保険者その他の関係者の意見を反映させ、及び学識経験を有する者の知見の活用を図るために必要な措置を講じなければならない。

7　指定地域密着型サービス事業者は、次条第二項の規定による事業の廃止若しくは休止の届出をしたとき又は第七十八条の八の規定による指定の辞退をするときは、当該届出の日前一月以内に当該指定地域密着型サービス（地域密着型介護老人福祉施設入所者生活介護を除く。）を受けていた者又は同条に規定する予告期間の開始日の前日に当該地域密着型介護老人福祉施設入所者生活介護を受けていた者であって、当該事業の廃止若しくは休止の日又は当該指定の辞退の日以後においても引き続き当該指定地域密着型サービスに相当するサービスの提供を希望する者に対し、必要な居宅サービス等が継続的に提供されるよう、指定居宅介護支援事業者、他の指定地域密着型サービス事業者その他関係者との連絡調整その他の便宜の提供を行わなければならない。

8　指定地域密着型サービス事業者は、要介護者の人格を尊重するとともに、この法律又はこの法律に基づく命令を遵守し、要介護者のため忠実にその職務を遂行しなければならない。

（平一七法七七・追加、平二〇法四二・平二三法三七・令三法四四・一部改正）

（変更の届出等）

第七十八条の五　指定地域密着型サービス事業者は、当該指定に係る事業所の名称及び所在地その他厚生労働省令で定める事項に変更があったとき、又は休止した当該指定地域密着型サービス（地域密着型介護老人福祉施設入所者生活介護を除く。）の事業を再開したときは、厚生労働省令で定めるところにより、十日以内に、その旨を市町村長に届け出なければならない。

施行令

施行規則

り、指定地域密着型サービス基準のうち、同条第三項第一号から第四号までに掲げる事項については、利用定員及び登録定員に関する基準、事業所又は従業者の経験及び研修に関する基準、従業者の夜勤に関する基準並びに運営に関する基準を下回らない範囲内で、当該市町村における指定地域密着型サービスに従事する従業者に関する基準及び指定地域密着型サービスの事業の設備及び運営に関する基準を定めることができる。

（平一八厚労令三二・追加、平二一厚労令五四・旧第百三十一条の九繰下、平二四厚労令一一・一部改正）

（指定地域密着型サービス事業者の名称等の変更の届出等）

第百三十一条の十三　指定地域密着型サービス事業者は、次の各号に掲げる指定地域密着型サービス事業者が行う地域密着型サービスの種類に応じ、当該各号に定める事項に変更があったときは、当該変更に係る事項について当該指定地域密着型サービス事業者の事業所の所在地を管轄する市町村長に届け出なければならない。

一　定期巡回・随時対応型訪問介護看護　第百三十一条の二の二第一項第一号、第二号、第四号（当該指定に係る事業に関するものに限る。）から第七号まで及び第十一号に掲げる事項

二　夜間対応型訪問介護　第百三十一条の三第一項第一号、第二号及び第四号（当該指定に係る事業に関するものに限る。）から第

2　指定地域密着型サービス事業者は、当該指定地域密着型サービス

七号までに掲げる事項

三　地域密着型通所介護　第百三十一条の三の二第一項第一号、第二号及び第四号（当該指定に係る事業に関するものに限る。）から第七号までに掲げる事項

四　認知症対応型通所介護　第百三十一条の四第一項第一号、第二号及び第四号（当該指定に係る事業に関するものに限る。）から第七号までに掲げる事項

五　小規模多機能型居宅介護　第百三十一条の五第一項第一号、第二号、第四号（当該指定に係る事業に関するものに限る。）、第五号、第七号、第八号、第十一号、第十二号及び第十四号に掲げる事項

六　認知症対応型共同生活介護　第百三十一条の六第一項第一号、第二号、第四号（当該指定に係る事業に関するものに限る。）、第五号、第七号、第八号、第十一号、第十二号及び第十四号に掲げる事項

七　地域密着型特定施設入居者生活介護　第百三十一条の七第一項第一号、第二号、第四号（当該指定に係る事業に関するものに限る。）、第五号、第七号、第八号、第十一号及び第十三号に掲げる事項

八　地域密着型介護老人福祉施設入所者生活介護　第百三十一条の八第一項第一号、第二号、第四号（当該指定に係る事業に関するものに限る。）、第六号から第八号まで、第十号、第十一号、第十四号及び第十六号に掲げる事項

九　複合型サービス　第百三十一条の八の二第一項第一号、第二号、第四号（当該指定に係る事業に関するものに限る。）、第五号、第六号、第八号、第九号、第十二号、第十三号及び第十五号に掲げる事項

2　前項の届出であって、同項第三号から第九号までに掲げる地域密着型サービスの利用者の定員の増加に伴うものは、それぞれ当該地域密着型サービスに係る事業者の勤務の体制及び勤務形態を記載した書類を添付して行うものとする。

3　指定地域密着型サービス事業者は、休止した当該指定地域密着型サービス（地域密着型介護老人福祉施設入所者生活介護を除く。）の事業を再開したときは、再開した年月日を当該指定地域密着型サービス事業者の事業所の所在地を管轄する市町村長に届け出なければならない。

4　指定地域密着型サービス事業者は、当該指定地域密着型サービス

法律

（地域密着型介護老人福祉施設入所者生活介護を除く。）の事業を廃止し、又は休止しようとするときは、厚生労働省令で定めるところにより、その廃止又は休止の日の一月前までに、その旨を市町村長に届け出なければならない。

（平一七法七七・追加、平二〇法四二・一部改正）

（市町村長等による連絡調整又は援助）

第七十八条の六　市町村長は、指定地域密着型サービス事業者による第七十八条の四第七項に規定する便宜の提供が円滑に行われるため必要があると認めるときは、当該指定地域密着型サービス事業者及び指定居宅介護支援事業者、他の指定地域密着型サービス事業者その他の関係者相互間の連絡調整又は当該指定地域密着型サービス事業者及び当該関係者に対する助言その他の援助を行うことができる。

2　都道府県知事は、同一の指定地域密着型サービス事業者について二以上の市町村長が前項の規定による連絡調整又は援助を行う場合において、当該指定地域密着型サービス事業者による第七十八条の四第七項に規定する便宜の提供が円滑に行われるため必要があると認めるときは、当該市町村長相互間の連絡調整又は当該指定地域密着型サービス事業者に対する市町村の区域を超えた広域的な見地からの助言その他の援助を行うことができる。

3　厚生労働大臣は、同一の指定地域密着型サービス事業者について二以上の都道府県知事が前項の規定による連絡調整又は援助を行う場合において、当該指定地域密着型サービス事業者による第七十八条の四第七項に規定する便宜の提供が円滑に行われるため必要があると認めるときは、当該都道府県知事相互間の連絡調整又は当該指定地域密着型サービス事業者に対する都道府県の区域を超えた広域的な見地からの助言その他の援助を行うことができる。

（平二〇法四二・追加、平二三法三七・一部改正）

（報告等）

第七十八条の七　市町村長は、地域密着型介護サービス費の支給に関して必要があると認めるときは、指定地域密着型サービス事業者若しくは指定地域密着型サービス事業者であった者若しくは当該指定に係る事業所の従業者であった者（以下この項において「指定地域密着型サービス事業者であった者等」という。）に対し、報告若しくは帳簿書類の提出若しくは提示を命じ、指定地域密着型サービス

施行令

施行規則

（地域密着型介護老人福祉施設入所者生活介護を除く。）の事業を廃止し、又は休止しようとするときは、その廃止又は休止の日の一月前までに、次に掲げる事項を当該指定地域密着型サービス事業者の事業所の所在地を管轄する市町村長に届け出なければならない。

一　廃止し、又は休止しようとする年月日

二　廃止し、又は休止しようとする理由

三　現に指定地域密着型サービスを受けている者に対する措置

四　休止しようとする場合にあっては、休止の予定期間

5　第一項及び前二項の規定による届出は、厚生労働大臣が定める様式により行うものとする。

（平一八厚労令三二・追加、平二一厚労令五四・旧第百三十一条の十繰下・一部改正、平二四厚労令三〇・平二五厚労令一〇五・平二八厚労令五三・平三〇厚労令八〇（平三〇厚労令一一九）・令五厚労令四六・一部改正）

事業者若しくは当該指定に係る事業所の従業者若しくは指定地域密着型サービス事業者であった者等に対し出頭を求め、又は当該職員に関係者に対して質問させ、若しくは当該指定地域密着型サービス事業者の当該指定に係る事業所、事務所その他指定地域密着型サービスの事業に関係のある場所に立ち入り、その設備若しくは帳簿書類その他の物件を検査させることができる。

2　第二十四条第三項の規定は前項の規定による質問又は検査について、同条第四項の規定は前項の規定による権限について準用する。

（平一七法七七・追加、平二〇法四二・旧第七十八条の六繰下・一部改正）

（指定の辞退）

第七十八条の八　第四十二条の二第一項本文の指定を受けて地域密着型介護老人福祉施設入所者生活介護の事業を行う者は、一月以上の予告期間を設けて、その指定を辞退することができる。

（平一七法七七・追加、平二〇法四二・旧第七十八条の七繰下）

（勧告、命令等）

第七十八条の九　市町村長は、指定地域密着型サービス事業者が、次の各号に掲げる場合に該当すると認めるときは、当該指定地域密着型サービス事業者に対し、期限を定めて、それぞれ当該各号に定める措置をとるべきことを勧告することができる。

一　第七十八条の二第八項の規定により当該指定を行うに当たって付された条件に従わない場合　当該条件に従うこと。

二　当該指定に係る事業所の従業者の知識若しくは技能又は人員について第七十八条の四第一項の市町村の条例で定める基準若しくは同項の市町村の条例で定める員数又は同条第五項に規定する指定地域密着型サービスに従事する従業者に関する基準を満たしていない場合　当該市町村の条例で定める基準若しくは当該市町村の条例で定める員数又は当該指定地域密着型サービスに従事する従業者に関する基準を満たすこと。

三　第七十八条の四第二項又は第五項に規定する指定地域密着型サービスの事業の設備及び運営に関する基準に従って適正な指定地域密着型サービスの事業の運営をしていない場合　当該指定地域密着型サービスの事業の設備及び運営に関する基準に従って適正な指定地域密着型サービスの事業の運営をすること。

四　第七十八条の四第七項に規定する便宜の提供を適正に行っていない場合　当該便宜の提供を適正に行うこと。

2　市町村長は、前項の規定による勧告をした場合において、その勧告を受けた指定地域密着型サービス事業者が同項の期限内にこれに

（地域密着型介護老人福祉施設入所者生活介護に係る指定の辞退等）

第百三十一条の十三の二　法第七十八条の八の規定に基づき地域密着型介護老人福祉施設入所者生活介護に係る指定を辞退しようとする者は、その旨を、当該指定に係る地域密着型介護老人福祉施設の開設の場所を管轄する市町村長に届け出なければならない。

2　前項の規定による届出は、厚生労働大臣が定める様式により行うものとする。

（令五厚労令四六・追加）

従わなかったときは、その旨を公表することができる。

3　市町村長は、第一項の規定による勧告を受けた指定地域密着型サービス事業者が、正当な理由がなくてその勧告に係る措置をとらなかったときは、当該指定地域密着型サービス事業者に対し、期限を定めて、その勧告に係る措置をとるべきことを命ずることができる。

4　市町村長は、前項の規定による命令をした場合においては、その旨を公示しなければならない。

（平一七法七七・追加、平二〇法四二・旧第七十八条の八繰下・一部改正、平二三法三七・平二三法七二・一部改正）

（指定の取消し等）

第七十八条の十　市町村長は、次の各号のいずれかに該当する場合においては、当該指定地域密着型サービス事業者に係る第四十二条の二第一項本文の指定を取り消し、又は期間を定めてその指定の全部若しくは一部の効力を停止することができる。

一　指定地域密着型サービス事業者が、第七十八条の二第四項第四号の二から第五号の二まで、第九号（第五号の三に該当する者のあるものであるときを除く。）、第十号（第五号の三に該当する者のあるものであるときを除く。）、第十一号（第五号の三に該当する者であるときを除く。）又は第十二号（第五号の三に該当する者であるときを除く。）のいずれかに該当するに至ったとき。

二　指定地域密着型サービス事業者が、第七十八条の二第六項第三号から第三号の四までのいずれかに該当するに至ったとき。

三　指定地域密着型サービス事業者が、第七十八条の二第八項の規定により当該指定を行うに当たって付された条件に違反したと認められるとき。

四　指定地域密着型サービス事業者が、当該指定に係る事業所の従業者の知識若しくは技能又は人員について、第七十八条の四第一項の市町村の条例で定める基準若しくは同項の市町村の条例で定める員数又は同条第五項に規定する指定地域密着型サービスに従事する従業者に関する基準を満たすことができなくなったとき。

五　指定地域密着型サービス事業者が、第七十八条の四第二項又は第五項に規定する指定地域密着型サービスの事業の設備及び運営に関する基準に従って適正な指定地域密着型サービスの事業の運営をすることができなくなったとき。

六　指定地域密着型サービス事業者が、第七十八条の四第八項に規定する義務に違反したと認められるとき。

七　指定地域密着型サービス事業者（地域密着型介護老人福祉施設入所者生活介護を行うものに限る。）が、第二十八条第五項（第二十九条第二項、第三十条第二項、第三十一条第二項、第三十三条第四項、第三十三条の二第二項、第三十三条の三第二項及び第三十四条第二項において準用する場合を含む。第八十四条、第九十二条、第百四条及び第百十四条の六において同じ。）の規定により調査の委託を受けた場合において、当該調査の結果について虚偽の報告をしたとき。

八　地域密着型介護サービス費の請求に関し不正があったとき。

九　指定地域密着型サービス事業者が、第七十八条の七第一項の規定により報告又は帳簿書類の提出若しくは提示を命ぜられてこれに従わず、又は虚偽の報告をしたとき。

十　指定地域密着型サービス事業者又は当該指定に係る事業所の従業者が、第七十八条の七第一項の規定により出頭を求められてこれに応ぜず、同項の規定による質問に対して答弁せず、若しくは虚偽の答弁をし、又は同項の規定による検査を拒み、妨げ、若しくは忌避したとき。ただし、当該指定に係る事業所の従業者がその行為をした場合において、その行為を防止するため、当該指定地域密着型サービス事業者が相当の注意及び監督を尽くしたときを除く。

十一　指定地域密着型サービス事業者が、不正の手段により第四十二条の二第一項本文の指定を受けたとき。

十二　前各号に掲げる場合のほか、指定地域密着型サービス事業者が、この法律その他国民の保健医療若しくは福祉に関する法律で政令で定めるもの又はこれらの法律に基づく命令若しくは処分に違反したとき。

十三　指定地域密着型サービス事業者に係る老人福祉法第二十九条第十八項の規定による通知を受けたとき。

十四　前各号に掲げる場合のほか、指定地域密着型サービス事業者が、居宅サービス等に関し不正又は著しく不当な行為をしたとき。

十五　指定地域密着型サービス事業者が法人である場合において、その役員等のうちに指定の取消し又は指定の全部若しくは一部の効力の停止をしようとするとき前五年以内に居宅サービス等に関し不正又は著しく不当な行為をした者があるとき。

法律

十六　指定地域密着型サービス事業者が法人でない事業所である場合において、その管理者が指定の取消し又は指定の全部若しくは一部の効力の停止をしようとするとき前五年以内に居宅サービス等に関し不正又は著しく不当な行為をした者であるとき。

（平一七法七七・追加、平一九法一一〇・一部改正、平二〇法四二・旧第七十八条の九繰下・一部改正、平一八法八三（平二〇法四二）・平二三法三七・平二三法七二・平二九法五二・令二法五二・一部改正）

（公示）

第七十八条の十一　市町村長は、次に掲げる場合には、遅滞なく、当該指定に係る指定地域密着型サービス事業者の名称、当該指定に係る事業所の所在地その他の厚生労働省令で定める事項を都道府県知事に届け出るとともに、これを公示しなければならない。

一　第四十二条の二第一項本文の指定をしたとき。

二　第七十八条の五第二項の規定による事業の廃止の届出があったとき。

三　第七十八条の八の規定による第四十二条の二第一項本文の指定の辞退があったとき。

四　前条の規定により第四十二条の二第一項本文の指定を取り消し、又は指定の全部若しくは一部の効力を停止したとき。

（平一七法七七・追加、平二〇法四二・旧第七十八条の十繰下・一部改正）

（準用）

第七十八条の十二　第七十条の二、第七十一条及び第七十二条の規定は、第四十二条の二第一項本文の指定について準用する。この場合において、第七十条の二第四項中「前条」とあるのは、「第七十八条の二」と読み替えるものとするほか、必要な技術的読替えは、政令で定める。

（平一七法七七・追加、平二〇法四二・旧第七十八条の十一繰下、平二三法七二・平二九法五二・一部改正）

（公募指定）

施行令

（指定地域密着型サービス事業者の指定の更新に関する読替え）

第三十五条の六　法第七十八条の十二の規定による技術的読替えは、次の表のとおりとする。

法の規定中読み替える規定	読み替えられる字句	読み替える字句
第七十条の二第一項	第四十一条第一項本文	第四十二条の二第一項本文
第七十条の二	前項	第七十八条の十

施行規則

（法第七十八条の十一の厚生労働省令で定める事項）

第百三十一条の十四　法第七十八条の十一の厚生労働省令で定める事項は、次に掲げる事項とする。

一　当該指定地域密着型サービス事業者の名称

二　当該指定に係る事業所の名称及び所在地

三　指定をし、事業の廃止の届出の受理をし、又は指定を取り消した場合にあっては、その年月日

四　指定の全部又は一部の効力を停止した場合にあっては、その内容及びその期間

五　サービスの種類

（平二一厚労令五四・追加）

（法第七十八条の十三第一項の厚生労働省令で定める

第七十八条の十三　市町村長は、第百十七条第一項の規定により当該市町村が定める市町村介護保険事業計画において定める当該市町村又は同条第二項第一号の規定により当該市町村が定める区域における定期巡回・随時対応型訪問介護看護等（認知症対応型共同生活介護、地域密着型特定施設入居者生活介護及び地域密着型介護老人福祉施設入所者生活介護以外の地域密着型サービスであって、定期巡回・随時対応型訪問介護看護、小規模多機能型居宅介護その他の厚生労働省令で定めるものをいう。以下この項において同じ。）の見込量の確保及び質の向上のために特に必要があると認めるときは、その定める期間（以下「市町村長指定期間」という。）中は、当該見込量の確保のため公募により第四十二条の二第一項本文の指定を行うことが適当な区域として定める区域（以下「市町村長指定区域」という。）に所在する事業所（定期巡回・随時対応型訪問介護看護等のうち当該市町村長が定めるもの（以下「市町村長指定定期巡回・随時対応型訪問介護看護等」という。）の事業を行う事業所に限る。以下「市町村長指定区域・サービス事業所」という。）に係る同項本文の指定を、公募により行うものとする。

2　市町村長指定期間中における市町村長指定区域・サービス事業所に係る第四十二条の二第一項本文の指定については、第七十八条の二の二の規定は適用しない。

3　市町村長は、当該市町村長指定区域・サービス事業所に係る市町村長指定期間の開始日の前日までにされた市町村長指定区域・サービス事業所に係る第七十八条の二第一項の指定の申請であって、当該市町村長指定期間の開始の際、指定をするかどうかの処分がなされていないものについては、前項の規定にかかわらず、当該申請に対する処分を行うものとする。

第二項及び第三項		二において準用する前項
第七十条の二第四項	第一項	第七十八条の十二において準用する第一項
第七十一条第一項	病院等	病院又は診療所
	保険医療機関又は保険薬局	保険医療機関
	居宅サービス（病院又は診療所にあっては居宅療養管理指導その他厚生労働省令で定める種類の居宅サービスに限り、薬局にあっては居宅療養管理指導	地域密着型サービス（複合型サービス（厚生労働省令で定めるものに限る。）
	第四十一条第一項本文	第四十二条の二第一項本文
	第七十七条第一項若しくは第百十五条の三十五第六項	第七十八条の十
第七十一条第二項	前項	第七十八条の十二において準用する前項
	指定居宅サービス事業者	指定地域密着型サービス事業者
	第四十一条第一項本文	第四十二条の二第一項本文
	病院等	病院又は診療所
	保険医療機関又は保険薬局	保険医療機関

（地域密着型サービス）

第百三十一条の十五　法第七十八条の十三第一項の厚生労働省令で定める地域密着型サービスは、定期巡回・随時対応型訪問介護看護、小規模多機能型居宅介護及び複合型サービスとする。

（平二四厚労令三〇・追加）

（公募指定に係る応募等）

第百三十一条の十六　法第七十八条の十三第一項の規定に基づき公募により行われる定期巡回・随時対応型訪問介護看護に係る指定地域密着型サービス事業者の指定を受けようとする者は、第百三十一条の二の二第一項各号に掲げる事項を記載した申請書又は書類を、当該指定に係る事業所の所在地を管轄する市町村長に提出しなければならない。ただし、同項第一号から第三号までに掲げる事項その他当該市町村長が定める事項以外のものであって、事業所の設置が完了していない場合その他やむを得ない事情により、法第七十八条の十四第二項の規定による選考までに提出することが困難であるものについては、当該選考の後に提出することができる。

2　前項に規定する申請書は、厚生労働大臣が定める様式によるものとする。

（平二四厚労令三〇・追加、令五厚労令四六・一部改正）

第百三十一条の十七　法第七十八条の十三第一項の規定に基づき公募により行われる小規模多機能型居宅介護に係る指定地域密着型サービス事業者の指定を受けようとする者は、第百三十一条の五第一項各号に掲げる事項を記載した申請書又は書類を、当該指定に係る事業所の所在地を管轄する市町村長に提出しなければならない。ただし、同項第一号から第三号までに掲げる事項その他当該市町村長が定める事項以外のものであって、事業所の設置が完了していない場合その他やむを得ない事情により、法第七十八条の十四第二項の規定による選考までに提出することが困難であるものについては、当該選考の後に提出することができる。

2　前項に規定する申請書は、厚生労働大臣が定める様式によるものとする。

法律

4　前項の規定は、市町村長が市町村長指定区域を拡張する場合又は市町村長指定定期巡回・随時対応型訪問介護看護等を追加する場合について準用する。この場合において、必要な技術的読替えは、政令で定める。

（平二三法七二・追加）

第七十八条の十四　前条第一項の規定により行われる第四十二条の二第一項本文の指定（以下「公募指定」という。）は、厚生労働省令で定めるところにより、市町村長指定定期巡回・随時対応型訪問介護看護等の種類及び当該市町村長指定定期巡回・随時対応型訪問介護看護等の種類に係る市町村長指定定期巡回・随時対応型訪問介護看護等の事業を行う事業所ごとに行い、当該公募指定をする市町村長がその長である市町村が行う介護保険の被保険者（特定地域密着型サービスに係る公募指定にあっては、当該市町村の区域内に所在する住所地特例対象施設に入所等をしている住所地特

施行令

第七十二条第一項	居宅サービス（短期入所療養介護その他厚生労働省令で定める居宅サービスの種類	地域密着型サービス（複合型サービス（厚生労働省令で定めるものに限る。）
	第四十一条第一項本文	第四十二条の二第一項本文
第七十二条第二項	前項	第七十八条の十二において準用する前項
	指定居宅サービス事業者	指定地域密着型サービス事業者
	第四十一条第一項本文	第四十二条の二第一項本文

（平一八政一五四・追加、平二一政一〇・一部改正、平二三政三七六・旧第三十五条の五繰下・一部改正、平三〇政五五・一部改正）

（公募指定に関する読替え）

第三十五条の七　法第七十八条の十三第四項の規定による技術的読替えは、次の表のとおりとする。

法の規定中読み替える規定	読み替えられる字句	読み替える字句
第七十八条の十三第三項	当該市町村長指定期間の開始日の前日までにされた市町村長指定区域・サービス事業所	当該市町村長指定区域の拡張の効力が生ずる日の前日までにされた当該拡張により新たに市町村長指定区域となる区域又は当該市町村長指定定期巡回・随時対応型訪問介護看護等の追加の効力が生ずる

施行規則

（平二四厚労令三〇・追加、令五厚労令四六・一部改正）

第百三十一条の十八　法第七十八条の十三第一項の規定に基づき公募により行われる複合型サービスに係る指定地域密着型サービス事業者の指定を受けようとする者は、第百三十一条の八の二第一項各号に掲げる事項を記載した申請書又は書類を、当該指定に係る事業所の所在地を管轄する市町村長に提出しなければならない。ただし、同項第一号から第三号までに掲げる事項その他当該市町村長が定める事項以外のものであって、事業所の設置が完了していない場合その他やむを得ない事情により、法第七十八条の十四第二項の規定による選考までに提出することが困難であるものについては、当該選考の後に提出することができる。

2　前項に規定する申請書は、厚生労働大臣が定める様式によるものとする。

（平二四厚労令三〇・追加、令五厚労令四六・一部改正）

例適用要介護被保険者を含む。）に対する地域密着型介護サービス費及び特例地域密着型介護サービス費の支給について、その効力を有する。

2　市町村長は、公募指定をしようとするときは、厚生労働省令で定める基準に従い、その応募者のうちから公正な方法で選考をし、指定地域密着型サービス事業者を決定するものとする。

3　第七十八条の二第二項、第四項（第四号、第六号の二、第十号及び第十二号を除く。）、第五項、第六項（第一号の二、第三号の二及び第三号の四から第五号までを除く。）、第七項及び第八項の規定は、公募指定について準用する。この場合において、これらの規定に関し必要な技術的読替えは、政令で定める。

（平二三法七二・追加、平二六法八三・平二九法五二・一部改正）

（公募指定の有効期間等）

第七十八条の十五　公募指定は、第七十八条の十二において準用する第七十条の二の規定にかかわらず、その指定の日から起算して六年を超えない範囲内で当該市町村長が定める期間を経過したときは、その効力を失う。

2　第七十八条の十二において準用する第七十条の二の規定は、市町村長指定期間の開始の際現に効力を有する市町村長指定区域・サービス事業所に係る第四十二条の二第一項本文の指定（公募指定を除く。）及び第七十八条の十三第三項の規定により行われた第四十二条の二第一項本文の指定（次項において「指定期間開始時有効指定」という。）については、適用しない。

3　指定期間開始時有効指定は、次の各号に掲げる区分

		日の前日までにされた当該追加により新たに市町村長指定定期巡回・随時対応型訪問介護看護等となる第一項に規定する定期巡回・随時対応型訪問介護看護等に係る市町村長指定区域・サービス事業所
	当該市町村長指定期間の開始の際	当該拡張又は追加の効力が生ずる際

（平二三政三七六・追加）

第三十五条の八　法第七十八条の十四第三項の規定による技術的読替えは、次の表のとおりとする。

法の規定中読み替える規定	読み替えられる字句	読み替える字句
第七十八条の二第二項	第四十二条の二第一項本文の指定	公募指定
第七十八条の二第四項	第一項の申請があった場合において、	当該公募指定に係る応募が
	第四十二条の二第一項本文の指定を	当該応募に係る応募者を選考
	申請者が	応募者が
	当該申請	当該応募
	申請者（認知症対応型共同生活介護、地域密着型特定施設入居者生活介護又は地域密着型介護老人福祉施設入	応募者が、第七十八条の十（第二号から第五号までを除き、第七十八条の十七の規定により読み替えて適用さ

（法第七十八条の十四第二項の厚生労働省令で定める基準）

第百三十一条の十九　法第七十八条の十四第二項の厚生労働省令で定める基準は、次のとおりとする。

一　市町村長は、選考基準を設け、当該基準を公表するとともに、当該基準に基づいて選考をし、指定地域密着型サービス事業者を決定すること。

二　市町村長は、公募を行う旨を公報又は広報紙への掲載、インターネットの利用その他適切な方法により周知すること。

三　市町村長は、応募の受付期間を十分に確保すること。

四　市町村長は、選考の結果、指定地域密着型サービス事業者を決定しなかったときは、当該選考後一定期間内に再度公募を行うこと。

（平二四厚労令一一・追加、平二四厚労令三〇・旧第百三十一条の十五繰下）

法律

に応じ、当該各号に定める期間を経過したときは、その効力を失う。

一　次号に掲げる指定期間開始時有効指定以外の指定期間開始時有効指定　当該指定期間開始時有効指定がされた日又は従前の第七十八条の十二において準用する第七十条の二第一項の期間（同号において「従前の指定の有効期間」という。）の満了の日の翌日のうち直近の日から六年

二　指定期間開始時有効指定を受けている指定地域密着型サービス事業者が、当該市町村長指定区域・サービス事業所に係る公募指定を受ける場合における当該指定期間開始時有効指定　当該指定期間開始時有効指定がされた日又は従前の指定の有効期間の満了の日の翌日のうち直近の日から当該公募指定がされた日の前日までの期間

4　市町村長は、当該市町村長指定期間の開始日の前日までにされた市町村長指定区域・サービス事業所に係る第七十八条の十二において準用する第七十条の二第一項の指定の更新の申請であって、当該市町村長指定期間の開始の際、指定の更新をするかどうかの処分がなされていないものについては、第二項の規定にかかわらず、当該申請に対する処分を行うものとする。

施行令

所者生活介護に係る指定の申請者を除く。）が、第七十八条の十（第二号から第五号までを除く。）の規定により指定（認知症対応型共同生活介護、地域密着型特定施設入居者生活介護又は地域密着型介護老人福祉施設入所者生活介護に係る指定を除く。）	れる場合を含む。）の規定により指定
申請者と密接な関係を有する者（地域密着型介護老人福祉施設入所者生活介護に係る指定の申請者と密接な関係を有する者を除く。）	応募者と密接な関係を有する者
第五号までを除く。）の規定により指定を	第五号までを除き、第七十八条の十七の規定により読み替えて適用される場合を含む。）の規定により指定を
第五号までを除く。）の規定による	第五号までを除き、第七十八条の十七の規定により読み替えて適用される場合を含む。）の規定による
第七十八条の五第二項	第七十八条の五第二項（第七十八条の十七の規定により読み替えて適用される場合を含む。以下この項及び第六項において同じ。）
又は第七十八条の八の規	で、当該届出の日

施行規則

	定による指定の辞退をした者（当該指定の辞退について相当の理由がある者を除く。）で、当該届出又は指定の辞退の日	
	届出又は第七十八条の八の規定による指定の辞退	届出
	若しくは当該届出	又は当該届出
	又は当該指定の辞退に係る法人（当該指定の辞退について相当の理由がある法人を除く。）の役員等若しくは当該指定の辞退に係る法人でない事業所（当該指定の辞退について相当の理由があるものを除く。）の管理者であった者で、当該届出又は指定の辞退の日	で、当該届出の日
	指定の申請前	応募前
	申請者（認知症対応型共同生活介護、地域密着型特定施設入居者生活介護又は地域密着型介護老人福祉施設入所者生活介護に係る指定の申請者を除く。）が、法人	応募者が、法人
第七十八条の二第六項	第一項の申請があった場合において、	当該公募指定に係る応募が
	第四十二条の二第一項本文の指定を	当該応募に係る応募者を選考
	申請者（認知症対応型共同生活介護、地域密着型特定施設入居者生活介護又は地域密着型介護老人	応募者が、第七十八条の十第二号から第五号まで（第七十八条の十七の規定により読み替

法律

施行令

福祉施設入所者生活介護に係る指定の申請者を除く。）が、第七十八条の十第二号から第五号までの規定により指定（認知症対応型共同生活介護、地域密着型特定施設入居者生活介護又は地域密着型介護老人福祉施設入所者生活介護に係る指定を除く。）	えて適用される場合を含む。以下この項において同じ。）の規定により指定
申請者と密接な関係を有する者（地域密着型介護老人福祉施設入所者生活介護に係る指定の申請者と密接な関係を有する者を除く。）	応募者と密接な関係を有する者
申請者が	応募者が
又は第七十八条の八の規定による指定の辞退をした者（当該指定の辞退について相当の理由がある者を除く。）で、当該届出又は指定の辞退の日	で、当該届出の日
基づき第七十八条の十	基づき第七十八条の十（第七十八条の十七の規定により読み替えて適用される場合を含む。）
届出又は第七十八条の八の規定による指定の辞退	届出
若しくは当該届出	又は当該届出
又は当該指定の辞退に係	で、当該届出の日

施行規則

5 前三項の規定は、市町村長が市町村長指定区域を拡張する場合又は市町村長指定定期巡回・随時対応型訪問介護看護等を追加する場合について準用する。この場合において、必要な技術的読替えは、政令で定める。

（平二三法七二・追加）

（市町村長指定期間等の公示）

第七十八条の十六 市町村長は、市町村長指定期間、市町村長指定区域及び市町村長指定定期巡回・随時対応型訪問介護看護等を定めようとするときは、あらかじめ、その旨並びに市町村長指定区域及び市町村長指定定期巡回・随時対応型訪問介護看護等に係る

	る法人（当該指定の辞退について相当の理由がある法人を除く。）の役員等若しくは当該指定の辞退に係る法人でない事業所（当該指定の辞退について相当の理由があるものを除く。）の管理者であった者で、当該届出又は指定の辞退の日	
	申請者（認知症対応型共同生活介護、地域密着型特定施設入居者生活介護又は地域密着型介護老人福祉施設入所者生活介護に係る指定の申請者を除く。）が、法人	応募者が、法人
第七十八条の二第七項	第四十二条の二第一項本文の指定を行おうとするとき又は前項第四号の規定により同条第一項本文の指定をしないこととするとき	公募指定を行おうとするとき
第七十八条の二第八項	第四十二条の二第一項本文の指定	公募指定

第三十五条の九 法第七十八条の十五第五項の規定による技術的読替えは、次の表のとおりとする。

（平二三政三七六・追加）

法の規定中読み替える規定	読み替えられる字句	読み替える字句
第七十八条の十五第二項	市町村長指定期間の開始の際	市町村長指定区域の拡張又は市町村長指定定期巡回・随時対応型訪問介護看護等の追加の効力が生ずる際
	第七十八条の十三第	第七十八条の十三第四項に

法律

効力が生ずる日を公示しなければならない。

2　前項の規定は、市町村長指定期間、市町村長指定区域又は市町村長指定定期巡回・随時対応型訪問介護看護等の変更について準用する。

（平二三法七二・追加）

（公募指定に関する読替え）

第七十八条の十七　公募指定に係る第七十八条の二第四項、第六項及び第十一項、第七十八条の五第二項並びに第七十八条の九から第七十八条の十一までの規定の適用については、同項中「地域密着型介護老人福祉施設入所者生活介護を除く」とあるのは「公募指定に係る市町村長指定定期巡回・随時対応型訪問介護看護等に限る」と、「一月前まで」とあるのは「一月以上前の日であって市町村長が定

施行令

	三項	おいて準用する同条第三項
	指定期間開始時有効指定	指定区域拡張時等有効指定
第七十八条の十五第三項	指定期間開始時有効指定	指定区域拡張時等有効指定
第七十八条の十五第四項	当該市町村長指定期間の開始日の前日までにされた市町村長指定区域・サービス事業所	当該市町村長指定区域の拡張の効力が生ずる日の前日までにされた当該拡張により新たに市町村長指定区域となる区域又は当該市町村長指定定期巡回・随時対応型訪問介護看護等の追加の効力が生ずる日の前日までにされた当該追加により新たに市町村長指定定期巡回・随時対応型訪問介護看護等となる第七十八条の十三第一項に規定する定期巡回・随時対応型訪問介護看護等に係る市町村長指定区域・サービス事業所
	当該市町村長指定期間の開始の際	当該拡張又は追加の効力が生ずる際
	第二項	第七十八条の十五第五項において準用する第二項

（平二三政三七六・追加）

第三十五条の十　法第七十八条の十四第一項に規定する公募指定についての法第七十八条の十七の規定による技術的読替えは、次の表のとおりとする。

法の規定中読み替える規定	読み替えられる字句	読み替える字句
第七十八条の	第七十八条の二第八	第七十八条の十四第三項に

施行規則

める日まで」とするほか、必要な技術的読替えは、政令で定める。（平二三法七二・追加）

九第一項	項	おいて準用する第七十八条の二第八項
	当該指定を	第七十八条の十四第一項に規定する公募指定を
第七十八条の十	第四十二条の二第一項本文の指定	第七十八条の十四第一項に規定する公募指定
	その指定	当該公募指定
	第七十八条の二第四項第四号の二	第七十八条の十四第三項において準用する第七十八条の二第四項第四号の二
	第五号の三に該当する者のあるものであるときを除く。）、第十号（第五号の三に該当する者のあるものであるときを除く。）、第十一号（第五号の三に該当する者であるときを除く。）又は第十二号（第五号の三	第七十八条の十四第三項において準用する第七十八条の二第四項第五号の三に該当する者のあるものであるときを除く。）又は第十一号（第七十八条の十四第三項において準用する第七十八条の二第四項第五号の三
	第七十八条の二第六項第三号から第三号の四まで	第七十八条の十四第三項において準用する第七十八条の二第六項第三号又は第三号の三
	第七十八条の二第八項	第七十八条の十四第三項において準用する第七十八条の二第八項
	当該指定を	当該公募指定を
第七十八条の十一	当該指定に	当該公募指定に
	第四十二条の二第一項本文の指定	第七十八条の十四第一項に規定する公募指定
	第七十八条の五第二項	第七十八条の十七の規定により読み替えて適用する第

		七十八条の五第二項
	前条	第七十八条の十七の規定により読み替えて適用する前条
	指定の	当該公募指定の

2　法第七十八条の十七の規定により法第七十八条の五第二項及び第七十八条の十の規定を読み替えて適用する場合における法第七十八条の十七の規定による技術的読替えは、次の表のとおりとする。

法の規定中読み替える規定	読み替えられる字句	読み替える字句
第七十八条の二第四項	除く。）が、第七十八条の十（第二号から第五号までを除く	除く。）が、第七十八条の十（第二号から第五号までを除き、第七十八条の十七の規定により読み替えて適用される場合を含む
	第五号までを除く。）の規定による	第五号までを除き、第七十八条の十七の規定により読み替えて適用される場合を含む。）の規定による
	第七十八条の五第二項	第七十八条の五第二項（第七十八条の十七の規定により読み替えて適用される場合を含む。以下この項及び第六項において同じ。）
第七十八条の二第六項	申請者を除く。）が、第七十八条の十	申請者を除く。）が、第七十八条の十第二号から第五号まで

第四節　指定居宅介護支援事業者

（平一七法七七・旧第二節繰下）

（指定居宅介護支援事業者の指定）

第七十九条　第四十六条第一項の指定は、厚生労働省令で定めるところにより、居宅介護支援事業を行う者の申請により、居宅介護支援事業を行う事業所（以下この節において単に「事業所」という。）ごとに行う。

2　市町村長は、前項の申請があった場合において、次の各号のいずれかに該当するときは、第四十六条第一項の指定をしてはならない。

一　申請者が市町村の条例で定める者でないとき。

二　当該申請に係る事業所の介護支援専門員の人員が、第八十一条第一項の市町村の条例で定める員数を満たしていないとき。

三　申請者が、第八十一条第二項に規定する指定居宅介護支援の事業の運営に関する基準に従って適正な居宅介護支援事業の運営をすることができないと認められるとき。

三の二　申請者が、禁錮以上の刑に処せられ、その執

	第二号から第五号まで	（第七十八条の十七の規定により読み替えて適用される場合を含む。次号を除き、以下この項において同じ。）
	基づき第七十八条の十	基づき第七十八条の十（第七十八条の十七の規定により読み替えて適用される場合を含む。）
第七十八条の二第十一項	第七十八条の十の	第七十八条の十（第七十八条の十七の規定により読み替えて適用される場合を含む。）の

（平二三政三七六・追加）

第四節　指定居宅介護支援事業者

（平一八厚労令三二・節名追加）

（指定居宅介護支援事業者に係る指定の申請等）

第百三十二条　法第七十九条第一項の規定により指定居宅介護支援事業者の指定を受けようとする者は、次に掲げる事項を記載した申請書又は書類を、当該指定の申請に係る事業所の所在地の市町村長に提出しなければならない。

一　事業所の名称及び所在地

二　申請者の名称及び主たる事務所の所在地並びにその代表者の氏名、生年月日、住所及び職名

三　当該申請に係る事業の開始の予定年月日

四　申請者の登記事項証明書又は条例等

五　事業所の平面図

六　事業所の管理者の氏名、生年月日、住所及び経歴

七　当該申請に係る事業の開始時の利用者の推定数

八　運営規程

九　利用者からの苦情を処理するために講ずる措置の概要

法律

行を終わり、又は執行を受けることがなくなるまでの者であるとき。

四　申請者が、この法律その他国民の保健医療若しくは福祉に関する法律で政令で定めるものの規定により罰金の刑に処せられ、その執行を終わり、又は執行を受けることがなくなるまでの者であるとき。

四の二　申請者が、労働に関する法律の規定であって政令で定めるものにより罰金の刑に処せられ、その執行を終わり、又は執行を受けることがなくなるまでの者であるとき。

四の三　申請者が、保険料等について、当該申請をした日の前日までに、納付義務を定めた法律の規定に基づく滞納処分を受け、かつ、当該処分を受けた日から正当な理由なく三月以上の期間にわたり、当該処分を受けた日以降に納期限の到来した保険料等の全てを引き続き滞納している者であるとき。

五　申請者が、第八十四条第一項又は第百十五条の三十五第六項の規定により指定を取り消され、その取消しの日から起算して五年を経過しない者（当該指定を取り消された者が法人である場合においては、当該取消しの処分に係る行政手続法第十五条の規定による通知があった日前六十日以内に当該法人の役員等であった者で当該取消しの日から起算して五年を経過しないものを含み、当該指定を取り消された者が法人でない事業所である場合においては、当該通知があった日前六十日以内に当該事業所の管理者であった者で当該取消しの日から起算して五年を経過しないものを含む。）であるとき。ただし、当該指定の取消しが、指定居宅介護支援事業者の指定の取消しのうち当該指定の取消しの処分の理由となった事実及び当該事実の発生を防止するための当該指定居

施行令

施行規則

十　当該申請に係る事業に係る従業者の勤務の体制及び勤務形態

十一　関係市町村並びに他の保健医療サービス及び福祉サービスの提供主体との連携の内容

十二　法第七十九条第二項各号（法第七十九条の二第四項において準用する場合を含む。）に該当しないことを誓約する書面（以下この節において「誓約書」という。）

十三　介護支援専門員の氏名及びその登録番号

十四　その他指定に関し必要と認める事項

2　法第七十九条の二第一項の規定に基づき指定居宅介護支援事業者の指定の更新を受けようとする者は、第一項各号（第三号及び第十二号を除く。）に掲げる事項及び次に掲げる事項を記載した申請書又は書類を、当該指定に係る事業所の所在地を管轄する市町村長に提出しなければならない。

一　現に受けている指定の有効期間満了日

二　誓約書

3　前項の規定にかかわらず、市町村長は、当該申請に係る事業者が既に当該市町村長に提出している第一項第四号から第十一号までに掲げる事項に変更がないときは、これらの事項に係る申請書の記載又は書類の提出を省略させることができる。

4　第一項及び第二項に規定する申請書は、厚生労働大臣が定める様式によるものとする。

（平一一厚令二五・平一七厚労令二五・平一八厚労令三二・平三〇厚労令三〇・平三〇厚労令八〇（平三〇厚労令一一九）・令五厚労令四六・一部改正）

（法第七十九条第二項第五号の厚生労働省令で定める同号本文に規定する指定の取消しに該当しないこととすることが相当であると認められる場合等）

第百三十二条の二　法第七十九条第二項第五号の厚生労働省令で定める同号本文に規定する指定の取消しに該当しないこととすることが相当であると認められる場合は、厚生労働大臣、都道府県知事又は市町村長が法第百十五条の三十三第一項その他の規定による報告等の権限を適切に行使し、当該指定の取消しの処分の理由となった事実及び当該事実の発生を防止するための当該指定居宅介護支援事業者による業務管理体制の整備についての取組の状況その他の当該事実に関して当該指定居宅介護支援事業者が有していた責任の程度を確認した結果、当該指定居宅介護支援事業者が当該指定取消しの理

宅介護支援事業者による業務管理体制の整備についての取組の状況その他の当該事実に関して当該指定居宅介護支援事業者が有していた責任の程度を考慮して、この号本文に規定する指定の取消しに該当しないこととすることが相当であると認められるものとして厚生労働省令で定めるものに該当する場合を除く。

五の二　申請者と密接な関係を有する者が、第八十四条第一項又は第百十五条の三十五第六項の規定により指定を取り消され、その取消しの日から起算して五年を経過していないとき。ただし、当該指定の取消しが、指定居宅介護支援事業者の指定の取消しのうち当該指定の取消しの処分の理由となった事実及び当該事実の発生を防止するための当該指定居宅介護支援事業者による業務管理体制の整備についての取組の状況その他の当該事実に関して当該指定居宅介護支援事業者が有していた責任の程度を考慮して、この号本文に規定する指定の取消しに該当しないこととすることが相当であると認められるものとして厚生労働省令で定めるものに該当する場合を除く。

六　申請者が、第八十四条第一項又は第百十五条の三十五第六項の規定による指定の取消しの処分に係る行政手続法第十五条の規定による通知があった日から当該処分をする日又は処分をしないことを決定する日までの間に第八十二条第二項の規定による事業の廃止の届出をした者（当該事業の廃止について相当の理由がある者を除く。）で、当該届出の日から起算して五年を経過しないものであるとき。

六の二　申請者が、第八十三条第一項の規定による検査が行われた日から聴聞決定予定日（当該検査の結果に基づき第八十四条第一項の規定による指定の取消しの処分に係る聴聞を行うか否かの決定をすることが見込まれる日として厚生労働省令で定めるところにより市町村長が当該申請者に当該検査が行われた日から十日以内に特定の日を通知した場合における当該特定の日をいう。）までの間に第八十二条第二項の規定による事業の廃止の届出をした者（当該事業の廃止について相当の理由がある者を除く。）で、当該届出の日から起算して五年を経過しないものであるとき。

六の三　第六号に規定する期間内に第八十二条第二項の規定による事業の廃止の届出があった場合において、申請者が、同号の通知の日前六十日以内に当該届出に係る法人（当該事業の廃止について相当の理由がある法人を除く。）の役員等又は当該届出に係る法人でない事業所（当該事業の廃止について相当の理由があるも

由となった事実について組織的に関与していると認められない場合とする。

2　前項の規定は、法第七十九条第二項第五号の二の厚生労働省令で定める同号本文に規定する指定の取消しに該当しないこととすることが相当であると認められる場合及び同項第八号ニの厚生労働省令で定める同号に規定する指定の取消しに該当しないこととすることが相当であると認められる場合について準用する。

（平二一厚労令五四・追加、平二四厚労令一一・一部改正）

（聴聞決定予定日の通知）

第百三十二条の三　法第七十九条第二項第六号の二の規定による通知をするときは、法第八十三条第一項の規定による検査が行われた日（以下この条において「検査日」という。）から十日以内に、検査日から起算して六十日以内の特定の日を通知するものとする。

（平二一厚労令五四・追加）

法律

のを除く。）の管理者であった者で、当該届出の日から起算して五年を経過しないものであるとき。

七　申請者が、指定の申請前五年以内に居宅サービス等に関し不正又は著しく不当な行為をした者であるとき。

八　申請者が、法人で、その役員等のうちに第三号の二から第五号まで又は第六号から前号までのいずれかに該当する者のあるものであるとき。

九　申請者が、法人でない事業所で、その管理者が第三号の二から第五号まで又は第六号から第七号までのいずれかに該当する者であるとき。

3　市町村が前項第一号の条例を定めるに当たっては、厚生労働省令で定める基準に従い定めるものとする。

（平一一法八七・平一一法一六〇・平一七法七七・平一九法一一〇・平二〇法四二・平二三法七二・平二五法四四・平二六法八三・一部改正）

（指定の更新）

第七十九条の二　第四十六条第一項の指定は、六年ごとにその更新を受けなければ、その期間の経過によって、その効力を失う。

2　前項の更新の申請があった場合において、同項の期間（以下この条において「指定の有効期間」という。）の満了の日までにその申請に対する処分がされないときは、従前の指定は、指定の有効期間の満了後もその処分がされるまでの間は、なおその効力を有する。

3　前項の場合において、指定の更新がされたときは、その指定の有効期間は、従前の指定の有効期間の満了の日の翌日から起算するものとする。

4　前条の規定は、第一項の指定の更新について準用する。

（平一七法七七・追加）

（指定居宅介護支援の事業の基準）

第八十条　指定居宅介護支援事業者は、次条第二項に規定する指定居宅介護支援の事業の運営に関する基準に従い、要介護者の心身の状況等に応じて適切な指定居宅介護支援を提供するとともに、自らその提供する指定居宅介護支援の質の評価を行うことその他の措置を講ずることにより常に指定居宅介護支援を受ける者の立場に立ってこれを提供するように努めなければならない。

2　指定居宅介護支援事業者は、指定居宅介護支援を受けようとする被保険者から提示された被保険者証に、認定審査会意見が記載され

施行令

施行規則

（法第七十九条第三項の厚生労働省令で定める基準）

第百三十二条の三の二　法第七十九条第三項の厚生労働省令で定める基準は、法人であることとする。

（平二五厚労令一〇五・追加）

ているときは、当該認定審査会意見に配慮して、当該被保険者に当該指定居宅介護支援を提供するように努めなければならない。

（平一七法七七・一部改正）

第八十一条　指定居宅介護支援事業者は、当該指定に係る事業所ごとに、市町村の条例で定める員数の介護支援専門員を有しなければならない。

2　前項に規定するもののほか、指定居宅介護支援の事業の運営に関する基準は、市町村の条例で定める。

3　市町村が前二項の条例を定めるに当たっては、次に掲げる事項については厚生労働省令で定める基準に従い定めるものとし、その他の事項については厚生労働省令で定める基準を参酌するものとする。

一　指定居宅介護支援に従事する従業者に係る基準及び当該従業者の員数

二　指定居宅介護支援の事業の運営に関する事項であって、利用する要介護者のサービスの適切な利用、適切な処遇及び安全の確保並びに秘密の保持等に密接に関連するものとして厚生労働省令で定めるもの

＊厚生労働省令で定める基準＝〔省〕指定居宅介護支援等の事業の人員及び運営に関する基準（平一一厚令三八）

4　厚生労働大臣は、前項に規定する厚生労働省令で定める基準（指定居宅介護支援の取扱いに関する部分に限る。）を定めようとするときは、あらかじめ社会保障審議会の意見を聴かなければならない。

5　指定居宅介護支援事業者は、次条第二項の規定による事業の廃止又は休止の届出をしたときは、当該届出の日前一月以内に当該指定居宅介護支援を受けていた者であって、当該事業の廃止又は休止の日以後においても引き続き当該指定居宅介護支援に相当するサービスの提供を希望する者に対し、必要な居宅サービス等が継続的に提供されるよう、他の指定居宅介護支援事業者その他関係者との連絡調整その他の便宜の提供を行わなければならない。

6　指定居宅介護支援事業者は、要介護者の人格を尊重するとともに、この法律又はこの法律に基づく命令を遵守し、要介護者のため忠実にその職務を遂行しなければならない。

（平一一法一六〇・平一七法七七・平二〇法四二・平二五法四四・平二六法八三・一部改正）

（変更の届出等）

（指定居宅介護支援事業者の名称等の変更の届出等）

法律

第八十二条　指定居宅介護支援事業者は、当該指定に係る事業所の名称及び所在地その他厚生労働省令で定める事項に変更があったとき、又は休止した当該指定居宅介護支援の事業を再開したときは、厚生労働省令で定めるところにより、十日以内に、その旨を市町村長に届け出なければならない。

2　指定居宅介護支援事業者は、当該指定居宅介護支援の事業を廃止し、又は休止しようとするときは、厚生労働省令で定めるところにより、その廃止又は休止の日の一月前までに、その旨を市町村長に届け出なければならない。

（平一一法一六〇・平二〇法四二・平二六法八三・一部改正）

（市町村長等による連絡調整又は援助）

第八十二条の二　市町村長は、指定居宅介護支援事業者による第八十一条第五項に規定する便宜の提供が円滑に行われるため必要があると認めるときは、当該指定居宅介護支援事業者及び他の指定居宅介護支援事業者その他の関係者相互間の連絡調整又は当該指定居宅介護支援事業者及び当該関係者に対する助言その他の援助を行うことができる。

2　都道府県知事は、同一の指定居宅介護支援事業者について二以上の市町村長が前項の規定による連絡調整又は援助を行う場合において、当該指定居宅介護支援事業者による第八十一条第五項に規定する便宜の提供が円滑に行われるため必要があると認めるときは、当該市町村長相互間の連絡調整又は当該指定居宅介護支援事業者に対する市町村の区域を超えた広域的な見地からの助言その他の援助を行うことができる。

3　厚生労働大臣は、同一の指定居宅介護支援事業者について二以上の都道府県知事が前項の規定による連絡調整又は援助を行う場合において、当該指定居宅介護支援事業者による第八十一条第五項に規定する便宜の提供が円滑に行われるため必要があると認めるときは、当該都道府県知事相互間の連絡調整又は当該指定居宅介護支援事業者に対する都道府県の区域を超えた広域的な見地からの助言その他の援助を行うことができる。

施行令

施行規則

第百三十三条　指定居宅介護支援事業者は、第百三十二条第一項第一号、第二号、第四号（当該指定に係る事業に関するものに限る。）から第六号まで、第八号及び第十三号に掲げる事項に変更があったときは、当該変更に係る事項について当該指定居宅介護支援事業者の事業所の所在地を管轄する市町村長に届け出なければならない。

2　指定居宅介護支援事業者は、休止した当該指定居宅介護支援の事業を再開したときは、再開した年月日を当該指定居宅介護支援事業者の事業所の所在地を管轄する市町村長に届け出なければならない。

3　指定居宅介護支援事業者は、当該指定居宅介護支援の事業を廃止し、又は休止しようとするときは、その廃止又は休止の日の一月前までに、次に掲げる事項を当該指定居宅介護支援事業者の事業所の所在地を管轄する市町村長に届け出なければならない。

一　廃止し、又は休止しようとする年月日

二　廃止し、又は休止しようとする理由

三　現に指定居宅介護支援を受けている者に対する措置

四　休止しようとする場合にあっては、休止の予定期間

4　前三項の規定による届出は、厚生労働大臣が定める様式により行うものとする。

（平一二厚令二五・平一八厚労令三二・平二一厚労令五四・平二四厚労令一一・平三〇厚労令三〇・平三〇厚労令八〇（平三〇厚労令一一九）・令五厚労令四六・一部改正）

（平二〇法四二・追加、平二五法四四・平二六法八三・一部改正）

（報告等）

第八十三条　市町村長は、必要があると認めるときは、指定居宅介護支援事業者若しくは指定居宅介護支援事業者であった者若しくは当該指定に係る事業所の従業者であった者（以下この項において「指定居宅介護支援事業者であった者等」という。）に対し、報告若しくは帳簿書類の提出若しくは提示を命じ、指定居宅介護支援事業者若しくは当該指定に係る事業所の従業者若しくは指定居宅介護支援事業者であった者等に対し出頭を求め、又は当該職員に関係者に対して質問させ、若しくは当該指定居宅介護支援事業者の当該指定に係る事業所、事務所その他指定居宅介護支援の事業に関係のある場所に立ち入り、その帳簿書類その他の物件を検査させることができる。

2　第二十四条第三項の規定は、前項の規定による質問又は検査について、同条第四項の規定は、前項の規定による権限について準用する。

（平一七法七七・平二〇法四二・平二六法八三・一部改正）

（勧告、命令等）

第八十三条の二　市町村長は、指定居宅介護支援事業者が、次の各号に掲げる場合に該当すると認めるときは、当該指定居宅介護支援事業者に対し、期限を定めて、それぞれ当該各号に定める措置をとるべきことを勧告することができる。

一　当該指定に係る事業所の介護支援専門員の人員について第八十一条第一項の市町村の条例で定める員数を満たしていない場合　当該市町村の条例で定める員数を満たすこと。

二　第八十一条第二項に規定する指定居宅介護支援の事業の運営に関する基準に従って適正な指定居宅介護支援の事業の運営をしていない場合　当該指定居宅介護支援の事業の運営に関する基準に従って適正な指定居宅介護支援の事業の運営をすること。

三　第八十一条第五項に規定する便宜の提供を適正に行っていない場合　当該便宜の提供を適正に行うこと。

2　市町村長は、前項の規定による勧告をした場合において、その勧告を受けた指定居宅介護支援事業者が同項の期限内にこれに従わなかったときは、その旨を公表することができる。

3　市町村長は、第一項の規定による勧告を受けた指定居宅介護支援事業者が、正当な理由がなくてその勧告に係る措置をとらなかったときは、当該指定居宅介護支援事業者に対し、期限を定めて、その

法律

勧告に係る措置をとるべきことを命ずることができる。

4　市町村長は、前項の規定による命令をした場合においては、その旨を公示しなければならない。

5　市町村長は、保険給付に係る指定居宅介護支援を行った指定居宅介護支援事業者（他の市町村長が第四十六条第一項の指定をした者に限る。）について、第一項各号に掲げる場合のいずれかに該当すると認めるときは、その旨を当該他の市町村長に通知しなければならない。

（平一七法七七・追加、平二〇法四二・平二五法四四・平二六法八三・一部改正）

（指定の取消し等）

第八十四条　市町村長は、次の各号のいずれかに該当する場合においては、当該指定居宅介護支援事業者に係る第四十六条第一項の指定を取り消し、又は期間を定めてその指定の全部若しくは一部の効力を停止することができる。

一　指定居宅介護支援事業者が、第七十九条第二項第三号の二から第四号の二まで、第八号（同項第四号の三に該当する者のあるものであるときを除く。）又は第九号（同項第四号の三に該当する者であるときを除く。）のいずれかに該当するに至ったとき。

二　指定居宅介護支援事業者が、当該指定に係る事業所の介護支援専門員の人員について、第八十一条第一項の市町村の条例で定める員数を満たすことができなくなったとき。

三　指定居宅介護支援事業者が、第八十一条第二項に規定する指定居宅介護支援の事業の運営に関する基準に従って適正な指定居宅介護支援の事業の運営をすることができなくなったとき。

四　指定居宅介護支援事業者が、第八十一条第六項に規定する義務に違反したと認められるとき。

五　第二十八条第五項の規定により調査の委託を受けた場合において、当該調査の結果について虚偽の報告をしたとき。

六　居宅介護サービス計画費の請求に関し不正があったとき。

七　指定居宅介護支援事業者が、第八十三条第一項の規定により報告又は帳簿書類の提出若しくは提示を命ぜられてこれに従わず、又は虚偽の報告をしたとき。

八　指定居宅介護支援事業者又は当該指定に係る事業所の従業者が、第八十三条第一項の規定により出頭を求められてこれに応ぜず、同項の規定による質問に対して答弁せず、若しくは虚偽の答

施行令

施行規則

弁をし、又は同項の規定による検査を拒み、妨げ、若しくは忌避したとき。ただし、当該指定に係る事業所の従業者がその行為をした場合において、その行為を防止するため、当該指定居宅介護支援事業者が相当の注意及び監督を尽くしたときを除く。

九　指定居宅介護支援事業者が、不正の手段により第四十六条第一項の指定を受けたとき。

十　前各号に掲げる場合のほか、指定居宅介護支援事業者が、この法律その他国民の保健医療若しくは福祉に関する法律で政令で定めるもの又はこれらの法律に基づく命令若しくは処分に違反したとき。

十一　前各号に掲げる場合のほか、指定居宅介護支援事業者が、居宅サービス等に関し不正又は著しく不当な行為をしたとき。

十二　指定居宅介護支援事業者の役員等のうちに、指定の取消し又は指定の全部若しくは一部の効力の停止をしようとするとき前五年以内に居宅サービス等に関し不正又は著しく不当な行為をした者があるとき。

2　市町村長は、保険給付に係る指定居宅介護支援又は第二十八条第五項の規定により委託した調査を行った指定居宅介護支援事業者（他の市町村長が第四十六条第一項の指定をした者に限る。）について、前項各号のいずれかに該当すると認めるときは、その旨を当該他の市町村長に通知しなければならない。

（平一一法一六〇・平一七法七七・平一九法一一〇・平二〇法四二・平二三法七二・平二五法四四・平二六法八三・一部改正）

（公示）

第八十五条　市町村長は、次に掲げる場合には、当該指定居宅介護支援事業者の名称、当該指定に係る事業所の所在地その他の厚生労働省令で定める事項を公示しなければならない。

一　第四十六条第一項の指定をしたとき。

二　第八十二条第二項の規定による事業の廃止の届出があったとき。

三　前条第一項又は第百十五条の三十五第六項の規定により第四十六条第一項の指定を取り消し、又は指定の全部若しくは一部の効力を停止したとき。

（平一一法一六〇・平一七法七七・平二〇法四二・平二六法八三・一部改正）

第五節　介護保険施設

（平一七法七七・旧第三節繰下）

（法第八十五条の厚生労働省令で定める事項）

第百三十三条の二　法第八十五条の厚生労働省令で定める事項は、次に掲げる事項とする。

一　当該指定居宅介護支援事業者の名称

二　当該指定に係る事業所の名称及び所在地

三　指定をし、事業の廃止の届出の受理をし、又は指定を取り消した場合にあっては、その年月日

四　指定の全部又は一部の効力を停止した場合にあっては、その内容及びその期間

五　サービスの種類

（平一二厚労令五四・追加）

第五節　介護保険施設

（平一八厚労令三二・節名追加）

法　律

第一款　指定介護老人福祉施設

（指定介護老人福祉施設の指定）

第八十六条　第四十八条第一項第一号の指定は、厚生労働省令で定めるところにより、老人福祉法第二十条の五に規定する特別養護老人ホームのうち、その入所定員が三十人以上であって都道府県の条例で定める数であるものの開設者の申請があったものについて行う。

2　都道府県知事は、前項の申請があった場合において、当該特別養護老人ホームが次の各号のいずれかに該当するときは、第四十八条第一項第一号の指定をしてはならない。

一　第八十八条第一項に規定する人員を有しないとき。

二　第八十八条第二項に規定する指定介護老人福祉施設の設備及び運営に関する基準に従って適正な介護老人福祉施設の運営をすることができないと認められるとき。

三　当該特別養護老人ホームの開設者が、この法律その他国民の保健医療若しくは福祉に関する法律で政令で定めるものの規定により罰金の刑に処せられ、その執行を終わり、又は執行を受けることがなくなるまでの者であるとき。

三の二　当該特別養護老人ホームの開設者が、労働に関する法律の規定であって政令で定めるものにより罰金の刑に処せられ、その執行を終わり、又は執行を受けることがなくなるまでの者であるとき。

三の三　当該特別養護老人ホームの開設者が、健康保険法、地方公務員等共済組合法、厚生年金保険法又は労働保険の保険料の徴収等に関する法律の定めるところにより納付義務を負う保険料、負担金又は掛金について、当該申請をした日の前日までに、これらの法律の規定に基づく滞納処分を受け、かつ、当該処分を受けた日から正当な理由なく三月以上の期間にわたり、当該処分を受けた日以降に納期限の到来した保険料、負担金又は掛金の全て（当該処分を受けた者が、当該処分に係る保険料、負担金又は掛金の納付義務を負うことを定める法律によって納付義務を負う保険料、負担金又は掛金に限る。）を引き続き滞納している者であるとき。

施　行　令

施　行　規　則

（指定介護老人福祉施設に係る指定の申請等）

第百三十四条　法第八十六条第一項の規定により指定介護老人福祉施設の指定を受けようとする者は、次に掲げる事項を記載した申請書又は書類を、当該指定の申請に係る施設の開設の場所を管轄する都道府県知事に提出しなければならない。

一　施設の名称及び開設の場所

二　開設者の名称及び主たる事務所の所在地並びに代表者の氏名、生年月日、住所及び職名

三　当該申請に係る事業の開始の予定年月日

四　開設者の登記事項証明書又は条例等

五　特別養護老人ホームの認可証等の写し

六　併設する施設がある場合にあっては、当該併設する施設の概要

七　建物の構造概要及び平面図（各室の用途を明示するものとする。）並びに設備の概要

八　入所者の推定数

九　施設の管理者の氏名、生年月日及び住所

十　運営規程

十一　入所者からの苦情を処理するために講ずる措置の概要

十二　当該申請に係る事業に係る従業者の勤務の体制及び勤務形態

十三　指定介護老人福祉施設基準第二十八条第一項（指定介護老人福祉施設基準第四十九条において準用する場合を含む。）に規定する協力医療機関の名称及び診療科名並びに当該協力医療機関との契約の内容（指定介護老人福祉施設基準第二十八条第六項（指定介護老人福祉施設基準第四十九条において準用する場合を含む。）に規定する協力歯科医療機関があるときは、その名称及び当該協力歯科医療機関との契約の内容を含む。）

十四　法第八十六条第二項各号（法第八十六条の二第四項において準用する場合を含む。）に該当しないことを誓約する書面（以下この条及び第百三十五条において「誓約書」という。）

十五　介護支援専門員の氏名及びその登録番号

十六　その他指定に関し必要と認める事項

2　法第八十六条の二第一項の規定に基づき指定介護老人福祉施設に係る指定の更新を受けようとする者は、第一項各号（第三号及び第十四号を除く。）に掲げる事項及び次に掲げる事項を記載した申請

四　当該特別養護老人ホームの開設者が、第九十二条第一項又は第百十五条の三十五第六項の規定により指定を取り消され、その取消しの日から起算して五年を経過しない者であるとき。ただし、当該指定の取消しが、指定介護老人福祉施設の指定の取消しのうち当該指定の取消しの処分の理由となった事実及び当該事実の発生を防止するための当該指定介護老人福祉施設の開設者による業務管理体制の整備についての取組の状況その他の当該事実に関して当該指定介護老人福祉施設の開設者が有していた責任の程度を考慮して、この号本文に規定する指定の取消しに該当しないこととすることが相当であると認められるものとして厚生労働省令で定めるものに該当する場合を除く。

五　当該特別養護老人ホームの開設者が、第九十二条第一項又は第百十五条の三十五第六項の規定による指定の取消しの処分に係る行政手続法第十五条の規定による通知があった日から当該処分をする日又は処分をしないことを決定する日までの間に第九十一条の規定による指定の辞退をした者（当該指定の辞退について相当の理由がある者を除く。）で、当該指定の辞退の日から起算して五年を経過しないものであるとき。

五の二　当該特別養護老人ホームの開設者が、第九十条第一項の規定による検査が行われた日から聴聞決定予定日（当該検査の結果に基づき第九十二条第一項の規定による指定の取消しの処分に係る聴聞を行うか否かの決定をすることが見込まれる日として厚生労働省令で定めるところにより都道府県知事が当該特別養護老人ホームの開設者に当該検査が行われた日から十日以内に特定の日

書又は書類を、当該指定に係る施設の所在地を管轄する都道府県知事に提出しなければならない。

一　現に受けている指定の有効期間満了日

二　誓約書

3　前項の規定にかかわらず、都道府県知事は、当該申請に係る施設が既に当該都道府県知事に提出している第一項第四号から第十三号までに掲げる事項に変更がないときは、これらの事項に係る申請書の記載又は書類の提出を省略させることができる。

4　第一項及び第二項に規定する申請書は、厚生労働大臣が定める様式によるものとする。

（平一二厚令二五・平一七厚労令二五・平一八厚労令三二・平二三厚労令一〇六・平三〇厚労令八〇（平三〇厚労令一一九）・令五厚労令四六・令六厚労令一六・一部改正）

（法第八十六条第二項第四号の厚生労働省令で定める同号本文に規定する指定の取消しに該当しないこととすることが相当であると認められる場合等）

第百三十四条の二　法第八十六条第二項第四号の厚生労働省令で定める同号本文に規定する指定の取消しに該当しないこととすることが相当であると認められる場合は、厚生労働大臣、都道府県知事又は市町村長が法第百十五条の三十三第一項その他の規定による報告等の権限を適切に行使し、当該指定の取消しの処分の理由となった事実及び当該事実の発生を防止するための当該指定介護老人福祉施設の開設者による業務管理体制の整備についての取組の状況その他の当該事実に関して当該指定介護老人福祉施設の開設者が有していた責任の程度を確認した結果、当該指定介護老人福祉施設の開設者が当該指定取消しの理由となった事実について組織的に関与していると認められない場合とする。

2　前項の規定は、法第八十六条第二項第七号ニの厚生労働省令で定める同号に規定する指定の取消しに該当しないこととすることが相当であると認められる場合について準用する。

（平二一厚労令五四・追加、平二四厚労令一一・一部改正）

（聴聞決定予定日の通知）

第百三十四条の三　法第八十六条第二項第五号の二の規定による通知をするときは、法第九十条第一項の規定による検査が行われた日（以下この条において「検査日」という。）から十日以内に、検査日から起算して六十日以内の特定の日を通知するものとする。

（平二一厚労令五四・追加）

法律

を通知した場合における当該特定の日をいう。）までの間に第九十一条の規定による指定の辞退をした者（当該指定の辞退について相当の理由がある者を除く。）で、当該指定の辞退の日から起算して五年を経過しないものであるとき。

六　当該特別養護老人ホームの開設者が、指定の申請前五年以内に居宅サービス等に関し不正又は著しく不当な行為をした者であるとき。

七　当該特別養護老人ホームの開設者の役員又はその長のうちに次のいずれかに該当する者があるとき。

イ　禁錮以上の刑に処せられ、その執行を終わり、又は執行を受けることがなくなるまでの者

ロ　第三号、第三号の二又は前号に該当する者

ハ　この法律、国民健康保険法又は国民年金法の定めるところにより納付義務を負う保険料（地方税法の規定による国民健康保険税を含む。以下このハにおいて「保険料等」という。）について、当該申請をした日の前日までに、納付義務を定めた法律の規定に基づく滞納処分を受け、かつ、当該処分を受けた日から正当な理由なく三月以上の期間にわたり、当該処分を受けた日以降に納期限の到来した保険料等の全て（当該処分を受けた者が、当該処分に係る保険料等の納付義務を負うことを定める法律によって納付義務を負う保険料等に限る。）を引き続き滞納している者

ニ　第九十二条第一項又は第百十五条の三十五第六項の規定により指定を取り消された特別養護老人ホームにおいて、当該取消しの処分に係る行政手続法第十五条の規定による通知があった日前六十日以内にその開設者の役員又はその長であった者で当該取消しの日から起算して五年を経過しないもの（当該指定の取消しが、指定介護老人福祉施設の指定の取消しのうち当該指定の取消しの処分の理由となった事実及び当該事実の発生を防止するための当該指定介護老人福祉施設の開設者による業務管理体制の整備についての取組の状況その他の当該事実に関して当該指定介護老人福祉施設の開設者が有していた責任の程度を考慮して、この号に規定する指定の取消しに該当しないこととすることが相当であると認められるものとして厚生労働省令で定めるものに該当する場合を除く。）

施行令

施行規則

ホ　第五号に規定する期間内に第九十一条の規定による指定の辞退をした特別養護老人ホーム（当該指定の辞退について相当の理由がある特別養護老人ホームを除く。）において、同号の通知の日前六十日以内にその開設者の役員又はその長であった者で当該指定の辞退の日から起算して五年を経過しないもの

3　都道府県知事は、第四十八条第一項第一号の指定をしようとするときは、関係市町村長に対し、厚生労働省令で定める事項を通知し、相当の期間を指定して、当該関係市町村の第百十七条第一項に規定する市町村介護保険事業計画との調整を図る見地からの意見を求めなければならない。

（平一一法一六〇・平一七法七七・平一九法一一〇・平二〇法四二・平二三法七二・平二五法四四・一部改正）

（指定の更新）

第八十六条の二　第四十八条第一項第一号の指定は、六年ごとにその更新を受けなければ、その期間の経過によって、その効力を失う。

2　前項の更新の申請があった場合において、同項の期間（以下この条において「指定の有効期間」という。）の満了の日までにその申請に対する処分がされないときは、従前の指定は、指定の有効期間の満了後もその処分がされるまでの間は、なおその効力を有する。

3　前項の場合において、指定の更新がされたときは、その指定の有効期間は、従前の指定の有効期間の満了の日の翌日から起算するものとする。

4　前条の規定は、第一項の指定の更新について準用する。

（平一七法七七・追加）

（指定介護老人福祉施設の基準）

第八十七条　指定介護老人福祉施設の開設者は、次条第二項に規定する指定介護老人福祉施設の設備及び運営に関する基準に従い、要介護者の心身の状況等に応じて適切な指定介護福祉施設サービスを提供するとともに、自らその提供する指定介護福祉施設サービスの質の評価を行うことその他の措置を講ずることにより常に指定介護福祉施設サービスを受ける者の立場に立ってこれを提供するように努めなければならない。

2　指定介護老人福祉施設の開設者は、指定介護福祉施設サービスを受けようとする被保険者から提示された被保険者証に、認定審査会意見が記載されているときは、当該認定審査会意見に配慮して、当該被保険者に当該指定介護福祉施設サービスを提供するように努めなければならない。

（法第八十六条第三項の厚生労働省令で定める事項）

第百三十四条の四　法第八十六条第三項の厚生労働省令で定める事項は、次に掲げる事項とする。

一　当該指定に係る施設の名称及び開設の場所

二　当該指定に係る開設者の名称及び主たる事務所の所在地並びに代表者の氏名、生年月日、住所及び職名

三　当該指定に係る事業の開始の予定年月日

四　入所者の推定数

（平一八厚労令三二・追加、平二一厚労令五四・旧第百三十四条の二繰下）

第八十八条　指定介護老人福祉施設は、都道府県の条例で定める員数の介護支援専門員その他の指定介護福祉施設サービスに従事する従業者を有しなければならない。

2　前項に規定するもののほか、指定介護老人福祉施設の設備及び運営に関する基準は、都道府県の条例で定める。

3　都道府県が前二項の条例を定めるに当たっては、次に掲げる事項については厚生労働省令で定める基準に従い定めるものとし、その他の事項については厚生労働省令で定める基準を参酌するものとする。

一　指定介護福祉施設サービスに従事する従業者及びその員数

二　指定介護老人福祉施設に係る居室の床面積

三　指定介護老人福祉施設の運営に関する事項であって、入所する要介護者のサービスの適切な利用、適切な処遇及び安全の確保並びに秘密の保持に密接に関連するものとして厚生労働省令で定めるもの

＊厚生労働省令で定める基準＝〔省〕指定介護老人福祉施設の人員、設備及び運営に関する基準（平一一厚令三九）

4　厚生労働大臣は、前項に規定する厚生労働省令で定める基準（指定介護福祉施設サービスの取扱いに関する部分に限る。）を定めようとするときは、あらかじめ社会保障審議会の意見を聴かなければならない。

＊厚生労働省令で定める基準＝〔省〕指定介護老人福祉施設の人員、設備及び運営に関する基準（平一一厚令三九）

5　指定介護老人福祉施設の開設者は、第九十一条の規定による指定の辞退をするときは、同条に規定する予告期間の開始日の前日に当該指定介護福祉施設サービスを受けていた者であって、当該指定の辞退の日以後においても引き続き当該指定介護福祉施設サービスに相当するサービスの提供を希望する者に対し、必要な居宅サービス等が継続的に提供されるよう、他の指定介護老人福祉施設の開設者その他関係者との連絡調整その他の便宜の提供を行わなければならない。

6　指定介護老人福祉施設の開設者は、要介護者の人格を尊重するとともに、この法律又はこの法律に基づく命令を遵守し、要介護者のため忠実にその職務を遂行しなければならない。

（平一一法一六〇・平一七法七七・平二〇法四二・平二三法三七・一部改正）

（変更の届出）

第八十九条　指定介護老人福祉施設の開設者は、開設者の住所その他の厚生労働省令で定める事項に変更があったときは、厚生労働省令で定めるところにより、十日以内に、その旨を都道府県知事に届け出なければならない。

（平一一法一六〇・一部改正）

（都道府県知事等による連絡調整又は援助）

第八十九条の二　都道府県知事又は市町村長は、指定介護老人福祉施設の開設者による第八十八条第五項に規定する便宜の提供が円滑に行われるため必要があると認めるときは、当該指定介護老人福祉施設の開設者及び他の指定介護老人福祉施設の開設者その他の関係者相互間の連絡調整又は当該指定介護老人福祉施設の開設者及び当該関係者に対する助言その他の援助を行うことができる。

2　厚生労働大臣は、同一の指定介護老人福祉施設の開設者について二以上の都道府県知事が前項の規定による連絡調整又は援助を行う場合において、当該指定介護老人福祉施設の開設者による第八十八条第五項に規定する便宜の提供が円滑に行われるため必要があると認めるときは、当該都道府県知事相互間の連絡調整又は当該指定介護老人福祉施設の開設者に対する都道府県の区域を超えた広域的な見地からの助言その他の援助を行うことができる。

（平二〇法四二・追加、平二三法三七・一部改正）

（報告等）

第九十条　都道府県知事又は市町村長は、必要があると認めるときは、指定介護老人福祉施設若しくは指定介護老人福祉施設の開設者若しくはその長その他の従業者であった者（以下この項において「開設者であった者等」という。）に対し、報告若しくは帳簿書類の提出若しくは提示を命じ、指定介護老人福祉施設の開設者若しくはその長その他の従業者若しくは開設者であった者等に対し出頭を求め、又は当該職員に関係者に対して質問させ、若しくは指定介護老人福祉施設、指定介護老人福祉施設の開設者の事務所その他指定介護老人福祉施設の運営に関係のある場所に立ち入り、その設備若しくは帳簿書類その他の物件を検査させることができる。

2　第二十四条第三項の規定は、前項の規定による質問又は検査について、同条第四項の規定は、前項の規定による権限について準用する。

（平一七法七七・平二〇法四二・一部改正）

（指定の辞退）

（指定介護老人福祉施設の開設者の住所の変更の届出等）

第百三十五条　指定介護老人福祉施設の開設者は、第百三十四条第一項第一号、第二号、第四号（当該指定に係る事業に関するものに限る。）、第六号、第七号、第九号、第十号、第十三号及び第十五号に掲げる事項に変更があったときは、当該変更に係る事項について当該指定介護老人福祉施設の開設の場所を管轄する都道府県知事に届け出なければならない。

2　法第九十一条の規定に基づき指定介護老人福祉施設に係る指定を辞退しようとする者は、その旨を、当該指定介護老人福祉施設の開設の場所を管轄する都道府県知事に届け出なければならない。

3　前二項の規定による届出は、厚生労働大臣が定める様式により行うものとする。

（平一二厚令二五・平一八厚労令三二・平三〇厚労令八〇（平三〇厚労令一一九）・令五厚労令四六・一部改正）

法律

第九十一条　指定介護老人福祉施設は、一月以上の予告期間を設けて、その指定を辞退することができる。

（勧告、命令等）

第九十一条の二　都道府県知事は、指定介護老人福祉施設が、次の各号に掲げる場合に該当すると認めるときは、当該指定介護老人福祉施設の開設者に対し、期限を定めて、それぞれ当該各号に定める措置をとるべきことを勧告することができる。

一　その行う指定介護福祉施設サービスに従事する従業者の人員について第八十八条第一項の都道府県の条例で定める員数を満たしていない場合　当該都道府県の条例で定める員数を満たすこと。

二　第八十八条第二項に規定する指定介護老人福祉施設の設備及び運営に関する基準に従って適正な指定介護老人福祉施設の運営をしていない場合　当該指定介護老人福祉施設の設備及び運営に関する基準に従って適正な指定介護老人福祉施設の運営をすること。

三　第八十八条第五項に規定する便宜の提供を適正に行っていない場合　当該便宜の提供を適正に行うこと。

2　都道府県知事は、前項の規定による勧告をした場合において、その勧告を受けた指定介護老人福祉施設の開設者が同項の期限内にこれに従わなかったときは、その旨を公表することができる。

3　都道府県知事は、第一項の規定による勧告を受けた指定介護老人福祉施設の開設者が、正当な理由がなくてその勧告に係る措置をとらなかったときは、当該指定介護老人福祉施設の開設者に対し、期限を定めて、その勧告に係る措置をとるべきことを命ずることができる。

4　都道府県知事は、前項の規定による命令をした場合においては、その旨を公示しなければならない。

5　市町村は、保険給付に係る指定介護福祉施設サービスを行った指定介護老人福祉施設について、第一項各号に掲げる場合のいずれかに該当すると認めるときは、その旨を当該指定介護老人福祉施設の所在地の都道府県知事に通知しなければならない。

（平一七法七七・追加、平二〇法四二・平二三法三七・一部改正）

（指定の取消し等）

第九十二条　都道府県知事は、次の各号のいずれかに該当する場合においては、当該指定介護老人福祉施設に係る第四十八条第一項第一

施行令

施行規則

号の指定を取り消し、又は期間を定めてその指定の全部若しくは一部の効力を停止することができる。
一　指定介護老人福祉施設が、第八十六条第二項第三号、第三号の二又は第七号（ハに該当する者があるときを除く。）のいずれかに該当するに至ったとき。
二　指定介護老人福祉施設が、その行う指定介護福祉施設サービスに従事する従業者の人員について、第八十八条第一項の都道府県の条例で定める員数を満たすことができなくなったとき。
三　指定介護老人福祉施設が、第八十八条第二項に規定する指定介護老人福祉施設の設備及び運営に関する基準に従って適正な指定介護老人福祉施設の運営をすることができなくなったとき。
四　指定介護老人福祉施設の開設者が、第八十八条第六項に規定する義務に違反したと認められるとき。
五　第二十八条第五項の規定により調査の委託を受けた場合において、当該調査の結果について虚偽の報告をしたとき。
六　施設介護サービス費の請求に関し不正があったとき。
七　指定介護老人福祉施設が、第九十条第一項の規定により報告又は帳簿書類の提出若しくは提示を命ぜられてこれに従わず、又は虚偽の報告をしたとき。
八　指定介護老人福祉施設の開設者又はその長若しくは従業者が、第九十条第一項の規定により出頭を求められてこれに応ぜず、同項の規定による質問に対して答弁せず、若しくは虚偽の答弁をし、又は同項の規定による検査を拒み、妨げ、若しくは忌避したとき。ただし、当該指定介護老人福祉施設の従業者がその行為をした場合において、その行為を防止するため、当該指定介護老人福祉施設の開設者又はその長が相当の注意及び監督を尽くしたときを除く。
九　指定介護老人福祉施設の開設者が、不正の手段により第四十八条第一項第一号の指定を受けたとき。
十　前各号に掲げる場合のほか、指定介護老人福祉施設の開設者が、この法律その他国民の保健医療若しくは福祉に関する法律で政令で定めるもの又はこれらの法律に基づく命令若しくは処分に違反したとき。
十一　前各号に掲げる場合のほか、指定介護老人福祉施設の開設者が、居宅サービス等に関し不正又は著しく不当な行為をしたとき。
十二　指定介護老人福祉施設の開設者の役員又はその長のうちに、

法律

指定の取消し又は指定の全部若しくは一部の効力の停止をしようとするとき前五年以内に居宅サービス等に関し不正又は著しく不当な行為をした者があるとき。

2　市町村は、保険給付に係る指定介護福祉施設サービス又は第二十八条第五項の規定により委託した調査を行った指定介護老人福祉施設について、前項各号のいずれかに該当すると認めるときは、その旨を当該指定介護老人福祉施設の所在地の都道府県知事に通知しなければならない。

（平一一法一六〇・平一七法七七・平一九法一一〇・平二〇法四二・平二三法三七・平二三法七二・一部改正）

（公示）

第九十三条　都道府県知事は、次に掲げる場合には、当該指定介護老人福祉施設の開設者の名称、当該指定介護老人福祉施設の所在地その他の厚生労働省令で定める事項を公示しなければならない。

一　第四十八条第一項第一号の指定をしたとき。

二　第九十一条の規定による第四十八条第一項第一号の指定の辞退があったとき。

三　前条第一項又は第百十五条の三十五第六項の規定により第四十八条第一項第一号の指定を取り消し、又は指定の全部若しくは一部の効力を停止したとき。

（平一七法七七・平二〇法四二・一部改正）

第二款　介護老人保健施設

（開設許可）

第九十四条　介護老人保健施設を開設しようとする者は、厚生労働省令で定めるところにより、都道府県知事の許可を受けなければならない。

施行令

第三節　介護老人保健施設

（平一一政三九三・節名追加、平一八政一五四・旧第二節繰下）

施行規則

（法第九十三条の厚生労働省令で定める事項）

第百三十五条の二　法第九十三条の厚生労働省令で定める事項は、次に掲げる事項とする。

一　当該指定介護老人福祉施設の開設者の名称

二　当該指定介護老人福祉施設の名称及び所在地

三　指定をし、事業の廃止の届出の受理をし、又は指定を取り消した場合にあっては、その年月日

四　指定の全部又は一部の効力を停止した場合にあっては、その内容及びその期間

五　サービスの種類

（平二一厚労令五四・追加）

（介護老人保健施設の開設許可の申請等）

第百三十六条　法第九十四条第一項の規定による介護老人保健施設の開設の許可を受けようとする者は、次に掲げる事項を記載した申請書又は書類を、当該許可の申請に係る施設の開設の場所を管轄する都道府県知事に提出しなければならない。

一　施設の名称及び開設の場所

2　介護老人保健施設を開設した者が、当該介護老人保健施設の入所定員その他厚生労働省令で定める事項を変更しようとするときも、前項と同様とする。

3　都道府県知事は、前二項の許可の申請があった場合において、次の各号（前項の申請にあっては、第二号又は第三号）のいずれかに該当するときは、前二項の許可を与えることができない。

一　当該介護老人保健施設を開設しようとする者が、地方公共団体、医療法人、社会福祉法人その他厚生

二　開設者の名称及び主たる事務所の所在地並びに代表者の氏名、生年月日、住所及び職名

三　開設の予定年月日

四　開設者の登記事項証明書又は条例等

五　敷地の面積及び平面図並びに敷地周囲の見取図

六　併設する施設がある場合にあっては、当該併設する施設の概要

七　建物の構造概要及び平面図（各室の用途を明示するものとする。）並びに施設及び構造設備の概要

八　施設の共用の有無及び共用の場合の利用計画

九　入所者の予定数

十　施設の管理者の氏名、生年月日及び住所

十一　運営規程

十二　入所者からの苦情を処理するために講ずる措置の概要

十三　当該申請に係る事業に係る従業者の勤務の体制及び勤務形態

十四　介護老人保健施設基準第三十条第一項に規定する協力医療機関の名称及び診療科名並びに当該協力医療機関との契約の内容（同条第六項に規定する協力歯科医療機関があるときは、その名称及び当該協力歯科医療機関との契約の内容を含む。）

十五　法第九十四条第三項各号（法第九十四条の二第四項において準用する場合を含む。）に該当しないことを誓約する書面（以下この条及び第百三十七条において「誓約書」という。）

十六　介護支援専門員の氏名及びその登録番号

十七　その他許可に関し必要と認める事項

2　介護老人保健施設の開設者が、法第九十四条第二項の規定により都道府県知事の許可を受けなければならない事項は、前項第五号（敷地の面積及び平面図に係る部分に限る。）、第七号、第八号、第十一号（従業者の職種、員数及び職務内容並びに入所定員に係る部分に限る。）及び第十四号（協力医療機関を変更しようとするときに係るものに限る。）に掲げる事項とする。ただし、同項第十一号（入所定員に係る部分に限る。）に掲げる事項を変更しようとする場合におい

法律

労働大臣が定める者でないとき。

＊介護老人保健施設を開設できる者＝(告)厚生労働大臣の定める介護老人保健施設を開設できる者(平一一厚告九六)

二　当該介護老人保健施設が第九十七条第一項に規定する療養室、診察室及び機能訓練室並びに都道府県の条例で定める施設又は同条第二項の厚生労働省令及び都道府県の条例で定める人員を有しないとき。

三　第九十七条第三項に規定する介護老人保健施設の設備及び運営に関する基準に従って適正な介護老人保健施設の運営をすることができないと認められるとき。

四　申請者が、禁錮以上の刑に処せられ、その執行を終わり、又は執行を受けることがなくなるまでの者であるとき。

五　申請者が、この法律その他国民の保健医療若しくは福祉に関する法律で政令で定めるものの規定により罰金の刑に処せられ、その執行を終わり、又は執行を受けることがなくなるまでの者であるとき。

五の二　申請者が、労働に関する法律の規定であって政令で定めるものにより罰金の刑に処せられ、その執行を終わり、又は執行を受けることがなくなるまでの者であるとき。

五の三　申請者が、保険料等について、当該申請をした日の前日までに、納付義務を定めた法律の規定に基づく滞納処分を受け、かつ、当該処分を受けた日から正当な理由なく三月以上の期間にわたり、当該処分を受けた日以降に納期限の到来した保険料等の全てを引き続き滞納している者であるとき。

六　申請者が、第百四条第一項又は第百十五条の三十五第六項の規定により許可を取り消され、その取消しの日から起算して五年を経過しない者（当該許可を取り消された者が法人である場合においては、当該取消しの処分に係る行政手続法第十五条の規定によ

施行令

施行規則

て、入所定員又は療養室の定員数を減少させようとするときは、許可を受けることを要しない。

3　法第九十四条第二項の規定に基づき都道府県知事の許可を受けようとする者は、変更しようとする事項その他の必要な事項を記載した申請書又は書類を、当該許可に係る施設の開設の場所を管轄する都道府県知事に提出しなければならない。

4　法第九十四条の二第一項の規定に基づき介護老人保健施設の許可の更新を受けようとする者は、第一項各号（第三号及び第十五号を除く。）に掲げる事項及び次に掲げる事項を記載した申請書又は書類を、当該許可に係る施設の所在地を管轄する都道府県知事に提出しなければならない。

一　現に受けている許可の有効期間満了日

二　誓約書

5　前項の規定にかかわらず、都道府県知事は、当該申請に係る施設が既に当該都道府県知事に提出している第一項第四号から第十四号までに掲げる事項に変更がないときは、これらの事項に係る申請書の記載又は書類の提出を省略させることができる。

6　法第九十五条第一項又は第二項の規定に基づき都道府県知事の承認を受けようとする者は、当該承認に係る施設の名称その他の必要な事項を記載した申請書又は書類を、当該承認に係る施設の開設の場所を管轄する都道府県知事に提出しなければならない。

7　法第九十八条第一項第四号の介護老人保健施設の広告に係る都道府県知事の許可を受けようとする者は、当該許可を受けようとする広告の内容及び方法その他の必要な事項を記載した申請書又は書類を、当該許可に係る施設の開設の場所を管轄する都道府県知事に提出しなければならない。

8　前各項（第二項及び第五項を除く。）に規定する申請書は、厚生労働大臣が定める様式によるものとする。

（平一一厚令九二・平一二厚令一二五・平一七厚労令二五・平一八厚労令三二・平三〇厚労令八〇（平三〇厚労令一一九）・令五厚労令四六・令六厚労令一六・一部改正）

（法第九十四条第三項第六号の厚生労働省令で定める同号本文に規定する許可の取消しに該当しないこととすることが相当であると認められる場合）

第百三十六条の二　法第九十四条第三項第六号の厚生労働省令で定め

る通知があった日前六十日以内に当該法人の役員又はその開設した介護老人保健施設の管理者であった者で当該取消しの日から起算して五年を経過しないものを含み、当該許可を取り消された者が第一号の厚生労働大臣が定める者のうち法人でないものである場合においては、当該通知があった日前六十日以内に当該者の開設した介護老人保健施設の管理者であった者で当該取消しの日から起算して五年を経過しないものを含む。）であるとき。ただし、当該許可の取消しが、介護老人保健施設の許可の取消しのうち当該許可の取消しの処分の理由となった事実及び当該事実の発生を防止するための当該介護老人保健施設の開設者による業務管理体制の整備についての取組の状況その他の当該事実に関して当該介護老人保健施設の開設者が有していた責任の程度を考慮して、この号本文に規定する許可の取消しに該当しないこととすることが相当であると認められるものとして厚生労働省令で定めるものに該当する場合を除く。

七　申請者が、第百四条第一項又は第百十五条の三十五第六項の規定による許可の取消しの処分に係る行政手続法第十五条の規定による通知があった日から当該処分をする日又は処分をしないことを決定する日までの間に第九十九条第二項の規定による廃止の届出をした者（当該廃止について相当の理由がある者を除く。）で、当該届出の日から起算して五年を経過しないものであるとき。

七の二　申請者が、第百条第一項の規定による検査が行われた日から聴聞決定予定日（当該検査の結果に基づき第百四条第一項の規定による許可の取消しの処分に係る聴聞を行うか否かの決定をすることが見込まれる日として厚生労働省令で定めるところにより都道府県知事が当該申請者に当該検査が行われた日から十日以内に特定の日を通知した場合における当該特定の日をいう。）までの間に第九十九条第二項の規定による廃止の届出をした者（当該廃止について相当の理由がある者を除く。）で、当該届出の日から起算して五年を経過しないものであるとき。

八　第七号に規定する期間内に第九十九条第二項の規定による廃止の届出があった場合において、申請者が、同号の通知の日前六十日以内に当該届出に係る法人（当該廃止について相当の理由がある法人を除く。）の役員若しくはその開設した介護老人保健施設の管理者又は当該届出に係る第一号の厚生労働大臣が定める者のうち法人でないもの（当該廃止について相当の理由がある者を除

る同号本文に規定する許可の取消しに該当しないこととすることが相当であると認められる場合は、厚生労働大臣、都道府県知事又は市町村長が法第百十五条の三十三第一項その他の規定による報告等の権限を適切に行使し、当該許可の取消しの処分の理由となった事実及び当該事実の発生を防止するための当該介護老人保健施設の開設者による業務管理体制の整備についての取組の状況その他の当該事実に関して当該介護老人保健施設の開設者が有していた責任の程度を確認した結果、当該介護老人保健施設の開設者が当該許可の取消しの理由となった事実について組織的に関与していると認められない場合とする。

（平二一厚労令五四・追加）

（聴聞決定予定日の通知）

第百三十六条の三　法第九十四条第三項第七号の二の規定による通知をするときは、法第百条第一項の規定による検査が行われた日（以下この条において「検査日」という。）から十日以内に、検査日から起算して六十日以内の特定の日を通知するものとする。

（平二一厚労令五四・追加）

法律

く。）の開設した介護老人保健施設の管理者であった者で、当該届出の日から起算して五年を経過しないものであるとき。

九　申請者が、許可の申請前五年以内に居宅サービス等に関し不正又は著しく不当な行為をした者であるとき。

十　申請者が、法人で、その役員等のうちに第四号から前号までのいずれかに該当する者のあるものであるとき。

十一　申請者が、第一号の厚生労働大臣が定める者のうち法人でないもので、その事業所を管理する者その他の政令で定める使用人のうちに第四号から第九号までのいずれかに該当する者のあるものであるとき。

4　都道府県知事は、営利を目的として、介護老人保健施設を開設しようとする者に対しては、第一項の許可を与えないことができる。

5　都道府県知事は、第一項の許可又は第二項の許可（入所定員の増加に係るものに限る。以下この項及び次項において同じ。）の申請があった場合において、当該申請に係る施設の所在地を含む区域（第百十八条第二項第一号の規定により当該都道府県が定める区域とする。）における介護老人保健施設の入所定員の総数が、同条第一項の規定により当該都道府県が定める都道府県介護保険事業支援計画において定めるその区域の介護老人保健施設の必要入所定員総数に既に達しているか、又は当該申請に係る施設の開設若しくは入所定員の増加によってこれを超えることになると認めるとき、その他の当該都道府県介護保険事業支援計画の達成に支障を生ずるおそれがあると認めるときは、第一項の許可又は第二項の許可を与えないことができる。

6　都道府県知事は、第一項の許可又は第二項の許可をしようとするときは、関係市町村長に対し、厚生労働省令で定める事項を通知し、相当の期間を指定して、当該関係市町村の第百十七条第一項に規定する市町村介護保険事業計画との調整を図る見地からの意見を求めなければならない。

（平一一法一六〇・平一七法七七・平一九法一一〇・平二〇法四二・平二三法三七・平二三法七二・平二九法五二・一部改正）

（許可の更新）

第九十四条の二　前条第一項の許可は、六年ごとにその更新を受けなければ、その期間の経過によって、その効力を失う。

2　前項の更新の申請があった場合において、同項の期間（以下この

施行令

施行規則

（法第九十四条第六項の厚生労働省令で定める事項）

第百三十六条の四　法第九十四条第六項の厚生労働省令で定める事項は、次に掲げる事項とする。

一　当該許可に係る施設の名称及び開設の場所

二　当該許可に係る開設者の名称及び主たる事務所の所在地並びに代表者の氏名、生年月日、住所及び職名

三　開設の予定年月日

四　入所者の予定数

（平一八厚労令三二・追加、平二一厚労令五四・旧第百三十六条の二繰下）

条において「許可の有効期間」という。）の満了の日までにその申請に対する処分がされないときは、従前の許可は、許可の有効期間の満了後もその処分がされるまでの間は、なおその効力を有する。

3　前項の場合において、許可の更新がされたときは、その許可の有効期間は、従前の許可の有効期間の満了の日の翌日から起算するものとする。

4　前条の規定は、第一項の許可の更新について準用する。

（平一七法七七・追加）

（介護老人保健施設の管理）

第九十五条　介護老人保健施設の開設者は、都道府県知事の承認を受けた医師に当該介護老人保健施設を管理させなければならない。

2　前項の規定にかかわらず、介護老人保健施設の開設者は、都道府県知事の承認を受け、医師以外の者に当該介護老人保健施設を管理させることができる。

（介護老人保健施設の基準）

第九十六条　介護老人保健施設の開設者は、次条第三項に規定する介護老人保健施設の設備及び運営に関する基準に従い、要介護者の心身の状況等に応じて適切な介護保健施設サービスを提供するとともに、自らその提供する介護保健施設サービスの質の評価を行うことその他の措置を講ずることにより常に介護保健施設サービスを受ける者の立場に立ってこれを提供するように努めなければならない。

2　介護老人保健施設の開設者は、介護保健施設サービスを受けようとする被保険者から提示された被保険者証に、認定審査会意見が記載されているときは、当該認定審査会意見に配慮して、当該被保険者に当該介護保健施設サービスを提供するように努めなければならない。

第九十七条　介護老人保健施設は、厚生労働省令で定めるところにより療養室、診察室及び機能訓練室を有するほか、都道府県の条例で定める施設を有しなければならない。

＊厚生労働省令で定める＝〔省〕介護老人保健施設の人員、施設及び設備並びに運営に関する基準（平一一厚令四〇）

2　介護老人保健施設は、厚生労働省令で定める員数の医師及び看護師のほか、都道府県の条例で定める員数の介護支援専門員及び介護その他の業務に従事する従業者を有しなければならない。

＊厚生労働省令で定める＝〔省〕介護老人保健施設の人員、施設及び設備並びに運営に関する基準（平一一厚令四〇）

3　前二項に規定するもののほか、介護老人保健施設の設備及び運営に関する基準は、都道府県の条例で定める。

4　都道府県が前三項の条例を定めるに当たっては、次に掲げる事項については厚生労働省令で定める基準に従い定めるものとし、その他の事項については厚生労働省令で定める基準を参酌するものとする。

一　介護支援専門員及び介護その他の業務に従事する従業者並びにそれらの員数

二　介護老人保健施設の運営に関する事項であって、入所する要介護者のサービスの適切な利用、適切な処遇及び安全の確保並びに秘密の保持に密接に関連するものとして厚生労働省令で定めるもの

＊厚生労働省令で定める＝〔省〕介護老人保健施設の人員、施設及び設備並びに運営に関する基準（平一一厚令四〇）

5　厚生労働大臣は、前項に規定する厚生労働省令で定める基準（介護保健施設サービスの取扱いに関する部分に限る。）を定めようとするときは、あらかじめ社会保障審議会の意見を聴かなければならない。

＊厚生労働省令で定める＝〔省〕介護老人保健施設の人員、施設及び設備並びに運営に関する基準（平一一厚令四〇）

6　介護老人保健施設の開設者は、第九十九条第二項の規定による廃止又は休止の届出をしたときは、当該届出の日の前日に当該介護保健施設サービスを受けていた者であって、当該廃止又は休止の日以後においても引き続き当該介護保健施設サービスに相当するサービスの提供を希望する者に対し、必要な居宅サービス等が継続的に提供されるよう、他の介護老人保健施設の開設者その他関係者との連絡調整その他の便宜の提供を行わなければならない。

7　介護老人保健施設の開設者は、要介護者の人格を尊重するとともに、この法律又はこの法律に基づく命令を遵守し、要介護者のため忠実にその職務を遂行しなければならない。

（平一一法一六〇・平一三法一五三・平一七法七七・平二〇法四二・平二三法三七・一部改正）

（広告制限）

第九十八条　介護老人保健施設に関しては、文書その他いかなる方法によるを問わず、何人も次に掲げる事項を除くほか、これを広告してはならない。

一　介護老人保健施設の名称、電話番号及び所在の場所を表示する事項
二　介護老人保健施設に勤務する医師及び看護師の氏名
三　前二号に掲げる事項のほか、厚生労働大臣の定める事項
＊厚生労働大臣の定める事項＝〔告〕厚生労働大臣の定める介護老人保健施設が広告し得る事項（平一一厚告九七）
四　その他都道府県知事の許可を受けた事項

2　厚生労働大臣は、前項第三号に掲げる事項の広告の方法について、厚生労働省令で定めるところにより、必要な定めをすることができる。

（平一一法一六〇・平一三法一五三・一部改正）

（変更の届出等）

第九十九条　介護老人保健施設の開設者は、第九十四条第二項の規定による許可に係る事項を除き、当該介護老人保健施設の開設者の住所その他の厚生労働省令で定める事項に変更があったとき、又は休止した当該介護老人保健施設を再開したときは、厚生労働省令で定めるところにより、十日以内に、その旨を都道府県知事に届け出なければならない。

2　介護老人保健施設の開設者は、当該介護老人保健施設を廃止し、又は休止しようとするときは、厚生労働省令で定めるところにより、その廃止又は休止の日の一月前までに、その旨を都道府県知事に届け出なければならない。

（平一一法一六〇・平二〇法四二・一部改正）

（都道府県知事等による連絡調整又は援助）

第九十九条の二　都道府県知事又は市町村長は、介護老人保健施設の開設者による第九十七条第六項に規定する便宜の提供が円滑に行われるため必要があると認めるときは、当該介護老人保健施設の開設者その他の関係者相互間の連絡調整又は当該介護老人保健施設の開設者及び当該関係者に対する助言その他の援助を行うことができる。

2　厚生労働大臣は、同一の介護老人保健施設の開設者について二以上の都道府県知事が前項の規定による連絡調整又は援助を行う場合において、当該介護老人保健施設の開設者による第九十七条第六項に規定する便宜の提供が円滑に行われるため必要があると認めるときは、当該都道府県知事相互間の連絡調整又は当該介護老人保健施設の開設者に対する都道府県の区域を超えた広域的な見地からの助言その他の援助を行うことができる。

（介護老人保健施設の開設者の住所等の変更の届出等）

第百三十七条　介護老人保健施設の開設者は、第百三十六条第一項第一号、第二号、第四号（当該許可に係る事業に関するものに限る。）、第六号、第十号、第十一号（従業者の職種、員数及び職務の内容並びに入所定員（同条第二項ただし書に規定するときを除く。）に係る部分を除く。）、第十四号（協力医療機関を変更しようとするときに係るものを除く。）及び第十六号に掲げる事項に変更があったときは、当該変更に係る事項について当該介護老人保健施設の開設の場所を管轄する都道府県知事に届け出なければならない。

2　介護老人保健施設の開設者は、休止した当該介護老人保健施設を再開したときは、再開した年月日を当該介護老人保健施設の開設の場所を管轄する都道府県知事に届け出なければならない。

3　介護老人保健施設の開設者は、当該介護老人保健施設を廃止し、又は休止しようとするときは、その廃止又は休止の日の一月前までに、次に掲げる事項を当該介護老人保健施設の開設の場所を管轄する都道府県知事に届け出なければならない。
一　廃止し、又は休止しようとする年月日
二　廃止し、又は休止しようとする理由
三　現に介護保健施設サービスを受けている者に対する措置
四　休止しようとする場合にあっては、休止の予定期間

4　前三項の規定による届出は、厚生労働大臣が定める様式により行うものとする。

（平一二厚令一二五・平一八厚労令三二・平一九厚労令一八・平二一厚労令五四・平三〇厚労令三〇・平三〇厚労令八〇（平三〇厚労令一一九）・令五厚労令四六・令六厚労令一六・一部改正）

（報告等）

（平二〇法四二・追加、平二三法三七・一部改正）

第百条　都道府県知事又は市町村長は、必要があると認めるときは、介護老人保健施設の開設者、介護老人保健施設の管理者若しくは医師その他の従業者（以下「介護老人保健施設の開設者等」という。）に対し報告若しくは診療録その他の帳簿書類の提出若しくは提示を命じ、介護老人保健施設の開設者等に対し出頭を求め、又は当該職員に、介護老人保健施設の開設者等に対して質問させ、若しくは介護老人保健施設、介護老人保健施設の開設者の事務所その他介護老人保健施設の運営に関係のある場所に立ち入り、その設備若しくは診療録、帳簿書類その他の物件を検査させることができる。

2　第二十四条第三項の規定は、前項の規定による質問又は立入検査について、同条第四項の規定は、前項の規定による権限について準用する。

3　第一項の規定により、介護老人保健施設の開設者等に対し報告若しくは提出若しくは提示を命じ、若しくは出頭を求め、又は当該職員に介護老人保健施設の開設者等に対し質問させ、若しくは介護老人保健施設に立入検査をさせた市町村長は、当該介護老人保健施設につき次条、第百二条第一項、第百三条第三項又は第百四条第一項の規定による処分が行われる必要があると認めるときは、理由を付して、その旨を都道府県知事に通知しなければならない。

（平一一法八七・平一七法七七・平二〇法四二・平二九法五二・一部改正）

（設備の使用制限等）

第百一条　都道府県知事は、介護老人保健施設が、第九十七条第一項に規定する療養室、診察室及び機能訓練室並びに都道府県の条例で定める施設を有しなくなったとき、又は同条第三項に規定する介護老人保健施設の設備及び運営に関する基準（設備に関する部分に限る。）に適合しなくなったときは、当該介護老人保健施設の開設者に対し、期間を定めて、その全部若しくは一部の使用を制限し、若しくは禁止し、又は期限を定めて、修繕若しくは改築を命ずることができる。

（平二三法三七・一部改正）

（変更命令）

第百二条　都道府県知事は、介護老人保健施設の管理者が介護老人保健施設の管理者として不適当であると認めるときは、当該介護老人保保健施設の開設者に対し、期限を定めて、介護老人保健施設の管理者の変更を命ずることができる。

2　厚生労働大臣は、前項に規定する都道府県知事の権限に属する事務について、介護老人保健施設に入所している者の生命又は身体の安全を確保するため緊急の必要があると認めるときは、都道府県知事に対し同項の事務を行うことを指示することができる。

（平一一法八七・平一一法一六〇・一部改正）

（業務運営の勧告、命令等）

第百三条　都道府県知事は、介護老人保健施設が、次の各号に掲げる場合に該当すると認めるときは、当該介護老人保健施設の開設者に対し、期限を定めて、それぞれ当該各号に定める措置をとるべきことを勧告することができる。

一　その業務に従事する従業者の人員について第九十七条第二項の厚生労働省令又は都道府県の条例で定める員数を満たしていない場合　当該厚生労働省令又は都道府県の条例で定める員数を満たすこと。

二　第九十七条第三項に規定する介護老人保健施設の設備及び運営に関する基準（運営に関する部分に限る。）に適合していない場合　当該介護老人保健施設の設備及び運営に関する基準に適合すること。

三　第九十七条第六項に規定する便宜の提供を適正に行っていない場合　当該便宜の提供を適正に行うこと。

2　都道府県知事は、前項の規定による勧告をした場合において、その勧告を受けた介護老人保健施設の開設者が、同項の期限内にこれに従わなかったときは、その旨を公表することができる。

3　都道府県知事は、第一項の規定による勧告を受けた介護老人保健施設の開設者が、正当な理由がなくてその勧告に係る措置をとらなかったときは、当該介護老人保健施設の開設者に対し、期限を定めて、その勧告に係る措置をとるべきことを命じ、又は期間を定めて、その業務の停止を命ずることができる。

4　都道府県知事は、前項の規定による命令をした場合においては、その旨を公示しなければならない。

5　市町村は、保険給付に係る介護保健施設サービスを行った介護老人保健施設について、第一項各号に掲げる場合のいずれかに該当すると認めるときは、その旨を当該介護老人保健施設の所在地の都道府県知事に通知しなければならない。

（平一七法七七・平二〇法四二・平二三法三七・一部改正）

法律

（許可の取消し等）

第百四条　都道府県知事は、次の各号のいずれかに該当する場合においては、当該介護老人保健施設に係る第九十四条第一項の許可を取り消し、又は期間を定めてその許可の全部若しくは一部の効力を停止することができる。

一　介護老人保健施設の開設者が、第九十四条第一項の許可を受けた後正当の理由がないのに、六月以上その業務を開始しないとき。

二　介護老人保健施設が、第九十四条第三項第四号から第五号の二まで、第十号（第五号の三に該当する者のあるものであるときを除く。）又は第十一号（第五号の三に該当する者のあるものであるときを除く。）のいずれかに該当するに至ったとき。

三　介護老人保健施設の開設者が、第九十七条第七項に規定する義務に違反したと認められるとき。

四　介護老人保健施設の開設者に犯罪又は医事に関する不正行為があったとき。

五　第二十八条第五項の規定により調査の委託を受けた場合において、当該調査の結果について虚偽の報告をしたとき。

六　施設介護サービス費の請求に関し不正があったとき。

七　介護老人保健施設の開設者等が、第百条第一項の規定により報告又は診療録その他の帳簿書類の提出若しくは提示を命ぜられてこれに従わず、又は虚偽の報告をしたとき。

八　介護老人保健施設の開設者等が、第百条第一項の規定により出頭を求められてこれに応ぜず、同項の規定による質問に対して答弁せず、若しくは虚偽の答弁をし、又は同項の規定による検査を拒み、妨げ、若しくは忌避したとき。ただし、介護老人保健施設の従業者がその行為をした場合において、その行為を防止するため、当該介護老人保健施設の開設者又は管理者が相当の注意及び監督を尽くしたとき

施行令

施行規則

を除く。

九　前各号に掲げる場合のほか、介護老人保健施設の開設者が、この法律その他国民の保健医療若しくは福祉に関する法律で政令で定めるもの又はこれらの法律に基づく命令若しくは処分に違反したとき。

十　前各号に掲げる場合のほか、介護老人保健施設の開設者が、居宅サービス等に関し不正又は著しく不当な行為をしたとき。

十一　介護老人保健施設の開設者が法人である場合において、その役員又は当該介護老人保健施設の管理者のうちに許可の取消し又は許可の全部若しくは一部の効力の停止をしようとするとき前五年以内に居宅サービス等に関し不正又は著しく不当な行為をした者があるとき。

十二　介護老人保健施設の開設者が第九十四条第三項第一号の厚生労働大臣が定める者のうち法人でないものである場合において、その管理者が許可の取消し又は許可の全部若しくは一部の効力の停止をしようとするとき前五年以内に居宅サービス等に関し不正又は著しく不当な行為をした者であるとき。

2　市町村は、第二十八条第五項の規定により委託した調査又は保険給付に係る介護保健施設サービスを行った介護老人保健施設について、前項各号のいずれかに該当すると認めるときは、その旨を当該介護老人保健施設の所在地の都道府県知事に通知しなければならない。

3　厚生労働大臣は、第一項に規定する都道府県知事の権限に属する事務について、介護老人保健施設に入所している者の生命又は身体の安全を確保するため緊急の必要があると認めるときは、都道府県知事に対し同項の事務を行うことを指示することができる。

（平一一法八七・平一一法一六〇・平一七法七七・平一九法一一〇・平二〇法四二・平二三法三七・平二三法七二・平二九法五二・一部改正）

（公示）

第百四条の二　都道府県知事は、次に掲げる場合には、介護老人保健施設の開設者の名称又は氏名、当該介護

（法第百四条の二の厚生労働省令で定める事項）

第百三十七条の二　法第百四条の二の厚生労働省令で定める事項は、次に掲げる事項とする。

法律

老人保健施設の所在地その他の厚生労働省令で定める事項を公示しなければならない。

一　第九十四条第一項の規定による許可をしたとき。

二　第九十九条第二項の規定による廃止の届出があったとき。

三　前条第一項又は第百十五条の三十五第六項の規定により第九十四条第一項の許可を取り消し、又は許可の全部若しくは一部の効力を停止したとき。

（平二〇法四二・追加、平二九法五二・一部改正）

（医療法の準用）

第百五条　医療法（昭和二十三年法律第二百五号）第九条第二項の規定は、介護老人保健施設の開設者について、同法第十五条第一項及び第三項の規定は、介護老人保健施設の管理者について、同法第三十条の規定は、第百一条、第百二条第一項、第百三条第三項及び第百四条第一項の規定による処分について準用する。この場合において、これらの規定に関し必要な技術的読替えは、政令で定める。

（平一一法八七・平一二法一四一・平一八法八三（平二〇法四二）・平二〇法四二・平二九法五二・一部改正）

（医療法との関係等）

第百六条　介護老人保健施設は、医療法にいう病院又は診療所ではない。ただし、同法及びこれに基づく命令以外の法令の規定（健康保険法、国民健康保険法その他の法令の政令で定める規定を除く。）において「病院」又は「診療所」とあるのは、介護老人保健施設

施行令

（介護老人保健施設に関する読替え）

第三十六条　法第百五条の規定による技術的読替えは、次の表のとおりとする。

医療法の規定中読み替える規定	読み替えられる字句	読み替える字句
第十五条第一項	歯科医師、薬剤師その他の従業者	看護師、介護支援専門員及び介護その他の業務に従事する従業者
第三十条	第二十三条の二、第二十四条第一項、第二十四条の二、第二十八条又は第二十九条第一項若しくは第三項	介護保険法第百一条、第百二条第一項、第百三条第三項又は第百四条第一項

（平一一政三九三・平一四政四・平一八政一五四・平三〇政五五・平三〇政一七五・一部改正）

（法第百六条ただし書の政令で定める規定等）

第三十七条　法第百六条ただし書の政令で定める規定は、次に掲げるとおりとする。

一　健康保険法、健康保険法施行令及び保険医療機関及び保険薬局の指定並びに保険医及び保険薬剤師の登録に関する政令（昭和三十二年政令第八十七号）

施行規則

一　当該介護老人保健施設の開設者の名称又は氏名

二　当該介護老人保健施設の名称及び所在地

三　許可をし、事業の廃止の届出の受理をし、又は許可を取り消した場合にあっては、その年月日

四　許可の全部又は一部の効力を停止した場合にあっては、その内容及びその期間

五　サービスの種類

（平二一厚労令五四・追加）

（政令で定める法令の規定にあっては、政令で定めるものを除く。）を含むものとする。

（平二九法五二・一部改正）

の規定

二　船員保険法及び船員保険法施行令の規定

三　消防法、消防法施行令（昭和三十六年政令第三十七号）及び危険物の規制に関する政令（昭和三十四年政令第三百六号）の規定

四　医師法の規定（同法第十六条の二第一項及び第十六条の五に限る。）

五　歯科医師法の規定（同法第十六条の二第一項及び第四項並びに第十六条の三に限る。）

六　社会保険医療協議会法（昭和二十五年法律第四十七号）の規定

七　精神保健及び精神障害者福祉に関する法律の規定（同法第十九条の五、第十九条の十及び第二十九条第四項に限る。）及び精神保健及び精神障害者福祉に関する法律施行令（昭和二十五年政令第百五十五号）の規定（同令第二条の三第一項に限る。）

八　漁港及び漁場の整備等に関する法律（昭和二十五年法律第百三十七号）の規定

九　生活保護法の規定

十　港湾法（昭和二十五年法律第二百十八号）の規定

十一　地方税法の規定（同法第五百八十六条第二項第五号及び第七百一条の三十四第三項第九号に限る。）

十二　離島振興法（昭和二十八年法律第七十二号）の規定（同法第十条第一項第一号に限る。）

十三　自衛隊法（昭和二十九年法律第百六十五号）の規定（同法第二十四条第一項第三号、第二十五条第一項、第二十七条第一項及び第二項並びに第四十四条の二第一項に限る。）及び自衛隊法施行令（昭和二十九年政令第百七十九号）の規定

十四　奄美群島振興開発特別措置法（昭和二十九年法律第百八十九号）の規定（同法第二十一条第一項第一号に限る。）

十五　公立義務教育諸学校の学級編制及び教職員定数の標準に関する法律（昭和三十三年法律第百十六号）及び公立義務教育諸学校の学級編制及び教職員定数の標準に関する法律施行令（昭和三十三年政令第二百二号）の規定

十六　国家公務員共済組合法及び国家公務員共済組合法施行令の規定
十七　国民健康保険法、国民健康保険法施行令及び国民健康保険の国庫負担金等の算定に関する政令（昭和三十四年政令第四十一号）の規定
十八　地方公務員等共済組合法及び地方公務員等共済組合法施行令の規定
十九　山村振興法（昭和四十年法律第六十四号）の規定
二十　水源地域対策特別措置法（昭和四十八年法律第百十八号）及び水源地域対策特別措置法施行令（昭和四十九年政令第二十七号）の規定
二十一　高齢者の医療の確保に関する法律、高齢者の医療の確保に関する法律施行令及び前期高齢者交付金及び後期高齢者医療の国庫負担金の算定等に関する政令（平成十九年政令第三百二十五号）の規定
二十二　沖縄振興特別措置法（平成十四年法律第十四号）の規定（同法第九十条第一項第一号に限る。）
二十三　過疎地域の持続的発展の支援に関する特別措置法（令和三年法律第十九号）の規定（同法第二十条第一項第一号に限る。）
二十四　法の規定
二十五　介護保険法施行法（以下「施行法」という。）の規定
二十六　教育公務員特例法施行令（昭和二十四年政令第六号）の規定
二十七　防衛省の職員の給与等に関する法律施行令の規定
二十八　防衛省組織令（昭和二十九年政令第百七十八号）の規定
二十九　自動車損害賠償保障法施行令（昭和三十年政令第二百八十六号）の規定
三十　租税特別措置法施行令（昭和三十二年政令第四十三号）の規定
三十一　法人税法施行令（昭和四十年政令第九十七号）の規定
三十二　厚生労働省組織令（平成十二年政令第二百五十二号）の規定（同令第四条第五号、第三十三条第四号、第五号及び第七号並びに第三十四条第二号に限る。）
三十三　前各号に掲げるもののほか、勅令及び政令以外の命令の規定であって、当該命令の規定において「病院」又は「診療所」と

あるのは、介護老人保健施設を含むものとされていないもの

2　法第百六条ただし書の政令で定める法令は、次の表の上欄に掲げる法令とし、同条ただし書の政令で定める介護老人保健施設は、同表の上欄に掲げる法令の規定中同表の中欄に掲げる字句について、それぞれ、同表の下欄に掲げる介護老人保健施設とする。

建築基準法（昭和二十五年法律第二百一号）及び建築基準法施行令（昭和二十五年政令第三百三十八号）	病院	入所定員十九人以下
	診療所	入所定員二十人以上
建築士法（昭和二十五年法律第二百二号）	病院	入所定員十九人以下
公共用飛行場周辺における航空機騒音による障害の防止等に関する法律（昭和四十二年法律第百十号）及び公共用飛行場周辺における航空機騒音による障害の防止等に関する法律施行令（昭和四十二年政令第二百八十四号）	病院	入所定員十九人以下
	診療所	入所定員二十人以上
特定空港周辺航空機騒音対策特別措置法（昭和五十三年法律第二十六号）及び特定空港周辺航空機騒音対策特別措置法施行令（昭和五十三年政令第三百五十五号）	病院	入所定員十九人以下
	診療所	入所定員二十人以上
がん登録等の推進に関する法律（平成二十五年法律第百十一号）及びがん登録等の推進に関する法律施行令（平成二十七年政令第三百二十三号）	病院	入所定員一人以上
駐車場法施行令（昭和三十二年政令第三百四十号）	病院	入所定員十九人以下
水質汚濁防止法施行令（昭和四十六年政令第百八十八号）	病院	入所定員十九人以下
瀬戸内海環境保全特別措置法施行令（昭和四十八年政令第三百二十七号）	病院	入所定員十九人以下
勅令及び政令以外の命令であって、	病院	当該命令の規定

法律

第三款　介護医療院

（平二九法五二・追加）

（開設許可）

第百七条　介護医療院を開設しようとする者は、厚生労働省令で定めるところにより、都道府県知事の許可を受けなければならない。

施行令

当該命令の規定において「病院」又は「診療所」とあるのは、介護老人保健施設を含むものとされているもの	
	において「病院」又は「診療所」とあるのは、介護老人保健施設を含むものとされているもの
診療所	当該命令の規定において「病院」又は「診療所」とあるのは、介護老人保健施設を含むものとされているもの

（平一二政一二・平一二政一七五・平一二政三〇九・平一四政六〇・平一四政一〇二・平一五政七二・平一八政一五四・平一八政二八六・平一九政三・平一九政二三五・平二〇政一一六・平二三政六八・平二六政一三四・平二六政二五一・平二七政一三八・平二七政三三三・平三〇政五五・令元政一〇九・令三政一三七・令四政一二八・令四政一六七・令五政三〇四・令六政一三九・一部改正）

第四節　介護医療院

（平三〇政五五・追加）

施行規則

（介護医療院の開設許可の申請等）

第百三十八条　法第百七条第一項の規定による介護医療院の開設の許可を受けようとする者は、次に掲げる事項を記載した申請書又は書類を、当該許可の申請に係る施設の開設の場所を管轄する都道府県知事に提出しなければならない。

一　施設の名称及び開設の場所

二　開設者の名称及び主たる事務所の所在地並びに代表者の氏名、生年月日、住所及び職名

2　介護医療院を開設した者が、当該介護医療院の入所定員その他厚生労働省令で定める事項を変更しようとするときも、前項と同様とする。

3　都道府県知事は、前二項の許可の申請があった場合において、次の各号（前項の申請にあっては、第二号又は第三号）のいずれかに該当するときは、前二項の許可を与えることができない。

一　当該介護医療院を開設しようとする者が、地方公共団体、医療法人、社会福祉法人その他厚生労働大臣が定める者でないとき。

*〔告〕厚生労働大臣が定める介護医療院を開設できる者（平三〇厚労告

三　開設の予定年月日

四　開設者の登記事項証明書又は条例等

五　敷地の面積及び平面図並びに敷地周囲の見取図

六　併設する施設がある場合にあっては、当該併設する施設の概要

七　建物の構造概要及び平面図（各室の用途を明示するものとする。）並びに施設及び構造設備の概要

八　施設の共用の有無及び共用の場合の利用計画

九　入所者の予定数

十　施設の管理者の氏名、生年月日及び住所

十一　運営規程

十二　入所者からの苦情を処理するために講ずる措置の概要

十三　当該申請に係る事業に係る従業者の勤務の体制及び勤務形態

十四　介護医療院基準第三十四条第一項に規定する協力医療機関の名称及び診療科名並びに当該協力医療機関との契約の内容（同条第六項に規定する協力歯科医療機関があるときは、その名称及び当該協力歯科医療機関との契約の内容を含む。）

十五　法第百七条第三項各号（法第百八条第四項において準用する場合を含む。）に該当しないことを誓約する書面（以下この条及び第百四十条の二の二において「誓約書」という。）

十六　介護支援専門員の氏名及びその登録番号

十七　その他許可に関し必要と認める事項

2　介護医療院の開設者が、法第百七条第二項の規定により都道府県知事の許可を受けなければならない事項は、前項第五号（敷地の面積及び平面図に係る部分に限る。）、第七号、第八号、第十一号（従業者の職種、員数及び職務の内容並びに入所定員に係る部分に限る。）及び第十四号（協力医療機関を変更しようとするときに係るものに限る。）に掲げる事項とする。ただし、同項第十一号（入所定員に係る部分に限る。）に掲げる事項を変更しようとする場合において、入所定員又は療養室の定員数を減少させようとするときは、許可を受けることを要しない。

法律

（一八二）

二　当該介護医療院が第百十一条第一項に規定する療養室、診察室、処置室及び機能訓練室並びに都道府県の条例で定める施設又は同条第二項の厚生労働省令及び都道府県の条例で定める人員を有しないとき。

三　第百十一条第三項に規定する介護医療院の設備及び運営に関する基準に従って適正な介護医療院の運営をすることができないと認められるとき。

四　申請者が、禁錮以上の刑に処せられ、その執行を終わり、又は執行を受けることがなくなるまでの者であるとき。

五　申請者が、この法律その他国民の保健医療若しくは福祉に関する法律で政令で定めるものの規定により罰金の刑に処せられ、その執行を終わり、又は執行を受けることがなくなるまでの者であるとき。

六　申請者が、労働に関する法律の規定であって政令で定めるものにより罰金の刑に処せられ、その執行を終わり、又は執行を受けることがなくなるまでの者であるとき。

七　申請者が、保険料等について、当該申請をした日の前日までに、納付義務を定めた法律の規定に基づく滞納処分を受け、かつ、当該処分を受けた日から正当な理由なく三月以上の期間にわたり、当該処分を受けた日以降に納期限の到来した保険料等の全てを引き続き滞納している者であるとき。

八　申請者が、第百十四条の六第一項又は第百十五条の三十五第六項の規定により許可を取り消され、その取消しの日から起算して五年を経過しない者（当該許可を取り消された者が法人である場合においては、当該取消しの処分に係る行政手続法第十五条の規定による通知があった日前六十日以内に当該法人の役員又はその開設した介護医療院の管理者であった者で当該取消しの日から起算して五年を経過しないものを含み、当該許可を取り消された者

施行令

施行規則

3　法第百七条第二項の規定に基づき都道府県知事の承認を受けようとする者は、変更しようとする事項その他の必要な事項を記載した申請書又は書類を、当該許可に係る施設の開設の場所を管轄する都道府県知事に提出しなければならない。

4　法第百八条第一項の規定に基づき介護医療院の許可の更新を受けようとする者は、第一項各号（第三号及び第十五号を除く。）に掲げる事項及び次に掲げる事項を記載した申請書又は書類を、当該許可に係る施設の所在地を管轄する都道府県知事に提出しなければならない。

一　現に受けている許可の有効期間満了日

二　誓約書

5　前項の規定にかかわらず、都道府県知事は、当該申請に係る施設が既に当該都道府県知事に提出している第一項第四号から第十四号までに掲げる事項に変更がないときは、これらの事項に係る申請書の記載又は書類の提出を省略させることができる。

6　法第百九条第一項又は第二項の規定に基づき都道府県知事の承認を受けようとする者は、当該承認に係る施設の名称その他の必要な事項を記載した申請書又は書類を、当該承認に係る施設の開設の場所を管轄する都道府県知事に提出しなければならない。

7　法第百十二条第一項第四号の介護医療院の広告に係る都道府県知事の許可を受けようとする者は、当該許可を受けようとする広告の内容及び方法その他の必要な事項を記載した申請書又は書類を、当該許可に係る施設の開設の場所を管轄する都道府県知事に提出しなければならない。

8　前各項（第二項及び第五項を除く。）に規定する申請書は、厚生労働大臣が定める様式によるものとする。

（平三〇厚労令三〇・全改、平三〇厚労令八〇（平三〇厚労令一一九）・令五厚労令四六・令六厚労令一六・一部改正）

（法第百七条第三項第八号の厚生労働省令で定める同号本文に規定する許可の取消しに該当しないこととすることが相当であると認められる場合）

第百三十九条　法第百七条第三項第八号の厚生労働省令で定める同号本文に規定する許可の取消しに該当しないこととすることが相当であると認められる場合は、厚生労働大臣、都道府県知事又は市町村長が法第百十五条の三十三第一項その他の規定による報告等の権限

が第一号の厚生労働大臣が定める者のうち法人でないものである場合においては、当該通知があった日前六十日以内に当該者の開設した介護医療院の管理者であった者で当該取消しの日から起算して五年を経過しないものを含む。）であるとき。ただし、当該許可の取消しが、介護医療院の許可の取消しのうち当該許可の取消しの処分の理由となった事実及び当該事実の発生を防止するための当該介護医療院の開設者による業務管理体制の整備についての取組の状況その他の当該事実に関して当該介護医療院の開設者が有していた責任の程度を考慮して、この号本文に規定する許可の取消しに該当しないこととすることが相当であると認められるものとして厚生労働省令で定めるものに該当する場合を除く。

九　申請者が、第百十四条の六第一項又は第百十五条の三十五第六項の規定による許可の取消しの処分に係る行政手続法第十五条の規定による通知があった日から当該処分をする日又は処分をしないことを決定する日までの間に第百十三条第二項の規定による廃止の届出をした者（当該廃止について相当の理由がある者を除く。）で、当該届出の日から起算して五年を経過しないものであるとき。

十　申請者が、第百十四条の二第一項の規定による検査が行われた日から聴聞決定予定日（当該検査の結果に基づき第百十四条の六第一項の規定による許可の取消しの処分に係る聴聞を行うか否かの決定をすることが見込まれる日として厚生労働省令で定めるところにより都道府県知事が当該申請者に当該検査が行われた日から十日以内に特定の日を通知した場合における当該特定の日をいう。）までの間に第百十三条第二項の規定による廃止の届出をした者（当該廃止について相当の理由がある者を除く。）で、当該届出の日から起算して五年を経過しないものであるとき。

十一　第九号に規定する期間内に第百十三条第二項の規定による廃止の届出があった場合において、申請者が、同号の通知の日前六十日以内に当該届出に係る法人（当該廃止について相当の理由がある法人を除く。）の役員若しくはその開設した介護医療院の管理者又は当該届出に係る第一号の厚生労働大臣が定める者のうち法人でないもの（当該廃止について相当の理由がある者を除く。）の開設した介護医療院の管理者であった者で、当該届出の日から起算して五年を経過しないものであるとき。

十二　申請者が、許可の申請前五年以内に居宅サービス等に関し不正又は著しく不当な行為をした者であるとき。

を適切に行使し、当該許可の取消しの処分の理由となった事実及び当該事実の発生を防止するための当該介護医療院の開設者による業務管理体制の整備についての取組の状況その他の当該事実に関して当該介護医療院の開設者が有していた責任の程度を確認した結果、当該介護医療院の開設者が当該許可の取消しの理由となった事実について組織的に関与していると認められない場合とする。

（平三〇厚労令三〇・全改）

（聴聞決定予定日の通知）

第百四十条　法第百七条第三項第十号の規定による通知をするときは、法第百十四条の二第一項の規定による検査が行われた日（以下この条において「検査日」という。）から十日以内に、検査日から起算して六十日以内の特定の日を通知するものとする。

（平三〇厚労令三〇・全改）

法律

十三　申請者が、法人で、その役員等のうちに第四号から前号までのいずれかに該当する者のあるものであるとき。

十四　申請者が、第一号の厚生労働大臣が定める者のうち法人でないもので、その事業所を管理する者その他の政令で定める使用人のうちに第四号から第十二号までのいずれかに該当する者のあるものであるとき。

4　都道府県知事は、営利を目的として、介護医療院を開設しようとする者に対しては、第一項の許可を与えないことができる。

5　都道府県知事は、第一項の許可又は第二項の許可（入所定員の増加に係るものに限る。以下この項及び次項において同じ。）の申請があった場合において、当該申請に係る施設の所在地を含む区域（第百十八条第二項第一号の規定により当該都道府県が定める区域とする。）における介護医療院の入所定員の総数が、同条第一項の規定により当該都道府県が定める都道府県介護保険事業支援計画において定めるその区域の介護医療院の必要入所定員総数に既に達しているか、又は当該申請に係る施設の開設若しくは入所定員の増加によってこれを超えることになると認めるとき、その他の当該都道府県介護保険事業支援計画の達成に支障を生ずるおそれがあると認めるときは、第一項の許可又は第二項の許可を与えないことができる。

6　都道府県知事は、第一項の許可又は第二項の許可をしようとするときは、関係市町村長に対し、厚生労働省令で定める事項を通知し、相当の期間を指定して、当該関係市町村の第百十七条第一項に規定する市町村介護保険事業計画との調整を図る見地からの意見を求めなければならない。

（平二九法五二・追加）

（許可の更新）

第百八条　前条第一項の許可は、六年ごとにその更新を受けなければ、その期間の経過によって、その効力を失う。

2　前項の更新の申請があった場合において、同項の期間（以下この条において「許可の有効期間」という。）の満了の日までにその申請に対する処分がされないときは、従前の許可は、許可の有効期間の満了後もその処分がされるまでの間は、なおその効力を有する。

3　前項の場合において、許可の更新がされたときは、その許可の有効期間は、従前の許可の有効期間の満了の日の翌日から起算するも

施行令

施行規則

（法第百七条第六項の厚生労働省令で定める事項）

第百四十条の二　法第百七条第六項の厚生労働省令で定める事項は、次に掲げる事項とする。

一　当該許可に係る施設の名称及び開設の場所

二　当該許可に係る開設者の名称及び主たる事務所の所在地並びに代表者の氏名、生年月日、住所及び職名

三　開設の予定年月日

四　入所者の予定数

（平三〇厚労令三〇・全改）

のとする。

4　前条の規定は、第一項の許可の更新について準用する。

（平二九法五二・追加）

（介護医療院の管理）

第百九条　介護医療院の開設者は、都道府県知事の承認を受けた医師に当該介護医療院を管理させなければならない。

2　前項の規定にかかわらず、介護医療院の開設者は、都道府県知事の承認を受け、医師以外の者に当該介護医療院を管理させることができる。

（平二九法五二・追加）

（介護医療院の基準）

第百十条　介護医療院の開設者は、次条第三項に規定する介護医療院の設備及び運営に関する基準に従い、要介護者の心身の状況等に応じて適切な介護医療院サービスを提供するとともに、自らその提供する介護医療院サービスの質の評価を行うことその他の措置を講ずることにより常に介護医療院サービスを受ける者の立場に立ってこれを提供するように努めなければならない。

2　介護医療院の開設者は、介護医療院サービスを受けようとする被保険者から提示された被保険者証に、認定審査会意見が記載されているときは、当該認定審査会意見に配慮して、当該被保険者に当該介護医療院サービスを提供するように努めなければならない。

（平二九法五二・追加）

第百十一条　介護医療院は、厚生労働省令で定めるところにより療養室、診察室、処置室及び機能訓練室を有するほか、都道府県の条例で定める施設を有しなければならない。

2　介護医療院は、厚生労働省令で定める員数の医師及び看護師のほか、都道府県の条例で定める員数の介護支援専門員及び介護その他の業務に従事する従業者を有しなければならない。

＊厚生労働省令で定める＝〔省〕介護医療院の人員、施設及び設備並びに運営に関する基準（平三〇厚労令五）

3　前二項に規定するもののほか、介護医療院の設備及び運営に関する基準は、都道府県の条例で定める。

4　都道府県が前三項の条例を定めるに当たっては、次に掲げる事項については厚生労働省令で定める基準に従い定めるものとし、その他の事項については厚生労働省令で定める基準を参酌するものとする。

一　介護支援専門員及び介護その他の業務に従事する従業者並びに

それらの員数

二　介護医療院の運営に関する事項であって、入所する要介護者のサービスの適切な利用、適切な処遇及び安全の確保並びに秘密の保持に密接に関連するものとして厚生労働省令で定めるもの

5　厚生労働大臣は、前項に規定する厚生労働省令で定める基準（介護医療院サービスの取扱いに関する部分に限る。）を定めようとするときは、あらかじめ社会保障審議会の意見を聴かなければならない。

6　介護医療院の開設者は、第百十三条第二項の規定による廃止又は休止の届出をしたときは、当該届出の日の前日に当該介護医療院サービスを受けていた者であって、当該廃止又は休止の日以後においても引き続き当該介護医療院サービスに相当するサービスの提供を希望する者に対し、必要な居宅サービス等が継続的に提供されるよう、他の介護医療院の開設者その他関係者との連絡調整その他の便宜の提供を行わなければならない。

7　介護医療院の開設者は、要介護者の人格を尊重するとともに、この法律又はこの法律に基づく命令を遵守し、要介護者のため忠実にその職務を遂行しなければならない。

（平二九法五二・追加）

（広告制限）

第百十二条　介護医療院に関しては、文書その他いかなる方法によるを問わず、何人も次に掲げる事項を除くほか、これを広告してはならない。

一　介護医療院の名称、電話番号及び所在の場所を表示する事項

二　介護医療院に勤務する医師及び看護師の氏名

三　前二号に掲げる事項のほか、厚生労働大臣の定める事項

＊厚生労働大臣の定める事項＝〔告〕厚生労働大臣の定める介護医療院が広告し得る事項（平三〇厚労告一八五）

四　その他都道府県知事の許可を受けた事項

2　厚生労働大臣は、前項第三号に掲げる事項の広告の方法について、厚生労働省令で定めるところにより、必要な定めをすることができる。

（平二九法五二・追加）

（変更の届出等）

第百十三条　介護医療院の開設者は、第百七条第二項の規定による許

（介護医療院の開設者の住所等の変更の届出等）

第百四十条の二の二　介護医療院の開設者は、第百三十八条第一項第

可に係る事項を除き、当該介護医療院の開設者の住所その他の厚生労働省令で定める事項に変更があったとき、又は休止した当該介護医療院を再開したときは、厚生労働省令で定めるところにより、十日以内に、その旨を都道府県知事に届け出なければならない。

2　介護医療院の開設者は、当該介護医療院を廃止し、又は休止しようとするときは、厚生労働省令で定めるところにより、その廃止又は休止の日の一月前までに、その旨を都道府県知事に届け出なければならない。

（平二九法五二・追加）

（都道府県知事等による連絡調整又は援助）

第百十四条　都道府県知事又は市町村長は、介護医療院の開設者による第百十一条第六項に規定する便宜の提供が円滑に行われるため必要があると認めるときは、当該介護医療院の開設者及び他の介護医療院の開設者その他の関係者相互間の連絡調整又は当該介護医療院の開設者及び当該関係者に対する助言その他の援助を行うことができる。

2　厚生労働大臣は、同一の介護医療院の開設者について二以上の都道府県知事が前項の規定による連絡調整又は援助を行う場合において、当該介護医療院の開設者による第百十一条第六項に規定する便宜の提供が円滑に行われるため必要があると認めるときは、当該都道府県知事相互間の連絡調整又は当該介護医療院の開設者に対する都道府県の区域を超えた広域的な見地からの助言その他の援助を行うことができる。

（平二九法五二・追加）

（報告等）

第百十四条の二　都道府県知事又は市町村長は、必要があると認めるときは、介護医療院の開設者、介護医療院の管理者若しくは医師その他の従業者（以下「介護医療院の開設者等」という。）に対し報告若しくは診療録その他の帳簿書類の提出若しくは提示を命じ、介護医療院の開設者等に対し出頭を求め、又は当該職員に、介護医療院の開設者等に対して質問させ、若しくは介護医療院、介護医療院の開設者の事務所その他介護医療院の運営に関係のある場所に立ち入り、その設備若しくは診療録、帳簿書類その他の物件を検査させることができる。

一号、第二号、第四号（当該許可に係る事業に関するものに限る。）、第六号、第十号、第十一号（従業者の職種、員数及び職務の内容並びに入所定員（同条第二項ただし書に規定するときを除く。）に係る部分を除く。）、第十四号（協力医療機関を変更しようとするときに係るものを除く。）及び第十六号に掲げる事項に変更があったときは、当該変更に係る事項について当該介護医療院の開設の場所を管轄する都道府県知事に届け出なければならない。

2　介護医療院の開設者は、休止した当該介護医療院を再開したときは、再開した年月日を当該介護医療院の開設の場所を管轄する都道府県知事に届け出なければならない。

3　介護医療院の開設者は、当該介護医療院を廃止し、又は休止しようとするときは、その廃止又は休止の日の一月前までに、次に掲げる事項を当該介護医療院の開設の場所を管轄する都道府県知事に届け出なければならない。

一　廃止し、又は休止しようとする年月日

二　廃止し、又は休止しようとする理由

三　現に介護医療院サービスを受けている者に対する措置

四　休止しようとする場合にあっては、休止の予定期間

4　前三項の規定による届出は、厚生労働大臣が定める様式により行うものとする。

（平三〇厚労令三〇・追加、平三〇厚労令八〇（平三〇厚労令一一九）・令五厚労令四六・令六厚労令一六・一部改正）

法律

2　第二十四条第三項の規定は、前項の規定による質問又は立入検査について、同条第四項の規定は、前項の規定による権限について準用する。

3　第一項の規定により、介護医療院の開設者等に対し報告若しくは提出若しくは提示を命じ、若しくは出頭を求め、又は当該職員に介護医療院の開設者等に対し質問させ、若しくは介護医療院に立入検査をさせた市町村長は、当該介護医療院につき次条、第百十四条の四第一項、第百十四条の五第三項又は第百十四条の六第一項の規定による処分が行われる必要があると認めるときは、理由を付して、その旨を都道府県知事に通知しなければならない。

（平二九法五二・追加）

（設備の使用制限等）

第百十四条の三　都道府県知事は、介護医療院が、第百十一条第一項に規定する療養室、診察室、処置室及び機能訓練室並びに都道府県の条例で定める施設を有しなくなったとき、又は同条第三項に規定する介護医療院の設備及び運営に関する基準（設備に関する部分に限る。）に適合しなくなったときは、当該介護医療院の開設者に対し、期間を定めて、その全部若しくは一部の使用を制限し、若しくは禁止し、又は期限を定めて、修繕若しくは改築を命ずることができる。

（平二九法五二・追加）

（変更命令）

第百十四条の四　都道府県知事は、介護医療院の管理者が介護医療院の管理者として不適当であると認めるときは、当該介護医療院の開設者に対し、期限を定めて、介護医療院の管理者の変更を命ずることができる。

2　厚生労働大臣は、前項に規定する都道府県知事の権限に属する事務について、介護医療院に入所している者の生命又は身体の安全を確保するため緊急の必要があると認めるときは、都道府県知事に対し同項の事務を行うことを指示することができる。

（平二九法五二・追加）

（業務運営の勧告、命令等）

第百十四条の五　都道府県知事は、介護医療院が、次の各号に掲げる場合に該当すると認めるときは、当該介護医療院の開設者に対し、期限を定めて、それぞれ当該各号に定める措置をとるべきことを勧

施行令

施行規則

告することができる。
一　その業務に従事する従業者の人員について第百十一条第二項の厚生労働省令又は都道府県の条例で定める員数を満たしていない場合　当該厚生労働省令又は都道府県の条例で定める員数を満たすこと。
二　第百十一条第三項に規定する介護医療院の設備及び運営に関する基準（運営に関する部分に限る。）に適合していない場合　当該介護医療院の設備及び運営に関する基準に適合すること。
三　第百十一条第六項に規定する便宜の提供を適正に行っていない場合　当該便宜の提供を適正に行うこと。

2　都道府県知事は、前項の規定による勧告をした場合において、その勧告を受けた介護医療院の開設者が、同項の期限内にこれに従わなかったときは、その旨を公表することができる。

3　都道府県知事は、第一項の規定による勧告を受けた介護医療院の開設者が、正当な理由がなくてその勧告に係る措置をとらなかったときは、当該介護医療院の開設者に対し、期限を定めて、その勧告に係る措置をとるべきことを命じ、又は期間を定めて、その業務の停止を命ずることができる。

4　都道府県知事は、前項の規定による命令をした場合においては、その旨を公示しなければならない。

5　市町村は、保険給付に係る介護医療院サービスを行った介護医療院について、第一項各号に掲げる場合のいずれかに該当すると認めるときは、その旨を当該介護医療院の所在地の都道府県知事に通知しなければならない。

（平二九法五二・追加）

（許可の取消し等）

第百十四条の六　都道府県知事は、次の各号のいずれかに該当する場合においては、当該介護医療院に係る第百七条第一項の許可（以下この条において「許可」という。）を取り消し、又は期間を定めてその許可の全部若しくは一部の効力を停止することができる。
一　介護医療院の開設者が、許可を受けた後正当な理由がなく、六月以上その業務を開始しないとき。
二　介護医療院が、第百七条第三項第四号から第六号まで、第十三号（第七号に該当する者のあるものであるときを除く。）又は第十四号（第七号に該当する者のあるものであるときを除く。）のいずれかに該当するに至ったとき。
三　介護医療院の開設者が、第百十一条第七項に規定する義務に違反したと認められるとき。

四　介護医療院の開設者に犯罪又は医事に関する不正行為があったとき。

五　第二十八条第五項の規定により調査の委託を受けた場合において、当該調査の結果について虚偽の報告をしたとき。

六　施設介護サービス費の請求に関し不正があったとき。

七　介護医療院の開設者等が、第百十四条の二第一項の規定により報告又は診療録その他の帳簿書類の提出若しくは提示を命ぜられてこれに従わず、又は虚偽の報告をしたとき。

八　介護医療院の開設者等が、第百十四条の二第一項の規定により出頭を求められてこれに応ぜず、同項の規定による質問に対して答弁せず、若しくは虚偽の答弁をし、又は同項の規定による検査を拒み、妨げ、若しくは忌避したとき。ただし、介護医療院の従業者がその行為をした場合において、その行為を防止するため、当該介護医療院の開設者又は管理者が相当の注意及び監督を尽くしたときを除く。

九　前各号に掲げる場合のほか、介護医療院の開設者が、この法律その他国民の保健医療若しくは福祉に関する法律で政令で定めるもの又はこれらの法律に基づく命令若しくは処分に違反したとき。

十　前各号に掲げる場合のほか、介護医療院の開設者が、居宅サービス等に関し不正又は著しく不当な行為をしたとき。

十一　介護医療院の開設者が法人である場合において、その役員又は当該介護医療院の管理者のうちに許可の取消し又は許可の全部若しくは一部の効力の停止をしようとするとき前五年以内に居宅サービス等に関し不正又は著しく不当な行為をした者があるとき。

十二　介護医療院の開設者が第百七条第三項第一号の厚生労働大臣が定める者のうち法人でないものであ

る場合において、その管理者が許可の取消し又は許可の全部若しくは一部の効力の停止をしようとするとき前五年以内に居宅サービス等に関し不正又は著しく不当な行為をした者であるとき。

2　市町村は、第二十八条第五項の規定により委託した調査又は保険給付に係る介護医療院サービスを行った介護医療院について、前項各号のいずれかに該当すると認めるときは、その旨を当該介護医療院の所在地の都道府県知事に通知しなければならない。

3　厚生労働大臣は、第一項に規定する都道府県知事の権限に属する事務について、介護医療院に入所している者の生命又は身体の安全を確保するため緊急の必要があると認めるときは、都道府県知事に対し同項の事務を行うことを指示することができる。

（平二九法五二・追加）

（公示）

第百十四条の七　都道府県知事は、次に掲げる場合には、介護医療院の開設者の名称又は氏名、当該介護医療院の所在地その他の厚生労働省令で定める事項を公示しなければならない。

一　第百七条第一項の規定による許可をしたとき。

二　第百十三条第二項の規定による廃止の届出があったとき。

三　前条第一項又は第百十五条の三十五第六項の規定により第百七条第一項の許可を取り消し、又は許可の全部若しくは一部の効力を停止したとき。

（平二九法五二・追加）

（医療法の準用）

第百十四条の八　医療法第九条第二項の規定は、介護医療院の開設者について、同法第十五条第一項及び第三項の規定は、介護医療院の管理者について、同法第三十条の規定は、第百十四条の三、第百十四条の四第一項、第百十四条の五第三項及び第百十四条の六第一項の規定による処分について準用する。この場合において、これらの規定に関し必要な技術的読替えは、政令で定める。

（平二九法五二・追加）

（介護医療院に関する読替え）

第三十七条の二　法第百十四条の八の規定による技術的読替えは、次の表のとおりとする。

読み替える医療法の規定中	読み替えられる字句	読み替える字句
第十五条第一項	歯科医師、薬剤師その他の従業者	看護師、介護支援専門員及び介護その他の業務に従事する従業者

（法第百十四条の七の厚生労働省令で定める事項）

第百四十条の二の三　法第百十四条の七の厚生労働省令で定める事項は、次に掲げる事項とする。

一　当該介護医療院の開設者の名称又は氏名

二　当該介護医療院の名称及び所在地

三　許可をし、事業の廃止の届出の受理をし、又は許可を取り消した場合にあっては、その年月日

四　許可の全部又は一部の効力を停止した場合にあっては、その内容及びその期間

五　サービスの種類

（平三〇厚労令三〇・追加）

（エックス線装置等を設置する場合の届出）

第百四十条の二の四　法第百十四条の八において準用する医療法第十五条第三項の厚生労働省令で定める場合については、医療法施行規則（昭和二十三年厚生省令第五十号）第二十四条第十号及び第十二号の規定を、法第百十四条の八において準用する医療法第十五条第三項の厚生労働省令の定めるところについては、医療法施行規則第二十四条の二を準用する。

（平三〇厚労令三〇・追加）

法律

（医療法との関係等）

第百十五条　介護医療院は、医療法にいう病院又は診療所ではない。ただし、同法及びこれに基づく命令以外の法令の規定（健康保険法、国民健康保険法その他の法令の政令で定める規定を除く。）において「病院」又は「診療所」とあるのは、介護医療院（政令で定めるものを除く。）を含むものとする。

2　介護医療院の開設者は、医療法第三条第一項の規定にかかわらず、当該介護医療院の名称中に介護医療院という文字を用いることができる。

（平二九法五二・追加）

施行令

		者
第三十条	第二十三条の二、第二十四条第一項、第二十四条の二、第二十八条又は第二十九条第一項若しくは第三項	介護保険法第百十四条の三、第百十四条の四第一項、第百十四条の五第三項又は第百十四条の六第一項

（平三〇政五五・追加、平三〇政一七五・一部改正）

（法第百十五条第一項ただし書の政令で定める規定等）

第三十七条の二の二　法第百十五条第一項ただし書の政令で定める規定は、次に掲げるとおりとする。

一　第三十七条第一項第一号、第二号及び第四号から第三十二号までに掲げる規定

二　危険物の規制に関する政令の規定

三　郵政民営化法等の施行に伴う関係法律の整備等に関する法律（平成十七年法律第百二号）附則第十六条第一項の規定により同法の施行前に効力が生じた旧簡易生命保険契約（同法第二条の規定による廃止前の簡易生命保険法（昭和二十四年法律第六十八号。以下この号において「旧簡易生命保険法」という。）第三条に規定する簡易生命保険契約をいう。）についてなおその効力を有するものとされる旧簡易生命保険法の規定

四　前各号に掲げるもののほか、勅令及び政令以外の命令の規定であって、当該命令の規定において「病院」又は「診療所」とあるのは、介護医療院を含むものとされていないもの

2　法第百十五条第一項ただし書の政令で定める法令は、次の表の上欄に掲げる法令とし、同項ただし書の政令で定める介護医療院は、同表の上欄に掲げる法令の規定中同表の中欄に掲げる字句について、それぞれ同表の下欄に掲げる介護医療院とする。

施行規則

建築基準法及び建築基準法施行令	病院	入所定員十九人以下
	診療所	入所定員二十人以上
建築士法	病院	入所定員十九人以下
公共用飛行場周辺における航空機騒音による障害の防止等に関する法律及び公共用飛行場周辺における航空機騒音による障害の防止等に関する法律施行令	病院	入所定員十九人以下
	診療所	入所定員二十人以上
特定空港周辺航空機騒音対策特別措置法及び特定空港周辺航空機騒音対策特別措置法施行令	病院	入所定員十九人以下
	診療所	入所定員二十人以上
がん登録等の推進に関する法律及びがん登録等の推進に関する法律施行令	病院	入所定員一人以上
駐車場法施行令	病院	入所定員十九人以下
消防法施行令	病院	入所定員十九人以下
	診療所	入所定員二十人以上
水質汚濁防止法施行令	病院	入所定員十九人以下
瀬戸内海環境保全特別措置法施行令	病院	入所定員十九人以下
勅令及び政令以外の命令であって、当該命令の規定において「病院」又は「診療所」とあるのは、	病院	当該命令を発する者が定めるもの

法律

第六節　指定介護予防サービス事業者

（平一七法七七・追加）

（指定介護予防サービス事業者の指定）

第百十五条の二　第五十三条第一項本文の指定は、厚生労働省令で定めるところにより、介護予防サービス事業を行う者の申請により、介護予防サービスの種類及び当該介護予防サービスの種類に係る介護予防サービス事業を行う事業所（以下この節において「事業所」という。）ごとに行う。

2　都道府県知事は、前項の申請があった場合において、次の各号（病院等により行われる介護予防居宅療養管理指導又は病院若しくは診療所により行われる介護予防訪問看護、介護予防訪問リハビリテーション、介護予防通所リハビリテーション若しくは介護予防短期入所療養介護に係る指定の申請にあっては、第六号の二、第六号の三、第十号の二及び第十二号を除く。）のいずれかに該当するときは、第五十三条第一項本文の指定をしてはならない。

一　申請者が都道府県の条例で定める者でないとき。

二　当該申請に係る事業所の従業者の知識及び技能並びに人員が、第百十五条の四第一項の都道府県の条例で定める基準及び同項の都道府県の条例で定める員数を満たしていないとき。

三　申請者が、第百十五条の四第二項に規定する指定介護予防サービスに係る介護予防のための効果的な支援の方法に関する基準又は指定介護予防サービスの事業の設備及び運営に関する基準に従って適正な介護予防サービス事業の運営をすることができないと認められるとき。

施行令

介護医療院を含むものとされているもの	診療所	当該命令を発する者が定めるもの

（平三〇政五五・追加）

施行規則

第六節　指定介護予防サービス事業者

（平一八厚労令三二・追加）

第百四十条の三　削除　（平二七厚労令五七）

（指定介護予防訪問入浴介護事業者に係る指定の申請）

第百四十条の四　法第百十五条の二第一項の規定に基づき介護予防訪問入浴介護に係る指定介護予防サービス事業者の指定を受けようとする者は、次に掲げる事項を記載した申請書又は書類を、当該指定に係る事業所の所在地を管轄する都道府県知事に提出しなければならない。

一　事業所の名称及び所在地

二　申請者の名称及び主たる事務所の所在地並びにその代表者の氏名、生年月日、住所及び職名

三　当該申請に係る事業の開始の予定年月日

四　申請者の登記事項証明書又は条例等

五　事業所の平面図並びに設備及び備品の概要

六　利用者の推定数

七　事業所の管理者の氏名、生年月日及び住所

八　運営規程

九　利用者からの苦情を処理するために講ずる措置の概要

十　当該申請に係る事業に係る従業者の勤務の体制及び勤務形態

十一　指定介護予防サービス等基準第五十一条の協力医療機関の名称及び診療科名並びに当該協力医療機関との契約の内容

十二　法第百十五条の二第二項第一号から第三号まで、第五号から第七号の二まで、第九号又は第十号（病院等により行われる介護予防居宅療養管理指導

四　申請者が、禁錮以上の刑に処せられ、その執行を終わり、又は執行を受けることがなくなるまでの者であるとき。
五　申請者が、この法律その他国民の保健医療若しくは福祉に関する法律で政令で定めるものの規定により罰金の刑に処せられ、その執行を終わり、又は執行を受けることがなくなるまでの者であるとき。
五の二　申請者が、労働に関する法律の規定であって政令で定めるものにより罰金の刑に処せられ、その執行を終わり、又は執行を受けることがなくなるまでの者であるとき。
五の三　申請者が、保険料等について、当該申請をした日の前日までに、納付義務を定めた法律の規定に基づく滞納処分を受け、かつ、当該処分を受けた日から正当な理由なく三月以上の期間にわたり、当該処分を受けた日以降に納期限の到来した保険料等の全てを引き続き滞納している者であるとき。

又は病院若しくは診療所により行われる介護予防訪問看護、介護予防訪問リハビリテーション、介護予防通所リハビリテーション若しくは介護予防短期入所療養介護に係る指定の申請にあっては第二号から第六号まで又は第七号から第十一号まで）（令第三十五条の十一において読み替えられた法第七十条の二第四項において準用する場合を含む。）に該当しないことを誓約する書面（以下この節において「誓約書」という。）
十三　その他指定に関し必要と認める事項
2　前項の規定にかかわらず、都道府県知事は、当該指定を受けようとする者が法第七十条第一項の規定に基づき訪問入浴介護に係る指定居宅サービス事業者の指定を受けている場合において、既に当該都道府県知事に提出している前項第四号から第十一号までに掲げる事項に変更がないときは、これらの事項に係る申請書の記載又は書類の提出を省略させることができる。
3　法第百十五条の十一において準用する法第七十条の二第一項の規定に基づき介護予防訪問入浴介護に係る指定介護予防サービス事業者の指定の更新を受けようとする者は、第一項各号（第三号及び第十二号を除く。）に掲げる事項及び次に掲げる事項を記載した申請書又は書類を、当該指定に係る事業所の所在地を管轄する都道府県知事に提出しなければならない。
一　現に受けている指定の有効期間満了日
二　誓約書
4　前項の規定にかかわらず、都道府県知事は、当該申請に係る事業者が既に当該都道府県知事に提出している第一項第四号から第十一号までに掲げる事項に変更がないときは、これらの事項に係る申請書の記載又は書類の提出を省略させることができる。
5　第一項及び第三項に規定する申請書は、厚生労働大臣が定める様式によるものとする。
（平一八厚労令三二・追加、平二一厚労令三〇・一部改正、平二一厚労令五四・旧第百四十条の三繰下・一部改正、平二七厚労令五七・平三〇厚労令三〇・平三〇厚労令八〇・令五厚労令四六・一部改正）

法律

施行令

施行規則

（指定介護予防訪問看護事業者に係る指定の申請）

第百四十条の五　法第百十五条の二第一項の規定に基づき介護予防訪問看護に係る指定介護予防サービス事業者の指定を受けようとする者は、次に掲げる事項を記載した申請書又は書類を、当該指定に係る事業所の所在地を管轄する都道府県知事に提出しなければならない。

一　事業所（当該事業所の所在地以外の場所に当該事業所の一部として使用される事務所を有するときは、当該事務所を含む。）の名称及び所在地

二　申請者の名称及び主たる事務所の所在地並びにその代表者の氏名、生年月日、住所及び職名（当該申請に係る事業所が法人以外の者の開設する病院又は診療所であるときは、開設者の氏名、生年月日、住所及び職名）

三　当該申請に係る事業の開始の予定年月日

四　申請者の登記事項証明書又は条例等（当該申請に係る事業所が法人以外の者の開設する病院又は診療所であるときを除く。）

五　事業所の病院若しくは診療所又はその他の訪問看護事業所のいずれかの別

六　事業所の平面図

七　利用者の推定数

八　事業所の管理者の氏名、生年月日及び住所並びに免許証の写し

九　運営規程

十　利用者からの苦情を処理するために講ずる措置の概要

十一　当該申請に係る事業に係る従業者の勤務の体制及び勤務形態

十二　誓約書

十三　その他指定に関し必要と認める事項

2　前項の規定にかかわらず、都道府県知事は、当該指定を受けようとする者が法第七十条第一項に規定する訪問看護に係る指定居宅サービス事業者の指定を受けている場合において、既に当該都道府県知事に提出している前項第四号から第十一号までに掲げる事項に変更がないときは、これらの事項に係る申請書の記載又は書類の提出を省略させることができる。

3　法第百十五条の十一において準用する法第七十条の二第一項の規定に基づき介護予防訪問看護に係る指定介護予防サービス事業者の指定の更新を受けようとする者は、第一項各号（第三号及び第十二

号を除く。）に掲げる事項及び次に掲げる事項を記載した申請書又は書類を、当該指定に係る事業所の所在地を管轄する都道府県知事に提出しなければならない。

一　現に受けている指定の有効期間満了日

二　誓約書

4　前項の規定にかかわらず、都道府県知事は、当該申請に係る事業者が既に当該都道府県知事に提出している第一項第四号から第十一号までに掲げる事項に変更がないときは、これらの事項に係る申請書の記載又は書類の提出を省略させることができる。

5　第一項及び第三項に規定する申請書は、厚生労働大臣が定める様式によるものとする。

（平一八厚労令三二・追加、平二一厚労令五四・旧第百四十条の四繰下・一部改正、平三〇厚労令三〇・平三〇厚労令八〇・令五厚労令四六・一部改正）

（指定介護予防訪問リハビリテーション事業者に係る指定の申請）

第百四十条の六　法第百十五条の二第一項の規定に基づき介護予防訪問リハビリテーションに係る指定介護予防サービス事業者の指定を受けようとする者は、次に掲げる事項を記載した申請書又は書類を、当該指定に係る事業所の所在地を管轄する都道府県知事に提出しなければならない。

一　事業所（当該事業所の所在地以外の場所に当該事業所の一部として使用される事務所を有するときは、当該事務所を含む。）の名称及び所在地

二　申請者の名称及び主たる事務所の所在地並びにその代表者の氏名、生年月日、住所及び職名（当該申請に係る事業所が法人以外の者の開設する病院又は診療所であるときは、開設者の氏名、生年月日、住所及び職名）

三　当該申請に係る事業の開始の予定年月日

四　申請者の登記事項証明書又は条例等（当該申請に係る事業所が法人以外の者の開設する病院又は診療所であるときを除く。）

五　事業所の病院若しくは診療所又は介護老人保健施設若しくは介護医療院の別

六　事業所の平面図

七　利用者の推定数

八　事業所の管理者の氏名、生年月日及び住所

九　運営規程

十　利用者からの苦情を処理するために講ずる措置の概要

十一　誓約書

法律

施行令

施行規則

十二　その他指定に関し必要と認める事項

2　前項の規定にかかわらず、都道府県知事は、当該指定を受けようとする者が法第七十条第一項の規定に基づき訪問リハビリテーションに係る指定居宅サービス事業者の指定を受けている場合において、既に当該都道府県知事に提出している前項第四号から第十号までに掲げる事項に変更がないときは、これらの事項に係る申請書の記載又は書類の提出を省略させることができる。

3　法第百十五条の十一において準用する法第七十条の二第一項の規定に基づき介護予防訪問リハビリテーションに係る指定介護予防サービス事業者の指定の更新を受けようとする者は、第一項各号（第三号及び第十一号を除く。）に掲げる事項及び次に掲げる事項を記載した申請書又は書類を、当該指定に係る事業所の所在地を管轄する都道府県知事に提出しなければならない。

一　現に受けている指定の有効期間満了日

二　誓約書

4　前項の規定にかかわらず、都道府県知事は、当該申請に係る事業者が既に当該都道府県知事に提出している第一項第四号から第十号までに掲げる事項に変更がないときは、これらの事項に係る申請書の記載又は書類の提出を省略させることができる。

5　第一項及び第三項に規定する申請書は、厚生労働大臣が定める様式によるものとする。

（平一八厚労令三二・追加、平二一厚労令五四・旧第百四十条の五繰下・一部改正、平二四厚労令三〇・平三〇厚労令三〇・平三〇厚労令八〇・令五厚労令四六・一部改正）

（指定介護予防居宅療養管理指導事業者に係る指定の申請）

第百四十条の七　法第百十五条の二第一項の規定に基づき介護予防居宅療養管理指導に係る指定介護予防サービス事業者の指定を受けようとする者は、次に掲げる事項を記載した申請書又は書類を、当該指定に係る事業所の所在地を管轄する都道府県知事に提出しなければならない。

一　事業所の名称及び所在地

二　申請者の名称及び主たる事務所の所在地並びにその代表者の氏名、生年月日、住所及び職名（当該申請に係る事業所が法人以外の者の開設する病院、診療所又は薬局であるときは、開設者の氏名、生年月日、住所及び職名）

三　当該申請に係る事業の開始の予定年月日
四　申請者の登記事項証明書又は条例等（当該申請に係る事業所が法人以外の者の開設する病院、診療所又は薬局であるときを除く。）
五　事業所の病院、診療所又は薬局の別及び提供する介護予防居宅療養管理指導の種類
六　事業所の平面図
七　利用者の推定数
八　事業所の管理者の氏名、生年月日及び住所
九　運営規程
十　利用者からの苦情を処理するために講ずる措置の概要
十一　誓約書
十二　その他指定に関し必要と認める事項

2　前項の規定にかかわらず、都道府県知事は、当該指定を受けようとする者が法第七十条第一項の規定に基づき居宅療養管理指導に係る指定居宅サービス事業者の指定を受けている場合において、既に当該都道府県知事に提出している前項第四号から第十号までに掲げる事項に変更がないときは、これらの事項に係る申請書の記載又は書類の提出を省略させることができる。

3　法第百十五条の十一において準用する法第七十条の二第一項の規定に基づき介護予防居宅療養管理指導に係る指定介護予防サービス事業者の指定の更新を受けようとする者は、第一項各号（第三号及び第十一号を除く。）に掲げる事項及び次に掲げる事項を記載した申請書又は書類を、当該指定に係る事業所の所在地を管轄する都道府県知事に提出しなければならない。
一　現に受けている指定の有効期間満了日
二　誓約書

4　前項の規定にかかわらず、都道府県知事は、当該申請に係る事業者が既に当該都道府県知事に提出している第一項第四号から第十号までに掲げる事項に変更がないときは、これらの事項に係る申請書の記載又は書類の提出を省略させることができる。

5　第一項及び第三項に規定する申請書は、厚生労働大臣が定める様式によるものとする。

（平一八厚労令三二・追加、平二一厚労令三〇・一部改正、平二一厚労令五四・旧第百四十条の六繰下・一部改正、平三〇厚労令三〇・平三〇厚労令八〇・令五厚労令四六・一部改正）

第百四十条の八　削除　（平二七厚労令五七）

法律

施行令

施行規則

（指定介護予防通所リハビリテーション事業者に係る指定の申請）

第百四十条の九　法第百十五条の二第一項の規定に基づき介護予防通所リハビリテーションに係る指定介護予防サービス事業者の指定を受けようとする者は、次に掲げる事項を記載した申請書又は書類を、当該指定に係る事業所の所在地を管轄する都道府県知事に提出しなければならない。

一　事業所の名称及び所在地

二　申請者の名称及び主たる事務所の所在地並びにその代表者の氏名、生年月日、住所及び職名（当該申請に係る事業所が法人以外の者の開設する病院又は診療所であるときは、開設者の氏名、生年月日、住所及び職名）

三　当該申請に係る事業の開始の予定年月日

四　申請者の登記事項証明書又は条例等（当該申請に係る事業所が法人以外の者の開設する病院又は診療所であるときを除く。）

五　事業所の種別（病院若しくは指定介護予防サービス等基準第百十七条第一項の規定の適用を受ける診療所若しくは同条第二項の規定の適用を受ける診療所、介護老人保健施設又は介護医療院の別をいう。）

六　事業所の平面図（各室の用途を明示するものとする。）及び設備の概要

七　事業所の管理者の氏名、生年月日及び住所

八　運営規程

九　利用者からの苦情を処理するために講ずる措置の概要

十　当該申請に係る事業に係る従業者の勤務の体制及び勤務形態

十一　誓約書

十二　その他指定に関し必要と認める事項

2　前項の規定にかかわらず、都道府県知事は、当該指定を受けようとする者が法第七十条第一項の規定に基づき通所リハビリテーションに係る指定居宅サービス事業者の指定を受けている場合において、既に当該都道府県知事に提出している前項第四号から第十号までに掲げる事項に変更がないときは、これらの事項に係る申請書の記載又は書類の提出を省略させることができる。

3　法第百十五条の十一において準用する法第七十条の二第一項の規定に基づき介護予防通所リハビリテーションに係る指定介護予防サービス事業者の指定の更新を受けようとする者は、第一項各号

（第三号及び第十一号を除く。）に掲げる事項及び次に掲げる事項を記載した申請書又は書類を、当該指定に係る事業所の所在地を管轄する都道府県知事に提出しなければならない。

一　現に受けている指定の有効期間満了日

二　誓約書

4　前項の規定にかかわらず、都道府県知事は、当該申請に係る事業者が既に当該都道府県知事に提出している第一項第四号から第十号までに掲げる事項に変更がないときは、これらの事項に係る申請書の記載又は書類の提出を省略させることができる。

5　第一項及び第三項に規定する申請書は、厚生労働大臣が定める様式によるものとする。

（平一八厚労令三二・追加、平二一厚労令五四・旧第百四十条の八繰下・一部改正、平三〇厚労令三〇・平三〇厚労令八〇・令五厚労令四六・一部改正）

（指定介護予防短期入所生活介護事業者に係る指定の申請）

第百四十条の十　法第百十五条の二第一項の規定に基づき介護予防短期入所生活介護に係る指定介護予防サービス事業者の指定を受けようとする者は、次に掲げる事項を記載した申請書又は書類を、当該指定に係る事業所の所在地を管轄する都道府県知事に提出しなければならない。

一　事業所の名称及び所在地

二　申請者の名称及び主たる事務所の所在地並びにその代表者の氏名、生年月日、住所及び職名

三　当該申請に係る事業の開始の予定年月日

四　申請者の登記事項証明書又は条例等

五　当該申請に係る事業を指定介護予防サービス等基準第百二十九条第二項の規定の適用を受ける特別養護老人ホームにおいて行う場合又は同条第四項に規定する併設事業所（次号において「併設事業所」という。）において行う場合にあっては、その旨

六　建物の構造概要及び平面図（当該申請に係る事業を併設事業所において行う場合にあっては、指定介護予防サービス等基準第百三十二条第四項に規定する併設本体施設の平面図を含む。）（各室の用途を明示するものとする。）並びに設備の概要

七　当該申請に係る事業を指定介護予防サービス等基準第百二十九条第二項の規定の適用を受ける特別養護老人ホームにおいて行うときは当該特別養護老人ホームの入所者の定員、当該特別養護老人ホーム以外の事業所において行うときは当該申請に係る事業の開始時の利用者の推定数

法律

施行令

施行規則

八　事業所の管理者の氏名、生年月日及び住所

九　運営規程

十　利用者からの苦情を処理するために講ずる措置の概要

十一　当該申請に係る事業に係る従業者の勤務の体制及び勤務形態

十二　指定介護予防サービス等基準第百三十七条の協力医療機関の名称及び診療科名並びに当該協力医療機関との契約の内容

十三　誓約書

十四　その他指定に関し必要と認める事項

2　前項の規定にかかわらず、都道府県知事は、当該指定を受けようとする者が法第七十条第一項の規定に基づき短期入所生活介護に係る指定居宅サービス事業者の指定を受けている場合において、既に当該都道府県知事に提出している前項第四号から第十二号までに掲げる事項に変更がないときは、これらの事項に係る申請書の記載又は書類の提出を省略させることができる。

3　法第百十五条の十一において準用する法第七十条の二第一項の規定に基づき介護予防短期入所生活介護に係る指定介護予防サービス事業者の指定の更新を受けようとする者は、第一項各号（第三号及び第十三号を除く。）に掲げる事項及び次に掲げる事項を記載した申請書又は書類を、当該指定に係る事業所の所在地を管轄する都道府県知事に提出しなければならない。

一　現に受けている指定の有効期間満了日

二　誓約書

4　前項の規定にかかわらず、都道府県知事は、当該申請に係る事業者が既に当該都道府県知事に提出している第一項第四号から第十二号までに掲げる事項に変更がないときは、これらの事項に係る申請書の記載又は書類の提出を省略させることができる。

5　第一項及び第三項の規定にかかわらず、都道府県知事は、当該指定又は当該指定の更新を受けようとする者が障害者の日常生活及び社会生活を総合的に支援するための法律第三十六条第一項の規定に基づき第百四十条の十七の五に定める種類の障害福祉サービスに係る指定障害福祉サービス事業者の指定を受けている場合において、次の各号に掲げる規定に掲げる事項に係る申請書又は書類を既に当該都道府県知事に提出しているときは、当該各号に定める規定に掲げる事項に係る申請書の記載又は書類の提出を省略させることができる。

一　障害者総合支援法施行規則第三十四条の十一第一項第四号　第一項第四号

二　障害者総合支援法施行規則第三十四条の十一第一項第六号　第一項第六号

三　障害者総合支援法施行規則第三十四条の十一第一項第八号　第一項第八号

四　障害者総合支援法施行規則第三十四条の十一第一項第十号　第一項第十号

五　障害者総合支援法施行規則第三十四条の十一第一項第十二号　第一項第十二号

6　第一項及び第三項に規定する申請書は、厚生労働大臣が定める様式によるものとする。

（平一八厚労令三二・追加、平二一厚労令五四・旧第百四十条の九繰下・一部改正、平三〇厚労令三〇・平三〇厚労令八〇・平三〇厚労令九二・令五厚労令四六・一部改正）

（指定介護予防短期入所療養介護事業者に係る指定の申請）

第百四十条の十一　法第百十五条の二第一項の規定に基づき介護予防短期入所療養介護に係る指定介護予防サービス事業者の指定を受けようとする者は、次に掲げる事項を記載した申請書又は書類を、当該指定に係る事業所の所在地を管轄する都道府県知事に提出しなければならない。

一　事業所の名称及び所在地

二　申請者の名称及び主たる事務所の所在地並びにその代表者の氏名、生年月日、住所及び職名（当該申請に係る事業所が法人以外の者の開設する病院又は診療所であるときは、開設者の氏名、生年月日、住所及び職名）

三　当該申請に係る事業の開始の予定年月日

四　申請者の登記事項証明書又は条例等（当該申請に係る事業所が法人以外の者の開設する病院又は診療所であるときを除く。）

五　事業所の指定介護予防サービス等基準第百八十七条第一項各号の規定のいずれの適用を受けるものかの別

六　建物の構造概要及び平面図（各室の用途を明示するものとする。）並びに設備の概要

七　当該申請に係る事業を行う事業所（当該事業を行う部分に限る。）における入院患者又は入所者の定員

八　事業所の管理者の氏名、生年月日及び住所

九　運営規程

法律

施行令

施行規則

十　利用者からの苦情を処理するために講ずる措置の概要
十一　当該申請に係る事業に係る従業者の勤務の体制及び勤務形態
十二　誓約書
十三　その他指定に関し必要と認める事項

2　前項の規定にかかわらず、都道府県知事は、当該指定を受けようとする者が法第七十条第一項の規定に基づき短期入所療養介護に係る指定居宅サービス事業者の指定を受けている場合において、既に当該都道府県知事に提出している前項第四号から第十一号までに掲げる事項に変更がないときは、これらの事項に係る申請書の記載又は書類の提出を省略させることができる。

3　法第百十五条の十一において準用する法第七十条の二第一項の規定に基づき介護予防短期入所療養介護に係る指定介護予防サービス事業者の指定を受けようとする者は、第一項各号（第三号及び第十二号を除く。）に掲げる事項及び次に掲げる事項を記載した申請書又は書類を、当該指定に係る事業所の所在地を管轄する都道府県知事に提出しなければならない。
一　現に受けている指定の有効期間満了日
二　誓約書

4　前項の規定にかかわらず、都道府県知事は、当該申請に係る事業者が既に当該都道府県知事に提出している第一項第四号から第十一号までに掲げる事項に変更がないときは、これらの事項に係る申請書の記載又は書類の提出を省略させることができる。

5　第一項及び第三項に規定する申請書は、厚生労働大臣が定める様式によるものとする。

（平一八厚労令三二・追加、平二一厚労令五四・旧第百四十条の十繰下・一部改正、平三〇厚労令八〇・令五厚労令四六・令六厚労令一六・一部改正）

（指定介護予防特定施設入居者生活介護事業者に係る指定の申請）
第百四十条の十二　法第百十五条の二第一項の規定に基づき介護予防特定施設入居者生活介護に係る指定介護予防サービス事業者の指定を受けようとする者は、次に掲げる事項を記載した申請書又は書類を、当該指定に係る事業所の所在地を管轄する都道府県知事に提出しなければならない。
一　事業所の名称及び所在地
二　申請者の名称及び主たる事務所の所在地並びにその代表者の氏名、生年月日、住所及び職名

三　当該申請に係る事業の開始の予定年月日
四　申請者の登記事項証明書又は条例等
五　建物の構造概要及び平面図（各室の用途を明示するものとする。）並びに設備の概要
六　利用者の推定数
七　事業所の管理者の氏名、生年月日及び住所
八　運営規程
九　利用者からの苦情を処理するために講ずる措置の概要
十　当該申請に係る事業に係る従業者の勤務の体制及び勤務形態
十一　指定介護予防サービス等基準第二百五十三条に規定する受託介護予防サービス事業者が事業を行う事業所の名称及び所在地並びに当該事業者の名称及び所在地
十二　指定介護予防サービス等基準第二百四十二条第一項に規定する協力医療機関の名称及び診療科名並びに当該協力医療機関との契約の内容（同条第七項に規定する協力歯科医療機関があるときは、その名称及び当該協力歯科医療機関との契約の内容を含む。）
十三　誓約書
十四　介護支援専門員の氏名及びその登録番号
十五　その他指定に関し必要と認める事項

2　前項の規定にかかわらず、都道府県知事は、当該指定を受けようとする者が法第七十条第一項の規定に基づき特定施設入居者生活介護に係る指定居宅サービス事業者の指定を受けている場合において、既に当該都道府県知事に提出している前項第四号から第十二号までに掲げる事項に変更がないときは、これらの事項に係る申請書の記載又は書類の提出を省略させることができる。

3　法第百十五条の十一において準用する法第七十条の二第一項の規定に基づき介護予防特定施設入居者生活介護に係る指定介護予防サービス事業者の指定を受けようとする者は、第一項各号（第三号及び第十三号を除く。）に掲げる事項及び次に掲げる事項を記載した申請書又は書類を、当該指定に係る事業所の所在地を管轄する都道府県知事に提出しなければならない。
一　現に受けている指定の有効期間満了日
二　誓約書

4　前項の規定にかかわらず、都道府県知事は、当該申請に係る事業者が既に当該都道府県知事に提出している第一項第四号から第十二号までに掲げる事項に変更がないときは、これらの事項に係る申請書の記載又は書類の提出を省略させることができる。

法律

施行令

施行規則

5　第一項及び第三項に規定する申請書は、厚生労働大臣が定める様式によるものとする。

（平一八厚労令三二・追加、平二一厚労令五四・旧第百四十条の十一繰下・一部改正、平三〇厚労令八〇（平三〇厚労令一一九）・令五厚労令四六・令六厚労令一六・一部改正）

（指定介護予防福祉用具貸与事業者に係る指定の申請等）

第百四十条の十三　法第百十五条の二第一項の規定に基づき介護予防福祉用具貸与に係る指定介護予防サービス事業者の指定を受けようとする者は、次に掲げる事項を記載した申請書又は書類を、当該指定に係る事業所の所在地を管轄する都道府県知事に提出しなければならない。

一　事業所の名称及び所在地

二　申請者の名称及び主たる事務所の所在地並びにその代表者の氏名、生年月日、住所及び職名

三　当該申請に係る事業の開始の予定年月日

四　申請者の登記事項証明書又は条例等

五　事業所の平面図及び設備の概要

六　利用者の推定数

七　事業所の管理者の氏名、生年月日及び住所

八　法第八条の二第十項に規定する福祉用具の保管及び消毒の方法（指定介護予防サービス等基準第二百七十三条第三項前段の規定により保管又は消毒を委託等により他の事業者に行わせる場合にあっては、当該他の事業者の名称及び主たる事務所の所在地並びに当該委託等に関する契約の内容）

九　運営規程

十　利用者からの苦情を処理するために講ずる措置の概要

十一　当該申請に係る事業に係る従業者の勤務の体制及び勤務形態

十二　誓約書

十三　その他指定に関し必要と認める事項

2　前項の規定にかかわらず、都道府県知事は、当該指定を受けようとする者が法第七十条第一項の規定に基づき福祉用具貸与に係る指定居宅サービス事業者の指定を受けている場合において、既に当該都道府県知事に提出している前項第四号から第十一号までに掲げる事項に変更がないときは、これらの事項に係る申請書の記載又は書類の提出を省略させることができる。

3　法第百十五条の十一において準用する法第七十条の二第一項の規定に基づき介護予防福祉用具貸与に係る指定介護予防サービス事業者の指定の更新を受けようとする者は、第一項各号（第三号及び第十二号を除く。）に掲げる事項及び次に掲げる事項を記載した申請書又は書類を、当該指定に係る事業所の所在地を管轄する都道府県知事に提出しなければならない。
一　現に受けている指定の有効期間満了日
二　誓約書
4　前項の規定にかかわらず、都道府県知事は、当該申請に係る事業者が既に当該都道府県知事に提出している第一項第四号から第十一号までに掲げる事項に変更がないときは、これらの事項に係る申請書の記載又は書類の提出を省略させることができる。
5　第一項及び第三項に規定する申請書は、厚生労働大臣が定める様式によるものとする。

（平一八厚労令三二・追加、平二一厚労令五四・旧第百四十条の十二繰下・一部改正、平二七厚労令五七・平三〇厚労令三〇・平三〇厚労令八〇・令五厚労令四六・一部改正）

（指定特定介護予防福祉用具販売事業者に係る指定の申請等）
第百四十条の十四　法第百十五条の二第一項の規定に基づき特定介護予防福祉用具販売に係る指定介護予防サービス事業者の指定を受けようとする者は、次に掲げる事項を記載した申請書又は書類を、当該指定に係る事業所の所在地を管轄する都道府県知事に提出しなければならない。
一　事業所の名称及び所在地
二　申請者の名称及び主たる事務所の所在地並びにその代表者の氏名、生年月日、住所及び職名
三　当該申請に係る事業の開始の予定年月日
四　申請者の登記事項証明書又は条例等
五　事業所の平面図及び設備の概要
六　利用者の推定数
七　事業所の管理者の氏名、生年月日及び住所
八　運営規程
九　利用者からの苦情を処理するために講ずる措置の概要
十　当該申請に係る事業に係る従業者の勤務の体制及び勤務形態
十一　誓約書
十二　その他指定に関し必要と認める事項
2　前項の規定にかかわらず、都道府県知事は、当該指定を受けよう

法律

施行令

施行規則

とする者が法第七十条第一項の規定に基づき特定福祉用具販売に係る指定居宅サービス事業者の指定を受けている場合において、既に当該都道府県知事に提出している前項第四号から第十号までに掲げる事項に変更がないときは、これらの事項に係る申請書の記載又は書類の提出を省略させることができる。

3　法第百十五条の十一において準用する法第七十条の二第一項の規定に基づき特定介護予防福祉用具販売に係る指定介護予防サービス事業者の指定の更新を受けようとする者は、第一項各号（第三号及び第十一号を除く。）に掲げる事項及び次に掲げる事項を記載した申請書又は書類を、当該指定に係る事業所の所在地を管轄する都道府県知事に提出しなければならない。

一　現に受けている指定の有効期間満了日

二　誓約書

4　前項の規定にかかわらず、都道府県知事は、当該申請に係る事業者が既に当該都道府県知事に提出している第一項第四号から第十号までに掲げる事項に変更がないときは、これらの事項に係る申請書の記載又は書類の提出を省略させることができる。

5　第一項及び第三項に規定する申請書は、厚生労働大臣が定める様式によるものとする。

（平一八厚労令三二・追加、平二一厚労令五四・旧第百四十条の十三繰下・一部改正、平三〇厚労令三〇・平三〇厚労令八〇・令五厚労令四六・一部改正）

（病院等による指定の申請における必要な書類等）

第百四十条の十五　第百四十条の五から第百四十条の七まで、第百四十条の九又は第百四十条の十一の申請を行う者が、病院又は診療所において当該申請に係る事業を行おうとするときは、当該申請に係る申請書に、当該病院にあっては使用許可証、当該診療所にあっては使用許可証又は届書、国の開設する当該病院又は当該診療所にあっては承認書又は通知書の写しを添付して行わなければならない。この場合において、当該申請を行う者は、第百四十条の五第一項第八号（管理者の免許証の写しに係る部分に限る。）に掲げる事項に関する書類を提出することを要しない。

2　第百四十条の七の申請を行う者が、薬局において当該申請に係る事業を行おうとするときは、当該申請に係る申請書に当該薬局の開設許可証の写しを添付して行わなければならない。

3　第百四十条の九又は第百四十条の十一の申請を行う者が、介護老

六　申請者（介護予防特定施設入居者生活介護に係る指定の申請者を除く。）が、第百十五条の九第一項又は第百十五条の三十五第六項の規定により指定（介護予防特定施設入居者生活介護に係る指定を除く。）を取り消され、その取消しの日から起算して五年を経過しない者（当該指定を取り消された者が法人である場合においては、当該取消しの処分に係る行政手続法第十五条の規定による通知があった日前六十日以内に当該法人の役員等であった者で当該取消しの日から起算して五年を経過しないものを含み、当該指定を取り消された者が法人でない事業所である場合においては、当該通知があった日前六十日以内に当該事業所の管理者であった者で当該取消しの日から起算して五年を経過しないものを含む。）であるとき。ただし、当該指定の取消しが、指定介護予防サービス事業者の指定の取消しのうち当該指定の取消しの処分の理由となった事実及び当該事実の発生を防止するための当該指定介護予防サービス事業者による業務管理体制の整備についての取組の状況その他の当該事実に関して当該指定介護予防サービス事業者が有していた責任の程度を考慮して、この号本文に規定する指定の取消しに該当しないこととすることが相当であると認められるものとして厚生労働省令で定めるものに該当する場合を除く。

六の二　申請者（介護予防特定施設入居者生活介護に係る指定の申請者に限る。）が、第百十五条の九第一項又は第百十五条の三十五第六項の規定により指定（介護予防特定施設入居者生活介護に係る指定に限る。）を取り消され、その取消しの日から起算して五年を経過しない者（当該指定を取り消された者が法人である場合においては、当該取消しの処分に係る行政手続法第十五条の規定による通知があった日前六十日以内に当該法人の役員等であっ

人保健施設又は介護医療院においてこれらの規定による申請に係る事業を行おうとするときは、当該申請に係る申請書に、当該介護老人保健施設又は介護医療院の開設許可証を添付して行わなければならない。

4　第百四十条の十の申請を行う者が、特別養護老人ホームにおいて当該申請に係る事業を行おうとするときは、当該申請に係る申請書に、特別養護老人ホームの認可証等を添付して行わなければならない。

（平一八厚労令三二・追加、平二一厚労令五四・旧第百四十条の十四繰下・一部改正、平三〇厚労令三〇・平三〇厚労令八〇・一部改正）

（法第百十五条の二第二項第六号の厚生労働省令で定める同号本文に規定する指定の取消しに該当しないこととすることが相当であると認められる場合等）

第百四十条の十六　法第百十五条の二第二項第六号の厚生労働省令で定める同号本文に規定する指定の取消しに該当しないこととすることが相当であると認められる場合は、厚生労働大臣、都道府県知事又は市町村長が法第百十五条の三十三第一項その他の規定による報告等の権限を適切に行使し、当該指定の取消しの処分の理由となった事実及び当該事実の発生を防止するための当該指定介護予防サービス事業者による業務管理体制の整備についての取組の状況その他の当該事実に関して当該指定介護予防サービス事業者が有していた責任の程度を確認した結果、当該指定介護予防サービス事業者が当該指定取消しの理由となった事実について組織的に関与していると認められない場合とする。

2　前項の規定は、法第百十五条の二第二項第六号の二の厚生労働省令で定める同号本文に規定する指定の取消しに該当しないこととすることが相当であると認められる場合及び同項第六号の三の厚生労働省令で定める同号本文に規定する指定の取消しに該当しないこととすることが相当であると認められる場合について準用する。

（平二一厚労令五四・追加）

法律

た者で当該取消しの日から起算して五年を経過しないものを含み、当該指定を取り消された者が法人でない事業所である場合においては、当該通知があった日前六十日以内に当該事業所の管理者であった者で当該取消しの日から起算して五年を経過しないものを含む。）であるとき。ただし、当該指定の取消しが、指定介護予防サービス事業者の指定の取消しのうち当該指定の取消しの処分の理由となった事実及び当該事実の発生を防止するための当該指定介護予防サービス事業者による業務管理体制の整備についての取組の状況その他の当該事実に関して当該指定介護予防サービス事業者が有していた責任の程度を考慮して、この号本文に規定する指定の取消しに該当しないこととすることが相当であると認められるものとして厚生労働省令で定めるものに該当する場合を除く。

六の三　申請者と密接な関係を有する者が、第百十五条の九第一項又は第百十五条の三十五第六項の規定により指定を取り消され、その取消しの日から起算して五年を経過していないとき。ただし、当該指定の取消しが、指定介護予防サービス事業者の指定の取消しのうち当該指定の取消しの処分の理由となった事実及び当該事実の発生を防止するための当該指定介護予防サービス事業者による業務管理体制の整備についての取組の状況その他の当該事実に関して当該指定介護予防サービス事業者が有していた責任の程度を考慮して、この号本文に規定する指定の取消しに該当しないこととすることが相当であると認められるものとして厚生労働省令で定めるものに該当する場合を除く。

七　申請者が、第百十五条の九第一項又は第百十五条の三十五第六項の規定による指定の取消しの処分に係る行政手続法第十五条の規定による通知があった日から当該処分をする日又は処分をしないことを決定する日までの間に第百十五条の五第二項の規定による事業の廃止の届出をした者（当該事業の廃止について相当の理由がある者を除く。）で、当該届出の日から起算して五年を経過しないものであるとき。

七の二　申請者が、第百十五条の七第一項の規定による検査が行われた日から聴聞決定予定日（当該検査の結果に基づき第百十五条の九第一項の規定による指定の取消しの処分に係る聴聞を行うか否かの決定をすることが見込まれる日として厚生労働省令で定め

施行令

施行規則

（聴聞決定予定日の通知）

第百四十条の十七　法第百十五条の二第二項第七号の二の規定による通知をするときは、法第百十五条の七第一項の規定による検査が行われた日（以下この条において「検査日」という。）から十日以内

るところにより都道府県知事が当該申請者に当該検査が行われた日から十日以内に特定の日を通知した場合における当該特定の日をいう。）までの間に第百十五条の五第二項の規定による事業の廃止の届出をした者（当該事業の廃止について相当の理由がある者を除く。）で、当該届出の日から起算して五年を経過しないものであるとき。

八　第七号に規定する期間内に第百十五条の五第二項の規定による事業の廃止の届出があった場合において、申請者が、同号の通知の日前六十日以内に当該届出に係る法人（当該事業の廃止について相当の理由がある法人を除く。）の役員等又は当該届出に係る法人でない事業所（当該事業の廃止について相当の理由があるものを除く。）の管理者であった者で、当該届出の日から起算して五年を経過しないものであるとき。

九　申請者が、指定の申請前五年以内に居宅サービス等に関し不正又は著しく不当な行為をした者であるとき。

十　申請者（介護予防特定施設入居者生活介護に係る指定の申請者を除く。）が、法人で、その役員等のうちに第四号から第六号まで又は第七号から前号までのいずれかに該当する者のあるものであるとき。

十の二　申請者（介護予防特定施設入居者生活介護に係る指定の申請者に限る。）が、法人で、その役員等のうちに第四号から第五号の三まで、第六号の二又は第七号から第九号までのいずれかに該当する者のあるものであるとき。

十一　申請者（介護予防特定施設入居者生活介護に係る指定の申請者を除く。）が、法人でない事業所で、その管理者が第四号から第六号まで又は第七号から第九号までのいずれかに該当する者であるとき。

十二　申請者（介護予防特定施設入居者生活介護に係る指定の申請者に限る。）が、法人でない事業所で、その管理者が第四号から第五号の三まで、第六号の二又は第七号から第九号までのいずれかに該当する者であるとき。

3　都道府県が前項第一号の条例を定めるに当たっては、厚生労働省令で定める基準に従い定めるものとする。

に、検査日から起算して六十日以内の特定の日を通知するものとする。

（平二一厚労令五四・追加）

（法第百十五条の二第三項の厚生労働省令で定める基準）

第百四十条の十七の二　法第百十五条の二第三項の厚生労働省令で定める基準は、法人であることとする。ただし、病院等により行われる介護予防居宅療養管理指導又は病院若しくは診療所により行われる介護予防訪問看護、介護予防訪問リハビリテーション、介護予防通所リハビリテーション若しくは介護予防短期入所療養介護に係る

法律

4　関係市町村長は、厚生労働省令で定めるところにより、都道府県知事に対し、第五十三条第一項本文の指定について、当該指定をしようとするときは、あらかじめ、当該関係市町村長にその旨を通知するよう求めることができる。この場合において、当該都道府県知事は、その求めに応じなければならない。

5　関係市町村長は、前項の規定による通知を受けたときは、厚生労働省令で定めるところにより、第五十三条第一項本文の指定に関し、都道府県知事に対し、当該関係市町村の第百十七条第一項に規定する市町村介護保険事業計画との調整を図る見地からの意見を申し出ることができる。

6　都道府県知事は、前項の意見を勘案し、第五十三条第一項本文の指定を行うに当たって、当該事業の適正な運営を確保するために必

施行令

施行規則

指定の申請にあっては、この限りでない。

（平二四厚労令一一・追加）

（法第百十五条の二第四項の規定による通知の求めの方法等）

第百四十条の十七の三　市町村長は、法第百十五条の二第四項の規定による通知を求める際は、当該通知の対象となる介護予防サービスの種類、当該通知の対象となる区域及び期間その他当該通知を行うために必要な事項を都道府県知事に伝達しなければならない。

2　市町村長は、前項の伝達をしたときは、公報又は広報紙への掲載、インターネットの利用その他適切な方法により周知しなければならない。

3　法第百十五条の二第四項の規定による通知は、次に掲げる事項について行うものとする。

一　事業所（介護予防訪問看護及び介護予防訪問リハビリテーションに係る指定の申請に係る事業所については、当該事業所の所在地以外の場所に当該事業所の一部として使用される事務所を有するときは、当該事務所を含む。）の名称及び所在地

二　申請者の名称及び主たる事務所の所在地並びにその代表者の氏名、生年月日、住所及び職名（介護予防訪問看護、介護予防訪問リハビリテーション、介護予防居宅療養管理指導、介護予防通所リハビリテーション及び介護予防短期入所療養介護に係る指定の申請に係る事業所については、当該申請に係る事業所が法人以外の者の開設する病院、診療所又は薬局であるときは、開設者の氏名、生年月日、住所及び職名）

三　当該申請に係る事業の開始の予定年月日

四　利用者の推定数

五　運営規程（営業日及び営業時間、利用定員並びに通常の事業の実施地域に係る部分に限る。）

（平三〇厚労令三〇・追加）

（法第百十五条の二第五項の規定による意見の申出の方法）

第百四十条の十七の四　市町村長は、法第百十五条の二第五項の規定により、介護予防サービスの指定に関し、市町村介護保険事業計画との調整を図る見地からの意見を申し出ようとするときは、次に掲げる事項を記載した書類を都道府県知事に提出しなければならない。

一　当該意見の対象となる介護予防サービスの種類

要と認める条件を付することができる。

（平一七法七七・追加、平一九法一一〇・平二〇法四二・平二三法三七・平二三法七二・平二九法五二・一部改正）

（共生型介護予防サービス事業者の特例）

第百十五条の二の二　介護予防短期入所生活介護その他厚生労働省令で定める介護予防サービスに係る事業所について、児童福祉法第二十一条の五の三第一項の指定（当該事業所により行われる介護予防サービスの種類に応じて厚生労働省令で定める種類の障害児通所支援に係るものに限る。）又は障害者総合支援法第二十九条第一項の指定障害福祉サービス事業者の指定（当該事業所により行われる介護予防サービスの種類に応じて厚生労働省令で定める種類の障害福祉サービスに係るものに限る。）を受けている者から当該事業所に係る前条第一項（第百十五条の十一において準用する第七十条の二第四項において準用する場合を含む。）の申請があった場合において、次の各号のいずれにも該当するときにおける前条第二項（第百十五条の十一において準用する第七十条の二第四項において準用する場合を含む。以下この項において同じ。）の規定の適用については、前条第二項第二号中「第百十五条の四第一項の」とあるのは「次条第一項第一号の指定介護予防サービスに従事する従業者に係る」と、「同項」とあるのは「同号」と、同項第三号中「第百十五条の四第二項」とあるのは「次条第一項第二号」とする。ただし、申請者が、厚生労働省令で定めるところにより、別段の申出をしたときは、この限りでない。

一　当該申請に係る事業所の従業者の知識及び技能並びに人員が、指定介護予防サービスに従事する従業者に係る都道府県の条例で定める基準及び都道府県の条例で定める員数を満たしていること。

二　申請者が、都道府県の条例で定める指定介護予防サービスに係る介護予防のための効果的な支援の方法に関する基準及び指定介護予防サービスの事業の設備及び運営に関する基準に従って適正な介護予防サービス事業の運営をすることができると認められること。

2　都道府県が前項各号の条例を定めるに当たっては、第一号から第三号までに掲げる事項については厚生労働省令で定める基準に従い定めるものとし、第四号に掲げる事項については厚生労働省令で定める基準を標準として定めるものとし、その他の事項については厚

二　都道府県知事が指定を行うに当たって法第五十三条第一項本文の条件を付することを求める旨及びその理由

三　条件の内容

四　その他必要な事項

（平三〇厚労令三〇・追加）

（共生型介護予防サービス事業者の特例に係るサービスの種類）

第百四十条の十七の五　介護予防短期入所生活介護について法第百十五条の二の二第一項の厚生労働省令で定める障害福祉サービスの種類は、短期入所とする。

（平三〇厚労令三〇・追加）

（共生型介護予防サービス事業者の特例に係る別段の申出）

第百四十条の十七の六　法第百十五条の二の二第一項ただし書の規定による別段の申出は、次の事項を記載した申出書を当該申出に係る事業所の所在地を管轄する都道府県知事に提出して行うものとする。

一　当該申出に係る事業所の名称及び所在地並びに申請者及び事業所の管理者の氏名及び住所

二　当該申出に係る介護予防サービスの種類

三　前号に係る介護予防サービスについて法第百十五条の二の二第一項に規定する特例による指定を不要とする旨

2　前項に規定する申出書は、厚生労働大臣が定める様式によるものとする。

（平三〇厚労令三〇・追加、令五厚労令四六・一部改正）

法律

生労働省令で定める基準を参酌するものとする。

一　指定介護予防サービスに従事する従業者に係る基準及び当該従業者の員数

二　指定介護予防サービスの事業に係る居室の床面積

三　指定介護予防サービスの事業の運営に関する事項であって、利用する要支援者のサービスの適切な利用、適切な処遇及び安全の確保並びに秘密の保持等に密接に関連するものとして厚生労働省令で定めるもの

四　指定介護予防サービスの事業に係る利用定員

＊〔省〕指定介護予防サービス等の事業の人員、設備及び運営並びに指定介護予防サービス等に係る介護予防のための効果的な支援の方法に関する基準（平一八厚労令第三五）

3　厚生労働大臣は、前項に規定する厚生労働省令で定める基準（指定介護予防サービスの取扱いに関する部分に限る。）を定めようとするときは、あらかじめ社会保障審議会の意見を聴かなければならない。

4　第一項の場合において、同項に規定する者が同項の申請に係る第五十三条第一項本文の指定を受けたときは、その者に対しては、第百十五条の四第二項から第四項までの規定は適用せず、次の表の上欄に掲げる規定の適用については、これらの規定中同表の中欄に掲げる字句は、それぞれ同表の下欄に掲げる字句とする。

第五十三条第六項	第百十五条の四第二項	第百十五条の二の二第一項第二号
第百十五条の三第一項	次条第二項	前条第一項第二号
第百十五条の四第一項	都道府県の条例で定める基準に従い	第百十五条の二の二第一項第一号の指定介護予防サービスに従事する従業者に係る都道府県の条例で定める基準に従い同号の
第百十五条の八第一項第二号	第百十五条の四第一項の	第百十五条の二の二第一項第一号の指定介護予防サービスに従事する従業者に係る

施行令

施行規則

	同項	同号
第百十五条の八第一項第三号	第百十五条の四第二項	第百十五条の二の二第一項第二号
第百十五条の九第一項第三号	第百十五条の四第一項の	第百十五条の二の二第一項第一号の指定介護予防サービスに従事する従業者に係る
	同項	同号
第百十五条の九第一項第四号	第百十五条の四第二項	第百十五条の二の二第一項第二号

5　第一項に規定する者であって、同項の申請に係る第五十三条第一項本文の指定を受けたものから、児童福祉法第二十一条の五の三第一項に規定する指定通所支援の事業（当該指定に係る事業所において行うものに限る。）について同法第二十一条の五の二十第四項の規定による事業の廃止若しくは休止の届出があったとき又は障害者総合支援法第二十九条第一項に規定する指定障害福祉サービスの事業（当該指定に係る事業所において行うものに限る。）について障害者総合支援法第四十六条第二項の規定による事業の廃止若しくは休止の届出があったときは、当該指定に係る指定介護予防サービスの事業について、第百十五条の五第二項の規定による事業の廃止又は休止の届出があったものとみなす。

（平二九法五二・追加）

（指定介護予防サービスの事業の基準）

第百十五条の三　指定介護予防サービス事業者は、次条第二項に規定する指定介護予防サービスに係る介護予防のための効果的な支援の方法に関する基準及び指定介護予防サービスの事業の設備及び運営に関する基準に従い、要支援者の心身の状況等に応じて適切な指定介護予防サービスを提供するとともに、自らその提供する指定介護予防サービスの質の評価を行うことその他の措置を講ずることにより常に指定介護予防サービスを受ける者の立場に立ってこれを提供するように努めなければならない。

2　指定介護予防サービス事業者は、指定介護予防サービスを受けようとする被保険者から提示された被保険者証に、認定審査会意見が記載されているときは、当該認定審査会意見に配慮して、当該被保険者に当該指定介護予防サービスを提供するように努めなければならない。

（平一七法七七・追加）

第百十五条の四　指定介護予防サービス事業者は、当該指定に係る事業所ごとに、都道府県の条例で定める基準に従い都道府県の条例で定める員数の当該指定介護予防サービスに従事する従業者を有しなければならない。

2　前項に規定するもののほか、指定介護予防サービスに係る介護予防のための効果的な支援の方法に関する基準及び指定介護予防サービスの事業の設備及び運営に関する基準は、都道府県の条例で定める。

3　都道府県が前二項の条例を定めるに当たっては、第一号から第三号までに掲げる事項については厚生労働省令で定める基準に従い定めるものとし、第四号に掲げる事項については厚生労働省令で定める基準を標準として定めるものとし、その他の事項については厚生労働省令で定める基準を参酌するものとする。

一　指定介護予防サービスに従事する従業者に係る基準及び当該従業者の員数

二　指定介護予防サービスの事業に係る居室、療養室及び病室の床面積

三　指定介護予防サービスの事業の運営に関する事項であって、利用する要支援者のサービスの適切な利用、適切な処遇及び安全の確保並びに秘密の保持等に密接に関連するものとして厚生労働省令で定めるもの

四　指定介護予防サービスの事業に係る利用定員

*厚生労働省令で定める基準＝〔省〕指定介護予防サービス等の事業の人員、設備及び運営並びに指定介護予防サービス等に係る介護予防のための効果的な支援の方法に関する基準（平一八厚労令第三五）

4　厚生労働大臣は、前項に規定する厚生労働省令で定める基準（指定介護予防サービスの取扱いに関する部分に限る。）を定めようとするときは、あらかじめ社会保障審議会の意見を聴かなければならない。

5　指定介護予防サービス事業者は、次条第二項の規定による事業の廃止又は休止の届出をしたときは、当該届出の日前一月以内に当該指定介護予防サービスを受けていた者であって、当該事業の廃止又は休止の日以後においても引き続き当該指定介護予防サービスに相

当するサービスの提供を希望する者に対し、必要な居宅サービス等が継続的に提供されるよう、指定介護予防支援事業者、他の指定介護予防サービス事業者その他関係者との連絡調整その他の便宜の提供を行わなければならない。

6　指定介護予防サービス事業者は、要支援者の人格を尊重するとともに、この法律又はこの法律に基づく命令を遵守し、要支援者のため忠実にその職務を遂行しなければならない。

（平一七法七七・追加、平二〇法四二・平二三法三七・一部改正）

（変更の届出等）

第百十五条の五　指定介護予防サービス事業者は、当該指定に係る事業所の名称及び所在地その他厚生労働省令で定める事項に変更があったとき、又は休止した当該指定介護予防サービスの事業を再開したときは、厚生労働省令で定めるところにより、十日以内に、その旨を都道府県知事に届け出なければならない。

（介護予防サービス事業者の名称等の変更の届出等）

第百四十条の二十二　指定介護予防サービス事業者は、次の各号に掲げる指定介護予防サービス事業者が行う介護予防サービスの種類に応じ、当該各号に定める事項に変更があったときは、当該変更に係る事項について当該指定介護予防サービス事業者の事業所の所在地を管轄する都道府県知事に届け出なければならない。

一　削除

二　介護予防訪問入浴介護　第百四十条の四第一項第一号、第二号、第四号（当該指定に係る事業に関するものに限る。）から第八号まで及び第十一号に掲げる事項

三　介護予防訪問看護　第百四十条の五第一項第一号、第二号及び第四号（当該指定に係る事業に関するものに限る。）から第九号までに掲げる事項

四　介護予防訪問リハビリテーション　第百四十条の六第一項第一号、第二号及び第四号（当該指定に係る事業に関するものに限る。）から第九号までに掲げる事項

五　介護予防居宅療養管理指導　第百四十条の七第一項第一号、第二号及び第四号（当該指定に係る事業に関するものに限る。）から第九号までに掲げる事項

六　削除

七　介護予防通所リハビリテーション　第百四十条の九第一項第一号、第二号及び第四号（当該指定に係る事業に関するものに限る。）から第八号までに掲げる事項

八　介護予防短期入所生活介護　第百四十条の十第一項第一号、第二号、第四号（当該指定に係る事業に関するものに限る。）から第九号まで及び第十二号に掲げる事項（第七号に掲げるものについては、特別養護老人ホームにおいて行うときに係るものに限る。）

九　介護予防短期入所療養介護　第百四十条の十一第一項第一号、

法律

2　指定介護予防サービス事業者は、当該指定介護予防サービスの事業を廃止し、又は休止しようとするときは、厚生労働省令で定めるところにより、その廃止又は休止の日の一月前までに、その旨を都道府県知事に届け出なければならない。

（平一七法七七・追加、平二〇法四二・一部改正）

（都道府県知事等による連絡調整又は援助）

第百十五条の六　都道府県知事又は市町村長は、指定介護予防サービス事業者による第百十五条の四第五項に規定する便宜の提供が円滑に行われるため必要があると認めるときは、当該指定介護予防サービス事業者及び指定介護予防支援事業者、他の指定介護予防サービス事業者その他の関係者相互間の連絡調整又は当該指定介護予防サービス事業者及び当該関係者に対する助言その他の援助を行うことができる。

2　厚生労働大臣は、同一の指定介護予防サービス事業者について二以上の都道府県知事が前項の規定による連絡調整又は援助を行う場

施行令

施行規則

第二号及び第四号（当該指定に係る事業に関するものに限る。）から第九号までに掲げる事項

十　介護予防特定施設入居者生活介護　第百四十条の十二第一項第一号、第二号、第四号（当該指定に係る事業に関するものに限る。）、第五号、第七号、第八号、第十二号及び第十四号に掲げる事項

十一　介護予防福祉用具貸与　第百四十条の十三第一項第一号、第二号及び第四号（当該指定に係る事業に関するものに限る。）から第九号までに掲げる事項

十二　特定介護予防福祉用具販売　第百四十条の十四第一項第一号、第二号及び第四号（当該指定に係る事業に関するものに限る。）から第八号までに掲げる事項

2　前項の届出であって、同項第七号から第十号までに掲げる介護予防サービスの利用者の定員の増加に伴うものは、それぞれ当該介護予防サービスに係る事業者の勤務の体制及び勤務形態を記載した書類を添付して行うものとする。

3　指定介護予防サービス事業者は、休止した当該指定介護予防サービスの事業を再開したときは、再開した年月日を当該指定介護予防サービス事業者の事業所の所在地を管轄する都道府県知事に届け出なければならない。

4　指定介護予防サービス事業者は、当該指定介護予防サービスの事業を廃止し、又は休止しようとするときは、その廃止又は休止の日の一月前までに、次に掲げる事項を当該指定介護予防サービス事業者の事業所の所在地を管轄する都道府県知事に届け出なければならない。

一　廃止し、又は休止しようとする年月日

二　廃止し、又は休止しようとする理由

三　現に指定介護予防サービスを受けている者に対する措置

四　休止しようとする場合にあっては、休止の予定期間

5　第一項及び前二項の規定による届出は、厚生労働大臣が定める様式により行うものとする。

（平一八厚労令三二・追加、平二一厚労令五四・旧第百四十条の十九繰下・一部改正、平二七厚労令五七・平三〇厚労令三〇・平三〇厚労令八〇（平三〇厚労令一一九）・令五厚労令四六・一部改正）

合において、当該指定介護予防サービス事業者による第百十五条の四第五項に規定する便宜の提供が円滑に行われるため必要があると認めるときは、当該都道府県知事相互間の連絡調整又は当該指定介護予防サービス事業者に対する都道府県の区域を超えた広域的な見地からの助言その他の援助を行うことができる。

（平二〇法四二・追加、平二三法三七・一部改正）

（報告等）

第百十五条の七　都道府県知事又は市町村長は、介護予防サービス費の支給に関して必要があると認めるときは、指定介護予防サービス事業者若しくは指定介護予防サービス事業者であった者若しくは当該指定に係る事業所の従業者であった者（以下この項において「指定介護予防サービス事業者であった者等」という。）に対し、報告若しくは帳簿書類の提出若しくは提示を命じ、指定介護予防サービス事業者若しくは当該指定に係る事業所の従業者若しくは指定介護予防サービス事業者であった者等に対し出頭を求め、又は当該職員に関係者に対して質問させ、若しくは当該指定介護予防サービス事業者の当該指定に係る事業所、事務所その他指定介護予防サービスの事業に関係のある場所に立ち入り、その設備若しくは帳簿書類その他の物件を検査させることができる。

２　第二十四条第三項の規定は前項の規定による質問又は検査について、同条第四項の規定は前項の規定による権限について準用する。

（平一七法七七・追加、平二〇法四二・旧第百十五条の六繰下・一部改正）

（勧告、命令等）

第百十五条の八　都道府県知事は、指定介護予防サービス事業者が、次の各号に掲げる場合に該当すると認めるときは、当該指定介護予防サービス事業者に対し、期限を定めて、それぞれ当該各号に定める措置をとるべきことを勧告することができる。

一　第百十五条の二第六項の規定により当該指定を行うに当たって付された条件に従わない場合　当該条件に従うこと。

二　当該指定に係る事業所の従業者の知識若しくは技能又は人員について第百十五条の四第一項の都道府県の条例で定める基準又は同項の都道府県の条例で定める員数を満たしていない場合　当該都道府県の条例で定める基準又は当該都道府県の条例で定める員数を満たすこと。

三　第百十五条の四第二項に規定する指定介護予防サービスに係る介護予防のための効果的な支援の方法に関する基準又は指定介護予防サービスの事業の設備及び運営に関する基準に従って適正な

指定介護予防サービスの事業の運営をしていない場合　当該指定介護予防サービスに係る介護予防のための効果的な支援の方法に関する基準又は指定介護予防サービスの事業の設備及び運営に関する基準に従って適正な指定介護予防サービスの事業の運営をすること。

四　第百十五条の四第五項に規定する便宜の提供を適正に行っていない場合　当該便宜の提供を適正に行うこと。

2　都道府県知事は、前項の規定による勧告をした場合において、その勧告を受けた指定介護予防サービス事業者が同項の期限内にこれに従わなかったときは、その旨を公表することができる。

3　都道府県知事は、第一項の規定による勧告を受けた指定介護予防サービス事業者が、正当な理由がなくてその勧告に係る措置をとらなかったときは、当該指定介護予防サービス事業者に対し、期限を定めて、その勧告に係る措置をとるべきことを命ずることができる。

4　都道府県知事は、前項の規定による命令をした場合においては、その旨を公示しなければならない。

5　市町村は、保険給付に係る指定介護予防サービスを行った指定介護予防サービス事業者について、第一項各号に掲げる場合のいずれかに該当すると認めるときは、その旨を当該指定に係る事業所の所在地の都道府県知事に通知しなければならない。

（平一七法七七・追加、平二〇法四二・旧第百十五条の七繰下・一部改正、平二三法三七・平二九法五二・一部改正）

（指定の取消し等）

第百十五条の九　都道府県知事は、次の各号のいずれかに該当する場合においては、当該指定介護予防サービス事業者に係る第五十三条第一項本文の指定を取り消し、又は期間を定めてその指定の全部若しくは一部の効力を停止することができる。

一　指定介護予防サービス事業者が、第百十五条の二第二項第四号から第五号の二まで、第十号（第五号の三に該当する者のあるものであるときを除く。）、第十号の二（第五号の三に該当する者のあるものであるときを除く。）、第十一号（第五号の三に該当する者であるときを除く。）又は第十二号（第五号の三に該当する者であるときを除く。）のいずれかに該当するに至ったとき。

二　指定介護予防サービス事業者が、第百十五条の二第六項の規定により当該指定を行うに当たって付された条件に違反したと認められるとき。

三　指定介護予防サービス事業者が、当該指定に係る事業所の従業者の知識若しくは技能又は人員について、第百十五条の四第一項の都道府県の条例で定める基準又は同項の都道府県の条例で定める員数を満たすことができなくなったとき。

四　指定介護予防サービス事業者が、第百十五条の四第二項に規定する指定介護予防サービスに係る介護予防のための効果的な支援の方法に関する基準又は指定介護予防サービスの事業の設備及び運営に関する基準に従って適正な介護予防サービスの事業の運営をすることができなくなったとき。

五　指定介護予防サービス事業者が、第百十五条の四第六項に規定する義務に違反したと認められるとき。

六　介護予防サービス費の請求に関し不正があったとき。

七　指定介護予防サービス事業者が、第百十五条の七第一項の規定により報告又は帳簿書類の提出若しくは提示を命ぜられてこれに従わず、又は虚偽の報告をしたとき。

八　指定介護予防サービス事業者又は当該指定に係る事業所の従業者が、第百十五条の七第一項の規定により出頭を求められてこれに応ぜず、同項の規定による質問に対して答弁せず、若しくは虚偽の答弁をし、又は同項の規定による検査を拒み、妨げ、若しくは忌避したとき。ただし、当該指定に係る事業所の従業者がその行為をした場合において、その行為を防止するため、当該指定介護予防サービス事業者が相当の注意及び監督を尽くしたときを除く。

九　指定介護予防サービス事業者が、不正の手段により第五十三条第一項本文の指定を受けたとき。

十　前各号に掲げる場合のほか、指定介護予防サービス事業者が、この法律その他国民の保健医療若しくは福祉に関する法律で政令で定めるもの又はこれらの法律に基づく命令若しくは処分に違反したとき。

十一　前各号に掲げる場合のほか、指定介護予防サービス事業者が、居宅サービス等に関し不正又は著しく不当な行為をしたとき。

十二　指定介護予防サービス事業者が法人である場合において、その役員等のうちに指定の取消し又は指定の全部若しくは一部の効力の停止をしようとするとき前五年以内に居宅サービス等に関し不正又は著しく不当な行為をした者があるとき。

十三　指定介護予防サービス事業者が法人でない事業所である場合において、その管理者が指定の取消し又は指定の全部若しくは一

法律

部の効力の停止をしようとするとき前五年以内に居宅サービス等に関し不正又は著しく不当な行為をした者であるとき。

2　市町村は、保険給付に係る指定介護予防サービスを行った指定介護予防サービス事業者について、前項各号のいずれかに該当すると認めるときは、その旨を当該指定に係る事業所の所在地の都道府県知事に通知しなければならない。

（平一七法七七・追加、平一九法一一〇・一部改正、平二〇法四二・旧第百十五条の八繰下・一部改正、平二三法三七・平二三法七二・平二九法五二・一部改正）

（公示）

第百十五条の十　都道府県知事は、次に掲げる場合には、当該指定介護予防サービス事業者の名称又は氏名、当該指定に係る事業所の所在地その他の厚生労働省令で定める事項を公示しなければならない。

一　第五十三条第一項本文の指定をしたとき。

二　第百十五条の五第二項の規定による事業の廃止の届出があったとき。

三　前条第一項又は第百十五条の三十五第六項の規定により第五十三条第一項本文の指定を取り消し、又は指定の全部若しくは一部の効力を停止したとき。

（平一七法七七・追加、平二〇法四二・旧第百十五条の九繰下・一部改正）

（準用）

第百十五条の十一　第七十条の二、第七十一条及び第七十二条の規定は、第五十三条第一項本文の指定について準用する。この場合において、第七十条の二第四項中「前条」とあるのは、「第百十五条の二」と読み替えるものとするほか、必要な技術的読替えは、政令で定める。

（平一七法七七・追加、平二〇法四二・旧第百十五条の十繰下、平二三法七二・平二九法五二・一部改正）

施行令

（指定介護予防サービス事業者の指定の更新及び特例に関する読替え）

第三十五条の十一　法第百十五条の十一の規定による技術的読替えは、次の表のとおりとする。

法の規定中読み替える規定	読み替えられる字句	読み替える字句
第七十条の二第一項	第四十一条第一項本文	第五十三条第一項本文
第七十条の二第二項及び第	前項	第百十五条の十一において準用する

施行規則

（法第百十五条の十の厚生労働省令で定める事項）

第百四十条の二十三　法第百十五条の十の厚生労働省令で定める事項は、次に掲げる事項とする。

一　当該指定介護予防サービス事業者の名称又は氏名

二　当該指定に係る事業所の名称及び所在地

三　指定をし、事業の廃止の届出の受理をし、又は指定を取り消した場合にあっては、その年月日

四　指定の全部又は一部の効力を停止した場合にあっては、その内容及びその期間

五　サービスの種類

（平二一厚労令五四・追加）

（指定介護予防サービス事業者の特例に係る介護予防サービスの種類）

第百四十条の十八　法第百十五条の十一において準用する法第七十一条第一項の厚生労働省令で定める種類の介護予防サービスは、介護予防訪問看護、介護予防訪問リハビリテーション、介護予防通所リハビリテーション及び介護予防短期入所療養介護（療養病床を有する病院又は診療所により行われるものに限る。）とする。

（平一八厚労令三二・追加、平二一厚労令三〇・一部改正、平二一厚労令五四・旧第百四十条の十五繰下・一部改正、平

三項		前項
第七十条の二第四項	前条	第百十五条の二
	第一項	第百十五条の十一において準用する第一項
第七十一条第一項	居宅サービス	介護予防サービス
	居宅療養管理指導	介護予防居宅療養管理指導
	第四十一条第一項本文	第五十三条第一項本文
	第七十七条第一項	第百十五条の九第一項
第七十一条第二項	前項	第百十五条の十一において準用する前項
	指定居宅サービス事業者	指定介護予防サービス事業者
	第四十一条第一項本文	第五十三条第一項本文
第七十二条第一項	居宅サービス	介護予防サービス
	短期入所療養介護	介護予防短期入所療養介護
	第四十一条第一項本文	第五十三条第一項本文
第七十二条第二項	前項	第百十五条の十一において準用する前項
	指定居宅サービス事業者	指定介護予防サービス事業者
	第四十一条第一項本文	第五十三条第一項本文

（平一八政一五四・追加、平二一政一〇・一部改正、平二三政三七六・旧第三十五条の六繰下）

三〇厚労令八〇・一部改正）

第百四十条の十九　法第百十五条の十一において準用する法第七十二条第一項の厚生労働省令で定める種類の介護予防サービスは、介護予防訪問リハビリテーション及び介護予防通所リハビリテーション（介護老人保健施設又は介護医療院により行われるものに限る。）とする。

（平一八厚労令三二・追加、平二一厚労令五四・旧第百四十条の十六繰下・一部改正、平三〇厚労令三〇・令六厚労令一六・一部改正）

（指定介護予防サービス事業者の特例に係る病院等の別段の申出）

第百四十条の二十　法第百十五条の十一において準用する法第七十一条第一項ただし書の規定による別段の申出は、次の事項を記載した申出書を当該申出に係る病院若しくは診療所又は薬局の開設の場所を管轄する都道府県知事に提出して行うものとする。

一　当該申出に係る病院若しくは診療所又は薬局の名称及び開設の場所並びに開設者及び管理者の氏名及び住所

二　当該申出に係る介護予防サービスの種類

三　前号に係る介護予防サービスについて法第七十一条本文に係る指定を不要とする旨

2　前項に規定する申出書は、厚生労働大臣が定める様式によるものとする。

（平一八厚労令三二・追加、平二一厚労令五四・旧第百四十条の十七繰下・一部改正、令五厚労令四六・一部改正）

第百四十条の二十一　法第百十五条の十一において準用する法第七十二条第一項ただし書の規定による別段の申出は、次の事項を記載した申出書を当該申出に係る介護老人保健施設又は介護医療院の開設の場所を管轄する都道府県知事に提出して行うものとする。

一　当該申出に係る介護老人保健施設又は介護医療院の名称及び開設の場所並びに開設者及び管理者の氏名及び住所

二　当該申出に係る介護予防サービスの種類

三　前号に係る介護予防サービスについて法第七十二

法律

第七節　指定地域密着型介護予防サービス事業者

（平一七法七七・追加）

（指定地域密着型介護予防サービス事業者の指定）

第百十五条の十二　第五十四条の二第一項本文の指定は、厚生労働省令で定めるところにより、地域密着型介護予防サービス事業を行う者の申請により、地域密着型介護予防サービスの種類及び当該地域密着型介護予防サービスの種類に係る地域密着型介護予防サービス事業を行う事業所（以下この節において「事業所」という。）ごとに行い、当該指定をする市町村長がその長である市町村が行う介護保険の被保険者（特定地域密着型介護予防サービスに係る指定にあっては、当該市町村の区域内に所在する住所地特例対象施設に入所等をしている住所地特例適用居宅要支援被保険者を含む。）に対する地域密着型介護予防サービス費及び特例地域密着型介護予防サービス費の支給について、その効力を有する。

2　市町村長は、前項の申請があった場合において、次の各号のいずれかに該当するときは、第五十四条の二第一項本文の指定をしてはならない。

一　申請者が市町村の条例で定める者でないとき。

二　当該申請に係る事業所の従業者の知識及び技能並びに人員が、第百十五条の十四第一項の市町村の条例で定める基準若しくは同項の市町村の条例で定める員数又は同条第五項に規定する指定地域密着型介護予防サービスに従事する従業者に関する基準を満たしていないとき。

三　申請者が、第百十五条の十四第二項又は第五項に規定する指定地域密着型介護予防サービスに係る介護予防のための効果的な支援の方法に関する基準又は指定地域密着型介護予防サービスの事業の設備及び運営に関する基準に従って適正な地域密着型介護予防サービス事業の運営をすることができないと認められるとき。

四　当該申請に係る事業所が当該市町村の区域の外にある場合で

施行令

施行規則

条本文に係る指定を不要とする旨

2　前項に規定する申出書は、厚生労働大臣が定める様式によるものとする。

（平一八厚労令三二・追加、平二一厚労令五四・旧第百四十条の十八繰下・一部改正、平二四厚労令一〇・平三〇厚労令三〇・令五厚労令四六・一部改正）

第七節　指定地域密着型介護予防サービス事業者

（平一八厚労令三二・追加）

（指定介護予防認知症対応型通所介護事業者に係る指定の申請等）

第百四十条の二十四　法第百十五条の十二第一項の規定に基づき介護予防認知症対応型通所介護に係る指定地域密着型介護予防サービス事業者の指定を受けようとする者は、次に掲げる事項を記載した申請書又は書類を、当該指定に係る事業所の所在地を管轄する市町村長（同項の規定に基づき指定を受けようとする地域密着型介護予防サービス事業を行う事業所の所在地の市町村以外の市町村（以下この条において「他の市町村」という。）の長から指定を受けようとする場合には、当該他の市町村の長。以下この節において同じ。）に提出しなければならない。ただし、令第三十五条の十二において読み替えられた法第百十五条の十二第七項において準用する法第七十八条の二第九項の規定により法第百十五条の十二第二項第四号の規定が適用されない場合であって、他の市町村の長から指定を受けようとする者について、第四号から第九号までに掲げる事項の記載を要しないと当該他の市町村の長が認めるときは、当該事項の記載を要しない。

一　事業所（当該事業所の所在地以外の場所に当該申請に係る事業の一部を行う施設を有するときは、当該施設を含む。）の名称及び所在地

二　申請者の名称及び主たる事務所の所在地並びにその代表者の氏名、生年月日、住所及び職名

三　当該申請に係る事業の開始の予定年月日

四　申請者の登記事項証明書又は条例等

五　事業所（当該事業所の所在地以外の場所に当該申請に係る事業の一部を行う施設を有するときは、当該施設を含む。）の平面図（各室の用途を明示するものとする。）及び設備の概要

六　事業所の管理者の氏名、生年月日、住所及び経歴

あって、その所在地の市町村長の同意を得ていないとき。
四の二　申請者が、禁錮以上の刑に処せられ、その執行を終わり、又は執行を受けることがなくなるまでの者であるとき。
五　申請者が、この法律その他国民の保健医療若しくは福祉に関する法律で政令で定めるものの規定により罰金の刑に処せられ、その執行を終わり、又は執行を受けることがなくなるまでの者であるとき。
五の二　申請者が、労働に関する法律の規定であって政令で定めるものにより罰金の刑に処せられ、その執行を終わり、又は執行を受けることがなくなるまでの者であるとき。
五の三　申請者が、保険料等について、当該申請をした日の前日までに、納付義務を定めた法律の規定に基づく滞納処分を受け、かつ、当該処分を受けた日から正当な理由なく三月以上の期間にわたり、当該処分を受けた日以降に納期限の到来した保険料等の全てを引き続き滞納している者であるとき。

七　運営規程
八　利用者からの苦情を処理するために講ずる措置の概要
九　当該申請に係る事業に係る従業者の勤務の体制及び勤務形態
十　法第百十五条の十二第二項各号（令第三十五条の十三において読み替えられた法第七十条の二第四項において準用する場合を含む。）に該当しないことを誓約する書面（以下この節において「誓約書」という。）
十一　その他指定に関し必要と認める事項
2　前項の規定にかかわらず、市町村長は、当該指定を受けようとする者が法第七十八条の二第一項の規定に基づき認知症対応型通所介護に係る指定地域密着型サービス事業者の指定を受けている場合において、既に当該市町村長に提出している前項第四号から第九号までに掲げる事項に変更がないときは、これらの事項に係る申請書の記載又は書類の提出を省略させることができる。
3　法第百十五条の二十一において準用する法第七十条の二第一項の規定に基づき介護予防認知症対応型通所介護に係る指定地域密着型介護予防サービス事業者の指定の更新を受けようとする者は、前項各号（第三号及び第十号を除く。）に掲げる事項及び次に掲げる事項を記載した申請書又は書類を、当該指定に係る事業所の所在地を管轄する市町村長に提出しなければならない。
一　現に受けている指定の有効期間満了日
二　誓約書
4　前項の規定にかかわらず、市町村長は、当該申請に係る事業者が既に当該市町村長に提出している第一項第四号から第九号までに掲げる事項に変更がないときは、これらの事項に係る申請書の記載又は書類の提出を省略させることができる。
5　第一項及び第三項に規定する申請書は、厚生労働大臣が定める様式によるものとする。

（平一八厚労令三二・追加、平一八厚労令一〇六・一部改正、平二一厚労令五四・旧第百四十条の二十繰下・一部改正、平二四厚労令一一・平二四厚労令三〇・平三〇厚労令八〇・令五厚労令四六・一部改正）

（指定介護予防小規模多機能型居宅介護事業者に係る指定の申請等）
第百四十条の二十五　法第百十五条の十二第一項の規定に基づき介護予防小規模多機能型居宅介護に係る指定地域密着型介護予防サービス事業者の指定を受けようとする者は、次に掲げる事項を記載した申請書又は書類を、当該指定に係る事業所の所在地を管轄する市町

法律

施行令

施行規則

村長に提出しなければならない。ただし、令第三十五条の十二において読み替えられた法第百十五条の十二第七項において準用する法第七十八条の二第九項の規定により法第百十五条の十二第二項第四号の規定が適用されない場合であって、他の市町村の長から指定を受けようとする者について、第四号から第十二号までに掲げる事項の記載を要しないと当該他の市町村の長が認めるときは、当該事項の記載を要しない。

一　事業所（当該事業所の所在地以外の場所に当該申請に係る事業の一部を行う拠点を有するときは、当該拠点を含む。）の名称及び所在地

二　申請者の名称及び主たる事務所の所在地並びにその代表者の氏名、生年月日、住所及び職名

三　当該申請に係る事業の開始の予定年月日

四　申請者の登記事項証明書又は条例等

五　建物の構造概要及び平面図（各室の用途を明示するものとする。）並びに設備の概要

六　利用者の推定数

七　事業所の管理者の氏名、生年月日、住所及び経歴

八　運営規程

九　利用者からの苦情を処理するために講ずる措置の概要

十　当該申請に係る事業に係る従業者の勤務の体制及び勤務形態

十一　指定地域密着型介護予防サービス基準第五十九条第一項に規定する協力医療機関の名称及び診療科名並びに当該協力医療機関との契約の内容（同条第二項に規定する協力歯科医療機関があるときは、その名称及び当該協力歯科医療機関との契約の内容を含む。）

十二　指定地域密着型介護予防サービス基準第五十九条第三項に規定する介護老人福祉施設、介護老人保健施設、介護医療院、病院等との連携体制及び支援の体制の概要

十三　誓約書

十四　介護支援専門員の氏名及びその登録番号

十五　その他指定に関し必要と認める事項

2　前項の規定にかかわらず、市町村長は、当該指定を受けようとする者が法第七十八条の二第一項の規定に基づき小規模多機能型居宅介護に係る指定地域密着型サービス事業者の指定を受けている場合

において、既に当該市町村長に提出している前項第四号から第十二号までに掲げる事項に変更がないときは、これらの事項に係る申請書の記載又は書類の提出を省略させることができる。

3　法第百十五条の二十一において準用する法第七十条の二第一項の規定に基づき介護予防小規模多機能型居宅介護に係る指定地域密着型介護予防サービス事業者の指定の更新を受けようとする者は、前項各号（第三号及び第十三号を除く。）に掲げる事項及び次に掲げる事項を記載した申請書又は書類を、当該指定に係る事業所の所在地を管轄する市町村長に提出しなければならない。

一　現に受けている指定の有効期間満了日

二　誓約書

4　前項の規定にかかわらず、市町村長は、当該申請に係る事業者が既に当該市町村長に提出している第一項第四号から第十二号までに掲げる事項に変更がないときは、これらの事項に係る申請書の記載又は書類の提出を省略させることができる。

5　第一項及び第三項に規定する申請書は、厚生労働大臣が定める様式によるものとする。

（平一八厚労令三二・追加、平二一厚労令五四・旧第百四十条の二十一繰下・一部改正、平二四厚労令一一・平三〇厚労令三〇・平三〇厚労令八〇（平三〇厚労令一一九）・令五厚労令四六・一部改正）

（指定介護予防認知症対応型共同生活介護事業者に係る指定の申請等）

第百四十条の二十六　法第百十五条の十二第一項の規定に基づき介護予防認知症対応型共同生活介護に係る指定地域密着型介護予防サービス事業者の指定を受けようとする者は、次に掲げる事項を記載した申請書又は書類を、当該指定に係る事業所の所在地を管轄する市町村長に提出しなければならない。ただし、令第三十五条の十二において読み替えられた法第百十五条の十二第七項において準用する法第七十八条の二第九項の規定により法第百十五条の十二第二項第四号の規定が適用されない場合であって、他の市町村の長から指定を受けようとする者について、第四号から第十二号までに掲げる事項の記載を要しないと当該他の市町村の長が認めるときは、当該事項の記載を要しない。

一　事業所の名称及び所在地

二　申請者の名称及び主たる事務所の所在地並びにその代表者の氏名、生年月日、住所及び職名

三　当該申請に係る事業の開始の予定年月日

法律

施行令

施行規則

四　申請者の登記事項証明書又は条例等
五　建物の構造概要及び平面図（各室の用途を明示するものとする。）並びに設備の概要
六　利用者の推定数
七　事業所の管理者の氏名、生年月日、住所及び経歴
八　運営規程
九　利用者からの苦情を処理するために講ずる措置の概要
十　当該申請に係る事業に係る従業者の勤務の体制及び勤務形態
十一　指定地域密着型介護予防サービス基準第八十二条第一項に規定する協力医療機関の名称及び診療科名並びに当該協力医療機関との契約の内容（同条第七項に規定する協力歯科医療機関があるときは、その名称及び当該協力歯科医療機関との契約の内容を含む。）
十二　指定地域密着型介護予防サービス基準第八十二条第八項に規定する介護老人福祉施設、介護老人保健施設、介護医療院、病院等との連携体制及び支援の体制の概要
十三　誓約書
十四　介護支援専門員の氏名及びその登録番号
十五　その他指定に関し必要と認める事項

2　前項の規定にかかわらず、市町村長は、当該指定を受けようとする者が法第七十八条の二第一項の規定に基づき認知症対応型共同生活介護に係る指定地域密着型サービス事業者の指定を受けている場合において、既に当該市町村長に提出している前項第四号から第十二号までに掲げる事項に変更がないときは、これらの事項に係る申請書の記載又は書類の提出を省略させることができる。

3　法第百十五条の二十一において準用する法第七十条の二第一項の規定に基づき介護予防認知症対応型共同生活介護に係る指定地域密着型介護予防サービス事業者の指定の更新を受けようとする者は、前項各号（第三号及び第十三号を除く。）に掲げる事項及び次に掲げる事項を記載した申請書又は書類を、当該指定に係る事業所の所在地を管轄する市町村長に提出しなければならない。
一　現に受けている指定の有効期間満了日
二　誓約書

4　前項の規定にかかわらず、市町村長は、当該申請に係る事業者が既に当該市町村長に提出している第一項第四号から第十二号までに

六　申請者（介護予防認知症対応型共同生活介護に係る指定の申請者を除く。）が、第百十五条の十九（第二号から第五号までを除く。）の規定により指定（介護予防認知症対応型共同生活介護に係る指定を除く。）を取り消され、その取消しの日から起算して五年を経過しない者（当該指定を取り消された者が法人である場合においては、当該取消しの処分に係る行政手続法第十五条の規定による通知があった日前六十日以内に当該法人の役員等であった者で当該取消しの日から起算して五年を経過しないものを含み、当該指定を取り消された者が法人でない事業所である場合においては、当該通知があった日前六十日以内に当該事業所の管理者であった者で当該取消しの日から起算して五年を経過しないものを含む。）であるとき。ただし、当該指定の取消しが、指定地域密着型介護予防サービス事業者の指定の取消しのうち当該指定の取消しの処分の理由となった事実及び当該事実の発生を防止するための当該指定地域密着型介護予防サービス事業者による業務管理体制の整備についての取組の状況その他の当該事実に関して当該指定地域密着型介護予防サービス事業者が有していた責任の程度を考慮して、この号本文に規定する指定の取消しに該当しないこととすることが相当であると認められるものとして厚生労働省令で定めるものに該当する場合を除く。

六の二　申請者（介護予防認知症対応型共同生活介護に係る指定の申請者に限る。）が、第百十五条の十九（第二号から第五号までを除く。）の規定により指定（介護予防認知症対応型共同生活介護に係る指定に限る。）を取り消され、その取消しの日から起算して五年を経過しない者（当該指定を取り消された者が法人である場合においては、当該取消しの処分に係る行政手続法第十五条の規定による通知があった日前六十日以内に当該法人の役員等であった者で当該取消しの日から起算して五年を経過しないものを含み、当該指定を取り消された者が法人でない事業所である場合においては、当該通知があった日前六十日以内に当該事業所の管

掲げる事項に変更がないときは、これらの事項に係る申請書の記載又は書類の提出を省略させることができる。

5　第一項及び第三項に規定する申請書は、厚生労働大臣が定める様式によるものとする。

（平一八厚労令三二・追加、平二一厚労令五四・旧第百四十条の二十二繰下・一部改正、平二四厚労令一一・平三〇厚労令三〇・平三〇厚労令八〇（平三〇厚労令一一九）・令五厚労令四六・令六厚労令一六・一部改正）

（法第百十五条の十二第二項第六号の厚生労働省令で定める同号本文に規定する指定の取消しに該当しないこととすることが相当であると認められる場合等）

第百四十条の二十七　法第百十五条の十二第二項第六号の厚生労働省令で定める同号本文に規定する指定の取消しに該当しないこととすることが相当であると認められる場合は、厚生労働大臣、都道府県知事又は市町村長が法第百十五条の三十三第一項その他の規定による報告等の権限を適切に行使し、当該指定の取消しの処分の理由となった事実及び当該事実の発生を防止するための当該指定地域密着型介護予防サービス事業者による業務管理体制の整備についての取組の状況その他の当該事実に関して当該指定地域密着型介護予防サービス事業者が有していた責任の程度を確認した結果、当該指定地域密着型介護予防サービス事業者が当該指定取消しの理由となった事実について組織的に関与していると認められない場合とする。

2　前項の規定は、法第百十五条の十二第二項第六号の二の厚生労働省令で定める同号本文に規定する指定の取消しに該当しないこととすることが相当であると認められる場合及び同項第六号の三の厚生労働省令で定める同号本文に規定する指定の取消しに該当しないこととすることが相当であると認められる場合について準用する。

（平二一厚労令五四・追加）

理者であった者で当該取消しの日から起算して五年を経過しないものを含む。）であるとき。ただし、当該指定の取消しが、指定地域密着型介護予防サービス事業者の指定の取消しのうち当該指定の取消しの処分の理由となった事実及び当該事実の発生を防止するための当該指定地域密着型介護予防サービス事業者による業務管理体制の整備についての取組の状況その他の当該事実に関して当該指定地域密着型介護予防サービス事業者が有していた責任の程度を考慮して、この号本文に規定する指定の取消しに該当しないこととすることが相当であると認められるものとして厚生労働省令で定めるものに該当する場合を除く。

六の三　申請者と密接な関係を有する者が、第百十五条の十九（第二号から第五号までを除く。）の規定により指定を取り消され、その取消しの日から起算して五年を経過していないとき。ただし、当該指定の取消しが、指定地域密着型介護予防サービス事業者の指定の取消しのうち当該指定の取消しの処分の理由となった事実及び当該事実の発生を防止するための当該指定地域密着型介護予防サービス事業者による業務管理体制の整備についての取組の状況その他の当該事実に関して当該指定地域密着型介護予防サービス事業者が有していた責任の程度を考慮して、この号本文に規定する指定の取消しに該当しないこととすることが相当であると認められるものとして厚生労働省令で定めるものに該当する場合を除く。

七　申請者が、第百十五条の十九（第二号から第五号までを除く。）の規定による指定の取消しの処分に係る行政手続法第十五条の規定による通知があった日から当該処分をする日又は処分をしないことを決定する日までの間に第百十五条の十五第二項の規定による事業の廃止の届出をした者（当該事業の廃止について相当の理由がある者を除く。）で、当該届出の日から起算して五年を経過しないものであるとき。

七の二　前号に規定する期間内に第百十五条の十五第二項の規定による事業の廃止の届出があった場合において、申請者が、同号の通知の日前六十日以内に当該届出に係る法人（当該事業の廃止について相当の理由がある法人を除く。）の役員等又は当該届出に係る法人でない事業所（当該事業の廃止について相当の理由があるものを除く。）の管理者であった者で、当該届出の日から起算して五年を経過しないものであるとき。

八　申請者が、指定の申請前五年以内に居宅サービス等に関し不正又は著しく不当な行為をした者であるとき。

九　申請者（介護予防認知症対応型共同生活介護に係る指定の申請者を除く。）が、法人で、その役員等のうちに第四号の二から第六号まで又は前三号のいずれかに該当する者のあるものであるとき。

十　申請者（介護予防認知症対応型共同生活介護に係る指定の申請者に限る。）が、法人で、その役員等のうちに第四号の二から第五号の三まで、第六号の二又は第七号から第八号までのいずれかに該当する者のあるものであるとき。

十一　申請者（介護予防認知症対応型共同生活介護に係る指定の申請者を除く。）が、法人でない事業所で、その管理者が第四号の二から第六号まで又は第七号から第八号までのいずれかに該当する者であるとき。

十二　申請者（介護予防認知症対応型共同生活介護に係る指定の申請者に限る。）が、法人でない事業所で、その管理者が第四号の二から第五号の三まで、第六号の二又は第七号から第八号までのいずれかに該当する者であるとき。

3　市町村が前項第一号の条例を定めるに当たっては、厚生労働省令で定める基準に従い定めるものとする。

4　市町村長は、第一項の申請があった場合において、次の各号のいずれかに該当するときは、第五十四条の二第一項本文の指定をしないことができる。

一　申請者（介護予防認知症対応型共同生活介護に係る指定の申請者を除く。）が、第百十五条の十九第二号から第五号までの規定により指定（介護予防認知症対応型共同生活介護に係る指定を除く。）を取り消され、その取消しの日から起算して五年を経過しない者（当該指定を取り消された者が法人である場合においては、当該取消しの処分に係る行政手続法第十五条の規定による通知があった日前六十日以内に当該法人の役員等であった者で当該取消しの日から起算して五年を経過しないものを含み、当該指定を取り消された者が法人でない事業所である場合においては、当該通知があった日前六十日以内に当該事業所の管理者であった者で当該取消しの日から起算して五年を経過しないものを含む。）であるとき。

一の二　申請者（介護予防認知症対応型共同生活介護に係る指定の

（法第百十五条の十二第三項の厚生労働省令で定める基準）

第百四十条の二十七の二　法第百十五条の十二第三項の厚生労働省令で定める基準は、法人であることとする。

（平二四厚労令一一・追加）

申請者に限る。）が、第百十五条の十九第二号から第五号までの規定により指定（介護予防認知症対応型共同生活介護に係る指定に限る。）を取り消され、その取消しの日から起算して五年を経過しない者（当該指定を取り消された者が法人である場合においては、当該取消しの処分に係る行政手続法第十五条の規定による通知があった日前六十日以内に当該法人の役員等であった者で当該取消しの日から起算して五年を経過しないものを含み、当該指定を取り消された者が法人でない事業所である場合においては、当該通知があった日前六十日以内に当該事業所の管理者であった者で当該取消しの日から起算して五年を経過しないものを含む。）であるとき。

一の三　申請者と密接な関係を有する者が、第百十五条の十九第二号から第五号までの規定により指定を取り消され、その取消しの日から起算して五年を経過していないとき。

二　申請者が、第百十五条の十九第二号から第五号までの規定による指定の取消しの処分に係る行政手続法第十五条の規定による通知があった日から当該処分をする日又は処分をしないことを決定する日までの間に第百十五条の十五第二項の規定による事業の廃止の届出をした者（当該事業の廃止について相当の理由がある者を除く。）で、当該届出の日から起算して五年を経過しないものであるとき。

二の二　申請者が、第百十五条の十七第一項の規定による検査が行われた日から聴聞決定予定日（当該検査の結果に基づき第百十五条の十九の規定による指定の取消しの処分に係る聴聞を行うか否かの決定をすることが見込まれる日として厚生労働省令で定めるところにより市町村長が当該申請者に当該検査が行われた日から十日以内に特定の日を通知した場合における当該特定の日をいう。）までの間に第百十五条の十五第二項の規定による事業の廃止の届出をした者（当該事業の廃止について相当の理由がある

（聴聞決定予定日の通知）

第百四十条の二十八　法第百十五条の十二第四項第二号の二の規定による通知をするときは、法第百十五条の十七第一項の規定による検査が行われた日（以下この条において「検査日」という。）から十日以内に、検査日から起算して六十日以内の特定の日を通知するものとする。

（平二一厚労令五四・追加、平二五厚労令一〇五・一部改正）

者を除く。）で、当該届出の日から起算して五年を経過しないものであるとき。

二の三　第二号に規定する期間内に第百十五条の十五第二項の規定による事業の廃止の届出があった場合において、申請者が、同号の通知の日前六十日以内に当該届出に係る法人（当該事業の廃止について相当の理由がある法人を除く。）の役員等又は当該届出に係る法人でない事業所（当該事業の廃止について相当の理由があるものを除く。）の管理者であった者で、当該届出の日から起算して五年を経過しないものであるとき。

三　申請者（介護予防認知症対応型共同生活介護に係る指定の申請者を除く。）が、法人で、その役員等のうちに第一号又は前三号のいずれかに該当する者のあるものであるとき。

四　申請者（介護予防認知症対応型共同生活介護に係る指定の申請者に限る。）が、法人で、その役員等のうちに第一号の二又は第二号から第二号の三までのいずれかに該当する者のあるものであるとき。

五　申請者（介護予防認知症対応型共同生活介護に係る指定の申請者を除く。）が、法人でない事業所で、その管理者が第一号又は第二号から第二号の三までのいずれかに該当する者であるとき。

六　申請者（介護予防認知症対応型共同生活介護に係る指定の申請者に限る。）が、法人でない事業所で、その管理者が第一号の二又は第二号から第二号の三までのいずれかに該当する者であるとき。

5　市町村長は、第五十四条の二第一項本文の指定を行おうとするときは、あらかじめ、当該市町村が行う介護保険の被保険者その他の関係者の意見を反映させるために必要な措置を講ずるよう努めなければならない。

6　市町村長は、第五十四条の二第一項本文の指定を行うに当たって、当該事業の適正な運営を確保するために必要と認める条件を付することができる。

7　第七十八条の二第九項から第十一項までの規定は、第五十四条の二第一項本文の指定について準用する。

（指定地域密着型介護予防サービス事業者の指定の特例に関する読替え）

法律

この場合において、これらの規定に関し必要な技術的読替えは、政令で定める。

（平一七法七七・追加、平一九法一一〇・一部改正、平二〇法四二・旧第百十五条の十一繰下・一部改正、平二三法三七・平二三法七二・平二六法八三・一部改正）

（共生型地域密着型介護予防サービス事業者の特例）

第百十五条の十二の二　厚生労働省令で定める地域密着型介護予防サービスに係る事業所について、児童福祉法第二十一条の五の三第一項の指定（当該事業所により行われる地域密着型介護予防サービスの種類に応じて厚生労働省令で定める種類の障害児通所支援に係るものに限る。）又は障害者総合支援法第二十九条第一項の指定障害福祉サービス事業者の指定（当該事業所により行われる地域密着型介護予防サービスの種類に応じて厚生労働省令で定める種類の障害福祉サービスに係るものに限る。）を受けている者から当該事業所に係る前条第一項（第百十五条の二十一において準用する第七十条の二第四項において準用する場合を含む。）の申請があった場合において、次の各号のいずれにも該当するときにおける前条第二項（第百十五条の二十一において準用する第七十条の二第四項において準用する場合を含む。以下この項において同じ。）の規定の適用については、前条第二項第二号中「第百十五条の十四第一項の」とあるのは「次条第一項第一号の指定地域密着型介護予防サービスに従事する従業者に係る」と、「若しくは同項」とあるのは「又は同号」と、「員数又は同条第五項に規定する指定地域密着型介護予防サービスに従事する従業者に関する基準」とあるのは「員数」と、同項第三号中「第百十五条の十四第二項又は第五項」とあるのは「次条第一項第二号」とする。ただし、申請者が、厚生労働省令で定めるところにより、別段の申出をしたときは、この限りでない。

一　当該申請に係る事業所の従業者の知識及び技能並びに人員が、指定地域密着型介護予防サービスに従

施行令

第三十五条の十二　法第百十五条の十二第七項の規定による技術的読替えは、次の表のとおりとする。

法の規定中読み替える規定	読み替えられる字句	読み替える字句
第七十八条の二第九項	第一項	第百十五条の十二第一項
	と所在地市町村長	と所在地市町村長（第百十五条の十二第二項第四号の市町村長をいう。以下この条において同じ。）
	第四項第四号	同号
第七十八条の二第十項	前項	第百十五条の十二第七項において準用する前項
	第四項第四号	同条第二項第四号
	、第一項	、同条第一項
	第四十二条の二第一項本文	第五十四条の二第一項本文
	地域密着型サービス事業	地域密着型介護予防サービス事業
	から第一項	から第百十五条の十二第一項
第七十八条の二第十一項	第七十八条の十の	第百十五条の十
	第四十二条の二第一項本文	第五十四条の二第一項本文
	第七十八条の十二において準用する第七十条の二第一項若しく	第百十五条の二十一において準用する第七十条の二第一項

施行規則

（共生型地域密着型介護予防サービス事業者の特例に係る別段の申出）

第百四十条の二十八の二　法第百十五条の十二の二第一項ただし書の規定による別段の申出は、次の事項を記載した申出書を当該申出に係る事業所の所在地を管轄する市町村長に提出して行うものとする。

一　当該申出に係る事業所の名称及び所在地並びに申請者及び事業所の管理者の氏名及び住所

二　当該申出に係る地域密着型介護予防サービスの種類

三　前号に係る地域密着型介護予防サービスについて法第百十五条の十二の二第一項に規定する特例による指定を不要とする旨

2　前項に規定する申出書は、厚生労働大臣が定める様式によるものとする。

（平三〇厚労令三〇・追加、令五厚労令四六・一部改正）

（事業の廃止又は休止）

第百四十条の二十八の三　法第百十五条の十二の二第一項に規定する者であって、同項の申請に係る法第五十四条の指定を受けたものは、指定通所支援の事業（当該指定に係る事業所において行うものに限る。）又は指定障害福祉サービスの事業（当該指定に係る事業所において行うものに限る。）を廃止し、又は休止しようとするときは、その廃止又は休止の日の一月前までに、次に掲げる事項を当該指定を行った市町村長に届け出なければならない。

一　廃止し、又は休止しようとする年月日

二　廃止し、又は休止しようとする理由

三　現に指定地域密着型介護予防サービスを受けている者に対する措置

事する従業者に係る市町村の条例で定める基準及び市町村の条例で定める員数を満たしていること。

二　申請者が、市町村の条例で定める指定地域密着型介護予防サービスに係る介護予防のための効果的な支援の方法に関する基準並びに指定地域密着型介護予防サービスの事業の設備及び運営に関する基準に従って適正な地域密着型介護予防サービス事業の運営をすることができると認められること。

2　市町村が前項各号の条例を定めるに当たっては、第一号から第四号までに掲げる事項については厚生労働省令で定める基準に従い定めるものとし、第五号に掲げる事項については厚生労働省令で定める基準を標準として定めるものとし、その他の事項については厚生労働省令で定める基準を参酌するものとする。

一　指定地域密着型介護予防サービスに従事する従業者に係る基準及び当該従業者の員数

二　指定地域密着型介護予防サービスの事業に係る居室の床面積

三　介護予防小規模多機能型居宅介護及び介護予防認知症対応型通所介護の事業に係る利用定員

四　指定地域密着型介護予防サービスの事業の運営に関する事項であって、利用する要支援者のサービスの適切な利用、適切な処遇及び安全の確保並びに秘密の保持に密接に関連するものとして厚生労働省令で定めるもの

五　指定地域密着型介護予防サービスの事業（第三号に規定する事業を除く。）に係る利用定員

3　厚生労働大臣は、前項に規定する厚生労働省令で定める基準（指定地域密着型介護予防サービスの取扱いに関する部分に限る。）を定めようとするときは、あらかじめ社会保障審議会の意見を聴かなければならない。

4　第一項の場合において、同項に規定する者が同項の申請に係る第五十四条の二第一項本文の指定を受けたときは、その者に対しては、第百十五条の十四第二項から第六項までの規定は適用せず、次の表の上欄に掲げる規定の適用については、これらの規定中同表の中

	は第七十八条の十五第一項若しくは第三項（同条第五項において準用する場合を含む。）	
	前項	第百十五条の十二第七項において準用する前項

（平二三政三七六・追加）

四　休止しようとする場合にあっては、休止の予定期間

2　前項の規定による届出は、厚生労働大臣が定める様式により行うものとする。ただし、同項の規定による届出を、児童福祉法第二十一条の五の二十第四項又は障害者の日常生活及び社会生活を総合的に支援するための法律第四十六条第二項の規定による届出の書類の写しを提出することにより行った場合は、この限りでない。

（平三〇厚労令三〇・追加、令五厚労令四六・一部改正）

法律

欄に掲げる字句は、それぞれ同表の下欄に掲げる字句とする。

第五十四条の二第八項	第百十五条の十四第二項又は第五項	第百十五条の十二の二第一項第二号
第百十五条の十三第一項	次条第二項又は第五項	前条第一項第二号
第百十五条の十四第一項	市町村の条例で定める基準に従い	第百十五条の十二の二第一項第一号の指定地域密着型介護予防サービスに従事する従業者に係る市町村の条例で定める基準に従い同号の
第百十五条の十八第一項第二号	第百十五条の十四第一項の	第百十五条の十二の二第一項第一号の指定地域密着型介護予防サービスに従事する従業者に係る
	若しくは同項	又は同号
	員数又は同条第五項に規定する指定地域密着型介護予防サービスに従事する従業者に関する基準	員数
	若しくは当該市町村	又は当該市町村
	員数又は当該指定地域密着型介護予防サービスに従事する従業者に関する基準	員数
第百十五条の十八第一項第三号	第百十五条の十四第二項又は第五項	第百十五条の十二の二第一項第二号
第百十五条の十九第四号	第百十五条の十四第一項の	第百十五条の十二の二第一項第一号の指定地

施行令

施行規則

		域密着型介護予防サービスに従事する従業者に係る
	若しくは同項	又は同号
	員数又は同条第五項に規定する指定地域密着型介護予防サービスに従事する従業者に関する基準	員数
第百十五条の十九第五号	第百十五条の十四第二項又は第五項	第百十五条の十二の二第一項第二号

5　第一項に規定する者であって、同項の申請に係る第五十四条の二第一項本文の指定を受けたものは、児童福祉法第二十一条の五の三第一項に規定する指定通所支援の事業（当該指定に係る事業所において行うものに限る。）又は障害者総合支援法第二十九条第一項に規定する指定障害福祉サービスの事業（当該指定に係る事業所において行うものに限る。）を廃止し、又は休止しようとするときは、厚生労働省令で定めるところにより、その廃止又は休止の日の一月前までに、その旨を当該指定を行った市町村長に届け出なければならない。この場合において、当該届出があったときは、当該指定に係る指定地域密着型介護予防サービスの事業について、第百十五条の十五第二項の規定による事業の廃止又は休止の届出があったものとみなす。

（平二九法五二・追加）

（指定地域密着型介護予防サービスの事業の基準）

第百十五条の十三　指定地域密着型介護予防サービス事業者は、次条第二項又は第五項に規定する指定地域密着型介護予防サービスに係る介護予防のための効果的な支援の方法に関する基準及び指定地域密着型介護予防サービスの事業の設備及び運営に関する基準に従い、要支援者の心身の状況等に応じて適切な指定地域密着型介護予防サービスを提供するとともに、自らその提供する指定地域密着型介護予防サービスの質の評価を行うことその他の措置を講ずることにより常に指定地域密着型介護予防サービスを受ける者の立場に立ってこれを提供するように努めなければならない。

2　指定地域密着型介護予防サービス事業者は、指定地域密着型介護予防サービスを受けようとする被保険者から提示された被保険者証に、認定審査会意見が記載されているときは、当該認定審査会意見に配慮して、当該被保険者に当該指定地域密着型介護予防サービスを提供するように努めなければならない。

（平一七法七七・追加、平二〇法四二・旧第百十五条の十二繰下・一部改正、平二三法三七・一部改正）

第百十五条の十四　指定地域密着型介護予防サービス事業者は、当該指定に係る事業所ごとに、市町村の条例で定める基準に従い市町村の条例で定める員数の当該指定地域密着型介護予防サービスに従事する従業者を有しなければならない。

2　前項に規定するもののほか、指定地域密着型介護予防サービスに係る介護予防のための効果的な支援の方法に関する基準及び指定地域密着型介護予防サービスの事業の設備及び運営に関する基準は、市町村の条例で定める。

3　市町村が前二項の条例を定めるに当たっては、第一号から第四号までに掲げる事項については厚生労働省令で定める基準に従い定めるものとし、第五号に掲げる事項については厚生労働省令で定める基準を標準として定めるものとし、その他の事項については厚生労働省令で定める基準を参酌するものとする。

一　指定地域密着型介護予防サービスに従事する従業者に係る基準及び当該従業者の員数

二　指定地域密着型介護予防サービスの事業に係る居室の床面積

三　介護予防認知症対応型通所介護の事業に係る利用定員

四　指定地域密着型介護予防サービスの事業の運営に関する事項であって、利用する要支援者のサービスの適切な利用、適切な処遇及び安全の確保並びに秘密の保持に密接に関連するものとして厚生労働省令で定めるもの

五　指定地域密着型介護予防サービスの事業（第三号に規定する事業を除く。）に係る利用定員

＊厚生労働省令で定める基準＝〔省〕指定地域密着型介護予防サービスの事業の人員、設備及び運営並びに指定地域密着型介護予防サービスに係る介護予防のための効果的な支援の方法に関する基準（平一八厚労令三六）

4　厚生労働大臣は、前項に規定する厚生労働省令で定める基準（指定地域密着型介護予防サービスの取扱いに関する部分に限る。）を定めようとするときは、あらかじめ社会保障審議会の意見を聴かな

ければならない。

＊厚生労働省令で定める基準＝〔省〕指定地域密着型介護予防サービスの事業の人員、設備及び運営並びに指定地域密着型介護予防サービスに係る介護予防のための効果的な支援の方法に関する基準（平一八厚労令三六）

5　市町村は、第三項の規定にかかわらず、同項第一号から第四号までに掲げる事項については、厚生労働省令で定める範囲内で、当該市町村における指定地域密着型介護予防サービスに従事する従業者に関する基準並びに指定地域密着型介護予防サービスに係る介護予防のための効果的な支援の方法に関する基準及び指定地域密着型介護予防サービスの事業の設備及び運営に関する基準を定めることができる。

6　市町村は、前項の当該市町村における指定地域密着型介護予防サービスに従事する従業者に関する基準並びに指定地域密着型介護予防サービスに係る介護予防のための効果的な支援の方法に関する基準及び指定地域密着型介護予防サービスの事業の設備及び運営に関する基準を定めようとするときは、あらかじめ、当該市町村が行う介護保険の被保険者その他の関係者の意見を反映させ、及び学識経験を有する者の知見の活用を図るために必要な措置を講じなければならない。

7　指定地域密着型介護予防サービス事業者は、次条第二項の規定による事業の廃止又は休止の届出をしたときは、当該届出の日前一月以内に当該指定地域密着型介護予防サービスを受けていた者であって、当該事業の廃止又は休止の日以後においても引き続き当該指定地域密着型介護予防サービスに相当するサービスの提供を希望する者に対し、必要な居宅サービス等が継続的に提供されるよう、指定介護予防支援事業者、他の指定地域密着型介護予防サービス事業者その他関係者との連絡調整その他の便宜の提供を行わなければならない。

8　指定地域密着型介護予防サービス事業者は、要支援者の人格を尊重するとともに、この法律又はこの法律に基づく命令を遵守し、要支援者のため忠実にその職務を遂行しなければならない。

（平一七法七七・追加、平二〇法四二・旧第百十五条の十三繰下・一部改正、平二三法三七・令三法四四・一部改正）

（変更の届出等）

第百十五条の十五　指定地域密着型介護予防サービス事業者は、当該指定に係る事業所の名称及び所在地その他厚生労働省令で定める事項に変更があったとき、又は休止した当該指定地域密着型介護予防サービスの事業を再開したときは、厚生労働省令で定めるところに

（指定地域密着型介護予防サービスの事業の基準の変更に係る厚生労働省令で定める範囲）

第百四十条の二十九　市町村は、法第百十五条の十四第五項の規定により、指定地域密着型介護予防サービス基準のうち、同条第三項第一号から第四号までに掲げる事項については、利用定員及び登録定員に関する基準、事業所又は従業者の経験及び研修に関する基準、従業者の夜勤に関する基準、運営に関する基準並びに介護予防のための効果的な支援の方法に関する基準を下回らない範囲内で、当該市町村における指定地域密着型介護予防サービスに従事する従業者に関する基準並びに指定地域密着型介護予防サービスに係る介護予防のための効果的な支援の方法に関する基準及び指定地域密着型介護予防サービスの事業の設備及び運営に関する基準を定めることができる。

（平一八厚労令三二・追加、平二一厚労令五四・旧第百四十条の二十三繰下・一部改正、平二四厚労令一一・一部改正）

（指定地域密着型介護予防サービス事業者の名称等の変更の届出等）

第百四十条の三十　指定地域密着型介護予防サービス事業者は、次の各号に掲げる指定地域密着型介護予防サービス事業者が行う地域密着型介護予防サービスの種類に応じ、当該各号に定める事項に変更

法律

より、十日以内に、その旨を市町村長に届け出なければならない。

2 指定地域密着型介護予防サービス事業者は、当該指定地域密着型介護予防サービスの事業を廃止し、又は休止しようとするときは、厚生労働省令で定めるところにより、その廃止又は休止の日の一月前までに、その旨を市町村長に届け出なければならない。

（平一七法七七・追加、平二〇法四二・旧第百十五条の十四繰下・一部改正）

（市町村長等による連絡調整又は援助）

第百十五条の十六 市町村長は、指定地域密着型介護予防サービス事業者による第百十五条の十四第七項に規定する便宜の提供が円滑に行われるため必要があると認めるときは、当該指定地域密着型介護予防サービス事業者及び指定介護予防支援事業者、他の指定地域密着型介護予防サービス事業者その他の関係者相互間の連絡調整又は当該指定地域密着型介護予防サービス事業者及び当該関係者に対する助言その他の援助を行うことができる。

施行令

施行規則

があったときは、当該変更に係る事項について当該指定地域密着型介護予防サービス事業者の事業所の所在地を管轄する市町村長に届け出なければならない。

一 介護予防認知症対応型通所介護 第百四十条の二十四第一項第一号、第二号及び第四号（当該指定に係る事業に関するものに限る。）から第七号までに掲げる事項

二 介護予防小規模多機能型居宅介護 第百四十条の二十五第一項第一号、第二号、第四号（当該指定に係る事業に関するものに限る。）、第五号、第七号、第八号、第十一号、第十二号及び第十四号に掲げる事項

三 介護予防認知症対応型共同生活介護 第百四十条の二十六第一項第一号、第二号、第四号（当該指定に係る事業に関するものに限る。）、第五号、第七号、第八号、第十一号、第十二号及び第十四号に掲げる事項

2 前項の届出であって、同項各号に掲げる地域密着型介護予防サービスの利用者の定員の増加に伴うものは、それぞれ当該地域密着型介護予防サービスに係る事業者の勤務の体制及び勤務形態を記載した書類を添付して行うものとする。

3 指定地域密着型介護予防サービス事業者は、休止した当該指定地域密着型介護予防サービスの事業を再開したときは、再開した年月日を当該指定地域密着型介護予防サービス事業者の事業所の所在地を管轄する市町村長に届け出なければならない。

4 指定地域密着型介護予防サービス事業者は、当該指定地域密着型介護予防サービスの事業を廃止し、又は休止しようとするときは、その廃止又は休止の日の一月前までに、次に掲げる事項を当該指定地域密着型介護予防サービス事業者の事業所の所在地を管轄する市町村長に届け出なければならない。

一 廃止し、又は休止しようとする年月日

二 廃止し、又は休止しようとする理由

三 現に指定地域密着型介護予防サービスを受けている者に対する措置

四 休止しようとする場合にあっては、休止の予定期間

5 第一項及び前二項の規定による届出は、厚生労働大臣が定める様式により行うものとする。

（平一八厚労令三二・追加、平二一厚労令五四・旧第百四十条の二十四繰下・一

2　都道府県知事は、同一の指定地域密着型介護予防サービス事業者について二以上の市町村長が前項の規定による連絡調整又は援助を行う場合において、当該指定地域密着型介護予防サービス事業者による第百十五条の十四第七項に規定する便宜の提供が円滑に行われるため必要があると認めるときは、当該市町村長相互間の連絡調整又は当該指定地域密着型介護予防サービス事業者に対する市町村の区域を超えた広域的な見地からの助言その他の援助を行うことができる。

3　厚生労働大臣は、同一の指定地域密着型介護予防サービス事業者について二以上の都道府県知事が前項の規定による連絡調整又は援助を行う場合において、当該指定地域密着型介護予防サービス事業者による第百十五条の十四第七項に規定する便宜の提供が円滑に行われるため必要があると認めるときは、当該都道府県知事相互間の連絡調整又は当該指定地域密着型介護予防サービス事業者に対する都道府県の区域を超えた広域的な見地からの助言その他の援助を行うことができる。

（平二〇法四二・追加、平二三法三七・一部改正）

（報告等）

第百十五条の十七　市町村長は、地域密着型介護予防サービス費の支給に関して必要があると認めるときは、指定地域密着型介護予防サービス事業者若しくは指定地域密着型介護予防サービス事業者であった者若しくは当該指定に係る事業所の従業者であった者（以下この項において「指定地域密着型介護予防サービス事業者であった者等」という。）に対し、報告若しくは帳簿書類の提出若しくは提示を命じ、指定地域密着型介護予防サービス事業者若しくは当該指定に係る事業所の従業者若しくは指定地域密着型介護予防サービス事業者であった者等に対し出頭を求め、又は当該職員に関係者に対して質問させ、若しくは当該指定地域密着型介護予防サービス事業者の当該指定に係る事業所、事務所その他指定地域密着型介護予防サービスの事業に関係のある場所に立ち入り、その設備若しくは帳簿書類その他の物件を検査させることができる。

2　第二十四条第三項の規定は前項の規定による質問又は検査について、同条第四項の規定は前項の規定による権限について準用する。

（平一七法七七・追加、平二〇法四二・旧第百十五条の十五繰下・一部改正）

（勧告、命令等）

第百十五条の十八　市町村長は、指定地域密着型介護予防サービス事業者が、次の各号に掲げる場合に該当すると認めるときは、当該指

部改正、平三〇厚労令八〇（平三〇厚労令一一九）・令五厚労令四六・一部改正）

法律

定地域密着型介護予防サービス事業者に対し、期限を定めて、それぞれ当該各号に定める措置をとるべきことを勧告することができる。

一　第百十五条の十二第六項の規定により当該指定を行うに当たって付された条件に従わない場合　当該条件に従うこと。

二　当該指定に係る事業所の従業者の知識若しくは技能又は人員について第百十五条の十四第一項の市町村の条例で定める基準若しくは同項の市町村の条例で定める員数又は同条第五項に規定する指定地域密着型介護予防サービスに従事する従業者に関する基準を満たしていない場合　当該市町村の条例で定める基準若しくは当該市町村の条例で定める員数又は当該指定地域密着型介護予防サービスに従事する従業者に関する基準を満たすこと。

三　第百十五条の十四第二項又は第五項に規定する指定地域密着型介護予防サービスに係る介護予防のための効果的な支援の方法に関する基準又は指定地域密着型介護予防サービスの事業の設備及び運営に関する基準に従って適正な指定地域密着型介護予防サービスの事業の運営をしていない場合　当該指定地域密着型介護予防サービスに係る介護予防のための効果的な支援の方法に関する基準又は指定地域密着型介護予防サービスの事業の設備及び運営に関する基準に従って適正な指定地域密着型介護予防サービスの事業の運営をすること。

四　第百十五条の十四第七項に規定する便宜の提供を適正に行っていない場合　当該便宜の提供を適正に行うこと。

2　市町村長は、前項の規定による勧告をした場合において、その勧告を受けた指定地域密着型介護予防サービス事業者が同項の期限内にこれに従わなかったときは、その旨を公表することができる。

3　市町村長は、第一項の規定による勧告を受けた指定地域密着型介護予防サービス事業者が、正当な理由がなくてその勧告に係る措置をとらなかったときは、当該指定地域密着型介護予防サービス事業者に対し、期限を定めて、その勧告に係る措置をとるべきことを命ずることができる。

4　市町村長は、前項の規定による命令をした場合においては、その旨を公示しなければならない。

（平一七法七七・追加、平二〇法四二・旧第百十五条の十六繰下・一部改正、平二三法三七・平二三法七二・一部改正）

令三十五の十二

施行令

規百四十の三十

施行規則

（指定の取消し等）

第百十五条の十九　市町村長は、次の各号のいずれかに該当する場合においては、当該指定地域密着型介護予防サービス事業者に係る第五十四条の二第一項本文の指定を取り消し、又は期間を定めてその指定の全部若しくは一部の効力を停止することができる。

一　指定地域密着型介護予防サービス事業者が、第百十五条の十二第二項第四号の二から第五号の二まで、第九号（第五号の三に該当する者のあるものであるときを除く。）、第十号（第五号の三に該当する者のあるものであるときを除く。）、第十一号（第五号の三に該当する者であるときを除く。）又は第十二号（第五号の三に該当する者であるときを除く。）のいずれかに該当するに至ったとき。

二　指定地域密着型介護予防サービス事業者が、第百十五条の十二第四項第三号から第六号までのいずれかに該当するに至ったとき。

三　指定地域密着型介護予防サービス事業者が、第百十五条の十二第六項の規定により当該指定を行うに当たって付された条件に違反したと認められるとき。

四　指定地域密着型介護予防サービス事業者が、当該指定に係る事業所の従業者の知識若しくは技能又は人員について、第百十五条の十四第一項の市町村の条例で定める基準若しくは同項の市町村の条例で定める員数又は同条第五項に規定する指定地域密着型介護予防サービスに従事する従業者に関する基準を満たすことができなくなったとき。

五　指定地域密着型介護予防サービス事業者が、第百十五条の十四第二項又は第五項に規定する指定地域密着型介護予防サービスに係る介護予防のための効果的な支援の方法に関する基準又は指定地域密着型介護予防サービスの事業の設備及び運営に関する基準に従って適正な指定地域密着型介護予防サービスの事業の運営をすることができなくなったとき。

六　指定地域密着型介護予防サービス事業者が、第百十五条の十四第八項に規定する義務に違反したと認められるとき。

七　地域密着型介護予防サービス費の請求に関し不正があったとき。

八　指定地域密着型介護予防サービス事業者が、第百十五条の十七第一項の規定により報告又は帳簿書類の提出若しくは提示を命ぜられてこれに従わず、又は虚偽の報告をしたとき。

九　指定地域密着型介護予防サービス事業者又は当該指定に係る事業所の従業者が、第百十五条の十七第一項の規定により出頭を求

法律

められてこれに応ぜず、同項の規定による質問に対して答弁せず、若しくは虚偽の答弁をし、又は同項の規定による検査を拒み、妨げ、若しくは忌避したとき。ただし、当該指定に係る事業所の従業者がその行為をした場合において、その行為を防止するため、当該指定地域密着型介護予防サービス事業者が相当の注意及び監督を尽くしたときを除く。

十　指定地域密着型介護予防サービス事業者が、不正の手段により第五十四条の二第一項本文の指定を受けたとき。

十一　前各号に掲げる場合のほか、指定地域密着型介護予防サービス事業者が、この法律その他国民の保健医療若しくは福祉に関する法律で政令で定めるもの又はこれらの法律に基づく命令若しくは処分に違反したとき。

十二　前各号に掲げる場合のほか、指定地域密着型介護予防サービス事業者が、居宅サービス等に関し不正又は著しく不当な行為をしたとき。

十三　指定地域密着型介護予防サービス事業者が法人である場合において、その役員等のうちに指定の取消し又は指定の全部若しくは一部の効力の停止をしようとするとき前五年以内に居宅サービス等に関し不正又は著しく不当な行為をした者があるとき。

十四　指定地域密着型介護予防サービス事業者が法人でない事業所である場合において、その管理者が指定の取消し又は指定の全部若しくは一部の効力の停止をしようとするとき前五年以内に居宅サービス等に関し不正又は著しく不当な行為をした者であるとき。

（平一七法七七・追加、平一九法一一〇・一部改正、平二〇法四二・旧第百十五条の十七繰下・一部改正、平二三法三七・平二三法七二・一部改正）

（公示）

第百十五条の二十　市町村長は、次に掲げる場合には、遅滞なく、当該指定地域密着型介護予防サービス事業

施行令

施行規則

（法第百十五条の二十の厚生労働省令で定める事項）

第百四十条の三十一　法第百十五条の二十の厚生労働省令で定める事項は、次に掲げる事項とする。

者の名称、当該指定に係る事業所の所在地その他の厚生労働省令で定める事項を都道府県知事に届け出るとともに、これを公示しなければならない。

一　第五十四条の二第一項本文の指定をしたとき。

二　第百十五条の十五第二項の規定による事業の廃止の届出があったとき。

三　前条の規定により第五十四条の二第一項本文の指定を取り消し、又は指定の全部若しくは一部の効力を停止したとき。

（平一七法七七・追加、平二〇法四二・旧第百十五条の十八繰下・一部改正）

（準用）

第百十五条の二十一　第七十条の二の規定は、第五十四条の二第一項本文の指定について準用する。この場合において、第七十条の二第四項中「前条」とあるのは、「第百十五条の十二」と読み替えるものとするほか、必要な技術的読替えは、政令で定める。

（平一七法七七・追加、平二〇法四二・旧第百十五条の十九繰下、平二九法五二・一部改正）

第八節　指定介護予防支援事業者

（平一七法七七・追加）

（指定介護予防支援事業者の指定）

第百十五条の二十二　第五十八条第一項の指定は、厚生労働省令で定めるところにより、第百十五条の四十六第一項に規定する地域包括支援センターの設置者又は指定居宅介護支援事業者の申請により、介護予防支援

（指定地域密着型介護予防サービス事業者の指定の更新に関する読替え）

第三十五条の十三　法第百十五条の二十一の規定による技術的読替えは、次の表のとおりとする。

法の規定中読み替える規定	読み替えられる字句	読み替える字句
第七十条の二第一項	第四十一条第一項本文	第五十四条の二第一項本文
第七十条の二第二項及び第三項	前項	第百十五条の二十一において準用する前項
第七十条の二第四項	前条	第百十五条の十二
	第一項	第百十五条の二十一において準用する第一項

（平一八政一五四・追加、平二一政一〇・一部改正、平二三政三七六・旧第三十五条の七繰下）

一　当該指定地域密着型介護予防サービス事業者の名称

二　当該指定に係る事業所の名称及び所在地

三　指定をし、事業の廃止の届出の受理をし、又は指定を取り消した場合にあっては、その年月日

四　指定の全部又は一部の効力を停止した場合にあっては、その内容及びその期間

五　サービスの種類

（平二一厚労令五四・追加）

第八節　指定介護予防支援事業者

（平一八厚労令三二・追加）

（指定介護予防支援事業者に係る指定の申請）

第百四十条の三十二　法第百十五条の二十二第一項の規定により指定介護予防支援事業者の指定を受けようとする者は、次に掲げる事項を記載した申請書又は書類を、当該指定の申請に係る事業所の所在地の市町村長

法律

事業を行う事業所（以下この節において「事業所」という。）ごとに行い、当該指定をする市町村長がその長である市町村が行う介護保険の被保険者（当該市町村が行う介護保険の住所地特例適用居宅要支援被保険者を除き、当該市町村の区域内に所在する住所地特例対象施設に入所等をしている住所地特例適用居宅要支援被保険者を含む。）に対する介護予防サービス計画費及び特例介護予防サービス計画費の支給について、その効力を有する。

2　市町村長は、前項の申請があった場合において、次の各号のいずれかに該当するときは、第五十八条第一項の指定をしてはならない。

一　申請者が市町村の条例で定める者でないとき。

二　当該申請に係る事業所の従業者の知識及び技能並びに人員が、第百十五条の二十四第一項の市町村の条例で定める基準及び同項の市町村の条例で定める員数を満たしていないとき。

三　申請者が、第百十五条の二十四第二項に規定する指定介護予防支援に係る介護予防のための効果的な支援の方法に関する基準又は指定介護予防支援の事業の運営に関する基準に従って適正な介護予防支援事業の運営をすることができないと認められるとき。

三の二　申請者が、禁錮以上の刑に処せられ、その執行を終わり、又は執行を受けることがなくなるまでの者であるとき。

四　申請者が、この法律その他国民の保健医療若しくは福祉に関する法律で政令で定めるものの規定により罰金の刑に処せられ、その執行を終わり、又は執行を受けることがなくなるまでの者であるとき。

四の二　申請者が、労働に関する法律の規定であって政令で定めるものにより罰金の刑に処せられ、その執行を終わり、又は執行を受けることがなくなるまでの者であるとき。

四の三　申請者が、保険料等について、当該申請をした日の前日までに、納付義務を定めた法律の規定に基づく滞納処分を受け、かつ、当該処分を受けた日から正当な理由なく三月以上の期間にわたり、当該処分を受けた日以降に納期限の到来した保険料等の全てを引き続き滞納している者であるとき。

施行令

施行規則

（同項の規定に基づき指定を受けようとする介護予防支援事業を行う事業所の所在地の市町村以外の市町村（以下この項において「他の市町村」という。）の長から指定を受けようとする場合には、当該他の市町村の長。以下この節において同じ。）に提出しなければならない。

一　事業所の名称及び所在地

二　申請者の名称及び主たる事務所の所在地並びにその代表者の氏名、生年月日、住所及び職名

三　当該申請に係る事業の開始の予定年月日

四　申請者の登記事項証明書又は条例等

五　事業所の平面図

六　事業所の管理者の氏名、生年月日及び住所

七　当該申請に係る事業の開始時の利用者の推定数

八　運営規程

九　利用者からの苦情を処理するために講ずる措置の概要

十　当該申請に係る事業に係る従業者の勤務の体制及び勤務形態

十一　関係市町村並びに他の保健医療サービス及び福祉サービスの提供主体との連携の内容

十二　法第百十五条の二十二第二項各号（令第三十五条の十四において読み替えられた法第七十条の二第四項において準用する場合を含む。）に該当しないことを誓約する書面（以下この節において「誓約書」という。）

十三　介護支援専門員の氏名及びその登録番号

十四　その他指定に関し必要と認める事項

2　前項の規定にかかわらず、市町村長は、当該指定を受けようとする者が法第百十五条の四十六第三項の規定に基づき地域包括支援センターの設置の届出をしている場合又は指定居宅介護支援事業者である場合において、既に当該市町村長に提出している前項各号に掲げる事項に変更がないときは、これらの事項に係る申請書の記載又は書類の提出を省略させることができる。

3　法第百十五条の三十一において準用する法第七十条の二第一項の規定に基づき指定介護予防支援事業者の指定の更新を受けようとする者は、第一項各号（第三号及び第十二号を除く。）に掲げる事項及び次に掲げる事項を記載した申請書又は書類を、当該指定に係る事業所の所在地を管轄する市町村長に提出しなければならない。

五　申請者が、第百十五条の二十九の規定により指定を取り消され、その取消しの日から起算して五年を経過しない者（当該指定を取り消された者が法人である場合においては、当該取消しの処分に係る行政手続法第十五条の規定による通知があった日前六十日以内に当該法人の役員等であった者で当該取消しの日から起算して五年を経過しないものを含み、当該指定を取り消された者が法人でない事業所である場合においては、当該通知があった日前六十日以内に当該事業所の管理者であった者で当該取消しの日から起算して五年を経過しないものを含む。）であるとき。ただし、当該指定の取消しが、指定介護予防支援事業者の指定の取消しのうち当該指定の取消しの処分の理由となった事実及び当該事実の発生を防止するための当該指定介護予防支援事業者による業務管理体制の整備についての取組の状況その他の当該事実に関して当該指定介護予防支援事業者が有していた責任の程度を考慮して、この号本文に規定する指定の取消しに該当しないこととすることが相当であると認められるものとして厚生労働省令で定めるものに該当する場合を除く。

五の二　申請者と密接な関係を有する者が、第百十五条の二十九の規定により指定を取り消され、その取消しの日から起算して五年を経過していないとき。ただし、当該指定の取消しが、指定介護予防支援事業者の指定の取消しのうち当該指定の取消しの処分の理由となった事実及び当該事実の発生を防止するための当該指定介護予防支援事業者による業務管理体制の整備についての取組の状況その他の当該事実に関して当該指定介護予防支援事業者が有していた責任の程度を考慮して、この号本文に規定する指定の取

一　現に受けている指定の有効期間満了日

二　誓約書

4　前項の規定にかかわらず、市町村長は、当該申請に係る事業者が既に当該市町村長に提出している第一項第四号から第十一号までに掲げる事項に変更がないときは、これらの事項に係る申請書の記載又は書類の提出を省略させることができる。

5　第一項及び第三項に規定する申請書は、厚生労働大臣が定める様式によるものとする。

（平一八厚労令三二・追加、平一八厚労令一〇六・一部改正、平二一厚労令五四・旧第百四十条の二十五繰下・一部改正、平二四厚労令一一・平二四厚労令三〇・平三〇厚労令八〇（平三〇厚労令一一九）・令五厚労令四六・令六厚労令一五・一部改正）

（法第百十五条の二十二第二項第五号の厚生労働省令で定める同号本文に規定する指定の取消しに該当しないこととすることが相当であると認められる場合等）

第百四十条の三十三　法第百十五条の二十二第二項第五号の厚生労働省令で定める同号本文に規定する指定の取消しに該当しないこととすることが相当であると認められる場合は、厚生労働大臣、都道府県知事又は市町村長が法第百十五条の三十三第一項その他の規定による報告等の権限を適切に行使し、当該指定の取消しの処分の理由となった事実及び当該事実の発生を防止するための当該指定介護予防支援事業者による業務管理体制の整備についての取組の状況その他の当該事実に関して当該指定介護予防支援事業者が有していた責任の程度を確認した結果、当該指定介護予防支援事業者が当該指定取消しの理由となった事実について組織的に関与していると認められない場合とする。

2　前項の規定は、法第百十五条の二十二第二項第五号の二の厚生労働省令で定める同号本文に規定する指定の取消しに該当しないこととすることが相当であると認められる場合及び同項第八号ニの厚生労働省令で定める同号に規定する指定の取消しに該当しないこととすることが相当であると認められる場合について準用する。

（平二一厚労令五四・追加、平二四厚労令一一・一部改正）

法律

消しに該当しないこととすることが相当であると認められるものとして厚生労働省令で定めるものに該当する場合を除く。

六　申請者が、第百十五条の二十九の規定による指定の取消しの処分に係る行政手続法第十五条の規定による通知があった日から当該処分をする日又は処分をしないことを決定する日までの間に第百十五条の二十五第二項の規定による事業の廃止の届出をした者（当該事業の廃止について相当の理由がある者を除く。）で、当該届出の日から起算して五年を経過しないものであるとき。

六の二　申請者が、第百十五条の二十七第一項の規定による検査が行われた日から聴聞決定予定日（当該検査の結果に基づき第百十五条の二十九の規定による指定の取消しの処分に係る聴聞を行うか否かの決定をすることが見込まれる日として厚生労働省令で定めるところにより市町村長が当該申請者に当該検査が行われた日から十日以内に特定の日を通知した場合における当該特定の日をいう。）までの間に第百十五条の二十五第二項の規定による事業の廃止の届出をした者（当該事業の廃止について相当の理由がある者を除く。）で、当該届出の日から起算して五年を経過しないものであるとき。

六の三　第六号に規定する期間内に第百十五条の二十五第二項の規定による事業の廃止の届出があった場合において、申請者が、同号の通知の日前六十日以内に当該届出に係る法人（当該事業の廃止について相当の理由がある法人を除く。）の役員等又は当該届出に係る法人でない事業所（当該事業の廃止について相当の理由があるものを除く。）の管理者であった者で、当該届出の日から起算して五年を経過しないものであるとき。

七　申請者が、指定の申請前五年以内に居宅サービス等に関し不正又は著しく不当な行為をした者であるとき。

八　申請者が、法人で、その役員等のうちに第三号の二から第五号まで又は第六号から前号までのいずれかに該当する者のあるものであるとき。

九　申請者が、法人でない事業所で、その管理者が第三号の二から第五号まで又は第六号から第七号までのいずれかに該当する者であるとき。

3　市町村が前項第一号の条例を定めるに当たっては、厚生労働省令で定める基準に従い定めるものとする。

施行令

施行規則

（聴聞決定予定日の通知）

第百四十条の三十四　法第百十五条の二十二第二項第六号の二の規定による通知をするときは、法第百十五条の二十七第一項の規定による検査が行われた日（以下この条において「検査日」という。）から十日以内に、検査日から起算して六十日以内の特定の日を通知するものとする。

（平二一厚労令五四・追加）

（法第百十五条の二十二第三項の厚生労働省令で定める基準）

第百四十条の三十四の二　法第百十五条の二十二第三項の厚生労働省

4　市町村長は、第五十八条第一項の指定を行おうとするときは、あらかじめ、当該市町村が行う介護保険の被保険者その他の関係者の意見を反映させるために必要な措置を講じなければならない。

（平一七法七七・追加、平一九法一一〇・一部改正、平二〇法四二・旧第百十五条の二十繰下・一部改正、平二三法七二・平二五法四四・平二六法八三・令五法三一・一部改正）

（指定介護予防支援の事業の基準）

第百十五条の二十三　指定介護予防支援事業者は、次条第二項に規定する指定介護予防支援に係る介護予防のための効果的な支援の方法に関する基準及び指定介護予防支援の事業の運営に関する基準に従い、要支援者の心身の状況等に応じて適切な指定介護予防支援を提供するとともに、自らその提供する指定介護予防支援の質の評価を行うことその他の措置を講ずることにより常に指定介護予防支援を受ける者の立場に立ってこれを提供するように努めなければならない。

2　指定介護予防支援事業者は、指定介護予防支援を受けようとする被保険者から提示された被保険者証に、認定審査会意見が記載されているときは、当該認定審査会意見に配慮して、当該被保険者に当該指定介護予防支援を提供するように努めなければならない。

3　第百十五条の四十六第一項に規定する地域包括支援センターの設置者である指定介護予防支援事業者は、厚生労働省令で定めるところにより、指定介護予防支援の一部を、厚生労働省令で定める者に委託することができる。

（平一七法七七・追加、平二〇法四二・旧第百十五条の二十一繰下・一部改正、令五法三一・一部改正）

第百十五条の二十四　指定介護予防支援事業者は、当該指定に係る事業所ごとに、市町村の条例で定める基準に従い市町村の条例で定める員数の当該指定介護予防支援に従事する従業者を有しなければならない。

2　前項に規定するもののほか、指定介護予防支援に係る介護予防のための効果的な支援の方法に関する基準及び指定介護予防支援の事業の運営に関する基準は、市町村の条例で定める。

3　市町村が前二項の条例を定めるに当たっては、次に掲げる事項については厚生労働省令で定める基準に従い定めるものとし、その他の事項については厚生労働省令で定める基準を参酌するものとする。

一　指定介護予防支援に従事する従業者に係る基準及び当該従業者

令で定める基準は、法人であることとする。

（平二五厚労令一〇五・追加）

（指定介護予防支援の委託の届出）

第百四十条の三十五　法第百十五条の二十三第三項の規定により、指定介護予防支援事業者が、指定介護予防支援の一部を、次条に規定する者に委託しようとするときは、あらかじめ、次の各号に掲げる事項について市町村長に届け出なければならない。

一　指定介護予防支援の一部を委託しようとする事業所の名称及び所在地

二　委託しようとする指定介護予防支援の内容

三　指定介護予防支援の一部を委託しようとする期間

2　指定介護予防支援事業者は前項各号に掲げる事項を変更しようとするときは、あらかじめ、その旨を市町村長に届け出なければならない。

3　指定介護予防支援事業者は、指定介護予防支援の一部を委託する上で必要な情報を当該委託を受けた者に提供しなければならない。

4　第一項及び第二項の規定による届出は、厚生労働大臣が定める様式により行うものとする。

（平一八厚労令三二・追加、平二一厚労令五四・旧第百四十条の二十六繰下・一部改正、令五厚労令四六・一部改正）

法律

の員数

二　指定介護予防支援の事業の運営に関する事項であって、利用する要支援者のサービスの適切な利用、適切な処遇及び安全の確保並びに秘密の保持等に密接に関連するものとして厚生労働省令で定めるもの

＊〔省〕指定介護予防支援等の事業の人員及び運営並びに指定介護予防支援等に係る介護予防のための効果的な支援の方法に関する基準（平一八厚労令三七）

4　厚生労働大臣は、前項に規定する厚生労働省令で定める基準（指定介護予防支援の取扱いに関する部分に限る。）を定めようとするときは、あらかじめ社会保障審議会の意見を聴かなければならない。

5　指定介護予防支援事業者は、次条第二項の規定による事業の廃止又は休止の届出をしたときは、当該届出の日前一月以内に当該指定介護予防支援を受けていた者であって、当該事業の廃止又は休止の日以後においても引き続き当該指定介護予防支援に相当するサービスの提供を希望する者に対し、必要な居宅サービス等が継続的に提供されるよう、他の指定介護予防支援事業者その他関係者との連絡調整その他の便宜の提供を行わなければならない。

6　指定介護予防支援事業者は、要支援者の人格を尊重するとともに、この法律又はこの法律に基づく命令を遵守し、要支援者のため忠実にその職務を遂行しなければならない。

（平一七法七七・追加、平二〇法四二・旧第百十五条の二十二繰下・一部改正、平二五法四四・一部改正）

（変更の届出等）

第百十五条の二十五　指定介護予防支援事業者は、当該指定に係る事業所の名称及び所在地その他厚生労働省令で定める事項に変更があったとき、又は休止した当該指定介護予防支援の事業を再開したときは、厚生労働省令で定めるところにより、十日以内に、その旨を市町村長に届け出なければならない。

2　指定介護予防支援事業者は、当該指定介護予防支援の事業を廃止し、又は休止しようとするときは、厚生労働省令で定めるところにより、その廃止又は休止の日の一月前までに、その旨を市町村長に届け出なければならない。

（平一七法七七・追加、平二〇法四二・旧第百十五条の二十三繰下・一部改正）

（市町村長等による連絡調整又は援助）

施行令

施行規則

（法第百十五条の二十三第三項の厚生労働省令で定める者）

第百四十条の三十六　法第百十五条の二十三第三項の厚生労働省令で定める者は、指定居宅介護支援事業者とする。

（平一八厚労令三二・追加、平二一厚労令五四・旧第百四十条の二十七繰下・一部改正）

（指定介護予防支援事業者の名称等の変更の届出等）

第百四十条の三十七　指定介護予防支援事業者は、第百四十条の三十二第一号、第二号、第四号（当該指定に係る事業に関するものに限る。）から第六号まで、第八号及び第十三号に掲げる事項に変更があったときは、当該変更に係る事項について当該指定介護予防支援事業者の事業所の所在地を管轄する市町村長に届け出なければならない。

2　指定介護予防支援事業者は、休止した当該指定介護予防支援の事業を再開したときは、再開した年月日を当該指定介護予防支援事業者の事業所の所在地を管轄する市町村長に届け出なければならない。

3　指定介護予防支援事業者は、当該指定介護予防支援の事業を廃止

第百十五条の二十六　市町村長は、指定介護予防支援事業者による第百十五条の二十四第五項に規定する便宜の提供が円滑に行われるため必要があると認めるときは、当該指定介護予防支援事業者及び他の指定介護予防支援事業者その他の関係者相互間の連絡調整又は当該指定介護予防支援事業者及び当該関係者に対する助言その他の援助を行うことができる。

2　都道府県知事は、同一の指定介護予防支援事業者について二以上の市町村長が前項の規定による連絡調整又は援助を行う場合において、当該指定介護予防支援事業者による第百十五条の二十四第五項に規定する便宜の提供が円滑に行われるため必要があると認めるときは、当該市町村長相互間の連絡調整又は当該指定介護予防支援事業者に対する市町村の区域を超えた広域的な見地からの助言その他の援助を行うことができる。

3　厚生労働大臣は、同一の指定介護予防支援事業者について二以上の都道府県知事が前項の規定による連絡調整又は援助を行う場合において、当該指定介護予防支援事業者による第百十五条の二十四第五項に規定する便宜の提供が円滑に行われるため必要があると認めるときは、当該都道府県知事相互間の連絡調整又は当該指定介護予防支援事業者に対する都道府県の区域を超えた広域的な見地からの助言その他の援助を行うことができる。

（平二〇法四二・追加、平二五法四四・一部改正）

（報告等）

第百十五条の二十七　市町村長は、必要があると認めるときは、指定介護予防支援事業者若しくは指定介護予防支援事業者であった者若しくは当該指定に係る事業所の従業者であった者（以下この項において「指定介護予防支援事業者であった者等」という。）に対し、報告若しくは帳簿書類の提出若しくは提示を命じ、指定介護予防支援事業者若しくは当該指定に係る事業所の従業者若しくは指定介護予防支援事業者であった者等に対し出頭を求め、又は当該職員に関係者に対して質問させ、若しくは当該指定介護予防支援事業者の当該指定に係る事業所、事務所その他指定介護予防支援の事業に関係のある場所に立ち入り、その帳簿書類その他の物件を検査させることができる。

2　第二十四条第三項の規定は前項の規定による質問又は検査について、同条第四項の規定は前項の規定による権限について準用する。

（平一七法七七・追加、平二〇法四二・旧第百十五条の二十四繰下・一部改正）

（勧告、命令等）

し、又は休止しようとするときは、その廃止又は休止の日の一月前までに、次に掲げる事項を当該指定介護予防支援事業者の事業所の所在地を管轄する市町村長に届け出なければならない。

一　廃止し、又は休止しようとする年月日

二　廃止し、又は休止しようとする理由

三　現に指定介護予防支援を受けている者に対する措置

四　休止しようとする場合にあっては、休止の予定期間

4　前三項の規定による届出は、厚生労働大臣が定める様式により行うものとする。

（平一八厚労令三二・追加、平二一厚労令五四・旧第百四十条の二十八繰下・一部改正、平二八厚労令五三・平三〇厚労令八〇（平三〇厚労令一一九）・令五厚労令四六・一部改正）

法律

第百十五条の二十八　市町村長は、指定介護予防支援事業者が、次の各号に掲げる場合に該当すると認めるときは、当該指定介護予防支援事業者に対し、期限を定めて、それぞれ当該各号に定める措置をとるべきことを勧告することができる。

一　当該指定に係る事業所の従業者の知識若しくは技能又は人員について第百十五条の二十四第一項の市町村の条例で定める基準又は同項の市町村の条例で定める員数を満たしていない場合　当該市町村の条例で定める基準又は当該市町村の条例で定める員数を満たすこと。

二　第百十五条の二十四第二項に規定する指定介護予防支援に係る介護予防のための効果的な支援の方法に関する基準又は指定介護予防支援の事業の運営に関する基準に従って適正な指定介護予防支援の事業の運営をしていない場合　当該指定介護予防支援に係る介護予防のための効果的な支援の方法に関する基準又は指定介護予防支援の事業の運営に関する基準に従って適正な指定介護予防支援の事業の運営をすること。

三　第百十五条の二十四第五項に規定する便宜の提供を適正に行っていない場合　当該便宜の提供を適正に行うこと。

2　市町村長は、前項の規定による勧告をした場合において、その勧告を受けた指定介護予防支援事業者が同項の期限内にこれに従わなかったときは、その旨を公表することができる。

3　市町村長は、第一項の規定による勧告を受けた指定介護予防支援事業者が、正当な理由がなくてその勧告に係る措置をとらなかったときは、当該指定介護予防支援事業者に対し、期限を定めて、その勧告に係る措置をとるべきことを命ずることができる。

4　市町村長は、前項の規定による命令をした場合においては、その旨を公示しなければならない。

（平一七法七七・追加、平二〇法四二・旧第百十五条の二十五繰下・一部改正、平二五法四四・一部改正）

（指定の取消し等）

第百十五条の二十九　市町村長は、次の各号のいずれかに該当する場合においては、当該指定介護予防支援事業者に係る第五十八条第一項の指定を取り消し、又は期間を定めてその指定の全部若しくは一部の効力を停止することができる。

一　指定介護予防支援事業者が、第百十五条の二十二第二項第三号

施行令

施行規則

の二から第四号の二まで、第八号（同項第四号の三に該当する者のあるものであるときを除く。）又は第九号（同項第四号の三に該当する者であるときを除く。）のいずれかに該当するに至ったとき。

二　指定介護予防支援事業者が、当該指定に係る事業所の従業者の知識若しくは技能又は人員について、第百十五条の二十四第一項の市町村の条例で定める基準又は同項の市町村の条例で定める員数を満たすことができなくなったとき。

三　指定介護予防支援事業者が、第百十五条の二十四第二項に規定する指定介護予防支援に係る介護予防のための効果的な支援の方法に関する基準又は指定介護予防支援の事業の運営に関する基準に従って適正な指定介護予防支援の事業の運営をすることができなくなったとき。

四　指定介護予防支援事業者が、第百十五条の二十四第六項に規定する義務に違反したと認められるとき。

五　介護予防サービス計画費の請求に関し不正があったとき。

六　指定介護予防支援事業者が、第百十五条の二十七第一項の規定により報告又は帳簿書類の提出若しくは提示を命ぜられてこれに従わず、又は虚偽の報告をしたとき。

七　指定介護予防支援事業者又は当該指定に係る事業所の従業者が、第百十五条の二十七第一項の規定により出頭を求められてこれに応ぜず、同項の規定による質問に対して答弁せず、若しくは虚偽の答弁をし、又は同項の規定による検査を拒み、妨げ、若しくは忌避したとき。ただし、当該指定に係る事業所の従業者がその行為をした場合において、その行為を防止するため、当該指定介護予防支援事業者が相当の注意及び監督を尽くしたときを除く。

八　指定介護予防支援事業者が、不正の手段により第五十八条第一項の指定を受けたとき。

九　前各号に掲げる場合のほか、指定介護予防支援事業者が、この法律その他国民の保健医療若しくは福祉に関する法律で政令で定めるもの又はこれらの法律に基づく命令若しくは処分に違反したとき。

十　前各号に掲げる場合のほか、指定介護予防支援事業者が、居宅サービス等に関し不正又は著しく不当な行為をしたとき。

十一　指定介護予防支援事業者の役員等のうちに、指定の取消し又は指定の全部若しくは一部の効力の停止をしようとするとき前五

法律

年以内に居宅サービス等に関し不正又は著しく不当な行為をした者があるとき。

（平一七法七七・追加、平一九法一一〇・一部改正、平二〇法四二・旧第百十五条の二十六繰下・一部改正、平二三法七二・平二五法四四・一部改正）

（公示）

第百十五条の三十　市町村長は、次に掲げる場合には、当該指定介護予防支援事業者の名称、当該指定に係る事業所の所在地その他の厚生労働省令で定める事項を公示しなければならない。

一　第五十八条第一項の指定をしたとき。

二　第百十五条の二十五第二項の規定による事業の廃止の届出があったとき。

三　前条の規定により第五十八条第一項の指定を取り消し、又は指定の全部若しくは一部の効力を停止したとき。

（平一七法七七・追加、平二〇法四二・旧第百十五条の二十七繰下・一部改正）

（介護予防支援事業に関する情報提供の求め等）

第百十五条の三十の二　市町村長は、第百十五条の四十五第二項第三号の規定による介護予防サービス計画の検証の実施に当たって必要があると認めるときは、指定介護予防支援事業者に対し、介護予防サービス計画の実施状況その他の厚生労働省令で定める事項に関する情報の提供を求めることができる。

2　指定居宅介護支援事業者である指定介護予防支援事業者は、当該指定介護予防支援の事業の適切かつ有効な実施のために必要があるときは、第百十五条の四十六第一項に規定する地域包括支援センターに対し、必要な助言を求めることができる。

（令五法三一・追加）

（準用）

第百十五条の三十一　第七十条の二の規定は、第五十八条第一項の指定について準用する。この場合において、必要な技術的読替えは、政令で定める。

施行令

（指定介護予防支援事業者の指定の更新に関する読替え）

第三十五条の十四　法第百十五条の三十一の規定による技術的読替えは、次の表のとおりとする。

施行規則

（法第百十五条の三十の厚生労働省令で定める事項）

第百四十条の三十八　法第百十五条の三十の厚生労働省令で定める事項は、次に掲げる事項とする。

一　当該指定介護予防支援事業者の名称

二　当該指定に係る事業所の名称及び所在地

三　指定をし、事業の廃止の届出の受理をし、又は指定を取り消した場合にあっては、その年月日

四　指定の全部又は一部の効力を停止した場合にあっては、その内容及びその期間

五　サービスの種類

（平二一厚労令五四・追加）

（法第百十五条の三十の二第一項の厚生労働省令で定める事項）

第百四十条の三十八の二　法第百十五条の三十の二第一項の厚生労働省令で定める事項は、次に掲げる事項とする。

一　介護予防サービス計画の実施状況

二　直近の第百四十条の六十二の四第二号の規定に基づき厚生労働大臣が定める基準の該当の有無の判断の際に当該基準に該当した第一号被保険者の状況

三　介護予防支援の利用者の心身又は生活の状況、その置かれている環境、現病歴その他の介護予防サービス計画の作成に当たり勘案した当該利用者に関する基本的な情報

四　介護予防支援の経過の記録

五　サービス担当者会議（指定介護予防支援等の事業の人員及び運営並びに指定介護予防支援等に係る介護予防のための効果的な支援の方法に関する基準

（平一七法七七・追加、平二〇法四二・旧第百十五条の二十八繰下）

第九節　業務管理体制の整備

（平二〇法四二・追加）

（業務管理体制の整備等）

第百十五条の三十二　指定居宅サービス事業者、指定地域密着型サービス事業者、指定居宅介護支援事業者、指定介護予防サービス事業者、指定地域密着型介護予防サービス事業者及び指定介護予防支援事業者並びに指定介護老人福祉施設、介護老人保健施設及び介護医療院の開設者（以下「介護サービス事業者」という。）は、第七十四条第六項、第七十八条の四第八項、第八十一条第六項、第八十八条第六項、第九十七条第七項、第百十一条第七項、第百十五条の四第六項、第百十五条の十四第八項又は第百十五条の二十四第六項に規定する義務の履行が確保されるよう、厚生労働省令で定める基準に従い、業務管理体制を整備しなければならない。

2　介護サービス事業者は、次の各号に掲げる区分に応

法の規定中読み替える規定	読み替えられる字句	読み替える字句
第七十条の二第一項	第四十一条第一項本文	第五十八条第一項
第七十条の二第二項及び第三項	前項	第百十五条の三十一において準用する前項
第七十条の二第四項	前条	第百十五条の二十二
	第一項	第百十五条の三十一において準用する第一項

（平一八政一五四・追加、平二一政一〇・一部改正、平二三政三七六・旧第三十五条の八繰下）

（平成十八年厚生労働省令第三十七号。以下「指定介護予防支援等基準」という。）第三十条第九号に規定するサービス担当者会議をいう。）の開催等の状況

六　介護予防支援に係る評価

七　その他市町村長が必要と認める事項

（令六厚労令一五・追加）

第九節　業務管理体制の整備

（平二一厚労令五四・追加）

（法第百十五条の三十二第一項の厚生労働省令で定める基準）

第百四十条の三十九　法第百十五条の三十二第一項の厚生労働省令で定める基準は、次の各号に掲げる者の区分に応じ、当該各号に定めるところによる。

一　指定又は許可を受けている事業所又は施設の数が一以上二十未満の事業者　法令を遵守するための体制の確保に係る責任者（以下「法令遵守責任者」という。）の選任をすること。

二　指定又は許可を受けている事業所又は施設の数が二十以上百未満の事業者　法令遵守責任者の選任をすること及び業務が法令に適合することを確保するための規程を整備すること。

三　指定又は許可を受けている事業所又は施設の数が百以上の事業者　法令遵守責任者の選任をすること、業務が法令に適合することを確保するための規程を整備すること及び業務執行の状況の監査を定期的に行うこと。

（平二一厚労令五四・追加）

（業務管理体制の整備に関する事項の届出）

法律

じ、当該各号に定める者に対し、厚生労働省令で定めるところにより、業務管理体制の整備に関する事項を届け出なければならない。

一　次号から第六号までに掲げる介護サービス事業者以外の介護サービス事業者　都道府県知事

二　次号から第六号までに掲げる介護サービス事業者以外の介護サービス事業者であって、当該指定に係る事業所又は当該指定若しくは許可に係る施設（当該指定又は許可に係る居宅サービス等の種類が異なるものを含む。）が二以上の都道府県の区域に所在し、かつ、二以下の地方厚生局の管轄区域に所在するもの　当該介護サービス事業者の主たる事務所の所在地の都道府県知事

三　第五号に掲げる介護サービス事業者以外の介護サービス事業者であって、当該指定に係る全ての事業所又は当該指定若しくは許可に係る全ての施設（当該指定又は許可に係る居宅サービス等の種類が異なるものを含む。）が一の地方自治法第二百五十二条の十九第一項の指定都市（以下「指定都市」という。）の区域に所在するもの　指定都市の長

四　次号に掲げる介護サービス事業者以外の介護サービス事業者であって、当該指定に係る全ての事業所又は当該指定若しくは許可に係る全ての施設（当該指定又は許可に係る居宅サービス等の種類が異なるものを含む。）が一の地方自治法第二百五十二条の二十二第一項の中核市（以下「中核市」という。）の区域に所在するもの　中核市の長

五　地域密着型サービス事業又は地域密着型介護予防サービス事業のみを行う介護サービス事業者であって、当該指定に係る全ての事業所（当該指定に係る地域密着型サービス又は地域密着型介護予防サービスの種類が異なるものを含む。）が一の市町村の区域に所在するもの　市町村長

六　当該指定に係る事業所又は当該指定若しくは許可に係る施設（当該指定又は許可に係る居宅サービス等の種類が異なるものを含む。）が三以上の地方厚生局の管轄区域に所在する介護サービス事業者　厚生労働大臣

3　前項の規定により届出を行った介護サービス事業者は、その届け出た事項に変更があったときは、厚生労働省令で定めるところにより、遅滞なく、その旨を当該届出を行った厚生労働大臣、都道府県知事、指定都市の長、中核市の長又は市町村長（以下この節におい

施行令

施行規則

第百四十条の四十　介護サービス事業者（法第百十五条の三十二第一項に規定する介護サービス事業者をいう。以下同じ。）は、同項の規定による業務管理体制の整備について、遅滞なく、次に掲げる事項を記載した届出書を、同条第二項各号に掲げる区分に応じ、厚生労働大臣、都道府県知事、指定都市の長、中核市の長又は市町村長（以下この条において「厚生労働大臣等」という。）に届け出なければならない。

一　事業者の名称又は氏名、主たる事務所の所在地並びにその代表者の氏名、生年月日、住所及び職名

二　法令遵守責任者の氏名及び生年月日

三　業務が法令に適合することを確保するための規程の概要（指定又は許可を受けている事業所又は施設の数が二十以上の事業者の場合に限る。）

四　業務執行の状況の監査の方法の概要（指定又は許可を受けている事業所又は施設の数が百以上の事業者の場合に限る。）

2　介護サービス事業者は、前項の規定により届け出た事項に変更があったときは、遅滞なく、当該変更に係る事項について、法第百十五条の三十二第二項各号に掲げる区分に応じ、厚生労働大臣等に届け出なければならない。

て「厚生労働大臣等」という。）に届け出なければならない。

4　第二項の規定による届出を行った介護サービス事業者は、同項各号に掲げる区分の変更により、同項の規定により当該届出を行った厚生労働大臣等以外の厚生労働大臣等に届出を行うときは、厚生労働省令で定めるところにより、その旨を当該届出を行った厚生労働大臣等にも届け出なければならない。

5　厚生労働大臣等は、前三項の規定による届出が適正になされるよう、相互に密接な連携を図るものとする。

（平二〇法四二・追加、平一八法八三（平二〇法四二）・平二三法三七・平二五法四四・平二六法五一・平二九法五二・令元法二六・一部改正）

（報告等）

第百十五条の三十三　前条第二項の規定による届出を受けた厚生労働大臣等は、当該届出を行った介護サービス事業者（同条第四項の規定による届出を受けた厚生労働大臣等にあっては、同項の規定による届出を行った介護サービス事業者を除く。）における同条第一項の規定による業務管理体制の整備に関して必要があると認めるときは、当該介護サービス事業者に対し、報告若しくは帳簿書類の提出若しくは提示を命じ、当該介護サービス事業者若しくは当該介護サービス事業者の従業者に対し出頭を求め、又は当該職員に関係者に対し質問させ、若しくは当該介護サービス事業者の当該指定に係る事業所若しくは当該指定若しくは許可に係る施設、事務所その他の居宅サービス等の提供に関係のある場所に立ち入り、その設備若しくは帳簿書類その他の物件を検査させることができる。

2　厚生労働大臣又は前条第二項第二号に定める都道府県知事が前項の権限を行うときは当該介護サービス事業者に係る指定若しくは許可を行った都道府県知事（次条第五項において「関係都道府県知事」という。）又は当該介護サービス事業者に係る指定を行った市町村長（以下この項及び次条第五項において「関係市町村長」という。）と、前条第二項第一号に定める都道府県知事が前項の権限を行うときは関係市町村長と密接な連携の下に行うものとする。

3　都道府県知事は、その行った又はその行おうとする指定又は許可に係る介護サービス事業者における前条第一項の規定による業務管理体制の整備に関して必要があると認めるときは、厚生労働大臣又は同条第二項第二号に定める都道府県知事に対し、市町村長は、その行った又はその行おうとする指定に係る介護サービス事業者における同条第一項の規定による業務管理体制の整備に関して必要があると認めるときは、厚生労働大臣又は同条第二項第一号若しくは第

3　介護サービス事業者は、法第百十五条の三十二第二項各号に掲げる区分に変更があったときは、変更後の届出書を、変更後の区分により届け出るべき厚生労働大臣等及び変更前の区分により届け出るべき厚生労働大臣等の双方に届け出なければならない。

（平二一厚労令五四・追加、平二七厚労令五五・令三厚労令四三・一部改正）

法律

二号に定める都道府県知事に対し、第一項の権限を行うよう求めることができる。

4　厚生労働大臣又は都道府県知事は、前項の規定による都道府県知事又は市町村長の求めに応じて第一項の権限を行ったときは、厚生労働省令で定めるところにより、その結果を当該権限を行うよう求めた都道府県知事又は市町村長に通知しなければならない。

5　第二十四条第三項の規定は第一項の規定による質問又は検査について、同条第四項の規定は第一項の規定による権限について準用する。

（平二〇法四二・追加、平二六法五一・一部改正）

（勧告、命令等）

第百十五条の三十四　第百十五条の三十二第二項の規定による届出を受けた厚生労働大臣等は、当該届出を行った介護サービス事業者（同条第四項の規定による届出を受けた厚生労働大臣等にあっては、同項の規定による届出を行った介護サービス事業者を除く。）が、同条第一項に規定する厚生労働省令で定める基準に従って適正な業務管理体制の整備をしていないと認めるときは、当該介護サービス事業者に対し、期限を定めて、当該厚生労働省令で定める基準に従って適正な業務管理体制を整備すべきことを勧告することができる。

2　厚生労働大臣等は、前項の規定による勧告をした場合において、その勧告を受けた介護サービス事業者が同項の期限内にこれに従わなかったときは、その旨を公表することができる。

3　厚生労働大臣等は、第一項の規定による勧告を受けた介護サービス事業者が、正当な理由がなくてその勧告に係る措置をとらなかったときは、当該介護サービス事業者に対し、期限を定めて、その勧告に係る措置をとるべきことを命ずることができる。

4　厚生労働大臣等は、前項の規定による命令をした場合においては、その旨を公示しなければならない。

5　介護サービス事業者が第三項の規定による命令に違

施行令

施行規則

（都道府県知事又は市町村長の求めに応じて法第百十五条の三十三第一項の権限を行った場合における厚生労働大臣又は都道府県知事による通知）

第百四十条の四十一　法第百十五条の三十三第四項の規定により厚生労働大臣又は都道府県知事が同条第一項の権限を行った結果を通知するときは、権限を行使した年月日、結果の概要その他必要な事項を示さなければならない。

（平二一厚労令五四・追加）

（法第百十五条の三十四第三項の規定による命令に違

反したときは、厚生労働省令で定めるところにより、厚生労働大臣又は第百十五条の三十二第二項第二号に定める都道府県知事は関係都道府県知事又は関係市町村長に対し、同項第一号に定める都道府県知事は関係市町村長に対し当該違反の内容を通知しなければならない。

（平二〇法四二・追加、平二六法五一・一部改正）

第十節　介護サービス情報の公表

（平一七法七七・追加、平二〇法四二・旧第九節繰下）

（介護サービス情報の報告及び公表）

第百十五条の三十五　介護サービス事業者は、指定居宅サービス事業者、指定地域密着型サービス事業者、指定居宅介護支援事業者、指定介護老人福祉施設、指定介護予防サービス事業者、指定地域密着型介護予防サービス事業者若しくは指定介護予防支援事業者の指定又は介護老人保健施設若しくは介護医療院の許可を受け、訪問介護、訪問入浴介護その他の厚生労働省令で定めるサービス（以下「介護サービス」という。）の提供を開始しようとするときその他厚生労働省令で定めるときは、政令で定めるところにより、その提供する介護サービスに係る介護サービス情報（介護サービスの内容及び介護サービスを提供する事業者又は施設の運営状況に関する情報であって、介護サービスを利用し、又は利用しようとする要介護者等が適切かつ円滑に当該介護サービスを利用する機会を確保するために公表されることが必要なものとして厚生労働省令で定めるものをいう。以下同じ。）を、当該介護サービスを提供する事業所又は施設の所在地を管轄する都道府県知事に報告しなければならない。

第五節　介護サービス情報の公表

（平一八政一五四・追加、平三〇政五五・旧第四節繰下）

（介護サービス情報の報告に関する計画等）

第三十七条の二の三　法第百十五条の三十五第一項の規定による介護サービス情報の報告（以下この条において「報告」という。）は、都道府県知事が毎年定める報告に関する計画に従い、行うものとする。

反した場合における厚生労働大臣又は都道府県知事による通知）

第百四十条の四十二　介護サービス事業者が法第百十五条の三十四第三項の規定による命令に違反したときは、その旨を、厚生労働大臣又は法第百十五条の三十二第二項第二号に定める都道府県知事は当該介護サービス事業者の指定若しくは許可を行った都道府県知事又は指定を行った市町村長に、同項第一号に定める都道府県知事は当該介護サービス事業者の指定を行った市町村長に通知しなければならない。

（平二一厚労令五四・追加、平二七厚労令五五・一部改正）

第十節　介護サービス情報の公表

（平一八厚労令一〇六・追加、平二一厚労令五四・旧第九節繰下）

（法第百十五条の三十五第一項の厚生労働省令で定めるサービス）

第百四十条の四十三　法第百十五条の三十五第一項の厚生労働省令で定めるサービスは、訪問介護、訪問入浴介護、訪問看護、訪問リハビリテーション、通所介護、通所リハビリテーション、短期入所生活介護、短期入所療養介護（第十四条第四号に掲げる診療所に係るものを除く。別表第二において同じ。）、特定施設入居者生活介護（養護老人ホームに係るものを除く。別表第二において同じ。）、福祉用具貸与、特定福祉用具販売、定期巡回・随時対応型訪問介護看護、夜間対応型訪問介護、地域密着型通所介護、認知症対応型通所介護、小規模多機能型居宅介護、認知症対応型共同生活介護、地域密着型特定施設入居者生活介護（養護老人ホームに係るものを除く。別表第二において同じ。）、地域密着型介護老人福祉施設入所者生活介護、複合型サービス、居宅介護支援、介護福祉施設サービス、介護保健施設サービス、介護医療院サービス、介護予防訪問入浴介護、介護予防訪問看護、介護予防訪問リハビリテーション、介護予防通所リハビリテーション、介護予防短期入所生活介護、介護予防短期入所療養介護（第二十二条の十四第四号に掲げる診療所

法律

施行令

施行規則

に係るものを除く。別表第二において同じ。）、介護予防特定施設入居者生活介護（養護老人ホームに係るものを除く。別表第二において同じ。）、介護予防福祉用具貸与、特定介護予防福祉用具販売、介護予防認知症対応型通所介護、介護予防小規模多機能型居宅介護及び介護予防認知症対応型共同生活介護とする。

2　前項の規定にかかわらず、訪問看護、訪問リハビリテーション、通所リハビリテーション、短期入所療養介護、介護予防訪問看護、介護予防訪問リハビリテーション、介護予防通所リハビリテーション及び介護予防短期入所療養介護（以下この条において「訪問看護等」という。）のうち、法第七十一条第一項本文の規定により居宅サービスに係る法第四十一条第一項本文の指定があったものとみなされた病院等、法第七十二条第一項本文の規定により居宅サービスに係る法第四十一条第一項本文の指定があったものとみなされた介護老人保健施設若しくは介護医療院又は法第百十五条の十一において準用する法第七十一条第一項本文及び第七十二条第一項本文の規定により、介護予防サービスに係る法第五十三条第一項本文の指定があったものとみなされた病院等、介護老人保健施設若しくは介護医療院であって、指定があったものとみなされた日から起算して一年を経過しない者によって行われる訪問看護等については、法第百十五条の三十五第一項の厚生労働省令で定めるサービスとしない。

（平一八厚労令一〇六・追加、平一九厚労令一八・平二〇厚労令六九・平二一厚労令四九・一部改正、平二一厚労令五四・旧第百四十条の二十九繰下・一部改正、平二四厚労令一〇・平二五厚労令二九・平二七厚労令五七・平二八厚労令五三・平三〇厚労令八〇・平三一厚労令三五・一部改正）

（法第百十五条の三十五第一項の厚生労働省令で定めるとき）

第百四十条の四十四　法第百十五条の三十五第一項の厚生労働省令で定めるときは、次の各号に掲げる基準に該当する事業所以外のものについて、令第三十七条の

2　都道府県知事は、前項の規定による報告を受けた後、厚生労働省令で定めるところにより、当該報告の内容を公表しなければならない。

二の三第一項に規定する計画（以下この条及び第百四十条の四十八において「計画」という。）で定められたときとする。

一　第百四十条の四十八第一号の計画の基準日前の一年間において、提供を行った介護サービス（法第百十五条の三十五第一項に規定する介護サービスをいう。以下同じ。）に係る居宅介護サービス費、地域密着型介護サービス費、居宅介護福祉用具購入費、居宅介護サービス計画費、施設介護サービス費、介護予防サービス費、地域密着型介護予防サービス費又は介護予防福祉用具購入費の支給の対象となるサービスの対価として支払いを受けた金額が百万円以下であるもの

二　災害その他都道府県知事に対し報告を行うことができないことにつき正当な理由があるもの

（平一八厚労令一〇六・追加、平二〇厚労令六九・平二一厚労令四九・一部改正、平二一厚労令五四・旧第百四十条の三十繰下・一部改正、平二三厚労令一三一・平二四厚労令一〇・平二四厚労令一一・令六厚労令一五・一部改正）

（法第百十五条の三十五第一項の厚生労働省令で定める情報）

第百四十条の四十五　法第百十五条の三十五第一項の厚生労働省令で定める情報は、介護サービスの提供を開始しようとするときにあっては別表第一に掲げる項目に関するものとし、同項の厚生労働省令で定めるときにあっては別表第一及び別表第二に掲げる項目に関するものとする。

（平一八厚労令一〇六・追加、平二一厚労令五四・旧第百四十条の三十一繰下・一部改正）

（法第百十五条の三十五第二項の規定による公表の方法）

第百四十条の四十六　都道府県知事は、法第百十五条の三十五第一項の規定による報告を受けた後、当該報告の内容を公表するものとする。ただし、都道府県知事は、当該報告を受けた後に同条第三項の調査を行ったときは、当該調査の結果を公表することをもって、当該報告の内容を公表したものとすることができる。

法律

3　都道府県知事は、第一項の規定による報告に関して必要があると認めるときは、当該報告をした介護サービス事業者に対し、介護サービス情報のうち厚生労働省令で定めるものについて、調査を行うことができる。

4　都道府県知事は、介護サービス事業者が第一項の規定による報告をせず、若しくは虚偽の報告をし、又は前項の規定による調査を受けず、若しくは調査の実施を妨げたときは、期間を定めて、当該介護サービス事業者に対し、その報告を行い、若しくはその報告の内容を是正し、又はその調査を受けることを命ずることができる。

5　都道府県知事は、指定地域密着型サービス事業者、指定居宅介護支援事業者、指定地域密着型介護予防サービス事業者又は指定介護予防支援事業者に対して前項の規定による処分をしたときは、遅滞なく、その旨を、当該指定地域密着型サービス事業者、指定居宅介護支援事業者、指定地域密着型介護予防サービス事業者又は指定介護予防支援事業者の指定をした市町村長に通知しなければならない。

6　都道府県知事は、指定居宅サービス事業者若しくは指定介護予防サービス事業者又は指定介護老人福祉施設、介護老人保健施設若しくは介護医療院の開設者が第四項の規定による命令に従わないときは、当該指定居宅サービス事業者、指定介護予防サービス事業者若しくは指定介護老人福祉施設の指定若しくは介護老人保健施設若しくは介護医療院の許可を取り消し、又は期間を定めてその指定若しくは許可の全部若しくは一部の効力を停止することができる。

7　都道府県知事は、指定地域密着型サービス事業者、指定居宅介護支援事業者、指定地域密着型介護予防サービス事業者又は指定介護予防支援事業者が第四項の規定による命令に従わない場合において、当該指定地域密着型サービス事業者、指定居宅介護支援事業

施行令

2　前項の計画には、都道府県知事が、その管轄する地域における介護サービス（法第百十五条の三十五第一項に規定する介護サービスをいう。）の提供の状況を勘案し、報告の方法、期限その他の厚生労働省令で定める事項を記載するものとする。

3　都道府県知事は、第一項の計画を定めたときは、遅滞なく、これを公表しなければならない。

（平一八政一五四・追加、平二一政一〇・一部改正、平三〇政五五・旧第三十七条の二繰下）

施行規則

（平二四厚労令一一・全改）

（法第百十五条の三十五第三項の厚生労働省令で定める介護サービス情報）

第百四十条の四十七　法第百十五条の三十五第三項の厚生労働省令で定める介護サービス情報（同条第一項に規定する介護サービス情報をいう。以下同じ。）は、別表第一及び別表第二に掲げる項目に関する情報とする。

（平二四厚労令一一・全改）

（調査の実施）

第百四十条の四十七の二　法第百十五条の三十五第三項の調査の実施に当たっては、都道府県が定める指針に従い行うものとする。

（平二四厚労令三〇・追加）

（令第三十七条の二の三第二項の厚生労働省令で定める事項）

第百四十条の四十八　令第三十七条の二の三第二項の厚生労働省令で定める事項は、次に掲げるものとする。

一　計画の基準日
二　計画の期間
三　報告の対象となる介護サービス事業者
四　介護サービス事業者ごとの報告の提出先及び提出期限
五　その他都道府県知事が必要と認める事項

（平一八厚労令一〇六・追加、平二一厚労令五四・旧第百四十条の三十四繰下・一部改正、令六厚労令一五・一部改正）

者、指定地域密着型介護予防サービス事業者又は指定介護予防支援事業者の指定を取り消し、又は期間を定めてその指定の全部若しくは一部の効力を停止することが適当であると認めるときは、理由を付して、その旨をその指定をした市町村長に通知しなければならない。

（平一七法七七・追加、平二〇法四二・旧第百十五条の二十九繰下・一部改正、平一八法八三（平二〇法四二）・平二三法七二・平二六法八三・平二九法五二・一部改正）

（指定調査機関の指定）

第百十五条の三十六　都道府県知事は、その指定する者（以下「指定調査機関」という。）に、前条第三項の調査の実施に関する事務（以下「調査事務」という。）を行わせることができる。

2　前項の指定は、都道府県の区域ごとに、その指定を受けようとする者の申請により、当該都道府県知事が行う。

（平一七法七七・追加、平二〇法四二・旧第百十五条の三十繰下、平二三法七二・一部改正）

（指定調査機関の指定の申請）

第百四十条の四十九　法第百十五条の三十六第一項の指定を受けようとする者は、その調査を行おうとする介護サービスの種類ごとに、次に掲げる事項を記載した申請書又は書類を都道府県知事に提出しなければならない。

一　申請者の名称及び主たる事務所の所在地並びにその代表者の氏名及び住所

二　調査事務（法第百十五条の三十六第一項に規定する調査事務をいう。以下同じ。）を行う事務所の名称及び所在地

三　申請者の定款、寄付行為及びその登記事項証明書又は条例等

四　当該申請に係る事業の開始予定年月日

五　当該申請の日の属する事業年度の直前の事業年度の貸借対照表及び損益計算書

六　当該申請の日の属する事業年度及び翌事業年度の事業計画書及び収支予算書

七　当該申請に係る意思の決定を証する書類

八　役員の氏名及び経歴、法人の種類に応じて次条第二項各号に定める構成員の氏名（構成員が法人である場合には、その法人の名称）並びに構成員の構成割合

九　現に行っている業務の概要を記載した書類

十　調査事務の実施の方法に関する計画を記載した書類

十一　申請者が令第三十七条の三各号に該当しないものであることを誓約する書面

法律

施行令

（指定調査機関の指定の基準）

第三十七条の三　都道府県知事は、指定調査機関（法第百十五条の三十六第一項に規定する指定調査機関をいう。以下同じ。）の指定の申請があった場合において、次の各号のいずれかに該当するときは、その指定をしてはならない。この場合において、指定に関して必要な手続は、厚生労働省令で定める。

一　申請者が法人でないとき。

二　申請者が、調査事務（法第百十五条の三十六第一項に規定する調査事務をいう。以下同じ。）を公正かつ適確に実施するに足りる経理的基礎及び技術的能力を有するものとして厚生労働省令で定める基準に適合していないとき。

三　申請者の役員又は法人の種類に応じて厚生労働省令で定める構成員若しくは職員の構成が調査事務の公正な実施に支障を及ぼすおそれがあるとき。

四　前号に定めるもののほか、申請者が、調査事務が不公正になるおそれがないものとして厚生労働省令で定める基準に適合していないとき。

五　申請者が、法の規定により刑に処せられ、その執

施行規則

十二　調査を行おうとする介護サービスの種類、当該調査を行おうとする介護サービスの種類ごとの調査実施可能件数及び調査員（法第百十五条の三十七第二項に規定する調査員をいう。以下同じ。）の数

十三　調査に関する苦情を処理するために講ずる措置の概要

十四　その他指定に関し必要と認める事項

（平一八厚労令一〇六・追加、平二一厚労令五四・旧第百四十条の三十五繰下・一部改正）

（指定調査機関の指定の基準）

第百四十条の五十　令第三十七条の三第二号に規定する厚生労働省令で定める基準は、職員、設備、調査事務の実施の方法その他の調査事務の実施に関する計画が、調査事務の公正かつ適確な実施のために適切なものであることとする。

2　令第三十七条の三第三号に規定する厚生労働省令で定める構成員は、次に掲げる法人の種類に応じ、当該各号に定める者とする。

一　一般社団法人又は一般財団法人　社員

二　合名会社、合資会社又は合同会社　社員

三　株式会社　株主

四　その他の法人　当該法人の種類に応じて前三号に定める者に類するもの

3　令第三十七条の三第四号に規定する厚生労働省令で定める基準は、次に掲げるものとする。

一　指定を受けようとする者が調査を行おうとする介護サービスを自ら提供していないこと。

（調査員）

第百十五条の三十七　指定調査機関は、調査事務を行うときは、厚生労働省令で定める方法に従い、調査員に調査事務を実施させなければならない。

行を終わり、又は執行を受けることがなくなった日から起算して二年を経過しない者であるとき。

六　申請者が、第三十七条の十第一項の規定により指定調査機関の指定を取り消され、その取消しの日から起算して二年を経過しない者であるとき。

七　申請者が、第三十七条の十一において準用する第三十七条の十第一項の規定により指定情報公表センター（法第百十五条の四十二第一項に規定する指定情報公表センターをいう。第三十七条の十一において同じ。）の指定を取り消され、その取消しの日から起算して二年を経過しない者であるとき。

八　申請者の役員のうちに、第五号に該当する者があるとき。

（平一八政一五四・追加、平二一政一〇・一部改正）

（指定調査機関の指定の公示等）

第三十七条の四　都道府県知事は、指定調査機関の指定をしたときは、当該指定調査機関の名称及び住所並びに調査事務を行う事務所の所在地を公示しなければならない。

2　指定調査機関は、その名称若しくは住所又は調査事務を行う事務所の所在地を変更しようとするときは、変更しようとする日の二週間前までに、その旨を都道府県知事に届け出なければならない。

3　都道府県知事は、前項の規定による届出があったときは、その旨を公示しなければならない。

（平一八政一五四・追加）

（調査の方法）

第三十七条の五　指定調査機関は、公正に、かつ、都道府県知事が毎年定める調査事務に関する計画に従い、調査事務を行わなければならない。

2　前項の計画には、調査事務の対象となる介護サービス事業者（法第百十五条の三十五第一項に規定する介護サービス事業者をいう。）の名称、調査を行うべき時期その他の厚生労働省令で定める事項を記載するものとする。

3　都道府県知事は、調査事務の方法が適当でないときは、指定調査機関に対し、その方法を改善すべきこと

二　調査事務に関する事業に係る経理は、他の事業の経理と区分して行うものであること。

三　前二号に掲げるほか、指定を受けようとする者の行う他の事業が調査事務の公正かつ適確な実施に支障を及ぼすおそれのないこと。

（平一八厚労令一〇六・追加、平二〇厚労令一六三・一部改正、平二一厚労令五四・旧第百四十条の三十六繰下）

（法第百十五条の三十七第一項の厚生労働省令で定める方法）

第百四十条の五十一　法第百十五条の三十七第一項の厚生労働省令で定める方法は、次に掲げるものとする。ただし、適正な調査の実施に支障がないと認めるときは、これに代えて、都道府県知事が定める方法によることができる。

一　調査員一名以上によって行うこと。

二　調査客体である介護サービス事業者を訪問し、調査客体を代表する者に対する面接調査の方法によって行うこと。

（平一八厚労令一〇六・追加、平二一厚労令四九・一部改正、平二一厚労令五四・旧第百四十条の三十七繰下・一部改正、平二四厚労令一一・一部改正）

（令第三十七条の五第二項の厚生労働省令で定める事項）

第百四十条の五十二　令第三十七条の五第二項の厚生労働省令で定める事項は、次に掲げるものとする。

一　計画（令第三十七条の五第一項に規定する計画をいう。）の期間

二　介護サービス事業者ごとの調査を行う月

法律

2　調査員は、調査事務に関する専門的知識及び技術を有するものとして政令で定める要件を備える者のうちから選任しなければならない。

（平一七法七七・追加、平二〇法四二・旧第百十五条の三十一繰下）

（秘密保持義務等）

第百十五条の三十八　指定調査機関（その者が法人である場合にあっては、その役員。次項において同じ。）若しくはその職員（調査員を含む。同項において同じ。）又はこれらの職にあった者は、調査事務に関して知り得た秘密を漏らしてはならない。

2　指定調査機関及びその職員で調査事務に従事する者は、刑法その他の罰則の適用については、法令により公務に従事する職員とみなす。

（平一七法七七・追加、平二〇法四二・旧第百十五条の三十二繰下）

（帳簿の備付け等）

第百十五条の三十九　指定調査機関は、厚生労働省令で

施行令

を命ずることができる。

（平一八政一五四・追加、平二一政一〇・一部改正）

（調査事務規程）

第三十七条の六　指定調査機関は、調査事務の開始前に、厚生労働省令で定める調査事務の実施に関する事項について調査事務規程を定め、都道府県知事の認可を受けなければならない。これを変更しようとするときも、同様とする。

2　都道府県知事は、前項の規定により認可をした調査事務規程が調査事務の公正かつ適確な実施上不適当となったと認めるときは、指定調査機関に対し、これを変更すべきことを命ずることができる。

（平一八政一五四・追加）

（調査員の要件）

第三十七条の七　法第百十五条の三十七第二項の政令で定める調査員（以下この条において「調査員」という。）の要件は、都道府県知事又はその指定する者が厚生労働省令で定めるところにより行う研修（以下この条において「調査員養成研修」という。）の課程を修了し、当該都道府県知事が作成する調査員名簿に登録されていることとする。

施行規則

三　介護サービス事業者に対し、調査を行う指定調査機関（法第百十五条の三十六第一項に規定する指定調査機関をいう。以下同じ。）の名称

四　その他都道府県知事が必要と認める事項

（平一八厚労令一〇六・追加、平二一厚労令五四・旧第百四十条の三十八繰下・一部改正）

（調査事務規程の記載事項）

第百四十条の五十三　令第三十七条の六第一項の厚生労働省令で定める事項は、次に掲げるものとする。

一　調査事務を行う時間及び休日に関する事項

二　調査事務を行う事務所に関する事項

三　調査事務の実施の方法に関する事項

四　調査事務に関する帳簿（法第百十五条の三十九に規定する帳簿をいう。次条において同じ。）の管理に関する事項

五　その他調査事務の実施に関し必要な事項

（平一八厚労令一〇六・追加、平二一厚労令五四・旧第百四十条の三十九繰下・一部改正、平二四厚労令一一・一部改正）

（法第百十五条の三十九の厚生労働省令で定める事項）

定めるところにより、調査事務に関する事項で厚生労働省令で定めるものを記載した帳簿を備え、保存しなければならない。

（平一七法七七・追加、平二〇法四二・旧第百十五条の三十三繰下）

（報告等）

第百十五条の四十　都道府県知事は、調査事務の公正かつ適確な実施を確保するため必要があると認めるときは、指定調査機関に対し、調査事務に関し必要な報告を求め、又は当該職員に関係者に対して質問させ、若しくは指定調査機関の事務所に立ち入り、その設備若しくは帳簿書類その他の物件を検査させることができる。

2　第二十四条第三項の規定は前項の規定による質問又は検査について、同条第四項の規定は前項の規定による権限について準用する。

（平一七法七七・追加、平二〇法四二・旧第百十五条の三十四繰下）

2　都道府県知事は、前項の登録をした場合には、調査員登録証明書を作成し、当該登録に係る調査員に交付しなければならない。

第百四十条の五十四　法第百十五条の三十九の厚生労働省令で定める事項は次に掲げるものとする。

一　調査を行った年月日

二　調査を行った介護サービス事業者の名称

三　調査を行った調査員の氏名

2　前項各号に掲げる事項が、電子計算機に備えられたファイル又は磁気ディスクに記録され、必要に応じ指定調査機関において電子計算機その他の機器を用いて明確に紙面に表示されるときは、当該記録をもって、帳簿への記載に代えることができる。

3　指定調査機関は、帳簿（前項の規定による記録が行われた同項のファイル又は磁気ディスクを含む。）を調査事務の全部を廃止するまで保存しなければならない。

（平一八厚労令一〇六・追加、平二一厚労令五四・旧第百四十条の四十繰下・一部改正）

（調査員養成研修）

第百四十条の五十五　令第三十七条の七第一項に規定する調査員養成研修（以下「調査員養成研修」という。）は、調査員として必要な専門的知識及び技術を修得させることを目的として行われるものであって、介護サービス情報の公表に関する基礎的知識、介護サービスの内容に関する基礎的知識並びに調査事務に関する専門的知識及び技術の修得に係るものをその主たる内容とし、かつ、その他の調査員として必要な専門的知識及び技術の修得に係るものをその内容に含むものとする。

2　調査員養成研修は、介護サービスの種類ごとに厚生労働大臣が定める基準を満たす課程により行うこととし、その実施に当たっては、当該課程において修得することが求められている知識及び技術の修得がなされていることにつき確認する等適切な方法により行わなければならない。

（平一八厚労令一〇六・追加、平二一厚労令五四・旧第百四十条の四十一繰下）

（調査員登録証明書の様式）

第百四十条の五十六　令第三十七条の七第二項に規定する調査員登録証明書の様式は、様式第十三号によるも

法律

施行令

3　調査員登録証明書を交付した都道府県知事は、調査員が次の各号のいずれかに該当するときは、第一項の調査員名簿から消除するものとする。この場合において、当該都道府県知事は、当該者に対し、調査員登録証明書の返還を求めなければならない。

一　虚偽又は不正の事実に基づいて調査員登録証明書の交付を受けた者

二　法若しくは法に基づく命令の規定又はこれらに基づく処分に違反した者

三　前二号に掲げる者のほか、調査員の業務に関し犯罪又は不正の行為があった者

4　第一項の調査員養成研修を行う者の指定は、厚生労働省令で定めるところにより、都道府県の区域ごとに、その指定を受けようとする者の申請により、次に掲げる要件を満たすと認められる者について、当該都道府県知事が行う。

一　法人であること。

二　調査員養成研修を適正かつ継続的に実施する能力があると認められること。

三　次に掲げる義務を適正に履行できると認められること。

イ　厚生労働省令で定める事項を変更するとき又は当該事業を廃止するときは、あらかじめ、当該変更に係る内容及び時期又は当該廃止の時期並びに理由を記載した書面を添えて、都道府県知事の承認を受けること。

ロ　厚生労働省令で定める事項を変更するときは、あらかじめ、当該変更に係る内容、時期及び理由を都道府県知事に届け出ること。

ハ　調査員養成研修を修了した者について、厚生労働省令で定める事項を記載した名簿を作成し、及びこれを都道府県知事に送付すること。

ニ　毎年度、当該指定に係る事業の計画を作成し、これを都道府県知事に提出し、及び当該事業の終了後、速やかに、当該事業の実績を都道府県知事

施行規則

のとする。

（平一八厚労令一〇六・追加、平二一厚労令五四・旧第百四十条の四十二繰下）

（準用）

第百四十条の五十七　第百十三条の三十八の規定は、調査員養成研修について準用する。この場合において、同条第一項中「法第六十九条の三十三第一項」とあるのは「令第三十七条の七第一項」と、同項第五号中「前条」とあるのは「第百十三条の三十七」と、同条第二項中「令第三十五条の十六第一項第二号イ」とあるのは「令第三十七条の七第四項第三号イ」と、同条第三項中「令第三十五条の十六第一項第二号ロ」とあるのは「令第三十七条の七第四項第三号ロ」と、同条第四項中「令第三十五条の十六第一項第二号ハ」とあるのは「令第三十七条の七第四項第三号ハ」と「実務研修受講試験の合格年月日並びに研修の受講の開始年月日」とあるのは「研修の受講の開始年月日」と読み替えるものとする。

（平一八厚労令一〇六・追加、平二一厚労令五四・旧第百四十条の四十三繰下、平二四厚労令一一・一部改正）

（業務の休廃止等）

第百十五条の四十一　指定調査機関は、都道府県知事の許可を受けなければ、調査事務の全部又は一部を休止し、又は廃止してはならない。

（平一七法七七・追加、平二〇法四二・旧第百十五条の三十五繰下）

（指定情報公表センターの指定）

第百十五条の四十二　都道府県知事は、その指定する者（以下「指定情報公表センター」という。）に、介護サービス情報の報告の受理及び公表並びに指定調査機関の指定に関する事務で厚生労働省令で定めるもの（以下「情報公表事務」という。）の全部又は一部を行わせることができる。

2　前項の指定は、都道府県の区域ごとに、その指定を受けようとする者の申請により、当該都道府県知事が行う。

に報告すること。

ホ　調査員養成研修の実施に関して都道府県知事が当該事業に関する情報の提供、当該事業の内容の変更その他の必要な指示を行った場合に、当該指示に従うこと。

5　都道府県知事は、調査員養成研修を行う者が、前項各号の要件を満たすことができなくなったと認められるときは、第一項の指定を取り消すことができる。

6　都道府県知事は、第一項の規定による指定及び前項の規定による取消しを行ったときは、その旨を公示しなければならない。

7　前各項に規定するもののほか、調査員養成研修に関して必要な事項は、厚生労働省令で定める。

（平一八政一五四・追加、平二一政一〇・一部改正）

（改善命令）

第三十七条の八　都道府県知事は、指定調査機関が第三十七条の三第二号から第四号までのいずれかに該当するに至ったと認めるときは、指定調査機関に対し、調査事務の運営を改善するために必要な措置を採るべきことを命ずることができる。

（平一八政一五四・追加）

（指定調査機関の業務の休廃止の許可の公示）

第三十七条の九　都道府県知事は、法第百十五条の四十一の許可をしたときは、その旨を公示しなければならない。

（平一八政一五四・追加、平二一政一〇・一部改正）

（指定調査機関の指定の取消し等）

第三十七条の十　都道府県知事は、指定調査機関が次の各号のいずれかに該当するときは、当該指定調査機関に対し、その指定を取り消し、又は期間を定めて調査事務の全部若しくは一部の停止を命ずることができる。

一　指定調査機関が、不正の手段により、法第百十五条の三十六第一項の指定を受けたとき。

二　指定調査機関が、第三十七条の三第一号、第五号、第七号及び第八号のいずれかに該当するに至ったとき。

（法第百十五条の四十二第一項の厚生労働省令で定める事務）

第百四十条の五十八　法第百十五条の四十二第一項の厚生労働省令で定める事務は、次に掲げるものとする。

一　介護サービス情報の報告の受理に関する事務

二　介護サービス情報の公表に関する事務

三　法第百十五条の三十六第一項の指定に係る審査に関する事務

（平一八厚労令一〇六・追加、平二一厚労令五四・旧第百四十条の四十四繰下・一部改正）

法律

3 第百十五条の三十八から前条までの規定は、指定情報公表センターについて準用する。この場合において、これらの規定中「調査事務」とあるのは「情報公表事務」と、「指定調査機関」とあるのは「指定情報公表センター」と、「職員（調査員を含む。同項において同じ。）」とあるのは「職員」と読み替えるものとするほか、必要な技術的読替えは、政令で定める。

（平一七法七七・追加、平二〇法四二・旧第百十五条の三十六繰下・一部改正、平二三法七二・一部改正）

（政令への委任）

第百十五条の四十三 この節に定めるもののほか、指定調査機関及び指定情報公表センターに関し必要な事項は、政令で定める。

（平一七法七七・追加、平二〇法四二・旧第百十五条の三十七繰下）

施行令

三 指定調査機関が、第三十七条の四第二項又は第三十七条の六第一項の規定に違反したとき。

四 指定調査機関が、第三十七条の五第三項、第三十七条の六第二項又は第三十七条の八の規定による命令に違反したとき。

五 指定調査機関が、第三十七条の六第一項の認可を受けた調査事務規程によらないで調査事務を行ったとき。

六 指定調査機関が、調査事務に関し著しく不適当な行為をしたとき。

2 都道府県知事は、前項の規定により指定を取り消し、又は調査事務の全部若しくは一部の停止を命じたときは、その旨を公示しなければならない。

（平一八政一五四・追加、平二一政一〇・一部改正）

（指定情報公表センターの指定等についての準用）

第三十七条の十一 第三十七条の三、第三十七条の四第一項及び第三十七条の十の規定は指定情報公表センターの指定について、第三十七条の四第二項及び第三項、第三十七条の五、第三十七条の六、第三十七条の八並びに第三十七条の九の規定は指定情報公表センターについて準用する。この場合において、次の表の上欄に掲げる規定中同表の中欄に掲げる字句は、それぞれ同表の下欄に掲げる字句に読み替えるものとする。

第三十七条の三	第百十五条の三十六第一項	第百十五条の四十二第一項
	調査事務	情報公表事務
第三十七条の四第一項及び第二項	調査事務	情報公表事務
第三十七条の四第三項	前項	第三十七条の十一において準用する前項
第三十七条の五第一項	調査事務	情報公表事務

施行規則

（情報公表事務規程の記載事項）

第百四十条の五十九 令第三十七条の十一において準用する令第三十七条の六第一項の厚生労働省令で定める事項は、次に掲げるものとする。

一 情報公表事務を行う時間及び休日に関する事項

二 情報公表事務を行う事務所に関する事項

三 情報公表事務の実施の方法に関する事項

四 情報公表事務に関する帳簿（法第百十五条の四十二第三項において準用する法第百十五条の三十九に規定する帳簿をいう。）の管理に関する事項

五 その他情報公表事務の実施に関し必要な事項

（平一八厚労令一〇六・追加、平二一厚労令五四・旧第百四十条の四十五繰下・一部改正、平二四厚労令一一・一部改正）

（令第三十七条の十一において準用する令第三十七条の五第二項の厚生労働省令で定める事項）

第百四十条の六十 令第三十七条の十一において準用する令第三十七条の五第二項の厚生労働省令で定める事項は、次に掲げるものとする。

一 計画（令第三十七条の十一において準用する令第三十七条の五第一項の計画をいう。）の期間

二 介護サービス事業者ごとの公表を行う月

第三十七条の五第二項	前項	第三十七条の十一において準用する前項
	調査事務	情報公表事務
	調査を	公表を
第三十七条の五第三項	調査事務	情報公表事務
第三十七条の六第一項	調査事務の	情報公表事務の
	調査事務規程	情報公表事務規程
第三十七条の六第二項	前項	第三十七条の十一において準用する前項
	調査事務規程	情報公表事務規程
	調査事務の	情報公表事務の
第三十七条の八	第三十七条の三第二号から第四号まで	第三十七条の十一において準用する第三十七条の三第二号から第四号まで
	調査事務	情報公表事務
第三十七条の九	第百十五条の四十一	第百十五条の四十二第三項において準用する法第百十五条の四十一
第三十七条の十第一項	調査事務の	情報公表事務の
	第百十五条の三十六第一項	第百十五条の四十二第一項
	第三十七条の三第一号、第五号、第七号及び第八号	第三十七条の十一において準用する第三十七条の三第一号、第五号、第六号及び第八号
	第三十七条の四第二項又は第三十七条の六第一項	第三十七条の十一において準用する第三十七条の四第二項又は第三十七条の六第

三　報告の受理に関する事項
四　指定調査機関の審査に関する事項
五　その他都道府県知事が必要と認める事項

（平一八厚労令一〇六・追加、平二一厚労令五四・旧第百四十条の四十六繰下）

（法第百十五条の四十二第三項において準用する法第百十五条の三十九の厚生労働省令で定める事項）

第百四十条の六十一　法第百十五条の四十二第三項において準用する法第百十五条の三十九の厚生労働省令で定める事項は、次に掲げるものとする。

一　介護サービスの報告を受理した年月日
二　介護サービス情報の公表を行った年月日
三　指定調査機関の指定に係る審査に関する事項

（平一八厚労令一〇六・追加、平二一厚労令五四・旧第百四十条の四十七繰下・一部改正）

（準用）

第百四十条の六十二　第百四十条の四十九（第十二号を除く。）、第百四十条の五十、第百四十条の五十四第二項及び第三項の規定は、指定情報公表センター（法第百十五条の四十二第一項に規定する指定情報公表センターをいう。）について準用する。この場合において、第百四十条の四十九中「法第百十五条の三十六第一項」とあるのは「法第百十五条の四十二第一項」と、同条第十一号中「令第三十七条の三各号」とあるのは「令第三十七条の十一において準用する令第三十七条の三各号」と、第百四十条の五十第一項中「令第三十七条の三第二号」とあるのは「令第三十七条の十一において準用する令第三十七条の三第二号」と、同条第二項中「令第三十七条の三第三号」とあるのは「令第三十七条の十一において準用する令第三十七条の三第三号」と、同条第三項中「令第三十七条の三第四号」とあるのは「令第三十七条の十一において準用する令第三十七条の三第四号」と、第百四十条の五十四第二項中「帳簿」とあるのは「帳簿（第百四十条の五十九に規定する帳簿をいう。以下この条において同じ。）」と読み替えるものとする。

（平一八厚労令一〇六・追加、平二一厚労令五四・旧第百四

法律

（都道府県知事による情報の公表の推進）

第百十五条の四十四　都道府県知事は、介護サービスを利用し、又は利用しようとする要介護者等が適切かつ円滑に当該介護サービスを利用する機会の確保に資するため、介護サービスの質及び介護サービスに従事する従業者に関する情報（介護サービス情報に該当するものを除く。）であって厚生労働省令で定めるものの提供を希望する介護サービス事業者から提供を受けた当該情報について、公表を行うよう配慮するものとする。

（平二三法七二・追加）

第十一節　介護サービス事業者経営情報の調査及び分析等

施行令

		一項
	第三十七条の五第三項、第三十七条の六第二項又は第三十七条の八	第三十七条の十一において準用する第三十七条の五第三項、第三十七条の六第二項又は第三十七条の八
	第三十七条の六第一項	第三十七条の十一において準用する第三十七条の六第一項
	調査事務規程	情報公表事務規程
	調査事務を	情報公表事務を
	調査事務に	情報公表事務に
第三十七条の十第二項	前項	第三十七条の十一において準用する前項
	調査事務	情報公表事務

（平一八政一五四・追加、平二一政一〇・一部改正）

（指定情報公表センターに関する読替え）

第三十七条の十二　法第百十五条の四十二第三項の規定による技術的読替えは、次の表のとおりとする。

法の規定中読み替える規定	読み替えられる字句	読み替える字句
第百十五条の三十八第一項	次項	第百十五条の四十二第三項において準用する次項
第百十五条の四十第二項	前項	第百十五条の四十二第三項において準用する前項

（平一八政一五四・追加、平二一政一〇・平二三政三七六・一部改正）

施行規則

（法第百十五条の四十四の厚生労働省令で定める情報）

十条の四十八繰下・一部改正）

第百四十条の六十二の二　法第百十五条の四十四の厚生労働省令で定める情報は、介護サービスの質及び労働時間、賃金その他の介護サービスに従事する従業者に関する情報（介護サービス情報に該当するものを除く。）として都道府県知事が定めるものとする。

（平二四厚労令一一・追加、令六厚労令一五・一部改正）

第十一節　介護サービス事業者経営情報の調査及び分析等

（令五法三一・追加）

第百十五条の四十四の二　都道府県知事は、地域において必要とされる介護サービスの確保のため、当該都道府県の区域内に介護サービスを提供する事業所又は施設を有する介護サービス事業者（厚生労働省令で定める者を除く。以下この条において同じ。）の当該事業所又は施設ごとの収益及び費用その他の厚生労働省令で定める事項（次項及び第三項において「介護サービス事業者経営情報」という。）について、調査及び分析を行い、その内容を公表するよう努めるものとする。

2　介護サービス事業者は、厚生労働省令で定めるところにより、介護サービス事業者経営情報を、当該事業所又は施設の所在地を管轄する都道府県知事に報告しなければならない。

3　厚生労働大臣は、介護サービス事業者経営情報を収集し、整理し、及び当該整理した情報の分析の結果を

（令六厚労令一五・追加）

（法第百十五条の四十四の二第一項の厚生労働省令で定める者）

第百四十条の六十二の二の二　法第百十五条の四十四の二第一項の厚生労働省令で定める者は、その有する事業所又は施設の全てが次に掲げる基準に該当する介護サービス事業者とする。

一　当該会計年度における提供を行った介護サービスに係る居宅介護サービス費、地域密着型介護サービス費、居宅介護福祉用具購入費、居宅介護サービス計画費、施設介護サービス費、介護予防サービス費、地域密着型介護予防サービス費又は介護予防福祉用具購入費の支給の対象となるサービスの対価として支払いを受けた金額が百万円以下である者

二　災害その他都道府県知事に対し報告を行うことができないことにつき正当な理由がある者

（令六厚労令一五・追加）

（法第百十五条の四十四の二第一項の厚生労働省令で定める事項）

第百四十条の六十二の二の三　法第百十五条の四十四の二第一項の厚生労働省令で定める事項は、次に掲げる事項とする。ただし、介護サービス事業者の有する事業所又は施設の一部が前条各号に掲げる基準に該当する場合は、当該事業所又は施設に係る事項は含まないものとする。

一　事業所又は施設の名称、所在地その他の基本情報

二　事業所又は施設の収益及び費用の内容

三　事業所又は施設の職員の職種別人員数その他の人員に関する事項

四　その他必要な事項

（令六厚労令一五・追加）

（法第百十五条の四十四の二第二項の規定による報告の方法）

第百四十条の六十二の二の四　法第百十五条の四十四の二第二項の規定による報告は、電磁的方法を利用して自ら及び当該報告を受けるべき都道府県知事が同一の情報を閲覧することができる状態に置く措置を講ずる

法律

国民にインターネットその他の高度情報通信ネットワークの利用を通じて迅速に提供することができるよう必要な施策を実施するものとする。

4　厚生労働大臣は、前項の施策を実施するため必要があると認めるときは、都道府県知事に対し、当該都道府県の区域内に介護サービスを提供する事業所又は施設を有する介護サービス事業者の当該事業所又は施設に係る活動の状況その他の厚生労働省令で定める事項に関する情報の提供を求めることができる。

5　都道府県知事は、前項の規定による厚生労働大臣の求めに応じて情報を提供するときは、電磁的方法その他の厚生労働省令で定める方法によるものとする。

6　都道府県知事は、介護サービス事業者が第二項の規定による報告をせず、又は虚偽の報告をしたときは、期間を定めて、当該介護サービス事業者に対し、その報告を行い、又はその報告の内容を是正することを命ずることができる。

7　都道府県知事は、指定地域密着型サービス事業者、指定居宅介護支援事業者、指定地域密着型介護予防サービス事業者又は指定介護予防支援事業者に対して前項の規定による処分をしたときは、遅滞なく、その

施行令

施行規則

方法その他適切な方法により、毎会計年度終了後三月以内に行わなければならない。

2　前項の措置は、厚生労働大臣が管理する電気通信設備の記録媒体に介護サービス事業者経営情報（法第百十五条の四十四の二第一項に規定する介護サービス事業者経営情報をいう。次条において同じ。）を内容とする情報を記録する措置であって、前項の規定により報告をすべき介護サービス事業者が、自ら及び当該報告を受けるべき都道府県知事が当該情報を記録し、かつ、閲覧することができる方式に従って行うものとする。

3　第一項の措置が講じられたときは、前項の規定により厚生労働大臣が管理する電気通信設備の記録媒体への記録がされた時に法第百十五条の四十四の二第二項の規定による報告を受けるべき都道府県知事に到達したものとみなす。

（令六厚労令一一五・追加）

（法第百十五条の四十四の二第四項の厚生労働省令で定める事項）

第百四十条の六十二の二の五　法第百十五条の四十四の二第四項の厚生労働省令で定める事項は、介護サービス事業者経営情報その他必要な事項とする。

（令六厚労令一一五・追加）

（法第百十五条の四十四の二第五項の厚生労働省令で定める方法）

第百四十条の六十二の二の六　法第百十五条の四十四の二第五項の厚生労働省令で定める方法は、電磁的方法を利用して自ら及び厚生労働大臣が同一の情報を閲覧することができる状態に置く措置を講ずる方法その他の適切な方法とする。

（令六厚労令一一五・追加）

旨を、当該指定地域密着型サービス事業者、指定居宅介護支援事業者、指定地域密着型介護予防サービス事業者又は指定介護予防支援事業者の指定をした市町村長に通知しなければならない。

8　都道府県知事は、指定居宅サービス事業者若しくは指定介護予防サービス事業者又は指定介護老人福祉施設、介護老人保健施設若しくは介護医療院の開設者が第六項の規定による命令に従わないときは、当該指定居宅サービス事業者、指定介護予防サービス事業者若しくは指定介護老人福祉施設の指定若しくは介護老人保健施設若しくは介護医療院の許可を取り消し、又は期間を定めてその指定若しくは許可の全部若しくは一部の効力を停止することができる。

9　都道府県知事は、指定地域密着型サービス事業者、指定居宅介護支援事業者、指定地域密着型介護予防サービス事業者又は指定介護予防支援事業者が第六項の規定による命令に従わない場合において、当該指定地域密着型サービス事業者、指定居宅介護支援事業者、指定地域密着型介護予防サービス事業者又は指定介護予防支援事業者の指定を取り消し、又は期間を定めてその指定の全部若しくは一部の効力を停止することが適当であると認めるときは、理由を付して、その旨をその指定をした市町村長に通知しなければならない。

（令五法三一・追加）

第六章　地域支援事業等

（平一七法七七・追加）

（地域支援事業）

第百十五条の四十五　市町村は、被保険者（当該市町村が行う介護保険の住所地特例適用被保険者を除き、当該市町村の区域内に所在する住所地特例対象施設に入所等をしている住所地特例適用被保険者を含む。第三項第三号及び第百十五条の四十九を除き、以下この章において同じ。）の要介護状態等となることの予防又は要介護状態等の軽減若しくは悪化の防止及び地域における自立した日常生活の支援のための施策を総合的

第五章　地域支援事業

（平一八政二八・追加、平一八政一五四・旧第四章の二繰下）

第五章　地域支援事業等

（平一八厚労令三二・追加）

（法第百十五条の四十五第一項の厚生労働省令で定める基準）

第百四十条の六十二の三　法第百十五条の四十五第一項本文の厚生労働省令で定める基準は、次のとおりとする。

一　法第百十五条の四十五第一項第一号に規定する第一号事業（以下「第一号事業」という。）を提供する際には、市町村又は地域包括支援センターが、同号に規定する居宅要支援被保険者等（以下「居宅要

法律

かつ一体的に行うため、厚生労働省令で定める基準に従って、地域支援事業として、次に掲げる事業（以下「介護予防・日常生活支援総合事業」という。）を行うものとする。

一　居宅要支援被保険者その他の厚生労働省令で定める被保険者（以下「居宅要支援被保険者等」という。）に対して、次に掲げる事業を行う事業（以下「第一号事業」という。）

イ　居宅要支援被保険者等の介護予防を目的として、当該居宅要支援被保険者等の居宅において、厚生労働省令で定める基準に従って、厚生労働省令で定める期間にわたり日常生活上の支援を行う事業（以下この項において「第一号訪問事業」という。）

ロ　居宅要支援被保険者等の介護予防を目的として、厚生労働省令で定める施設において、厚生労働省令で定める基準に従って、厚生労働省令で定める期間にわたり日常生活上の支援又は機能訓練を行う事業（以下この項において「第一号通所事業」という。）

ハ　厚生労働省令で定める基準に従って、介護予防サービス事業若しくは地域密着型介護予防サービス事業又は第一号訪問事業若しくは第一号通所事業と一体的に行われる場合に効果があると認められる居宅要支援被保険者等の地域における自立した日常生活の支援として厚生労働省令で定めるものを行う事業（ニにおいて「第一号生活支援事業」という。）

ニ　居宅要支援被保険者等（指定介護予防支援又は特例介護予防サービス計画費に係る介護予防支援を受けている者を除く。）の介護予防を目的として、厚生労働省令で定める基準に従って、その心身の状況、その置かれている環境その他の状況に応じて、その選択に基づき、第一号訪問事業、第一号通所事業又は第一号生活支援事業その他の適切な事業が包括的かつ効率的に提供されるよう必要な援助を行う事業（以下「第一号介護予防支援事業」という。）

二　被保険者（第一号被保険者に限る。）の要介護状態等となることの予防又は要介護状態等の軽減若しくは悪化の防止のため必要な事業（介護予防サービス事業及び地域密着型介護予防サービス事業並びに第一号訪問事業及び第一号通所事業を除く。）

施行令

施行規則

支援被保険者等」という。）の意思を最大限に尊重しつつ、当該居宅要支援被保険者等の心身の状況、その置かれている環境等に応じて、適切な介護予防支援又は同号ニに規定する第一号介護予防支援事業（以下「第一号介護予防支援事業」という。）による援助を行うこと。

二　市町村が、法第百十五条の四十五第一項に規定する介護予防・日常生活支援総合事業（以下「介護予防・日常生活支援総合事業」という。）を実施する際には、補助その他の支援を通じて、地域の人材や社会資源の活用を図るよう努めるものとすること。

2　法第百十五条の四十五第一項第一号イからニまでの厚生労働省令で定める基準は、次のとおりとする。

一　第一号事業に従事する者（次号において「従事者」という。）の清潔の保持及び健康状態の管理のための対策が講じられていること。

二　従事者又は従事者であった者が、正当な理由がなく、その業務上知り得た利用者又はその家族の秘密を漏らすことがないよう、必要な措置が講じられていること。

三　利用者に対する第一号事業の実施により事故が発生した場合に、次のイからハまでに掲げる措置を講ずる旨及びその実施方法を定めていること。

イ　当該利用者の家族、当該利用者に係る介護予防支援又は第一号介護予防支援事業による援助を行う地域包括支援センター等に連絡を行うとともに、必要な措置を講ずること。

ロ　事故の状況及び事故に際して採った処置について記録すること。

ハ　賠償すべき事故が発生した場合は、損害賠償を速やかに行うこと。

三の二　次条第三号に該当する被保険者に対して第一号事業（同号に規定するものに限る。以下この号において同じ。）を提供するときは、次に掲げる基準を満たすこと。

イ　第一号事業の提供を適切に行うため、居宅介護支援事業者、地域包括支援センターその他保健医療サービス又は福祉サービスを提供する者及び法第百十五条の四十八第一項に規定する会議と密接に連携し、当該被保険者の心身の状況等の把握に努めること。

ロ　現に第一号事業の提供を行っているときに当該被保険者に病状の急変が生じた場合その他必要な場合は、速やかに主治の医師への連絡を行う等の必要な措置を講ずる旨及びその実施方法を定めていること。

四　法第百十五条の四十五の三第一項に規定する指定事業者にあっては、第百四十条の六十三の五第一項第一号、第二号及び第四号（当該指定に係る事業に関するものに限る。）から第八号までに掲げる事項（当該指定をした市町村長が届出を要しないと認める事項を除く。）に変更があったときは、当該変更に係る事項について、第一号事業を実施する事業所（第一号事業を実施する者（以下この項において「実施者」という。）が事業所を有しない場合においては、当該第一号事業の主たる実施場所。次号及び第六号において同じ。）の所在地を管轄する市町村長に届け出ること。

五　実施者は、休止した第一号事業を再開したときは、再開した年月日を第一号事業を実施する事業所の所在地を管轄する市町村長に届け出ること。

六　実施者は、当該第一号事業を廃止し、又は休止しようとするときは、その廃止又は休止の日の一月前までに、次に掲げる事項を当該第一号事業を実施する事業所の所在地を管轄する市町村長に届け出ること。

イ　廃止し、又は休止しようとする年月日

ロ　廃止し、又は休止しようとする理由

ハ　現に第一号事業のサービスを受けている者に対する措置

ニ　休止しようとする場合にあっては、休止の予定期間

七　実施者は、前号の規定による事業の廃止又は休止の届出をしたときは、当該届出の日前一月以内に当該第一号事業のサービスを受けていた者であって、当該事業の廃止又は休止の日以後においても引き続き当該第一号事業のサービスに相当するサービスの提供を希望する者に対し、必要な第一号事業のサービス等が継続的に提供されるよう、指定介護予防支援事業者、第一号介護予防支援事業の実施者、他の実施者その他関係者との連絡調整その他の便宜の提供を行うこと。

3　前項第四号から第六号までの規定による届出は、厚生労働大臣が定める様式により行うものとする。

（平二七厚労令五七・全改、平三〇厚労令三〇・令五厚労令四六・令六厚労令六一・一部改正）

法律

施行令

施行規則

（法第百十五条の四十五第一項第一号の厚生労働省令で定める被保険者）

第百四十条の六十二の四　法第百十五条の四十五第一項第一号の厚生労働省令で定める被保険者は、次のいずれかに該当する被保険者とする。

一　居宅要支援被保険者

二　厚生労働大臣が定める基準に該当する第一号被保険者（二回以上にわたり当該基準の該当の有無を判断した場合においては、直近の当該基準の該当の有無の判断の際に当該基準に該当した第一号被保険者）（要介護認定を受けた第一号被保険者においては、当該要介護認定による介護給付に係る居宅サービス、地域密着型サービス及び施設サービス並びにこれらに相当するサービスを受けた日から当該要介護認定の有効期間の満了の日までの期間を除く。）

三　居宅要介護被保険者であって、要介護認定を受ける日以前に前二号のいずれかに該当し、次に掲げる事業のサービスを受けていたもののうち、要介護認定を受けた日以後も継続的にこれらの事業のサービスを受けるもの（市町村が必要と認める者に限る。）

イ　法第百十五条の四十五第一項第一号イに規定する第一号訪問事業（以下「第一号訪問事業」という。）のうち、第百四十条の六十三の六第一号の基準に従い行うもの及び三月以上六月以下の期間を定めて保健医療に関する専門的な知識を有する者により提供されるもの（要介護状態等となることの予防又は要支援状態の軽減若しくは悪化の防止のための効果が高いものに限る。ロにおいて同じ。）を除いたもの

ロ　第一号通所事業のうち、第百四十条の六十三の六第一号の基準に従い行うもの及び三月以上六月以下の期間を定めて保健医療に関する専門的な知識を有する者により提供されるものを除いたもの

ハ　法第百十五条の四十五第一項第一号ハに規定する第一号生活支援事業

（平二七厚労令五七・全改、令二厚労令一七六・令六厚労令六一・一部改正）

（法第百十五条の四十五第一項第一号イ及びロの厚生労働省令で定める期間）

第百四十条の六十二の五　法第百十五条の四十五第一項第一号イの厚

生労働省令で定める期間は、次の各号に掲げる場合に応じて、当該各号に掲げる期間とする。

一　介護予防サービス計画又は第一号介護予防支援事業による支援により居宅要支援被保険者等ごとに作成される計画を定め、かつ、当該計画において第一号訪問事業に係るサービスの利用期間を定めた場合　当該計画において定められる第一号訪問事業に係るサービスの利用期間又は当該計画を定めた日から居宅要支援被保険者等でなくなる日までの期間のいずれか短い期間

二　前号に規定する場合以外の場合　第一号介護予防支援事業による支援を受けた日から居宅要支援被保険者等でなくなる日までの期間

2　法第百十五条の四十五第一項第一号ロの厚生労働省令で定める期間は、次の各号に掲げる場合に応じて、当該各号に掲げる期間とする。

一　介護予防サービス計画又は第一号介護予防支援事業による支援により居宅要支援被保険者等ごとに作成される計画を定め、かつ、当該計画において第一号通所事業に係るサービスの利用期間を定めた場合　当該計画において定められる第一号通所事業に係るサービスの利用期間又は当該計画を定めた日から居宅要支援被保険者等でなくなる日までの期間のいずれか短い期間

二　前号に規定する場合以外の場合　第一号介護予防支援事業による支援を受けた日から居宅要支援被保険者等でなくなる日までの期間

3　第一項第一号及び前項第一号の居宅要支援被保険者等ごとに作成される計画は、介護予防・日常生活支援総合事業に係るサービス及びその他の居宅において日常生活を営むために必要な保健医療サービス又は福祉サービス（以下「介護予防・日常生活支援総合事業サービス等」という。）の適切な利用等をするよう、当該居宅要支援被保険者等の依頼を受けて、その心身の状況、その置かれている環境、当該居宅要支援被保険者等及びその家族の希望等を勘案し、次に掲げる事項を定めた計画をいう。

一　利用する介護予防・日常生活支援総合事業サービス等の種類及び内容

二　当該サービスを担当する者

三　当該サービスを利用する期間

四　当該居宅要支援被保険者等及びその家族の生活に対する意向

五　当該居宅要支援被保険者等の総合的な援助の方針

法律

施行令

施行規則

六　健康上及び生活上の問題点及び解決すべき課題
七　提供される介護予防・日常生活支援総合事業サービス等の目標及びその達成時期
八　介護予防・日常生活支援総合事業サービス等が提供される日時
九　介護予防・日常生活支援総合事業サービス等を提供する上での留意事項
十　介護予防・日常生活支援総合事業サービス等の提供を受けるために居宅要支援被保険者等が負担しなければならない費用の額

（平二七厚労令五七・追加、平二八厚労令五三・令六厚労令六一・一部改正）

（法第百十五条の四十五第一項第一号ロの厚生労働省令で定める施設）

第百四十条の六十二の六　法第百十五条の四十五第一項第一号ロの厚生労働省令で定める施設は、第一号通所事業を実施するために必要な広さを有する施設とする。

（平二七厚労令五七・追加）

（法第百十五条の四十五第一項第一号ハの厚生労働省令で定める支援）

第百四十条の六十二の七　法第百十五条の四十五第一項第一号ハの厚生労働省令で定める支援は、次に掲げる支援のうち市町村が定めるものとする。
一　栄養の改善を目的として、居宅要支援被保険者等に対して配食を行う支援
二　居宅要支援被保険者等が自立した日常生活を営むことができることを目的として、居宅要支援被保険者等に対して、定期的な安否確認及び緊急時の対応を行う支援
三　地域の実情に応じつつ、第一号訪問事業又は第一号通所事業と一体的に行われることにより、居宅要支援被保険者等の要介護状態等となることの予防又は要支援状態の軽減若しくは悪化の防止及び地域における自立した日常生活に資することを目的とし

2　市町村は、介護予防・日常生活支援総合事業のほか、被保険者が要介護状態等となることを予防するとともに、要介護状態等となった場合においても、可能な限り、地域において自立した日常生活を営むことができるよう支援するため、地域支援事業として、次に掲げる事業を行うものとする。

一　被保険者の心身の状況、その居宅における生活の実態その他の必要な実情の把握、保健医療、公衆衛生、社会福祉その他の関連施策に関する総合的な情報の提供、関係機関との連絡調整その他の被保険者の保健医療の向上及び福祉の増進を図るための総合的な支援を行う事業

二　被保険者に対する虐待の防止及びその早期発見のための事業その他の被保険者の権利擁護のため必要な援助を行う事業

三　保健医療及び福祉に関する専門的知識を有する者による被保険者の居宅サービス計画、施設サービス計画及び介護予防サービス計画の検証、その心身の状況、介護給付等対象サービスの利用状況その他の状況に関する定期的な協議その他の取組を通じ、当該被保険者が地域において自立した日常生活を営むことができるよう、包括的かつ継続的な支援を行う事業

四　医療に関する専門的知識を有する者が、介護サービス事業者、居宅における医療を提供する医療機関その他の関係者の連携を推進するものとして厚生労働省令で定める事業（前号に掲げる事業を除く。）

五　被保険者の地域における自立した日常生活の支援及び要介護状態等となることの予防又は要介護状態等の軽減若しくは悪化の防止に係る体制の整備その他のこれらを促進する事業

六　保健医療及び福祉に関する専門的知識を有する者による認知症の早期における症状の悪化の防止のための支援その他の認知症である又はその疑いのある

て、第一号訪問事業又は第一号通所事業のサービスに準じるサービスを行う支援

（平二七厚労令五七・追加）

（法第百十五条の四十五第二項第四号の厚生労働省令で定める事業）

第百四十条の六十二の八　法第百十五条の四十五第二項第四号の厚生労働省令で定める事業は、市町村が、同号に規定する連携を推進するに当たり、在宅医療及び介護が円滑に提供される仕組みの構築を目的として行う次に掲げる事業であって、地域支援事業（同号に規定する事業を除く。）その他の在宅医療及び介護に関する施策との連携を図るものとする。

一　地域における在宅医療及び介護の提供に必要な当該提供に携わる者その他の関係者の連携（以下「在

法律

被保険者に対する総合的な支援を行う事業

3 市町村は、介護予防・日常生活支援総合事業及び前項各号に掲げる事業のほか、厚生労働省令で定めるところにより、地域支援事業として、次に掲げる事業を行うことができる。

一 介護給付等に要する費用の適正化のための事業

二 介護方法の指導その他の要介護被保険者を現に介護する者の支援のため必要な事業

三 その他介護保険事業の運営の安定化及び被保険者（当該市町村の区域内に所在する住所地特例対象施設に入所等をしている住所地特例適用被保険者を含む。）の地域における自立した日常生活の支援のため必要な事業

4 地域支援事業は、当該市町村における介護予防に関する事業の実施状況、介護保険の運営の状況、七十五歳以上の被保険者の数その他の状況を勘案して政令で定める額の範囲内で行うものとする。

5 市町村は、地域支援事業を行うに当たっては、第百

施行令

（地域支援事業の額）

第三十七条の十三 平成二十七年度の法第百十五条の四十五第四項の政令で定める額（同条に規定する地域支援事業（以下「地域支援事業」という。）のうち同条第一項に規定する介護予防・日常生活支援総合事業

施行規則

宅医療・介護連携」という。）に関して、必要な情報の収集、整理及び活用、課題の把握、在宅医療・介護連携に関する施策の企画及び立案（医療関係者及び介護サービス事業者その他の関係者（以下この条において「医療・介護関係者」という。）と共同して行うものとする。）、並びに医療・介護関係者に対して周知を行う事業

二 地域の医療・介護関係者からの在宅医療・介護連携に関する相談に応じ、必要な情報の提供及び助言その他必要な援助を行う事業

三 在宅医療・介護連携に関する地域住民の理解を深めるための普及啓発を行う事業

四 医療・介護関係者間の情報の共有を支援する事業、医療・介護関係者に対して、在宅医療・介護連携に必要な知識の習得及び当該知識の向上のために必要な研修を行う事業その他の地域の実情に応じて医療・介護関係者を支援する事業

（平二七厚労令五七・追加、令二厚労令一七六・一部改正）

（法第百十五条の四十五第三項の事業の効果的かつ効率的な実施）

第百四十条の六十二の九 法第百十五条の四十五第三項各号に掲げる事業は、当該事業を効果的かつ効率的に行えるよう、当該事業の目的及び内容並びにその実施状況を検証し、当該検証の結果に基づき当該事業の内容を見直すよう努めるものとする。

（平二七厚労令五七・追加）

十八条の二第一項に規定する介護保険等関連情報その他必要な情報を活用し、適切かつ有効に実施するよう努めるものとする。

6　市町村は、地域支援事業を行うに当たっては、高齢者保健事業（高齢者の医療の確保に関する法律第百二十五条第一項に規定する高齢者保健事業をいう。以下この条及び第百十七条第三項第十号において同じ。）を行う後期高齢者医療広域連合（同法第四十八条に規定する後期高齢者医療広域連合をいう。以下この条において同じ。）との連携を図るとともに、高齢者の身体的、精神的及び社会的な特性を踏まえ、地域支援事業を効果的かつ効率的で被保険者の状況に応じたきめ細かなものとするため、高齢者保健事業及び国民健康保険法第八十二条第五項に規定する高齢者の心身の特性に応じた事業（同号において「国民健康保険保健事業」という。）と一体的に実施するよう努めるものとする。

（以下「介護予防・日常生活支援総合事業」という。）に係る部分に限る。）は、各市町村につき、次の各号に掲げる市町村の区分に応じ、当該各号に定める額とする。

一　次号に掲げる市町村以外の市町村　次のイ又はロに掲げる額のうちいずれか高い額

イ　当該市町村における(1)に掲げる額から(2)に掲げる額を控除して得た額

(1)　平成二十六年度特定予防給付費額及び平成二十六年度介護予防等事業費額の合算額に平成二十七年度の七十五歳以上被保険者数変動率を乗じて得た額

(2)　平成二十七年度の経過的特定予防給付費額

ロ　当該市町村における(1)に掲げる額から(2)に掲げる額を控除して得た額

(1)　平成二十六年度の予防給付費額及び平成二十六年度介護予防等事業費額の合算額に平成二十七年度の七十五歳以上被保険者数変動率を乗じて得た額

(2)　平成二十七年度の予防給付費額

二　平成二十七年度において特定事情市町村と認められた市町村　次のイ又はロに掲げる額のうちいずれか高い額

イ　当該市町村における前号イ(1)に掲げる額に調整率を乗じて得た額から同号イ(2)に掲げる額を控除して得た額

ロ　当該市町村における前号ロ(1)に掲げる額に調整率を乗じて得た額から同号ロ(2)に掲げる額を控除して得た額

2　平成二十八年度の法第百十五条の四十五第四項の政令で定める額（地域支援事業のうち介護予防・日常生活支援総合事業に係る部分に限る。）は、各市町村につき、次の各号に掲げる市町村の区分に応じ、当該各号に定める額とする。

一　次号に掲げる市町村以外の市町村　次のイ又はロに掲げる額のうちいずれか高い額

イ　当該市町村における(1)に掲げる額から(2)に掲げ

法律

施行令

る額を控除して得た額

(1) 前項第一号イ(1)に掲げる額に平成二十八年度の七十五歳以上被保険者数変動率を乗じて得た額

(2) 平成二十八年度の経過的特定予防給付費額

ロ 当該市町村における(1)に掲げる額から(2)に掲げる額を控除して得た額

(1) 前項第一号ロ(1)に掲げる額に平成二十八年度の七十五歳以上被保険者数変動率を乗じて得た額

(2) 平成二十八年度の予防給付費額

二 平成二十七年度又は平成二十八年度において特定事情市町村と認められた市町村　次のイ又はロに掲げる額のうちいずれか高い額

イ 当該市町村における前号イ(1)に掲げる額に調整率を乗じて得た額から同号イ(2)に掲げる額を控除して得た額

ロ 当該市町村における前号ロ(1)に掲げる額に調整率を乗じて得た額から同号ロ(2)に掲げる額を控除して得た額

3 平成二十九年度の法第百十五条の四十五第四項の政令で定める額（地域支援事業のうち介護予防・日常生活支援総合事業に係る部分に限る。）は、各市町村につき、次の各号に掲げる市町村の区分に応じ、当該各号に定める額とする。

一 次号に掲げる市町村以外の市町村　次のイ又はロに掲げる額のうちいずれか高い額

イ 当該市町村における(1)に掲げる額から(2)に掲げる額を控除して得た額

(1) 前項第一号イ(1)に掲げる額に平成二十九年度の七十五歳以上被保険者数変動率を乗じて得た額

(2) 平成二十九年度の経過的特定予防給付費額

ロ 当該市町村における(1)に掲げる額から(2)に掲げる額を控除して得た額

(1) 前項第一号ロ(1)に掲げる額に平成二十九年度の七十五歳以上被保険者数変動率を乗じて得た額

(2) 平成二十九年度の予防給付費額

二 平成二十七年度から平成二十九年度までのいずれかの年度において特定事情市町村と認められた市町村　次のイ又はロに掲げる額のうちいずれか高い額

施行規則

イ　当該市町村における前号イ(1)に掲げる額に調整率を乗じて得た額から同号イ(2)に掲げる額を控除して得た額

ロ　当該市町村における前号ロ(1)に掲げる額に調整率を乗じて得た額から同号ロ(2)に掲げる額を控除して得た額

4　平成三十年度以後の各年度の法第百十五条の四十五第四項の政令で定める額（地域支援事業のうち介護予防・日常生活支援総合事業に係る部分に限る。）は、各市町村につき、次の各号に掲げる市町村の区分に応じ、当該各号に定める額とする。

一　次号に掲げる市町村以外の市町村　次のイ又はロに掲げる額のうちいずれか高い額

イ　当該市町村における(1)に掲げる額から(2)に掲げる額を控除して得た額

(1)　前項第一号イ(1)に掲げる額に平成三十年度から当該年度までの各年度の七十五歳以上被保険者数変動率を乗じて得た額

(2)　当該年度の当該市町村の被保険者に対する法第八条の二第十六項に規定する介護予防支援に係る保険給付に要する費用の額

ロ　当該市町村における(1)に掲げる額から(2)に掲げる額を控除して得た額

(1)　前項第一号ロ(1)に掲げる額に平成三十年度から当該年度までの各年度の七十五歳以上被保険者数変動率を乗じて得た額

(2)　当該年度の予防給付費額

二　平成二十七年度から平成二十九年度までのいずれかの年度において特定事情市町村と認められた市町村　前号に定める額又は次のイ若しくはロに掲げる額のうち最も高い額

イ　当該市町村における(1)に掲げる額から(2)に掲げる額を控除して得た額

(1)　平成二十九年度の介護予防・日常生活支援総合事業費額及び経過的特定予防給付費額の合算額に平成三十年度から当該年度までの各年度の七十五歳以上被保険者数変動率を乗じて得た額

(2)　前号イ(2)に掲げる額

ロ　当該市町村における(1)に掲げる額から(2)に掲げる額を控除して得た額

(1)　平成二十九年度の介護予防・日常生活支援総合事業費額及び予防給付費額の合算額に平成三十年度から当該年度までの各年度の七十五歳以上被保険者数変動率を乗じて得た額

(2) 前号ロ(2)に掲げる額

5 前各項の規定にかかわらず、災害による居宅要支援被保険者等（法第百十五条の四十五第一項第一号に規定する居宅要支援被保険者等をいう。）の数の増加、法第八条の二第二項に規定する介護予防の効果が高く、かつ、将来における介護予防・日常生活支援総合事業に要する費用の低減に資すると見込まれる新たな事業の実施、当該年度の七十五歳以上被保険者数変動率が一を下回る市町村による将来における当該費用の低減に資すると見込まれる事業の実施その他の厚生労働大臣が定める事由により当該年度の介護予防・日常生活支援総合事業費額が前各項に規定する額を超えると厚生労働大臣が認める市町村における同年度の法第百十五条の四十五第四項の政令で定める額（地域支援事業のうち介護予防・日常生活支援総合事業に係る部分に限る。）は、前各項に規定する額に当該市町村における当該事由により増加する介護予防・日常生活支援総合事業費額の範囲内において厚生労働大臣が認める額を加えて得た額とする。

6 平成二十七年度から平成二十九年度までの各年度の法第百十五条の四十五第四項の政令で定める額（地域支援事業のうち介護予防・日常生活支援総合事業を除く事業に係る部分に限る。）は、各市町村につき、次の各号に掲げる市町村の区分に応じ、当該各号に定める額とする。

一 次号に掲げる市町村以外の市町村　当該市町村における次のイ及びロに掲げる額の合算額

イ 平成二十六年度介護予防等事業以外上限額に平成二十七年度から当該年度までの各年度の第一号被保険者数変動率を乗じて得た額

ロ 当該年度の特定包括的支援事業費額として厚生労働大臣が認める額

二 当該年度において介護給付費等適正化推進市町村と認められた市町村　当該市町村における次のイからハまでに掲げる額の合算額

イ 任意事業平均的費用額に当該年度の第一号被保険者数を乗じて得た額

ロ 地域包括支援センター平均的運営費額に、当該年度の第一号被保険者数を地域包括支援センター標準的利用第一号被保険者

数で除して得た率（当該率が〇・五未満であるときは、〇・五）を乗じて得た額

ハ　当該年度の特定包括的支援事業費額として厚生労働大臣が認める額

7　平成三十年度以後の各年度の法第百十五条の四十五第四項の政令で定める額（地域支援事業のうち介護予防・日常生活支援総合事業を除く事業に係る部分に限る。）は、各市町村につき、次の各号に掲げる市町村の区分に応じ、当該各号に定める額とする。

一　次号に掲げる市町村以外の市町村　当該市町村における次のイ及びロに掲げる額の合算額

イ　平成二十六年度介護予防等事業以外上限額に平成二十七年度から当該年度までの各年度の第一号被保険者数変動率を乗じて得た額

ロ　当該年度の特定包括的支援事業費額として厚生労働大臣が認める額

二　平成二十九年度において介護給付費等適正化推進市町村と認められた市町村　当該市町村における次のイからハまでに掲げる額の合算額

イ　任意事業平均的費用額に当該年度の第一号被保険者数を乗じて得た額

ロ　地域包括支援センター平均的運営費額に、当該年度の第一号被保険者数を地域包括支援センター標準的利用第一号被保険者数で除して得た率（当該率が〇・五未満であるときは、〇・五）を乗じて得た額

ハ　当該年度の特定包括的支援事業費額として厚生労働大臣が認める額

8　この条において、次の各号に掲げる用語の意義は、当該各号に定めるところによる。

一　医療介護総合確保推進法　地域における医療及び介護の総合的な確保を推進するための関係法律の整備等に関する法律（平成二十六年法律第八十三号）をいう。

二　第三号旧介護保険法　医療介護総合確保推進法附則第九条に規定する第三号旧介護保険法をいう。

三　平成二十六年度特定予防給付費額　各市町村における平成二十六年度の第三号旧介護保険法第八条の二第二項に規定する介護予防訪問介護、同条第七項に規定する介護予防通所介護及び同条第十八項に規定する介護予防支援に係る予防給付に要した費用の額

法律

施行令

をいう。

四　平成二十六年度介護予防等事業費額　各市町村における平成二十六年度の第三号旧介護保険法第百二十二条の二第一項に規定する介護予防等事業（第十一号において「介護予防等事業」という。）に要した費用の額をいう。

五　七十五歳以上被保険者数変動率　各市町村における七十五歳以上の被保険者の数の変動率として厚生労働省令で定めるところにより算定する率をいう。

六　経過的特定予防給付費額　各市町村における次のイからハまでに掲げる法の規定による保険給付に要する費用の額の合算額をいう。

イ　当該市町村の医療介護総合確保推進法附則第十一条の厚生労働省令で定める者に対する同条の規定によりなおその効力を有するものとされた第三号旧介護保険法第八条の二第一項、第二項及び第七項、第五十三条第一項及び第二項並びに第五十四条第三項の規定に係る保険給付

ロ　当該市町村の被保険者に対する医療介護総合確保推進法附則第十四条第二項の規定によりなおその効力を有するものとされた第三号旧介護保険法第八条の二第一項、第二項及び第七項、第五十三条第一項及び第二項並びに第五十四条第三項の規定に係る保険給付（イに掲げる保険給付を除く。）

ハ　当該市町村の被保険者に対する法第八条の二第十六項に規定する介護予防支援に係る保険給付

七　予防給付費額　各市町村における予防給付に要する費用の額をいう。

八　特定事情市町村　介護予防・日常生活支援総合事業を効率的に実施する体制の確保が困難な事情がある市町村その他平成二十七年度から平成二十九年度までのいずれかの年度において当該市町村における当該年度の介護予防・日常生活支援総合事業費額を同年度の第一項第一号、第二項第一号又は第三項第一号に定める額の範囲内にすることが困難な事情があると厚生労働大臣が認める市町村をいう。

九　調整率　百分の百十を各市町村における平成二十七年度の七十五歳以上被保険者数変動率で除して得た率（当該率が一未満であるときは、一）をいう。

施行規則

る。

（七十五歳以上被保険者数変動率の算定方法）

第百四十条の六十二の十　令第三十七条の十三第八項第五号の厚生労働省令で定めるところにより算定する率は、第一号に掲げる数を第二号に掲げる数で除して得た率（その率に小数点以下四位未満の端数があるときは、これを四捨五入する。）に一を加えて得た率とする。

一　当該市町村における当該年度の前年度の十月一日における七十五歳以上人口（住民基本台帳法（昭和四十二年法律第八十一号）に基づき住民基本台帳に記録されている住民であって、七十五歳以上の者の数をいう。次号において同じ。）から同号に掲げる数を控除して得た数を三で除して得た数

二　当該市町村における当該年度の初日の属する年の四年前の四月一日の属する年度の十月一日における七十五歳以上人口

（平二七厚労令一二三・追加）

十　介護予防・日常生活支援総合事業費額　各市町村における介護予防・日常生活支援総合事業に要する費用の額をいう。

十一　平成二十六年度介護予防等事業以外上限額　各市町村における平成二十六年度の地域における医療及び介護の総合的な確保を推進するための関係法律の整備等に関する法律の一部の施行に伴う関係政令の整備等及び経過措置に関する政令（平成二十七年政令第百三十八号）第二条の規定による改正前の第三十七条の十三第一項の地域支援事業（介護予防等事業を除く。）に係る政令で定める額（平成二十六年度において同条第三項第一号の規定の適用を受けた市町村にあっては、同号の地域支援事業（介護予防等事業を除く。）に係る政令で定める額）をいう。

十二　第一号被保険者数変動率　各市町村における第一号被保険者の数の変動率として厚生労働省令で定めるところにより算定する率をいう。

十三　特定包括的支援事業費額　各市町村における法第百十五条の四十五第二項第四号から第六号までに掲げる事業及び法第百十五条の四十八第一項に規定する会議を行う事業に要する費用の額をいう。

十四　介護給付費等適正化推進市町村　介護給付及び予防給付に要する費用の適正化を積極的に推進していることその他の厚生労働省令で定める要件に該当すると厚生労働大臣が認める市町村をいう。

（第一号被保険者数変動率の算定方法）

第百四十条の六十二の十一　令第三十七条の十三第八項第十二号の厚生労働省令で定めるところにより算定する率は、第一号に掲げる数を第二号に掲げる数で除して得た率（その率に小数点以下四位未満の端数があるときは、これを四捨五入する。）に一を加えて得た率とする。

一　当該市町村における当該年度の前年度の十月一日における六十五歳以上人口（住民基本台帳法に基づき住民基本台帳に記録されている住民であって、六十五歳以上の者の数をいう。次号及び第百四十条の六十二の十四において同じ。）から同号に掲げる数を控除して得た数を三で除して得た数

二　当該市町村における当該年度の初日の属する年の四年前の四月一日の属する年度の十月一日における六十五歳以上人口

（平二七厚労令一二三・追加）

（介護給付費等適正化推進市町村の要件）

第百四十条の六十二の十二　令第三十七条の十三第八項第十四号の厚生労働省令で定める要件は、次の各号のいずれかに該当することとする。

一　当該市町村において法第百十五条の四十五第三項第一号に掲げる事業として、次のイからハまでに掲げる事業の全てを実施していること。

イ　法第二十八条第五項の規定により委託を受けた者が行う同条第四項において準用する法第二十七条第二項の調査若しくは法第二十九条第二項において準用する法第二十八条第五項の規定により委託を受けた者が行う法第二十九条第二項において準用する法第二十七条第二項の調査又は法第三十三条第四項におい

法律

施行令

施行規則

て準用する法第二十八条第五項の規定により委託を受けた者が行う法第三十三条第四項において準用する法第三十二条第二項において準用する法第二十七条第二項の調査若しくは法第三十三条の二第二項において準用する法第二十八条第五項の規定により委託を受けた者が行う法第三十三条の二第二項において準用する法第三十二条第二項において準用する法第二十七条第二項の調査の内容について、市町村の職員又はこれに準ずる者（ロにおいて「市町村職員等」という。）が当該調査を行った者への訪問による調査、当該調査の内容を記載した書類の審査その他の方法により点検し、介護給付等（法第二十条に規定する介護給付等をいう。以下同じ。）に要する費用の適正化を図る事業

ロ　介護支援専門員が作成した居宅サービス計画又は介護予防サービス計画（以下このロにおいて「居宅サービス計画等」という。）の内容について、市町村職員等が、当該介護支援専門員に係る事業者への訪問による調査、当該事業者から提出された居宅サービス計画等の確認その他の方法により点検し、及び当該事業者その他必要な者に必要な指導を行い、介護給付等に要する費用の適正化を図る事業並びに市町村職員等が、居宅介護住宅改修費又は介護予防住宅改修費の支給の申請がなされたときに、当該申請に係る住宅を現地調査し、又は住宅改修が完了した後に現地調査による当該住宅改修の施工状況を点検し、介護給付等に要する費用の適正化を図る事業及び福祉用具等（福祉用具、特定福祉用具又は特定介護予防福祉用具をいう。以下このロにおいて同じ。）の利用状況について、福祉用具等の利用の必要性等の観点から、市町村職員等が福祉用具等の利用者への訪問その他の方法により点検し、介護給付等に要する費用の適正化を図る事業

十五　任意事業平均的費用額　法第百十五条の四十五第三項各号に掲げる事業に要する費用の額の第一号被保険者一人当たりの一年間の全国の平均額として厚生労働省令で定める額をいう。

十六　第一号被保険者数　各市町村における第一号被

ハ　国民健康保険団体連合会から提供される介護給付等（高額医療合算介護サービス費の支給及び高額医療合算介護予防サービス費の支給を除く。以下このハにおいて同じ。）に関する情報と健康保険法等の一部を改正する法律（平成十八年法律第八十三号）の規定による改正前の老人保健法（昭和五十七年法律第八十号）第二十条に規定する医療等、高齢者の医療の確保に関する法律第五十六条第一号及び第二号に規定する後期高齢者医療給付（高額介護合算療養費の支給を除く。）又は国民健康保険法第五十四条第一項に規定する療養の給付等、同法第五十四条の二第一項に規定する訪問看護療養費、同法第五十四条の三第一項に規定する特別療養費、同法第五十四条の四第一項に規定する移送費若しくは同法第五十七条の二第一項に規定する高額療養費（以下このハにおいて「後期高齢者医療給付等」という。）に関する情報とを照合して介護給付等に係るサービス（以下このハにおいて「介護サービス」という。）と後期高齢者医療給付等の各利用日数その他の情報の整合性を点検し、介護給付等に要する費用の適正化を図る事業及び受給者ごとに二以上の月にわたる介護給付等の状況その他の状況を確認し、提供された介護サービスとの整合性、算定回数及び算定日数その他介護給付等に係る事項を点検し、介護給付等に要する費用の適正化を図る事業

二　当該市町村における令第三十七条の十三第八項第十一号に規定する平成二十六年度介護予防等事業以外上限額が千二百五十万円未満であること。

（平二七厚労令一二三・追加、平三一厚労令三五・令六厚労令一三・一部改正）

（任意事業平均的費用額）

第百四十条の六十二の十三　令第三十七条の十三第八項第十五号の厚生労働省令で定める額は、九百三十円とする。

（平二七厚労令一二三・追加）

（第一号被保険者数の算定方法）

法律

7　市町村は、前項の規定により地域支援事業を行うに当たって必要があると認めるときは、他の市町村及び後期高齢者医療広域連合に対し、被保険者に係る保健医療サービス若しくは福祉サービスに関する情報、高齢者の医療の確保に関する法律の規定による療養に関する情報若しくは同法第百二十五条第一項に規定する健康診査若しくは保健指導に関する記録の写し若しくは同法第十八条第一項に規定する特定健康診査若しくは特定保健指導に関する記録の写し又は国民健康保険法の規定による療養に関する情報その他地域支援事業を効果的かつ効率的に実施するために必要な情報として厚生労働省令で定めるものの提供を求めることができる。

8　前項の規定により、情報又は記録の写しの提供を求められた市町村及び後期高齢者医療広域連合は、厚生労働省令で定めるところにより、当該情報又は記録の写しを提供しなければならない。

9　市町村は、第六項の規定により地域支援事業を実施

施行令

保険者の数として厚生労働省令で定めるところにより算定する数をいう。

十七　地域包括支援センター平均的運営費額　法第百十五条の四十六第一項に規定する地域包括支援センター（次号において「地域包括支援センター」という。）一施設当たりの一年間の運営に要する費用の額の全国の平均額として厚生労働省令で定める額をいう。

十八　地域包括支援センター標準的利用第一号被保険者数　地域包括支援センター一施設当たりの第一号被保険者の利用者数の全国の標準的な人数として厚生労働省令で定める数をいう。

（平二七政二六九・全改、平三〇政五七・令五政三八三・一部改正）

施行規則

第百四十条の六十二の十四　令第三十七条の十三第八項第十六号の厚生労働省令で定めるところにより算定する数は、当該市町村における当該年度の前年度の十月一日における六十五歳以上人口とする。

（平二七厚労令一二三・追加）

（地域包括支援センター平均的運営費額）

第百四十条の六十二の十五　令第三十七条の十三第八項第十七号の厚生労働省令で定める額は、二千五百万円とする。

（平二七厚労令一二三・追加）

（地域包括支援センター標準的利用第一号被保険者数）

第百四十条の六十二の十六　令第三十七条の十三第八項第十八号の厚生労働省令で定める数は、四千五百人とする。

（平二七厚労令一二三・追加）

（法第百十五条の四十五第七項の厚生労働省令で定める情報）

第百四十条の六十二の十七　法第百十五条の四十五第七項の厚生労働省令で定める情報は、被保険者の身体的、精神的及び社会的な特性に関する調査により得られた情報であって、法第百十五条の四十五第一項から第三項までに規定する地域支援事業、高齢者の医療の確保に関する法律第百二十五条第一項に規定する高齢者保健事業又は国民健康保険法第八十二条第五項に規定する高齢者の心身の特性に応じた事業の実施に必要な情報とする。

（令二厚労令三九・追加、令三厚労令四三・令三厚労令一八一・一部改正）

（市町村又は後期高齢者医療広域連合が行う情報又は記録の写しの提供）

第百四十条の六十二の十八　法第百十五条の四十五第七項の規定により情報又は記録の写しの提供を求められた他の市町村又は後期高齢者医療広域連合は、同条第

するため、前項の規定により提供を受けた情報又は記録の写しに加え、自らが保有する当該被保険者に係る保健医療サービス若しくは福祉サービスに関する情報、高齢者の医療の確保に関する法律第十八条第一項に規定する特定健康診査若しくは特定保健指導に関する記録又は国民健康保険法の規定による療養に関する情報を併せて活用することができる。

10　市町村は、地域支援事業の利用者に対し、厚生労働省令で定めるところにより、利用料を請求することができる。

（平一七法七七・追加、平二〇法四二・旧第百十五条の三十八繰下、平二三法七二・旧第百十五条の四十四繰下・一部改正、平二六法八三・令元法九・令二法五二・令三法六六・令五法三一・一部改正）

（介護予防・日常生活支援総合事業の指針等）

第百十五条の四十五の二　厚生労働大臣は、市町村が行う介護予防・日常生活支援総合事業に関して、その適切かつ有効な実施を図るため必要な指針を公表するものとする。

＊〔告〕介護予防・日常生活支援総合事業の適切かつ有効な実施を図るための指針（令六厚労告一六八）

2　市町村は、定期的に、介護予防・日常生活支援総合事業の実施状況について、調査、分析及び評価を行うよう努めるとともに、その結果に基づき必要な措置を講ずるよう努めるものとする。

（平二六法八三・追加）

（指定事業者による第一号事業の実施）

第百十五条の四十五の三　市町村は、第一号事業（第一号介護予防支援事業にあっては、居宅要支援被保険者

八項の規定により当該情報又は記録の写しを提供するに当たっては、被保険者に係る医療及び介護に関する情報等（被保険者に係る保健医療サービス及び福祉サービスに関する情報、高齢者の医療の確保に関する法律の規定による療養に関する情報及び同法第百二十五条第一項に規定する健康診査及び保健指導に関する記録並びに同法第十八条第一項に規定する特定健康診査及び特定保健指導に関する記録並びに国民健康保険法の規定による療養に関する情報をいう。）に係るデータベース（情報の集合物であって、それらの情報を電子計算機を用いて検索することができるように体系的に構成したものをいう。）であって、国民健康保険団体連合会が構成するものを用いて提供する方法その他適切な方法により行うものとする。

（令二厚労令三九・追加、令三厚労令四三・一部改正）

（利用料）

第百四十条の六十三　法第百十五条の四十五第十項の規定による利用料に関する事項は、市町村が定める。

2　市町村は、前項の規定により利用料を定めるに当たっては、当該利用料に係る事業の内容を勘案し、ふさわしい利用料となるよう定めるものとする。

（平一八厚労令三二・追加、平一八厚労令一〇六・旧第百四十条の二十九繰下、平二一厚労令五四・旧第百四十条の四十九繰下・一部改正、平二四厚労令一一・平二七厚労令五七・令二厚労令三九・令三厚労令四三・一部改正）

法律

に係るものに限る。）については、居宅要支援被保険者等が、当該市町村の長が指定する者（以下「指定事業者」という。）の当該指定に係る第一号事業を行う事業所により行われる当該第一号事業を利用した場合において、当該居宅要支援被保険者等に対し、当該第一号事業に要した費用について、第一号事業支給費を支給することにより行うことができる。

2　前項の第一号事業支給費（以下「第一号事業支給費」という。）の額は、第一号事業に要する費用の額を勘案して、厚生労働省令で定めるところにより算定する額とする。

3　居宅要支援被保険者等が、指定事業者の当該指定に係る第一号事業を行う事業所により行われる当該第一号事業を利用したときは、市町村は、当該居宅要支援被保険者等が当該指定事業者に支払うべき当該第一号事業に要した費用について、第一号事業支給費として当該居宅要支援被保険者等に対し支給すべき額の限度において、当該居宅要支援被保険者等に代わり、当該指定事業者に支払うことができる。

4　前項の規定による支払があったときは、居宅要支援被保険者等に対し第一号事業支給費の支給があったものとみなす。

施行令

施行規則

（法第百十五条の四十五の三第二項の厚生労働省令で定めるところにより算定する額）

第百四十条の六十三の二　法第百十五条の四十五の三第二項に規定する厚生労働省令で定めるところにより算定する額は、次の各号に掲げる事業に応じて、当該各号に掲げる額とする。

一　第百四十条の六十三の六第一号イに規定する基準に従う事業　イ及びロに掲げる事業に応じて、それぞれイ及びロに掲げる額

イ　第一号訪問事業又は第一号通所事業　地域における医療及び介護の総合的な確保を推進するための関係法律の整備等に関する法律（平成二十六年法律第八十三号。以下「医療介護総合確保推進法」という。）第五条の規定による改正前の法（以下「平成二十六年改正前法」という。）第八条の二第二項に規定する介護予防訪問介護（以下「旧介護予防訪問介護」という。）又は同条第七項に規定する介護予防通所介護（以下「旧介護予防通所介護」という。）に相当するサービスに要する平均的な費用の額を勘案して厚生労働大臣が定める基準により算定した費用の額（市町村が当該算定した費用の額を勘案して別に定める場合にあっては、その額とする。）（当該額が現に当該事業のサービスに要した費用の額を超えるときは、当該事業のサービスに要した費用の額とする。次号イにおいて同じ。）の百分の九十（市町村が百分の九十以下の範囲内で別に定める場合にあっては、その割合とする。次号イにおいて同じ。）に相当する額

ロ　第一号介護予防支援事業　指定介護予防支援に要する平均的な費用の額（法第五十八条第二項に規定する厚生労働大臣が定める基準により算定した費用の額（市町村が当該算定した費用の額を勘案して別に定める場合にあっては、その額とする。）（当該額が現に当該事業のサービスに要した費用の額を超えるときは、当該事業のサー

ビスに要した費用の額とする。次号ロにおいて同じ。）の百分の百（市町村が百分の百以下の範囲内で別に定める場合にあっては、その割合とする。次号ロにおいて同じ。）に相当する額

二　第百四十条の六十三の六第一号ロ又はハに規定する基準に基づく事業　イ及びロに掲げる事業に応じて、それぞれイ及びロに掲げる額

イ　第一号訪問事業又は第一号通所事業　前号イに規定する厚生労働大臣が定める基準により算定した費用の額の百分の九十に相当する額を基準として、市町村が定める額

ロ　第一号介護予防支援事業　前号ロに規定する厚生労働大臣が定める基準により算定した費用の額の百分の百に相当する額を基準として、市町村が定める額

三　第百四十条の六十三の六第二号に規定する基準に従う事業　イからハまでに掲げる事業に応じて、それぞれイからハまでに掲げる額

イ　第一号訪問事業又は第一号通所事業　第一号イに規定する厚生労働大臣が定める基準により算定した費用の額を勘案して市町村が定める基準により算定した費用の額（当該額が現に当該事業のサービスに要した費用の額を超えるときは、当該事業のサービスに要した費用の額とする。）に市町村が定める割合を乗じて得た額に相当する額

ロ　第一号介護予防支援事業　第一号ロに規定する厚生労働大臣が定める基準により算定した費用の額を勘案して市町村が定める基準により算定した費用の額（当該額が現に当該事業のサービスに要した費用の額を超えるときは、当該事業のサービスに要した費用の額とする。）に市町村が定める割合を乗じて得た額に相当する額

ハ　第一号生活支援事業　市町村が定める基準により算定した費用の額（当該額が現に当該事業のサービスに要した費用の額を超えるときは、当該事業のサービスに要した費用の額とする。）に市町村が定める割合を乗じて得た額に相当する額

2　市町村は、前項第一号イ又はロにおいて市町村が当該厚生労働大臣が定める額を勘案して別に額を定める場合においては、そのサービスの専門性等を勘案して、ふさわしい額となるよう定めるものとする。

3　第一項第一号イ及び第二号イの規定にかかわらず、市町村は、居宅要支援被保険者が受けた介護予防サービス（これに相当するサー

法律

5 市町村は、指定事業者から第一号事業支給費の請求があったときは、厚生労働省令で定めるところにより審査した上、支払うものとする。

6 市町村は、前項の規定による審査及び支払に関する事務を連合会に委託することができる。

7 前項の規定による委託を受けた連合会は、当該委託をした市町村の同意を得て、厚生労働省令で定めるところにより、当該委託を受

施行令

施行規則

ビスを含む。）若しくは地域密着型介護予防サービス（これに相当するサービスを含む。）に要した費用、当該居宅要支援被保険者に係る健康保険法（大正十一年法律第七十号）第百十五条第一項に規定する一部負担金等の額（同項の高額療養費が支給される場合にあっては、当該支給額に相当する額を控除して得た額）その他の医療保険各法若しくは高齢者の医療の確保に関する法律に規定するこれに相当する額として法第六十一条の二第一項に規定する政令で定める額の合計額及び居宅要支援被保険者等が第一号事業に要した費用その他の費用又は事項を勘案して特に必要があると認める場合における第一項の規定の適用については、同項第一号中「百分の九十」とあるのは「百分の九十から百分の百までの範囲内の割合」とすることができる。

4 法第五十九条の二第一項に規定する所得の額が同項の政令で定める額以上である居宅要支援被保険者等（次項に規定する居宅要支援被保険者等を除く。）に係る第一号事業支給費（法第百十五条の四十五の三第二項に規定する第一号事業支給費をいう。以下同じ。）について第一項又は前項の規定を適用する場合においては、第一項第一号中「百分の九十」とあるのは「百分の八十」と、前項中「百分の九十から」とあるのは「百分の八十から」とする。

5 法第五十九条の二第二項に規定する所得の額が同項の政令で定める額以上である居宅要支援被保険者等に係る第一号事業支給費について第一項又は第三項の規定を適用する場合においては、第一項第一号中「百分の九十」とあるのは「百分の七十」と、第三項中「百分の九十から」とあるのは「百分の七十から」とする。

（平二七厚労令五七・追加、平二八厚労令五三・平三〇厚労令九六・令二厚労令一七六・令六厚労令一一九・一部改正）

（第一号事業支給費に係る審査及び支払）

第百四十条の六十三の三 法第百十五条の四十五の三第五項の規定による審査及び支払は、前条第一項第一号に規定する厚生労働大臣が定める基準又は同項第三号イからハまでに規定する市町村が定める基準及び第百四十条の六十三の六に規定する市町村が定める基準に照らして審査した上、支払うものとする。

（平二七厚労令五七・追加）

（審査及び支払の事務の一部を受託できる法人）

第百四十条の六十三の四 法第百十五条の四十五の三第七項の規定に

けた事務の一部を、営利を目的としない法人であって厚生労働省令で定める要件に該当するものに委託することができる。

（平二六法八三・追加）

（租税その他の公課の禁止）

第百十五条の四十五の四　租税その他の公課は、第一号事業支給費として支給を受けた金銭を標準として、課することができない。

（平二六法八三・追加）

（指定事業者の指定）

第百十五条の四十五の五　第百十五条の四十五の三第一項の指定（第百十五条の四十五の七第一項を除き、以下この章において「指定事業者の指定」という。）は、厚生労働省令で定めるところにより、第一号事業を行う者の申請により、当該事業の種類及び当該事業の種類に係る当該第一号事業を行う事業所ごとに行う。

より国民健康保険団体連合会が審査及び支払に関する事務の一部を委託する場合は、当該事務を実施するために必要な電子計算機であって当該国民健康保険団体連合会が備えるものと同等以上の当該事務に関する処理機能を有するものを備え、当該事務を適正かつ確実に実施できると認める法人に対して委託するものとする。

（平二七厚労令五七・追加）

（指定事業者に係る指定の申請等）

第百四十条の六十三の五　法第百十五条の四十五の五第一項の規定に基づき指定事業者の指定を受けようとする者は、次に掲げる事項を記載した申請書又は書類を、当該指定を受けようとする市町村長に提出しなければならない。ただし、第四号から第十二号までに掲げる事項の記載を要しないと当該市町村長が認めるときは、当該事項の記載を要しない。

一　事業所（当該事業所の所在地以外の場所に当該申請に係る事業の一部を行う拠点を有するときは、当該拠点を含む。）の名称及び所在地

二　申請者の名称及び主たる事務所の所在地並びにその代表者の氏名、生年月日、住所及び職名

三　当該申請に係る事業の開始の予定年月日

四　申請者の登記事項証明書又は条例等

五　建物の構造概要及び平面図（各室の用途を明示するものとする。）並びに設備の概要

六　利用者の推定数

七　事業所の管理者の氏名、生年月日及び住所

八　運営規程

九　利用者からの苦情を処理するために講ずる措置の概要

十　当該申請に係る事業に係る従業者の勤務の体制及び勤務形態

十一　誓約書（法第百十五条の四十五の五第二項に該当しないことを誓約する書面をいう。以下この条において同じ。）

十二　その他市町村が指定に関し必要と認める事項

2　法第百十五条の四十五の六第一項の規定に基づき指定事業者の指定の更新を受けようとする者は、第一項各号（第三号及び第十一号を除く。）に掲げる事項及び次に掲げる事項を記載した申請書又は書類を、当該指定を受けようとする市町村長に提出しなければならない。ただし、当該申請書又は書類のうち当該市町村長が認める申請書又は書類については、この限りでない。

法律

2　市町村長は、前項の申請があった場合において、申請者が、厚生労働省令で定める基準に従って適正に第一号事業を行うことができないと認められるときは、指定事業者の指定をしてはならない。

（平二六法八三・追加）

施行令

施行規則

一　現に受けている指定の有効期間満了日

二　誓約書

3　前項の規定にかかわらず、市町村長は、当該申請に係る事業者が既に当該市町村長に提出している第一項第四号から第十号までに掲げる事項に変更がないときは、これらの事項に係る申請書の記載又は書類の提出を省略させることができる。

4　第一項及び第二項に規定する申請書は、厚生労働大臣が定める様式によるものとする。

（平二七厚労令五七・追加、平二八厚労令五三・平三〇厚労令八〇・令五厚労令四六・一部改正）

（法第百十五条の四十五の五第二項の厚生労働省令で定める基準）

第百四十条の六十三の六　法第百十五条の四十五の五第二項に規定する厚生労働省令で定める基準は、市町村が定める基準であって、次のいずれかに該当するものとする。

一　第一号事業（第一号生活支援事業を除く。）に係る基準として、次に掲げるいずれかに該当する基準

イ　介護保険法施行規則等の一部を改正する省令（平成二十七年厚生労働省令第四号）第五条の規定による改正前の指定介護予防サービス等の事業の人員、設備及び運営並びに指定介護予防サービス等に係る介護予防のための効果的な支援の方法に関する基準（平成十八年厚生労働省令第三十五号。ロにおいて「旧指定介護予防サービス等基準」という。）に規定する旧介護予防訪問介護若しくは旧介護予防通所介護に係る基準その他厚生労働大臣が定める基準の例による基準又は指定介護予防支援等基準（地域包括支援センターの設置者である指定介護予防支援事業者に係る部分に限る。）に規定する介護予防支援に係る基準の例による基準

ロ　旧指定介護予防サービス等基準に規定する基準該当介護予防サービス（旧介護予防訪問介護及び旧介護予防通所介護に係るものに限る。）に係る基準その他厚生労働大臣が定める基準又は指定介護予防支援等基準に規定する基準該当介護予防支援に係る基準の例による基準

ハ　平成二十六年改正前法第五十四条第一項第三号又は法第五十九条第一項第二号に規定する離島その他の地域であって厚生労働大臣が定める基準に該当するものに住所を有する居宅要支援

（指定の更新）

第百十五条の四十五の六　指定事業者の指定は、厚生労働省令で定める期間ごとにその更新を受けなければ、その期間の経過によって、その効力を失う。

2　前項の更新の申請があった場合において、同項の期間（以下この条において「有効期間」という。）の満了の日までにその申請に対する処分がされないときは、従前の指定事業者の指定は、有効期間の満了後もその処分がされるまでの間は、なおその効力を有する。

3　前項の場合において、指定事業者の指定の更新がされたときは、その有効期間は、従前の有効期間の満了の日の翌日から起算するものとする。

4　前条の規定は、指定事業者の指定の更新について準用する。

（平二六法八三・追加）

（報告等）

第百十五条の四十五の七　市町村長は、第一号事業支給費の支給に関して必要があると認めるときは、指定事業者若しくは指定事業者であった者若しくは当該第百十五条の四十五の三第一項の指定に係る事業所の従業者であった者（以下この項において「指定事業者であった者等」という。）に対し、報告若しくは帳簿書類の提出若しくは提示を命じ、指定事業者若しくは当該指定に係る事業所の従業者若しくは指定事業者であった者等に対し出頭を求め、又は当該職員に、関係者に対して質問させ、若しくは当該指定事業者の当該指定に係る事業所、事務所その他当該指定事業者が行う第一号事業に関係のある場所に立ち入り、その設備若しくは帳簿書類その他の物件を検査させることができる。

2　第二十四条第三項の規定は前項の規定による質問又は検査について、同条第四項の規定は前項の規定による権限について、それぞれ準用する。

（平二六法八三・追加）

（勧告、命令等）

被保険者等が、平成二十六年改正前法第五十四条第一項第三号又は法第五十九条第一項第二号に規定するサービスを受けた場合における当該サービスの内容を勘案した基準

二　第一号事業に係る基準として、当該第一号事業に係るサービスの内容等を勘案した基準（前号に掲げるものを除く。）

（平二七厚労令五七・追加、平三〇厚労令三〇・令三厚労令九・令六厚労令一五・令六厚労令一六・一部改正）

（法第百十五条の四十五の六第一項の厚生労働省令で定める期間）

第百四十条の六十三の七　法第百十五条の四十五の六第一項の厚生労働省令で定める期間は、法第百十五条の四十五の十一、第百十五条の二十一及び第百十五条の三十一の規定により読み替えて準用する法第七十条の二第一項に規定する期間を勘案して市町村が定める期間とする。

（平二七厚労令五七・追加）

法律

第百十五条の四十五の八　市町村長は、指定事業者が、第百十五条の四十五第一項第一号イからニまで又は第百十五条の四十五の五第二項の厚生労働省令で定める基準に従って第一号事業を行っていないと認めるときは、当該指定事業者に対し、期限を定めて、これらの厚生労働省令で定める基準に従って第一号事業を行うことを勧告することができる。

2　市町村長は、前項の規定による勧告をした場合において、その勧告を受けた指定事業者が同項の期限内にこれに従わなかったときは、その旨を公表することができる。

3　市町村長は、第一項の規定による勧告を受けた指定事業者が、正当な理由がなくてその勧告に係る措置をとらなかったときは、当該指定事業者に対し、期限を定めて、その勧告に係る措置をとるべきことを命ずることができる。

4　市町村長は、前項の規定による命令をした場合においては、その旨を公示しなければならない。

（平二六法八三・追加）

（指定事業者の指定の取消し等）

第百十五条の四十五の九　市町村長は、次の各号のいずれかに該当する場合においては、当該指定事業者に係る指定事業者の指定を取り消し、又は期間を定めてその指定事業者の指定の全部若しくは一部の効力を停止することができる。

一　指定事業者が、第百十五条の四十五第一項第一号イからニまで又は第百十五条の四十五の五第二項の厚生労働省令で定める基準に従って第一号事業を行うことができなくなったとき。

二　第一号事業支給費の請求に関し不正があったとき。

三　指定事業者が、第百十五条の四十五の七第一項の規定により報告又は帳簿書類の提出若しくは提示を命ぜられてこれに従わず、又は虚偽の報告をしたとき。

四　指定事業者又は当該指定事業者の指定に係る事業所の従業者が、第百十五条の四十五の七第一項の規定により出頭を求められてこれに応ぜず、同項の規定による質問に対して答弁せず、若しくは虚偽の答弁をし、又は同項の規定による検査を拒み、妨げ、若しくは忌避したとき。ただし、当該指定事業者の指定に係る事業所の従業者がその行為をした場合において、その行為を防止するため、当該指定事業者が相当の注意及び監督を尽くしたときを

施行令

施行規則

除く。

五　指定事業者が、不正の手段により指定事業者の指定を受けたとき。

六　前各号に掲げる場合のほか、指定事業者が、この法律その他国民の保健医療若しくは福祉に関する法律で政令で定めるもの又はこれらの法律に基づく命令若しくは処分に違反したとき。

七　前各号に掲げる場合のほか、指定事業者が、地域支援事業又は居宅サービス等に関し不正又は著しく不当な行為をしたとき。

（平二六法八三・追加）

（市町村の連絡調整等）

第百十五条の四十五の十　市町村は、介護予防・日常生活支援総合事業及び第百十五条の四十五第二項各号に掲げる事業の円滑な実施のために必要な関係者相互間の連絡調整を行うことができる。

2　市町村が行う介護予防・日常生活支援総合事業及び第百十五条の四十五第二項各号に掲げる事業の関係者は、当該事業に協力するよう努めなければならない。

3　都道府県は、市町村が行う介護予防・日常生活支援総合事業及び第百十五条の四十五第二項各号に掲げる事業に関し、情報の提供その他市町村に対する支援に努めるものとする。

（平二六法八三・追加、平二九法五二・一部改正）

（政令への委任）

第百十五条の四十五の十一　第百十五条の四十五から前条までに規定するもののほか、地域支援事業の実施に関し必要な事項は、政令で定める。

（平二六法八三・追加）

（地域包括支援センター）

第百十五条の四十六　地域包括支援センターは、第一号介護予防支援事業（居宅要支援被保険者に係るものを除く。）及び第百十五条の四十五第二項各号に掲げる事業（以下「包括的支援事業」という。）その他厚生労働省令で定める事業を実施し、地域住民の心身の健康の保持及び生活の安定のために必要な援助を行うことにより、その保健医療の向上及び福祉の増進を包括的に支援することを目的とする施設とする。

＊〔通〕地域包括支援センターの設置運営について（平一八老計発一〇一八〇〇一、老振発一〇一八〇〇一、老老発一〇一八〇〇一）

2　市町村は、地域包括支援センターを設置することができる。

（法第百十五条の四十六第一項の厚生労働省令で定める事業）

第百四十条の六十四　法第百十五条の四十六第一項の厚生労働省令で定める事業は、次の各号に掲げるものとする。

一　第一号介護予防支援事業（居宅要支援被保険者に係るものに限る。）

二　法第百十五条の四十五第一項第二号に掲げる事業のうち、次に掲げるもの

イ　特定の被保険者（第一号被保険者に限る。）に対し行われる事業の対象となる者の把握を行う事業

ロ　介護予防に関する普及啓発を行う事業

ハ　介護予防に関する活動を行うボランティア等の人材の育成並びに介護予防に資する地域活動を行う組織の育成及び支援を行

法律

3　次条第一項の規定による委託を受けた者（第百十五条の四十五第二項第四号から第六号までに掲げる事業のみの委託を受けたものを除く。）は、包括的支援事業その他第一項の厚生労働省令で定める事業を実施するため、厚生労働省令で定めるところにより、あらかじめ、厚生労働省令で定める事項を市町村長に届け出て、地域包括支援センターを設置することができる。

4　地域包括支援センターの設置者は、自らその実施する事業の質の評価を行うことその他必要な措置を講ずることにより、その実施する事業の質の向上を図らなければならない。

5　地域包括支援センターの設置者は、包括的支援事業を実施するために必要なものとして市町村の条例で定める基準を遵守しなければならない。

施行令

施行規則

う事業

ニ　介護予防に関する事業に係る評価を行う事業

ホ　地域における介護予防に関する活動の実施機能を強化するためリハビリテーションに関する専門的知識及び経験を有する者が当該介護予防に関する活動の支援を行う事業

三　法第百十五条の四十五第三項各号に掲げる事業

（平一九厚労令三・全改、平一九厚労令一八・一部改正、平二一厚労令五四・旧第百四十条の五十繰下・一部改正、平二四厚労令一一・平二七厚労令五七・一部改正）

（地域包括支援センターの設置の届出）

第百四十条の六十五　法第百十五条の四十六第三項の厚生労働省令で定める事項は、次のとおりとする。

一　地域包括支援センター（当該地域包括支援センターの所在地以外の場所に包括的支援事業（法第百十五条の四十六第一項に規定する包括的支援事業をいう。以下同じ。）及び前条に規定する事業を実施する従たる事務所を有するときは、当該従たる事務所を含む。第三号及び第五号において同じ。）の名称及び所在地

二　法第百十五条の四十七第一項の委託を受けた者（以下この条において「受託者」という。）であって、法第百十五条の四十六第三項の届出を行うものの名称及び主たる事務所の所在地並びにその代表者の氏名、生年月日、住所及び職名

三　地域包括支援センターの設置の予定年月日

四　受託者の定款、寄附行為等及びその登記事項証明書

五　地域包括支援センターの平面図

六　職員の職種及び員数

七　職員の氏名、生年月日、住所及び経歴

八　営業日及び営業時間

九　担当する区域

十　介護支援専門員の氏名及びその登録番号

十一　その他必要と認める事項

2　受託者は、収支予算書及び事業計画書並びに適切、公正かつ中立な業務の運営を確保するための措置について記載した文書を市町村長に提出しなければならない。

（平一八厚労令三二・追加、平一八厚労令一〇六・旧第百四十条の三十一繰下、平二一厚労令五四・旧第百四十条の五十一繰下・一部改正、平二四厚労令一一・

6　市町村が前項の条例を定めるに当たっては、地域包括支援センターの職員に係る基準及び当該職員の員数については厚生労働省令で定める基準に従い定めるものとし、その他の事項については厚生労働省令で定める基準を参酌するものとする。

7　地域包括支援センターの設置者は、包括的支援事業の効果的な実施のために、介護サービス事業者、医療機関、民生委員法（昭和二十三年法律第百九十八号）に定める民生委員、被保険者の地域における自立した日常生活の支援又は要介護状態等となることの予防若しくは要介護状態等の軽減若しくは悪化の防止のための事業を行う者その他の関係者との連携に努めなければならない。

8　地域包括支援センターの設置者（設置者が法人である場合にあっては、その役員）若しくはその職員又はこれらの職にあった者は、正当な理由なしに、その業務に関して知り得た秘密を漏らしてはならない。

9　市町村は、定期的に、地域包括支援センターにおける事業の実施状況について、評価を行うとともに、必要があると認めるときは、次条第一項の方針の変更その他の必要な措置を講じなければならない。

（一部改正）

（法第百十五条の四十六第六項の厚生労働省令で定める基準）

第百四十条の六十六　法第百十五条の四十六第六項の厚生労働省令で定める基準は、次の各号に掲げる基準に応じ、それぞれ当該各号に定める基準とする。

一　法第百十五条の四十六第五項の規定により、地域包括支援センターの職員に係る基準及び当該職員の員数について市町村が条例を定めるに当たって従うべき基準　次のイからハまでに掲げる基準

イ　一の地域包括支援センターが担当する区域における第一号被保険者の数がおおむね三千人以上六千人未満ごとに置くべき専らその職務に従事する常勤の職員の員数（地域包括支援センター運営協議会（指定居宅サービス事業者等（法第二十二条第三項に規定する指定居宅サービス事業者等をいう。）又はこれらの者に係る団体の代表者、居宅サービス等の利用者又は第一号被保険者若しくは第二号被保険者の代表者、地域住民の権利擁護を行い又は相談に応ずる団体等の代表者、地域における保健、医療又は福祉に関する学識経験を有する者等のうち、地域の実情を勘案して市町村が適当と認める者により構成されるものをいう。以下同じ。）が第一号被保険者の数及び地域包括支援センターの運営の状況を勘案して必要であると認めるときは、常勤換算方法（当該地域包括支援センターの職員の勤務延時間数を当該地域包括支援センターにおいて常勤の職員が勤務すべき時間数で除することにより、当該地域包括支援センターの職員の員数を常勤の職員の員数に換算する方法をいう。）によることができる。ロにおいて同じ。）は、原則として次のとおりとすること。

(1)　保健師その他これに準ずる者　一人

(2)　社会福祉士その他これに準ずる者　一人

(3)　主任介護支援専門員（介護支援専門員であって、第百四十条の六十八第一項第一号に規定する主任介護支援専門員研修を修了した者（当該研修を修了した日（以下この(3)において「修了日」という。）から起算して五年を経過した者にあっては、修了日から起算して五年を経過するごとに、当該経過する日までの間に、同項第二号に規定する主任介護支援専門員更新研修を修了している者に限る。）をいう。）その他これに準ずる者　一人

ロ　イの規定にかかわらず、地域包括支援センター運営協議会が地域包括支援センターの効果的な運営に資すると認めるときは、複数の地域包括支援センターが担当する区域を一の区域として、当該区域内の第一号被保険者の数について、おおむね三千人以上六千人未満ごとにイの(1)から(3)までに掲げる常勤の職員の員数を当該複数の地域包括支援センターに配置することにより、当該区域内の一の地域包括支援センターがそれぞれイの基準を満たすものとする。この場合において、当該区域内の一の地域包括支援センターに置くべき常勤の職員の員数の基準は、イの(1)から(3)までに掲げる者のうちから二人とする。

ハ　イの規定にかかわらず、次の(1)から(3)までのいずれかに掲げる場合には、地域包括支援センターの人員配置基準は、次の表の上欄に掲げる担当する区域における第一号被保険者の数に応じ、それぞれ同表の下欄に定めるところによることができる。

(1)　第一号被保険者の数がおおむね三千人未満の市町村に地域包括支援センターを設置する場合

(2)　市町村の合併の特例等に関する法律（平成十六年法律第五十九号）第二条第二項に規定する合併市町村又は地方自治法第二百八十四条第一項に規定する一部事務組合若しくは広域連合であって、イの基準によっては地域包括支援センターの効率的な運営に支障があると地域包括支援センター運営協議会において認められた場合

(3)　市町村の人口規模にかかわらず、地理的条件その他の条件を勘案して特定の生活圏域に一の地域包括支援センターを設置することが必要であると地域包括支援センター運営協議会において認められた場合

担当する区域における第一号被保険者の数	人員配置基準
おおむね千人未満	イの(1)から(3)までに掲げる者のうちから一人又は二人
おおむね千人以上二千人未満	イの(1)から(3)までに掲げる者のうちから二人（うち一人は専らその職務に従事する常勤の職員とする。）

10　市町村は、地域包括支援センターが設置されたとき、その他厚生労働省令で定めるときは、厚生労働省令で定めるところにより、当該地域包括支援センターの事業の内容及び運営状況に関する情報を公表するよう努めなければならない。

おおむね二千人以上三千人未満	専らその職務に従事する常勤のイの(1)に掲げる者一人及び専らその職務に従事する常勤のイの(2)又は(3)に掲げる者のいずれか一人

二　法第百十五条の四十六第五項の規定により、地域包括支援センターの職員に係る基準及び当該職員の員数以外の事項について市町村が条例を定めるに当たって参酌すべき基準　次のイ及びロに掲げる基準

イ　地域包括支援センターは、前号イに掲げる職員が協働して包括的支援事業を実施することにより、各被保険者の心身の状況、その置かれている環境等に応じて、法第二十四条第二項に規定する介護給付等対象サービスその他の保健医療サービス又は福祉サービス、権利擁護のための必要な援助等を利用できるように導き、各被保険者が可能な限り、住み慣れた地域において自立した日常生活を営むことができるようにしなければならないこと。

ロ　地域包括支援センターは、当該市町村の地域包括支援センター運営協議会の意見を踏まえて、適切、公正かつ中立な運営を確保すること。

（平一五厚労令一〇五・全改、平二七厚労令一九・平二七厚労令五七・平二九厚労令四八・平三〇厚労令三〇・令六厚労令一五・令六厚労令六一・一部改正）

（法第百十五条の四十六第十項の厚生労働省令で定めるとき）

第百四十条の六十六の二　法第百十五条の四十六第十項の厚生労働省令で定めるときは、おおむね一年以内ごとに一回、市町村が適当と認めるときとする。

（平二七厚労令五七・追加）

（地域包括支援センターの事業の内容及び運営に関する情報の公表内容）

第百四十条の六十六の三　法第百十五条の四十六第十項に規定する地域包括支援センターの事業の内容及び運営に関する情報の公表は、次の各号に掲げる内容を含むものとする。

一　名称及び所在地

二　法第百十五条の四十七第一項の委託を受けた者である場合はその名称

三　営業日及び営業時間

法律

11　第六十九条の十四の規定は、地域包括支援センターについて準用する。この場合において、同条の規定に関し必要な技術的読替えは、政令で定める。

12　前各項に規定するもののほか、地域包括支援センターに関し必要な事項は、政令で定める。

（平一七法七七・追加、平二〇法四二・旧第百十五条の三十九繰下、平二三法七二・旧第百十五条の四十五繰下・一部改正、平二五法四四・平二六法八三・平二九法五二・一部改正）

（実施の委託）

第百十五条の四十七　市町村は、老人福祉法第二十条の七の二第一項に規定する老人介護支援センターの設置者その他の厚生労働省令で定める者に対し、厚生労働省令で定めるところにより、包括的支援事業の実施に係る方針を示して、当該包括的支援事業を委託することができる。

2　前項の規定による委託は、包括的支援事業（第百十五条の四十五第二項第四号から第六号までに掲げる事業を除く。）の全てにつき一括して行わなければならない。

3　前条第七項及び第八項の規定は、第一項の規定による委託を受けた者について準用する。

施行令

（地域包括支援センターに関する読替え）

第三十七条の十四　法第百十五条の四十六第十一項の規定による技術的読替えは、次の表のとおりとする。

法の規定中読み替える規定	読み替えられる字句	読み替える字句
第六十九条の十四第一項	厚生労働大臣	市町村長
	第六十九条の十一第一項の登録を	当該市町村又は第百十五条の四十七第一項の委託を受けた者が地域包括支援センターを設置
	登録を受けた者	地域包括支援センターの設置者
	主たる事務所	当該地域包括支援センター
	登録をした日	地域包括支援センターを設置した日
第六十九条の十四第二項	登録試験問題作成機関	地域包括支援センターの設置者（第百十五条の四十七第一項の委託を受けた者に限る。）
	主たる事務所	当該地域包括支援センター
	厚生労働大臣及	市町村長

施行規則

四　担当する区域

五　職員の職種及び員数

六　事業の内容及び活動実績

七　その他市町村が必要と認める事項

（平二七厚労令五七・追加）

（法第百十五条の四十七第一項の厚生労働省令で定める者）

第百四十条の六十七　法第百十五条の四十七第一項の厚生労働省令で定める者は、包括的支援事業を適切、公正、中立かつ効率的に実施することができる者（包括的支援事業（法第百十五条の四十五第二項第四号から第六号までに掲げる事業を除く。）の全てにつき一括して委託する場合においては、法人）であって、老人福祉法第二十条の七の二第一項に規定する老人介護支援センターの設置者、地方自治法第二百八十四条第一項に規定する一部事務組合若しくは広域連合を組織する市町村、医療法人、社会福祉法人、包括的支援事業を実施することを目的とする一般社団法人若しくは一般財団法人又は特定非営利活動促進法（平成十年法律第七号）第二条第二項の規定に基づき設立された特定非営利活動法人その他市町村が適当と認めるものとする。

（平一八厚労令三二・追加、平一八厚労令一〇六・旧第百四十条の三十二繰下、平二〇厚労令一六三・一部改正、平二一厚労令五四・旧第百四十条の五十三繰下・一部改正、平二四厚労令一一・平二七厚労令五七・一部改正）

（包括的支援事業の実施に係る方針の提示）

	び第六十九条の十一第一項の規定により登録試験問題作成機関にその試験問題作成事務を行わせることとした都道府県知事（以下「委任都道府県知事」という。）	
第六十九条の十四第三項	厚生労働大臣 前項	市町村長 当該市町村が設置した地域包括支援センターについてその名称若しくは所在地に変更があるとき、又は第百十五条の四十六第十一項において準用する前項

（平一八政一五四・追加、平二一政一〇・平二三政三七六・平二五政一八三・平二七政一三八・一部改正）

（地域包括支援センターの職員に対する研修）

第三十七条の十五　地域包括支援センター（法第百十五条の四十六第一項に規定する地域包括支援センターをいう。以下この項において同じ。）の設置者は、厚生労働省令で定めるところにより、その職員に対し、地域包括支援センターの業務に関する知識の修得及び技能の向上を図るための研修を受けさせなければならない。

2　前項の研修は、厚生労働大臣が定める基準に従い、都道府県知事が行うものとする。

（平一八政一五四・追加、平二一政一〇・平二三政三七六・一部改正）

第百四十条の六十七の二　市町村は、包括的支援事業（法第百十五条の四十五第二項第四号から第六号までに掲げる事業を除く。）の全てにつき一括して委託する場合においては、当該包括的支援事業を委託する者に対し、次の各号に掲げる内容を勘案して、包括的支援事業の実施の方針を示すものとする。

一　当該市町村の地域包括ケアシステムの構築方針

二　当該包括的支援事業が実施される区域ごとのニーズに応じて重点的に行うべき業務の方針

三　介護事業者、医療機関、民生委員及びボランティアその他の関係者とのネットワーク構築の方針

四　第一号介護予防支援事業の実施方針

五　介護支援専門員に対する支援及び指導並びに被保険者に対する包括的かつ継続的な支援の環境の整備の実施方針

六　法第百十五条の四十八第一項に規定する会議の運営方針

七　当該市町村との連携方針

八　当該包括的支援事業の実施に係る公正性及び中立性確保のための方針

九　その他地域の実情に応じて地域包括支援センター運営協議会が必要であると判断した方針

（平二七厚労令五七・追加、平三〇厚労令三〇・令六厚労令一五・一部改正）

（都道府県知事が行う研修）

第百四十条の六十八　令第三十七条の十五第一項に規定する研修は、他の保健医療サービス又は福祉サービスを提供する者との連絡調整、他の介護支援専門員に対する助言、指導その他の介護支援サービス（居宅介護支援、施設における施設サービス計画の作成、サービスの利用援助及び施設サービス計画の実施状況の把握並びに介護予防支援をいう。）を適切かつ円滑に提供するために必要な業務に関する知識及び技術を修得することを目的として行われる次に掲げる研修とする。

一　介護支援専門員の業務に関し十分な知識と経験を有する介護支援専門員を対象として行われる研修

4　地域包括支援センターの設置者は、指定居宅介護支援事業者その他の厚生労働省令で定める者に対し、厚生労働省令で定めるところにより、第百十五条の四十五第二項第一号に掲げる事業の一部を委託することができる。この場合において、当該委託を受けた者は、第一項の方針（地域包括支援センターの設置者が市町村である場合にあっては、厚生労働省令で定めるところにより当該市町村が示す当該事業の実施に係る方針）に従って、当該事業を実施するものとする。

（以下この条において「主任介護支援専門員研修」という。）

二　主任介護支援専門員を対象として行われる研修（以下この条において「主任介護支援専門員更新研修」という。）

2　主任介護支援専門員研修及び主任介護支援専門員更新研修の実施に当たっては、当該研修の課程において修得することが求められている知識及び技術の修得がなされていることにつき確認する等適切な方法により行わなければならない。

3　主任介護支援専門員更新研修を受けた主任介護支援専門員は、更新研修を受けた者とみなす。

（平一八厚労令一〇六・追加、平二一厚労令五四・旧第百四十条の五十四繰下、平二七厚労令一九・平二八厚労令五三・平二九厚労令四八・令六厚労令一一五・一部改正）

（法第百十五条の四十七第四項の厚生労働省令で定める者）

第百四十条の六十八の二　法第百十五条の四十七第四項の厚生労働省令で定める者は、次に掲げる者とする。

一　指定居宅介護支援事業者

二　法第百十五条の四十五第二項第一号に掲げる事業（次条において「総合相談支援事業」という。）の一部を適切、公正、中立かつ効率的に実施することができる法人であって、老人福祉法第二十条の七の二第一項に規定する老人介護支援センターの設置者、地方自治法第二百八十四条第一項に規定する一部事務組合又は広域連合を組織する市町村、医療法人、社会福祉法人、特定非営利活動促進法第二条第二項の規定に基づき設立された特定非営利活動法人その他市町村が適当と認めるもの（地域包括支援センターの設置者を除く。）

（令六厚労令一一五・追加）

（法第百十五条の四十五第二項第一号に掲げる事業の一部の委託の要件）

第百四十条の六十八の三　法第百十五条の四十七第四項前段の規定により、地域包括支援センターの設置者（市町村を除く。次項において同じ。）が総合相談支援事業の一部を、前条に掲げる者に委託しようとするときは、あらかじめ、次の各号に掲げる事項について、地域包括支援センター運営協議会の意見を聴いた上で、市町村長に届け出なければならない。

一　委託しようとする事業所の名称及び所在地

5　市町村は、介護予防・日常生活支援総合事業（第一号介護予防支援事業にあっては、居宅要支援被保険者に係るものに限る。）については、当該介護予防・日常生活支援総合事業を適切に実施することができるものとして厚生労働省令で定める基準に適合する者に対して、当該介護予防・日常生活支援総合事業の実施を委託することができる。

6　前項の規定により第一号介護予防支援事業の実施の委託を受けた者は、厚生労働省令で定めるところにより、当該委託を受けた事業の一部を、厚生労働省令で定める者に委託することができる。

二　委託しようとする事業の内容、期間、担当する区域並びに営業日及び営業時間

三　委託しようとする事業を担当する職員の職種及び員数

2　地域包括支援センターの設置者は、前項各号に掲げる事項を変更しようとするときは、あらかじめ、地域包括支援センター運営協議会の意見を聴いた上で、その旨を市町村長に届け出なければならない。

3　地域包括支援センターの設置者は、総合相談支援事業の一部を委託する上で必要な情報を当該委託を受けた者に提供しなければならない。

（令六厚労令一五・追加）

（法第百十五条の四十七第四項後段の厚生労働省令で定める方針）

第百四十条の六十八の四　法第百十五条の四十七第四項後段の厚生労働省令で定めるところにより市町村が示す方針は、次に掲げる方針とする。

一　当該市町村の地域包括ケアシステムの構築方針

二　当該包括的支援事業が実施される区域ごとのニーズに応じて重点的に行うべき業務の方針

三　介護事業者、医療機関、民生委員及びボランティアその他の関係者とのネットワーク構築の方針

四　当該市町村との連携方針

五　当該包括的支援事業の実施に係る公正性及び中立性確保のための方針

六　その他地域の実情に応じて地域包括支援センター運営協議会が必要であると判断した方針

（令六厚労令一五・追加）

（法第百十五条の四十七第五項の厚生労働省令で定める基準）

第百四十条の六十九　法第百十五条の四十七第五項の厚生労働省令で定める基準は、次のとおりとする。

一　第百四十条の六十二の三第二項各号に掲げる基準を遵守している者であること。

二　第一号介護予防支援事業を実施する場合にあっては、地域包括支援センターの設置者であること。

（平二七厚労令五七・全改、令六厚労令一五・一部改正）

（法第百十五条の四十五第一項第一号ニに掲げる事業の委託の届出）

第百四十条の七十　法第百十五条の四十七第六項の規定により、同条

法律

7　市町村長は、介護予防・日常生活支援総合事業について、第一項又は第五項の規定により、その実施を委託した場合には、当該委託を受けた者（第九項、第百八十条第一項並びに第百八十一条第二項及び第三項において「受託者」という。）に対する当該実施に必要な費用の支払決定に係る審査及び支払の事務を連合会に委託することができる。

8　前項の規定による委託を受けた連合会は、当該委託をした市町村長の同意を得て、厚生労働省令で定めるところにより、当該委託を受けた事務の一部を、営利を目的としない法人であって厚生労働省令で定める要件に該当するものに委託することができる。

施行令

施行規則

第五項の規定により法第百十五条の四十五第一項第一号ニに掲げる事業の実施の委託を受けた者（以下この条において「受託者」という。）が、その事業の一部を、次条に規定する者に委託しようとするときは、あらかじめ、次の各号に掲げる事項について市町村長に届け出なければならない。

一　法第百十五条の四十五第一項第一号ニに掲げる事業の一部を委託しようとする事業所の名称及び所在地

二　委託しようとする法第百十五条の四十五第一項第一号ニに掲げる事業の内容

三　法第百十五条の四十五第一項第一号ニに掲げる事業の一部を委託しようとする期間

2　受託者は前項各号に掲げる事項を変更しようとするときは、あらかじめ、その旨を市町村長に届け出なければならない。

3　受託者は、法第百十五条の四十五第一項第一号ニに掲げる事業の一部を委託する上で必要な情報を当該委託を受けた者に提供しなければならない。

（平二四厚労令二五・追加、平二七厚労令五七・令六厚労令一五・一部改正）

（法第百十五条の四十七第六項の厚生労働省令で定める者）

第百四十条の七十一　法第百十五条の四十七第六項の厚生労働省令で定める者は、指定居宅介護支援事業者とする。

（平二四厚労令二五・追加、平二七厚労令五七・令六厚労令一五・一部改正）

（審査及び支払の事務の一部を受託できる法人）

第百四十条の七十一の二　法第百十五条の四十七第八項の規定により国民健康保険団体連合会が審査及び支払に関する事務の一部を委託する場合は、当該事務を実施するために必要な電子計算機であって当該国民健康保険団体連合会が備えるものと同等以上の当該事務に関する処理機能を有するものを備え、当該事務を適正かつ確実に実施できると認める法人に対して委託するものとする。

（平二七厚労令五七・追加、令六厚労令一五・一部改正）

9　受託者は、介護予防・日常生活支援総合事業の利用者に対し、厚生労働省令で定めるところにより、利用料を請求することができる。

10　市町村は、第百十五条の四十五第三項各号に掲げる事業の全部又は一部について、老人福祉法第二十条の七の二第一項に規定する老人介護支援センターの設置者その他の当該市町村が適当と認める者に対し、その実施を委託することができる。

（平一七法七七・追加、平二〇法四二・旧第百十五条の四十繰下・一部改正、平二三法七二・旧第百十五条の四十六繰下・一部改正、平二五法四四・平二六法八三・令五法三一・一部改正）

（会議）

第百十五条の四十八　市町村は、第百十五条の四十五第二項第三号に掲げる事業の効果的な実施のために、介護支援専門員、保健医療及び福祉に関する専門的知識を有する者、民生委員その他の関係者、関係機関及び関係団体（以下この条において「関係者等」という。）により構成される会議（以下この条において「会議」という。）を置くように努めなければならない。

2　会議は、厚生労働省令で定めるところにより、要介護被保険者その他の厚生労働省令で定める被保険者（以下この項において「支援対象被保険者」という。）への適切な支援を図るために必要な検討を行うとともに、支援対象被保険者が地域において自立した日常生活を営むために必要な支援体制に関する検討を行うものとする。

3　会議は、前項の検討を行うため必要があると認めるときは、関係者等に対し、資料又は情報の提供、意見の開陳その他必要な協力を求めることができる。

4　関係者等は、前項の規定に基づき、会議から資料又は情報の提供、意見の開陳その他必要な協力の求めがあった場合には、これに協力するよう努めなければならない。

（利用料）

第百四十条の七十二　法第百十五条の四十七第九項の規定による利用料に関する事項は、市町村が定める。

2　市町村は、前項の規定により利用料を定めるに当たっては、当該利用料に係る事業の内容を勘案し、ふさわしい利用料となるよう定めるものとする。

（平二四厚労令二五・追加、平二七厚労令五七・令六厚労令一五・一部改正）

（会議）

第百四十条の七十二の二　法第百十五条の四十八第一項に規定する会議は、次に掲げる事項について検討を行うものとする。

一　次条に定める被保険者（第四号において「支援対象被保険者」という。）の健康上及び生活上の課題の解決に資する支援の内容に関する事項（次号に掲げるものを除く。）

二　指定居宅介護支援等基準第十三条第十八号の二の規定により届け出られた居宅サービス計画に関する事項

三　地域における介護の提供に携わる者その他の関係者の連携の強化に関する事項

四　支援対象被保険者に共通する課題の把握に関する事項

五　地域における介護の提供に必要な社会資源の改善及び開発に関する事項

六　地域における自立した日常生活の支援のために必要な施策及び事業に関する事項

（平三〇厚労令三〇・追加）

（支援対象被保険者の範囲）

第百四十条の七十二の三　法第百十五条の四十八第二項に規定する厚生労働省令で定める被保険者は、次に掲げる被保険者とする。

一　要介護被保険者

二　居宅要支援被保険者等

三　その他市町村が支援が必要と認める被保険者

（平二七厚労令五七・追加、平三〇厚労令三〇・旧第百四十条の七十二の二繰下）

5 会議の事務に従事する者又は従事していた者は、正当な理由がなく、会議の事務に関して知り得た秘密を漏らしてはならない。

6 前各項に定めるもののほか、会議の組織及び運営に関し必要な事項は、会議が定める。

（平二六法八三・追加、平二九法五二・一部改正）

（保健福祉事業）

第百十五条の四十九 市町村は、地域支援事業のほか、要介護被保険者を現に介護する者の支援のために必要な事業、被保険者が要介護状態等となることを予防するために必要な事業、指定居宅サービス及び指定居宅介護支援の事業並びに介護保険施設の運営その他の保険給付のために必要な事業、被保険者が利用する介護給付等対象サービスのための費用に係る資金の貸付けその他の必要な事業を行うことができる。

（平一七法七七・追加、平二〇法四二・旧第百十五条の四十一繰下、平二三法七二・旧第百十五条の四十七繰下、平二六法八三・旧第百十五条の四十八繰下）

第七章　介護保険事業計画

（平一七法七七・旧第六章繰下）

（基本指針）

第百十六条 厚生労働大臣は、地域における医療及び介護の総合的な確保の促進に関する法律（平成元年法律第六十四号）第三条第一項に規定する総合確保方針に即して、介護保険事業に係る保険給付の円滑な実施を確保するための基本的な指針（以下「基本指針」という。）を定めるものとする。

＊〔告〕介護保険事業に係る保険給付の円滑な実施を確保するための基本的な指針（令六厚労告一八）

2 基本指針においては、次に掲げる事項について定めるものとする。

一 介護給付等対象サービスを提供する体制の確保及び地域支援事業の実施に関する基本的事項

二 次条第一項に規定する市町村介護保険事業計画において同条第二項第一号の介護給付等対象サービスの種類ごとの量の見込みを定めるに当たって参酌すべき標準その他当該市町村介護保険事業計画及び第百十八条第一項に規定する都道府県介護保険事業支援計画の作成に関する事項

三 その他介護保険事業に係る保険給付の円滑な実施を確保するた

第五章の二　介護保険事業計画

（平三〇厚労令三〇・追加）

めに必要な事項

3　厚生労働大臣は、基本指針を定め、又はこれを変更するに当たっては、あらかじめ、総務大臣その他関係行政機関の長に協議しなければならない。

4　厚生労働大臣は、基本指針を定め、又はこれを変更したときは、遅滞なく、これを公表しなければならない。

（平一一法一六〇・平一七法七七・平二六法八三・一部改正）

（市町村介護保険事業計画）

第百十七条　市町村は、基本指針に即して、三年を一期とする当該市町村が行う介護保険事業に係る保険給付の円滑な実施に関する計画（以下「市町村介護保険事業計画」という。）を定めるものとする。

2　市町村介護保険事業計画においては、次に掲げる事項を定めるものとする。

一　当該市町村が、その住民が日常生活を営んでいる地域として、地理的条件、人口、交通事情その他の社会的条件、介護給付等対象サービスを提供するための施設の整備の状況その他の条件を総合的に勘案して定める区域ごとの当該区域における各年度の認知症対応型共同生活介護、地域密着型特定施設入居者生活介護及び地域密着型介護老人福祉施設入所者生活介護に係る必要利用定員総数その他の介護給付等対象サービスの種類ごとの量の見込み

二　各年度における地域支援事業の量の見込み

三　被保険者の地域における自立した日常生活の支援、要介護状態等となることの予防又は要介護状態等の軽減若しくは悪化の防止及び介護給付等に要する費用の適正化に関し、市町村が取り組むべき施策に関する事項

四　前号に掲げる事項の目標に関する事項

3　市町村介護保険事業計画においては、前項各号に掲げる事項のほか、次に掲げる事項について定めるよう努めるものとする。

一　前項第一号の必要利用定員総数その他の介護給付等対象サービスの種類ごとの見込量の確保のための方策

二　各年度における地域支援事業に要する費用の額及び地域支援事業の見込量の確保のための方策

三　介護給付等対象サービスの種類ごとの量、保険給付に要する費用の額、地域支援事業の量、地域支援事業に要する費用の額及び保険料の水準に関する中長期的な推計

四　介護支援専門員その他の介護給付等対象サービス及び地域支援事業に従事する者の確保及び資質の向上に資する都道府県と連携

法律

した取組に関する事項

五　介護給付等対象サービスの提供又は地域支援事業の実施のための事業所又は施設における業務の効率化、介護サービスの質の向上その他の生産性の向上に資する都道府県と連携した取組に関する事項

六　指定居宅サービスの事業、指定地域密着型サービスの事業又は指定居宅介護支援の事業を行う者相互間の連携の確保に関する事業その他の介護給付等対象サービス（介護給付に係るものに限る。）の円滑な提供を図るための事業に関する事項

七　指定介護予防サービスの事業、指定地域密着型介護予防サービスの事業又は指定介護予防支援の事業を行う者相互間の連携の確保に関する事業その他の介護給付等対象サービス（予防給付に係るものに限る。）の円滑な提供及び地域支援事業の円滑な実施を図るための事業に関する事項

八　認知症である被保険者の地域における自立した日常生活の支援に関する事項、教育、地域づくり及び雇用に関する施策その他の関連施策との有機的な連携に関する事項その他の認知症に関する施策の総合的な推進に関する事項

九　前項第一号の区域ごとの当該区域における老人福祉法第二十九条第一項の規定による届出が行われている有料老人ホーム及び高齢者の居住の安定確保に関する法律（平成十三年法律第二十六号）第七条第五項に規定する登録住宅（次条第三項第七号において「登録住宅」という。）のそれぞれの入居定員総数（特定施設入居者生活介護、地域密着型特定施設入居者生活介護又は介護予防特定施設入居者生活介護の事業を行う事業所に係る第四十一条第一項本文、第四十二条の二第一項本文又は第五十三条第一項本文の指定を受けていないものに係るものに限る。次条第三項第七号において同じ。）

十　地域支援事業と高齢者保健事業及び国民健康保険保健事業の一体的な実施に関する事項、居宅要介護被保険者及び居宅要支援被保険者に係る医療その他の医療との連携に関する事項、高齢者の居住に係る施策との連携に関する事項その他の被保険者の地域における自立した日常生活の支援のため必要な事項

4　市町村介護保険事業計画は、当該市町村の区域における人口構造の変化の見通し、要介護者等の人数、要介護者等の介護給付等対象

施行令

施行規則

サービスの利用に関する意向その他の事情を勘案して作成されなければならない。

5　市町村は、第二項第一号の規定により当該市町村が定める区域ごとにおける被保険者の心身の状況、その置かれている環境その他の事情を正確に把握するとともに、第百十八条の二第一項の規定により公表された結果その他の介護保険事業の実施の状況に関する情報を分析した上で、当該事情及び当該分析の結果を勘案するとともに、医療法第三十条の十八の五第一項の規定による協議の結果（同項第四号に掲げる事項に係るものに限る。）を考慮して、市町村介護保険事業計画を作成するよう努めるものとする。

6　市町村は、市町村介護保険事業計画の作成に当たっては、住民の加齢に伴う身体的、精神的及び社会的な特性を踏まえた医療及び介護の効果的かつ効率的な提供の重要性に留意するものとする。

7　市町村介護保険事業計画は、老人福祉法第二十条の八第一項に規定する市町村老人福祉計画と一体のものとして作成されなければならない。

8　市町村は、第二項第三号に規定する施策の実施状況及び同項第四号に規定する目標の達成状況に関する調査及び分析を行い、市町村介護保険事業計画の実績に関する評価を行うものとする。

9　市町村は、前項の評価の結果を公表するよう努めるとともに、これを都道府県知事に報告するものとする。

10　市町村介護保険事業計画は、地域における医療及び介護の総合的な確保の促進に関する法律第五条第一項に規定する市町村計画との整合性の確保が図られたものでなければならない。

11　市町村介護保険事業計画は、社会福祉法第百七条第一項に規定する市町村地域福祉計画、高齢者の居住の安定確保に関する法律第四条の二第一項に規定する市町村高齢者居住安定確保計画その他の法律の規定による計画であって要介護者等の保健、医療、福祉又は居住に関する事項を定めるものと調和が保たれたものでなければならない。

12　市町村は、市町村介護保険事業計画を定め、又は変更しようとするときは、あらかじめ、被保険者の意見を反映させるために必要な措置を講ずるものとする。

13　市町村は、市町村介護保険事業計画（第二項第一号及び第二号に掲げる事項に係る部分に限る。）を定め、又は変更しようとするときは、あらかじめ、都道府県の意見を聴かなければならない。

14　市町村は、市町村介護保険事業計画を定め、又は変更したときは、遅滞なく、これを都道府県知事に提出しなければならない。

（平一七法七七・平一八法八三・平二三法七二・平二六法八三・平二八法四七・平二九法五二・令元法九・令二法五二・令五法三一・一部改正）

（都道府県介護保険事業支援計画）

第百十八条　都道府県は、基本指針に即して、三年を一期とする介護保険事業に係る保険給付の円滑な実施の支援に関する計画（以下「都道府県介護保険事業支援計画」という。）を定めるものとする。

2　都道府県介護保険事業支援計画においては、次に掲げる事項を定めるものとする。

一　当該都道府県が定める区域ごとに当該区域における各年度の介護専用型特定施設入居者生活介護、地域密着型特定施設入居者生活介護及び地域密着型介護老人福祉施設入所者生活介護に係る必要利用定員総数、介護保険施設の種類ごとの必要入所定員総数その他の介護給付等対象サービスの量の見込み

二　都道府県内の市町村によるその被保険者の地域における自立した日常生活の支援、要介護状態等となることの予防又は要介護状態等の軽減若しくは悪化の防止及び介護給付等に要する費用の適正化に関する取組への支援に関し、都道府県が取り組むべき施策に関する事項

三　前号に掲げる事項の目標に関する事項

3　都道府県介護保険事業支援計画においては、前項各号に掲げる事項のほか、次に掲げる事項について定めるよう努めるものとする。

一　介護保険施設その他の介護給付等対象サービスを提供するための施設における生活環境の改善を図るための事業に関する事項

二　介護サービス情報の公表に関する事項

三　介護支援専門員その他の介護給付等対象サービス及び地域支援事業に従事する者の確保及び資質の向上に資する事業に関する事項

四　介護給付等対象サービスの提供又は地域支援事業の実施のための事業所又は施設における業務の効率化、介護サービスの質の向上その他の生産性の向上に資する事業に関する事項

五　介護保険施設相互間の連携の確保に関する事業その他の介護給付等対象サービスの円滑な提供を図るための事業に関する事項

六　介護予防・日常生活支援総合事業及び第百十五条の四十五第二項各号に掲げる事業に関する市町村相互間の連絡調整を行う事業に関する事項

七　前項第一号の区域ごとの当該区域における老人福祉法第二十九条第一項の規定による届出が行われている有料老人ホーム及び登録住宅のそれぞれの入居定員総数

4　都道府県介護保険事業支援計画においては、第二項各号に掲げる事項及び前項各号に掲げる事項のほか、第二項第一号の規定により当該都道府県が定める区域ごとに当該区域における各年度の混合型特定施設入居者生活介護に係る必要利用定員総数を定めることができる。

5　都道府県は、次条第一項の規定により公表された結果その他の介護保険事業の実施の状況に関する情報を分析した上で、当該分析の結果を勘案して、都道府県介護保険事業支援計画を作成するよう努めるものとする。

6　都道府県は、都道府県介護保険事業支援計画の作成に当たっては、住民の加齢に伴う身体的、精神的及び社会的な特性を踏まえた医療及び介護の効果的かつ効率的な提供の重要性に留意するものとする。

7　都道府県介護保険事業支援計画は、老人福祉法第二十条の九第一項に規定する都道府県老人福祉計画と一体のものとして作成されなければならない。

8　都道府県は、第二項第二号に規定する施策の実施状況及び同項第三号に規定する目標の達成状況に関する調査及び分析を行い、都道府県介護保険事業支援計画の実績に関する評価を行うものとする。

9　都道府県は、前項の評価の結果を公表するよう努めるとともに、当該結果及び都道府県内の市町村の前条第八項の評価の結果を厚生労働大臣に報告するものとする。

10　都道府県介護保険事業支援計画は、地域における医療及び介護の総合的な確保の促進に関する法律第四条第一項に規定する都道府県計画及び医療法第三十条の四第一項に規定する医療計画との整合性の確保が図られたものでなければならない。

11　都道府県介護保険事業支援計画は、社会福祉法第百八条第一項に規定する都道府県地域福祉支援計画、高齢者の居住の安定確保に関する法律第四条第一項に規定する都道府県高齢者居住安定確保計画その他の法律の規定による計画であって要介護者等の保健、医療、福祉又は居住に関する事項を定めるものと調和が保たれたものでなければならない。

12　都道府県は、都道府県介護保険事業支援計画を定め、又は変更したときは、遅滞なく、これを厚生労働大臣に提出しなければならない。

法律施行令

施行規則

（平一一法一六〇・平一二法一四一・平一七法七七・平一八法二〇・平一八法八三・平一八法八四・平二三法七二・平二六法八三・平二八法四七・平二九法五二・令二法五二・令五法三一・一部改正）

（市町村介護保険事業計画の作成等のための調査及び分析等）

第百十八条の二　厚生労働大臣は、市町村介護保険事業計画及び都道府県介護保険事業支援計画の作成、実施及び評価並びに国民の健康の保持増進及びその有する能力の維持向上に資するため、次に掲げる事項に関する情報（以下「介護保険等関連情報」という。）のうち、第一号及び第二号に掲げる事項について調査及び分析を行い、その結果を公表するものとするとともに、第三号及び第四号に掲げる事項について調査及び分析を行い、その結果を公表するよう努めるものとする。

一　介護給付等に要する費用の額に関する地域別、年齢別又は要介護認定及び要支援認定別の状況その他の厚生労働省令で定める事項

二　被保険者の要介護認定及び要支援認定における調査に関する状況その他の厚生労働省令で定める事項

三　訪問介護、訪問入浴介護その他の厚生労働省令で定めるサービスを利用する要介護者等の心身の状況等、当該要介護者等に提供される当該サービスの内容その他の厚生労働省令で定める事項

四　地域支援事業の実施の状況その他の厚生労働省令で定める事項

（市町村介護保険事業計画の作成等のための調査及び分析）

第百四十条の七十二の五　法第百十八条の二第一項第一号の厚生労働省令で定める事項は、介護給付等に要する費用の額に関する地域別、年齢別又は要介護認定及び要支援認定別の情報並びにこれらに準ずる情報とする。

2　法第百十八条の二第一項第二号の厚生労働省令で定める事項は、被保険者の要介護認定及び要支援認定における調査に関する情報並びにこれらに準ずる情報とする。

3　法第百十八条の二第一項第三号の厚生労働省令で定めるサービスは、居宅サービス、地域密着型サービス、居宅介護支援、施設サービス、介護予防サービス、地域密着型介護予防サービス及び介護予防支援とする。

4　法第百十八条の二第一項第三号の厚生労働省令で定める事項は、前項に定めるサービスを利用する法第七条第五項に規定する要介護者等の心身の状況等及び当該要介護者等に提供される当該サービスの内容に関する情報並びに法第七条第五項に規定する特定介護予防・日常生活支援総合事業（以下「特定介護予防・日常生活支援総合事業」という。）を利用する居宅要支援被保険者等の心身の状況等及び当該居宅要支援被保険者等に提供される当該特定介護予防・日常生活支援総合事業の内容に関する情報とする。

5　法第百十八条の二第一項第四号の厚生労働省令で定める事項は、地域支援事業の実施の状況及び第百四十条の六十二の四第二号に規定する厚生労働大臣が定める基準の該当の有無の判断に係る調査並

2　市町村は、厚生労働大臣に対し、前項第一号及び第二号に掲げる事項に関する情報を、厚生労働省令で定める方法により提供しなければならない。

3　厚生労働大臣は、必要があると認めるときは、都道府県、市町村、介護サービス事業者及び特定介護予防・日常生活支援総合事業を行う者に対し、介護保険等関連情報を、厚生労働省令で定める方法により提供するよう求めることができる。

（平二九法五二・追加、令元法九・令二法五二・一部改正）

（国民の保健医療の向上及び福祉の増進のための匿名介護保険等関連情報の利用又は提供）

びにこれらに準ずる情報とする。

6　法第百十八条の二第二項の規定により、厚生労働大臣に対し同条第一項第一号及び第二号に掲げる事項に関する情報を提供する場合には、市町村は、当該情報を、電子情報処理組織（市町村が使用する電子計算機（入出力装置を含む。以下同じ。）と国民健康保険団体連合会が使用する電子計算機とを電気通信回線で接続した電子情報処理組織をいう。）を使用する方法又は当該情報を記録した光ディスクその他の電磁的記録媒体を提出する方法により提出しなければならない。

7　前項の規定は、法第百十八条の二第三項に規定する厚生労働大臣からの求めに応じ、都道府県、市町村、介護サービス事業者及び特定介護予防・日常生活支援総合事業を行う者が、法第百十八条の二第一項に規定する介護保険等関連情報（以下「介護保険等関連情報」という。）を提供する場合について準用する。この場合において、前項中「市町村が使用する電子計算機（入出力装置を含む。以下同じ。）と国民健康保険団体連合会が使用する電子計算機」とあるのは、「都道府県若しくは市町村が使用する電子計算機（入出力装置を含む。以下同じ。）と国民健康保険団体連合会が使用する電子計算機又は介護サービス事業者若しくは特定介護予防・日常生活支援総合事業を行う者が使用する電子計算機と厚生労働省が使用する電子計算機」と読み替えるものとする。

（平三〇厚労令三〇・追加、平三一厚労令三五・令二厚労令一六二・令三厚労令四三・令五厚労令一六一・一部改正）

（市町村長又は都道府県知事に対する介護保険等関連情報の提供）

第百四十条の七十二の六　厚生労働大臣は、市町村長又は都道府県知事から、市町村介護保険事業計画若しくは都道府県介護保険事業支援計画（法第百十八条第一項に規定する都道府県介護保険事業支援計画をいう。）（以下「市町村介護保険事業計画等」という。）の作成、市町村介護保険事業計画等に基づく施策の実施又は市町村介護保険事業計画等の達成状況の評価に資することを目的とする調査及び分析を行うため、介護保険等関連情報の提供を求められた場合であって、当該介護保険等関連情報を提供する必要があると認めるときは、当該介護保険等関連情報を市町村長又は都道府県知事に提供することができる。

（令二厚労令一六二・追加）

（法第百十八条の三第一項の厚生労働省令で定める者）

第百四十条の七十二の七　法第百十八条の三第一項の厚生労働省令で

法律

第百十八条の三　厚生労働大臣は、国民の保健医療の向上及び福祉の増進に資するため、匿名介護保険等関連情報（介護保険等関連情報に係る特定の被保険者その他の厚生労働省令で定める者（次条において「本人」という。）を識別すること及びその作成に用いる介護保険等関連情報を復元することができないようにするために厚生労働省令で定める基準に従い加工した介護保険等関連情報をいう。以下同じ。）を利用し、又は厚生労働省令で定めるところにより、次の各号に掲げる者であって、匿名介護保険等関連情報の提供を受けて行うことについて相当の公益性を有すると認められる業務としてそれぞれ当該各号に定めるものを行うものに提供することができる。

一　国の他の行政機関及び地方公共団体　保険給付に係る保健医療サービス及び福祉サービスに関する施策、要介護状態等となることの予防又は要介護状態等の軽減若しくは悪化の防止のための施策並びに地域における自立した日常生活の支援のための施策の企画及び立案に関する調査

二　大学その他の研究機関　国民の健康の保持増進及びその有する能力の維持向上並びに介護保険事業に関する研究

施行令

施行規則

定める者は、介護保険等関連情報に係る特定の被保険者及びこれに準ずる者とする。

（令二厚労令一六二・追加）

（法第百十八条の三第一項の厚生労働省令で定める基準）

第百四十条の七十二の八　法第百十八条の三第一項の厚生労働省令で定める基準は、次のとおりとする。

一　介護保険等関連情報に含まれる前条に規定する者を識別することができる記述等の全部又は一部を削除すること（当該全部又は一部の記述等を復元することのできる規則性を有しない方法により他の記述等に置き換えることを含む。）。

二　介護保険等関連情報に含まれる個人識別符号（個人情報の保護に関する法律（平成十五年法律第五十七号）第二条第二項に規定する個人識別符号をいう。）の全部を削除すること（当該個人識別符号を復元することのできる規則性を有しない方法により他の記述等に置き換えることを含む。）。

三　介護保険等関連情報と当該介護保険等関連情報に措置を講じて得られる情報とを連結する符号（現に厚生労働大臣において取り扱う情報を相互に連結する符号に限る。）を削除すること（当該符号を復元することのできる規則性を有しない方法により当該介護保険等関連情報と当該介護保険等関連情報に措置を講じて得られる情報を連結することができない符号に置き換えることを含む。）。

四　特異な記述等を削除すること（当該特異な記述等を復元することのできる規則性を有しない方法により他の記述等に置き換えることを含む。）。

五　前各号に掲げる措置のほか、介護保険等関連情報に含まれる記述等と当該介護保険等関連情報を含む介護保険等関連情報データベース（介護保険等関連情報を含む情報の集合物であって、特定の介護保険等関連情報を電子計算機を用いて検索することができるように体系的に構成したものをいう。）を構成する他の介護保険等関連情報に含まれる記述等との差異その他の当該介護保険等関連情報データベースの性質を勘案し、その結果を踏まえて適切な措置を講ずること。

（令二厚労令一六二・追加）

（匿名介護保険等関連情報の提供に係る手続等）

第百四十条の七十二の九　法第百十八条の三第一項の規定により匿名介護保険等関連情報（同項に規定する匿名介護保険等関連情報をいう。以下同じ。）の提供を受けようとする同項各号に掲げる者（当該提供を受けようとする同項各号に掲げる者が複数あるときは、当該複数の者。以下「提供申出者」という。）は、次に掲げる事項を記載した書類（以下「提供申出書」という。）に、厚生労働大臣が当該匿名介護保険等関連情報の提供に係る事務処理のために必要と認める資料を添付して、厚生労働大臣に提出することにより、当該匿名介護保険等関連情報の提供の申出をしなければならない。

一　提供申出者が公的機関（国の行政機関（厚生労働省を除く。）又は地方公共団体をいう。以下同じ。）であるときは、次に掲げる事項

イ　当該公的機関の名称

ロ　担当する部局又は機関の名称、所在地及び連絡先

二　提供申出者が法人等（法人その他の団体で代表者又は管理人の定めがあるものをいう。以下同じ。）であるときは、次に掲げる事項

イ　当該法人等の名称及び住所

ロ　当該法人等の代表者又は管理人の氏名、職名及び連絡先

三　提供申出者が個人であるときは、次に掲げる事項

イ　当該個人の氏名、生年月日及び住所

ロ　当該個人の職業、所属、職名及び連絡先

四　提供申出者が前三号に掲げる者以外の者であるときは、当該者を第一号の公的機関とみなし、同号に掲げる事項

五　代理人によって申出をするときは、次に掲げる事項

イ　当該代理人の氏名、生年月日及び住所

ロ　当該代理人の職業、所属、職名及び連絡先

六　当該匿名介護保険等関連情報を取り扱う者の氏名、職業、所属、職名及び連絡先

七　当該匿名介護保険等関連情報の抽出対象期間、種類及び抽出条件その他の当該匿名介護保険等関連情報を特定するために必要な事項

八　当該匿名介護保険等関連情報の利用場所（日本国内に限る。）並びに保管場所（日本国内に限る。）及び管理方法

九　当該匿名介護保険等関連情報の利用目的

十　当該匿名介護保険等関連情報の情報量が、前号に規定する利用目的に照らして必要最小限である旨及びその判断の根拠となる情

法律

施行令

施行規則

報

十一　当該匿名介護保険等関連情報を取り扱う者が第百四十条の七十二の十三第二号イ(1)から(3)までに掲げる者に該当しない旨

十二　前各号に掲げるもののほか、提供申出者の行う業務が当該匿名介護保険等関連情報の提供を受けて行うことについて相当の公益性を有すると認められる業務に該当することを確認するために必要な事項として、次のイからチまでに定める事項

イ　次の(1)から(3)までに掲げる場合の区分に応じ、それぞれ当該(1)から(3)までに掲げる事項

(1)　提供申出者が公的機関である場合　当該匿名介護保険等関連情報の直接の利用目的が保険給付に係る保健医療サービス及び福祉サービスに関する施策、要介護状態等となることの予防又は要介護状態等の軽減若しくは悪化の防止のための施策並びに地域における自立した日常生活の支援のための施策の企画及び立案に関する調査に資する目的である旨

(2)　提供申出者が大学その他の研究機関である場合　当該匿名介護保険等関連情報の直接の利用目的が国民の健康の保持増進及びその有する能力の維持向上並びに介護保険事業に関する研究に資する目的である旨

(3)　提供申出者が次条に規定する者である場合　当該匿名介護保険等関連情報の直接の利用目的が第百四十条の七十二の十一第一項に規定する業務に資する目的である旨

ロ　当該匿名介護保険等関連情報の直接の利用目的である業務の名称、必要性、内容及び実施期間

ハ　当該匿名介護保険等関連情報を利用する手法及び期間並びに当該匿名介護保険等関連情報を利用して作成する成果物の内容

ニ　当該業務の成果物を公表する方法

ホ　個人及び法人の権利利益、国の安全等を害するおそれがない旨

ヘ　第百四十条の七十二の十三に規定する措置として講ずる内容

ト　当該匿名介護保険等関連情報の提供を受ける方法及び年月日

チ　イからトまでに掲げるもののほか、厚生労働大臣が特に必要と認める事項

2　提供申出者は、前項に規定する申出をするときは、厚生労働大臣に対し、次に掲げる書類を提示し、又は提出するものとする。

一　提供申出書及びこれに添付すべき資料（以下「提供申出書等」という。）に記載されている提供申出者（提供申出者が個人である場合に限る。）及びその代理人の氏名、生年月日及び住所と同一の氏名、生年月日及び住所が記載されている運転免許証、健康保険法第五十一条の三第一項に規定する書面、船員保険法（昭和十四年法律第七十三号）第二十八条の二第一項に規定する書面、国民健康保険法第九条第二項（同法第二十二条において準用する場合を含む。）に規定する書面若しくは高齢者の医療の確保に関する法律第五十四条第三項に規定する書面、防衛省の職員の給与等に関する法律（昭和二十七年法律第二百六十六号）第二十二条第六項に規定する書面、国家公務員共済組合法（昭和三十三年法律第百二十八号）第五十三条の二第一項（私立学校教職員共済法（昭和二十八年法律第二百四十五号。以下「私学共済法」という。）第二十五条において同項の規定を読み替えて準用する場合を含む。）に規定する書面又は地方公務員等共済組合法（昭和三十七年法律第百五十二号）第五十五条の二第一項に規定する書面、介護保険の被保険者証、健康保険日雇特例被保険者手帳、番号利用法第二条第七項に規定する個人番号カード、出入国管理及び難民認定法（昭和二十六年政令第三百十九号）第十九条の三に規定する在留カード、日本国との平和条約に基づき日本の国籍を離脱した者等の出入国管理に関する特例法（平成三年法律第七十一号）第七条第一項に規定する特別永住者証明書で申出の日において有効なものその他これらの者が本人であることを確認するに足りる書類

二　提供申出者が法人等であるときは、提供申出書等に記載されている当該法人等の名称及び住所並びに代表者又は管理人の氏名と同一の名称及び住所並びに氏名が記載されている登記事項証明書又は印鑑登録証明書で申出日前六月以内に作成されたものその他その者が本人であることを確認するに足りる書類

三　代理人によって申出をするときは、代理権を証明する書面

3　提供申出者は、匿名介護保険等関連情報を次の表の上欄に掲げる情報（以下「連結対象情報」という。）と連結して利用することができる状態で提供を受けようとするときは、第一項に規定する提供の申出のほか、それぞれ同表の下欄に掲げる提供の申出をしなければならない。

高齢者の医療の確保に関する法	高齢者の医療の確保に関する法

法律

三　民間事業者その他の厚生労働省令で定める者　介護分野の調査研究に関する分析その他の厚生労働省令で定める業務（特定の商品又は役務の広告又は宣伝に利用するために行うものを除く。）

施行令

施行規則

律第十六条の二第一項に規定する匿名医療保険等関連情報（以下「匿名医療保険等関連情報」という。）	律施行規則（平成十九年厚生労働省令第百二十九号）第五条の五第一項に規定する提供の申出
高齢者の医療の確保に関する法律施行規則第五条の五第三項の表の上欄に掲げる情報（匿名介護保険等関連情報を除く。）	同表の下欄に掲げる提供の申出

4　厚生労働大臣は、第一項の規定により提出された提供申出書等に不備があり、又はこれらに記載すべき事項の記載が不十分であると認めるときは、提供申出者に対して、説明を求め、又は当該提供申出書等の訂正を求めることができる。

5　厚生労働大臣は、第一項の規定による申出を受けた場合において、当該申出に応じることが適当と認めるときは、提供申出者に対し、当該申出に係る匿名介護保険等関連情報の提供を行う旨を通知するものとする。

6　前項の通知を受けた提供申出者は、当該通知に係る匿名介護保険等関連情報の提供の実施を求めるときは、必要な事項を記載した依頼書に、厚生労働大臣が必要と認める書類を添付して、厚生労働大臣に提出するものとする。

7　提供申出者は、第一項の規定により提出した提供申出書に記載した事項を変更しようとするときは、あらかじめ、当該変更しようとする事項を厚生労働大臣に申し出なければならない。

（令二厚労令一六二・追加・一部改正、令六厚労令五六・令六厚労令一一九・一部改正）

（法第百十八条の三第一項第三号の厚生労働省令で定める者）

第百四十条の七十二の十　法第百十八条の三第一項第三号の厚生労働省令で定める者は、民間事業者又は補助金等に係る予算の執行の適正化に関する法律（昭和三十年法律第百七十九号）第二条第一項に規定する補助金等、地方自治法第二百三十二条の二（同法第二百八十三条第一項の規定により適用する場合を含む。）の規定により地方公共団体が支出する補助金若しくは国立研究開発法人日本医療研究開発機構法（平成二十六年法律第四十九号）第十六条第三号に掲げる業務として国立研究開発法人日本医療研究開発機構が交付する助成金を充てて次条第一項に定める業務を行う個人であって、次の各号のいずれにも該当しないものとする。

一　法、高齢者の医療の確保に関する法律、高齢者の医療の確保に関する法律施行規則第五条の五第三項の表の上欄に規定する法律（連結対象情報に係るものに限る。）、統計法（平成十九年法律第五十三号）若しくは個人情報の保護に関する法律又はこれらの法律に基づく命令の規定に違反し、罰金以上の刑に処せられ、その執行を終わり、又は執行を受けることがなくなった日から起算して五年を経過しない者

二　暴力団員による不当な行為の防止等に関する法律（平成三年法律第七十七号）第二条第六号に規定する暴力団員（以下この号において「暴力団員」という。）又は暴力団員でなくなった日から五年を経過しない者（以下「暴力団員等」という。）

三　法人等であって、その役員のうちに前二号のいずれかに該当する者がある者

四　暴力団員等がその事業活動を支配する者又は暴力団員等をその業務に従事させ、若しくは当該業務の補助者として使用するおそれのある者

五　前各号に掲げる者のほか、匿名介護保険等関連情報等（匿名介護保険等関連情報及び連結対象情報をいう。以下この号及び第百四十条の七十二の十三第二号において同じ。）を利用して不適切な行為をしたことがあるか、又は関係法令の規定に反した等の理由により高齢者の医療の確保に関する法律施行規則第五条の六第五号の表の上欄に掲げる匿名介護保険等関連情報等を提供することが不適切であるとそれぞれ同表の下欄に掲げる者が認めた者

（令二厚労令一六二・追加・一部改正、令四厚労令六四・令六厚労令五六・一部改正）

（法第百十八条の三第一項第三号の厚生労働省令で定める業務）

第百四十条の七十二の十一　法第百十八条の三第一項第三号の厚生労働省令で定める業務は、次の各号に掲げる業務とする。

一　介護分野の調査研究に関する分析であって、次に掲げる要件の全てに該当すると認められる業務

イ　匿名介護保険等関連情報を介護分野の調査研究の用に供することを直接の目的とすること。

ロ　匿名介護保険等関連情報を利用して行った分析の成果物が公表されること。

ハ　個人及び法人の権利利益、国の安全等を害するおそれがない

法律

施行令

施行規則

こと。

ニ　第百四十条の七十二の十三に規定する措置が講じられていること。

二　保険給付に係る保健医療サービス及び福祉サービスに関する施策、要介護状態等となることの予防又は要介護状態等の軽減若しくは悪化の防止のための施策並びに地域における自立した日常生活の支援のための施策の企画及び立案に関する調査であって、次に掲げる要件の全てに該当すると認められる業務

イ　匿名介護保険等関連情報を保険給付に係る保健医療サービス及び福祉サービスに関する施策、要介護状態等となることの予防又は要介護状態等の軽減若しくは悪化の防止のための施策並びに地域における自立した日常生活の支援のための施策の企画及び立案に関する調査の用に供することを直接の目的とすること。

ロ　匿名介護保険等関連情報を利用して行った調査の成果物が公表されること。

ハ　前号ハ及びニに掲げる要件に該当すること。

三　国民の健康の保持増進及びその有する能力の維持向上並びに介護保険事業に関する研究であって、次に掲げる要件の全てに該当すると認められる業務

イ　国民の健康の保持増進及びその有する能力の維持向上並びに介護保険事業に関する研究の用に供することを直接の目的とすること。

ロ　匿名介護保険等関連情報を利用して行った研究の成果物が公表されること。

ハ　第一号ハ及びニに掲げる要件に該当すること。

四　介護の経済性及び効率性に関する研究であって、次に掲げる要件の全てに該当すると認められる業務

イ　匿名介護保険等関連情報を介護の経済性及び効率性に関する研究の用に供することを直接の目的とすること。

ロ　匿名介護保険等関連情報を利用して行った研究の成果物が公表されること。

ハ　第一号ハ及びニに掲げる要件に該当すること。

五　国民の保健医療の向上及び福祉の増進に資する業務であって前各号に掲げるものに準ずるもののうち、次に掲げる要件の全てに該当すると認められる業務

2　厚生労働大臣は、前項の規定による利用又は提供を行う場合には、当該匿名介護保険等関連情報を健康保険法第百五十条の二第一項に規定する匿名診療等関連情報及び高齢者の医療の確保に関する法律第十六条の二第一項に規定する匿名医療保険等関連情報その他の厚生労働省令で定めるものと連結して利用し、又は連結して利用することができる状態で提供することができる。

3　厚生労働大臣は、第一項の規定により匿名介護保険等関連情報を提供しようとする場合には、あらかじめ、社会保障審議会の意見を聴かなければならない。

（令元法九・追加・一部改正）

（照合等の禁止）

第百十八条の四　前条第一項の規定により匿名介護保険等関連情報の提供を受け、これを利用する者（以下「匿名介護保険等関連情報利用者」という。）は、匿名介護保険等関連情報を取り扱うに当たっては、当該匿名介護保険等関連情報の作成に用いられた介護保険等関連情報に係る本人を識別するために、当該介護保険等関連情報から

イ　匿名介護保険等関連情報を国民の保健医療の向上及び福祉の増進に特に資する業務の用に供することを直接の目的とすること。

ロ　匿名介護保険等関連情報を利用して行った業務の内容が公表されること。

ハ　第一号ハ及びニに掲げる要件に該当すること。

2　提供申出者が行う業務が法第百十八条の三第二項の規定により匿名介護保険等関連情報を次の表の上欄に掲げる情報（連結対象情報に限る。）と連結して利用することができる状態で提供を受けようとするものであるときは、当該業務は、前項に掲げる業務のいずれかに該当するほか、それぞれ同表の下欄に掲げる業務のいずれかに該当するものでなければならない。

匿名医療保険等関連情報	高齢者の医療の確保に関する法律施行規則第五条の七第一項各号に掲げる業務
高齢者の医療の確保に関する法律施行規則第五条の七第二項の表の上欄に掲げる情報	同表の下欄に掲げる業務

（令二厚労令一六二・追加・一部改正、令六厚労令五六・一部改正）

（匿名介護保険等関連情報と連結して利用し、又は連結して利用することができる状態で提供することができる情報）

第百四十条の七十二の十二　法第百十八条の三第二項の厚生労働省令で定めるものは、連結対象情報とする。

（令二厚労令一六二・追加・一部改正、令六厚労令五六・一部改正）

法律

削除された記述等（文書、図画若しくは電磁的記録（電磁的方式（電子的方式、磁気的方式その他人の知覚によっては認識することができない方式をいう。）で作られる記録をいう。）に記載され、若しくは記録され、又は音声、動作その他の方法を用いて表された一切の事項をいう。）若しくは匿名介護保険等関連情報の作成に用いられた加工の方法に関する情報を取得し、又は当該匿名介護保険等関連情報を他の情報と照合してはならない。

（令元法九・追加）


（消去）

第百十八条の五　匿名介護保険等関連情報利用者は、提供を受けた匿名介護保険等関連情報を利用する必要がなくなったときは、遅滞なく、当該匿名介護保険等関連情報を消去しなければならない。

（令元法九・追加）


（安全管理措置）

第百十八条の六　匿名介護保険等関連情報利用者は、匿名介護保険等関連情報の漏えい、滅失又は毀損の防止その他の当該匿名介護保険等関連情報の安全管理のために必要かつ適切なものとして厚生労働省令で定める措置を講じなければならない。

（令元法九・追加）


（利用者の義務）

第百十八条の七　匿名介護保険等関連情報利用者又は匿名介護保険等関連情報利用者であった者は、匿名介護保険等関連情報の利用に関して知り得た匿名介護保険等関連情報の内容をみだりに他人に知らせ、又は不当な目的に利用してはならない。

（令元法九・追加）

（立入検査等）
第百十八条の八　厚生労働大臣は、この章の規定の施行に必要な限度において、匿名介護保険等関連情報利用者（国の他の行政機関を除く。以下この項及び次条において同じ。）に対し報告若しくは帳簿書類の提出若

施行令

施行規則

（法第百十八条の六の厚生労働省令で定める措置）
第百四十条の七十二の十三　法第百十八条の六の厚生労働省令で定める措置は、次に掲げる措置とする。
一　次に掲げる組織的な安全管理に関する措置
イ　匿名介護保険等関連情報の適正管理に係る基本方針を定めること。
ロ　匿名介護保険等関連情報を取り扱う者の権限及び責務並びに業務を明確にすること。
ハ　匿名介護保険等関連情報に係る管理簿を整備すること。
ニ　匿名介護保険等関連情報の適正管理に関する規程の策定及び実施並びにその運用の評価及び改善を行うこと。
ホ　匿名介護保険等関連情報の漏えい、滅失又は毀損の発生時における事務処理体制を整備すること。
二　次に掲げる人的な安全管理に関する措置
イ　匿名介護保険等関連情報を取り扱う者が、次のいずれにも該当しない者であることを確認すること。

しくは提示を命じ、又は当該職員に匿名介護保険等関連情報利用者に対して質問させ、若しくは匿名介護保険等関連情報利用者の事務所その他匿名介護保険等関連情報の利用に関係のある場所に立ち入り、その帳簿書類その他の物件を検査させることができる。

2　第二十四条第三項の規定は前項の規定による質問又は検査について、同条第四項の規定は前項の規定による権限について、それぞれ準用する。

（令元法九・追加）

（是正命令）

第百十八条の九　厚生労働大臣は、匿名介護保険等関連情報利用者が第百十八条の四から第百十八条の七までの規定に違反していると認めるときは、その者に対し、当該違反を是正するため必要な措置をとるべきことを命ずることができる。

（令元法九・追加）

（支払基金等への委託）

第百十八条の十　厚生労働大臣は、第百十八条の二第一項に規定する調査及び分析並びに第百十八条の三第一項の規定による利用又は提供に係る事務の全部又は一部を社会保険診療報酬支払基金法（昭和二十三年法律第百二十九号）による社会保険診療報酬支払基金（以下「支払基金」という。）又は連合会その他厚生労働省令で定める者（次条において「支払基金等」という。）に委託することができる。

（令元法九・追加）

(1)　第百四十条の七十二の十第一号に該当する者

(2)　暴力団員等

(3)　匿名介護保険等関連情報等を利用して不適切な行為をしたことがあるか、又は関係法令の規定に反した等の理由により高齢者の医療の確保に関する法律施行規則第五条の六第五号の表の上欄に掲げる匿名介護保険等関連情報等を取り扱うことが不適切であるとそれぞれ同表の下欄に掲げる者が認めた者

ロ　匿名介護保険等関連情報を取り扱う者に対する必要な教育及び訓練を行うこと。

三　次に掲げる物理的な安全管理に関する措置

イ　匿名介護保険等関連情報を取り扱う区域を特定すること。

ロ　匿名介護保険等関連情報を取り扱う区域として特定された区域への立入りの管理及び制限をするための措置を講ずること。

ハ　匿名介護保険等関連情報の取扱いに係る機器の盗難等の防止のための措置を講ずること。

ニ　匿名介護保険等関連情報を削除し、又は匿名介護保険等関連情報が記録された機器等を廃棄する場合には、復元不可能な手段で行うこと。

四　次に掲げる技術的な安全管理に関する措置

イ　匿名介護保険等関連情報を取り扱う電子計算機等において当該匿名介護保険等関連情報を処理することができる者を限定するため、適切な措置を講ずること。

ロ　匿名介護保険等関連情報を取り扱う電子計算機等が電気通信回線等に接続している場合、不正アクセス行為（不正アクセス行為の禁止等に関する法律（平成十一年法律第百二十八号）第二条第四項に規定する不正アクセス行為をいう。）を防止するため、適切な措置を講ずること。

ハ　匿名介護保険等関連情報を取り扱う電子計算機等が電気通信回線に接続していることに伴う匿名介護保険等関連情報の漏えい、滅失又は毀損を防止するため、適切な措置を講ずること。

法律

（手数料）

第百十八条の十一　匿名介護保険等関連情報利用者は、実費を勘案して政令で定める額の手数料を国（前条の規定により厚生労働大臣からの委託を受けて、支払基金等が第百十八条の三第一項の規定による匿名介護保険等関連情報の提供に係る事務の全部を行う場合にあっては、支払基金等）に納めなければならない。

施行令

第五章の二　手数料

（令二政二九九・追加）

（手数料の額等）

第三十七条の十七　法第百十八条の十一第一項の規定により匿名介護保険等関連情報利用者（法第百十八条の四に規定する匿名介護保険等関連情報利用者をいう。次条第二項及び第三項において同じ。）が納付すべき手数料の額は、匿名介護保険等関連情報（法第百十八条の三第一項に規定する匿名介護保険等関連情報をい

施行規則

五　次に掲げるその他の安全管理に関する措置

イ　匿名介護保険等関連情報の取扱いに関する業務を委託するときは、当該委託を受けた者が講ずる当該匿名介護保険等関連情報の安全管理のための必要かつ適切な措置について必要な確認を行うこと。

ロ　イの委託を受けた者に対する必要かつ適切な監督を行うこと。

ハ　匿名介護保険等関連情報を取り扱う者としてあらかじめ申し出た者以外の者が当該匿名介護保険等関連情報を取り扱うことを禁止すること。

（令二厚労令一六二・追加、令四厚労令六四・令六厚労令五六・一部改正）

（手数料に関する手続）

第百四十条の七十二の十四　厚生労働大臣は、法第百十八条の三第一項の規定により匿名介護保険等関連情報を提供するときは、匿名介護保険等関連情報利用者（法第百十八条の四に規定する匿名介護保険等関連情報利用者をいう。以下同じ。）に対し、当該匿名介護保険等関連情報利用者が納付すべき手数料（法第百十八条の十一第一項に規定する手数料をいう。以下同じ。）の額及び納付期限を通知するものとする。

2　前項の通知を受けた匿名介護保険等関連情報利用者は、納付期限までに手数料を納付しなければならない。

（令二厚労令一六二・追加）

2　厚生労働大臣は、前項の手数料を納めようとする者が都道府県その他の国民の保健医療の向上及び福祉の増進のために特に重要な役割を果たす者として政令で定める者であるときは、政令で定めるところにより、当該手数料を減額し、又は免除することができる。

3　第一項の規定により支払基金等に納められた手数料は、支払基金等の収入とする。

（令元法九・追加）

（都道府県知事の助言等）

第百十九条　都道府県知事は、市町村に対し、市町村介護保険事業計画の作成上の技術的事項について必要な助言をすることができる。

2　厚生労働大臣は、都道府県に対し、都道府県介護保険事業支援計画の作成の手法その他都道府県介護保険事業支援計画の作成上重要な技術的事項について必要な助言をすることができる。

（平一一法一六〇・一部改正）

（国の援助）

第百二十条　国は、市町村又は都道府県が、市町村介護保険事業計画又は都道府県介護保険事業支援計画に定められた事業を実施しようとするときは、当該事業が円滑に実施されるように必要な情報の提供、助言その他の援助の実施に努めるものとする。

（平一七法七七・一部改正）

（都道府県の支援）

第百二十条の二　都道府県は、第百十七条第五項の規定による市町村の分析を支援するよう努めるものとする。

う。次条第三項において同じ。）の提供に要する時間一時間までごとに五千九百円とする。

2　前項の手数料は、厚生労働省令で定める書面に収入印紙を貼って納付しなければならない。ただし、法第百十八条の十一第一項の規定により支払基金等（法第百十八条の十に規定する支払基金等をいう。次条第三項において同じ。）に対し手数料を納付する場合は、この限りでない。

（令二政二九九・追加）

（手数料の免除）

第三十七条の十八　法第百十八条の十一第二項の政令で定める者は、次のとおりとする。

一　都道府県その他の法第百十八条の三第一項第一号に掲げる者

二　法第百十八条の三第一項第二号又は第三号に掲げる者のうち、それぞれ同項第二号又は第三号に定める業務（補助金等に係る予算の執行の適正化に関する法律（昭和三十年法律第百七十九号）第二条第一項に規定する補助金等、地方自治法（昭和二十二年法律第六十七号）第二百三十二条の二（同法第二百八十三条第一項の規定により適用する場合を含む。）の規定により地方公共団体が支出する補助金又は国立研究開発法人日本医療研究開発機構法（平成二十六年法律第四十九号）第十六条第三号に掲げる業務として国立研究開発法人日本医療研究開発機構が交付する助成金を充てて行うものに限る。）を行う者

三　法第百十八条の三第一項第二号又は第三号に掲げる者のうち、第一号に掲げる者から同項第一号に定める業務の委託（二以上の段階にわたる委託を含む。以下この号において同じ。）を受けた者又は前号に掲げる者から同号に規定する業務の委託を受けた者

四　前三号に掲げる者のみにより構成されている団体

2　厚生労働大臣は、匿名介護保険等関連情報利用者が前項各号に掲げる者のいずれかである場合には、法第百十八条の十一第一項の手数料を免除する。

（令第三十七条の十七第二項の厚生労働省令で定める書面）

第百四十条の七十二の十五　令第三十七条の十七第二項の厚生労働省令で定める書面は、次に掲げる事項を記載した手数料納付書とする。

一　手数料の額

二　手数料の納付期限

三　その他必要な事項

（令二厚労令一六二・追加）

法　律

2　都道府県は、都道府県内の市町村によるその被保険者の地域における自立した日常生活の支援、要介護状態等となることの予防又は要介護状態等の軽減若しくは悪化の防止及び介護給付等に要する費用の適正化に関する取組を支援する事業として厚生労働省令で定める事業を行うよう努めるものとする。
（平二九法五二・追加）

第八章　費用等
（平一七法七七・旧第七章繰下）

第一節　費用の負担

（国の負担）
第百二十一条　国は、政令で定めるところにより、市町村に対し、介護給付及び予防給付に要する費用の額について、次の各号に掲げる費用の区分に応じ、当該各号に定める割合に相当する額を負担する。
一　介護給付（次号に掲げるものを除く。）及び予防給付（同号に掲げるものを除く。）に要する費用　百分の二十
二　介護給付（介護保険施設及び特定施設入居者生活介護に係るものに限る。）及び予防給付（介護予防

施　行　令

3　前項の規定による手数料の免除を受けようとする匿名介護保険等関連情報利用者は、当該免除を求める旨及びその理由を記載した書面を厚生労働大臣（法第百十八条の十の規定により厚生労働大臣からの委託を受けて、支払基金等が法第百十八条の三第一項の規定による匿名介護保険等関連情報の提供に係る事務の全部を行う場合にあっては、支払基金等）に提出しなければならない。
（令二政二九九・追加）

施　行　規　則

（手数料の免除に関する手続）

第百四十条の七十二の十六　厚生労働大臣は、匿名介護保険等関連情報利用者から令第三十七条の十八第三項に規定する書面の提出を受けたときは、同条第二項の規定による手数料の免除の許否を決定し、当該匿名介護保険等関連情報利用者に対し、遅滞なく、その旨を通知しなければならない。

（令二厚労令一六二・追加）


（都道府県による市町村の支援）

第百四十条の七十二の十七　法第百二十条の二第二項に規定する厚生労働省令で定める事業は、都道府県内の市町村によるその被保険者の地域における自立した日常生活の支援、要介護状態等となることの予防又は要支援状態の軽減若しくは悪化の防止及び介護給付等に要する費用の適正化に関する取組（以下この条において「自立支援等施策」という。）に資することを目的とした研修の実施、リハビリテーションに関する専門的知識及び経験を有する者の都道府県内の市町村への派遣に係る調整その他の都道府県内の市町村による自立支援等施策への支援に関する事業とする。

（平三〇厚労令三〇・追加、令二厚労令一六二・旧第百四十条の七十二の六繰下）

特定施設入居者生活介護に係るものに限る。）に要する費用　百分の十五

＊政令で定めるところ＝〔政〕介護保険の国庫負担金の算定等に関する政令（平一〇政四一三）

2　第四十三条第三項、第四十四条第六項、第四十五条第六項、第五十五条第三項、第五十六条第六項又は第五十七条第六項の規定に基づき条例を定めている市町村に対する前項の規定の適用については、同項に規定する介護給付及び予防給付に要する費用の額は、当該条例による措置が講ぜられないものとして、政令で定めるところにより算定した当該介護給付及び予防給付に要する費用の額に相当する額とする。

＊政令で定めるところ＝〔政〕介護保険の国庫負担金の算定等に関する政令（平一〇政四一三）

（平一八法二〇・一部改正）

（調整交付金等）

第百二十二条　国は、介護保険の財政の調整を行うため、第一号被保険者の年齢階級別の分布状況、第一号被保険者の所得の分布状況等を考慮して、政令で定めるところにより、市町村に対して調整交付金を交付する。

＊政令で定めるところ＝〔政〕介護保険の国庫負担金の算定等に関する政令（平一〇政四一三）

2　前項の規定による調整交付金の総額は、各市町村の前条第一項に規定する介護給付及び予防給付に要する費用の額（同条第二項の規定の適用がある場合にあっては、同項の規定を適用して算定した額。次項において同じ。）の総額の百分の五に相当する額とする。

3　毎年度分として交付すべき調整交付金の総額は、当該年度における各市町村の前条第一項に規定する介護給付及び予防給付に要する費用の額の見込額の総額の百分の五に相当する額に当該年度の前年度以前の年度における調整交付金で、まだ交付していない額を加算し、又は当該前年度以前の年度において交付すべきであった額を超えて交付した額を当該見込額の総額の百分の五に相当する額から減額した額とする。

（平一七法七七・一部改正）

法律

第百二十二条の二　国は、政令で定めるところにより、市町村に対し、介護予防・日常生活支援総合事業に要する費用の額の百分の二十に相当する額を交付する。

＊政令で定めるところ＝〔政〕介護保険の国庫負担金の算定等に関する政令（平一〇政四一三）

2　国は、介護保険の財政の調整を行うため、市町村に対し、介護予防・日常生活支援総合事業に要する費用の額について、第一号被保険者の年齢階級別の分布状況、第一号被保険者の所得の分布状況等を考慮して、政令で定めるところにより算定した額を交付する。

＊政令で定めるところ＝〔政〕介護保険の国庫負担金の算定等に関する政令（平一〇政四一三）

3　前項の規定により交付する額（社会福祉法第百六条の八（第二号に係る部分に限る。）の規定により交付する額を含む。）の総額は、各市町村の介護予防・日常生活支援総合事業に要する費用の額の総額の百分の五に相当する額とする。

4　国は、政令で定めるところにより、市町村に対し、地域支援事業（介護予防・日常生活支援総合事業を除く。）に要する費用の額に、第百二十五条第一項の第二号被保険者負担率に百分の五十を加えた率を乗じて得た額（以下「特定地域支援事業支援額」という。）の百分の五十に相当する額を交付する。

（平一七法七七・追加、平二〇法四二・平二三法七二・平二六法八三・令二法五二・一部改正）

第百二十二条の三　国は、前二条に定めるもののほか、市町村によるその被保険者の地域における自立した日常生活の支援、要介護状態等となることの予防又は要介護状態等の軽減若しくは悪化の防止及び介護給付等に要する費用の適正化に関する取組を支援するため、政令で定めるところにより、市町村に対し、予算の範囲内において、交付金を交付する。

＊政令で定めるところ＝〔政〕介護保険の国庫負担金の算定等に関する政令（平一〇政四一三）

2　国は、都道府県による第百二十条の二第一項の規定による支援及び同条第二項の規定による事業に係る取組を支援するため、政令で定めるところにより、都道府県に対し、予算の範囲内において、交付金を交付する。

＊政令で定めるところ＝〔政〕介護保険の国庫負担金の算定等に関する政令（平一〇政四一三）

（平二九法五二・追加）

（都道府県の負担等）

第百二十三条　都道府県は、政令で定めるところにより、市町村に対

施行令

施行規則

し、介護給付及び予防給付に要する費用の額について、次の各号に掲げる費用の区分に応じ、当該各号に定める割合に相当する額を負担する。

一　介護給付（次号に掲げるものを除く。）及び予防給付（同号に掲げるものを除く。）に要する費用　百分の十二・五

二　介護給付（介護保険施設及び特定施設入居者生活介護に係るものに限る。）及び予防給付（介護予防特定施設入居者生活介護に係るものに限る。）に要する費用　百分の十七・五

＊政令で定めるところ＝〔政〕介護保険の国庫負担金の算定等に関する政令（平一〇政四一三）

2　第百二十一条第二項の規定は、前項に規定する介護給付及び予防給付に要する費用の額について準用する。

3　都道府県は、政令で定めるところにより、市町村に対し、介護予防・日常生活支援総合事業に要する費用の額の百分の十二・五に相当する額を交付する。

＊政令で定めるところ＝〔政〕介護保険の国庫負担金の算定等に関する政令（平一〇政四一三）

4　都道府県は、政令で定めるところにより、市町村に対し、特定地域支援事業支援額の百分の二十五に相当する額を交付する。

＊政令で定めるところ＝〔政〕介護保険の国庫負担金の算定等に関する政令（平一〇政四一三）

（平一七法七七・平一八法二〇・平二三法七二・平二六法八三・一部改正）

（市町村の一般会計における負担）

第百二十四条　市町村は、政令で定めるところにより、その一般会計において、介護給付及び予防給付に要する費用の額の百分の十二・五に相当する額を負担する。

＊政令で定めるところ＝〔政〕介護保険の国庫負担金の算定等に関する政令（平一〇政四一三）

2　第百二十一条第二項の規定は、前項に規定する介護給付及び予防給付に要する費用の額について準用する。

3　市町村は、政令で定めるところにより、その一般会計において、介護予防・日常生活支援総合事業に要する費用の額の百分の十二・五に相当する額を負担する。

＊政令で定めるところ＝〔政〕介護保険の国庫負担金の算定等に関する政令（平一〇政四一三）

4　市町村は、政令で定めるところにより、その一般会計において、特定地域支援事業支援額の百分の二十五に相当する額を負担する。

＊政令で定めるところ＝〔政〕介護保険の国庫負担金の算定等に関する政令（平一〇政四一三）

（平一七法七七・平二三法七二・平二六法八三・一部改正）

（市町村の特別会計への繰入れ等）

第百二十四条の二　市町村は、政令で定めるところにより、一般会計

法律

から、所得の少ない者について条例の定めるところにより行う保険料の減額賦課に基づき第一号被保険者に係る保険料につき減額した額の総額を基礎として政令で定めるところにより算定した額を介護保険に関する特別会計に繰り入れなければならない。

＊政令で定めるところ＝〔政〕介護保険の国庫負担金の算定等に関する政令（平一〇政四一三）

2　国は、政令で定めるところにより、前項の規定による繰入金の二分の一に相当する額を負担する。

＊政令で定めるところ＝〔政〕介護保険の国庫負担金の算定等に関する政令（平一〇政四一三）

3　都道府県は、政令で定めるところにより、第一項の規定による繰入金の四分の一に相当する額を負担する。

＊政令で定めるところ＝〔政〕介護保険の国庫負担金の算定等に関する政令（平一〇政四一三）

（平二六法八三・追加）

（住所地特例適用被保険者に係る地域支援事業に要する費用の負担金）

第百二十四条の三　市町村は、政令で定めるところにより、当該市町村が行う介護保険の住所地特例適用被保険者に対して、当該住所地特例適用被保険者が入所等をしている住所地特例対象施設の所在する施設所在市町村が行う地域支援事業に要する費用について、政令で定めるところにより算定した額を、地域支援事業に要する費用として負担するものとする。

（平二六法八三・追加）

（介護給付費交付金）

第百二十五条　市町村の介護保険に関する特別会計において負担する費用のうち、介護給付及び予防給付に要する費用の額に第二号被保険者負担率を乗じて得た額（以下「医療保険納付対象額」という。）については、政令で定めるところにより、支払基金が市町村に対して交付する介護給付費交付金をもって充てる。

＊政令で定めるところ＝〔政〕介護保険の国庫負担金の算定等に関する政令

施行令

（住所地特例適用被保険者に係る地域支援事業に要する費用の負担金）

第三十七条の十六　法第百二十四条の三の規定による負担金は、市町村が行う介護保険の住所地特例適用被保険者（法第十三条第三項に規定する住所地特例適用被保険者をいう。以下同じ。）が入所又は入居（次項において「入所等」という。）をしている住所地特例対象施設（法第十三条第一項に規定する住所地特例対象施設をいう。以下同じ。）の所在する施設所在市町村（法第十三条第三項に規定する施設所在市町村をいう。以下同じ。）に対して、厚生労働省令で定めるところにより、各年度、負担するものとする。

2　法第百二十四条の三の規定により市町村が負担する額は、市町村が行う介護保険の住所地特例適用被保険者が入所等をしている住所地特例対象施設の所在する施設所在市町村が行う地域支援事業に要する費用のうち、次に掲げる費用の合算額とする。

一　法第百十五条の四十五の三第二項に規定する第一

施行規則

（令第三十七条の十六の負担金に係る算定）

第百四十条の七十二の四　令第三十七条の十六第一項の負担金は、次の各号に掲げる同条第二項各号の区分に応じ、それぞれ各号に掲げる方法により支払うものとする。

一　令第三十七条の十六第二項第一号に掲げる第一号事業支給費　当該第一号事業支給費の請求に対する支払が行われる各月

二　令第三十七条の十六第二項第二号に掲げる額　当該年度内

2　前項第一号に係る支払は、指定事業者に対して、施設所在市町村が支払う第一号事業支給費を保険者市町村が支払うことにより行うことができる。

3　令第三十七条の十六第二項第二号の厚生労働省令で定める額は、当該施設所在市町村における当該住所地特例適用被保険者に対する第一号介護予防支援事業のうち、当該年度の前年度の一月一日から当該年度の十二月三十一日までの第一号介護予防支援事業（指定事

（平一〇政四一三）

2　前項の第二号被保険者負担率は、すべての市町村に係る被保険者の見込数の総数に対するすべての市町村に係る第二号被保険者の見込数の総数の割合に二分の一を乗じて得た率を基準として設定するものとし、三年ごとに、当該割合の推移を勘案して政令で定める。

3　第百二十一条第二項の規定は、第一項に規定する介護給付及び予防給付に要する費用の額について準用する。

4　第一項の介護給付費交付金は、第百五十条第一項の規定により支払基金が徴収する納付金をもって充てる。

（平二四法六二・令元法九・一部改正）

（地域支援事業支援交付金）

第百二十六条　市町村の介護保険に関する特別会計において負担する費用のうち、介護予防・日常生活支援総合事業に要する費用の額に前条第一項の第二号被保険者負担率を乗じて得た額（以下「介護予防・日常生活支援総合事業医療保険納付対象額」という。）については、政令で定めるところにより、支払基金が市町村に対して交付する地域支援事業支援交付金をもって充てる。

＊政令で定めるところ＝〔政〕介護保険の国庫負担金の算定等に関する政令

（平一〇政四一三）

2　前項の地域支援事業支援交付金は、第百五十条第一項の規定により支払基金が徴収する納付金をもって充てる。

（平一七法七七・全改、平二三法七二・平二四法六二・平二六法八三・一部改正）

（国の補助）

第百二十七条　国は、第百二十一条から第百二十二条の三まで及び第百二十四条の二に規定するもののほか、予算の範囲内において、介護保険事業に要する費用の一部を補助することができる。

（平一七法七七・平二六法八三・平二九法五二・一部改正）

（都道府県の補助）

第百二十八条　都道府県は、第百二十三条及び第百二十四条の二に規定するもののほか、介護保険事業に要す

号事業支給費（当該住所地特例適用被保険者に係るものに限る。）

二　法第百十五条の四十五第一項第一号ニに規定する第一号介護予防支援事業（法第百十五条の四十五の三第一項に規定する指定事業者によるものを除く。）に要する費用として厚生労働省令で定めるところにより算定した費用（当該住所地特例適用被保険者に係るものに限る。）

（平二七政一三八・追加）

業者によるものを除く。）の利用実績に、法第五十八条第二項に規定する厚生労働大臣が定める基準により算定した額として介護予防支援費を乗じて得た額とする。

（平二七厚労令五七・追加、平三〇厚労令三〇・旧第百四十条の七十二の三繰下）

法律

る費用の一部を補助することができる。

（平二六法八三・一部改正）

（保険料）

第百二十九条　市町村は、介護保険事業に要する費用（財政安定化基金拠出金の納付に要する費用を含む。）に充てるため、保険料を徴収しなければならない。

2　前項の保険料は、第一号被保険者に対し、政令で定める基準に従い条例で定めるところにより算定された保険料率により算定された保険料額によって課する。

3　前項の保険料率は、市町村介護保険事業計画に定める介護給付等対象サービスの見込量等に基づいて算定した保険給付に要する費用の予想額、財政安定化基金拠出金の納付に要する費用の予想額、第百四十七条第一項第二号の規定による都道府県からの借入金の償還に要する費用の予定額並びに地域支援事業及び保健福祉事業に要する費用の予定額、第一号被保険者の所得の分布状況及びその見通し並びに国庫負担等の額等に照らし、おおむね三年を通じ財政の均衡を保つことができるものでなければならない。

4　市町村は、第一項の規定にかかわらず、第二号被保険者からは保険料を徴収しない。

（平一七法七七・一部改正）

（賦課期日）

第百三十条　保険料の賦課期日は、当該年度の初日とする。

施行令

第六章　保険料

（平一八政一五四・旧第五章繰下）

（保険料率の算定に関する基準）

第三十八条　各年度における保険料率に係る法第百二十九条第二項に規定する政令で定める基準は、基準額に当該年度分の保険料の賦課期日における次の各号に掲げる第一号被保険者の区分に応じそれぞれ当該各号に定める標準割合（市町村が保険料を賦課する場合に通常よるべき割合であって、特別の必要があると認められる場合においては、保険料収納必要額を保険料により確保することができるよう、市町村が次の各号の区分ごとの第一号被保険者数の見込数等を勘案して設定する割合）を乗じて得た額であることとする。

一　次のいずれかに該当する者　十分の四・五五

イ　老齢福祉年金の受給権を有している者であって、次のいずれかに該当するもの（ロに該当する者を除く。）

(1)　その属する世帯の世帯主及び全ての世帯員が、当該保険料の賦課期日の属する年度分の地方税法の規定による市町村民税が課されていない者（以下この項及び次条第一項において「市町村民税世帯非課税者」という。）

(2)　要保護者であって、その者が課される保険料額についてこの号の区分による割合を適用されたならば保護を必要としない状態となるもの

ロ　被保護者

ハ　市町村民税世帯非課税者であって、当該保険料の賦課期日の属する年の前年中の公的年金等の収入金額及び当該保険料の賦課期日の属する年の前年の合計所得金額から所得税法第三十五条第二項

施行規則

第六章　保険料等

（平一八厚労令三二・旧第五章繰下）

第一号に掲げる金額を控除して得た額の合計額が八十万九千円以下であり、かつ、イ、ロ又はニに該当しないもの

ニ　要保護者であって、その者が課される保険料額についてこの号の区分による割合を適用されたならば保護を必要としない状態となるもの（イ(1)に係る部分を除く。）、次号ロ、第三号ロ、第四号ロ、第五号ロ、第六号ロ、第七号ロ、第八号ロ、第九号ロ、第十号ロ、第十一号ロ又は第十二号ロに該当する者を除く。）

二　次のいずれかに該当する者　十分の六・八五

イ　市町村民税世帯非課税者であって、当該保険料の賦課期日の属する年の前年中の公的年金等の収入金額及び当該保険料の賦課期日の属する年の前年の合計所得金額から所得税法第三十五条第二項第一号に掲げる金額を控除して得た額の合計額が百二十万円以下であり、かつ、前号に該当しないもの

ロ　要保護者であって、その者が課される保険料額についてこの号の区分による割合を適用されたならば保護を必要としない状態となるもの（前号イ(1)に係る部分を除く。）、次号ロ、第四号ロ、第五号ロ、第六号ロ、第七号ロ、第八号ロ、第九号ロ、第十号ロ、第十一号ロ又は第十二号ロに該当する者を除く。）

三　次のいずれかに該当する者　十分の六・九

イ　市町村民税世帯非課税者であり、かつ、前二号に該当しないもの

ロ　要保護者であって、その者が課される保険料額についてこの号の区分による割合を適用されたならば保護を必要としない状態となるもの（第一号イ(1)に係る部分を除く。）、次号ロ、第五号ロ、第六号ロ、第七号ロ、第八号ロ、第九号ロ、第十号ロ、第十一号ロ又は第十二号ロに該当する者を除く。）

四　次のいずれかに該当する者　十分の九

イ　当該保険料の賦課期日の属する年度分の地方税

法の規定による市町村民税が課されていない者であって、当該保険料の賦課期日の属する年の前年中の公的年金等の収入金額及び当該保険料の賦課期日の属する年の前年の合計所得金額から所得税法第三十五条第二項第一号に掲げる金額を控除して得た額の合計額が八十万九千円以下であり、かつ、前三号のいずれにも該当しないもの

ロ　要保護者であって、その者が課される保険料額についてこの号の区分による割合を適用されたならば保護を必要としない状態となるもの（第一号イ(1)に係る部分を除く。）、次号ロ、第六号ロ、第七号ロ、第八号ロ、第九号ロ、第十号ロ、第十一号ロ又は第十二号ロに該当する者を除く。）

五　次のいずれかに該当する者　十分の十

イ　当該保険料の賦課期日の属する年度分の地方税法の規定による市町村民税が課されていない者であり、かつ、前各号のいずれにも該当しないもの

ロ　要保護者であって、その者が課される保険料額についてこの号の区分による割合を適用されたならば保護を必要としない状態となるもの（第一号イ(1)に係る部分を除く。）、次号ロ、第七号ロ、第八号ロ、第九号ロ、第十号ロ、第十一号ロ又は第十二号ロに該当する者を除く。）

六　次のいずれかに該当する者　十分の十二

イ　当該保険料の賦課期日の属する年の前年の合計所得金額（地方税法第二百九十二条第一項第十三号に規定する合計所得金額をいい、租税特別措置法による特別控除の適用がある場合には、当該合計所得金額から第二十二条の二第二項に規定する特別控除額を控除して得た額とし、当該合計所得金額が零を下回る場合には、零とする。次号イ、第八号イ、第九号イ、第十号イ、第十一号イ及び第十二号イ並びに次条第一項各号列記以外の部分、第六号イ、第七号イ、第八号イ、第九号イ、第十号イ、第十一号イ、第十二号イ及び第十三号イにおいて同じ。）が基準所得金額未満である者であり、かつ、前各号のいずれにも該当しないもの

ロ　要保護者であって、その者が課される保険料額についてこの号の区分による割合を適用されたならば保護を必要としない状態となるもの（第一号イ(1)に係る部分を除く。）、次号ロ、第

八号ロ、第九号ロ、第十号ロ、第十一号ロ又は第十二号ロに該当する者を除く。）

七　次のいずれかに該当する者　十分の十三

イ　当該保険料の賦課期日の属する年の前年の合計所得金額が基準所得金額未満である者であり、かつ、前各号のいずれにも該当しないもの

ロ　要保護者であって、その者が課される保険料額についてこの号の区分による割合を適用されたならば保護を必要としない状態となるもの（第一号イ⑴に係る部分を除く。）、次号ロ、第九号ロ、第十号ロ、第十一号ロ又は第十二号ロに該当する者を除く。）

八　次のいずれかに該当する者　十分の十五

イ　当該保険料の賦課期日の属する年の前年の合計所得金額が基準所得金額未満である者であり、かつ、前各号のいずれにも該当しないもの

ロ　要保護者であって、その者が課される保険料額についてこの号の区分による割合を適用されたならば保護を必要としない状態となるもの（第一号イ⑴に係る部分を除く。）、次号ロ、第十号ロ、第十一号ロ又は第十二号ロに該当する者を除く。）

九　次のいずれかに該当する者　十分の十七

イ　当該保険料の賦課期日の属する年の前年の合計所得金額が基準所得金額未満である者であり、かつ、前各号のいずれにも該当しないもの

ロ　要保護者であって、その者が課される保険料額についてこの号の区分による割合を適用されたならば保護を必要としない状態となるもの（第一号イ⑴に係る部分を除く。）、次号ロ、第十一号ロ又は第十二号ロに該当する者を除く。）

十　次のいずれかに該当する者　十分の十九

イ　当該保険料の賦課期日の属する年の前年の合計所得金額が基準所得金額未満である者であり、かつ、前各号のいずれにも該当しないもの

ロ　要保護者であって、その者が課される保険料額についてこの号の区分による割合を適用されたならば保護を必要としない状態となるもの（第一号イ⑴に係る部分を除く。）、次号ロ又は第十二号ロに該当する者を除く。）

十一　次のいずれかに該当する者　十分の二十一

イ　当該保険料の賦課期日の属する年の前年の合計所得金額が基

法律

施行令

準所得金額未満である者であり、かつ、前各号のいずれにも該当しないもの

ロ　要保護者であって、その者が課される保険料額についてこの号の区分による割合を適用されたならば保護を必要としない状態となるもの（第一号イ⑴に係る部分を除く。）又は次号ロに該当する者を除く。）

十二　次のいずれかに該当する者　十分の二十三

イ　当該保険料の賦課期日の属する年の前年の合計所得金額が基準所得金額未満である者であり、かつ、前各号のいずれにも該当しないもの

ロ　要保護者であって、その者が課される保険料額についてこの号の区分による割合を適用されたならば保護を必要としない状態となるもの（第一号イ⑴に係る部分を除く。）に該当する者を除く。）

十三　前各号のいずれにも該当しない者　十分の二十四

2　前項の基準額は、計画期間（法第百四十七条第二項第一号に規定する計画期間をいう。以下同じ。）ごとに、保険料収納必要額を予定保険料収納率で除して得た額を補正第一号被保険者数で除して得た額を基準として算定するものとする。

3　前二項の保険料収納必要額（以下「保険料収納必要額」という。）は、計画期間における各年度の第一号に掲げる額の合算額の見込額から第二号に掲げる額の合算額の見込額を控除して得た額の合算額とする。

一　介護給付及び予防給付に要する費用の額、市町村特別給付に要する費用の額、地域支援事業に要する費用の額、保健福祉事業に要する費用の額、財政安定化基金拠出金の納付に要する費用の額、法第百四十七条第二項第一号に規定する基金事業借入金の償還に要する費用の額並びにその他の介護保険事業に要する費用（介護保険の事務の執行に要する費用を除く。）の額の合算額

二　法第百二十一条、第百二十三条第一項及び第二項並びに第百二十四条の規定による負担金、法第百二十二条の規定による調整交付金、法第百二十二条の二並びに第百二十三条第三項及び第四項の規定による交付金、法第百二十二条の三第一項の規定による交付金（介護保険事業に要する費用に充てるべき部分に限る。）、法第百二十五条の規定による介護給付費交付金、法第百二十六条の

施行規則

規定による地域支援事業支援交付金、法第百二十七条及び第百二十八条の規定による補助金その他介護保険事業に要する費用のための収入（法第百二十四条の二第一項の規定による繰入金及び介護保険の事務の執行に要する費用に係るものを除く。）の額の合算額

4　第二項の予定保険料収納率は、計画期間における各年度に賦課すべき保険料の額の総額の合算額に占めるこれらの年度において収納する保険料の見込総額の合算額の割合として厚生労働省令で定める基準に従い算定される率とする。

5　第二項の補正第一号被保険者数は、計画期間における各年度について第一項各号の区分ごとの第一号被保険者数の見込数として厚生労働省令で定めるところにより算定した数に、それぞれ当該各号に定める標準割合（市町村が同項の規定によりこれと異なる割合を設定するときは、当該割合）を乗じて得た数を合計した数を当該計画期間について合算した数とする。

6　第一項第六号の基準所得金額は、同項第七号の基準所得金額未満の額であって、全ての市町村に係る同項第六号に該当することとなる第一号被保険者数の見込数と、全ての市町村に係る同項第七号に該当することとなる第一号被保険者数の見込数との均衡が図られること等を勘案して厚生労働大臣が定める額とする。ただし、当該額によることが適当でないと認められる特別の必要がある場合においては、保険料収納必要額を保険料により確保することができるよう、市町村が同項各号の区分ごとの第一号被保険者数の見込数等を勘案して設定する額とすることができる。

7　第一項第七号の基準所得金額は、全ての市町村に係る第一号から第四号までに掲げる規定に該当する第一号被保険者数の見込数に、それぞれ当該各号に定める割合を乗じて得た数を合算した数と、全ての市町村に係る第五号から第十一号までに掲げる規定に該当する

（予定保険料収納率の算定方法）

第百四十一条　市町村は、予定保険料収納率（令第三十八条第四項に規定する予定保険料収納率をいう。以下同じ。）を算定するに当たっては、特別徴収（法第百三十一条に規定する特別徴収をいう。以下同じ。）の方法により徴収することが見込まれる保険料については当該賦課した保険料額が全て徴収されるものとして見込むものとし、普通徴収（同条に規定する普通徴収をいう。以下同じ。）の方法により徴収することが見込まれる保険料については当該市町村における過去の普通徴収に係る収納率の実績等を勘案してその収納率を見込むものとする。

2　前項の規定は、令第三十九条第三項において令第三十八条第四項の規定を準用する場合について準用する。

（平三〇厚労令三〇・平三〇厚労令九五・一部改正）

（補正第一号被保険者数の算定方法）

第百四十二条　市町村は、令第三十八条第五項に規定する同条第一項各号の区分ごとの第一号被保険者数の見込数を算定するに当たっては、当該市町村における過去の各年度における同項各号に掲げる者の数等を勘案するものとする。

2　前項の規定は、令第三十九条第三項において令第三十八条第五項の規定を準用する場合について準用する。

（平三〇厚労令三〇・平三〇厚労令九五・一部改正）

（令和六年度から令和八年度までの基準所得金額）

第百四十三条　令和六年度から令和八年度までの令第三十八条第一項第六号の基準所得金額は、百二十万円とする。

（平一四厚労令一四九・平一八厚労令一二・平二一厚労令一一・平二四厚労令一一・平二六厚労令一三五・平二九厚労令一三五・令三厚労令三五・令六厚労令一三・一部改正）

第百四十三条の二　令和六年度から令和八年度までの令第三十八条第一項第七号の基準所得金額は、二百十万円とする。

（平二六厚労令一三五・追加、平二九厚労令一三五・令三厚労令三五・令六厚労令一三・一部改正）

第百四十三条の三　令和六年度から令和八年度までの令第三十八条第

法律

施行令

ることとなる第一号被保険者数の見込数に、それぞれ当該各号に定める割合を乗じて得た数を合算した数との均衡が図られること等を勘案して厚生労働大臣が定める額とする。ただし、当該額によることが適当でないと認められる特別の必要がある場合においては、保険料収納必要額を保険料により確保することができるよう、市町村が同項各号の区分ごとの第一号被保険者数の見込数等を勘案して設定する額とすることができる。

一　第一項第一号　十分の五・四五
二　第一項第二号　十分の三・一五
三　第一項第三号　十分の三・一
四　第一項第四号　十分の一
五　第一項第六号及び第七号　十分の二・五
六　第一項第八号　十分の五
七　第一項第九号　十分の七
八　第一項第十号　十分の九
九　第一項第十一号　十分の十一
十　第一項第十二号　十分の十三
十一　第一項第十三号　十分の十四

8　第一項第八号の基準所得金額は、同項第七号の基準所得金額を超える額であって、全ての市町村に係る同項第八号に該当することとなる第一号被保険者数の見込数と、全ての市町村に係る同項第九号から第十三号までに該当することとなる第一号被保険者数の見込数との均衡が図られること等を勘案して厚生労働大臣が定める額とする。ただし、当該額によることが適当でないと認められる特別の必要がある場合においては、保険料収納必要額を保険料により確保することができるよう、市町村が同項各号の区分ごとの第一号被保険者数の見込数等を勘案して設定する額とすることができる。

9　次の各号に掲げる基準所得金額は、前項の規定により定める額に、それぞれ当該各号に定める額を加えた額とする。ただし、当該額によることが適当でないと認められる特別の必要がある場合においては、保険料収納必要額を保険料により確保することができるよう、市町村が第一項各号の区分ごとの第一号被保険者数の見込数等を勘案して設定する額とすることができる。

一　第一項第九号の基準所得金額　百万円
二　第一項第十号の基準所得金額　二百万円

施行規則

一項第八号の基準所得金額は、三百二十万円とする。

（平二六厚労令一三五・追加、平二九厚労令一三五・令三厚労令三五・令六厚労令一三・一部改正）

三　第一項第十一号の基準所得金額　三百万円

四　第一項第十二号の基準所得金額　四百万円

10　法第百四十八条第一項の規定に基づき市町村相互財政安定化事業を行う市町村について第二項から第五項までの規定を適用する場合においては、第二項中「計画期間（法第百四十七条第二項第一号に規定する計画期間をいう。）」とあるのは「事業実施期間（法第百四十八条第二項に規定する事業実施期間をいう。）」と、第三項中「計画期間」とあるのは「事業実施期間」と、同項第一号中「償還に要する費用の額」とあるのは「償還に要する費用の額、市町村相互財政安定化事業（法第百四十八条第一項に規定する市町村相互財政安定化事業をいう。以下この条において同じ。）により負担する費用の額」と、同項第二号中「補助金」とあるのは「補助金、市町村相互財政安定化事業により交付される費用の額」と、第四項及び第五項中「計画期間」とあるのは「事業実施期間」とする。

11　第一項第一号に掲げる第一号被保険者の保険料の減額賦課についての法第百四十六条に規定する政令で定める基準は、基準額に同号に定める割合（市町村が同項の規定によりこれと異なる割合を設定するときは、当該割合）から十分の一・七を超えない範囲内において市町村が定める割合を減じて得た割合を乗じて得た額であることとする。

12　第一項第二号に掲げる第一号被保険者の保険料の減額賦課についての法第百四十六条に規定する政令で定める基準は、基準額に同号に定める割合（市町村が同項の規定によりこれと異なる割合を設定するときは、当該割合）から十分の二を超えない範囲内において市町村が定める割合を減じて得た割合を乗じて得た額であることとする。

13　第一項第三号に掲げる第一号被保険者の保険料の減額賦課についての法第百四十六条に規定する政令で定める基準は、基準額に同号に定める割合（市町村が同項の規定によりこれと異なる割合を設定するときは、当該割合）から十分の〇・〇五を超えない範囲内において市町村が定める割合を減じて得た割合を乗じて得た額であることとする。

（平一二政一一二・平一二政三〇九・平一八政二八・平二六政三九七・平二七政二一一・平二八政三〇〇・平二八政三〇七・平三〇政五五・平三〇政五六・平三一政一一八・令二政九八・令二政三八一・令六政一三・一部改正）

（特別の基準による保険料率の算定）

第三十九条　前条第一項の規定にかかわらず、特別の必要がある場合

法律

施行令

において は、市町村は、基準額に各年度分の保険料の賦課期日における次の各号に掲げる第一号被保険者の区分に応じ、それぞれ当該各号に定める割合を乗じて得た額を保険料率とすることができる。この場合において、市町村は、第十三号に掲げる第一号被保険者の区分を当該保険料の賦課期日の属する年の前年の合計所得金額に基づいて更に区分し、当該区分に応じて定める割合を乗じて得た額を保険料率とすることができる。

一　次のいずれかに該当する者　十分の四・五五を標準として市町村が定める割合

イ　老齢福祉年金の受給権を有している者であって、次のいずれかに該当するもの（ロに該当する者を除く。）

(1)　市町村民税世帯非課税者

(2)　要保護者であって、その者が課される保険料額についてこの号の区分による割合を適用されたならば保護を必要としない状態となるもの

ロ　被保護者

ハ　市町村民税世帯非課税者であって、当該保険料の賦課期日の属する年の前年中の公的年金等の収入金額及び当該保険料の賦課期日の属する年の前年の合計所得金額から所得税法第三十五条第二項第一号に掲げる金額を控除して得た額の合計額が八十万九千円以下であり、かつ、イ、ロ又はニに該当しないもの

ニ　要保護者であって、その者が課される保険料額についてこの号の区分による割合を適用されたならば保護を必要としない状態となるもの（イ　(1)に係る部分を除く。）、次号ロ、第三号ロ、第四号ロ、第五号ロ、第六号ロ、第七号ロ、第八号ロ、第九号ロ、第十号ロ、第十一号ロ、第十二号ロ又は第十三号ロに該当する者を除く。）

二　次のいずれかに該当する者　十分の六・八五を標準として市町村が定める割合

イ　市町村民税世帯非課税者であって、当該保険料の賦課期日の属する年の前年中の公的年金等の収入金額及び当該保険料の賦課期日の属する年の前年の合計所得金額から所得税法第三十五条第二項第一号に掲げる金額を控除して得た額の合計額が百二十万円以下であり、かつ、前号に該当しないもの

ロ　要保護者であって、その者が課される保険料額についてこの

施行規則

号の区分による割合を適用されたならば保護を必要としない状態となるもの（前号イ(1)に係る部分を除く。）、次号ロ、第四号ロ、第五号ロ、第六号ロ、第七号ロ、第八号ロ、第九号ロ、第十号ロ、第十一号ロ、第十二号ロ又は第十三号ロに該当する者を除く。）

三　次のいずれかに該当する者　十分の六・九を標準として市町村が定める割合

イ　市町村民税世帯非課税者であり、かつ、前二号に該当しないもの

ロ　要保護者であって、その者が課される保険料額についてこの号の区分による割合を適用されたならば保護を必要としない状態となるもの（第一号イ(1)に係る部分を除く。）、次号ロ、第五号ロ、第六号ロ、第七号ロ、第八号ロ、第九号ロ、第十号ロ、第十一号ロ、第十二号ロ又は第十三号ロに該当する者を除く。）

四　次のいずれかに該当する者　十分の九を標準として市町村が定める割合

イ　当該保険料の賦課期日の属する年度分の地方税法の規定による市町村民税が課されていない者であって、当該保険料の賦課期日の属する年の前年中の公的年金等の収入金額及び当該保険料の賦課期日の属する年の前年の合計所得金額から所得税法第三十五条第二項第一号に掲げる金額を控除して得た額の合計額が八十万九千円以下であり、かつ、前三号のいずれにも該当しないもの

ロ　要保護者であって、その者が課される保険料額についてこの号の区分による割合を適用されたならば保護を必要としない状態となるもの（第一号イ(1)に係る部分を除く。）、次号ロ、第六号ロ、第七号ロ、第八号ロ、第九号ロ、第十号ロ、第十一号ロ、第十二号ロ又は第十三号ロに該当する者を除く。）

五　次のいずれかに該当する者　十分の十を標準として市町村が定める割合

イ　当該保険料の賦課期日の属する年度分の地方税法の規定による市町村民税が課されていない者であり、かつ、前各号のいずれにも該当しないもの

ロ　要保護者であって、その者が課される保険料額についてこの号の区分による割合を適用されたならば保護を必要としない状態となるもの（第一号イ(1)に係る部分を除く。）、次号ロ、第

法律

施行令

七号ロ、第八号ロ、第九号ロ、第十号ロ、第十一号ロ、第十二号ロ又は第十三号ロに該当する者を除く。）

六　次のいずれかに該当する者　十分の十を超える割合で市町村が定める割合

イ　当該保険料の賦課期日の属する年の前年の合計所得金額が市町村が定める額未満である者であり、かつ、前各号のいずれにも該当しないもの

ロ　要保護者であって、その者が課される保険料額についてこの号の区分による割合を適用されたならば保護を必要としない状態となるもの（第一号イ⑴に係る部分を除く。）、次号ロ、第八号ロ、第九号ロ、第十号ロ、第十一号ロ、第十二号ロ又は第十三号ロに該当する者を除く。）

七　次のいずれかに該当する者　前号に定める割合を超える割合で市町村が定める割合

イ　当該保険料の賦課期日の属する年の前年の合計所得金額が前号イに規定する額を超える額であって市町村が定める額未満である者であり、かつ、前各号のいずれにも該当しないもの

ロ　要保護者であって、その者が課される保険料額についてこの号の区分による割合を適用されたならば保護を必要としない状態となるもの（第一号イ⑴に係る部分を除く。）、次号ロ、第九号ロ、第十号ロ、第十一号ロ、第十二号ロ又は第十三号ロに該当する者を除く。）

八　次のいずれかに該当する者　前号に定める割合を超える割合で市町村が定める割合

イ　当該保険料の賦課期日の属する年の前年の合計所得金額が前号イに規定する額を超える額であって市町村が定める額未満である者であり、かつ、前各号のいずれにも該当しないもの

ロ　要保護者であって、その者が課される保険料額についてこの号の区分による割合を適用されたならば保護を必要としない状態となるもの（第一号イ⑴に係る部分を除く。）、次号ロ、第十号ロ、第十一号ロ、第十二号ロ又は第十三号ロに該当する者を除く。）

九　次のいずれかに該当する者　前号に定める割合を超える割合で市町村が定める割合

イ　当該保険料の賦課期日の属する年の前年の合計所得金額が前

施行規則

号イに規定する額を超える額であって市町村が定める額未満である者であり、かつ、前各号のいずれにも該当しないもの

ロ　要保護者であって、その者が課される保険料額についてこの号の区分による割合を適用されたならば保護を必要としない状態となるもの（第一号イ(1)に係る部分を除く。）、次号ロ、第十一号ロ、第十二号ロ又は第十三号ロに該当する者を除く。）

十　次のいずれかに該当する者　前号に定める割合を超える割合で市町村が定める割合

イ　当該保険料の賦課期日の属する年の前年の合計所得金額が前号イに規定する額を超える額であって市町村が定める額未満である者であり、かつ、前各号のいずれにも該当しないもの

ロ　要保護者であって、その者が課される保険料額についてこの号の区分による割合を適用されたならば保護を必要としない状態となるもの（第一号イ(1)に係る部分を除く。）、次号ロ、第十二号ロ又は第十三号ロに該当する者を除く。）

十一　次のいずれかに該当する者　前号に定める割合を超える割合で市町村が定める割合

イ　当該保険料の賦課期日の属する年の前年の合計所得金額が前号イに規定する額を超える額であって市町村が定める額未満である者であり、かつ、前各号のいずれにも該当しないもの

ロ　要保護者であって、その者が課される保険料額についてこの号の区分による割合を適用されたならば保護を必要としない状態となるもの（第一号イ(1)に係る部分を除く。）、次号ロ又は第十三号ロに該当する者を除く。）

十二　次のいずれかに該当する者　前号に定める割合を超える割合で市町村が定める割合

イ　当該保険料の賦課期日の属する年の前年の合計所得金額が前号イに規定する額を超える額であって市町村が定める額未満である者であり、かつ、前各号のいずれにも該当しないもの

ロ　要保護者であって、その者が課される保険料額についてこの号の区分による割合を適用されたならば保護を必要としない状態となるもの（第一号イ(1)に係る部分を除く。）又は次号ロに該当する者を除く。）

十三　次のいずれかに該当する者　前号に定める割合を超える割合で市町村が定める割合

イ　当該保険料の賦課期日の属する年の前年の合計所得金額が前号イに規定する額を超える額であって市町村が定める額未満で

法律

施行令

ある者であり、かつ、前各号のいずれにも該当しないもの

ロ　要保護者であって、その者が課される保険料額についてこの号の区分による割合を適用されたならば保護を必要としない状態となるもの（第一号イ(1)に係る部分を除く。）に該当する者を除く。）

十四　前各号のいずれにも該当しない者　前号に定める割合を超える割合で市町村が定める割合

2　市町村は、前項の規定により、同項各号に定める割合、同項第六号イ、第七号イ、第八号イ、第九号イ、第十号イ、第十一号イ、第十二号イ及び第十三号イに規定する額並びに同項第十三号に掲げる第一号被保険者の区分を当該保険料の賦課期日の属する年の前年の合計所得金額に基づいて更に区分する場合には当該合計所得金額及び当該区分に応じて定める割合を定めるに当たっては、保険料収納必要額を保険料により確保することができるようにするものとする。

3　前条第二項、第四項及び第五項の規定は、第一項の基準額の算定について準用する。この場合において、同条第五項中「第一項各号」とあるのは「次条第一項各号」と、「標準割合（市町村が同項の規定によりこれと異なる割合を設定するときは、当該割合）」とあるのは「割合」と読み替えるものとする。

4　前条第十項の規定は、法第百四十八条第一項の規定に基づき市町村相互財政安定化事業を行う市町村について前項の規定を適用する場合において準用する。

5　第一項第一号に掲げる第一号被保険者の保険料の減額賦課についての法第百四十六条に規定する政令で定める基準は、基準額に同号に定める割合から十分の一・七を超えない範囲内において市町村が定める割合を減じて得た割合を乗じて得た額であることとする。

6　第一項第二号に掲げる第一号被保険者の保険料の減額賦課についての法第百四十六条に規定する政令で定める基準は、基準額に同号に定める割合から十分の二

施行規則

（保険料の徴収の方法）

第百三十一条　第百二十九条の保険料の徴収については、第百三十五条の規定により特別徴収（国民年金法による老齢基礎年金その他の同法又は厚生年金保険法による老齢、障害又は死亡を支給事由とする年金たる給付であって政令で定めるもの及びその他これらの年金たる給付に類する老齢若しくは退職、障害又は死亡を支給事由とする年金たる給付であって政令で定めるもの（以下「老齢等年金給付」という。）の支払をする者（以下「年金保険者」という。）に保険料を徴収させ、かつ、その徴収すべき保険料を納入させることをいう。以下同じ。）の方法による場合を除くほか、普通徴収（市町村が、保険料を課せられた第一号被保険者又は当該第一号被保険者の属する世帯の世帯主若しくは当該第一号被保険者の配偶者（婚姻の届出をしていないが、事実上婚姻関係と同様の事情にある者を含む。以下同じ。）に対し、地方自治法第二百三十一条の規定により納入の通知をすることによって保険料を徴収することをいう。以下同じ。）の方法によらなければならない。

（平九法四八・平一三法一〇一・平一七法七七・平一九法一一〇・平二四法六三・一部改正）

（普通徴収に係る保険料の納付義務）

第百三十二条　第一号被保険者は、市町村がその者の保険料を普通徴収の方法によって徴収しようとする場合においては、当該保険料を納付しなければならない。

を超えない範囲内において市町村が定める割合を減じて得た額であることとする。

7　第一項第三号に掲げる第一号被保険者の保険料の減額賦課についての法第百四十六条に規定する政令で定める基準は、基準額に同号に定める割合から十分の〇・〇五を超えない範囲内において市町村が定める割合を減じて得た額であることとする。

（平一八政二八・平二六政三九七・平二七政二一一・平二八政三〇〇・平二八政三〇七・平三〇政五六・平三一政一一八・令二政九八・令六政一三・一部改正）

（法第百三十一条に規定する政令で定める年金給付等）

第四十条　法第百三十一条に規定する政令で定める年金たる給付は次のとおりとする。

一　国民年金法による老齢基礎年金、障害基礎年金、遺族基礎年金及び同法附則第九条の三第一項による老齢年金

二　昭和六十年国民年金等改正法第一条の規定による改正前の国民年金法（第四十二条において「旧国民年金法」という。）による老齢年金、通算老齢年金及び障害年金

三　厚生年金保険法（昭和二十九年法律第百十五号）による障害厚生年金及び遺族厚生年金

四　昭和六十年国民年金等改正法第三条の規定による改正前の厚生年金保険法（第四十二条において「旧厚生年金保険法」という。）による老齢年金、通算老齢年金、特例老齢年金、障害年金、遺族年金、寡婦年金及び通算遺族年金

2　法第百三十一条に規定する政令で定める年金たる給付に類する給付は、次のとおりとする。

一　昭和六十年国民年金等改正法第五条の規定による改正前の船員保険法（第四十二条において「旧船員保険法」という。）による老齢年金、通算老齢年金、障害年金及び遺族年金

二　被用者年金制度の一元化等を図るための厚生年金保険法等の一部を改正する法律（平成二十四年法律

法律

2　世帯主は、市町村が当該世帯に属する第一号被保険者の保険料を普通徴収の方法によって徴収しようとする場合において、当該保険料を連帯して納付する義務を負う。

3　配偶者の一方は、市町村が第一号被保険者たる他方の保険料を普通徴収の方法によって徴収しようとする場合において、当該保険料を連帯して納付する義務を負う。

（普通徴収に係る保険料の納期）

第百三十三条　普通徴収の方法によって徴収する保険料の納期は、当該市町村の条例で定める。

＊〔事務連絡〕介護保険条例参考例（平一二・一月二六日事務連絡（改正あり））

施行令

第六十三号。以下この項及び第四十二条において「平成二十四年一元化法」という。）附則第三十七条第一項に規定する給付のうち障害共済年金及び遺族共済年金

三　平成二十四年一元化法附則第四十一条第一項の規定による障害共済年金及び遺族共済年金

四　国家公務員等共済組合法等の一部を改正する法律（昭和六十年法律第百五号。以下この号において「昭和六十年国共済法等改正法」という。）第一条の規定による改正前の国家公務員等共済組合法（第四十二条において「旧国共済法」という。）及び昭和六十年国共済法等改正法第二条の規定による改正前の国家公務員等共済組合法の長期給付に関する施行法（昭和三十三年法律第百二十九号）による退職年金、減額退職年金、通算退職年金、障害年金、遺族年金及び通算遺族年金

五　平成二十四年一元化法附則第六十一条第一項に規定する給付のうち障害共済年金及び遺族共済年金

六　平成二十四年一元化法附則第六十五条第一項の規定による障害共済年金及び遺族共済年金

七　地方公務員等共済組合法等の一部を改正する法律（昭和六十年法律第百八号。以下この号において「昭和六十年地共済法等改正法」という。）第一条の規定による改正前の地方公務員等共済組合法（第四十二条において「旧地共済法」という。）及び昭和六十年地共済法等改正法第二条の規定による改正前の地方公務員等共済組合法の長期給付等に関する施行法（昭和三十七年法律第百五十三号）による退職年金、減額退職年金、通算退職年金、障害年金、遺族年金及び通算遺族年金

八　平成二十四年一元化法附則第七十九条に規定する給付のうち障害共済年金及び遺族共済年金

九　私立学校教職員共済組合法等の一部を改正する法律（昭和六十年法律第百六号）第一条の規定による改正前の私立学校教職員共済組合法（第四十二条に

施行規則

（年金保険者の市町村に対する通知）

第百三十四条　年金保険者は、毎年厚生労働省令で定める期日までに、当該年の四月一日現在において当該年金保険者から老齢等年金給付の支払を受けている者であって六十五歳以上のもの（次に掲げるものを除く。）の氏名、住所その他厚生労働省令で定める事項を、その者が同日現在において住所を有する市町村（第十三条第一項又は第二項の規定によりその者が他の市町村が行う介護保険の第一号被保険者であるときは、当該他の市町村とする。次項（第三号を除く。）から第六項まで及び第九項において同じ。）に通知しなければならない。

一　当該年の六月一日から翌年の五月三十一日までの間に支払を受けるべき当該老齢等年金給付の額の総額が、当該年の四月一日の現況において政令で定める額未満である者

二　当該老齢等年金給付の支給が停止されていることその他の厚生労働省令で定める特別の事情を有する者

2　年金保険者は、毎年厚生労働省令で定める期日までに、当該年の四月二日から六月一日までの間に次の各

おいて「旧私学共済法」という。）による退職年金、減額退職年金、通算退職年金、障害年金、遺族年金及び通算遺族年金

十　移行農林共済年金（厚生年金保険制度及び農林漁業団体職員共済組合制度の統合を図るための農林漁業団体職員共済組合法等を廃止する等の法律（平成十三年法律第百一号。次号において「平成十三年厚生農林統合法」という。）附則第十六条第四項に規定する移行農林共済年金をいう。）のうち障害共済年金及び遺族共済年金

十一　移行農林年金（平成十三年厚生農林統合法附則第十六条第六項に規定する移行農林年金をいう。）のうち退職年金、減額退職年金、通算退職年金、障害年金、遺族年金及び通算遺族年金

（平一四政四三・平一六政二九七・平一八政一五四・平二〇政一一六・平二一政二九六・平二七政三四二・一部改正）

（特別徴収の対象となる年金額）

第四十一条　法第百三十四条第一項第一号及び第二項から第六項までに規定する政令で定める額は、十八万円とする。

（平一八政二八五・一部改正）

（年金保険者の市町村に対する通知の期日）

第百四十四条　法第百三十四条第一項の厚生労働省令で定める期日は、当該年度の初日の属する年の五月三十一日とする。

2　法第百三十四条第二項の厚生労働省令で定める期日は、当該年度の初日の属する年の八月十日とする。

3　法第百三十四条第三項の厚生労働省令で定める期日は、当該年度の初日の属する年の十月十日とする。

4　法第百三十四条第四項の厚生労働省令で定める期日は、当該年度の初日の属する年の十二月十日とする。

5　法第百三十四条第五項の厚生労働省令で定める期日は、当該年度の初日の属する年の翌年の二月十日とする。

6　法第百三十四条第六項の厚生労働省令で定める期日は、当該年度の初日の属する年の翌年の四月十日とする。

（平一二厚令一二七・平一八厚労令一八〇・平一九厚労令一三四・一部改正）

（年金額の見込額の算定方法）

第百四十四条の二　法第百三十四条第二項から第六項ま

法律

号のいずれかに該当するに至った者（当該年の三月一日から四月一日までの間に第一号に該当するに至った者であって、当該年の四月一日現在において当該年金保険者から老齢等年金給付の支払を受けていないものを含み、当該年の八月一日から翌年の五月三十一日までの間に支払を受けるべき当該老齢等年金給付の額の総額を基礎として厚生労働省令で定めるところにより算定した年金額の見込額が、当該年の六月一日の現況において政令で定める額未満である者及び前項第二号に該当する者を除く。）の氏名、住所その他厚生労働省令で定める事項を、その者が当該年の六月一日現在において住所を有する市町村に通知しなければならない。

一　老齢等年金給付を受ける権利の裁定を受け、当該年金保険者から当該老齢等年金給付の支払を受けることとなった六十五歳以上の者

二　当該年金保険者から老齢等年金給付の支払を受けている者のうち六十五歳に達したもの（六十五歳以後も引き続き当該老齢等年金給付の受給権を有する者に限る。）

三　当該年金保険者から老齢等年金給付の支払を受けている者のうち、当該年金保険者に対し市町村の区域を越える住所の変更の届出を行った六十五歳以上のもの

3　年金保険者は、毎年厚生労働省令で定める期日までに、当該年の六月二日から八月一日までの間に前項各号のいずれかに該当するに至った者（当該年の十月一日から翌年の五月三十一日までの間に支払を受けるべき当該老齢等年金給付の額の総額を基礎として厚生労働省令で定めるところにより算定した年金額の見込額が、当該年の八月一日の現況において政令で定める額未満である者及び第一項第二号に該当する者を除く。）の氏名、住所その他厚生労働省令で定める事項を、その者が当該年の八月一日現在において住所を有する市町村に通知しなければならない。

施行令

施行規則

でに規定する年金額の見込額は、それぞれ次の各号に掲げるとおりとする。

一　法第百三十四条第二項に規定する年金額の見込額　当該年の八月一日から翌年の五月三十一日までの間に支払を受けるべき老齢等年金給付（法第百三十一条に規定する老齢等年金給付をいう。以下同じ。）の総額を十で除した額に十二を乗じて得た額

二　法第百三十四条第三項に規定する年金額の見込額　当該年の十月一日から翌年の五月三十一日までの間に支払を受けるべき老齢等年金給付の総額を八で除した額に十二を乗じて得た額

三　法第百三十四条第四項に規定する年金額の見込額　当該年の十二月一日から翌年の五月三十一日までの間に支払を受けるべき老齢等年金給付の総額を六で除した額に十二を乗じて得た額

四　法第百三十四条第五項に規定する年金額の見込額　当該年の翌年の二月一日から五月三十一日までの間に支払を受けるべき老齢等年金給付の総額を四で除した額に十二を乗じて得た額

五　法第百三十四条第六項に規定する年金額の見込額　当該年の翌年の四月一日から五月三十一日までの間に支払を受けるべき老齢等年金給付の総額を二で除した額に十二を乗じて得た額

2　前項各号の年金額の見込額に一円未満の端数があるときは、これを四捨五入して得た額を年金額の見込額とする。

（平一八厚労令一八〇・追加）

（年金保険者の市町村に対する通知事項）

第百四十五条　法第百三十四条第一項から第六項までの厚生労働省令で定める事項は、次のとおりとする。

一　法第百三十四条第一項から第六項までの規定による通知に係る者（以下「通知対象者」という。）の性別及び生年月日

二　通知対象者が支払を受けている老齢等年金給付の種類及びその支払を行う年金保険者の名称

4　年金保険者は、毎年厚生労働省令で定める期日までに、当該年の八月二日から十月一日までの間に第二項各号のいずれかに該当するに至った者（当該年の十二月一日から翌年の五月三十一日までの間に支払を受けるべき当該老齢等年金給付の額の総額を基礎として厚生労働省令で定めるところにより算定した年金額の見込額が、当該年の十月一日の現況において政令で定める額未満である者及び第一項第二号に該当する者を除く。）の氏名、住所その他厚生労働省令で定める事項を、その者が当該年の十月一日現在において住所を有する市町村に通知しなければならない。

5　年金保険者は、毎年厚生労働省令で定める期日までに、当該年の前年の十月二日から十二月一日までの間に第二項各号のいずれかに該当するに至った者（当該年の二月一日から五月三十一日までの間に支払を受けるべき当該老齢等年金給付の額の総額を基礎として厚生労働省令で定めるところにより算定した年金額の見込額が、当該年の前年の十二月一日の現況において政令で定める額未満である者及び第一項第二号に該当する者を除く。）の氏名、住所その他厚生労働省令で定める事項を、その者が当該年の前年の十二月一日現在において住所を有する市町村に通知しなければならない。

6　年金保険者は、毎年厚生労働省令で定める期日までに、当該年の前年の十二月二日から当該年の二月一日までの間に第二項各号のいずれかに該当するに至った者（当該年の四月一日から五月三十一日までの間に支払を受けるべき当該老齢等年金給付の額の総額を基礎として厚生労働省令で定めるところにより算定した年金額の見込額が、当該年の二月一日の現況において政令で定める額未満である者及び第一項第二号に該当する者を除く。）の氏名、住所その他厚生労働省令で定める事項を、その者が当該年の二月一日現在において住所を有する市町村に通知しなければならない。

7　年金保険者（厚生労働大臣に限る。）は、前各項の規定による通知を行う場合においては、政令で定めるところにより、連合会及び国民健康保険法第四十五条

（年金保険者の市町村に対する通知の経由の順序）

第四十一条の二　法第百三十四条第七項（法第百三十七条第九項（法第百四十条第三項（第四十五条の二第一

2　厚生労働大臣、法第百三十四条第十一項に規定する特定年金保険者及び地方公務員共済組合連合会に係る前項第二号に掲げる事項については、同項の規定にかかわらず、通知対象者について特別徴収対象年金給付（法第百三十五条第六項に規定する特別徴収対象年金給付をいう。）が二以上ある場合においては、令第四十二条に規定する順位に従い、先順位の特別徴収対象年金給付に係る事項のみについて法第百三十四条第一項から第十項までに規定する通知又は経由を行うこととすることができる。

（平一二厚令一二七・平一八厚労令三一・平一八厚労令一八〇・平一九厚労令一三四・平二〇厚労令七七・平二一厚労令一六七・一部改正）

（法第百三十四条第一項第二号の厚生労働省令で定める特別の事情）

第百四十六条　法第百三十四条第一項第二号の厚生労働省令で定める特別の事情は、次に掲げる事由があることにより、当該老齢等年金給付（法第百三十一条に規定する老齢等年金給付をいう。以下この条において同じ。）の支払を受けないこととなった場合又は当該年の六月一日から翌年の五月三十一日までの間に支払われる当該老齢等年金給付の額の総額が、令第四十一条に定める額未満となる見込みであることとする。

一　国民年金法（昭和三十四年法律第百四十一号）第二十条、国民年金法等の一部を改正する法律（昭和六十年法律第三十四号。以下「昭和六十年国民年金等改正法」という。）附則第十一条若しくは第三十二条の規定により適用される昭和六十年国民年金等改正法第一条による改正前の国民年金法第二十条、厚生年金保険法（昭和二十九年法律第百十五号）第三十八条、昭和六十年国民年金等改正法附則第五十六条若しくは第七十八条の規定により適用される昭和六十年国民年金等改正法第三条による改正前の厚生年金保険法第三十八条、国家公務員等共済組合法第七十四条、国家公務員等共済組合法等の一部を改正する法律（昭和六十年法律第百五号。以下「昭和六十年国共済法等改正法」という。）附則第十一条

法律

第六項に規定する厚生労働大臣が指定する法人（以下「指定法人」という。）を経由して行うものとする。

8　年金保険者（厚生労働大臣及び地方公務員共済組合（全国市町村職員共済組合連合会を含む。第十項、第百三十六条第三項及び第六項並びに第百三十七条第二項において同じ。）を除く。）は、第一項から第六項までの規定による通知を行う場合においては、厚生労働大臣の同意を得て、当該年金保険者が行う当該通知の全部を厚生労働大臣を経由して行うことができる。

9　前項において、厚生労働大臣を経由して市町村に通知を行う場合においては、政令で定めるところにより、連合会及び指定法人を経由して行うものとする。

10　地方公務員共済組合は、第一項から第六項までの規定による通知を行う場合においては、政令で定めるところにより、連合会、指定法人及び地方公務員共済組合連合会を経由して行うものとする。

11　厚生労働大臣は、第八項の同意をしたときは、当該同意に係る年金保険者（第百三十六条において「特定年金保険者」という。）を公示しなければならない。

施行令

項及び第四十五条の三第一項において準用する場合を含む。）において準用する場合を含む。）及び第百三十八条第四項（法第百四十条第三項（第四十五条の二第一項及び第四十五条の三第一項において準用する場合を含む。）並びに第四十五条の二第一項、第四十五条の三第一項及び第四十五条の四から第四十五条の六までにおいて準用する場合を含む。）において準用する場合を含む。）に規定する場合においては、法第百三十四条第七項に規定する年金保険者は、国民健康保険法第四十五条第六項に規定する厚生労働大臣が指定する法人（以下「指定法人」という。）及び同条第五項に規定する国民健康保険団体連合会（以下「連合会」という。）の順に経由して行われるよう指定法人に伝達することにより、これらを経由して当該通知を行うものとする。

2　法第百三十四条第九項（法第百三十七条第九項（法第百四十条第三項（第四十五条の二第一項及び第四十五条の三第一項において準用する場合を含む。）において準用する場合を含む。）及び第百三十八条第四項（法第百四十条第三項（第四十五条の二第一項及び第四十五条の三第一項において準用する場合を含む。）並びに第四十五条の二第一項、第四十五条の三第一項及び第四十五条の四から第四十五条の六までにおいて準用する場合を含む。）において準用する場合を含む。）に規定する場合においては、法第百三十四条第八項に規定する年金保険者は、指定法人及び連合会の順に経由して行われるよう指定法人に伝達することにより、これらを経由して当該通知を行うものとする。

3　法第百三十四条第十項（法第百三十七条第九項（法第百四十条第三項（第四十五条の二第一項及び第四十五条の三第一項において準用する場合を含む。）において準用する場合を含む。）及び第百三十八条第四項（法第百四十条第三項（第四十五条の二第一項及び第四十五条の三第一項において準用する場合を含む。）並びに第四十五条の二第一項、第四十五条の三第一項

施行規則

（私学共済法第四十八条の二の規定によりその例によることとされる場合を含む。）、地方公務員等共済組合法第七十六条、地方公務員等共済組合法等の一部を改正する法律（昭和六十年法律第百八号。以下「昭和六十年地共済法等改正法」という。）附則第十条、昭和六十年国民年金等改正法第五条の規定による改正前の船員保険法第二十三条の七、厚生年金保険制度及び農林漁業団体職員共済組合制度の統合を図るための農林漁業団体職員共済組合法等を廃止する等の法律（平成十三年法律第百一号。以下「平成十三年厚生農林統合法」という。）附則第十六条第一項の規定によりなおその効力を有するものとされた平成十三年厚生農林統合法附則第二条第一項第一号に規定する平成十二年農林共済改正法第二十三条の二又は平成十三年厚生農林統合法附則第十六条第一項の規定によりなおその効力を有するものとされた平成十三年厚生農林統合法附則第二条第一項第四号に規定する昭和六十年農林共済改正法附則第十条の規定に基づき当該老齢等年金給付の支給が停止されていること。

二　国民年金法第七十二条若しくは第七十三条、昭和六十年国民年金等改正法附則第三十二条の規定により適用される昭和六十年国民年金等改正法第一条による改正前の国民年金法第七十二条若しくは第七十三条、厚生年金保険法第七十七条若しくは第七十八条、昭和六十年国民年金等改正法附則第七十八条の規定により適用される昭和六十年国民年金等改正法第三条による改正前の厚生年金保険法第七十七条若しくは第七十八条、国家公務員共済組合法第七十五条若しくは第九十五条から第九十七条まで、昭和六十年国共済法等改正法附則第三条の規定により適用される昭和六十年国共済法等改正法第一条による改正前の国家公務員等共済組合法第七十五条若しくは第九十五条から第九十七条まで（私学共済法第四十八条の二の規定によりその例によることとされる場

12　年金保険者（厚生労働大臣に限る。）は、日本年金機構に、第一項から第六項までの規定による通知に係る事務（第八項の規定による経由に係る事務を含み、当該通知を除く。）を行わせるものとする。

13　厚生年金保険法第百条の十第二項及び第三項の規定は、前項に規定する事務について準用する。

（平一一法八七・平一一法一六〇・平一七法七七・平一六法一三二（平一七法七七）・平一八法八三・平一九法一〇九・令二法四〇・一部改正）

（保険料の特別徴収）

第百三十五条　市町村は、前条第一項の規定による通知

及び第四十五条の四から第四十五条の六までにおいて準用する場合を含む。）において準用する場合を含む。）に規定する場合においては、法第百三十四条第八項に規定する地方公務員共済組合は、地方公務員共済組合連合会、指定法人及び連合会の順に経由して行われるよう地方公務員共済組合連合会に伝達することにより、これらを経由して当該通知を行うものとする。

（平一九政三二四・追加、平二一政三一〇・一部改正）

合を含む。）、地方公務員等共済組合法第七十七条若しくは第百九条から第百十一条まで、昭和六十年地共済法等改正法附則第三条の規定により適用される昭和六十年地共済法等改正法第一条による改正前の地方公務員等共済組合法第七十七条若しくは第百九条から第百十一条まで又は昭和六十年国民年金等改正法第五条の規定による改正前の船員保険法第五十六条若しくは第五十七条の規定に基づき当該老齢等年金給付の支給が停止され、一時差し止められ、又は行わないこととされていること。

三　国民年金法第二十一条、昭和六十年国民年金等改正法附則第三十二条の規定により適用される昭和六十年国民年金等改正法第一条による改正前の国民年金法第二十一条、厚生年金保険法第三十九条、昭和六十年国民年金等改正法附則第七十八条の規定により適用される昭和六十年国民年金等改正法第三条による改正前の厚生年金保険法第三十九条、昭和六十年国共済法等改正法附則第十条第二項において準用する国家公務員共済組合法第七十四条の三（私学共済法第四十八条の二の規定によりその例によることとされる場合を含む。）、昭和六十年地共済法等改正法附則第九条第二項において準用する地方公務員等共済組合法第七十六条の三、昭和六十年国民年金等改正法第五条の規定による改正前の船員保険法第二十四条の三又は平成十三年厚生農林統合法附則第十六条第一項の規定によりなおその効力を有するものとされた平成十三年厚生農林統合法附則第二条第一項第一号に規定する平成十二年農林共済改正法第二十三条の四の規定により内払とみなされた年金があること。

四　その他前各号に掲げる事由に類する事由があること。

（平一二厚令一二七・平一四厚労令二七・平一八厚労令一〇六・平一九厚労令一三四・平二二厚労令一六八・令三厚労令七〇・令四厚労令四六・令六厚労令一一九・一部改正）

（保険料の一部を特別徴収する場合）

第百四十七条　法第百三十五条第一項の厚生労働省令で

法律

が行われた場合においては、当該通知に係る第一号被保険者（災害その他の特別の事情があることにより、特別徴収の方法によって保険料を徴収することが著しく困難であると認めるものその他政令で定めるものを除く。次項及び第三項において同じ。）に対して課する当該年度の保険料の全部（厚生労働省令で定める場合にあっては、その一部）を、特別徴収の方法によって徴収するものとする。ただし、当該通知に係る第一号被保険者が少ないことその他の特別の事情があることにより、特別徴収を行うことが適当でないと認められる市町村においては、特別徴収の方法によらないことができる。

2　市町村（前項ただし書に規定する市町村を除く。次項において同じ。）は、前条第二項又は第三項の規定による通知が行われた場合においては、当該通知に係る第一号被保険者に対して課する当該年度の保険料の一部を、特別徴収の方法によって徴収することができる。

3　市町村は、前条第二項若しくは第三項の規定による通知が行われた場合（前項の規定により当該通知に係る第一号被保険者に対して課する当該年度の保険料の一部を特別徴収の方法によって徴収する場合を除く。）又は同条第四項から第六項までの規定による通知が行われた場合において、当該通知に係る第一号被保険者について、翌年度の初日から九月三十日までの間において当該通知に係る老齢等年金給付が支払われるときは、その支払に係る保険料額として、支払回数割保険料額の見込額（当該額によることが適当でないと認められる特別な事情がある場合においては、所得の状況その他の事情を勘案して市町村が定める額とする。）を、厚生労働省令で定めるところにより、特別徴収の方法によって徴収するものとする。

施行令

施行規則

定める場合は、次のとおりとする。

一　当該年度に当該特別徴収対象被保険者（法第百三十五条第五項に規定する特別徴収対象被保険者をいう。以下同じ。）について仮徴収（法第百四十条第一項又は第二項の規定に基づく特別徴収をいう。以下同じ。）が行われていないとき。

二　当該年度における当該特別徴収対象被保険者に係る仮徴収の方法により徴収する保険料額の総額の見込額が当該年度において当該者に対して課する見込みの保険料額の二分の一に相当する額に満たないと認められる場合であって、市町村が、その満たない額を普通徴収の方法によって徴収することが適当と認めたとき。

三　当該特別徴収対象被保険者に係る当該年度分の保険料額について法第百三十六条第一項（令第四十五条の二から第四十五条の六までにおいて準用する場合を含む。）の規定による通知が行われた後の当該年度中に増額された場合であって、当該特別徴収対象被保険者について引き続き特別徴収の方法により保険料の一部を徴収することについて市町村が適当と認めたとき。

四　当該特別徴収対象被保険者に対して課する保険料額が当該年度前の年度において賦課すべき保険料額（以下「過年度分保険料額」という。）が含まれるとき（市町村が過年度分保険料額について特別徴収の方法により保険料を徴収することとするときを除く。）。

（平一二厚令一二七・平一八厚労令一八〇・一部改正）

（支払回数割保険料額の見込額の徴収方法等）

第百五十八条の二　市町村は、法第百三十四条第二項若しくは第三項の規定による通知が行われた場合（法第百三十五条第二項の規定により当該通知に係る第一号被保険者に対して課する当該年度の保険料の一部を特別徴収する場合を除く。）又は法第百三十四条第四項から第六項までの規定による通知が行われた場合において、法第百三十五条第三項の規定によって特別徴収を行うときに、同項に規定する第一号被保険者について当該通知を行った年の翌年の六月一日から九月三十日までの間に、当該徴収を行う額を同項に規定する支払回数割保険料額の見込額とすることが適当でないと認める特別の事情があるときは、支払回数割保険料額の見込額に代えて、所得の状況その他の事情を勘案して市町村が定める額（以下「六月に変更する支払に係る保険料額の見込額」という。）を同項に規定する支払に係る保険料額とすることができる。

2　前項の場合において、市町村は、当該通知を行った年の翌年の四月二十日までに、次に掲げる事項を特別徴収義務者に通知しなければならない。この場合において、特別徴収義務者に対する通知に係る手続（期日に関する部分を除く。）については、法第百三十六条第三項から第六項までの規定の例による。

一　特別徴収対象被保険者の氏名、性別、生年月日及び住所

二　仮徴収に係る額を変更する旨及び六月に変更する支払回数割保険料額の見込額

三　特別徴収対象年金給付の種類及び特別徴収義務者の名称

3　第百四十八条、第百五十条から第百五十三条まで、第百五十四条第三号及び第百五十五条から前条までの規定は、前二項について準用する。この場合において、第百五十一条中「支払回数割保険料額」とあるのは「支払回数割保険料額の見込額」と、第百五十三条第一項中「当該年度の十月一日以降最初に特別徴収対象年金給付を支払う日」とあるのは「第百五十八条の二第一項に規定する六月に変更する支払回数割保険料額の見込額を法第百三十五条第三項に規定する支払に係る保険料額とした場合において、当該額の徴収に係る特別徴収対象年金給付の支払を行う日」と読み替えるものとする。

（平一八厚労令一八〇・追加、平一九厚労令一三四・一部改正）

第百五十八条の三　市町村は、法第百三十四条第二項若しくは第三項の規定による通知が行われた場合（法第百三十五条第二項の規定により当該通知に係る第一号被保険者に対して課する当該年度の保険料の一部を特別徴収する場合を除く。）又は法第百三十四条第四項及び第五項の規定による通知が行われた場合において、法第百三十五条第三項の規定によって特別徴収を行うときに、当該通知を行った年の翌年の第一号被保険者について同項に規定する年の八月一日から九月三十日までの間に、当該徴収を行う額を支払回数割保険料額の見込額又は六月に変更する支払回数割保険料額の見込額とすることが適当でないと認める特別の事情があるときは、支払回数割保険料額の見込額又は六月に変更する支払回数割保険料額の見込額に代えて、所得の状況その他の事情を勘案して市町村が定める額（以下「八月に変更する支払回数割保険料額の見込額」という。）を同項に規定する支払に係る保険料額とすることができる。

2　前項の場合において、市町村は、当該通知を行った年の翌年の六月二十日までに、次に掲げる事項を特別徴収義務者に通知しなければ

4　前項の支払回数割保険料額の見込額は、当該第一号被保険者につき、当該年度の保険料額を基礎として厚生労働省令で定めるところにより算定した額を、当該年度の翌年度の初日（前条第五項の規定による通知に係る第一号被保険者については同年度の六月一日とし、同条第六項の規定による通知に係る第一号被保険者については同年度の八月一日とする。）から九月三十日までの間における当該老齢等年金給付の支払の回数で除して得た額とする。

5　市町村は、第一項本文、第二項又は第三項の規定により特別徴収の方法によって保険料を徴収しようとする場合においては、第一項本文、第二項又は第三項に

ばならない。この場合において、特別徴収義務者に対する通知に係る手続（期日に関する部分を除く。）については、法第百三十六条第三項から第六項までの規定の例による。

一　特別徴収対象被保険者の氏名、性別、生年月日及び住所

二　仮徴収に係る額を変更する旨及び八月に変更する支払回数割保険料額の見込額

三　特別徴収対象年金給付の種類及び特別徴収義務者の名称

3　第百四十八条、第百五十条から第百五十三条まで、第百五十四条第三号及び第百五十五条から前条までの規定は、前二項について準用する。この場合において、第百五十一条中「支払回数割保険料額」とあるのは「支払回数割保険料額の見込額」と、第百五十三条第一項中「当該年度の十月一日以降最初に特別徴収対象年金給付を支払う日」とあるのは「第百五十八条の三第一項に規定する八月に変更する支払回数割保険料額の見込額を法第百三十五条第三項に規定する支払に係る保険料額とした場合において、当該額の徴収に係る特別徴収対象年金給付の支払を行う日」と読み替えるものとする。

（平一八厚労令一八〇・追加、平一九厚労令一三四・一部改正）

（支払回数割保険料額の見込額の算定方法）

第百四十九条の二　法第百三十五条第四項に規定する厚生労働省令で定めるところにより算定した額については、次のとおりとする。

一　法第百三十四条第二項若しくは第三項の規定による通知（法第百三十五条第二項の規定により当該通知に係る第一号被保険者に対して課する当該年度の保険料の一部を特別徴収する場合を除く。）又は第四項の規定による通知が行われた場合において、法第百三十五条第三項の規定により特別徴収を行うとき　当該年度の保険料額を十二（ただし、十二とすることが適当でないと認められる市町村において

規定する第一号被保険者（以下「特別徴収対象被保険者」という。）について、当該特別徴収対象被保険者に係る年金保険者（以下「特別徴収義務者」という。）に当該保険料を徴収させなければならない。

6 市町村は、同一の特別徴収対象被保険者について前条第一項から第六項までの規定による通知に係る老齢等年金給付（以下「特別徴収対象年金給付」という。）が二以上ある場合においては、政令で定めるところにより一の特別徴収対象年金給付について保険料を徴収させるものとする。

（平一一法一六〇・平一七法七七・平一八法八三・一部改正）

（特別徴収額の通知等）

第百三十六条 市町村は、第百三十四条第一項の規定による通知が行われた場合において、前条第一項並びに第五項及び第六項（同条第一項に係る部分に限る。）の規定により特別徴収の方法によって保険料を徴収しようとするときは、特別徴収対象被保険者に係る保険料を特別徴収の方法によって徴収する旨、当該特別徴収対象被保険者に係る支払回数割保険料額その他厚生労働省令で定める事項を、特別徴収義務者及び特別徴収対象被保険者に通知しなければならない。

2 前項の支払回数割保険料額は、厚生労働省令で定めるところにより、当該特別徴収対象被保険者につき、特別徴収の方法によって徴収する保険料額（以下「特別徴収対象保険料額」という。）から、前条第三項並びに第百四十条第一項及び第二項の規定により当該年の四月一日から九月三十日までの間に徴収される保険

（特別徴収対象年金給付の順位）

第四十二条 法第百三十五条第六項の規定により、同一の同条第五項に規定する特別徴収対象被保険者について同条第六項に規定する特別徴収対象年金給付が二以上ある場合においては、次に掲げる順序に従い、先順位の老齢等年金給付（法第百三十一条に規定する老齢等年金給付をいう。以下この条において同じ。）について保険料を徴収させるものとする。ただし、新たに先順位となるべき老齢等年金給付を受ける権利の裁定を受け、当該老齢等年金給付の支払を受けることとなったときは、当該裁定のあった日の属する年度の翌年度の九月三十日までの間は、現に徴収させている当該老齢等年金給付について引き続き保険料を徴収させるものとする。

一 国民年金法による老齢基礎年金
二 旧国民年金法による老齢年金又は通算老齢年金
三 旧厚生年金保険法による老齢年金、通算老齢年金又は特例老齢年金
四 旧船員保険法による老齢年金又は通算老齢年金
五 旧国共済法による退職年金、減額退職年金又は通算退職年金（厚生年金保険法等の一部を改正する法律（平成八年法律第八十二号。以下この条において「平成八年改正法」という。）附則第十六条第三項の規定により厚生年金保険の実施者たる政府が支給するものとされたものに限る。）
六 国民年金法による障害基礎年金
七 厚生年金保険法による障害厚生年金（政府が支給するものに限る。）
八 旧国民年金法による障害年金
九 旧厚生年金保険法による障害年金
十 旧船員保険法による障害年金
十一 平成二十四年一元化法附則第三十七条第一項に規定する給付のうち障害共済年金（平成八年改正法

は、一以上十二以下の範囲内において市町村が定める数とする。）で除して得た額に六を乗じて得た額

二 法第百三十四条第五項の規定による通知が行われた場合において、法第百三十五条第三項の規定により特別徴収を行うとき 当該年度の保険料額を十二（ただし、十二とすることが適当でないと認められる市町村においては、一以上十二以下の範囲内において市町村が定める数とする。）で除して得た額に四を乗じて得た額

三 法第百三十四条第六項の規定による通知が行われた場合において、法第百三十五条第三項の規定により特別徴収を行うとき 当該年度の保険料額を十二（ただし、十二とすることが適当でないと認められる市町村においては、一以上十二以下の範囲内において市町村が定める数とする。）で除して得た額に二を乗じて得た額

2 前項各号において算出される額に一円未満の端数があるときは、これを四捨五入して得た額を算出額とする。

（平一八厚労令一八〇・追加）

（市町村の特別徴収の通知）

第百四十八条 法第百三十六条第一項（令第四十五条の二から第四十五条の六までにおいて準用する場合を含む。）の厚生労働省令で定める事項は、次のとおりとする。

一 特別徴収対象被保険者の氏名、性別、生年月日及び住所
二 特別徴収対象年金給付の種類及び特別徴収義務者（法第百三十五条第五項に規定する特別徴収義務者をいう。以下同じ。）の名称

（平一二厚令一二七・平一八厚労令一八〇・一部改正）

（支払回数割保険料額の算定方法）

第百四十九条 法第百三十六条第二項（令第四十五条の二第一項及び第四十五条の三第一項において準用する場合を含む。）に規定する支払回数割保険料額について同項の規定により得た額に百円未満の端数がある場合、又はその額すべてが百円未満である場合は、その

法律

料額の合計額を控除して得た額を、当該年の十月一日から翌年三月三十一日までの間における当該特別徴収対象年金給付の支払の回数で除して得た額とする。

3　第一項の規定による特別徴収義務者に対する通知（厚生労働大臣及び特定年金保険者並びに地方公務員共済組合に係るものを除く。）は、当該年度の初日の属する年の八月三十一日までにしなければならない。

施行令

附則第十六条第三項の規定により厚生年金保険の実施者たる政府が支給するものとされたものに限る。）

十二　旧国共済法による障害年金（平成八年改正法附則第十六条第三項の規定により厚生年金保険の実施者たる政府が支給するものとされたものに限る。）

十三　国民年金法による遺族基礎年金

十四　厚生年金保険法による遺族厚生年金（政府が支給するものに限る。）

十五　旧厚生年金保険法による遺族年金、寡婦年金又は通算遺族年金

十六　旧船員保険法による遺族年金

十七　平成二十四年一元化法附則第三十七条第一項に規定する給付のうち遺族共済年金（平成八年改正法附則第十六条第三項の規定により厚生年金保険の実施者たる政府が支給するものとされたものに限る。）

十八　旧国共済法による遺族年金又は通算遺族年金（平成八年改正法附則第十六条第三項の規定により厚生年金保険の実施者たる政府が支給するものとされたものに限る。）

十九　旧国共済法による退職年金、減額退職年金又は通算退職年金（第五号に掲げる年金を除く。）

二十　厚生年金保険法による障害厚生年金（同法第二条の五第一項に規定する実施機関（同項第二号に定める者に限る。第二十四号において「第二号厚生年金実施機関」という。）が支給するものに限る。）

二十一　平成二十四年一元化法附則第三十七条第一項に規定する給付のうち障害共済年金（第十一号に掲げる年金を除く。）

二十二　平成二十四年一元化法附則第四十一条第一項の規定による障害共済年金

二十三　旧国共済法による障害年金（第十二号に掲げる年金を除く。）

二十四　厚生年金保険法による遺族厚生年金（第二号厚生年金実施機関が支給するものに限る。）

二十五　平成二十四年一元化法附則第三十七条第一項

施行規則

端数金額又はその金額はすべて当該年度の十月一日以降最初に支払われる特別徴収対象年金給付に係る支払回数割保険料額に合算するものとする。

（平一八厚労令一八〇・一部改正）

に規定する給付のうち遺族共済年金（第十七号に掲げる年金を除く。）

二十六　平成二十四年一元化法附則第四十一条第一項の規定による遺族共済年金

二十七　旧国共済法による遺族年金又は通算遺族年金（第十八号に掲げる年金を除く。）

二十八　移行農林年金のうち退職年金、減額退職年金又は通算退職年金

二十九　移行農林共済年金のうち障害共済年金

三十　移行農林年金のうち障害年金

三十一　移行農林共済年金のうち遺族共済年金

三十二　移行農林年金のうち遺族年金又は通算遺族年金

三十三　旧私学共済法による退職年金、減額退職年金又は通算退職年金

三十四　厚生年金保険法による障害厚生年金（同法第二条の五第一項に規定する実施機関（同項第四号に定める者に限る。第三十七号において「第四号厚生年金実施機関」という。）が支給するものに限る。）

三十五　平成二十四年一元化法附則第七十九条に規定する給付のうち障害共済年金

三十六　旧私学共済法による障害年金

三十七　厚生年金保険法による遺族厚生年金（第四号厚生年金実施機関が支給するものに限る。）

三十八　平成二十四年一元化法附則第七十九条に規定する給付のうち遺族共済年金

三十九　旧私学共済法による遺族年金又は通算遺族年金

四十　旧地共済法による退職年金、減額退職年金又は通算退職年金

四十一　厚生年金保険法による障害厚生年金（同法第二条の五第一項に規定する実施機関（同項第三号に定める者に限る。第四十五号において「第三号厚生年金実施機関」という。）が支給するものに限る。）

四十二　平成二十四年一元化法附則第六十一条第一項に規定する給付のうち障害共済年金

四十三　平成二十四年一元化法附則第六十五条第一項

法律

4　第一項の規定による特別徴収義務者に対する通知（厚生労働大臣に係るものに限る。）は、当該年度の初日の属する年の七月三十一日までに、政令で定めるところにより、連合会及び指定法人を経由してしなければならない。

5　第一項の規定による特別徴収義務者に対する通知（特定年金保険者に係るものに限る。）は、当該年度の初日の属する年の七月三十一日までに、政令で定めるところにより、連合会、指定法人及び厚生労働大臣を経由してしなければならない。

6　第一項の規定による特別徴収義務者に対する通知（地方公務員共済組合に係るものに限る。）は、当該年度の初日の属する年の七月三十一日までに、政令で定めるところにより、連合会、指定法人及び地方公務員共済組合連合会を経由してしなければならない。

7　厚生労働大臣は、日本年金機構に、第一項の規定による通知の受理に係る事務（第五項の規定による経由に係る事務を含み、当該受理を除く。）を行わせるものとする。

8　厚生年金保険法第百条の十第二項及び第三項の規定は、前項に規定する事務について準用する。

（平一一法八七・平一一法一六〇・平一七法七七・平一八法八三・平一九法一〇九・一部改正）

（特別徴収の方法によって徴収した保険料額の納入の

施行令

の規定による障害共済年金

四十四　旧地共済法による障害年金

四十五　厚生年金保険法による遺族厚生年金（第三号厚生年金実施機関が支給するものに限る。）

四十六　平成二十四年一元化法附則第六十一条第一項に規定する給付のうち遺族共済年金

四十七　平成二十四年一元化法附則第六十五条第一項の規定による遺族共済年金

四十八　旧地共済法による遺族年金又は通算遺族年金

（平一四政四三・平一八政一五四・平一八政二八五・平一九政三四・平二一政二九六・平二七政三四二・一部改正）

（市町村の年金保険者に対する通知の経由の順序）

第四十二条の二　法第百三十六条第四項（法第百三十八条第二項（法第百四十条第三項（第四十五条の二第一項及び第四十五条の三第一項において準用する場合を含む。）並びに第四十五条の二第一項、第四十五条の三第一項及び第四十五条の四から第四十五条の六までにおいて準用する場合を含む。）、第百四十条第三項（第四十五条の二第一項及び第四十五条の三第一項において準用する場合を含む。）及び第百四十一条第二項並びに第四十五条の二第一項、第四十五条の三第一項及び第四十五条の四から第四十五条の六までにおいて準用する場合を含む。）の通知は、連合会及び指定法人の順に経由して行われるよう連合会に伝達することにより、これらを経由してしなければならない。

2　法第百三十六条第五項（法第百三十八条第二項（法第百四十条第三項（第四十五条の二第一項及び第四十五条の三第一項において準用する場合を含む。）並びに第四十五条の二第一項、第四十五条の三第一項及び第四十五条の四から第四十五条の六までにおいて準用する場合を含む。）、第百四十条第三項（第四十五条の二第一項及び第四十五条の三第一項において準用する場合を含む。）及び第百四十一条第二項並びに第四十五条の二第一項、第四十五条の三第一項及び第四十五条の四から第四十五条の六までにおいて準用する場合

施行規則

（支払回数割保険料額等の納入方法）

義務等）

第百三十七条　特別徴収義務者は、前条第一項の規定による通知を受けた場合においては、同項に規定する支払回数割保険料額を、厚生労働省令で定めるところにより、当該年の十月一日から翌年三月三十一日までの間において特別徴収対象年金給付の支払をする際徴収し、その徴収した日の属する月の翌月の十日までに、これを当該市町村に納入する義務を負う。

2　地方公務員共済組合は、前項の規定により市町村に納入する場合においては、地方公務員共済組合連合会を経由して行うものとする。

3　特別徴収義務者が、特別徴収対象年金給付の支払をする際特別徴収対象被保険者から徴収しなかった保険料額に相当する額を第一項の規定により市町村に納入した場合においては、その徴収しなかった保険料額に相当する額を、当該納入をしたとき以後に当該特別徴収対象被保険者に支払うべき当該特別徴収対象年金給付から控除することができる。

4　特別徴収義務者は、第百三十五条の規定により当該特別徴収義務者が徴収すべき保険料に係る特別徴収対象被保険者が当該特別徴収義務者から特別徴収対象年金給付の支払を受けないこととなった場合その他厚生労働省令で定める場合においては、その事由が発生した日の属する月の翌月以降徴収すべき保険料額は、これを徴収して納入する義務を負わない。

5　前項に規定する場合においては、特別徴収義務者は、厚生労働省令で定めるところにより、特別徴収対象年金給付の支払を受けないこととなった特別徴収対象被保険者その他厚生労働省令で定める者の氏名、当該特別徴収対象被保険者に係る保険料徴収の実績その他必要な事項を、特別徴収に係る納入金を納入すべき市町村に通知しなければならない。

6　特別徴収義務者は、厚生労働省令で定めるところにより、第一項の規定により徴収する支払回数割保険料額を、特別徴収対象被保険者に対し通知するものとす

を含む。）の通知は、連合会、指定法人及び厚生労働大臣の順に経由して行われるよう連合会に伝達することにより、これらを経由してしなければならない。

3　法第百三十六条第六項（法第百三十八条第二項（法第百四十条第三項（第四十五条の二第一項及び第四十五条の三第一項において準用する場合を含む。）並びに第四十五条の二第一項、第四十五条の三第一項及び第四十五条の四から第四十五条の六までにおいて準用する場合を含む。）、第百四十条第三項（第四十五条の二第一項及び第四十五条の三第一項において準用する場合を含む。）及び第百四十一条第二項並びに第四十五条の二第一項、第四十五条の三第一項及び第四十五条の四から第四十五条の六までにおいて準用する場合を含む。）の通知は、連合会、指定法人及び地方公務員共済組合連合会の順に経由して行われるよう連合会に伝達することにより、これらを経由してしなければならない。

（平一九政三二四・追加、平二一政三一〇・一部改正）

第百五十条　特別徴収義務者は、法第百三十七条第一項（令第四十五条の二から第四十五条の六までにおいて準用する場合を含む。）の規定により市町村に支払回数割保険料額又は支払回数割保険料額の見込額を納入するに当たっては、市町村があらかじめ指定して当該特別徴収義務者に通知した銀行その他の金融機関に払い込むものとする。

（平一八厚労令一八〇・一部改正）

（特別徴収義務者が特別徴収対象保険料額の納入の義務を負わなくなる事由等）

第百五十一条　法第百三十七条第四項の厚生労働省令で定める場合は、第百四十六条各号に掲げる事由により特別徴収対象年金給付の支払額が当該支払に係る支払回数割保険料額未満となった場合とする。

（平一二厚令一二七・令四厚労令四六・一部改正）

第百五十二条　法第百三十七条第五項（令第四十五条の二から第四十五条の六までにおいて準用する場合を含む。）に規定する通知は、できる限り速やかに行うものとする。

2　法第百三十七条第五項（令第四十五条の二から第四十五条の六までにおいて準用する場合を含む。）の厚生労働省令で定める者は、前条に規定する場合に係る特別徴収対象被保険者とする。

（平一二厚令一二七・平一八厚労令一八〇・一部改正）

（特別徴収義務者の特別徴収対象被保険者に対する通知）

第百五十三条　法第百三十七条第六項の規定による通知

法律

る。

7　特別徴収義務者（厚生労働大臣に限る。）は、日本年金機構に、第一項及び第四項の規定による徴収及び納入に係る事務（当該徴収及び納入を除く。）を行わせるものとする。

8　厚生年金保険法第百条の十第二項及び第三項の規定は、前項に規定する事務について準用する。

9　第百三十四条第七項から第十三項までの規定は第五項の規定による通知について、同条第十二項及び第十三項の規定は第六項の規定による特別徴収義務者（厚生労働大臣に限る。）の通知について準用する。

（平一一法八七・平一一法一六〇・平一七法七七・平一八法八三・平一九法一〇九・一部改正）

（被保険者資格喪失等の場合の市町村の特別徴収義務者等に対する通知）

第百三十八条　市町村は、第百三十六条第一項の規定により支払回数割保険料額を特別徴収義務者に通知した後に当該通知に係る特別徴収対象被保険者が被保険者資格を喪失した場合その他厚生労働省令で定める場合においては、厚生労働省令で定めるところにより、その旨を当該特別徴収義務者及び当該特別徴収対象被保険者に通知しなければならない。

2　第百三十六条第四項から第八項までの規定は、前項の規定による特別徴収義務者に対する通知について準用する。この場合において、これらの規定に関し必要

施行令

（特別徴収対象被保険者が被保険者資格を喪失した場合等における市町村による通知に関する読替え）

第四十三条　法第百三十八条第二項（法第百四十条第三

施行規則

は、当該年度の十月一日以降最初に特別徴収対象年金給付を支払う日までに行うものとする。

2　令第四十五条の二において準用する法第百三十七条第六項の規定による通知は、当該年度の十二月一日以降最初に特別徴収対象年金給付を支払う日までに行うものとする。

3　令第四十五条の三において準用する法第百三十七条第六項の規定による通知は、当該年度の翌年の二月一日以降最初に特別徴収対象年金給付を支払う日までに行うものとする。

4　令第四十五条の四において準用する法第百三十七条第六項の規定による通知は、当該年度の翌年の四月一日以降最初に特別徴収対象年金給付を支払う日までに行うものとする。

5　令第四十五条の五において準用する法第百三十七条第六項の規定による通知は、当該年度の六月一日以降最初に特別徴収対象年金給付を支払う日までに行うものとする。

6　令第四十五条の六において準用する法第百三十七条第六項の規定による通知は、当該年度の八月一日以降最初に特別徴収対象年金給付を支払う日までに行うものとする。

（平一八厚労令一八〇・平二一厚労令一六七・一部改正）

（市町村が特別徴収義務者等に対する通知を行う事由等）

第百五十四条　法第百三十八条第一項（令第四十五条の二から第四十五条の六までにおいて準用する場合を含む。）の厚生労働省令で定める場合は、次のとおりとする。

一　当該特別徴収対象被保険者に係る当該年度分の保険料額が、法第百三十六条第一項（令第四十五条の二及び第四十五条の三において準用する場合を含む。）の規定による通知が行われた後の当該年度中に減額されたとき。

二　当該特別徴収対象被保険者に係る当該年度分の保

な技術的読替えは、政令で定める。

3　特別徴収義務者は、第一項の規定による通知を受けた場合においては、その通知を受けた日以降特別徴収対象保険料額を徴収して納入する義務を負わない。この場合において、特別徴収義務者は、直ちに当該通知に係る特別徴収対象被保険者に係る保険料徴収の実績その他必要な事項を当該通知をした市町村に通知しなければならない。

4　第百三十四条第七項から第十三項までの規定は、前項の規定による通知について準用する。

（平一一法八七・平一一法一六〇・平一七法七七・平一八法八三・平一九法一〇九・一部改正）

（普通徴収保険料額への繰入）

第百三十九条　市町村は、第一号被保険者が特別徴収対象年金給付の支払を受けなくなったこと等により保険料を特別徴収の方法によって徴収されないこととなった場合においては、特別徴収の方法によって徴収されないこととなった額に相当する保険料額を、その特別徴収の方法によって徴収されないこととなった日以後

項において準用する場合を含む。）の規定による法第百三十六条第四項から第八項までの規定の準用については、同条第四項から第六項までの規定中「第一項」とあるのは「第百三十八条第一項（第百四十条第三項において準用する場合を含む。）」と、「当該年度の初日の属する年の七月三十一日までに」とあるのは「特別徴収対象被保険者が被保険者資格を喪失した場合その他同項に規定する厚生労働省令で定める場合に該当するに至ったときは、速やかに」と、同条第七項中「第一項」とあるのは「第百三十八条第一項（第百四十条第三項において準用する場合を含む。）」と、「第五項」とあるのは「第百三十八条第二項（第百四十条第三項において準用する場合を含む。）において準用する第五項」と、同条第八項中「前項」とあるのは「第百三十八条第二項（第百四十条第三項において準用する場合を含む。）において準用する前項」と読み替えるものとする。

（平一二政三〇九・平一八政一五四・平一八政二八五・平二一政三二〇・一部改正）

険料額が、法第百三十六条第一項（令第四十五条の二及び第四十五条の三において準用する場合を含む。）の規定による通知が行われた後の当該年度中に増額された場合であって、市町村が当該特別徴収対象被保険者について同条第二項に規定する特別徴収対象保険料額から既に特別徴収の方法により徴収された額を控除した額の全部について普通徴収の方法により徴収することが適当と認めたとき。

三　前二号の規定は、令第四十五条の四から第四十五条の六までにおいて法第百三十六条第一項を準用する場合に準用する。この場合、前二号中「当該年度分」とあるのは「当該年度の翌年度分」と、「当該年度中」とあるのは「当該年度の翌年度中」と読み替えるものとする。

四　災害その他の特別の事情が生じたことにより、当該特別徴収対象被保険者について特別徴収の方法により保険料を徴収することが適当でないと市町村が認めたとき。

（平一二厚令一二七・平一八厚労令一八〇・一部改正）

第百五十五条　法第百三十八条第一項（令第四十五条の二から第四十五条の六までにおいて準用する場合を含む。）の規定による通知は、次に掲げる事項について行うものとする。

一　当該通知に係る特別徴収対象被保険者の氏名、性別、生年月日及び住所

二　当該特別徴収対象被保険者について特別徴収を行わないこととする旨及びその理由

三　特別徴収対象年金給付の種類及び特別徴収義務者の名称

（平一八厚労令一八〇・一部改正）

（特別徴収対象被保険者が死亡したことにより生じた過誤納額のうち被保険者に還付しない額の算定方法等）

第百五十六条　市町村は、法第百三十九条第二項（令第四十五条の四から第四十五条の六までにおいて準用する場合を含む。）の規定により第一号被保険者の死亡により生じた過納又は誤納に係る保険料額を当該者に

法律

において到来する第百三十三条の納期がある場合においてはそのそれぞれの納期において、その日以後に到来する同条の納期がない場合においては直ちに、普通徴収の方法によって徴収しなければならない。

2　特別徴収義務者から当該市町村に納入された第一号被保険者についての保険料額の合計額が当該第一号被保険者について特別徴収の方法によって徴収すべき保険料額を超える場合（特別徴収の方法によって徴収すべき保険料額がない場合を含む。）においては、市町村は、当該過納又は誤納に係る保険料額（当該過納又は誤納に係る保険料額が当該第一号被保険者が死亡したことにより生じたものであるときは、当該過納又は誤納に係る保険料額から厚生労働省令で定めるところにより算定した額を控除した額とする。次項において「過誤納額」という。）を当該第一号被保険者に還付しなければならない。

3　市町村は、前項の規定により過誤納額を還付すべき場合において、当該第一号被保険者の未納に係る保険料その他この法律の規定による徴収金があるときは、同項の規定にかかわらず、厚生労働省令で定めるところにより、当該過誤納額をこれに充当することができる。

（平一一法一六〇・一部改正）

（仮徴収）

第百四十条　市町村は、前年度の初日の属する年の十月一日から翌年の三月三十一日までの間における特別徴収

施行令

施行規則

還付するに当たっては、当該者が死亡した日の属する月の翌々月以降に特別徴収の方法により徴収され、市町村に納入された支払回数割保険料額又は支払回数割保険料額の見込額がある場合には、当該額を控除するものとする。

2　市町村は、前項の規定により控除した額を当該額を納入した特別徴収義務者に還付するものとする。

（平一八厚労令一八〇・一部改正）

第百五十七条　市町村は、法第百三十九条第三項（令第四十五条の四から第四十五条の六までにおいて準用する場合を含む。）の規定により過誤納額（同条第二項に規定する過誤納額をいう。以下同じ。）を当該第一号被保険者の未納に係る保険料その他法の規定による徴収金（以下「未納保険料等」という。）に充当しようとするときは、当該過誤納額に係る第一号被保険者に対して、あらかじめ、次に掲げる事項を通知するものとする。

一　法第百三十九条第三項（令第四十五条の四から第四十五条の六までにおいて準用する場合を含む。）の規定により当該充当を行う旨

二　当該充当を行う未納保険料等の額及び当該充当を行った後の過誤納額

三　その他必要と認める事項

（平一八厚労令一八〇・一部改正）

（仮徴収額の徴収方法等）

第百五十八条　法第百四十条第一項及び第二項（令第四十五条の二第一項及び第四十五条の三第一項において

対象年金給付の支払の際第百三十六条第一項に規定する支払回数割保険料額を徴収されていた第一号被保険者について、当該年度の初日からその日の属する年の五月三十一日までの間において当該支払回数割保険料額の徴収に係る老齢等年金給付が支払われるときは、その支払に係る保険料額として、当該支払回数割保険料額に相当する額を、厚生労働省令で定めるところにより、特別徴収の方法によって徴収するものとする。

2　市町村は、前項に規定する第一号被保険者について、当該年度の初日の属する年の六月一日から九月三十日までの間において同項に規定する老齢等年金給付が支払われるときは、それぞれの支払に係る保険料額として、当該第一号被保険者に係る同項に規定する支払回数割保険料額に相当する額（当該額によることが適当でないと認められる特別な事情がある場合においては、所得の状況その他の事情を勘案して市町村が定める額とする。）を、厚生労働省令で定めるところにより、特別徴収の方法によって徴収するものとする。

3　第百三十六条から前条まで（第百三十六条第二項を除く。）の規定は、前二項の規定による特別徴収について準用する。この場合において、これらの規定に関し必要な技術的読替えは、政令で定める。

4　第一項の規定による特別徴収については、前項において準用する第百三十六条の規定による通知があったものとみなし、第二項の規定による特別徴収については、前項において準用する同条の規定による通知が期日までに行われないときは、第一項に規定する老齢等年金給付のそれぞれの支払に係る保険料額として、第二項に規定する支払回数割保険料額に相当する額を特別徴収の方法によって徴収する旨の同条の規定による通知があったものとみなす。

（平一一法一六〇・平一七法七七・一部改正）

（仮徴収に関する読替え）

第四十四条　法第百四十条第三項の規定による技術的読替えは、次の表のとおりとする。

法の規定中読み替える規定	読み替えられる字句	読み替える字句（法第百四十条第一項の規定による特別徴収に係る場合）	読み替える字句（法第百四十条第二項の規定による特別徴収に係る場合）
第百三十六条第一項	第百三十四条第一項の規定による通知が行われた場合において、前条第一項並びに第五項	第百四十条第一項の規定により特別徴収の方法によって保険料を徴収しようとする場合に	第百四十条第二項の規定により特別徴収の方法によって保険料を徴収しようとする場合に

準用する場合を含む。）に規定する支払回数割保険料額に相当する額は、当該年度の前年度の最後に行われた特別徴収対象年金給付の支払に係る支払回数割保険料額とする。

2　市町村は、法第百四十条第二項（令第四十五条の二第一項及び第四十五条の三第一項において準用する場合を含む。）に規定する第一号被保険者について同項に規定する年の八月一日から九月三十日までの間において同項の規定により特別徴収の方法により徴収する場合であって、当該徴収を行う額を同項に規定する支払回数割保険料額に相当する額（以下「一般仮徴収額」という。）又は同項に規定する市町村が定める額（以下「市町村決定額」という。）とすることが適当でないと認める特別の事情があるときは、一般仮徴収額又は市町村決定額に代えて、所得の状況その他の事情を勘案して市町村が定める額（以下「八月の変更仮徴収額」という。）を同項に規定する支払に係る保険料額とすることができる。

3　前項の場合において、市町村は、当該年度の六月二十日までに、次に掲げる事項を特別徴収義務者に通知しなければならない。この場合において、特別徴収義務者に対する通知に係る手続（期日に関する部分を除く。）は、法第百三十六条第三項から第六項まで（令第四十五条の二第一項及び第四十五条の三第一項において準用する場合を含む。）の規定の例による。

一　特別徴収対象被保険者の氏名、性別、生年月日及び住所

二　仮徴収に係る額を変更する旨及び八月の変更仮徴収額

三　特別徴収対象年金給付の種類及び特別徴収義務者の名称

4　第百四十八条、第百五十条から第百五十三条まで、第百五十四条第三号及び第百五十五条から前条までの

法律

施行令

	及び第六項（同条第一項に係る部分に限る。）の規定により特別徴収の方法によって保険料を徴収しようとするとき	おいて	おいて
	支払回数割保険料額	支払回数割保険料額に相当する額	支払回数割保険料額に相当する額（当該額によることが適当でないと認められる特別な事情がある場合においては、所得の状況その他の事情を勘案して市町村が定める額とする。以下同じ。）
第百三十六条第三項	第一項	第百四十条第三項において準用する第一項	第百四十条第三項において準用する第一項
	年の八月三十一日まで	年の前年の八月三十一日まで	年の四月二十日まで
第百三十六条第四項から第六項まで	第一項	第百四十条第三項において準用する第一項	第百四十条第三項において準用する第一項
	年の七月三十一日まで	年の前年の七月三十一日まで	年の四月二十日まで
第百三十六条第七項	第一項	第百四十条第三項において準用	第百四十条第三項において準用

施行規則

規定は、仮徴収について準用する。この場合において、第百五十一条中「支払回数割保険料額」とあるのは「法第百四十条第一項又は第二項（令第四十五条の二第一項及び第四十五条の三第一項において準用する場合を含む。）に規定する支払に係る保険料額」と、第百五十三条第一項中「当該年度の十月一日以降最初に特別徴収対象年金給付を支払う日」とあるのは「第百五十八条第二項に規定する市町村決定額又は八月の変更仮徴収額を法第百四十条第二項（令第四十五条の二第一項及び第四十五条の三第一項において準用する場合を含む。）に規定する支払に係る保険料額とした場合において、当該額の徴収に係る特別徴収対象年金給付の支払を行う日」と読み替えるものとする。

（平一四厚労令一四九・平一八厚労令三二・平一八厚労令一八〇・平一九厚労令一三四・一部改正）

		する第一項	する第一項
	第五項	同条第三項において準用する第五項	同条第三項において準用する第五項
第百三十六条第八項	前項	第百四十条第三項において準用する前項	第百四十条第三項において準用する前項
第百三十七条第一項	前条第一項	第百四十条第三項において準用する前条第一項	第百四十条第三項において準用する前条第一項
	支払回数割保険料額	支払回数割保険料額に相当する額	支払回数割保険料額に相当する額
	当該年の十月一日から翌年三月三十一日まで	当該年度の初日からその日の属する年の五月三十一日まで	当該年の六月一日から九月三十日まで
第百三十七条第二項	前項	第百四十条第三項において準用する前項	第百四十条第三項において準用する前項
第百三十七条第三項	第一項	第百四十条第三項において準用する第一項	第百四十条第三項において準用する第一項
第百三十七条第五項	前項	第百四十条第三項において準用する前項	第百四十条第三項において準用する前項
第百三十七条第六項	第一項	第百四十条第三項において準用する第一項	第百四十条第三項において準用する第一項
	支払回数割保険料額	支払回数割保険料額に相当する額	支払回数割保険料額に相当する額
第百三十七条第七項	第一項	第百四十条第三項において準用	第百四十条第三項において準用

法律

施行令

		する第一項	する第一項
第百三十七条第八項	前項	第百四十条第三項において準用する前項	第百四十条第三項において準用する前項
第百三十七条第九項	第五項	第百四十条第三項において準用する第五項	第百四十条第三項において準用する第五項
	同条第十二項	第百三十四条第十二項	第百三十四条第十二項
	第六項	第百四十条第三項において準用する第六項	第百四十条第三項において準用する第六項
第百三十八条第一項	第百三十六条第一項	第百四十条第三項において準用する第百三十六条第一項	第百四十条第三項において準用する第百三十六条第一項
	支払回数割保険料額	支払回数割保険料額に相当する額	支払回数割保険料額に相当する額
第百三十八条第二項	前項	第百四十条第三項において準用する前項	第百四十条第三項において準用する前項
第百三十八条第三項	第一項	第百四十条第三項において準用する第一項	第百四十条第三項において準用する第一項
	特別徴収対象保険料額	第百四十条第一項の規定により特別徴収の方法によって徴収する保険料額	第百四十条第二項の規定により特別徴収の方法によって徴収する保険料額
第百三十八条第四項及	前項	第百四十条第三項において準用	第百四十条第三項において準用

施行規則

（住所地特例対象施設に入所等中の被保険者の特例に係る特別徴収義務者への通知）

第百四十一条　市町村は、その行う介護保険の特別徴収対象被保険者が住所地特例適用被保険者に該当するに至ったときは、速やかに、当該特別徴収対象被保険者に係る特別徴収義務者に、その旨を通知するものとする。

2　第百三十六条第四項から第八項までの規定は、前項の規定による特別徴収義務者に対する通知について準用する。この場合において、これらの規定に関し必要な技術的読替えは、政令で定める。

（平一一法八七・平一七法七七・平一九法一〇九・平二六法八三・一部改正）

（政令への委任）

第百四十一条の二　第百三十四条第二項から第六項までの規定により通知が行われた場合において、市町村が第百三十五条第二項から第六項までの規定により特別徴収の方法によって保険料を徴収しようとするときの特別徴収額の通知、特別徴収の方法によって徴収した保険料額の納入の義務その他の取扱いについては、政令で定める。

（平一七法七七・追加）

び第百三十九条第三項	する前項	する前項

（平一一政三九三・平一八政一五四・平一八政二八五・平一九政三二四・平二二政三一〇・一部改正）

（介護保険施設に入所中の被保険者の特例に関する技術的読替え）

第四十五条　法第百四十一条第二項の規定による法第百三十六条第四項から第八項までの規定の準用については、同条第四項から第六項までの規定中「第一項」とあるのは「第百四十一条第一項」と、「当該年度の初日の属する年の七月三十一日までに」とあるのは「速やかに」と、同条第七項中「第一項」とあるのは「第百四十一条第一項」と、「第五項」とあるのは「同条第二項において準用する第五項」と、同条第八項中「前項」とあるのは「第百四十一条第二項において準用する前項」と読み替えるものとする。

（平一一政三九三・平二二政三一〇・一部改正）

（四月一日後の事項の通知に係る特別徴収額の通知等の取扱い）

第四十五条の二　法第百三十六条から第百三十八条まで（法第百三十七条第四項及び第五項並びに第九項（同条第五項に係る部分に限る。）を除く。）及び第百四十条の規定は、法第百三十四条第二項の規定による通知が行われた場合において、法第百三十五条第二項並びに第五項及び第六項（同条第二項に係る部分に限る。）の規定により特別徴収の方法によって保険料を徴収しようとするときに準用する。この場合において、次の表の上欄に掲げる法の規定中同表の中欄に掲げる字句は、それぞれ同表の下欄に掲げる字句に読み替えるものとする。

第百三十六条第一項	第百三十四条第一項 前条第一項 同条第一項	第百三十四条第二項 前条第二項 同条第二項
第百三十六条第二項	前項	介護保険法施行令（以下「令」という。）第四十五

法律

施行令

		条の二第一項において準用する前項
	から、前条第三項並びに第百四十条第一項及び第二項の規定により当該年の四月一日から九月三十日までの間に徴収される保険料額の合計額を控除して得た額を、当該年の十月一日	を、当該年の十二月一日
第百三十六条第三項	第一項	令第四十五条の二第一項において準用する第一項
	八月三十一日	十月二十日
第百三十六条第四項から第六項まで	第一項	令第四十五条の二第一項において準用する第一項
	七月三十一日	十月二十日
第百三十六条第七項	第一項	令第四十五条の二第一項において準用する第一項
	第五項	同条第一項において準用する第五項
第百三十六条第八項	前項	令第四十五条の二第一項において準用する前項
第百三十七条第一項	前条第一項	令第四十五条の二第一項において準用する前条第一項
	十月一日	十二月一日
第百三十七条第二項	前項	令第四十五条の二第一項において準用する前項
第百三十七条第三項	第一項	令第四十五条の二第一項において準用する第一項

施行規則

第百三十七条第六項	第一項	令第四十五条の二第一項において準用する第一項
第百三十七条第七項	第一項及び第四項	令第四十五条の二第一項において準用する第一項
第百三十七条第八項	前項	令第四十五条の二第一項において準用する前項
第百三十七条第九項	第百三十四条第七項から第十三項までの規定は第五項の規定による通知について、同条第十二項	第百三十四条第十二項
	第六項	令第四十五条の二第一項において準用する第六項
第百三十八条第一項	第百三十六条第一項	令第四十五条の二第一項において準用する第百三十六条第一項
第百三十八条第二項	前項	令第四十五条の二第一項において準用する前項
	必要な技術的読替えは、政令で定める	第六項までの規定中「第一項」とあるのは「令第四十五条の二第一項において準用する第百三十八条第一項」と、「当該年度の初日の属する年の七月三十一日までに」とあるのは「特別徴収対象被保険者が被保険者資格を喪失した場合その他同項に規定する厚生労働省令で定める場合に該当するに至ったときは、速やかに」と読み替えるものとする
第百三十八条第三項	第一項	令第四十五条の二第一項において準用する第一項

第百三十八条第四項	前項	令第四十五条の二第一項において準用する前項
第百四十条第一項	十月一日	十二月一日
	第百三十六条第一項	令第四十五条の二第一項において準用する第百三十六条第一項
第百四十条第二項	前項	令第四十五条の二第一項において準用する前項
第百四十条第三項	前二項	令第四十五条の二第一項において準用する前二項
第百四十条第四項	第一項	令第四十五条の二第一項において準用する第一項
	前項	令第四十五条の二第一項において準用する前項
	第二項	令第四十五条の二第一項において準用する第二項

2　前項において準用する法第百四十条第三項の規定による技術的読替えは、次の表のとおりとする。

法の規定中読み替える規定	読み替えられる字句	読み替える字句（前項において準用する法第百四十条第一項の規定による特別徴収に係る場合）	読み替える字句（前項において準用する法第百四十条第二項の規定による特別徴収に係る場合）
第百三十六条第一項	第百三十四条第一項の規定による通知が行われた場合において、前条第一項並びに第五項	令第四十五条の二第一項において準用する第百四十条第一項の規定により特別徴収の方法	令第四十五条の二第一項において準用する第百四十条第二項の規定により特別徴収の方

	及び第六項（同条第一項に係る部分に限る。）の規定により特別徴収の方法によって保険料を徴収しようとするとき	によって保険料を徴収しようとする場合において	法によって保険料を徴収しようとする場合において
	支払回数割保険料額	支払回数割保険料額に相当する額	支払回数割保険料額に相当する額（当該額によることが適当でないと認められる特別な事情がある場合においては、所得の状況その他の事情を勘案して市町村が定める額とする。以下同じ。）
第百三十六条第三項	第一項	令第四十五条の二第一項において準用する第一項	令第四十五条の二第一項において準用する第一項
	年の八月三十一日まで	年の前年の十月二十日まで	年の四月二十日まで
第百三十六条第四項から第六項まで	第一項	令第四十五条の二第一項において準用する第一項	令第四十五条の二第一項において準用する第一項
	年の七月三十一日まで	年の前年の十月二十日まで	年の四月二十日まで
第百三十六条第七項	第一項	令第四十五条の二第一項にお	令第四十五条の二第一項にお

法律

施行令

		いて準用する第一項	いて準用する第一項
	第五項	同条第一項において準用する第五項	同条第一項において準用する第五項
第百三十六条第八項	前項	令第四十五条の二第一項において準用する前項	令第四十五条の二第一項において準用する前項
第百三十七条第一項	前条第一項	令第四十五条の二第一項において準用する前条第一項	令第四十五条の二第一項において準用する前条第一項
	支払回数割保険料額	支払回数割保険料額に相当する額	支払回数割保険料額に相当する額
	当該年の十月一日から翌年三月三十一日まで	当該年度の初日からその日の属する年の五月三十一日まで	当該年の六月一日から九月三十日まで
第百三十七条第二項	前項	令第四十五条の二第一項において準用する前項	令第四十五条の二第一項において準用する前項
第百三十七条第三項	第一項	令第四十五条の二第一項において準用する第一項	令第四十五条の二第一項において準用する第一項
第百三十七条第五項	前項	令第四十五条の二第一項において準用する前項	令第四十五条の二第一項において準用する前項

施行規則

第百三十七条第六項	第一項	令第四十五条の二第一項において準用する第一項	令第四十五条の二第一項において準用する第一項
	支払回数割保険料額	支払回数割保険料額に相当する額	支払回数割保険料額に相当する額
第百三十七条第七項	第一項	令第四十五条の二第一項において準用する第一項	令第四十五条の二第一項において準用する第一項
第百三十七条第八項	前項	令第四十五条の二第一項において準用する前項	令第四十五条の二第一項において準用する前項
第百三十七条第九項	第五項	令第四十五条の二第一項において準用する第五項	令第四十五条の二第一項において準用する第五項
	同条第十二項	第百三十四条第十二項	第百三十四条第十二項
	第六項	令第四十五条の二第一項において準用する第六項	令第四十五条の二第一項において準用する第六項
第百三十八条第一項	第百三十六条第一項	令第四十五条の二第一項において準用する第百三十六条第一項	令第四十五条の二第一項において準用する第百三十六条第一項
	支払回数割保険料額	支払回数割保険料額に相当する額	支払回数割保険料額に相当する額
第百三十八条第二項	前項	令第四十五条の二第一項にお	令第四十五条の二第一項にお

		いて準用する前項	いて準用する前項
第百三十八条第三項	第一項	令第四十五条の二第一項において準用する第一項	令第四十五条の二第一項において準用する第一項
	特別徴収対象保険料額	令第四十五条の二第一項において準用する第百四十条第一項の規定により特別徴収の方法によって徴収する保険料額	令第四十五条の二第一項において準用する第百四十条第二項の規定により特別徴収の方法によって徴収する保険料額
第百三十八条第四項及び第百三十九条第三項	前項	令第四十五条の二第一項において準用する前項	令第四十五条の二第一項において準用する前項

（平一八政二八五・追加、平一九政三二四・平二一政三一〇・一部改正）

第四十五条の三　法第百三十六条から第百三十八条まで（法第百三十七条第四項及び第五項並びに第九項（同条第五項に係る部分に限る。）を除く。）及び第百四十条の規定は、法第百三十四条第三項の規定による通知が行われた場合において、法第百三十五条第二項並びに第五項及び第六項（同条第二項に係る部分に限る。）の規定により特別徴収の方法によって保険料を徴収しようとするときに準用する。この場合において、次の表の上欄に掲げる法の規定中同表の中欄に掲げる字句は、それぞれ同表の下欄に掲げる字句に読み替えるものとする。

第百三十六条第一項	第百三十四条第一項	第百三十四条第三項
	前条第一項	前条第二項
	同条第一項	同条第二項
第百三十六条	前項	介護保険法施行令（以下

第二項		「令」という。）第四十五条の三第一項において準用する前項
	から、前条第三項並びに第百四十条第一項及び第二項の規定により当該年の四月一日から九月三十日までの間に徴収される保険料額の合計額を控除して得た額を、当該年の十月一日から翌年	を、当該年の翌年の二月一日から
第百三十六条第三項	第一項	令第四十五条の三第一項において準用する第一項
	八月三十一日	十二月二十日
第百三十六条第四項から第六項まで	第一項	令第四十五条の三第一項において準用する第一項
	七月三十一日	十二月二十日
第百三十六条第七項	第一項	令第四十五条の三第一項において準用する第一項
	第五項	同条第一項において準用する第五項
第百三十六条第八項	前項	令第四十五条の三第一項において準用する前項
第百三十七条第一項	前条第一項	令第四十五条の三第一項において準用する前条第一項
	十月一日から翌年	翌年の二月一日から
第百三十七条第二項	前項	令第四十五条の三第一項において準用する前項
第百三十七条第三項	第一項	令第四十五条の三第一項において準用する第一項
第百三十七条	第一項	令第四十五条の三第一項

法律

施行令

第六項		において準用する第一項
第百三十七条第七項	第一項及び第四項	令第四十五条の三第一項において準用する第一項
第百三十七条第八項	前項	令第四十五条の三第一項において準用する前項
第百三十七条第九項	第百三十四条第七項から第十三項までの規定は第五項の規定による通知について、同条第十二項	第百三十四条第十二項
	第六項	令第四十五条の三第一項において準用する第六項
第百三十八条第一項	第百三十六条第一項	令第四十五条の三第一項において準用する第百三十六条第一項
第百三十八条第二項	前項	令第四十五条の三第一項において準用する前項
	これらの規定に関し必要な技術的読替えは、政令で定める	第百三十六条第四項から第六項までの規定中「第一項」とあるのは「令第四十五条の三第一項において準用する第百三十八条第一項」と、「当該年度の初日の属する年の七月三十一日までに」とあるのは「特別徴収対象被保険者が被保険者資格を喪失した場合その他同項に規定する厚生労働省令で定める場合に該当するに至ったときは、速やかに」と読み替えるものとする

施行規則

第百三十八条第三項	第一項	令第四十五条の三第一項において準用する第一項
第百三十八条第四項	前項	令第四十五条の三第一項において準用する前項
第百四十条第一項	十月一日から翌年の	翌年の二月一日から
	第百三十六条第一項	令第四十五条の三第一項において準用する第百三十六条第一項
第百四十条第二項	前項	令第四十五条の三第一項において準用する前項
第百四十条第三項	前二項	令第四十五条の三第一項において準用する前二項
第百四十条第四項	第一項	令第四十五条の三第一項において準用する第一項
	前項	令第四十五条の三第一項において準用する前項
	第二項	令第四十五条の三第一項において準用する第二項

2　前項において準用する法第百四十条第三項の規定による技術的読替えは、次の表のとおりとする。

法の規定中読み替える規定	読み替えられる字句	読み替える字句（前項において準用する法第百四十条第一項の規定による特別徴収に係る場合）	読み替える字句（前項において準用する法第百四十条第二項の規定による特別徴収に係る場合）
第百三十六条第一項	第百三十四条第一項の規定による通知が行われた場合において、前条第一項並びに第五項	令第四十五条の三第一項において準用する第百四十条第一項の規定により特別徴収の方法	令第四十五条の三第一項において準用する第百四十条第二項の規定により特別徴収の方

法律

施行令

	及び第六項（同条第一項に係る部分に限る。）の規定により特別徴収の方法によって保険料を徴収しようとするとき	によって保険料を徴収しようとする場合において	法によって保険料を徴収しようとする場合において
	支払回数割保険料額	支払回数割保険料額に相当する額	支払回数割保険料額に相当する額（当該額によることが適当でないと認められる特別な事情がある場合においては、所得の状況その他の事情を勘案して市町村が定める額とする。以下同じ。）
第百三十六条第三項	第一項	令第四十五条の三第一項において準用する第一項	令第四十五条の三第一項において準用する第一項
	年の八月三十一日まで	年の前年の十二月二十日まで	年の四月二十日まで
第百三十六条第四項から第六項まで	第一項	令第四十五条の三第一項において準用する第一項	令第四十五条の三第一項において準用する第一項
	年の七月三十一日まで	年の前年の十二月二十日まで	年の四月二十日まで

施行規則

第百三十六条第七項	第一項	令第四十五条の三第一項において準用する第一項	令第四十五条の三第一項において準用する第一項
	第五項	同条第一項において準用する第五項	同条第一項において準用する第五項
第百三十六条第八項	前項	令第四十五条の三第一項において準用する前項	令第四十五条の三第一項において準用する前項
第百三十七条第一項	前条第一項	令第四十五条の三第一項において準用する前条第一項	令第四十五条の三第一項において準用する前条第一項
	支払回数割保険料額	支払回数割保険料額に相当する額	支払回数割保険料額に相当する額
	当該年の十月一日から翌年三月三十一日まで	当該年度の初日からその日の属する年の五月三十一日まで	当該年の六月一日から九月三十日まで
第百三十七条第二項	前項	令第四十五条の三第一項において準用する前項	令第四十五条の三第一項において準用する前項
第百三十七条第三項	第一項	令第四十五条の三第一項において準用する第一項	令第四十五条の三第一項において準用する第一項
第百三十七条第五項	前項	令第四十五条の三第一項において準用する前項	令第四十五条の三第一項において準用する前項

法律

施行令

第百三十七条第六項	第一項	令第四十五条の三第一項において準用する第一項	令第四十五条の三第一項において準用する第一項
	支払回数割保険料額	支払回数割保険料額に相当する額	支払回数割保険料額に相当する額
第百三十七条第七項	第一項	令第四十五条の三第一項において準用する第一項	令第四十五条の三第一項において準用する第一項
第百三十七条第八項	前項	令第四十五条の三第一項において準用する前項	令第四十五条の三第一項において準用する前項
第百三十七条第九項	第五項	令第四十五条の三第一項において準用する第五項	令第四十五条の三第一項において準用する第五項
	同条第十二項	第百三十四条第十二項	第百三十四条第十二項
	第六項	令第四十五条の三第一項において準用する第六項	令第四十五条の三第一項において準用する第六項
第百三十八条第一項	第百三十六条第一項	令第四十五条の三第一項において準用する第百三十六条第一項	令第四十五条の三第一項において準用する第百三十六条第一項
	支払回数割保険料額	支払回数割保険料額に相当する額	支払回数割保険料額に相当する額

施行規則

第百三十八条第二項	前項	令第四十五条の三第一項において準用する前項	令第四十五条の三第一項において準用する前項
第百三十八条第三項	第一項	令第四十五条の三第一項において準用する第一項	令第四十五条の三第一項において準用する第一項
	特別徴収対象保険料額	令第四十五条の三第一項において準用する第百四十条第一項の規定により特別徴収の方法によって徴収する保険料額	令第四十五条の三第一項において準用する第百四十条第二項の規定により特別徴収の方法によって徴収する保険料額
第百三十八条第四項及び第百三十九条第三項	前項	令第四十五条の三第一項において準用する前項	令第四十五条の三第一項において準用する前項

（平一八政二八五・追加、平一九政三二四・平二一政三一〇・一部改正）

第四十五条の四　法第百三十六条から第百三十九条まで（法第百三十六条第二項及び第百三十七条第四項及び第五項並びに第九項（同条第五項に係る部分に限る。）を除く。）の規定は、法第百三十四条第二項若しくは第三項の規定による通知が行われた場合（法第百三十五条第二項の規定により当該通知に係る第一号被保険者に対して課する当該年度の保険料の一部を特別徴収の方法によって徴収する場合を除く。）又は法第百三十四条第四項の規定による通知が行われた場合において、法第百三十五条第三項並びに第五項及び第六項（同条第三項に係る部分に限る。）の規定により特別徴収の方法によって保険料を徴収しようとするときに準用する。この場合において、次の表の上欄に掲げる法の規定中同表の中欄に掲げる字句は、それぞれ同表の下欄に掲げる字句に読み替えるものとする。

第百三十六条第一項	第百三十四条第一項	第百三十四条第二項若しくは第三項の規定による通知

法律

施行令

		が行われた場合（前条第二項の規定により当該通知に係る第一号被保険者に対して課する当該年度の保険料の一部を特別徴収の方法によって徴収する場合を除く。）又は第百三十四条第四項
	前条第一項	前条第三項
	同条第一項	同条第三項
	支払回数割保険料額	支払回数割保険料額の見込額（当該額によることが適当でないと認められる特別な事情がある場合においては、所得の状況その他の事情を勘案して市町村が定める額とする。以下同じ。）
第百三十六条第三項	第一項	介護保険法施行令（以下「令」という。）第四十五条の四において準用する第一項
	八月三十一日	翌年の二月二十日
第百三十六条第四項から第六項まで	第一項	令第四十五条の四において準用する第一項
	七月三十一日	翌年の二月二十日
第百三十六条第七項	第一項	令第四十五条の四において準用する第一項
	第五項	同条において準用する第五項
第百三十六条第八項	前項	令第四十五条の四において準用する前項
第百三十七条	前条第一項	令第四十五条の四において

施行規則

第一項		準用する前条第一項
	支払回数割保険料額	支払回数割保険料額の見込額
	十月一日から翌年三月三十一日まで	四月一日から九月三十日まで
第百三十七条第二項	前項	令第四十五条の四において準用する前項
第百三十七条第三項	第一項	令第四十五条の四において準用する第一項
第百三十七条第六項	第一項	令第四十五条の四において準用する第一項
	支払回数割保険料額	支払回数割保険料額の見込額
第百三十七条第七項	第一項及び第四項	令第四十五条の四において準用する第一項
第百三十七条第八項	前項	令第四十五条の四において準用する前項
第百三十七条第九項	第百三十四条第七項から第十三項までの規定は第五項の規定による通知について、同条第十二項	第百三十四条第十二項
	第六項	令第四十五条の四において準用する第六項
第百三十八条第一項	第百三十六条第一項	令第四十五条の四において準用する第百三十六条第一項
	支払回数割保険料額	支払回数割保険料額の見込額
第百三十八条第二項	前項	令第四十五条の四において準用する前項
	これらの規定に関し必要な技術的読替	第百三十六条第四項から第六項までの規定中「第一

	えは、政令で定める	項」とあるのは「令第四十五条の四において準用する第百三十八条第一項」と、「当該年度の初日の属する年の七月三十一日までに」とあるのは「特別徴収対象被保険者が被保険者資格を喪失した場合その他同項に規定する厚生労働省令で定める場合に該当するに至ったときは、速やかに」と読み替えるものとする
第百三十八条第三項	第一項	令第四十五条の四において準用する第一項
	特別徴収対象保険料額	第百三十五条第三項の規定により特別徴収の方法によって徴収する保険料額
第百三十八条第四項及び第百三十九条第三項	前項	令第四十五条の四において準用する前項

（平一八政二八五・追加、平一九政三二四・平二一政三一〇・一部改正）

第四十五条の五　法第百三十六条から第百三十九条まで（法第百三十六条第二項及び第百三十七条第四項及び第五項並びに第九項（同条第五項に係る部分に限る。）を除く。）の規定は、法第百三十四条第五項の規定による通知が行われた場合において、法第百三十五条第三項並びに第五項及び第六項（同条第三項に係る部分に限る。）の規定により特別徴収の方法によって保険料を徴収しようとするときに準用する。この場合において、次の表の上欄に掲げる法の規定中同表の中欄に掲げる字句は、それぞれ同表の下欄に掲げる字句に読み替えるものとする。

第百三十六条第一項	第百三十四条第一項	第百三十四条第五項

	前条第一項	前条第三項
	同条第一項	同条第三項
	支払回数割保険料額	支払回数割保険料額の見込額（当該額によることが適当でないと認められる特別な事情がある場合においては、所得の状況その他の事情を勘案して市町村が定める額とする。以下同じ。）
第百三十六条第三項	第一項	介護保険法施行令（以下「令」という。）第四十五条の五において準用する第一項
	八月三十一日	四月二十日
第百三十六条第四項から第六項まで	第一項	令第四十五条の五において準用する第一項
	七月三十一日	四月二十日
第百三十六条第七項	第一項	令第四十五条の五において準用する第一項
	第五項	同条において準用する第五項
第百三十六条第八項	前項	令第四十五条の五において準用する前項
第百三十七条第一項	前条第一項	令第四十五条の五において準用する前条第一項
	支払回数割保険料額	支払回数割保険料額の見込額
	十月一日から翌年三月三十一日まで	六月一日から九月三十日まで
第百三十七条第二項	前項	令第四十五条の五において準用する前項
第百三十七条第三項	第一項	令第四十五条の五において準用する第一項
第百三十七条	第一項	令第四十五条の五において準

法律

施行令

第六項		用する第一項
	支払回数割保険料額	支払回数割保険料額の見込額
第百三十七条第七項	第一項及び第四項	令第四十五条の五において準用する第一項
第百三十七条第八項	前項	令第四十五条の五において準用する前項
第百三十七条第九項	第百三十四条第七項から第十三項までの規定は第五項の規定による通知について、同条第十二項	第百三十四条第十二項
	第六項	令第四十五条の五において準用する第六項
第百三十八条第一項	第百三十六条第一項	令第四十五条の五において準用する第百三十六条第一項
	支払回数割保険料額	支払回数割保険料額の見込額
第百三十八条第二項	前項	令第四十五条の五において準用する前項
	これらの規定に関し必要な技術的読替えは、政令で定める	第百三十六条第四項から第六項までの規定中「第一項」とあるのは「令第四十五条の五において準用する第百三十八条第一項」と、「当該年度の初日の属する年の七月三十一日までに」とあるのは 「特別徴収対象被保険者が被保険者資格を喪失した場合その他同項に規定する厚生労働省令で定める場合に該当するに至ったときは、速

施行規則

		やかに」と読み替えるものとする
第百三十八条第三項	第一項	令第四十五条の五において準用する第一項
	特別徴収対象保険料額	第百三十五条第三項の規定により特別徴収の方法によって徴収する保険料額
第百三十八条第四項及び第百三十九条第三項	前項	令第四十五条の五において準用する前項

（平一八政二八五・追加、平一九政三二四・平二一政三一〇・一部改正）

第四十五条の六　法第百三十六条から第百三十九条まで（法第百三十六条第二項及び第百三十七条第四項及び第五項並びに第九項（同条第五項に係る部分に限る。）を除く。）の規定は、法第百三十四条第六項の規定による通知が行われた場合において、法第百三十五条第三項並びに第五項及び第六項（同条第三項に係る部分に限る。）の規定により特別徴収の方法によって保険料を徴収しようとするときに準用する。この場合において、次の表の上欄に掲げる法の規定中同表の中欄に掲げる字句は、それぞれ同表の下欄に掲げる字句に読み替えるものとする。

第百三十六条第一項	第百三十四条第一項	第百三十四条第六項
	前条第一項	前条第三項
	同条第一項	同条第三項
	支払回数割保険料額	支払回数割保険料額の見込額（当該額によることが適当でないと認められる特別な事情がある場合においては、所得の状況その他の事情を勘案して市町村が定める額とする。以下同じ。）
第百三十六条第三項	第一項	介護保険法施行令（以下「令」という。）第四十五条の六において準用する第一項

法律

施行令

	八月三十一日	六月二十日
第百三十六条第四項から第六項まで	第一項	令第四十五条の六において準用する第一項
	七月三十一日	六月二十日
第百三十六条第七項	第一項	令第四十五条の六において準用する第一項
	第五項	同条において準用する第五項
第百三十六条第八項	前項	令第四十五条の六において準用する前項
第百三十七条第一項	前条第一項	令第四十五条の六において準用する前条第一項
	支払回数割保険料額	支払回数割保険料額の見込額
	十月一日から翌年三月三十一日まで	八月一日から九月三十日まで
第百三十七条第二項	前項	令第四十五条の六において準用する前項
第百三十七条第三項	第一項	令第四十五条の六において準用する第一項
第百三十七条第六項	第一項	令第四十五条の六において準用する第一項
	支払回数割保険料額	支払回数割保険料額の見込額
第百三十七条第七項	第一項及び第四項	令第四十五条の六において準用する第一項
第百三十七条第八項	前項	令第四十五条の六において準用する前項
第百三十七条第九項	第百三十四条第七項から第十三項までの規定は第五項	第百三十四条第十二項

施行規則

	の規定による通知について、同条第十二項	
	第六項	令第四十五条の六において準用する第六項
第百三十八条第一項	第百三十六条第一項	令第四十五条の六において準用する第百三十六条第一項
	支払回数割保険料額	支払回数割保険料額の見込額
第百三十八条第二項	前項	令第四十五条の六において準用する前項
	これらの規定に関し必要な技術的読替えは、政令で定める	第百三十六条第四項から第六項までの規定中「第一項」とあるのは「令第四十五条の六において準用する第百三十八条第一項」と、「当該年度の初日の属する年の七月三十一日までに」とあるのは「特別徴収対象被保険者が被保険者資格を喪失した場合その他同項に規定する厚生労働省令で定める場合に該当するに至ったときは、速やかに」と読み替えるものとする
第百三十八条第三項	第一項	令第四十五条の六において準用する第一項
	特別徴収対象保険料額	第百三十五条第三項の規定により特別徴収の方法によって徴収する保険料額
第百三十八条第四項及び第百三十九条第三項	前項	令第四十五条の六において準用する前項

法律

（保険料の減免等）

第百四十二条　市町村は、条例で定めるところにより、特別の理由がある者に対し、保険料を減免し、又はその徴収を猶予することができる。

＊〔事務連絡〕介護保険条例参考例（平一二・一月二六日事務連絡（改正あり））

（地方税法の準用）

第百四十三条　保険料その他この法律の規定による徴収金（第百五十条第一項に規定する納付金及び第百五十七条第一項に規定する延滞金を除く。）については、地方税法第九条、第十三条の二、第二十条、第二十条の二及び第二十条の四の規定を準用する。

（滞納処分）

第百四十四条　市町村が徴収する保険料その他この法律の規定による徴収金は、地方自治法第二百三十一条の三第三項に規定する法律で定める歳入とする。

（保険料納付原簿）

第百四十五条　市町村は、保険料納付原簿を備え、これに第一号被保険者の氏名、住所、保険料の納付状況その他厚生労働省令で定める事項を記録するものとする。

（平一一法一六〇・一部改正）

（条例等への委任）

第百四十六条　この節に規定するもののほか、保険料の賦課及び徴収等に関する事項（特別徴収に関するものを除く。）は政令で定める基準に従って条例で、特別徴収に関して必要な事項は政令又は政令で定める基準に従って条例で定める。

第二節　財政安定化基金等

（財政安定化基金）

第百四十七条　都道府県は、次に掲げる介護保険の財政の安定化に資する事業に必要な費用に充てるため、財

施行令

（平一八政二八五・追加、平一九政三二四・平二一政三一〇・一部改正）

施行規則

（保険料納付原簿の記載事項）

第百五十九条　法第百四十五条の厚生労働省令で定める事項は、次のとおりとする。

一　第一号被保険者の性別及び生年月日

二　第一号被保険者の被保険者証の番号

三　第一号被保険者の保険料徴収権消滅期間及び保険料納付済期間

四　第一号被保険者の給付額減額期間並びにその開始の日及び満了の日

2　法第百四十五条に規定する保険料納付原簿は、記録を行った日の十年後の日の属する年度の最終日まで保存するものとする。

（平一二厚令一二七・一部改正）

政安定化基金を設けるものとする。

一　実績保険料収納額が予定保険料収納額に不足すると見込まれ、かつ、基金事業対象収入額が基金事業対象費用額に不足すると見込まれる市町村に対し、政令で定めるところにより、イに掲げる額（イに掲げる額がロに掲げる額を超えるときは、ロに掲げる額とする。）の二分の一に相当する額を基礎として、当該市町村及びその他の市町村における保険料の収納状況を勘案して政令で定めるところにより算定した額を交付すること。

イ　実績保険料収納額が予定保険料収納額に不足すると見込まれる額

ロ　基金事業対象収入額が基金事業対象費用額に不足すると見込まれる額

二　基金事業対象収入額及び基金事業交付額の合計額が、基金事業対象費用額に不足すると見込まれる市町村に対し、政令で定めるところにより、当該不足すると見込まれる額を基礎として、当該市町村及びその他の市町村における保険料の収納状況を勘案して政令で定めるところにより算定した額の範囲内の額を貸し付けること。

＊政令で定めるところ＝〔政〕介護保険の国庫負担金の算定等に関する政令(平一〇政四一三)

2　前項において次の各号に掲げる用語の意義は、当該各号に定めるところによる。

一　予定保険料収納額　市町村において当該市町村が定める市町村介護保険事業計画の計画期間（以下「計画期間」という。）中に収納が見込まれた保険料の額の合計額のうち、介護給付及び予防給付に要する費用の額、地域支援事業に要する費用の額、財政安定化基金拠出金の納付に要する費用の額並びに前項第二号の規定による都道府県からの借入金（以下この項及び次条において「基金事業借入金」という。）の償還に要する費用の額に充てるものとして政令で定めるところにより算定した額

二　実績保険料収納額　市町村において計画期間中に収納した保険料の額の合計額のうち、介護給付及び

法律

予防給付に要した費用の額、地域支援事業に要した費用の額、財政安定化基金拠出金の納付に要した費用の額並びに基金事業借入金の償還に要した費用の額に充てるものとして政令で定めるところにより算定した額

三　基金事業対象収入額　市町村の介護保険に関する特別会計において計画期間中に収入した金額（第五号の基金事業交付額及び基金事業借入金の額を除く。）の合計額のうち、介護給付及び予防給付に要した費用の額、地域支援事業に要した費用の額、財政安定化基金拠出金の納付に要した費用の額並びに基金事業借入金の償還に要した費用の額に充てるものとして政令で定めるところにより算定した額

四　基金事業対象費用額　市町村において計画期間中に介護給付及び予防給付に要した費用の額、地域支援事業に要した費用の額、財政安定化基金拠出金の納付に要した費用の額並びに基金事業借入金の償還に要した費用の額の合計額として政令で定めるところにより算定した額

五　基金事業交付額　市町村が計画期間中に前項第一号の規定により交付を受けた額

＊政令で定めるところ＝〔政〕介護保険の国庫負担金の算定等に関する政令（平一〇政四一三）

3　都道府県は、財政安定化基金に充てるため、政令で定めるところにより、市町村から財政安定化基金拠出金を徴収するものとする。

＊政令で定めるところ＝〔政〕介護保険の国庫負担金の算定等に関する政令（平一〇政四一三）

4　市町村は、前項の規定による財政安定化基金拠出金を納付する義務を負う。

5　都道府県は、政令で定めるところにより、第三項の規定により市町村から徴収した財政安定化基金拠出金の総額の三倍に相当する額を財政安定化基金に繰り入れなければならない。

＊政令で定めるところ＝〔政〕介護保険の国庫負担金の算定等に関する政令（平一〇政四一三）

6　国は、政令で定めるところにより、前項の規定により都道府県が繰り入れた額の三分の一に相当する額を負担する。

＊政令で定めるところ＝〔政〕介護保険の国庫負担金の算定等に関する政令（平一〇政四一三）

7　財政安定化基金から生ずる収入は、すべて財政安定化基金に充てなければならない。

8　第百二十一条第二項の規定は、第二項第一号に規定する介護給付及び予防給付に要する費用の額並びに同項第二号から第四号までに

施行令

施行規則

規定する介護給付及び予防給付に要した費用の額について準用する。

（平一七法七七・一部改正）

（市町村相互財政安定化事業）

第百四十八条　市町村は、介護保険の財政の安定化を図るため、その介護保険に関する特別会計において負担する費用のうち介護給付及び予防給付に要する費用（第四十三条第三項、第四十四条第六項、第四十五条第六項、第五十五条第三項、第五十六条第六項又は第五十七条第六項の規定に基づき条例を定めている市町村に係る当該介護給付及び予防給付に要する費用については、当該条例による措置が講じられないものとして政令で定めるところにより算定した当該介護給付及び予防給付に要する費用とする。次項において同じ。）、地域支援事業に要する費用、財政安定化基金拠出金の納付に要する費用並びに基金事業借入金の償還に要する費用の財源について、政令で定めるところにより、他の市町村と共同して、調整保険料率に基づき、市町村相互間において調整する事業（以下この条及び次条において「市町村相互財政安定化事業」という。）を行うことができる。

＊政令で定めるところ＝(政)介護保険の国庫負担金の算定等に関する政令(平一〇政四一三)

2　前項の調整保険料率は、市町村相互財政安定化事業を行う市町村（以下この条及び次条第二項において「特定市町村」という。）のそれぞれが、それぞれの第一号被保険者に対し、当該調整保険料率により算定した保険料額によって保険料を課するとしたならば、当該特定市町村につき事業実施期間（市町村相互財政安定化事業を実施する期間として特定市町村が次項の規約により定める三年を一期とする期間をいう。以下この項及び第四項において同じ。）において収納される保険料の額の合計額が、当該事業実施期間における当該特定市町村の介護給付及び予防給付に要する費用の額（当該介護給付及び予防給付に要する費用の額につき第百二十一条第一項、第百二十二条第一項、第百二十三条第一項、第百二十四条第一項及び第百二十五条第一項の規定により、国、都道府県、市町村の一般会計及び支払基金が負担し、又は交付する額を除く。）、地域支援事業に要する費用の額（当該地域支援事業に要する費用の額につき第百二十二条の二第一項、第二項及び第四項、第百二十三条第三項及び第四項、第百二十四条第三項及び第四項並びに第百二十六条第一項の規定により、国、都道府県、市町村の一般会計及び支払基金が負担し、又は交付する額（社会福祉法第百六条の八（第一号から第三号までに係る部分に限る。）及び第百六条の九（第一号及び第二号に係る部分に限る。）の規定により交付する額を含む。）を除く。）、財政安定化基金拠出金の納付に要する費用の額並びに基金事業借入金の償還に要する費用の額の合計額と均衡を保つことができるものであって、当該特定市町村が政令で定める基準に従い定めるものとする。

3　市町村は、市町村相互財政安定化事業を行おうとするときは、その議会の議決を経てする協議により規約を定め、これを都道府県知事に届け出なければならない。

＊政令で定めるところ＝〔政〕介護保険の国庫負担金の算定等に関する政令（平一〇政四一三）

4　前項の規約には、次に掲げる事項につき規定を設けなければならない。

一　特定市町村
二　調整保険料率
三　事業実施期間
四　市町村相互財政安定化事業に係る資金の負担及び交付の方法
五　前各号に掲げる事項のほか、市町村相互財政安定化事業の実施に関し必要な事項

5　第三項の規定は、同項の規約を変更し、又は市町村相互財政安定化事業をとりやめようとする場合について準用する。

6　特定市町村が第百二十九条第二項の規定によりその条例で定める保険料率について同条第三項の規定を適用する場合においては、同項中「償還に要する費用の予定額」とあるのは「償還に要する費用の予定額、第百四十八条第一項に規定する市町村相互財政安定化事業により負担する額の予想額」と、「並びに国庫負担等の額等に照らし、おおむね三年」とあるのは「、国庫負担等の額並びに同項に規定する市町村相互財政安定化事業により交付される額の予想額等に照らし、おおむね第百四十八条第二項に規定する事業実施期間」とする。

7　特定市町村について前条第二項の規定を適用する場合においては、同項第一号中「並びに前項第二号の規定による都道府県からの借入金（以下「基金事業借入金」という。）の償還に要する費用の額」とあるのは「、前項第二号の規定による都道府県からの借入金（以下「基金事業借入金」という。）の償還に要する費用の額並びに市町村相互財政安定化事業（次条第一項に規定する市町村相互財

政安定化事業をいう。以下この項において同じ。）により負担する額」と、同項第二号中「並びに基金事業借入金の償還に要した費用の額」とあるのは「、基金事業借入金の償還に要した費用の額並びに市町村相互財政安定化事業により負担した額」と、同項第三号中「収入した金額（第五号の基金事業交付額及び基金事業借入金の額を除く。）」とあるのは「収入した金額（市町村相互財政安定化事業により交付された額を含み、第五号の基金事業交付額及び基金事業借入金の額を除く。）」と、「並びに基金事業借入金の償還に要した費用の額」とあるのは「、基金事業借入金の償還に要した費用の額並びに市町村相互財政安定化事業により負担した額」と、同項第四号中「並びに基金事業借入金の償還に要した費用の額」とあるのは「、基金事業借入金の償還に要した費用の額並びに市町村相互財政安定化事業により負担した額」とする。

8　特定市町村は、厚生労働省令で定めるところにより、市町村相互財政安定化事業のうち資金の負担及び交付に関する事務の一部を、当該特定市町村が出資者又は構成員となっている営利を目的としない法人であって、厚生労働省令で定める要件に該当するものに委託することができる。

＊厚生労働省令で定めるところ・厚生労働省令で定める要件＝〔省〕介護保険の医療保険者の納付金の算定等に関する省令（平一一厚令四三）

（平一一法一六〇・平一七法七七・平二六法八三・令二法五二・一部改正）

第百四十九条　都道府県は、市町村相互財政安定化事業を行おうとする市町村の求めに応じ、市町村相互間における必要な調整を行うものとする。

2　都道府県は、特定市町村の求めに応じ、当該市町村相互財政安定化事業に係る調整保険料率についての基準を示す等必要な助言又は情報の提供をすることができる。

（平一七法七七・一部改正）

第三節　医療保険者の納付金

（納付金の徴収及び納付義務）

第百五十条　支払基金は、第百六十条第一項に規定する業務に要する費用に充てるため、年度（毎年四月一日から翌年三月三十一日までをいう。以下この節及び次章において同じ。）ごとに、医療保険者（国民健康保険にあっては、都道府県。次項及び第百六十一条を除き、以下同じ。）から、介護給付費・地域支援事業支援納付金（以下「納付金」という。）を徴収する。

法律

2　医療保険者（国民健康保険にあっては、市町村）は、納付金の納付に充てるため医療保険各法又は地方税法の規定により保険料若しくは掛金又は国民健康保険税を徴収する義務を負う。

3　医療保険者は、納付金を納付する義務を負う。

（平一七法七七・平二七法三一・一部改正）

（納付金の額）

第百五十一条　前条第一項の規定により各医療保険者から徴収する納付金の額は、当該年度の概算納付金の額とする。ただし、前々年度の概算納付金の額が前々年度の確定納付金の額を超えるときは、当該年度の概算納付金の額からその超える額とその超える額に係る調整金額との合計額を控除して得た額とするものとし、前々年度の概算納付金の額が前々年度の確定納付金の額に満たないときは、当該年度の概算納付金の額にその満たない額とその満たない額に係る調整金額との合計額を加算して得た額とする。

2　前項ただし書の調整金額は、前々年度におけるすべての医療保険者に係る概算納付金の額と確定納付金の額との過不足額につき生ずる利子その他の事情を勘案して厚生労働省令で定めるところにより各医療保険者ごとに算定される額とする。

＊厚生労働省令で定めるところ＝〔省〕介護保険の医療保険者の納付金の算定等に関する省令

（平一一厚令四三）

（平一一法一六〇・平一七法七七・一部改正）

（概算納付金）

第百五十二条　前条第一項の概算納付金の額は、次の各号に掲げる医療保険者の区分に応じ、当該各号に定める額とする。

一　被用者保険等保険者（高齢者の医療の確保に関する法律第七条第三項に規定する被用者保険等保険者をいう。以下同じ。）　当該年度における全ての市町村の医療保険納付対象額及び介護予防・日常生活支援総合事業医療保険納付対象額の見込額の総額を厚生労働省令で定めるところにより算定した同年度における全ての医療保険者に係る第二号被保険者の見込数の総数で除して得た額に、厚生労働省令で定めるところにより算定した同年度における全ての被用者保険等保険者に係る第二号被保険者の見込数の総数を乗じて得た額を同年度におけるイに掲げる額で除して得た数に、同年度におけるロに掲げる額を乗じて得た額

イ　全ての被用者保険等保険者に係る第二号被保険者標準報酬総

施行令

施行規則

額の見込額（第二号被保険者標準報酬総額の見込額として厚生労働省令で定めるところにより算定される額をいう。ロにおいて同じ。）の合計額

ロ　当該被用者保険等保険者に係る第二号被保険者標準報酬総額の見込額

二　被用者保険等保険者以外の医療保険者　当該年度における全ての市町村の医療保険納付対象額及び介護予防・日常生活支援総合事業医療保険納付対象額の見込額の総額を厚生労働省令で定めるところにより算定した同年度における全ての医療保険者に係る第二号被保険者の見込数の総数で除して得た額に、厚生労働省令で定めるところにより算定した同年度における当該医療保険者に係る第二号被保険者の見込数を乗じて得た額

＊厚生労働省令で定めるところ＝〔省〕介護保険の医療保険者の納付金の算定等に関する省令（平一一厚令四三）

2　前項第一号イの第二号被保険者標準報酬総額は、次の各号に掲げる被用者保険等保険者の区分に応じ、各年度の当該各号に定める額の合計額の総額を、それぞれ政令で定めるところにより補正して得た額とする。

＊政令で定めるところ＝〔政〕介護保険の国庫負担金の算定等に関する政令（平一〇政四一三）

一　全国健康保険協会及び健康保険組合　第二号被保険者である被保険者ごとの健康保険法又は船員保険法に規定する標準報酬月額及び標準賞与額

二　共済組合　第二号被保険者である組合員ごとの国家公務員共済組合法又は地方公務員等共済組合法に規定する標準報酬の月額及び標準期末手当等の額

三　日本私立学校振興・共済事業団　第二号被保険者である加入者ごとの私立学校教職員共済法に規定する標準報酬月額及び標準賞与額

四　国民健康保険組合（被用者保険等保険者であるものに限る。）　第二号被保険者である組合員ごとの前三号に定める額に相当するものとして厚生労働省令で定める額

＊厚生労働省令で定める額＝〔省〕介護保険の医療保険者の納付金の算定等に関する省令（平一一厚令四三）

（平二九法五二・全改）

（確定納付金）

第百五十三条　第百五十一条第一項ただし書の確定納付金の額は、次の各号に掲げる医療保険者の区分に応じ、当該各号に定める額とす

法律

る。

一　被用者保険等保険者　前々年度における全ての市町村の医療保険納付対象額及び介護予防・日常生活支援総合事業医療保険納付対象額の総額を厚生労働省令で定めるところにより算定した同年度における全ての医療保険者に係る第二号被保険者の総数で除して得た額に、厚生労働省令で定めるところにより算定した同年度における全ての被用者保険等保険者に係る第二号被保険者の総数を乗じて得た額を同年度におけるイに掲げる額で除して得た数に、同年度におけるロに掲げる額を乗じて得た額

イ　全ての被用者保険等保険者に係る第二号被保険者標準報酬総額（前条第二項に規定する第二号被保険者標準報酬総額をいう。ロにおいて同じ。）の合計額

ロ　当該被用者保険等保険者に係る第二号被保険者標準報酬総額

二　被用者保険等保険者以外の医療保険者　前々年度における全ての市町村の医療保険納付対象額及び介護予防・日常生活支援総合事業医療保険納付対象額の総額を厚生労働省令で定めるところにより算定した同年度における全ての医療保険者に係る第二号被保険者の総数で除して得た額に、厚生労働省令で定めるところにより算定した同年度における当該医療保険者に係る第二号被保険者の数を乗じて得た額

＊厚生労働省令で定めるところ＝〔省〕介護保険の医療保険者の納付金の算定等に関する省令（平一一厚令四三）

（平二九法五二・全改）

（医療保険者が合併、分割及び解散をした場合における納付金の額の特例）

第百五十四条　合併又は分割により成立した医療保険者、合併又は分割後存続する医療保険者及び解散をした医療保険者の権利義務を承継した医療保険者に係る納付金の額の算定の特例については、政令で定める。

＊政令で定める＝〔政〕介護保険の国庫負担金の算定等に関する政令（平一〇政四一三）

（納付金の額の決定、通知等）

第百五十五条　支払基金は、各年度につき、各医療保険者が納付すべき納付金の額を決定し、当該各医療保険者に対し、その者が納付すべき納付金の額、納付の方法及び納付すべき期限その他必要な事項を通知しなければならない。

施行令

施行規則

2　前項の規定により納付金の額が定められた後、納付金の額を変更する必要が生じたときは、支払基金は、当該各医療保険者が納付すべき納付金の額を変更し、当該各医療保険者に対し、変更後の納付金の額を通知しなければならない。

3　支払基金は、医療保険者が納付した納付金の額が、前項の規定による変更後の納付金の額に満たない場合には、その不足する額について、同項の規定による通知とともに納付の方法及び納付すべき期限その他必要な事項を通知し、同項の規定による変更後の納付金の額を超える場合には、その超える額について、未納の納付金その他この法律の規定による支払基金の徴収金があるときはこれに充当し、なお残余があれば還付し、未納の徴収金がないときはこれを還付しなければならない。

（督促及び滞納処分）

第百五十六条　支払基金は、医療保険者が、納付すべき期限までに納付金を納付しないときは、期限を指定してこれを督促しなければならない。

2　支払基金は、前項の規定により督促をするときは、当該医療保険者に対し、督促状を発する。この場合において、督促状により指定すべき期限は、督促状を発する日から起算して十日以上経過した日でなければならない。

3　支払基金は、第一項の規定による督促を受けた医療保険者がその指定期限までにその督促状に係る納付金及び次条の規定による延滞金を完納しないときは、政令で定めるところにより、その徴収を、厚生労働大臣又は都道府県知事に請求するものとする。

＊政令で定めるところ＝(政)介護保険の国庫負担金の算定等に関する政令(平一〇政四一三)

4　前項の規定による徴収の請求を受けたときは、厚生労働大臣又は都道府県知事は、国税滞納処分の例により処分することができる。

（平一一法一六〇・一部改正）

（延滞金）

第百五十七条　前条第一項の規定により納付金の納付を督促したときは、支払基金は、その督促に係る納付金の額につき年十四・五パーセントの割合で、納付期日の翌日からその完納又は財産差押えの日の前日までの日数により計算した延滞金を徴収する。ただし、督促に係る納付金の額が千円未満であるときは、この限りでない。

2　前項の場合において、納付金の額の一部につき納付があったときは、その納付の日以降の期間に係る延滞金の額の計算の基礎となる納付金の額は、その納付のあった納付金の額を控除した額とする。

法律

3　延滞金の計算において、前二項の納付金の額に千円未満の端数があるときは、その端数は、切り捨てる。
4　前三項の規定によって計算した延滞金の額に百円未満の端数があるときは、その端数は、切り捨てる。
5　延滞金は、次の各号のいずれかに該当する場合には、徴収しない。ただし、第三号の場合には、その執行を停止し、又は猶予した期間に対応する部分の金額に限る。
一　督促状に指定した期限までに納付金を完納したとき。
二　延滞金の額が百円未満であるとき。
三　納付金について滞納処分の執行を停止し、又は猶予したとき。
四　納付金を納付しないことについてやむを得ない理由があると認められるとき。

（納付の猶予）
第百五十八条　支払基金は、やむを得ない事情により、医療保険者が納付金を納付することが著しく困難であると認められるときは、厚生労働省令で定めるところにより、当該医療保険者の申請に基づき、厚生労働大臣の承認を受けて、その納付すべき期限から一年以内の期間を限り、その一部の納付を猶予することができる。
＊厚生労働省令で定めるところ＝〔省〕介護保険の医療保険者の納付金の算定等に関する省令
（平一一厚令四三）
2　支払基金は、前項の規定による猶予をしたときは、その旨、猶予に係る納付金の額、猶予期間その他必要な事項を医療保険者に通知しなければならない。
3　支払基金は、第一項の規定による猶予をしたときは、その猶予期間内は、その猶予に係る納付金につき新たに第百五十六条第一項の規定による督促及び同条第三項の規定による徴収の請求をすることができない。
（平一一法一六〇・一部改正）

（通知）
第百五十九条　市町村は、厚生労働省令で定めるところにより、支払基金に対し、各年度における医療保険納付対象額その他厚生労働省令で定める事項を通知しなければならない。
＊厚生労働省令で定めるところ＝〔省〕介護保険の医療保険者の納付金の算定等に関する省令
（平一一厚令四三）
2　市町村は、前項の規定による通知の事務を連合会に委託すること

施行令

施行規則

ができる。

（平一一法一六〇・一部改正）

第九章　社会保険診療報酬支払基金の介護保険関係業務

（平一七法七七・旧第八章繰下）

（支払基金の業務）

第百六十条　支払基金は、社会保険診療報酬支払基金法第十五条に規定する業務のほか、第一条に規定する目的を達成するため、次に掲げる業務を行う。

一　医療保険者から納付金を徴収すること。

二　市町村に対し第百二十五条第一項の介護給付費交付金を交付すること。

三　市町村に対し第百二十六条第一項の地域支援事業支援交付金を交付すること。

四　前三号に掲げる業務に附帯する業務を行うこと。

2　前項に規定する業務は、介護保険関係業務という。

（平一四法一六八・平一七法七七・一部改正）

（業務の委託）

第百六十一条　支払基金は、厚生労働大臣の認可を受けて、介護保険関係業務の一部を医療保険者が加入している団体で厚生労働大臣が定めるものに委託することができる。

＊医療保険者が加入している団体で厚生労働大臣が定めるもの＝〔告〕社会保険診療報酬支払基金が介護保険関係業務の一部を委託している団体（平一一厚告一〇〇）

（平一一法一六〇・一部改正）

（業務方法書）

第百六十二条　支払基金は、介護保険関係業務に関し、当該業務の開始前に、業務方法書を作成し、厚生労働大臣の認可を受けなければならない。これを変更するときも、同様とする。

2　前項の業務方法書に記載すべき事項は、厚生労働省令で定める。

＊厚生労働省令で定める＝〔省〕社会保険診療報酬支払基金の介護保険関係業務に係る業務報告書に記載すべき事項を定める省令（平一一厚令四四）

（平一一法一六〇・一部改正）

（報告等）

第百六十三条　支払基金は、医療保険者に対し、毎年度、医療保険加入者（四十歳以上六十五歳未満のものに限る。）の数その他の厚生労働省令で定める事項に関する報告を求めるほか、第百六十条第一項第一号に掲げる業務に関し必要があると認めるときは、文書その他の物件の提出を求めることができる。

＊厚生労働省令で定める事項＝〔省〕介護保険の医療保険者の納付金の算定等に関する省令（平一一厚令四三）

（区分経理）

第百六十四条　支払基金は、介護保険関係業務に係る経理については、その他の業務に係る経理と区分して、特別の会計を設けて行わなければならない。

（平一一法一六〇・一部改正）

＊特別の会計＝〔省〕社会保険診療報酬支払基金の介護関係業務に係る財務及び会計に関する省令（平一一厚令四五）

（予算等の認可）

第百六十五条　支払基金は、介護保険関係業務に関し、毎事業年度、予算、事業計画及び資金計画を作成し、当該事業年度の開始前に、厚生労働大臣の認可を受けなければならない。これを変更するときも、同様とする。

＊〔省〕社会保険診療報酬支払基金の介護関係業務に係る財務及び会計に関する省令（平一一厚令四五）

（平一一法一六〇・一部改正）

（財務諸表等）

第百六十六条　支払基金は、介護保険関係業務に関し、毎事業年度、財産目録、貸借対照表及び損益計算書（以下この条において「財務諸表」という。）を作成し、当該事業年度の終了後三月以内に厚生労働大臣に提出し、その承認を受けなければならない。

２　支払基金は、前項の規定により財務諸表を厚生労働大臣に提出するときは、厚生労働省令で定めるところにより、これに当該事業年度の事業報告書及び予算の区分に従い作成した決算報告書並びに財務諸表及び決算報告書に関する監事の意見書を添付しなければならない。

＊厚生労働省令で定めるところ＝〔省〕社会保険診療報酬支払基金の介護関係業務に係る財務及び会計に関する省令（平一一厚令四五）

３　支払基金は、第一項の規定による厚生労働大臣の承認を受けたときは、遅滞なく、財務諸表又はその要旨を官報に公告し、かつ、財務諸表及び附属明細書並びに前項の事業報告書、決算報告書及び監事の意見書を、主たる事務所に備えて置き、厚生労働省令で定める期間、一般の閲覧に供しなければならない。

（平九法一〇三・平一一法一六〇・令元法九・一部改正）

（利益及び損失の処理）

第百六十七条　支払基金は、介護保険関係業務に関し、毎事業年度、損益計算において利益を生じたときは、前事業年度から繰り越した損失をうめ、なお残余があるときは、その残余の額は、積立金として整理しなければならない。

2　支払基金は、介護保険関係業務に関し、毎事業年度、損益計算において損失を生じたときは、前項の規定による積立金を減額して整理し、なお不足があるときは、その不足額は繰越欠損金として整理しなければならない。

3　支払基金は、予算をもって定める金額に限り、第一項の規定による積立金を第百六十条第一項第二号及び第三号に掲げる業務に要する費用に充てることができる。

（平一七法七七・一部改正）

（借入金及び債券）

第百六十八条　支払基金は、介護保険関係業務に関し、厚生労働大臣の認可を受けて、長期借入金若しくは短期借入金をし、又は債券を発行することができる。

＊債券＝〔政〕介護保険の国庫負担金の算定等に関する政令（平一〇政四一三）

2　前項の規定による長期借入金及び債券は、二年以内に償還しなければならない。

3　第一項の規定による短期借入金は、当該事業年度内に償還しなければならない。ただし、資金の不足のため償還することができないときは、その償還することができない金額に限り、厚生労働大臣の認可を受けて、これを借り換えることができる。

4　前項ただし書の規定により借り換えられた短期借入金は、一年以内に償還しなければならない。

5　支払基金は、第一項の規定による債券を発行する場合においては、割引の方法によることができる。

6　第一項の規定による債券の債権者は、支払基金の財産について他の債権者に先立って自己の債権の弁済を受ける権利を有する。

7　前項の先取特権の順位は、民法（明治二十九年法律第八十九号）の規定による一般の先取特権に次ぐものとする。

8　支払基金は、厚生労働大臣の認可を受けて、第一項の規定による債券の発行に関する事務の全部又は一部を銀行又は信託会社に委託することができる。

9　会社法（平成十七年法律第八十六号）第七百五条第一項及び第二

項並びに第七百九条の規定は、前項の規定により委託を受けた銀行又は信託会社について準用する。

10　第一項及び第二項並びに第五項から前項までに定めるもののほか、第一項の規定による債券に関し必要な事項は、政令で定める。

（平一一法一六〇・平一四法一六八・平一七法八七・一部改正）

（政府保証）

第百六十九条　政府は、法人に対する政府の財政援助の制限に関する法律（昭和二十一年法律第二十四号）第三条の規定にかかわらず、国会の議決を経た金額の範囲内で、支払基金による第百二十五条第一項の介護給付費交付金及び第百二十六条第一項の地域支援事業支援交付金の円滑な交付のために必要があると認めるときは、前条の規定による支払基金の長期借入金、短期借入金又は債券に係る債務について、必要と認められる期間の範囲において、保証することができる。

（平一四法一六八・平一七法七七・一部改正）

（余裕金の運用）

第百七十条　支払基金は、次の方法によるほか、介護保険関係業務に係る業務上の余裕金を運用してはならない。

一　国債、地方債その他厚生労働大臣が指定する有価証券の保有

二　銀行その他厚生労働大臣が指定する金融機関への預金

三　信託業務を営む金融機関（金融機関の信託業務の兼営等に関する法律（昭和十八年法律第四十三号）第一条第一項の認可を受けた金融機関をいう。）への金銭信託

（平一一法一六〇・平一六法一五四・平一七法一〇二・一部改正）

（協議）

第百七十条の二　厚生労働大臣は、次の場合には、あらかじめ、財務大臣に協議しなければならない。

一　第百六十八条第一項、第三項又は第八項の認可をしようとするとき。

二　前条第一号又は第二号の指定をしようとするとき。

（平一四法一六八・追加）

（厚生労働省令への委任）

第百七十一条　この章に定めるもののほか、介護保険関係業務に係る支払基金の財務及び会計に関し必要な事項は、厚生労働省令で定める。

＊厚生労働省令で定める＝〔省〕社会保険診療報酬支払基金の介護保険関係業務に係る財務及び会計に関する省令（平一一厚令四五）

（平一一法一六〇・一部改正）

（報告の徴収等）

第百七十二条　厚生労働大臣又は都道府県知事は、支払基金又は第百六十一条の規定による委託を受けた者（以下この項及び第二百七条第二項において「受託者」という。）について、介護保険関係業務に関し必要があると認めるときは、その業務又は財産の状況に関する報告を徴し、又は当該職員に実地にその状況を検査させることができる。ただし、受託者に対しては、当該受託業務の範囲内に限る。

2　第二十四条第三項の規定は、前項の規定による検査について、同条第四項の規定は、前項の規定による権限について準用する。

3　都道府県知事は、支払基金につき介護保険関係業務に関し社会保険診療報酬支払基金法第二十九条の規定による処分が行われる必要があると認めるとき、又は支払基金の理事長、理事若しくは監事につき介護保険関係業務に関し同法第十一条第二項若しくは第三項の規定による処分が行われる必要があると認めるときは、理由を付して、その旨を厚生労働大臣に通知しなければならない。

（平一一法八七・平一一法一六〇・平一四法一六八・一部改正）

（社会保険診療報酬支払基金法の適用の特例）

第百七十三条　介護保険関係業務は、社会保険診療報酬支払基金法第三十二条第二項の規定の適用については、同法第十五条に規定する業務とみなす。

（平一四法一六八・一部改正）

（審査請求）

第百七十四条　この法律に基づく支払基金の処分又はその不作為に不服のある者は、厚生労働大臣に対し、審査請求をすることができる。この場合において、厚生労働大臣は、行政不服審査法（平成二十六年法律第六十八号）第二十五条第二項及び第三項、第四十六条第一項及び第二項、第四十七条並びに第四十九条第三項の規定の適用については、支払基金の上級行政庁とみなす。

（平一一法一六〇・平二六法六九・一部改正）

第百七十五条　削除　（平一七法七七）

第十章　国民健康保険団体連合会の介護保険事業関係業務

第七章　国民健康保険団体連合会の介護保険事業関係業務

（平一八厚労令三二・旧第六章繰下）

法律

（連合会の業務）

第百七十六条　連合会は、国民健康保険法の規定による業務のほか、次に掲げる業務を行う。

一　第四十一条第十項（第四十二条の二第九項、第四十六条第七項、第四十八条第七項、第五十一条の三第八項、第五十三条第七項、第五十四条の二第九項、第五十八条第七項及び第六十一条の三第八項において準用する場合を含む。）の規定により市町村から委託を受けて行う居宅介護サービス費、地域密着型介護サービス費、居宅介護サービス計画費、施設介護サービス費、特定入所者介護サービス費、介護予防サービス費、地域密着型介護予防サービス費、介護予防サービス計画費及び特定入所者介護予防サービス費の請求に関する審査及び支払

二　第百十五条の四十五の三第六項の規定により市町村から委託を受けて行う第一号事業支給費の請求に関する審査及び支払並びに第百十五条の四十七第七項の規定により市町村から委託を受けて行う介護予防・日常生活支援総合事業の実施に必要な費用の支払決定に係る審査及び支払であって、前号に掲げる業務の内容との共通性その他の事情を勘案して厚生労働省令で定めるもの

三　指定居宅サービス、指定地域密着型サービス、指定居宅介護支援、指定施設サービス等、指定介護予防サービス、指定地域密着型介護予防サービス及び指定介護予防支援の質の向上に関する調査並びに指定居宅サービス事業者、指定地域密着型サービス事業者、指定居宅介護支援事業者、介護保険施設、指定介護予防サービス事業者、指定地域密着型介護予防サービス事業者及び指定介護予防支援事業者に対する必要な指導及び助言

2　連合会は、前項各号に掲げる業務のほか、介護保険事業の円滑な運営に資するため、次に掲げる業務を行うことができる。

一　第二十一条第三項の規定により市町村から委託を受けて行う第三者に対する損害賠償金の徴収又は収納の事務

二　指定居宅サービス、指定地域密着型サービス、指定居宅介護支援、指定介護予防サービス及び指定地域密着型介護予防サービスの事業並びに介護保険施設の運営

三　第百十五条の四十七第七項の規定により市町村から委託を受けて行う介護予防・日常生活支援総合事業の実施に必要な費用の支払決定に係る審査及び支払（前項第二号に掲げるものを除く。）

施行令

施行規則

（法第百七十六条第一項第二号の厚生労働省令で定める審査及び支払）

第百五十九条の二　法第百七十六条第一項第二号の厚生労働省令で定める審査及び支払は、介護予防・日常生活支援総合事業の利用者ごとの利用状況に応じて支払われる費用の支払決定に係る審査及び支払とする。

（平二四厚労令二五・追加、平二七厚労令五七・一部改正）

四　前三号に掲げるもののほか、介護保険事業の円滑な運営に資する事業

（平一七法七七・平一八法八三・平二三法七二・平二六法八三・令五法三一・一部改正）

（議決権の特例）

第百七十七条　連合会が前条の規定により行う業務（以下「介護保険事業関係業務」という。）については、国民健康保険法第八十六条において準用する同法第二十九条の規定にかかわらず、厚生労働省令で定めるところにより、規約をもって議決権に関する特段の定めをすることができる。

（平一一法一六〇・一部改正）

（区分経理）

第百七十八条　連合会は、介護保険事業関係業務に係る経理については、その他の経理と区分して整理しなければならない。

第十一章　介護給付費等審査委員会

（平二六法八三・改称）

（給付費等審査委員会）

第百七十九条　第四十一条第十項（第四十二条の二第九項、第四十六条第七項、第四十八条第七項、第五十一条の三第八項、第五十三条第七項、第五十四条の二第九項、第五十八条第七項及び第六十一条の三第八項において準用する場合を含む。）並びに第百十五条の四十五の三第六項及び第百十五条の四十七第七項の規定による委託を受けて介護給付費請求書及び介護予防・日常生活支援総合事業費請求書の審査を行うため、連合会に、介護給付費等審査委員会（以下「給付費等審査委員会」という。）を置く。

（平一七法七七・平一八法八三・平二六法八三・令五法三一・一部改正）

（国民健康保険団体連合会の議決権の特例）

第百六十条　国民健康保険団体連合会は、法第百七十六条の規定により行う業務に関する国民健康保険法第八十六条において準用する同法第二十九条の規定による議決権を有する者について、規約の定めるところにより、総会又は代議員会の議員のうち、同法第三条第二項に規定する国民健康保険組合を代表する者を除くこととすることができる。

2　国民健康保険団体連合会は、法第百七十六条の規定により行う業務に関する国民健康保険法第八十六条において準用する同法第二十九条の規定による議決権を有する者について、規約の定めるところにより、市町村が法第四十一条第十項（法第四十二条の二第九項、第四十六条第七項、第四十八条第七項、第五十一条の三第八項、第五十三条第七項、第五十四条の二第九項、第五十八条第七項及び第六十一条の三第八項において準用する場合を含む。）の規定により国民健康保険団体連合会に委託する事務に関して地方自治法第二百八十四条第一項に規定する一部事務組合又は広域連合を設けた場合には、総会又は代議員の議員を、会員たる保険者（国民健康保険組合を除く。）を代表する者に代えて、当該一部事務組合又は広域連合を代表する者とすることができる。

（平一二厚令二五・平一七厚労令一三八・平一八厚労令三二・平一八厚労令一〇六・平二〇厚労令七七・一部改正）

第八章　介護給付費等審査委員会

（平一八厚労令三二・旧第七章繰下、平二七厚労令五七・改称）

（委員の任期）

第百六十一条　法第百七十九条に規定する介護給付費等審査委員会（以下「給付費等審査委員会」という。）の委員の任期は、二年とする。ただし、補欠の委員の任期は、前任者の残任期間とする。

（平二七厚労令五七・一部改正）

（給付費等審査委員会の組織）

第百八十条　給付費等審査委員会は、規約で定めるそれぞれ同数の介護給付等対象サービス担当者（指定居宅サービス、指定地域密着型サービス、指定居宅介護支援、指定施設サービス等、指定介護予防サービス、指定地域密着型介護予防サービス又は指定介護予防支援を担当する者をいう。第三項並びに次条第一項及び第二項において同じ。）又は介護予防・日常生活支援総合事業担当者（指定事業者において第一号事業を担当する者又は受託者において介護予防・日常生活支援総合事業を担当する者をいう。第三項及び次条第二項において同じ。）を代表する委員、市町村を代表する委員及び公益を代表する委員をもって組織する。

2　委員は、連合会が委嘱する。

3　前項の委嘱は、介護給付等対象サービス担当者又は介護予防・日常生活支援総合事業担当者を代表する委員及び市町村を代表する委員については、それぞれ関係団体の推薦によって行わなければならない。

（平一七法七七・平二六法八三・一部改正）

（給付費等審査委員会の権限）

第百八十一条　給付費等審査委員会は、介護給付費請求書の審査を行うため必要があると認めるときは、都道府県知事の承認を得て、当該指定居宅サービス事業者、指定介護予防サービス事業者若しくは介護保険施設に対して、報告若しくは帳簿書類の提出若しくは提示を求め、又は当該指定居宅サービス事業者、指定介護予防サービス事業者若しくは介護保険施設の開設者若しくは管理者若しくはその長若しくは当該指定居宅サービスの事業若しくは指定介護予防サービスの事業に係る事業所若しくは介護保険施設における介護給付等対象サービス担当者に対して、出頭若しくは説明を求めることができる。

2　給付費等審査委員会は、介護給付費請求書又は介護予防・日常生活支援総合事業費請求書の審査を行うため必要があると認めるときは、市町村長の承認を得て、当該指定地域密着型サービス事業者、指定居宅介護支援事業者、指定地域密着型介護予防サービス事業者、指定介護予防支援事業者若しくは指定事業者若しくは受託者に対して、報告若しくは帳簿書類の提出若しくは提示を求め、又は当該指定地域密着型サービス事業者、指定居宅介護支援事業者、指定地域密着型介護予防サービス事業者若しくは指定介護予防支援事業者若しくは指定事業者若しくは受託者若しくは当該指定地域密着型サービスの事業、指定居宅介護支援の事業、指定地域密着型介護予防サービスの事業若しくは指定介護予防支援の事業に係る事業所における介護給付等対象サービス担当者若しくは指定事業者若しくは受託者における介護予防・日常生活支援総合事業担当者に対して、出頭若しくは説明を求めることができる。

3　連合会は、前二項の規定により給付費等審査委員会に出頭した者に対し、旅費、日当及び宿泊料を支給しなければならない。ただし、当該指定居宅サービス事業者、指定介護予防サービス事業者、介護保険施設、指定地域密着型サービス事業者、指定居宅介護支援事業者、指定地域密着型介護予防サービス事業者若しくは指定介護予防支援事業者又は指定事業者若しくは受託者が提出した介護給付費請求書若しくは介護予防・日常生活支援総合事業費請求書又は帳簿書類の記載が不備又は不当であったため出頭を求められて出頭した者に対しては、この限りでない。

（平一七法七七・平二六法八三・一部改正）

（厚生労働省令への委任）

第百八十二条　この章に規定するもののほか、給付費等審査委員会に関して必要な事項は、厚生労働省令で定める。

（平一一法一六〇・平二六法八三・一部改正）

（会長）

第百六十二条　給付費等審査委員会に、公益を代表する委員のうちから委員が選挙する会長一人を置く。

2　会長は、会務を総理し、給付費等審査委員会を代表する。

3　会長に事故があるときは、公益を代表する委員のうちからあらかじめ会長の指名する者がその職務を代行する。

（平二七厚労令五七・一部改正）

（招集）

第百六十三条　給付費等審査委員会は、会長が招集する。

（平二七厚労令五七・一部改正）

（定足数）

第百六十四条　給付費等審査委員会は、委員の定数の半数以上の出席がなければ、審査を行うことができない。

2　審査は、出席した委員の過半数をもって決し、可否同数のときは、会長の決するところによる。

（平二七厚労令五七・一部改正）

（部会）

第百六十四条の二　給付費等審査委員会は、部会を設けることができる。

2　部会は、給付費等審査委員会の会長が指名する法第百八十条第一

法律

第十二章　審査請求

（審査請求）

第百八十三条　保険給付に関する処分（被保険者証の交付の請求に関する処分及び要介護認定又は要支援認定に関する処分を含む。）又は保険料その他この法律の規定による徴収金（財政安定化基金拠出金、納付金及び第百五十七条第一項に規定する延滞金を除く。）に関する処分に不服がある者は、介護保険審査会に審査請求をすることができる。

2　前項の審査請求は、時効の完成猶予及び更新に関しては、裁判上の請求とみなす。

（平二九法四五・一部改正）

（介護保険審査会の設置）

第百八十四条　介護保険審査会（以下「保険審査会」と

施行令

第七章　審査請求

（平一八政一五四・旧第六章繰下）

施行規則

項に規定する介護給付等対象サービス担当者又は介護予防・日常生活支援総合事業担当者を代表する委員、市町村を代表する委員及び公益を代表する委員をもって組織する。

3　部会に、公益を代表する委員のうちから当該部会を構成する委員が選挙する部会長一人を置く。

4　給付費等審査委員会は、部会の審査をもって給付費等審査委員会の審査とすることができる。

5　第百六十三条及び前条の規定は、部会及び部会長について準用する。

（平一二厚令二五・追加、平二七厚労令五七・一部改正）

（幹事）

第百六十五条　給付費等審査委員会に幹事及び書記若干人を置く。

2　幹事及び書記は、国民健康保険団体連合会の職員のうちから理事が選任する。

3　幹事は、会長の指揮を受けて給付費等審査委員会の庶務を処理する。

4　書記は、幹事の指揮を受けて給付費等審査委員会の庶務に従事する。

（平一二厚令二五・追加、平二七厚労令五七・一部改正）

いう。）は、各都道府県に置く。

（組織）

第百八十五条　保険審査会は、次の各号に掲げる委員をもって組織し、その定数は、当該各号に定める数とする。

一　被保険者を代表する委員　三人

二　市町村を代表する委員　三人

三　公益を代表する委員　三人以上であって政令で定める基準に従い条例で定める員数

2　委員は、都道府県知事が任命する。

3　委員は、非常勤とする。

（委員の任期）

第百八十六条　委員の任期は、三年とする。ただし、補欠の委員の任期は、前任者の残任期間とする。

2　委員は、再任されることができる。

（会長）

第百八十七条　保険審査会に、公益を代表する委員のうちから委員が選挙する会長一人を置く。

2　会長に事故があるときは、前項の規定に準じて選挙された者が、その職務を代行する。

（専門調査員）

第百八十八条　保険審査会に、要介護認定又は要支援認

（公益を代表する委員の員数の基準）

第四十六条　法第百八十四条に規定する保険審査会（以下「保険審査会」という。）の公益を代表する委員の員数に係る法第百八十五条第一項第三号に規定する政令で定める基準は、保険審査会の要介護認定又は要支援認定に係る審査請求の事件の件数その他の事情を勘案して、各都道府県が必要と認める数の法第百八十九条第二項に規定する合議体を保険審査会に設置することができる数であることとする。

（審査請求書の記載事項等）

第四十七条　法第百八十三条第一項の審査請求（法第二十二条第三項の規定による徴収金に関する処分に係るものを除く。）においては、次に掲げる事項を審査請求書に記載し、又は陳述しなければならない。

一　原処分の名宛人たる被保険者の氏名、住所又は居所、生年月日及び被保険者証の番号

二　審査請求人が原処分の名宛人たる被保険者以外の者であるときは、審査請求人の被保険者との関係

（平二三政三七六・平二七政三九二・一部改正）

法律

定に関する処分に対する審査請求の事件に関し、専門の事項を調査させるため、専門調査員を置くことができる。

2　専門調査員は、要介護者等の保健、医療又は福祉に関する学識経験を有する者のうちから、都道府県知事が任命する。

3　専門調査員は、非常勤とする。

（合議体）

第百八十九条　保険審査会は、会長、被保険者を代表する委員及び市町村を代表する委員の全員並びに会長以外の公益を代表する委員のうちから保険審査会が指名する二人をもって構成する合議体で、審査請求（要介護認定又は要支援認定に関する処分に対するものを除く。）の事件を取り扱う。

2　要介護認定又は要支援認定に関する処分に対する審査請求の事件は、公益を代表する委員のうちから、保険審査会が指名する者をもって構成する合議体で取り扱う。

3　前項の合議体を構成する委員の定数は、都道府県の条例で定める数とする。

（平二五法四四・一部改正）

第百九十条　前条第一項の合議体は、被保険者を代表する委員、市町村を代表する委員及び公益を代表する委員各一人以上を含む過半数の委員の、同条第二項の合議体は、これを構成するすべての委員の出席がなければ、会議を開き、議決をすることができない。

2　前条第一項の合議体の議事は、出席した委員の過半数をもって決し、可否同数のときは、会長の決するところによる。

3　前条第二項の合議体の議事は、その合議体を構成する委員の過半数をもって決する。

（管轄保険審査会）

第百九十一条　審査請求は、当該処分をした市町村をその区域に含む都道府県の保険審査会に対してしなければならない。

2　審査請求が管轄違いであるときは、保険審査会は、速やかに、事件を所轄の保険審査会に移送し、かつ、その旨を審査請求人に通知しなければならない。

3　事件が移送されたときは、はじめから、移送を受けた保険審査会に審査請求があったものとみなす。

（審査請求の期間及び方式）

第百九十二条　審査請求は、処分があったことを知った日の翌日から

施行令

（移送の通知）

第四十八条　法第百九十一条第二項の規定による通知は、移送の理由を記載した文書をもって行わなければならない。

施行規則

起算して三月以内に、文書又は口頭でしなければならない。ただし、正当な理由により、この期間内に審査請求をすることができなかったことを疎明したときは、この限りでない。

（平二六法六九・一部改正）

（市町村に対する通知）

第百九十三条　保険審査会は、審査請求がされたときは、行政不服審査法第二十四条の規定により当該審査請求を却下する場合を除き、原処分をした市町村及びその他の利害関係人に通知しなければならない。

（平二六法六九・一部改正）

（審理のための処分）

第百九十四条　保険審査会は、審理を行うため必要があると認めるときは、審査請求人若しくは関係人に対して報告若しくは意見を求め、その出頭を命じて審問し、又は医師その他保険審査会の指定する者（次項において「医師等」という。）に診断その他の調査をさせることができる。

2　都道府県は、前項の規定により保険審査会に出頭した関係人又は診断その他の調査をした医師等に対し、政令で定めるところにより、旅費、日当及び宿泊料又は報酬を支給しなければならない。

（政令への委任）

第百九十五条　この章及び行政不服審査法に規定するもののほか、審査請求の手続及び保険審査会に関して必要な事項は、政令で定める。

（審査請求と訴訟との関係）

第百九十六条　第百八十三条第一項に規定する処分の取消しの訴えは、当該処分についての審査請求に対する裁決を経た後でなければ、提起することができない。

（保険者等に対する通知）

第四十九条　法第百九十三条の規定による通知は、審査請求書の副本若しくは写し又は行政不服審査法（平成二十六年法律第六十八号）第二十一条第二項に規定する審査請求録取書の写しをもって行わなければならない。

（平二七政三九二・一部改正）

（関係人に対する旅費等）

第五十一条　都道府県が法第百九十四条第二項の規定により支給すべき旅費、日当及び宿泊料については、地方自治法第二百七条の規定に基づく条例による実費弁償の例によるものとし、報酬については、条例の定めるところによる。

（裁決書の記載事項）

第五十条　法第百八十三条第一項の審査請求についての裁決書には、次に掲げる事項（法第二十二条第三項の規定による徴収金に関する処分に係る審査請求にあっては、第二号に掲げる事項を除く。）を記載しなければならない。

（令二政二九九・一部改正）

一　審査請求人及び参加人（行政不服審査法第十三条第四項に規定する参加人をいう。）の氏名又は名称及び住所若しくは居所又は事務所の所在地

二　原処分の名宛人たる被保険者の氏名、住所又は居所、生年月日及び被保険者証の番号

三　審査請求人が原処分の名宛人たる被保険者以外の者であるときは、その氏名又は名称、住所若しくは居所又は事務所の所在地及び被保険者との関係

四　審査請求が代理人によってされたとき、又は審査請求人が総代を互選したときは、その代理人又は総代の氏名及び住所又は居所

法律

第十三章　雑則

（報告の徴収等）

第百九十七条　厚生労働大臣又は都道府県知事は、市町村に対し、保険給付の効果に関する評価のためその他必要があると認めるときは、その事業の実施の状況に関する報告を求めることができる。

2　厚生労働大臣は、都道府県知事又は市町村長に対し、当該都道府県知事又は市町村長が第五章の規定により行う事務に関し必要があると認めるときは、報告を求め、又は助言若しくは勧告をすることができる。

3　都道府県知事は、市町村長（指定都市及び中核市の長を除く。以下この項において同じ。）に対し、当該市町村長が第五章の規定により行う事務に関し必要があると認めるときは、報告を求め、又は助言若しくは勧告をすることができる。

4　厚生労働大臣又は都道府県知事は、医療保険者に対し、納付金の額の算定に関して必要があると認めるときは、その業務に関する報告を徴し、又は当該職員に実地にその状況を検査させることができる。

5　第二十四条第三項の規定は、前項の規定による検査について、同条第四項の規定は、前項の規定による権限について準用する。

（平一一法八七・平一一法一六〇・平一七法七七・平二六法五一・令元法二六・一部改正）

施行令

五　原処分をした保険者の名称及び事務所の所在地
六　裁決の主文
七　事案の概要
八　行政不服審査法第二十八条に規定する審理関係人の主張の要旨
九　裁決の理由
十　裁決の年月日

（平二三政三七六・平二七政三九二・一部改正）

第八章　雑則

（平一八政一五四・追加）

施行規則

第九章　雑則

（平一一厚令九二・追加、平一八厚労令三二・旧第八章繰下）

（事業状況の報告）

第百六十五条の二　国民健康保険団体連合会は、毎月の事業状況を翌月二十日までに、都道府県知事に報告しなければならない。

（平一一厚令九二・追加）

（身分を示す証明書の様式）

第百六十五条の四　職員が携帯すべき身分を示す証明書の様式は、次の各号の区分に応じ、それぞれ当該各号に定めるところによる。

一　法第二十四条第一項の規定により質問を行う場合に同条第三項の規定により携帯すべき証明書　様式第二号

二　法第二十四条第二項の規定により質問を行う場合に同条第三項の規定により携帯すべき証明書　様式第三号

二の二　法第四十二条第四項、法第四十二条の三第四項、法第四十五条第九項、法第四十七条第五項、法第四十九条第四項、法第五十四条第四項、法第五十四条の三第四項、法第五十七条第九項及び法第五十九条第五項において準用する法第二十四条第三項の規定により携帯すべき証明書　様式第三号の二

二の三　法第六十九条の二十二第三項において準用する法第二十四条第三項の規定により携帯すべき証明書　様式第三号の三

二の四　法第六十九条の三十第二項（法第六十九条の三十三第二項において準用する場合を含む。）において準用する法第二十四条第三項の規定により携帯すべき証明書　様式第三号の四

三　法第七十六条第二項、法第七十八条の七第二項、法第八十三条第二項、法第九十条第二項、法第百十五条の七第二項、法第百十五条の十七第二項、法第百十五条の二十七第二項及び法第百十五条の三十三第五項において準用する法第二十四条第三項の規定により携帯すべき証明書　様式第四号

四　法第百条第二項において準用する法第二十四条第三項の規定により携帯すべき証明書　様式第五号

四の二　法第百十四条の二第二項において準用する法第二十四条第三項の規定により携帯すべき証明書　様式第五号の二

四の三　法第百十五条の四十第二項（法第百十五条の四十二第三項において準用する場合を含む。）において準用する法第二十四条第三項の規定により携帯すべき証明書　様式第五号の三

五　法第百七十二条第二項において準用する法第二十四条第三項の規定により携帯すべき証明書　様式第六号

六　法第百九十七条第五項において準用する法第二十四条第三項の規定により携帯すべき証明書　様式第七号

法律

第百九十七条の二　市町村長は、政令で定めるところにより、その事業の実施の状況を厚生労働大臣に報告しなければならない。

（平一七法七七・追加）

（連合会に対する監督）

第百九十八条　連合会について国民健康保険法第百六条及び第百八条の規定を適用する場合において、これらの規定中「事業」とあるのは、「事業（介護保険法（平成九年法律第百二十三号）第百七十七条に規定する介護保険事業関係業務を含む。）」とする。

（平一四法一〇二・一部改正）

（先取特権の順位）

第百九十九条　保険料その他この法律の規定による徴収金の先取特権の順位は、国税及び地方税に次ぐものとする。

（時効）

第二百条　保険料、納付金その他この法律の規定による徴収金を徴収し、又はその還付を受ける権利及び保険給付を受ける権利は、これらを行使することができる時から二年を経過したときは、時効によって消滅する。

2　保険料その他この法律の規定による徴収金の督促は、時効の更新の効力を生ずる。

（平一四法一一八・平二九法四五・一部改正）

（賦課決定の期間制限）

第二百条の二　保険料の賦課決定は、当該年度における最初の保険料の納期（この法律又はこれに基づく条例の規定により保険料を納付し、又は納入すべき期限を

施行令

（事業の実施状況の報告）

第五十一条の二　法第百九十七条の二の規定による事業の実施の状況の報告は、厚生労働省令で定めるところにより、都道府県知事又は連合会及び指定法人を経由して行うものとする。

（平一八政一五四・追加、平一九政三二四・一部改正）

施行規則

七　法第二百二条第二項において準用する法第二十四条第三項の規定により携帯すべき証明書　様式第八号

（平一一厚令九二・追加、平一二厚令一二七・旧第百六十五条の三繰下、平一八厚労令三二・平二一厚労令五四・平二四厚労令一〇・平二五厚労令一〇五・平二七厚労令五五・平三〇厚労令三〇・一部改正）

（事業の実施の状況の報告）

第百六十五条の二の二　法第百九十七条の二の規定による報告は、毎月の事業の実施の状況（法第四十一条第十項（法第四十二条の二第九項、法第四十六条第七項、法第四十八条第七項、法第五十一条の三第八項、法第五十三条第七項、法第五十四条の二第九項、法第五十八条第七項及び法第六十一条の三第八項において準用する場合を含む。）の規定により市町村から審査及び支払に関する事務の委託を受けている国民健康保険団体連合会又は国民健康保険法第四十五条第六項に規定する厚生労働大臣が指定する法人から厚生労働大臣に提出があった事項を除く。）を記載した報告書を翌月十五日までに都道府県知事に提出することにより行うものとする。

（平一八厚労令一〇六・追加、平二六厚労令六四・一部改正）

いい、当該納期後に保険料を課することができることとなった場合にあっては、当該保険料を課することができることとなった日とする。）の翌日から起算して二年を経過した日以後においては、することができない。

（平二六法八三・追加）

（期間の計算）

第二百一条 この法律又はこの法律に基づく命令に規定する期間の計算については、民法の期間に関する規定を準用する。

（被保険者等に関する調査）

第二百二条 市町村は、被保険者の資格、保険給付、地域支援事業及び保険料に関して必要があると認めるときは、被保険者、被保険者の配偶者若しくは被保険者の属する世帯の世帯主その他その世帯に属する者又はこれらであった者に対し、文書その他の物件の提出若しくは提示を命じ、又は当該職員に質問させることができる。

2　第二十四条第三項の規定は、前項の規定による質問について、同条第四項の規定は、前項の規定による権限について準用する。

（平一二法一四〇・平二六法八三・平二九法五二・一部改正）

（資料の提供等）

第二百三条 市町村は、保険給付、地域支援事業及び保険料に関して必要があると認めるときは、被保険者、被保険者の配偶者若しくは被保険者の属する世帯の世帯主その他その世帯に属する者の資産若しくは収入の状況又は被保険者に対する老齢等年金給付の支給状況につき、官公署若しくは年金保険者に対し必要な文書の閲覧若しくは資料の提供を求め、又は銀行、信託会社その他の機関若しくは被保険者の雇用主その他の関係人に報告を求めることができる。

2　都道府県知事又は市町村長は、第四十一条第一項本文、第四十二条の二第一項本文、第四十六条第一項、第四十八条第一項第一号、第五十三条第一項本文、第五十四条の二第一項本文、第五十八条第一項若しくは第百十五条の四十五の三第一項の指定又は第九十四条

法律

第一項若しくは第百七条第一項の許可に関し必要があると認めるときは、これらの指定又は許可に係る申請者若しくはその役員等若しくは開設者若しくはその役員又は病院等の管理者、特別養護老人ホームの長若しくは第九十四条第三項第十一号若しくは第百七条第三項第十四号に規定する使用人の保険料等の納付状況につき、当該保険料等を徴収する者に対し、必要な書類の閲覧又は資料の提供を求めることができる。

（平一二法一四〇・平一七法七七・平一七法一〇二・平一九法一一〇・平二六法八三・平二九法五二・一部改正）

（大都市等の特例）

第二百三条の二　この法律中都道府県が処理することとされている事務で政令で定めるものは、指定都市及び中核市においては、政令の定めるところにより、指定都市又は中核市（以下「指定都市等」という。）が処理するものとする。この場合においては、この法律中都道府県に関する規定は、指定都市等に関する規定として、指定都市等に適用があるものとする。

（平二三法七二・追加、平二六法五一・一部改正）

（緊急時における厚生労働大臣の事務執行）

第二百三条の三　第百条第一項又は第百十四条の二第一項の規定により都道府県知事又は市町村長の権限に属するものとされている事務は、介護老人保健施設又は介護医療院に入所している者の生命又は身体の安全を確保するため緊急の必要があると厚生労働大臣が認める場合にあっては、厚生労働大臣又は都道府県知事若しくは市町村長が行うものとする。この場合においては、この法律の規定中都道府県知事に関する規定（当該事務に係るものに限る。）は、厚生労働大臣に関する規定として厚生労働大臣に適用があるものとする。

2　前項の場合において、厚生労働大臣又は都道府県知事若しくは市町村長が当該事務を行うときは、相互に密接な連携の下に行うものとする。

（平一一法八七・追加、平一一法一六〇・平一七法七七・一部改正、平二三法七二・旧第二百三条の二繰下、平二九法五

施行令

（大都市等の特例）

第五十一条の三　地方自治法第二百五十二条の十九第一項の指定都市（以下「指定都市」という。）においては、法第二百三条の二の規定により、指定都市が処理する事務については、地方自治法施行令（昭和二十二年政令第十六号）第百七十四条の三十一の四に定めるところによる。

2　地方自治法第二百五十二条の二十二第一項の中核市（以下「中核市」という。）において、法第二百三条の二の規定により、中核市が処理する事務については、地方自治法施行令第百七十四条の四十九の十一の二に定めるところによる。

（平二三政三七六・追加、令六政一二二・一部改正）

施行規則

（大都市の特例）

第百六十五条の五　令第五十一条の三第一項の規定により指定都市が介護保険に関する事務を処理する場合においては、第十七条の六第三号、第百十四条から第百二十五条まで、第百二十六条の三第四項第二号、第百二十六条の十三、第百三十条、第百三十条の五、第百三十一条、第百三十四条、第百三十五条、第百三十六条、第百三十七条、第百三十八条、第百四十条の二の二、第百四十条の四から第百四十条の十四まで、第百四十条の十七の六、第百四十条の二十一及び第百四十条の二十二中「都道府県知事」とあるのは「指定都市の市長」と、第百二十六条の十一第二項中「都道府県知事は、法第七十条第十項の規定による協議の結果に基づき、同条第十一項」とあるのは「指定都市の市長は、地方自治法施行令第百七十四条の三十一の四第三項の規定により読み替えて適用する法第七十条第十項」と、第百四十条の四十二中「指定を」とあるのは「指定若しくは許可を」と読み替えるものとする。

（平二四厚労令一一・追加、平二四厚労令三〇・平二七厚労令五七・平三〇厚労令三〇・一部改正）

（中核市の特例）

第百六十五条の六　令第五十一条の三第二項の規定により中核市が介護保険に関する事務を処理する場合においては、第十七条の六第三号、第百十四条から第百二十五条まで、第百二十六条の三第四項第二号、第百二

二・一部改正）

（事務の区分）

第二百三条の四　第百五十六条第四項、第百七十二条第一項及び第三項並びに第百九十七条第四項の規定により都道府県が処理することとされている事務は、地方自治法第二条第九項第一号に規定する第一号法定受託事務とする。

（平一一法八七・追加、平二三法七二・旧第二百三条の三繰下、平二六法五一・一部改正）

（権限の委任）

第二百三条の五　この法律に規定する厚生労働大臣の権限は、厚生労働省令で定めるところにより、地方厚生局長に委任することができる。

2　前項の規定により地方厚生局長に委任された権限は、厚生労働省令で定めるところにより、地方厚生支局長に委任することができる。

（平一一法一六〇・追加、平二三法七二・旧第二百三条の四繰下）

（実施規定）

第二百四条　この法律に特別の規定があるものを除くほか、この法律の実施のための手続その他その執行について必要な細則は、厚生労働省令で定める。

（平一一法一六〇・一部改正）

十六条の十三、第百三十条、第百三十条の五、第百三十一条、第百三十四条、第百三十五条、第百三十六条、第百三十七条、第百三十八条、第百四十条の二の二、第百四十条の四から第百四十条の十四まで、第百四十条の十七の六、第百四十条の二十一及び第百四十条の二十二中「都道府県知事」とあるのは「中核市の市長」と、第百二十六条の十一第二項中「都道府県知事は、法第七十条第十項の規定による協議の結果に基づき、同条第十一項」とあるのは「中核市の市長は、地方自治法施行令第百七十四条の四十九の十一の二第二項の規定により読み替えて適用する法第七十条第十項」と、第百四十条の四十二中「指定を」とあるのは「指定若しくは許可を」と読み替えるものとする。

（平二四厚労令一一・追加、平二四厚労令三〇・平二七厚労令五七・平三〇厚労令三〇・一部改正）

第百六十五条の三　削除　（平二七厚労省令五五）

（年金保険者の市町村に対する通知）

第百六十五条の四の二　年金保険者は、毎年五月三十一日までに、当該年の一月一日現在において市町村の区域内に住所を有する者であって四十歳以上のものの次に掲げる事項を、その者が当該年の四月一日現在において住所を有する市町村（法第十三条第一項又は第二項の規定によりその者が他の市町村が行う介護保険の第一号被保険者であって、かつ、特別徴収の方法によって保険料を徴収されている者であるときは、当該他の市町村とする。次項から第十三項までにおいて同じ。）に通知しなければならない。

一　氏名、住所、性別及び生年月日

二　当該者が支払を受けた全ての厚生労働大臣が定める年金たる給付（以下「非課税年金給付」という。）の種類及びその支払を行った年金保険者の名称並びに当該年の前年中の各非課税年金給付の支払額の総額

2　年金保険者は、毎年七月十日までに、当該年の四月二日から五月一日までの間に新たに次の各号のいずれ

法律

施行令

施行規則

かに該当するに至った者の前項第一号に掲げる事項及び当該各号に定める事項を、その者が当該年の五月一日現在において住所を有する市町村に通知しなければならない。

一　当該年の前年以前三年内に年金保険者から非課税年金給付の支払を受けることとなった、当該年の一月一日現在において四十二歳以上である者　当該年の四月二日から五月一日までの間に新たに当該年の前年以前三年内に支払を受けることとされた全ての非課税年金給付の種類及びその支払を行う年金保険者の名称並びに各非課税年金給付の支払額の総額

二　当該年の前年以前二年内に年金保険者から非課税年金給付の支払を受けることとなった、当該年の一月一日現在において四十一歳である者　当該年の四月二日から五月一日までの間に新たに当該年の前年以前二年内に支払を受けることとされた全ての非課税年金給付の種類及びその支払を行う年金保険者の名称並びに各非課税年金給付の支払額の総額

三　当該年の前年に年金保険者から非課税年金給付の支払を受けることとなった、当該年の一月一日現在において四十歳である者　当該年の四月二日から五月一日までの間に新たに当該年の前年に支払を受けることとされた全ての非課税年金給付の種類及びその支払を行う年金保険者の名称並びに各非課税年金給付の支払額の総額

四　前項の規定に基づき通知した同項第二号の支払額の総額又は第一号から第三号までのいずれかの規定に基づき通知した支払額の総額（当該年の前年以前三年内に支払を受けることとなったものに限る。）に、当該年の四月二日から五月一日までの間に改定があった者　改定後の前項第二号に定める事項又は改定後の第一号から第三号までのいずれかに定める事項

3　年金保険者は、毎年八月十日までに、当該年の五月二日から六月一日までの間に前項各号のいずれかに該当するに至った者（この場合において、前項各号中「四月二日から五月一日」とあるのは、「五月二日から六月一日」と読み替えるものとする。）の第一項第一号に掲げる事項及び前項各号に定める事項を、その者が当該年の六月一日現在において住所を有する市町村に通知しなければならない。

4　年金保険者は、毎年九月十日までに、当該年の六月二日から七月

一日までの間に第二項各号のいずれかに該当するに至った者（この場合において、第二項各号中「四月二日から五月一日」とあるのは、「六月二日から七月一日」と読み替えるものとする。）の第一項第一号に掲げる事項及び第二項各号に定める事項を、その者が当該年の七月一日現在において住所を有する市町村に通知しなければならない。

5　年金保険者は、毎年十月十日までに、当該年の七月二日から八月一日までの間に第二項各号のいずれかに該当するに至った者（この場合において、第二項各号中「四月二日から五月一日」とあるのは、「七月二日から八月一日」と読み替えるものとする。）の第一項第一号に掲げる事項及び第二項各号に定める事項を、その者が当該年の八月一日現在において住所を有する市町村に通知しなければならない。

6　年金保険者は、毎年十一月十日までに、当該年の八月二日から九月一日までの間に第二項各号のいずれかに該当するに至った者（この場合において、第二項各号中「四月二日から五月一日」とあるのは、「八月二日から九月一日」と読み替えるものとする。）の第一項第一号に掲げる事項及び第二項各号に定める事項を、その者が当該年の九月一日現在において住所を有する市町村に通知しなければならない。

7　年金保険者は、毎年十二月十日までに、当該年の九月二日から十月一日までの間に第二項各号のいずれかに該当するに至った者（この場合において、第二項各号中「四月二日から五月一日」とあるのは、「九月二日から十月一日」と読み替えるものとする。）の第一項第一号に掲げる事項及び第二項各号に定める事項を、その者が当該年の十月一日現在において住所を有する市町村に通知しなければならない。

8　年金保険者は、毎年一月十日までに、当該年の前年の十月二日から十一月一日までの間に第二項各号のいずれかに該当するに至った者（この場合において、第二項第一号から第三号まで中「当該年の前年」とあるのは「当該年の前々年」と、「当該年の一月一日」とあるのは「当該年の前年の一月一日」と、「当該年の四月二日から五月一日」とあるのは「当該年の前年の十月二日から十一月一日」と、同項第四号中「当該年の前年」とあるのは「当該年の前々年」と、「当該年の四月二日から五月一日」とあるのは「当該年の前年の十月二日から十一月一日」と読み替えるものとする。）の第一項第一号に掲げる事項及び第二項各号に定める事項を、その者が当該

法律

施行令

施行規則

年の前年の十一月一日現在において住所を有する市町村に通知しなければならない。

9　年金保険者は、毎年二月十日までに、当該年の前年の十一月二日から十二月一日までの間に第二項各号のいずれかに該当するに至った者（この場合において、第二項第一号から第三号まで中「当該年の前年」とあるのは「当該年の前々年」と、「当該年の一月一日」とあるのは「当該年の前年の一月一日」と、「当該年の四月二日から五月一日」とあるのは「当該年の前年の十一月二日から十二月一日」と、同項第四号中「当該年の前年」とあるのは「当該年の前々年」と、「当該年の四月二日から五月一日」とあるのは「当該年の前年の十一月二日から十二月一日」と読み替えるものとする。）の第一項第一号に掲げる事項及び第二項各号に定める事項を、その者が当該年の前年の十二月一日現在において住所を有する市町村に通知しなければならない。

10　年金保険者は、毎年三月十日までに、当該年の前年の十二月二日から当該年の一月一日までの間に第二項各号のいずれかに該当するに至った者（この場合において、第二項第一号から第三号まで中「当該年の前年」とあるのは「当該年の前々年」と、「当該年の一月一日」とあるのは「当該年の前年の一月一日」と、「当該年の四月二日から五月一日」とあるのは「当該年の前年の十二月二日から当該年の一月一日」と、同項第四号中「当該年の前年」とあるのは「当該年の前々年」と、「当該年の四月二日から五月一日」とあるのは「当該年の前年の十二月二日から当該年の一月一日」と読み替えるものとする。）の第一項第一号に掲げる事項及び第二項各号に定める事項を、その者が当該年の一月一日現在において住所を有する市町村に通知しなければならない。

11　年金保険者は、毎年四月十日までに、当該年の一月二日から二月一日までの間に第二項各号のいずれかに該当するに至った者（この場合において、第二項第一号から第三号まで中「当該年の前年」とあるのは「当該年の前々年」と、「当該年の一月一日」とあるのは「当該年の前年の一月一日」と、「四月二日から五月一日」とあるのは「一月二日から二月一日」と、同項第四号中「当該年の前年」とあるのは「当該年の前々年」と、「四月二日から五月一日」とあるのは「一月二日から二月一日」と読み替えるものとする。）の第一項第一号に掲げる事項及び第二項各号に定める事項を、その者が当該年の二月一日現在において住所を有する市町村に通知しなければならない。

12　年金保険者は、毎年五月十日までに、当該年の二月二日から三月一日までの間に第二項各号のいずれかに該当するに至った者（この場合において、第二項第一号から第三号まで中「当該年の前年」とあるのは「当該年の前々年」と、「当該年の一月一日」とあるのは「当該年の前年の一月一日」と、「四月二日から五月一日」とあるのは「二月二日から三月一日」と、同項第四号中「当該年の前年」とあるのは「当該年の前々年」と、「四月二日から五月一日」とあるのは「二月二日から三月一日」と読み替えるものとする。）の第一項第一号に掲げる事項及び第二項各号に定める事項を、その者が当該年の三月一日現在において住所を有する市町村に通知しなければならない。

13　年金保険者は、毎年六月十日までに、当該年の三月二日から四月一日までの間に第二項各号のいずれかに該当するに至った者（この場合において、第二項第一号から第三号まで中「当該年の前年」とあるのは「当該年の前々年」と、「当該年の一月一日」とあるのは「当該年の前年の一月一日」と、「四月二日から五月一日」とあるのは「三月二日から四月一日」と、同項第四号中「当該年の前年」とあるのは「当該年の前々年」と、「四月二日から五月一日」とあるのは「三月二日から四月一日」と読み替えるものとする。）の第一項第一号に掲げる事項及び第二項各号に定める事項を、その者が当該年の四月一日現在において住所を有する市町村に通知しなければならない。

14　年金保険者（地方公務員共済組合（全国市町村職員共済組合連合会を含む。次項において同じ。）を除く。）は、前各項の規定による通知を行う場合においては、国民健康保険法第四十五条第六項に規定する厚生労働大臣が指定する法人（以下「指定法人」という。）及び国民健康保険団体連合会の順に経由して行われるよう指定法人に伝達することにより、これらを経由して当該通知を行うものとする。

15　地方公務員共済組合は、第一項から第十三項までの規定による通知を行う場合においては、地方公務員共済組合連合会、指定法人及び国民健康保険団体連合会の順に経由して行われるよう地方公務員共済組合連合会に伝達することにより、これらを経由して当該通知を行うものとする。

16　年金保険者（厚生労働大臣に限る。）は、日本年金機構に、第一

法律

施行令

施行規則

項から第十三項までの規定による通知に係る事務を行わせるものとする。

17　厚生年金保険法第百条の十第二項及び第三項の規定は、前項に規定する事務について準用する。

（平二八厚労令三五・追加）

（申請等の手続における電子情報処理組織の使用）

第百六十五条の七　次に掲げる申請、申出又は届出（以下この条において「申請等」という。）は、厚生労働省の使用に係る電子計算機（入出力装置を含む。以下この条において同じ。）と申請等を行おうとする者の使用に係る電子計算機とを電気通信回線で接続した電子情報処理組織を使用する方法であって、当該電気通信回線を通じて情報が送信され、厚生労働省の使用に係る電子計算機に備えられたファイルに当該情報が記録されるもの（やむを得ない事情により当該方法による届出を行うことができない場合にあっては、電子メールの利用その他の適切な方法とする。）により提出しなければならない。

一　第百十四条第一項若しくは第二項、第百十五条第一項若しくは第三項、第百十六条第一項若しくは第三項、第百十七条第一項若しくは第三項、第百十八条第一項若しくは第三項、第百十九条第一項若しくは第二項、第百二十条第一項若しくは第三項、第百二十一条第一項若しくは第三項、第百二十二条第一項若しくは第三項、第百二十三条第一項若しくは第三項、第百二十四条第一項若しくは第三項、第百二十五条第一項若しくは第三項、第百二十六条の十三第一項、第百三十一条の二の二第一項若しくは第二項、第百三十一条の三第一項若しくは第二項、第百三十一条の三の二第一項若しくは第三項、第百三十一条の四第一項若しくは第三項、第百三十一条の五第一項若しくは第三項、第百三十一条の六第一項若しくは第三項、第百三十一条の七第一項若しくは第二項、第百三十一条の八第一項若しくは第二項、第百三十一条の八の二第一項若しくは第二項、第百三十一条の十六第一項、第百三十一条の十七第一項、第百三十一条の十八第一項、第百三十二条第一項若しくは第二項、第百三十四条第一項若しくは第二項、第百三十六条第一項、第三項、第四項、第六項若しくは第七項、第百三十八条第一項、第三項、第四項、第六項若しくは第七項、第百四十条の四第一項若しくは第三項、第百四十条の五第一項若しくは第三項、第百四十条の六第一項若しくは第三項、第百四十条の七第一項若しくは第三項、第百四十条の十第一項若しくは第三項、第百四十条の十一第一項若しくは第三項、第百四十条の十二第一項若しくは第三項、第百四十条の十三第一項若しくは第三項、第百四十条の十四第一項若しくは第三項、第百四十条の二十五第一項若しくは第三項、第百四十条の二十六第一項若しくは第三項、第百四十条の三十二第一項若しくは第三項又は第百四十条の六十三の五第一項若しくは第二項の規定による申請

二　第百二十九条第一項、第百三十条第一項、第百三十条の五第一項、第百三十一条の十一の九第一項、第百四十条の十七の六第一項、第百四十条の二十第一項、第百四十条の二十一第一項又は第百四十条の二十八の二第一項の規定による申出

三　第百三十一条第一項、第三項若しくは第四項、第百三十一条の十一の十第一項（同条第二項ただし書の規定の適用を受ける場合を除く。）、第百三十一条の十三第一項、第三項若しくは第四項、第百三十一条の十三の二第一項、第百三十三条第一項から第三項まで、第百三十五条第一項若しくは第二項、第百三十七条第一項から第三項まで、第百四十条の二の二第一項から第三項まで、第百四十条の二十二第一項、第三項若しくは第四項、第百四十条の二十八の三第一項（同条第二項ただし書の規定の適用を受ける場合を除く。）、第百四十条の三十第一項、第三項若しくは第四項、第百四十条の三十五第一項若しくは第二項、第百四十条の三十七第一項から第三項ま

法律

施行令

第九章　施行法の経過措置に関する規定

（平一八政一五四・旧第七章繰下）

（施行法第一条第一項の政令で定める日）

第五十二条　施行法第一条第一項の政令で定める日は、平成十八年三月三十一日とする。

（平一七政二九〇・全改）

施行規則

で又は第百四十条の六十二の三第二項第四号から第六号までの規定による届出

（令五厚労令四六・追加）

第十章　施行法の経過措置等に関する規定

（平一二厚令九二・旧第八章繰下、平一八厚労令三二・旧第九章繰下）

（経過的居宅給付支給限度基準額を定める方法）

第百六十六条　市町村は、経過的居宅給付支給限度基準額（介護保険法施行法（平成九年法律第百二十四号。以下「施行法」という。）第一条第一項に規定する経過的居宅給付支給限度基準額をいう。次項において同じ。）を定めるに当たっては、当該市町村が行う介護保険の保険給付に係る居宅サービス及びこれに相当するサービスの必要量の見込みに対する居宅サービス及びこれに相当するサービスの提供量の見込みの割合を考慮しなければならない。

2　施行法第一条第三項に規定する特定市町村は、各年度において、居宅サービス及びこれに相当するサービスの必要量の見込み、当該市町村が定める法第百十七条第一項に規定する市町村介護保険事業計画の達成状況その他の諸般の状況を考慮して、当該市町村が定める経過的居宅給付支給限度基準額について必要な見直し等の措置を講じなければならない。

（短期入所療養介護を行う施設に関する経過措置）

第百六十七条　平成十五年三月三十一日までの間における第十四条の規定の適用については、同条中「第四条第二項」とあるのは、「第五十二条第二項の規定により読み替えて適用する令第四条第二項」とする。

（平一三厚労令八・一部改正）

（令第五十二条第二項の規定により読み替えて適用する令第四条第二項の厚生労働省令で定める国の開設する病院）

第百六十七条の二　令第五十二条第二項の規定により読み替えて適用する令第四条第二項の厚生労働省令で定める病院は、医療法施行規則等の一部を改正する省令（平成十三年厚生労働省令第八号）の施行の際現に同令第一条による改正前の医療法施行規則第四十三条第二項の規定による承認を受けていた病院とする。

（平一三厚労令八・追加、平三〇厚労令三〇・一部改正）

（指定居宅サービス事業者に関する経過措置）

第百六十八条　施行法第四条ただし書の規定による別段の申出は、次の事項を記載した申出書を当該申出に係る保険医療機関又は保険薬局の開設の場所を管轄する都道府県知事に提出して行うものとする。

一　当該申出に係る保険医療機関又は保険薬局の名称及び開設の場所並びに開設者及び管理者の氏名及び住所

二　当該申出に係る居宅サービスの種類

三　前号に係る居宅サービスについて施行法第四条本文に係る指定を不要とする旨

（平一八厚労令一五七・一部改正）

第百六十九条　削除　（平二〇厚労令七七）

（施行法第十一条第一項に規定する厚生労働省令で定めるもの等）

第百七十条　施行法第十一条第一項の指定障害者支援施設に入所している者又は障害者支援施設に入所している者のうち厚生労働省令で定めるものは、障害者の日常生活及び社会生活を総合的に支援するための法律第十九条第一項の規定による支給決定（生活介護及び同法第五条第十項に規定する施設入所支援に係るものに限る。以下「支給決定」という。）を受けて同法第二十九条第一項に規定する指定障害者支援施設（次項及び次条において「指定障害者支援施設」という。）に入所している身体障害者又は身体障害者福祉法（昭和二十四年法律第二百八十三号）第十八条第二項の規定により障害者の日常生活及び社会生活を総合的に支援するための法律第五条第十一項に規定する障害者支援施設（生活介護を行うものに限る。次項及び次条において「障害者支援施設」という。）に入所している身体障害者とする。

2　施行法第十一条第一項の特別の理由がある者で厚生労働省令で定めるものは、次に掲げる施設に入所し、又は入院している者とする。

一　児童福祉法第四十二条第二号に規定する医療型障害児入所施設

二　児童福祉法第七条第二項の内閣総理大臣が指定する医療機関（当該指定に係る治療等を行う病床に限る。）

三　独立行政法人国立重度知的障害者総合施設のぞみの園法（平成十四年法律第百六十七号）第十一条第一号の規定により独立行政法人国立重度知的障害者総合施設のぞみの園が設置する施設

四　ハンセン病問題の解決の促進に関する法律（平成二十年法律第八十二号）第二条第二項に規定する国立ハンセン病療養所等（同法第七条又は第九条に規定する療養を行う部分に限る。）

五　生活保護法第三十八条第一項第一号に規定する救護施設

法律

施行令

施行規則

六　労働者災害補償保険法（昭和二十二年法律第五十号）第二十九条第一項第二号に規定する被災労働者の受ける介護の援護を図るために必要な事業に係る施設（同法に基づく年金たる保険給付を受給しており、かつ、居宅において介護を受けることが困難な者を入所させ、当該者に対し必要な介護を提供するものに限る。）

七　障害者支援施設（知的障害者福祉法（昭和三十五年法律第三十七号）第十六条第一項第二号の規定により入所している知的障害者に係るものに限る。）

八　指定障害者支援施設（支給決定を受けて入所している知的障害者及び精神障害者に係るものに限る。）

九　障害者の日常生活及び社会生活を総合的に支援するための法律第二十九条第一項の指定障害福祉サービス事業者であって、障害者の日常生活及び社会生活を総合的に支援するための法律施行規則第二条の三に規定する施設（同法第五条第六項に規定する療養介護を行うものに限る。）

（平一二厚令一〇九・平一二厚令一二七・平一五厚労令一四九・平一八厚労令三二・平一八厚労令一〇六・平一八厚労令一八〇・平二一厚労令七五・平二三厚労令一一六・平二四厚労令四〇・平二五厚労令四・平二五厚労令一二四・平二六厚労令一二二・平二七厚労令一九・平三〇厚労令三〇・令五厚労令四八・令六厚労令六〇・一部改正）

（施行法第十一条第三項に規定する厚生労働省令で定めるもの等）

第百七十条の二　施行法第十一条第三項及び同項の規定により読み替えて適用される法第十三条第一項ただし書の指定障害者支援施設に入所している者又は障害者支援施設に入所している者のうち厚生労働省令で定めるものは、支給決定を受けて指定障害者支援施設に入所している身体障害者又は身体障害者福祉法第十八条第二項の規定により障害者支援施設に入所している身体障害者とする。

2　施行法第十一条第三項及び同項の規定により読み替えて適用される法第十三条第一項ただし書の特別の理由がある者で厚生労働省令で定めるものは、前条第二項第三号、第五号、第七号及び第八号に掲げる施設に入所している者とする。

3　施行法第十一条第三項の規定により読み替えて適用される法第十三条第一項ただし書の厚生労働省令で定める施設は、前条第二項第三号及び第五号に掲げる施設とする。

4　施行法第十一条第三項の規定により読み替えて適用される法第十

（適用除外とされた者に係る住所地特例の適用に関する読替え）

第五十二条の二　施行法第十一条第三項の規定による技術的読替えは、次の表のとおりとする。

法の規定中読み替える規定	読み替えられる字句	読み替える字句
第百三十四条第一項	第十三条第一項又は第二項	介護保険法施行法（平成九年法律第百二十四号）第十一条第三項の規定により読み替えて適用する第十三条第一項又は第二項

（平三〇政五五・追加）

三条第二項第三号の厚生労働省令で定める手続は、次の各号に掲げる施設の区分に応じ、それぞれ当該各号に掲げる手続とする。

一　独立行政法人国立重度知的障害者総合施設のぞみの園法第十一条第一号の規定により独立行政法人国立重度知的障害者総合施設のぞみの園が設置する施設　支給決定

二　生活保護法第三十八条第一項第一号に規定する救護施設　同法第三十条第一項ただし書の措置

三　障害者支援施設（知的障害者福祉法第十六条第一項第二号の規定により入所している知的障害者に係るものに限る。）　知的障害者福祉法第十六条第一項第二号の措置

四　指定障害者支援施設（支給決定を受けて入所している知的障害者及び精神障害者に係るものに限る。）　支給決定

5　前項第二号の規定は、都道府県知事が同号の措置を講ずる場合には、適用しない。この場合において、施行法第十一条第三項の規定により読み替えて適用される法第十三条第二項第三号に規定する最終適用除外施設住所変更時支給決定等実施市町村は、生活保護法第三十条第一項ただし書の規定により入所している者に係る入所前の居住地又は現在地の市町村とする。

（平三〇厚労令三〇・追加）

（適用除外とされた者に係る住所地特例の適用に関する読替え）

第百七十条の三　施行法第十一条第三項の介護保険の被保険者としないこととされた者であった介護保険の被保険者に係る第二十五条の規定の適用については、同条中「法第十三条第一項本文若しくは第二項の規定の適用を受けるに至ったとき」とあるのは「介護保険法施行法（平成九年法律第百二十四号）第十一条第三項の規定により読み替えて適用される法第十三条第一項本文若しくは第二項の規定の適用を受けるに至ったとき」と、「法第十三条第一項本文若しくは第二項の規定の適用を受けるに至った年月日」とあるのは「介護保険法施行法第十一条第三項の規定により読み替えて適用される法第十三条第一項本文若しくは第二項の規定の適用を受けるに至った年月日」と、「法第十三条第一項本文又は第二項」とあるのは「介護保険法施行法第十一条第三項の規定により読み替えて適用される法第十三条第一項本文又は第二項」と読み替えるものとする。

（平三〇厚労令三〇・追加）

（適用除外でなくなった者の届出）

第百七十一条　第二十三条の場合を除くほか、施行法第十一条第一項に該当しなくなったため、第一号被保険者の資格を取得した者は、

法　律

施行令

施行規則

その資格を取得した日から十四日以内に、第二十三条各号に規定する事項（第一号に規定する従前の住所を除く。）を記載した届書を、市町村に提出しなければならない。

2　前項の届書には、届出人の氏名、住所及び届出年月日を記載しなければならない。

（特別養護老人ホームの旧措置入所者に対する施設介護サービス費の支給の手続）

第百七十二条　第八十二条の規定は、施行法第十三条第一項に規定する旧措置入所者に係る施設介護サービス費の支給について準用する。この場合において、第八十二条中「介護保険施設」とあるのは「指定介護老人福祉施設」と、「指定施設サービス等」とあるのは「指定介護福祉施設サービス」と、「要介護被保険者」とあるのは「要介護旧措置入所者（介護保険法施行法（平成九年法律第百二十四号）第十三条第三項に規定する要介護旧措置入所者をいう。以下同じ。）」と、「法第四十八条第二項」とあるのは「同法第十三条第三項」と読み替えるものとする。

（平一二厚令一二五・平一七厚労令一三八・平一八厚労令三二・平二七厚労令五七・一部改正）

（施行法第十三条第五項の厚生労働省令で定める要介護旧措置入所者）

第百七十二条の二　第八十三条の五、第八十三条の六（第一項第六号を除く。）、第八十三条の七及び第八十三条の八の規定は、施行法第十三条第五項の厚生労働省令で定める要介護旧措置入所者（同条第三項に規定する要介護旧措置入所者をいう。）について準用する。この場合において、次の表の上欄に掲げる規定中同表の中欄に掲げる字句は、それぞれ同表の下欄に掲げる字句に読み替えるものとする。

第八十三条の五	法第五十一条の三第一項の	介護保険法施行法第十三条第五項の
	要介護被保険者	要介護旧措置入所者
	認定を受けている者（短期入所生活介護及び短期入所療養	認定を受けている者

介護を受けた者については、当該サービスにつき居宅介護サービス費又は特例居宅介護サービス費の支給を受ける者に限る。）	
世帯員並びにその者の配偶者（婚姻の届出をしていないが、事実上婚姻関係と同様の事情にある者を含み、配偶者が行方不明となった場合、要介護被保険者が配偶者からの暴力の防止及び被害者の保護等に関する法律（平成十三年法律第三十一号）第一条第一項に規定する配偶者からの暴力を受けた場合その他これらに準ずる場合における当該配偶者を除く。以下同じ。）	世帯員
特定介護サービス	指定介護福祉施設サービス
第五十一条の三第一項に規定する特定介護サービス	第四十八条第一項第一号に規定する指定介護福祉施設サービス
第九十七条の三において同じ。）が課されていない者又は市町村の条例で定めるところにより当該市町村民税が免除された者（当該市町村民税の賦課期日において同法の施行地に住所を有しない者を除く。同条において同じ。）であり、かつ、当該要介護被保険者及びその者の配偶者が所有する現金、所得税法（昭和四十年法律第三十三号）第二条第一項第	）が課されていない者又は市町村の条例で定めるところにより当該市町村民税が免除された者（当該市町村民税の賦課期日において同法の施行地に住所を有しない者を除く。）

法　律

施　行　令

施　行　規　則

十号に規定する預貯金、同項第十一号に規定する合同運用信託、同項第十五号の三に規定する公募公社債等運用投資信託及び同項第十七号に規定する有価証券その他これらに類する資産の合計額として市町村長が認定した額（第九十七条の三第一号において「現金等」という。）が、次のイからホまでに掲げる区分に応じ、当該イからホまでに定める額以下であるもの

イ　第一号被保険者（ホに掲げる者を除く。ロ及びハにおいて同じ。）であって、次の(1)から(3)までに掲げる額の合計額（ロ及びハにおいて「公的年金等の収入金額等」という。）が百二十万円を超える場合　千五百万円（当該要介護被保険者に配偶者がない場合にあっては、五百万円）

(1)　当該特定介護サービスを受ける日の属する年の前年（当該特定介護サービスを受ける日の属する月が一月から七月までの場合にあっては、前々年。(2)及び(3)並びに第四号イ並びに次条第一項第六号において同じ。）中の公的年金等の収入金額（所得税法第三十五条第二項第一号に規

定する公的年金等の収入金額をいう。第四号イにおいて同じ。）

(2)　当該特定介護サービスを受ける日の属する年の前年の合計所得金額（地方税法第二百九十二条第一項第十三号に規定する合計所得金額をいい、当該合計所得金額に所得税法第二十八条第一項に規定する給与所得が含まれている場合には、当該給与所得については、同条第二項の規定によって計算した金額（租税特別措置法（昭和三十二年法律第二十六号）第四十一条の三の十一第二項の規定による控除が行われている場合には、その控除前の金額）から十万円を控除して得た額（当該額が零を下回る場合には、零とする。）によるものとし、租税特別措置法第三十三条の四第一項若しくは第二項、第三十四条第一項、第三十四条の二第一項、第三十四条の三第一項、第三十五条第一項、第三十五条の二第一項、第三十五条の三第一項又は第三十六条の規定の適用がある場合には、当該合計所得金額から特別控除額（同法第三十三条の四第一項若しくは第二項、第三十四条第一項、第三十四条の三第一項、第三十五条第一項、第三十五条の二第一項、第三十五条の三第一項又は第三十六条の規定により同法第三十一条第一項に規定する長期譲渡所得の金額から控除すべき金額及び同法第三十三条の四第一項若しくは第二項、第三十四条第一項、第三十四条の二第一項、第三十四条の三第一項、第三十五条第一項又は第三十六条の規定により同法第三十二条第一項に規定する短期譲渡所得の金額から控除すべき金額の合計額をいう。）を控除して得た額とし、当該合計所得金額が零を下回る場合には、零とする。第四号イにおいて同じ。）から所得税法第三十五条第二項第一号に掲げる金額を控除して得た額（当該額が零を下回る場合には、零とする。第四号イにおいて同じ。）

(3) 当該特定介護サービスを受ける日の属する年の前年の厚生労働大臣が定める年金の収入金額の総額

ロ 第一号被保険者であって、

公的年金等の収入金額等が八十万円を超え百二十万円以下である場合　千五百五十万円（当該要介護被保険者に配偶者がない場合にあっては、五百五十万円） ハ　第一号被保険者であって、公的年金等の収入金額等が八十万円以下である場合　千六百五十万円（当該要介護被保険者に配偶者がない場合にあっては、六百五十万円） ニ　第二号被保険者（ホに掲げる者を除く。）である場合　二千万円（当該要介護被保険者に配偶者がない場合にあっては、一千万円） ホ　令第二十二条の二の二第七項に規定する老齢福祉年金（以下「老齢福祉年金」という。）の受給権を有する者である場合　二千万円（当該要介護被保険者に配偶者がない場合にあっては、一千万円）	
介護保険施設	指定介護老人福祉施設
構成員の数（その者の配偶者が同一の世帯に属していないときは、その数に一を加えた数）	構成員の数
同じ。）並びにその者の配偶者	同じ。）
九十分の十（法第四十九条の二第一項の規定が適用される場合にあっては八十分の二十、同条第二項の規定が適用される場合	九十分の十

法律

施行令

施行規則

	にあっては七十分の三十）	
	世帯員並びにその者の配偶者が	世帯員が
	世帯員並びにその者の配偶者に	世帯員に
第八十三条の六第一項	前条	第百七十二条の二において準用する前条
	要介護被保険者	要介護旧措置入所者（第百七十二条の二において準用する第四項、第五項、第七項、第九項及び第十項並びに次条及び第八十三条の八において同じ。）
	指定施設サービス等を受けている場合にあっては、当該指定施設サービス等を受けている介護保険施設	指定介護福祉施設サービスを受けている指定介護老人福祉施設（第百七十二条の二において準用する次条において同じ。）
	介護保険施設	指定介護老人福祉施設
第八十三条の六第二項	証する書類並びに前条第一号イからホまで又は第四号ロに掲げる事項を市町村が銀行、信託会社その他の機関に確認することの同意書	証する書類
第八十三条の	様式第一号の二の二	様式第一号の三

六第四項	要介護被保険者	要介護旧措置入所者
第八十三条の六第五項	要介護被保険者	要介護旧措置入所者
	前条	第百七十二条の二において準用する前条
第八十三条の六第七項、第九項及び第十項	要介護被保険者	要介護旧措置入所者
第八十三条の七	前条	第百七十二条の二において準用する前条
	要介護被保険者	要介護旧措置入所者
	特定介護サービス	指定介護福祉施設サービス
	特定介護保険施設等（法第五十一条の三第一項に規定する特定介護保険施設等をいう。以下同じ。）	指定介護老人福祉施設
第八十三条の八第一項	特定介護保険施設等	指定介護老人福祉施設
	居住又は滞在（以下「居住等」という。）	居住
	食費の基準費用額（法第五十一条の三第二項第一号に規定する食費の基準費用額をいう。）	食費の特定基準費用額（介護保険法施行法第十三条第五項第一号に規定する食費の特定基準費用額をいう。）
	居住費の基準費用額（同項第	居住費の特定基

法律

施行令

施行規則

	二号に規定する居住費の基準費用額をいう。）	準費用額（同項第二号に規定する居住費の特定基準費用額をいう。）
	要介護被保険者	要介護旧措置入所者
	食費の負担限度額（同項第一号に規定する食費の負担限度額をいう。第三項において同じ。）	食費の特定負担限度額（同項第一号に規定する食費の特定負担限度額をいう。第三項において同じ。）
	居住費の負担限度額（法第五十一条の三第二項第二号に規定する居住費の負担限度額をいう。第三項において同じ。）	居住費の特定負担限度額（介護保険法施行法第十三条第五項第二号に規定する居住費の特定負担限度額をいう。第三項において同じ。）
第八十三条の八第二項	要介護被保険者	要介護旧措置入所者
	特定介護保険施設等	指定介護老人福祉施設
	特定介護サービス	指定介護福祉施設サービス
	居住等	居住
	居住し、又は滞在	居住
第八十三条の八第三項	食費の負担限度額	食費の特定負担限度額

（施行法第十六条第一項第一号の政令で定める額）

第五十三条　施行法第十六条第一項第一号の政令で定める額は、十八万円とする。

（施行日前の特別徴収に係る年金保険者の市町村に対する通知に関する読替え）

第五十四条　施行法第十六条第二項の規定による技術的読替えは、次の表のとおりとする。

法の規定中読み替える規定	読み替えられる字句	読み替える字句
第百三十四条第二項	前項	介護保険法施行法（平成九年法律第百二十四号。以下「施行法」という。）第十六条第一項
第百三十四条第三項	第一項	施行法第十六条第一項
第百三十四条第四項	第百三十六条	施行法第十六条第四項において準用する法第百三十六条（第二項を除く。）

（平一一政三九三・一部改正）

（平成十二年度における特別徴収の仮徴収の額）

第五十五条　施行法第十六条第三項に規定する政令で定めるところにより算定した額は、平成十二年度を初年度とする事業運営期間におけるすべての市町村に係る第三十八条第一項の基準額の見込額の平均の二分の一に相当する額を、平成十二年四月一日から九月三十日までの間における施行法第十六条第一項の規定による通知に係る老齢退職年金給付の支払の回数で除して得た額として厚生労働省令で定める額とする。

2　前項の規定にかかわらず、同項の厚生労働省令で定める額によることが適当でないと認める市町村にあっては、当該市町村に係る第三十八条第一項の基準額の見込額等を勘案して市町村が別に条例で定める額とすることができる。

	居住費の負担限度額	居住費の特定負担限度額

（平一七厚労令一三八・追加、平一八厚労令三二・平二〇厚労令七七・平二七厚労令五七・平二八厚労令一〇二・平三〇厚労令九六・令二厚労令二一二・令三厚労令七〇・令六厚労令九二・一部改正）

（施行法第十六条第一項の厚生労働省令で定める期日）

第百七十三条　施行法第十六条第一項の厚生労働省令で定める期日は、平成十一年十一月三十日とする。

（平一二厚令一二七・一部改正）

（施行法第十六条第一項の厚生労働省令で定める事項）

第百七十四条　第百四十五条の規定は、施行法第十六条第一項の厚生労働省令で定める事項について準用する。

（平一二厚令一二七・一部改正）

（施行法第十六条第一項第二号の厚生労働省令で定める特別の事情）

第百七十五条　第百四十六条の規定は、施行法第十六条第一項第二号の厚生労働省令で定める特別の事情について準用する。この場合において、第百四十六条中「当該年の六月一日から翌年の五月三十一日」とあるのは、「介護保険法施行法（平成九年法律第百二十四号）第十六条第一項第一号の厚生労働大臣が定める日から当該日の属する年の翌年における当該日に応当する日の前日」と読み替えるものとする。

（平一二厚令二五・平一二厚令一二七・一部改正）

（平成十二年度における特別徴収の仮徴収の額）

第百七十五条の二　施行法第十六条第三項の規定により特別徴収の方法によって保険料を徴収することとする市町村における令第五十五条第一項の厚生労働省令で定める額は、五千八百円とする。

（平一一厚令九七・追加、平一二厚令一二七・一部改正）

（平成十二年度仮徴収に係る準用等）

第百七十六条　第百四十八条、第百五十条、第百五十一条並びに第百五十二条第一項及び第二項の規定は、法第百三十六条第一項並びに法第百三十七条第一項、第四項及び第五項の規定を施行法第十六条第四項において準用する場合について準用する。この場合において、第百五十条中「支払回数割保険料額」とあるのは、「介護保険法施行法（平成九年法律第百二十四号）第十六条第四項において準

法　律

施行令

（平一二政三〇九・一部改正）

（平成十二年度における特別徴収の仮徴収に関する読替え）

第五十六条　施行法第十六条第四項の規定による技術的読替えは、次の表のとおりとする。

法の規定中読み替える規定	読み替えられる字句	読み替える字句
第百三十五条第二項	前項本文	介護保険法施行法（平成九年法律第百二十四号。以下「施行法」という。）第十六条第三項
第百三十五条第三項	前条第一項	施行法第十六条第一項
第百三十六条第一項	前条	施行法第十六条第三項並びに同条第四項の規定により読み替えて準用する第百三十五条第二項及び第三項
	支払回数割保険料額	施行法第十六条第三項に規定する政令で定めるところにより算定した額
第百三十六条第三項	当該年度の初日の属する年の八月三十一日	施行法第十六条第一項に規定する基準日の属する年の翌年の二月二十九日
第百三十六条第四項から第六項まで	当該年度の初日の属する年の七月三十一日	施行法第十六条第一項に規定する基準日の属する年の翌年の一月三十一日
第百三十七条第一項	同項に規定する支払回数割保険料額	施行法第十六条第三項に規定する政令で定めるところにより算定した額
	当該年の十月一日から翌年三月三十一日まで	施行日から施行日の属する年の九月三十日まで

施行規則

用する法第百四十条第一項及び第二項に規定する支払に係る保険料額」と読み替えるものとする。

（平一二厚令一二五・一部改正）

第百七十七条　特別徴収義務者は、施行法第十六条第四項において準用する法第百三十七条第六項の規定による通知を、平成十二年四月一日以降最初に特別徴収対象年金給付を支払う日までに行うものとする。

（平一二厚令一二五・一部改正）

第百七十八条　施行法第十六条第四項において準用する法第百三十八条第一項の厚生労働省令で定める場合は、災害その他の特別の事情が生じたことにより、当該特別徴収対象被保険者について特別徴収の方法により保険料を徴収することが適当でないと市町村が認めた場合とする。

（平一二厚労令一六七・一部改正）

第百七十九条　第百五十五条の規定は、法第百三十八条第一項の規定を施行法第十六条第四項において準用する場合について準用する。

（平一二厚令一二七・一部改正）

第百八十条　第百五十六条及び第百五十七条の規定は、法第百三十九条第二項及び第三項の規定を施行法第十六条第四項において準用する場合について準用する。この場合において、第百五十六条中「支払回数割保険料額」とあるのは、「介護保険法施行法（平成九年法律第百二十四号）第十六条第四項において準用する法第百四十条第一項及び第二項に規定する支払に係る保険料額」と読み替えるものとする。

（平一二厚令一二五・一部改正）

（平成十二年度仮徴収額の変更）

第百八十一条　市町村は、施行法第十六条第三項に規定する者について同項に規定する年の六月一日から九月三十日までの間において同項の規定により特別徴収が行われる場合であって、当該徴収を行う額を同項に規定する政令で定めるところにより算定した額（以下「平成十二年度仮徴収額」という。）とすることが適当でないと認める特別の事情のあるときは、平成十二年度仮徴収額に代えて、平成十二年度仮徴収額の範囲内で市町村が定める額（以下「平成十二年度六月以降の変更仮徴収額」という。）を同項に規定する支払に係る保険料額とすることができる。

2　第百五十八条第三項及び第百七十七条の規定は、前項の場合につ

第百三十七条第四項	第百三十五条	施行法第十六条第三項並びに同条第四項において準用する第百三十五条第二項及び第三項
第百三十七条第七項及び第百三十八条第一項	支払回数割保険料額	施行法第十六条第三項に規定する政令で定めるところにより算定した額
第百三十八条第三項	特別徴収対象保険料額	施行法第十六条第三項の規定により特別徴収の方法によって徴収する保険料額
第百三十九条第二項	徴収すべき保険料額	徴収することができる保険料額

（平一一政三九三・一部改正）

（平成十二年度における特別徴収の仮徴収に係る特別徴収対象年金給付の順位）

第五十七条　第四十二条の規定は、施行法第十六条第三項の規定による特別徴収について準用する。この場合において、第四十二条中「同条第二項に規定する特別徴収対象被保険者」とあるのは「施行法第十六条第三項に規定する第一号被保険者」と、「同条第三項に規定する特別徴収対象年金給付」とあるのは「同条第一項の規定による通知に係る老齢退職年金給付」と読み替えるものとする。

（指定居宅サービス事業者に関する経過措置）

第五十八条　施行法第四条の規定により指定居宅サービス事業者とみなされた者に係る法第四十一条第一項本文の指定は、当該指定に係る病院、診療所又は薬局について、その施行日前にした行為により健康保険法第八十条の規定による保険医療機関若しくは保険薬局の指定の取消し又は同法第八十六条第十二項において準用する同法第八十条の規定による特定承認保険医療機関の承認の取消しがあったときは、その効力を失う。

（平一二政一二・追加、平一四政二八二・平一四政三四八・一部改正）

（保険審査会の委員の任期の経過措置）

第五十九条　平成十三年三月三十一日以前に任命された保険審査会の委員の任期は、法第百八十六条の規定にかかわらず、同日までとする。

（平一二政一二・旧第五十八条繰下）

いて準用する。この場合において、第百五十八条第三項中「六月三十日」とあるのは「四月三十日」と、「八月の」とあるのは「平成十二年度六月以降の」と、第百七十七条中「平成十二年四月一日以降最初に特別徴収対象年金給付を支払う日」とあるのは「第百八十一条第一項に規定する平成十二年度六月以降の変更仮徴収額を介護保険法施行法（平成九年法律第百二十四号）第十六条第三項に規定する支払に係る保険料額とした場合において、当該額の徴収に係る特別徴収対象年金給付の支払を行う日」と読み替えるものとする。

3　市町村は、施行法第十六条第三項に規定する者について同項に規定する年の八月一日から九月三十日までの間において同項の規定により特別徴収が行われる場合であって、当該徴収を行う額を平成十二年度仮徴収額又は平成十二年度六月以降の変更仮徴収額とすることが適当でないと認める特別の事情があるときは、当該額に代えて、当該額の範囲内において市町村が定める額（以下「平成十二年度八月の変更仮徴収額」という。）を同項に規定する支払に係る保険料額とすることができる。

4　第百五十八条第三項及び第百七十七条の規定は、前項の場合について準用する。この場合において、第百五十八条第三項中「八月の」とあるのは「平成十二年度八月の」と、第百七十七条中「平成十二年四月一日以降最初に特別徴収対象年金給付を支払う日」とあるのは「第百八十一条第三項に規定する平成十二年度八月の変更仮徴収額を介護保険法施行法（平成九年法律第百二十四号）第十六条第三項に規定する支払に係る保険料額とした場合において、当該額の徴収に係る特別徴収対象年金給付の支払を行う日」と読み替えるものとする。

（平一二厚令二五・一部改正）

第十四章　罰則

第二百五条　認定審査会、都道府県介護認定審査会、給付費等審査委員会若しくは保険審査会の委員、保険審査会の専門調査員若しくは連合会若しくは連合会から第四十一条第十一項（第四十二条の二第九項、第四十六条第七項、第四十八条第七項、第五十一条の三第八項、第五十三条第七項、第五十四条の二第九項、第五十八条第七項及び第六十一条の三第八項において準用する場合を含む。）、第百十五条の四十五の三第七項若しくは第百十五条の四十七第八項の規定により第四十一条第九項、第四十二条の二第八項、第四十六条第六項、第四十八条第六項、第五十一条の三第七項、第五十三条第六項、第五十四条の二第八項、第五十八条第六項、第六十一条の三第七項、第百十五条の四十五の三第五項若しくは第百十五条の四十七第七項に規定する審査及び支払に関する事務の委託を受けた法人の役員若しくは職員又はこれらの者であった者が、正当な理由がなく、職務上知り得た指定居宅サービス事業者、指定地域密着型サービス事業者、指定居宅介護支援事業者、介護保険施設の開設者、指定介護予防サービス事業者、指定地域密着型介護予防サービス事業者、指定介護予防支援事業者若しくは居宅サービス等を行った者若しくは第一号事業を行う者の業務上の秘密又は個人の秘密を漏らしたときは、一年以下の懲役又は百万円以下の罰金に処する。

2　第二十四条の二第三項、第二十四条の三第二項、第二十八条第七項（第二十九条第二項、第三十条第二項、第三十一条第二項、第三十三条第四項、第三十三条の二第二項、第三十三条の三第二項及び第三十四条第二項において準用する場合を含む。）、第六十九条の十七第一項、第六十九条の二十八第一項、第六十九条の三十七、第百十五条の三十八第一項（第百十五条の四十二第三項において準用する場合を含む。）、第百十五条の四十六第八項（第百十五条の四十七第三項において準用する場合を含む。）又は第百十五条の四十八第五項の規定に違反した者は、一年以下の懲役又は百万円以下の罰金に処する。

（平一七法七七・平一八法八三・平二〇法四二・平二三法七二・平二五法四四・平二六法八三・令五法三一・一部改正）

第二百五条の二　第六十九条の二十四第二項の規定による命令に違反したときは、その違反行為をした者は、一年以下の懲役又は百万円以下の罰金に処する。

（平一七法七七・追加）

第二百五条の三　次の各号のいずれかに該当する者は、一年以下の懲役若しくは五十万円以下の罰金に処し、又はこれを併科する。

一　第百十八条の七の規定に違反して、匿名介護保険等関連情報の利用に関して知り得た匿名介護保険等関連情報の内容をみだりに他人に知らせ、又は不当な目的に利用した者

二　第百十八条の九の規定による命令に違反した者

（令元法九・追加）

第二百六条　次の各号のいずれかに該当する場合には、その違反行為をした者は、六月以下の懲役又は五十万円以下の罰金に処する。

一　第九十八条第一項各号に掲げる事項以外の事項を広告し、同項各号に掲げる事項に関し虚偽の広告をし、又は同項第三号に掲げる事項の広告の方法が同条第二項の規定による定めに違反したとき。

二　第百一条又は第百二条第一項の規定に基づく命令に違反したとき。

三　第百十二条第一項各号に掲げる事項以外の事項を広告し、同項各号に掲げる事項に関し虚偽の広告をし、又は同項第三号に掲げる事項の広告の方法が同条第二項の規定による定めに違反したとき。

四　第百十四条の三又は第百十四条の四第一項の規定に基づく命令に違反したとき。

（平一七法七七・平二九法五二・一部改正）

第二百六条の二　次の各号のいずれかに該当する場合には、その違反行為をした者は、五十万円以下の罰金に処する。

一　第六十九条の二十又は第百十五条の三十九（第百十五条の四十二第三項において準用する場合を含む。）の規定に違反して帳簿を備えず、帳簿に記載せず、若しくは帳簿に虚偽の記載をし、又は帳簿を保存しなかったとき。

二　第六十九条の二十二第一項若しくは第二項、第六十九条の三十第一項（第六十九条の三十三第二項において準用する場合を含む。）又は第百十五条の四十第一項（第百十五条の四十二第三項において準用する場合を含む。）の規定による報告をせず、若しくは虚偽の報告をし、又はこれらの規定による質問に対して答弁をせず、若しくは虚偽の答弁をし、若しくはこれらの規定による検査を拒み、妨げ、若しくは忌避したとき。

三　第六十九条の二十三第一項の規定による許可を受けないで試験

法律

問題作成事務の全部を廃止し、第百十五条の四十一の規定による許可を受けないで調査事務の全部を廃止し、又は第百十五条の四十二第三項において準用する第百十五条の四十一の規定による許可を受けないで情報公表事務の全部を廃止したとき。
四　第百十八条の八第一項の規定による報告若しくは帳簿書類の提出若しくは提示をせず、若しくは虚偽の報告若しくは虚偽の帳簿書類の提出若しくは提示をし、又は同項の規定による質問に対して答弁をせず、若しくは虚偽の答弁をし、若しくは同項の規定による検査を拒み、妨げ、若しくは忌避したとき。
（平一七法七七・追加、平二〇法四二・令元法九・一部改正）

第二百七条　次の各号の一に該当する場合には、その違反行為をした健康保険組合、国民健康保険組合、共済組合又は日本私立学校振興・共済事業団の役員、清算人又は職員は、三十万円以下の罰金に処する。
一　第百六十三条の規定による報告若しくは文書その他の物件の提出をせず、又は虚偽の報告をし、若しくは虚偽の記載をした文書を提出したとき。
二　第百九十七条第四項の規定による報告をせず、若しくは虚偽の報告をし、又は同項の規定による検査を拒み、妨げ、若しくは忌避したとき。

2　第百七十二条第一項の規定による報告をせず、若しくは虚偽の報告をし、又は同項の規定による検査を拒み、妨げ、若しくは忌避した場合には、その違反行為をした支払基金又は受託者の役員又は職員は、三十万円以下の罰金に処する。
（平九法四八・平二六法五一・一部改正）

第二百八条　介護給付等を受けた者が、第二十四条第二項の規定による当該職員の質問若しくは第二十四条の三第一項の規定により委託を受けた指定都道府県事務受託法人の職員の第二十四条第二項の規定による質問に対して、答弁せず、若しくは虚偽の答弁をしたときは、三十万円以下の罰金に処する。
（平一七法七七・平二三法七二・一部改正）

第二百九条　次の各号のいずれかに該当する場合には、その違反行為をした者は、三十万円以下の罰金に処する。
一　第四十二条第四項、第四十二条の三第三項、第四十五条第八

施行令

施行規則

項、第四十七条第四項、第四十九条第三項、第五十四条第四項、第五十四条の三第三項、第五十七条第八項、第五十九条第四項、第七十六条第一項、第七十八条の七第一項、第八十三条第一項、第九十条第一項、第百条第一項、第百十四条の二第一項、第百十五条の七第一項、第百十五条の十七第一項、第百十五条の二十七第一項又は第百十五条の三十三第一項の規定による報告若しくは帳簿書類の提出若しくは提示をせず、若しくは虚偽の報告若しくは虚偽の帳簿書類の提出若しくは提示をし、又はこれらの規定による質問に対して答弁をせず、若しくは虚偽の答弁をし、若しくはこれらの規定による検査を拒み、妨げ、若しくは忌避したとき。

二　第九十五条の規定に違反したとき。

三　第九十九条第二項又は第百五条において準用する医療法第九条第二項の規定に違反したとき。

四　第百九条の規定に違反したとき。

五　第百十三条第二項又は第百十四条の八において準用する医療法第九条第二項の規定に違反したとき。

（平一二法一四一・平一七法七七・平一八法八三・平二〇法四二・平二三法三七・平二五法四四・平二九法五二・一部改正）

第二百十条　正当な理由なしに、第百九十四条第一項の規定による処分に違反して、出頭せず、陳述をせず、報告をせず、若しくは虚偽の陳述若しくは報告をし、又は診断その他の調査をしなかった者は、二十万円以下の罰金に処する。ただし、保険審査会の行う審査の手続における請求人又は第百九十三条の規定により通知を受けた市町村その他の利害関係人は、この限りでない。

第二百十条の二　第二百五条の三の罪は、日本国外において同条の罪を犯した者にも適用する。

（令元法九・追加）

第二百十一条　法人の代表者又は法人若しくは人の代理人、使用人その他の従業者が、その法人又は人の業務に関して第二百五条の二から第二百六条の二まで又は第二百九条の違反行為をしたときは、行為者を罰するほか、その法人又は人に対しても、各本条の罰金刑を科する。

（平一七法七七・一部改正）

第二百十一条の二　第六十九条の十九第一項の規定に違反して財務諸表等を備えて置かず、財務諸表等に記載すべき事項を記載せず、若しくは虚偽の記載をし、又は正当な理由がないのに同条第二項各号の規定による請求を拒んだ者は、二十万円以下の過料に処する。

（平一七法七七・追加）

第二百十二条　次の各号の一に該当する場合には、その違反行為をした支払基金の役員は、二十万円以下の過料に処する。

一　この法律により厚生労働大臣の認可又は承認を受けなければならない場合において、その認可又は承認を受けなかったとき。

二　第百七十条の規定に違反して業務上の余裕金を運用したとき。

（平一一法一六〇・一部改正）

第二百十三条　居宅サービス等を行った者又はこれを使用する者が、第二十四条第一項の規定による報告若しくは提示をせず、若しくは虚偽の報告をし、又は同項の規定による当該職員の質問若しくは第二十四条の三第一項の規定により委託を受けた指定都道府県事務受託法人の職員の第二十四条第一項の規定による質問に対して、答弁せず、若しくは虚偽の答弁をしたときは、十万円以下の過料に処する。

2　第六十九条の七第六項又は第七項の規定に違反した者は、十万円以下の過料に処する。

（平一七法七七・平二三法七二・一部改正）

第二百十四条　市町村は、条例で、第一号被保険者が第十二条第一項本文の規定による届出をしないとき（同条第二項の規定により当該第一号被保険者の属する世帯の世帯主から届出がなされたときを除く。）又は虚偽の届出をしたときは、十万円以下の過料を科する規定を設けることができる。

2　市町村は、条例で、第三十条第一項後段、第三十一条第一項後段、第三十三条の三第一項後段、第三十四条第一項後段、第三十五条第六項後段、第六十六条第一項若しくは第二項又は第六十八条第一項の規定により被保険者証の提出を求められてこれに応じない者に対し十万円以下の過料を科する規定を設けることができる。

3　市町村は、条例で、被保険者、被保険者の配偶者若しくは被保険者の属する世帯の世帯主その他その世帯に属する者又はこれらであった者が正当な理由なしに、第二百二条第一項の規定により文書その他の物件の提出若しくは提示を命ぜられてこれに従わず、又は同項の規定による当該職員の質問に対して答弁せず、若しくは虚偽の答弁をしたときは、十万円以下の過料を科する規定を設けることができる。

4　市町村は、条例で、偽りその他不正の行為により保険料その他この法律の規定による徴収金（納付金及び第百五十七条第一項に規定する延滞金を除く。）の徴収を免れた者に対し、その徴収を免れた金額の五倍に相当する金額以下の過料を科する規定を設けることができる。

5　地方自治法第二百五十五条の三の規定は、前各項の規定による過料の処分について準用する。

（平一一法八七・平一二法一四〇・平一七法七七・平二九法五二・一部改正）

第二百十五条　連合会は、規約の定めるところにより、その施設（介護保険事業関係業務に限る。）の使用に関し十万円以下の過怠金を徴収することができる。

法律

附　則

（施行期日）

第一条　この法律は、平成十二年四月一日から施行する。ただし、次の各号に掲げる規定は、当該各号に定める日から施行する。

一　第八条の規定　公布の日から起算して三月を超えない範囲内において政令で定める日

（平成一〇年政令第六号で平成一〇年一月一〇日から施行）

二　第八章、第二百四条、第二百七条第二項及び第二百十二条の規定　平成十二年一月一日

（検討）

第二条　介護保険制度については、要介護者等に係る保健医療サービス及び福祉サービスを提供する体制の状況、保険給付に要する費用の状況、国民負担の推移、社会経済の情勢等を勘案し、並びに障害者の福祉に係る施策、医療保険制度等との整合性及び市町村が行う介護保険事業の円滑な実施に配意し、被保険者及び保険給付を受けられる者の範囲、保険給付の内容及び水準並びに保険料及び納付金（その納付に充てるため医療保険各法の規定により徴収する保険料（地方税法の規定により徴収する国民健康保険税を含む。）又は掛金を含む。）の負担の在り方を含め、この法律の施行後五年を目途としてその全般に関して検討が加えられ、その結果に基づき、必要な見直し等の措置が講ぜられるべきものとする。

第三条　政府は、この法律の施行後、保険給付に要する費用の動向、保険料負担の状況等を勘案し、必要があると認めるときは、居宅サービス、施設サービス等に要する費用に占める介護給付等の割合について、検討を加え、その結果に基づいて所要の措置を講ずるものとする。

第四条　政府は、この法律の施行後十年を経過した場合において、第五章の規定の施行の状況について検討を加え、その結果に基づいて必要な措置を講ずるものとする。

施行令

附　則

（施行期日）

第一条　この政令は、平成十二年四月一日から施行する。ただし、第五十三条から第五十七条までの規定は、平成十一年十月一日から施行する。

（認定審査会の委員の任期の経過措置）

第二条　平成十三年三月三十一日以前に任命された認定審査会の委員の任期は、第六条第一項の規定にかかわらず、同日までとする。

（保険料徴収権消滅期間及び給付額減額期間の算定方法に係る経過措置）

第三条　平成二十二年四月一日までに法第六十九条第一項に規定する認定を受けた法第六十二条に規定する要介護被保険者等について第三十三条及び第三十四条の規定を適用する場合においては、第三十三条中「要介護被保険者が認定（法第六十九条第一項に規定する認定をいう。以下この条及び次条第二項において同じ。）を受けた日の十年前の日の属する年度」とあるのは「平成十二年度」と、「、認定」とあるのは「、法第六十九条第一項に規定する認定」と、同条第二号及び第三十四条第二項第二号中「保険料額（認定を受けた日の十年前の日の属する年度においては、認定を受けた日の十年前の日以降に到来する納期に係るものに限る。）」とあるのは「保険料額」とする。

（訪問介護員養成研修の経過措置）

第四条　次に掲げる者は、訪問介護員養成研修の課程を修了した者とみなす。

一　この政令の施行の際現に訪問介護員養成研修に相当するものとして都道府県知事が認める研修の課程を修了した者であって、厚生労働省令で定めるところにより、当該研修の事業を行った者から当該研修の課程を修了した旨の証明書の交付を受けたもの

二　この政令の施行の際現に訪問介護員養成研修に相当するものとして都道府県知事が認める研修を受講中の者であって、この政令の施行後当該研修の課程

施行規則

附　則

（施行期日）

第一条　この省令は、平成十二年四月一日から施行する。ただし、第百六十八条、第百六十九条及び第百七十三条から第百八十一条までの規定は、平成十一年十月一日から施行する。

第二条　削除（平二一厚労令三〇）

（要介護認定等に関する暫定措置）

第二条の二　法第二十七条第三項の厚生労働省令で定める者は、この省令の施行の際に限り、次のとおりとする。

一　指定介護老人福祉施設における介護の提供に係る計画等の作成に関し経験のある生活相談員等

二　介護老人保健施設における看護又は介護の提供に係る計画等の作成に関し経験のある看護職員又は支援相談員

三　法第七条第二十三項に規定する療養型病床群等における看護に係る計画等の作成に関し経験のある看護職員

四　老人福祉法第二十条の七の二に規定する老人介護支援センター（法第四十六条第一項の指定に係る居宅介護支援事業を行う事業所であるものに限る。）における介護に係る計画等の作成に関し経験のある介護福祉士等

五　介護支援専門員に関する省令（平成十年厚生省令第五十三号）第一条第一項の介護支援専門員実務研修受講試験に合格した者であって、同項の介護支援専門員実務研修を修了していないもの

（平一一厚令九二・追加、平一二厚令一二七・一部改正）

（要介護認定等に関する経過措置）

第三条　この省令の施行の日から平成十二年九月三十日までの間に行う要介護認定又は要支援認定に係る要介護認定有効期間又は要支援認定有効期間の算定については、第三十八条第一項第二号又は第五十二条第一項第二号中「六月間（市町村が認定審査会の意見に基づ

第五条　政府は、前三条の規定による検討をするに当たって、地方公共団体その他の関係者から、当該検討に係る事項に関する意見の提出があったときは、当該意見を十分に考慮しなければならない。

（国の無利子貸付け等）

第六条　国は、当分の間、地方公共団体に対し、介護老人保健施設の整備で日本電信電話株式会社の株式の売払収入の活用による社会資本の整備の促進に関する特別措置法（昭和六十二年法律第八十六号。以下「社会資本整備特別措置法」という。）第二条第一項第二号に該当するものに要する費用に充てる資金の一部を、予算の範囲内において、無利子で貸し付けることができる。

2　国は、当分の間、都道府県又は指定都市等に対し、介護老人保健施設の整備で社会資本整備特別措置法第二条第一項第二号に該当するものにつき、第九十四条第三項第一号に掲げる医療法人、社会福祉法人その他厚生労働大臣が定める者に対し当該都道府県又は指定都市等が補助する費用に充てる資金の一部を、予算の範囲内において、無利子で貸し付けることができる。

3　前二項の国の貸付金の償還期間は、五年（二年以内の据置期間を含む。）以内で政令で定める期間とする。

4　前項に定めるもののほか、第一項及び第二項の規定による貸付金の償還方法、償還期限の繰上げその他償還に関し必要な事項は、政令で定める。

5　国は、第一項又は第二項の規定により地方公共団体に対し貸付けを行った場合には、当該貸付けの対象である施設の整備について、当該貸付金に相当する金額の補助を行うものとし、当該補助については、当該貸付金の償還時において、当該貸付金の償還金に相当する金額を交付することにより行うものとする。

6　地方公共団体が、第一項又は第二項の規定による貸付けを受けた無利子貸付金について、第三項及び第四項の規定に基づき定められる償還期限を繰り上げて償還を行った場合（政令で定める場合を除く。）における前項の規定の適用については、当該償還は、当該償還期限の到来時に行われたものとみなす。

を修了し、厚生労働省令で定めるところにより、当該研修の事業を行った者から当該研修の課程を修了した旨の証明書の交付を受けたもの

三　この政令の施行の際現に老人居宅介護等事業（施行法第二十条の規定による改正前の老人福祉法第五条の二第二項に規定する老人居宅介護等事業をいう。）に従事した経験を有する者であって、厚生労働省令で定めるところにより、都道府県知事が前二号に掲げる者と同等の知識及び技術を有すると認める旨の証明書の交付を受けたもの

（平一一政三九三・追加、平一二政三〇九・平一八政一五四・一部改正）

（介護支援専門員実務研修等の経過措置）

第五条　次に掲げる者は、介護支援専門員実務研修を修了している者とみなし、介護支援専門員名簿に登録するものとする。

一　この政令の施行の際現に介護支援専門員実務研修に相当するものとして都道府県知事が認める研修の課程を修了したことにつき、当該研修の事業を行った者から交付された当該研修の課程を修了した旨の証明書の交付を受けている者

二　この政令の施行の際現に介護支援専門員実務研修に相当するものとして都道府県知事が認める研修を受講中であり、この政令の施行後当該研修の課程を修了したことにつき、当該研修の事業を行った者から交付された当該研修の課程を修了した旨の証明書の交付を受けている者

2　第三十五条の二第二項の規定は、前項の規定により介護支援専門員名簿への登録を受けた者について準用する。

3　この政令の施行の際現に介護支援専門員実務研修受講試験に相当するものとして都道府県知事が認める試験に合格している者は、介護支援専門員実務研修受講試験に合格した者とみなす。

（平一一政三九三・追加）

（平成十二年度から平成十四年度までの保険料率の算定に関する基準の特例）

き特に必要と認める場合にあっては、三月間から五月間までの範囲内で月を単位として市町村が定める期間）」とあるのは、「三月間から十二月間までの範囲内において月を単位として市町村が定める期間」とする。

2　前項の場合においては、第六十七条第一項第二号中「第三十八条第一項第二号（第四十一条第二項において準用する場合を含む。次項において同じ。）」とあるのは「附則第三条第一項の規定により読み替えて適用される第三十八条第一項第二号」と、同条第二項中「第三十八条第一項第二号」とあるのは「附則第三条第一項の規定により読み替えて適用される第三十八条第一項第二号」と、第八十六条第一項第二号中「第五十二条第一項第二号（第五十五条第二項において準用する場合を含む。次項において同じ。）」とあるのは「附則第三条第一項の規定により読み替えて適用される第五十二条第一項第二号」と、同条第二項中「第五十二条第一項第二号」とあるのは「附則第三条第一項の規定により読み替えて適用される第五十二条第一項第二号」とする。

（平一二厚令二五・一部改正）

（予定保険料収納率の算定に関する経過措置）

第四条　平成十二年度から平成十四年度までの事業運営期間（法第百四十八条第二項第一号に規定する事業運営期間をいう。次条において同じ。）に係る予定保険料収納率の算定に当たって第百四十一条の規定を適用する場合においては、同条中「過去の普通徴収に係る収納率の実績等」とあるのは、「過去の国民健康保険料又は国民健康保険税に係る収納率の実績等」とする。

（補正第一号被保険者数の算定に関する経過措置）

第五条　平成十二年度から平成十四年度までの事業運営期間に係る令第三十八条第五項に規定する補正第一号被保険者数の算定に当たって第百四十二条の規定を適用する場合においては、同条中「過去の各年度における令第三十八条第一項各号に掲げる者の数等」とあるのは、「過去の各年度の六十五歳以上の者の所得の分

（平一四法一・追加、平二三法七二・一部改正）

（病床転換の円滑化への配慮）

第七条　厚生労働大臣は、基本指針を定めるに当たっては、医療に要する費用の適正化及び良質かつ効率的な介護サービスの確保の観点から高齢者の医療の確保に関する法律附則第二条に規定する病床の転換が円滑に行われるよう、介護医療院その他の厚生労働省令で定める施設の入所定員の増加について適切に配慮するものとする。

（平一八法八三・追加、平二九法五二・一部改正）

（郵政会社等に関する経過措置）

第八条　国家公務員共済組合法附則第二十条の二第二項に規定する郵政会社等又は同法附則第二十条の七第一項に規定する適用法人が指定居宅サービス事業者、指定地域密着型サービス事業者、指定居宅介護支援事業者、指定介護予防サービス事業者、指定地域密着型介護予防サービス事業者若しくは指定介護予防支援事業者の指定の申請を行う場合又は介護老人保健施設の開設の許可の申請を行う場合におけるこの法律の規定の適用については、次の表の上欄に掲げる規定中同表の中欄に掲げる字句は、それぞれ同表の下欄に掲げる字句とする。

第七条第九項第二号	第六項各号（第四号を除く。）	第六項各号
第七十九条第二項第四号の三	船員保険法	船員保険法、国家公務員共済組合法

（平一九法一一〇・追加・一部改正、平二三法七二・平二四法六三・一部改正）

（指定介護老人福祉施設に入所中の被保険者の特例）

第九条　指定介護老人福祉施設に入所することにより当該指定介護老人福祉施設の所在する場所に住所を変更したと認められる被保険者であって、当該指定介護老人福祉施設に入所した際他の市町村（当該指定介護老人福祉施設が所在する市町村以外の市町村をいう。）

第六条　平成十二年度から平成十四年度までの事業運営期間における第三十八条第一項の基準額は、事業運営期間ごとに算定すべきものとする同条第二項の規定にかかわらず、各年度ごとの同条第三項第二号の介護保険事業に要する費用のための収入の見込額等を勘案して、同条第二項から第七項までの規定の例により各年度ごとに算定することができるものとする。

2　平成十二年度から平成十四年度までの事業運営期間における第三十九条第一項の基準額は、事業運営期間ごとに算定すべきものとする同条第三項において準用する第三十八条第二項の規定にかかわらず、各年度ごとの第三十九条第三項において準用する第三十八条第三項第二号の介護保険事業に要する費用のための収入の見込額等を勘案して、第三十九条第三項において準用する第三十八条第二項から第五項までの規定及び第三十九条第四項において準用する第三十八条第七項の規定の例により各年度ごとに算定することができるものとする。

（平一二政一一二・追加、平一一政三九三（平一二政一一二）・旧第四条繰下）

（国の貸付金の償還期間等）

第七条　法附則第六条第三項の政令で定める期間は、五年（二年の据置期間を含む。）とする。

2　前項の期間は、日本電信電話株式会社の株式の売払収入の活用による社会資本の整備の促進に関する特別措置法（昭和六十二年法律第八十六号）第五条第一項の規定により読み替えて準用される補助金等に係る予算の執行の適正化に関する法律（昭和三十年法律第百七十九号）第六条第一項の規定による貸付けの決定（以下「貸付決定」という。）ごとに、当該貸付決定に係る法附則第六条第一項及び第二項の規定による国の貸付金（以下「国の貸付金」という。）の交付を完了した日（その日が当該貸付決定があった日の属する年度の末日の前日以後の日である場合には、当該年度の末日の前々日）の翌日から起算する。

布状況等」とする。

（平成十二年度における特別徴収の仮徴収に関する経過措置）

第六条　平成十二年度の保険料の特別徴収について第百四十七条の規定を適用する場合においては、同条第一号中「仮徴収（法第百四十条第一項及び第二項の規定に基づく特別徴収をいう。」とあるのは「平成十二年度の仮徴収（介護保険法施行法（以下「施行法」という。）第十六条第三項の規定に基づく特別徴収をいう。」と、同条第二号中「仮徴収」とあるのは「平成十二年度の仮徴収」と読み替えるものとする。

（指定短期入所療養介護等に関する経過措置）

第七条　平成十五年三月三十一日までの間における第百二十二条第五号、第百三十八条第六号及び第八号並びに第百三十九条第五号の規定の適用については、第百二十二条第五号中「第一項各号」とあるのは「第一項第一号から第三号まで、指定居宅サービス等基準附則第四条第一項の規定により読み替えて適用される指定居宅サービス等基準第百四十二条第一項第四号又は指定居宅サービス等基準附則第四条第二項」と、第百三十八条第六号及び第百三十九条第五号中「第二条第一項から第三項まで」とあるのは「第二条第一項、第二項、附則第二条第一項の規定により読み替えて適用される指定介護療養型医療施設基準第二条第三項又は指定介護療養型医療施設基準附則第二条第二項」と、第百三十八条第八号中「概要」とあるのは「概要（指定介護療養型医療施設基準附則第二条第二項に規定する介護力強化病院にあっては、浴室、食堂等の療養環境の整備に関する計画を含む。）」とする。

（被保険者証の様式の特例）

第八条　厚生労働大臣が定める市町村は、第二十六条第一項の規定にかかわらず、第一号被保険者及び第二号被保険者のうち法第二十七条第一項又は第三十二条第一項の規定による申請を行ったものに対し、様式第一号による被保険者証に代えて、様式第九号による被保の区域内に住所を有していたと認められるものは、当該指定介護老人福祉施設が入所定員の減少により地域密着型介護老人福祉施設（地域密着型介護老人福祉施設入所者生活介護の事業を行う事業所に係る第四十二条の二第一項本文の指定を受けているものに限る。以下この条において「変更後地域密着型介護老人福祉施設」という。）となった場合においても、当該変更後地域密着型介護老人福祉施設に継続して入所している間は、第九条の規定にかかわらず、当該他の市町村が行う介護保険の被保険者とする。ただし、変更後地域密着型介護老人福祉施設となった指定介護老人福祉施設（以下この条において「変更前介護老人福祉施設」という。）を含む二以上の住所地特例対象施設に継続して入所等をしていた被保険者（当該変更後地域密着型介護老人福祉施設に継続して入所している者に限る。）であって、当該変更前介護老人福祉施設に入所する直前に入所等をしていた住所地特例対象施設（以下この項において「直前入所施設」という。）及び変更前介護老人福祉施設のそれぞれに入所等をすることにより直前入所施設及び変更前介護老人福祉施設のそれぞれの所在する場所に順次住所を変更したと認められるもの（次項において「特定継続入所被保険者」という。）については、この限りでない。

2　特定継続入所被保険者のうち、次の各号に掲げるものは、第九条の規定にかかわらず、当該各号に定める市町村が行う介護保険の被保険者とする。

一　継続して入所等をしていた二以上の住所地特例対象施設のそれぞれに入所等をすることによりそれぞれの住所地特例対象施設の所在する場所に順次住所を変更したと認められる被保険者であって、当該二以上の住所地特例対象施設のうち最初の住所地特例対象施設に入所等をした際他の市町村（変更前介護老人福祉施設が所在する市町村以外の市町村をいう。）の区域内に住所を有していたと認められるもの　当該他の市町村

二　継続して入所等をしていた二以上の住所地特例対象施設のうち一の住所地特例対象施設から継続して

3　国の貸付金の償還は、均等年賦償還の方法によるものとする。

4　国は、国の財政状況を勘案し、相当と認めるときは、国の貸付金の全部又は一部について、前三項の規定により定められた償還期限を繰り上げて償還させることができる。

5　法附則第六条第六項の政令で定める場合は、前項の規定により償還期限を繰り上げて償還を行った場合とする。

（平一四政二七・追加）

（介護老人保健施設及び介護医療院に関する読替え）

第七条の二　法附則第十条第一項の規定による技術的読替えは、次の表のとおりとする。

医療法の規定中読み替える規定	読み替えられる字句	読み替える字句
第百十一条	第百七条	介護保険法附則第十条第一項において準用する第百七条
	第百八条第一項	同項において準用する第百八条第一項
	同条第二項ただし書	同法附則第十条第一項において準用する第百八条第二項ただし書
	同条第八項	同法附則第十条第一項において準用する第百八条第八項
	同条第六項	同法附則第十条第一項において準用する第百八条第六項
第百十二条	第百八条から第百十条まで	介護保険法附則第十条第一項において準用する第百八条及び第百十条

険者証を交付することができる。

（平一五厚労令一三六・追加）

（医療法施行規則の準用）

第八条の二　医療法施行規則第六十一条から第七十九条までの規定は、法附則第十条第一項において医療法第百八条、第百十条及び第百十二条の規定を準用する場合について準用する。この場合において、次の表の上欄に掲げる規定中同表の中欄に掲げる字句は、それぞれ同表の下欄に掲げる字句に読み替えるものとする。

医療法施行規則の規定中読み替える規定	読み替えられる字句	読み替える字句
第六十一条第三項	法第百八条第一項	介護保険法附則第十条第一項において準用する法第百八条第一項
	同条第六項	介護保険法附則第十条第一項において準用する法第百八条第六項
第六十二条	法第百八条第一項	介護保険法附則第十条第一項において準用する法第百八条第一項
	病院又は診療所に勤務する医師（医療を受ける者に対する診療を直接の目的とする業務を行わない者及び船員法（昭和二十二年法律第百号）第一条第一項に規定する船員である医師を除く。）	介護老人保健施設又は介護医療院に勤務する医師

他の住所地特例対象施設に入所等をすること（以下この号において「継続入所等」という。）により当該一の住所地特例対象施設の所在する場所以外の場所から当該他の住所地特例対象施設の所在する場所への住所の変更（以下この号において「特定住所変更」という。）を行ったと認められる被保険者であって、最後に行った特定住所変更に係る継続入所等の際他の市町村（変更前介護老人福祉施設が所在する市町村以外の市町村をいう。）の区域内に住所を有していたと認められるもの　当該他の市町村

3　前二項の規定の適用を受ける被保険者については、変更後地域密着型介護老人福祉施設を住所地特例対象施設とみなして、第十三条の規定を適用する。

（平一三法七二・追加、平二六法八三・一部改正）

（医療法の準用等）

第十条　医療法第百七条、第百八条及び第百十条から第百十二条までの規定は、介護老人保健施設及び介護医療院について準用する。この場合において、これらの規定に関し必要な技術的読替えは、政令で定める。

2　第百五条及び第百十四条の八の規定の適用については、当分の間、第百五条中「及び第百四条第一項」とあるのは「、第百四条第一項及び附則第十条第一項において準用する同法第百十一条」と、第百十四条の八中「及び第百十四条の六第一項」とあるのは「、第百十四条の六第一項及び附則第十条第一項において準用する同法第百十一条」とする。

（令三法四九・追加）

（財政安定化基金の特例）

第十一条　都道府県は、平成二十四年度に限り、第百四十七条第一項の規定にかかわらず、政令で定めるところにより、財政安定化基金の一部を取り崩すことができる。

2　都道府県は、前項の規定により財政安定化基金を取り崩したときは、保険料率（平成二十四年度から平成二十六年度までの間のものに限る。）の増加の抑制を

第百八条第一項	同項において準用する第百八条第一項
第百十条第一項本文	同法附則第十条第一項において準用する第百十条第一項本文

2　第三十六条及び第三十七条の二の規定の適用については、当分の間、第三十六条中「第百五条」とあるのは「附則第十条第二項の規定により読み替えられた法第百五条」と、「第三十条」とあるのは「第百二十七条の規定により読み替えられた第三十条」と、「又は第二十九条第一項若しくは第三項」とあるのは「、第二十九条第一項若しくは第三項、第百十一条又は第百二十六条」と、「又は第百四条第一項」とあるのは「若しくは第百四条第一項又は同法附則第十条第一項において準用する第百十一条」と、第三十七条の二中「第百十四条の八」とあるのは「附則第十条第二項の規定により読み替えられた法第百十四条の八」と、「第三十条」とあるのは「第百二十七条の規定により読み替えられた第三十条」と、「又は第二十九条第一項若しくは第三項」とあるのは「、第二十九条第一項若しくは第三項、第百十一条又は第百二十六条」と、「又は第百十四条の六第一項」とあるのは「若しくは第百十四条の六第一項又は同法附則第十条第一項において準用する第百十一条」とする。

（令四政二七・追加）

（平成二十年度における地域支援事業の額に関する特例）

第八条　市町村が介護保険法施行令の一部を改正する政令（平成二十年政令第三十号）の施行の日以後に市町村介護保険事業計画（法第百十七条第一項に規定する市町村介護保険事業計画をいう。以下同じ。）を変更し、平成二十年度において法第百十五条の四十四第二項第一号に掲げる事業のうち厚生労働大臣が定めるもの（以下「主要介護給付等費用適正化事業」とい

第六十三条	法第百八条第一項	介護保険法附則第十条第一項において準用する法第百八条第一項
	特定地域医療提供機関（法第百十三条第一項に規定する特定地域医療提供機関をいう。以下同じ。）において同項に規定する業務に従事する医師（第百十条において「特定地域医療提供医師」という。）、連携型特定地域医療提供機関（法第百十八条第一項に規定する連携型特定地域医療提供機関をいう。以下同じ。）から他の病院又は診療所に派遣される医師（同項に規定する派遣に係るものに限る。第百十条において「連携型特定地域医療提供医師」という。）、技能向上集中研修機関（法第百十九条第一項に規定する技能向上集中研修機関を	当該

図るため、政令で定めるところにより、その取り崩した額の三分の一に相当する額を市町村に交付しなければならない。

3　都道府県は、第一項の規定により財政安定化基金を取り崩したときは、その取り崩した額の三分の一に相当する額を国に納付しなければならない。

4　国は、前項の規定による納付があった場合においては、その納付された額に相当する額を介護保険に関する事業に要する経費に充てるよう努めるものとする。

5　都道府県は、第一項の規定により財政安定化基金を取り崩したときは、その取り崩した額から第二項及び第三項の規定による額の合計額を控除した額に相当する額を介護保険に関する事業に要する経費に充てるよう努めるものとする。

（平二三法七二・追加、令三法四九・旧第十条繰下）

（平成二十九年度及び平成三十年度の各年度の被用者保険等保険者に係る概算納付金の額の算定の特例）

第十二条　平成二十九年度及び平成三十年度の各年度における被用者保険等保険者に係る第百五十一条第一項の概算納付金の額は、第百五十二条第一項第一号の規定にかかわらず、次の各号に掲げる被用者保険等保険者の区分に応じ、当該各号に定める額とする。

一　概算負担調整基準超過保険者（概算総報酬割納付金の額を厚生労働省令で定めるところにより算定した当該各年度における当該被用者保険等保険者に係る第二号被保険者の見込数で除して得た額が概算負担調整基準額を超える被用者保険等保険者をいう。次号及び第五項において同じ。）　概算総報酬割納付金の額から負担調整対象見込額を控除して得た額と負担調整見込額との合計額と補正後概算加入者割納付金の額との合計額

二　概算負担調整基準超過保険者以外の被用者保険等保険者　概算総報酬割納付金の額と負担調整見込額との合計額と補正後概算加入者割納付金の額との合計額

2　前項各号の概算総報酬割納付金の額は、当該各年度における被用者保険等保険者に係る補正前概算納付金

う。）を拡充しようとする場合又は新たに実施しようとする場合（当該市町村介護保険事業計画の変更により見込まれる地域支援事業に要する費用の増加額を主要介護給付等費用適正化事業以外の地域支援事業に要する費用に充てる場合を除く。）は、同年度の同条第三項に規定する政令で定める額は、第三十七条の十三第一項の規定にかかわらず、当該変更後の市町村介護保険事業計画において定めた同年度の地域支援事業に要する費用の額とする。ただし、当該額は、同年度の給付見込額（同項に規定する給付見込額をいう。以下同じ。）に百分の三・一五を乗じて得た額を超えてはならない。

2　前項に規定する場合における平成二十年度の地域支援事業（介護予防事業（法第百二十二条の二第一項に規定する介護予防事業をいう。以下同じ。）を除く。）に係る法第百十五条の四十四第三項に規定する政令で定める額は、当該変更後の市町村介護保険事業計画において定めた同年度の地域支援事業（介護予防事業を除く。）に要する費用の額（当該額が同年度の給付見込額に百分の二・一五を乗じて得た額を超える場合にあっては、当該乗じて得た額）とし、同年度の介護予防事業に係る同項に規定する政令で定める額は、同年度の給付見込額に百分の二を乗じて得た額とする。

3　第一項に規定する場合において、第三十七条の十三第三項に規定する市町村にあっては、同項及び前二項の規定にかかわらず、平成二十年度の地域支援事業（介護予防事業を除く。）に係る法第百十五条の四十四第三項に規定する政令で定める額は、当該変更後の市町村介護保険事業計画において定めた同年度の地域支援事業（介護予防事業を除く。）に要する費用の額（当該額が三百二十二万五千円を超える場合にあっては、三百二十二万五千円）とし、同年度の介護予防事業に係る同項に規定する政令で定める額は、同年度の給付見込額に百分の一・五を乗じて得た額とすることができる。

（平二〇政三〇・追加、平二一政一〇・一部改正）

（平成二十一年度から平成二十三年度までの保険料率

	いう。以下同じ。）において同項に規定する業務に従事する医師（第百十条において「技能向上集中研修医師」という。）及び特定高度技能研修機関（法第百二十条第一項に規定する特定高度技能研修機関をいう。以下同じ。）において同項に規定する業務に従事する医師（第百十条において「特定高度技能研修医師」という。）以外の	
第六十四条	法第百八条第一項	介護保険法附則第十条第一項において準用する法第百八条第一項
第六十五条	法第百八条第一項	介護保険法附則第十条第一項において準用する法第百八条第一項
第六十六条	法第百八条第二項ただし書	介護保険法附則第十条第一項において準用する法第百八条第二項ただし書
第六十七条第一項	法第百八条第三項	介護保険法附則第十条第一項において準用する法第

法律

総額に二分の一を乗じて得た額を当該各年度における第一号に掲げる額で除して得た数に、当該各年度における第二号に掲げる額を乗じて得た額とする。

一　全ての被用者保険等保険者に係る第二号被保険者標準報酬総額の見込額（第百五十二条第一項第一号イに規定する第二号被保険者標準報酬総額の見込額をいう。次号及び次項並びに附則第十四条第二項各号及び第三項において同じ。）の合計額

二　当該被用者保険等保険者に係る第二号被保険者標準報酬総額の見込額

3　第一項第一号の概算負担調整基準額は、当該各年度における各被用者保険等保険者に係る第二号被保険者標準報酬総額の見込額、厚生労働省令で定めるところにより算定した当該各年度における各被用者保険等保険者に係る第二号被保険者の見込数及び保険給付に要する費用等の動向を勘案し、年度ごとに政令で定める額とする。

4　第一項第一号の負担調整対象見込額は、第二項に規定する概算総報酬割納付金の額から厚生労働省令で定めるところにより算定した当該各年度における当該被用者保険等保険者に係る第二号被保険者の見込数に前項に規定する概算負担調整基準額を乗じて得た額を控除して得た額とする。

5　第一項第一号の負担調整見込額は、当該各年度における全ての概算負担調整基準超過保険者に係る前項に規定する負担調整対象見込額の総額を厚生労働省令で定めるところにより算定した当該各年度における全ての被用者保険等保険者に係る補正後第二号被保険者見込数の総数で除して得た額に、厚生労働省令で定めるところにより算定した当該各年度における当該被用者保険等保険者に係る補正後第二号被保険者見込数を乗じて得た額とする。

6　第一項各号の補正後概算加入者割納付金の額は、当該各年度における被用者保険等保険者に係る補正前概算納付金総額に二分の一を乗じて得た額を厚生労働省

施行令

の算定に関する基準の特例）

第九条　市町村は、第三十八条第一項第四号イに掲げる者のうち、平成二十年中の公的年金等の収入金額及び同年の合計所得金額の合計額が八十万円以下である第一号被保険者の平成二十一年度における保険料率の算定に係る同項の標準割合（市町村が同項の規定によりこれと異なる割合を設定するときは、当該割合。以下この項において同じ。）については、同条第一項の規定にかかわらず、同項の規定により適用されることとなる標準割合を下回る割合（次項及び第五項において「特例標準割合」という。）を定めることができる。

2　前項の規定により市町村が特例標準割合を定めた場合において、要保護者であって、その者が課される保険料額について特例標準割合を適用されたならば保護を必要としない状態となる第一号被保険者（第三十八条第一項第一号イ(1)に係る部分を除く。）、第四号ロ又は第五号ロに該当する者を除く。）に課される保険料額については、特例標準割合を適用することができる。この場合における同条第一項の規定（他の法令において引用する場合を含む。）及び中国残留邦人等の円滑な帰国の促進及び永住帰国後の自立の支援に関する法律施行令（平成八年政令第十八号）第二十二条第二十一号の規定の適用については、第三十八条第一項第一号ハ、第二号ロ又は第三号ロ中「又は第五号ロに該当する者」とあるのは「若しくは第五号ロに該当する者又は附則第九条第二項に規定する第一号被保険者」と、同令第二十二条第二十一号イ中「並びに第三十九条第一項」とあるのは「、第三十九条第一項並びに附則第九条第二項」とする。

3　前二項の規定は、平成二十二年度における保険料率の算定に関する基準について準用する。この場合において、第一項中「平成二十年中」とあるのは「平成二十一年中」と、「平成二十一年度」とあるのは「平成二十二年度」と、前項中「附則第九条第二項」とあるのは「附則第九条第三項において準用する同条第二

施行規則

		百八条第三項
第六十七条第二項	第六十三条各号	介護保険法施行規則附則第八条の二において準用する第六十三条各号
	法第百八条第三項	介護保険法附則第十条第一項において準用する法第百八条第三項
	第六十三条	介護保険法施行規則附則第八条の二において準用する第六十三条
第六十八条	法第百八条第二項ただし書	介護保険法附則第十条第一項において準用する法第百八条第二項ただし書
	第七十一条	介護保険法施行規則附則第八条の二において準用する第七十一条
	法第百八条第四項	介護保険法附則第十条第一項において準用する法第百八条第四項
	同条第二項ただし書	介護保険法附則第十条第一項において準用する法第百八条第二項ただし書
第六十九条	法第百八条第五項	介護保険法附則第十条第一項にお

令で定めるところにより算定した当該各年度における全ての被用者保険等保険者に係る補正後第二号被保険者見込数の総数で除して得た額に、厚生労働省令で定めるところにより算定した当該各年度における当該被用者保険等保険者に係る補正後第二号被保険者見込数を乗じて得た額とする。

7　第二項及び前項の被用者保険等保険者に係る補正前概算納付金総額は、当該各年度における全ての市町村の医療保険納付対象額及び介護予防・日常生活支援総合事業医療保険納付対象額の見込額の総額を厚生労働省令で定めるところにより算定した当該各年度における全ての医療保険者に係る第二号被保険者の見込数の総数で除して得た額に、厚生労働省令で定めるところにより算定した当該各年度における全ての被用者保険等保険者に係る第二号被保険者の見込数の総数を乗じて得た額とする。

8　第五項及び第六項の補正後第二号被保険者見込数は、第二号被保険者（第二号被保険者のうち、次の各号に掲げる区分に応じ、当該各号に定める者であるもの（以下「特定第二号被保険者」という。）を除く。）の見込数と特定第二号被保険者である者の見込数に年度ごとに特定第二号被保険者である者の数及び納付金の額の状況を勘案して政令で定める割合を乗じて得た数との合計とする。

一　健康保険法の規定による被保険者　その同法に規定する標準報酬月額と、同法に規定する標準賞与額の当該各年度の合計額を当該各年度の加入月数で除して得た額との合計額が、十万千円に満たない者及びその被扶養者

二　船員保険法の規定による被保険者　その同法に規定する標準報酬月額と、同法に規定する標準賞与額の当該各年度の合計額を当該各年度の加入月数で除して得た額との合計額が、十万千円に満たない者及びその被扶養者

三　国家公務員共済組合法に基づく共済組合の組合員　その同法に規定する標準報酬の月額と、同法に規定する標準期末手当等の額の当該各年度の合計額を当

項」と読み替えるものとする。

4　第一項及び第二項の規定は、平成二十三年度における保険料率の算定に関する基準について準用する。この場合において、第一項中「平成二十年中」とあるのは「平成二十二年中」と、「平成二十一年度」とあるのは「平成二十三年度」と、第二項中「附則第九条第二項」とあるのは「附則第九条第四項において準用する同条第二項」と読み替えるものとする。

5　市町村は、第一項（前二項において準用する場合を含む。）の規定により、特例標準割合を定めるに当たっては、保険料収納必要額を保険料により確保することができるようにするものとする。

（平二〇政三二八・追加）

第十条　平成二十一年度から平成二十三年度までの計画期間における第三十八条第一項の基準額は、計画期間ごとに算定すべきものとする同条第二項の規定にかかわらず、各年度ごとの同条第三項第二号の介護保険事業に要する費用のための収入の見込額等を勘案して、同条第二項から第七項までの規定の例により各年度ごとに算定することができるものとする。

（平二一政一七・追加）

第十一条　市町村は、第三十九条第一項第四号イに掲げる者のうち、平成二十年中の公的年金等の収入金額及び同年の合計所得金額の合計額が八十万円以下である第一号被保険者の平成二十一年度における保険料率の算定に係る同項の割合については、同項の規定にかかわらず、同項の規定により適用されることとなる割合を下回る割合（次項及び第五項において「特例割合」という。）を定めることができる。

2　前項の規定により市町村が特例割合を定めた場合において、要保護者であって、その者が課される保険料額について特例割合を適用されたならば保護を必要としない状態となる第一号被保険者（第三十九条第一項第一号イ(1)に係る部分を除く。）、第四号ロ、第五号ロ又は第六号ロに該当する者を除く。）に課される保険料額については、特例割合を適用することができる。この場合における同条第一項の規定（他の法令に

		いて準用する法第百八条第五項
第七十条	法第百八条第六項	介護保険法附則第十条第一項において準用する法第百八条第六項
第七十一条第二項	第六十四条各号	介護保険法施行規則附則第八条の二において準用する第六十四条各号
	第六十六条各号	介護保険法施行規則附則第八条の二において準用する第六十六条各号
	法第百八条第四項	介護保険法附則第十条第一項において準用する法第百八条第四項
	同条第五項	介護保険法附則第十条第一項において準用する法第百八条第五項
第七十二条（見出しを含む。）	法第百八条第八項	介護保険法附則第十条第一項において準用する法第百八条第八項
第七十三条	法第百十条第一項	介護保険法附則第十条第一項において準用する法第百十条第一項
	第六十二条	介護保険法施行規則附則第八条の二において準用する第六十二条
第七十四条	法第百十条第一項	介護保険法附則

法律

該各年度の加入月数で除して得た額との合計額が、十万千円に満たない者及びその被扶養者

四　地方公務員等共済組合法に基づく共済組合の組合員　その同法に規定する標準報酬の月額と、同法に規定する標準期末手当等の額の当該各年度の合計額を当該各年度の加入月数で除して得た額との合計額が、十万千円に満たない者及びその被扶養者

五　私立学校教職員共済法の規定による私立学校教職員共済制度の加入者　その同法に規定する標準報酬月額と、同法に規定する標準賞与額の当該各年度の合計額を当該各年度の加入月数で除して得た額との合計額が、十万千円に満たない者及びその被扶養者

六　高齢者の医療の確保に関する法律第七条第三項の規定により厚生労働大臣が定める国民健康保険組合の組合員　その健康保険法に規定する標準報酬月額に相当するものとして厚生労働省令で定めるものと、同法に規定する標準賞与額に相当するものとして厚生労働省令で定めるものの当該各年度の合計額を当該各年度の加入月数で除して得た額との合計額が、十万千円に満たない者及びその被扶養者

9　前項の加入月数は、健康保険法の規定による被保険者、船員保険法の規定による被保険者、国家公務員共済組合法に基づく共済組合の組合員、地方公務員等共済組合法に基づく共済組合の組合員、私立学校教職員共済法の規定による私立学校教職員共済制度の加入者又は高齢者の医療の確保に関する法律第七条第三項の規定により厚生労働大臣が定める国民健康保険組合の組合員であった期間として、それぞれ厚生労働省令で定めるところにより算定した月数とする。

（平二四法六二（平二四法六三・平二六法八三）・追加、平二七法三一・平二九法五二・一部改正、令三法四九・旧第十一条繰下・一部改正）

（平成二十九年度及び平成三十年度の各年度の被用者保険等保険者に係る確定納付金の額の算定の特例）

第十三条　平成二十九年度及び平成三十年度の各年度に

施行令

おいて引用する場合を含む。）及び中国残留邦人等の円滑な帰国の促進及び永住帰国後の自立の支援に関する法律施行令第二十二条第二十一号の規定の適用については、第三十九条第一項第一号ハ、第二号ロ又は第三号ロ中「又は第六号ロに該当する者」とあるのは「若しくは第六号ロに該当する者又は附則第十条第二項に規定する第一号被保険者」と、同令第二十二条第二十一号イ中「並びに第三十九条第一項」とあるのは「、第三十九条第一項並びに附則第十条第二項」とする。

3　前二項の規定は、平成二十二年度における保険料率の算定に関する基準について準用する。この場合において、第一項中「平成二十年中」とあるのは「平成二十一年中」と、「平成二十一年度」とあるのは「平成二十二年度」と、前項中「附則第十条第二項」とあるのは「附則第十条第三項において準用する同条第二項」と読み替えるものとする。

4　第一項及び第二項の規定は、平成二十三年度における保険料率の算定に関する基準について準用する。この場合において、第一項中「平成二十年中」とあるのは「平成二十二年中」と、「平成二十一年度」とあるのは「平成二十三年度」と、第二項中「附則第十条第二項」とあるのは「附則第十条第四項において準用する同条第二項」と読み替えるものとする。

5　市町村は、第一項（前二項において準用する場合を含む。）の規定により、特例割合を定めるに当たっては、保険料収納必要額を保険料により確保することができるようにするものとする。

（平二〇政三二八・追加、平二一政一七・旧第十条繰下）

第十二条　平成二十一年度から平成二十三年度までの計画期間における第三十九条第一項の基準額は、計画期間ごとに算定すべきものとする同条第三項において準用する第三十八条第二項の規定にかかわらず、各年度ごとの第三十九条第三項において準用する第三十八条第三項第二号の介護保険事業に要する費用のための収

施行規則

（見出しを含む。）		第十条第一項において準用する法第百十条第一項
第七十四条	第七十六条及び第七十七条第二項	介護保険法施行規則附則第八条の二において準用する第七十六条及び第七十七条第二項
第七十五条（見出しを含む。）	法第百十条第一項本文	介護保険法附則第十条第一項において準用する法第百十条第一項本文
第七十六条	法第百十条第一項の	介護保険法附則第十条第一項において準用する法第百十条第一項の
	前条第一号	介護保険法施行規則附則第八条の二において準用する前条第一号
	前条第二号	介護保険法施行規則附則第八条の二において準用する前条第二号
	法第百十条第一項に	介護保険法附則第十条第一項において準用する法第百十条第一項に
	次条第二項及び第七十九条	介護保険法施行規則附則第八条の二において準用する次条第二項及び第七十九条

おける被用者保険等保険者に係る第百五十一条第一項ただし書の確定納付金の額は、第百五十三条第一号の規定にかかわらず、次の各号に掲げる被用者保険等保険者の区分に応じ、当該各号に定める額とする。

一　確定負担調整基準超過保険者（確定総報酬割納付金の額を厚生労働省令で定めるところにより算定した当該各年度における当該被用者保険等保険者に係る第二号被保険者の数で除して得た額が確定負担調整基準額を超える被用者保険等保険者をいう。次号及び第五項において同じ。）　確定総報酬割納付金の額から負担調整対象額を控除して得た額と負担調整額との合計額と補正後確定加入者割納付金の額との合計額

二　確定負担調整基準超過保険者以外の被用者保険等保険者　確定総報酬割納付金の額と負担調整額との合計額と補正後確定加入者割納付金の額との合計額

2　前項各号の確定総報酬割納付金の額は、当該各年度における被用者保険等保険者に係る補正前確定納付金総額に二分の一を乗じて得た額を当該各年度における第一号に掲げる額で除して得た数に、当該各年度における第二号に掲げる額を乗じて得た額とする。

一　全ての被用者保険等保険者に係る第二号被保険者標準報酬総額（第百五十二条第二項に規定する第二号被保険者標準報酬総額をいう。次号及び次項並びに附則第十五条第二項各号及び第三項において同じ。）の合計額

二　当該被用者保険等保険者に係る第二号被保険者標準報酬総額

3　第一項第一号の確定負担調整基準額は、当該各年度における各被用者保険等保険者に係る第二号被保険者標準報酬総額、厚生労働省令で定めるところにより算定した当該各年度における各被用者保険等保険者に係る第二号被保険者の数及び保険給付に要する費用等の動向を勘案し、年度ごとに政令で定める額とする。

4　第一項第一号の負担調整対象額は、第二項に規定する確定総報酬割納付金の額から厚生労働省令で定めるところにより算定した当該各年度における当該被用者

入の見込額等を勘案して、第三十九条第三項において準用する第三十八条第二項から第五項までの規定及び第三十九条第四項において準用する第三十八条第七項の規定の例により各年度ごとに算定することができるものとする。

（平二二政一七・追加）

第十三条　削除　（平二六政一一九）

（平成二十四年度から平成二十六年度までの保険料率の算定に関する基準の特例）

第十四条　市町村は、第三十八条第一項第三号イに掲げる者のうち、平成二十三年中の公的年金等の収入金額及び同年の合計所得金額の合計額が百二十万円以下である第一号被保険者の平成二十四年度における保険料率の算定に係る同項の標準割合（市町村が同項の規定によりこれと異なる割合を設定するときは、当該割合。以下この項及び次条第一項において同じ。）については、第三十八条第一項の規定にかかわらず、同項の規定により適用されることとなる標準割合を下回る割合（次項及び第五項並びに次条第一項、第二項及び第五項において「特例標準割合」という。）を定めることができる。

2　前項の規定により市町村が特例標準割合を定めた場合において、要保護者であって、その者が課される保険料額について特例標準割合を適用されたならば保護を必要としない状態となる第一号被保険者（第三十八条第一項第一号イ(1)に係る部分を除く。）、第三号ロ、第四号ロ又は第五号ロに該当する者を除く。）に課される保険料額については、特例標準割合を適用することができる。この場合における同条第一項の規定（他の法令において引用する場合を含む。）及び中国残留邦人等の円滑な帰国の促進並びに永住帰国した中国残留邦人等及び特定配偶者の自立の支援に関する法律施行令（平成八年政令第十八号）第二十二条第二十一号の規定の適用については、同項第一号ハ又は第二号ロ中「又は第五号ロに該当する者」とあるのは「若しくは第五号ロに該当する者又は附則第十四条第二項に規定する第一号被保険者」と、同条第二十一号イ中

	法第百十条第一項ただし書	介護保険法附則第十条第一項において準用する法第百十条第一項ただし書
第七十七条（見出しを含む。）	法第百十条第一項ただし書	介護保険法附則第十条第一項において準用する法第百十条第一項ただし書
第七十八条	法第百十条第二項	介護保険法附則第十条第一項において準用する法第百十条第二項
第七十九条	法第百十条第三項	介護保険法附則第十条第一項において準用する法第百十条第三項

（令四厚労令七・追加）

（平成十七年改正法の施行に伴う経過措置）

第九条　介護保険法等の一部を改正する法律（平成十七年法律第七十七号。以下「平成十七年改正法」という。）附則第三条第二項の規定により読み替えて適用する法第四十二条の二第一項及び平成十七年改正法附則第三条第二項の規定により読み替えて適用する法第四十八条第一項の厚生労働省令で定める要介護状態区分は、認定省令第一条第一項第一号から第五号までに掲げる区分とする。

（平一八厚労令三二・追加）

第十条　平成十七年改正法附則第十条第一項又は第二項の規定により特定施設入居者生活介護に係る法第四十一条第一項本文又は地域密着型特定施設入居者生活介護に係る法第四十二条の二第一項本文の指定を受けたものとみなされた者に係る第十七条の六第一号の適用については、同号中「入居の際」とあるのは「平成十八年四月一日において」とする。

保険等保険者に係る第二号被保険者の数に前項に規定する確定負担調整基準額を乗じて得た額を控除して得た額とする。

5　第一項各号の負担調整額は、当該各年度における全ての確定負担調整基準超過保険者に係る前項に規定する負担調整対象額の総額を厚生労働省令で定めるところにより算定した当該各年度における全ての被用者保険等保険者に係る補正後第二号被保険者数の総数で除して得た額に、厚生労働省令で定めるところにより算定した当該各年度における当該被用者保険等保険者に係る補正後第二号被保険者数を乗じて得た額とする。

6　第一項各号の補正後確定加入者割納付金の額は、当該各年度における被用者保険等保険者に係る補正前確定納付金総額に二分の一を乗じて得た額を厚生労働省令で定めるところにより算定した当該各年度における全ての被用者保険等保険者に係る補正後第二号被保険者数の総数で除して得た額に、厚生労働省令で定めるところにより算定した当該各年度における当該被用者保険等保険者に係る補正後第二号被保険者数を乗じて得た額とする。

7　第二項及び前項の被用者保険等保険者に係る補正前確定納付金総額は、当該各年度における全ての市町村の医療保険納付対象額及び介護予防・日常生活支援総合事業医療保険納付対象額の総額を厚生労働省令で定めるところにより算定した当該各年度における全ての医療保険者に係る第二号被保険者の総数で除して得た額に、厚生労働省令で定めるところにより算定した当該各年度における全ての被用者保険等保険者に係る第二号被保険者の総数を乗じて得た額とする。

8　第五項及び第六項の補正後第二号被保険者数は、第二号被保険者（特定第二号被保険者を除く。）の数と特定第二号被保険者である者の数に年度ごとに特定第二号被保険者である者の数及び納付金の額の状況を勘案して政令で定める割合を乗じて得た数との合計とする。

「並びに第三十九条第一項」とあるのは「、第三十九条第一項並びに附則第十四条第二項」とする。

3　前二項の規定は、平成二十五年度における保険料率の算定に関する基準について準用する。この場合において、第一項中「平成二十三年中」とあるのは「平成二十四年中」と、「平成二十四年度」とあるのは「平成二十五年度」と、前項中「附則第十四条第二項」とあるのは「附則第十四条第三項において準用する同条第二項」と読み替えるものとする。

4　第一項及び第二項の規定は、平成二十六年度における保険料率の算定に関する基準について準用する。この場合において、第一項中「平成二十三年中」とあるのは「平成二十五年中」と、「平成二十四年度」とあるのは「平成二十六年度」と、第二項中「附則第十四条第二項」とあるのは「附則第十四条第四項において準用する同条第二項」と読み替えるものとする。

5　市町村は、第一項（前二項において準用する場合を含む。）の規定により、特例標準割合を定めるに当たっては、保険料収納必要額を保険料により確保することができるようにするものとする。

（平二三政三七六・追加、平二六政二八九・一部改正）

第十五条　市町村は、第三十八条第一項第四号イに掲げる者のうち、平成二十三年中の公的年金等の収入金額及び同年の合計所得金額の合計額が八十万円以下である第一号被保険者の平成二十四年度における保険料率の算定に係る同項の標準割合については、同項の規定にかかわらず、特例標準割合を定めることができる。

2　前項の規定により市町村が特例標準割合を定めた場合において、要保護者であって、その者が課される保険料額について特例標準割合を適用されたならば保護を必要としない状態となる第一号被保険者（第三十八条第一項第一号イ(1)に係る部分を除く。）、第四号ロ又は第五号ロに該当する者を除く。）に課される保険料額については、特例標準割合を適用することができる。この場合における同条第一項の規定（他の法令に

（平一八厚労令三二・追加）

第十一条　平成十七年改正法附則第十条第一項ただし書の規定による別段の申出は、次の事項を記載した申出書を当該申出に係る指定居宅サービス事業者（同条第二項の規定により法第四十二条の二第一項本文の指定を受けたものとみなされた者を除く。以下この条において同じ。）若しくは指定居宅介護支援事業者の事業所の所在地又は指定介護老人福祉施設（平成十七年改正法附則第十条第三項の規定により法第四十二条の二第一項本文の指定を受けたものとみなされた者を除く。以下この条において同じ。）、指定介護療養型医療施設若しくは介護老人保健施設の開設の場所を管轄する都道府県知事に提出して行うものとする。

一　当該申出に係る指定居宅サービス事業者若しくは指定居宅介護支援事業者の事業所又は指定介護老人福祉施設、指定介護療養型医療施設若しくは介護老人保健施設の名称及び所在地又は開設の場所並びに当該事業者又は開設者及び管理者の氏名及び住所

二　平成十七年改正法附則第十条第一項の指定又は許可を不要とする旨

（平一八厚労令三二・追加）

第十二条　平成十七年改正法附則第十条第二項の厚生労働省令で定める者は、次のとおりとする。

一　入居者である要介護者の三親等以内の親族

二　前号に掲げる者のほか、特別の事情により入居者である要介護者と同居させることが必要であると当該事業所の所在地を管轄する市町村長（当該事業所の所在地の市町村以外の市町村（以下この条及び次条において「他の市町村」という。）が行う介護保険の被保険者が入居者である場合には当該他の市町村の長）が認める者

（平一八厚労令三二・追加）

第十三条　平成十七年改正法附則第十条第二項ただし書の規定による別段の申出は、次の事項を記載した申出書を当該申出に係る指定居宅サービス事業者の事業所

（平二四法六二（平二六法八三）・追加、平二九法五二・一部改正、令三法四九・旧第十二条繰下・一部改正）

（令和元年度の被用者保険等保険者に係る概算納付金の額の算定の特例）

第十四条 令和元年度における被用者保険等保険者に係る第百五十一条第一項の概算納付金の額は、第百五十二条第一項第一号の規定にかかわらず、次の各号に掲げる被用者保険等保険者の区分に応じ、当該各号に定める額とする。

一 概算負担調整基準超過保険者（概算総報酬割納付金の額を厚生労働省令で定めるところにより算定した令和元年度における当該被用者保険等保険者に係る第二号被保険者の見込数で除して得た額が概算負担調整基準額を超える被用者保険等保険者をいう。次号及び第五項において同じ。） 概算総報酬割納付金の額から負担調整対象見込額を控除して得た額と負担調整見込額との合計額と補正後概算加入者割納付金の額との合計額

二 概算負担調整基準超過保険者以外の被用者保険等保険者 概算総報酬割納付金の額と負担調整見込額との合計額と補正後概算加入者割納付金の額との合計額

2 前項各号の概算総報酬割納付金の額は、令和元年度における被用者保険等保険者に係る補正前概算納付金総額（附則第十二条第七項に規定する被用者保険等保険者に係る補正前概算納付金総額をいう。第六項において同じ。）に四分の三を乗じて得た額を同年度における第一号に掲げる額で除して得た数に、同年度における第二号に掲げる額を乗じて得た額とする。

一 全ての被用者保険等保険者に係る第二号被保険者標準報酬総額の見込額の合計額

二 当該被用者保険等保険者に係る第二号被保険者標準報酬総額の見込額

3 第一項第一号の概算負担調整基準額は、令和元年度における各被用者保険等保険者に係る第二号被保険者標準報酬総額の見込額、厚生労働省令で定めるところにより算定した同年度における各被用者保険等保険者

において引用する場合を含む。）及び中国残留邦人等の円滑な帰国の促進並びに永住帰国した中国残留邦人等及び特定配偶者の自立の支援に関する法律施行令第二十二条第二十一号の規定の適用については、同項第一号ハ、第二号ロ又は第三号ロ中「又は第五号ロに該当する者」とあるのは「若しくは第五号ロに該当する者又は附則第十五条第二項に規定する第一号被保険者」と、同条第二十一号イ中「並びに第三十九条第一項」とあるのは「、第三十九条第一項並びに附則第十五条第二項」とする。

3 前二項の規定は、平成二十五年度における保険料率の算定に関する基準について準用する。この場合において、第一項中「平成二十三年中」とあるのは「平成二十四年中」と、「平成二十四年度」とあるのは「平成二十五年度」と、前項中「附則第十五条第二項」とあるのは「附則第十五条第三項において準用する同条第二項」と読み替えるものとする。

4 第一項及び第二項の規定は、平成二十六年度における保険料率の算定に関する基準について準用する。この場合において、第一項中「平成二十三年中」とあるのは「平成二十五年中」と、「平成二十四年度」とあるのは「平成二十六年度」と、第二項中「附則第十五条第二項」とあるのは「附則第十五条第四項において準用する同条第二項」と読み替えるものとする。

5 市町村は、第一項（前二項において準用する場合を含む。）の規定により、特例標準割合を定めるに当たっては、保険料収納必要額を保険料により確保することができるようにするものとする。

（平二三政三七六・追加、平二六政二八九・一部改正）

第十六条 市町村は、第三十九条第一項第三号イに掲げる者のうち、平成二十三年中の公的年金等の収入金額及び同年の合計所得金額の合計額が百二十万円以下である第一号被保険者の平成二十四年度における保険料率の算定に係る同項の割合については、同項の規定にかかわらず、同項の規定により適用されることとなる割合を下回る割合（次項及び第五項並びに次条第一項、第二項及び第五項において「特例割合」とい

の所在地を管轄する都道府県知事及び市町村長（他の市町村が行う介護保険の被保険者が当該申出に係る指定居宅サービスを利用している場合には、当該他の市町村の長を含む。）に提出して行うものとする。

一 当該申出に係る指定居宅サービス事業者の事業所の名称及び所在地並びにその代表者及び管理者の氏名及び住所

二 平成十七年改正法附則第十条第二項本文に係る指定を不要とする旨

（平一八厚労令三二・追加）

第十四条 平成十七年改正法附則第十一条の厚生労働省令で定める期間は、平成十七年改正法附則第八条の規定により新要介護認定を受けたものとみなされた者に係る同条に規定する有効期間の満了日の翌日までの期間（要介護認定の有効期間の満了日が平成十八年三月三十一日である者が平成十八年四月一日に要支援認定を受けた場合は同日までの期間）とする。ただし、平成十七年改正法附則第三条第一項の規定の適用を受ける市町村における平成十七年改正法附則第三条第二項において読み替えられた法第十九条第一項の規定による要介護認定を受けた者にあっては、平成十七年改正法附則第十一条の厚生労働省令で定める期間は、介護保険法施行令等の一部を改正する政令（平成十八年政令第百五十四号。以下「平成十八年改正令」という。）附則第十条の規定の適用を受けた者に係る当該認定の有効期間の満了日の翌日までの期間とする。

（平一八厚労令三二・追加、平一八厚労令一〇六・平一九厚労令四五・一部改正）

第十五条 平成十七年改正法附則第十一条の厚生労働省令で定める要支援状態区分は、認定省令第二条第一項各号に掲げる要支援状態区分とする。

（平一八厚労令三二・追加）

第十六条 平成十七年改正法附則第十三条の厚生労働省令で定める種類の介護予防サービスは、介護予防訪問看護及び介護予防訪問リハビリテーションとする。

（平一八厚労令三二・追加）

第十七条 平成十七年改正法附則第十三条ただし書の規

法律

に係る第二号被保険者の見込数及び保険給付に要する費用等の動向を勘案し、政令で定める額とする。

4　第一項第一号の負担調整対象見込額は、第二項に規定する概算総報酬割納付金の額から厚生労働省令で定めるところにより算定した令和元年度における当該被用者保険等保険者に係る第二号被保険者の見込数に前項に規定する概算負担調整基準額を乗じて得た額を控除して得た額とする。

5　第一項各号の負担調整見込額は、令和元年度における全ての概算負担調整基準超過保険者に係る前項に規定する負担調整対象見込額の総額を厚生労働省令で定めるところにより算定した同年度における全ての被用者保険等保険者に係る補正後第二号被保険者見込数（附則第十二条第八項に規定する補正後第二号被保険者見込数をいう。以下この項及び次項において同じ。）の総数で除して得た額に、厚生労働省令で定めるところにより算定した同年度における当該被用者保険等保険者に係る補正後第二号被保険者見込数を乗じて得た額とする。

6　第一項各号の補正後概算加入者割納付金の額は、令和元年度における被用者保険等保険者に係る補正前概算納付金総額に四分の一を乗じて得た額を厚生労働省令で定めるところにより算定した同年度における全ての被用者保険等保険者に係る補正後第二号被保険者見込数の総数で除して得た額に、厚生労働省令で定めるところにより算定した同年度における当該被用者保険等保険者に係る補正後第二号被保険者見込数を乗じて得た額とする。

（平二九法五二・追加、令二法五二・一部改正、令三法四九・旧第十三条繰下・一部改正）

（令和元年度の被用者保険等保険者に係る確定納付金の額の算定の特例）

第十五条　令和元年度における被用者保険等保険者に係る第百五十一条第一項ただし書の確定納付金の額は、第百五十三条第一号の規定にかかわらず、次の各号に

施行令

う。）を定めることができる。

2　前項の規定により市町村が特例割合を定めた場合において、要保護者であって、その者が課される保険料額について特例割合を適用されたならば保護を必要としない状態となる第一号被保険者（第三十九条第一項第一号イ(1)に係る部分を除く。）、第三号ロ、第四号ロ、第五号ロ又は第六号ロに該当する者を除く。）に課される保険料額については、特例割合を適用することができる。この場合における同条第一項の規定（他の法令において引用する場合を含む。）及び中国残留邦人等の円滑な帰国の促進並びに永住帰国した中国残留邦人等及び特定配偶者の自立の支援に関する法律施行令第二十二条第二十一号の規定の適用については、同項第一号ハ又は第二号ロ中「又は第六号ロに該当する者」とあるのは「若しくは第六号ロに該当する者又は附則第十六条第二項に規定する第一号被保険者」と、同条第二十一号イ中「並びに第三十九条第一項」とあるのは「、第三十九条第一項並びに附則第十六条第二項」とする。

3　前二項の規定は、平成二十五年度における保険料率の算定に関する基準について準用する。この場合において、第一項中「平成二十三年中」とあるのは「平成二十四年中」と、「平成二十四年度」とあるのは「平成二十五年度」と、前項中「附則第十六条第二項」とあるのは「附則第十六条第三項において準用する同条第二項」と読み替えるものとする。

4　第一項及び第二項の規定は、平成二十六年度における保険料率の算定に関する基準について準用する。この場合において、第一項中「平成二十三年中」とあるのは「平成二十五年中」と、「平成二十四年度」とあるのは「平成二十六年度」と、第二項中「附則第十六条第二項」とあるのは「附則第十六条第四項において準用する同条第二項」と読み替えるものとする。

5　市町村は、第一項（前二項において準用する場合を含む。）の規定により、特例割合を定めるに当たって

施行規則

定による別段の申出は、次の事項を記載した申出書を当該申出に係る保険医療機関又は保険薬局の開設の場所を管轄する都道府県知事に提出して行うものとする。

一　当該申出に係る保険医療機関又は保険薬局の名称及び開設の場所並びに開設者及び管理者の氏名及び住所

二　当該申出に係る介護予防サービスの種類

三　前号に係る介護予防サービスについて平成十七年改正法附則第十三条本文に係る指定を不要とする旨

（平一八厚労令三二・追加、平一八厚労令一五七・一部改正）

（平成十八年改正令の施行に伴う経過措置）

第十八条　平成十八年改正令附則第二条第一項の調査の委託については、第四十条第四項及び第五項の規定を準用する。

（平一八厚労令一〇六・追加、平一八厚労令一三二・平一九厚労令四五・一部改正）

第十九条　平成十八年改正令附則第三条ただし書及び附則第五条ただし書の規定による別段の申出は、次の事項を記載した申出書を当該申出に係る指定居宅サービス事業者の事業所の所在地を管轄する都道府県知事及び市町村長に提出して行うものとする。

一　当該申出に係る指定居宅サービス事業者の事業所の名称及び所在地並びにその代表者及び管理者の氏名及び住所

二　平成十八年改正令附則第三条本文又は平成十八年改正令附則第五条本文に係る指定を不要とする旨

（平一八厚労令一〇六・追加）

第二十条　平成十八年改正令附則第十一条第一項の厚生労働省令で定める区分は、次の各号に掲げる区分とする。

一　経過的要介護　介護保険法施行規則等の一部を改正する省令（平成十八年厚生労働省令第三十二号。以下「平成十八年改正省令」という。）第五条の規定による改正前の認定省令（以下「旧認定省令」と

掲げる被用者保険等保険者の区分に応じ、当該各号に定める額とする。

一　確定負担調整基準超過保険者（確定総報酬割納付金の額を厚生労働省令で定めるところにより算定した令和元年度における当該被用者保険等保険者に係る第二号被保険者の数で除して得た額が確定負担調整基準額を超える被用者保険等保険者をいう。次号及び第五項において同じ。）　確定総報酬割納付金の額から負担調整対象額を控除して得た額と負担調整額との合計額と補正後確定加入者割納付金の額との合計額

二　確定負担調整基準超過保険者以外の被用者保険等保険者　確定総報酬割納付金の額と負担調整額との合計額と補正後確定加入者割納付金の額との合計額

2　前項各号の確定総報酬割納付金の額は、令和元年度における被用者保険等保険者に係る補正前確定納付金総額（附則第十三条第七項に規定する被用者保険等保険者に係る補正前確定納付金総額をいう。第六項において同じ。）に四分の三を乗じて得た額を同年度における第一号に掲げる額で除して得た数に、同年度における第二号に掲げる額を乗じて得た額とする。

一　全ての被用者保険等保険者に係る第二号被保険者標準報酬総額の合計額

二　当該被用者保険等保険者に係る第二号被保険者標準報酬総額

3　第一項第一号の確定負担調整基準額は、令和元年度における各被用者保険等保険者に係る第二号被保険者標準報酬総額、厚生労働省令で定めるところにより算定した同年度における各被用者保険等保険者に係る第二号被保険者の数及び保険給付に要する費用等の動向を勘案し、政令で定める額とする。

4　第一項第一号の負担調整対象額は、第二項に規定する確定総報酬割納付金の額から厚生労働省令で定めるところにより算定した令和元年度における当該被用者保険等保険者に係る第二号被保険者の数に前項に規定する確定負担調整基準額を乗じて得た額を控除して得た額とする。

は、保険料収納必要額を保険料により確保することができるようにするものとする。

（平二三政三七六・追加、平二六政二八九・一部改正）

第十七条　市町村は、第三十九条第一項第四号イに掲げる者のうち、平成二十三年中の公的年金等の収入金額及び同年の合計所得金額の合計額が八十万円以下である第一号被保険者の平成二十四年度における保険料率の算定に係る同項の割合については、同項の規定にかかわらず、特例割合を定めることができる。

2　前項の規定により市町村が特例割合を定めた場合において、要保護者であって、その者が課される保険料額について特例割合を適用されたならば保護を必要としない状態となる第一号被保険者（第三十九条第一項第一号イ⑴に係る部分を除く。）、第四号ロ、第五号ロ又は第六号ロに該当する者を除く。）に課される保険料額については、特例割合を適用することができる。この場合における同条第一項の規定（他の法令において引用する場合を含む。）及び中国残留邦人等の円滑な帰国の促進並びに永住帰国した中国残留邦人等及び特定配偶者の自立の支援に関する法律施行令第二十二条第二十一号の規定の適用については、同項第一号ハ、第二号ロ又は第三号ロ中「又は第六号ロに該当する者」とあるのは「若しくは第六号ロに該当する者又は附則第十七条第二項に規定する第一号被保険者」と、同条第二十一号イ中「並びに第三十九条第一項」とあるのは「、第三十九条第一項並びに附則第十七条第二項」とする。

3　前二項の規定は、平成二十五年度における保険料率の算定に関する基準について準用する。この場合において、第一項中「平成二十三年中」とあるのは「平成二十四年中」と、「平成二十四年度」とあるのは「平成二十五年度」と、前項中「附則第十七条第二項」とあるのは「附則第十七条第三項において準用する同条第二項」と読み替えるものとする。

4　第一項及び第二項の規定は、平成二十六年度における保険料率の算定に関する基準について準用する。この場合において、第一項中「平成二十三年中」とある

いう。）第二条第一項に規定する状態

二　要介護一　旧認定省令第一条第一項第一号に該当する状態

三　要介護二　旧認定省令第一条第一項第二号に該当する状態

四　要介護三　旧認定省令第一条第一項第三号に該当する状態

五　要介護四　旧認定省令第一条第一項第四号に該当する状態

六　要介護五　旧認定省令第一条第一項第五号に該当する状態

（平一八厚労令一〇六・追加）

第二十一条　平成十八年改正令附則第十二条の厚生労働省令で定める要介護状態区分は、認定省令第一条第一項第一号に掲げる要介護状態区分とする。

（平一八厚労令一〇六・追加）

第二十二条　平成十八年改正令附則第十六条各号に掲げる者は、次に掲げる区分に応じ、それぞれ次に掲げる課程を修了した者とみなす。

一　一級課程　介護保険法施行規則の一部を改正する省令（平成十八年厚生労働省令第百六号）附則第二条の規定による廃止前の訪問介護員に関する省令（この条において「旧訪問介護員省令」という。）第一条に規定する一級課程

二　二級課程　旧訪問介護員省令第一条に規定する二級課程

三　三級課程　旧訪問介護員省令第一条に規定する三級課程

（平一八厚労令一〇六・追加）

（法第五十一条の三第一項の厚生労働省令で定める要介護被保険者の特例）

第二十三条　法第五十一条の三第一項の厚生労働省令で定める要介護被保険者は、第八十三条の五に規定する者のほか、平成十八年七月一日から平成十九年六月三十日までの間、次のいずれかに該当していることにつき市町村の認定を受けている者（短期入所生活介護及び短期入所療養介護を受けた者については、当該サー

5　第一項各号の負担調整額は、令和元年度における全ての確定負担調整基準超過保険者に係る前項に規定する負担調整対象額の総額を厚生労働省令で定めるところにより算定した同年度における全ての被用者保険等保険者に係る補正後第二号被保険者数（附則第十三条第八項に規定する補正後第二号被保険者数をいう。以下この項及び次項において同じ。）の総数で除して得た額に、厚生労働省令で定めるところにより算定した同年度における当該被用者保険等保険者に係る補正後第二号被保険者数を乗じて得た額とする。

6　第一項各号の補正後確定加入者割納付金の額は、令和元年度における被用者保険等保険者に係る補正前確定納付金総額に四分の一を乗じて得た額を厚生労働省令で定めるところにより算定した同年度における全ての被用者保険等保険者に係る補正後第二号被保険者数の総数で除して得た額に、厚生労働省令で定めるところにより算定した同年度における当該被用者保険等保険者に係る補正後第二号被保険者数を乗じて得た額とする。

（平二九法五二・追加、令二法五二・一部改正、令三法四九・旧第十四条繰下・一部改正）

（延滞金の割合の特例）

第十六条　第百五十七条第一項に規定する延滞金の年十四・五パーセントの割合は、当分の間、同項の規定にかかわらず、各年の延滞税特例基準割合（租税特別措置法（昭和三十二年法律第二十六号）第九十四条第一項に規定する延滞税特例基準割合をいう。以下この条において同じ。）が年七・三パーセントの割合に満たない場合には、その年中においては、当該延滞税特例基準割合に年七・三パーセントの割合を加算した割合とする。

（平二六法八三・追加、平二四法六二（平二六法八三）・旧第十一条繰下、平二九法五二・旧第十三条繰下、令二法八・一部改正、令三法四九・旧第十五条繰下）

（罰則）

のは「平成二十五年中」と、「平成二十四年度」とあるのは「平成二十六年度」と、第二項中「附則第十七条第二項」とあるのは「附則第十七条第四項において準用する同条第二項」と読み替えるものとする。

5　市町村は、第一項（前二項において準用する場合を含む。）の規定により、特例割合を定めるに当たっては、保険料収納必要額を保険料により確保することができるようにするものとする。

（平二三政三七六・追加、平二六政二八九・一部改正）

（平成二十六年度における地域支援事業の額に関する特例）

第十八条　平成二十六年度において法第百十五条の四十五第三項第三号に掲げる事業のうち認知症である被保険者に対する支援又は被保険者の地域における自立した日常生活の支援に係る体制の整備の促進を行う事業として厚生労働大臣が定めるものを拡充しようとする市町村又は新たに実施しようとする市町村についての第三十七条の十三の規定の適用については、同条第一項中「百分の三」とあるのは「百分の三を乗じて得た額に二千五百万円を加えた額を超えない範囲で厚生労働大臣が相当と認める額」と、「及び地域支援事業」とあるのは「については給付見込額に百分の二を乗じて得た額、地域支援事業」と、「、それぞれ百分の二）を乗じて得た額」とあるのは「給付見込額に百分の二を乗じて得た額に二千五百万円を加えた額を超えない範囲で厚生労働大臣が相当と認める額）」と、同条第三項第一号中「三百万円とし」とあるのは「二千八百万円を超えない範囲で厚生労働大臣が相当と認める額とし」と、同項第二号ロ中「百分の四を乗じて得た額」とあるのは「百分の四を乗じて得た額に二千五百万円を加えた額」とする。

（平二六政八二・追加）

（平成二十九年度における保険料率の算定に関する基準に関する特例）

第十九条　平成二十九年度においては、市町村（平成二

ビスにつき居宅介護サービス費又は特例居宅介護サービス費の支給を受ける者に限る。）とする。

一　平成十八年改正令附則第二十三条第三項第一号に掲げる者であって、令第二十二条の二第七項に規定する合計額（以下この条において「収入金額等」という。）が八十万円以下のもの

二　平成十八年改正令附則第二十三条第三項第一号に掲げる者であって、老齢福祉年金の受給権を有しているもの

2　法第五十一条の三第一項の厚生労働省令で定める要介護被保険者は、第八十三条の五に規定する者のほか、平成十九年七月一日から平成二十年六月三十日までの間、次のいずれかに該当していることにつき市町村の認定を受けている者（短期入所生活介護及び短期入所療養介護を受けた者については、当該サービスにつき居宅介護サービス費又は特例居宅介護サービス費の支給を受ける者に限る。）とする。

一　平成十八年改正令附則第二十三条第三項第二号に掲げる者であって、収入金額等が八十万円以下のもの

二　平成十八年改正令附則第二十三条第三項第二号に掲げる者であって、老齢福祉年金の受給権を有しているもの

（平一八厚労令一三二・追加、平二〇厚労令七七・令三厚労令七〇・一部改正）

（法第五十一条の三第一項の厚生労働省令で定める要介護被保険者の特例に係る認定の手続等）

第二十四条　第八十三条の六から第八十三条の八までの規定は、前条第一項又は第二項の規定による市町村の認定について準用する。この場合において、第八十三条の六第一項中「前条の」とあるのは「附則第二十三条第一項又は第二項の」と、同項第一号及び同条第五項第一号中「前条各号」とあるのは「附則第二十三条第一項各号又は第二項各号」と、第八十三条の七中「前条第一項」とあるのは「附則第二十三条第一項又

第十七条　附則第十条第一項において準用する医療法第百十一条の規定に基づく命令に違反した場合には、当該違反行為をした者は、六月以下の懲役又は三十万円以下の罰金に処する。

（令三法四九・追加）

第十八条　法人の代表者又は法人若しくは人の代理人、使用人その他の従業者が、その法人又は人の業務に関して前条の違反行為をしたときは、行為者を罰するほか、その法人又は人に対しても、同条の罰金刑を科する。

（令三法四九・追加）

［次の法律は、編集時現在未施行］

○刑法等の一部を改正する法律の施行に伴う関係法律の整理等に関する法律（抄）

（令和四年六月十七日　法律第六十八号）

（介護保険法の一部改正）

第二百六十二条　介護保険法（平成九年法律第百二十三号）の一部を次のように改正する。

第六十九条の二第一項第二号、第七十条第二項第四号、第七十八条の二第四項第四号の二、第七十九条第二項第三号の二、第八十六条第二項第七号イ、第九十四条第三項第四号、第百七条第三項第四号、第百十五条の二第二項第四号、第百十五条の十二第二項第四号の二及び第百十五条の二十二第二項第三号の二中「禁錮」を「拘禁刑」に改める。

第二百五条から第二百六条までの規定及び附則第十七条中「懲役」を「拘禁刑」に改める。

（罰則の適用等に関する経過措置）

第四百四十一条　刑法等の一部を改正する法律（令和四年法律第六十七号。以下「刑法等一部改正法」という。）及びこの法律（以下「刑法等一部改正法等」という。）の施行前にした行為の処罰については、次章

十七年度及び平成二十八年度の保険料率を第三十八条第一項に規定する基準に従い条例で定めるところにより算定している市町村に限る。以下この項において同じ。）は、同条第一項の規定にかかわらず、同項の基準額に平成二十九年度分の保険料の賦課期日における次の各号に掲げる第一号被保険者の区分に応じそれぞれ当該各号に定める同項の標準割合（市町村が同項の規定によりこれと異なる割合を設定するときは、当該割合）を乗じて得た額を保険料率とすることができる。

一　次のいずれかに該当する者　第三十八条第一項第一号に定める標準割合

イ　老齢福祉年金の受給権を有している者であって、次のいずれかに該当するもの（ロに該当する者を除く。）

(1)　その属する世帯の世帯主及び全ての世帯員が、平成二十九年度分の地方税法の規定による市町村民税が課されていない者（以下この項及び次条第一項において「平成二十九年度市町村民税世帯非課税者」という。）

(2)　要保護者であって、その者が課される保険料額についてこの号の区分による割合を適用されたならば保護を必要としない状態となるもの

ロ　被保護者

ハ　平成二十九年度市町村民税世帯非課税者であって、平成二十八年中の公的年金等の収入金額及び同年の合計所得金額（租税特別措置法第三十三条の四第一項若しくは第二項、第三十四条第一項、第三十四条の二第一項、第三十四条の三第一項、第三十五条第一項、第三十五条の二第一項又は第三十六条の規定の適用がある場合には、当該合計所得金額から特別控除額を控除して得た額とする。以下この項及び次条第一項において同じ。）の合計額が八十万円以下であり、かつ、イ、ロ又はニに該当しないもの

ニ　要保護者であって、その者が課される保険料額についてこの号の区分による割合を適用されたな

は第二項」と読み替えるものとする。

（平一八厚労令一三二・追加、平二〇厚労令七七・一部改正）

（法第六十一条の三第一項の厚生労働省令で定める居宅要支援被保険者の特例）

第二十五条　法第六十一条の三第一項の厚生労働省令で定める居宅要支援被保険者は、第九十七条の三に規定する者のほか、平成十八年七月一日から平成十九年六月三十日までの間、次のいずれかに該当していることにつき市町村の認定を受けている者（介護予防短期入所生活介護及び介護予防短期入所療養介護について介護予防サービス費又は特例介護予防サービス費の支給を受ける者に限る。）とする。

一　平成十八年改正令附則第二十四条第三項第一号に掲げる者であって、令第二十九条の二第七項に規定する合計額（以下この条において「収入金額等」という。）が八十万円以下のもの

二　平成十八年改正令附則第二十四条第三項第一号に掲げる者であって、老齢福祉年金の受給権を有しているもの

2　法第六十一条の三第一項の厚生労働省令で定める居宅要支援被保険者は、第九十七条の三に規定する者のほか、平成十九年七月一日から平成二十年六月三十日までの間、次のいずれかに該当していることにつき市町村の認定を受けている者（介護予防短期入所生活介護及び介護予防短期入所療養介護について介護予防サービス費又は特例介護予防サービス費の支給を受ける者に限る。）とする。

一　平成十八年改正令附則第二十四条第三項第二号に掲げる者であって、収入金額等が八十万円以下のもの

二　平成十八年改正令附則第二十四条第三項第二号に掲げる者であって、老齢福祉年金の受給権を有しているもの

（平一八厚労令一三二・追加、平二〇厚労令七七・一部改正）

（法第六十一条の三第一項の厚生労働省令で定める居宅要支援被保険者の特例に係る認定の手続等）

第二十六条　第八十三条の六第一項第一号、第二号及び

に別段の定めがあるもののほか、なお従前の例による。

2　刑法等一部改正法等の施行後にした行為に対して、他の法律の規定によりなお従前の例によることとされ、なお効力を有することとされ又は改正前若しくは廃止前の法律の規定の例によることとされる罰則を適用する場合において、当該罰則に定める刑（刑法施行法第十九条第一項の規定又は第八十二条の規定による改正後の沖縄の復帰に伴う特別措置に関する法律第二十五条第四項の規定の適用後のものを含む。）に刑法等一部改正法第二条の規定による改正前の刑法（明治四十年法律第四十五号。以下この項において「旧刑法」という。）第十二条に規定する懲役（以下「懲役」という。）、旧刑法第十三条に規定する禁錮（以下「禁錮」という。）又は旧刑法第十六条に規定する拘留（以下「旧拘留」という。）が含まれるときは、当該刑のうち無期の懲役又は禁錮はそれぞれ無期拘禁刑と、有期の懲役又は禁錮はそれぞれその刑と長期及び短期（刑法施行法第二十条の規定の適用後のものを含む。）を同じくする有期拘禁刑と、旧拘留は長期及び短期（刑法施行法第二十条の規定の適用後のものを含む。）を同じくする拘留とする。

（裁判の効力とその執行に関する経過措置）

第四百四十二条　懲役、禁錮及び旧拘留の確定裁判の効力並びにその執行については、次章に別段の定めがあるもののほか、なお従前の例による。

（人の資格に関する経過措置）

第四百四十三条　懲役、禁錮又は旧拘留に処せられた者に係る人の資格に関する法令の規定の適用については、無期の懲役又は禁錮に処せられた者はそれぞれ無期拘禁刑に処せられた者と、有期の懲役又は禁錮に処せられた者はそれぞれ刑期を同じくする有期拘禁刑に処せられた者と、旧拘留に処せられた者は拘留に処せられた者とみなす。

2　拘禁刑又は拘留に処せられた者に係る他の法律の規

らば保護を必要としない状態となるもの（イ⑴に係る部分を除く。）、次号ロ、第三号ロ、第四号ロ、第五号ロ、第六号ロ、第七号ロ又は第八号ロに該当する者を除く。）

二　次のいずれかに該当する者　第三十八条第一項第二号に定める標準割合

イ　平成二十九年度市町村民税世帯非課税者であって、平成二十八年中の公的年金等の収入金額及び同年の合計所得金額の合計額が百二十万円以下であり、かつ、前号に該当しないもの

ロ　要保護者であって、その者が課される保険料額についてこの号の区分による割合を適用されたならば保護を必要としない状態となるもの（前号イ⑴に係る部分を除く。）、次号ロ、第四号ロ、第五号ロ、第六号ロ、第七号ロ又は第八号ロに該当する者を除く。）

三　次のいずれかに該当する者　第三十八条第一項第三号に定める標準割合

イ　平成二十九年度市町村民税世帯非課税者であり、かつ、前二号に該当しないもの

ロ　要保護者であって、その者が課される保険料額についてこの号の区分による割合を適用されたならば保護を必要としない状態となるもの（第一号イ⑴に係る部分を除く。）、次号ロ、第五号ロ、第六号ロ、第七号ロ又は第八号ロに該当する者を除く。）

四　次のいずれかに該当する者　第三十八条第一項第四号に定める標準割合

イ　平成二十九年度分の地方税法の規定による市町村民税が課されていない者であって、平成二十八年中の公的年金等の収入金額及び同年の合計所得金額の合計額が八十万円以下であり、かつ、前三号のいずれにも該当しないもの

ロ　要保護者であって、その者が課される保険料額についてこの号の区分による割合を適用されたな

第五号並びに第二項から第十項まで、第八十三条の七並びに第八十三条の八の規定は、前条第一項又は第二項の規定による市町村の認定について準用する。この場合において、次の表の上欄に掲げる規定中同表の中欄に掲げる字句は、それぞれ同表の下欄に掲げる字句に読み替えるものとする。

第八十三条の六第一項	前条の	附則第二十五条第一項又は第二項の
	要介護被保険者	居宅要支援被保険者
	前条各号	附則第二十五条第一項各号又は第二項各号
第八十三条の六第二項	同項第一号及び第四号	同項第一号
第八十三条の六第四項	要介護被保険者	居宅要支援被保険者
第八十三条の六第五項	要介護被保険者	居宅要支援被保険者
	前条各号	附則第二十五条第一項各号又は第二項各号
第八十三条の六第七項、第九項及び第十項	要介護被保険者	居宅要支援被保険者
第八十三条の七	前条第一項	附則第二十五条第一項又は第二項
	要介護被保険者	居宅要支援被保険者
	特定介護サービス	特定介護予防サービス

定によりなお従前の例によることとされ、なお効力を有することとされ又は改正前若しくは廃止前の法律の規定の例によることとされる人の資格に関する法令の規定の適用については、無期拘禁刑に処せられた者は無期禁錮に処せられた者と、有期拘禁刑に処せられた者は刑期を同じくする有期禁錮に処せられた者と、拘留に処せられた者は刑期を同じくする旧拘留に処せられた者とみなす。

附　則

（施行期日）

1　この法律は、刑法等一部改正法施行日から施行する。

（令和五年政令第三一八号で令和七年六月一日から施行）

○全世代対応型の持続可能な社会保障制度を構築するための健康保険法等の一部を改正する法律（抄）

（令和五年五月十九日法律第三十一号）

第十四条　介護保険法の一部を次のように改正する。

第百十五条の四十五第一項中「第三項第三号」を「次項第七号、第三項第三号、第百十五条の四十七第十項」に改め、同条第二項に次の一号を加える。

七　被保険者の保健医療の向上及び福祉の増進を図るため、被保険者、介護サービス事業者その他の関係者が被保険者に係る情報を共有し、及び活用することを促進する事業

第百十五条の四十六第一項中「第百十五条の四十五第二項各号」を「第百十五条の四十五第二項第一号から第六号まで」に改める。

第百十五条の四十七第十項を同条第十二項とし、同条第九項の次に次の二項を加える。

10　市町村は、第百十五条の四十五第二項第七号に掲げる事業の実施に係る被保険者又は被保険者であった者に係る情報の収集、整理、利用又は提供に関する事務の全部又は一部を社会保険診療報酬支払基金

らば保護を必要としない状態となるもの（第一号イ(1)に係る部分を除く。）、次号ロ、第六号ロ、第七号ロ又は第八号ロに該当する者を除く。）

五　次のいずれかに該当する者　第三十八条第一項第五号に定める標準割合

イ　平成二十九年度分の地方税法の規定による市町村民税が課されていない者であり、かつ、前各号のいずれにも該当しないもの

ロ　要保護者であって、その者が課される保険料額についてこの号の区分による割合を適用されたならば保護を必要としない状態となるもの（第一号イ(1)に係る部分を除く。）、次号ロ、第七号ロ又は第八号ロに該当する者を除く。）

六　次のいずれかに該当する者　第三十八条第一項第六号に定める標準割合

イ　平成二十八年の合計所得金額が基準所得金額未満である者であり、かつ、前各号のいずれにも該当しないもの

ロ　要保護者であって、その者が課される保険料額についてこの号の区分による割合を適用されたならば保護を必要としない状態となるもの（第一号イ(1)に係る部分を除く。）、次号ロ又は第八号ロに該当する者を除く。）

七　次のいずれかに該当する者　第三十八条第一項第七号に定める標準割合

イ　平成二十八年の合計所得金額が基準所得金額未満である者であり、かつ、前各号のいずれにも該当しないもの

ロ　要保護者であって、その者が課される保険料額についてこの号の区分による割合を適用されたならば保護を必要としない状態となるもの（第一号イ(1)に係る部分を除く。）又は次号ロに該当する者を除く。）

八　次のいずれかに該当する者　第三十八条第一項第八号に定める標準割合

イ　平成二十八年の合計所得金額が基準所得金額未満である者であり、かつ、前各号のいずれにも該

	特定介護保険施設等（法第五十一条の三第一項に規定する特定介護保険施設等をいう。以下同じ。）	特定介護予防サービス事業者（法第六十一条の三第一項に規定する特定介護予防サービス事業者をいう。以下同じ。）
第八十三条の八第一項	特定介護保険施設等	特定介護予防サービス事業者
	居住又は滞在（以下「居住等」という。）	滞在
	食費の基準費用額（法第五十一条の三第二項第一号に規定する食費の基準費用額をいう。）	食費の基準費用額（法第六十一条の三第二項第一号に規定する食費の基準費用額をいう。）
	居住費の基準費用額（同項第二号に規定する居住費の基準費用額をいう。）	滞在費の基準費用額（同項第二号に規定する滞在費の基準費用額をいう。）
	要介護被保険者	居宅要支援被保険者
	居住費の負担限度額（法第五十一条の三第二項第二号に規定する居住費の負担限度額をいう。）	滞在費の負担限度額（法第六十一条の三第二項第二号に規定する滞在費の負担限度額をいう。）
	特定入所者介護サービス費	特定入所者介護予防サービス費
第八十三条の八第二項	要介護被保険者	居宅要支援被保険者

法（昭和二十三年法律第百二十九号）による社会保険診療報酬支払基金（以下「支払基金」という。）又は連合会その他厚生労働省令で定める者（第百十八条の十及び第百十八条の十一において「支払基金等」という。）に委託することができる。

11　市町村は、前項の規定により事務を委託する場合は、他の市町村、社会保険診療報酬支払基金法第一条に規定する保険者及び法令の規定により医療に関する給付その他の事務を行う者であって厚生労働省令で定めるものと共同して委託するものとする。

第百十八条の二に次の一項を加える。

4　市町村は、介護サービス事業者及び特定介護予防・日常生活支援総合事業を行う者に対し、第一項第三号に掲げる事項に関する情報を、厚生労働省令で定める方法により提供するよう求めることができる。

第百十八条の十中「社会保険診療報酬支払基金法（昭和二十三年法律第百二十九号）による社会保険診療報酬支払基金（以下「支払基金」という。）又は連合会その他厚生労働省令で定める者（次条において「支払基金等」という。）」を「支払基金等」に改める。

第百六十条第二項中「前項」を「前二項」に改め、同項を同条第三項とし、同条第一項の次に次の一項を加える。

2　支払基金は、社会保険診療報酬支払基金法第十五条に規定する業務及び前項各号に掲げる業務のほか、第一条に規定する目的を達成するため、次に掲げる業務を行う。

一　第百十五条の四十七第十項の規定により市町村から委託を受けて行う第百十五条の四十五第二項第七号に掲げる事業に関する業務を行うこと。

二　前号に掲げる業務に附帯する業務を行うこと。

第百六十四条中「介護保険関係業務」の下に「（第百六十条第二項に規定する業務を除く。次条第一項、

当しないもの

ロ　要保護者であって、その者が課される保険料額についてこの号の区分による割合を適用されたならば保護を必要としない状態となるもの（第一号イ⑴に係る部分を除く。）に該当する者を除く。）

九　前各号のいずれにも該当しない者　第三十八条第一項第九号に定める標準割合

2　前項第一号ハの特別控除額は、租税特別措置法第三十三条の四第一項若しくは第二項、第三十四条第一項、第三十四条の二第一項、第三十四条の三第一項、第三十五条第一項、第三十五条の二第一項又は第三十六条の規定により同法第三十一条第一項に規定する長期譲渡所得の金額から控除すべき金額及び同法第三十三条の四第一項若しくは第二項、第三十四条第一項、第三十四条の二第一項、第三十四条の三第一項、第三十五条第一項又は第三十六条の規定により同法第三十二条第一項に規定する短期譲渡所得の金額から控除すべき金額の合計額とする。

3　第一項の規定により保険料率を算定する場合には、第三十八条第六項から第十項までの規定を準用する。この場合において、同条第六項中「第一項第六号」とあるのは「附則第十九条第一項第六号」と、同条第七項中「第一項第七号」とあるのは「附則第十九条第一項第七号」と、同項第一号中「第一項第一号」とあるのは「附則第十九条第一項第一号」と、同項第二号中「第一項第二号」とあるのは「附則第十九条第一項第二号」と、同項第三号中「第一項第四号」とあるのは「附則第十九条第一項第四号」と、同項第四号中「第一項第六号」とあるのは「附則第十九条第一項第六号」と、同項第五号及び同条第八項中「第一項第八号」とあるのは「附則第十九条第一項第八号」と、同条第十項中「第一項第一号」とあるのは「附則第十九条第一項第一号」と読み替えるものとする。

4　第一項の規定により保険料率を算定する場合におけ

	特定介護保険施設等	特定介護予防サービス事業者
	特定介護サービス	特定介護予防サービス
	居住等	滞在
	第三号の特定介護保険施設等に居住し、又は滞在していた期間	特定介護予防サービスを受けていた期間
第八十三条の八第三項	居住費	滞在費

（平一八厚労令一三二・追加、平二〇厚労令七七・一部改正）

（特別養護老人ホームの旧措置入所者に関する経過措置の特例）

第二十七条　施行法第十三条第五項の厚生労働省令で定める要介護旧措置入所者（同条第三項に規定する要介護旧措置入所者をいう。以下この条及び附則第三十条において同じ。）は、第百七十二条の二において準用する第八十三条の五に規定する者のほか、平成十八年七月一日から平成十九年六月三十日までの間、次のいずれかに該当していることにつき市町村の認定を受けている者とする。

一　平成十八年改正令附則第二十三条第三項第一号に掲げる者であって、令第二十二条の二第七項に規定する合計額（以下この条において「収入金額等」という。）が八十万円以下のもの

二　平成十八年改正令附則第二十三条第三項第一号に掲げる者であって、老齢福祉年金の受給権を有しているもの

2　施行法第十三条第五項の厚生労働省令で定める要介護旧措置入所者は、第百七十二条の二において準用する第八十三条の五に規定する者のほか、平成十九年七月一日から平成二十年六月三十日までの間、次のいず

第百六十六条第一項、第百六十七条第一項及び第二項、第百六十八条第一項並びに第百七十条において同じ。）」を加える。

2　第百六十五条に次の一項を加える。

2　支払基金が第百六十条第二項に規定する業務を行う場合における社会保険診療報酬支払基金法第二十四条第一項の規定の適用については、同項中「収支予算」とあるのは、「収支予算（介護保険法（平成九年法律第百二十三号）第百六十条第二項に規定する業務に関するものを含む。）」とする。

第百六十六条に次の一項を加える。

4　支払基金が第百六十条第二項に規定する業務を行う場合における社会保険診療報酬支払基金法第二十五条第一項の規定の適用については、同項中「業務」とあるのは、「業務及び介護保険法（平成九年法律第百二十三号）第百六十条第二項に規定する業務」とする。

第二百一条の次に次の二条を加える。

（被保険者番号等の利用制限等）

第二百一条の二　厚生労働大臣、市町村、介護サービス事業者、特定介護予防・日常生活支援総合事業を行う者その他の介護保険事業又は当該事業に関連する事務の遂行のため被保険者番号等（保険者番号（厚生労働大臣が介護保険事業において市町村を識別するための番号として、市町村ごとに定めるものをいう。）及び被保険者番号（市町村が被保険者の資格を管理するための番号として、被保険者ごとに定めるものをいう。）をいう。以下この条において同じ。）を利用する者として厚生労働省令で定める者（以下この条において「厚生労働大臣等」という。）は、当該事業又は事務の遂行のため必要がある場合を除き、何人に対しても、その者又はその者以外の者に係る被保険者番号等を告知することを求めてはならない。

2　厚生労働大臣等以外の者は、介護保険事業又は当該事業に関連する事務の遂行のため被保険者番号等の利用が特に必要な場合として厚生労働省令で定め

る中国残留邦人等の円滑な帰国の促進並びに永住帰国した中国残留邦人等及び特定配偶者の自立の支援に関する法律施行令第二十二条第二十一号イ及び介護保険の国庫負担金の算定等に関する政令（平成十年政令第四百十三号）第三条の二第一項の規定の適用については、中国残留邦人等の円滑な帰国の促進並びに永住帰国した中国残留邦人等及び特定配偶者の自立の支援に関する法律施行令第二十二条第二十一号イ中「並びに第三十九条第一項」とあるのは「、第三十九条第一項並びに附則第十九条第一項」と、同項中「賦課し、又は」とあるのは「賦課し、」と、「賦課する」とあるのは「賦課し、又は令附則第十九条第三項において読み替えて準用する令第三十八条第十項に定める基準に従い令附則第十九条第一項の規定に基づき算定される保険料を賦課する」とする。

（平二八政三〇〇・追加）

（平成二十九年度における特別の基準による保険料率の算定に関する特例）

第二十条　平成二十九年度においては、市町村（平成二十七年度及び平成二十八年度の保険料率を第三十九条第一項に規定する基準に従い条例で定めるところにより算定している市町村に限る。以下この項において同じ。）は、同条第一項の規定にかかわらず、同項の基準額に平成二十九年度分の保険料の賦課期日における次の各号に掲げる第一号被保険者の区分に応じ、それぞれ当該各号に定める割合を乗じて得た額を保険料率とすることができる。この場合において、市町村は、第九号に掲げる第一号被保険者の区分を平成二十八年の合計所得金額に基づいて更に区分し、当該区分に応じて定める割合を乗じて得た額を保険料率とすることができる。

一　次のいずれかに該当する者　第三十九条第一項第一号の規定により十分の五を標準として市町村が定める割合

イ　老齢福祉年金の受給権を有している者であって、次のいずれかに該当するもの（ロに該当する者を除く。）

れかに該当していることにつき市町村の認定を受けている者とする。

一　平成十八年改正令附則第二十三条第三項第二号に掲げる者であって、収入金額等が八十万円以下のもの

二　平成十八年改正令附則第二十三条第三項第二号に掲げる者であって、老齢福祉年金の受給権を有しているもの

3　第八十三条の六から第八十三条の八までの規定は、第一項又は前項の規定による市町村の認定について準用する。この場合において、次の表の上欄に掲げる規定中同表の中欄に掲げる字句は、それぞれ同表の下欄に掲げる字句に読み替えるものとする。

第八十三条の六第一項	前条の	附則第二十七条第一項又は第二項の
	要介護被保険者	要介護旧措置入所者（施行法第十三条第三項に規定する要介護旧措置入所者をいう。附則第二十七条第三項において準用する第四項、第五項、第七項、第九項及び第十項、次条並びに第八十三条の八において同じ。）
	前条各号	附則第二十七条第一項各号又は第二項各号
	指定施設サービス等又は地域密着型介護老人福祉施設入所者生活介護を受けている場合にあっ	指定地域密着型サービスを受けている地域密着型介護老人福祉施設又は指定介護福祉施設サービスを受け

る場合を除き、何人に対しても、その者又はその者以外の者に係る被保険者番号等を告知することを求めてはならない。

3　何人も、次に掲げる場合を除き、その者が業として行う行為に関し、その者に対し売買、貸借、雇用その他の契約（以下この項において「契約」という。）の申込みをしようとする者若しくは申込みをする者又はその者と契約の締結をした者に対し、当該者又は当該者以外の者に係る被保険者番号等を告知することを求めてはならない。

一　厚生労働大臣等が、第一項に規定する場合に、被保険者番号等を告知することを求めるとき。

二　厚生労働大臣等以外の者が、前項に規定する厚生労働省令で定める場合に、被保険者番号等を告知することを求めるとき。

4　何人も、次に掲げる場合を除き、業として、被保険者番号等の記録されたデータベース（その者以外の者に係る被保険者番号等を含む情報の集合物であって、それらの情報を電子計算機を用いて検索することができるように体系的に構成したものをいう。）であって、当該データベースに記録された情報が他に提供されることが予定されているもの（以下この項において「提供データベース」という。）を構成してはならない。

一　厚生労働大臣等が、第一項に規定する場合に、提供データベースを構成するとき。

二　厚生労働大臣等以外の者が、第二項に規定する厚生労働省令で定める場合に、提供データベースを構成するとき。

5　厚生労働大臣は、前二項の規定に違反する行為が行われた場合において、当該行為をした者が更に反復してこれらの規定に違反する行為をするおそれがあると認めるときは、当該行為をした者に対し、当該行為を中止することを勧告し、又は当該行為が中止されることを確保するために必要な措置を講ずる

(1)　平成二十九年度市町村民税世帯非課税者

(2)　要保護者であって、その者が課される保険料額についてこの号の区分による割合を適用されたならば保護を必要としない状態となるもの

ロ　被保護者

ハ　平成二十九年度市町村民税世帯非課税者であって、平成二十八年中の公的年金等の収入金額及び同年の合計所得金額の合計額が八十万円以下であり、かつ、イ、ロ又はニに該当しないもの

ニ　要保護者であって、その者が課される保険料額についてこの号の区分による割合を適用されたならば保護を必要としない状態となるもの（イ(1)に係る部分を除く。）、次号ロ、第三号ロ、第四号ロ、第五号ロ、第六号ロ、第七号ロ、第八号ロ又は第九号ロに該当する者を除く。）

二　次のいずれかに該当する者　第三十九条第一項第二号の規定により十分の七・五を標準として市町村が定める割合

イ　平成二十九年度市町村民税世帯非課税者であって、平成二十八年中の公的年金等の収入金額及び同年の合計所得金額の合計額が百二十万円以下であり、かつ、前号に該当しないもの

ロ　要保護者であって、その者が課される保険料額についてこの号の区分による割合を適用されたならば保護を必要としない状態となるもの（前号イ(1)に係る部分を除く。）、次号ロ、第四号ロ、第五号ロ、第六号ロ、第七号ロ、第八号ロ又は第九号ロに該当する者を除く。）

三　次のいずれかに該当する者　第三十九条第一項第三号の規定により十分の七・五を標準として市町村が定める割合

イ　平成二十九年度市町村民税世帯非課税者であり、かつ、前二号に該当しないもの

ロ　要保護者であって、その者が課される保険料額についてこの号の区分による割合を適用されたな

	ては、当該指定施設サービス等又は地域密着型介護老人福祉施設入所者生活介護を受けている介護保険施設又は地域密着型介護老人福祉施設	ている指定介護老人福祉施設
	介護保険施設又は地域密着型介護老人福祉施設に	地域密着型介護老人福祉施設又は指定介護老人福祉施設に
第八十三条の六第四項	様式第一号の二	様式第一号の三
	要介護被保険者	要介護旧措置入所者
第八十三条の六第五項	要介護被保険者	要介護旧措置入所者
	前条各号	附則第二十七条第一項各号又は第二項各号
第八十三条の六第七項、第九項及び第十項	要介護被保険者	要介護旧措置入所者
第八十三条の七	前条第一項の	附則第二十七条第一項又は第二項の
	要介護被保険者	要介護旧措置入所者
	特定介護サービス	指定地域密着型サービス又は指定介護福祉施設サー

ことを勧告することができる。

6　厚生労働大臣は、前項の規定による勧告を受けた者がその勧告に従わないときは、その者に対し、期限を定めて、当該勧告に従うべきことを命ずることができる。

（報告及び検査）

第二百一条の三　厚生労働大臣は、前条第五項及び第六項の規定による措置に関し必要があると認めるときは、その必要と認められる範囲内において、同条第三項若しくは第四項の規定に違反していると認めるに足りる相当の理由がある者に対し、必要な事項に関し報告を求め、又は当該職員に当該者の事務所若しくは事業所に立ち入って質問させ、若しくは帳簿書類その他の物件を検査させることができる。

2　第二十四条第三項の規定は前項の規定による質問又は検査について、同条第四項の規定は前項の規定による権限について、それぞれ準用する。

第二百五条の三中「者は」を「場合には、その違反行為をした者は」に改め、同条各号中「者」を「とき。」に改め、同条の次に次の一条を加える。

第二百五条の四　第二百一条の二第六項の規定による命令に違反したときは、その違反行為をした者は、一年以下の拘禁刑又は五十万円以下の罰金に処する。

第二百九条の次に次の一条を加える。

第二百九条の二　正当な理由がなくて第二百一条の三第一項の規定による報告をせず、若しくは虚偽の報告をし、又は同項の規定による当該職員の質問に対して、正当な理由がなくて答弁をせず、若しくは虚偽の答弁をし、若しくは正当な理由がなくて同項の規定による検査を拒み、妨げ、若しくは忌避したときは、その違反行為をした者は、三十万円以下の罰金に処する。

第二百十一条中「法人の代表者」を「法人（法人でない社団又は財団で代表者又は管理人の定めがあるもの（以下この条において「人格のない社団等」という。）を含む。以下この項において同じ。）の代表者

らば保護を必要としない状態となるもの（第一号イ(1)に係る部分を除く。）、次号ロ、第五号ロ、第六号ロ、第七号ロ、第八号ロ又は第九号ロに該当する者を除く。）

四　次のいずれかに該当する者　第三十九条第一項第四号の規定により十分の九を標準として市町村が定める割合

イ　平成二十九年度分の地方税法の規定による市町村民税が課されていない者であって、平成二十八年中の公的年金等の収入金額及び同年の合計所得金額の合計額が八十万円以下であり、かつ、前三号のいずれにも該当しないもの

ロ　要保護者であって、その者が課される保険料額についてこの号の区分による割合を適用されたならば保護を必要としない状態となるもの（第一号イ(1)に係る部分を除く。）、次号ロ、第六号ロ、第七号ロ、第八号ロ又は第九号ロに該当する者を除く。）

五　次のいずれかに該当する者　第三十九条第一項第五号の規定により十分の十を標準として市町村が定める割合

イ　平成二十九年度分の地方税法の規定による市町村民税が課されていない者であり、かつ、前各号のいずれにも該当しないもの

ロ　要保護者であって、その者が課される保険料額についてこの号の区分による割合を適用されたならば保護を必要としない状態となるもの（第一号イ(1)に係る部分を除く。）、次号ロ、第七号ロ、第八号ロ又は第九号ロに該当する者を除く。）

六　次のいずれかに該当する者　第三十九条第一項第六号の規定により十分の十を超える割合で市町村が定める割合

イ　平成二十八年の合計所得金額が市町村が定める額未満である者であり、かつ、前各号のいずれにも該当しないもの

ロ　要保護者であって、その者が課される保険料額についてこの号の区分による割合を適用されたな

		ビス
	特定介護保険施設等（法第五十一条の三第一項に規定する特定介護保険施設等をいう。以下同じ。）	地域密着型介護老人福祉施設又は指定介護老人福祉施設
第八十三条の八第一項	特定介護保険施設等	地域密着型介護老人福祉施設又は指定介護老人福祉施設
	居住又は滞在（以下「居住等」という。）	居住
	食費の基準費用額（法第五十一条の三第二項第一号に規定する食費の基準費用額をいう。）	食費の特定基準費用額（施行法第十三条第五項第一号に規定する食費の特定基準費用額をいう。）
	居住費の基準費用額（同項第二号に規定する居住費の基準費用額をいう。）	居住費の特定基準費用額（同項第二号に規定する居住費の特定基準費用額をいう。）
	要介護被保険者	要介護旧措置入所者
	食費の負担限度額（同項第一号に規定する食費の負担限度額をいう。）	食費の特定負担限度額（同項第一号に規定する食費の特定負担限度額をいう。）
	居住費の負担限度額（法第五十	居住費の特定負担限度額（施行法第

（人格のない社団等の管理人を含む。）」に、「又は第二百九条」を「、第二百九条又は第二百九条の二」に改め、同条に次の一項を加える。

2　人格のない社団等について前項の規定の適用がある場合には、その代表者又は管理人がその訴訟行為につき当該人格のない社団等を代表するほか、法人を被告人又は被疑者とする場合の刑事訴訟に関する法律の規定を準用する。

附　則

（施行期日）

第一条　この法律は、令和六年四月一日から施行する。ただし、次の各号に掲げる規定は、当該各号に定める日から施行する。

一から三まで　略

四　第四条中国民健康保険法第六十四条及び第八十五条の三第二項第二号の改正規定、第六条中高齢者の医療の確保に関する法律第八条第五項の改正規定（「推進」の下に「、医療法第六条の三第一項に規定するかかりつけ医機能（次条第四項において「かかりつけ医機能」という。）の確保」を加える部分に限る。）及び同法第九条第四項の改正規定（「推進」の下に「、かかりつけ医機能の確保」を加える部分に限る。）、第八条中医療法の目次の改正規定（第二号に掲げる改正規定を除く。）、同法第五条第一項及び第六条の三第一項の改正規定、同法第二章第一節中第六条の四の三を第六条の四の四とし、第六条の四の二を第六条の四の三とし、第六条の四の次に一条を加える改正規定、同法第十六条の二第一項第三号、第二十九条第三項第三号及び第四項第三号並びに第三十条の三第二項の改正規定、同法第三十条の三の二に一項を加える改正規定、同法第三十条の四第二項第十号の次に一号を加える改正規定、同法第三十条の五、第三十条の六第一項、第三十条の十四第一項及び第三十条の十八の四の改正規定、同法第五章第四節中第三十条の十八の四を第

らば保護を必要としない状態となるもの（第一号イ(1)に係る部分を除く。）、次号ロ、第八号ロ又は第九号ロに該当する者を除く。）

七　次のいずれかに該当する者　第三十九条第一項第七号の規定により同項第六号に定める割合を超える割合で市町村が定める割合

イ　平成二十八年の合計所得金額が前号イに規定する額を超える額であって市町村が定める額未満である者であり、かつ、前各号のいずれにも該当しないもの

ロ　要保護者であって、その者が課される保険料額についてこの号の区分による割合を適用されたならば保護を必要としない状態となるもの（第一号イ(1)に係る部分を除く。）、次号ロ又は第九号ロに該当する者を除く。）

八　次のいずれかに該当する者　第三十九条第一項第八号の規定により同項第七号に定める割合を超える割合で市町村が定める割合

イ　平成二十八年の合計所得金額が前号イに規定する額を超える額であって市町村が定める額未満である者であり、かつ、前各号のいずれにも該当しないもの

ロ　要保護者であって、その者が課される保険料額についてこの号の区分による割合を適用されたならば保護を必要としない状態となるもの（第一号イ(1)に係る部分を除く。）又は次号ロに該当する者を除く。）

九　次のいずれかに該当する者　第三十九条第一項第九号の規定により同項第八号に定める割合を超える割合で市町村が定める割合

イ　平成二十八年の合計所得金額が前号イに規定する額を超える額であって市町村が定める額未満である者であり、かつ、前各号のいずれにも該当しないもの

ロ　要保護者であって、その者が課される保険料額

	一条の三第二項第二号に規定する居住費の負担限度額をいう。	十三条第五項第二号に規定する居住費の特定負担限度額をいう。
第八十三条の八第二項	要介護被保険者	要介護旧措置入所者
	特定介護保険施設等	地域密着型介護老人福祉施設又は指定介護老人福祉施設
	特定介護サービス	指定地域密着型サービス又は指定介護福祉施設サービス
	居住等	居住
	居住し、又は滞在していた	居住していた
第八十三条の八第三項	食費の負担限度額	食費の特定負担限度額
	居住費の負担限度額	居住費の特定負担限度額

（平一八厚労令一三二・追加、平二〇厚労令七七・平二六厚労令七一・一部改正）

（法第五十一条の三第一項の厚生労働省令で定める要介護被保険者の特例）

第二十八条　特定介護サービスを受ける日の属する月が平成二十七年七月である法第五十一条の三第一項の厚生労働省令で定める要介護被保険者に係る第八十三条の五の規定の適用については、同条中「四月から六月まで」とあるのは「四月から七月まで」と、「一月から六月まで」とあるのは「一月から七月まで」とする。

（平二六厚労令七一・追加）

三十条の十八の五とし、第三十条の十八の三の次に一条を加える改正規定並びに同法第七十条第一項第二号、第九十二条及び第百六条の改正規定、第十条の規定並びに第十三条中介護保険法第百十七条第五項の改正規定並びに附則第十四条の規定　令和七年四月一日

五　略

六　第一条中健康保険法第二百五条の四第二項の改正規定、第二条中船員保険法第百五十三条の十第二項の改正規定、第四条中国民健康保険法第百十三条の三第二項の改正規定、第六条中高齢者の医療の確保に関する法律第百六十五条の二第二項の改正規定及び第十四条の規定並びに附則第十九条中私立学校教職員共済法（昭和二十八年法律第二百四十五号）第四十七条の三第二項の改正規定、附則第二十条中国家公務員共済組合法（昭和三十三年法律第百二十八号）第百十四条の二第二項の改正規定、附則第二十一条中地方公務員等共済組合法（昭和三十七年法律第百五十二号）第百四十四条の三十三第二項の改正規定、附則第二十四条（第二号に係る部分に限る。）の規定、附則第二十六条中生活保護法（昭和二十五年法律第百四十四号）第八十条の四第二項の改正規定及び附則第二十九条の規定　公布の日から起算して四年を超えない範囲内において政令で定める日

（検討）

第二条　政府は、この法律の公布後、全世代対応型の持続可能な社会保障制度を構築するため、経済社会情勢の変化と社会の要請に対応し、受益と負担の均衡がとれた社会保障制度の確立を図るための更なる改革について速やかに検討を加え、その結果に基づいて所要の措置を講ずるものとする。

2　政府は、この法律の施行後五年を目途として、この法律による改正後のそれぞれの法律（以下この項において「改正後の各法律」という。）の施行の状況等を勘案し、必要があると認めるときは、改正後の各法律の規定について検討を加え、その結果に基づいて所要

についてこの号の区分による割合を適用されたならば保護を必要としない状態となるもの（第一号イ(1)に係る部分を除く。）に該当する者を除く。）

十　前各号のいずれにも該当しない者　第三十九条第一項の規定により同項第九号に定める割合を超える割合で市町村が定める割合

2　前項の規定により保険料率を算定する場合には、第三十八条第九項並びに第三十九条第二項及び第五項の規定を準用する。この場合において、同条第二項中「前項」とあるのは「附則第二十条第一項」と、「当該保険料の賦課期日の属する年の前年」とあるのは「平成二十八年」と、同条第五項中「第一項第一号」とあるのは「附則第二十条第一項第一号」と読み替えるものとする。

3　第一項の規定により保険料率を算定する場合における中国残留邦人等の円滑な帰国の促進並びに永住帰国した中国残留邦人等及び特定配偶者の自立の支援に関する法律施行令第二十二条第二十一号イ及び介護保険の国庫負担金の算定等に関する政令第三条の二第一項の規定の適用については、同号イ中「並びに第三十九条第一項」とあるのは「、第三十九条第一項並びに附則第二十条第一項」と、同項中「賦課し、又は」とあるのは「賦課し、」と、「賦課する」とあるのは「賦課し、又は令附則第二十条第二項において読み替えて準用する令第三十九条第五項に定める基準に従い令附則第二十条第一項の規定に基づき算定される保険料を賦課する」とする。

（平二八政三〇〇・追加）

（平成二十九年八月一日から令和二年七月三十一日までの間に受けた居宅サービス等に係る高額介護サービス費の特例）

第二十一条　平成二十九年八月一日から令和二年七月三十一日までの間において被保険者が受けた居宅サービス等に係る高額介護サービス費については、第二十二条の二第二項から第四項までの規定によるほか、利用者負担年間世帯合算額が四十四万六千四百円を超

（法第六十一条の三第一項の厚生労働省令で定める居宅要支援被保険者の特例）

第二十九条　特定介護予防サービスを受ける日の属する月が平成二十七年七月である法第六十一条の三第一項の厚生労働省令で定める居宅要支援被保険者に係る第九十七条の三の規定の適用については、同条中「四月から六月まで」とあるのは、「四月から七月まで」とする。

（平二六厚労令七一・追加）

（特別養護老人ホームの旧措置入所者に関する経過措置の特例）

第三十条　指定介護福祉施設サービス（法第四十八条第一項第一号に規定する指定介護福祉施設サービスをいう。）を受ける日の属する月が平成二十七年七月である施行法第十三条第五項の厚生労働省令で定める要介護旧措置入所者に係る第百七十二条の二において準用する第八十三条の五の規定の適用については、同条中「四月から六月まで」とあるのは「四月から七月まで」と、「一月から六月まで」とあるのは「一月から七月まで」とする。

（平二六厚労令七一・追加）

（平成二十六年改正法に係る特例）

第三十一条　地域における医療及び介護の総合的な確保を推進するための関係法律の整備等に関する法律（平成二十六年法律第八十三号）附則第十三条に規定する法第百十五条の四十五の三の指定を受けたものとみなされたものに係る法第百十五条の四十五の六第一項に規定する厚生労働省令で定める期間は、当該みなされた指定から初回の更新までの期間については、第百四十条の六十三の七の規定にかかわらず、三年とする。ただし、市町村が別に当該期間を定める場合には、六年を超えない範囲で当該市町村が定める期間とする。

（平二七厚労令五七・追加）

（令附則第二十一条第一項第三号の収入の額の算定）

第三十二条　令附則第二十一条第一項第三号に規定する収入の額は、被保険者の属する世帯に属する第一号被保険者について、同項に規定する基準日の属する年の

の措置を講ずるものとする。

（介護保険法の一部改正に伴う経過措置）

第十五条　第十三条の規定（附則第一条第四号に掲げる改正規定を除く。）による改正後の介護保険法（以下この条及び次条において「新介護保険法」という。）の施行のために必要な条例の制定又は改正、新介護保険法第百十五条の二十二第一項の規定による介護保険法第五十八条第一項の指定（同法第四十六条第一項に規定する指定居宅介護支援事業者の申請に係るものに限る。）の手続その他の行為は、施行日前においても行うことができる。

第十六条　新介護保険法第百十五条の四十四の二第二項の規定は、令和五年四月一日以後に始まる会計年度に係る事項について適用する。

第十七条　支払基金は、附則第一条第六号に掲げる規定の施行の日前においても、第十四条の規定による改正後の介護保険法第百六十条第二項に規定する業務の実施に必要な準備行為をすることができる。

（政令への委任）

第十八条　附則第三条から前条までに規定するもののほか、この法律の施行に伴い必要な経過措置（罰則に関する経過措置を含む。）は、政令で定める。

える場合に、毎年八月一日から翌年七月三十一日までの期間（以下この条及び次条において「計算期間」という。）の末日（以下この条及び次条において「基準日」という。）において当該市町村の行う介護保険の被保険者である者（次条第一項において「基準日被保険者」という。）に支給するものとし、その額は、要介護被保険者支給額（利用者負担年間世帯合算額から四十四万六千四百円を控除して得た額に基準日要介護被保険者按分率（第三項第一号及び第三号に掲げる額の合算額を利用者負担年間世帯合算額で除して得た率をいう。）を乗じて得た額をいう。次項において同じ。）（当該要介護被保険者支給額が第三項第一号に掲げる額を超える場合にあっては、同号に掲げる額）とする。ただし、当該基準日において、次に掲げる場合は、この限りでない。

一　当該被保険者の属する世帯に属する被保険者のいずれかが、居宅サービス等又は介護予防サービス等を受けることとした場合に法第四十九条の二又は第五十九条の二の規定が適用される者（次号及び次条第一項において「一定以上所得者」という。）である場合

二　当該被保険者の属する世帯に属する被保険者（要介護被保険者等に該当しない者に限る。）のいずれかが、要介護被保険者等に該当するとしたならば、一定以上所得者となる場合

三　当該被保険者の属する世帯に属する第一号被保険者のいずれかの当該基準日の属する年の前々年（第五項の規定により当該基準日の属する年の前年八月一日から同年十二月三十一日までのいずれかの日を基準日とみなした場合にあっては、当該基準日とみなした日の属する年の前年。以下この号において同じ。）の所得について、イに掲げる額（当該基準日の属する年の前々年の十二月三十一日において世帯主であって、同日において当該世帯主と同一の世帯に属する十九歳未満の者で同年の合計所得金額が三

前々年（同条第五項の規定により当該基準日の属する年の前年八月一日から同年十二月三十一日までのいずれかの日を基準日とみなした場合にあっては、当該基準日とみなした日の属する年の前年。附則第三十七条において同じ。）における所得税法第三十六条第一項に規定する各種所得の金額（退職所得の金額（同法第三十条第二項に規定する退職所得の金額をいう。）を除く。）の計算上収入金額とすべき金額及び総収入金額に算入すべき金額を合算した額として、地方税法第三百十四条の二第一項に規定する総所得金額及び山林所得金額並びに他の所得と区分して計算される所得の金額（同法附則第三十三条の二第五項に規定する上場株式等に係る配当所得等の金額、同法附則第三十三条の三第五項に規定する土地等に係る事業所得等の金額、同法附則第三十四条第四項に規定する長期譲渡所得の金額、同法附則第三十五条第五項に規定する短期譲渡所得の金額、同法附則第三十五条の二第五項に規定する一般株式等に係る譲渡所得等の金額、同法附則第三十五条の二の二第五項に規定する上場株式等に係る譲渡所得等の金額及び同法附則第三十五条の四第四項に規定する先物取引に係る雑所得等の金額、外国居住者等の所得に対する相互主義による所得税等の非課税等に関する法律（昭和三十七年法律第百四十四号）第八条第二項（同法第十二条第五項及び第十六条第二項において準用する場合を含む。）に規定する特例適用利子等の額及び同法第八条第四項（同法第十二条第六項及び第十六条第三項において準用する場合を含む。）に規定する特例適用配当等の額並びに租税条約等の実施に伴う所得税法、法人税法及び地方税法の特例等に関する法律（昭和四十四年法律第四十六号）第三条の二の二第十項に規定する条約適用利子等の額及び同条第十二項に規定する条約適用配当等の額をいう。附則第三十七条において同じ。）の計算上用いられる所得税法第二編第二章第二節第一款に規定する利子所得、配当所得、給与所得及び雑所得（公的年金等

十八万円以下であるもの（ロにおいて「控除対象者」という。）を有する者にあっては、イに掲げる額からロに掲げる額を控除して得た額）が百四十五万円以上である場合（当該被保険者の属する世帯に属する全ての第一号被保険者について、厚生労働省令で定めるところにより算定した当該基準日の属する年の前々年の収入の合計額が五百二十万円（当該世帯に属する第一号被保険者が一人である場合にあっては、三百八十三万円）に満たない場合を除く。）

イ　当該基準日の属する年の前年（第五項の規定により同年八月一日から同年十二月三十一日までのいずれかの日を基準日とみなした場合にあっては、当該基準日とみなした日の属する年）の四月一日の属する年度分の地方税法の規定による市町村民税に係る同法第三百十四条の二第一項に規定する総所得金額及び山林所得金額並びに他の所得と区分して計算される所得の金額の合計額から同項各号及び同条第二項の規定による控除をした後の金額

ロ　当該基準日の属する年の前々年の十二月三十一日において十六歳未満の控除対象者の数を三十三万円に乗じて得た額及び同日において十六歳以上の控除対象者の数を十二万円に乗じて得た額の合計額

2　平成二十九年八月一日から令和二年七月三十一日までの間において被保険者が受けた居宅サービス等に係る高額介護サービス費については、第二十二条の二の二第二項から第四項まで及び前項の規定によるほか、要介護被保険者支給額が次項第一号に掲げる額を超える場合に、当該要介護被保険者支給額の算定の対象となった計算期間において基準日市町村（基準日において当該被保険者に対し介護保険を行う市町村をいう。次項において同じ。）以外の市町村（以下この項及び次項並びに次条第二項において「基準日以外市町村」という。）が行う介護保険の被保険者であった者に支給するものとし、その額は、要介護被保険者支給額か

に係るものに限る。）に係る収入金額並びに不動産所得、事業所得、山林所得、譲渡所得、一時所得及び雑所得（公的年金等に係るものを除く。）に係る総収入金額を合算した額とする。

（平二九厚労令八五・追加）

（令附則第二十一条第一項第三号に規定する収入の申請）

第三十三条　被保険者が令附則第二十一条第一項第三号に規定する収入の合計額が五百二十万円（当該被保険者が属する世帯に属する第一号被保険者が一人である場合にあっては、三百八十三万円）に満たないことを申し出る場合には、次に掲げる事項を記載した申請書を市町村に提出しなければならない。

一　氏名、生年月日及び個人番号

二　当該被保険者が属する世帯に属する全ての第一号被保険者について前条の規定により算定した収入の額

三　被保険者証の番号

（平二九厚労令八五・追加）

（令附則第二十一条第五項の厚生労働省令で定める場合及び厚生労働省令で定める日）

第三十四条　令附則第二十一条第五項の厚生労働省令で定める場合は、被保険者であった者が計算期間（同条第一項に規定する計算期間をいう。以下同じ。）において、被保険者の資格を喪失し、かつ、当該資格を喪失した日以後の当該計算期間において被保険者とならない場合とする。

2　令附則第二十一条第五項の厚生労働省令で定める日は、当該被保険者の資格を喪失した日の前日とする。

（平二九厚労令八五・追加）

（令附則第二十一条第一項又は第二項の規定による平成二十九年八月一日から平成三十二年七月三十一日までの間に受けた居宅サービス等に係る高額介護サービス費の支給の申請）

第三十五条　令附則第二十一条第一項又は第二項の規定による高額介護サービス費の支給を受けようとする被保険者は、次に掲げる事項を記載した申請書を基準日

法律

施行令

ら次項第一号に掲げる額を控除して得た額に、基準日以外要介護被保険者按分率（第一号に掲げる額を次に掲げる額の合算額で除して得た率をいう。）を乗じて得た額とする。ただし、当該基準日において、前項各号に掲げる場合は、この限りでない。

一　当該計算期間（当該被保険者が当該基準日以外市町村の行う介護保険の被保険者であった間に限る。）において、当該被保険者が受けた居宅サービス等に係る第二十二条の二の二第二項第一号及び第二号に掲げる額の合算額（同項の規定により高額介護サービス費が支給される場合にあっては、当該支給額を控除した額とする。）

二　当該計算期間（当該被保険者が他の基準日以外市町村の行う介護保険の被保険者であった間に限る。）において、当該被保険者が受けた居宅サービス等に係る前号に規定する合算額

3　第一項の利用者負担年間世帯合算額は、被保険者及びその合算対象者（基準日において当該被保険者と同一の世帯に属する他の被保険者をいう。以下この項において同じ。）が計算期間に受けた居宅サービス等及び介護予防サービス等に係る次に掲げる額の合算額とする。

一　当該計算期間（当該被保険者が基準日市町村の行う介護保険の被保険者であった間に限る。）において、当該被保険者が受けた居宅サービス等に係る第二十二条の二の二第二項第一号及び第二号に掲げる額の合算額（同項の規定により高額介護サービス費が支給される場合にあっては、当該支給額を控除した額とする。）

二　当該計算期間（当該被保険者が基準日市町村の行う介護保険の被保険者であった間に限る。）において、当該被保険者が受けた介護予防サービス等に係る第二十二条の二の二第二項第三号及び第四号に掲げる額の合算額（第二十九条の二の二第二項の規定により高額介護予防サービス費が支給される場合にあっては、当該支給額を控除した額とする。）

三　当該計算期間（当該被保険者が基準日以外市町村の行う介護保険の被保険者であった間に限る。）において、当該被保険者が受けた居宅サービス等に係る第一号に規定する合算額

四　当該計算期間（当該被保険者が基準日以外市町村の行う介護保険の被保険者であった間に限る。）において、当該被保険者が受けた介護予防サービス等に係る第二号に規定する合算額

五　当該計算期間（当該合算対象者が基準日市町村の行う介護保険

施行規則

市町村（同項に規定する基準日市町村をいう。以下同じ。）に提出しなければならない。

一　当該被保険者の氏名、生年月日、住所及び個人番号並びに被保険者証の番号

二　計算期間（当該被保険者が基準日市町村の行う介護保険の被保険者であった間に限る。）において、当該被保険者が受けた居宅サービス等に係る令第二十二条の二の二第二項第二号に掲げる額の合算額

2　前項第二号に掲げる額については、同項の申請書に証拠書類を添付しなければならない。

3　第一項の申請書には、令附則第二十一条第三項第三号、第四号、第七号及び第八号に掲げる額に関する証明書をそれぞれ添付しなければならない。ただし、記載すべき額が零である証明書は、第一項の申請書にその旨を記載して、添付を省略することができる。

4　第一項の規定による申請書の提出を受けた基準日市町村は、当該申請者に適用される高額介護サービス費の支給に必要な事項を、申請者に対して前項の証明書を交付した市町村に対し、遅滞なく通知しなければならない。

（平二九厚労令八五・追加、令四厚労令五六・一部改正）

第三十六条　令附則第二十一条第一項又は第二項の規定による高額介護サービス費の支給を受けようとする被保険者は、次に掲げる事項を記載した申請書を計算期間において当該被保険者に対し介護保険を行った市町村（基準日市町村を除く。以下この条において同じ。）に提出しなければならない。

一　当該被保険者の氏名、生年月日、住所及び個人番号並びに被保険者証の番号

二　当該計算期間（当該被保険者が当該市町村の行う介護保険の被保険者であった間に限る。）において、当該被保険者が受けた居宅サービス等に係る令第二十二条の二の二第二項第二号に掲げる額の合算額

三　当該被保険者の当該計算期間における当該市町村の行う介護保険の加入期間

四　基準日市町村の名称

2　前項第二号に掲げる額については、同項の申請書に証拠書類を添付しなければならない。

の被保険者であった間に限る。）において、当該合算対象者が受けた居宅サービス等に係る第一号に規定する合算額

六　当該計算期間（当該合算対象者が基準日市町村の行う介護保険の被保険者であった間に限る。）において、当該合算対象者が受けた介護予防サービス等に係る第二号に規定する合算額

七　当該計算期間（当該合算対象者が基準日以外市町村の行う介護保険の被保険者であった間に限る。）において、当該合算対象者が受けた居宅サービス等に係る第一号に規定する合算額

八　当該計算期間（当該合算対象者が基準日以外市町村の行う介護保険の被保険者であった間に限る。）において、当該合算対象者が受けた介護予防サービス等に係る第二号に規定する合算額

4　被保険者が計算期間における同一の月において要介護被保険者としての期間及び居宅要支援被保険者としての期間を有する場合は、当該被保険者が当該月に受けた居宅サービス等及び介護予防サービス等に係る前三項の規定の適用については、当該被保険者は当該月を通じて要介護被保険者であったものとみなし、当該月に当該被保険者が受けた介護予防サービス等に関して支給される介護予防サービス費若しくは特例介護予防サービス費又は地域密着型介護予防サービス費若しくは特例地域密着型介護予防サービス費は、居宅介護サービス費若しくは特例居宅介護サービス費又は地域密着型介護サービス費若しくは特例地域密着型介護サービス費として支給されるものとみなす。

5　被保険者が計算期間において被保険者でなくなり、かつ、被保険者でなくなった日以後の当該計算期間において新たに被保険者とならない場合その他厚生労働省令で定める場合における第一項及び第二項の規定による高額介護サービス費の支給については、当該日の前日（当該厚生労働省令で定める場合にあっては、厚生労働省令で定める日）を基準日とみなして、前各項の規定を適用する。ただし、平成二十九年八月一日に被保険者でなくなった場合は、この限りでない。

6　第一項及び第二項の場合において、次の表の上欄に掲げる規定中同表の中欄に掲げる字句は、それぞれ同表の下欄に掲げる字句とする。

第二十二条の三第二項第一号（第二十九条の三第二項において準用する場合を含む。）	同項	同項又は附則第二十一条第一項
第二十二条の三第二項第三号	同項	同項若しくは附則第二十

3　市町村は、第一項の申請があったときは、当該被保険者に対し、次に掲げる事項を記載した証明書を交付しなければならない。

一　第一項第一号（個人番号を除く。）及び第三号に掲げる事項

二　令附則第二十一条第二項第一号に掲げる額

三　その他必要な事項

4　前項の規定により証明書を交付した市町村は、基準日市町村から当該申請に係る高額介護サービス費の支給額を通知されたときは、当該被保険者に当該支給額を通知するとともに、当該支給額を支給しなければならない。ただし、次に掲げる場合は、当該証明書に係る第一項の申請書は提出されなかったものとみなすことができる。

一　基準日市町村から通知された支給額が零である場合

二　当該市町村が、当該証明書に係る基準日の翌日から二年以内に基準日市町村から高額介護サービス費の支給に必要な事項の通知が行われず、かつ、申請者に対して当該申請に関する確認を行った場合

5　市町村は、精算対象者（計算期間の中途で死亡した者その他これに準ずる者をいう。）に係る令附則第二十一条第一項又は第二項に係る高額介護サービス費の支給のために必要な場合において、当該精算対象者の合算対象者（同条第三項に規定する合算対象者をいう。附則第四十一条第五項において同じ。）から申請があったときは、当該合算対象者に対し、第三項の証明書を交付するものとする。

（平二九厚労令八五・追加、令四厚労令五六・一部改正）

（令附則第二十二条第一項第三号の収入の額の算定）

第三十七条　令附則第二十二条第一項第三号に規定する収入の額は、被保険者の属する世帯に属する第一号被保険者について、令附則第二十一条第一項に規定する基準日の属する年の前々年における所得税法第三十六条第一項に規定する各種所得の金額（退職所得の金額（同法第三十条第二項に規定する退職所得の金額をいう。）を除く。）の計算上収入金額とすべき金額及び総収入金額に算入すべき金額を合算した額として、地方税法第三百十四条の二第一項に規定する総所得金額及び山林所得金額並びに他の所得と区分して計算される所得の金額の計算上用いられる所得税法第二編第二章第二節第一款に規定する利子所得、配当所得、給与所得及び雑所得（公的年金等に係るものに限る。）に係る収入金額並びに不動産所得、事業所得、山林所得、譲渡所得、一時所得及び雑所得（公的年金等に係るものを除く。）に係る総収入金額を合算した額とする。

法律

施行令

（第二十九条の三第二項において準用する場合を含む。）		一条第二項
健康保険法施行令第四十三条の二第一項第六号	同項	同項又は同令附則第二十一条第一項若しくは第二項
防衛省の職員の給与等に関する法律施行令第十七条の六の四第一項第四号	同項	同項又は同令附則第二十一条第一項若しくは第二項
船員保険法施行令第十一条第一項第四号	同項	同項又は同令附則第二十一条第一項若しくは第二項
国民健康保険法施行令第二十九条の四の二第一項第六号	同項	同項又は同令附則第二十一条第一項若しくは第二項
国家公務員共済組合法施行令第十一条の三の六の二第一項第六号	同項	同項又は同令附則第二十一条第一項若しくは第二項
地方公務員等共済組合法施行令第二十三条の三の六第一項第六号	同項	同項又は同令附則第二十一条第一項若しくは第二項
高齢者の医療の確保に関する法律施行令第十六条の二第一項第四号	同項	同項又は同令附則第二十一条第一項若しくは第二項

（平成二十九年八月一日から令和二年七月三十一日までの間に受けた介護予防サービス等に係る高額介護予防サービス費の特例）

（平二九政二一二・追加、令二政九八・一部改正）

第二十二条　平成二十九年八月一日から令和二年七月三十一日までの間において被保険者が受けた介護予防サービス等に係る高額介護予防サービス費については、第二十九条の二の二第二項から第四項までの規定によるほか、前条第三項に規定する利用者負担年間世帯合算額（以下この項において「利用者負担年間世帯合算額」という。）が四十四万六千四百円を超える場合に、基準日被保険者に支給するものとし、その額は、居宅要支援被保険者支給額（利用者負

施行規則

（平二九厚労令八五・追加）

（令附則第二十二条第一項第三号に規定する収入の申請）

第三十八条　被保険者が令附則第二十二条第一項第三号に規定する収入の合計額が五百二十万円（当該被保険者が属する世帯に属する第一号被保険者が一人である場合にあっては、三百八十三万円）に満たないことを申し出る場合には、次に掲げる事項を記載した申請書を市町村に提出しなければならない。

一　氏名、生年月日及び個人番号

二　当該被保険者が属する世帯に属する全ての第一号被保険者について前条の規定により算定した収入の額

三　被保険者証の番号

（平二九厚労令八五・追加）

（令附則第二十二条第四項の厚生労働省令で定める場合及び厚生労働省令で定める日）

第三十九条　令附則第二十二条第四項の厚生労働省令で定める場合は、被保険者であった者が計算期間において、被保険者の資格を喪失し、かつ、当該資格を喪失した日以後の当該計算期間において被保険者とならない場合とする。

2　令附則第二十二条第四項の厚生労働省令で定める日は、被保険者の資格を喪失した日の前日とする。

（平二九厚労令八五・追加）

（令附則第二十二条第一項又は第二項の規定による平成二十九年八月一日から平成三十二年七月三十一日までの間に受けた介護予防サービス等に係る高額介護予防サービス費の支給の申請）

第四十条　令附則第二十二条第一項又は第二項の規定による高額介護予防サービス費の支給を受けようとする被保険者は、次に掲げる事項を記載した申請書を基準日市町村に提出しなければならない。

一　当該被保険者の氏名、生年月日、住所及び個人番号並びに被保険者証の番号

二　当該計算期間（当該被保険者が基準日市町村の行う介護保険の被保険者であった間に限る。）において、当該被保険者が受けた介護予防サービス等に係る令第二十二条の二の二第二項第四号に掲げる額の合算額

2　前項第二号に掲げる額については、同項の申請書に証拠書類を添付しなければならない。

担年間世帯合算額から四十四万六千四百円を控除して得た額に基準日居宅要支援被保険者按分率（同条第三項第二号及び第四号に掲げる額の合算額を利用者負担年間世帯合算額で除して得た率をいう。）を乗じて得た額をいう。次項において同じ。）（当該居宅要支援被保険者支給額が同条第三項第二号に掲げる額を超える場合にあっては、同号に掲げる額）とする。ただし、当該基準日において、次に掲げる場合は、この限りでない。

一　当該被保険者の属する世帯に属する被保険者のいずれかが、一定以上所得者である場合

二　当該被保険者の属する世帯に属する被保険者（要介護被保険者等に該当しない者に限る。）のいずれかが、要介護被保険者等に該当するとしたならば、一定以上所得者となる場合

三　当該被保険者の属する世帯に属する第一号被保険者のいずれかの当該基準日の属する年の前々年（第四項の規定により当該基準日の属する年の前年八月一日から同年十二月三十一日までのいずれかの日を基準日とみなした場合にあっては、当該基準日とみなした日の属する年の前年。以下この号において同じ。）の所得について、イに掲げる額（当該基準日の属する年の前々年の十二月三十一日において世帯主であって、同日において当該世帯主と同一の世帯に属する十九歳未満の者で同年の合計所得金額が三十八万円以下であるもの（ロにおいて「控除対象者」という。）を有する者にあっては、イに掲げる額からロに掲げる額を控除して得た額）が百四十五万円以上である場合（当該被保険者の属する世帯に属する全ての第一号被保険者について、厚生労働省令で定めるところにより算定した当該基準日の属する年の前々年の収入の合計額が五百二十万円（当該世帯に属する第一号被保険者が一人である場合にあっては、三百八十三万円）に満たない場合を除く。）

イ　当該基準日の属する年の前年（第四項の規定により同年八月一日から同年十二月三十一日までのいずれかの日を基準日とみなした場合にあっては、当該基準日とみなした日の属する年）の四月一日の属する年度分の地方税法の規定による市町村民税に係る同法第三百十四条の二第一項に規定する総所得金額及び山林所得金額並びに他の所得と区分して計算される所得の金額の合計額から同項各号及び同条第二項の規定による控除をした後の金額

ロ　当該基準日の属する年の前々年の十二月三十一日において十

3　第一項の申請書には、令附則第二十一条第三項第三号、第四号、第七号及び第八号に掲げる額に関する証明書をそれぞれ添付しなければならない。ただし、記載すべき額が零である証明書は、第一項の申請書にその旨を記載して、添付を省略することができる。

4　第一項の規定による申請書の提出を受けた基準日市町村は、当該申請者に適用される高額介護予防サービス費の支給に必要な事項を、申請者に対して前項の証明書を交付した市町村に対し、遅滞なく通知しなければならない。

（平二九厚労令八五・追加、令四厚労令五六・一部改正）

第四十一条　令附則第二十二条第一項又は第二項の規定による高額介護予防サービス費の支給を受けようとする被保険者は、次に掲げる事項を記載した申請書を計算期間において当該被保険者に対し介護保険を行った市町村（基準日市町村を除く。以下この条において同じ。）に提出しなければならない。

一　当該被保険者の氏名、生年月日、住所及び個人番号並びに被保険者証の番号

二　当該計算期間（当該被保険者が当該市町村の行う介護保険の被保険者であった間に限る。）において、当該被保険者が受けた介護予防サービス等に係る令第二十二条の二の二第二項第四号に掲げる額の合算額

三　当該被保険者の当該計算期間における当該市町村の行う介護保険の加入期間

四　基準日市町村の名称

2　前項第二号に掲げる額については、同項の申請書に証拠書類を添付しなければならない。

3　市町村は、第一項の申請があったときは、当該被保険者に対し、次に掲げる事項を記載した証明書を交付しなければならない。

一　第一項第一号（個人番号を除く。）及び第三号に掲げる事項

二　令附則第二十二条第二項第一号に掲げる額

三　その他必要な事項

4　前項の規定により証明書を交付した市町村は、基準日市町村から当該申請に係る高額介護予防サービス費の支給額を通知されたときは、当該被保険者に当該支給額を通知するとともに、当該支給額を支給しなければならない。ただし、次に掲げる場合は、当該証明書に係る第一項の申請書は提出されなかったものとみなすことができる。

一　基準日市町村から通知された支給額が零である場合

六歳未満の控除対象者の数を三十三万円に乗じて得た額及び同日において十六歳以上の控除対象者の数を十二万円に乗じて得た額の合計額

2　平成二十九年八月一日から令和二年七月三十一日までの間において被保険者が受けた介護予防サービス等に係る高額介護予防サービス費については、第二十九条の二の二第二項から第四項まで及び前項の規定によるほか、居宅要支援被保険者支給額が前条第三項第二号に掲げる額を超える場合に、当該居宅要支援被保険者支給額の算定の対象となった計算期間において基準日以外市町村が行う介護保険の被保険者であった者に支給するものとし、その額は、居宅要支援被保険者支給額から同項第二号に掲げる額を控除して得た額に、基準日以外居宅要支援者按分率（第一号に掲げる額を次に掲げる額の合算額で除して得た率をいう。）を乗じて得た額とする。ただし、当該基準日において、前項各号に掲げる場合は、この限りでない。

一　当該計算期間（当該被保険者が当該基準日以外市町村の行う介護保険の被保険者であった間に限る。）において、当該被保険者が受けた介護予防サービス等に係る第二十二条の二の二第二項第三号及び第四号に掲げる額の合算額（第二十九条の二の二第二項の規定により高額介護予防サービス費が支給される場合にあっては、当該支給額を控除した額とする。）

二　当該計算期間（当該被保険者が他の基準日以外市町村の行う介護保険の被保険者であった間に限る。）において、当該被保険者が受けた介護予防サービス等に係る前号に規定する合算額

3　被保険者が計算期間における同一の月において要介護被保険者としての期間及び居宅要支援被保険者としての期間を有する場合は、当該被保険者が当該月に受けた介護予防サービス等については、前二項の規定は、適用しない。

4　被保険者が計算期間において被保険者でなくなり、かつ、被保険者でなくなった日以後の当該計算期間において新たに被保険者とならない場合その他厚生労働省令で定める場合における第一項及び第二項の規定による高額介護予防サービス費の支給については、当該日の前日（当該厚生労働省令で定める場合にあっては、厚生労働省令で定める日）を基準日とみなして、前三項の規定を適用する。ただし、平成二十九年八月一日に被保険者でなくなった場合は、この

二　当該証明書に係る基準日の翌日から二年以内に基準日市町村から高額介護予防サービス費の支給に必要な事項の通知が行われず、かつ、申請者に対して当該申請に関する確認を行った場合

5　市町村は、精算対象者に係る令附則第二十二条第一項又は第二項に係る高額介護予防サービス費の支給のために必要な場合において、当該精算対象者の合算対象者から申請があったときは、当該合算対象者に対し、第三項の証明書を交付するものとする。

（平二九厚労令八五・追加、令四厚労令五六・一部改正）

（法第百七条第一項の厚生労働省令で定める開設許可の申請方法の特例）

第四十二条　第百三十八条第一項の規定にかかわらず、都道府県知事は、法第百七条第一項の規定による介護医療院の開設の許可を受けようとする者が健康保険法等の一部を改正する法律附則第百三十条の二第一項の規定によりなおその効力を有するものとされた同法第二十六条の規定による改正前の介護保険法第四十八条第一項第三号の規定に基づき介護療養施設サービスに係る指定介護療養型医療施設の指定を受けている場合であって、令和六年三月三十一日までの間に移行（当該指定介護療養型医療施設の全部を廃止するとともに、法第百七条第一項の規定による介護医療院を開設することをいう。）しようとするときにおいて、既に当該都道府県知事に提出している第百三十八条第一項第六号、第七号、第十号、第十二号及び第十六号に掲げる事項に変更がないときは、これらの事項に係る申請書の記載又は書類の提出を省略させることができる。

（令二厚労令六四・追加）

（電子情報処理組織を使用する方法による申請等の手続に係る経過措置）

第四十三条　第百六十五条の七の規定は、同条各号に掲げる申請、申出又は届出（以下この条において「申請等」という。）を受理すべき都道府県知事又は市町村長が、同条に規定する方法による申請等の受理の準備を完了するまでの間、事業所又は施設が当該都道府県知事又は市町村長に対して行う申請等について適用しない。この場合において、当該都道府県知事又は市町村長は、令和八年三月三十一日までの間に、当該準備を完了しなければならない。

（令五厚労令四六・追加）

限りでない。

5 第一項及び第二項の場合において、次の表の上欄に掲げる規定中同表の中欄に掲げる字句は、それぞれ同表の下欄に掲げる字句とする。

第二十二条の三第二項第二号（第二十九条の三第二項において準用する場合を含む。）	第二十九条の二の二第二項	第二十九条の二の二第二項又は附則第二十二条第一項
第二十二条の三第二項第三号（第二十九条の三第二項において準用する場合を含む。）	第二十九条の二の二第二項	第二十九条の二の二第二項若しくは附則第二十二条第二項
健康保険法施行令第四十三条の二第一項第七号	第二十九条の二の二第二項	第二十九条の二の二第二項又は附則第二十二条第一項若しくは第二項
防衛省の職員の給与等に関する法律施行令第十七条の六の四第一項第五号	第二十九条の二の二第二項	第二十九条の二の二第二項又は附則第二十二条第一項若しくは第二項
船員保険法施行令第十一条第一項第五号	第二十九条の二の二第二項	第二十九条の二の二第二項又は附則第二十二条第一項若しくは第二項
国民健康保険法施行令第二十九条の四の二第一項第七号	第二十九条の二の二第二項	第二十九条の二の二第二項又は附則第二十二条第一項若しくは第二項
国家公務員共済組合法施行令第十一条の三の六の二第一項第七号	第二十九条の二の二第二項	第二十九条の二の二第二項又は附則第二十二条第一項若しくは第二項
地方公務員等共済組合法施行令第二十三条の三の六第一項第七号	第二十九条の二の二第二項	第二十九条の二の二第二項又は附則第二十二条第一項若しくは第二項
高齢者の医療の確保に関する法律施行令第十六条の二第一項第五号	第二十九条の二の二第二項	第二十九条の二の二第二項又は附則第二十二条第一項若しくは第二項

（平二九政二一二・追加、令二政九八・一部改正）

〔次の省令は、編集時現在未施行〕

○障害者の日常生活及び社会生活を総合的に支援するための法律等の一部を改正する法律の一部の施行に伴う厚生労働省関係省令の整理に関する省令（抄）

（令和六年一月二十五日厚生労働省令第十八号）

（介護保険法施行規則の一部改正）

第七条 介護保険法施行規則（平成十一年厚生省令第三十六号）の一部を次の表のように改正する。

（傍線部分は改正部分）

改正後	改正前
（法第六十九条の二第一項の厚生労働省令で定める実務の経験） **第百十三条の二** 法第六十九条の二第一項の厚生労働省令で定める実務の経験は、第一号及び第二号の期間が通算して五年以上であることとする。 一 （略） 二 イ又はロに掲げる者が、身体上若しくは精神上の障害があること又は環境上の理由により日常生活を営むのに支障がある者の日常生活の自立に関する相談に応じ、助言、指導その他の援助を行う業務その他これに準ずる業務に従事した期間 イ （略） ロ 特定施設入居者生活介護、地域密着型特定	（法第六十九条の二第一項の厚生労働省令で定める実務の経験） **第百十三条の二** 法第六十九条の二第一項の厚生労働省令で定める実務の経験は、第一号及び第二号の期間が通算して五年以上であることとする。 一 （略） 二 イ又はロに掲げる者が、身体上若しくは精神上の障害があること又は環境上の理由により日常生活を営むのに支障がある者の日常生活の自立に関する相談に応じ、助言、指導その他の援助を行う業務その他これに準ずる業務に従事した期間 イ （略） ロ 特定施設入居者生活介護、地域密着型特定

法律

施行令

（令和三年度から令和五年度までの保険料率の算定に関する基準の特例）

第二十三条　第一号被保険者のうち、令和二年の合計所得金額（地方税法第二百九十二条第一項第十三号に規定する合計所得金額をいう。）に所得税法第二十八条第一項に規定する給与所得又は同法第三十五条第三項に規定する公的年金等に係る所得が含まれている者の令和三年度における保険料率の算定についての第三十八条第一項（第六号イ、第七号イ及び第八号イに係る部分に限る。）及び第三十九条第一項（第六号イ、第七号イ、第八号イ及び第九号イに係る部分に限る。）の規定の適用については、第三十八条第一項第六号イ中「合計所得金額をいい」とあるのは、「合計所得金額をいい、所得税法第二十八条第一項に規定する給与所得及び同法第三十五条第三項に規定する公的年金等に係る所得の合計額については、同法第二十八条第二項の規定によって計算した金額及び同法第三十五条第二項第一号の規定によって計算した金額の合計額から十万円を控除して得た額（当該額が零を下回る場合には、零とする。）によるものとし」とする。

2　前項の規定は、令和四年度における保険料率の算定について準用する。この場合において、同項中「令和二年」とあるのは、「令和三年」と読み替えるものとする。

3　第一項の規定は、令和五年度における保険料率の算定について準用する。この場合において、同項中「令和二年」とあるのは、「令和四年」と読み替えるものとする。

（令二政三八一・追加）

附　則（令和七年一月二二日政令第一一号）

（施行期日）

1　この政令は、令和七年四月一日から施行する。

（経過措置）

2　この政令による改正後の規定は、令和七年度以後の年度分の保険料に係る保険料率の算定について適用し、令和六年度以前の年度分の保険料に係る保険料率の算定については、なお従前の例による。

施行規則

施設入居者生活介護、地域密着型介護老人福祉施設入所者生活介護、介護予防特定施設入居者生活介護、障害者の日常生活及び社会生活を総合的に支援するための法律第五条第十九項に規定する計画相談支援、児童福祉法（昭和二十二年法律第百六十四号）第六条の二の二第七項に規定する障害児相談支援、生活困窮者自立支援法（平成二十五年法律第百五号）第三条第二項に規定する生活困窮者自立相談支援事業その他これらに準ずる事業の従事者	施設入居者生活介護、地域密着型介護老人福祉施設入所者生活介護、介護予防特定施設入居者生活介護、障害者の日常生活及び社会生活を総合的に支援するための法律第五条第十八項に規定する計画相談支援、児童福祉法（昭和二十二年法律第百六十四号）第六条の二の二第七項に規定する障害児相談支援、生活困窮者自立支援法（平成二十五年法律第百五号）第三条第二項に規定する生活困窮者自立相談支援事業その他これらに準ずる事業の従事者

附　則　抄

この省令は、障害者の日常生活及び社会生活を総合的に支援するための法律等の一部を改正する法律附則第一条第四号に掲げる規定の施行の日から施行する。

介護保険法別表

別表（第六十九条の十三関係）

（平一七法七七・追加、平一七法八三・一部改正）

科目	試験委員
一　この法律その他関係法令に関する科目 二　居宅サービス計画、施設サービス計画及び介護予防サービス計画に関する科目 三　介護給付等対象サービスその他の保健医療サービス及び福祉サービスに関する科目 四　要介護認定及び要支援認定に関する科目	一　学校教育法（昭和二十二年法律第二十六号）による大学において保健若しくは福祉に関する科目若しくは医学を担当する教授若しくは准教授の職にあり、又はこれらの職にあった者 二　前号に掲げる者と同等以上の知識及び経験を有する者
備考　上欄に掲げる科目についての試験の問題及び合格の基準は、介護支援専門員実務研修を受講するために必要な専門的知識及び技術を有するかどうかを判定するためのものであること。	

介護保険法施行規則（第一～第二）

別表第一（第百四十条の四十五、第百四十条の四十七関係）

（平一八厚労令一〇六・追加、平一九厚労令一八・平二〇厚労令六九・平二一厚労令四九・平二一厚労令五四・平二七厚労令六六・平二八厚労令五三・令六厚労令一五・一部改正）

一　事業所又は施設（以下この表及び次表において「事業所等」という。）を運営する法人又は法人でない病院、診療所若しくは薬局（以下この号において「法人等」という。）に関する事項

イ　法人等の名称、主たる事務所の所在地、番号利用法第二条第十五項に規定する法人番号（番号利用法第四十二条第四項の規定により公表されたものに限る。）及び電話番号その他の連絡先

ロ　法人等の代表者の氏名及び職名

ハ　法人等の設立年月日

ニ　法人等が介護サービスを提供し、又は提供しようとする事業所等の所在地を管轄する都道府県の区域内において提供する介護サービス

ホ　その他介護サービスの種類に応じて必要な事項

二　当該報告に係る介護サービスを提供し、又は提供しようとする事業所等に関する事項

イ　事業所等の名称、所在地及び電話番号その他の連絡先

ロ　介護保険事業所番号

ハ　事業所等の管理者の氏名及び職名

ニ　当該報告に係る事業の開始年月日若しくは開始予定年月日及び指定若しくは許可を受けた年月日（指定又は許可の更新を受けた場合にはその直近の年月日）

ホ　事業所等までの主な利用交通手段

ヘ　その他介護サービスの種類に応じて必要な事項

三　事業所等において介護サービスに従事する従業者（以下この号において「従業者」という。）に関する事項

イ　職種別の従業者の数

ロ　従業者の勤務形態、労働時間、従業者一人当たりの利用者、入所者又は入院患者数等

ハ　従業者の当該報告に係る介護サービスの業務に従事した経験年数等

ニ　従業者の健康診断の実施状況

ホ　従業者の教育訓練、研修その他の従業者の資質向上に向けた取組の実施状況

ヘ　その他介護サービスの種類に応じて必要な事項

四　介護サービスの内容に関する事項

イ　事業所等の運営に関する方針

ロ　当該報告に係る介護サービスの内容等

ハ　当該報告に係る介護サービスの利用者、入所者又は入院患者への提供実績

ニ　利用者等（利用者又はその家族をいう。以下同じ。）、入所者等（入所者又はその家族をいう。以下同じ。）又は入院患者等（入院患者又はその家族をいう。以下同じ。）からの苦情に対応する窓口等の状況

ホ　当該報告に係る介護サービスの提供により賠償すべき事故が発生したときの対応に関する事項

ヘ　事業所等の介護サービスの提供内容に関する特色等

ト　利用者等、入所者等又は入院患者等の意見を把握する体制、第三者による評価の実施状況等

チ　その他介護サービスの種類に応じて必要な事項

五　当該報告に係る介護サービスを利用するに当たっての利用料等に関する事項

六　その他都道府県知事が必要と認める事項

別表第二（第百四十条の四十五、第百四十条の四十七関係）

（平一八厚労令一〇六・追加、平一九厚労令一八・平二〇厚労令六九・平二一厚労令四九・平二一厚労令五四・平二四厚労令一〇・平二四厚労令一一・平二五厚労令二九・平二七厚労令五七・平二八厚労令五三・平三一厚労令三五・令六厚労令一五・令六厚労令一六・令六厚労令一三五・一部改正）

第一　介護サービスの内容に関する事項

一　介護サービスの提供開始時における利用者等、入所者等又は入院患者等に対する説明及び契約等に当

たり、利用者、入所者又は入院患者等の権利擁護等のために講じている措置

イ　共通事項（(4)については居宅介護支援を除く。）

(1)　介護サービスの提供開始時における利用者等、入所者等又は入院患者等に対する説明及び利用者等、入所者等又は入院患者等の同意の取得の状況

(2)　利用者等、入所者等又は入院患者等に関する情報の把握及び課題の分析の実施の状況

(3)　利用者、入所者又は入院患者の状態に応じた当該介護サービスに係る計画の作成及び利用者等、入所者等又は入院患者等の同意の取得の状況

(4)　利用者等、入所者等又は入院患者等に対する利用者等、入所者又は入院患者が負担する利用料に関する説明の実施の状況

ロ　特定施設入居者生活介護、地域密着型特定施設入居者生活介護及び介護予防特定施設入居者生活介護

(1)　成年後見制度等の活用の支援のための取組の状況

(2)　介護が必要となった場合の手続等の説明及び同意の取得の状況

ハ　福祉用具貸与、特定福祉用具販売、介護予防福祉用具貸与及び特定介護予防福祉用具販売

利用者の状態に応じた福祉用具の選定及び利用者等の同意の取得の状況

ニ　短期入所生活介護、短期入所療養介護（介護老人保健施設）、短期入所療養介護（介護医療院）、短期入所療養介護（療養病床を有する病院等）、地域密着型介護老人福祉施設入所者生活介護、介護福祉施設サービス、介護保健施設サービス、介護医療院サービス、介護予防短期入所生活介護、介護予防短期入所療養介護（介護老人保健施設）、介護予防短期入所療養介護（介護医療院）及び介護予防短期入所療養介護（療養病床を有する病院等）

成年後見制度等の活用の支援のための取組の状況

二　利用者本位の介護サービスの質の確保のために講じている措置

イ　共通事項

(1)　認知症の利用者、入所者又は入院患者に対する介護サービスの質の確保のための取組の状況

(2)　利用者、入所者又は入院患者のプライバシーの保護のための取組の状況

(3)　利用者等の人権の擁護、虐待の防止等のための取組の状況

(4)　身体的拘束その他利用者等の行動を制限する行為の適正化のための取組の状況

ロ　訪問介護、定期巡回・随時対応型訪問介護看護及び夜間対応型訪問介護（(4)については夜間対応型訪問介護を除き、(6)から(10)までについては定期巡回・随時対応型訪問介護看護に限る。）

(1)　利用者の家族の心身の状況の把握及び介護方法等に関する助言等の実施の状況

(2)　入浴、排せつ、食事等の介助の質の確保のための取組の状況

(3)　移動の介助及び外出に関する支援の質の確保のための取組の状況

(4)　家事等の生活の援助の質の確保のための取組の状況

(5)　当該サービスの提供内容の質の確保のための取組の状況

(6)　服薬の管理についての指導等の実施の状況

(7)　医療処置のための質の確保の取組の状況

(8)　病状の悪化の予防のための取組の状況

(9)　在宅におけるターミナルケアの質の確保のための取組の状況

(10)　介護と看護の連携の状況

ハ　訪問入浴介護及び介護予防訪問入浴介護

(1)　当該サービスの提供の前における利用者の健康状態の確認等の実施の状況

(2)　入浴の介護の質の確保のための取組の状況

(3)　当該サービスに必要な機材等の点検及び衛生管理の実施の状況

(4)　当該サービスの提供内容の質の確保のための取組の状況

ニ　訪問看護、複合型サービス及び介護予防訪問看護（(3)及び(4)については複合型サービスに限る。）

(1)　機能訓練の実施及び質の確保のための取組の状況

(2)　利用者の家族の心身の状況の把握及び看護方法、介護方法等に関する助言等の実施の状況

(3)　利用者の家族等との連携、交流等のための取組の状況

(4)　当該サービスの質の確保のための取組の状況

(5)　療養生活の支援の実施の状況

(6)　服薬の管理についての指導等の実施の状況

(7)　利用者等の悩み、不安等に対する看護の質の確保のための取組の状況

(8)　医療処置のための質の確保の取組の状況

(9)　病状の悪化の予防のための取組の状況

(10)　病状の急変に対応するための取組の状況

(11)　在宅におけるターミナルケアの質の確保のための取組の状況

ホ　訪問リハビリテーション及び介護予防訪問リハビリテーション

(1)　利用者の心身の機能等に関する初回の評価及び当該サービスに係る計画の作成の取組の状況

(2)　計画的な理学療法、作業療法、言語聴覚訓練等の取組の状況

(3)　住宅の改修の支援の実施の状況

(4)　福祉用具の利用の支援の実施の状況

(5)　利用者の家族の心身の状況の把握及び介護方法等に関する助言等の実施の状況

(6)　予防的視点からのリハビリテーションの取組の状況

(7)　病状の急変に対応するための取組の状況

(8)　他のサービスへの移行支援のための取組の状況

へ　通所介護、地域密着型通所介護、認知症対応型通所介護及び介護予防認知症対応型通所介護（(8)については指定療養通所介護に限る。）
(1) 計画的な機能訓練の実施の状況
(2) 利用者の家族等との連携、交流等のための取組の状況
(3) 入浴、排せつ、食事等の介助の質の確保のための取組の状況
(4) 健康管理のための取組の状況
(5) 安全な送迎のための取組の状況
(6) レクリエーションの実施に関する取組の状況
(7) 施設、設備等の安全性・利便性等への配慮の状況
(8) 病状の急変に対応するための取組の状況
ト　通所リハビリテーション及び介護予防通所リハビリテーション
(1) へ(2)から(5)まで及び(7)に掲げる事項
(2) 利用者の心身の機能等に関する初回の評価及び当該サービスに係る計画の作成の取組の状況
(3) 計画的な理学療法、作業療法、言語聴覚訓練等の取組の状況
チ　特定施設入居者生活介護、地域密着型特定施設入居者生活介護及び介護予防特定施設入居者生活介護
(1) へ(1)、(2)及び(4)に掲げる事項
(2) 当該サービスの質の確保のための取組の状況
(3) 利用者の生活の質の向上のための取組の状況
リ　福祉用具貸与、特定福祉用具販売、介護予防福祉用具貸与及び特定介護予防福祉用具販売
(1) 居宅への福祉用具の搬入及び搬出に関する利用者の要望への対応の状況
(2) 福祉用具の適合状態等の質の確保のための取組の状況
(3) 福祉用具の利用に関する説明及び同意の取得の状況
ヌ　小規模多機能型居宅介護及び介護予防小規模多機能型居宅介護
(1) へ(2)に掲げる事項
(2) 当該サービスの質の確保のための取組の状況
ル　認知症対応型共同生活介護及び介護予防認知症対応型共同生活介護
(1) へ(2)に掲げる事項
(2) 当該サービスの質の確保のための取組の状況
ヲ　居宅介護支援
(1) 要介護認定等の申請に係る援助の取組の状況
(2) 入退院又は入退所に当たっての支援のための取組の状況
(3) 公正・中立な居宅介護支援のための取組の状況
(4) 市町村長による介護予防支援の指定の状況
ワ　短期入所生活介護、地域密着型介護老人福祉施設入所者生活介護、介護福祉施設サービス及び介護予防短期入所生活介護
(1) へ(1)に掲げる事項
(2) 利用者又は入所者の家族等との連携、交流等のための取組の状況
(3) 当該サービスの質の確保のための取組の状況
(4) ターミナルケアの質の確保のための取組の状況
(5) 利用者又は入所者の生きがいの確保のための取組の状況
カ　短期入所療養介護（介護老人保健施設）、介護保健施設サービス及び介護予防短期入所療養介護（介護老人保健施設）（(8)については介護保健施設サービスに限る。）
(1) へ(1)に掲げる事項
(2) 利用者又は入所者の家族等との連携、交流等のための取組の状況
(3) 栄養管理の質の確保のための取組の状況
(4) 入浴、排せつ等の介助の質の確保のための取組の状況
(5) 医学的管理下における介護の質の確保のための取組の状況
(6) 利用者又は入所者の身体の状態等に応じた当該サービスの提供を確保するための取組の状況
(7) レクリエーションの質の確保のための取組の状況
(8) 退所後の介護サービスの質の確保のための取組の状況
(9) 在宅療養介護に対する支援の実施の状況
ヨ　短期入所療養介護（介護医療院）、介護医療院サービス及び介護予防短期入所療養介護（介護医療院）（(4)に掲げる事項については介護医療院サービスに限る。）
(1) カ(1)から(7)まで及び(9)に掲げる事項
(2) 医療行為の内容等の変更に関する説明及び利用者又は入所者の同意の取得の状況
(3) ターミナルケアの質の確保のための取組の状況
(4) 退所後の介護サービスの質の確保のための取組の状況
タ　短期入所療養介護（療養病床を有する病院等）及び介護予防短期入所療養介護（療養病床を有する病院等）
(1) カ(1)、(3)から(5)まで、(7)及び(9)に掲げる事項
(2) 医療行為の内容等の変更に関する説明及び利用者又は入院患者の同意の取得の状況
(3) 利用者又は入院患者の家族等との連携、交流等のための取組の状況
(4) ターミナルケアの質の確保のための取組の状況
(5) 利用者又は入院患者の身体の状態等に応じた当該サービスの提供を確保するための取組の状況
三　相談、苦情等の対応のために講じている措置
共通事項
相談、苦情等の対応のための取組の状況
四　介護サービスの内容の評価、改善等のために講じている措置
イ　共通事項（福祉用具貸与、特定福祉用具販売、介護予防福祉用具貸与及び特定介護予防福祉用具

販売を除く。）

⑴　介護サービスの提供状況の把握のための取組の状況

⑵　介護サービスに係る計画等の見直しの実施の状況

ロ　福祉用具貸与及び介護予防福祉用具貸与

⑴　福祉用具の使用状況の確認のための取組の状況

⑵　福祉用具の調整、交換等の取組の状況

五　介護サービスの質の確保、透明性の確保等のために実施している外部の者等との連携

イ　共通事項（⑴については訪問介護、訪問入浴介護、訪問看護、訪問リハビリテーション、通所介護、通所リハビリテーション、福祉用具貸与、定期巡回・随時対応型訪問介護看護、夜間対応型訪問介護、地域密着型通所介護、認知症対応型通所介護、介護予防訪問入浴介護、介護予防訪問看護、介護予防訪問リハビリテーション、介護予防通所リハビリテーション、介護予防福祉用具貸与及び介護予防認知症対応型通所介護に、⑵については、訪問介護、訪問入浴介護、訪問看護、訪問リハビリテーション、通所介護、通所リハビリテーション、定期巡回・随時対応型訪問介護看護、夜間対応型訪問介護、地域密着型通所介護、認知症対応型通所介護、小規模多機能型居宅介護、認知症対応型共同生活介護、複合型サービス、介護予防訪問入浴介護、介護予防訪問看護、介護予防訪問リハビリテーション、介護予防通所リハビリテーション、介護予防小規模多機能型居宅介護及び介護予防認知症対応型共同生活介護に、⑶については、訪問介護、訪問入浴介護、訪問看護、訪問リハビリテーション、通所介護、通所リハビリテーション、福祉用具貸与、特定福祉用具販売、定期巡回・随時対応型訪問介護看護、夜間対応型訪問介護、地域密着型通所介護、認知症対応型通所介護、小規模多機能型居宅介護、認知症対応型共同生活介護、複合型サービス、介護予防訪問入浴介護、介護予防訪問看護、介護予防訪問リハビリテーション、介護予防通所リハビリテーション、介護予防福祉用具貸与、特定介護予防福祉用具販売、介護予防認知症対応型通所介護、介護予防小規模多機能型居宅介護及び介護予防認知症対応型共同生活介護に限る。）

⑴　介護支援専門員等との連携の状況

⑵　主治の医師等との連携の状況

⑶　地域包括支援センターとの連携の状況

ロ　夜間対応型訪問介護

訪問看護ステーション等との連携の状況

ハ　通所介護、通所リハビリテーション、地域密着型通所介護、認知症対応型通所介護、介護予防通所リハビリテーション及び介護予防認知症対応型通所介護

地域との連携、交流等の取組の状況

ニ　特定施設入居者生活介護、地域密着型特定施設入居者生活介護及び介護予防特定施設入居者生活介護

⑴　指定居宅サービス等基準第百九十一条第一項に規定する協力医療機関及び同条第七項に規定する協力歯科医療機関との連携の状況

⑵　地域との連携、交流等の取組の状況

ホ　居宅介護支援

⑴　他の介護サービス事業者等との連携の状況

⑵　サービス担当者会議（指定居宅介護支援等基準第十三条第九号に規定するサービス担当者会議をいう。）の開催等の状況

ヘ　短期入所生活介護

⑴　指定居宅サービス等基準第百三十六条に規定する協力医療機関との連携の取組の状況

⑵　地域との連携、交流等の取組の状況

ト　短期入所療養介護（介護老人保健施設）、介護保健施設サービス及び介護予防短期入所療養介護（介護老人保健施設）

⑴　介護老人保健施設基準第三十条第一項に規定する協力医療機関及び同条第六項に規定する協力歯科医療機関との連携の取組の状況

⑵　地域との連携、交流等の取組の状況

チ　短期入所療養介護（介護医療院）、介護医療院サービス及び介護予防短期入所療養介護（介護医療院）

⑴　介護医療院基準第三十四条第一項に規定する協力医療機関及び同条第六項に規定する協力歯科医療機関との連携の取組の状況

⑵　地域との連携、交流等の取組の状況

リ　短期入所療養介護（療養病床を有する病院等）及び介護予防短期入所療養介護（療養病床を有する病院等）

地域との連携、交流等の取組の状況

ヌ　地域密着型介護老人福祉施設入所者生活介護

⑴　指定地域密着型サービス基準第百五十二条第一項に規定する協力医療機関及び同条第六項に規定する協力歯科医療機関との連携の取組の状況

⑵　地域との連携、交流等の取組の状況

ル　介護福祉施設サービス

⑴　指定介護老人福祉施設基準第二十八条第一項に規定する協力医療機関及び同条第六項に規定する協力歯科医療機関との連携の取組の状況

⑵　地域との連携、交流等の取組の状況

ヲ　介護予防短期入所生活介護

⑴　指定介護予防サービス等基準第百三十七条に規定する協力医療機関との連携の取組の状況

⑵　地域との連携、交流等の取組の状況

第二　介護サービスを提供する事業所又は施設の運営状況に関する事項

一　適切な事業運営の確保のために講じている措置

イ　共通事項

⑴　従業者等に対する従業者等が守るべき倫理、法令等の周知等の実施の状況

⑵　計画的な事業運営のための取組の状況

⑶　事業運営の透明性の確保のための取組の状況

(4) 事業所等の財務状況

(5) 介護サービスの提供に当たって改善すべき課題に対する取組の状況

ロ　外部サービス利用型指定特定施設入居者生活介護及び外部サービス利用型指定介護予防特定施設入居者生活介護

受託居宅サービス事業者（受託介護予防サービス事業者）との連携の状況

二　事業運営を行う事業所の運営管理、業務分担、情報の共有等のために講じている措置

共通事項（(3)については、訪問介護、訪問入浴介護、訪問看護、訪問リハビリテーション、福祉用具貸与、特定福祉用具販売、定期巡回・随時対応型訪問介護看護、夜間対応型訪問介護、複合型サービス、居宅介護支援、介護予防訪問入浴介護、介護予防訪問看護、介護予防訪問リハビリテーション、介護予防福祉用具貸与及び特定介護予防福祉用具販売に限る。）

(1) 事業所又は施設における役割分担等の明確化のための取組の状況

(2) 介護サービスの提供のために必要な情報について従業者間で共有するための取組の状況

(3) 従業者からの相談に対する対応及び従業者に対する指導の実施の状況

三　安全管理及び衛生管理のために講じている措置

共通事項

安全管理及び衛生管理のための取組の状況

四　情報の管理、個人情報保護等のために講じている措置

共通事項

(1) 個人情報の保護の確保のための取組の状況

(2) 介護サービスの提供記録の開示の実施の状況

五　介護サービスの質の確保のために総合的に講じている措置

共通事項

(1) 従業者等の計画的な教育、研修等の実施の状況

(2) 利用者等、入所者等又は入院患者等の意向等も踏まえた介護サービスの提供内容の改善の実施の状況

(3) 介護サービスの提供のためのマニュアル等の活用及び見直しの実施の状況

第三　都道府県知事が必要と認めた事項

様式第一号（第二十六条関係）

（平30厚労省令96・全改、令元厚労省令1・一部改正）

（表面）

（一）

介護保険被保険者証

被保険者	番号				
	住所				
	フリガナ				
	氏名				
	生年月日	明治・大正・昭和　年　月　日	性別	男・女	
交付年月日		令和　年　月　日			
保険者番号並びに保険者の名称及び印					

（二）

要介護状態区分等		
認定年月日 （事業対象者の場合は、基本チェックリスト実施日）	令和　年　月　日	
認定の有効期間	令和　年　月　日～令和　年　月　日	
居宅サービス等	区分支給限度基準額	
	令和　年　月　日～令和　年　月　日 1月当たり	
（うち種類支給限度基準額）	サービスの種類	種類支給限度基準額
認定審査会の意見及びサービスの種類の指定		

（三）

納付期限	内容	期間
		開始年月日　令和　年　月　日 終了年月日　令和　年　月　日
		開始年月日　令和　年　月　日 終了年月日　令和　年　月　日
		開始年月日　令和　年　月　日 終了年月日　令和　年　月　日
居宅介護支援事業者若しくは介護予防支援事業者及びその事業所の名称又は地域包括支援センターの名称		届出年月日　令和　年　月　日
		届出年月日　令和　年　月　日
		届出年月日　令和　年　月　日
介護保険施設等	種類	入所等年月日　令和　年　月　日
	名称	退所等年月日　令和　年　月　日
	種類	入所等年月日　令和　年　月　日
	名称	退所等年月日　令和　年　月　日

（裏面）

（四）

注意事項

一　介護サービスを受けようとするときは、あらかじめ市町村の窓口で要介護認定又は要支援認定を受けてください。

二　介護予防・生活支援サービス事業のサービスを受けようとするときは、あらかじめ基本チェックリストによる確認又は要支援認定を受けてください。

三　介護サービスを受けようとするときは、必ずこの証を事業者又は施設の窓口に提出してください。

四　介護予防・生活支援サービス事業のサービスを受けようとするときは、必ずこの証を事業提供者に提出してください。

五　認定の有効期限を経過したときは、保険給付を受けられませんので、認定の有効期限を経過する六十日前から三十日前までの間に市町村にこの証を提出し、認定の更新を受けてください。

（五）

六　居宅サービス、地域密着型サービス、介護予防サービス又は地域密着型介護予防サービス（以下「居宅サービス等」という。）については、居宅介護支援事業者若しくは介護予防支援事業者に介護サービス計画若しくは介護予防サービス計画の作成を依頼した旨をあらかじめ市町村に届け出た場合又は自ら介護サービス計画若しくは介護予防サービス計画を作成し、市町村に届け出た場合に限って現物給付となります。これらの手続をしない場合は、市町村からの事後払い（償還払い）になります。

七　居宅サービス等には保険給付の限度額が設定されます。

八　介護サービスを受けるときに支払う金額は、介護サービスに要した費用に、別途介護保険負担割合証に示された割合を乗じた金額です（居宅介護支援サービス及び介護予防支援サービスの利用支払額はありません）。

九　介護予防・生活支援サービス事業のサービスを受けるときに支払う金額は、当該サービスに要した費用のうち市町村が定める割合又は市町村が定める額（事業提供者が額を定める場合においては、当該者が定める額）です。

（六）

十　認定審査会の意見及びサービスの種類の指定欄に記載がある場合は、記載事項に留意してください。利用できるサービスの種類の指定がある場合は、当該サービス以外は保険給付を受けられません。

十一　被保険者の資格がなくなったときは、直ちに、この証を市町村に返してください。

十二　この証の表面の記載事項に変更があったときは、十四日以内に、この証を添えて、市町村にその旨を届け出てください。

十三　不正にこの証を使用した者は、刑法により詐欺罪として懲役の処分を受けます。

十四　特別の事情がないのに保険料を滞納した場合は、給付を市町村からの事後払いとする措置（支払方法変更）、利用時支払額を三割（介護保険負担割合証に記載の「利用者負担の割合」欄に記載された割合が三割である場合は四割）とする措置（給付額減額）等を受けることがあります。

備考

1　この証の大きさは、縦128ミリメートル、横273ミリメートルとし、点線の箇所から三つ折りとすること。

2　必要があるときは、各欄の配置を著しく変更することなく所要の変更を加えることその他所要の調整を加えることができること。

様式第一号の二（第二十八条の二関係）

（令4厚労省令56・全改）

（裏　面）

注意事項

一　介護サービス又は介護予防・生活支援サービス事業のサービスを受けようとするときは、必ずこの証を事業者又は施設の窓口に提出してください。
二　介護サービス又は介護予防・生活支援サービス事業のサービスに要した費用のうち、「適用期間」に応じた「利用者負担の割合」欄に記載された割合分の金額をお支払いいただきます。（居宅介護支援サービス及び介護予防支援サービスの利用支払額はありません。）
三　被保険者の資格がなくなったとき又はこの証の適用期間の終了年月日に至ったときには、直ちに、この証を市町村に返してください。また、転出の届出をする際には、この証を添えてください。
四　この証の表面の記載事項に変更があったときは、十四日以内に、この証を添えて、市町村にその旨を届け出てください。
五　不正にこの証を使用した者は、刑法により詐欺罪として懲役の処分を受けます。
六　利用時支払額を三割（「利用者負担の割合」欄に記載された割合が三割である場合は四割）とする措置（給付額減額）を受けている場合は、この証に記載された利用者負担の割合よりも、当該措置が優先されます。

（表　面）

介護保険負担割合証

交付年月日　　年　　月　　日

被保険者	番号	
	住所	
	フリガナ	
	氏名	
	生年月日	明治・大正・昭和　年　月　日
利用者負担の割合		適用期間
割		開始年月日　令和　年　月　日 終了年月日　令和　年　月　日
割		開始年月日　令和　年　月　日 終了年月日　令和　年　月　日
保険者番号並びに保険者の名称及び印		

1　この証の大きさは、縦128ミリメートル、横91ミリメートルとすること。
2　必要があるときは、各欄の配置を著しく変更することなく所要の変更を加えることその他所要の調整を加えることができること。

様式第一号の二の二（第八十三条の六関係）

（令6厚労省令61・全改）

（裏　面）

注意事項

一　この証によって指定介護福祉施設サービス、地域密着型介護老人福祉施設入所者生活介護、短期入所生活介護及び介護予防短期入所生活介護（この証の表面において「特養等」という。）並びに介護保健施設サービス、介護医療院サービス、短期入所療養介護及び介護予防短期入所療養介護（この証の表面において「老健・医療院等」という。）を利用する際に食事の提供を受け、又は居住若しくは滞在する場合には、この証の表面に記載する負担限度額が支払いの上限となります。
二　前号に規定するサービスを利用するときは、被保険者証とともに必ずこの証を特定介護保険施設等の窓口に提出してください。
三　被保険者の資格がなくなったとき、認定の条件に該当しなくなったとき又は負担限度額認定証の有効期限に至ったときは、遅滞なく、この証を市町村に返してください。また、転出の届出をする際には、この証を添えてください。
四　この証の表面の記載事項に変更があったときは、十四日以内に、この証を添えて、市町村にその旨を届け出てください。
五　不正にこの証を使用した者は、刑法により詐欺罪として懲役の処分を受けます。

（表　面）

介護保険負担限度額認定証

交付年月日　　令和　　年　　月　　日

被保険者	番号	
	住所	
	フリガナ	
	氏名	
	生年月日	明治・大正・昭和　年　月　日
	適用年月日	令和　年　月　日から
	有効期限	令和　年　月　日まで
食費の負担限度額		（介護予防）短期入所生活（療養）介護　円 その他のサービス　円
居住費又は滞在費の負担限度額		ユニット型個室　円 ユニット型個室的多床室　円 従来型個室（特養等）　円 従来型個室（老健・医療院等）　円 多床室　円
保険者番号並びに保険者の名称及び印		

備考
1　この証の大きさは、縦128ミリメートル、横91ミリメートルとすること。
2　必要があるときは、各欄の配置を著しく変更することなく所要の変更を加えることその他所要の調整を加えることができること。

様式第一号の三（第百七十二条の二関係）

（令4厚労省令56・全改）

（裏　面）

注意事項

一　この証によって指定介護福祉施設サービス又は地域密着型介護老人福祉施設入所者生活介護を利用する際に食事の提供を受け、又は居住する場合には、この証の表面に記載する特定負担限度額が支払いの上限となります。

二　前号に規定するサービスを利用するときは、被保険者証とともに必ずこの証を特別養護老人ホームの窓口に提出してください。

三　被保険者の資格がなくなったとき、認定の条件に該当しなくなったとき、特定負担限度額認定証の有効期限に至ったとき又は特別養護老人ホームを退所したとき（引き続き、他の特別養護老人ホームに入所する場合を除く。）は、遅滞なく、この証を市町村に返してください。また、転出の届出をする際には、この証を添えてください。

四　この証の表面の記載事項に変更があったときは、十四日以内に、この証を添えて、市町村にその旨を届け出てください。

五　不正にこの証を使用した者は、刑法により詐欺罪として懲役の処分を受けます。

（表　面）

介護保険特定負担限度額認定証
（特別養護老人ホームの要介護旧措置入所者に関する認定証）

交付年月日　　令和　　年　　月　　日

被保険者	番号	
	住所	
	フリガナ	
	氏名	
	生年月日	明治・大正・昭和　　年　　月　　日
	適用年月日	令和　　年　　月　　日から
	有効期限	令和　　年　　月　　日まで
食費の特定負担限度額		
居住費の特定負担限度額		ユニット型個室　円 ユニット型個室的多床室　円 従来型個室　円 多床室　円
保険者番号並びに保険者の名称及び印		

備考
1　この証の大きさは、縦128ミリメートル、横91ミリメートルとすること。
2　必要があるときは、各欄の配置を著しく変更することなく所要の変更を加えることその他所要の調整を加えることができること。

様式第二号（第百六十五条の四関係）

（平18厚労省令32・全改、平20厚労省令35・平24厚労省令11・令元厚労省令1・一部改正）

（表面）

介護保険検査証
（法第二十四条関係）

（裏面）

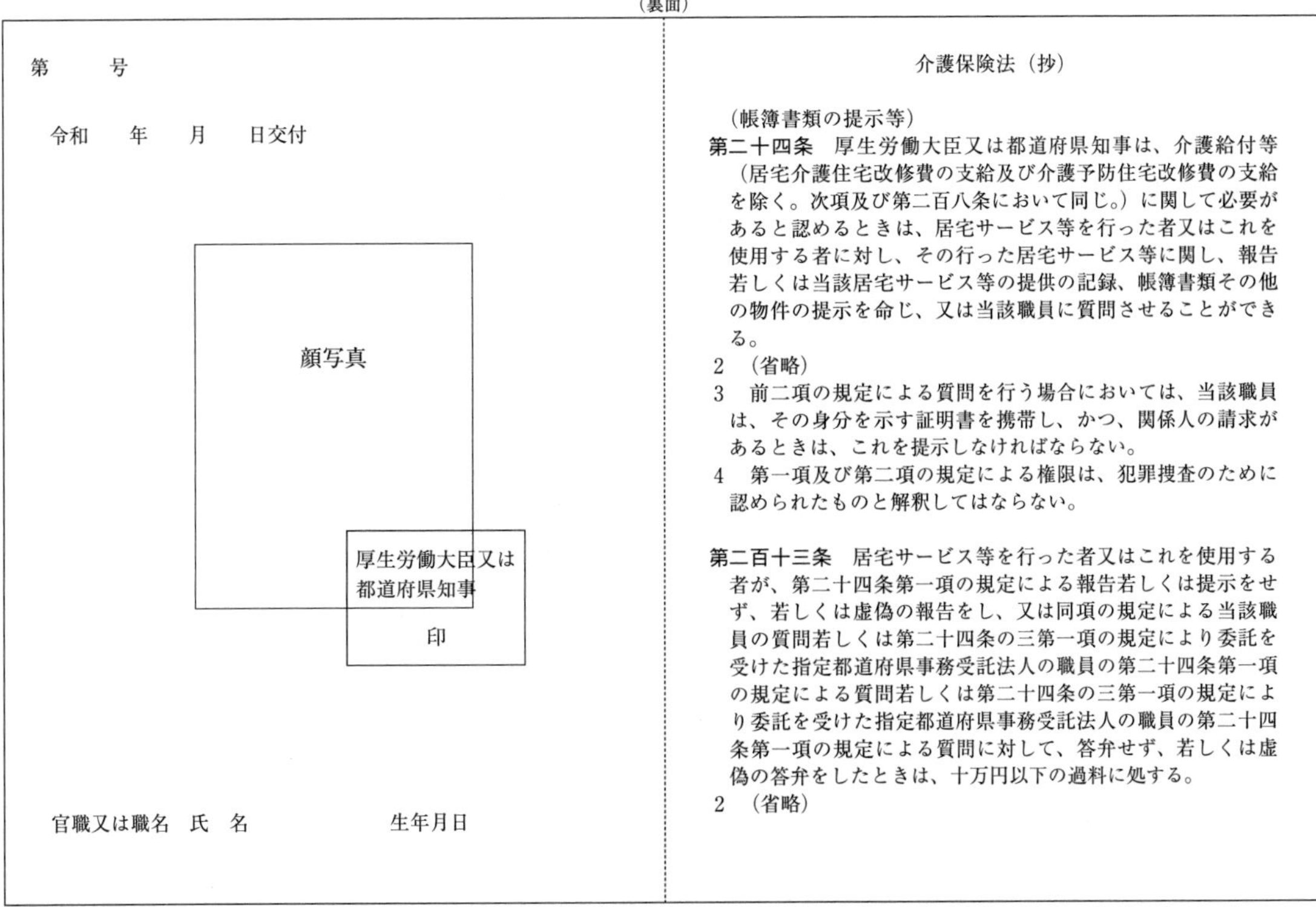

第　　号

令和　　年　　月　　日交付

顔写真

厚生労働大臣又は
都道府県知事

印

官職又は職名　氏　名　　　　　　生年月日

介護保険法（抄）

（帳簿書類の提示等）

第二十四条　厚生労働大臣又は都道府県知事は、介護給付等（居宅介護住宅改修費の支給及び介護予防住宅改修費の支給を除く。次項及び第二百八条において同じ。）に関して必要があると認めるときは、居宅サービス等を行った者又はこれを使用する者に対し、その行った居宅サービス等に関し、報告若しくは当該居宅サービス等の提供の記録、帳簿書類その他の物件の提示を命じ、又は当該職員に質問させることができる。

2　（省略）

3　前二項の規定による質問を行う場合においては、当該職員は、その身分を示す証明書を携帯し、かつ、関係人の請求があるときは、これを提示しなければならない。

4　第一項及び第二項の規定による権限は、犯罪捜査のために認められたものと解釈してはならない。

第二百十三条　居宅サービス等を行った者又はこれを使用する者が、第二十四条第一項の規定による報告若しくは提示をせず、若しくは虚偽の報告をし、又は同項の規定による当該職員の質問若しくは第二十四条の三第一項の規定により委託を受けた指定都道府県事務受託法人の職員の第二十四条第一項の規定による質問若しくは第二十四条の三第一項の規定により委託を受けた指定都道府県事務受託法人の職員の第二十四条第一項の規定による質問に対して、答弁せず、若しくは虚偽の答弁をしたときは、十万円以下の過料に処する。

2　（省略）

備考　この用紙は、A列7番とし、厚紙を用い、中央の点線の所から二つ折とすること。

様式第三号（第百六十五条の四関係）

（平18厚労省令32・全改、平20厚労省令35・平24厚労省令11・令元厚労省令1・一部改正）

（表面）

介護保険検査証

（法第二十四条関係）

（裏面）

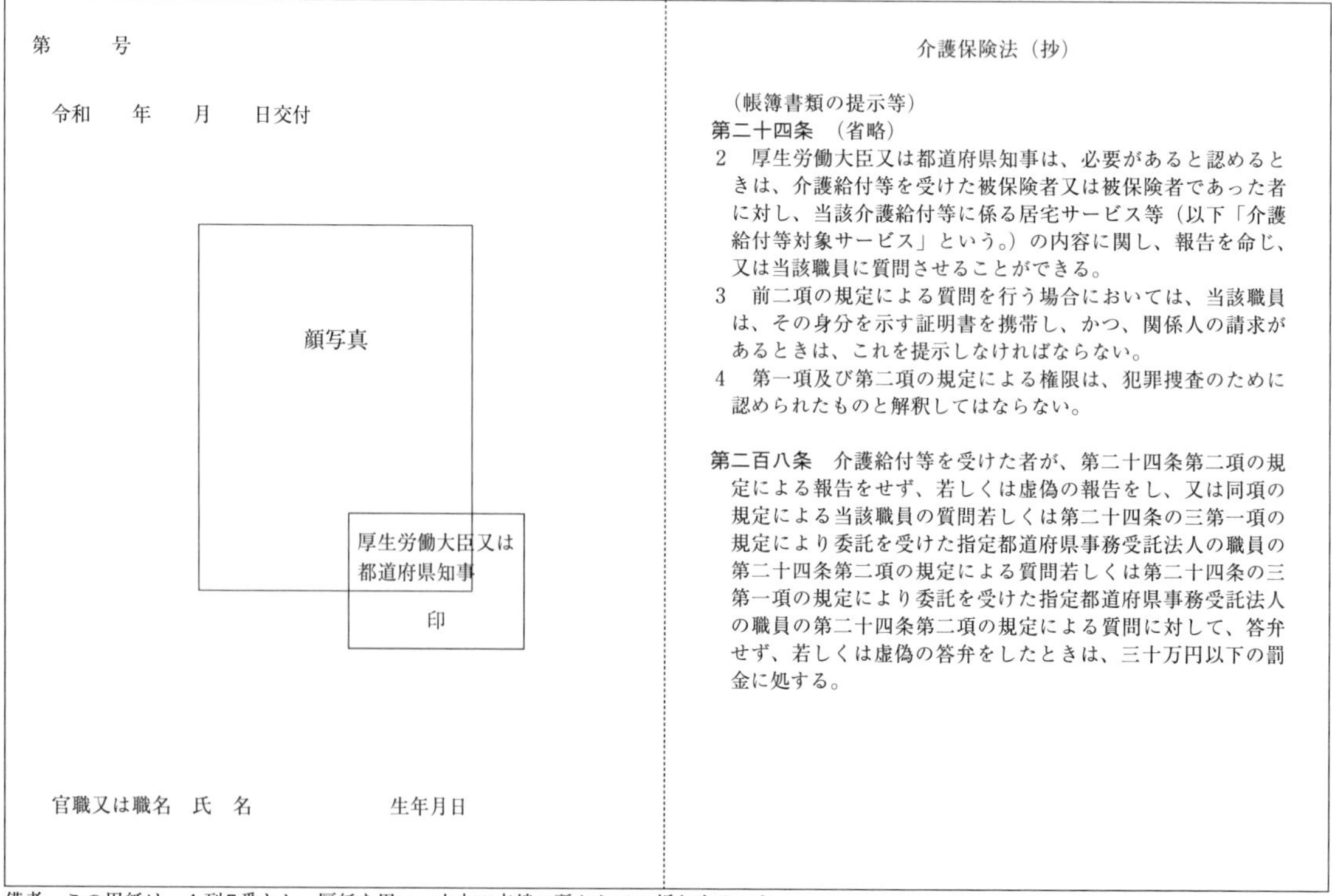

第　　号

令和　　年　　月　　日交付

顔写真

厚生労働大臣又は都道府県知事

印

官職又は職名　氏　名　　　　　生年月日

介護保険法（抄）

（帳簿書類の提示等）

第二十四条　（省略）

2　厚生労働大臣又は都道府県知事は、必要があると認めるときは、介護給付等を受けた被保険者又は被保険者であった者に対し、当該介護給付等に係る居宅サービス等（以下「介護給付等対象サービス」という。）の内容に関し、報告を命じ、又は当該職員に質問させることができる。

3　前二項の規定による質問を行う場合においては、当該職員は、その身分を示す証明書を携帯し、かつ、関係人の請求があるときは、これを提示しなければならない。

4　第一項及び第二項の規定による権限は、犯罪捜査のために認められたものと解釈してはならない。

第二百八条　介護給付等を受けた者が、第二十四条第二項の規定による報告をせず、若しくは虚偽の報告をし、又は同項の規定による当該職員の質問若しくは第二十四条の三第一項の規定により委託を受けた指定都道府県事務受託法人の職員の第二十四条第二項の規定による質問若しくは第二十四条の三第一項の規定により委託を受けた指定都道府県事務受託法人の職員の第二十四条第二項の規定による質問に対して、答弁せず、若しくは虚偽の答弁をしたときは、三十万円以下の罰金に処する。

備考　この用紙は、A列7番とし、厚紙を用い、中央の点線の所から二つ折とすること。

様式第三号の二（第百六十五条の四関係）

（平18厚労省令32・追加、平20厚労省令35・平24厚労省令10・平24厚労省令11・令元厚労省令1・一部改正）

（表面）

（特例介護予防サービス費の支給）
第五十四条　（省略）
2　（省略）
3　（省略）
4　市町村長は、特例介護予防サービス費の支給に関して必要があると認めるときは、当該支給に係る介護予防サービス若しくはこれに相当するサービスを担当する者若しくは担当した者（以下この項において「介護予防サービス等を担当する者等」という。）に対し、報告若しくは帳簿書類の提出若しくは提示を命じ、若しくは出頭を求め、又は当該職員に関係者に対して質問させ、若しくは当該介護予防サービス等を担当する者等の当該支給に係る事業所に立ち入り、その設備若しくは帳簿書類その他の物件を検査させることができる。
5　第二十四条第三項の規定は前項の規定による質問又は検査について、同条第四項の規定は前項の規定による権限について準用する。

（特例地域密着型介護予防サービス費の支給）
第五十四条の三　（省略）
2　（省略）
3　市町村長は、特例地域密着型介護予防サービス費の支給に関して必要があると認めるときは、当該支給に係る地域密着型介護予防サービス若しくはこれに相当するサービスを担当する者若しくは担当した者（以下この項において「地域密着型介護予防サービス等を担当する者等」という。）に対し、報告若しくは帳簿書類の提出若しくは提示を命じ、若しくは出頭を求め、又は当該職員に関係者に対して質問させ、若しくは当該地域密着型介護予防サービス等を担当する者等の当該支給に係る事業所に立ち入り、その設備若しくは帳簿書類その他の物件を検査させることができる。
4　第二十四条第三項の規定は前項の規定による質問又は検査について、同条第四項の規定は前項の規定による権限について準用する。

（介護予防住宅改修費の支給）
第五十七条　（省略）
2〜7　（省略）
8　市町村長は、介護予防住宅改修費の支給に関して必要があると認めるときは、当該支給に係る住宅改修を行う者若しくは住宅改修を行った者（以下この項において「住宅改修を行う者等」という。）に対し、報告若しくは帳簿書類の提出若しくは提示を命じ、若しくは出頭を求め、又は当該職員に関係者に対して質問させ、若しくは当該住宅改修を行う者等の当該支給に係る事業所に立ち入り、その帳簿書類その他の物件を検査させることができる。
9　第二十四条第三項の規定は前項の規定による質問又は検査について、同条第四項の規定は前項の規定による権限について準用する。

（特例介護予防サービス計画費の支給）
第五十九条　（省略）
2　（省略）
3　市町村長は、特例介護予防サービス計画費の支給に関して必要があると認めるときは、当該支給に係る介護予防支援若しくはこれに相当するサービスを担当する者若しくは担当した者（以下この項において「介護予防支援等を担当する者等」という。）に対し、報告若しくは帳簿書類の提出若しくは提示を命じ、若しくは出頭を求め、又は当該職員に関係者に対して質問させ、若しくは当該介護予防支援等を担当する者等の当該支給に係る事業所に立ち入り、その帳簿書類その他の物件を検査させることができる。
4　第二十四条第三項の規定は前項の規定による質問又は検査について、同条第四項の規定は前項の規定による権限について準用する。

第二百九条　次の各号のいずれかに該当する場合には、その違反行為をした者は、三十万円以下の罰金に処する。
一　（省略）
二　第四十二条第四項、第四十二条の三第三項、第四十五条第八項、第四十七条第三項、第四十九条第三項、第五十四条第四項、第五十四条の三第三項、第五十七条第八項、第五十九条第三項、第七十六条第一項、第七十八条の七第一項、第八十三条第一項、第九十条第一項、第百条第一項、第百十五条の七第一項、第百十五条の十七第一項、第百十五条の二十七第一項又は第百十五条の三十三第一項の規定による報告若しくは帳簿書類の提出若しくは提示をせず、若しくは虚偽の報告若しくは虚偽の帳簿書類の提出若しくは提示をし、又はこれらの規定による質問に対して答弁をせず、若しくは虚偽の答弁をし、若しくはこれらの規定による検査を拒み、妨げ、若しくは忌避したとき。
三　（省略）

介護保険検査証

（法第四十二条・第四十二条の三・第四十五条・第四十七条・第四十九条・第五十四条・第五十四条の三・第五十七条・第五十九条関係）

（裏面）

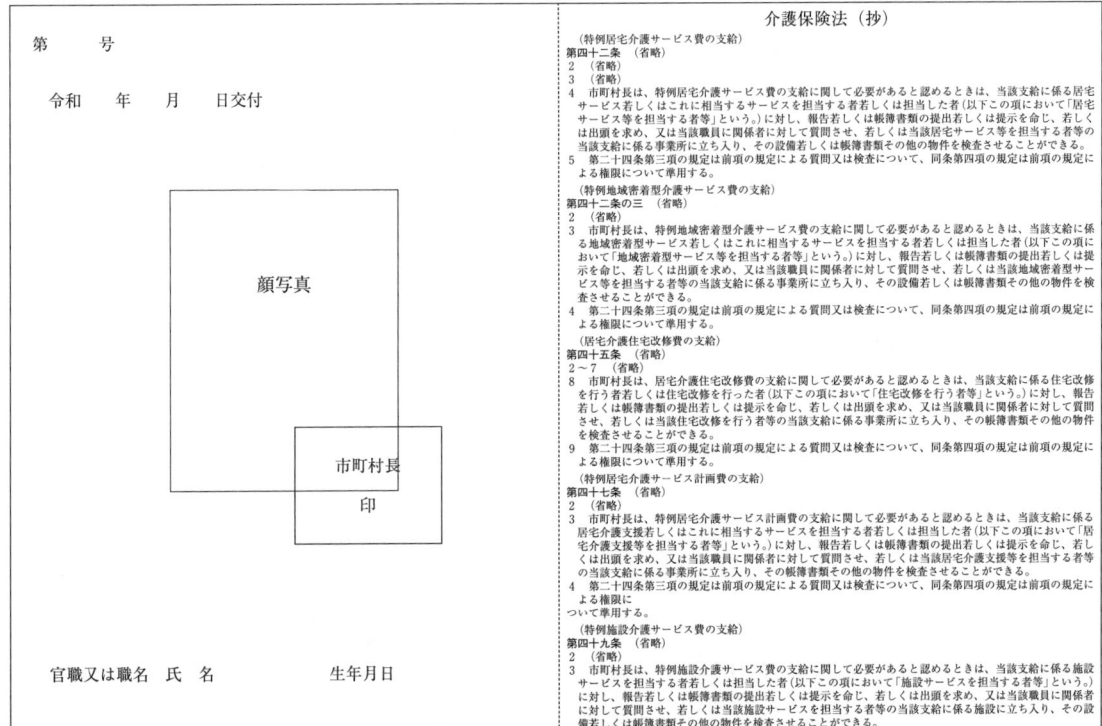

第　　号

令和　　年　　月　　日交付

顔写真

市町村長
印

官職又は職名　氏　名　　　　　生年月日

介護保険法（抄）

（特例居宅介護サービス費の支給）
第四十二条　（省略）
2　（省略）
3　（省略）
4　市町村長は、特例居宅介護サービス費の支給に関して必要があると認めるときは、当該支給に係る居宅サービス若しくはこれに相当するサービスを担当する者若しくは担当した者（以下この項において「居宅サービス等を担当する者等」という。）に対し、報告若しくは帳簿書類の提出若しくは提示を命じ、若しくは出頭を求め、又は当該職員に関係者に対して質問させ、若しくは当該居宅サービス等を担当する者等の当該支給に係る事業所に立ち入り、その設備若しくは帳簿書類その他の物件を検査させることができる。
5　第二十四条第三項の規定は前項の規定による質問又は検査について、同条第四項の規定は前項の規定による権限について準用する。

（特例地域密着型介護サービス費の支給）
第四十二条の三　（省略）
2　（省略）
3　市町村長は、特例地域密着型介護サービス費の支給に関して必要があると認めるときは、当該支給に係る地域密着型サービス若しくはこれに相当するサービスを担当する者若しくは担当した者（以下この項において「地域密着型サービス等を担当する者等」という。）に対し、報告若しくは帳簿書類の提出若しくは提示を命じ、若しくは出頭を求め、又は当該職員に関係者に対して質問させ、若しくは当該地域密着型サービス等を担当する者等の当該支給に係る事業所に立ち入り、その設備若しくは帳簿書類その他の物件を検査させることができる。
4　第二十四条第三項の規定は前項の規定による質問又は検査について、同条第四項の規定は前項の規定による権限について準用する。

（居宅介護住宅改修費の支給）
第四十五条　（省略）
2〜7　（省略）
8　市町村長は、居宅介護住宅改修費の支給に関して必要があると認めるときは、当該支給に係る住宅改修を行う者若しくは住宅改修を行った者（以下この項において「住宅改修を行う者等」という。）に対し、報告若しくは帳簿書類の提出若しくは提示を命じ、若しくは出頭を求め、又は当該職員に関係者に対して質問させ、若しくは当該住宅改修を行う者等の当該支給に係る事業所に立ち入り、その帳簿書類その他の物件を検査させることができる。
9　第二十四条第三項の規定は前項の規定による質問又は検査について、同条第四項の規定は前項の規定による権限について準用する。

（特例居宅介護サービス計画費の支給）
第四十七条　（省略）
2　（省略）
3　市町村長は、特例居宅介護サービス計画費の支給に関して必要があると認めるときは、当該支給に係る居宅介護支援若しくはこれに相当するサービスを担当する者若しくは担当した者（以下この項において「居宅介護支援等を担当する者等」という。）に対し、報告若しくは帳簿書類の提出若しくは提示を命じ、若しくは出頭を求め、又は当該職員に関係者に対して質問させ、若しくは当該居宅介護支援等を担当する者等の当該支給に係る事業所に立ち入り、その帳簿書類その他の物件を検査させることができる。
4　第二十四条第三項の規定は前項の規定による質問又は検査について、同条第四項の規定は前項の規定による権限について準用する。

（特例施設介護サービス費の支給）
第四十九条　（省略）
2　（省略）
3　市町村長は、特例施設介護サービス費の支給に関して必要があると認めるときは、当該支給に係る施設サービスを担当する者若しくは担当した者（以下この項において「施設サービスを担当する者等」という。）に対し、報告若しくは帳簿書類の提出若しくは提示を命じ、若しくは出頭を求め、又は当該職員に関係者に対して質問させ、若しくは当該施設サービスを担当する者等の当該支給に係る施設に立ち入り、その設備若しくは帳簿書類その他の物件を検査させることができる。
4　第二十四条第三項の規定は前項の規定による質問又は検査について、同条第四項の規定は前項の規定による権限について準用する。

備考　この用紙は、A列7番とし、厚紙を用い、中央の点線の所から二つ折とすること。

様式第三号の三（第百六十五条の四関係）

（平18厚労省令32・全改、平20厚労省令35・平24厚労省令11・令元厚労省令1・一部改正）

（表面）

介護保険検査証
（法第六十九条の二十二関係）

（裏面）

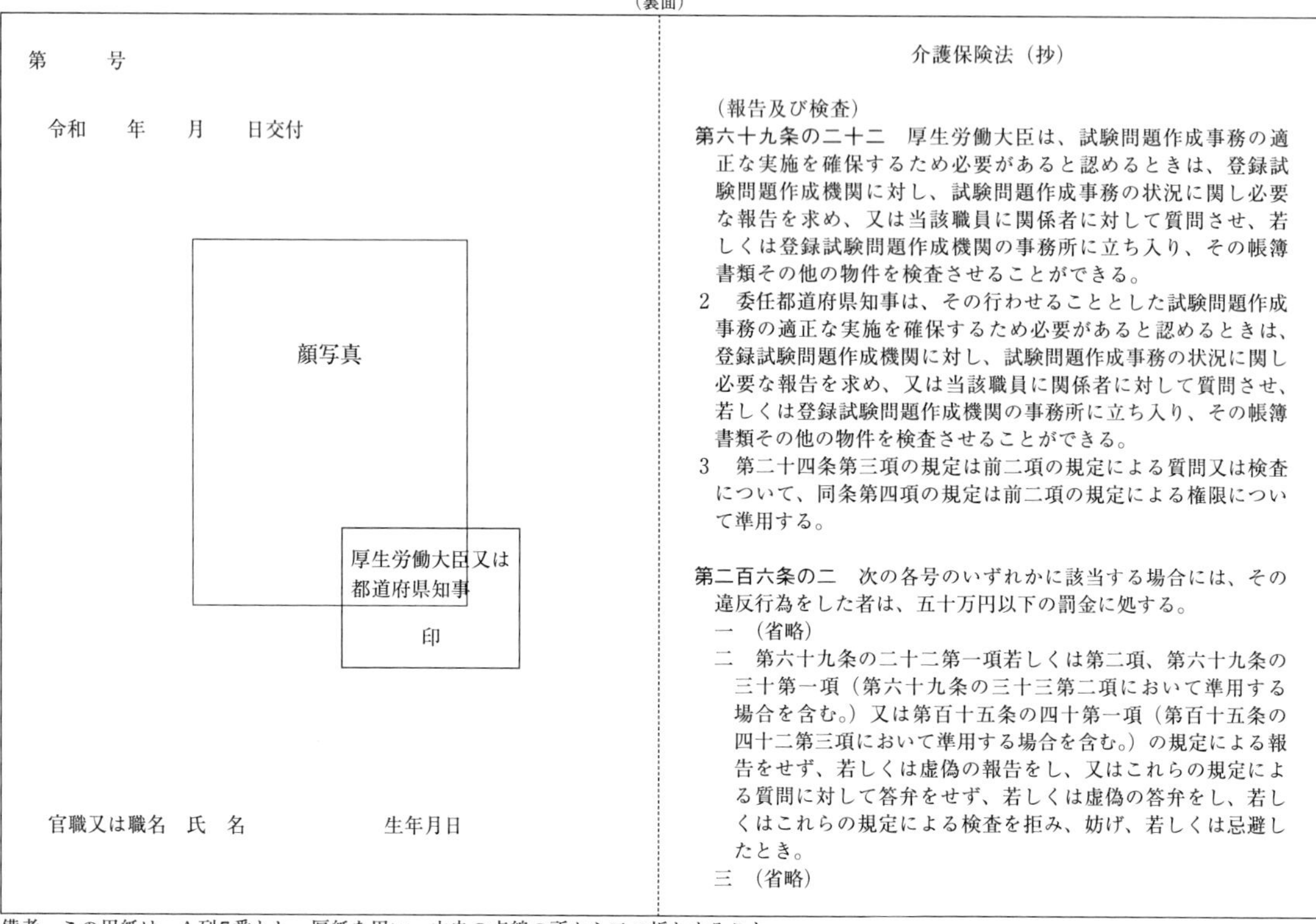

第　　号

令和　　年　　月　　日交付

顔写真

厚生労働大臣又は都道府県知事　　印

官職又は職名　氏　名　　　　生年月日

介護保険法（抄）

（報告及び検査）

第六十九条の二十二　厚生労働大臣は、試験問題作成事務の適正な実施を確保するため必要があると認めるときは、登録試験問題作成機関に対し、試験問題作成事務の状況に関し必要な報告を求め、又は当該職員に関係者に対して質問させ、若しくは登録試験問題作成機関の事務所に立ち入り、その帳簿書類その他の物件を検査させることができる。

2　委任都道府県知事は、その行わせることとした試験問題作成事務の適正な実施を確保するため必要があると認めるときは、登録試験問題作成機関に対し、試験問題作成事務の状況に関し必要な報告を求め、又は当該職員に関係者に対して質問させ、若しくは登録試験問題作成機関の事務所に立ち入り、その帳簿書類その他の物件を検査させることができる。

3　第二十四条第三項の規定は前二項の規定による質問又は検査について、同条第四項の規定は前二項の規定による権限について準用する。

第二百六条の二　次の各号のいずれかに該当する場合には、その違反行為をした者は、五十万円以下の罰金に処する。

一　（省略）

二　第六十九条の二十二第一項若しくは第二項、第六十九条の三十第一項（第六十九条の三十三第二項において準用する場合を含む。）又は第百十五条の四十第一項（第百十五条の四十二第三項において準用する場合を含む。）の規定による報告をせず、若しくは虚偽の報告をし、又はこれらの規定による質問に対して答弁をせず、若しくは虚偽の答弁をし、若しくはこれらの規定による検査を拒み、妨げ、若しくは忌避したとき。

三　（省略）

備考　この用紙は、A列7番とし、厚紙を用い、中央の点線の所から二つ折とすること。

様式第三号の四（第百六十五条の四関係）

（平18厚労省令32・追加、平20厚労省令35・平24厚労省令11・令元厚労省令1・一部改正）

（表面）

第二百六条の二　次の各号のいずれかに該当する場合には、その違反行為をした者は、五十万円以下の罰金に処する。

一　（省略）

二　第六十九条の二十二第一項若しくは第二項、第六十九条の三十第一項（第六十九条の三十三第二項において準用する場合を含む。）又は第百十五条の四十第一項（第百十五条の四十二第三項において準用する場合を含む。）の規定による報告をせず、若しくは虚偽の報告をし、又はこれらの規定による質問に対して答弁をせず、若しくは虚偽の答弁をし、若しくはこれらの規定による検査を拒み、妨げ、若しくは忌避したとき。

三　（省略）

介護保険検査証

（法第六十九条の三十、第六十九条の三十三関係）

（裏面）

第　　　号

令和　　年　　月　　日交付

顔写真

都道府県知事

印

官職又は職名　氏　名　　　　生年月日

介護保険法（抄）

（報告及び検査）

第六十九条の三十　都道府県知事は、試験事務の適正な実施を確保するため必要があると認めるときは、指定試験実施機関に対し、試験事務の状況に関し必要な報告を求め、又は当該職員に関係者に対して質問させ、若しくは指定試験実施機関の事務所に立ち入り、その設備若しくは帳簿書類その他の物件を検査させることができる。

2　第二十四条第三項の規定は前項の規定による質問又は検査について、同条第四項の規定は前項の規定による権限について準用する。

（指定研修実施機関の指定等）

第六十九条の三十三　（省略）

2　第六十九条の二十七第二項、第六十九条の二十九及び第六十九条の三十の規定は、指定研修実施機関について準用する。この場合において、これらの規定中「指定試験実施機関」とあるのは「指定研修実施機関」と、「試験事務」とあるのは「研修事務」と読み替えるものとする。

3　（省略）

備考　この用紙は、A列7番とし、厚紙を用い、中央の点線の所から二つ折とすること。

様式第四号（第百六十五条の四関係）

（平21厚労省令54・全改、平24厚労省令10・平24厚労省令11・令元厚労省令1・一部改正）

（表面）

（報告等）

第百十五条の七　都道府県知事又は市町村長は、介護予防サービス費の支給に関して必要があると認めるときは、指定介護予防サービス事業者若しくは指定介護予防サービス事業者であった者若しくは当該指定に係る事業所の従業者であった者（以下この項において「指定介護予防サービス事業者であった者等」という。）に対し、報告若しくは帳簿書類の提出若しくは提示を命じ、指定介護予防サービス事業者若しくは当該指定に係る事業所の従業者若しくは指定介護予防サービス事業者であった者等に対し出頭を求め、又は当該職員に関係者に対して質問させ、若しくは当該指定介護予防サービス事業者の当該指定に係る事業所、事務所その他指定介護予防サービスの事業に関係のある場所に立ち入り、その設備若しくは帳簿書類その他の物件を検査させることができる。

2　第二十四条第三項の規定は前項の規定による質問又は検査について、同条第四項の規定は前項の規定による権限について準用する。

（報告等）

第百十五条の十七　市町村長は、地域密着型介護予防サービス費の支給に関して必要があると認めるときは、指定地域密着型介護予防サービス事業者若しくは指定地域密着型介護予防サービス事業者であった者若しくは当該指定に係る事業所の従業者であった者（以下この項において「指定地域密着型介護予防サービス事業者であった者等」という。）に対し、報告若しくは帳簿書類の提出若しくは提示を命じ、指定地域密着型介護予防サービス事業者若しくは当該指定に係る事業所の従業者若しくは指定地域密着型介護予防サービス事業者であった者等に対し出頭を求め、又は当該職員に関係者に対して質問させ、若しくは当該指定地域密着型介護予防サービス事業者の当該指定に係る事業所、事務所その他指定地域密着型介護予防サービスの事業に関係のある場所に立ち入り、その設備若しくは帳簿書類その他の物件を検査させることができる。

2　第二十四条第三項の規定は前項の規定による質問又は検査について、同条第四項の規定は前項の規定による権限について準用する。

（報告等）

第百十五条の二十七　市町村長は、必要があると認めるときは、指定介護予防支援事業者若しくは指定介護予防支援事業者であった者若しくは当該指定に係る事業所の従業者であった者（以下この項において「指定介護予防支援事業者であった者等」という。）に対し、報告若しくは帳簿書類の提出若しくは提示を命じ、指定介護予防支援事業者若しくは当該指定に係る事業所の従業者若しくは指定介護予防支援事業者であった者等に対し出頭を求め、又は当該職員に関係者に対して質問させ、若しくは当該指定介護予防支援事業者の当該指定に係る事業所、事務所その他指定介護予防支援の事業に関係のある場所に立ち入り、その帳簿書類その他の物件を検査させることができる。

2　（省略）

（報告等）

第百十五条の三十三　前条第二項の規定による届出を受けた厚生労働大臣等は、当該届出を行った介護サービス事業者（同条第四項の規定による届出を受けた厚生労働大臣等にあっては、同項の規定による届出を行った介護サービス事業者を除く。）における同条第一項の規定による業務管理体制の整備に関して必要があると認めるときは、当該介護サービス事業者に対し、報告若しくは帳簿書類の提出若しくは提示を命じ、当該介護サービス事業者若しくは当該介護サービス事業者の従業者に対し出頭を求め、又は当該職員に関係者に対し質問させ、若しくは当該介護サービス事業者の当該指定に係る事業所若しくは当該指定若しくは許可に係る施設、事務所その他の居宅サービス等の提供に関係のある場所に立ち入り、その設備若しくは帳簿書類その他の物件を検査させることができる。2　（省略）

3　（省略）

4　（省略）

5　第二十四条第三項の規定は第一項の規定による質問又は検査について、同条第四項の規定は第一項の規定による権限について準用する。

第二百九条　次の各号のいずれかに該当する場合には、その違反行為をした者は、三十万円以下の罰金に処する。

一　（省略）

二　第四十二条第四項、第四十二条の三第三項、第四十五条第八項、第四十七条第三項、第四十九条第三項、第五十四条第四項、第五十四条の三第三項、第五十七条第八項、第五十九条第三項、第七十六条第一項、第七十八条の七第一項、第八十三条第一項、第九十条第一項、第百条第一項、第百十二条第一項、第百十五条の七第一項、第百十五条の十七第一項、第百十五条の二十七第一項又は第百十五条の三十三第一項の規定による報告若しくは帳簿書類の提出若しくは提示をせず、若しくは虚偽の報告若しくは虚偽の帳簿書類の提出若しくは提示をし、又はこれらの規定による質問に対して答弁をせず、若しくは虚偽の答弁をし、若しくはこれらの規定による検査を拒み、妨げ、若しくは忌避したとき。

三　（省略）

介護保険検査証

（法第七十六条・第七十八条の七・
第八十三条・第九十条・第百十五条の七・
第百十五条の十七・
第百十五条の二十七・
第百十五条の三十三関係）

（裏面）

第　　号

令和　　年　　月　　日交付

顔写真

厚生労働大臣、
都道府県知事
又は市町村長

印

官職又は職名　氏　名　　　　　　　生年月日

介護保険法（抄）

（報告等）

第七十六条　都道府県知事又は市町村長は、居宅介護サービス費の支給に関して必要があると認めるときは、指定居宅サービス事業者若しくは指定居宅サービス事業者であった者若しくは当該指定に係る事業所の従業者であった者（以下この項において「指定居宅サービス事業者であった者等」という。）に対し、報告若しくは帳簿書類の提出若しくは提示を命じ、指定居宅サービス事業者若しくは当該指定に係る事業所の従業者若しくは指定居宅サービス事業者であった者等に対し出頭を求め、又は当該職員に関係者に対して質問させ、若しくは当該指定居宅サービス事業者の当該指定に係る事業所、事務所その他指定居宅サービスの事業に関係のある場所に立ち入り、その設備若しくは帳簿書類その他の物件を検査させることができる。

2　第二十四条第三項の規定は、前項の規定による質問又は検査について、同条第四項の規定は、前項の規定による権限について準用する。

（報告等）

第七十八条の七　市町村長は、地域密着型介護サービス費の支給に関して必要があると認めるときは、指定地域密着型サービス事業者若しくは指定地域密着型サービス事業者であった者若しくは当該指定に係る事業所の従業者であった者（以下この項において「指定地域密着型サービス事業者であった者等」という。）に対し、報告若しくは帳簿書類の提出若しくは提示を命じ、指定地域密着型サービス事業者若しくは当該指定に係る事業所の従業者若しくは指定地域密着型サービス事業者であった者等に対し出頭を求め、又は当該職員に関係者に対して質問させ、若しくは当該指定地域密着型サービス事業者の当該指定に係る事業所、事務所その他指定地域密着型サービスの事業に関係のある場所に立ち入り、その設備若しくは帳簿書類その他の物件を検査させることができる。

2　第二十四条第三項の規定は前項の規定による質問又は検査について、同条第四項の規定は前項の規定による権限について準用する。

（報告等）

第八十三条　都道府県知事又は市町村長は、必要があると認めるときは、指定居宅介護支援事業者若しくは指定居宅介護支援事業者であった者若しくは当該指定に係る事業所の従業者であった者（以下この項において「指定居宅介護支援事業者であった者等」という。）に対し、報告若しくは帳簿書類の提出若しくは提示を命じ、指定居宅介護支援事業者若しくは当該指定に係る事業所の従業者若しくは指定居宅介護支援事業者であった者等に対し出頭を求め、又は当該職員に関係者に対して質問させ、若しくは当該指定居宅介護支援事業者の当該指定に係る事業所、事務所その他指定居宅介護支援の事業に関係のある場所に立ち入り、その帳簿書類その他の物件を検査させることができる。

2　第二十四条第三項の規定は、前項の規定による質問又は検査について、同条第四項の規定は、前項の規定による権限について準用する。

（報告等）

第九十条　都道府県知事又は市町村長は、必要があると認めるときは、指定介護老人福祉施設若しくは指定介護老人福祉施設の開設者若しくはその長その他の従業者であった者（以下この項において「開設者であった者等」という。）に対し、報告若しくは帳簿書類の提出若しくは提示を命じ、指定介護老人福祉施設の開設者若しくはその長その他の従業者若しくは開設者であった者等に対し出頭を求め、又は当該職員に関係者に対して質問させ、若しくは当該指定介護老人福祉施設、指定介護老人福祉施設の開設者の事務所その他指定介護老人福祉施設の運営に関係のある場所に立ち入り、その設備若しくは帳簿書類その他の物件を検査させることができる。

2　第二十四条第三項の規定は、前項の規定による質問又は検査について、同条第四項の規定は、前項の規定による権限について準用する。

備考　この用紙は、A列7番とし、厚紙を用い、中央の点線の所から二つ折とすること。

様式第五号（第百六十五条の四関係）

（平21厚労省令54・全改、平24厚労省令10・平24厚労省令11・令元厚労省令1・一部改正）

（表面）

介護保険検査証
（法第百条・第百十五条の三十三関係）

（裏面）

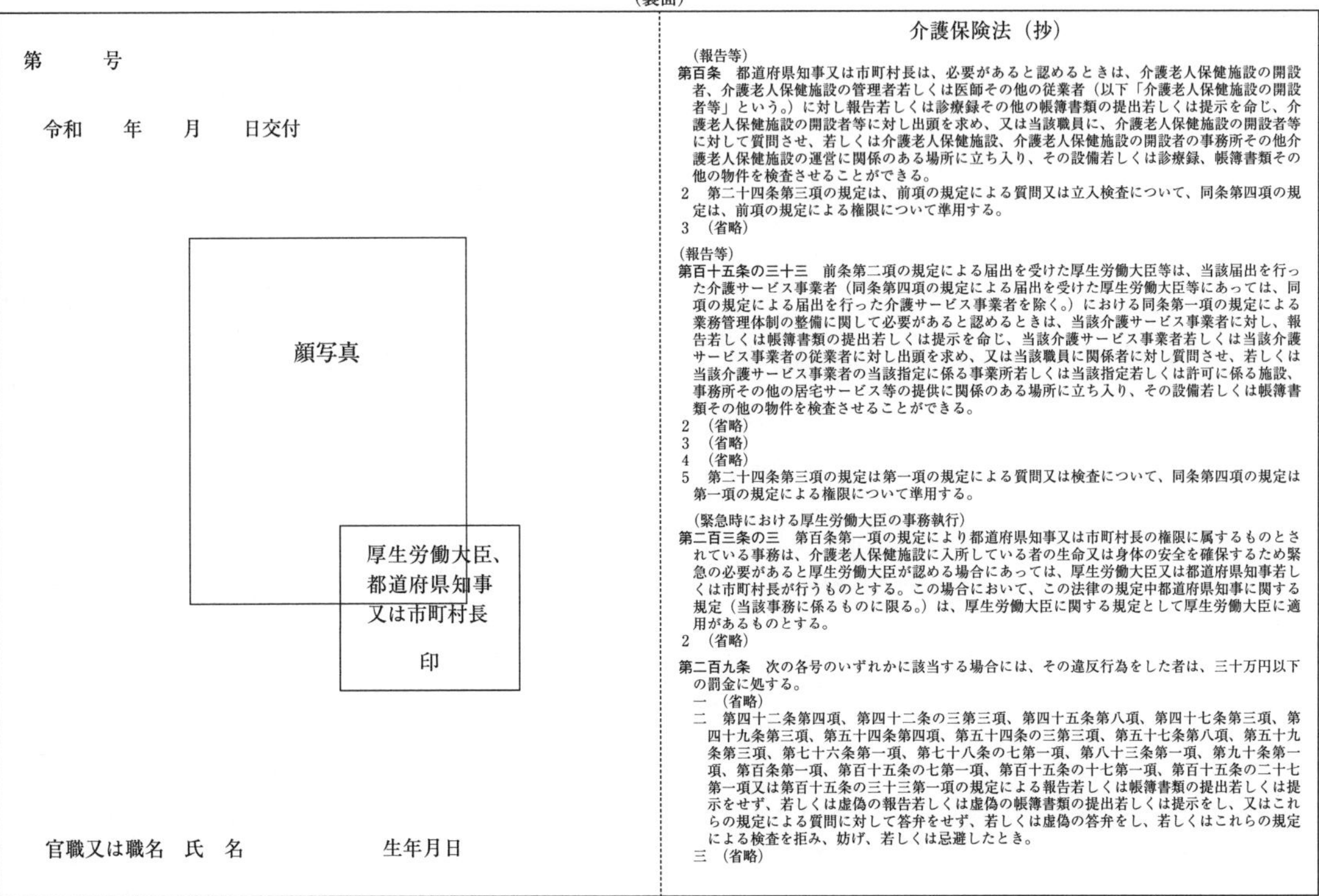

第　　号

令和　　年　　月　　日交付

顔写真

厚生労働大臣、
都道府県知事
又は市町村長

印

官職又は職名　氏　名　　　　　生年月日

介護保険法（抄）

（報告等）
第百条　都道府県知事又は市町村長は、必要があると認めるときは、介護老人保健施設の開設者、介護老人保健施設の管理者若しくは医師その他の従業者（以下「介護老人保健施設の開設者等」という。）に対し報告若しくは診療録その他の帳簿書類の提出若しくは提示を命じ、介護老人保健施設の開設者等に対し出頭を求め、又は当該職員に、介護老人保健施設の開設者等に対して質問させ、若しくは介護老人保健施設、介護老人保健施設の開設者の事務所その他介護老人保健施設の運営に関係のある場所に立ち入り、その設備若しくは診療録、帳簿書類その他の物件を検査させることができる。
2　第二十四条第三項の規定は、前項の規定による質問又は立入検査について、同条第四項の規定は、前項の規定による権限について準用する。
3　（省略）

（報告等）
第百十五条の三十三　前条第二項の規定による届出を受けた厚生労働大臣等は、当該届出を行った介護サービス事業者（同条第四項の規定による届出を受けた厚生労働大臣等にあっては、同項の規定による届出を行った介護サービス事業者を除く。）における同条第一項の規定による業務管理体制の整備に関して必要があると認めるときは、当該介護サービス事業者に対し、報告若しくは帳簿書類の提出若しくは提示を命じ、当該介護サービス事業者若しくは当該介護サービス事業者の従業者に対し出頭を求め、又は当該職員に関係者に対し質問させ、若しくは当該介護サービス事業者の当該指定に係る事業所若しくは当該指定若しくは許可に係る施設、事務所その他の居宅サービス等の提供に関係のある場所に立ち入り、その設備若しくは帳簿書類その他の物件を検査させることができる。
2　（省略）
3　（省略）
4　（省略）
5　第二十四条第三項の規定は第一項の規定による質問又は検査について、同条第四項の規定は第一項の規定による権限について準用する。

（緊急時における厚生労働大臣の事務執行）
第二百三条の三　第百条第一項の規定により都道府県知事又は市町村長の権限に属するものとされている事務は、介護老人保健施設に入所している者の生命又は身体の安全を確保するため緊急の必要があると厚生労働大臣が認める場合にあっては、厚生労働大臣又は都道府県知事若しくは市町村長が行うものとする。この場合において、この法律の規定中都道府県知事に関する規定（当該事務に係るものに限る。）は、厚生労働大臣に関する規定として厚生労働大臣に適用があるものとする。
2　（省略）

第二百九条　次の各号のいずれかに該当する場合には、その違反行為をした者は、三十万円以下の罰金に処する。
一　（省略）
二　第四十二条第四項、第四十二条の三第三項、第四十五条第八項、第四十七条第三項、第四十九条第三項、第五十四条第四項、第五十四条の三第三項、第五十七条第八項、第五十九条第三項、第七十六条第一項、第七十八条の七第一項、第八十三条第一項、第九十条第一項、第百条第一項、第百十五条の七第一項、第百十五条の十七第一項、第百十五条の二十七第一項又は第百十五条の三十三第一項の規定による報告若しくは帳簿書類の提出若しくは提示をせず、若しくは虚偽の報告若しくは虚偽の帳簿書類の提出若しくは提示をし、又はこれらの規定による質問に対して答弁をせず、若しくは虚偽の答弁をし、若しくはこれらの規定による検査を拒み、妨げ、若しくは忌避したとき。
三　（省略）

備考　この用紙は、A列7番とし、厚紙を用い、中央の点線の所から二つ折とすること。

様式第五号の二（第百六十五条の四関係）

（平30厚労省令30・全改、令元厚労省令1・一部改正）

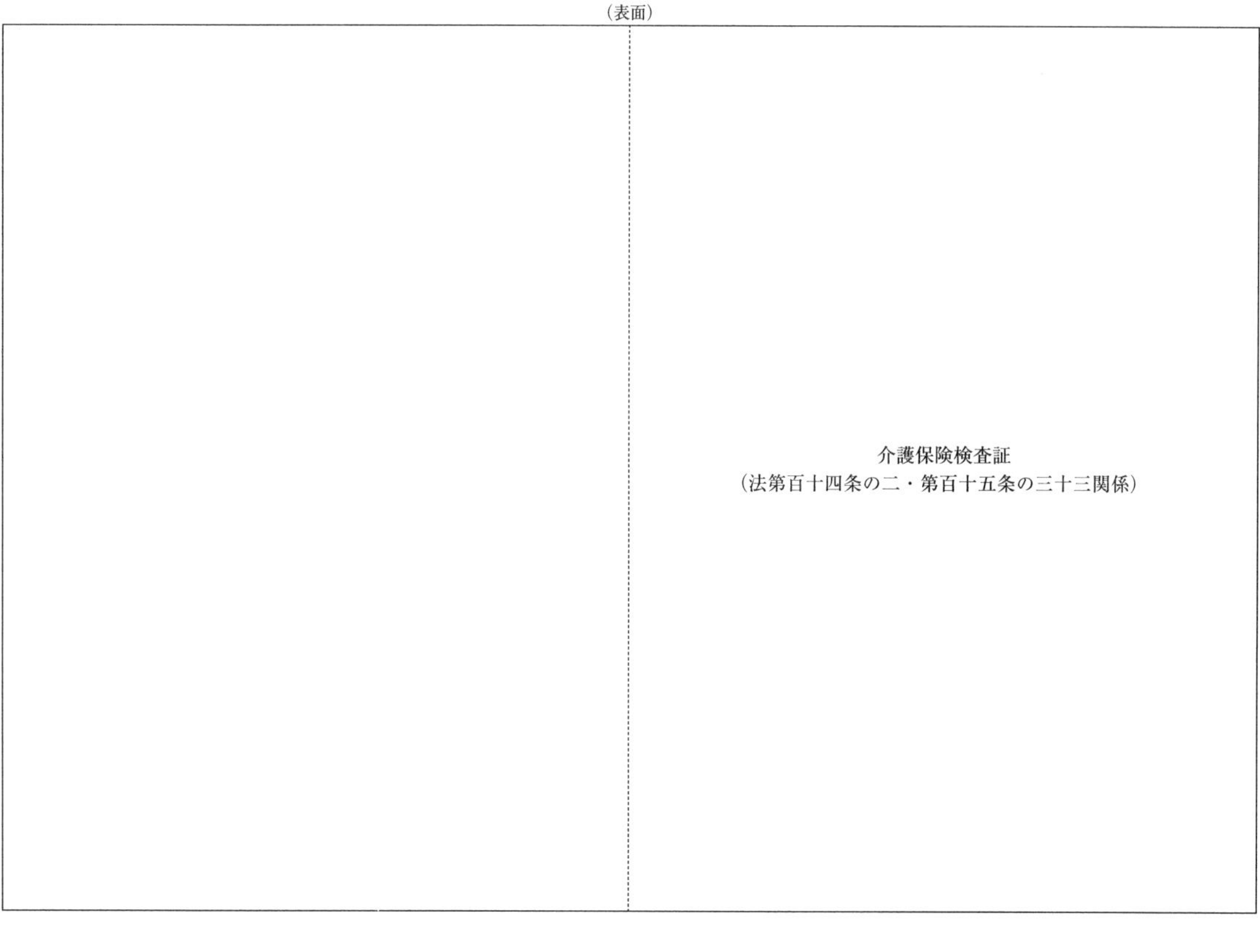

（表面）

介護保険検査証

（法第百十四条の二・第百十五条の三十三関係）

（裏面）

第　　号

令和　　年　　月　　日交付

顔写真

厚生労働大臣、
都道府県知事
又は市町村長

印

官職又は職名　氏　名　　　　生年月日

介護保険法（抄）

（報告等）

第百十四条の二　都道府県知事又は市町村長は、必要があると認めるときは、介護医療院の開設者、介護医療院の管理者若しくは医師その他の従業者（以下「介護医療院の開設者等」という。）に対し報告若しくは診療録その他の帳簿書類の提出若しくは提示を命じ、介護医 療院の開設者等に対し出頭を求め、又は当該職員に、介護医療院の開設者等に対して質問させ、若しくば介護医療院、介護医療院の開設者の事務所その他介護医療院の運営に関係のある場所に立ち入り、その設備若しくは診療録、帳簿書類その他の物件を検査させることができる。

2　第二十四条第三項の規定は、前項の規定による質問又は検査について、同条第四項の規定は前項の規定による権限について準用する。

3　（省略）

（報告等）

第百十五条の三十三　前条第二項の規定による届出を受けた厚生労働大臣等は、当該届出を行った介護サービス事業者（同条第四項の規定による届出を受けた厚生労働大臣等にあっては、同項の規定による届出を行った介護サービス事業者を除く。）における同条第一項の規定による業務管理体制の整備に関して必要があると認めるときは、当該介護サービス事業者に対し、報告若しくは帳簿書類の提出若しくは提示を命じ、当該介護サービス事業者若しくは当該介護サービス事業者の従業者に対し出頭を求め、又は当該職員に関係者に対し質問させ、若しくは当該介護サービス事業者の当該指定に係る事業所若しくは当該指定若しくは許可に係る施設、事務所その他の居宅サービス等の提供に関係のある場所に立ち入り、その設備若しくは帳簿書類その他の物件を検査させることができる。

2　（省略）

3　（省略）

4　（省略）

5　第二十四条第三項の規定は第一項の規定による質問又は検査について、同条第四項の規定は第一項の規定による権限について準用する。

（緊急時における厚生労働大臣の事務執行）

第二百三条の三　第百条第一項の規定により都道府県知事又は市町村長の権限に属するものとされている事務は、介護老人保健施設に入所している者の生命又は身体の安全を確保するため緊急の必要があると厚生労働大臣が認める場合にあっては、厚生労働大臣又は都道府県知事若しくは市町村長が行うものとする。この場合において、この法律の規定中都道府県知事に関する規定（当該事務に係るものに限る。）は、厚生労働大臣に関する規定として厚生労働大臣に適用があるものとする。

2　（省略）

第二百九条　次の各号のいずれかに該当する場合には、その違反行為をした者は、三十万円以下の罰金に処する。

一　（省略）

二　第四十二条第四項、第四十二条の三第三項、第四十五条第八項、第四十七条第三項、第四十九条第三項、第五十四条第四項、第五十四条の三第三項、第五十七条第八項、第五十九条第三項、第七十六条第一項、第七十八条の七第一項、第八十三条第一項、第九十条第一項、第百条第一項、第百十五条の七第一項、第百十五条の十七第一項、第百十五条の二十七第一項又は第百十五条の三十三第一項の規定による報告若しくは帳簿書類の提出若しくは提示をせず、若しくは虚偽の報告若しくは虚偽の帳簿書類の提出若しくは提示をし、又はこれらの規定による質問に対して答弁をせず、若しくは虚偽の答弁をし、若しくはこれらの規定による検査を拒み、妨げ、若しくは忌避したとき。

三　（省略）

備考　この用紙は、A列7番とし、厚紙を用い、中央の点線の所から二つ折とすること。

様式第五号の三（第百六十五条の四関係）

（平30厚労省令30・追加、令元厚労省令1・一部改正）

（表面）

介護保険検査証
（法第百十五条の四十、第百十五条の四十二関係）

（裏面）

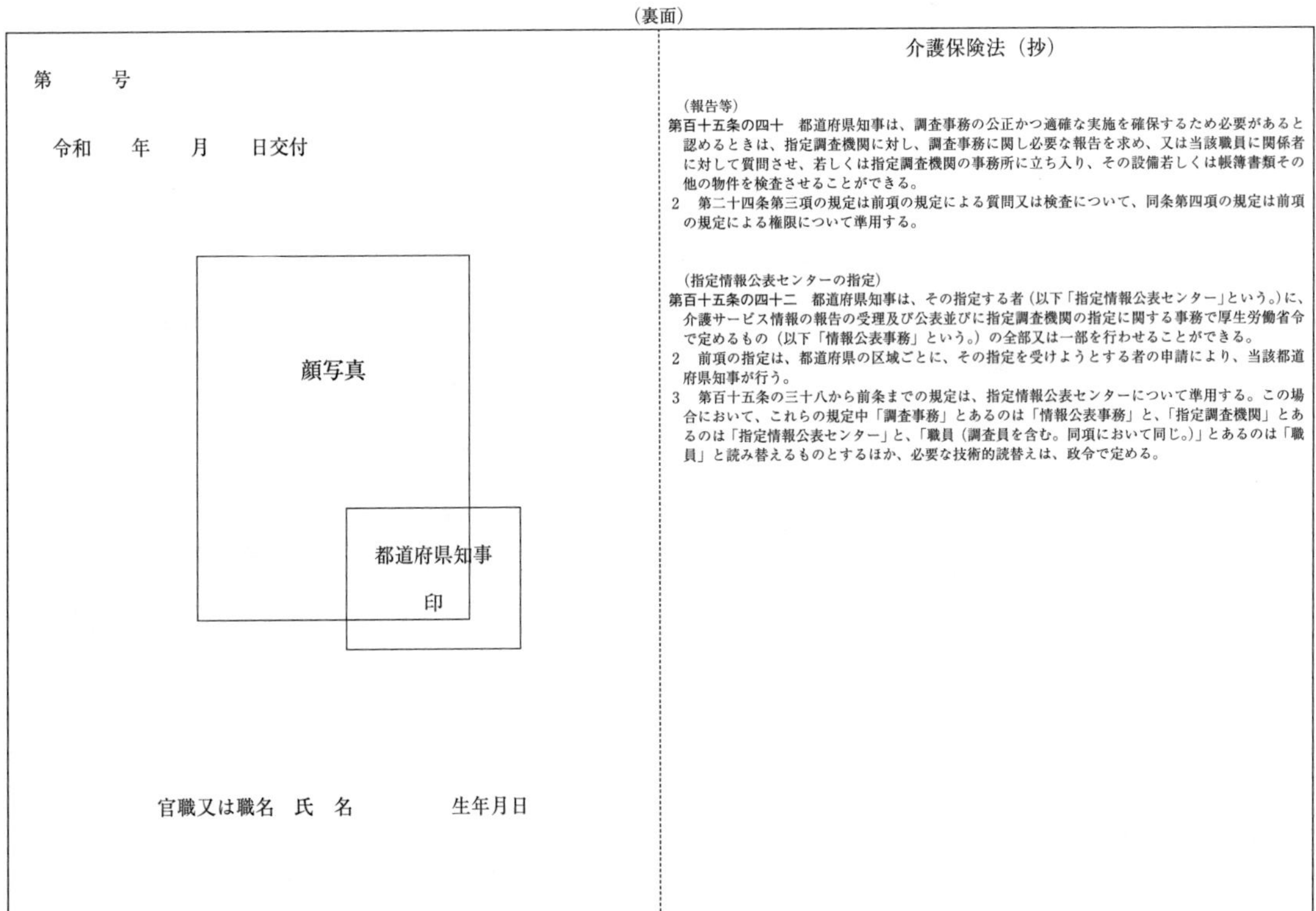
第　　号

令和　　年　　月　　日交付

顔写真

都道府県知事

印

官職又は職名　氏　名　　　　生年月日

介護保険法（抄）

（報告等）
第百十五条の四十　都道府県知事は、調査事務の公正かつ適確な実施を確保するため必要があると認めるときは、指定調査機関に対し、調査事務に関し必要な報告を求め、又は当該職員に関係者に対して質問させ、若しくは指定調査機関の事務所に立ち入り、その設備若しくは帳簿書類その他の物件を検査させることができる。
2　第二十四条第三項の規定は前項の規定による質問又は検査について、同条第四項の規定は前項の規定による権限について準用する。

（指定情報公表センターの指定）
第百十五条の四十二　都道府県知事は、その指定する者（以下「指定情報公表センター」という。）に、介護サービス情報の報告の受理及び公表並びに指定調査機関の指定に関する事務で厚生労働省令で定めるもの（以下「情報公表事務」という。）の全部又は一部を行わせることができる。
2　前項の指定は、都道府県の区域ごとに、その指定を受けようとする者の申請により、当該都道府県知事が行う。
3　第百十五条の三十八から前条までの規定は、指定情報公表センターについて準用する。この場合において、これらの規定中「調査事務」とあるのは「情報公表事務」と、「指定調査機関」とあるのは「指定情報公表センター」と、「職員（調査員を含む。同項において同じ。）」とあるのは「職員」と読み替えるものとするほか、必要な技術的読替えは、政令で定める。

備考　この用紙は、A列7番とし、厚紙を用い、中央の点線の所から二つ折とすること。

様式第六号（第百六十五条の四関係）

（平11厚省令92・追加、平12厚省令127・平20厚労省令35・令元厚労省令1・一部改正）

（表面）

介護保険検査証

（法第百七十二条関係）

（裏面）

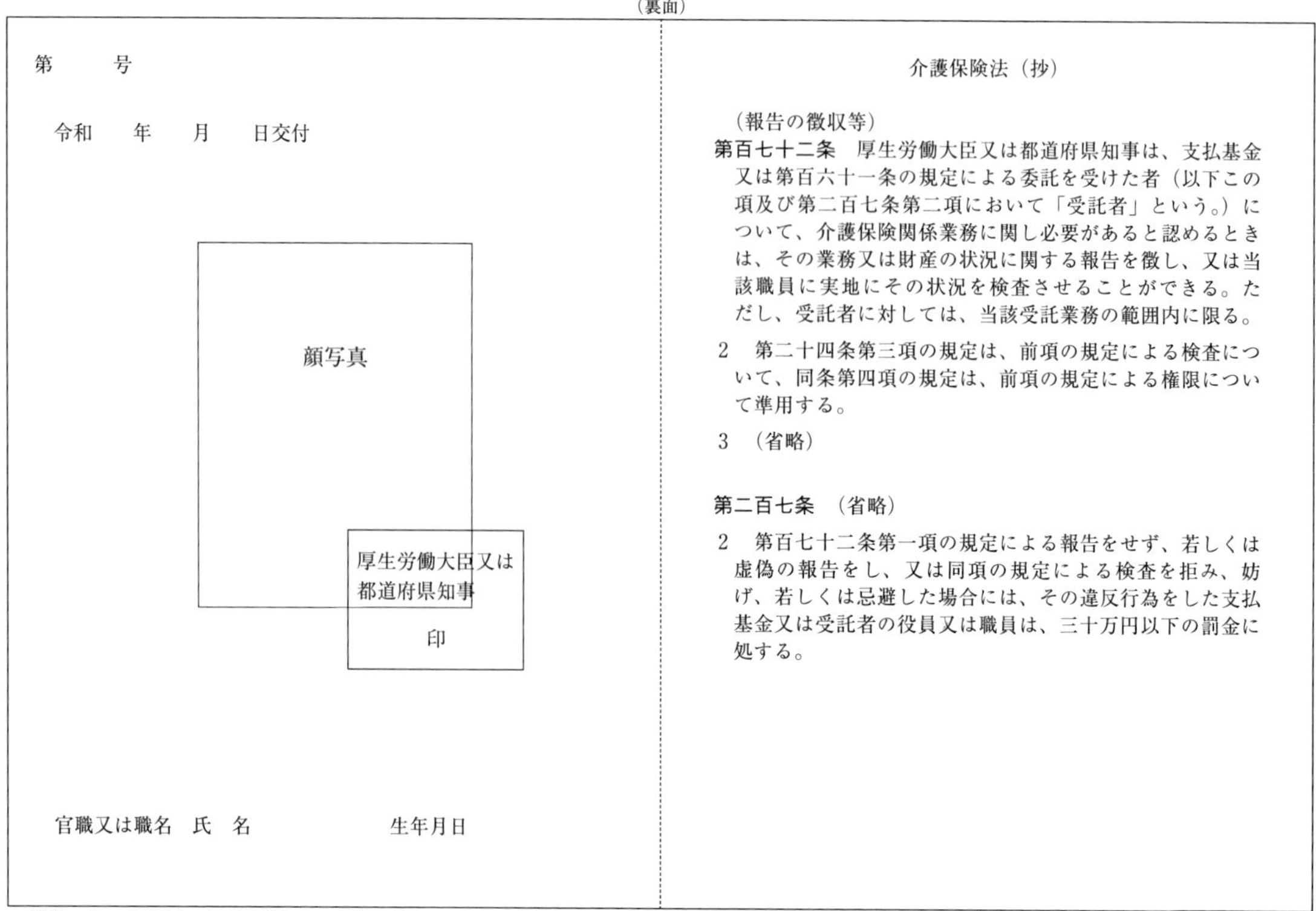

第　　号

令和　　年　　月　　日交付

顔写真

厚生労働大臣又は都道府県知事

印

官職又は職名　氏　名　　　　　生年月日

介護保険法（抄）

（報告の徴収等）

第百七十二条　厚生労働大臣又は都道府県知事は、支払基金又は第百六十一条の規定による委託を受けた者（以下この項及び第二百七条第二項において「受託者」という。）について、介護保険関係業務に関し必要があると認めるときは、その業務又は財産の状況に関する報告を徴し、又は当該職員に実地にその状況を検査させることができる。ただし、受託者に対しては、当該受託業務の範囲内に限る。

2　第二十四条第三項の規定は、前項の規定による検査について、同条第四項の規定は、前項の規定による権限について準用する。

3　（省略）

第二百七条　（省略）

2　第百七十二条第一項の規定による報告をせず、若しくは虚偽の報告をし、又は同項の規定による検査を拒み、妨げ、若しくは忌避した場合には、その違反行為をした支払基金又は受託者の役員又は職員は、三十万円以下の罰金に処する。

備考　この用紙は、A列7番とし、厚紙を用い、中央の点線の所から二つ折とすること。

様式第七号（第百六十五条の四関係）

（平11厚省令92・追加、平12厚省令127・平14厚労省令149・令元厚労省令1・一部改正）

（表面）

介護保険検査証
（法第百九十七条関係）

（裏面）

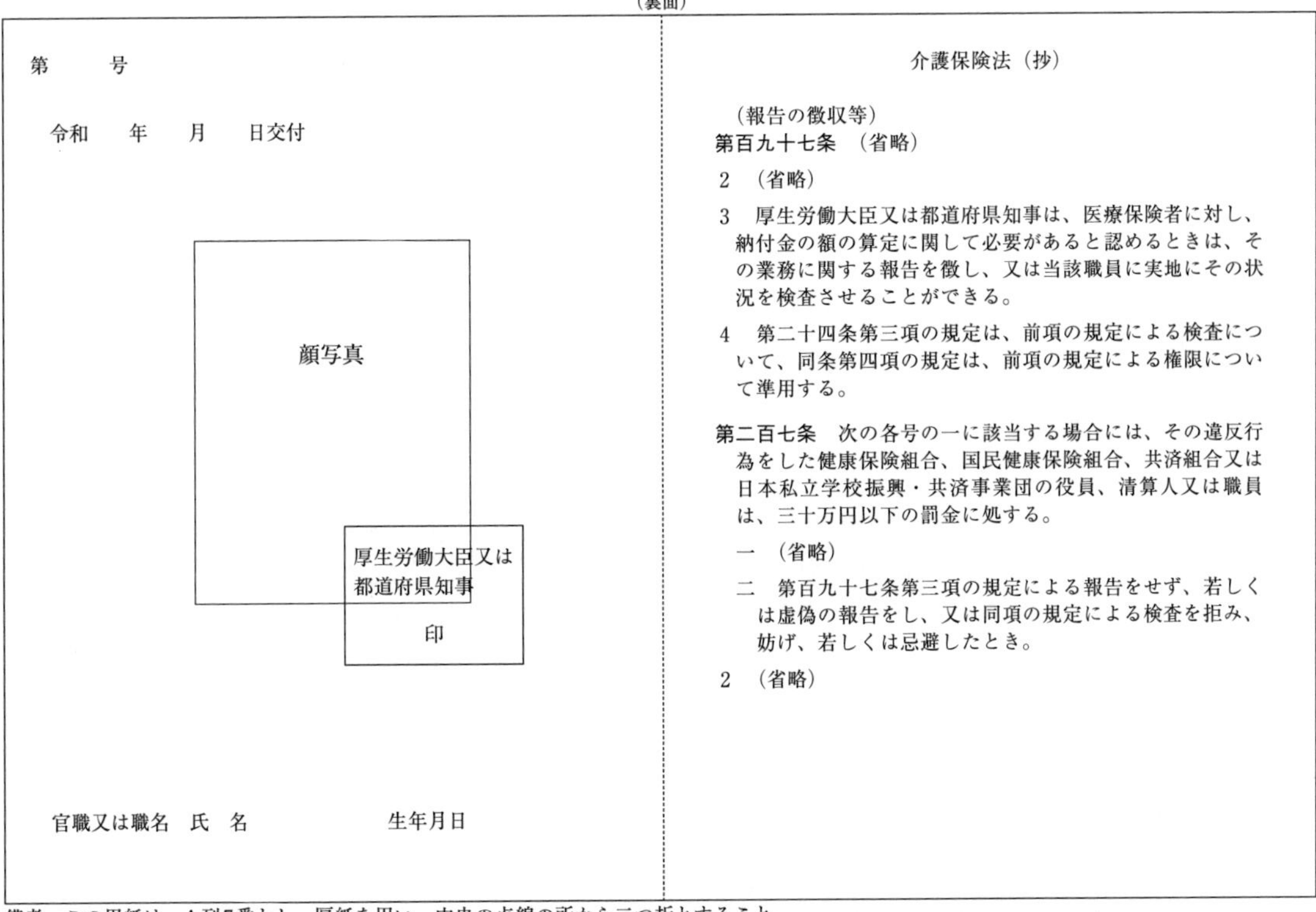

第　　号

令和　　年　　月　　日交付

顔写真

厚生労働大臣又は
都道府県知事

印

官職又は職名　氏　名　　　　　生年月日

介護保険法（抄）

（報告の徴収等）
第百九十七条　（省略）

2　（省略）

3　厚生労働大臣又は都道府県知事は、医療保険者に対し、納付金の額の算定に関して必要があると認めるときは、その業務に関する報告を徴し、又は当該職員に実地にその状況を検査させることができる。

4　第二十四条第三項の規定は、前項の規定による検査について、同条第四項の規定は、前項の規定による権限について準用する。

第二百七条　次の各号の一に該当する場合には、その違反行為をした健康保険組合、国民健康保険組合、共済組合又は日本私立学校振興・共済事業団の役員、清算人又は職員は、三十万円以下の罰金に処する。

一　（省略）

二　第百九十七条第三項の規定による報告をせず、若しくは虚偽の報告をし、又は同項の規定による検査を拒み、妨げ、若しくは忌避したとき。

2　（省略）

備考　この用紙は、A列7番とし、厚紙を用い、中央の点線の所から二つ折とすること。

様式第八号（第百六十五条の四関係）

（平11厚省令92・追加、平14厚労省令149・平20厚労省令35・令元厚労省令1・一部改正）

（表面）

介護保険検査証

（法第二百二条関係）

（裏面）

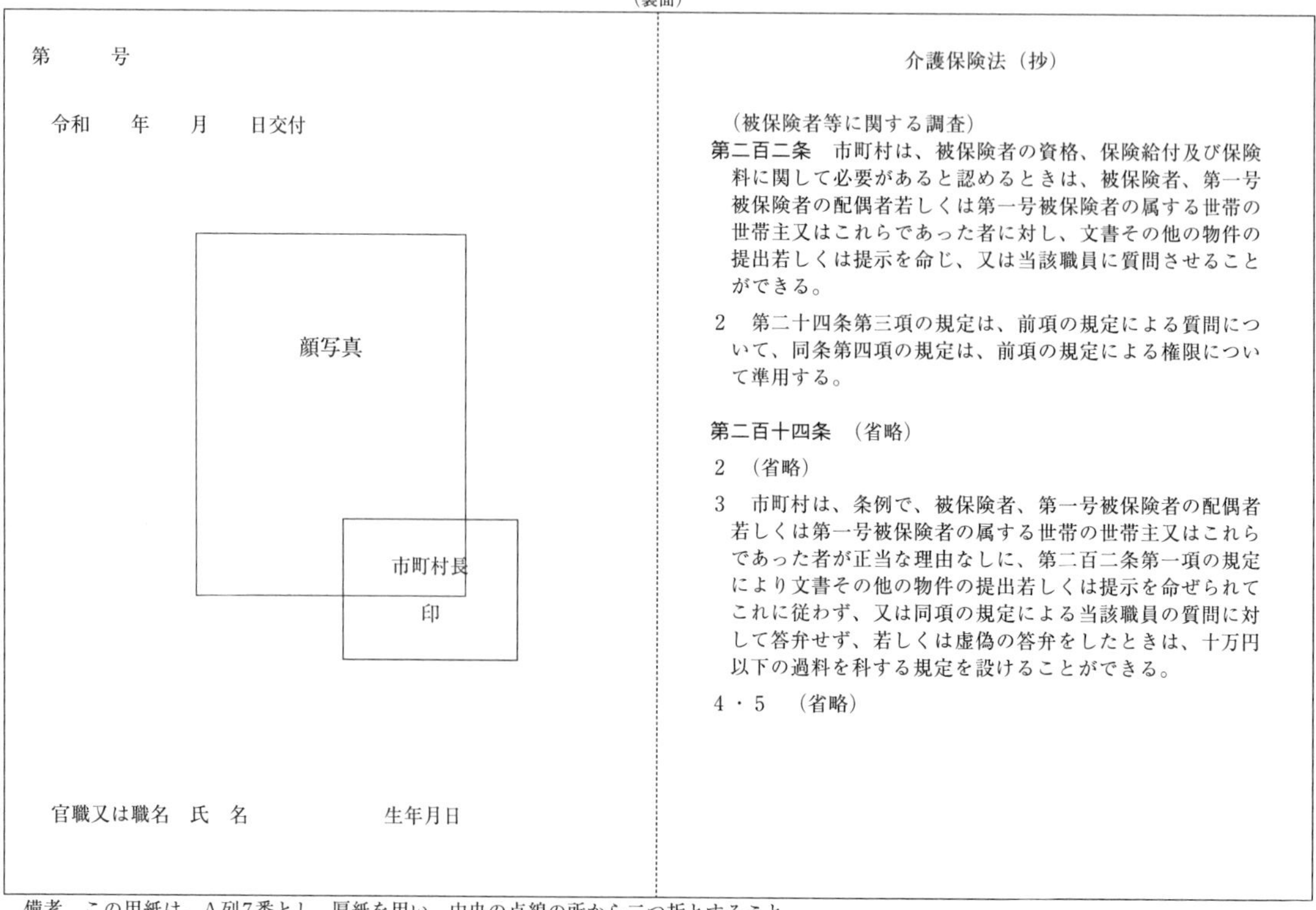

第　　号

令和　　年　　月　　日交付

顔写真

市町村長

印

官職又は職名　氏　名　　　　生年月日

介護保険法（抄）

（被保険者等に関する調査）

第二百二条　市町村は、被保険者の資格、保険給付及び保険料に関して必要があると認めるときは、被保険者、第一号被保険者の配偶者若しくは第一号被保険者の属する世帯の世帯主又はこれらであった者に対し、文書その他の物件の提出若しくは提示を命じ、又は当該職員に質問させることができる。

2　第二十四条第三項の規定は、前項の規定による質問について、同条第四項の規定は、前項の規定による権限について準用する。

第二百十四条　（省略）

2　（省略）

3　市町村は、条例で、被保険者、第一号被保険者の配偶者若しくは第一号被保険者の属する世帯の世帯主又はこれらであった者が正当な理由なしに、第二百二条第一項の規定により文書その他の物件の提出若しくは提示を命ぜられてこれに従わず、又は同項の規定による当該職員の質問に対して答弁せず、若しくは虚偽の答弁をしたときは、十万円以下の過料を科する規定を設けることができる。

4・5　（省略）

備考　この用紙は、A列7番とし、厚紙を用い、中央の点線の所から二つ折とすること。

様式第九号（附則第八条関係）

（平18厚労省令32・全改）

（表　面）

介 護 保 険 被 保 険 者 証

交付年月日		新・要介護状態区分等 認定の有効期間 区分支給限度額 （期　　間） （種類支給限度額） 審査会意見及び サービスの種類の指定	認定年月日
被保険者番号			
氏　　名			
生年月日		旧・要介護状態区分等 認定の有効期間 区分支給限度額 （期　　間）	認定年月日
性　　別			
住　　所		給付制限 （内　　容） （期　　間）	
保険者番号			
保険者名	印	居宅介護支援事業者 又は介護予防支援事業者 及びその事業所の名称	届出年月日

（裏　面）

注意事項

1　この証の交付を受けたときには、大切に保管してください。

2　介護サービスを受けようとするときは、必ずこの証を事業者又は施設の窓口に提出してください。

3　介護サービスを受けるときに支払う金額は、介護サービスに要した費用の１割です。

4　被保険者の資格がなくなったときは、直ちに、この証を市町村に返してください。

5　この証の表面の記載事項に変更があったときは、14日以内に、この証を添えて、市町村にその旨を届け出てください。

6　不正にこの証を使用した者は、刑法により詐欺罪として懲役の処分を受けます。

7　特別の事情がないのに保険料を滞納した場合は、給付を市町村からの事後払いとする措置、利用時支払額を３割とする措置等を受けることがあります。

介護保険施設等

種　類	名　称	入所 入院年月日	退所 退院年月日

備考　1　大きさは、縦54ミリメートル、横86ミリメートルとする。

2　プラスチックその他の材料を用い、使用に十分耐えうるものとする。

3　内部に半導体集積回路を組み込むものとする。

4　審査会意見及びサービスの種類の指定については、表面にはその有無を表示し、当該意見等の内容については、内部の半導体集積回路に記録するものとする。

5　必要があるときは、横書きの文字を縦書きで表示することその他所要の変更又は調整を加えることができる。

様式第十号（第百十三条の二十一関係）

（平18厚労省令32・追加、平27厚労省令19・令4厚労省令36・一部改正）

（表　面）

介護支援専門員証			
写真貼付 （3×2.4cm）	登録番号		
	氏　　　名		
	生年月日		
	交付年月日	年　　月　　月	
	有効期間満了日	年　　月　　月	
上記の者は介護支援専門員であることを証明する。			
都道府県知事　　　　　　　　　印			

（備　考）写真は、交付申請前6月以内に撮影した無帽、正面、上三分身、無背景のものとし、この証の大きさは、縦54ミリメートル、横86ミリメートルとする。

（裏　面）

〈注　意〉

（1）　この証明書は、他人に貸与し、又は譲渡することはできない。

（2）　この証明書を紛失したときは、直ちに発行者に届け出なければならない。

（3）　この証明書は、新たな証明書の交付を受けたとき、登録名簿の移転等によって資格を失ったときは、直ちに発行者に返納しなければならない。

様式第十一号（第二十二条の二十五関係）

（平30厚労省令96・全改）

第　　号

修了証明書

氏名

年　月　日生

介護職員初任者研修課程を修了したことを証明する。

年　月　日

都道府県知事名

（介護職員初任者研修事業者名）

様式第十一号の二（第二十二条の二十五関係）

（平30厚労省令96・追加）

第　　号

修了証明書

氏名

年　月　日生

生活援助従事者修課程を修了したことを証明する。

年　月　日

都道府県知事名

（生活援助従事者研修事業者名）

様式第十二号（第二十二条の三十二関係）

（平18厚労省令106・追加、平24厚労省令10・平26厚労省令135・一部改正）

第　　号

修了証明書

氏名

年　月　日生

介護保険法施行令（平成十年政令第四百十二号）第四条第一項第九号に掲げる講習の課程を修了したことを証明する。

年　月　日

福祉用具専門相談員指定講習会事業者名

第　　号

修了証明書（携帯用）

氏名

年　月　日生

介護保険法施行令（平成十年政令第四百十二号）第四条第一項第九号に掲げる講習の課程を修了したことを証明する。

年　月　日

福祉用具専門相談員指定講習会事業者名

様式第十三号（第百四十条の五十六関係）

（平18厚労省令106・追加、平21厚労省令54・一部改正）

（おもて）

調査員登録証明書

氏名

年　月　日生

介護保険法施行令（平成十年政令第四百十二号）第三十七条の七第一項の規定により登録された調査員であることを証明する。

年　月　日

都道府県知事　印

第　号

（うら）

調査員養成研修修了介護サービス

修了年月日	介護サービス	登録年月日	証明印

資料編

1　介護保険法における罰則一覧

条　文	罰　則　の　内　容	罰　則
第205条	認定審査会等の委員や介護支援専門員等の守秘義務違反に対する罰則に関する規定	1年以下の懲役又は100万円以下の罰金
第205条の2	登録試験問題作成機関が厚生労働大臣の命令に違反したときの罰則に関する規定	1年以下の懲役又は100万円以下の罰金
第205条の3	匿名介護保険等関連情報の利用に関する守秘義務違反や不当目的使用、厚生労働大臣の是正命令に違反したときの罰則に関する規定	1年以下の懲役又は100万円以下の罰金
第206条	介護老人保健施設の広告制限に違反した者や、介護老人保健施設に対する命令に違反したときの罰則に関する規定	6月以下の懲役又は50万円以下の罰金
第206条の2	登録試験問題作成機関および指定調査機関が、帳簿の備え付け等の義務に違反したとき、厚生労働大臣・都道府県知事に対して、報告をせず、または虚偽の報告、検査の拒否等と行ったとき、許可を受けずに試験問題作成事務や情報公表事務の全部を廃止等をしたときの罰則に関する規定	50万円以下の罰金
第207条	健康保険組合、国民健康保険組合、共済組合、日本私立学校振興・共済事業団の役員・精算人・職員、および社会保険診療報酬支払基金または支払基金の委託を受けた者が、厚生労働大臣・都道府県知事に対して、報告をせず、または虚偽の報告、検査を拒むこと等に対する罰則に関する規定	30万円以下の罰金
第208条	介護給付等を受けた者が、厚生労働大臣・都道府県知事に対し、報告をせず、または虚偽の報告、検査を拒むこと等に対する罰則に関する規定	30万円以下の罰金
第209条	介護老人保健施設の開設者が管理者に関する規定に違反したとき、介護サービスを担当した者等が報告・帳簿書類の提出をしないこと、虚偽の報告、虚偽の帳簿書類の提出、または質問に対して答弁をしないこと、虚偽の答弁、検査拒否等をしたときの罰則に関する規定	30万円以下の罰金
第210条	審査請求人もしくはその関係者、医師その他保険審査会の指定する者が、出頭、陳述、報告をせず、または診断その他の調査をしなかったことに対する罰則に関する規定	20万円以下の罰金
第211条	法人の代表者、法人・人の代理人・使用人その他の従業者が第205条の２から第260条の２まで、または第209条の違反行為をしたときは、行為者を罰するほか、その法人・人に対しても罰金刑を科する規定	罰金刑
第211条の2	登録試験問題作成機関が、財産目録や貸借対照表等の5年間保存義務に反して財務諸表等を備えていないことや、財務諸表等への記載漏れ・虚偽の記載、受講試験を受けようとする者等からの請求を拒むことに対する罰則に関する規定	20万円以下の過料
第212条	社会保険診療報酬支払基金の役員が、厚生労働大臣の認可・承認を受けなければならない場合において、認可・承認を受けなかったこと等に対する罰則に関する規定	20万円以下の過料
第213条	居宅サービス等を行った者または使用する者が、報告や提供記録等の提示をしないとき、または虚偽の報告、質問に対して答弁をしないことや虚偽の答弁等に対する罰則の規定	10万円以下の過料
第214条	第1号被保険者が、被保険者の資格の取得・喪失の届出をしないとき、被保険者、第1号被保険者の配偶者もしくは世帯主またはこれらであった射干、正当な理由なしに、市町村から文書その他の物件の提出・提示を求められてこれに従わず、または職員の質問に対して答弁をせず、もしくは虚偽の答弁をした時に、市町村は条例で過料に関する規定を設けることができる旨の規定	10万円以下の過料
第215条	国民健康保険団体連合会は、その施設（介護保険事業関係業務に限る）の使用に関して過怠金を徴収することができる旨の規定	10万円以下の過怠金

2　介護保険関連ホームページ一覧

(1)　厚生労働省法令・通知検索
https://www.mhlw.go.jp/hourei/
(2)　介護サービス情報の公表制度
https://www.mhlw.go.jp/stf/kaigo-kouhyou.html
(3)　介護サービス事業者経営情報データベースシステム
https://www.mhlw.go.jp/stf/tyousa-bunseki.html
(4)　認知症施策
https://www.mhlw.go.jp/stf/seisakunitsuite/bunya/hukushi_kaigo/kaigo_koureisha/ninchi/index.html
(5)　介護サービス関係Q＆A
https://www.mhlw.go.jp/stf/seisakunitsuite/bunya/hukushi_kaigo/kaigo_koureisha/qa/index.html
(6)　介護保険制度等における指導監督
https://www.mhlw.go.jp/stf/seisakunitsuite/bunya/hukushi_kaigo/kaigo_koureisha/service/index_00001.html
(7)　介護職員・介護支援専門員
https://www.mhlw.go.jp/stf/seisakunitsuite/bunya/0000054119.html
(8)　総合事業（介護予防・日常生活支援総合事業）
https://www.mhlw.go.jp/stf/seisakunitsuite/bunya/0000192992.html
(9)　介護サービス事業者の業務管理体制
https://www.mhlw.go.jp/stf/seisakunitsuite/bunya/hukushi_kaigo/kaigo_koureisha/service/index.html
(10)　介護予防
https://www.mhlw.go.jp/stf/seisakunitsuite/bunya/hukushi_kaigo/kaigo_koureisha/yobou/index.html
(11)　介護報酬
https://www.mhlw.go.jp/stf/seisakunitsuite/bunya/hukushi_kaigo/kaigo_koureisha/housyu/index.html
(12)　介護事業所の指定申請等のウェブ入力・電子申請の導入、文書標準化
https://www.mhlw.go.jp/stf/kaigo-shinsei.html
(13)　高齢者虐待防止
https://www.mhlw.go.jp/stf/seisakunitsuite/bunya/hukushi_kaigo/kaigo_koureisha/boushi/index.html
(14)　医療と介護の一体的な改革
https://www.mhlw.go.jp/stf/seisakunitsuite/bunya/0000060713.html
(15)　福祉用具・住宅改修
https://www.mhlw.go.jp/stf/seisakunitsuite/bunya/0000212398.html
(16)　匿名介護情報等の提供について
https://www.mhlw.go.jp/stf/shingi2/0000198094_00033.html
(17)　科学的介護情報システム（LIFE）について
https://www.mhlw.go.jp/stf/shingi2/0000198094_00037.html
(18)　介護分野における生産性向上ポータルサイト
https://www.mhlw.go.jp/kaigoseisansei/index.html
(19)　介護現場の生産性向上に関するダッシュボード
https://www.digital.go.jp/resources/govdashboard/nursing-care-productivity
(20)　介護現場におけるハラスメント対策
https://www.mhlw.go.jp/stf/newpage_05120.html
(21)　介護職員の働く環境改善について
https://www.mhlw.go.jp/stf/seisakunitsuite/bunya/0000212398_00017.html
(22)　介護DBオープンデータ
https://www.mhlw.go.jp/stf/seisakunitsuite/bunya/hukushi_kaigo/kaigo_koureisha/nintei/index_00009.html
(23)　介護DXの推進
https://www.mhlw.go.jp/stf/seisakunitsuite/bunya/hukushi_kaigo/kaigo_koureisha/DX_suishin.html
(24)　WAMNET（独立行政法人福祉医療機構）
https://www.wam.go.jp/content/wamnet/pcpub/top/
(25)　医療・介護・保育分野における適正な有料職業紹介事業者の認定制度
https://www.jesra.or.jp/tekiseinintei/

編著者　増田雅暢（ますだ・まさのぶ）
東京通信大学名誉教授・増田社会保障研究所代表・博士（保健福祉学）
埼玉県生まれ。1981年厚生省（現・厚生労働省）入省。介護保険制度の創設業務担当。内閣府参事官、少子化対策を担当。九州大学助教授、上智大学教授、岡山県立大学教授、東京通信大学教授。専門は、社会保障政策論、介護保険制度論、少子化対策。

【主な著書】
『介護保険見直しの争点』法律文化社、2003年
『これでいいのか少子化対策』ミネルヴァ書房、2008年
『世界の介護保障［第2版］』編著、法律文化社、2014年
『逐条解説 介護保険法』法研、2016年
『介護保険の検証』法律文化社、2016年
『よくわかる社会保障論』編著、法律文化社、2021年
『介護保険はどのようにしてつくられたか』TAC出版、2022年
『ケアマネが知っておきたい年金制度 基本の「き」』第一法規、2024年

増田社会保障研究所　URL : https://www.mmasuda.com

詳解 介護保険法 三段対照

令和7年4月6日　初版発行

編　著　増田雅暢

発　行　株式会社オフィス TM
〒108-0023 東京都港区芝浦 4-22-1-1413
TEL/FAX 03-5443-2154
URL : http://www.officetm.co.jp

発　売　TAC出版株式会社 出版事業部（TAC出版）
〒101-8383 東京都千代田区神田三崎町 3-2-18
TEL 03-5276-9492（営業）
URL : https://shuppan.tac-school.co.jp/

ISBN978-4-300-11739-2